CLASSIQUES MODERNES

BORIS VIAN

ROMANS, NOUVELLES, ŒUVRES DIVERSES

Édition établie, présentée et annotée
par Gilbert Pestureau

La Pochothèque
LE LIVRE DE POCHE

Conception graphique de la couverture :
Jouannet Création

Ce volume contient :

ROMANS et NOUVELLES signés Boris Vian :

L'Écume des jours, L'Automne à Pékin, L'Herbe rouge, L'Arrache-cœur.

Choix de nouvelles tirées de *Les Fourmis, Les Lurettes fourrées, Le Loup-Garou.*

ROMANS signés Vernon Sullivan :

J'irai cracher sur vos tombes, Et on tuera tous les affreux.

THÉÂTRE :

L'Équarrissage pour tous, Le Goûter des généraux.

POÈMES ET CHANSONS :

Choix de poèmes et chansons tirés de *Cantilènes en gelée, Je voudrais pas crever, Chansons.*

CHRONIQUES :

Sur le jazz, choix de *Chroniques de jazz, Écrits sur le jazz* et *Autres Écrits sur le jazz.*

Introduction

Introduction

Boris Vian, ou la poésie
des contraires

L'Entre-deux-guerres (1920-1939)

La Grande Guerre est finie, la belle vie revient et les années sont folles — de plaisir.

Il était une fois un jeune rentier cultivé, sceptique et original, nommé Paul Vian et qui vivait avec sa tendre épouse dans un bel hôtel particulier de Ville-d'Avray, parmi des pelouses et des arbres. Il est né une fois un petit Boris, le 10 mars 1920, second de quatre enfants, trois garçons et une fille. Les débuts sont donc d'heureux augure ; Boris lit à cinq ans, fait de bonnes et rapides études, passe ensemble baccalauréats littéraire et scientifique, tout en s'enthousiasmant pour le jazz jusqu'à jouer de la «trompinette» et animer avec ses frères les surprises-parties dans la salle de bal au fond du parc familial, près de ces étangs où l'illustre voisin, Jean Rostand, pêche ses grenouilles d'expérience...

Oui, c'est un conte de fées — mais il y a les bonnes et les mauvaises. Le krach boursier ruine Paul Vian et l'on emménage dans la maison de service à l'entrée du parc en 1929 ; la maladie s'attaque au jeune Boris,

rhumatisme articulaire aigu, angine infectieuse, troubles cardiaques, très grave typhoïde l'année même du bac, en 1935. Des loisirs, certes, pour les lectures boulimiques: Vian cite plus tard parmi ses auteurs préférés Rabelais et Jarry, Carroll et Wells. L'adolescence est déchirée entre le puissant goût de vivre et la passion du jazz, musique même des «Années folles», et, d'autre part, les tabous et contraintes familiales: la terreur des maladies vénériennes et la préparation de l'École centrale des Arts et Manufactures prolongent, à contre-cœur, une chasteté pas si paradoxale; si l'éducation et l'environnement de Boris Vian l'ont préparé au choix pacifiste, plutôt anarchiste et anticlérical, l'Entre-deux-guerres lui a aussi imposé l'amère course à la réussite qui commence par le diplôme d'ingénieur.*

Mais les pires fées sont celles qui déchaînent en 1939, en Europe et ailleurs, le deuxième massacre du siècle.

La guerre et l'occupation à Paris

C'est de la débâcle de 1940 et d'un entretien avec un condisciple juif que Vian date lui-même sa première, mais vague encore, prise de conscience politico-historique, cette même année où, rencontrant Michelle Léglise, il décide de s'engager dans la voie de la responsabilité maritale (1941), professionnelle et paternelle (1942).

Cependant, l'occupation nazie soumet les Parisiens à des restrictions de plus en plus sévères, matérielles bien sûr mais aussi culturelles: censure par la Liste Otto des œuvres d'écrivains anglais puis américains (1940 et 1941); plus de films de Hollywood; interdiction du jazz, musique trois fois maudite puisque «négro-judéo-américaine». Or le jazz devient justement la musique de la résistance pour ces zazous que Vian croquera burlesquement et sympathiquement dans Vercoquin et le plancton *et pour tous les jeunes avides d'indépendance morale. Les disques bannis, on se fait son propre jazz et Vian, ses frères et ses amis s'y emploient. Mais il rappellera amèrement qu'avoir vingt ans en 1940 ne s'oublie pas.*

Si Boris Vian, alias «Bison Ravi» par une anagramme révélatrice — puissance, Bon Sauvage, Nouveau Monde et goût de la fête —, tente

* *Pour tous les détails concernant la vie de Vian, l'ouvrage essentiel est celui de* Noël Arnaud, Les Vies parallèles de Boris Vian, *Bourgois, 1970; pour mon développement, je fais particulièrement référence aux pages suivantes: 220, 30, 39, 78-84, 286, 60, 432, 225.*

d'écrire dès cette époque, ce ne sont guère que poèmes de «taupin», chanson paillarde ou pastiche de ballade, quoique les Cent Sonnets *témoignent d'une tentative mathématico-littéraire originale et d'un ton parfois prometteur. Le roman* Trouble dans les Andains *reflète le goût des bandes dessinées et du délire narratif; mais déjà Vian lorgne vers le cinéma, commettant de nombreux scénarios mort-nés. Ses goûts littéraires se confirment dans le domaine américain interdit — Faulkner, Hemingway, Chandler — comme parmi les Français contemporains dont l'art inventif unit le sérieux et la fantaisie: Cocteau, Mac Orlan, Queneau; mais il ne cessera de brocarder Claudel dont* Le Soulier de satin *fut l'événement théâtral de 1943, à la Comédie-Française.*

Comme la plupart de ses concitoyens, Vian n'est point conscient du tragique de la déportation et des camps de la mort. Selon Michelle Vian, c'est lors du débarquement de Normandie et de la Libération qu'il fut d'abord frappé par les massacres. Mais n'est-ce pas l'ensemble de cette guerre vécue entre dix-neuf et vingt-cinq ans qui, doublant une angoisse intime liée à la maladie, forme la source profonde de la cruauté et de l'horreur récurrentes dans l'œuvre de Boris Vian, ce jeune homme si gentil dans la vie? Absurde du mal sous un style détaché, politesse du désespoir, ou parmi les gags les plus burlesques et les délires les plus joyeux... Car il cherche toujours à tenir à distance la violence qu'impose l'Histoire par le comique ou la froideur comme l'ont fait d'autres écrivains du milieu du xxe siècle — Céline, Anouilh, Ionesco, d'une part, Sartre et Camus de l'autre — qui tentent de refléter le vécu d'événements et de périodes atroces à travers le miroir d'une écriture tantôt distante ou cynique, tantôt lyrique et désespérée, tantôt humoristique et burlesque.

La Libération et Saint-Germain-des-Prés

Ingénieur à Paris depuis 1942, Vian fréquente, l'été 1944, les «Soldatenkino» où les Allemands projettent les films sanglants du débarquement dont on retrouvera bientôt une vision tragi-comique dans Les Fourmis *(1946) ou loufoque dans* L'Équarrissage pour tous *(1947). Mais, en août 1944, Boris et Michelle accueillent dans l'enthousiasme, à Ville-d'Avray, les premiers «Boys», à la veille de la libération de Paris. Michelle étant bilingue et Boris le devenant vite, ainsi débute une fréquentation sympathique et durable de maints G.Is, particulièrement d'amateurs de jazz et de musiciens noirs. Ces années 1944-1945 sont*

pourtant marquées d'autres drames fort différents mais traumatisants, tels l'assassinat mystérieux de Paul Vian et la première bombe atomique sur Hiroshima, « la bombe» souvent évoquée par Boris avec l'humour grinçant qui recouvre l'horreur.

Pourtant, le Paris de la Libération devient le creuset d'une tonique renaissance juvénile et l'inspiration de Vian est fécondée par ces circonstances privilégiées, même s'il garde ses distances avec tout « engagement» tel que l'existentialisme le met à la mode. Le soudain épanouissement de son écriture avec ses grandes œuvres des années 1945-1950, roman, théâtre ou poésie, est favorisé par tout un environnement bouillonnant d'idées, de liberté, de culture. L'exaltation de l'époque et des découvertes nouvelles — conversation des Américains, disques et films « amerlauds» —, la rencontre excitante et la fréquentation chaleureuse de jeunes grands écrivains, l'apothéose de Saint-Germain-des-Prés, village béni dans la ville, paradis éphémère (1946-1950) devenu, en dépit des restrictions, un mythe durable chargé d'éclats multiples, intellectuel et culturel, artistique et ludique — suprêmement ludique, donc poétique.

Ce quartier prend son élan au carrefour de la philosophie et du jazz. Il voit la gloire de l'existentialisme, puisque Sartre et « le Castor» — Simone de Beauvoir — ont choisi ses cafés célèbres pour se consacrer à la littérature et la rue Sébastien-Bottin pour y poser Les Temps modernes *; le jazz triomphe parallèlement dans de nouvelles cavernes platoniciennes où les danseurs et musiciens noirs côtoient les jeunes jazzmen français, où s'écrasent les amateurs de tout poil, étudiants, chanteurs, comédiens, apprentis-écrivains et célébrités — Sartre encore, Camus, Queneau, Prévert, Genet... Tandis que Vian, la trompette sous le bras, est l'un des animateurs inlassables des nuits de Saint-Germain-des-Prés, la fréquentation des écrivains, parfois réunis chez Michelle et Boris pour de légendaires et peut-être controuvées « tartes-parties» — débats philosophiques autour de gâteaux des temps de restriction —, le confirme dans sa vocation littéraire.*

Grâce à Jean Rostand, il avait déjà rencontré en 1945 Raymond Queneau, secrétaire général de Gallimard, pour y faire publier Vercoquin et le plancton. *Entre ces deux esprits à la fois scientifiques et poétiques et qui seront liés plus tard dans le même culte de la science-fiction nouvelle et le même penchant pataphysique, s'établit d'emblée une sympathie mutuelle et profonde attestée par le tutoiement rare chez le responsable de Gallimard ; Queneau devient désormais le maître-ami*

fidèle. Non seulement cette vocation d'écrivain s'affirme, mais bientôt elle se dédouble, toujours ludiquement. Alors qu'il compose ses premiers grands romans,* L'Écume des jours, L'Automne à Pékin, *des nouvelles et des poèmes, il prend le masque du traducteur pour écrire les thrillers pseudo-américains de Vernon Sullivan, son « alter negro »**.* J'irai cracher sur vos tombes *(1946), sérieux pourtant sous ses dehors excessifs et canularesques, fait naître un scandale et un procès par la grâce hargneuse du Cartel d'action sociale et morale : on veut condamner la « pornographie » de Henry Miller ou de Boris Vian — flatteur voisinage pour le jeune auteur français ! — sans tenir compte de l'hymne à la vie de l'un ni de la passion anti-raciste de l'autre.*

Avec des succès artificiels ou des échecs douloureux se poursuit la carrière féconde de Vian, écrivain et critique de jazz, vers la fin des années quarante : nouvelles et romans, scénarios et poèmes, petits et grands spectacles, traductions et chroniques. Toutes ces œuvres témoignent d'une imagination rare, d'un plaisir de l'écriture doublé du travail de l'artisan à plume, d'un mélange unique de sérieux et de cocasserie. Mais l'angoisse récurrente est sensible à travers le jeu des mots, avec la présence constante de l'usure et de la mort, en-deçà des fêtes parisiennes et au bout de la fête de l'imaginaire ; les massacres et le sang hantent bien cette décennie ; la mort plus proche encore, après celle du père, d'un ami-frère, Jacques Loustalot dit « le Major » ; la mort en soi-même surtout avec ce cœur malade qui scande l'approche fatale : « Que tu es impatiente, la mort ! » (Chansons, *p. 1233-1234).*

Les années d'incertitude et de crise (1950-1959)

Vian entre dans les années cinquante avec la perspective d'un divorce, le procès de J'irai cracher sur vos tombes, *l'échec de ses derniers romans, des traductions alimentaires, compensées par celles qui illustrent l'enthousiasme pour la science-fiction américaine. Lecteur avide de H.G. Wells et J. Verne, Vian est initié par Queneau aux grands auteurs de la conjecture d'outre-Atlantique : Van Vogt — traduction des aventures du « Non-A » en 1953 et 1957 —, Asimov, Bradbury, etc.*

* Cf. *R. Queneau — B. Vian,* Une correspondance, 1945-1958, *présentée par C. Rameil,* Les Amis de Valentin Brû, *1982.*

** *Le thriller américain des années trente et quarante est celui qu'illlustrent les premiers auteurs traduits dans la « Série Noire » : Chase, Hammett, Chandler, Cheney... Cf.* Chansons, *note 10.*

Il imagine pour le théâtre, avec Le Goûter des généraux, *une Troisième Guerre mondiale qui s'enlise de façon grotesque avant une triomphante roulette russe. Est-ce sa façon d'exorciser l'actualité? On le sait, la « guerre froide» et parfois chaude — guerre de Corée, chasse aux sorcières de McCarthy, première bombe A soviétique et première bombe H américaine — marque ce passage d'une décennie à l'autre. La France y est affrontée surtout à une décolonisation qui ne cesse de déstabiliser la IVᵉ République égrotante, et l'écho le plus célèbre de ces « sales» affrontements est la fameuse chanson « Le Déserteur» de 1954.*

Œuvre combattante mais « pro-civile», ce chef-d'œuvre de la chanson contestataire témoigne aussi de l'extraordinaire vitalité intellectuelle et créatrice de Vian. Quand le succès romanesque lui échappe par suite de l'incompréhension ou des contresens de la critique et du public, il se jette dans d'autres voies vers des média plus accueillants, des champs nouveaux où il tente encore de parler à ses frères : théâtre, presse, radio, cinéma, chanson surtout, cette fusion de la poésie et de la musique — deux muses aimées. Il a compris après Trenet et avec Prévert qu'on peut tout mettre dans la chanson, amour du jazz et passion du cinéma, révolte et farce, tendresse et humour, société de consommation et relations difficiles des êtres. Remarié à Ursula Kübler, directeur artistique de maisons de disques, acteur occasionnel et encore dramaturge — théâtre de l'absurde ou opéra moyenâgeux — Boris Vian ne cesse de brûler sa vie.

Son cœur le lui rappelle avec une ironie macabre, le 23 juin 1959, alors qu'il assiste à la préprojection du film qui, par son scénario inepte, trahit J'irai cracher sur vos tombes.

La Vᵉ République et la seconde vie de Boris Vian

Vian n'aura pas su l'explosion de la bombe A française au Sahara, mais c'est la France gaullienne qui, avec son confort et sa réussite économique, redonnera au « Prince de Saint-Germain-des-Prés» une gloire soudaine et plus durable, par la grâce surtout de la « révolution de mai» 1968 où les étudiants en ébullition prennent pour l'un de leurs maîtres à penser — j'imagine le sourire sceptique du dandy Boris! — l'auteur de L'Écume des jours, *de* L'Arrache-cœur, *des* Bâtisseurs d'Empire *et du « Déserteur».*

J'ai évoqué la mauvaise fortune de l'œuvre. Quand J'irai cracher sur vos tombes *est le best-seller de 1947,* L'Écume des jours *manque le Prix*

de la Pléiade, tremplin littéraire et médiatique rêvé. Désormais la création si originale de Vian ne rencontre que jugements mitigés, au mieux, ou franchement défavorables, à part les éloges de Queneau ou de quelques rares esprits sensibles à la nouveauté et à la beauté de ces fictions. Les romans de Vian ne trouvent pas de public; ses scénarios n'attirent pas les commanditaires; ses chansons, il doit trop souvent les chanter lui-même, ou on lui réclame de les affadir sinon de les censurer. Il fut cependant à lui seul, en une courte carrière d'écrivain — dix-huit ans environ —, un couple de romanciers, Boris l'anarchiste présumé russe et Sullivan l'Américain maudit, auteur de dix romans et quatre recueils de nouvelles, le poète de trois recueils et quelque cinq cents chansons, un dramaturge original, un chroniqueur très fécond et varié, le traducteur d'une douzaine d'ouvrages américains... Mais quel est le critique professionnel qui, en juin 1959, aurait parié une thune sur ce faussaire pornographe, cet amuseur jazzeux, ce galopeur fou des lettres pataphysiques?

Deux éditeurs pourtant eurent le talent, dès le début des années soixante, de sentir que les jeunes lecteurs avaient rattrapé Vian. Éric Losfeld reprend deux titres de Vian et Sullivan, puis Jean-Jacques Pauvert réédite les œuvres majeures à partir de 1962, relayé par la collection 10/18 — L'Écume des jours en 1963 — avec Michel-Claude Jalard et Christian Bourgois. Des amis de Vian, François Caradec, Pierre Kast, Jacques Bens et des critiques judicieux — comme Jacqueline Piatier avec son article sur L'Écume des jours *dans* Le Monde *du 24 août 1963 — favorisent sa redécouverte en attendant la gloire de 1968. Noël Arnaud surtout consacre à Vian une étude biographique et critique fondamentale,* Les Vies parallèles de Boris Vian *(1966 puis 1970 et 1981), avant d'offrir aux lecteurs de multiples textes inédits ou dispersés dans des revues inaccessibles. On se met à traduire Vian, à écrire même des thèses à l'étranger et en France sur une œuvre dont les adolescents raffolent, y retrouvant leur révolte et leur amertume, leur joie de vivre et leur vision à la fois enfantine et cynique du monde, leurs délires oniriques et leur sens de la poésie ludique*.*

Cet enthousiasme est durable, puisque L'Écume des jours *est encore un des romans français contemporains les plus diffusés, que certaines chansons ont fait le tour du monde, qu'on traduit aujourd'hui Vian en*

* Cf. *Fauré,* Les Vies posthumes de Boris Vian, *U.G.E., 10/18, 1975 ; 51, 58, 63,* sqq.

*japonais et autres « langues forestières », comme dit Zazie ; il s'est atténué
certes en France, au cours des années quatre-vingts, mais Vian est resté
l'une des figures les plus célèbres du paysage littéraire récent. Son génie
de romancier et l'originalité de sa vision poétique lui ont donné
désormais le statut de contemporain capital pour des milliers de lecteurs
qui se sentent complices dès la mention de son nom ; ces qualités l'ont fait
entrer aussi dans les programmes de lycées et d'universités, après les
grincements du début, quand certains ne voulaient voir en lui qu'un
amuseur anarchiste. On retrouve son jeu sur les mots dans les chansons
d'aujourd'hui comme chez San Antonio et dans la publicité ; on fait
référence à lui pour juger de jeunes écrivains ; on inscrit ses citations sur
le fronton des salles de spectacle, des collèges et des lycées... À quand le
Panthéon — pour le faire swinguer sur ses colonnes ?*

*Trente ans après que son cœur fragile nous a privés d'un des maîtres
les plus hardis et originaux de la littérature moderne, on peut donc
légitimement penser que le temps est mûr de l'inscrire parmi les classiques
du xxe siècle et d'aborder comme une œuvre majeure les textes essentiels
d'un polygraphe talentueux, doué d'une inspiration étonnante par sa
variété et son audace, d'un sens du fantastique et de l'humour rare en
France, d'une personnalité fascinante ; œuvre poignante, comme l'a si
bien dit Raymond Queneau dès 1953, drôle et émouvante, choquante et
tonique, marquée par la gouaille et le sentiment du tragique, par le goût
des mots, de la fête et de la vie — et donc par la hantise et l'imminence
de la mort et du silence, toujours.*

UN STYLE ET UN ART

*À lire et relire les textes — manuscrits, dactylogrammes, origi-
nales... — comme je l'ai fait, on ne cesse de goûter l'allégresse et le
bonheur du style, dans des pages venues de premier jet — elles
sont nombreuses — ou travaillées avec art vers plus de poésie, de
fantaisie et de force.*

Le langage

*Ce qui frappe et souvent séduit, dès la lecture ou l'écoute d'un texte de
Vian, c'est un style original par la langue comme par le ton. Le langage
s'enrichit de toutes les ressources verbales, vocabulaires, niveaux de
langue, jeux sémantiques et sonores, néologismes cocasses ou poétiques,
contrastes et surprises ; le ton mêle tendresse et violence, horreur et
comique, naturel et délire.*

*Son vocabulaire nourri de nos meilleurs auteurs autant que de
lectures incroyablement éclectiques est celui d'un amoureux du
français, d'un curieux qui se promène de l'héraldique à la gastronomie,
d'un ingénieur qui se délecte de langages spécialisés. Parallèlement la
révolution célinienne l'a encouragé, comme Queneau, à féconder la
langue écrite par l'argot grossier ou pittoresque, moyenâgeux ou
contemporain, avec des traces de* slang *américain, tout en cultivant
comme Jarry la rhétorique classique et le vocabulaire noble et pompeux,
jusqu'au canular ; de l'association des tons populaire et affecté, des
platitudes appuyées et des litotes ou hyperboles, il tire des effets
proprement burlesques et nous promène en virtuose de la farce à
l'épopée, de la conversation quotidienne au traité pseudo-savant.*

*Le goût du jeu verbal le place dans une lignée glorieuse — Rabelais,
Carroll, les surréalistes, Queneau — et si les jeux de mots sont devenus
monnaie courante grâce aux gourous Larthes ou Bacan et autres
modernes, publicistes ou journalistes, ils s'intègrent chez Vian dans un
style ludique et poétique qui vise à décaper notre vision paresseuse du
monde et à créer un univers imaginaire, construire une fiction où les
mots sont les clés multiples et les matrices magiques des êtres et des
choses.*

Fou de langage à l'instar d'un de ses héros qui construit un « piège à

mots »*, Vian se fait musicien-inventeur-poète, parcourant toute la gamme des jeux verbaux, jeux sur le sens des signes ou sur les signes eux-mêmes qu'avec une ingéniosité de chimiste, de biologiste ou d'artificier, il peut torturer, accoupler, faire éclater, engendrer même.

Jouant sur les valeurs sémantiques, il accumule les jeux de mots proprements dits — « Exécutez cette ordonnance ! » est sans doute le plus célèbre, avec l'appoint d'une « guillotine de bureau » —, ainsi que les jeux sur des clichés de langue, métaphores figées qu'il ramène au réel, prenant justement les mots « au pied de la lettre » : qui « bave de convoitise » s'arrose réellement les pieds... L'association-fusion de deux expressions comme dans « passage à tabac de contrebande » fait ressortir l'absurde du matériel verbal devenu cliché mort et nous place en même temps en porte-à-faux, dans un monde inquiétant. Le jeu sur le signifié consiste aussi en une succession paradigmatique de pseudo-synonymes, La Nausée de Sartre devenant ainsi Paradoxe sur le dégueulis, Choix préalable avant le haut-le-cœur, Le Vomi, Le Remugle, Renvoi de fleurs, Encyclopédie de la Nausée (en vingt volumes), prolongés par l'à-peu-près La Lettre et le Néon ou le quasi-scatologique Trou de Sainte Colombe**.

Le jeu sur les mots eux-mêmes, signes de notre code de communication, est encore plus vaste et varié ; il sert à la fois le propos ludique — ne pas prendre au sérieux le code —, satirique — ce code sert mal son propos —, philosophique — interrogation sur le verbe, auprès de Korzybski et autres sémanticiens — et poétique : travailler les mots, c'est inventer un monde ; le verbe se fait chair, pierre, machine, idée ou fantasme incarné. Vian mine de l'intérieur les syntagmes banals en les déformant — « bonnes à presque tout faire » — et canule les proverbes, les citations culturelles, toutes les formules organisées de communication ou d'enseignement, règles, définitions et chansons, mêlant comptines et prières, inventant recettes de danse, de cuisine ou de jeu de société. Tout cela nous confirme dans un univers parallèle, fantaisiste et déjà fantastique, avec des lois de cohérence insolites dans un ensemble inouï digne des meilleurs contes d'Alphonse Allais, de la 'Pataphysique d'Alfred Jarry et des trouvailles de Queneau et de Prévert.

La contrepèterie chère à ceux-ci comme à Rabelais ou Desnos, l'anagramme, le calembour nous forcent aussi à suivre Vian dans un

* « Une pénible histoire » in Le Loup-Garou, Bourgois, 1974 ; 145.
** L'Écume des jours, passim et note 19 au texte.

monde où un philosophe se musique — « Jean-Sol Partre » —, où les soucis moraux deviennent fleurs comme à l'inverse un nénuphar est parasite mortel, où le coin est coing et le rock nourriture : « Rock-Monsieur / Rock-Madame / Rock les petits enfants ». Un maréchal se plurielle « des maraîchers » et un général « des générés », tandis que les anglicismes sont naturalisés non sans cocasserie phonétique : « baise-bol ». Ainsi progresse-t-on vers la création de signifiants par des néologismes dérivés — « blocnotez », la fameuse « trompinette » —, par des créations de pure poésie — toutes les fleurs du jardin de L'Arrache-cœur *(chapitre IX) — et par les mots-valises à la Lewis Carroll ; le parangon en est le merveilleux « pianocktail » : enfin un vrai piano-bar réjouissant autant l'oreille du jazzman que le palais du buveur raffiné ! Mais les exemples savoureux sont multiples : « sangsuel », « sarcastifleur », « je blairnifle », les mois de « janvril », « juillembre », « marillet », etc.**

Technique et composition

Le jeu verbal sert l'art romanesque autant que l'art théâtral ou la poésie. Ici c'est la phonétique et le jeu de mots qui nourrissent un mélange d'humour et de lyrisme et sont le moteur de la création poétique ; au théâtre les fantaisies stylistiques s'intègrent au rythme des pièces et dénoncent l'absurde aussi bien que chez Ionesco ; Vernon Sullivan, s'il semble « sérieux » dans J'irai cracher sur vos tombes, *réserve au lecteur attentif un humour secret et des clins d'œil pour initiés, puis dans* Et on tuera tous les affreux, *il ne peut garder longtemps son faux sérieux et vite s'abandonne joyeusement à un délire fantaisiste.*

Dans le roman, les surimpressions ou collages de mots et autres calembours sont l'image réduite des collages de séquences et des ambiguïtés de vision, de l'incertitude ou de la multiplicité du sens, d'un art qui joue de la prolepse et de la gratuité tout en maintenant le suspens et le secret ; l'invraisemblable est affirmé vrai, le fantastique est naturellement imposé. La rapidité et l'originalité de l'imagination et du style triomphent dans les nouvelles. La vivacité de bien des passages romanesques semble due à la capacité d'écrire souvent de premier jet un texte définitif, mais les manuscrits révèlent aussi des étapes de composition et d'écriture, une élaboration profonde. Vian n'hésite pas

* L'Écume des jours, *pp. 80, 65, 66, 189, 188 ;* Chansons, *1247 ; « Le Plombier »,* p. 718; L'Herbe rouge, *pp. 482, 448 :* L'Arrache-cœur, *pp. 624, 643, 679.*

parfois à rendre l'approche difficile, comme dans L'Automne à Pékin *dont l'organisation est curieuse et complexe, énigmatique sinon ésotérique; mais une intrigue en apparence incertaine y mène cependant fortement et dramatiquement vers des épisodes paroxystiques.*

La technique behavioriste héritée du thriller évite l'interprétation psychologique forcée mais nous entraîne à vivre comme de l'extérieur le drame des personnages. Les procédés présentatifs venus du cinéma, gags, vision claire ou floue, gros plans, cadrages, basculements, comme ceux du surréalisme pictural, collage et kaléidoscope, nous imposent au contraire la vision subjective et onirique de passionnés, de névrosés, parfois même de mutants. Le suspens des épisodes sert la mise en scène romanesque des tâtonnements de l'adolescence vers l'âge adulte, des ignorances et des angoisses de l'homme avec la femme, de nos errances dans le labyrinthe du destin, de nos erreurs face aux certitudes inconnues mais soupçonnées du fatum.

Dans le domaine du spectacle, Vian explore toutes les techniques, celle de la saynète, pochade rapide pour précurseurs du café-théâtre, celle du scénario, fasciné qu'il était par le cinéma, celle de l'opéra enfin qu'il voit d'un œil prémonitoire comme un mariage de théâtre, de musique et de cinéma; il s'exerce à la comédie musicale ou dramatique, huis-clos tragique des Bâtisseurs d'Empire, « *vaudeville paramilitaire» (Vian) ou « sombre farce» (Jean Cocteau) de* L'Équarrissage pour tous, « *tragédie lyrique et militaire» du* Goûter des généraux, *pseudo-tragédie en argot et en alexandrins pour* Série blême. *Le paroxysme final est justement l'équivalent grotesque, par son ton burlesque, de l'ultime massacre propre à la tragédie.*

Enfin Vian ne voit pas de différence entre l'art de la poésie et celui de la chanson et prend place ainsi entre Trenet et Brassens ou Gainsbourg. L'échec ou le scandale de ses romans lui a fermé cette forme « noble» et l'a donc orienté vers des exercices médiatiques où il s'est engagé à fond avec cette dynamique interne qui le poussait passionnément à la communication. Poèmes et chansons à peu près libres de ponctuation témoignent de sa préférence des rythmes brefs, rapides — pentasyllabe, hexasyllabe, heptasyllabe qui, blanc, transparaît aussi dans tels passages de L'Écume des jours *ou de* L'Arrache-cœur, *octosyllabe —, de son goût des harmonies sonores — ou cacophonies extrêmes! —, de son sens de la musique qu'il écrit ou fait écrire à des amis complices.*

Ainsi, par la langue qui, nommant des choses neuves, les met au

monde et par la composition qui profite de maintes ressources rhétoriques et poétiques, le style de Vian crée bien un univers unique auquel il nous faut croire.

Humour et swing

L'humour se sent mieux qu'il ne se définit. Retiendrai-je cependant la formule de Falstaff «A jest with a sad brow»? Mais comment la traduire? L'œil rigolard sous un sourcil amer, la gouaille au front triste? Ou plus sérieusement et savamment: «une plaisanterie dite d'un air grave» (François-Victor Hugo) ? William Shakespeare, souvent invoqué par notre auteur, unit bien ici les deux visages contradictoires du Janus éternel de l'art... Et c'est sans doute quand il plaisante le plus que Boris Vian est le plus grave.*

Maintes métaphores qu'il offre avec légèreté mais comme des évidences immédiates — nénuphar de Chloé, machine à souvenirs, cages pour enfants, timbres-sangsues, loup-garou de Ville-d'Avray, petit oiseau de fin du monde ou équarrissage normand — provoquent d'emblée une surprise un peu gênée dont on se débarrasse par le sourire ou le rire; mais aussitôt une brève remarque quasi anodine ouvrant pourtant à la réflexion, le lyrisme du style ou bien la tension dramatique implacable imposent une vérité poétique liée à un sentiment du tragique. La fantaisie, le comique ou l'ironie cachent et révèlent à la fois l'émotion et le désespoir, l'angoisse et le tragique de l'existence. Sur la roulette de l'écriture, Vian joue délibérément la farce grinçante, le grotesque douloureux, l'amertume gouailleuse, «l'humour rouge» dit si judicieusement F. Caradec:

> «Son humour n'est pas de ce noir bon teint qui s'est tant répandu [...] mais de ce rouge sang qui vire au bleu sombre en séchant au soleil, en passant par toutes les nuances de la rouille, cette rouille qui faisait grincer les rouages de ses plus cruelles mécaniques.»**

Fils et cousin de Rabelais, Swift, Voltaire, Jarry ou Kafka, il est aussi frère des grands du roman noir américain et des dramaturges de l'absurde, et

* *Shakespeare,* Henry IV, *seconde partie, V, 1.*
** *F. Caradec, «Le Temps féminin», préface aux* Lurettes fourrées, in L'Herbe rouge / Les lurettes fourrées, *Pauvert, 1962; 187.*

ses enfants sont tous les adeptes de l'humour sombre et de l'absurde comique dans la seconde moitié du xxᵉ siècle.

Dira-t-on que ce style à double face et le dédoublement de certains personnages révèlent derrière l'auteur à la création jumelle, Vian-Sullivan, un homme dédoublé, un écrivain schizophrène ? Il est banal de dire que tous le sont, mais M. Rybalka a brillamment soutenu que l'œuvre et la vie de Vian peuvent s'interpréter à partir d'un dédoublement fondamental, d'une mystification intégrée puis assumée, d'une dissociation du moi résolue dans l'écriture et triomphant dans la liberté et l'authentique. Cette interprétation confirme l'aspect moderne de l'œuvre de Vian qu'une dernière réflexion sur le style peut corroborer. Déjà Apollinaire et Max Jacob nous ont offert en poésie cette fusion du drôle et du macabre, de la gouaille et du tragique humain qu'illustre si bien notre auteur — car le canular, le rire ou le sourire sont plus que le voile protégeant la sensibilité ou le pathétique —, mais j'irai plutôt chercher outre-Atlantique la correspondance musicale de cette écriture.*

*Le swing, disent les spécialistes de la musique négro-américaine, est l'un des « miracles du jazz » le plus admirable, « l'exigence minimale » en même temps que « l'épreuve cruciale » ; les Noirs ont inventé quelque chose d'impensable en termes de logique classique, cet objet proprement contradictoire qu'est le swing, puisqu'à la fois il résiste et s'abandonne, crée une détente sans rompre la tension, balance souplement au cœur même de la rigueur rythmique, emporte et enlève musicien et danseur alors que le désespoir menace d'écraser l'esclave, symbole de l'homme condamné**. Aussi dirai-je de l'écriture de Vian dont le jazz fut l'oxygène et le sang que c'est une « écriture-swing » : écriture contradictoire, fusion de force et de souplesse, de nécessité et de liberté, cette écriture-swing fait revivre sous une forme typiquement contemporaine le véritable humour tel que le définissait déjà Shakespeare et qu'illustrèrent à leur tour les maîtres du jazz classique ou du be-bop, Duke Ellington, Dizzy Gillespie, Miles Davis... Et Thelonious Monk n'a-t-il pas intitulé une de ses compositions* Ugly Beauty *— « Laide Beauté » ?*

* *M. Rybalka,* Boris Vian, *Minard, 1984 ; 117* sqq.
** *A. Gerber et L. Malson, « Jazz — Vient de paraître »,* France-Musique, *6.10.1990.*

DU RÉEL VÉCU À LA VÉRITÉ POÉTIQUE

Expérience et thèmes récurrents

L'Avant-propos de L'Écume des jours *est connu par une profession de foi paradoxale mais révélatrice :*

« L'histoire est entièrement vraie, puisque je l'ai imaginée d'un bout à l'autre » *(p. 59).*

Boris Vian y affirme sa conviction que la vérité de l'homme est révélée par une métaphore de la réalité ; cette foi en la toute-puissance de la fiction poétique, en la valeur primordiale et essentielle de l'art comme révélateur du vrai le place résolument dans le camp des poètes contre les « réalistes ».

Certes, son imagination et son invention éclatent constamment avec une force rare et une richesse peu commune ; cependant il est évident que comme tout écrivain, il crée à partir de son expérience. Ceux ou celles qui l'ont bien connu peuvent retrouver des matériaux personnels, fondamentaux ou anecdotiques, transmués par la réflexion aiguë et comme écorchée, par le creuset de la langue et de la fiction, par la satire, la poésie, une conscience onirique, si j'ose dire. Le plomb du vécu se fond et s'exalte en précieux métal poétique.

L'histoire de Vian transparaît dans les thèmes récurrents de son œuvre. C'est une enfance trop choyée pour un petit garçon fragile mais qui rêve d'héroïsme et garde le sentiment d'avoir été enfermé en cocon ou mis en cage par une mère abusive ; enfance cependant dont il retrouve la magie partagée avec deux frères amis : vie des jardins, douceur et charme de l'eau, mystère des lieux, complicité des animaux, étrangeté souvent grotesque des grandes personnes, enchantements et fantasmagories nés de la lecture, du rêve ou du cauchemar, sortilèges, délires et terreurs dignes d'Alice ou des dessins animés. La famille, d'ailleurs, de L'Équarrissage *pour tous à* L'Arrache-cœur *devient aisément le lieu d'affrontements, de crises, d'excès inhumains — sûrement plutôt imaginés que vécus par le petit Boris.*

L'éducation laisse au bon élève Vian un écœurement profond — alors que là aussi il se soumit à cette « aliénation » —, le sentiment d'un gâchis de la jeunesse, d'un temps artificiel, d'un environnement sinistre, d'une déperdition d'énergie incommensurable. La brève expérience religieuse,

*à l'occasion du rite social de la première communion, l'a marqué d'un
sentiment complexe qui s'exprime le plus souvent par la satire
iconoclaste : est-ce amertume d'un espoir déçu ? Plutôt révolte devant des
réponses insuffisantes au drame de la condition humaine ; c'est tantôt
aussi sensibilité à tout ce qui est « spectacle de luxe » dans l'Église
catholique et assimilation des prêtres à des clowns sympathiques comme
l'abbé Petitjean ou des stars grotesques des média, tantôt parodie
farcesque et féroce de tout rituel religieux.*

*Le monde de Vian est surtout celui de « l'arrachement douloureux à
l'enfance » (N. Arnaud) et celui de héros et héroïnes adolescents à qui les
adultes apparaissent la plupart du temps comme des ratés — avec
l'humour du paradoxe —, des étrangers vite oubliés car leur absence est
opportune, au pire des adversaires, censeurs, bourreaux, meurtriers
même, figures d'une société figée, absurde, hostile et maudite. Le passage
de l'adolescence à l'âge adulte fut sans doute pour l'auteur fort difficile
et douloureux, comme pour Sartre selon S. de Beauvoir* et pour tant de
jeunes qui soudain quittent le monde insouciant et libre de l'étudiant —
même si ces études sont elles-mêmes discutables et aliénantes — pour
celui de la responsabilité, de la discipline du travail, de l'argent, de
l'épuisement par l'usure... Marié à vingt et un ans, père à vingt-deux,
enfermé dans un bureau et courant le cachet de musicien « marron »,
Vian transpose le choc de cette mutation quasi insupportable dans
maints passages. Il lui donne la forme de l'esclavage et de la mort ou bien
de la révolte violente, toujours individuelle, en réaction contre une
société qui secrète ses blocages et sa discipline au point même de
provoquer l'organisation de toute opposition. Il est notable qu'il refuse
d'inscrire sa rébellion dans un engagement précis à la mode des années
quarante, mais la module dans la musique noire et dans des fictions
oniriques.*

*L'individualisme se retrouve encore dans une conception de l'activité
positive qui consiste à apprendre et connaître — être Pic de la
Mirandole ! —, créer de ses mains, de sa bouche ou de sa tête, aider à
l'espoir lucide et au bonheur, aimer, écrire, parler, partager, par
opposition au travail mécanisé, absurde dans son rythme et ses
justifications, travail esclavagiste qui nie ou condamne la création. Ainsi
la guerre est-elle vue comme « la forme la plus raffinée et la plus
dégradante du travail, puisqu'on y travaille à rendre nécessaire de*

* *Beauvoir*, La Force de l'âge, *Paris, Gallimard, 1960 ; 26.*

*nouveaux travaux»**, *mais elle est surtout le symbole évident de la folie humaine et de notre vocation au malheur — à se tordre! Le thème des armes et des armées inspire copieusement Boris Vian dans les romans, les nouvelles, les chansons, le théâtre surtout. Il trouve là un thème satirique qui cristallise une révolte humaniste générale contre l'injustice de la mort.*

Par expérience comme par réflexion éthique sur la dégradation de la vie et les souffrances inutiles, Vian utilise encore abondamment le thème de la maladie, de la médecine impuissante et de l'issue fatale. La révolte globale contre ce qui nous tue s'exprime sur le ton de la satire burlesque au théâtre et dans certaines chansons, mais aussi sur le ton pathétique ou tendu de l'angoisse dans les poèmes et romans, et souvent sur le ton froid et comme détaché de l'humour.

Inspiration culturelle

Dans cette transmutation du vécu en vérité artistique, Vian fut guidé et aidé par une inspiration culturelle multiple résultant d'un choix personnel bien caractéristique. Il est certes tributaire de ses études classiques et de ses abondantes lectures de la littérature traditionnelle, signalant lui-même malicieusement cette « tradition [...] latine» à propos de Vernon Sullivan (p. 791). Mais très vite, il s'est choisi des maîtres parmi les modernes français — j'ai cité Jarry, Céline et Queneau — ou étrangers : Kafka et Faulkner, ce qui n'est point un mauvais choix! Mais il faut répéter qu'une inspiration constante et fondamentale vient de sa passion précoce et jamais démentie pour le jazz. Par le jazz, il a connu l'Amérique, une Amérique mythologique à la fois fascinante et révoltante, l'Amérique des boîtes de jazz, des thrillers, du racisme, des belles voitures, du puritanisme, des pin-ups et de l'argent. C'est le jazz qui rythme ses chansons, qu'il transpose dans ses nouvelles, qui fait naître Alise et Chloé, qui libère Wolf de l'angoisse, qui réjouit l'équarrisseur et sa famille, qui scande la sexualité et la cruauté désespérée de Lee Anderson ; c'est évidemment le jazz qui justifie les centaines de textes sur le jazz où la joie d'écouter, de juger, de s'indigner et de s'enthousiasmer, de rire et d'écrire, éclate à chaque page.

Dans cet art né outre-Atlantique de l'oppression, « créé par les Noirs [...] pour s'évader d'un ensemble de brimades raciales», musique de cafard

* *Fragment cité in* Arnaud, *op. cit. ; 377.*

*qui devient chant triomphal de liberté**, *Vian trouve le goût de la vie malgré tout, la force du sursaut et de la fraternité, le rire du condamné, la joie de l'éphémère irremplaçable. Bix Beiderbecke, trompette blanc mort à vingt-sept ans, mais dont la joie de jouer pour des improvisations éminemment éphémères mais chaleureuses fut transposée dans* Le Jeune Homme à la trompette *— traduit par Vian en 1951 — corrobore celui-ci dans sa « philosophie » de la gratuité angoissante et de la fête urgente : quelques notes résonnent entre frères musiciens, conjurent tous les esclavages et même la mort imminente ; les dernières paroles mises par Dorothy Baker dans la bouche de son héros romanesque ne nous renvoient-elles pas au sourire retenu de Boris, à la désinvolture de son humour :*

> « *[Le musicien] joue son petit air, et c'est fini, et lui seul sait ce qu'il y a mis. C'est triste — mais tout est comme ça* [...]. *La seule vérité, en fin de compte, c'est de mener une vie passionnée, même si elle se rebelle et vous frappe au visage* » ?**

Cette inspiration du jazz, qu'il soit New Orleans *ou be-bop, me semble justement et précisément renouveler l'intérêt de Boris Vian aujourd'hui, car après une ou deux décennies où le jazz, aux U.S.A. et dans le monde, fut remplacé dans les faveurs du jeune public par la « fusion » à base d'électronique, les critiques américains notent un retour en force de la musique noire avec la renommée sinon la gloire récemment atteinte par toute une génération de jeunes Américains au talent prodigieux, nourris aux styles de King Oliver, Louis Armstrong, Duke Ellington, Dizzy Gillespie, Charlie Parker et autres John Coltrane, autant que rompus souvent à la musique classique ou moderne. Le cinéma a naguère manifesté la nostalgie du jazz et tenté de le glorifier mais c'est un véritable nouveau* Revival *qu'offre la fin des années quatre-vingts ; la dernière décennie du siècle s'éveille encore avec les harmonies bouleversantes des Afro-Américains****. *Or, au cœur même de ce siècle, Vian apparaît comme l'écrivain qui s'est le plus enrichi du jazz — style, rythme, thèmes, tonalités, mystique même.*

Suggérerai-je au passage un rapprochement avec Woody Allen, dont la

* Texte *cité* in *Arnaud,* op. cit. ; *225.*
** *D. Baker,* Le Jeune Homme à la trompette, *traduit par Boris Vian, Paris, Gallimard, « Folio », 1951 ; 217.*
*** « *The New Jazz Age — Horns of Plenty* », Time, *oct. 22, 1990 ; 54-60.*

clarinette lui est bien ce que la «trompinette» fut à Boris Vian ? D'ailleurs, celui-ci n'est-il pas un peu dans la littérature française cette sorte de météore inclassable qu'apparaît celui-là pour le cinéma américain ?

Psychologie sensorielle

Si Vian est oreille, s'il vit par l'oreille, il vit aussi par tous les sens et une psychologie sensorielle nourrit son écriture. Ce qu'on appelle âme n'y est jamais séparée du corps et il est l'héritier ici du grand courant sensible et sensualiste du XVIII[e] siècle, Diderot particulièrement. L'univers de Vian est un univers des sens et s'il aime les mots c'est justement pour leur « chair chaude» caressée par son ami Queneau.*

Les sensations visuelles sont fortes et variées ; elles créent un monde vif et coloré ; beaucoup de lumière et de soleil, en contraste du noir, comme l'atmosphère zébrée de L'Automne à Pékin *; noir de la mort et blanc du néant ; couleurs de l'eau, aussi, transparente ou nuancée de vert ; du rouge, partout : rouge du sang, rouge de « la fleur rouge du jazz** », rouge d'une herbe venue d'ailleurs, rouge de la passion. Les parfums et les odeurs signalent les attirances, raffinées ou sauvages, et les répulsions, s'associent à la séduction et à la passion, provoquent baisers ou morsures, caresses ou tortures. Les sensations tactiles s'apaisent ou s'énervent, mènent à la paix — douceur, velours, chair élastique — ou déclenchent une violence que Vian, jugé si doux et contrôlé dans la vie, fait éclater avec une sorte de rage délectable ou avec le clin d'œil féroce du thriller — l'excès même est preuve d'humour farouche : c'est vrai des Vernon Sullivan mais aussi de son œuvre la plus romantique,* L'Écume des jours, *ou la plus personnelle,* Je voudrais pas crever. *Le goût enfin, baiser, morsure, dégustation, justifie par exemple les plaisirs de la cuisine, scientifiquement raffinée avec Jules Gouffé ou joyeusement pataphysique.*

Le bain sensoriel favorise ainsi la création d'un monde savoureux, poignant certes et bouleversant mais plein d'un charme étrange, comme le passage dans un univers riche et fragile, toujours menacé mais gorgé de sensibilité et de sensualité, émouvant, tel l'océan, espace matriciel qui

* *Queneau, Œuvres complètes I, Paris, Gallimard, «La Pléiade», 1989 ; p. 317.*
** Chroniques de jazz, *U.G.E., 10/18, 1971, p. 169.*

revient en leitmotiv de bien des pages, lieu de paix, de nudité et de beauté — puis fleuve et marécage de la mort.

Cette psychologie sensorielle, qui n'est pas sans rapport avec le behaviorisme signalé plus haut et cher aux écrivains américains des années trente, mène Vian par-delà le rationalisme prétendu si français et le contrôle trop vanté de l'esprit critique. Le meilleur de Vian est justement dans l'excès : excès de l'imaginaire qui nous ouvre un monde magique, un univers de fiction pure ou de science-fiction, excès des situations et des passions, de la douleur et de la violence. C'est l'œuvre d'un poète écorché, comblé par chaque instant de la vie mais hanté par l'usure et pourchassé par la mort comme un animal blessé. En attendant celle-ci, il vante l'amour total, tendresse et sexualité indissociables, l'amitié et la musique noire, la beauté de notre terre et la joie de créer pour les autres, avec la liberté d'un chant d'oiseau.

ANIMATION, CRÉATION ET FANTASTIQUE

Vitalisme et plasticité

Le passage de l'ordinaire au fantastique apparaît d'abord dans le vitalisme et la plasticité ; poussant à la limite artistique l'idée épicurienne ou transformiste d'une vie universelle, Vian opère la transmission de la vie aux objets mêmes et impose au lecteur le mélange des règnes, la personnification des animaux, l'animation des choses, avec parfois la rançon de la chosification des êtres ; il abolit donc la frontière entre vie et matière : la pierre et le bois respirent et évoluent, l'arbre, la fleur, le fruit, les objets quotidiens agissent, l'animal est une personne et tous, à travers hybridation et animation, telle Chloé, la musique-femme-fleur, peuvent semblablement mourir.

Le corps humain, par lui-même, vit certes « en gros » mais surtout « en détail » dès cette existence éphémère et sans attendre la mort, comme pour Diderot ; paupières, moustaches, comédons sont des êtres vivant à leur rythme et avec leur volonté propre. Les yeux « s'éteignent » mais une chevelure peut survivre au feu, indestructible ; les pieds s'enracinent par le charme d'un cliché — « il [le] planta là » (p. 290) — mais toute métaphore peut aussi donner l'indépendance aux membres. Les animaux complices ou concurrents, ont souvent autant de personnalité

que les hommes : souris, chat, chien, cochon, chèvre, vache, cheval affirment leur volonté, leurs désirs ou leur désespoir, vivent le quotidien ou la passion, sont guillotinés ou crucifiés. Le fantastique à la Lewis Carroll féconde le roman ou le théâtre pour adolescents et adultes ; ainsi le Schmürz des Bâtisseurs d'Empire *est-il homme ou animal ? La torture égalise les êtres.*

L'hybridation de la fleur et de la matière inerte, réglisse-mimosa par exemple, annonce celle de l'animal et de la machine qui nous projette dans le monde de fiction scientifique déjà illustré par H.G. Wells et dont le développement passionna Vian après Queneau ; mais dès avant ses découvertes du début des années cinquante, on croise chez celui-là des hommes-animaux — « bête écailleuse » (p. 112), enfants-oiseaux, sirène ou loup-garou — et des êtres artificiels tels la splendide créature forgée par le maréchal-ferrant de L'Arrache-cœur, *le pasteur en kit de* L'Équarrissage pour tous *ou les modèles en série du Dr Schutz dans* Et on tuera tous les affreux, *toutes formes de robots voisins du lapin à pilules, de l'ordinateur amoureux ou du bateau-nèpe.*

Matière vivante, le décor respire, pousse comme une plante, grandit puis vieillit par une vie régressive et se réduit jusqu'au néant, accompagnant ou entraînant l'adolescent épanoui ou l'adulte triomphant vers le cadavre, second fœtus peut-être. Autour du Wolf de L'Herbe rouge, *l'univers palpite, souvenirs étouffants, oxygène raréfié mais aussi nid intime ou océan ensoleillé qui engendre des créatures quasi divines. Les objets, cravate, lit, vitre, réveil, camembert, sentent — et pas seulement ce dernier ! — et agissent : ils se cachent, fuient, se révoltent, trahissent sous le regard lui-même vivant et qui meurt si coupé de l'œil. Les fusils poussent dans la terre nourrie du sang des hommes et fleurissent en roses cruelles. L'or mûrit et la lumière naît et meurt, pieuvre aux bras brillants ou soleil fuyant, épuisé.*

*La formation scientifique et industrielle de Vian enrichit son imagination poétique, comme le prouve la présence de machines magiques : ainsi du chemin de fer, conquérant des grands espaces cinématographiques et qui traverse le roman (*L'Automne à Pékin*), la poésie (« Elle serait là si lourde ») et la chanson (« Rien n'est si bon qu'un wagon ») ; pour un centralien de 1940 et arrière-petit-fils d'un pionnier des chemins de fer, une belle locomotive — rêve de T.G.V. ! — est l'équivalent du supersonique pour celui de 1990, un objet fascinant aux pouvoirs merveilleux qu'il suffit juste de pousser un peu pour le faire*

passer de « l'autre côté », au-delà du miroir ou autre planète ; d'ailleurs les premiers contempteurs de la locomotion à vapeur n'avaient point manqué de situer celle-ci dans le domaine métaphysique, créature proprement diabolique. Symbole et moteur du progrès, la machine devient souvent chez Vian agent de la fatalité, telle encore la locomotive d'Exopotamie ou la « machine » exploratoire de Wolf, instrument d'un destin tragique mais assumé.*

Vers le fantastique

Le jeu du langage n'est-il donc pas gratuit, qui sert au contraire, du verbe à la vie et de la métaphore à la vérité, à composer un monde régi par des forces en lutte, des volontés et des passions opposées. Tantôt l'homme triomphe et impose ses goûts mais plus souvent une volonté supérieure et fatale, tel le fatum *latin ou la* moïra *grecque, fait danser vers la mort les êtres multiples qui peuplent un univers où la dégradation — la mode d'aujourd'hui dirait l'entropie — est la loi la plus implacable, du vivant vers le mort. Monde cohérent mais décalé où l'auteur a plié la « réalité » aux impératifs du rêve tout en lui gardant une précision étrange, monde fantastique aux lois inouïes si fermement fixées que nous entrons, envoûtés, dans ce nouvel espace-temps pour y vivre à notre tour et y rêver ou délirer avec jouissance et désespérance. Toute interprétation réaliste et en un sens rassurante des éléments imaginaires serait absurde, rendant le lecteur étranger à la nécessité fantastique. Dans le monde poétique de Vian, êtres, décors, événements sont parallèles aux nôtres, les mots inventent les choses et l'imaginaire met en place les structures et les détails d'un univers original, clos sur sa propre*

* *Yvonne, mère de Boris, était petite-fille de Louis-Alexandre-Voldémar Ravenez, responsable des chemins de fer vers 1840 et chargé de conseiller les chemins de fer de Russie.*

Du côté des adversaires de la locomotive, voir l'abbé Pierret dans Gazettes de nos campagnes *(1873) : « La seule fumée susceptible d'honorer Dieu est celle de l'encens. C'est pourquoi les immondes crachats de fumée des locomotives des chemins de fer, symbole d'un mécanisme aveugle qui offense le Créateur, ressemblent pour moi à des insultes lancées à la face de Dieu. » (cité in J. Duhamel,* Grand Inventaire du génie français en 365 objets, *Paris, A. Michel, 1990 ; 173).*

N'est-il pas amusant de trouver là un ton et un thème chers au curé de L'Arrache-cœur, *partisan acharné d'une « religion de luxe » ?*

logique et qui fonctionne implacablement comme un rêve éveillé surréaliste, une « hallucination vraie » *.

L'œuvre de Vian ressortit donc bien, il me semble, au fantastique. Ne met-elle pas en doute notre vision du réel pour la remplacer par une autre, née de l'imaginaire et sans certitudes immédiates ? N'est-elle pas l'expression forte d'une vision subjective, créant des histoires « vraies » apparemment étrangères à notre monde mais qui en révèlent le sens ou l'essence ? N'est-elle pas un jeu sur des hypothèses a priori irrationnelles — fleur qui grandit dans un poumon, atmosphère à bandes lumineuses et opaques, machine à remonter le temps intime, guerre mondiale pour distraire quatre généraux puérils, mots pointus qui blessent ou féconds qui enfantent —, jeu qui, par l'art du vertige, nous fait passer là où l'interprétation est logiquement incertaine mais où les intuitions s'avèrent bouleversantes ?

Certaines pages de Vian mettent en place une sorte d'ethnologie fictionnelle dans un territoire lui-même onirique : Exopotamie de L'Automne à Pékin, Carré de L'Herbe rouge, village de L'Arrache-cœur. Même des romans qui se donnent pour plus réalistes par nécessité de genre comme les pseudo-thrillers de Sullivan se déroulent dans une Amérique évidemment mythologique. On pourrait d'ailleurs justifier le subjectivisme de ces territoires de fiction par la présence et l'inspiration constantes qui s'y font jour de quelques obsessions personnelles, mais surtout des pulsions puissantes : fantastique du désir, particulièrement sexuel, et fantastique de la métamorphose.

Mais ce qui rend le fantastique de Vian particulièrement moderne et ce qui fait qu'on hésite à employer cette qualification c'est que, paradoxalement, il intègre les moyens mêmes qui nous rendent étrangers à lui, qui condamnent la croyance magique : l'ironie, l'humour, le sarcasme, la farce et aussi la précision froide dans l'horreur... D'où ce produit inquiétant, instable, pervers peut-être, explosif à coup sûr ; illustration d'une nouvelle esthétique du fantastique, très originale par ses contradictions, l'œuvre de Vian est particulièrement propre à réconcilier le roman avec le surréalisme, parallèlement à d'autres hors du commun, celles de Queneau, de Robbe-Grillet, de Perec...

* *M. Gauthier*, Boris Vian-L'Écume des jours, *Hatier, 1973 ; 105.*

POSITIONS ET PROPOSITIONS :
VERS UNE ÉTHIQUE ?

Boris Vian n'est pas un philosophe, mais tout écrivain de valeur prend position dans le monde qui l'entoure et offre sous forme artistique des propositions morales composant une sorte de philosophie plastique où rien n'est figé et dont l'interprétation est particulièrement libre.

Maître d'indépendance

La première leçon de Vian est d'indépendance. Auteur d'éphémères Chroniques du Menteur *dans* Les Temps modernes, *il revendique le droit à la légèreté humoristique, à la contradiction, à l'anarchisme, à l'individualisme. Ingénieur, il est plus fasciné par l'*homo mechanicus *que par l'*homo alienatus, *et son* Traité de civisme, *posthume et inachevé, révèle une tentation technocratique assurément discutable mais fort originale à l'époque.*

*Boris Vian garde vif, vert et intact son esprit critique envers toute doctrine organisée et érigée en dogme. Il est par exemple l'un des rares écrivains de son temps qui n'ait pas à faire amende honorable de penchants ou convictions marxistes-léninistes, non plus que d'une soumission servile au freudisme ni à quelque religion que ce soit. Toute son œuvre témoigne d'une attention aux problèmes tels qu'ils se posent à l'homme du XXᵉ siècle, mais avec une indépendance de réflexion absolue à la fois caractéristique des grands moralistes depuis Montaigne et propre aux amateurs de Pataphysique pour qui, seul, le particulier existe et qui donc refusent tout dogme, toute recette philosophico-politique définitive et globalisante. L'*Herbe rouge *est un pamphlet contre la psychanalyse, mais cette auto-analyse de Wolf, sauvage et destructrice, n'en est pas moins le révélateur de son insatisfaction absolue et le catalyseur de son entreprise suicidaire. L'*Écume des jours *affirme une conscience aiguë du travail déshumanisant mais ne propose point de solution ouvrant vers des lendemains rouges qui chantent. La religion est démystifiée et l'Église constamment ridiculisée, mais sa contribution au spectacle divertissant et une conception tonique et joyeuse des pratiques de la foi, illustrée par Petitjean ou Claude Léon, trouve sa place parmi les activités intéressantes ; le thème du rachat et du salut est traité soit comme un jeu — punition, indulgence, pardon, chantage — soit comme*

le recours d'un psychanalyste vide, Jacquemort, qui se veut utile pour s'auto-justifier. Seules l'armée et la guerre provoquent chez Vian un rejet absolu, clair et constant, propre à ce civil déterminé.

Nul décisif ni clair engagement, donc, dans son œuvre; point de message; il ne construit ni ne prône le moindre système: foin de la littérature du sérieux à tout prix! Cela m'amène à juger à nouveau les relations de Vian avec Sartre. Au risque de contredire des amis ou exégètes de l'un et de l'autre, je dirai qu'à mes yeux le divorce éclate dès L'Écume des jours, *en dépit d'un intérêt évident pour un maître qui soutient d'ailleurs le jeune écrivain. Certes, ce roman ridiculise le pseudo-culte existentialiste, mais enfin «Jean-Sol Partre» — qui n'est pas Sartre, mais s'en inspire — est un portrait satirique que je trouve féroce sous ses aspects comiques: il ne pense pas, ou à peine, est «capable d'écrire n'importe quoi, sur n'importe quel sujet, et avec quelle précision.» (p. 186): que voilà un compliment flatteur! Très peu d'affinités en fait entre Boris et Jean-Paul, ce qu'ont révélé les rares rencontres postérieures au divorce de celui-là*. Mais déjà en 1947: que l'on compare dans les* Cantilènes en gelée *les poèmes dédiés à Queneau et ceux dédiés à Sartre ou Beauvoir, et on pourra juger immédiatement la distance entre complicité et fraternité d'une part et de l'autre désinvolture totale ou excès parodique de sadisme; on se demande comment l'auteur du* Deuxième Sexe *a pu recevoir la rage antiféministe des «Mers de Chine» dépassant par l'horreur burlesque les pires scènes de* J'irai cracher sur vos tombes. *Et dire que c'est sur ce poème-canular qu'on fonde la misogynie de Vian!*

L'homme et la femme

Gaulois, Vian l'est assurément lorsqu'il fait un clin d'œil ironique par son excès même au thème satirique de la femme inférieure. Quant à la haine ou la terreur de la femme qu'offrent parfois ses personnages, il est possible qu'elle soit nourrie par des conduites féminines justement dénoncées par S. de Beauvoir comme signes d'une aliénation de celle-là. Certes, l'accusation de misogynie semble justifiée par des œuvres où la femme est un objet à détruire ou un être à haïr: ainsi de la vengeance de Lee Anderson, dans J'irai cracher sur vos tombes, *où l'injustice est*

* G. Pestureau, Dictionnaire Vian, *Bourgois, 1985; 312-313. N. Arnaud, op. cit.; 383-388, M. Rybalka, op. cit.; 83-97.*

évidente de faire payer aux femmes le racisme des mâles; faudrait-il prendre Lee pour un modèle? La misogynie de Vernon Sullivan se rattache précisément à celle qui est courante dans le thriller américain; deux interprétations sont alors possibles à la condamnation de la femme — qui n'apparaît pas ou peu, d'ailleurs, dans Et on tuera tous les affreux *—: Vian utilise un stéréotype du genre pour mieux « faire américain » et « vendre sa salade »; ou bien, dissimulé (mal) sous son pseudonyme, exprimerait-il une obsession personnelle que les femmes de sa vie seraient parfois tentées de corroborer? N'oublions pas non plus une hybridation du genre américain avec le thème gaulois et satirique de la femme méprisable ou masochiste — voir Molière — auquel Vian me semble souvent faire un clin d'œil ironique par l'outrance même: à ceci se rattache la chanson parodique « Fais-moi mal, Johnny! »: mâles gaulois et amerlauds, même combat! Je pense que se rattachent aussi à cette vision stéréotypée et parodique de la sexualité les lesbiennes d'*Elles se rendent pas compte, *partageant le ridicule de la plupart des pédérastes présents au fil de l'œuvre: le reproche le plus sérieux que leur fait Vian est d'être « aussi limités qu'un bonhomme inscrit à un parti politique » (p. 383), alors que lui-même s'entendait fort bien dans la vie et le travail avec des homosexuels.*

Hors Sullivan, on retient le mépris grossier exprimé par Angel à l'égard des femmes: or, au paroxysme de la folie jalouse qui va le conduire au meurtre de son ami et rival, il généralise sa colère envers une femme, Rochelle, qu'il tente de détruire à ses propres yeux pour se guérir d'elle. Le même Angel revient dans L'Arrache-cœur *auprès d'une épouse castratrice, mère abusive et geôlière qui illustre parfaitement la psychose maternelle. Elle peut faire certes un bon argument de misogynie. Mais voit-on que les hommes soient mieux traités au long de l'œuvre, de Chick effectivement fou de Partre au point de chasser la plus belle, la plus dynamique, la plus discrète et la plus aimante des jeunes filles, à tous ces suicidés en puissance qui refusent le salut de la femme-fée et tous ces égocentristes machos incapables de communiquer et d'aimer — sinon eux-mêmes?*

Car lors même que Vian offre des images jugées misogynes, il crée aussi, de L'Écume des jours *à* L'Herbe rouge, *un tout autre visage de la femme, séduisant et chaleureux, amoureux et souvent tonique, reflet d'une vision de l'autre sexe beaucoup plus nuancée et souvent positive. L'amour, pour ces femmes, n'est pas seulement désir de possession mais offrande de perfection sensible et même de sacrifice de soi, ouverture*

vers la simplicité du bonheur, tentative désespérée de communication et de salut. La femme est musique et beauté comme Alise née du boogie ou Chloé, blues incarné ; celle-là se bat pour sauver qui elle aime, jusqu'au meurtre et à la mort — mais sa chevelure blonde triomphe ; celle-ci est perfection éphémère comme l'improvisation de jazz, l'amour en fleur, la passion et la tendresse humaines. Lil et Folavril, tout à la fois couleurs, parfums et musiques, représentent l'équilibre et l'amour vrai, la vocation du bonheur refusée par leurs mari et amant qu'elles ne peuvent soustraire à leur conscience malheureuse ni à leur pulsion de suicide. Au solipsisme, à la bêtise, aux préjugés et à l'orgueil de l'homme s'opposent le naturel et la générosité de la femme. Dans Les Bâtisseurs d'Empire *enfin, la jeune fille est le seul être pur et authentique tandis que la bonne témoigne de la révolte contre le père qui accumule et concentre bêtise, vanité, cruauté et couardise : plutôt misanthrope ou « misandre », Boris Vian ! Et surtout lucide.*

Si Vian, mettant en scène sous forme fictionnelle l'impossibilité de l'homme et de la femme de vivre ensemble et son doute sur des relations sentimentales vraies et heureuses, nous dit souvent que le couple est une aberration, n'est-ce pas quasiment une banalité — mais inépuisable ! —, un constat moral récurrent, douloureusement ou comiquement illustré selon les artistes, et si brillamment par exemple dans les comédies de Shakespeare : Le Songe *d'une nuit d'été ne mêle-t-il pas justement sexe et féerie, quotidien et fantastique, humour, angoisse et désespoir ?*

Individu et société

Auprès de la guerre des peuples ou des sexes, il est un domaine où Vian tente pourtant d'offrir une critique organisée et un système utopique : les rapports de l'homme et de la société. Il illustre souvent le thème de l'esclavage artisanal, bureaucratique et industriel. Contrairement à presque tous les écrivains français — professeurs, journalistes, chroniqueurs... —, n'a-t-il pas vécu personnellement l'expérience du monde du travail régulier, déshumanisant ? Un « Piston » — élève de l'École centrale — ne peut rester étranger au monde de l'usine : ingénieur-bureaucrate, il a surtout connu le rythme des heures mécaniques de présence, des paperasses accumulées, des rapports inutiles. L'exploitation économique prend alors place dans une plus vaste exploitation, un système d'esclavage et de domination-soumission dénoncé et reflété en fiction

tout au long de l'œuvre. Mais l'imaginaire poétique évite toute interprétation unique de ses métaphores ou des épisodes de tonalité sociale et c'est bien la supériorité de l'art sur la démonstration. Quand il essaya au contraire de composer un Traité de civisme *sur une théorie des relations de l'homme à la société, il alla vers l'échec et l'impossibilité d'atteindre une solution convaincante, sinon une sorte de rêve technocratique dont il pourrait constater aujourd'hui l'incapacité à résoudre les problèmes sociaux et à apporter le bonheur. Bien plus entraînante est l'option écologiste avant la lettre présente dans maints textes !*

Le bonheur, c'est bien le grand thème moral de l'œuvre de Vian, le bonheur et la mort. Que de banalités, dira-t-on ! Avec cette différence qu'il offre ces thèmes éternels sur un ton très personnel — et c'est là l'importance du style. Je l'ai dit, l'angoisse de la mort prend un visage grinçant, burlesque ou détaché, mais aussi poignant ; il la traite tantôt par la dérision, tantôt avec une froide cruauté — contraste appris du thriller —, tantôt avec un lyrisme à la Villon : « Quand j'aurai du vent dans mon crâne»... *L'illustration du malheur de vivre inéluctable s'amplifie de* L'Écume des jours *à* L'Arrache-cœur *où, dès les premières pages, les douleurs atroces du triple accouchement ouvrent un univers de géhenne et de divorce, de honte, de cruauté et de crime ; elle s'accélère aussi de* Cantilènes en gelée *à* Je voudrais pas crever *et même une chanson comique comme* « Rock-Monsieur» *finit en désastre. L'homme absurde devient chez Vian l'homme désespéré qui ose le rire de la farce ou le rictus de l'humour —* «A jest with a sad brow»...

Que pèse le bonheur auprès de cela ? Il pèse les lois du cœur, les forces de l'imaginaire et du désir. Il pèse le jazz, musique de détresse et de transe devenue musique de joie, transmise de génération en génération par un peuple esclave, les marginaux, les souffrants, les inquiets — les sauvés enfin, le temps de cinq minutes d'improvisation collective, le temps d'un disque qui transforme le cube en sphère. Il pèse l'amour et la femme, certes inquiétante et étrangère pour l'homme, mais aussi glorifiée comme par les surréalistes. Il pèse la beauté du monde sensible — et L'Arrache-cœur *dénonce l'horreur du massacre d'arbres vivants, reliant Ronsard à nos* « Verts» —; *il chante la mer infinie et le ciel insondable...*

Goûter la terre, aimer le monde... Michel Rybalka l'a bien dit : « Comme

Rimbaud, Boris Vian se préoccupe moins de changer le monde que de vouloir changer la vie», et il cite notre auteur : « intensifier la vie». La lecture de cette œuvre me semble y mener tout droit, par des voies délicieusement labyrinthiques.*

Gilbert Pestureau.

* *Rybalka*, op. cit. ; *82.*

Bibliographie

ŒUVRES DE BORIS VIAN

Entre parenthèses figure la date certaine ou probable de composition.
Vient ensuite la date de l'édition originale, et enfin la ou les dernières
publications les plus accessibles.

J'irai cracher sur vos tombes (1946), Scorpion, 1946 ; U.G.E., 10/18,
1983.

Vercoquin et le plancton (1943-1945), Gallimard, 1946 ; Gallimard, Folio,
1973.

L'Écume des jours (1946), Gallimard, 1947 ; U.G.E., 10/18, 1963 ;
Bourgois, 1975.

Les morts ont tous la même peau (1947), Scorpion, 1947 ; U.G.E., 10/18,
1972.

L'Automne à Pékin (1946), Scorpion, 1947 ; Bourgois, 1983 ; Minuit,
1987.

Barnum's Digest (1946-1948), Aux Deux Menteurs, 1948 ; in *Cantilènes
en gelée*, U.G.E., 10/18, 1972.

Et on tuera tous les affreux (1948), Scorpion, 1948 ; U.G.E., 10/18, 1970 ;
Bourgois, 1975.

Cantilènes en gelée (1946-1949), Rougerie, 1949 ; U.G.E., 10/18, 1970.

Les Fourmis (1944-1947), Scorpion, 1949 ; U.G.E., 10/18, 1970 ; Bourgois,
1974.

L'Herbe rouge (1948-1949), Toutain, 1950 ; avec adjonction de trois
nouvelles, *Les Lurettes fourrées* (1948-1949), Poche, 1969 ; Bourgois,
1975

L'Équarrissage pour tous (1947), Toutain, 1950 ; in *Théâtre 1*, U.G.E.,
10/18, 1971.

Elles se rendent pas compte (1948-1950), Scorpion, 1950 ; U.G.E., 10/18,
1974.

L'Arrache-cœur (1947-1951), Vrille, 1953 ; Poche, 1968 ; Bourgois, 1975.

En avant la zizique... et par ici les gros sous, Le Livre contemporain, 1958 ; U.G.E., 10/18, 1971.

Fiesta (livret d'opéra), Heugel, 1958 ; in *Opéras*, Bourgois, 1982.

Les Bâtisseurs d'Empire ou le Schmürz (1957), Collège de 'Pataphysique, 1959 ; L'Arche, 1959.

Je voudrais pas crever (1951-1959), Pauvert, 1962 ; U.G.E., 10/18, 1972.

Le Goûter des généraux (1951), Collège de 'Pataphysique, 1962 ; in *Théâtre 1*, U.G.E., 10/18, 1971.

Le Dernier des métiers (1950), Pauvert, 1965 ; in *Théâtre 1*, U.G.E., 10/18, 1971.

Textes et chansons, Julliard, 1966 ; U.G.E., 10/18, 1969.

Trouble dans les Andains (1942-1943), La Jeune Parque, 1966 ; U.G.E., 10/18, 1970.

Chroniques de jazz (1947-1958), La Jeune Parque, 1967 ; 10/18, 1971.

Le Loup-garou (1945-1953 ?), Bourgois, 1970 ; U.G.E., 10/18, 1972.

Théâtre 1 (*cf.* ci-dessus) et *Théâtre 2* comprenant les inédits *Tête de méduse* (1951), *Série blême* (1954 ?), *Le Chasseur français* (1955), U.G.E., 10/18, 1971.

Chroniques du Menteur (1946-1948), Bourgois, 1974 ; U.G.E., 10/18, 1981.

Le Chevalier de neige (1952-1955), Bourgois, 1974 ; U.G.E., 10,18, 1978.

Manuel de Saint-Germain-des-Prés (1950), Chêne, 1974.

Derrière la zizique, Bourgois, 1976 ; U.G.E., 10/18, 1981.

Petits Spectacles (1947-1959), Bourgois, 1977 ; U.G.E., 10/18, 1980.

Cinéma / Science-fiction (1946-1958), Bourgois, 1978 ; U.G.E., 10/18, 1980.

Traité de civisme (1950-1959), présenté par Guy Laforêt, Bourgois, 1979.

Écrits pornographiques (1947-1958 ?), Bourgois, 1980 ; U.G.E., 10/18, 1981.

Écrits sur le jazz, tome 1 (1946-1952), Bourgois, 1981.

Le Ratichon baigneur (1946-1952), Bourgois, 1981 ; U.G.E., 10/18, 1982.

Autres Écrits sur le jazz, tome 2 (1946-1957), Bourgois, 1982.

La Belle Époque (1946-1959), Bourgois, 1982.

Opéras (1958-1959), Bourgois, 1982.

Chansons (1944-1959), Bourgois, 1984.

Cent sonnets (1939-1944), Bourgois, 1984 ; U.G.E., 10/18, 1987.
Rue des Ravissantes (1941-1959), Bourgois, 1989.

N.B. : Pour les traductions signées de Boris Vian, on pourra se reporter à la Bibliographie qui suit l'ouvrage de Noël Arnaud, *Les Vies parallèles de Boris Vian*, signalé ci-dessous, (pp. 490-511).

Ouvrages critiques essentiels

ARNAUD, Noël, *Les Vies parallèles de Boris Vian* (Pauvert, 1966), Bourgois, 1981.

ARNAUD, Noël, *Dossier de l'affaire « J'irai cracher sur vos tombes »*, Bourgois, 1974.

ARNAUD, Noël et BAUDIN, Henri (sous la direction de), *Boris Vian — Colloque de Cerisy*, 1 et 2, U.G.E., 10/18, 1977.

ARNAUD, Noël, D'DÉE, VIAN, Ursula, *Images de Boris Vian*, Horay, 1978.

BAUDIN, Henri, *Boris Vian humoriste*, Presses Universitaires, Grenoble, 1973.

BENS, Jacques, *Boris Vian*, Bordas, 1976.

CLOUZET, Jean, *Boris Vian*, Seghers, 1966.

COSTES, Alain, et cinq collaborateurs, *Lecture plurielle de « L'Écume des jours »*, U.G.E., 10/18, 1979.

DUCHATEAU, Jacques, *Boris Vian ou les Facéties du destin*, La Table ronde, 1982.

FAURE, Michel, *Les Vies posthumes de Boris Vian*, U.G.E., 10/18, 1975.

GAUTHIER, Michel, *L'Écume des jours — Boris Vian*, Hatier, 1973.

Magazine littéraire, numéros spéciaux « Boris Vian » no17, avril 1958 ; no 87, avril 1974 ; no 182, mars 1982 ; no 270, octobre 1989.

NOAKES, David, *Boris Vian*, Éditions Universitaires, 1964.

Obliques, numéro spécial « Boris Vian de A à Z », no 8-9, 1976, 1981.

PESTUREAU, Gilbert, *Boris Vian, les Amerlauds et les Godons*, U.G.E., 10/18, 1978.

PESTUREAU, Gilbert, *Dictionnaire Vian* (dictionnaire des personnages de Boris Vian), Bourgois, 1985.

RYBALKA, Michel, *Boris Vian, essai d'interprétation et de documentation*, Minard, 1969, 1984.

VRÉE, Freddy de, *Boris Vian* (essai), Terrain vague, 1965.

« Boris Vian et ses interprètes » : l'œuvre musicale de B. Vian comprenant de nombreux inédits en 6 disques compacts et 6 cassettes. Polygram, octobre 1991.

Repères biographiques

Il s'agit bien seulement de repères. On peut trouver un résumé biographique très détaillé dans plusieurs ouvrages, outre celui de Noël Arnaud, *Les Vies parallèles de Boris Vian (op. cit.)*, par exemple *Obliques — Boris Vian de A à Z (op. cit.)*, pp. 299-302, et Michel Rybalka, *Boris Vian (op. cit.)*, pp. 175-182. Ajoutons l'ouvrage récent de Philippe Boggio, *Boris Vian* (Flammarion, 1993).

1920 (10 mars) : Naissance à Ville-d'Avray, second fils d'une famille (riche puis ruinée) de quatre enfants.

1932-1935 : Début du rhumatisme cardiaque qui, compliqué d'autres maladies mal soignées, entraînera une maladie de cœur fatale.

1935-1939 : Baccalauréats. « Taupe ». Entrée à l'École centrale des arts et manufactures. Jazz et suprises-parties.

1941 : Mariage avec Michelle Léglise qui l'entraînera en particulier à la traduction de l'anglo-américain.

1942 : Un fils, Patrick. Ingénieur à l'A.F.N.O.R. (Association française de normalisation).

1943 : Trompettiste de jazz amateur. Écrit *Trouble dans les Andains* (publié en 1966).

1944-1945 : Premières publications. Fréquentation de G.Is. *Vercoquin et le plancton* est accepté par Gallimard sur l'instance de Raymond Queneau.

1946 : Ingénieur à l'Office du papier. Rencontre Sartre ; collabore aux *Temps modernes*. Publie sous le pseudonyme de Vernon Sullivan *J'irai cracher sur vos tombes*, best-seller de 1947.

1947 : Publication de *Vercoquin et le plancton*, *L'Écume des jours*, *L'Automne à Pékin* et, signant encore Vernon Sullivan, *Les morts ont tous la même peau*. Trompette au club Tabou. Abandonne le métier d'ingénieur.

1948 : Une fille, Carole. Trompette au Club Saint-Germain-des-Prés. Conférencier. Procès de *J'irai cracher sur vos tombes*. Publication

de *Et on tuera tous les affreux, Barnum's Digest* et de deux traductions de Raymond Chandler.

1949 : Publication de *Cantilènes en gelée* et *Les Fourmis.*

1950 : Représentation de *L'Équarrissage pour tous.* Publication de *L'Herbe rouge* et *Elles se rendent pas compte* (Vernon Sullivan).

1951 : Composition du *Goûter des généraux* (représenté en 1965). Jusqu'en 1953, traductions, parfois alimentaires.

1952 : Divorce. Collège de 'Pataphysique. Composition de l'essentiel de *Je voudrais pas crever.*

1953 : Représentation de l'opéra *Le Chevalier de neige.* Publication de *L'Arrache-cœur.*

1954 : Mariage avec Ursula Kübler. Début de son tour de chant.

1955 : Directeur artistique chez Philips. Composition de nombreuses chansons, scénarios, etc.

1956 : Deuxième version de *L'Automne à Pékin.*

1957 : Composition des *Bâtisseurs d'Empire* (publié et joué en 1959).

1958 : Représentation de l'opéra *Fiesta* à Berlin. Publication d'*En avant la zizique.*

1959 : Rôles au cinéma. Articles, radio, cérémonie pataphysique...

23 juin : mort au début de la pré-projection du film *J'irai cracher sur vos tombes*, réalisé sans lui et même contre son gré.

NOTE SUR CETTE ÉDITION

Depuis trois décennies et souvent dès les éditions originales, le texte des œuvres de Vian a été victime de fautes de détail: coupures — de dialogues en particulier —, mauvaises lectures, simplification des néologismes et jeux de mots, ponctuation erratique, etc. J'ai voulu dans cette édition retrouver un état plus authentique des textes et j'ai donc eu recours, autant que possible, aux manuscrits et dactylogrammes, comparés aux éditions originales. Des erreurs de reproduction sont évidemment intervenues au fil des copies et surtout lors des épreuves; il est clair pour moi que Vian les relisait négligemment et que souvent la meilleure leçon se trouve dans les manuscrits; dans certains cas la correction s'impose, mais ailleurs on peut hésiter. Le choix que j'ai fait après mûre réflexion et comparaison de détail, on peut le discuter mais je l'assume. Je n'ose prétendre que j'offre ici le texte définitif des œuvres retenues, cependant je crois cette édition beaucoup plus fidèle que les précédentes — qui eurent le grand mérite de faire la gloire de l'auteur — à la précision et à la richesse du style, à la sensibilité et à l'invention de Boris Vian, que je prétends servir avant tout. Que le lecteur ne s'étonne pas d'un usage parfois non-conventionnel de la ponctuation: il est propre à Boris Vian.

L'esprit de l'ouvrage était d'offrir une édition rigoureuse d'œuvres variées et distinctives; sous un accès facile, celle-ci doit permettre de lire ce qui est essentiel pour bien connaître et comprendre Boris Vian. J'ai cherché à illustrer au mieux toutes les faces d'une œuvre complexe par les quatre romans essentiels signés Vian et les deux meilleurs, selon maints critiques et lecteurs, de «Sullivan», par des nouvelles parmi les plus réussies et caractéristiques, par deux pièces de théâtre qui, à défaut des Bâtisseurs d'Empire, représentent brillamment l'art du dramaturge, enfin par des poèmes et chansons parmi les meilleurs; le volume se

complète d'une trentaine de textes sur le jazz qui illustrent cette passion de Vian et sa façon si personnelle d'en rendre compte.

J'ai donné les nouvelles dans l'ordre de leur publication en volumes car les dates de composition sont parfois conjecturelles, et les chansons par ordre chronologique de composition.

Gilbert PESTUREAU.

REMERCIEMENTS

Je souhaite témoigner d'abord ma reconnaissance très vive et cordiale aux deux personnes qui ont vécu le plus près de Boris Vian et dont chacune m'honore de son amitié, Michelle Léglise-Vian, son ex-épouse, et Ursula Vian-Kübler, sa veuve.

Michelle Léglise-Vian m'a apporté une foule de réflexions et d'informations précieuses pour les préfaces et les notes et m'a facilité l'accès des manuscrits de la période 1946-1950 qu'elle vient de céder à la Bibliothèque nationale, où j'ai été accueilli et aidé par Mme Callu, directrice du Département des Manuscrits, et Mme Berne, conservateur et responsable du Fonds Vian.

Ursula Vian et Hot d'Dée, présidents de la Fondation Boris-Vian, et Nicole Bertold, secrétaire de celle-ci, m'ont fait profiter de précisions importantes et m'ont ouvert les portes de la Fondation où sont parfaitement classés, outre des documents ayant appartenu à Vian et les éditions originales, la masse des manuscrits des années cinquante et plusieurs manuscrits antérieurs.

J'ai eu la chance de bénéficier des conseils et des connaissances de Robert Carlier qui, de la remise du manuscrit à l'état définitif de ce travail, s'est attaché à le rendre aussi irréprochable que possible. Qu'il soit chaleureusement remercié de cette collaboration exigeante.

Ma gratitude va aussi à Noël Arnaud qui m'a prodigué son soutien dans mes recherches depuis vingt ans et à Christian Bourgois, autre artisan majeur de la connaissance et de la gloire de Vian, qui, après avoir publié mes ouvrages précédents sur Vian, a tout fait pour favoriser cette édition.

Je remercie enfin tous les amis et relations qui m'ont aidé dans cette tâche, particulièrement à compléter des notes certes toujours perfectibles : Jacqueline Bechet, François Caradec, Henri Copin, Thomas Cox, Jean-Claude François, Walter Gray, Gilles Henry, Linda Maître, Michel Mercier, André Peyronie, Claude Rameil, Denise et Maurice Rieuneau, Michel Rybalka, Jean-Pierre Vilquin, Georges Unglik, Ann Wakefield.

Romans

L'ÉCUME DES JOURS

Pour mon Bibi[1]

Le premier roman publié de Vian, Vercoquin et le plancton, *fut terminé au milieu de l'année 1945. Commença-t-il alors à projeter un futur* L'Écume des jours *? Une note de 1949, passée jusqu'ici inaperçue, je crois, révèle que l'intuition essentielle du roman — la révélation d'un air de jazz magique qui s'incarnera dans une belle jeune femme — date de 1943*[*]* ; cependant la composition elle-même doit être datée de fin 1945 à mars 1946. Les notes préparatoires à son œuvre la plus célèbre révèlent que l'inspiration se teinte aussi de jeu de mots, puisqu'il s'agit de l'histoire de « Zin(Zolin) »*[**]*. L'essentiel de l'intrigue est acquis d'emblée : le jeune homme riche, danseur, amoureux ; la très jolie jeune fille malade ; l'horreur du travail ; la mort. Des éléments importants aussi : le passage du nom de Zin ou Zolin à Colin, le nénuphar, l'île-cimetière, la passion du collectionneur de livres, l'apparition de Jean-Sol Partre, une préface insistant sur le tragique passage de l'adolescence insouciante à l'âge du mariage et de la responsabilité. Un second groupe de notes nomme les personnages — dont Chloé — et précise nombre d'épisodes et de détails définitifs.*

Dès lors s'opèrent le croisement et la fécondation de maintes inspirations caractéristiques d'un esprit cultivé, ouvert, alerte, à la fois tonique et amer : la vie certes — adieux à l'insouciante jeunesse, amour et mariage, maladie et opération de Michelle, monde terrifiant du travail répétitif ou destructeur, nécessité de gagner sa vie — ; des lectures de toutes sortes — Faulkner avec en particulier Moustiques, *les bayous et*

[]* *Voir dans* Sur le jazz, *p. 1274, un texte écrit en 1949 pour* Jazz News *et qui évoque le coup de foudre de 1943 pour le chorus central de* Chlo-E, *certes velouté et sensuel, du saxo-ténor Ben Webster.*

*[**]* *Cf. Rybalka,* Boris Vian, *Minard, 1984 ; 209-10, et* Lecture plurielle de L'Écume des jours, *UGE, 10/18, 1979 ; 13-26.*

marais du bas-Mississippi, les fleurs vénéneuses; P. G. Wodehouse et son
butler *Jeeves; Lewis Carroll, Raymond Queneau, Mac Orlan... — ; le
cinéma américain, comédies musicales, films burlesques, dessins
animés; le jazz surtout dont la présence est non seulement évidente mais
fondamentale pour l'interprétation :* style New Orleans *puis enthou-
siasme jamais démenti pour le « Duke», Edward Kennedy Ellington, qui
n'a pas seulement soufflé à notre auteur le prénom poétique et mythique,
Chloë*.*

L'Écume des jours *fut rédigé au dos d'imprimés de l'AFNOR
(Association française de normalisation) où travaillait alors Vian** et le
manuscrit est daté du « 10 mars 1946» — vingt-sixième anniversaire de
l'auteur — mais comme les lieux de composition indiqués sont
fantaisistes — La Nouvelle-Orléans, Memphis, Davenport, alors que Vian
n'est jamais allé aux États-Unis —, on ne peut faire confiance ici au
« Menteur» qu'il aimait être. Le mois de mars 1946 est cependant
vraisemblable puisque Sartre et S. de Beauvoir ont eu le manuscrit en
mains en mai 1946 pour en publier des fragments dans* Les Temps
modernes *d'octobre suivant (Nᵒ 13, 30-61). L'édition originale parut
chez Gallimard/NRF le 20 mars 1947.*

RÉCEPTION

*Soutenu par Raymond Queneau, secrétaire général des éditions
Gallimard, ami déjà et bientôt complice en 'Pataphysique, par Jacques
Lemarchand et Jean-Paul Sartre, le manuscrit du roman avait été
présenté au Prix de la Pléiade mais le jury lui préféra finalement l'œuvre
du candidat de Malraux, Jean Grosjean, poète biblique. La déception de
Vian fut grande et cette décision changea sans doute tout l'avenir de son
œuvre. Ses « vrais» romans dont ce chef-d'œuvre furent en effet occultés
bientôt par ceux de « Vernon Sullivan» et Gallimard cessa de le publier.
En dépit du soutien des* Temps modernes, *cette première grande œuvre
passa à peu près inaperçue.*

Il fallut attendre la réédition de Jean-Jacques Pauvert puis de la

* *Cf.* Pestureau, Boris Vian, les Amerlauds et les Godons, *UGE, 10/18; 186-
188, 242, 413-419.*

** *Les fiches AFNOR concernées portent sur « Profilés», « Extincteurs à poudre»,
« Bandes plates», « Extraits et purées de tomates», et enfin, c'est logique, « Lits et
sommiers» ! Peut-être faudra-t-il un jour faire une étude de* L'Écume des jours *en
fonction de l'inspiration de ces pittoresques rubriques ?!*

collection 10/18 en 1963 pour que L'Écume des jours *devienne l'extraordinaire succès de librairie qu'il est encore. Le Club Français du Livre publia une édition reliée en 1965 puis Christian Bourgois poursuivit les tirages de 10/18, dont c'est un des plus constants succès, et publia une édition C. Bourgois en 1975. Un film fut réalisé en 1968 par Charles Belmont avant maintes adaptations théâtrales et même un opéra hélas raté. Il est certain que ce roman est l'un des plus connus des adolescents d'hier et d'aujourd'hui.*

ORIGINALITÉ ET SÉDUCTION DU ROMAN

Deux surprises, dans le roman de Colin et Chloé. D'abord les histoires de couple sont généralement pathétiques par les obstacles mis à la réalisation de l'amour et singulièrement du mariage ; ici, c'est après le mariage que le malheur croît et se déchaîne. Justement — deuxième originalité — d'ordinaire les histoires d'amour qui finissent mal ne finissent pas complètement *mal : des personnages survivent, les décors resserviront, les animaux préférés se consoleront auprès d'autres maîtres. Rien de cela ici et c'est la dimension tragique de cette fiction ; le destin, la puissance de la fatalité s'attaquent par une ironie proprement tragique à tous les êtres jeunes et beaux, à l'appartement qui se décompose avant de disparaître, à la petite souris condamnée à la fin par des êtres innocents mais précisément aveugles, comme la Fortune. Le pathétique s'élève au tragique : nul espoir, nul salut, une cruauté toujours menaçante ou agissante, la machine infernale de la maladie, de la folie, du crime, du suicide...*

Mais l'originalité suprême et même l'unicité de cette œuvre est dans la modernité de cette fatalité. Ce roman d'amour, Vian nous le dit d'emblée, est roman du jazz, roman-jazz. Après l'ouverture au pianocktail, voici qu'apparaît Alise, enfant du boogie-woogie ; Chloé, elle, naît tout armée — de beauté fragile, de passion menacée — d'un blues du Duke ; enfin, après maintes références musicales, les villes prétendues de composition sont les hauts lieux du jazz : ils bouclent le cycle romanesque et musical à la fois. Or, est-il besoin de rappeler que le jazz, même quand il est gai, plonge ses racines dans l'esclavage, le malheur, les tortures et la mort ? Ainsi « le plus poignant des romans d'amour*

* *Une distinction à la mode qui met le* blues *hors du jazz est évidemment absurde : le blues est une forme du jazz, de toute origine, et le demeure.*

contemporains» (R. Queneau) écrit-il le chant désespéré du blues noir, transposant en littérature le style jungle du Duke des années quarante : vie lumineuse et moiteur étouffante, harmonies brillantes, solaires et résonances mélancoliques, inquiétantes, sinistres. Un réseau complexe d'images et de significations renforce cette inspiration fondamentale et mène le monde brillant et euphorique du début vers la dégradation inéluctable, vers un espace pourrissant, délétère, envahi par l'eau et complétant le nénuphar létal et faulknérien de Chloé. Baigné d'une mythologie à la fois grecque et américaine — double valeur du nom Chloé, malédiction et perte du paradis, fatalité antique et détresse moderne — L'Écume des jours envoûte par le mélange d'innocence et de violence, de sensualité pure sublimée par le jazz et de la double malédiction de l'argent et du travail servile ou destructeur.

Après des pochades pour les copains, Vian écrit ici sa première œuvre poétique vraie et forte. À travers des êtres jeunes, frères mais fortement différenciés — dynamique Alise et Chloé qui s'abandonne, Colin voué à l'amour et Chick maniaque de Partre, Isis médiatrice du destin et Nicolas qui échappe à peine au monde de l'adolescence —, apparaissent tous les thèmes essentiels analysés précédemment : une société maudite de travail-esclavage, d'argent, de police, d'armée, d'église ; le vitalisme propre à son imaginaire — pierre vivante, lapin-machine, plante-fusil, souris-âme, femme-fleur — ; l'univers fantastique qu'il nous rend naturel. L'écriture pose d'emblée ce style qui transforme l'horreur en beauté, en burlesque ou en loufoque, et l'humour noir est le comique du désespoir. La poésie du rythme — heptasyllabe fondamental des chapitres XVI et XXXII, alexandrins blancs du chapitre LXIII —, des harmonies et des images côtoie la caricature et la satire, avec une sorte d'invidualisme anarchiste.

Ce roman, première œuvre accomplie de l'auteur et coup de maître posthume, a justement inspiré de multiples interprétations, depuis des analyses très classiques jusqu'à des délires individuels en passant par telle astucieuse psycho-lecture — une histoire racontée dans la chambre des enfants après l'expulsion des parents, et qui, tournant la censure, évite le scabreux par le recours au cocasse. Sa valeur est annoncée dès l'Avant-propos par la proclamation sans ambages de la primauté de l'imaginaire, de la puissance de la poésie, de la fusion possible entre musique et littérature, du triomphe du rêve. L'Écume des jours ne serait-il pas alors le grand roman capable de réconcilier les tenants du surréalisme avec un genre qu'ils condamnaient ? C'est en tout cas l'un des plus grands

succès de librairie pour la littérature française contemporaine, le roman-phare de Boris Vian, tout baigné d'humour et de jazz, écume dorée, tremblante et fragile de nos jours sensuels et menacés qui s'enfuient.*

G. P.

* L'Écume des jours *est maintenant offert dans une nouvelle édition critique (G. Pestureau, M. Rybalka), avec un texte sensiblement différent dans le détail par retour plus fidèle et systématique au texte manuscrit (Christian Bourgois, 1994).*

AVANT-PROPOS

Dans la vie, l'essentiel est de porter sur tout des jugements *a priori*. Il apparaît en effet que les masses ont tort, et les individus toujours raison. Il faut se garder d'en déduire des règles de conduite : elles ne doivent pas avoir besoin d'être formulées pour qu'on les suive. Il y a seulement deux choses : c'est l'amour, de toutes les façons, avec des jolies filles, et la musique de La Nouvelle-Orléans ou de Duke Ellington. Le reste devrait disparaître, car le reste est laid, et les quelques pages de démonstration qui suivent tirent toute leur force du fait que l'histoire est entièrement vraie, puisque je l'ai imaginée d'un bout à l'autre. Sa réalisation matérielle proprement dite consiste essentiellement en une projection de la réalité, en atmosphère biaise et chauffée, sur un plan de référence irrégulièrement ondulé et présentant de la distorsion. On le voit, c'est un procédé avouable, s'il en fut.

La Nouvelle-Orléans[2].
10 mars 1946.

I

. Colin terminait sa toilette. Il s'était enveloppé, au sortir du bain, d'une ample serviette de tissu bouclé dont seuls ses jambes et son torse dépassaient. Il prit à l'étagère de verre le vaporisateur et pulvérisa l'huile fluide et odorante sur ses cheveux clairs. Son peigne d'ambre divisa la masse soyeuse en longs filets orange pareils aux sillons que le gai laboureur trace à l'aide d'une fourchette dans de la confiture d'abricots. Colin reposa le peigne et, s'armant du coupe-ongles, tailla en biseau les coins de ses paupières mates, pour donner du mystère à son regard. Il devait recommencer souvent, car elles repoussaient vite. Il alluma la petite lampe du miroir grossissant et s'en rapprocha pour vérifier l'état de son épiderme. Quelques comédons saillaient aux alentours des ailes du nez. En se voyant si laids dans le miroir grossissant, ils rentrèrent prestement sous la peau et, satisfait, Colin éteignit la lampe. Il détacha la serviette qui lui ceignait les reins et passa l'un des coins entre ses doigts de pied pour absorber les dernières traces d'humidité. Dans la glace, on pouvait voir à qui il ressemblait, le blond qui joue le rôle de Slim dans *Hollywood Canteen*³. Sa tête était ronde, ses oreilles petites, son nez droit, son teint doré. Il souriait souvent d'un sourire de bébé, et, à force, cela lui avait fait venir une fossette au menton. Il était assez grand, mince avec de longues jambes, et très gentil. Le nom de Colin lui convenait à peu près. Il parlait doucement aux filles et joyeusement aux garçons. Il était presque toujours de bonne humeur, le reste du temps il dormait.

Il vida son bain en perçant un trou dans le fond de la baignoire. Le sol de la salle de bains, dallé de grès cérame jaune clair, était en pente et orientait l'eau vers un orifice situé juste au-dessus du bureau du locataire de l'étage inférieur. Depuis peu, sans prévenir Colin, celui-ci avait changé son bureau de pièce. Maintenant, l'eau tombait sur son garde-manger.

Il glissa ses pieds dans des sandales de cuir de roussette et revêtit un

élégant costume d'intérieur, pantalon de velours à côtes vert d'eau très profonde et veston de calmande noisette. Il accrocha la serviette au séchoir, posa le tapis de bain sur le bord de la baignoire et le saupoudra de gros sel afin qu'il dégorgeât toute l'eau contenue. Le tapis se mit à baver en faisant des grappes de petites bulles savonneuses.

Il sortit de la salle de bains et se dirigea vers la cuisine, afin de surveiller les derniers préparatifs du repas. Comme tous les lundis soir, Chick[4] venait dîner, il habitait tout près. On n'était encore que samedi, mais Colin se sentait l'envie de voir Chick et de lui faire goûter le menu élaboré avec une joie sereine par Nicolas[5], son nouveau cuisinier. Chick, comme lui célibataire, avait le même âge que Colin, vingt-deux ans, et des goûts littéraires comme lui mais moins d'argent. Colin possédait une fortune suffisante pour vivre convenablement sans travailler pour les autres. Chick, lui, devait aller tous les huit jours au ministère, voir son oncle et lui emprunter de l'argent, car son métier d'ingénieur ne lui rapportait pas de quoi se maintenir au niveau des ouvriers qu'il commandait, et c'est difficile de commander à des gens mieux habillés et mieux nourris que soi-même. Colin l'aidait de son mieux en l'invitant à dîner toutes les fois qu'il le pouvait, mais l'orgueil de Chick l'obligeait d'être prudent, et de ne pas montrer, par des faveurs trop fréquentes, qu'il entendait lui venir en aide.

Le couloir de la cuisine était clair, vitré des deux côtés, et un soleil brillait de chaque côté, car Colin aimait la lumière. Il y avait des robinets de laiton soigneusement astiqués un peu partout. Les jeux des soleils sur les robinets produisaient des effets féeriques. Les souris de la cuisine aimaient danser au son des chocs des rayons de soleil sur les robinets, et couraient après les petites boules que formaient les rayons en achevant de se pulvériser sur le sol, comme des jets de mercure jaune. Colin caressa une des souris en passant, elle avait de très longues moustaches noires, elle était grise et mince et lustrée à miracle. Le cuisinier les nourrissait très bien sans les laisser grossir trop. Les souris ne faisaient pas de bruit dans la journée et jouaient seulement dans le couloir.

Colin poussa la porte émaillée de la cuisine. Le cuisinier Nicolas surveillait son tableau de bord. Il était assis devant un pupitre également émaillé de jaune clair et qui portait des cadrans correspondant aux divers appareils culinaires alignés le long des murs. L'aiguille du four électrique, réglé pour la dinde rôtie, oscillait entre «presque» et «à point». Il allait être temps de la retirer. Nicolas pressa un bouton vert, ce qui déclenchait le palpeur sensitif. Celui-ci pénétra sans rencontrer de

résistance, et l'aiguille atteignit « à point », à ce moment. D'un geste rapide, Nicolas coupa le courant du four et mit en marche le chauffe-assiettes.

— Ce sera bon ? demanda Colin.

— Monsieur peut en être sûr ! affirma Nicolas. La dinde était parfaitement calibrée.

— Quelle entrée avez-vous préparée ?

— Mon Dieu, dit Nicolas, pour une fois, je n'ai rien innové. Je me suis borné à plagier Gouffé[6].

— Vous eussiez pu choisir un plus mauvais maître ! remarqua Colin. Et quelle partie de son œuvre allez-vous reproduire ?

— Il en est question à la page 638 de son *Livre de cuisine*. Je vais lire à Monsieur le passage en question.

Colin s'assit sur un tabouret au siège capitonné de caoutchouc alvéolé, sous une soie huilée assortie à la couleur des murs, et Nicolas commença en ces termes :

— Faites une croûte de pâté chaud comme entrée. Préparez une grosse anguille que vous couperez en tronçons de trois centimètres. Mettez les tronçons d'anguille dans une casserole, avec vin blanc, sel et poivre, oignons en lames, persil en branches, thym et laurier et une petite pointe d'ail.

— Je n'ai pas pu l'aiguiser comme j'aurais voulu, dit Nicolas, la meule est trop usée.

— Je la ferai changer, dit Colin.

Nicolas continua :

— Faites cuire. Retirez l'anguille de la casserole et remettez-la dans un plat à sauter. Passez la cuisson au tamis de soie, ajoutez de l'espagnole et faites réduire jusqu'à ce que la sauce masque la cuillère. Passez à l'étamine, couvrez l'anguille de sauce et faites bouillir pendant deux minutes. Dressez l'anguille dans le pâté. Formez un cordon de champignons tournés sur le bord de la croûte, mettez un bouquet de laitances de carpes au milieu. Saucez avec la partie de la sauce que vous avez réservée.

— D'accord, approuva Colin. Je pense que Chick aimera ça.

— Je n'ai pas l'avantage de connaître Monsieur Chick, conclut Nicolas, mais s'il ne l'aime pas, je ferai autre chose la prochaine fois, et cela me permettra de situer, avec une quasi-certitude, l'ordre spatial de ses goûts et dégoûts.

— Voui!... dit Colin. Je vous quitte, Nicolas. Je vais m'occuper du couvert.

Il prit le couloir dans l'autre sens et traversa l'office pour aboutir à la salle à manger-studio, dont le tapis bleu pâle et les murs beige-rose étaient un repos pour les yeux ouverts.

La pièce, de quatre mètres sur cinq environ, prenait jour sur l'avenue Louis-Armstrong[7] par deux baies allongées. Des glaces sans tain coulissaient sur les côtés et permettaient d'introduire les odeurs du printemps lorsqu'il s'en rencontrait à l'extérieur. Du côté opposé, une table de chêne souple occupait l'un des coins de la pièce. Deux banquettes à angle droit correspondaient à deux des côtés de la table et des chaises assorties à coussins de maroquin bleu garnissaient les deux côtés libres. Le mobilier de cette pièce comprenait, en outre, un long meuble bas aménagé en discothèque, un pick-up du plus fort module et un meuble, symétrique du premier, contenant les lance-pierres, les assiettes, les verres et les autres ustensiles que l'on utilise pour manger chez les civilisés.

Colin choisit une nappe bleu clair assortie au tapis. Il disposa, au centre dc la table, un surtout formé d'un bocal de formol à l'intérieur duquel deux embryons de poulet semblaient mimer le *Spectre de la Rose*, dans la chorégraphie de Nijinsky[8]. À l'entour, quelques branches de mimosa en lanières : un jardinier de ses amis l'obtenait par croisement du mimosa en boules avec le ruban de réglisse noir que l'on trouve chez les merciers en sortant de classe. Puis il prit pour chacun deux assiettes de porcelaine blanche croisillonnée d'or transparent, un couvert d'acier inoxydable aux manches ajourés, dans chacun desquels une coccinelle empaillée, isolée entre deux plaquettes de plexiglas, portait bonheur. Il ajouta des coupes de cristal et des serviettes pliées en chapeau de curé ; ceci prenait un certain temps. À peine achevait-il ces préparatifs que la sonnette se détacha du mur et le prévint de l'arrivée de Chick.

Colin effaça un faux pli de la nappe et s'en fut ouvrir.

— Comment vas-tu ? demanda Chick.

— Et toi ? répliqua Colin. Enlève ton imper et viens voir ce que fait Nicolas.

— Ton nouveau cuisinier ?

— Oui ! dit Colin. Je l'ai échangé à ma tante contre l'ancien et un kilo de café belge.

— Il est bien ? demanda Chick.

— Il a l'air de savoir ce qu'il fait. C'est un disciple de Gouffé.

— L'homme de la malle ? s'enquit Chick, horrifié[9], et sa petite moustache noire s'abaissait tragiquement.

— Non, ballot, Jules Gouffé, le cuisinier bien connu !

— Oh, tu sais ! Moi..., dit Chick, en dehors de Jean-Sol Partre[10], je ne lis pas grand-chose.

Il suivit Colin dans le couloir dallé, caressa les souris et mit, en passant, quelques gouttelettes de soleil dans son briquet.

— Nicolas, dit Colin en entrant, je vous présente mon ami Chick.

— Bonjour, Monsieur, dit Nicolas.

— Bonjour, Nicolas, répondit Chick. Est-ce que vous n'avez pas une nièce qui s'appelle Alise ?

— Si, Monsieur, dit Nicolas. Une jolie jeune fille, d'ailleurs, si j'ose introduire ce commentaire.

— Elle a un grand air de famille avec vous, dit Chick. Quoique, du côté du buste, il y ait quelques différences.

— Je suis assez large, dit Nicolas, et elle est évidemment plus développée dans le sens perpendiculaire, si Monsieur veut bien me permettre cette précision.

— Eh bien, dit Colin, nous voici presque en famille. Vous ne m'aviez pas dit que vous aviez une nièce, Nicolas.

— Ma sœur a mal tourné, Monsieur, dit Nicolas. Elle a fait des études de philosophie. Ce ne sont pas des choses dont on aime à se vanter dans une lignée fière de ses traditions...

— Eh... dit Colin, je crois que vous avez raison. En tout cas, je vous comprends. Montrez-nous donc ce pâté d'anguille...

— Il serait dangereux d'ouvrir le four actuellement, prévint Nicolas. Il pourrait en résulter une dessiccation consécutive à l'introduction d'air moins riche en vapeur d'eau que celui qui s'y trouve enfermé en ce moment.

— Je préfère avoir, dit Chick, la surprise de le voir pour la première fois sur la table.

— Je ne puis qu'approuver Monsieur, dit Nicolas. Puis-je me permettre de prier Monsieur de bien vouloir m'autoriser à reprendre mes travaux ?

— Faites, Nicolas, je vous en prie.

Nicolas se remit à sa tâche, qui consistait en le démoulage d'aspics de filets de sole contisés de lames de truffes, destinés à garnir le hors-d'œuvre de poisson. Colin et Chick quittèrent la cuisine.

— Prendras-tu un apéritif? demanda Colin. Mon pianocktail[11] est achevé, tu pourrais l'essayer.

— Il marche? demanda Chick.

— Parfaitement. J'ai eu du mal à le mettre au point, mais le résultat dépasse mes espérances. J'ai obtenu à partir de la *Black and Tan Fantasy*[12] un mélange vraiment ahurissant.

— Quel est ton principe? demanda Chick.

— À chaque note, dit Colin, je fais correspondre un alcool, une liqueur ou un aromate. La pédale forte correspond à l'œuf battu et la pédale faible à la glace. Pour l'eau de Seltz, il faut un trille dans le registre aigu. Les quantités sont en raison directe de la durée : à la quadruple croche équivaut le seizième d'unité, à la noire l'unité, à la ronde la quadruple unité. Lorsque l'on joue un air lent, un système de registre est mis en action, de façon que la dose ne soit pas augmentée — ce qui donnerait un cocktail trop abondant — mais la teneur en alcool. Et suivant la durée de l'air, on peut, si l'on veut, faire varier la valeur de l'unité, la réduisant par exemple au centième, pour pouvoir obtenir une boisson tenant compte de toutes les harmonies au moyen d'un réglage latéral.

— C'est compliqué, dit Chick

— Le tout est commandé par des contacts électriques et des relais. Je ne te donne pas de détails, tu connais ça. Et d'ailleurs, en plus, le piano fonctionne réellement.

— C'est merveilleux! dit Chick.

— Il n'y a qu'une chose gênante, dit Colin, c'est la pédale forte pour l'œuf battu. J'ai dû mettre un système d'enclenchement spécial, parce que lorsque l'on joue un morceau trop « hot »[13], il tombe des morceaux d'omelette dans le cocktail et c'est dur à avaler. Je modifierai ça. Actuellement, il suffit de faire attention. Pour la crème fraîche, c'est le sol grave.

— Je vais m'en faire un sur *Loveless Love*[14], dit Chick. Ça va être terrible.

— Il est encore dans le débarras dont je me suis fait un atelier, dit Colin, parce que les plaques de protection ne sont pas vissées. Viens, on va y aller. Je le réglerai pour deux cocktails de vingt centilitres environ, pour commencer.

Chick se mit au piano. À la fin de l'air, une partie du panneau de devant se rabattit d'un coup sec et une rangée de verres apparut. Deux d'entre eux étaient pleins à ras bord d'une mixture appétissante.

— J'ai eu peur, dit Colin. Un moment, tu as fait une fausse note. Heureusement, c'était dans l'harmonie.

— Ça tient compte de l'harmonie ? dit Chick.

— Pas pour tout, dit Colin. Ce serait trop compliqué. Il y a quelques servitudes seulement. Bois et viens à table.

II

— Ce pâté d'anguille est remarquable, dit Chick. Qui t'a donné l'idée de le faire ?

— Nicolas en a eu l'idée, dit Colin. Il y a une anguille — il y avait, plutôt — qui venait tous les jours dans son lavabo par la conduite d'eau froide.

— C'est curieux ! dit Chick. Pourquoi ça ?

— Elle passait la tête et vidait le tube de pâte dentrifice en appuyant dessus avec ses dents. Nicolas ne se sert que de pâte américaine à l'ananas et ça a dû la tenter.

— Comment l'a-t-il prise ? demanda Chick.

— Il a mis un ananas entier à la place du tube. Quand elle avalait la pâte, elle pouvait déglutir et rentrer sa tête ensuite, mais, avec l'ananas, ça n'a pas marché, et plus elle tirait, plus ses dents entraient dans l'ananas. Nicolas...

Colin s'arrêta.

— Nicolas quoi ? dit Chick.

— J'hésite à te le dire, ça va peut-être te couper l'appétit.

— Va donc, dit Chick, il n'en reste presque plus.

— Nicolas est entré à ce moment-là et lui a sectionné la tête avec une lame de rasoir. Ensuite, il a ouvert le robinet et tout le reste est venu.

— C'est tout ? dit Chick. Redonne-moi du pâté. J'espère qu'elle a une nombreuse famille dans le tuyau.

— Nicolas a mis de la pâte à la framboise pour voir... dit Colin. Mais dis-moi, cette Alise dont tu lui parlais... ?

— Je l'envisage en ce moment, dit Chick. Je l'ai rencontrée à une conférence de Jean-Sol. Nous étions tous les deux à plat ventre sous l'estrade et c'est comme ça que je l'ai connue.

— Comment est-elle ?

— Je ne sais pas décrire, dit Chick. Elle... elle est jolie...

— Ah!... dit Colin.

Nicolas revenait, il portait la dinde.

— Asseyez-vous donc avec nous, Nicolas, dit Colin. Après tout, comme disait Chick, vous êtes presque de la famille.

— Je vais d'abord m'occuper des souris, si Monsieur n'y voit pas d'inconvénient, dit Nicolas. Je reviens, la dinde est découpée... La sauce est là...

— Tu vas voir, dit Colin. C'est une sauce à la crème de mangue et au genièvre, cousue dans des paupiettes de veau tissé. Tu presses dessus et ça sort en filets.

— Supérieur! dit Chick.

— Tu ne voudrais pas me donner une idée de la façon dont tu t'y es pris pour entrer en relations avec elle? poursuivit Colin.

— Eh bien... dit Chick, je lui ai demandé si elle aimait Jean-Sol Partre et elle m'a dit qu'elle faisait collection de ses œuvres... Alors, je lui ai dit: Moi aussi... Et, chaque fois que je lui disais quelque chose, elle répondait: Moi aussi..., et vice-versa... Alors à la fin, juste pour faire une expérience existentialiste, je lui ai dit: Je vous aime beaucoup, et elle a dit: Oh!

— L'expérience avait raté, dit Colin.

— Oui, dit Chick. Mais elle n'est pas partie tout de même. Alors, j'ai dit: Je vais par là, et elle a dit: Pas moi... et elle a ajouté: Moi je vais par là.

— C'est extraordinaire! assura Colin.

— Alors j'ai dit: Moi aussi, dit Chick. Et j'ai été partout où elle a été...

— Comment ça s'est-il terminé? dit Colin.

— Euh!... dit Chick. C'était l'heure d'aller au lit...

Colin s'étrangla et but un demi-litre de bourgogne avant de se remettre.

— Je vais à la patinoire avec elle demain, dit Chick. C'est dimanche. Tu viens avec nous? Nous choisissons le matin pour qu'il n'y ait pas trop de monde. Ça m'ennuie un peu, remarqua-t-il, parce que je patine mal, mais nous pourrons parler de Partre.

— J'irai... promit Colin. J'irai avec Nicolas... Il a peut-être d'autres nièces...

III

Colin descendit du métro, puis remonta les escaliers. Il émergea dans le mauvais sens et contourna la station pour s'orienter. Il prit la direction du vent avec un mouchoir de soie jaune et la couleur du mouchoir, emportée par le vent, se déposa sur un grand bâtiment, de forme irrégulière, qui prit ainsi l'allure de la piscine-patinoire Molitor.

Vers lui, c'était la piscine d'hiver. Il la dépassa et par la face latérale, pénétra dans cet organisme pétrifié en traversant un double jeu battant de portes vitrées à barres de cuivre. Il tendit sa carte d'abonnement, qui fit un clin d'œil au contrôleur à l'aide des deux trous ronds déjà perforés. Le contrôleur répondit par un sourire complice, n'en ouvrit pas moins une troisième brèche dans le bristol orange, et la carte fut aveugle. Colin la remit sans scrupule dans son portecuir en feuilles de Russie et prit à gauche le couloir tapis-de-caoutchouté qui desservait les rangées de cabines. Il n'y avait plus de places au rez-de-chaussée. Il monta donc l'escalier de béton, croisant des êtres grands, car montés sur lames métalliques verticales, qui s'efforçaient à des cabrioles d'allure naturelle, malgré l'empêchement évident. Un homme à chandail blanc lui ouvrit une cabine, encaissa le pourboire qui lui servirait pour manger car il avait l'air d'un menteur, et l'abandonna dans cet in-pace après avoir, d'une craie négligente, tracé les initiales du client sur un rectangle noirci disposé, à cet effet, à l'intérieur de la cabine. Colin remarqua que l'homme n'avait pas une tête d'homme, mais de pigeon, et ne comprit pas pourquoi on l'avait affecté au service de la patinoire plutôt qu'à celui de la piscine.

Il montait de la piste une rumeur ovale, que la musique des haut-parleurs, disséminés tout autour, rendait complexe. Le piétinement des patineurs n'atteignait pas encore le niveau sonore des moments d'affluence où il présente une analogie avec le bruit des pas d'un régiment dans de la boue giclant sur du pavé. Colin cherchait des yeux Alise et Chick, mais ils ne paraissaient pas sur la glace. Nicolas devait le rejoindre un peu plus tard ; il avait encore à faire à la cuisine pour préparer le repas de midi.

Colin défit les lacets de ses chaussures, les enleva et s'aperçut que les semelles étaient parties. Il tira de sa poche un rouleau de taffetas gommé, mais il n'en restait pas assez. Il disposa alors les chaussures dans une petite mare qui s'était formée sous la banquette de ciment et les arrosa d'engrais concentré afin que le cuir repousse. Il enfila une paire

de chaussettes de laine à larges bandes jaunes et violettes alternées et mit ses souliers de patinage. La lame de ses patins se divisait en deux vers l'avant, pour lui permettre des changements de direction plus aisés.

Il sortit, redescendit un étage. Ses pieds se tordaient un peu sur les tapis de caoutchouc perforé qui garnissaient les couloirs bétonnés. Au moment de se hasarder sur la piste, il dut remonter en toute hâte les deux marches de bois pour éviter de choir : une patineuse, à la fin d'un magnifique grand-aigle, venait de laisser tomber un gros œuf qui se brisa contre les pieds de Colin.

Pendant qu'un des varlets-nettoyeurs venait en ramasser les fragments épars, Colin aperçut Chick et Alise qui aboutissaient à la piste de l'autre côté. Il leur fit un signe qu'ils ne virent pas et s'élança à leur rencontre, mais sans tenir compte du mouvement giratoire. Il en résulta la formation rapide d'un considérable amas de protestants, auxquels vinrent s'agglomérer, de seconde en seconde, des humains qui battaient l'air désespérément de leurs bras, de leurs jambes, de leurs épaules et de leur corps entier avant de s'effondrer sur les premiers chus. Le soleil ayant fait fondre la surface, ça clapotait en dessous du tas.

En peu de temps, les neuf dixièmes des patineurs étaient rassemblés là et Chick et Alise disposaient de la piste pour eux seuls, ou à peu près. Ils s'approchèrent de la masse grouillante, et Chick, reconnaissant Colin à ses patins bifides, l'extirpa de l'ensemble en le saisissant par les chevilles. Ils se serrèrent la main, Chick présenta Alise et Colin se mit à la gauche de celle-ci dont Chick occupait déjà le flanc dextre.

Ils se rangèrent en arrivant à l'extrémité droite de la piste pour laisser place aux varlets-nettoyeurs qui, désespérant de récupérer, dans la montagne de victimes, autre chose que des lambeaux sans intérêt d'individualités dissociées, s'étaient munis de leurs raclettes pour éliminer le total des allongés, et fonçaient vers le trou à raclures en chantant l'hymne de Molitor, composé en 1709 par Vaillant-Couturier[15] et qui commence ainsi :

> *Messieurs et Mesdames,*
> *Veuillez évacuer la piste,*
> *(S'il vous plaît)*
> *Pour nous permettre de*
> *Procéder au nettoyage...*

Le tout ponctué de coups de clackson destinés à entretenir, au fond des âmes les mieux trempées, un frisson d'incoercible terreur.

Les patineurs encore debout applaudirent à cette initiative, et la trappe se referma sur l'ensemble. Chick, Alise et Colin firent une courte prière et reprirent leur giration.

Colin regardait Alise. Elle portait, par un hasard étrange, un sweat-shirt blanc et une jupe jaune. Elle avait des souliers blancs et jaunes et des patins de hockey. Elle avait des bas de soie fumée et des socquettes blanches repliées sur le haut des chaussures à peine montantes et lacées de coton blanc, faisant trois fois le tour de la cheville. Elle comportait en outre un foulard de soie vert vif et des cheveux blonds extraordinairement touffus, encadrant son visage d'une masse frisée serré. Elle regardait au moyen d'yeux bleus ouverts et son volume était limité par une peau fraîche et dorée. Elle possédait des bras et des mollets ronds, une taille fine et un buste si bien dessiné que l'on eût dit une photographie.

Colin se mit à regarder de l'autre côté pour retrouver son équilibre. Il y parvint et, baissant les yeux, demanda à Chick si le pâté d'anguille était passé sans encombre.

— Ne m'en parle pas, dit Chick. J'ai pêché dans mon robinet toute la nuit, pour voir si j'en trouverais une aussi. Mais, chez moi, il ne vient que des truites.

— Nicolas doit pouvoir en faire quelque chose ! assura Colin. Vous avez, poursuivit-il en s'adressant plus particulièrement à Alise, un oncle extraordinairement doué.

— C'est l'orgueil de la famille, dit Alise. Ma mère ne se console pas de n'avoir épousé qu'un agrégé de mathématiques, alors que son frère a réussi si brillamment dans la vie.

— Votre père est agrégé de mathématiques ?

— Oui, il est professeur au Collège de France et membre de l'Institut ou quelque chose comme ça... dit Alise, c'est lamentable... à trente-huit ans. Il aurait pu faire un effort. Heureusement il y a oncle Nicolas.

— Ne devait-il pas venir ce matin ? demanda Chick.

Un parfum délicieux montait des clairs cheveux d'Alise. Colin s'écarta un peu.

— Je crois qu'il sera en retard. Il avait quelque chose en tête ce matin... Si vous veniez déjeuner à la maison tous les deux ?... On verra ce que c'était...

— Très bien, dit Chick. Mais si tu crois que je vais accepter une proposition comme ça, tu te forges une fausse conception de l'univers. Il faut te trouver une quatrième. Je ne vais pas laisser Alise aller chez toi,

tu la séduirais avec les harmonies de ton pianocktail et je ne veux pas de ça.

— Oh !... protesta Colin. Vous l'entendez ?...

Lui n'entendit pas la réponse, car un individu de longueur démesurée, qui faisait depuis cinq minutes une démonstration de vitesse, venait de lui passer entre les jambes, courbé en avant à l'extrême limite, et le courant d'air ainsi produit soulevait Colin à quelques mètres au-dessus du sol. Il s'agrippa au rebord de la galerie du premier étage, fit un rétablissement et retomba aux côtés de Chick et d'Alise, l'ayant exécuté dans le mauvais sens.

— On devrait les empêcher d'aller si vite ! dit Colin.

Puis il fit un signe de croix car le patineur venait de s'écraser contre le mur du restaurant, à l'extrémité opposée de la piste, et restait collé là, comme une méduse de papier mâché écartelée par un enfant cruel.

Les varlets-nettoyeurs firent, une fois de plus, leur office et l'un d'eux planta une croix de glace à l'endroit de l'accident. Pendant qu'elle fondait, le préposé passa des disques religieux.

Puis tout rentra dans l'ordre. Chick, Alise et Colin tournaient toujours.

IV

— Voici Nicolas ! s'écria Alise.

— Et voilà Isis ! dit Chick.

Nicolas venait d'apparaître au contrôle et Isis sur la piste. Le premier se dirigea vers les étages supérieurs, la seconde vers Colin, Chick et Alise.

— Bonjour, Isis, dit Colin. Je vous présente Alise. Alise, c'est Isis. Vous connaissez Chick.

Il y eut du serrage de mains et Chick en profita pour filer avec Alise, laissant Isis au bras de Colin, lesquels démarrèrent à la suite.

— Je suis contente de vous voir, dit Isis.

Colin était content de la voir aussi. Isis, en dix-huit ans d'âge, était parvenue à se munir de cheveux châtains, d'un sweat-shirt blanc et d'une jupe jaune avec un foulard vert acide, de chaussures blanches et jaunes et de lunettes de soleil. Elle était jolie. Mais Colin connaissait très bien ses parents.

— Il y a une matinée chez nous la semaine prochaine, dit Isis. C'est l'anniversaire de Dupont.

— Qui, Dupont ?

— Mon caniche. Alors j'ai invité tous les amis. Vous viendrez ? À quatre heures ?...

— Oui ! dit Colin. Très volontiers.

— Demandez à vos amis de venir aussi ! dit Isis.

— Chick et Alise ?

— Oui, ils sont gentils... Alors à dimanche prochain !

— Vous partez déjà ? dit Colin

— Oui, je ne reste jamais très longtemps. Je suis déjà là depuis dix heures, vous savez, tout de même...

— Il n'est qu'onze heures ! dit Colin

— J'étais au bar !... Au revoir !...

V

Colin se hâtait par les rues lumineuses. Il soufflait un vent sec et vif et, sous ses pieds, de petites places de glace craquelée s'écrasaient en crépitant.

Les gens cachaient leur menton dans ce qu'ils pouvaient trouver : leur col de pardessus, leur foulard, leur manchon, il en vit même un qui employait à cet usage une cage à oiseau en fil de fer dont la porte à ressort lui appuyait sur le front.

— Je vais demain chez les Ponteauzanne, pensait Colin.

C'étaient les parents d'Isis.

— Je dîne ce soir avec Chick...

— Je vais rentrer chez moi me préparer pour demain...

Il fit un grand pas pour éviter une raie du bord du trottoir qui paraissait dangereuse.

— Si je peux faire vingt pas sans marcher dessus, dit Colin, je n'aurai pas de bouton sur le nez demain...

— Ça ne fait rien, conclut-il, en écrasant de tout son poids la neuvième raie, c'est idiot, ces trucs-là. Je n'aurai pas de bouton quand même.

Il se baissa pour cueillir une orchidée bleue et rose que le gel avait fait sortir de terre.

Elle sentait le parfum des cheveux d'Alise.

— Je verrai Alise demain...

C'était une pensée à éviter. Alise appartenait à Chick de plein droit.

— Je trouverai certainement une fille demain...

Mais ses pensées s'attardaient sur Alise.

— Est-ce qu'ils parlent vraiment de Jean-Sol Partre lorsqu'ils sont tout seuls?...

Il valait peut-être mieux aussi ne pas penser à ce qu'ils faisaient lorsqu'ils étaient tout seuls.

— Combien Jean-Sol Partre a-t-il écrit d'articles depuis un an?...

De toute façon, il ne lui restait pas le temps de les compter jusque chez lui.

— Qu'est-ce que Nicolas va faire pour ce soir?...

À bien y réfléchir, la ressemblance d'Alise et de Nicolas ne présentait rien d'extraordinaire, puisqu'ils étaient de la même famille. Mais ça ramenait en douce au sujet défendu.

— Qu'est, dis-je, ce que Nicolas va faire pour ce soir?

— Je ne sais pas ce que Nicolas, qui ressemble à Alise, va faire pour ce soir...

Nicolas a onze ans de plus qu'Alise. Ça lui fait vingt-neuf ans. Il est très doué pour la cuisine. Il va faire du fricandeau.

Colin approchait de sa demeure.

— Les boutiques des fleuristes n'ont jamais de rideaux de fer. Personne ne cherche à voler les fleurs.

Cela se comprenait assez. Il cueillit une orchidée orange et grise dont la corolle délicate fléchissait. Elle brillait de lueurs diaprées.

— Elle a la couleur de la souris à moutaches noires... Je suis arrivé chez moi.

Colin monta l'escalier de pierre habillée de laine. Il introduisit dans la serrure de la porte de glace argentée une petite clé d'or.

— À moi, mes fidèles serviteurs!... Car me voici de retour!...

Il lança son imperméable sur une chaise et s'en fut rejoindre Nicolas.

VI

— Faites-, Nicolas, vous du fricandeau ce soir ? demanda Colin.

— Mon Dieu, dit Nicolas, Monsieur ne m'avait pas prévenu. J'avais d'autres projets.

— Pourquoi, peste diable bouffre, dit Colin, me parlez-vous toujours perpétuellement à la troisième personne ?

— Si Monsieur veut m'autoriser à lui en donner la raison, je trouve qu'une certaine familiarité n'est admissible que lorsque l'on a gardé les barrières ensemble, et ce n'est point le cas.

— Vous êtes hautain, Nicolas, dit Colin.

— J'ai l'orgueil de ma position, Monsieur, dit Nicolas, et vous ne sauriez m'en faire grief.

— Bien sûr ! dit Colin. Mais j'aimerais vous voir moins distant.

— Je porte à Monsieur une sincère, quoique dissimulée, affection, dit Nicolas.

— J'en suis fier et heureux, Nicolas, et je vous le rends bien. Ainsi, que faites-vous ce soir ?

— Je resterai, une fois de plus, dans la tradition de Gouffé en élaborant, cette fois, un andouillon des îles au porto musqué.

— Et ceci s'exécute ? dit Colin.

— De la façon suivante : « Prenez un andouillon que vous écorcherez malgré ses cris. Gardez soigneusement la peau. Lardez l'andouillon de pattes de homards émincées et revenues à toute bride dans du beurre assez chaud. Faites tomber sur glace dans une cocotte légère. Poussez le feu, et, sur l'espace ainsi gagné, disposez avec goût des rondelles de ris mitonné. Lorsque l'andouillon émet un son grave, retirez prestement du feu et nappez de porto de qualité. Touillez avec spatule de platine. Graissez un moule et rangez-le pour qu'il ne rouille pas. Au moment de servir, faites un coulis avec un sachet de lithinés et un quart de lait frais. Garnissez avec les ris, servez et allez-vous-en. »

— Je reste sec ! dit Colin, Gouffé fut un grand homme. Dites-moi, Nicolas, aurai-je, sur le nez, demain, un bouton ?

Nicolas examina le piton de Colin et conclut par la négative.

— Et, pendant que j'y suis, savez-vous comment on danse le biglemoi ?

— J'en suis resté au déboîté style Boissière et à la tramontane, créée le semestre dernier à Neuilly, dit Nicolas, et je ne possède pas à fond le biglemoi, dont je ne connais que les rudiments.

— Croyez-vous, demanda Colin, que l'on puisse acquérir en une séance la technique nécessaire ?

— Il me paraît que oui, dit Nicolas. Pour l'essentiel, ce n'est point compliqué. Il convient seulement d'éviter les erreurs grossières et les fautes de goût. L'une d'elles consisterait à danser le biglemoi sur un rythme de boogie-woogie.

— Ce serait une erreur ?

— Ce serait une faute de goût.

Nicolas reposa sur la table le grapefruit qu'il avait plumé durant cet entretien et se passa les mains à l'eau fraîche.

— Vous êtes pressé ? demanda Colin.

— Mon Dieu, non, Monsieur, dit Nicolas, ma cuisine est en train.

— Alors vous m'obligeriez en m'enseignant ces rudiments de biglemoi, dit Colin. Venez dans le living-room, je vais mettre un disque.

— Je conseille à Monsieur un tempo d'atmosphère, dans le style de *Chloé*, arrangé par Duke Ellington, ou du *Concerto pour Johnny Hodges...* dit Nicolas. Ce qu'outre-Atlantique on désigne par *moody* ou *sultry tune*[16].

VII

— Le principe du biglemoi, dit Nicolas, que Monsieur connaît sans doute, repose sur la production d'interférences par deux sources animées d'un mouvement oscillatoire rigoureusement synchrone.

— J'ignorais, dit Colin, que cela mît en œuvre des éléments de physique aussi avancée.

— En l'espèce, dit Nicolas, le danseur et la danseuse se tiennent à une distance assez petite l'un de l'autre et mettent leur corps entier en ondulation suivant le rythme de la musique.

— Oui ? dit Colin un peu inquiet.

— Il se produit alors, dit Nicolas, un système d'ondes statiques présentant, comme en acoustique, des nœuds et des ventres, ce qui ne contribue pas peu à créer l'atmosphère dans la salle de danse.

— Certainement... murmura Colin.

— Les professionnels du biglemoi, poursuivit Nicolas, réussissent parfois à installer des foyers d'ondes parasites en mettant séparément en

vibration synchrone certains de leurs membres. Je n'insiste pas, et je vais tâcher de montrer à Monsieur comment on fait.

Colin choisit *Chloé* comme le lui avait recommandé Nicolas et le centra sur le plateau du pick-up. Il posa délicatement la pointe de l'aiguille au fond du premier sillon et regarda Nicolas entrer en vibration.

VIII

— Monsieur va y arriver! dit Nicolas. Encore un effort.

— Mais pourquoi, demanda Colin en sueur, prend-on un air lent? C'est beaucoup plus difficile.

— Il y a une raison, dit Nicolas. En principe, le danseur et la danseuse se tiennent à une distance moyenne l'un de l'autre. Avec un air lent, on peut arriver à régler l'ondulation de telle sorte que le foyer fixe se trouve à mi-hauteur des deux partenaires : la tête et les pieds sont alors mobiles. C'est le résultat que l'on doit obtenir théoriquement. Il est, et c'est regrettable, advenu que des personnes peu scrupuleuses se sont mises à danser le biglemoi à la façon des Noirs, sur tempo rapide.

— C'est-à-dire? demanda Colin.

— C'est-à-dire avec un foyer mobile aux pieds, un à la tête et, malheureusement, un intermédiaire mobile à la hauteur des reins, les points fixes ou pseudo-articulations, étant le sternum et les genoux.

Colin rougit.

— Je comprends, dit-il.

— Sur un boogie[17], conclut Nicolas, l'effet est, disons le mot, d'autant plus obscène que l'air est obsédant en général.

Colin restait songeur.

— Où avez-vous appris le biglemoi? demanda-t-il à Nicolas.

— Ma nièce me l'a appris... dit Nicolas. J'ai établi la théorie complète du biglemoi au cours de conversations avec mon beau-frère. Il est membre de l'Institrut, comme Monsieur le sait sans doute, et n'a pas eu de grandes difficultés à saisir la méthode. Il m'a même dit qu'il avait fait ça il y a dix-neuf ans...

— Votre nièce a dix-huit ans? demanda Colin.

— Et trois mois... rectifia Nicolas. Si Monsieur n'a plus besoin de moi, je vais retourner surveiller ma cuisine.

— Allez, Nicolas, et merci, dit Colin en enlevant le disque qui venait de s'arrêter.

IX

Je mettrai mon complet beige avec ma chemise bleue, et ma cravate beige et rouge, et mes souliers de daim à piqûres et des chaussettes rouges et beiges.

Je vais d'abord m'abluter, et me raser, et me vérifier.

Et je vais demander dans sa cuisine à Nicolas :

— Nicolas, voulez-vous venir danser avec moi ?

— Mon Dieu, dit Nicolas, si Monsieur me le demande avec insistance, j'irai, mais dans le cas contraire, je serais heureux de pouvoir régler quelques affaires dont l'urgence se fait impérative.

— Il est indiscret, Nicolas, de vous pousser plus à fond ?

— Je suis, dit Nicolas, Président du Cercle Philosophique des Gens de Maison de l'arrondissement et, par suite, astreint à une certaine assiduité aux réunions.

— Je n'ose, Nicolas, vous demander le thème de la réunion d'aujourd'hui...

— Il y sera parlé de l'engagement. Un parallèle est établi entre l'engagement d'après les théories de Jean-Sol Partre, l'engagement ou le rengagement dans les troupes coloniales, et l'engagement ou prise à gages des gens dits de maison par les particuliers.

— Voilà qui intéresserait Chick ! dit Colin.

— Il est malheureusement regrettable, dit Nicolas, que le Cercle soit très fermé. Monsieur Chick n'y pourrait être admis. Seuls, les gens de maison...

— Pourquoi, Nicolas, demanda Colin, emploie-t-on toujours le pluriel ?

— Monsieur remarquera sans doute, dit Nicolas, que «homme de maison» reste anodin, mais que «femme de maison» prend une signification notoirement agressive...

— Vous avez raison, Nicolas. À votre avis, dois-je rencontrer l'âme sœur aujourd'hui ?... Je voudrais une âme sœur du type de votre nièce...

— Monsieur a tort de penser à ma nièce, dit Nicolas, puisqu'il appert des événements récents que Monsieur Chick a fait son choix le premier.

— Mais, Nicolas, dit Colin, j'ai tant envie d'être amoureux...

Une fumée légère s'échappa du bec de la bouilloire et Nicolas alla ouvrir. Le concierge montait deux lettres.

— Il y a du courrier ? dit Colin.

— Je m'excuse, Monsieur, dit Nicolas, mais les deux sont pour moi. Monsieur attend-il des nouvelles ?

— Je voudrais qu'une jeune fille m'écrivît ! dit Colin. Je l'aimerais beaucoup.

— Il est midi, conclut Nicolas. Monsieur désire-t-il son petit déjeuner ? Il y a de la queue de bœuf broyée et un bol de punch aux aromates avec croûtons beurrés d'anchois.

— Nicolas, pourquoi Chick ne veut-il pas venir déjeuner avec votre nièce à moins que je n'invite une autre jeune fille ?

— Monsieur m'excusera, dit Nicolas, mais j'en ferais autant. Monsieur est certainement assez beau garçon...

— Nicolas, dit Colin, si ce soir je ne suis pas amoureux pour de vrai, je... je collectionnerai les œuvres de la duchesse de Bovouard, pour faire pièce à mon ami Chick.

X

— Je voudrais être amoureux, dit Colin. Tu voudrais être amoureux. Il voudrait idem (être amoureux). Nous, vous, voudrions, voudriez être, ils voudraient également tomber amoureux...

Il nouait sa cravate devant le miroir de la salle de bains.

— Il me reste à mettre ma veste et mon manteau, et mon foulard et mon gant droit et mon gant gauche. Et pas de chapeau pour ne pas me décoiffer. Qu'est-ce que tu fais là ?

Il interpellait la souris grise à moustaches noires qui certainement n'était pas à sa place dans le verre à dents, même accoudée au bord dudit verre et prenant un air détaché.

— Suppose, dit-il à la souris, en s'asseyant sur le rebord de la baignoire (rectangulaire d'émail jaune) pour se rapprocher d'elle, que je trouve chez les Ponteauzanne mon vieil ami Chose...

La souris acquiesça.

— Suppose, pourquoi pas ? qu'il ait une cousine. Elle serait vêtue d'un sweat-shirt blanc, d'une jupe jaune et elle s'appellerait Al... Onésime...

La souris se croisa les pattes et parut surprise.

— Ce n'est pas un joli nom, dit Colin. Mais toi tu es une souris et tu as bien de la moustache. Alors ?

Il se releva.

— Il est déjà trois heures. Tu vois, tu me fais perdre mon temps. Chick et... Chick y sera certainement très tôt.

Il suça son doigt et l'éleva au-dessus de sa tête. Il le redescendit presque aussitôt. Ça le brûlait comme dans un four.

— Il y a de l'amour dans l'air, conclut-il. Ça chauffe.

— Je me lève, tu te, il se lève, nous, vous, ils, levons, levez, lèvent. Tu veux sortir du verre ?

La souris prouva qu'elle n'avait besoin de personne en sortant toute seule et en se taillant un morceau de savon en forme de sucette.

— N'en colle pas partout ! dit Colin. Ce que tu es gourmande !...

Il sortit, passa dans sa chambre et mit sa veste.

— Nicolas a dû partir... Il doit connaître des filles extraordinaires... On dit que les filles d'Auteuil entrent chez les philosophes comme bonnes à presque tout faire...

Il ferma la porte de sa chambre.

— La doublure de ma manche gauche est un petit peu déchirée... Je n'ai plus de chatterton... Tant pis, je vais mettre un clou.

La porte claqua derrière lui avec le bruit d'une main nue sur une fesse nue... Ça le fit tressaillir...

— Je veux penser à autre chose... Supposons que je me casse la gueule dans l'escalier...

Le tapis de l'escalier, mauve très clair, n'était usé que toutes les trois marches : en effet, Colin descendait toujours quatre à quatre. Il se prit les pieds dans une tringle nickelée et se mélangea à la rampe.

— Ça m'apprendra à dire des conneries. C'est bien fait, Je, tu, suis, est-il bête !...

Il avait mal au dos. Il comprit pourquoi en arrivant en bas et retira une tringle entière du col de son pardessus...

La porte extérieure se referma sur lui avec un bruit de baiser sur une épaule nue...

— Qu'est-ce qu'il y a à voir dans cette rue ?

Il y avait, au premier plan, deux terrassiers qui jouaient à la marelle. Le

ventre du plus gros sautait à contretemps de son propriétaire. Pour palet, ils se servaient d'un crucifix peint en rouge auquel il manquait la croix.

Colin les dépassa.

À droite, à gauche, s'élevaient de belles constructions de torchis avec des fenêtres à guillotine. Une femme se penchait à une fenêtre. Colin lui envoya un baiser et elle lui secoua sur la tête la descente de lit en molleton noir et argent que son mari n'aimait pas.

Des magasins égayaient l'aspect cruel des grands immeubles. Un étalage de fournitures pour fakirs retint l'attention de Colin. Il nota la hausse des prix du verre en salade et des clous à rembourrer, par rapport à la semaine passée.

Il croisa un chien et deux autres personnes. Le froid retenait les gens chez eux. Ceux qui réussissaient à s'arracher à sa prise y laissaient des lambeaux de vêtements et mouraient d'angine.

L'agent, au carrefour, avait caché sa tête sous sa pèlerine. Il ressemblait à un grand parapluie noir. Des garçons de café faisaient une ronde autour de lui pour se réchauffer.

Deux amoureux s'embrassaient sous un porche.

— Je ne veux pas les voir... Je ne, je ne veux pas les voir... Ils m'embêtent...

Colin traversa la rue. Deux amoureux s'embrassaient sous un porche.

Il ferma les yeux et se mit à courir...

Il les rouvrit très vite, car il voyait, sous ses paupières, des tas de filles et ça lui ferait perdre son chemin. Il y en avait une devant lui. Elle allait dans la même direction. On voyait ses jolies jambes dans ses bottillons de mouton blanc, son manteau de peau de pandour décatie et sa toque assortie. Des cheveux roux sous sa toque. Son manteau lui faisait des épaules larges et dansait autour d'elle.

— Je veux la dépasser. Je veux voir sa figure...

Il la dépassa et se mit à pleurer. Elle comptait au moins cinquante-neuf ans. Il s'assit au bord du trottoir et pleura encore. Ça le soulageait beaucoup et les larmes gelaient avec un petit crépitement et se cassaient sur le granit lisse du trottoir.

Il s'aperçut, au bout de cinq minutes, qu'il se trouvait devant la maison d'Isis Ponteauzanne. Deux jeunes filles passèrent près de lui et pénétrèrent dans le vestibule de l'immeuble.

Son cœur s'enfla démesurément, s'allégea, le souleva de terre, et il entra à leur suite.

XI

Dès le premier étage, on commençait à entendre le vague brouhaha de la réunion chez les parents d'Isis. L'escalier tournait trois fois sur lui-même et amplifiait les sons dans sa cage, comme les ailettes dans le résonateur cylindrique d'un vibraphone. Colin montait, le nez sur les talons des deux filles. De jolis talons renforcés, en nylon chair, des souliers hauts de cuir fin et des chevilles délicates. Puis, les coutures des bas, légèrement froncées, comme de longues chenilles et les creux articulés de l'attache des genoux. Colin s'arrêta et perdit deux marches. Il repartit. Maintenant, il voyait le haut des bas de celle de gauche, la double épaisseur des mailles et la blancheur ombrée de la cuisse. La jupe de l'autre, à plis plats, ne permettait pas le même divertissement mais, sous le manteau de castor, ses hanches tournaient plus rond que celles de la première, formant un petit pli cassé alternatif. Colin se mit à regarder ses pieds par décence et vit ceux-ci s'arrêter au second étage.

Il suivit les deux filles à qui une soubrette venait d'ouvrir.

— Bonjour, Colin ! dit Isis. Vous allez bien ?

— Bonjour, vous, dit Colin. Bon anniversaire !...

Il l'attira vers lui et l'embrassa près des cheveux. Elle sentait bon.

— Mais ce n'est pas mon anniversaire ! protesta Isis, c'est celui de Dupont !...

— Où est Dupont ? Que je le congratule !...

— C'est dégoûtant, dit Isis. Ce matin, on l'a mené chez le tondeur pour qu'il soit beau. On l'a fait baigner et tout, et, à deux heures, trois de ses amis étaient ici avec un ignoble vieux paquet d'os et ils l'ont emmené. Il va sûrement revenir dans un état affreux !...

— C'est son naniversaire, après tout, observa Colin.

Il voyait, par l'embrasure de la double porte, les garçons et les filles. Une douzaine dansaient. La plupart, debout les uns à côté des autres, restaient, les mains derrière le dos, par paires du même sexe, et échangeaient des impressions peu convaincantes d'un air peu convaincu.

— Enlevez votre manteau, dit Isis. Venez, je vais vous conduire au vestiaire des garçons.

Il la suivit, croisant au passage deux autres filles qui revenaient, avec des bruits de sacs et de poudriers, de la chambre d'Isis métamorphosée en vestiaire pour filles. Au plafond pendaient des crochets de fer

empruntés au boucher, et, pour faire joli, Isis avait emprunté aussi deux têtes de mouton bien écorchées qui souriaient au bout des rangées.

Le vestiaire des garçons, établi dans le bureau du père d'Isis, consistait en la suppression des meubles dudit. On jetait sa pelure sur le sol et le tour était joué. Colin n'y faillit point et s'attarda devant une glace.

— Allons, venez ! s'impatientait Isis. Je vais vous présenter à des filles charmantes.

Il l'attira vers lui par les deux poignets.

— Vous avez une robe ravissante ! lui dit-il.

C'était une petite robe toute simple, de lainage vert amande avec de gros boutons de céramique dorée et une grille en fer forgé formant l'empiècement du dos.

— Vous l'aimez ? dit Isis.

— Elle est très ravissante, dit Colin. Peut-on passer la main à travers les barreaux sans être mordu ?

— Ne vous y fiez pas trop, dit Isis.

Elle se dégagea, saisit Colin par la main et l'entraîna vers le centre de sudation. Ils bousculèrent deux nouveaux arrivants du sexe pointu, glissèrent au tournant du couloir et rejoignirent le noyau central par la porte de salle à manger.

— Tiens !... dit Colin, Alise et Chick sont déjà là...

— Oui, dit Isis. Venez, je vous présente...

La moyenne des filles était présentable. L'une d'elles portait une robe en lainage vert amande avec de gros boutons en céramique dorée, et, dans le dos, un empiècement de forme particulière.

— Présentez-moi surtout à celle-là, dit Colin.

Isis le secoua pour le faire tenir tranquille.

— Voulez-vous être sage, à la fin ?

Il en guettait déjà une autre et tirait sur la main de sa conductrice.

— C'est Colin, dit Isis. Colin, je vous présente Chloé[18]...

Colin avala sa salive. Sa bouche lui faisait comme du gratouillis de beignets brûlés.

— Bonjour ! dit Chloé...

— Bonj... Êtes-vous arrangée par Duke Ellington ? demanda Colin... Et puis il s'enfuit parce qu'il avait la conviction d'avoir dit une connerie.

Chick le rattrapa par un pan de sa veste.

— Où vas-tu comme ça ? Tu ne vas pas t'en aller déjà ? Regarde !...

Il tira de sa poche un petit livre relié en maroquin rouge.

— C'est l'originale du *Paradoxe sur le Dégueulis*, de Partre[19]...

— Tu l'as trouvé quand même? dit Colin.

Puis il se rappela qu'il s'enfuyait et s'enfuit.

Alise lui barrait la route.

— Alors, vous vous en allez sans avoir dansé une seule petite fois avec moi? dit-elle.

— Excusez-moi, dit Colin, mais je viens d'être idiot et ça me gêne de rester.

— Pourtant, quand on vous regarde comme ça. on est forcé d'accepter...

— Alise... geignit Colin, en l'enlaçant et en frottant sa joue contre les cheveux d'Alise.

— Quoi, mon vieux Colin?

— Zut... Zut... et Bran!... Peste diable bouffre. Vous voyez la fille là?...

— Chloé?...

— Vous la connaissez?... dit Colin. Je lui ai dit une stupidité, et c'est pour ça que je m'en allais.

Il n'ajouta pas qu'à l'intérieur du thorax, ça lui faisait comme une musique militaire allemande, où l'on n'entend que la grosse caisse.

— N'est-ce pas qu'elle est jolie? demanda Alise.

Chloé avait les lèvres rouges, les cheveux bruns, l'air heureux et sa robe n'y était pour rien.

— Je n'oserai pas! dit Colin.

Et puis il lâcha Alise et alla inviter Chloé. Elle le regarda. Elle riait et mit la main droite sur son épaule. Il sentait ses doigts frais sur son cou. Il réduisit l'écartement de leurs deux corps par le moyen d'un raccourcissement du biceps droit, transmis, du cerveau, le long d'une paire de nerfs crâniens choisie judicieusement.

Chloé le regarda encore. Elle avait les yeux bleus. Elle agita la tête pour repousser en arrière ses cheveux frisés et brillants et appliqua, d'un geste ferme et déterminé, sa tempe sur la joue de Colin.

Il se fit un abondant silence à l'entour, et la majeure partie du reste du monde se mit à compter pour du beurre.

Mais comme il fallait s'y attendre, le disque s'arrêta. Alors, seulement, Colin revint à la vraie réalité et s'aperçut que le plafond était à claire-voie, au travers de laquelle regardaient les locataires d'en dessus, qu'une épaisse frange d'iris d'eau cachait le bas des murs, que des gaz diversement colorés s'échappaient d'ouvertures pratiquées çà et là et

que son amie Isis se tenait devant lui et lui offrait des petits fours sur un plateau hercynien.

— Merci, Isis, dit Chloé en secouant ses boucles.

— Merci, Isis, dit Colin en prenant un éclair miniature du type ramifié.

— Vous avez tort, dit-il à Chloé. Ils sont très bons.

Et puis il toussa car il s'était, par malheur, rencontré avec un piquant de hérisson dissimulé dans le gâteau.

Chloé rit en montrant ses jolies dents.

— Qu'est-ce qu'il y a?

Il dut la lâcher et s'écarter d'elle pour tousser à son aise, et enfin, cela se calma. Chloé revint avec deux verres.

— Buvez ça, dit-elle, ça vous remettra.

— Merci! dit Colin. C'est du champagne?

— C'est un mélange.

Il but un grand coup et s'étrangla. Chloé ne se tenait plus de rire. Chick et Alise s'approchèrent.

— Qu'est-ce qu'il a? demanda Chick.

— Il ne sait pas boire! dit Chloé.

Alise lui tapa le dos gentiment et ça résonna comme un gong balinais. Du coup, tout le monde s'arrêta de danser pour passer à table.

— Ça y est! dit Chick. On est tranquilles. Si on mettait un bon disque?...

Il cligna de l'œil vers Colin.

— Si on dansait un peu le biglemoi? proposa Alise.

Chick fourrageait dans la pile de disques près du pick-up.

— Danse avec moi, Chick, lui dit Alise.

— Voilà, dit Chick, je mets un disque.

C'était un boogie-woogie.

Chloé attendait.

— Vous n'allez pas danser le biglemoi là-dessus?... dit Colin horrifié.

— Pourquoi pas?... demanda Chick.

— Ne regardez pas ça! dit-il à Chloé.

Il l'enlaça et elle cacha ses yeux près du col de la veste beige de Colin. Il inclina légèrement la tête et l'embrassa entre l'oreille et l'épaule. Elle frémit, mais ne retira pas sa tête.

Colin ne retira pas ses lèvres non plus.

Alise et Chick, cependant, se livraient à une remarquable démonstration de biglemoi dans le style nègre.

Le disque passa très vite. Alise se dégagea et chercha quoi mettre ensuite. Chick se laissa tomber sur un divan. Colin et Chloé se trouvaient devant lui. Il les attrapa par les jambes et les fit choir à ses côtés.

— Alors, mes agneaux, dit-il, ça gaze ?

Colin s'assit et Chloé se nicha commodément près de lui.

— Elle est gentille, cette petite fille, hein ? dit Chick.

Chloé sourit. Colin ne dit rien mais passa son bras autour du cou de Chloé et se mit à jouer négligemment avec le premier bouton de sa robe, qui s'ouvrait devant.

Alise revenait.

— Pousse-toi, Chick, je veux me mettre entre Colin et toi.

Elle avait bien choisi le disque. C'était *Chloé*, arrangé par Duke Ellington. Colin mordillait les cheveux de Chloé près de l'oreille. Il murmura :

— C'est exactement vous.

Et avant que Chloé ait eu le temps de répondre, tous les autres revinrent danser, se rendant compte à la longue que ce n'était pas du tout le moment de passer à table.

— Oh !... dit Chloé, quel dommage !...

XII

— Est-ce que tu la reverras ? demanda Chick.

Ils étaient attablés devant la dernière création de Nicolas, un courge aux noix.

— Je ne sais pas, dit Colin. Je ne sais pas quoi faire. Tu sais, c'est une fille très bien élevée. La dernière fois, chez Isis, elle avait bu beaucoup de champagne...

— Ça lui allait très bien, dit Chick. Elle est très jolie. Ne fais pas cette tête-là !... Songe que j'ai trouvé, aujourd'hui, une édition du *Choix Préalable avant le Haut-le-Cœur* de Partre[19], sur rouleau hygiénique non dentelé...

— Mais où prends-tu tout cet argent ? dit Colin.

Chick s'assombrit.

— Ça me coûte très cher, mais je ne peux pas m'en passer, dit-il. J'ai besoin de Partre. Je suis collectionneur. Il me *faut* tout ce qu'il a fait.

— Mais il n'arrête pas d'en faire! dit Colin. Il publie au moins cinq articles par semaine...

— Je sais bien, dit Chick...

Colin lui fit reprendre du courge.

— Comment est-ce que je pourrais revoir Chloé? dit-il.

Chick le regarda et sourit.

— C'est vrai, dit-il. Je te bassine avec mes histoires de Jean-Sol Partre. Je veux bien t'aider... Qu'est-ce qu'il faut que je fasse?...

— C'est terrible, dit Colin. Je suis à la fois désespéré et horriblement heureux. C'est très agréable d'avoir envie de quelque chose à ce point-là.

— Je voudrais, continua-t-il, être couché dans de l'herbe un peu rôtie, avec de la terre sèche et du soleil, tu sais, de l'herbe jaune comme de la paille, et cassante, avec des tas de petites bêtes et de la mousse sèche aussi. On se met à plat ventre et on regarde. Il faut une haie avec des pierres et des arbres tout tordus, et des petites feuilles. Ça fait un bien considérable.

— Et Chloé, dit Chick.

— Et Chloé, naturellement, dit Colin. Chloé dans l'idée.

Ils se turent quelques instants. Une carafe en profita pour émettre un son cristallin qui se répercuta sur les murs.

— Reprends un peu de sauternes, dit Colin.

— Oui, dit Chick. Merci.

Nicolas apportait la suite, du pain d'ananas dans une crème d'orange.

— Merci, Nicolas, dit Colin. À votre avis, qu'est-ce que je peux faire pour revoir une jeune fille dont je suis amoureux.

— Mon Dieu, Monsieur, dit Nicolas, le cas peut évidemment se présenter... Je dois avouer à Monsieur que cela ne m'est jamais arrivé.

— Évidemment, dit Chick. Vous êtes bâti comme Johnny Weissmüller[20]. Mais ce n'est pas la règle générale!

— Je remercie Monsieur de cette appréciation qui me va droit au cœur! dit Nicolas. Je conseille à Monsieur, poursuivit-il en s'adressant à Colin, de s'efforcer de recueillir, par le truchement de la personne chez qui Monsieur a rencontré la personne dont la présence paraît manquer à Monsieur, certaines informations sur les habitudes et fréquentations de cette dernière.

— Malgré la complexité de vos tournures, dit Colin, je crois, Nicolas, qu'il y a là une possibilité, en effet. Mais vous savez, quand on est amoureux, on est idiot. C'est pourquoi je n'ai pas dit à Chick que j'ai songé à cela depuis longtemps.

Nicolas regagna sa cuisine.

— Ce garçon est inappréciable ! dit Colin.

— Oui, dit Chick, il sait faire la cuisine.

Ils burent encore du sauternes. Nicolas revenait, il portait un énorme gâteau.

— C'est un dessert supplémentaire, dit-il.

Colin prit un couteau et s'arrêta au moment d'entamer la surface unie.

— Il est trop beau, dit-il. On va attendre un peu.

— L'attente, dit Chick, est un prélude sur le mode mineur.

— Qu'est-ce qui te fait dire ça ? dit Colin.

Il prit le verre de Chick et le remplit d'un vin doré, lourd et mobile comme de l'éther pesant.

— Je ne sais pas, dit Chick. C'est une pensée inopinée.

— Goûte-le ! dit Colin.

Ils vidèrent leurs verres ensemble.

— C'est terrible !... dit Chick, dont les yeux se mirent à briller de feux alternatifs et rougeâtres.

Colin se tenait la poitrine.

— C'est mieux que ça, dit-il. Ça ne ressemble à rien de connu.

— Ça n'aurait aucune importance, dit Chick. Toi non plus tu ne ressembles à rien de connu.

— Je suis sûr, dit Colin, que, si on en boit assez, Chloé va venir tout de suite.

— Ça n'est pas prouvé ! dit Chick.

— Tu me provoques ! dit Colin en tendant son verre.

Chick remplit les deux verres.

— Attends ! dit Colin.

Il éteignit le plafonnier et la petite lampe qui éclairait la table. Seule brillait dans un coin la lumière verte de l'icone écossais devant lequel Colin méditait à l'ordinaire.

— Oh !... murmura Chick.

Dans le cristal, le vin luisait d'un éclat phosphorescent et incertain, qu'on eût dit émané d'une myriade de points lumineux de toutes les couleurs.

— Bois! dit Colin.

Ils burent. La lueur restait sur leurs lèvres. Colin ralluma. Il paraissait hésiter à rester debout.

— Une fois n'est pas coutume, dit-il. Je crois qu'on peut finir la bouteille.

— Si on coupait le gâteau? dit Chick.

Colin saisit un couteau d'argent et se mit à tracer une spirale sur la blancheur polie du gâteau. Il s'arrêta soudain, et regarda son œuvre avec surprise.

— Je vais essayer quelque chose, dit-il.

Il prit une feuille de houx au bouquet de la table et saisit le gâteau d'une main. Le faisant tourner rapidement sur le bout du doigt, il plaça, de l'autre main, une des pointes du houx dans la spirale.

— Écoute!... dit-il.

Chick écouta. C'était *Chloé*, dans l'arrangement de Duke Ellington. Chick regarda Colin. Il était tout pâle.

— Je... je n'ose pas le couper... dit Colin.

Chick lui prit le couteau des mains et le planta d'un geste ferme dans le gâteau. Il le fendit en deux et, dans le gâteau, il y avait un nouvel article de Partre pour Chick et un rendez-vous avec Chloé pour Colin.

XIII

Colin, debout au coin de la place, attendait Chloé. La place était ronde et il y avait une église, des pigeons, un square, des bancs, et, devant, des autos et des autobus, sur du macadam. Le soleil aussi attendait Chloé, mais lui pouvait s'amuser à faire des ombres, à faire germer des graines de haricot sauvage dans les interstices adéquats, à pousser des volets et rendre honteux un réverbère allumé pour raison d'inconscience de la part d'un Cépédéiste[21].

Colin roulait le bord de ses gants et préparait sa première phrase. Celle-ci se modifiait de plus en plus rapidement à mesure qu'approchait l'heure. Il ne savait pas que faire avec Chloé. Peut-être l'emmener dans un salon de thé, mais l'atmosphère y est, d'ordinaire, plutôt déprimante, et les dames goinfres de quarante ans qui mangent sept gâteaux à la crème en détachant le petit doigt, il n'aimait pas ça. Il ne concevait la goinfrerie que pour les hommes, chez qui elle prend tout son sens sans

leur enlever leur dignité naturelle. Pas au cinéma, elle n'acceptera pas. Pas au députodrome, elle n'aimera pas ça. Pas aux courses de veaux, elle aura peur. Pas à l'hôpital Saint-Louis, c'est défendu. Pas au musée du Louvre, il y a des satyres derrière les chérubins assyriens. Pas à la gare Saint-Lazare, il n'y a plus que des brouettes et pas un seul train.

— Bonjour !...

Chloé était arrivée par-derrière. Il retira vite son gant, s'empêtra dedans, se donna un grand coup de poing dans le nez, fit « Ouille !... » et lui serra la main. Elle riait.

— Vous avez l'air bien embarrassé !...

Un manteau de fourrure à longs poils, de la couleur de ses cheveux, et une toque en fourrure aussi, et de petites bottes courtes à revers de fourrure.

Elle prit Colin par le bras.

— Offrez-moi le bras ! Vous n'êtes pas dégourdi, aujourd'hui !...

— Ça allait mieux la dernière fois, avoua Colin.

Elle rit encore, et le regarda et rit de nouveau encore mieux.

— Vous vous moquez de moi, dit Colin piteux. C'est pas charitable.

— Vous êtes content de me voir ? dit Chloé.

— Oui !... dit Colin.

Ils marchaient, suivant le premier trottoir venu. Un petit nuage rose descendait de l'air et s'approchait d'eux.

— J'y vais ? proposa-t-il.

— Vas-y, dit Colin.

Et le nuage les enveloppa. À l'intérieur, il faisait chaud et ça sentait le sucre à la cannelle.

— On ne nous voit plus ! dit Colin... Mais nous, on les voit !...

— C'est un peu transparent, dit Chloé. Méfiez-vous.

— Ça ne fait rien, on se sent mieux tout de même, dit Colin. Que voulez-vous faire ?...

— Juste se promener... Ça vous ennuie ?

— Dites-moi des choses, alors...

— Je ne sais pas de choses assez bien, dit Chloé. On peut regarder les vitrines. Regardez celle-ci !... C'est intéressant.

Dans la vitrine, une jolie femme reposait sur un matelas à ressort. Sa poitrine était nue et un appareil lui brossait les seins vers le haut, avec de longues brosses soyeuses en poil blanc et fin. La pancarte portait : *Économisez vos chaussures avec l'Antipode du Révérend Charles.*

— C'est une bonne idée ! dit Chloé.

— Mais ça n'a aucun rapport !... dit Colin. C'est bien plus agréable avec la main.

Chloé rougit.

— Ne dites pas des choses comme ça. Je n'aime pas les garçons qui disent des horreurs devant les jeunes filles.

— Je suis désolé... dit Colin, je ne voulais pas...

Il avait l'air si désolé qu'elle sourit et le secoua un petit peu pour lui montrer qu'elle n'était pas fâchée.

Dans une autre vitrine, un gros homme, avec un tablier de boucher, égorgeait de petits enfants. C'était une vitrine de propagande pour l'Assistance Publique.

— Voilà où passe l'argent, dit Colin. Ça doit leur coûter horriblement cher de nettoyer ça tous les soirs.

— Ils ne sont pas vrais !... dit Chloé alarmée.

— Comment peut-on savoir ? dit Colin. Ils les ont pour rien, à l'Assistance Publique...

— Je n'aime pas ça, dit Chloé. Avant, on ne voyait pas des vitrines de propagande comme ça. Je ne trouve pas que ce soit un progrès.

— Ça n'a pas d'importance, dit Colin. Ça n'agit que sur ceux qui croient déjà à ces imbécillités.

— Et ça ?... dit Chloé.

Dans la vitrine, c'était un ventre, monté sur des roues caoutchoutées, bien rond et rebondi. Sur l'annonce, on pouvait lire : *Le vôtre ne fera pas de plis non plus si vous le repassez avec le Fer Électrique.*

— Mais je le connais !... dit Colin. C'est le ventre de Serge, mon ancien cuisinier !... Qu'est-ce qu'il peut faire là ?

— Ça ne fait rien, dit Chloé. Vous n'allez pas épiloguer sur ce ventre. Il est bien trop gros, d'ailleurs.

— C'est qu'il savait faire la cuisine !...

— Allons-nous-en, dit Chloé. Je ne veux plus voir de vitrines, ça me déplaît.

— Qu'est-ce qu'on fait ? dit Colin. On va prendre le thé quelque part ?

— Oh !... Ce n'est pas l'heure... et puis je n'aime pas beaucoup ça.

Colin respira, soulagé, et ses bretelles craquèrent.

— Qu'est-ce qui a fait ce bruit ?

— J'ai marché sur une branche morte, expliqua Colin en rougissant.

— Si nous allions nous promener au Bois ? dit Chloé.

Colin la regarda, ravi.

— C'est une très bonne idée. Il n'y aura personne.

Chloé rougit.

— Ce n'est pas pour ça. D'ailleurs, ajouta-t-elle pour se venger, nous ne quitterons pas les grandes allées, autrement, on se mouille les pieds.

Il serra un peu le bras qu'il sentait sous le sien.

— On va prendre le souterrain, dit-il.

Le souterrain était bordé des deux côtés par une rangée de volières de grandes dimensions, où les Arrangeurs Urbains entreposaient les pigeons-de-rechange pour les Squares et les Monuments. Il y avait aussi des pépinières de moineaux et des pépiements de petits moineaux. Les gens ne descendaient pas souvent dedans parce que les ailes de tous ces oiseaux faisaient un courant d'air terrible où volaient de minuscules plumes blanches et bleues.

— Ils ne s'arrêtent jamais de remuer? dit Chloé en assujettissant sa toque pour éviter qu'elle ne s'envole.

— Ce ne sont pas les mêmes tout le temps, dit Colin.

Il luttait avec les pans de son pardessus.

— Dépêchons-nous de dépasser les pigeons, les moineaux font moins de vent, dit Chloé en se serrant contre Colin.

Ils se hâtèrent et sortirent de la zone dangereuse. Le petit nuage ne les avait pas suivis. Il s'était acheminé par le raccourci et les attendait déjà à l'autre extrémité.

XIV

Le banc paraissait un peu humide et vert foncé. Malgré tout, cette allée n'était pas très fréquentée et ils n'étaient pas mal.

— Vous n'avez pas froid? demanda Colin.

— Non, avec ce nuage, dit Chloé. Mais... je veux bien me rapprocher tout de même.

— Oh!... dit Colin et il rougit.

Ça lui fit une drôle de sensation. Il mit son bras autour de la taille de Chloé. Sa toque était inclinée de l'autre côté et il avait tout près des lèvres un flot de cheveux lustrés.

— J'aime être avec vous, dit-il.

Chloé ne dit rien. Elle respira un peu plus vite et se rapprocha imperceptiblement.

Colin lui parlait presque à l'oreille.

— Vous ne vous ennuyez pas? demanda-t-il.

Elle fit non de la tête, et Colin put se rapprocher encore à la faveur du mouvement.

— Je... dit-il tout contre son oreille, et, à ce moment, comme par erreur, elle tourna la tête et Colin lui embrassait les lèvres. Ça ne dura pas très longtemps; mais la fois d'après, c'était beaucoup mieux. Alors il fourra sa figure dans les cheveux de Chloé, et ils restaient là, sans rien dire.

XV

— Vous êtes gentille d'être venue, Alise, dit Colin. Pourtant vous serez la seule fille...

— Ça ne fait rien, dit Alise. Chick est d'accord.

Chick approuva. Mais, à vrai dire, la voix d'Alise n'était pas entièrement gaie.

— Chloé n'est pas à Paris, dit Colin. Elle est partie trois semaines avec des relatifs dans le Midi.

— Ah! dit Chick, tu dois être très malheureux.

— Je n'ai jamais été plus heureux! dit Colin. Je voulais vous annoncer mes fiançailles avec elle...

— Je te félicite! dit Chick.

Il évitait de regarder Alise.

— Qu'est-ce qu'il y a vous deux? dit Colin. Ça n'a pas l'air de carburer fort.

— Il n'y a rien, dit Alise. C'est Chick qui est bête.

— Mais non, dit Chick. Ne l'écoute pas, Colin... Il n'y a rien.

— Vous dites la même chose et vous n'êtes pas d'accord, dit Colin, donc il y en a un des deux qui ment, ou bien tous les deux. Venez, on va dîner tout de suite.

Ils passèrent dans la salle à manger.

— Asseyez-vous, Alise, dit Colin. Venez à côté de moi, vous allez me dire ce qu'il y a.

— Chick est bête, dit Alise. Il dit qu'il a tort de me garder avec lui

puisqu'il n'a pas d'argent pour me faire vivre bien, et il a honte de ne pas m'épouser.

— Je suis un salaud, dit Chick.

— Je ne sais pas quoi vous dire, dit Colin.

Il était si heureux que ça lui faisait énormément de peine.

— Ce n'est pas surtout l'argent, dit Chick. C'est que les parents d'Alise ne voudront jamais que je l'épouse, et ils auront raison. Il y a une histoire comme ça dans un des livres de Partre.

— C'est un livre excellent, dit Alise. Vous ne l'avez pas lu, Colin ?

— Voilà comme vous êtes, dit Colin. Je suis sûr que tout votre argent continue à y passer.

Chick et Alise baissèrent le nez.

— C'est ma faute ! dit Chick. Alise ne dépense plus rien pour Partre. Elle ne s'en occupe presque plus depuis qu'elle vit avec moi.

Sa voix contenait un reproche.

— Je t'aime mieux que Partre, dit Alise.

Elle allait presque pleurer.

— Tu es gentille, dit Chick. Je ne te mérite pas. Mais c'est mon vice, collectionner Partre, et malheureusement un ingénieur ne peut pas se permettre d'avoir tout.

— Je suis désolé, dit Colin. Je voudrais que tout aille bien pour vous. Vous devriez déplier votre serviette.

Il y avait, sous celle de Chick, un exemplaire relié mi-mouffette du *Vomi*, et, sous celle d'Alise, une grosse bague d'or en forme de nausée.

— Oh !... dit Alise.

Elle mit ses bras autour du cou de Colin et l'embrassa.

— Tu es un chic type ! dit Chick. Je ne sais pas comment te remercier ; d'ailleurs, tu sais très bien que je ne peux pas te remercier comme je le voudrais...

Colin se sentait un peu réconforté. Et Alise était vraiment en beauté ce soir.

— Quel parfum avez-vous ? dit-il. Chloé se parfume à l'essence d'orchidée bidistillée.

— Je n'ai pas de parfum ! dit Alise.

— C'est naturel ! dit Chick.

— C'est merveilleux !... dit Colin. Vous sentez la forêt, avec un ruisseau et des petits lapins.

— Parlez-nous de Chloé !... dit Alise flattée.

Nicolas apportait les hors-d'œuvre.

— Bonjour, Nicolas, dit Alise. Tu vas bien ?

— Oui, dit Nicolas.

Il posa le plateau sur la table.

— Tu ne m'embrasses pas ? dit Alise.

— Ne vous gênez pas, Nicolas, dit Colin. Même, vous me feriez un grand plaisir en dînant avec nous...

— Oh ! oui... dit Alise. Dîne avec nous.

— Monsieur me plonge dans la confusion, dit Nicolas. Je ne puis m'asseoir à sa table dans cette tenue...

— Écoutez, Nicolas, dit Colin. Allez vous changer si vous voulez, mais je vous intime l'ordre de dîner avec nous.

— Je remercie Monsieur, dit Nicolas. Je vais me changer.

Il déposa le plateau sur la table et sortit.

— Alors, dit Alise, Chloé ?

— Servez-vous, dit Colin. Je ne sais pas ce que c'est, mais ce doit être bon.

— Tu nous fais languir !... dit Chick.

— Je vais épouser Chloé dans un mois, dit Colin. Et je voudrais tant que ce soit demain !...

— Oh ! dit Alise, vous avez de la chance.

Colin se sentait honteux d'être si riche.

— Écoute, Chick, dit-il, veux-tu de mon argent ?

Alise regarda Colin avec tendresse. Il était si gentil qu'on voyait ses pensées bleues et mauves s'agiter dans les veines de ses mains fines.

— Je ne crois pas que cela serve, dit Chick.

— Tu pourrais épouser Alise ! dit Colin.

— Ses parents ne veulent pas, répondit Chick, et je ne veux pas qu'elle se fâche avec eux. Elle est trop jeune...

— Je ne suis pas si jeune ! dit Alise en se redressant sur la banquette capitonnée pour mettre en valeur sa poitrine provocante.

— Ce n'est pas ça qu'il veut dire !... interrompit Colin. Écoute, Chick, j'ai cent mille doublezons, je t'en donnerai le quart et tu pourras vivre tranquillement. Tu continueras à travailler et comme ça, ça ira.

— Je ne pourrai jamais assez te remercier, dit Chick.

— Ne me remercie pas, dit Colin. Ce qui m'intéresse, ce n'est pas le bonheur de tous les hommes, c'est celui de chacun.

On sonna à la porte.

— Je vais ouvrir, dit Alise. Je suis la plus jeune, c'est vous-mêmes qui me le reprochez...

Elle se leva et ses pieds firent un frottis menu sur le tapis souple.

C'était Nicolas, descendu par l'escalier de service. Il revenait maintenant, vêtu d'un pardessus d'épais tissu godon à chevrons beiges et verts et coiffé d'un feutre amerlaud extra-plat. Il avait des gants de porc dépossédé, des souliers de gavial consistant et, lorsqu'il eut retiré son manteau, il apparut dans toute sa splendeur, veste de velours marron à côtés d'ivoire et pantalons bleu pétrole à revers larges de cinq doigts et le pouce.

— Oh! dit Alise. Comme tu es smart!...

— Comment ça va, ma nièce? Toujours belle...

Il lui caressa la poitrine et les hanches.

— Viens à table, dit Alise.

— Bonjour, les amis! dit Nicolas en entrant.

— Enfin! dit Colin. Vous vous décidez à parler normalement!...

— Bien sûr! dit Nicolas. Je peux aussi. Mais, dis-moi, poursuivit-il, si on se tutoyait, tous les quatre?

— D'accord! dit Colin. Pose-le.

Nicolas s'assit en face de Chick.

— Prends du hors-d'œuvre, dit ce dernier.

— Les gars, conclut Colin, est-ce que vous voulez être mes garçons d'honneur?

— C'est entendu! acquiesça Nicolas. Mais il ne faudra pas nous accoupler avec des filles horribles, hein? Le coup est classique et bien connu...

— Je compte demander à Alise et Isis d'être les demoiselles d'honneur, dit Colin, et aux frères Desmaret[22] d'être les pédérastes d'honneur.

— Convenu! dit Chick.

— Alise, reprit Nicolas, va à la cuisine et rapporte le plat qui est dans le four. Ça doit être prêt maintenant.

Elle suivit les instructions de Nicolas et rapporta le plat d'argent massif. Et lorsque Chick souleva le couvercle, ils virent à l'intérieur, deux figurines de foie gras sculpté qui représentaient Colin en jaquette, et Chloé en robe de mariée. Tout autour, on pouvait lire la date du mariage, et, dans un coin, c'était signé: *Nicolas.*

XVI

Colin courait dans la rue.

— Ce sera une très belle noce... C'est demain, demain matin. Tous mes amis seront là...

La rue menait à Chloé.

— Chloé, vos lèvres sont douces. Vous avez un teint de fruit. Vos yeux voient comme il faut voir et votre corps me fait chaud...

Des billes de verre roulaient dans la rue et des enfants venaient derrière.

— Il faudra des mois, des mois, pour que je me rassasie des baisers à vous donner. Il faudra des ans de mois pour épuiser les baisers que je veux poser sur vous, sur vos mains, sur vos cheveux, sur vos yeux, sur votre cou...

Il y eut trois petites filles ; elles chantaient une ronde toute ronde et la dansaient en triangle.

— Chloé, je voudrais sentir vos seins nus sur ma poitrine, mes deux mains croisées sur vous, vos bras autour de mon cou, votre tête parfumée dans le creux de mon épaule, et votre peau palpitante, et l'odeur qui vient de vous...

Le ciel était clair et bleu, le froid vif encore, mais moins. Les arbres, tout noirs, montraient, au bout de leur bois terni, des bourgeons verts et gonflés.

— Quand vous êtes loin de moi, je vous vois dans cette robe, avec des boutons d'argent, mais quand la portiez-vous donc ? Non, pas la première fois ! C'était le jour du rendez-vous, sous votre manteau lourd et doux, vous l'aviez contre votre corps.

Il poussa la porte de la boutique et entra.

— Je voudrais des masses de fleurs pour Chloé ! dit-il.

— Quand doit-on les lui porter ? demanda la fleuriste.

Elle était jeune et frêle, et ses mains rouges. Elle aimait beaucoup les fleurs.

— Portez-les demain matin, et puis portez-en chez moi. Qu'il y en ait plein notre chambre, des lis, des glaïeuls blancs, des roses, et des tas d'autres fleurs blanches, et mettez aussi, surtout, un gros bouquet de roses rouges...

XVII

Les frères Desmaret s'habillaient pour la noce. Ils étaient très souvent invités comme pédérastes d'honneur car ils présentaient bien. Ils étaient jumeaux. L'aîné s'appelait Coriolan. Il avait les cheveux noirs et frisés, la peau blanche et douce, un air de virginité, le nez droit et les yeux bleus derrière de grands cils jaunes.

Le cadet, nommé Pégase, offrait un aspect semblable, à cela près que ses cils étaient verts, ce qui suffisait, d'ordinaire, à les distinguer l'un de l'autre. Ils avaient embrassé la carrière de pédérastes par nécessité et par goût, mais, comme on les payait bien pour être pédérastes d'honneur, ils ne travaillaient presque plus, et malheureusement, cette oisiveté funeste les poussait au vice de temps à autre. C'est ainsi que, la veille, Coriolan s'était mal conduit avec une fille. Pégase le tançait d'importance tout en se massant la peau des reins avec de la pâte d'amandes mâles, devant la grande glace à trois faces.

— Et à quelle heure es-tu rentré, hein? disait Pégase.

— Je ne sais plus, dit Coriolan. Laisse-moi. Occupe-toi de tes reins.

Coriolan s'épilait les sourcils au moyen d'une pince à forcipressure.

— Tu es obscène! dit Pégase. Une fille!... Si ta tante te voyait!...

— Oh!... Tu ne l'as jamais fait, toi? hein? dit Coriolan menaçant.

— Quand ça? dit Pégase un peu inquiet.

Il interrompit son massage et fit quelques mouvements d'assouplissement devant la glace.

— Ça va! dit Coriolan, je n'insiste pas. Je ne veux pas te faire rentrer sous terre. Boutonne-moi plutôt ma culotte.

Ils avaient des culottes spéciales, à braguettes en arrière, difficiles à fermer tout seul.

— Ah! ricana Pégase, tu vois! Tu ne peux rien dire!...

— Ça va, je te dis! répéta Coriolan. Qui est-ce qui se marie, aujourd'hui?

— C'est Colin qui épouse Chloé, dit son frère avec dégoût.

— Pourquoi prends-tu ce ton? demanda Coriolan. Il est bien, ce type-là.

— Oui, il est bien, dit Pégase avec envie. Mais elle, elle a une poitrine tellement ronde, qu'on ne peut vraiment pas se figurer que c'est un garçon!...

Coriolan rougit.

— Je la trouve jolie... murmura-t-il. On a envie de lui toucher la poitrine... Ça ne te fait pas cet effet-là ?...

Son frère le regarda avec stupeur.

— Quel salaud tu fais ! conclut-il avec énergie. Tu es plus vicieux que n'importe qui... Un de ces jours, tu vas te marier avec une femme !...

XVIII

Le Religieux sortit de la sacristoche, suivi d'un Bedon et d'un Chuiche. Ils portaient de grandes boîtes de carton ondulé pleines d'éléments décoratifs.

— Quand le camion des Peintureurs arrivera, vous le ferez entrer jusqu'à l'autel, Joseph, dit-il au Chuiche.

Presque tous les Chuiches professionnels s'appellent Joseph, en effet.

— On peint tout en jaune ? dit Joseph.

— Avec des raies violettes, dit le Bedon, Emmanuel Jude, grand gaillard sympathique dont l'uniforme et la chaîne d'or brillaient comme des nez froids.

— Oui, dit le Religieux, parce que le Chevêche vient pour la Béniction. Venez, on va décorer le balcon des Musiciens avec tous les éléments qu'il y a dans ces boîtes.

— Il y a combien de musiciens ? demanda le Chuiche.

— Septante-trois, dit le Bedon.

— Et quatorze Enfants de Foi, dit le Religieux fièrement.

Le Chuiche fit un long sifflement : « Fuïïïouou... »

— Et ils ne sont que deux à se marier ! dit-il, admiratif.

— Oui, dit le Religieux. C'est comme ça avec les gens riches.

— Il y aura du monde ? interrogea le Bedon.

— Beaucoup ! dit le Chuiche. Je prendrai ma longue hallebarde rouge et ma canne à pomme rouge.

— Non, dit le Religieux. Il faut la hallebarde jaune et la canne violette, ça sera plus distingué.

Ils arrivaient au-dessous du balcon. Le Religieux ouvrit la petite porte dissimulée dans un des piliers supportant la voûte. L'un après l'autre, ils s'engagèrent dans l'étroit escalier en vis d'Archimède. Une vague lueur venait d'en haut.

Ils montèrent vingt-quatre tours de vis et s'arrêtèrent pour souffler.

— C'est dur ! dit le Religieux.

Le Chuiche, le plus bas, approuva, et le Bedon, pris entre deux feux, se rendit à cette constatation.

— Encore deux tours et demi, dit le Religieux.

Ils émergèrent sur la plate-forme située à l'opposé de l'autel, à cent mètres au-dessus du sol, que l'on devinait à peine à travers le brouillard. Les nuages entraient sans façon dans l'église et traversaient la nef en flocons gris et amples.

— Il fera beau, dit le Bedon en reniflant l'odeur des nuages. Ils sentent le serpolet.

— Avec une trace d'aubifoin, dit le Chuiche, ça se sent aussi.

— J'espère que la cérémonie sera réussie ! dit le Religieux.

Ils posèrent leurs cartons et commencèrent à garnir les chaises des musiciens au moyen des éléments décoratifs. Le Chuiche les dépliait, soufflait dessus pour les dépoussiérer et les passait au Bedon et au Religieux.

Au-dessus d'eux, les piliers montaient, montaient, et paraissaient se rejoindre très loin. La pierre mate, d'un beau blanc crème, caressée par le doux éclat du jour, réfléchissait partout une lumière légère et calme. Tout en haut, c'était bleu-vert.

— Il faudrait astiquer les microphones, dit le Religieux au Chuiche.

— Je déplie le dernier élément ! dit le Chuiche, et je m'en occupe.

Il tira de sa besace un chiffon de laine rouge et se mit à frotter énergiquement le socle du premier microphone. Il y en avait quatre, disposés en rang devant les chaises de l'orchestre et combinés de telle façon qu'à chaque air correspondît une sonnerie de cloches à l'extérieur de l'église ; cependant qu'à l'intérieur, on entendait la musique.

— Dépêche-toi, Joseph, dit le Religieux. Emmanuel et moi nous avons fini.

— Attendez-moi, dit le Chuiche, j'en ai pour cinq minutes d'indulgence.

Le Bedon et le Religieux remirent les couvercles des boîtes à éléments et les rangèrent sur un coin du balcon pour les retrouver après le mariage.

— Je suis prêt, dit le Chuiche.

Ils bouclèrent tous trois les courroies de leurs parachutes et s'élancèrent gracieusement dans le vide. Les trois grandes fleurs

versicolores s'ouvrirent avec un clapotement soyeux, et, sans encombre, ils prirent pied sur les dalles polies de la nef.

XIX

— Tu me trouves jolie ?

Chloé se mirait dans l'eau du bassin d'argent sablé où s'ébattait, sans gêne, le poisson rouge. Sur son épaule, la souris grise à moustaches noires se frottait le nez avec ses pattes et regardait les reflets changeants.

Chloé avait passé ses bas, fins comme une fumée d'encens, de la couleur de sa peau blonde et ses souliers hauts de cuir blanc. Pour tout le reste, elle était nue, sauf un lourd bracelet d'or bleu qui faisait paraître encore plus fragile son poignet délicat.

— Crois-tu qu'il faut que je m'habille ?...

La souris se laissa glisser le long du cou rond de Chloé et prit appui sur un de ses seins parfumés. Elle la regarda d'en dessous et parut de cet avis.

— Alors je te mets par terre ! dit Chloé. Tu sais, tu retournes chez Colin ce soir. Tu diras au revoir aux autres ici.

Elle posa la souris sur le tapis, regarda par la fenêtre, laissa retomber le rideau et s'approcha de son lit. Il y avait sa robe blanche, toute déployée, et les deux robes d'eau claire d'Isis et d'Alise.

— Vous êtes prêtes ?

Dans la salle de bains, Alise aidait Isis à se coiffer. Elles portaient aussi déjà leurs chaussures et leurs bas.

— Nous n'allons pas très vite, vous ni moi, dit Chloé faussement sévère. Savez-vous, mes enfants, que je me marie ce matin ?

— Tu as encore une heure ! dit Alise.

— C'est bien assez ! dit Isis. Tu es déjà coiffée !

Chloé rit en secouant ses boucles. Il faisait chaud dans la pièce pleine de vapeur et le dos d'Alise était si appétissant que Chloé le caressa doucement de ses paumes aplaties. Isis, assise devant la glace, prêtait sa tête docile aux gestes précis d'Alise.

— Tu me chatouilles ! dit Alise qui commençait à rire.

Chloé la caressait exprès à l'endroit où ça chatouille, sur les côtés et jusqu'aux hanches. La peau d'Alise était chaude et vivante.

— Tu vas rater mon rouleau, dit Isis qui se faisait les ongles pour passer le temps.

— Vous êtes belles, toutes les deux, dit Chloé. C'est dommage que vous ne puissiez pas venir comme ça, j'aurais aimé que vous restiez avec vos bas et vos souliers seulement.

— Va t'habiller, bébé, dit Alise. Tu vas tout faire rater.

— Embrasse-moi, dit Chloé. Je suis si contente !

Alise l'expulsa de la salle de bains et Chloé s'assit sur son lit. Elle riait toute seule en voyant les dentelles de sa robe. Elle mit, pour commencer, un petit soutien-gorge de cellophane et une culotte de satin blanc que ses formes fermes faisaient bomber gentiment par-derrière.

XX

— Ça va ? dit Colin.

— Pas encore, dit Chick.

Pour la quatorzième fois, Chick refaisait le nœud de cravate de Colin, et ça n'allait toujours pas.

— On pourrait essayer avec des gants, dit Colin.

— Pourquoi ? demanda Chick. Ça ira mieux ?

— Je ne sais pas, dit Colin. C'est une idée sans prétention.

— On a bien fait de s'y prendre en avance ! dit Chick.

— Oui, dit Colin. Mais on sera quand même en retard si on n'y arrive pas.

— Oh ! dit Chick. On va y arriver.

Il réalisa un ensemble de mouvements rapides étroitement associés et tira les deux bouts avec force. La cravate se brisa par le milieu et lui resta dans les doigts.

— C'est la troisième, remarqua Colin, l'air absent.

— Oh ! dit Chick. Ça va... je le sais...

Il s'assit sur une chaise et se frotta le menton d'un air absorbé.

— Je ne sais pas ce qu'il y a, dit-il.

— Moi non plus, dit Colin. Mais c'est anormal.

— Oui, dit Chick, nettement. Je vais essayer sans regarder.

Il prit une quatrième cravate et l'enroula négligemment autour du cou de Colin, en suivant des yeux le vol d'un brouzillon, d'un air très intéressé. Il passa le gros bout sous le petit, le fit revenir dans la boucle,

un tour vers la droite, le repassa dessous, et, par malheur, à ce moment-là, ses yeux tombèrent sur son ouvrage et la cravate se referma brutalement, lui écrasant l'index. Il laissa échapper un gloussement de douleur.

— Bougre de néant! dit-il. La vache!

— Elle t'a fait mal? demanda Colin compatissant.

Chick se suçait vigoureusement le doigt.

— Je vais avoir l'ongle tout noir! dit-il.

— Mon pauvre vieux! dit Colin.

Chick marmonna quelque chose et regarda le cou de Colin.

— Minute!... souffla-t-il. Le nœud est fait!... Bouge pas!...

Il recula avec précaution sans le quitter des yeux et saisit sur la table, derrière lui, une bouteille de fixateur à pastel. Il porta lentement à sa bouche l'extrémité du petit tube à vaporiser et se rapprocha sans bruit. Colin chantonnait en regardant ostensiblement le plafond.

Le jet de pulvérin frappa la cravate en plein milieu du nœud. Elle eut un soubresaut rapide et s'immobilisa, clouée à sa place par le durcissement de la résine.

XXI

Colin sortit de chez lui, suivi de Chick. Ils allaient chercher Chloé à pied. Nicolas les rejoignait directement à l'église. Il surveillait la cuisson d'un plat spécial, découvert dans Gouffé et dont il attendait merveilles.

Il y avait sur le chemin une librairie devant laquelle Chick tomba en arrêt. Au beau milieu de l'étalage, un exemplaire du *Remugle* de Partre[19], relié de maroquin violet, aux armes de la Duchesse de Bovouard, scintillait tel un précieux bijou.

— Oh! dit Chick. Regarde ça!...

— Quoi? dit Colin qui revint en arrière. Ah! Ça?...

— Oui, dit Chick.

Il commençait à baver de convoitise. Un petit ruisseau se formait entre ses pieds et prit le chemin du bord du trottoir, contournant les menues inégalités de la poussière.

— Eh bien? dit Colin. Tu l'as?...

— Pas relié comme ça!... dit Chick.

— Oh! La barbe! dit Colin. Viens, on est pressés.

— Il vaut au moins un ou deux doublezons, dit Chick.

— Certainement, dit Colin qui s'éloigna.

Chick fouilla ses poches.

— Colin! appela-t-il... prête-moi un peu d'argent.

Colin s'arrêta de nouveau. Il secoua la tête d'un air attristé.

— Je crois, dit-il, que les vingt-cinq mille doublezons que je t'ai promis ne dureront pas longtemps.

Chick rougit, baissa le nez, mais tendit la main. Il prit l'argent et s'élança dans la boutique. Colin attendait, soucieux. En voyant l'air hilare de Chick, il secoua de nouveau la tête, compatissant cette fois, et un demi-sourire se dessina sur ses lèvres.

— Tu es fou, mon pauvre Chick! Combien l'as-tu payé?

— Ça n'a pas d'importance! dit Chick. Dépêchons-nous.

Ils se hâtèrent. Chick semblait monté sur dragons volants.

À la porte de Chloé, des gens regardaient la belle voiture blanche commandée par Colin et qu'on venait de livrer avec le chauffeur de cérémonie. À l'intérieur tout recouvert de fourrure blanche, on était bien au chaud et on entendait de la musique.

Le ciel restait bleu, les nuages légers et vagues. Il faisait froid sans exagération. L'hiver tirait à sa fin.

Le plancher de l'ascenseur se gonfla sous leurs pieds et, dans un gros spasme mou, les déposa à l'étage. La porte s'ouvrit devant eux. Ils sonnèrent. On vint ouvrir. Chloé les attendait.

Outre son soutien-gorge de cellophane, sa petite culotte blanche et ses bas, elle avait deux épaisseurs de mousseline sur le corps, et un grand voile de tulle qui partait des épaules, laissant la tête entièrement libre.

Alise et Isis étaient habillées de la même façon, mais leurs robes étaient couleur d'eau. Leurs cheveux frisés brillaient dans le soleil et s'arrondissaient sur leurs épaules en masses lourdes et odorantes. On ne savait laquelle choisir. Colin savait. Il n'osa pas embrasser Chloé pour ne pas troubler l'harmonie de sa toilette et se rattrapa avec Isis et Alise. Elles se laissèrent faire de bon gré, voyant comme il était heureux.

Toute la chambre était pleine des fleurs blanches choisies par Colin et, sur l'oreiller du lit défait, il y avait un pétale de rose rouge. L'odeur des fleurs et le parfum des filles se mêlaient étroitement et Chick se prenait pour une abeille en ruche. Alise portait une orchidée mauve dans les cheveux, Isis une rose écarlate et Chloé un gros camélia blanc. Elle tenait une gerbe de lis et un bracelet de feuilles de lierre, toutes neuves et

vernies de frais, brillait à côté de son gros bracelet d'or bleu. Sa bague de fiançailles était pavée de petits diamants carrés ou oblongs qui dessinaient en morse le nom de Colin. Dans un coin, sous une gerbe, apparaissait le sommet du crâne d'un cinématographiste qui tournait désespérément sa manivelle.

Colin posa quelques instants avec Chloé, puis ce furent Chick, Alise et Isis. Et tous se rassemblèrent alors et suivirent Chloé qui pénétra la première dans l'ascenseur. Les câbles d'icelui s'allongèrent tant sous le poids de la trop lourde charge, qu'il n'y eut pas besoin d'appuyer sur le bouton, mais ils prirent soin de sortir tous d'un coup pour ne point remonter avec la cabine.

Le chauffeur ouvrit la porte. Les trois filles et Colin montèrent derrière, Chick se mit devant et l'on partit. Tous les gens se retournaient dans la rue et moulinaient les bras avec enthousiasme, croyant que c'était le Président, et puis repartaient dans leur direction en pensant à des choses brillantes et dorées.

L'église n'était pas très éloignée. La voiture décrivit une élégante cardioïde[23] et s'arrêta en bas des marches.

Sur le perron, entre deux gros piliers sculptés, le Religieux, le Bedon et le Chuiche faisaient la parade avant la noce. Derrière eux, de longues draperies de soie blanche descendaient jusqu'au sol, et les quatorze Enfants de Foi exécutaient un ballet. Ils étaient revêtus de blouses blanches, avec des culottes rouges et des souliers blancs. Au lieu de culottes, les filles portaient de petites jupes rouges plissées, et elles avaient une plume rouge dans les cheveux. Le Religieux tenait la grosse caisse, le Bedon jouait du fifre, et le Chuiche scandait le rythme avec des maracas. Ils chantaient tous trois le refrain en chœur, après quoi, le Chuiche esquissa un pas de claquettes, saisit une basse et exécuta un chorus sensationnel à l'archet sur une musique de circonstance.

Le septante-trois musiciens jouaient déjà sur leur balcon, et les cloches sonnaient à toute volée. Il y eut un brusque accord dissonant car le chef d'orchestre, qui s'était trop rapproché du bord, venait de tomber dans le vide, et le vice-chef prit la direction de l'ensemble. Au moment où le chef d'orchestre s'écrasa sur les dalles, ils firent un autre accord pour couvrir le bruit de la chute, mais l'église trembla sur sa base.

Colin et Chloé regardaient, émerveillés, la parade du Religieux, du Bedon et du Chuiche, et deux sous-Chuiches attendaient, par-derrière, à la porte de l'église, le moment de présenter la hallebarde.

Le Religieux fit un dernier roulement en jonglant avec les baguettes, le

Bedon tira de son fifre un miaulement suraigu, qui fit entrer en dévotion la moitié des bigotes rangées tout le long des marches pour voir la mariée, et le Chuiche brisa, dans un dernier accord, les cordes de sa contrebasse. Alors les quatorze Enfants de Foi descendirent les marches à la queue-leu-leu, et les filles se rangèrent à droite, les garçons à gauche de la porte de la voiture.

Chloé sortit. Elle était ravissante et radieuse dans sa robe blanche. Alise et Isis suivirent. Nicolas venait d'arriver et s'approcha du groupe. Colin prit le bras de Chloé, Nicolas celui d'Isis, et Chick celui d'Alise, et ils gravirent les marches, suivis des frères Desmaret, Coriolan à droite et Pégase à gauche, pendant que les Enfants de Foi venaient par couples, en s'amignotant tout au long de l'escalier. Le Religieux, le Bedon et le Chuiche, après avoir rangé leurs instruments, dansaient une ronde en attendant.

Sur le perron, Colin et ses amis exécutèrent un mouvement compliqué, et se trouvèrent groupés de la façon adéquate pour entrer dans l'église : Colin avec Alise, Nicolas au bras de Chloé, puis Chick et Isis, et enfin les frères Desmaret mais, cette fois, Pégase à droite et Coriolan à gauche. Le Religieux et ses séides s'arrêtèrent de tourner, prirent la tête du cortège, et tous, chantant un vieux chœur grégorien, se ruèrent vers la porte. Les sous-Chuiches leur cassaient sur la tête, au passage, un petit ballon de cristal mince rempli d'eau lustrale et leur plantaient, dans les cheveux, un bâtonnet d'encens allumé qui brûlait avec une flamme jaune pour les hommes et violette pour les femmes.

Les wagonnets étaient rangés à l'entrée de l'église. Colin et Alise s'installèrent dans le premier et partirent tout de suite. On tombait dans un couloir obscur qui sentait la religion. Le wagonnet filait sur les rails avec un bruit de tonnerre, et la musique retentissait avec une grande force. Au bout du couloir, le wagonnet enfonça une porte, tourna à angle droit, et le Saint apparut dans une lumière verte. Il grimaçait horriblement et Alise se serra contre Colin. Des toiles d'araignées leur balayaient la figure et des fragments de prières leur revenaient à la mémoire. La seconde vision fut celle de la Vierge, et à la troisième, face à Dieu qui avait un œil au beurre noir et l'air pas content, Colin se rappelait toute la prière et put la dire à Alise.

Le wagonnet déboucha, dans un fracas assourdissant, sous la voûte de la travée latérale et s'arrêta. Colin descendit, laissa Alise gagner sa place et attendit Chloé qui émergea bientôt.

Ils regardèrent la nef. Il y avait une grande foule. Tous les gens qui les

connaissaient étaient là, écoutant la musique et se réjouissant d'une si belle cérémonie.

Le Chuiche et le Bedon, cabriolant dans leurs beaux habits, apparurent, précédant le Religieux qui conduisait le Chevêche. Tout le monde se leva et le Chevêche s'assit dans un grand fauteuil en velours. Le bruit des chaises sur les dalles était très harmonieux.

La musique s'arrêta soudain. Le Religieux s'agenouilla devant l'autel, tapa trois fois sa tête par terre et le Bedon se dirigea vers Colin et Chloé pour les mener à leur place tandis que le Chuiche faisait ranger les Enfants de Foi des deux côtés de l'autel. Il y avait maintenant un très profond silence dans l'église et les gens retenaient leur haleine.

Partout, de grandes lumières envoyaient des faisceaux de rayons sur des choses dorées qui les faisaient éclater dans tous les sens et les larges raies jaunes et violettes de l'église donnaient à la nef l'aspect de l'abdomen d'une énorme guêpe couchée, vue de l'intérieur.

Très haut, les musiciens commencèrent un chœur vague. Les nuages entraient. Ils avaient une odeur de coriandre et d'herbe de montagnes. Il faisait chaud dans l'église et l'on se sentait enveloppé d'une atmosphère bénigne et ouatée.

Agenouillés devant l'autel, sur deux priors recouverts de velours blanc, Colin et Chloé, la main dans la main, attendaient. Le Religieux, devant eux, compulsait rapidement un gros livre, car il ne se rappelait plus les formules. De temps à autre, il se retournait pour jeter un coup d'œil à Chloé dont il aimait bien la robe. Enfin il s'arrêta de tourner les pages, se redressa, fit, de la main, un signe au chef d'orchestre qui attaqua l'Ouverture.

Le Religieux prit son souffle et commença de chanter le Cérémonial, soutenu par un fond de onze trompettes bouchées jouant à l'unisson. Le Chevêche somnolait doucement, la main sur la crosse. Il savait qu'on le réveillerait au moment de chanter à son tour.

L'Ouverture et le Cérémonial étaient écrits sur des thèmes classiques de blues. Pour l'Engagement, Colin avait demandé que l'on jouât l'arrangement de Duke Ellington sur un vieil air bien connu, *Chloé*.

Devant Colin, accroché à la paroi, on voyait Jésus sur une grande croix noire. Il paraissait heureux d'avoir été invité et regardait tout cela avec intérêt. Colin tenait la main de Chloé et souriait vaguement à Jésus. Il était un peu fatigué. La cérémonie lui revenait très cher, cinq mille doublezons, et il était content qu'elle fût réussie.

Il y avait des fleurs tout autour de l'autel. Il aimait la musique que l'on

jouait en ce moment. Il vit le Religieux devant lui et reconnut l'air. Alors, il ferma doucement les yeux, il se pencha un peu en avant, et il dit : « Oui. »

Chloé dit « Oui » aussi et le Religieux leur serra vigoureusement la main. L'orchestre repartit de plus belle et le Chevêche se leva pour l'Exhortation. Le Chuiche se glissait entre deux rangées de personnes pour donner un grand coup de canne sur les doigts de Chick qui venait d'ouvrir son livre au lieu d'écouter.

XXII

Le Chevêche était parti ; Colin et Chloé, debout dans la sacristoche, recevaient des poignées de main et des injures pour leur porter bonheur. D'autres gens leur donnaient des conseils pour la nuit, un camelot passa en leur proposant des photographies pour s'instruire. Ils commençaient à se sentir très las. La musique jouait toujours et les gens dansaient dans l'église où l'on servait la glace lustrale et des rafraîchissements pieux, avec des petits sandwiches à la morue. Le Religieux avait remis ses habits de tous les jours, avec un gros trou sur la fesse, mais il comptait se payer un surtout neuf avec le bénéfice pris sur les cinq mille doublezons. En plus, il venait d'escroquer l'orchestre, comme on fait toujours, et de refuser de payer le cachet du chef, puisque celui-ci était mort avant d'avoir commencé. Le Bedon et le Chuiche déshabillaient les Enfants de Foi pour remettre leurs costumes en place, et le Chuiche se chargeait spécialement des petites filles. Les deux sous-Chuiches, engagés comme extras, étaient partis. Le camion des Peintureurs attendait dehors. Ils s'apprêtaient à enlever le jaune et le violet pour les remettre dans des petits pots tout dégoûtants.

Aux côtés de Colin et de Chloé, Alise et Chick, Isis et Nicolas recevaient aussi des poignées de main. Les frères Desmaret en donnaient. Lorsque Pégase voyait son frère se rapprocher trop d'Isis qui était à côté de lui, il lui pinçait la hanche de toutes ses forces en le traitant d'inverti.

Il restait encore une douzaine de personnes. C'étaient les amis personnels de Colin et de Chloé qui devaient venir à la réception de l'après-midi. Ils sortirent tous de l'église en jetant un dernier regard aux fleurs de l'autel et sentirent l'air froid les frapper au visage en arrivant sur

le perron. Chloé se mit à tousser et descendit les marches très vite pour entrer dans la voiture chaude. Elle se pelotonna sur les coussins et attendit Colin.

Les autres, sur le perron, regardaient partir les musiciens que l'on emmenait dans une voiture cellulaire parce qu'ils avaient tous des dettes. Ils étaient serrés comme des sardines et soufflaient, pour se venger, dans leurs instruments, ce qui, de la part des violonistes, produisait un bruit abominable.

<div align="center">XXIIII</div>

De forme sensiblement carrée, assez élevée de plafond, la chambre de Colin prenait jour sur le dehors par une baie de cinquante centimètres de haut qui courait sur toute la longueur du mur à un mètre vingt du sol environ. Le plancher était recouvert d'un épais tapis orange clair et les murs tendus de cuir naturel.

Le lit ne reposait pas sur le tapis mais sur une plate-forme à mi-hauteur du mur. On y accédait par une petite échelle de chêne syracusé garnie de cuivre rouge blanc. La niche formée par la plate-forme, sous le lit, servait de boudoir. Il s'y trouvait des livres et des fauteuils confortables, et la photographie du Dalaï-Lama.

Colin dormait encore. Chloé venait de se réveiller et le regardait. Elle avait les cheveux en désordre et paraissait encore plus jeune. Il ne restait sur le lit qu'un drap, celui de dessous, le reste avait voltigé dans toute la pièce, bien chauffée par des pompes à feu. Elle était maintenant assise, les genoux remontés sous le menton, et se frottait les yeux, puis s'étira et se laissa retomber en arrière et l'oreiller s'infléchit sous son poids.

Colin était étendu à plat ventre, les bras autour de son traversin, et bavait comme un vieux bébé. Chloé se mit à rire et s'agenouilla à côté de lui pour le secouer vigoureusement. Il se réveilla, se souleva sur les poignets, s'assit et l'embrassa avant d'ouvrir les yeux. Chloé se laissait faire avec une certaine complaisance, le guidant vers les places de choix. Elle avait une peau ambrée et savoureuse comme de la pâte d'amandes.

La souris grise à moustaches noires grimpa le long de l'échelle et vint les avertir que Nicolas attendait. Ils se rappelèrent le voyage et bondirent hors du lit. La souris profitait de leur inattention pour puiser largement

dans une grosse boîte de chocolats à la sapote qui se trouvait au chevet du lit.

Ils firent promptement leur toilette, mirent des costumes assortis et se hâtèrent vers la cuisine. Nicolas les avait invités à prendre le petit déjeuner dans son domaine. La souris les suivit et s'arrêta dans le couloir. Elle voulait voir pourquoi les soleils n'entraient pas aussi bien que d'habitude, et les engueuler à l'occasion.

— Alors, dit Nicolas, vous avez bien dormi?

Les yeux de Nicolas étaient cernés et son teint plus ou moins brouillé.

— Très bien, dit Chloé qui se laissa tomber sur une chaise, car elle avait du mal à se tenir debout.

— Et toi? demanda Colin qui glissa et se retrouva assis par terre, sans faire aucun effort pour se rattraper.

— Moi, dit Nicolas, j'ai raccompagné Isis chez elle et elle m'a fait boire, comme il se doit.

— Ses parents n'étaient pas là? demanda Chloé.

— Non, dit Nicolas. Il y avait juste ses deux cousines, et elles ont absolument voulu que je reste.

— Elles avaient quel âge? demanda Colin insidieusement.

— Je ne sais pas, dit Nicolas. Mais, au toucher, je donnerais seize ans à l'une et dix-huit ans à l'autre.

— Tu as passé la nuit là-bas? demanda Colin.

— Euh!... dit Nicolas... Elles étaient toutes les trois un peu éméchées, alors... j'ai dû les mettre au lit. Le lit d'Isis est très grand... il y avait encore une place. Je n'ai pas voulu vous réveiller, alors j'ai dormi avec elles.

— Dormi?... dit Chloé... Le lit devait être très dur parce que tu as bien mauvaise mine...

Nicolas toussa d'une façon peu naturelle et s'affaira autour des appareils électriques.

— Goûtez ça, dit-il pour changer la conversation.

C'étaient des abricots fourrés aux dattes et aux pruneaux dans un sirop onctueux et caramélisé sur le dessus.

— Est-ce que tu pourras conduire? demanda Colin.

— J'essaierai, dit Nicolas.

— C'est bon ça, dit Chloé. Prends-en avec nous, Nicolas.

— Je préfère quelque chose de plus remontant, dit Nicolas.

Il se confectionna un horrible breuvage sous les yeux de Colin et de Chloé. Il y avait du vin blanc, une cuillerée de vinaigre, cinq jaunes

d'œufs, deux huîtres, et cent grammes de viande hachée avec de la crème fraîche et une pincée d'hyposulfite de soude. Le tout descendit dans son gosier en faisant le bruit d'un cyclotron en pleine vitesse.

— Alors? demanda Colin, qui s'étranglait presque de rire en voyant la grimace de Nicolas.

— Ça va... répondit Nicolas avec effort.

Effectivement, les cernes disparurent subitement de ses yeux comme si l'on y avait passé de la benzine, et son teint s'éclaircit visiblement. Il s'ébroua, serra les poings et rugit. Chloé le regardait, un peu inquiète.

— Tu n'as pas mal au ventre, Nicolas?

— Pas du tout!... brailla Nicolas. C'est fini. Je vous donne la suite et puis on va s'en aller.

XXIV

La grande voiture blanche se frayait précautionneusement un chemin dans les ornières de la route. Colin et Chloé, assis derrière, regardaient le paysage avec un certain malaise. Le ciel était bas, des oiseaux rouges volaient au ras des fils télégraphiques en montant et descendant comme eux, et leurs cris aigres se reflétaient sur l'eau plombée des flaques.

— Pourquoi est-on passés par là? demanda Chloé à Colin.

— C'est un raccourci, dit Colin. C'est obligatoire. La route ordinaire est usée. Tout le monde a voulu y rouler parce qu'il y faisait beau tout le temps et, maintenant, il ne reste plus que celle-ci. Ne t'inquiète pas, Nicolas sait conduire.

— C'est cette lumière, dit Chloé.

Son cœur battait vite, comme serré dans une coque trop dure. Colin passa son bras autour des épaules de Chloé, et prit le cou gracieux entre ses doigts, sous les cheveux, comme on prend un petit chat.

— Oui, dit Chloé en rentrant la tête dans les épaules, car Colin la chatouillait, touche-moi, j'ai peur toute seule...

— Veux-tu que je mette les glaces jaunes? dit Colin.

— Mets quelques couleurs.

Colin pressa des boutons verts, bleus, jaunes, rouges et les glaces correspondantes remplacèrent celles de la voiture. On se serait cru dans un arc-en-ciel, et, sur la fourrure blanche, des ombres bariolées

dansaient au passage de chaque poteau télégraphique. Chloé se sentit mieux.

Il y avait, des deux côtés de la route, une mousse rase et maigre, d'un vert décoloré, et, de temps à autre, un arbre tordu et échevelé. Pas un souffle de vent ne ridait les nappes de boue qui giclaient sous les roues de la voiture. Nicolas peinait dur pour garder le contrôle de la direction et se maintenait avec effort au milieu de la chaussée effondrée.

Il se retourna un instant.

— Ne vous en faites pas, dit-il à Chloé, ça ne va pas durer. La route change bientôt.

Chloé se tourna vers la glace à sa droite et frissonna. Une bête écailleuse les regardait passer, debout près d'un poteau télégraphique.

— Regarde, Colin... Qu'est-ce que c'est?...

Colin regarda.

— Je ne sais pas, dit-il. Ça... ça n'a pas l'air méchant...

— C'est un des hommes qui entretiennent les lignes, dit Nicolas par-dessus son épaule. Ils sont habillés comme ça pour que la boue n'entre pas jusqu'à eux...

— C'était... c'était très laid... murmura Chloé.

Colin l'embrassa.

— N'aie pas peur, ma Chloé, c'était juste un homme...

Sous les roues, le sol paraissait plus ferme. Une vague lueur teintait l'horizon.

— Regarde! dit Colin. C'est le soleil...

Nicolas secoua négativement la tête.

— Ce sont les mines de cuivre, dit-il. On va les traverser.

La souris, à côté de Nicolas, dressa l'oreille.

— Oui, lui dit Nicolas. Il va faire chaud.

La route tourna plusieurs fois. La boue, maintenant, commençait à fumer. La voiture était environnée de vapeurs blanches à forte odeur de cuivre. Puis, la boue durcit complètement et la chaussée émergea, craquelée et poussiéreuse. Loin devant, l'air vibrait comme au-dessus d'un grand four.

— Je n'aime pas ça, dit Chloé. On ne peut pas passer d'un autre côté?

— Il n'y a que ce chemin, dit Colin. Veux-tu le livre de Gouffé?... Je l'ai pris...

Ils n'avaient pas emmené d'autres bagages, comptant tout acheter en route.

— On baisse les glaces de couleur ? dit encore Colin.

— Oui, dit Chloé. Maintenant, la lumière est moins mauvaise.

Brusquement, la route tourna de nouveau et ils se trouvèrent au milieu des mines de cuivre. Elles s'étageaient des deux côtés, de quelques mètres en contrebas. D'immenses étendues de cuivre verdâtre, à l'infini, déroulaient leur aridité. Des centaines d'hommes, vêtus de combinaisons hermétiques, s'agitaient autour des feux. D'autres empilaient en pyramides régulières le combustible que l'on amenait sans cesse dans des wagonnets électriques. Le cuivre, sous l'effet de la chaleur, fondait et coulait en ruisseaux rouges frangés de scories spongieuses et dures comme de la pierre. De place en place, on le rassemblait dans de grands réservoirs où des machines le pompaient et le transvasaient dans des tuyaux ovales.

— Quel travail terrible !... dit Chloé.

— C'est assez bien payé, dit Nicolas.

Quelques hommes s'étaient arrêtés pour voir passer la voiture. On ne voyait dans leurs yeux qu'une pitié un peu narquoise. Ils étaient larges et forts, ils avaient l'air inaltérable.

— Ils ne nous aiment pas, dit Chloé. Allons-nous-en d'ici.

— Ils travaillent... dit Colin.

— Ce n'est pas une raison, dit Chloé.

Nicolas accéléra un peu. La voiture filait sur la croûte craquelée, dans la rumeur des machines et du cuivre en fusion.

— On va bientôt rejoindre l'ancienne route, dit Nicolas.

XXV

— Pourquoi sont-ils si méprisants ? demanda Chloé. Ce n'est pas tellement bien de travailler...

— On leur a dit que c'était bien, dit Colin. En général, on trouve ça bien. En fait, personne ne le pense. On le fait par habitude et pour ne pas y penser, justement.

— En tout cas, c'est idiot de faire un travail que des machines pourraient faire.

— Il faut construire les machines, dit Colin. Qui le fera ?

— Oh ! Évidemment, dit Chloé. Pour faire un œuf, il faut une poule,

mais une fois qu'on a la poule, on peut avoir des tas d'œufs. Il vaut donc mieux commencer par la poule.

— Il faudrait savoir, dit Colin, qui empêche de faire des machines. C'est le temps qui doit manquer. Les gens perdent leur temps à vivre, alors il ne leur en reste plus pour travailler.

— Ce n'est pas plutôt le contraire ? dit Chloé.

— Non, dit Colin. S'ils avaient le temps de construire les machines, après ils n'auraient plus besoin de rien faire. Ce que je veux dire, c'est qu'ils travaillent pour vivre au lieu de travailler à construire des machines qui les feraient vivre sans travailler.

— C'est compliqué, estima Chloé.

— Non, dit Colin. C'est très simple. Ça devrait, bien entendu, venir progressivement. Mais on perd tellement de temps à faire des choses qui s'usent...

— Mais tu crois qu'ils n'aimeraient pas mieux rester chez eux et embrasser leur femme et aller à la piscine et aux divertissements ?

— Non, dit Colin. Parce qu'ils n'y pensent pas.

— Mais est-ce que c'est leur faute s'ils croient que c'est bien de travailler ?

— Non, dit Colin, ce n'est pas leur faute. C'est parce qu'on leur a dit : « Le travail, c'est sacré, c'est bien, c'est beau, c'est ce qui compte avant tout, et seuls les travailleurs ont droit à tout. » Seulement, on s'arrange pour les faire travailler tout le temps et alors ils ne peuvent pas en profiter.

— Mais alors, ils sont bêtes ? dit Chloé.

— Oui, ils sont bêtes, dit Colin. C'est pour ça qu'ils sont d'accord avec ceux qui leur font croire que le travail c'est ce qu'il y a de mieux. Ça leur évite de réfléchir et de chercher à progresser et à ne plus travailler.

— Parlons d'autre chose, dit Chloé. C'est épuisant, ces sujets-là. Dis-moi si tu aimes mes cheveux...

— Je t'ai déjà dit...

Il la prit sur ses genoux. De nouveau il se sentait complètement heureux.

— Je t'ai déjà dit que je t'aimais bien en gros et en détail.

— Alors, détaille, murmura Chloé, en se laissant aller dans les bras de Colin, câline comme une couleuvre.

XXVI

— Pardon, Monsieur, dit Nicolas. Monsieur désire-t-il que nous descendions ici ?

L'auto s'était arrêtée devant un hôtel au bord de la route. C'était la bonne route, lisse, moirée de reflets photogéniques, avec des arbres parfaitement cylindriques des deux côtés, de l'herbe fraîche, du soleil, des vaches dans les champs, des barrières vermoulues, des haies en fleur, des pommes aux pommiers et des feuilles mortes en petits tas, avec de la neige de place en place pour varier le paysage, des palmiers, des mimosas et des pins du Nord dans le jardin de l'hôtel et un garçon roux et ébouriffé qui conduisait deux moutons et un chien ivre. D'un côté de la route, il y avait du vent et de l'autre pas. On choisissait celui qui vous plaisait. Un arbre sur deux seulement donnait de l'ombre et, dans un seul des fossés, on trouvait des grenouilles.

— Descendons ici, dit Colin. Aussi bien, nous n'arriverons pas au Sud aujourd'hui.

Nicolas ouvrit la portière et mit pied à terre. Il portait un beau costume de chauffeur en cuir de porc et une élégante casquette assortie. Il recula de deux pas et regarda la voiture. Colin et Chloé descendirent aussi.

— Notre véhicule est passablement souillé, dit Nicolas. C'est toute cette boue que nous avons traversée.

— Ça ne fait rien, dit Chloé, on va le faire laver à l'hôtel...

— Entre et va voir s'ils ont des chambres, dit Colin, et de quoi se nutritionner.

— Très bien, Monsieur, dit Nicolas, portant la main à la visière de sa casquette, et plus exaspérant que jamais.

Il poussa la barrière de chêne ciré dont la poignée recouverte de velours lui donna le frisson. Ses pas firent craquer le gravier et il monta les deux marches. La porte vitrée céda sous sa poussée et il disparut dans le bâtiment.

Les jalousies étaient baissées et l'on n'entendait aucun bruit. Le soleil cuisait doucement les pommes tombées et les faisait éclore en petits pommiers verts et frais qui fleurissaient instantanément et donnaient des pommes plus petites encore. À la troisième génération, on ne voyait plus guère qu'une sorte de mousse verte et rose où des pommes minuscules roulaient comme des billes.

Quelques bestioles zonzonnaient dans le soleil, se rendant à des tâches incertaines, et dont certaines consistaient en une rapide giration

sur place. Du côté venteux de la route, les graminées se courbaient en sourdine, des feuilles voltigeaient avec un froissement léger. Quelques insectes à élytres tentaient de remonter le courant en produisant un petit clapotis semblable à celui des roues d'un vapeur cinglant vers les grands lacs.

Colin et Chloé, l'un près de l'autre, se laissaient insoler sans rien dire et leurs cœurs battaient, tous deux, sur un rythme de boogie.

La porte vitrée grinça faiblement. Nicolas réapparut. Sa casquette était de travers et son costume en désordre.

— Ils t'ont mis dehors ? demanda Colin.

— Non, Monsieur, dit Nicolas. Ils peuvent recevoir Monsieur et Madame, et s'occuper de la voiture.

— Que t'est-il arrivé ? demanda Chloé.

— Euh !... dit Nicolas. Le patron n'est pas là... J'ai été reçu par sa fille...

— Arrange-toi, dit Colin. Tu n'es pas correct.

— Je prie Monsieur de m'excuser, dit Nicolas, mais j'ai pensé que deux chambres valaient un sacrifice...

— Va te mettre en civil, dit Colin, et recommence à parler normalement. Tu me mets les nerfs en bobines !...

Chloé s'arrêta pour jouer avec un petit tas de neige. Les flocons, doux et froid, restaient blancs et ne fondaient pas.

— Regarde comme elle est jolie, dit-elle à Colin.

Sous la neige, il y avait des primevères, des bleuets et des coquelicots.

— Oui, dit Colin. Mais tu as tort de toucher ça. Tu vas avoir froid.

— Oh ! non, dit Chloé, et elle se mit à tousser comme une étoffe de soie qui se déchire.

— Ma Chloé, dit Colin en l'entourant de ses bras, ne tousse pas comme ça, tu me fais mal !

Elle lâcha la neige qui tomba lentement comme du duvet et se remit à briller au soleil.

— Je n'aime pas cette neige, murmura Nicolas.

Il se reprit aussitôt.

— Je prie Monsieur de m'excuser pour la liberté de ce langage.

Colin retira un de ses souliers et le précipita à la figure de Nicolas qui se baissa pour gratter une petite tache à son pantalon, et se releva au bruit du verre cassé.

— Oh! Monsieur! dit Nicolas avec reproche, c'est la fenêtre de la chambre de Monsieur!...

— Eh bien, tant pis! dit Colin. Ça nous aérera... Et puis, ça t'apprendra à parler comme un idiot...

Il se dirigea à cloche-pied, aidé par Chloé, vers la porte de l'hôtel. Le carreau cassé commençait à repousser. Une mince pellicule se formait sur les bords du châssis, opalescente et irisée d'éclats incertains, aux couleurs vagues et changeantes.

XXVII

— As-tu bien dormi? demanda Colin.

— Pas mal, et toi? dit Nicolas, en civil cette fois.

Chloé bâilla et prit le pichet de sirop de câpres.

— Ce carreau m'a empêchée de dormir, dit-elle.

— Il n'est pas fermé? demanda Nicolas.

— Pas tout à fait, dit Chloé. La fontanelle est encore assez ouverte pour laisser passer un fameux courant d'air. Ce matin, j'avais la poitrine toute pleine de cette neige...

— C'est assommant, dit Nicolas. Je vais les engueuler sévèrement. Au fait, on repart ce matin?

— Après midi, dit Colin.

— Faudra que je remette ma tenue de chauffeur, dit Nicolas.

— Oh! Nicolas... dit Colin. Si tu continues... je...

— Oui, dit Nicolas, mais pas maintenant.

Il engloutit son bol de sirop de câpres et termina ses tartines.

— Je vais faire un tour à la cuisine, annonça-t-il en se levant et en rectifiant son nœud de cravate au moyen d'un alésoir de poche.

Il quitta la pièce et l'on entendit le bruit de ses pas décroître en direction, probable, de la cuisine.

— Qu'est-ce que tu veux qu'on fasse, ma Chloé? demanda Colin.

— S'embrasser, dit Chloé.

— Sûr!... répondit Colin. Mais après?

— Après, dit Chloé, je ne peux pas le dire tout haut.

— Bon, dit Colin, mais après?

— Après, dit Chloé, il sera l'heure de déjeuner. Prends-moi dans tes bras. J'ai froid. C'est cette neige...

Le soleil entrait en vagues dorées dans la pièce.

— Il ne fait pas froid ici, dit Colin.

— Non, dit Chloé en se serrant contre lui, mais j'ai froid. Après, j'écrirai à Alise...

XXVIII

Dès le début de la rue, la foule se bousculait pour accéder à la salle où Jean-Sol donnait sa conférence[24].

Les gens utilisaient les ruses les plus variées pour déjouer la surveillance du cordon sanitaire chargé d'examiner la validité des cartes d'invitation, car on en avait mis en circulation de fausses par dizaines de milliers.

Certains arrivaient en corbillard et les gendarmes plongeaient une longue pique d'acier dans le cercueil, les clouant au chêne pour l'éternité, ce qui évitait de les en sortir pour l'inhumation et ne causait de tort qu'aux vrais morts éventuels dont le linceul se trouvait bousillé. D'autres se faisaient parachuter par avion spécial (et l'on se battait aussi au Bourget pour monter en avion). Une équipe de pompiers prenaient ceux-là pour cible et, au moyen de lances d'incendie, les déviaient vers la scène où ils se noyaient misérablement. D'autres enfin tentaient d'arriver par les égouts. On les repoussait à grands coups de souliers ferrés sur les jointures au moment où ils s'agrippaient au rebord pour se rétablir et sortir, et les rats se chargeaient du reste. Mais rien ne décourageait ces passionnés. Ce n'étaient pas les mêmes, il faut cependant l'avouer, qui se noyaient et qui persévéraient dans leurs tentatives, et la rumeur montait vers le zénith, se répercutant sur les nuages en un roulement caverneux.

Seuls les purs, les au courant, les intimes, avaient de vraies cartes, très facilement reconnaissables des fausses, et, pour cette raison, passaient sans encombre par une allée étroite ménagée au ras des maisons et gardée, tous les cinquante centimètres, par un agent secret déguisé en servo-frein. Ils étaient néanmoins en fort grand nombre, et la salle, déjà pleine, continuait d'accueillir, de seconde en minute, de nouveaux arrivants.

Chick était dans la place depuis la veille. Il avait, à prix d'or, obtenu du concierge le droit de le remplacer et, pour rendre ce remplacement

possible, brisé la jambe gauche dudit concierge, au moyen d'un anspect de rechange. Il ne ménageait pas les doublezons lorsqu'il s'agissait de Partre. Alise et Isis attendaient avec lui l'arrivée du conférencier. Elles venaient de passer la nuit là, très désireuses de ne pas manquer l'événement. Chick, dans son uniforme vert foncé de concierge, était séduisant au possible. Il négligeait beaucoup son travail depuis qu'il était entré en possession des vingt-cinq mille doublezons de Colin.

Le public qui se pressait là présentait des aspects bien particuliers. Ce n'étaient que visages fuyants à lunettes, cheveux hérissés, mégots jaunis, renvois de nougats et, pour les femmes, petites nattes miteuses ficelées autour du crâne et canadiennes portées à même la peau, avec échappées en forme de tranches de seins sur fond d'ombre.

Dans la grande salle du rez-de-chaussée, au plafond mi-vitré, mi-décoré de fresques à l'eau lourde, et bien propres à faire naître, dans l'esprit des assistants, des doutes sur l'intérêt d'une existence peuplée de formes féminines aussi décourageantes, on se rassemblait de plus belle et les tard venus n'avaient que la ressource de rester au fond sur un pied, l'autre servant à écarter les voisins trop proches. Une loge spéciale, dans laquelle trônaient la duchesse de Bovouard et sa suite, attirait les regards d'une foule presque exsangue et insultait, par son luxe de bon aloi, au caractère provisoire des dispositions personnelles d'un rang de philosophes montés sur pliants.

L'heure de la conférence approchait et la foule devenait fébrile. Un chahut commençait à s'organiser dans le fond, quelques étudiants cherchant à semer le doute dans les esprits en déclamant à haute voix des passages tronqués dilatoirement du *Serment sur la Montagne*, de la baronne Orczy[25].

Mais, Jean-Sol approchait. Des sons de trompe d'éléphant se firent entendre dans la rue et Chick se pencha par la fenêtre de sa loge. Au loin, la silhouette de Jean-Sol émergeait d'un houdah blindé sous lequel le dos de l'éléphant, rugueux et ridé, prenait un aspect insolite à la lueur d'un phare rouge. À chaque angle du houdah, un tireur d'élite armé d'une hache se tenait prêt. À grandes enjambées, l'éléphant se frayait un chemin dans la foule et le piétinement sourd des quatre piliers s'agitant dans les corps écrasés se rapprochait inexorablement. Devant la porte, l'éléphant s'agenouilla et les tireurs d'élite descendirent. D'un bond gracieux, Partre sauta au milieu d'eux et, ouvrant la route à coups de hache, ils progressèrent vers l'estrade. Les agents refermèrent les portes

et Chick se précipita dans un couloir dérobé qui aboutissait derrière l'estrade, poussant devant lui Isis et Alise.

Le fond de l'estrade était garni d'une tenture de velours enkysté, dans laquelle Chick avait percé des trous pour voir. Ils s'assirent sur des coussins et attendirent. À un mètre d'eux, à peine, Partre se préparait à lire sa conférence. Il émanait de son corps souple et ascétique une radiance extraordinaire, et le public, captivé par le charme redoutable qui parait ses moindres gestes, attendait, anxieux, le signal du départ.

Nombreux étaient les cas d'évanouissement dus à l'exaltation intra-utérine qui s'emparait particulièrement du public féminin, et, de leur place, Alise, Isis et Chick entendaient distinctement le halètement des vingt-quatre spectateurs qui s'étaient faufilés sous l'estrade et se déshabillaient à tâtons pour tenir moins de place.

— Tu te rappelles? demanda Alise en regardant Chick avec tendresse.

— Oui, dit Chick. C'est là qu'on s'est connus...

Il se pencha vers Alise et l'embrassa doucement.

— Vous étiez là-dessous? demanda Isis.

— Oui, dit Alise. C'était très agréable.

— Je le crois, dit Isis. Qu'est-ce que c'est que ça, Chick?

Chick se mettait à ouvrir une grosse caisse noire à côté de laquelle il s'était assis.

— C'est un enregistreur, dit-il. Je l'ai acheté en prévision de la conférence.

— Oh! dit Isis. Quelle bonne idée!... Comme ça on n'aura pas besoin d'écouter!...

— Oui, dit Chick. Et en rentrant, on pourra l'écouter toute la nuit, si on veut, mais on ne le fera pas pour ne pas abîmer les disques. Je les ferai doubler avant et peut-être que je demanderai à la maison «Le Cri du Patron» de m'en sortir un tirage commercial.

— Ça a dû vous coûter très cher, dit Isis.

— Oh! dit Chick. Ça n'a pas d'importance!...

Alise soupira. Un soupir si léger qu'elle fut la seule à l'entendre... et elle l'entendit à peine.

— Ça y est! dit Chick. Il commence. J'ai mis mon micro avec ceux de la radio officielle qui sont sur sa table, ils ne s'en apercevront pas.

Jean-Sol venait de débuter. On n'entendit, tout d'abord, que le cliquetis des obturateurs. Les photographes et reporters de la presse et du cinéma s'en donnaient à cœur joie. Mais l'un d'eux fut renversé par le

recul de son appareil et une horrible confusion s'ensuivit. Ses confrères, furieux, se ruèrent sur lui et l'arrosèrent de poudre de magnésium. Il disparut dans un éclair éblouissant, à la satisfaction générale, et les agents emmenèrent en prison tous ceux qui restaient.

— Merveilleux ! dit Chick. Je serai le seul à avoir l'enregistrement.

Le public, qui s'était tenu à peu près calme jusqu'ici, commençait à s'énerver et manifestait son admiration pour Partre à grand renfort de cris et d'acclamations chaque fois qu'il disait un mot, ce qui rendait assez difficile la compréhension parfaite du texte.

— Ne cherchez pas à tout piger, dit Chick. On écoutera l'enregistrement à loisir.

— Surtout qu'ici on n'entend rien, dit Isis. Il ne fait pas plus de bruit qu'une souris. Au fait avez-vous des nouvelles de Chloé ?

— J'ai reçu une lettre d'elle, dit Alise.

— Sont-ils enfin arrivés ?

— Oui, ils ont réussi à partir, mais ils vont abréger leur séjour là-bas, car Chloé n'est pas très bien portante, dit Alise.

— Et Nicolas ? demanda Isis.

— Il va bien. Chloé me dit qu'il s'est horriblement mal conduit avec toutes les filles des hôteliers chez qui ils se sont arrêtés.

— Il est bien, Nicolas, dit Isis. Je me demande pourquoi il est cuisinier.

— Oui, dit Chick, c'est drôle.

— Pourquoi ça ? dit Alise. Je trouve ça mieux que d'être collectionneur de Partre, ajouta-t-elle en pinçant l'oreille de Chick.

— Mais Chloé n'est pas gravement malade ? demanda Isis.

— Elle ne me dit pas ce qu'elle a, dit Alise. Elle a mal dans la poitrine.

— Elle est si jolie, Chloé, dit Isis. Je ne peux pas me figurer qu'elle soit malade.

— Oh ! souffla Chick, regardez !...

Une partie du plafond venait de se soulever et une rangée de têtes apparut. D'audacieux admirateurs venaient de se faufiler jusqu'à la verrière, et d'effectuer cette opération délicate. Il y en avait d'autres qui les poussaient et les premiers s'agrippaient énergiquement aux rebords de l'ouverture.

— Ils n'ont pas tort, dit Chick. Cette conférence est remarquable !...

Partre s'était levé et présentait au public des échantillons de vomi empaillé. Le plus joli, pomme crue et vin rouge, obtint un franc succès.

On commençait à ne plus s'entendre, même derrière le rideau où se trouvaient Isis, Alise et Chick.

— Enfin, dit Isis, quand seront-ils là?

— Demain ou après-demain, dit Alise.

— Cela fait si longtemps qu'on ne les a vus!... dit Isis.

— Oui, dit Alise, depuis leur mariage...

— C'était si réussi, ce mariage, conclut Isis.

— Oui, dit Alise. C'est ce soir-là que Nicolas t'a raccompagnée...

Heureusement, la totalité du plafond s'abattit dans la salle, évitant à Isis de donner des détails. Une épaisse poussière s'éleva. Dans les plâtres, des formes blanchâtres s'agitaient, titubaient et s'effondraient, asphyxiées par le nuage lourd qui planait au-dessus des débris. Partre s'était arrêté et riait de bon cœur en se tapant sur les cuisses, heureux de voir tant de gens engagés dans cette aventure. Il avala une grande goulée de poussière et se mit à tousser comme un fou.

Chick, fébrile, tournait des boutons sur son enregistreur. Il produisit une grosse lueur verte qui s'enfuit au ras du sol et disparut dans une fente du parquet. Une seconde, puis une troisième suivirent, et il coupa le courant juste au moment où une sale bête pleine de pattes allait sortir du moteur.

— Qu'est-ce que je fais? dit-il. Il est bloqué. C'est la poussière dans le micro.

Le pandémonium dans la salle était à son comble. Partre, maintenant, buvait à même la carafe et se préparait à s'en aller car il venait de lire sa dernière feuille. Chick se décida.

— Je vais lui offrir de sortir par là, dit-il. Filez devant, je vous rejoins.

XXIX

En passant dans le couloir, Nicolas s'arrêta. Les soleils entraient décidément mal. Les carreaux de céramique jaune paraissaient ternis et voilés d'une légère brume, et les rayons, au lieu de rebondir en gouttelettes métalliques, s'écrasaient sur le sol pour s'étaler en flaques minces et paresseuses. Les murs, pommelés de soleil, ne brillaient plus uniformément, comme avant.

Les souris ne paraissaient pas spécialement gênées par ce changement, sauf la grise à moustaches noires dont l'air profondément ennuyé

frappait dès l'abord. Nicolas supposa qu'elle regrettait l'arrêt inopiné du voyage et les relations qu'elle avait pu se faire en route.

— Tu n'es pas contente ? demanda-t-il.

La souris eut un geste de dégoût et montra les murs.

— Oui, dit Nicolas. C'est pas ça. Avant, ça allait mieux. Je ne sais pas ce qu'il y a...

La souris parut réfléchir un instant, puis hocha la tête et ouvrit les bras d'un air incompréhensif.

— Moi non plus, dit Nicolas, je ne comprends pas. Même quand on frotte, ça ne change rien. C'est probablement l'atmosphère qui devient corrosive...

Il s'arrêta, pensif, et hocha la tête à son tour, puis reprit sa route. La souris croisa les bras et se mit à mâchonner d'un air absent, puis recracha précipitamment en sentant le goût du chewing-gum pour chats. Le marchand s'était trompé.

Dans la salle à manger, Chloé déjeunait avec Colin.

— Alors ? demanda Nicolas. Ça va mieux ?

— Tiens, dit Colin, tu te décides à parler comme tout le monde ?

— Je n'ai pas mes souliers, expliqua Nicolas.

— Ça ne va pas mal, dit Chloé.

Elle avait les yeux brillants et le teint vif, et l'air heureux de se retrouver à la maison.

— Elle a mangé la moitié de la tarte au poulet, dit Colin.

— Ça me fait plaisir, dit Nicolas. Celle-là n'était pas de Gouffé.

— Qu'est-ce que tu veux faire, aujourd'hui, Chloé ? demanda Colin.

— Oui, dit Nicolas, est-ce qu'on déjeune tôt ou tard ?

— J'aimerais sortir avec vous deux et Isis et Chick et Alise, et aller à la patinoire et dans les magasins et dans une surprise-partie, dit Chloé, et m'acheter une bague verte à système.

— Bon ! dit Nicolas, alors je vais me mettre tout de suite à ma cuisine.

— Fais la cuisine en civil, Nicolas, dit Chloé, c'est tellement moins fatigant pour nous. Et puis, tu seras prêt tout de suite.

— Je vais passer prendre de l'argent dans mon coffre à doublezons, dit Colin, et toi, Chloé, téléphone aux amis. On va faire une belle sortie.

— Je téléphone, dit Chloé.

Elle se leva et courut au téléphone. Elle décrocha le récepteur et imita le cri du chat-huant pour avertir qu'elle voulait parler à Chick.

Nicolas débarrassa la table en appuyant sur un petit levier et la

vaisselle sale s'achemina vers l'évier par un gros tube pneumatique qui se dissimulait sous le tapis. Il quitta la pièce et regagna le couloir.

La souris, debout sur les pattes de derrière, grattait avec ses mains un des carreaux ternis. Là où elle avait gratté, ça brillait de nouveau.

— Eh bien! dit Nicolas. Tu y arrives!... C'est remarquable!

La souris s'arrêta, haletante, et montra à Nicolas le bout de ses mains écorchées et sanglantes.

— Oh! dit Nicolas. Tu t'es fait mal!... Viens, laisse ça. Après tout, il y a encore ici beaucoup de soleil. Viens, je vais te panser...

Il la mit dans sa poche de poitrine et elle laissait pendre au-dehors ses pauvres pattes abîmées, essoufflée, les yeux mi-clos.

Colin tournait les boutons de son coffre à doublezons avec une grande rapidité et fredonnait. Il n'était plus tenaillé par l'inquiétude de ces derniers jours et se sentait le cœur en forme d'orange. Le coffre était de marbre blanc incrusté d'ivoire, et les boutons d'améthyste vert-noir. Le niveau indiquait soixante mille doublezons.

Le couvercle bascula avec un claquement huilé, et Colin cessa de sourire. Le niveau, bloqué pour on ne sait quelle raison, venait de se fixer, après deux ou trois oscillations, à trente-cinq mille doublezons. Il plongea la main dans le coffre et vérifia rapidement l'exactitude du dernier chiffre. Faisant un rapide calcul mental, il en constata la vraisemblance. Sur cent mille, il en avait donné vingt-cinq mille à Chick pour épouser Alise, quinze mille pour la voiture, cinq mille pour la cérémonie... le reste avait filé tout naturellement. Ceci le rassura un peu.

— C'est normal, dit-il à voix haute, et sa voix lui parut étrangement altérée.

Il prit ce qu'il lui fallait, hésita, en remit la moitié avec un geste de lassitude et referma la porte. Les boutons tournèrent rapidement en faisant un petit cliquettement clair. Il tapota le cadran du niveau et vérifia qu'il indiquait bien la somme contenue.

Puis il se releva. Il resta debout pendant quelques instants, s'étonnant de l'énormité des sommes qu'il avait dû engager pour donner à Chloé ce qu'il jugeait digne d'elle et sourit en pensant à Chloé décoiffée, le matin, dans le lit, à la forme du drap sur son corps étendu et à la couleur d'ambre de sa peau lorsqu'il enlevait le drap, et il s'astreignit brusquement à penser au coffre parce que ce n'était pas le moment de penser à ces choses-là.

Chloé s'habillait.

— Dis à Nicolas de faire des sandwiches, dit-elle, qu'on parte tout de suite... Je leur ai donné rendez-vous chez Isis.

Colin l'embrassa sur l'épaule, profitant d'une éclaircie, et courut prévenir Nicolas. Nicolas achevait de soigner la souris et lui fabriquait une petite paire de béquilles en bambou.

— Voilà, conclut-il. Marche avec ça jusqu'à ce soir et il n'y paraîtra plus.

— Qu'est-ce qu'elle a ? demanda Colin en lui caressant la tête.

— Elle a voulu nettoyer les carreaux du couloir, dit Nicolas. Elle y est arrivée, mais ça lui a fait mal.

— Ne te soucie pas de ça, dit Colin. Ça reviendra tout seul.

— Je ne sais pas, dit Nicolas. C'est bizarre. On dirait que les carreaux respirent mal.

— Ça reviendra, dit Colin... je pense, du moins... ça n'a jamais fait ça jusqu'à maintenant ?

— Non, dit Nicolas.

Colin resta quelques instants devant la fenêtre de la cuisine.

— C'est peut-être l'usure normale, dit-il. On pourrait essayer de les faire changer...

— Ça coûtera très cher, dit Nicolas.

— Oui, dit Colin. Il vaut mieux attendre.

— Qu'est-ce que tu voulais ? demanda Nicolas.

— Ne fais pas de cuisine, dit Colin. Seulement des sandwiches... on va partir tout de suite.

— Bon, je m'habille, dit Nicolas.

Il posa la souris par terre et elle se dirigea vers la porte, oscillant entre ses petites béquilles. Ses moustaches noires dépassaient des deux côtés.

XXX

La rue avait tout à fait changé d'aspect depuis le départ de Colin et de Chloé. Maintenant, les feuilles des arbres étaient grandes et les maisons quittaient leur teinte pâle pour se nuancer d'un vert effacé avant d'acquérir le beige doux de l'été. Le pavé devenait élastique et souple sous les pas et l'air sentait la framboise.

Il faisait encore frais, mais on devinait le beau temps derrière les

fenêtres aux vitres bleuâtres. Des fleurs vertes et bleues poussaient le long des trottoirs, et la sève serpentait autour de leurs tiges minces avec un léger bruit humide, comme un baiser d'escargots.

Nicolas ouvrait la marche. Il était vêtu d'un complet sport de chaud lainage moutarde et portait, en dessous, un chandail à col roulé dont le jacquard dessinait un saumon à la Chambord, tel qu'il apparaît à la page 607 du *Livre de cuisine* de Gouffé. Ses souliers de cuir jaune à semelles crêpe froissaient à peine la végétation. Il prenait soin de marcher dans les deux sillons que l'on dégageait pour laisser passer les voitures.

Colin et Chloé le suivaient. Chloé tenait Colin par la main et respirait à longs traits les odeurs de l'air. Chloé avait une petite robe de laine blanche et un mantelet de léopard benzolé, dont les taches, atténuées par ce traitement, s'élargissaient en auréoles et se recoupaient en curieuses interférences. Ses cheveux mousseux flottaient librement et exhalaient une douce vapeur parfumée de jasmin et d'œillet.

Colin, les yeux mi-clos, se guidait sur ce parfum et ses lèvres frémissaient doucement à chaque inhalation. Les façades des maisons s'abandonnaient un peu, quittant leur sévère rectitude, et l'aspect résultant de la rue déroutait parfois Nicolas qui devait s'arrêter pour lire les plaques émaillées.

— Qu'est-ce que nous allons faire d'abord ? demanda Colin.

— Aller dans les magasins, dit Chloé. Je n'ai plus une seule robe.

— Tu ne veux pas aller chez les Sœurs Callote[26], comme d'habitude ? dit Colin.

— Non, dit Chloé, je veux aller dans les magasins, et m'acheter des robes toutes faites et des choses.

— Isis va sûrement être contente de te revoir, Nicolas, dit Colin.

— Pourquoi ça ? demanda Nicolas.

— Je ne sais pas...

Ils tournèrent dans la rue Sidney-Bechet[27] et c'était là. La concierge, devant la porte, se balançait dans un rocking-chair mécanique dont le moteur faisait un bruit pétaradant sur un rythme de polka. C'était un vieux système.

Isis les accueillit. Chick et Alise étaient déjà là. Isis avait une robe rouge et sourit à Nicolas. Elle embrassa Chloé et ils s'entrebaisèrent tous pendant quelques instants.

— Tu as bonne mine, ma Chloé, dit Isis. Je croyais que tu étais malade. Ça me rassure.

— Je vais mieux, dit Chloé. Nicolas et Colin m'ont très bien soignée.

— Comment vont vos cousines? demanda Nicolas.

Isis rougit jusqu'aux yeux.

— Elles me demandent de vos nouvelles tous les deux jours, dit-elle.

— Ce sont de charmantes filles! dit Nicolas en se détournant légèrement, mais vous êtes plus ferme.

— Oui... dit Isis.

— Et ce voyage? demanda Chick.

— Ça s'est bien passé, dit Colin. La route était très mauvaise, au début, mais ça s'est arrangé.

— Sauf la neige, dit Chloé, c'était bien...

Elle porta la main à sa poitrine.

— C'était très froid, cette neige.

— Où va-t-on? demanda Alise.

— Je peux vous résumer la conférence de Partre, dit Chick, si vous voulez.

— Tu en as acheté beaucoup depuis notre départ? demanda Colin.

— Oh!... Non... dit Chick.

— Et ton travail? demanda Colin.

— Oh!... Ça va!... dit Chick. J'ai un type pour me remplacer quand je suis forcé de sortir.

— Il fait ça pour rien? demanda Colin.

— Oh!... Presque, dit Chick. Vous voulez qu'on aille tout de suite à la patinoire?

— Non, on va dans les magasins, dit Chloé. Mais si les hommes veulent aller patiner...

— C'est une idée, dit Colin.

— Je les accompagnerai dans les magasins, proposa Nicolas. Je dois faire quelques achats.

— C'est très bien comme ça, dit Isis. Mais allons-y vite pour avoir le temps de patiner un peu après.

XXXI

Colin et Chick patinaient depuis une heure et il commençait à y avoir du monde sur la glace. Toujours les mêmes filles, toujours les mêmes garçons, toujours les chutes et toujours les varlets-nettoyeurs avec la

raclette. Le préposé venait de passer au pick-up une rengaine apprise par
cœur depuis des semaines par tous les habitués. Il la remplaça par l'autre
face, à laquelle tout le monde s'attendait, car ses manies finissaient par
être connues, mais le disque s'arrêta soudain et une voix caverneuse se
fit entendre dans tous les haut-parleurs sauf un, dissident, qui continua
de jouer la musique. La voix priait Monsieur Colin de bien vouloir passer
au contrôle car on le demandait au téléphone.

— Qu'est-ce que ça peut être? dit Colin.

Il se hâta vers le bord, suivi de Chick, et prit pied sur les tapis de
caoutchouc. Il longea le bar et pénétra dans la cabine de contrôle où était
le microphone. L'homme des disques était en train d'en passer un à la
brosse en chiendent pour enlever les aspérités nées de l'usure.

— Allô! dit Colin en prenant l'appareil.

Il écouta. Chick le vit, étonné d'abord, devenir brusquement de la
couleur de la glace.

— Est-ce grave? demanda-t-il.

Colin lui fit signe de se taire.

— J'arrive, dit-il dans le récepteur et il raccrocha.

Les parois de la cabine se resserraient et il sortit avant d'être broyé,
suivi de près par Chick. Il courut sur ses patins. Ses pieds se tordaient
dans tous les sens. Il appela un garçon.

— Ouvrez-moi vite ma cabine. Le 309.

— La mienne aussi, dit Chick, le 311...

Le garçon les suivit sans trop se presser. Colin se retourna, le vit à dix
mètres et attendit qu'il parvînt à sa hauteur. Prenant son élan,
sauvagement, il lui décocha un formidable coup de patin sous le menton
et la tête du garçon alla se ficher sur une des cheminées d'aération de la
machinerie, tandis que Colin s'emparait de la clef que le cadavre, l'air
absent, tenait encore à la main. Colin ouvrit une cabine, y poussa le
corps, cracha dessus et bondit vers le 309. Chick referma la porte.

— Qu'y a-t-il? demanda-t-il, essoufflé, en arrivant.

Colin avait déjà ôté ses patins et remis ses souliers.

— Chloé, dit Colin, elle est malade.

— Grave?

— Je ne sais pas, dit Colin. Elle a eu une syncope.

Il était prêt et filait.

— Où vas-tu? cria Chick.

— Chez moi!... cria Colin, et il disparut dans l'escalier de béton
sonore.

À l'autre bout de la patinoire, les hommes de la machinerie sortirent, suffoqués, car l'aération ne fonctionnait plus et s'effondrèrent, épuisés, tout autour de la piste. Chick, frappé de stupeur, un patin à la main, regardait vaguement l'endroit où Colin avait disparu. Sous la porte de la cabine 128, une mince rigole de sang mousseux serpentait lentement, et la liqueur rouge se mit à couler sur la glace, en grosses gouttes fumantes et lourdes.

XXXII

Il courait de toutes ses forces, et les gens, devant ses yeux, s'inclinaient lentement, pour tomber, comme des quilles, allongés sur le pavé, avec un clapotement mou, comme un grand carton qu'on lâche à plat.

Et Colin courait, courait, l'angle aigu de l'horizon, serré entre les maisons, se précipitait vers lui. Sous ses pas, il faisait nuit. Une nuit d'ouate noire, amorphe et inorganique, et le ciel était sans teinte, un plafond, un angle aigu de plus, il courait vers le sommet de la pyramide, arrêté au cœur par des sections de nuit moins noire, mais il y avait encore trois rues avant la sienne.

Chloé reposait, très claire, sur le beau lit de leurs noces. Elle avait les yeux ouverts mais respirait mal. Alise était avec elle. Isis aidait Nicolas qui préparait, d'après Gouffé, un reconstituant certain, et la souris grise broyait de ses dents aiguës des graines d'herbe à décoction pour le breuvage de chevet.

Mais Colin ne savait pas, il courait, il avait peur, pourquoi ça ne suffit pas de toujours rester ensemble, il faut encore qu'on ait peur, peut-être est-ce un accident, une auto l'a écrasée, elle serait sur son lit, je ne pourrais pas la voir, ils m'empêcheraient d'entrer, mais vous croyez donc peut-être que j'ai peur de ma Chloé, je la verrai malgré vous, mais non, Colin, n'entre pas. Elle est peut-être blessée, seulement, alors il n'y aura rien du tout, demain, nous irons ensemble au Bois, pour revoir le banc, j'avais sa main dans la mienne et ses cheveux près des miens, son parfum sur l'oreiller. Je prends toujours son oreiller, nous nous battrons encore le soir, le mien, elle le trouve trop bourré, il reste tout rond sous sa tête, et moi je le reprends après, il sent l'odeur de ses cheveux. Jamais plus je ne sentirai la douce odeur de ses cheveux.

Le trottoir se dressa devant lui. Il le franchit d'un bond géant, il était au

premier étage, il monta, il ouvrit la porte et tout était calme et tranquille, pas de gens en noir, pas de Religieux, la paix des tapis aux dessins gris-bleu. Nicolas lui dit : « Ce n'est pas grand-chose » et Chloé sourit, elle était heureuse de le revoir.

XXXIII

La main de Chloé, tiède et confiante, était dans la main de Colin. Elle le regardait, ses yeux clairs un peu étonnés le tenaient en repos. En bas de la plate-forme, dans la chambre, il y avait des soucis qui s'amassaient, acharnés à s'étouffer les uns les autres. Chloé sentait une force opaque dans son corps, dans son thorax, une présence opposée, elle ne savait comment lutter, elle toussait de temps en temps pour déplacer l'adversaire accroché à sa chair profonde. Il lui paraissait qu'en respirant à fond elle se fût livrée vive à la rage terne de l'ennemi, à sa malignité insidieuse. Sa poitrine se soulevait à peine et le contact des draps lisses sur ses jambes longues et nues mettait le calme dans ses mouvements. À ses côtés, Colin, le dos un peu courbé, la regardait. La nuit venait, se formait en couches concentriques autour du petit noyau lumineux de la lampe allumée au chevet du lit, prise dans le mur, enfermée par une plaque ronde de cristal dépoli.

— Mets-moi de la musique, mon Colin, dit Chloé. Mets des airs que tu aimes.

— Ça va te fatiguer, dit Colin.

Il parlait de très loin, il avait très mauvaise mine. Son cœur tenait toute la place dans sa poitrine, il ne s'en rendait compte que maintenant.

— Non, je t'en prie, dit Chloé.

Colin se leva, descendit la petite échelle de chêne et chargea l'appareil automatique. Il y avait des haut-parleurs dans toutes les pièces. Il mit en marche celui de la chambre.

— Qu'as-tu mis ? demanda Chloé.

Elle souriait. Elle le savait bien.

— Tu te rappelles ? dit Colin.

— Je me rappelle...

— Tu n'as pas mal ?

— Je n'ai pas très mal...

À l'endroit où les fleuves se jettent dans la mer, il se forme une barre

difficile à franchir, et de grands remous écumeux où dansent les épaves. Entre la nuit du dehors et la lumière de la lampe, les souvenirs refluaient de l'obscurité, se heurtaient à la clarté et, tantôt immergés, tantôt apparents, montraient leurs ventres blancs et leurs dos argentés. Chloé se redressa un peu.

— Viens t'asseoir près de moi...

Colin se rapprocha d'elle, il s'installa en travers du lit et la tête de Chloé reposait au creux de son bras gauche. La dentelle de sa chemise légère dessinait sur sa peau dorée un réseau capricieux, tendrement gonflé par la naissance des seins. La main de Chloé s'accrochait à l'épaule de Colin.

— Tu n'es pas fâché?...

— Pourquoi fâché?

— D'avoir une femme si bête...

Il embrassa le creux de l'épaule confiante.

— Tire un peu ton bras, ma Chloé. Tu vas prendre froid.

— Je n'ai pas froid, dit Chloé. Écoute le disque.

Il y avait quelque chose d'éthéré dans le jeu de Johnny Hodges, quelque chose d'inexplicable et de parfaitement sensuel. La sensualité à l'état pur, dégagée du corps.

Les coins de la chambre se modifiaient et s'arrondissaient sous l'effet de la musique. Colin et Chloé reposaient maintenant au centre d'une sphère.

— Qu'est-ce que c'était? demanda Chloé.

— C'était *The Mood to be Wooed*[28], dit Colin.

— C'est ce que je sentais, dit Chloé. Comment le docteur va-t-il pouvoir entrer dans notre chambre avec la forme qu'elle a?

XXXIV

Nicolas alla ouvrir. Il y avait sur le seuil un docteur.

— Je suis le docteur, dit-il.

— Bon! dit Nicolas. Si vous voulez vous donner la peine de me suivre...

Il l'entraîna derrière lui.

— Voilà, expliqua-t-il, quand ils furent arrivés à la cuisine. Goûtez ça et dites-moi ce que vous en pensez.

C'était, dans un réceptacle silico-sodo-calcique vitrifié, un breuvage de couleur particulière, tirant sur le pourpre de Cassius et le vert de vessie avec un léger écart vers le bleu de chrome.

— Qu'est-ce que c'est ? demanda le docteur.

— Un breuvage... dit Nicolas.

— Je vois bien... mais, dit le docteur, à quoi destiné ?

— Un reconstituant, dit Nicolas.

Le docteur porta le verre à son nez, flaira, s'alluma, huma et goûta, puis but et se tint le ventre à deux mains en lâchant sa trousse à doctoriser.

— Ça agit, hein ? dit Nicolas.

— Boûh !... Oui, dit le docteur. Il y a de quoi crever... Vous êtes vétérinaire ?

— Non, dit Nicolas, cuisinier. Enfin, ça va, en somme.

— Pas mal ! dit le docteur. Je me sens ragaillardi...

— Venez voir la malade, dit Nicolas. Maintenant vous êtes désinfecté.

Le docteur se mit en route, mais dans le mauvais sens. Il paraissait assez peu maître de ses mouvements.

— Eh ! dit Nicolas, dites donc !... Vous êtes en mesure de faire votre examen, oui ?

— Ben, dit le docteur, j'aimerais avoir l'avis d'un confrère, alors j'ai demandé à Mangemanche de venir...

— Bon ! dit Nicolas. Alors, venez par ici.

Il ouvrit la porte de l'escalier de service.

— Vous descendez les trois étages et vous tournez à droite. Vous entrez et vous y êtes...

— Bien ! dit le docteur...

Il commença à descendre et s'arrêta soudain.

— Mais *où* suis-je ?

— Là ! dit Nicolas.

— Ah ! Bien !... dit le docteur.

Nicolas referma la porte. Colin arrivait.

— Qu'est-ce que c'était ? demanda-t-il.

— Un docteur. Il avait l'air idiot, alors je m'en suis débarrassé.

— Mais il en faut un, dit Colin.

— Bien sûr, dit Nicolas. Mangemanche doit venir.

— J'aime mieux ça ! dit Colin.

La sonnette tinta de nouveau.

— Ne bouge pas, dit Colin, j'y vais.

Dans le couloir, la souris grimpa le long de sa jambe et vint se percher sur son épaule droite. Il se pressa et ouvrit au professeur.

— Bonjour! dit ce dernier.

Il était vêtu de noir et portait une chemise d'un jaune éclatant.

— Physiologiquement, déclara-t-il, le noir sur fond jaune correspond au contraste maximum. J'ajoute que ce n'est pas fatigant pour la vue et que ça évite d'être écrasé dans la rue.

— Certainement! approuva Colin.

Le professeur Mangemanche pouvait avoir quarante ans. Il était de taille à les supporter. Mais pas un de plus. Il avait le visage glabre avec une petite barbe en pointe, des lunettes inexpressives.

— Voulez-vous me suivre? proposa Colin.

— Je ne sais pas, dit le professeur, j'hésite...

Il se décida tout de même.

— Qui est malade?

— Chloé, dit Colin.

— Ah! dit le professeur, ça me rappelle un air...

— Oui, dit Colin, c'est celui-là.

— Bon! conclut Mangemanche, allons-y. Vous auriez dû me le dire plus tôt. Qu'est-ce qu'elle a?

— Je ne sais pas, dit Colin.

— Moi non plus, avoua le professeur, maintenant, je peux bien vous le dire.

— Mais vous allez le savoir? demanda Colin inquiet.

— Ça se peut, dit le professeur Mangemanche, dubitatif. Encore faudrait-il que je l'examinasse...

— Mais venez donc! dit Colin.

— Mais oui..., dit le professeur.

Colin le conduisit jusqu'à la porte de la chambre et se rappela brusquement quelque chose.

— Faites attention en entrant, dit-il, c'est rond.

— Oui, j'ai l'habitude, dit Mangemanche, elle est enceinte?...

— Mais non! dit Colin... vous êtes idiot... la chambre est ronde.

— Toute ronde? demanda le professeur. Vous avez joué un disque d'Ellington, alors?

— Oui, dit Colin.

— J'en ai aussi chez moi, dit Mangemanche. Vous connaissez *Slap Happy*[29]?

— Je préfère... commença Colin, et il se rappela Chloé qui attendait et poussa le professeur dans la chambre.

— Bonjour! dit le professeur.

Il monta l'échelle.

— Bonjour, répondit Chloé. Vous allez bien?

— Mon Dieu, répondit le professeur, mon foie me fait souffrir par moments. Vous savez ce que c'est.

— Non, dit Chloé.

— Bien entendu! répondit le professeur. Vous n'avez certainement pas le foie malade.

Il s'approcha de Chloé et lui prit la main.

— Un peu chaud, hein?...

— Je ne me rends pas compte.

— Oui, dit le professeur, mais c'est un tort.

Il s'assit sur le lit.

— Je vais vous ausculter, si ça ne vous ennuie pas.

— Je vous en prie, dit Chloé.

Le professeur sortit de sa trousse un stéthoscope à amplificateur et appliqua la capsule sur le dos de Chloé.

— Comptez, dit-il.

Chloé compta.

— Ça ne va pas, dit le docteur, après vingt-six, c'est vingt-sept.

— Oui, dit Chloé, excusez-moi.

— Ça suffit, d'ailleurs, dit le docteur. Vous toussez?

— Oui, dit Chloé, et elle toussa.

— Qu'est-ce qu'elle a, docteur? demanda Colin, c'est grave?

— Heu... dit le professeur, elle a quelque chose au poumon droit. Mais je ne sais pas ce que c'est...

— Alors? demanda Colin.

— Il faudrait qu'elle vienne chez moi pour un examen plus perfectionné, dit le professeur.

— Je n'aime pas beaucoup qu'elle se lève, docteur, dit Colin. Si elle se trouve mal comme cet après-midi?

— Non, dit le professeur, ce n'est pas grave, ça. Je vais vous donner une ordonnance; mais il faudra la suivre.

— Bien sûr, docteur, dit Chloé.

Elle porta la main à sa bouche et se mit à tousser.

— Ne toussez pas, dit Mangemanche.

— Ne tousse pas, mon chéri, dit Colin.

— Je ne peux pas m'empêcher, dit Chloé d'une voix entrecoupée.

— On entend une drôle de musique dans son poumon, dit le professeur.

Il avait l'air un peu ennuyé.

— Est-ce que c'est normal, docteur ? demanda Colin.

— Jusqu'à un certain point... répondit le professeur.

Il tira sa petite barbe et elle revint à sa place avec un claquement sec.

— Quand devons-nous aller vous voir, docteur ? demanda Colin.

— Dans trois jours, dit le professeur. Il faut que je remette mes appareils en état.

— Vous ne vous en servez pas, d'habitude ? demanda Chloé à son tour.

— Non, dit le professeur. Je préfère de beaucoup construire des modèles réduits d'avions, mais on vient tout le temps me relancer, alors je suis sur le même depuis un an et je ne peux pas trouver le temps de le terminer. C'est exaspérant, à la fin !...

— Sans doute, dit Colin.

— Ce sont des requins, dit le professeur. Je me compare avec complaisance au malheureux naufragé dont les monstres voraces guettent la somnolence pour retourner le fragile esquif.

— C'est une belle image, dit Chloé, et elle rit, doucement, pour ne pas tousser de nouveau.

— Attention, mon petit, dit le professeur en lui mettant la main sur l'épaule. C'est une image complètement stupide, vu que, d'après le *Génie civil* du 15 octobre 1944, contrairement à l'opinion courante, il n'y a que trois ou quatre des trente-cinq espèces de requins connues qui soient des mangeurs d'hommes ! Encore s'attaquent-ils moins à lui qu'il ne s'attaque à eux...

— Vous parlez bien, docteur, dit Chloé admirative.

Elle aimait bien ce docteur.

— C'est le *Génie civil*, dit le professeur. Ce n'est pas moi. Sur ce, je vous quitte.

Il donna à Chloé un gros baiser sur la joue droite et lui tapota l'épaule, et descendit la petite échelle. Il se prit le pied droit dans le pied gauche et le pied gauche dans le dernier barreau, et chut.

— Votre installation est spéciale ! fit-il remarquer à Colin en se frottant le dos vigoureusement.

— Excusez-moi, dit Colin.

— Et puis, ajouta le professeur, cette pièce sphérique a quelque chose

de déprimant. Essayez de passer *Slap Happy*, ça la fera probablement revenir en place, ou alors rabotez-la.

— C'est entendu, dit Colin. Accepteriez-vous un petit apéritif?

— Va pour, dit le professeur. Au revoir, mon petit, cria-t-il à Chloé avant de quitter la chambre.

Chloé riait toujours. D'en bas, on la voyait assise sur le grand lit surbaissé, comme sur une estrade d'apparat, éclairée de côté par l'ampoule électrique. Les rais de lumière filtraient à travers ses cheveux, avec la couleur du soleil dans les herbes neuves, et la lumière qui avait passé contre sa peau se posait toute dorée sur les choses.

— Vous avez une jolie femme, dit le professeur à Colin dans l'antichambre.

— Oui, dit Colin.

Il se mit à pleurer tout à coup, car il savait que Chloé avait mal.

— Allons, dit le professeur, vous me mettez dans une situation embarrassante... Il va falloir que je vous console... Tenez...

Il fouillait dans une poche intérieure de sa veste et en retira un petit carnet relié de cuir rouge.

— Regardez, c'est la mienne.

— La vôtre? demanda Colin qui s'efforçait de redevenir calme.

— Ma femme! expliqua le professeur.

Et Colin ouvrit le carnet, machinalement, et éclata de rire.

— Ça y est, dit le professeur. Ça ne rate jamais. Ils rigolent tous. Mais enfin... qu'est-ce qu'elle a donc de si marrant?

— Je... je ne... sais pas, balbutia Colin, et il s'écroula par terre, en proie à une crise de gondolance extrême.

Le professeur récupéra son carnet.

— Vous êtes tous les mêmes, dit-il, vous croyez que les femmes ont besoin d'être jolies... Alors, cet apéritif, ça vient?

XXXV

Colin, suivi de Chick, poussa la porte du marchand de remèdes. Cela fit « Ding! » et la glace de la porte s'effondra sur un système compliqué de fioles et d'appareils de laboratoire.

Alerté par le bruit, le marchand apparut. Il était grand, vieux et maigre, et son chef s'empanachait d'une crinière blanche hérissée.

Il se précipita à son comptoir, saisit le téléphone et composa un numéro avec la rapidité résultant d'une longue habitude.

— Allô! dit-il.

Sa voix avait le son d'une corne de brume et le sol, sous ses pieds longs, noirs et plats, s'inclinait régulièrement d'avant en arrière, tandis que des paquets d'embrun s'abattaient sur le comptoir.

— Allô? La maison Gershwin[30]? Voudriez-vous remettre une glace à ma porte d'entrée? Dans un quart d'heure?... Faites vite, car il peut venir un autre client... Bon...

Il reposa le récepteur qui se raccrocha avec effort.

— Messieurs, que puis-je pour vous?

— Exécuter cette ordonnance... suggéra Colin.

Le pharmacien saisit le papier, le plia en deux, en fit une bande longue et serrée et l'introduisit dans une petite guillotine de bureau.

— Voilà qui est fait, dit-il en pressant un bouton rouge.

Le couperet s'abattit et l'ordonnance se détendit et s'affaissa.

— Repassez ce soir à six heures de relevée, vos remèdes seront prêts.

— C'est, dit Colin, que nous sommes assez pressés...

— Nous, ajouta Chick, voudrions les avoir tout de suite.

— Si, répondit le marchand, vous voulez alors attendre, je vais préparer ce qu'il faut.

Colin et Chick s'assirent sur une banquette de velours pourpre, juste en face du comptoir et attendirent. Le marchand se baissa derrière son comptoir et quitta la pièce par une porte dérobée, en rampant presque silencieusement. Le frottis de son corps long et maigre sur le parquet s'atténua, puis s'évanouit dans l'air.

Ils regardaient les murs. Sur de longues étagères de cuivre patiné s'alignaient des bocaux renfermant des espèces simples et des topiques souverains. Une fluorescence compacte émanait du dernier bocal de chaque rangée. Dans un récipient conique de verre épais et corrodé, des têtards enflés tournaient en spirale descendante et atteignaient le fond, puis repartaient en flèche vers la surface et reprenaient leur giration excentrée, laissant derrière eux un sillage blanchâtre d'eau épaissie. À côté, au fond d'un aquarium de plusieurs mètres de long, le marchand avait établi un banc d'essai de grenouilles à tuyères, et çà et là gisaient quelques grenouilles inutilisables dont les quatre cœurs battaient encore faiblement.

Derrière Chick et Colin, s'étendait une vaste fresque représentant le

marchand de remèdes en train de forniquer avec sa mère, dans le costume de César Borgia[31] aux courses. Il y avait, sur des tables, une multitude de machines à faire les pilules et certaines fonctionnaient, bien qu'au ralenti. Les pilules, sortant d'une tubulure de verre bleu, étaient recueillies dans des mains de cire qui les mettaient en cornets de papier plissé.

Colin se leva pour regarder de plus près la machine la plus proche et souleva le carter rouillé qui la protégeait. À l'intérieur, un animal composite, mi-chair, mi-métal, s'épuisait à avaler la matière de base et à l'expulser sous forme de boulettes régulières.

— Viens voir, Chick, dit Colin.

— Quoi? demanda Chick.

— C'est très curieux... dit Colin.

Chick regarda. La bête avait une mâchoire allongée qui se déplaçait par rapides mouvements latéraux. Sous une peau transparente, on distinguait des côtes tubulaires d'acier mince et un conduit digestif qui s'agitait paresseusement.

— C'est un lapin modifié, dit Chick.

— Tu crois?

— Ça se fait couramment, dit Chick. On conserve la fonction qu'on veut. Là, il a gardé les mouvements du tube digestif sans la partie chimique de la digestion. C'est bien plus simple que de faire des pilules avec un pisteur normal.

— Qu'est-ce que ça mange? demanda Colin.

— Des carottes chromées, dit Chick. On en fabriquait à l'usine où je travaillais en sortant de la boîte. Et puis, on lui donne les éléments des pilules.

— C'est très bien inventé, dit Colin, et ça fait de très jolies pilules.

— Oui, dit Chick. C'est bien rond.

— Dis donc, dit Colin en retournant s'asseoir...

— Quoi? demanda Chick.

— Combien est-ce qu'il te reste des vingt-cinq mille doublezons que je t'avais donnés avant de partir en voyage?

— Euh... répondit Chick.

— Il serait temps que tu te décides à épouser Alise. C'est tellement vexant pour elle de continuer comme tu continues...

— Oui... répondit Chick.

— Enfin, il te reste bien vingt mille doublezons? Tout de même... C'est suffisant pour te marier...

— C'est que... dit Chick.

Il s'arrêta, car c'était dur à sortir.

— C'est que quoi ? insista Colin. Tu n'es pas le seul à avoir des ennuis d'argent...

— Je sais bien, dit Chick.

— Mais alors ? dit Colin.

— Alors, dit Chick, il ne me reste que trois mille deux cents doublezons...

Colin se sentait très fatigué. Des choses pointues et ternes tournaient dans sa tête avec une rumeur vague de marée. Il se raidit sur la banquette.

— C'est pas vrai... dit-il.

Il était las, las comme si on venait de lui faire courir un grand steeple avec la cravache.

— C'est pas vrai... répéta-t-il... tu me fais une blague.

— Non... dit Chick.

Chick était debout. Il grattait, du bout du doigt, le coin de la table la plus proche. Les pilules roulaient dans les tubulures de verre avec un petit bruit de billes et le froissement du papier par les mains de cire créait une atmosphère de restaurant magdalénien.

— Mais qu'est-ce que tu en as fait ? demanda Colin.

— J'ai acheté du Partre, dit Chick.

Il fouilla dans sa poche.

— Regarde celui-là. Je l'ai trouvé hier. Ce n'est pas une merveille ?

C'était *Renvoi de Fleurs* en maroquin pelé, avec des hors-texte de Kierkegaard[32].

Colin prit le livre et le regarda, mais il ne voyait pas les pages. Il voyait les yeux d'Alise, à son mariage, et le regard d'émerveillement triste qu'elle jetait sur la robe de Chloé. Mais Chick ne pouvait pas comprendre. Les yeux de Chick n'allaient jamais si haut.

— Qu'est-ce que tu veux que je dise... murmura Colin. Alors tu as tout dépensé...

— J'ai eu deux de ses manuscrits, la semaine dernière, dit Chick et sa voix vibrait d'excitation contenue. Et j'ai déjà enregistré sept de ses conférences...

— Oui... dit Colin.

— Pourquoi me demandes-tu ça ? dit Chick. Ça lui est égal, Alise, que je l'épouse. Elle est heureuse comme ça. Je l'aime beaucoup, tu sais, et puis elle aime énormément Partre aussi !

Une des machines paraissait s'emballer. Les pilules sortaient en cataracte et des éclairs violets jaillissaient au moment où elles tombaient dans les cornets de papier.

— Qu'est-ce qui se passe ? dit Colin. Est-ce que c'est dangereux ?

— Je ne pense pas, dit Chick. De toute façon, ne restons pas à côté.

Ils entendirent, assez loin, une porte se fermer, et le marchand de remèdes surgit soudain derrière le comptoir.

— Je vous ai fait attendre, dit-il.

— Ça n'a pas d'importance, assura Colin.

— Si !... dit le marchand. C'était exprès. C'est pour mon standing.

— Une de vos machines a l'air de s'emballer... dit Colin en désignant l'engin en question.

— Ah !... dit le marchand de remèdes.

Il se pencha, prit sous son comptoir une carabine, épaula tranquillement et tira. La machine cabriola en l'air et retomba, pantelante.

— Ce n'est rien, dit le marchand. De temps en temps le lapin l'emporte sur l'acier et il faut les supprimer.

Il souleva sa machine, appuya sur le carter inférieur pour la faire pisser et la pendit à un clou.

— Voici vos remèdes, dit-il en tirant une boîte de sa poche. Faites attention, c'est très actif. Ne dépassez pas la dose.

— Ah ! dit Colin. Et, d'après vous, c'est contre quoi ?

— Je ne peux pas dire... répondit le marchand.

Il passa dans sa tignasse blanche une longue main aux ongles ondulés.

— Ça peut être pour beaucoup de choses... conclut-il. Mais une plante ordinaire ne résisterait pas longtemps à ça.

— Ah ? dit Colin. Combien vous dois-je ?

— C'est très cher, dit le marchand. Vous devriez m'assommer et partir sans payer...

— Oh, dit Colin, je suis trop fatigué...

— Alors c'est deux doublezons, dit le marchand. Colin tira son portefeuille.

— Vous savez, dit le marchand, c'est vraiment du vol.

— Ça m'est égal... dit Colin d'une voix morte.

Il paya et s'en alla. Chick le suivait.

— Vous êtes stupide, dit le marchand de remèdes en les raccompagnant à la porte. Je suis vieux et pas résistant.

— J'ai pas le temps, murmura Colin.

— Ce n'est pas vrai, dit le marchand. Vous n'auriez pas attendu si longtemps...

— Maintenant, j'ai les remèdes, dit Colin. Au revoir, monsieur.

Il marchait de biais à travers la rue, en attaque oblique, pour ménager ses forces.

— Tu sais, dit Chick, je ne vais pas me séparer d'Alise parce que je ne l'épouse pas...

— Oh, dit Colin. Je ne peux rien dire... Ça te regarde, après tout...

— C'est la vie, dit Chick.

— Non, dit Colin.

XXXVI

Le vent se frayait un chemin parmi les feuilles et ressortait des arbres tout chargé d'odeurs de bourgeons et de fleurs. Les gens marchaient un peu plus haut et respiraient plus fort car il y avait de l'air en abondance. Le soleil dépliait lentement ses rayons et les hasardait avec précaution dans des endroits qu'il ne pouvait atteindre directement, les recourbant à angles arrondis et onctueux, mais se heurtait à des choses très noires et les retirait très vite, d'un mouvement nerveux et précis de poulpe doré. Son immense carcasse brûlante se rapprocha peu à peu, puis se mit, immobile, à vaporiser les eaux continentales et les horloges sonnèrent trois coups.

Colin lisait une histoire à Chloé. C'était une histoire d'amour et ça finissait bien. En ce moment, l'héros et l'héroïne s'écrivaient des lettres.

— Pourquoi c'est si long ? demanda Chloé. Ça va bien plus vite d'habitude...

— Tu as l'habitude de ces choses-là, toi ? demanda Colin.

Il pinça vigoureusement l'extrémité d'un rayon de soleil qui allait atteindre l'œil de Chloé. Cela se rétracta mollement, et se mit à se promener sur des meubles dans la pièce.

Chloé rougit.

— Non, je n'ai pas l'habitude... dit-elle timidement, mais il me semble...

Colin ferma le livre.

— Tu as raison, ma Chloé.

Il se leva et s'approcha du lit.

— C'est l'heure de prendre une de tes pilules.

Chloé frissonna.

— C'est très désagréable, dit-elle. Est-ce que je suis forcée?

— Je crois, dit Colin. C'est ce soir que tu viens voir le docteur chez lui, on saura enfin ce que tu as. Pour l'instant, il faut prendre tes pilules. Après, il te donnera peut-être autre chose...

— C'est horrible, dit Chloé.

— Il faut être raisonnable.

— C'est comme si deux bêtes se battaient dans ma poitrine, quand j'en prends une. Et puis ce n'est pas vrai... il ne faut pas être raisonnable...

— Il vaut mieux pas, mais quelquefois, il faut, dit Colin.

Il ouvrit la petite boîte.

— Elles ont une sale couleur, dit Chloé, et elles sentent mauvais.

— Elles sont bizarres, je le reconnais, dit Colin, mais il faut les prendre.

— Regarde, dit Chloé. Elles remuent toutes seules, et puis elles sont à moitié transparentes et ça vit sûrement à l'intérieur.

— Sûrement, dans l'eau que tu bois après, dit Colin, ça ne vit pas longtemps.

— C'est idiot, ce que tu dis... c'est peut-être un poisson...

Colin se mit à rire.

— Alors, ça te fortifiera.

Il se pencha vers elle et l'embrassa.

— Prends-la, ma Chloé, tu seras si gentille!

— Je veux bien, dit Chloé, mais alors tu m'embrasseras!

— Sûr! dit Colin. Tu n'es pas dégoûtée d'embrasser un vilain mari comme moi...

— C'est vrai que tu n'es pas beau, dit Chloé taquine.

— C'est pas ma faute.

Colin baissa le nez.

— Je dors pas assez, continua-t-il.

— Mon Colin, embrasse-moi, je suis très vilaine. Donne-moi deux pilules.

— Tu es folle! dit Colin. Une seule. Allez, avale...

Chloé ferma les yeux, elle pâlit et porta la main à sa poitrine.

— Ça y est, dit-elle avec effort. Ça va recommencer...

Des gouttelettes de sueur apparaissaient près de ses cheveux brillants.

Colin s'assit à côté d'elle et mit un bras autour de son cou. Elle saisit sa main entre les siennes et gémit.

— Calme, ma Chloé, dit Colin, il faut.

— J'ai mal... murmura Chloé.

Des larmes grosses comme des yeux parurent au coin de ses paupières et tracèrent des sillons froids sur ses joues rondes et douces.

XXXVII

— Je ne peux plus tenir debout... murmura Chloé.

Elle avait les deux pieds par terre et tentait de se lever.

— Ça ne va pas du tout, dit-elle... je suis toute flasque.

Colin s'approcha d'elle et la souleva. Elle s'accrocha à ses épaules.

— Tiens-moi, Colin. Je vais tomber !

— C'est le lit qui t'a fatiguée... dit Colin.

— Non, dit Chloé. C'est les pilules de ton vieux marchand.

Elle essaya de se tenir debout toute seule et chancela. Colin la rattrapa et elle l'entraîna dans sa chute sur le lit.

— Je suis bien, comme ça, dit Chloé. Reste contre moi. Cela fait si longtemps que nous n'avons pas couché ensemble !

— Il ne faut pas, dit Colin.

— Si, il faut. Embrasse-moi. Je suis ta femme, oui ou non ?

— Oui, dit Colin, mais tu ne vas pas bien.

— C'est pas ma faute, dit Chloé et sa bouche frémit un peu, comme si elle allait pleurer.

Colin se pencha vers elle et l'embrassa très doucement, comme il eût embrassé une fleur.

— Encore, dit Chloé. Et pas seulement ma figure... Tu ne m'aimes plus, alors ? Tu ne veux plus de femme ?

Il la serra plus fort dans ses bras. Elle était tiède et odorante. Un flacon de parfum, sortant d'une boîte capitonnée de blanc.

— Oui... dit Chloé en s'étirant, encore...

XXXVIII

— Nous serons en retard, affirma Colin.

— Ça ne fait rien, dit Chloé, règle ta montre.

— Tu ne veux vraiment pas qu'on y aille en voiture?...

— Non... dit Chloé. Je veux me promener avec toi dans la rue.

— Mais il y a un bout de chemin!

— Ça ne fait rien, dit Chloé... Quand tu m'as... embrassée, tout à l'heure, ça m'a remise d'aplomb. J'ai envie de marcher un peu.

— Je vais dire à Nicolas de venir nous rechercher en voiture, alors? suggéra Colin.

— Oh! si tu veux...

Elle avait mis pour se rendre chez le docteur, une petite robe bleu tendre, décolletée très bas en pointe et portait un mantelet de larynx accompagné d'une toque assortie. Des chaussures de serpent teint complétaient l'ensemble.

— Viens, chatte, dit Colin.

— Ce n'est pas du chat, affirma Chloé. C'est du larynx.

— C'est trop dur à prononcer, dit Colin.

Ils sortirent de la chambre et passèrent dans l'entrée. Devant la fenêtre, Chloé s'arrêta.

— Qu'est-ce qu'il y a, ici? Il fait moins jour que d'habitude...

— Sûrement pas, dit Colin. Il y a beaucoup de soleil.

— Si, dit Chloé, je me rappelle bien, le soleil venait jusqu'à ce dessin-là, du tapis et, maintenant, il vient seulement là...

— Ça dépend de l'heure, dit Colin.

— Mais non, ça ne dépend pas de l'heure, puisque c'était à la même heure!...

— On regardera demain à la même heure, dit Colin.

— Tu vois bien, il venait jusqu'au septième trait. Là, il est au cinquième.

— Viens, dit Colin. Nous sommes en retard.

Chloé se fit un sourire en passant devant la grande glace du couloir dallé. Colin aimait à se promener avec elle. Ce qu'elle avait ne pouvait pas être grave, et, dorénavant, ils iraient souvent se promener ensemble. Il ménagerait ses doublezons, il lui en restait suffisamment pour leur faire une vie agréable. Peut-être qu'il travaillerait...

L'acier du pêne cliqueta et la porte se referma. Chloé se tenait à son

bras. Elle allait à petits pas légers. Colin en faisait un pour deux des siens.

— Je suis contente, dit Chloé. Il y a du soleil et ça sent bon les arbres !

— Sûr ! dit Colin. C'est le printemps !

— Oui ? dit Chloé, en lui faisant un œil malicieux.

Ils tournèrent à droite. Il y avait encore deux pâtés de bâtisses à longer avant d'entrer dans le quartier médical. Cent mètres plus loin, ils commencèrent à sentir l'odeur des anesthésiques, qui, les jours de grand vent, parvenait plus loin encore. La structure du trottoir changeait. C'était maintenant un canal large et plat, recouvert de grilles de béton à barreaux étroits et serrés. Sous les barreaux coulait de l'alcool mélangé d'éther qui charriait des tampons de coton souillé d'humeurs et de sanies, de sang quelquefois. De longs filaments de sang à demi coagulé teignaient çà et là le flux volatil et des lambeaux de chair à demi décomposée passaient lentement, tournant sur eux-mêmes comme des icebergs trop fondus. On ne sentait rien que l'odeur de l'éther. Des bandes de gaze et des pansements descendaient aussi le courant, déroulant leurs anneaux endormis. Au droit de chaque maison, un tube de descente se déversait dans le canal et l'on pouvait déterminer la spécialisation du médecin en observant, quelques instants, l'orifice de ces tubes. Un œil roula sur lui-même, les regarda quelques instants et disparut sous une large nappe de coton rougeâtre et molle comme une méduse malsaine.

— Je n'aime pas ça, dit Chloé. Comme air, c'est très sain, mais ce n'est pas agréable à regarder...

— Non, dit Colin.

— Viens au milieu de la rue.

— Oui, dit Colin. Mais on va se faire écraser.

— J'ai eu tort de refuser la voiture, dit Chloé. Je n'ai plus de jambes.

— Tu as de la chance qu'il habite assez loin du quartier de la grosse chirurgie...

— Tais-toi, dit Chloé. On y est bientôt ?

Elle se mit soudain à tousser de nouveau et Colin blêmit.

— Ne tousse pas, Chloé... supplia-t-il.

— Non, mon Colin... dit-elle en se retenant avec effort.

— Ne tousse pas, on est arrivés... C'est là.

L'enseigne du professeur Mangemanche représentait une immense mâchoire en train d'engloutir une pelle de terrassier dont seul le fer

dépassait. Cela fit rire Chloé. Tout doucement, très bas, car elle avait peur de tousser encore. Il y avait, le long des murs, des photographies en couleurs des cures miraculeuses du professeur, éclairées par des lumières, qui, pour l'instant, ne fonctionnaient pas.

— Tu vois, dit Colin. C'est un grand spécialiste. Les autres maisons n'ont pas une si complète décoration.

— Ça prouve seulement qu'il a beaucoup d'argent, dit Chloé.

— Ou que c'est un homme de goût, dit Colin. C'est très artistique.

— Oui, dit Chloé. Ça rappelle une boucherie modèle.

Ils entrèrent et se trouvèrent dans un grand vestibule rond entièrement émaillé de blanc. Une infirmière se dirigea vers eux.

— Vous avez rendez-vous ? demanda-t-elle.

— Oui, dit Colin. Nous sommes peut-être un peu en retard...

— Ça n'a pas d'importance, assura l'infirmière. Le professeur a fini d'opérer aujourd'hui. Voulez-vous me suivre ?

Ils obéirent et leurs pas résonnaient sur l'émail du sol avec un son mat et haut. Une série de portes s'ouvraient dans la paroi circulaire et l'infirmière les conduisit à celle qui portait, en or embouti, la reproduction à l'échelle de l'enseigne géante du dehors. Elle ouvrit la porte et s'effaça devant eux pour les laisser entrer. Ils poussèrent une seconde porte transparente et massive et se trouvèrent dans le bureau du professeur. Ce dernier, debout devant la fenêtre, parfumait sa barbiche avec une brosse à dents trempée dans de l'extrait d'opoponax.

Il se retourna au bruit et s'avança vers Chloé, la main tendue.

— Alors, comment vous sentez-vous, aujourd'hui ?

— Ces pilules étaient terribles, dit Chloé.

La figure du professeur s'assombrit. Il avait maintenant l'air d'un octavon.

— Ennuyeux... murmura-t-il. Je pensais bien.

Il resta une minute sur place, l'air songeur, puis s'avisa qu'il tenait toujours sa brosse à dents.

— Tenez ça, dit-il à Colin en la lui fourrant dans la main. Asseyez-vous, mon petit, dit-il à Chloé.

Il fit le tour de son bureau et s'assit lui-même.

— Voyez-vous, lui dit-il, vous avez quelque chose au poumon. Quelque chose dans le poumon, plus exactement. J'espérais que ce serait...

Il s'interrompit et se leva d'un coup.

— À rien ne sert de bavarder, dit-il. Venez avec moi. Posez cette brosse

où vous voudrez, ajouta-t-il à l'adresse de Colin qui ne savait vraiment quoi en faire.

Colin voulut suivre Chloé et le professeur, mais il dut écarter une sorte de voile invisible et consistant qui venait de s'interposer entre eux. Son cœur éprouvait une angoisse étrange et battait irrégulièrement. Il fit un effort, se ressaisit et serra les poings. Rassemblant toutes ses forces, il réussit à avancer de quelques pas et, dès qu'il toucha la main de Chloé, cela disparut.

Elle donnait son autre main au professeur et celui-ci la conduisit dans une petite salle blanche au plafond chromé, dont un appareil lisse et trapu occupait un côté entier.

— Je préfère que vous soyez assise, dit le professeur. Cela ne va pas durer longtemps.

Il y avait, en face de la machine, un écran d'argent rouge encadré de cristal, et un seul bouton de réglage, en émail noir, saillait sur le socle.

— Vous restez ? demanda le professeur à Colin.

— J'aime mieux, dit Colin.

Le professeur tourna le bouton. La lumière s'enfuit de la pièce en un torrent clair qui disparut sous la porte et dans un trou d'aération disposé au-dessus de la machine et l'écran s'éclaira peu à peu.

XXXIX

Le professeur Mangemanche tapotait le dos de Colin.

— Ne vous en faites pas, mon vieux, lui dit-il. Ça peut s'arranger.

Colin regardait à terre, l'air écrasé. Chloé lui tenait le bras. Elle faisait de gros efforts pour paraître gaie.

— Mais oui, dit-elle, il n'y en a pas pour longtemps...

— Certainement, murmura Colin.

— Enfin, ajouta le professeur, si elle suit mon traitement, elle ira probablement mieux.

— Probablement, dit Colin.

Ils étaient dans le vestibule rond et blanc et la voix de Colin résonnait contre le plafond comme si elle venait de très loin.

— En tout état de cause, conclut le professeur, je vous enverrai ma note.

— Bien entendu, dit Colin. Je vous remercie de vos soins, docteur...

— Et si ça ne tourne pas mieux, dit le professeur, vous reviendrez me voir. Il y a la solution de l'opération que nous n'avons pas même envisagée...

— Mais oui, dit Chloé en serrant le bras de Colin et cette fois elle se mit à sangloter.

Le professeur tirait sa barbiche à pleines mains.

— C'est très embêtant, dit-il.

Il y eut un silence. Une infirmière parut à travers la porte transparente et tapa deux petits coups. Un voyant vert « Entrez » s'alluma devant elle, dans l'épaisseur de la porte.

— C'est un monsieur, qui m'a dit de prévenir Monsieur et Madame que Nicolas était là.

— Merci, Carogne, répondit le professeur. Disposez! ajouta-t-il, et l'infirmière s'en fut.

— Eh bien, murmura Colin, nous allons vous dire au revoir, docteur...

— Certainement... dit le professeur. Au revoir... Soignez-vous... tâchez de partir...

XL

— Ça ne va pas? dit Nicolas sans se retourner avant que la voiture démarre.

Chloé pleurait toujours dans la fourrure blanche et Colin avait l'air d'un homme mort. L'odeur des trottoirs montait de plus en plus. Les vapeurs d'éther emplissaient la rue.

— Va, dit Colin.

— Qu'est-ce qu'elle a? demanda Nicolas.

— Oh, dit Colin, ça ne pouvait pas être pire!

Il se rendit compte de ce qu'il venait de dire et regarda Chloé. Il l'aimait tellement à ce moment qu'il se serait tué pour son imprudence.

Chloé, recroquevillée dans un coin de la voiture, mordait ses poings. Ses cheveux lustrés lui tombaient sur la figure et elle piétinait sa toque de fourrure. Elle pleurait de toutes ses forces, comme un bébé, mais sans bruit.

— Pardonne-moi, ma Chloé, dit Colin. Je suis un monstre.

Il se rapprocha d'elle et la prit près de lui. Il embrassait ses pauvres yeux affolés et sentait son cœur battre à coups sourds et lents dans sa poitrine.

— On va te guérir, dit-il. Ce que je voulais dire, c'est qu'il ne pouvait rien arriver de pire que de te voir malade, quelle que soit la maladie...

— J'ai peur... dit Chloé. Il m'opérera sûrement.

— Non, dit Colin. Tu seras guérie avant.

— Qu'est-ce qu'elle a ? répéta Nicolas. Je peux faire quelque chose ?

Lui aussi avait l'air très malheureux. Son aplomb ordinaire s'était fortement ramolli.

— Ma Chloé, dit Colin, calme-toi.

— C'est sûr, dit Nicolas. Elle sera guérie très vite.

— Ce nénuphar, dit Colin. Où a-t-elle pu attraper ça ?

— Elle a un nénuphar ? demanda Nicolas, incrédule.

— Dans le poumon droit, dit Colin. Le professeur croyait au début que c'était simplement quelque chose d'animal. Mais c'est ça. On l'a vu sur l'écran. Il est déjà assez grand, mais enfin, on doit pouvoir en venir à bout.

— Mais oui, dit Nicolas.

— Vous ne pouvez pas savoir ce que c'est, sanglota Chloé, ça fait tellement mal quand il bouge !

— Ne pleurez pas, dit Nicolas. Ça ne sert à rien et vous allez vous fatiguer.

La voiture démarra. Nicolas la menait lentement à travers les maisons compliquées. Le soleil disparaissait peu à peu derrière les arbres et le vent fraîchissait.

— Le docteur veut qu'elle aille à la montagne, dit Colin. Il prétend que le froid tuera cette saleté...

— C'est sur la route qu'elle a attrapé ça, dit Nicolas. C'était plein d'un tas de dégoûtations du même genre.

— Il dit aussi qu'il faut tout le temps mettre des fleurs autour d'elle, ajouta Colin, pour faire peur à l'autre...

Il ne pouvait se décider à prononcer le nom de la plante exécrable.

— Pourquoi ? demanda Nicolas.

— Parce que s'il fleurit, dit Colin, il y en aura d'autres. Mais on ne le laissera pas fleurir...

— Et c'est tout comme traitement ? demanda Nicolas.

— Non, dit Colin.

— Qu'est-ce qu'il y a d'autre ?

Colin hésitait à répondre. Il sentait Chloé pleurer contre lui et il haïssait la torture qu'il allait devoir lui infliger.

— Il ne faut pas qu'elle boive... dit-il.

— Quoi? demanda Nicolas. Rien?

— Non, dit Colin.

— Pas rien du tout, tout de même?...

— Deux cuillerées par jour... murmura Colin.

— Deux cuillerées!... dit Nicolas.

Il n'ajouta rien et fixa la route droit devant lui.

XLI

Alise sonna deux coups et attendit. La porte d'entrée lui paraissait plus étroite que d'habitude. Le tapis semblait terne et aminci. Nicolas vint ouvrir.

— Bonjour... dit-il. Tu viens les voir?

— Oui, dit Alise. Ils sont là?

— Oui, dit Nicolas. Viens. Chloé est là.

Il referma la porte. Alise examinait le tapis.

— Il fait moins clair qu'avant, ici, dit-elle. À quoi cela tient-il?

— Je ne sais pas, dit Nicolas.

— C'est drôle, dit Alise. Il n'y avait pas un tableau, ici?

— Je ne me rappelle plus, dit Nicolas.

Il passa une main hésitante dans ses cheveux.

— De fait, dit-il, on a l'impression que l'atmosphère n'est plus la même.

— Oui, dit Alise. C'est ça.

Elle avait un tailleur brun bien coupé et un gros bouquet de narcisses à la main.

— Toi, dit Nicolas, tu es en forme. Ça va?

— Oui, dit Alise, ça va. Chick m'a offert un tailleur, tu vois...

— Il te va bien, dit Nicolas.

— J'ai de la chance, dit Alise, que la duchesse de Bovouard ait juste les mêmes mesures que moi. Il est d'occasion. Chick voulait un papier qu'il y avait dans une des poches, alors il l'a acheté.

Elle regarda Nicolas et ajouta :

— Tu ne vas pas bien.

— Euh, dit Nicolas... Je ne sais pas. J'ai l'impression que je vieillis.

— Montre ton passeport, dit Alise.

Il fouilla dans sa poche revolver.

— Voilà, dit-il.

Alice ouvrit le passeport et pâlit.

— Quel âge avais-tu ? demanda-t-elle à voix basse.

— Vingt-neuf ans... dit Nicolas.

— Regarde...

Il compta. Cela faisait trente-cinq.

— Je ne comprends pas... dit-il.

— Ça doit être une erreur, dit Alise. Tu ne parais pas plus de vingt-neuf ans.

— J'avais l'air d'en avoir vingt et un, dit Nicolas.

— Ça s'arrangera sûrement, dit Alise.

— J'aime tes cheveux, dit Nicolas. Viens, viens voir Chloé.

— Qu'est-ce qu'il y a ici ? dit Alise, pensive.

— Oh, dit Nicolas. C'est cette maladie. Ça nous bouleverse tous. Ça s'arrangera et je rajeunirai.

Chloé était allongée sur son lit, vêtue d'un pyjama de soie mauve et d'une longue robe de chambre de satin piqué d'un léger beige orange. Autour d'elle, il y avait beaucoup de fleurs et surtout des orchidées et des roses. Il y avait aussi des hortensias, des œillets, des camélias, de longues branches de fleurs de pêcher et d'amandier, et des brassées de jasmin. Sa poitrine était découverte et une grosse corolle bleue tranchait sur l'ambre de son sein droit. Ses pommettes étaient un peu roses et ses yeux brillants, mais secs, et ses cheveux légers et électrisés comme des fils de soie.

— Tu vas prendre froid ! s'écria Alise. Couvre-toi !

— Non, murmura Chloé. Il le faut. C'est le traitement.

— Quelles jolies fleurs ! dit Alise. Colin est en train de se ruiner, ajouta-t-elle gaiement pour faire rire Chloé.

— Oui, murmura Chloé.

Elle eut un pauvre sourire.

— Il cherche du travail, dit-elle à voix basse. C'est pour cela qu'il n'est pas là.

— Pourquoi parles-tu comme ça ? demanda Alise.

— J'ai soif... dit Chloé dans un souffle.

— Tu ne prends réellement que deux cuillerées par jour ? dit Alise.

— Oui... soupira Chloé.

Alise se pencha vers elle et l'embrassa.

— Tu vas bientôt être guérie.

— Oui, dit Chloé. Je pars demain avec Nicolas et la voiture.

— Et Colin? demanda Alise.

— Il reste, dit Chloé. Il faut qu'il travaille. Mon pauvre Colin... Il n'a plus de doublezons...

— Pourquoi? demanda Alise.

— Les fleurs... dit Chloé.

— Est-ce qu'il grandit? murmura Alise.

— Le nénuphar? dit Chloé tout bas. Non, je crois qu'il va partir.

— Alors tu es contente?

— Oui, dit Chloé. Mais j'ai si soif.

— Pourquoi n'allumes-tu pas? demanda Alise. Il fait très sombre ici.

— C'est depuis quelque temps, dit Chloé. Il n'y a rien à faire. Essaye.

Alise manœuvra le commutateur et un léger halo se dessina autour de la lampe.

— Les lampes meurent, dit Chloé. Les murs se rétrécissent aussi. Et la fenêtre, ici, aussi.

— C'est vrai? demanda Alise.

— Regarde...

La grande baie vitrée qui courait sur toute la largeur du mur n'occupait plus que deux rectangles oblongs arrondis aux extrémités. Une sorte de pédoncule s'était formé au milieu de la baie, reliant les deux bords, et barrant la route au soleil. Le plafond avait baissé notablement et la plate-forme où reposait le lit de Colin et Chloé n'était plus très loin du plancher.

— Comment est-ce que cela peut se faire? demanda Alise.

— Je ne sais pas... dit Chloé. Tiens, voilà un peu de lumière.

La souris à moustaches noires venait d'entrer, portant un petit fragment d'un des carreaux du couloir de la cuisine qui répandait une vive lueur.

— Sitôt qu'il fait trop noir, expliqua Chloé, elle m'en apporte un peu.

Elle caressa la petite bête qui déposa son butin sur la table de chevet.

— Tu es gentille d'être venue me voir, tout de même, dit Chloé.

— Oh, dit Alise, tu sais, je t'aime bien.

— Je sais, dit Chloé. Et Chick?

— Oh, ça va, dit Alise. Il m'a acheté un tailleur.

— Il est joli, dit Chloé. Il te va bien.

Elle s'arrêta de parler.

— Tu as mal? dit Alise. Ma pauvre.

Elle se pencha et caressa la joue de Chloé.

— Oui, gémit Chloé. J'ai si soif...

— Je comprends, dit Alise. Si je t'embrassais, tu aurais moins soif.

— Oui, dit Chloé.

Alise se pencha vers elle.

— Oh! soupira Chloé. Comme tu as les lèvres fraîches...

Alise sourit. Ses yeux étaient humides.

— Où pars-tu? demanda-t-elle.

— Pas loin, dit Chloé. Dans la montagne.

Elle se tourna sur le côté gauche.

— Tu l'aimes bien, Chick?

— Oui, dit Alise. Mais lui aime mieux ses livres.

— Je ne sais pas, dit Chloé. C'est peut-être vrai. Si je n'avais pas épousé Colin, j'aimerais tellement que ce soit toi qui vives avec lui.

Alise l'embrassa de nouveau.

XLII

Chick sortit de la boutique. Il n'y avait rien d'intéressant pour lui là-dedans. Il marchait en regardant ses pieds chaussés de cuir brun rouge et s'étonna de voir que l'un cherchait à l'entraîner d'un côté, et l'autre dans une direction opposée. Il réfléchit quelques instants, construisit mentalement la bissectrice de l'angle et s'élança le long de cette ligne. Il faillit se faire écraser par un gros taxi obèse et ne dut son salut qu'au bond gracieux qui le projeta sur les pieds d'un passant, lequel jura et entra à l'hôpital se faire soigner.

Chick reprit son chemin, droit devant lui il y avait une librairie, c'était la rue Jimmy-Noone et l'enseigne était peinte à l'imitation du Mahogany Hall de Lulu White[33]. Il poussa la porte, elle lui rendit brutalement sa poussée et il entra par la vitrine, sans insister.

Le libraire fumait le calumet de paix, assis sur les œuvres complètes de Jules Romains[34] qui les conçut pour cet usage. Il avait un très joli calumet de paix en terre de bruyère, qu'il bourrait de feuilles d'olivier. Il avait aussi à côté de lui une cuvette pour rendre son goujon et une serviette

humide pour se rafraîchir les tempes et un flacon d'alcool de menthe de Ricqlès pour corser l'effet du calumet.

Il leva vers Chick un regard désincarné et malodorant.

— Que vous voulez? demanda-t-il.

— Voir vos livres... répondit Chick.

— Voyez! dit l'homme, et il se pencha sur sa cuvette, mais ce n'était qu'une fausse alerte.

Chick s'avança vers le fond de la boutique. Il y régnait une atmosphère propice à la découverte. Quelques insectes craquèrent sous ses pas. Cela sentait le vieux cuir et la fumée des feuilles d'olivier, qui est une odeur plutôt abominable.

Les livres étaient classés par ordre alphabétique, mais le marchand ne savait pas bien l'alphabet, et Chick trouva le coin de Partre entre le T et le B. Il s'arma de sa loupe et se mit à examiner les reliures. Il eut tôt fait de repérer, sur un exemplaire de *La Lettre et le Néon*[19], l'étude critique célèbre sur les enseignes lumineuses, une empreinte digitale intéressante. Fébrilement, il tira de sa poche une petite boîte qui contenait, outre un pinceau à poils doux, de la poudre à composter et un *Aide-Mémoire du Flique modèle*, par le chanoine Vouille. Il opéra soigneusement, comparant avec une fiche qu'il tira de son portefeuille, et s'arrêta, haletant. C'était l'empreinte de l'index gauche de Partre, que jusque-là personne n'avait pu repérer ailleurs que sur ses vieilles pipes.

Serrant sur son cœur la précieuse trouvaille, il revint vers le libraire.

— Combien, celui-là?

Le libraire regarda le livre et ricana.

— Ha! vous l'avez trouvé!...

— Qu'a-t-il d'extraordinaire? demanda Chick faussement étonné.

— Bouh!... s'esclaffa le libraire en lâchant sa pipe qui tomba dans la cuvette et s'éteignit.

Il dit un gros juron et se frotta les mains, satisfait de ne plus avoir à tirer sur cette infâme cochonnerie.

— Je vous le demande?... insista Chick.

Son cœur commençait à le lâcher et sonnait des grands coups sur ses côtes, irrégulièrement, avec sauvagerie.

— Oh! Là, là... dit le libraire qui étouffait et se roulait par terre. Vous êtes un rigolo!...

— Écoutez, dit Chick décontenancé, expliquez-vous...

— Quand je pense, dit le libraire, que pour avoir cette empreinte, j'ai

dû lui offrir plusieurs fois mon calumet de paix et apprendre la prestidigitation pour le remplacer, au dernier moment, par le livre!...

— Passons, dit Chick. Puisque vous le savez, c'est combien?

— C'est pas cher, dit le libraire, mais j'ai mieux. Attendez-moi.

Il se leva, disparut derrière une demi-cloison qui coupait en deux la boutique, fouilla dans quelque chose et revint aussitôt.

— Voilà, dit-il en lançant un pantalon sur le comptoir.

— Qu'est-ce que c'est? murmura Chick avec anxiété.

Une délicieuse excitation s'emparait de lui.

— Un pantalon à Partre!... annonça fièrement le libraire.

— Comment avez-vous fait? dit Chick en extase.

— Profité d'une conférence... expliqua le libraire. S'en est même pas aperçu. Il y a des brûlures de pipe, vous savez...

— J'achète, dit Chick.

— Quoi? demanda le marchand, parce que j'ai encore autre chose...

Chick porta la main à sa poitrine. Il ne réussit pas à contenir les battements de son cœur et le laissa s'emballer un peu.

— Voilà... dit le marchand de nouveau.

C'était une pipe sur le tuyau de laquelle Chick reconnut aisément la marque des dents de Partre.

— Combien? dit Chick.

— Vous savez, dit le libraire, qu'en ce moment, il prépare une encyclopédie de la nausée en vingt volumes avec des photos et j'aurai des manuscrits...

— Mais je ne pourrai jamais... dit Chick atterré.

— Qu'est-ce que vous voulez que ça me foute? demanda le libraire.

— Combien, pour ces trois choses-là? demanda Chick.

— Mille doublezons, dit le marchand. C'est mon dernier prix. J'en ai refusé douze cents hier, et c'est parce que vous avez l'air soigneux.

Chick tira son portefeuille. Il était horriblement pâle.

XLIII

— Tu vois, dit Colin, on ne met plus de nappe.

— Ça ne fait rien, dit Chick. Pourtant, je ne comprends pas pourquoi le bois est gras comme ça...

— Je ne sais pas, dit Colin distraitement. Je crois qu'on ne peut plus le nettoyer. Ça revient tout le temps de l'intérieur.

— Et est-ce que le tapis n'était pas en laine, avant? demanda Chick. Celui-là a l'air en coton...

— C'est le même, dit Colin. Non, je ne crois pas qu'il soit différent.

— C'est drôle, dit Chick, on a l'impression que le monde s'étrique autour de soi.

Nicolas apportait une soupe onctueuse où nageaient des croûtons. Il leur servit de grandes assiettées.

— Qu'est-ce que c'est, ça, Nicolas, demanda Chick.

— Une soupe au Kub et à la farine de panouilles, répondit Nicolas. C'est super.

— Ah! dit Chick, vous avez trouvé ça dans Gouffé?

— Pensez-vous! dit Nicolas. C'est une recette à de Pomiane[35]. Gouffé, c'est bon pour les snobards. Et puis, il faut un tel matériel pour ça!...

— Mais vous avez ce qu'il faut, dit Chick.

— Quoi? dit Nicolas. Il y a juste le gaz et un frigiploque, comme partout. Qu'est-ce que vous imaginez?

— Oh!... Rien... dit Chick.

Il remua sur sa chaise. Il ne savait comment continuer la conversation.

— Tu veux du vin? demanda Colin. Je n'ai plus que celui-là, dans ma cave. Il n'est pas mauvais.

Chick tendit son verre.

— Alise est venue voir Chloé, il y a trois jours, dit Colin. Je n'ai pas pu la voir et avant-hier Nicolas a emmené Chloé à la montagne.

— Oui, dit Chick. Alise me l'avait dit.

— J'ai reçu une lettre du professeur Mangemanche, dit Colin. Il me demandait beaucoup d'argent. Je crois que c'est un homme capable.

Colin avait mal à la tête. Il aurait voulu que Chick parle, raconte des histoires, n'importe quoi. Chick fixait quelque chose dans le vague, à travers la fenêtre. Soudain il se leva et, tirant un mètre de sa poche, il alla mesurer le châssis.

— J'ai l'impression que ça change, dit-il.

— Comment ça? demanda Colin avec détachement.

— Ça rétrécit, dit Chick, et la pièce aussi...

— Comment veux-tu? demanda Colin. Ça n'a pas le sens commun.

Chick ne répondit pas. Il prit son carnet et son crayon et nota des chiffres.

— As-tu trouvé du travail ? demanda-t-il.

— Non... dit Colin. J'ai un rendez-vous tantôt et un demain.

— Quel genre de travail cherches-tu ? demanda Chick.

— Oh ! n'importe quel, dit Colin. Pourvu qu'ils me donnent de l'argent. Les fleurs coûtent très très cher.

— Oui, dit Chick.

— Et ton travail à toi ? dit Colin.

— Je me faisais remplacer par un type, dit Chick, parce que j'avais beaucoup de choses à faire...

— Ils avaient accepté ? demanda Colin.

— Oui, ça allait, il était bien au courant.

— Alors ? demanda Colin.

— Quand j'ai voulu rentrer, expliqua Chick, ils m'ont dit que l'autre faisait très bien l'affaire, mais que si je voulais un nouveau poste, ils en avaient un à m'offrir. Seulement c'était moins bien payé...

— Ton oncle ne peut plus te donner d'argent, dit Colin.

Il ne posait même pas la question. Cela lui paraissait évident.

— Je ne pourrais pas lui en demander, dit Chick. Il est mort.

— Tu ne me l'avais pas dit...

— Ce n'était pas intéressant, murmura Chick.

Nicolas revint avec une poêle graisseuse dans laquelle se débattaient trois saucisses noires.

— Mangez-les comme ça, dit-il, je ne peux pas en venir à bout. Elles sont résistantes à un point extraordinaire. J'ai mis de l'acide nitrique, c'est pour ça qu'elles sont noires, mais ça n'a pas suffi.

Colin réussit à piquer une des saucisses avec sa fourchette et elle se tordit dans un dernier spasme.

— J'en ai une, dit-il. À toi Chick.

— J'essaye, dit Chick, mais c'est dur.

Il envoya un grand jet de graisse sur la table.

— Zut ! dit-il.

— Ça ne fait rien, dit Nicolas. C'est bon pour le bois.

Chick parvint à se servir et Nicolas remmena la troisième saucisse.

— Je ne sais pas ce qu'il y a, dit Chick. Est-ce que c'était comme ici, avant ?

— Non, avoua Colin. Ça change partout. Je ne peux rien y faire. C'est comme la lèpre. C'est depuis que je n'ai plus de doublezons...

— Tu n'en as plus du tout ? demanda Chick.

— À peine... répondit Colin. J'ai payé d'avance pour la montagne et

pour les fleurs parce que je ne veux rien ménager pour tirer Chloé de là. Mais, à part ça, les choses vont mal d'elles-mêmes.

Chick avait fini sa saucisse.

— Viens voir le couloir de la cuisine, dit Colin.

— Je te suis, dit Chick.

À travers les vitres, de chaque côté, on distinguait un soleil terne, blafard, semé de grandes taches noires, un peu plus lumineux en son centre. Quelques maigres faisceaux de rayons réussissaient à pénétrer dans le couloir mais, au contact des carreaux de céramique autrefois si brillants, ils se fluidifiaient et ruisselaient en longues traces humides. Une odeur de cave émanait des murs. La souris grise à moustaches noires, dans un coin, s'était fait un nid surélevé. Elle ne pouvait plus jouer sur le sol avec les rayons d'or, comme avant. Elle était blottie dans un amas de menus morceaux de tissu et frissonnait, ses longues moustaches englués par l'humidité. Elle avait, pendant un temps, réussi à gratter un peu les carreaux pour qu'ils brillent de nouveau, mais la tâche était trop immense pour ses petites pattes et elle restait désormais dans son coin, tremblante et sans forces.

— Ça ne chauffe pas, les radiateurs ? demanda Chick en remontant son col de veste ?

— Si, dit Colin, ça chauffe toute la journée, mais il n'y a rien à faire. C'est ici que ça a commencé...

— C'est la barbe, dit Chick. Il faudrait faire venir l'architecte...

— Il est venu, dit Colin. Et depuis, il est malade.

— Oh, dit Chick. Ça s'arrangera probablement.

— Je ne crois pas, dit Colin. Viens, on va aller finir de déjeuner avec Nicolas.

Ils entrèrent à la cuisine. Là aussi, la pièce avait rétréci. Nicolas, assis devant une table laquée de blanc, mangeait distraitement en lisant un livre.

— Écoute, Nicolas... dit Colin.

— Oui, dit Nicolas. J'allais vous apporter le dessert.

— C'est pas ça, dit Colin. On va le manger ici. C'est autre chose. Nicolas, tu ne veux pas que je te mette à la porte ?

— J'ai pas envie, dit Nicolas.

— Il faut, dit Colin. Ici, tu baisses. Tu as vieilli de dix ans depuis huit jours.

— De sept ans, rectifia Nicolas.

— Je ne veux pas te voir comme ça. Tu n'y es pour rien. C'est l'atmosphère.

— Mais toi, dit Nicolas, ça ne te fait rien?

— C'est pas pareil, dit Colin. Moi, il faut que je guérisse Chloé, et tout le reste m'est égal, alors ça ne prend pas sur moi. Ton club, comment ça va?

— Je n'y vais plus guère... dit Nicolas.

— Je ne veux plus de ça, répéta Colin. Les Ponteauzanne cherchent un cuisinier, j'ai signé pour toi. Je voulais que tu me dises si tu es d'accord.

— Non, dit Nicolas.

— Eh bien! dit Colin, tu iras quand même.

— C'est dégueulasse de ta part, dit Nicolas. J'ai l'air de foutre le camp comme un rat.

— Non, dit Colin. Il faut. Tu sais bien comme ça me fait de la peine...

— Je sais bien, dit Nicolas, et il ferma son livre et mit la tête sur ses bras.

— Tu n'as pas de raisons d'être fâché, dit Colin.

— Je ne suis pas fâché, grogna Nicolas.

Il releva la tête. Il pleurait silencieusement.

— Je suis un idiot, dit-il.

— Tu es un chic type, Nicolas, dit Colin.

— Non, dit Nicolas. Je voudrais me retirer dans un coing. À cause de l'odeur. Et puis parce que j'y serais tranquille...

XLIV

Colin monta l'escalier vaguement éclairé par des vitraux immobiles et se trouva au premier étage. Devant lui, une porte noire tranchait sur la pierre froide du mur. Il entra sans sonner, remplit une fiche et la remit à l'huissier, qui la vida, en fit une petite boule, l'introduisit dans le canon d'un pistolet tout préparé et visa soigneusement un guichet pratiqué dans la cloison voisine. Il pressa la gâchette en se bouchant l'oreille droite avec la main gauche et le coup partit. Il se remit posément à charger son pistolet pour un nouveau visiteur.

Colin resta debout jusqu'à ce qu'une sonnerie ordonnât à l'huissier de l'introduire dans le bureau du directeur.

Il suivit l'homme dans un long passage aux virages relevés. Les murs, dans les virages, restaient perpendiculaires au sol et s'inclinaient, par conséquent, de l'angle complémentaire, et il devait aller très vite pour garder son équilibre. Avant de se rendre compte de ce qui lui arrivait, il se trouva devant le directeur. Il s'assit, obéissant, dans un fauteuil rétif, qui se cabra sous son poids et ne s'arrêta que sur un geste impératif de son maître.

— Alors ?... dit le directeur.

— Eh bien, voilà... dit Colin.

— Que savez-vous faire ? demanda le directeur.

— J'ai appris les rudiments..., dit Colin.

— Je veux dire, dit le directeur, à quoi passez-vous votre temps ?

— Le plus clair de mon temps, dit Colin, je le passe à l'obscurcir.

— Pourquoi ? demanda plus bas le directeur.

— Parce que la lumière me gêne, dit Colin.

— Ah... Hum... marmonna le directeur. Vous savez pour quel emploi on demande quelqu'un, ici ?

— Non, dit Colin.

— Moi non plus... dit le directeur. Il faut que je demande à mon sous-directeur. Mais vous ne paraissez pas pouvoir remplir l'emploi...

— Pourquoi ? demanda Colin à son tour.

— Je ne sais pas... dit le directeur.

Il avait l'air inquiet et recula un peu son fauteuil.

— N'approchez pas !... dit-il rapidement.

— Mais... je n'ai pas bougé... dit Colin.

— Oui... oui... marmotta le directeur. On dit ça... Et puis...

Il se pencha, méfiant, vers son bureau, sans quitter Colin des yeux, et décrocha son téléphone qu'il agita vigoureusement.

— Allô !... cria-t-il. Ici, tout de suite !...

Il remit le récepteur en place et continua de considérer Colin avec un regard soupçonneux.

— Quel âge avez-vous ? demanda-t-il.

— Vingt et un... dit Colin.

— C'est ce que je pensais... murmura son vis-à-vis.

On frappa à la porte.

— Entrez ! cria le directeur, et sa figure se détendit.

Un homme miné par l'absorption continuelle de poussière de papier,

et dont on devinait les bronchioles remplies, jusqu'à l'orifice, de pâte cellulosique reconstituée, entra dans le bureau. Il portait un dossier sous le bras.

— Vous avez cassé une chaise, dit le directeur.

— Oui, dit le sous-directeur.

Il posa le dossier sur la table.

— On peut la réparer, vous voyez...

Il se tourna vers Colin.

— Vous savez réparer les chaises ?

— Je pense... dit Colin, désorienté. Est-ce très difficile ?

— J'ai usé, assura le sous-directeur, jusqu'à trois pots de colle de bureau sans y parvenir.

— Vous les paierez ! dit le directeur. Je les retiendrai sur vos appointements...

— Je les ai fait retenir sur ceux de ma secrétaire, dit le sous-directeur. Ne vous inquiétez pas, patron.

— Est-ce, demanda timidement Colin, pour réparer les chaises que vous cherchiez quelqu'un ?

— Sûrement ! dit le directeur.

— Je ne me rappelle plus bien, dit le sous-directeur. Mais vous ne *pouvez* pas réparer une chaise...

— Pourquoi ? dit Colin.

— Simplement parce que vous ne pouvez pas, dit le sous-directeur.

— Je me demande à quoi vous l'avez vu ! dit le directeur.

— En particulier, dit le sous-directeur, parce que ces chaises sont irréparables, et en général parce qu'il ne me donne pas l'impression de pouvoir réparer une chaise.

— Mais qu'est-ce qu'une chaise a à faire avec un emploi de bureau ? demanda Colin.

— Vous vous essayez par terre, peut-être, pour travailler ? ricana le directeur.

— Mais vous ne devez pas travailler souvent, alors, renchérit le sous-directeur.

— Je vais vous dire, dit le directeur, vous êtes un fainéant !...

— Voilà !... un fainéant !... approuva le sous-directeur.

— Nous, conclut le directeur, ne pouvons en aucun cas engager un fainéant !...

— Surtout quand nous n'avons pas de travail à lui donner, dit le sous-directeur.

— C'est absolument illogique, dit Colin abasourdi par leurs voix de bureau.

— Pourquoi illogique, hein? demanda le directeur.

— Parce que, dit Colin, ce qu'il faut donner à un fainéant, c'est justement pas de travail.

— C'est ça, dit le sous-directeur, alors vous voulez remplacer le directeur?

Ce dernier éclata de rire à cette idée.

— Il est extraordinaire!... dit-il.

Son visage se rembrunit et il recula encore son fauteuil.

— Emmenez-le... dit-il au sous-directeur. Je vois bien pourquoi il est venu... Allez, vite!... Déguerpis, clampin! hurla-t-il.

Le sous-directeur se précipita vers Colin, mais celui-ci avait saisi le dossier oublié sur la table.

— Si vous me touchez... dit-il.

Il recula peu à peu vers la porte.

— Va-t'en! criait le directeur. Suppôt de Satin!...

— Vous êtes un vieux con, dit Colin, et il tourna la poignée de la porte.

Il lança son dossier vers le bureau et se précipita dans le couloir. Quand il arriva à l'entrée, l'huissier lui tira un coup de pistolet et la balle de papier fit un trou en forme de tête de mort dans le battant qui venait de se refermer.

XLV

— Je reconnais que c'est une belle pièce, dit l'antiquitaire en tournant autour du pianocktail de Colin.

— C'est de l'érable mouché, dit Colin.

— Je vois, dit l'antiquitaire. Je suppose qu'il marche bien.

— J'essaye de vendre ce que j'ai de mieux, dit Colin.

— Ça doit vous faire de la peine, dit l'antiquitaire en se penchant pour examiner un petit dessin du bois.

Il souffla sur quelques grains de poussière qui ternissaient l'éclat du meuble.

— Vous ne préféreriez pas gagner de l'argent par votre travail et pouvoir le conserver?

Colin se rappela le bureau du directeur et le coup de pistolet de l'huissier et il dit non.

— Vous y viendrez tout de même, dit l'antiquaire, quand vous n'aurez plus rien à vendre.

— Si mes frais s'arrêtaient d'augmenter, dit Colin, et il se reprit : si mes frais cessaient de croître, j'aurais assez, en vendant mes choses, pour vivre sans travailler. Vivre pas très bien, mais vivre.

— Vous n'aimez pas le travail ? dit l'antiquaire.

— C'est horrible, dit Colin. Ça rabaisse l'homme au rang de la machine.

— Et vos frais ne cessent de croître ? demanda l'antiquaire.

— Les fleurs coûtent très cher, dit Colin, et la vie à la montagne aussi...

— Mais si elle guérissait ? dit l'antiquaire.

— Oh ! dit Colin.

Il eut un sourire heureux.

— Ce serait si merveilleux !... murmura-t-il.

— Ce n'est pas entièrement impossible, tout de même, dit l'antiquaire.

— Non ! Bien sûr !... dit Colin.

— Mais il faut du temps, dit l'antiquaire.

— Oui, dit Colin, et le soleil s'en va...

— Cela peut revenir, dit l'antiquaire, encourageant.

— Je ne crois pas, dit Colin. Ça se passe en profondeur.

Il y eut un silence.

— Est-ce qu'il est garni ? demanda l'antiquaire en désignant le pianocktail.

— Oui, dit Colin. Tous les réceptacles sont pleins.

— Je joue assez bien du piano, on pourrait l'essayer.

— Si vous voulez, dit Colin.

— Je vais chercher un siège.

Ils étaient au milieu de la boutique où Colin avait fait transporter son pianocktail. De tous côtés, il y avait des piles d'étranges vieux objets en forme de fauteuils, de chaises, de consoles ou d'autres meubles. Il ne faisait pas très clair et ça sentait la cire des Indes et le vibrion bleu. L'antiquaire se munit d'un tabouret de bois de fer étamé et se mit en place. Il avait retiré le bec-de-cane de la porte qui, de ce fait, se trouvait muette et ne les dérangerait pas.

— Vous connaissez du Duke Ellington ?... dit Colin.

— Oui, dit l'antiquaire. Je vais vous jouer le *Blues of the Vagabond*[36].

— Je le règle à combien? dit Colin. Vous prenez trois chorus?

— Oui, dit l'antiquaire.

— Bon! dit Colin. Ça fera un demi-litre en tout. Ça va?

— Parfait, répondit le marchand qui commença à jouer.

Il avait un toucher d'une extrême sensibilité et les notes s'envolaient, aussi aériennes que les perles de clarinette de Barney Bigard[37] dans la version de Duke.

Colin s'était assis par terre pour écouter, adossé au pianocktail, et il pleurait de grosses larmes elliptiques et souples qui roulaient sur ses vêtements et filaient dans la poussière. La musique passait à travers lui et ressortait filtrée, et l'air qui ressortait de lui ressemblait beaucoup plus à *Chloé* qu'au *Blues du Vagabond*. Le marchand d'antiquités fredonnait un contre-chant d'une simplicité pastorale et balançait sa tête de côté comme un serpent à sonnettes. Il joua les trois chorus et s'arrêta. Colin, heureux jusqu'au fond de l'âme, restait assis là et c'était comme quand Chloé n'était pas malade.

— Comment fait-on, maintenant? demanda l'antiquaire.

Colin se leva et ouvrit le petit panneau mobile en faisant la manœuvre, et ils prirent les deux verres remplis d'un liquide avec des irisations d'arc-en-ciel. L'antiquaire but le premier en clappant sa langue.

— C'est exactement le goût du blues, dit-il. De ce blues-là même. C'est fort, votre invention, vous savez!...

— Oui, dit Colin, ça marchait très bien.

— Vous savez, dit l'antiquaire, je vais sûrement vous en donner un bon prix.

— J'en serai bien content, dit Colin. Tout marche mal pour moi, maintenant.

— C'est comme ça, dit l'antiquaire. Ça ne peut pas toujours aller bien.

— Mais ça pourrait ne pas aller toujours mal, dit Colin. On se rappelle beaucoup mieux les bons moments; alors à quoi servent les mauvais?

— Si je jouais *Misty Mornin'*? proposa l'antiquaire. Est-ce que c'est bon?

— Oui, dit Colin. Ça rend formidablement. Ça donne un cocktail gris perle et vert menthe, avec un goût de poivre et de fumée.

L'antiquaire se remit au piano et joua *Misty Mornin'*. Ils le burent. Puis il joua encore *Blue Bubbles*[38] et s'arrêta car il commençait à jouer

deux notes à la fois, et Colin à entendre quatre airs différents d'un coup. Colin ferma le couvercle du piano avec précaution.

— Alors, dit l'antiquaire, on parle affaires, maintenant?

— Voui... dit Colin.

— Votre pianocktail est un truc fantastique, dit l'antiquaire, je vous en offre trois mille doublezons.

— Non, dit Colin, c'est trop.

— J'insiste, dit l'antiquaire.

— Mais c'est idiot, dit Colin. Je ne veux pas. Deux mille, si vous voulez.

— Non, dit l'antiquaire. Remportez-le, je refuse.

— Je ne peux pas vous le vendre trois mille, dit Colin, c'est un vol.

— Mais non!... insista l'antiquaire. Je peux le revendre quatre mille la minute d'après...

— Vous savez bien que vous le garderez, dit Colin.

— Évidemment, dit l'antiquaire. Écoutez, coupons la poire en deux : deux mille cinq cents doublezons.

— Allons, dit Colin, d'accord. Mais qu'est-ce qu'on va faire des deux moitiés de cette sacrée poire?

— Voilà... dit l'antiquaire.

Colin prit l'argent et le mit soigneusement dans son portefeuille. Il titubait un peu.

— Je tiens pas bien, dit-il.

— Naturellement, dit l'antiquaire. Vous viendrez écouter un coup avec moi, de temps en temps?

— Promis! dit Colin. Maintenant, faut que je m'en aille. Nicolas va m'engueuler.

— Je vous raccompagne un bout, dit l'antiquaire, j'ai une course à faire.

— C'est aimable à vous!... dit Colin.

Ils sortirent. Le ciel bleu-vert pendait presque jusqu'au pavé et de grandes taches blanches marquaient sur le sol la place où des nuages venaient de se fracasser.

— Il y a eu de l'orage! dit l'antiquaire.

Ils firent quelques mètres ensemble et le compagnon de Colin s'arrêta devant un bazar.

— Attendez-moi une minute, dit-il. Je reviens.

Il entra. À travers la vitre, Colin le vit choisir un objet qu'il regarda attentivement par transparence et enfouit dans sa poche.

— Voilà... dit-il en refermant la porte.

— C'était quoi? demanda Colin.

— Un niveau d'eau, répondit l'antiquitaire. J'ai l'intention de me jouer tout mon répertoire sitôt que je vous aurai raccompagné, et j'ai à marcher par la suite.

XLVI

Nicolas regardait son four. Il était assis devant avec un ringard et une lampe à souder et il vérifiait l'intérieur. Le four s'avachissait un peu sur le dessus et les tôles mollissaient, prenant la consistance de tranches de gruyère minces. Il entendit les pas de Colin dans le couloir, et se redressa sur son siège. Il se sentait fatigué. Colin poussa la porte et entra. Il avait l'air content.

— Alors? demanda Nicolas. Ça a été?

— Je l'ai vendu, dit Colin. Deux mille cinq cents...

— Doublezons?... dit Nicolas.

— Oui! dit Colin.

— Inespéré!...

— Je ne m'y attendais pas non plus. Tu regardais ton four?

— Oui, dit Nicolas. Il est en train de se transformer en marmite à charbon de bois, et je me demande foutre comment ça se fait...

— C'est très bizarre, dit Colin, mais ça ne l'est pas plus que le reste. Tu as vu le couloir?

— Oui, dit Nicolas. Ça devient du sapin...

— Je voulais te répéter, dit Colin, que je ne veux plus que tu restes ici.

— Il y a une lettre, dit Nicolas.

— De Chloé?

— Oui, dit Nicolas, sur la table.

En décachetant la lettre, Colin entendait la douce voix de Chloé, et il n'eut qu'à écouter pour la lire. Il y avait dedans:

«Mon Colin chéri,

«Je vais bien, il fait beau. Le seul ennui, c'est les taupes de neige, c'est des bêtes qui rampent entre la neige et la terre, elles ont de la fourrure orange et crient fort le soir. Elles font de gros monticules de neige et on tombe dessus. Il y a plein de soleil et je vais revenir bientôt.»

— C'est des bonnes nouvelles, dit Colin. Alors tu vas aller chez les Ponteauzanne.

— Non, dit Nicolas.

— Si, dit Colin. Ils ont besoin d'un cuisinier et moi je ne veux pas que tu restes ici, tu vieillis trop, et je te dis que j'ai signé pour toi.

— Et la souris ? dit Nicolas. Qui lui donnera à manger ?

— Je m'en occuperai, dit Colin.

— C'est pas possible, dit Nicolas. Et puis je ne suis plus dans le coup.

— Mais si, dit Colin. C'est l'atmosphère d'ici qui t'écrase... Aucun de vous ne peut tenir...

— Tu dis toujours ça, dit Nicolas, et ça n'explique rien.

— Enfin, dit Colin, là n'est pas la question.

Nicolas se leva et s'étira. Il avait l'air triste.

— Tu ne fais plus rien d'après Gouffé, dit Colin. Tu négliges ta cuisine, tu te laisses aller.

— Mais non, protesta Nicolas.

— Laisse-moi continuer, dit Colin. Tu ne t'habilles plus le dimanche et tu ne te rases plus tous les matins.

— C'est pas un crime, dit Nicolas.

— C'est un crime, dit Colin. Je ne peux pas te payer à ta valeur. Mais actuellement, ta valeur baisse et c'est un peu de ma faute.

— C'est pas vrai, dit Nicolas. C'est pas de ta faute si tu es embêté.

— Si, dit Colin, c'est parce que je me suis marié et parce que...

— C'est idiot, dit Nicolas. Qui est-ce qui fera la cuisine ?

— Moi, dit Colin.

— Mais tu vas travailler. Tu n'auras pas le temps.

— Non, je ne travaillerai pas. J'ai tout de même vendu mon pianocktail pour deux mille cinq cents doublezons.

— Oui, dit Nicolas, tu es bien avancé avec ça.

— Tu vas aller chez les Ponteauzanne, dit Colin.

— Oh, dit Nicolas. Tu m'embêtes. J'irai. Mais c'est pas chic de ta part.

— Tu reprendras tes bonnes manières.

— Tu as assez protesté contre mes bonnes manières.

— Oui, dit Colin, parce qu'avec moi, c'était pas la peine.

— Tu m'embêtes, dit Nicolas. Tu m'embêtes et tu m'embêtes.

XLVII

Colin entendit frapper à la porte de l'entrée et se hâta. Une de ses pantoufles avait un gros trou et il dissimula son pied sous le tapis.

— C'est haut, chez vous, dit Mangemanche en entrant.

Il émettait un souffle compact.

— Bonjour, docteur, dit Colin en rougissant, parce qu'il était obligé de montrer son pied.

— Vous avez changé d'appartement, dit le professeur, c'était moins loin avant.

— Mais non, dit Colin. C'est le même.

— Mais non, dit le professeur. Quand vous faites une plaisanterie, vous avez intérêt à avoir l'air plus sérieux et à trouver des réponses plus spirituelles.

— Oui ? dit Colin. Certainement.

— Comment ça va, la malade ? dit le professeur.

— C'est mieux, dit Colin. Elle a meilleure mine et elle n'a plus mal.

— Hum... dit le professeur. C'est louche.

Il passa, suivi de Colin, dans la chambre de Chloé et baissa la tête pour ne pas se heurter au chambranle, mais celui-ci s'infléchit au même moment et le professeur émit un gros juron. Chloé, dans son lit, riait en voyant l'entrée du professeur.

La chambre était parvenue à des dimensions assez réduites. Le tapis, contrairement à celui des autres pièces, avait épaissi, et le lit reposait maintenant dans une petite alcôve avec des rideaux de satin. La grande baie était complètement divisée en quatre petites fenêtres carrées par les pédoncules de pierre qui avaient fini de pousser. Il y régnait une lumière un peu grise mais propre. Il faisait chaud.

— Vous me direz encore que vous n'avez pas changé d'appartement, hein ? dit Mangemanche.

— Je vous jure, docteur... commença Colin.

Il s'arrêta, car le professeur le regardait d'un air inquiet et soupçonneux.

— Je plaisantais... termina-t-il en riant.

Mangemanche s'approcha du lit.

— Alors, dit-il, découvrez-vous. Je vais vous ausculter.

Chloé entrouvrit son mantelet de duvet.

— Ah ! dit Mangemanche. Ils vous ont opérée là-bas...

— Oui..., répondit Chloé.

Elle avait, sous le sein droit, une petite cicatrice, parfaitement ronde.

— Ils l'ont retiré par là quand il est mort, dit le professeur. Était-il grand?

— Un mètre, je crois, dit Chloé. Avec une grosse fleur de vingt centimètres.

— Sale truc... marmotta le professeur. Vous n'avez pas eu de chance. De cette taille-là, ce n'est pas courant!

— Ce sont les autres fleurs qui l'ont fait mourir, dit Chloé. En particulier une fleur de vanillier qu'ils m'ont amenée à la fin.

— C'est étrange, dit le professeur. Je n'aurais pas cru que le vanillier puisse produire un effet. Je pensais plutôt au genévrier ou à l'acacia. La médecine, vous savez, c'est un jeu d'andouilles, conclut-il.

— Certainement, dit Chloé.

Le professeur l'auscultait. Il se releva.

— Ça va, dit-il. Évidemment, ça a laissé des traces...

— Oui? dit Chloé.

— Oui, dit le professeur. Vous avez actuellement un poumon complètement arrêté ou presque.

— Ça ne me gêne pas, dit Chloé, si l'autre est bon!

— Si vous attrapez quelque chose à l'autre, dit le professeur, ça sera ennuyeux pour votre mari.

— Pas pour moi? demanda Chloé.

— Plus pour vous, dit le professeur.

Il se releva.

— Je ne veux pas vous faire peur inutilement, mais faites bien attention.

— Je fais bien attention! dit Chloé.

Ses yeux s'agrandissaient. Elle passa une main timide dans ses cheveux.

— Comment est-ce que je peux faire pour être sûre de ne rien attraper d'autre? dit-elle, et sa voix pleurait presque.

— Ne vous troublez pas, mon petit, dit le professeur. Il n'y a aucune raison pour que vous attrapiez quelque chose d'autre.

Il regarda autour de lui.

— J'aimais mieux votre premier appartement. Il avait l'air plus sain.

— Oui, dit Colin, mais ce n'est pas notre faute...

— Qu'est-ce que vous faites dans la vie, vous? demanda le professeur.

— J'apprends des choses, dit Colin. Et j'aime Chloé.

— Votre travail ne vous rapporte rien ? demanda le professeur...

— Non, dit Colin. Je ne fais pas un travail au sens où les gens l'entendent.

— Le travail est une chose infecte, je sais bien, murmura le professeur, mais ce qu'on choisit de faire, évidemment, ne peut pas rapporter, puisque...

Il s'interrompit.

— Vous m'aviez montré, la dernière fois, un appareil qui donnait des résultats étonnants. L'avez-vous encore par hasard ?

— Non, dit Colin. Je l'ai vendu. Mais je peux vous offrir à boire tout de même...

Mangemanche passa les doigts dans le col de sa chemise jaune et se gratta le cou.

— Je vous suis. Au revoir, jeune dame, dit-il.

— Au revoir, docteur, dit Chloé.

Elle se coula tout au fond du lit et ramena les couvertures sous son cou. Sa figure était claire et tendre sur les draps bleu lavande ourlés de pourpre.

XLVIII

Chick passa la poterne de contrôle et donna sa carte à pointer à la machine. Comme d'habitude, il trébucha sur le seuil de la porte métallique du passage d'accès aux ateliers et une bouffée de vapeur et de fumée noire le frappa violemment à la face. Les bruits commençaient à lui parvenir : sourd vrombissement des turboalternateurs généraux, chuintement des ponts roulants sur les poutrelles entretoisées, vacarme des vents violents de l'atmosphère se ruant sur les tôles de la toiture. Le passage était très sombre, éclairé tous les six mètres par une ampoule rougeâtre dont la lumière ruisselait paresseusement sur les objets lisses, s'accrochant, pour les contourner, aux rugosités des parois et du sol. Sous ses pieds, la tôle bosselée était chaude, crevée par endroits, et l'on apercevait par les trous la gueule rouge sombre des fours de pierre tout en bas. Les fluides passaient en ronflant dans de gros tuyaux peints en gris et rouge, au-dessus de sa tête, et, à chaque pulsation du cœur mécanique que les chauffeurs mettaient sous pression, la charpente s'infléchissait légèrement vers l'avant avec un faible retard et une

vibration profonde. Des gouttes se formaient sur la paroi, se détachant parfois lors d'une pulsation plus forte et, quand une de ces gouttes lui tombait sur le cou, Chick frissonnait. C'était une eau terne et qui sentait l'ozone. Le passage tournait tout au bout, et le sol, maintenant à claire-voie, dominait les ateliers.

En bas, devant chaque machine trapue, un homme se débattait, luttant pour ne pas être déchiqueté par les engrenages avides. Au pied droit de chacun, un lourd anneau de fer était fixé. On ne l'ouvrait que deux fois par jour, au milieu de la journée et le soir. Ils disputaient aux machines les pièces métalliques qui sortaient en cliquetant des étroits orifices ménagés sur le dessus. Les pièces retombaient presque immédiatement, si on ne les recueillait pas à temps, dans la gueule grouillante de rouages où s'effectuait la synthèse.

Il y avait des appareils de toutes les tailles. Chick connaissait bien ce spectacle. Il travaillait au bout de l'un des ateliers et devait contrôler la bonne marche des machines et donner aux hommes des indications pour les remettre en état lorsqu'elles s'arrêtaient après leur avoir arraché un morceau de chair.

Pour purifier l'atmosphère, de longs jets d'essences traversaient obliquement la pièce, luisants de reflets, par places, et condensant autour d'eux les fumées et les poussières de métal et d'huile chaude qui montaient en colonnes droites et minces au-dessus de chaque machine. Chick releva la tête. Les tuyaux le suivaient toujours. Il arriva à la cage de la plate-forme de descente, entra et referma la porte derrière lui. Il tira de sa poche un livre de Partre, pressa le bouton de commande et se mit à lire en attendant d'atteindre le sous-sol.

Le choc sourd de la plate-forme sur le butoir de métal le tira de sa torpeur. Il sortit et gagna son bureau, une boîte vitrée et faiblement éclairée d'où il pouvait surveiller les ateliers. Il s'assit, rouvrit son livre et reprit sa lecture, engourdi par la pulsation des fluides et la rumeur grondante des machines.

Une discordance dans le vacarme lui fit soudain lever les yeux. Il chercha d'où provenait le bruit suspect. Un des jets de purification venait de s'arrêter net au milieu de la salle et restait en l'air comme tranché en deux. Les quatre machines qu'il avait cessé de desservir trépidaient. On les voyait remuer à distance, et devant chacune d'elles une forme s'affaissait peu à peu. Chick posa son livre et se rua au-dehors. Il courut vers le tableau de manœuvre des jets et baissa rapidement une poignée. Le jet brisé restait immobile. On eût dit une lame de faux et les fumées

des quatre machines montaient en l'air en tourbillonnant. Il abandonna le tableau et se précipita vers les machines. Elles s'arrêtaient lentement. Les hommes qui y étaient affectés gisaient à terre. Leur jambe droite repliée formait un angle bizarre à cause de l'anneau de fer et leurs quatre mains droites étaient sectionnées au poignet. Le sang brûlait au contact du métal de la machine et répandait dans l'air une odeur horrible de bête vivante carbonisée.

Chick, au moyen de sa clef, défit les anneaux qui retenaient les corps et étendit ceux-ci devant les machines. Il regagna son bureau, et commanda, par téléphone, les brancardiers de service. Il revint ensuite près du tableau de manœuvre et tenta de remettre le jet en marche. Rien n'y faisait. Le liquide partait bien droit mais, arrivé au niveau de la quatrième machine, disparaissait sur place, et l'on apercevait la tranche du jet, aussi nette que s'il eût été sectionné d'un coup de hache.

Tâtant, avec ennui, son livre dans sa poche, il se dirigea vers le Bureau Central. Au moment de quitter l'atelier, il s'effaça pour laisser sortir les brancardiers qui avaient empilé les quatre corps sur un petit chariot électrique et s'apprêtaient à les déverser dans le Collecteur Général.

Il suivit un nouveau couloir. Loin devant lui, le petit chariot vira avec un ronronnement doux en laissant échapper quelques étincelles blanches. Le plafond très bas répercutait le bruit de sa marche sur le métal. Le sol montait un peu. Pour arriver au Bureau Central, il fallait longer trois autres ateliers et Chick suivait distraitement sa route. Il parvint enfin au bloc principal et entra chez le chef du personnel.

— Il y a une avarie aux numéros sept cent neuf, dix, onze et douze, signala-t-il à une secrétaire derrière un guichet. Les quatre hommes à remplacer, et les machines à enlever, je pense. Puis-je parler au chef du personnel ?

La secrétaire manœuvra quelques poussoirs rouges sur un tableau d'acajou verni, et dit : « Entrez, il vous attend. »

Chick entra et s'assit. Le chef du personnel le regarda, l'air interrogateur.

— Il me faut quatre hommes, dit Chick.

— Bon, dit le chef du personnel, demain vous les aurez.

— Un des jets de purification ne fonctionne plus, ajouta-t-il.

— Ça ne me regarde pas, dit le chef du personnel. Voyez à côté.

Chick sortit et remplit les mêmes formalités avant d'entrer chez le chef du matériel.

— Un des jets de purification du sept cents ne marche plus, dit-il.

— Plus du tout ?

— Il ne va plus jusqu'au bout, dit Chick.

— Vous n'avez pas pu le remettre en marche ?

— Non, dit Chick, il n'y a rien à faire.

— Je vais faire examiner votre atelier, dit le chef du matériel.

— Mon rendement baisse, dit Chick. Faites vite.

— Ça ne me regarde pas, dit le chef du matériel. Voyez le chef de la production.

Chick gagna le bloc voisin et entra chez le chef de la production. Il y avait un bureau violemment éclairé et, derrière le bureau, fixé au mur, un grand tableau de verre dépoli, sur lequel l'extrémité d'une ligne rouge se déplaçait très lentement vers la droite comme une chenille au bord d'une feuille ; les aiguilles de gros niveaux circulaires à lunette chromée disposés sous le tableau tournaient encore plus lentement.

— Votre production baisse de 0,7 %, dit le chef. Qu'est-ce qu'il y a ?

— Quatre machines hors circuit, dit Chick.

— À 0,8 vous êtes renvoyé, dit le chef de la production.

Il consulta le niveau en pivotant sur son fauteuil chromé.

— 0,78, dit-il. À votre place, je me préparerais déjà.

— C'est la première fois que ça m'arrive, dit Chick.

— Je regrette, dit le chef de la production. Peut-être pourra-t-on vous changer de service...

— Je n'y tiens pas, dit Chick. Je ne tiens pas à travailler. Je n'aime pas ça.

— Personne n'a le droit de dire ça, dit le chef de la production. Vous êtes renvoyé, ajouta-t-il.

— Je n'y pouvais rien, dit Chick. Qu'est-ce que c'est que la justice ?

— Jamais entendu parler, dit le chef de la production. J'ai du travail, il faut dire.

Chick quitta le bureau. Il retourna chez le chef du personnel.

— Puis-je être payé ? demanda-t-il.

— Quel numéro ? demanda le chef du personnel.

— Atelier 700. Ingénieur.

— Bon.

Il se tourna vers sa secrétaire et dit :

— Faites le nécessaire.

Puis, il parla dans son transmetteur intérieur.

— Allô ! dit-il. Un ingénieur de rechange, type 5, pour l'atelier 700.

— Voilà, dit la secrétaire en donnant une enveloppe à Chick. Il y a vos cent dix doublezons.

— Merci, dit Chick, et il s'en alla.

Il croisa l'ingénieur qui allait le remplacer, un jeune homme maigre et blond, l'air fatigué. Il se dirigea vers l'ascenseur le plus proche et pénétra dans la cabine.

<p style="text-align:center">XLIX</p>

— Entrez! cria le tourneur de disques.

Il regarda vers la porte. C'était Chick.

— Bonjour, dit Chick. Je reviens vous voir pour ces enregistrements que je vous avais apportés.

— Je récapitule, dit l'autre. Pour les trente faces, confection des outils, gravure au pantographe de vingt exemplaires numérotés de chaque face, ça vous fait, l'un dans l'autre, cent huit doublezons. Je vous les laisse à cent cinq.

— Voilà, dit Chick. J'ai un chèque de cent dix doublezons, je vous l'endosse et rendez-moi cinq doublezons.

— D'accord, dit le tourneur de disques.

Il ouvrit son tiroir et donna à Chick un billet de cinq doublezons tout neuf.

Les yeux de Chick s'éteignaient dans sa figure.

<p style="text-align:center">L</p>

Isis descendit. Nicolas conduisait la voiture. Il regarda sa montre et la suivit des yeux, tandis qu'elle pénétrait dans la maison de Colin et Chloé. Il avait un uniforme neuf de gabardine blanche et une casquette de cuir blanc. Il était rajeuni, mais son expression inquiète trahissait un désarroi profond.

L'escalier diminuait brusquement de largeur à l'étage de Colin et Isis pouvait toucher, à la fois, la rampe et la paroi froide sans écarter les bras. Le tapis n'était plus qu'un léger duvet qui couvrait à peine le bois. Elle atteignit le palier, haleta un peu et sonna.

Personne ne vint ouvrir. Il n'y avait aucun bruit dans l'escalier, sinon de temps à autre un léger craquement suivi d'un éclaboussement humide lorsqu'une marche se détendait.

Isis sonna de nouveau. Elle percevait, de l'autre côté de la porte, le léger frisson du marteau d'acier sur le métal. Elle secoua un peu la porte qui s'ouvrit d'un coup.

Elle entra et trébucha sur Colin. Il reposait, allongé par terre, la figure sur le sol, de côté, et les bras en avant. Ses yeux étaient fermés. Dans l'entrée, il faisait sombre. Autour de la fenêtre, on voyait un halo de clarté qui ne pénétrait pas. Il respirait doucement. Il dormait.

Isis se baissa, s'agenouilla près de lui et lui caressa la joue. Sa peau frémit légèrement et ses yeux se levèrent sous ses paupières. Il regarda Isis et parut se rendormir. Isis le secoua un peu. Il s'assit, passa la main sur sa bouche et dit :

— Je dormais.

— Oui, dit Isis. Tu ne dors plus dans ton lit ?

— Non, dit Colin. Je voulais rester là pour attendre le docteur et aller chercher des fleurs.

Il avait l'air complètement désorienté.

— Qu'est-ce qu'il y a ? dit Isis

— Chloé, dit Colin. Elle tousse de nouveau.

— C'est un peu d'irritation qui reste, dit Isis.

— Non, dit Colin. C'est l'autre poumon.

Isis se releva et courut vers la chambre de Chloé. Le bois du parquet giclait sous ses pas. Elle ne reconnaissait pas la chambre. Sur son lit, Chloé, la tête à demi cachée dans l'oreiller, toussait sans bruit, mais sans interruption. Elle se redressa un peu en entendant Isis entrer et reprit haleine. Elle eut un faible sourire quand Isis s'approcha d'elle, s'assit sur le lit et la prit dans ses bras comme un bébé malade.

— Tousse pas, ma Chloé, murmura Isis.

— Tu as une jolie fleur... dit Chloé dans un souffle en respirant le gros œillet rouge piqué dans les cheveux d'Isis. Ça fait du bien, ajouta-t-elle.

— Tu es encore malade ? dit Isis.

— C'est l'autre poumon, je crois, dit Chloé.

— Mais non, dit Isis, c'est le premier qui te fait encore un peu tousser.

— Non, dit Chloé. Où est Colin ? Il est parti me chercher des fleurs ?

— Il va venir, dit Isis. Je l'ai rencontré. A-t-il de l'argent ? ajouta-t-elle.

— Oui, dit Chloé, il en a encore un peu. À quoi ça sert, ça n'empêche rien.

— Tu as mal ? demanda Isis.

— Oui, dit Chloé, mais pas beaucoup. La chambre a changé, tu vois.

— Je l'aime mieux comme ça, dit Isis. C'était trop grand avant.

— Comment sont les autres chambres ? dit Chloé.

— Oh, bien... dit Isis évasivement.

Elle se rappelait encore la sensation du parquet froid comme un marécage.

— Ça m'est égal que ça change, dit Chloé. Du moment qu'il fait chaud et que ça reste confortable...

— Sûr ! dit Isis. C'est plus gentil, un petit appartement.

— La souris reste avec moi, dit Chloé. Tu la vois, là-bas, dans le coin. Je ne sais pas ce qu'elle fabrique. Elle ne voulait plus aller dans le couloir.

— Oui... dit Isis.

— Donne encore ton œillet, dit Chloé, ça fait du bien.

Isis le détacha de sa chevelure et le donna à Chloé qui l'approcha de ses lèvres et le respira à longs traits.

— Comment va Nicolas ? dit-elle.

— Bien, dit Isis. Mais il n'est plus gai comme avant. Je t'apporterai d'autres fleurs quand je reviendrai.

— Je l'aimais bien, Nicolas, dit Chloé. Tu ne vas pas l'épouser ?

— Je ne peux pas, murmura Isis. Je ne suis pas à sa hauteur.

— Ça ne fait rien, dit Chloé, si il t'aime...

— Mes parents n'osent pas lui en parler, dit Isis. Oh !...

L'œillet blêmissait soudain, se fripa, parut se dessécher. Il tombait maintenant, en fine poussière sur la poitrine de Chloé.

— Oh ! dit Chloé à son tour, je vais tousser encore... Tu as vu !...

Elle s'interrompit pour porter la main à sa bouche. Une quinte violente la ressaisit.

— C'est... cette chose que j'ai... qui les fait toutes... mourir... balbutia-t-elle.

— Ne parle pas, dit Isis. Ça n'a aucune importance. Colin va en rapporter.

Le jour était bleu dans la chambre, et presque vert aux angles. Il n'y

avait pas encore trace d'humidité et le tapis restait assez haut, mais une des quatre fenêtres carrées se fermait presque complètement.

Isis entendit le bruit humide des pas de Colin dans l'entrée.

— Le voilà! dit-elle. Il t'en rapporte sûrement.

Colin apparut. Il avait une grosse gerbe de lilas dans les bras.

— Tiens, ma Chloé, dit-il. Prends-les.

Elle tendit les bras.

— Tu es gentil, mon chéri, dit-elle.

Elle posa le bouquet sur le second oreiller, se tourna sur le côté et enfouit sa figure dans les grappes blanches et sucrées.

Isis se levait.

— Tu t'en vas? dit Colin.

— Oui, dit Isis. On m'attend. Je reviendrai avec des fleurs.

— Tu serais gentille de venir demain matin, dit Colin. Il faut que j'aille chercher du travail, et je ne veux pas la laisser toute seule avant d'avoir revu le docteur.

— Je viendrai... dit Isis.

Elle se pencha un peu, avec précaution, et elle embrassa Chloé sur sa joue si tendre. Chloé leva la main et caressa la figure d'Isis, mais elle ne tourna pas la tête. Elle respirait avidement le parfum des lilas qui se déployait en volutes lentes autour de ses cheveux brillants.

LI

Colin cheminait péniblement le long de la route. Elle s'enfonçait de biais entre des levées de terre surmontées de dômes de verre qui prenaient, au jour, un éclat glauque et incertain.

De temps à autre, il levait la tête et lisait les plaques pour s'assurer qu'il avait pris la bonne direction et il voyait alors le ciel, rayé transversalement de marron sale et de bleu.

Loin devant, il pouvait apercevoir, au-dessus des talus, les cheminées alignées de la serre principale.

Il avait, dans sa poche, le journal sur lequel on demandait des hommes de vingt à trente ans, pour préparer la défense du pays. Il marchait le plus vite possible, mais ses pieds enfonçaient dans la terre chaude, qui, partout, reprenait lentement possession des constructions et de la route.

On ne voyait pas de plantes. Surtout de la terre, en blocs informes, amoncelés des deux côtés, formant des remblais rapides en équilibre instable, et, parfois, une lourde masse oscillait, roulait le long du talus et s'abattait mollement sur la surface du chemin.

À certains endroits, les remblais s'abaissaient et Colin distinguait, à travers les vitres troubles des dômes, des formes bleu sombre qui s'agitaient vaguement sur un fond plus clair.

Il pressa le pas, arrachant ses pieds des trous qu'ils formaient dans le sol. La terre se resserrait aussitôt comme un muscle circulaire, et il ne subsistait plus qu'une faible dépression à peine marquée. Elle s'effaçait presque immédiatement.

Les cheminées se rapprochaient. Colin sentait son cœur virer dans sa poitrine comme une bête enragée. Il serra le journal à travers l'étoffe de sa poche.

Le sol glissait et se dérobait sous ses pieds, mais il enfonçait moins et la route durcissait perceptiblement. Il aperçut la première cheminée près de lui, fichée en terre comme un pal. Des oiseaux foncés tournaient autour du sommet d'où s'échappait une mince fumée verte. À la base de la cheminée, un renflement arrondi assurait sa stabilité. Les bâtiments commençaient un peu plus loin. Il n'y avait qu'une porte.

Il entra, gratta ses pieds sur une grille luisante aux lames acérées et suivit un couloir bas bordé par des lampes à lumière pulsée. Le carrelage était de briques rouges et la partie supérieure des murs était, ainsi que le plafond, garnie de plaques de verre de plusieurs centimètres d'épaisseur, à travers lesquelles on entrevoyait des masses sombres et immobiles. Tout au bout du couloir, il y avait une porte. Elle portait le numéro indiqué dans le journal et il entra sans frapper, comme le recommandait l'annonce.

Un vieil homme en blouse blanche, les cheveux embroussaillés, lisait un manuel derrière son bureau. Des armes variées pendaient au mur, des lumelles brillantes, des fusils à feu, des lance-mort de divers calibres et une collection complète d'arrache-cœurs de toutes les tailles.

— Bonjour, monsieur, dit Colin.

— Bonjour, monsieur, dit l'homme.

Sa voix était cassée et épaissie par l'âge.

— Je viens pour l'annonce, dit Colin.

— Ah? dit l'homme. Voilà un mois qu'elle passe sans résultats. C'est un travail assez dur, vous savez...

— Oui, dit Colin, mais c'est bien payé!

— Mon Dieu! dit l'homme. Cela vous use, voyez-vous et cela ne vaut peut-être pas le prix, mais ce n'est pas à moi de dénigrer mon administration. D'ailleurs, vous voyez que je suis encore en vie...

— Vous travaillez depuis longtemps? dit Colin.

— Un an, dit l'homme. J'ai vingt-neuf ans.

Il passa une main ridée et tremblante à travers les plis de son visage.

— Et maintenant, je suis arrivé, voyez-vous... je peux rester à mon bureau et lire le manuel toute la journée...

— J'ai besoin d'argent, dit Colin.

— Cela est fréquent, dit l'homme, mais le travail vous rend philosophe. Au bout de trois mois vous en aurez moins besoin.

— C'est pour soigner ma femme, dit Colin.

— Ah? Oui? dit l'homme.

— Elle est malade, expliqua Colin. Je n'aime pas le travail.

— Je regrette pour vous, dit l'homme. Quand une femme est malade, elle n'est plus bonne à rien.

— Je l'aime, dit Colin.

— Sans doute, dit l'homme. Sans ça vous ne voudriez pas travailler. Je vais vous indiquer votre poste. C'est à l'étage au-dessus.

Il guida Colin à travers des passages nets aux voûtes surbaissées et des escaliers de brique rouge, jusqu'à une porte, voisine d'autres portes, qui était marquée d'un symbole.

— Voilà, dit l'homme. Entrez, je vais vous expliquer le travail.

Colin entra. La pièce était petite, carrée. Les murs et le sol étaient de verre. Sur le sol, reposait un gros massif de terre en forme de cercueil, mais très épais, un mètre au moins. Une lourde couverture de laine était roulée à côté, par terre. Aucun meuble. Une petite niche pratiquée dans le mur renfermait un coffret de fer bleu. L'homme alla vers le coffret et l'ouvrit. Il en retira douze objets brillants et cylindriques avec un trou au milieu, minuscule.

— La terre est stérile, vous savez ce que c'est, dit l'homme, il faut des matières de premier choix pour la défense du pays. Mais pour que les canons de fusil poussent régulièrement et sans distorsion, on a constaté depuis longtemps qu'il faut la chaleur humaine. Pour toutes les armes, c'est vrai, d'ailleurs.

— Oui, dit Colin.

— Vous pratiquez douze petits trous dans la terre, dit l'homme, répartis au niveau du cœur et du foie, et vous vous étendrez sur la terre après vous être déshabillé. Vous vous recouvrirez avec l'étoffe de laine

stérile qui est là, et vous vous arrangerez pour dégager une chaleur parfaitement régulière.

Il eut un rire cassé et se tapa la cuisse droite.

— J'en faisais quatorze les vingt premiers jours de chaque mois. Ah !... j'étais fort !...

— Alors ? demanda Colin.

— Alors vous restez comme ça vingt-quatre heures et, au bout de vingt-quatre heures, les canons de fusil ont poussé. On vient les retirer. On arrose la terre d'huile et vous recommencez.

— Ils poussent vers le bas ? dit Colin.

— Oui, c'est éclairé en dessous, dit l'homme. Ils ont un phototropisme positif, mais ils poussent vers le bas parce qu'ils sont plus lourds que la terre, alors on éclaire surtout en dessous pour ne pas qu'il y ait de distorsion.

— Et les rayures ? dit Colin.

— Ceux de cette espèce-là poussent tout rayés, dit l'homme. Ce sont des graines sélectionnées.

— À quoi servent les cheminées ? demanda Colin.

— C'est pour l'aération, dit l'homme, et la stérilisation des couvertures et des bâtiments. Ce n'est pas la peine de prendre des précautions spéciales car c'est fait très énergiquement.

— Ça ne marche pas avec une chaleur artificielle ? dit Colin.

— Mal, dit l'homme. Il leur faut la chaleur humaine pour bien grandir.

— Vous employez des femmes ? dit Colin.

— Elles ne peuvent pas faire ce travail, dit l'homme. Elles n'ont pas la poitrine assez plate pour que leur chaleur se répartisse bien. Je vais vous laisser travailler.

— Je gagnerai bien dix doublezons par jour ? dit Colin.

— Certainement, dit l'homme et une prime si vous dépassez douze canons.

Il quitta la pièce et ferma la porte. Colin tenait les douzes graines dans sa main. Il les posa à côté de lui et commença à se déshabiller. Il avait les yeux fermés et ses lèvres tremblaient de temps en temps.

LII

— Je ne sais pas ce qui se passe, dit l'homme, cela marchait bien au début. Mais, avec les derniers, nous ne pourrons faire que des armes spéciales.

— Vous allez me payer tout de même ? demanda Colin, inquiet.

Il devait toucher soixante-dix doublezons et une prime de dix doublezons. Il avait fait de son mieux, mais le contrôle des canons révélait certaines anomalies.

— Voyez vous-même, dit l'homme.

Il tenait un des canons devant lui et montrait à Colin l'extrémité évasée.

— Je ne comprends pas, dit Colin. Les premiers étaient parfaitement cylindriques.

— Bien entendu, on peut les utiliser à faire des tromblons à feu, dit l'homme, mais c'est le modèle d'il y a cinq guerres et nous en possédons déjà un gros stock. C'est ennuyeux.

— Je fais de mon mieux, dit Colin.

— Certainement, dit l'homme. Je vais vous donner vos quatre-vingts doublezons.

Il prit dans le tiroir de son bureau une enveloppe cachetée.

— Je l'ai fait porter ici pour vous éviter d'aller au service de paiement, dit-il, cela prend quelquefois des mois pour obtenir son argent et vous aviez l'air pressé.

— Je vous remercie, dit Colin.

— Je n'ai pas encore examiné votre production d'hier, dit l'homme. Elle va arriver tout de suite. Vous ne voulez pas attendre un instant ?

Sa voix chevrotante et boiteuse était une souffrance pour les oreilles de Colin.

— Je vais attendre, dit-il.

— Voyez-vous, dit l'homme, nous sommes forcés de faire très attention à ces détails, parce qu'un fusil doit tout de même être pareil à un autre fusil, même s'il n'y a pas de cartouches...

— Oui... dit Colin.

— Il n'y a pas souvent de cartouches, dit l'homme, on est en retard sur les programmes de cartouches, on en a de grandes réserves pour un modèle de fusil qu'on ne fabrique plus, mais on n'a pas reçu l'ordre d'en faire pour les nouveaux fusils, alors on ne peut pas s'en servir. Ça ne fait rien, d'ailleurs. Qu'est-ce que vous voulez faire avec un fusil contre une

machine à roues. Les ennemis fabriquent une machine à roues pour deux fusils que nous faisons. Alors nous avons la supériorité du nombre. Mais une machine à roues ne se soucie pas d'un fusil ou même de dix fusils, surtout sans cartouches...

— On ne fabrique pas de machines à roues, ici? demanda Colin.

— Si, dit l'homme, mais on finit à peine le programme de la dernière guerre, alors elles ne marchent pas bien et il faut les démolir, et, comme elles sont très solidement construites, cela prend beaucoup de temps.

On tapa à la porte, et un manutentionnaire parut, poussant devant lui un chariot blanc stérilisé. Sous un linge blanc, il y avait la production de Colin pour le dernier jour. Le linge se soulevait à l'un des bouts. Cela n'aurait pas dû se produire avec des canons bien cylindriques et Colin se sentit inquiet. Le manutentionnaire sortit en fermant la porte.

— Ah!... dit l'homme. Ça n'a pas l'air de s'être arrangé.

Il souleva le linge. Il y avait douze canons d'acier bleu et froid et, au bout de chacun, une jolie rose blanche s'épanouissait, fraîche et ombrée de beige au creux des pétales veloutés.

— Oh... murmura Colin. Qu'elles sont belles...

L'homme ne disait rien. Il toussa deux fois.

— Ça ne sera donc pas la peine de reprendre votre travail demain, dit-il hésitant.

Ses doigts s'accrochaient nerveusement au bord du chariot.

— Est-ce que je peux les prendre? dit Colin. Pour Chloé.

— Elles vont mourir, dit l'homme, si vous les détachez de l'acier. Elles sont en acier, vous savez...

— Ce n'est pas possible, dit Colin.

Il prit délicatement une rose et tenta de briser la tige. Il fit un faux mouvement et l'un des pétales lui déchira la main sur plusieurs centimètres de long. Sa main saignait à lentes pulsations, de grosses gorgées de sang sombre qu'il avalait machinalement. Il regardait le pétale blanc marqué d'un croissant rouge et l'homme lui tapa sur l'épaule et le poussa doucement vers la porte.

<div style="text-align:center">

LIII

</div>

Chloé dormait. Dans la journée, le nénuphar lui prêtait la belle couleur crème de sa peau mais, pendant son sommeil, ce n'était pas la

peine et les taches rouges de ses joues revenaient. Ses yeux faisaient deux marques bleutées sous son front et, de loin, on ne savait pas s'ils étaient ouverts. Colin était assis sur une chaise dans la salle à manger et il attendait. Il y avait beaucoup de fleurs autour de Chloé. Il pouvait encore attendre quelques heures avant de chercher un autre travail. Il voulait se reposer pour faire bonne impression et prendre un emploi vraiment rémunérateur. Il faisait presque noir dans la pièce. La fenêtre s'était fermée jusqu'à dix centimètres de l'appui et le jour n'entrait plus qu'en une bande étroite. Il avait juste le front et les yeux éclairés. Le reste de sa figure vivait dans l'ombre. Son pick-up ne marchait plus, il fallait maintenant le remonter à la main pour chaque disque et ça le fatiguait. Les disques s'usaient aussi. Maintenant, pour certains, on reconnaissait même difficilement la mélodie. Il pensait que si Chloé avait besoin de quelque chose, la souris viendrait l'avertir tout de suite. Est-ce que Nicolas épouserait Isis ? Quelle robe mettrait Isis pour son mariage ? Qui sonnait à la porte ?

— Bonjour, Alise, dit Colin. Tu viens voir Chloé ?

— Non, dit Alise. Je viens seulement.

Ils pouvaient rester dans la salle à manger. Avec les cheveux d'Alise il y faisait plus clair. Il y restait deux chaises.

— Tu t'ennuyais, dit Colin. Je sais ce que c'est.

— Chick est là, dit Alise. Il est chez lui.

— Tu dois rapporter quelque chose, expliqua Colin.

— Non, dit Alise, je dois rester ailleurs.

— Oui, dit Colin. Il est en train de repeindre...

— Non, dit Alise. Il a tous ses livres, mais il ne veut plus de moi.

— Tu lui as fait une scène ? dit Colin.

— Non, dit Alise.

— Il a mal compris ce que tu lui as dit, mais quand il ne sera plus en colère, tu lui expliqueras.

— Il m'a simplement dit qu'il n'avait plus que juste assez de doublezons pour faire relier son dernier livre en peau de néant, dit Alise, et qu'il ne pouvait plus supporter de me garder avec lui parce qu'il ne pouvait rien me donner, et je deviendrais laide, avec les mains abîmées.

— Il a raison, dit Colin. Tu ne dois pas travailler.

— Mais j'aime Chick, dit Alise. J'aurais travaillé pour lui.

— Ça ne sert à rien, dit Colin. D'ailleurs tu ne peux pas, tu es trop jolie.

— Pourquoi m'a-t-il mise à la porte? dit Alise. J'étais vraiment très jolie?

— Je ne sais pas, dit Colin, mais moi j'aime beaucoup tes cheveux et ta figure.

— Regarde, dit Alise.

Elle se leva, tira le petit anneau de la fermeture et sa robe tomba par terre. C'était une robe de laine claire. En dessous, elle n'avait rien.

— Oui... dit Colin.

Il faisait très clair dans la pièce et Colin voyait Alise tout entière. Ses seins paraissaient prêts à s'envoler et les longs muscles de ses jambes déliées, à toucher, étaient fermes et chauds.

— Je peux embrasser? dit Colin.

— Oui, dit Alise, je t'aime bien.

— Tu vas avoir froid, répéta Colin.

Elle s'approcha de lui. Elle s'assit sur ses genoux et ses yeux se mirent à pleurer sans bruit.

— Pourquoi est-ce qu'il ne veut plus de moi?

Colin la berçait doucement.

— Il ne comprend pas. Tu sais, Alise, c'est un bon garçon, pourtant.

— Il m'aimait beaucoup, dit Alise. Il croyait que les livres de Partre accepteraient de partager! Mais ça ne se peut pas.

— Tu vas avoir froid, répéta Colin.

Il l'embrassait et lui caressait les cheveux.

— Pourquoi est-ce que je ne t'ai pas rencontré d'abord? dit Alise. Je t'aurais aimé autant, mais maintenant, je ne peux pas. C'est lui que j'aime.

— Je sais bien, dit Colin. J'aime mieux Chloé aussi, maintenant.

Il la fit lever et ramassa sa robe.

— Remets-la, ma chatte, dit-il. Tu vas avoir froid.

— Non, dit Alise. Et puis, ça ne fait rien.

Elle se rhabilla machinalement.

— Je ne voudrais pas que tu sois triste, dit Colin.

— Tu es gentil, dit Alise, mais je suis très triste. Je crois que je vais pouvoir faire quelque chose pour Chick, tout de même.

— Tu vas aller chez tes parents, dit Colin. Ils voudraient peut-être te voir... ou chez Isis.

— Chick ne sera pas là-bas, dit Alise. Je n'ai pas besoin d'être chez personne si Chick ne vient pas.

— Il viendra, dit Colin. J'irai le voir.

— Non, dit Alise. On ne peut plus entrer chez lui. C'est toujours fermé à clef.

— Je le verrai tout de même, dit Colin. Ou alors, il viendra me voir.

— Je ne crois pas, dit Alise. Ce n'est plus le même Chick.

— Mais si, dit Colin. Les gens ne changent pas. Ce sont les choses qui changent.

— Je ne sais pas, dit Alise.

— Je vais t'accompagner, dit Colin. Je dois aller chercher du travail.

— Je ne vais pas par là, dit Alise.

— Je vais t'accompagner pour descendre, dit Colin.

Elle était en face de lui. Colin posa ses deux mains sur les épaules d'Alise. Il sentait la chaleur de son cou et les cheveux doux et frisés près de sa peau. Il suivit le corps d'Alise avec ses mains. Elle ne pleurait plus, mais elle n'avait plus l'air d'être là.

— Je ne voudrais pas que tu fasses des bêtises, dit Colin.

— Oh, dit Alise. Je ne ferai pas de bêtises...

— Reviens me voir, dit Colin, si tu t'ennuies.

— Peut-être je reviendrai te voir, dit Alise.

Elle regardait à l'intérieur. Colin la prit par la main. Ils descendirent l'escalier. Ils glissaient, de temps à autre, sur les marches humides. En bas, Colin lui dit au revoir. Elle resta debout et le regarda s'en aller.

LIV

Le dernier était juste revenu de chez le relieur et Chick le caressait avant de le replacer dans son emboîtement. Il était recouvert de peau de néant, épaisse et verte, le nom de Partre se détachait en lettres creuses sur la reliure. Sur une seule étagère, Chick avait toute l'édition normale, et toutes les variantes, les manuscrits, les premiers tirages, les pages spéciales occupaient des niches particulières dans l'épaisseur du mur.

Chick soupira. Alise l'avait quitté le matin. Il était forcé de lui dire de partir. Il lui restait un doublezon et un morceau de fromage et ses robes le gênaient dans l'armoire pour accrocher les vieux habits de Partre que le libraire lui procurait par miracle. Il ne se rappelait pas quel jour il l'avait embrassée pour la dernière fois. Il ne pouvait plus perdre son temps à l'embrasser. Il lui fallait réparer son pick-up pour apprendre par

cœur le texte des conférences de Partre. S'il venait à casser les disques,
il devait pouvoir conserver le texte.

Tous les livres de Partre étaient là, tous les livres publiés. Les reliures
luxueuses, soigneusement protégées par des étuis de cuir, les fers dorés,
les exemplaires précieux à grandes marges bleues, les tirages limités sur
tue-mouches ou vergé Saintorix, un mur entier leur était réservé, divisé
en douillets alvéoles garnis de peau de velours. Chaque œuvre occupait
un alvéole. Garnissant le mur opposé, rangés en piles brochées, les
articles de Partre, extraits avec ferveur des revues, des journaux, des
périodiques innombrables qu'il daignait favoriser de sa féconde
collaboration.

Chick passa la main sur son front. Il y avait combien de temps qu'Alise
vivait avec lui ?... Les doublezons de Colin devaient servir à l'épouser,
mais elle n'y tenait pas tant. Elle se contentait de l'attendre, et se
contentait d'être avec lui, mais on ne peut pas accepter cela d'une
femme, qu'elle reste avec vous simplement parce qu'elle vous aime. Il
l'aimait aussi. Il ne pouvait admettre de lui laisser perdre son temps
puisqu'elle ne s'intéressait plus à Partre. Comment ne pas s'intéresser à
un homme comme Partre ?... capable d'écrire n'importe quoi sur
n'importe quel sujet et avec quelle précision. Sûrement Partre mettrait
moins d'un an à réaliser son *Encyclopédie de la Nausée*[19], et la duchesse
de Bovouard collaborerait à ce travail, et il y aurait des manuscrits
extraordinaires. Il fallait d'ici là gagner assez de doublezons pour tenir et
mettre en réserve au moins un acompte à donner au libraire. Chick
n'avait pas payé ses impôts. Mais la somme des impôts lui était plus utile
sous la forme d'un exemplaire du *Trou de Sainte Colombe*[19]. Alise aurait
mieux aimé que Chick employât les doublezons à payer les impôts, elle
lui proposait même de vendre quelque chose à elle pour cela. Il avait
accepté et cela fit juste le prix d'une reliure pour le *Trou de Sainte
Colombe*. Alise se passait très bien de son collier.

Il hésitait à rouvrir la porte. Peut-être était-elle derrière à attendre qu'il
tournât la clef. Il ne le pensait pas. Ses pas dans l'escalier résonnaient
comme un petit martèlement décroissant. Elle pourrait retourner chez
ses parents et reprendre ses études. Après tout cela ne faisait qu'un léger
retard. On peut rattraper rapidement les cours qu'on a manqués. Mais
Alise ne travaillait plus guère. Elle s'occupait trop des affaires de Chick et
de lui faire à manger et de repasser sa cravate. Les impôts, après tout, ne
seraient pas payés du tout. Est-ce qu'il y a des exemples qu'on vienne
vous relancer à domicile parce qu'on n'a pas payé ses impôts ? Cela

n'arrive pas. On peut verser un acompte, un doublezon et puis on vous laisse tranquille et on n'en parle plus pendant quelque temps. Un type comme Partre payait-il ses impôts ? C'est probable, et après tout est-ce que, du point de vue moral, il est recommandable de payer des impôts, pour avoir en contrepartie le droit de se faire saisir, parce que d'autres payent des impôts qui servent à entretenir la police et les hauts fonctionnaires ? C'est un cercle vicieux à briser, que personne n'en paie plus pendant assez longtemps et les fonctionnaires mourront tous de consomption et la guerre n'existera plus.

Chick souleva le couvercle de son pick-up à deux plateaux et mit deux disques différents de Jean-Sol Partre. Il voulait les écouter tous les deux en même temps pour faire jaillir des idées nouvelles du choc de deux idées anciennes. Il se plaça à égale distance des deux haut-parleurs, afin que sa tête fût juste à l'endroit où ce choc aurait lieu, et conservât automatiquement les résultats de l'impact.

Les aiguilles firent un crachement sur l'escargot du début et se logèrent au creux du sillon, et les mots de Partre retentirent dans le cerveau de Chick. De sa place, il regardait par la fenêtre et constata que des fumées s'élevaient çà et là sur les toits, en grosses volutes bleues, colorées de rouge par-dessous, comme des fumées de papier. Il voyait machinalement le rouge gagner sur le bleu et les mots s'entrechoquaient avec de grandes lueurs, ouvrant à sa fatigue un champ de repos doux comme de la mousse au mois de mai.

LV

Le sénéchal de la police tira son sifflet de sa poche et s'en servit pour taper sur un énorme gong péruvien qui pendait derrière lui. On entendit une galopade de bottes ferrées à tous les étages, le bruit de chutes successives et, par le toboggan, six de ses meilleurs agents d'armes firent irruption dans son bureau.

Ils se relevèrent, tapèrent sur leurs fesses pour enlever la poussière et se mirent au garde-à-vous.

— Douglas ! appela le sénéchal.

— Présent ! répondit le premier agent d'armes.

— Douglas ! répéta le sénéchal.

— Présent ! dit le second.

L'appel se poursuivit. Le sénéchal de la police ne pouvait pas se souvenir du nom de tous ses hommes et Douglas était un générique traditionnel.

— Mission spéciale ! ordonna-t-il.

Du même geste, les six agents d'armes posèrent la main sur la poche fessière pour signifier qu'ils étaient munis de leur égalisateur à douze giclées.

— Je dirige personnellement ! souligna le sénéchal.

Il frappa violemment le gong. La porte s'ouvrit et un secrétaire apparut.

— Je pars, annonça le sénéchal. Mission Spéciale. Blocnotez.

Le secrétaire saisit son bloc et son crayon et se mit dans la position d'enregistrement réglementaire numéro six.

— Recouvrement d'impôts chez le sieur Chick, avec saisie préalable, dicta son chef. Passage à tabac de contrebande et blâme sévère. Saisie totale ou même partielle compliquée de violation de domicile.

— Noté ! dit le secrétaire.

— En route, Douglas, commanda le sénéchal de la police.

Il se leva et prit la tête de l'escadrille qui démarra pesamment en imitant, avec ses douze pieds, le vol du coucou à gaufres. Les six hommes étaient vêtus d'une combinaison collante de cuir noir, blindée sur la poitrine et aux épaules, et leur casque en acier noirci, de forme serre-tête, descendait bas sur la nuque et protégeait les tempes et le front. Tous portaient des bottes lourdes et métalliques. Le sénéchal avait une tenue analogue, mais de cuir rouge, et deux étoiles d'or brillaient sur ses épaules. Les égalisateurs gonflaient les poches arrière de ses acolytes ; il tenait à la main une petite matraque d'or et une lourde grenade dorée pendait à sa ceinture. Ils descendirent l'escalier d'honneur et la sentinelle se mit au quant-à-soi tandis que le sénéchal levait la main vers son casque. Une voiture spéciale attendait à la porte. Le sénéchal s'assit à l'arrière, tout seul, et les six agents d'armes se rangèrent sur les marchepieds débordants, les deux plus gros d'un côté et les quatre maigres de l'autre. Le conducteur portait aussi une combinaison de cuir noir mais pas de casque. Il démarra. La voiture n'avait pas de roues, mais une multitude de pieds vibratiles, de telle sorte que les projectiles perdus ne risquaient pas de crever ses pneus. Les pieds renâclèrent sur le sol et le conducteur vira court à la première bifurcation ; à l'intérieur on avait l'impression d'être dans une barque sur la crête d'une vague qui crève.

LVI

En regardant Colin s'éloigner, Alise lui disait au revoir de toutes ses forces dans son cœur. Il aimait tant Chloé, il allait chercher du travail pour elle, pour pouvoir acheter des fleurs et lutter contre cette horreur qui la dévorait dans la poitrine. Les épaules larges de Colin s'affaissaient un peu, il semblait si fatigué, ses cheveux blonds n'étaient plus peignés et ordonnés comme autrefois. Chick savait se montrer tellement doux en parlant d'un livre de Partre et en expliquant Partre. Il ne peut réellement pas se passer de Partre, il n'aura pas l'idée de rechercher quoi que ce soit d'autre, Partre dit tout ce qu'il voudrait savoir dire. On ne doit pas laisser Partre publier cette encyclopédie, ce sera la mort de Chick, il volera, il tuera un libraire. Alise se mit en route lentement. Partre passe ses journées dans un débit, à boire et écrire avec d'autres gens comme lui qui viennent boire et écrire, ils boivent du thé des Mers et des alcools doux, cela leur évite de penser à ce qu'ils écrivent, et il entre et sort beaucoup de monde, cela remue les idées du fond et on en pêche une ou l'autre, il ne faut pas éliminer tout le superflu, on met un peu d'idées et un peu de superflu, on dilue. Les gens absorbent ces choses-là plus facilement, surtout les femmes n'aiment pas ce qui est pur. Le chemin n'était pas très long pour arriver au débit, de loin Alise vit un des garçons en veste blanche et pantalon citron servir un pied de cochon farci à Don Evany Marqué[39], le joueur de baise-bol célèbre qui, au lieu de boire, ce qu'il détestait, absorbait des nourritures épicées pour donner soif à ses voisins. Elle entra, Jean-Sol Partre, à sa place habituelle, écrivait, il y avait beaucoup de monde et ça parlait doux. Par un miracle ordinaire, ce qui est extraordinaire, Alise vit une chaise libre à côté de Jean-Sol et s'assit. Elle posa sur ses genoux son sac pesant et défit la fermeture. Par-dessus l'épaule de Jean-Sol, elle voyait le titre de la page, *Encyclopédie*, volume dix-neuf. Elle posa une main timide sur le bras de Jean-Sol ; il s'arrêta d'écrire.

— Vous en êtes déjà là, dit Alise.

— Oui, répondit Jean-Sol. Vous vouliez me parler ?

— Je voulais vous demander de ne pas le publier, dit-elle.

— C'est difficile, dit Jean-Sol. On l'attend.

Il retira ses lunettes, souffla sur les verres, et les remit ; on ne voyait plus ses yeux.

— Bien sûr, dit Alise. Mais je veux dire, il faudrait seulement le retarder.

— Oh, dit Jean-Sol, s'il n'y a que ça, on peut voir.

— Il faudrait le retarder de dix ans, dit Alise.

— Oui ? dit Jean-Sol.

— Oui, dit Alise. Dix ans, ou plus, naturellement. Vous savez, il vaut mieux laisser les gens économiser pour pouvoir l'acheter.

— Ça sera assez embêtant à lire, dit Jean-Sol Partre, parce que ça m'embête déjà beaucoup à écrire. J'ai une forte crampe au poignet gauche à force de tenir la feuille.

— Je regrette pour vous, dit Alise.

— Que j'aie une crampe ?

— Non, dit Alise, que vous ne vouliez pas retarder la publication.

— Pourquoi ?

— Je vais vous expliquer : Chick dépense tout son argent à acheter ce que vous faites, et il n'a plus d'argent.

— Il ferait mieux d'acheter autre chose, dit Jean-Sol, moi je n'achète jamais mes livres.

— Il aime ce que vous faites.

— C'est son droit, dit Jean-Sol. Il a fait son choix.

— Il est trop engagé, je trouve, dit Alise. Moi, j'ai fait mon choix aussi mais je suis libre, parce qu'il ne veut plus que je vive avec lui, alors je vais vous tuer, puisque vous ne voulez pas retarder la publication.

— Vous allez me faire perdre mes moyens d'existence, dit Jean-Sol. Comment voulez-vous que je touche mes droits d'auteur si je suis mort ?

— Ça vous regarde, dit Alise, je ne peux pas tout prendre en considération puisque je veux vous tuer avant tout.

— Mais vous admettez bien que je ne puisse pas me rendre à une raison comme celle-là ? demanda Jean-Sol Partre.

— J'admets, dit Alise. Elle ouvrit son sac et en tira l'arrache-cœur de Chick, qu'elle avait pris depuis plusieurs jours dans le tiroir de son bureau.

— Vous voulez défaire votre col ? demanda-t-elle.

— Écoutez, dit Jean-Sol en retirant ses lunettes, je trouve cette histoire idiote.

Il déboutonna son col. Alise rassembla ses forces, et, d'un geste résolu, elle planta l'arrache-cœur dans la poitrine de Partre. Il la regarda, il mourait très vite, et il eut un dernier regard étonné en constatant que son cœur avait la forme d'un tétraèdre. Alise devint très pâle, Jean-Sol Partre était mort maintenant et le thé refroidissait. Elle prit le manuscrit de

l'*Encyclopédie* et le déchira. Un des garçons vint essuyer le sang et toute la cochonnerie que cela faisait avec l'encre du stylo sur la petite table rectangulaire. Elle paya le garçon, ouvrit les deux branches de l'arrache-cœur, et le cœur de Partre resta sur la table ; elle replia l'instrument brillant et le remit dans son sac, puis elle sortit dans la rue, tenant la boîte d'allumettes que Partre gardait dans sa poche.

LVII

Elle se retourna. Une épaisse fumée noire emplissait la vitrine et des gens commençaient à regarder, elle avait brûlé trois allumettes avant de faire partir le feu, les livres de Partre ne voulaient pas s'enflammer. Le libraire gisait derrière son bureau, son cœur, à côté de lui, commençait à brûler, une flamme noire et des jets recourbés de sang bouillant s'en échappaient déjà. Les deux premières librairies, trois cents mètres en arrière, flambaient en craquant et en ronflant, et les libraires étaient morts, tous ceux qui avaient vendu des livres à Chick allaient mourir de la même façon et leur librairie brûlerait. Alise pleurait et se hâtait, elle se rappelait les yeux de Jean-Sol Partre en voyant son cœur, elle ne voulait pas le tuer au début, seulement empêcher son nouveau livre de paraître et sauver Chick de cette ruine qui montait lentement autour de lui. Ils étaient tous ligués contre Chick, ils voulaient lui prendre son argent, ils profitaient de sa passion pour Partre, ils lui vendaient de vieux habits sans valeur et des pipes avec des empreintes, ils méritaient le sort qui les attendait. Elle vit à sa gauche une vitrine garnie de volumes brochés, elle s'arrêta, reprit sa respiration et entra. Le libraire s'approcha d'elle.

— Vous désirez ? demanda-t-il.

— Avez-vous du Partre ? dit Alise.

— Mais oui, dit le libraire, cependant pour l'instant, je ne peux vous fournir de reliques, elles sont toutes retenues par un bon client.

— C'est Chick ? dit Alise.

— Oui, répondit le libraire, je crois que c'est son nom.

— Il ne viendra plus vous en acheter, dit Alise.

Elle s'approcha de lui et laissa tomber son mouchoir. Le libraire se baissa en craquant pour le ramasser, elle lui planta l'arrache-cœur dans le dos d'un geste rapide, elle pleurait et tremblait de nouveau, il tomba la figure contre le plancher, elle n'osa pas reprendre son mouchoir, il

avait resserré ses doigts dessus. L'arrache-cœur ressortit, entre ses branches il tenait le cœur du libraire, tout petit et rouge clair, elle écarta les branches et le cœur roula près de son libraire. Il fallait se dépêcher, elle prit une pile de journaux, frotta une allumette, fit une torche et la lança sous le comptoir, et jeta les journaux dessus, puis précipita dans les flammes une douzaine de Nicolas Calas[40] qu'elle prit sur le rayon le plus proche, et la flamme se rua sur les livres avec une vibration chaude ; le bois du comptoir fumait et craquait, des vapeurs remplissaient le magasin. Alise bascula une dernière rangée de livres dans le feu et sortit à tâtons, elle retira le bec-de-cane pour qu'on n'entre pas et se remit à courir. Ses yeux piquaient et ses cheveux sentaient la fumée, elle courait et les larmes ne coulaient presque plus sur ses joues, le vent les séchait tout de suite. Elle se rapprochait du quartier où vivait Chick, il restait encore deux ou trois librairies seulement, les autres ne présentant pas de danger pour lui. Elle se retourna avant d'entrer dans la suivante ; loin derrière elle on voyait monter de grosses colonnes de fumée dans le ciel et les gens se pressaient pour regarder marcher les appareils compliqués du Corps des Pompeurs. Leurs grosses voitures blanches passèrent dans la rue comme elle refermait la porte ; elle les suivit des yeux à travers la glace, et le libraire s'approcha d'elle en lui demandant ce qu'elle désirait.

LVIII

— Vous, dit le sénéchal de la police, vous resterez là, à droite de la porte, et vous, Douglas, continua-t-il en se tournant vers le second des deux gros agents, vous vous mettrez à gauche, et ne laissez personne entrer.

Les deux agents d'armes désignés prirent leur égalisateur et laissèrent retomber la main droite le long de la cuisse droite, le canon dirigé vers le genou, dans la position réglementaire. Ils assujettirent la jugulaire de leur casque sous leur menton, qui débordait devant et derrière. Le sénéchal entra, suivi des quatre maigres agents d'armes ; il en plaça de nouveau un de chaque côté de la porte avec mission de ne laisser sortir personne. Il se dirigea vers l'escalier, suivi des deux maigres qui restaient. Ils se ressemblaient, ils avaient le teint bistré et les yeux noirs, et les lèvres minces.

LIX

Chick arrêta le pick-up pour changer les deux disques qu'il venait d'écouter simultanément jusqu'au bout. Il en prit d'une autre série ; sous un des disques il trouva une photo d'Alise, il croyait l'avoir perdue. Elle était de trois quarts, éclairée par une lumière fondue, et le photographe avait dû mettre un projecteur derrière elle pour faire du soleil dans le haut de ses cheveux. Il changea les disques et garda la photo à la main. En jetant un coup d'œil par la fenêtre, il constata que de nouvelles colonnes de fumée montaient, plus près de chez lui. Il allait écouter ces deux disques et descendre voir le libraire d'à côté. Il s'assit, sa main ramena la photo sous ses yeux, en la regardant plus attentivement, elle ressemblait à Partre ; peu à peu, l'image de Partre se formait sur celle d'Alise et il sourit à Chick, certainement, il lui dédicacerait ce qu'il voudrait ; des pas montaient dans l'escalier, il écouta, et des coups retentirent à sa porte. Il posa la photo, arrêta le pick-up, et alla ouvrir. Devant lui, il vit la combinaison de cuir noir d'un des agents d'armes, le second suivait et le sénéchal de la police entra le dernier, sur son vêtement rouge et son casque noir rampaient des reflets fugaces dans la pénombre du palier.

— Vous vous appelez Chick ? dit le sénéchal.

Chick recula et sa figure devint blanche. Il recula jusqu'au mur où étaient ses beaux livres.

— Qu'est-ce que j'ai fait ? demanda-t-il.

Le sénéchal fouilla dans sa poche de poitrine et lut le papier :

Recouvrement d'impôts chez le sieur Chick, avec saisie préalable. Passage à tabac de contrebande et blâme sévère. Saisie totale ou même partielle compliquée de violation de domicile.

— Mais... je paierai mes impôts, dit Chick.

— Oui, dit le sénéchal, vous les paierez après. D'abord, il faut que nous vous passions à tabac de contrebande. C'est un tabac très fort ; nous utilisons l'abréviation pour que les gens ne s'émeuvent pas.

— Je vais vous donner mon argent, dit Chick.

— Certainement, dit le sénéchal.

Chick s'approcha de la table et ouvrit le tiroir ; il y gardait un arrache-cœur de grand modèle et un tue-fliques en mauvais état. Il ne trouva pas l'arrache-cœur mais le tue-fliques bosselait une pile de vieux papiers.

— Dites donc ! dit le sénéchal, c'est bien de l'argent que vous cherchez ?

Les deux agents s'étaient écartés l'un de l'autre et tenaient leur égalisateur. Chick se redressa, il avait le tue-fliques à la main.

— Attention, chef! dit un des agents d'armes.

— J'appuie, chef? demanda le second.

— Vous ne m'aurez pas comme ça! dit Chick.

— Très bien, dit le sénéchal, alors on va prendre vos livres.

Un des agents saisit un livre à portée de sa main. Il l'ouvrit brutalement.

— Rien que de l'écrit, chef, annonça-t-il.

— Violez, dit le sénéchal.

L'agent saisit le livre par la reliure et l'agita avec force. Chick se mit à hurler.

— Ne touchez pas à ça!...

— Dites donc, dit le sénéchal, pourquoi est-ce que vous ne vous servez pas de votre tue-fliques? Vous savez très bien que le papier porte : *Violation de domicile*.

— Lâchez ça! rugit Chick de nouveau, et il leva son tue-fliques, mais l'acier s'abaissa sans claquer.

— J'appuie, chef? demanda à nouveau l'agent d'armes.

Le livre venait de se détacher de sa reliure et Chick se rua en avant, lâchant le tue-fliques inutilisable.

— Appuyez, Douglas, dit le sénéchal en reculant.

Le corps de Chick s'abattit aux pieds des agents d'armes ; tous les deux avaient tiré.

— On le passe à tabac de contrebande, chef? demanda l'autre agent d'armes.

Chick remuait encore un peu. Il se souleva sur les mains et parvint à s'agenouiller. Il tenait son ventre et sa figure grimaçait pendant que des gouttes de sueur tombaient dans ses yeux. Il avait une grande entaille au front.

— Laissez ces livres... murmura-t-il. Sa voix était rauque et cassée.

— Nous allons les piétiner, dit le sénéchal. Je pense que vous serez mort dans quelques secondes.

La tête de Chick retombait, il s'efforçait de la redresser mais son ventre lui faisait mal comme si des lames triangulaires tournaient à l'intérieur. Il réussit à mettre un pied par terre mais l'autre genou refusait de se déplier. Les agents d'armes s'approchèrent des livres pendant que le sénéchal faisait deux pas vers Chick.

— Ne touchez pas ces livres... dit Chick. On entendait le sang

gargouiller dans sa gorge, et sa tête penchait de plus en plus. Il lâcha son ventre, ses mains étaient rouges, elle frappèrent l'air sans but et il retomba, le visage contre le plancher. Le sénéchal de la police le retourna du pied. Il ne bougeait plus et ses yeux ouverts regardaient plus loin que la chambre. Sa figure était coupée en deux par la barre de sang qui avait coulé de son front.

— Piétinez, Douglas ! dit le sénéchal. Je vais personnellement briser cet appareil à bruit.

Il passa devant la fenêtre et vit qu'un gros champignon de fumée s'élevait lentement vers lui, issu du rez-de-chaussée de la maison voisine.

— Inutile de piétiner soigneusement, ajouta-t-il, la maison d'à côté est en train de brûler. Faites vite, c'est l'essentiel. Il n'en restera pas trace, mais je consignerai l'ensemble dans mon rapport.

La figure de Chick était toute noire. Sous son corps, la flaque de sang se coagulait en étoile.

LX

Nicolas dépassa l'avant-dernière librairie à laquelle Alise venait de mettre le feu. Il avait croisé Colin en route pour son travail et savait la détresse de sa nièce. Il apprit immédiatement la mort de Partre en téléphonant à son club et se mit à la poursuite d'Alise, il voulait la consoler et lui remonter le moral et la garder avec lui jusqu'à ce qu'elle soit gaie comme avant. Il vit la maison de Chick, et une flamme longue et mince sortit du milieu de la vitrine du libraire d'à côté, faisant éclater la glace comme sous un coup de marteau. Il remarqua, devant la porte, la voiture du sénéchal de la police et vit que le chauffeur la faisait avancer un peu pour éviter la zone dangereuse, et il aperçut aussi les silhouettes noires des agents d'armes. Les Pompeurs apparurent presque aussitôt. Leur voiture s'arrêta devant la librairie en faisant un bruit terrible. Nicolas luttait déjà avec la serrure. Il réussit à briser la porte à coups de pied et courut vers l'intérieur. Tout brûlait au fond du magasin. Le corps du libraire était étendu, les pieds dans les flammes, son cœur à côté de lui, et il vit l'arrache-cœur de Chick par terre. Le feu jaillissait en grosses sphères rouges et en langues pointues qui perçaient d'un seul coup les murs épais de la boutique, et Nicolas se jeta à terre pour ne pas

être atteint et à ce moment il sentit au-dessus de lui le violent déplacement d'air produit par le jet extincteur des appareils des Pompeurs. Le bruit du feu redoubla pendant que le jet l'assaillait à la base. Les livres brûlaient en crépitant ; les pages s'envolaient en battant et passaient au-dessus de la tête de Nicolas, en sens inverse de celui du jet, et il pouvait à peine respirer tant tout cela faisait du fracas et des flammes. Il pensait qu'Alise ne serait pas restée dans le feu, mais il ne voyait pas la porte par où elle aurait pu s'en aller et le feu se débattait contre les Pompeurs et parut s'élever rapidement, dégageant la zone basse qui semblait s'éteindre. Il restait au milieu des cendres sales une brillante lueur, plus brillante que les flammes.

La fumée disparut très vite, aspirée vers l'étage du dessus. Les livres s'éteignirent, mais le plafond brûlait plus fort que jamais. Il n'y avait plus, près du sol, que cette lueur.

Souillé de cendres, les cheveux noircis, respirant à peine, Nicolas s'avança en rampant vers la clarté. Il entendait les bottes des Pompeurs qui s'affairaient. Sous une poutre de fer tordue il aperçut l'éblouissante toison blonde. Les flammes n'avaient pu la dévorer, car elle était plus éclatante qu'elles. Il l'enfouit dans sa poche intérieure et sortit.

Il marchait d'un pas mal assuré. Les Pompeurs le regardèrent partir. Le feu faisait rage aux étages supérieurs et ils s'apprêtaient à isoler le bloc de bâtiments pour le laisser brûler, car il ne restait plus de liquide extincteur.

Nicolas suivait le trottoir. Sa main droite, sur sa poitrine, caressait les cheveux d'Alise. Il entendit le bruit de la voiture du sénéchal de la police qui le dépassa. À l'arrière, il reconnut la combinaison de cuir rouge du sénéchal. En écartant un peu le revers de son veston, il se trouvait tout baigné de soleil. Seul ses yeux restaient dans l'ombre.

LXI

Colin apercevait le trentième pilier. Il marchait, depuis le matin, dans la cave de la Réserve d'Or. Sa tâche consistait à crier quand il voyait des hommes venir voler l'or. La cave était très grande. Il fallait un jour, en allant vite, pour en faire le tour. Au centre, se trouvait la chambre blindée où l'or mûrissait lentement dans une atmosphère de gaz mortels. Ce métier rapportait beaucoup si l'on arrivait à faire le tour dans sa journée.

Colin ne se sentait pas en assez bonne condition physique, et il faisait trop nuit dans la cave. Malgré lui, il se retournait de temps en temps et perdait sur l'horaire, et il ne voyait derrière lui que le minuscule point rayonnant de la dernière lampe, et devant lui la lampe suivante qui grossissait lentement.

Les voleurs d'or ne venaient pas tous les jours, mais on devait tout de même passer au contrôle au moment prévu, sinon on subissait une retenue d'appointements. Il fallait respecter l'horaire pour se trouver prêt à crier quand les voleurs passaient. C'étaient des hommes d'habitudes très régulières.

Colin souffrait du pied droit. La cave, construite de dure pierre artificielle, présentait un sol rugueux et inégal. Il força un peu en dépassant la huitième ligne blanche, afin d'arriver au trentième pilier en temps voulu. Il se mit à chanter tout haut pour accompagner sa marche, et s'arrêta, car les échos lui renvoyaient des mots hachés et menaçants et chantaient un air opposé au sien.

Les jambes douloureuses, il allait, inlassablement, et dépassa le trentième pilier. Machinalement, il se retourna, croyant voir quelque chose derrière. Il perdit encore cinq secondes et fit quelques pas accélérés pour se rattraper.

LXII

On ne pouvait plus entrer dans la salle à manger. Le plafond rejoignait presque le plancher auquel il était réuni par des projections mi-végétales, mi-minérales, qui se développaient dans l'obscurité humide. La porte du couloir ne s'ouvrait plus. Seul subsistait un étroit passage menant de l'entrée à la chambre de Chloé. Isis passa la première, Nicolas la suivait. Il avait l'air hébété. Quelque chose gonflait la poche intérieure de son veston et de temps à autre il portait la main à sa poitrine.

Isis regarda le lit avant d'entrer dans la chambre, Chloé était toujours entourée de fleurs. Ses mains allongées sur les couvertures tenaient à peine une grosse orchidée blanche qui paraissait beige à côté de sa peau diaphane. Elle avait les yeux ouverts et remua à peine en voyant Isis s'asseoir près d'elle. Nicolas vit Chloé et détourna la tête. Il aurait voulu lui sourire. Il s'approcha d'elle et lui caressa la main. Il s'assit aussi et

Chloé ferma doucement les yeux et les rouvrit. Elle paraissait contente de les voir.

— Tu dormais? demanda Isis à voix basse.

Chloé dit non avec ses yeux. Elle chercha la main d'Isis avec ses doigts maigres. Sous son autre main, elle cachait la souris dont ils virent briller les yeux noirs et vifs et qui trottina sur le lit pour se rapprocher de Nicolas. Il la prit délicatement et l'embrassa sur son petit museau lustré, et elle retourna près de Chloé. Les fleurs frissonnaient autour du lit, elles ne résistaient pas longtemps, et Chloé se sentait plus faible d'heure en heure.

— Où est Colin? demanda Isis.

— Travail... dit Chloé dans un souffle.

— Ne parle pas, dit Isis. Je poserai les questions autrement.

Elle approcha sa jolie tête brune de celle de Chloé et l'embrassa avec précaution.

— Il travaille à sa banque? dit-elle.

Les paupières de Chloé se fermèrent.

Et on entendit un pas dans l'entrée. Colin apparut à la porte. Il tenait de nouvelles fleurs, mais il n'avait plus de travail. Les hommes étaient passés trop tôt, il ne pouvait plus marcher. Comme il faisait de son mieux, il rapportait un peu d'argent, ces fleurs.

Chloé paraissait plus tranquille, elle souriait presque maintenant et Colin vint tout près d'elle. Il l'aimait beaucoup trop pour les forces qu'elle avait maintenant et l'effleurait à peine, de peur de la briser complètement. De ses pauvres mains encore abîmées par le travail il lissa les cheveux sombres.

Il y avait Nicolas, Colin, Isis et Chloé. Nicolas se mit à pleurer car Chick et Alise ne viendraient jamais plus et Chloé allait si mal.

LXIII

L'administration donnait beaucoup d'argent à Colin mais c'était trop tard. Il devait maintenant monter chez des gens, tous les jours. On lui remettait une liste et il annonçait les malheurs un jour avant qu'ils n'arrivent.

Tous les jours, il se rendait dans les quartiers populeux ou bien dans les beaux quartiers. Il montait des tas de marches. Il était très mal reçu.

On lui lançait à la tête des objets lourds et blessants, et des mots durs et pointus, et on le mettait à la porte. Il touchait de l'argent pour cela et donnait satisfaction. Il conserverait ce travail. La seule chose qu'il pouvait faire, c'était cela, se faire mettre à la porte.

La fatigue le tenaillait, lui soudait les genoux, lui creusait la figure. Ses yeux ne voyaient plus que les laideurs des gens. Sans cesse il annonçait les malheurs à venir. Sans cesse on le chassait, avec des coups, des cris, des larmes, des injures.

Il monta les deux marches et suivit le couloir et frappa, reculant d'un pas sitôt après. Quand les gens voyaient sa casquette noire, ils savaient et le maltraitaient, mais Colin ne devait rien dire, on le payait pour ce travail. La porte s'ouvrit. Il prévint et partit. Un lourd morceau de bois l'atteignit dans le dos.

Il chercha sur la liste le nom suivant et vit que c'était le sien. Alors, il jeta sa casquette et il marcha dans la rue et son cœur était de plomb, car il savait que, le lendemain, Chloé serait morte.

LXIV

Le Religieux parlait avec le Chuiche et Colin attendit la fin de leur conversation, puis il s'approcha. Il ne voyait plus la terre sous ses pas et, chaque fois, il trébuchait. Ses yeux regardaient Chloé sur leur lit de noces, mate, avec ses cheveux sombres et son nez droit, son front un peu bombé, sa figure à l'ovale arrondi et doux, et ses paupières fermées qui l'avaient rejetée du monde.

— Vous venez pour l'enterrement? dit le Religieux.

— Chloé est morte, dit Colin.

Il entendit Colin dire «Chloé est morte» et ne le crut pas.

— Je sais, dit le Religieux. Quel prix voulez-vous y mettre? Vous désirez sans doute une belle cérémonie?

— Oui, dit Colin.

— Je peux vous faire quelque chose de très bien dans les deux mille doublezons, dit le Religieux. J'ai aussi plus cher.

— Je n'ai que vingt doublezons, dit Colin. Je pourrais peut-être en avoir trente ou quarante de plus, mais pas tout de suite.

Le Religieux remplit ses poumons d'air et souffla d'un air dégoûté.

— C'est une cérémonie de pauvre, alors, qu'il vous faut.

— Je suis pauvre... dit Colin. Et Chloé est morte...

— Oui, dit le Religieux. Mais on devrait toujours s'arranger pour mourir avec de quoi se faire enterrer décemment. Alors, vous n'avez même pas cinq cents doublezons.

— Non, dit Colin. Je pourrai arriver jusqu'à cent si vous acceptez d'être payé en plusieurs fois. Est-ce que vous vous rendez compte de ce que c'est de se dire « Chloé est morte » ?

— Vous savez, dit le Religieux, j'ai l'habitude, alors, ça ne me fait plus d'effet. Je devrais vous conseiller de vous adresser à Dieu, mais j'ai peur que pour une si faible somme, ce ne soit contre-indiqué de le déranger.

— Oh ! dit Colin, je ne vais pas le déranger. Je ne crois pas qu'il puisse grand-chose, voyez-vous, parce que Chloé est morte...

— Changez de sujet, dit le Religieux. Pensez... à... je ne sais pas, moi, n'importe quoi, par exemple.

— Est-ce que pour cent doublezons j'aurai une cérémonie décente ? dit Colin.

— Je ne veux même pas envisager cette solution, dit le Religieux. Vous irez bien jusqu'à cent cinquante.

— Je mettrai du temps à vous le payer.

— Vous avez un travail... vous me signerez un petit papier...

— Si vous voulez, dit Colin.

— Dans ces conditions, dit le Religieux, peut-être irez-vous jusqu'à deux cents, et vous auriez le Bedon et le Chuiche de votre côté, tandis qu'à cent cinquante ils sont dans le parti opposé.

— Je ne peux pas, dit Colin. Je crois que je n'aurai pas très longtemps ce travail.

— Alors, nous disons cent cinquante, conclut le Religieux. C'est regrettable, ce sera une cérémonie véritablement infecte. Vous me dégoûtez, vous lésinez trop.

— Je m'excuse, dit Colin.

— Venez signer les papiers, dit le Religieux et il le poussa brutalement.

Colin se heurta à une chaise. Le Religieux, furieux de ce bruit, le poussa de nouveau vers la sacristoche et le suivit en grommelant.

LXV

Les deux porteurs trouvèrent Colin qui les attendait dans l'entrée de l'appartement. Ils étaient couverts de saleté, car l'escalier se dégradait de plus en plus. Mais ils avaient leurs plus vieux habits et n'en étaient pas à une déchirure près. On voyait par les trous de leurs uniformes les poils rouges de leurs vilaines jambes noueuses et ils saluèrent Colin en lui tapant sur le ventre, comme prévu au règlement des enterrements pauvres. L'entrée ressemblait maintenant à un couloir de cave. Ils baissèrent la tête pour arriver à la chambre de Chloé. Ceux du cercueil étaient partis. On ne voyait plus Chloé mais une vilaine boîte noire marquée d'un numéro d'ordre et toute bosselée. Ils la saisirent, et s'en servant comme d'un bélier, la précipitèrent par la fenêtre. On ne descendait les morts à bras qu'à partir de cinq cents doublezons.

— C'est pour cela, pensa Colin, que la boîte a tant de bosses ; et il pleura parce que Chloé devait être meurtrie et abîmée.

Il songea qu'elle ne sentait plus rien et pleura plus fort. La boîte fit un fracas sur les pavés et brisa la jambe d'un enfant qui jouait à côté. On le repoussa contre le trottoir et ils la hissèrent sur la voiture à morts. C'était un vieux camion peint en rouge et un des deux porteurs conduisait.

Très peu de gens suivaient le camion. Nicolas, Isis et Colin, et deux ou trois qu'ils ne connaissaient pas. Le camion allait assez vite. Ils durent courir pour le suivre. Le conducteur chantait à tue-tête. Il ne se taisait qu'à partir de deux cent cinquante doublezons.

Devant l'église, on s'arrêta, et la boîte noire resta là pendant qu'ils entraient pour la cérémonie. Le Religieux, l'air renfrogné, leur tournait le dos et commença à s'agiter sans conviction. Colin restait debout devant l'autel.

Il leva les yeux : devant lui, accroché à la paroi, il y avait Jésus sur sa croix. Il avait l'air de s'ennuyer et Colin lui demanda :

— Pourquoi est-ce que Chloé est morte ?

— Je n'ai aucune responsabilité là-dedans, dit Jésus. Si nous parlions d'autre chose...

— Qui est-ce que cela regarde ? demanda Colin.

Ils s'entretenaient à voix très basse et les autres n'entendaient pas leur conversation.

— Ce n'est pas nous, en tout cas, dit Jésus.

— Je vous avais invité à mon mariage, dit Colin.

— C'était réussi, dit Jésus, je me suis bien amusé. Pourquoi n'avez-vous pas donné plus d'argent cette fois-ci ?

— Je n'en ai plus, dit Colin, et puis ce n'est plus mon mariage, cette fois-ci.

— Oui, dit Jésus.

Il paraissait gêné.

— C'est très différent, dit Colin. Cette fois, Chloé est morte... Je n'aime pas l'idée de cette boîte noire.

— Mmmmmm... dit Jésus.

Il regardait ailleurs et semblait s'ennuyer. Le Religieux tournait une crécelle en hurlant des vers latins.

— Pourquoi l'avez-vous fait mourir ? demanda Colin.

— Oh... dit Jésus. N'insistez pas.

Il chercha une position plus commode sur ses clous.

— Elle était si douce, dit Colin. Jamais elle n'a fait le mal, ni en pensée, ni en action.

— Ça n'a aucun rapport avec la religion, marmonna Jésus en bâillant.

Il secoua un peu la tête pour changer l'inclinaison de sa couronne d'épines.

— Je ne vois pas ce que nous avons fait, dit Colin. Nous ne méritions pas cela.

Il baissa les yeux. Jésus ne répondit pas. Colin releva la tête. La poitrine de Jésus se soulevait doucement et régulièrement. Ses traits respiraient le calme. Ses yeux s'étaient fermés et Colin entendit sortir de ses narines un léger ronronnement de satisfaction, comme un chat repu. À ce moment, le Religieux sautait d'un pied sur l'autre et soufflait dans un tube, et la cérémonie était finie.

Le Religieux quitta le premier l'église et retourna dans la sacristoche mettre de gros souliers à clous.

Colin, Isis et Nicolas sortirent et attendirent derrière le camion.

Alors, le Chuiche et le Bedon apparurent, richement vêtus de couleurs claires. Ils se mirent à huer Colin et dansèrent comme des sauvages autour du camion. Colin se boucha les oreilles mais il ne pouvait rien dire, il avait signé pour l'enterrement des pauvres, et il ne bougea même pas en recevant les poignées de cailloux.

LXVI

Ils marchèrent pendant très longtemps dans les rues. Les gens ne se retournaient plus et le jour baissait. Le cimetière des pauvres était très loin. Le camion rouge roulait et sautait sur les inégalités du chemin, pendant que le moteur lâchait de joyeuses pétarades.

Colin n'entendait plus rien, il vivait en arrière et souriait quelquefois, il se rappelait tout. Nicolas et Isis marchaient derrière lui. Isis touchait de temps en temps l'épaule de Colin.

La route s'arrêta et le camion aussi, c'était l'eau. Les porteurs descendirent la boîte noire. Colin venait au cimetière pour la première fois ; il était situé dans une île de forme indécise, dont les contours changeaient souvent avec le poids de l'eau. On la distinguait vaguement à travers les brouillards. Le camion resta sur le bord ; on accédait à l'île par une longue planche souple et grise dont l'extrémité lointaine disparaissait dans la brume. Les porteurs lâchèrent de gros jurons et le premier s'engagea sur la planche, elle était juste assez large pour qu'on y passe. Ils tenaient la boîte noire avec de larges courroies de cuir brut qui leur passaient sur les épaules en faisant un tour autour du cou et le second porteur commençait à suffoquer, il devenait tout violet ; sur le gris du brouillard, cela faisait très triste. Colin suivit ; Nicolas et Isis se mirent à leur tour en marche le long de la planche ; le premier porteur piétinait exprès pour la secouer et la balancer de droite et de gauche. Il disparut au milieu d'une vapeur qui s'effilochait comme des filets de sucre dans l'eau d'un sirop. Leurs pas résonnaient sur la planche en gamme descendante et, peu à peu, elle s'incurva, ils approchaient du centre ; lorsqu'ils y passèrent, elle toucha l'eau et des vaguelettes symétriques clapotèrent des deux côtés ; l'eau la recouvrait presque ; elle était sombre et transparente, Colin se pencha à droite, il regarda vers le fond, il croyait voir une chose blanche remuer vaguement dans la profondeur ; Nicolas et Isis s'arrêtèrent derrière lui, ils étaient comme debout sur l'eau. Les porteurs continuaient, la seconde moitié du chemin montait, et quand ils eurent dépassé le milieu, les petites vagues diminuèrent et la planche se décolla de l'eau avec un bruit de succion.

Les porteurs se mirent à courir. Ils tapaient des pieds et les poignées de la boîte noire sonnaient en claquant contre les parois. Ils arrivèrent à l'île avant Colin et ses amis et s'engagèrent pesamment dans le petit sentier bas dont deux haies de plantes sombres formaient les côtés. Le sentier décrivait des sinuosités bizarres, aux formes désolées, et le sol

était poreux et friable. Il s'élargit un peu. Les feuilles des plantes tournaient au gris léger et les nervures ressortaient en or sur leur chair veloutée. Les arbres, longs et flexibles, poussaient de chaque côté et retombaient en arc d'un bord à l'autre du chemin. À travers la voûte ainsi formée, le jour produisait un halo blanc, sans éclat. Le sentier se divisa en plusieurs branches et les porteurs prirent à droite sans hésitation, Colin, Isis et Nicolas se hâtaient pour les rattraper. On n'entendait pas d'animaux dans les arbres. Seules, des feuilles grises se détachaient parfois pour tomber lourdement sur le sol. Ils suivirent les ramifications du chemin. Les porteurs lançaient des coups de pied dans les arbres et leurs lourdes chaussures marquaient sur l'écorce spongieuse de profondes meurtrissures bleuâtres. Le cimetière était juste au milieu de l'île ; en grimpant sur les pierres, on pouvait, par-delà le sommet des arbres malingres, entrevoir, loin, vers l'autre rive, le ciel, croisé de noir et marqué par le vol pesant des alérions sur les champs de morgeline et d'aneth.

Les porteurs s'arrêtèrent près d'un grand trou ; ils se mirent à balancer le cercueil de Chloé en chantant *À la salade*, et ils appuyèrent sur le déclic. Le couvercle s'ouvrit et quelque chose tomba dans le trou avec un grand craquement ; le second porteur s'écroula, à moitié étranglé, parce que la courroie ne s'était pas détachée assez vite de son cou. Colin et Nicolas arrivèrent en courant, Isis trébuchait derrière. Alors le Bedon et le Chuiche, en vieilles salopettes pleines d'huile, sortirent tout à coup de derrière un tumulus et se mirent hurler comme des loups en jetant de la terre et des pierres dans la fosse.

Colin était affaissé à genoux. Il avait la tête dans ses mains, les pierres faisaient un bruit mat en tombant, et Isis pleurait, près de Nicolas ; alors le Chuiche, le Bedon et les deux porteurs se donnèrent la main, ils firent une ronde autour du trou et puis soudain, ils filèrent vers le sentier et disparurent en farandole. Le Bedon soufflait dans un gros cromorne et les sons rauques vibraient dans l'air mort. La terre s'éboulait peu à peu, et au bout de deux ou trois minutes, le corps de Chloé avait complètement disparu.

LXVII

La souris grise à moustaches noires fit un dernier effort et réussit à passer. Derrière elle, d'un coup, le plafond rejoignit le plancher et de longs vermicules de matière inerte jaillirent en se tordant lentement par les interstices de la suture. Elle débaula en toute hâte à travers le couloir obscur de l'entrée dont les murs se rapprochaient l'un de l'autre en flageolant, et parvint à filer sous la porte. Elle atteignit l'escalier, le descendit ; sur le trottoir elle s'arrêta. Elle hésita un instant, s'orienta, et se mit en route dans la direction du cimetière.

LXVIII

— Vraiment, dit le chat, ça ne m'intéresse pas énormément.

— Tu as tort, dit la souris. Je suis encore jeune, et jusqu'au dernier moment, j'étais bien nourrie.

— Mais je suis bien nourri aussi, dit le chat, et je n'ai pas du tout envie de me suicider, alors tu vois pourquoi je trouve ça anormal.

— C'est que tu ne l'as pas vu, dit la souris.

— Qu'est-ce qu'il fait ? demanda le chat.

Il n'avait pas très envie de le savoir. Il faisait chaud et ses poils étaient tous bien élastiques.

— Il est au bord de l'eau, dit la souris, il attend, et quand c'est l'heure, il va sur la planche et il s'arrête au milieu. Il regarde dans l'eau. Il voit quelque chose.

— Il ne peut pas voir grand-chose, dit le chat. Un nénuphar, peut-être.

— Oui, dit la souris, il attend qu'il remonte pour le tuer.

— C'est idiot, dit le chat. Ça ne présente aucun intérêt.

— Quand l'heure est passée, continua la souris, il revient sur le bord et il regarde la photo.

— Il ne mange jamais ? demanda le chat.

— Non, dit la souris, et il devient très faible, et je ne peux pas supporter ça. Un de ces jours, il va faire un faux pas en allant sur cette grande planche.

— Qu'est-ce que ça peut te faire ? demanda le chat. Il est malheureux, alors ?...

— Il n'est pas malheureux, dit la souris, il a de la peine. C'est ça que je ne peux pas supporter. Et puis il va tomber dans l'eau, il se penche trop.

— Alors, dit le chat, si c'est comme ça, je veux bien te rendre ce service, mais je ne sais pas pourquoi je dis « si c'est comme ça », parce que je ne comprends pas du tout.

— Tu es bien bon, dit la souris.

— Mets ta tête dans ma gueule, dit le chat, et attends.

— Ça peut durer longtemps ? demanda la souris.

— Le temps que quelqu'un me marche sur la queue, dit le chat ; il me faut un réflexe rapide. Mais je la laisserai dépasser, n'aie pas peur.

La souris écarta les mâchoires du chat et fourra sa tête entre les dents aiguës. Elle la retira presque aussitôt.

— Dis donc, dit-elle, tu as mangé du requin, ce matin ?

— Écoute, dit le chat, si ça ne te plaît pas, tu peux t'en aller. Moi, ce truc-là, ça m'assomme. Tu te débrouilleras toute seule.

Il paraissait fâché.

— Ne te vexe pas, dit la souris.

Elle ferma ses petits yeux noirs et replaça sa tête en position. Le chat laissa reposer avec précaution ses canines acérées sur le cou doux et gris. Les moustaches noires de la souris se mêlaient aux siennes. Il déroula sa queue touffue et la laissa traîner sur le trottoir.

Il venait, en chantant, onze petites filles aveugles de l'orphelinat de Jules l'Apostolique[41].

Memphis, 8 mars 1946.
Davenport, 10 mars 1946[42].

L'AUTOMNE À PÉKIN

L'AUTOMNE À PÉKIN

En 1946, encouragé par la publication de Vercoquin et le plancton *et l'acceptation par Gallimard du manuscrit de* L'Écume des jours, *Boris Vian, en dépit de son échec au Prix de la Pléiade en juin, se voit déjà écrivain à plein temps et, immédiatement après avoir expédié* J'irai cracher sur vos tombes, *entreprend un nouveau roman au titre faussement exotique*. Après le roman-musique, blues tragique, il écrit le roman-mystère, mystère des cœurs, mystère du destin, magie des lieux. Sa narration emporte bientôt loin de Paris quatre jeunes gens : un bureaucrate homosexuel et deux ingénieurs quasi-frères mais rivaux auprès de la belle Rochelle au nom de pierre et de porte océane. Le chemin de fer qu'ils bâtissent dans un désert fantastique croise des voies souterraines et mystiques, des chemins ludiques, érotiques ou rituels, une trajectoire meurtrière. Ce parcours multiple au centre fatal, semé de crimes, suicides, catastrophes, s'achève par le retour vers Paris, provisoirement : l'auteur en effet souhaite que sa fiction souvent énigmatique reste ouverte, du côté des romans contemporains les plus originaux et des combinaisons nouvelles au dénouement aléatoire, roman du possible cher à André Gide mais plus encore quêtes incertaines des héros de Raymond Queneau ou tentatives errantes mises en scène par le « romancier incompétent » du Nouveau Roman...*

L'élaboration structurelle signale par elle-même le projet d'un conte hermétique, la volonté d'initier le lecteur à un imaginaire signifiant

* *Bien que le titre du roman semble gratuit et résolument étranger à l'intrigue, on peut se demander si, en langage codé ou par plaisanterie de type « centralien »,* Pékin *n'est pas l'équivalent de Paris : un scénario de 1945,* Histoire naturelle *ou* le Marché noir *(publié in* Rue des Ravissantes*) présente une carte avec « Pékin à la place de Paris » ; or Vian composa notre roman pendant l'automne, à Paris d'où tout part...*

passant par des pistes aussi étranges et labyrinthiques — mais en droite ligne! — que celles suivies par les personnages. Roman complexe et ambitieux, L'Automne à Pékin *place justement l'auteur entre Queneau et Robbe-Grillet; le premier, qu'il fréquente régulièrement et amicalement depuis 1945 et dont on sait combien les romans sont construits savamment et poétiquement à la fois; le second, qui avoue volontiers sa fascination pour cette œuvre de Vian.*

Celui-ci pose d'abord un plan précis de quatre parties repérées ABCD avec successivement trois, huit, trois et huit subdivisions numérotées. Puis il prévoit trente-six chapitres numérotés en chiffres romains. Lors de la rédaction, quatre « Passages » viennent s'intercaler dans le récit et deux chapitres finaux sont ajoutés, pour un total ultime de trente-huit. Lors de la réédition remaniée de 1956, Vian décida de grouper ces chapitres en trois « Mouvements » séparés par les « Passages » originaux et comprenant le premier, onze chapitres, le second, quinze, et le troisième, douze. Ce travail précis de structure, la composition quasi musicale avec un prélude-ouverture en quatre sections (ABCD) puis trois mouvements, l'utilisation très neuve des « Passages » de commentaire et de dialogue avec le lecteur — Jacques Roubaud reprendra le procédé dans La Belle Hortense* *— révèlent bien l'ambition d'une œuvre très travaillée, ce que confirme une fiche manuscrite portant une citation de Merleau-Ponty. Le philosophe note que le monde et la raison sont définis par un mystère qui est en deçà des « solutions » humaines puis il écrit:*

> *« La vraie philosophie est de rapprendre à voir le monde, et en ce sens une histoire racontée peut signifier le monde avec autant de « profondeur » qu'un traité de philosophie. »***

Ainsi L'Automne à Pékin, *qui ne parle d'ailleurs ni d'automne ni de Pékin, est-elle une œuvre mystérieuse qui, je le crois, tente, à travers de multiples « lignes », de signifier le monde...*

La plus longue des œuvres fictionnelles de Vian, celle-ci est nettement inscrite entre L'Écume des jours, *avec le retour du docteur Mangemanche et l'évocation de Chloé, et des œuvres futures,* L'Herbe rouge *où s'accentuent les difficultés relationnelles et* L'Arrache-cœur *où réapparaît Angel pour une autre « merveilleuse visite » (H. G. Wells).*

* *J. Roubaud,* La Belle Hortense, *Ramsay, 1985.*

** *M. Merleau-Ponty,* Phénoménologie de la perception, *Gallimard, 1945, XVI.*

RÉCEPTION

Ce roman fut rédigé de septembre à novembre 1946, comme le confirme une notation finale sur le manuscrit parmi des petits dessins tels que croix, croissant et phallus triomphant! Mais il est refusé par le prestigieux éditeur et c'est donc l'ami Jean d'Halluin, complice de Vernon Sullivan, qui le publie aux Éditions du Scorpion en 1947, avec un tirage apparemment très réduit, alors que J'irai cracher... *s'envole. Inaperçu de 1947 à 1956,* L'Automne à Pékin *est réédité alors aux Éditions de Minuit mais se vend toujours mal. Il ne trouve un vrai public qu'avec les deux reprises de 1964, parallèlement chez Minuit et en 10/18, avant les rééditions constantes dans cette collection et chez C. Bourgois (1983), ainsi que l'édition dans la collection «Double» de Minuit (1987).*

*Mais des amateurs de choix s'étaient d'emblée attachés à ce roman, en particulier parmi les pataphysiciens, sensibles par nature et vocation aux secrets signifiants; Raymond Queneau qualifia de «difficile et méconnue» cette œuvre qui ne manque pas de parentés avec ses propres recherches; N. Arnaud analysa brillamment «la langue sacrée» et la quête alchimique; F. Caradec rédigea une postface excellente insistant sur la valeur pataphysique d'une œuvre où «tous les sens [possibles] sont prévus» et dont la lecture ne s'achève jamais**[1]*

UN NOUVEAU ROMAN PATAPHYSIQUE

Par bien des aspects de l'écriture ce roman est d'avant-garde: la structure originale, les prolepses savantes et incertaines, la narration kaléidoscopique, le dialogue avec le lecteur et l'ironie sur soi; l'utilisation à la fois canularesque et sérieuse d'épigraphes pompeuses ou plates, comme pour mieux démystifier la littérature mais aussi l'inscrire dans une nécessité quotidienne — tout est dit, mais il faut le redire —; la présence d'intertextes ou d'hypertextes: Odyssée, Rabelais, Lautréamont, Jarry, Queneau encore; work in progress, *travail toujours en cours de composition...*

Tracé initiatique et parcours symbolique, il passe donc d'une ligne d'autobus, cauchemar parisien de Vian, à une ligne de chemin de fer, vocation de l'ingénieur de l'École centrale, puis à une «ligne de foi» souterraine, pur chemin vers une sagesse profonde. Toutes ces voies se

* *Postface à* L'Automne à Pékin, *UGE, 10/18, 1973, page 301.*

croisent au cœur de l'Exopotamie désertique et mystérieuse et font s'y grouper, s'y reconnaître, s'y affronter, s'y perdre ou s'y sauver des personnages dont la variété contraste avec les romans précédents; les adolescents amoureux, un criminel devenu ermite, des terrassiers de l'industrie ou du sacré côtoient le vieux sage, des créatures de rêve, un curé-clown, un hôtelier italien, des petits enfants, un directeur et un Conseil d'administration de cauchemar. Le drame central naît de la jalousie mortelle entre deux amis, être double mais différent — le cynique et le tendre —, affrontement fatal qui s'inscrit dans une cascade de cadavres; mais il est mêlé selon l'esthétique propre à Vian à des évocations érotiques, des gags dignes des « Marx Brozeures» et des épisodes inquiétants, étranges et logiques comme l'engloutissement du train dans les sables, ou proprement merveilleux autant que l'atmosphère à zones noires et claires.

Œuvre à sens multiple, fable symbolique mais énigmatique, parcours d'initiation qui va de l'expérience douloureuse à une sagesse de voyant, L'Automne à Pékin *est aussi un roman qui, se souvenant de la définition de Shakespeare, refuse tout sens global à l'Histoire*, allant à contre-courant du marxisme ambiant et illustrant la pensée pataphysique pour laquelle il n'y a de cas que particuliers et de solutions qu'imaginaires. Ainsi Vian ajoute-t-il sur manuscrit une phrase finale pour décourager toute prévision sur l'avenir:*

« Il est inutile de tenter de le décrire, car on peut concevoir n'importe quelle solution. »

G. P.

* Cf. *G. Durozoi in* Colloque de Cerisy 1, *UGE, 10/18, 1977, pages 252-254; et aussi N. Arnaud et G. Durozoi — Ph. Gauthier, « Notes sur* L'Automne à Pékin », *in* Obliques — Boris Vian de A à Z, *pages 5-15.*

Les personnes qui n'ont pas étudié la question sont sujettes à se laisser induire en erreur...

Lord RAGLAN, *Le Tabou de l'inceste,* Payot, 1935, p. 145[1].

1

Amadis Dudu suivait sans conviction la ruelle étroite qui constituait le plus long des raccourcis permettant d'atteindre l'arrêt de l'autobus 975. Tous les jours, il devait donner trois tickets et demi, car il descendait en marche avant sa station, et il tâta sa poche de gilet pour voir s'il lui en restait. Oui. Il vit un oiseau, perché sur un tas d'ordures, qui donnait du bec dans trois boîtes de conserves vides et réussissait à jouer le début des *Bateliers de la Volga*; et il s'arrêta, mais l'oiseau fit une fausse note et s'envola, furieux, grommelant, entre ses demi-becs, des sales mots en oiseau. Amadis Dudu reprit sa route en chantant la suite; mais il fit aussi une fausse note et se mit à jurer.

Il y avait du soleil, pas beaucoup, mais juste devant lui, et le bout de la ruelle luisait doucement, car le pavé était gras; il ne pouvait pas le voir parce qu'elle tournait deux fois, à droite, puis à gauche. Des femmes aux gros désirs mous apparaissaient sur le pas des portes, leur peignoir ouvert sur un grand manque de vertu, et vidaient leur poubelle devant elles; puis elles tapèrent toutes ensemble sur le fond des boîtes à ordures, en faisant des roulements, et comme d'habitude, Amadis se mit à marcher au pas. C'est pour cela qu'il préférait passer par la ruelle. Ça lui rappelait le temps de son service militaire avec les Amerlauds, quand on bouffait du pineute beutteure dans des boîtes en fer-blanc, comme celles

de l'oiseau mais plus grandes. Les ordures tombaient en faisant des nuages de poussière ; il aimait ça parce que cela rendait le soleil visible. D'après l'ombre de la lanterne rouge du grand six, où vivaient des agents de police camouflés (c'était en réalité un commissariat ; et, pour dérouter les soupçons, le bordel voisin portait une lanterne bleue), il s'approchait environ de huit heures vingt-neuf. Il lui restait une minute pour atteindre l'arrêt ; ça représentait exactement soixante pas d'une seconde, mais Amadis en faisait cinq toutes les quatre secondes et le calcul trop compliqué se dissolvit dans sa tête ; il fut, normalement, par la suite, expulsé par ses urines, en faisant toc sur la porcelaine. Mais longtemps après.

Devant l'arrêt du 975, il y avait déjà cinq personnes et elles montèrent toutes dans le premier 975 qui vint à passer, mais le contrôleur refusa l'entrée à Dudu. Bien que celui-ci lui tendît un bout de papier dont la simple considération prouvait qu'il était bien le sixième, l'autobus ne pouvait disposer que de cinq places et le lui fit voir en pétant quatre fois pour démarrer. Il fila doucement et son arrière traînait par terre, allumant des gerbes d'étincelles aux bosses rondes des pavés ; certains conducteurs y collaient des pierres à briquet pour que ce soit plus joli (c'étaient toujours les conducteurs de l'autobus qui venait derrière).

Un second 975 s'arrêta sous le nez d'Amadis. Il était très chargé et soufflait vert. Il en descendit une grosse femme et une pioche à gâteau portée par un petit monsieur presque mort. Amadis Dudu s'agrippa à la barre verticale et tendit son ticket, mais le receveur lui tapa sur les doigts avec sa pince à cartes.

— Lâchez ça ! lui dit-il.

— Mais il est descendu trois personnes ! protesta Amadis.

— Ils étaient en surcharge, dit l'employé d'un ton confidentiel, et il cligna de l'œil avec une mimique dégoûtante.

— Ce n'est pas vrai ! protesta Amadis.

— Si, dit l'employé, et il sauta très haut pour atteindre le cordon, auquel il se tint pour faire un demi-rétablissement et montrer son derrière à Amadis. Le conducteur démarra car il avait senti la traction de la petite ficelle rose attachée à son oreille.

Amadis regarda sa montre et fit «Bouh !» pour que l'aiguille recule, mais seule l'aiguille des secondes se mit à tourner à l'envers ; les autres continuèrent dans le même sens et cela ne changeait rien. Il était debout au milieu de la rue et regardait disparaître le 975, lorsqu'un troisième arriva, et son pare-chocs l'atteignit juste sur les fesses. Il tomba et le

conducteur avança pour se mettre juste au-dessus de lui et ouvrit le robinet d'eau chaude qui se mit à arroser le cou d'Amadis. Pendant ce temps-là, les deux personnes qui tenaient les numéros suivants montèrent, et lorsqu'il se releva, le 975 filait devant lui. Il avait le cou tout rouge et se sentait en colère ; il serait sûrement en retard. Il arriva, pendant ce temps, quatre autres personnes qui prirent des numéros en appuyant sur le levier. La cinquième, un gros jeune homme, reçut, en plus, le petit jet de parfum que la Compagnie offrait en prime toutes les cent personnes ; il s'en fut droit devant lui en hurlant, car c'était de l'alcool presque pur, et, dans l'œil, cela fait très mal. Un 975 qui passait dans l'autre sens l'écrasa complaisamment pour mettre fin à ses souffrances, et l'on vit qu'il venait de manger des fraises.

Il en arriva un quatrième avec quelques places et une femme qui était là depuis moins longtemps qu'Amadis tendit son numéro. Le receveur appela à voix haute.

— Un million cinq cent six mille neuf cent trois !

Amadis s'avança.

— J'ai le neuf cent !...

— Bon, dit le receveur, le un et le deux ?

— J'ai le quatre ! dit un monsieur.

— Nous avons le cinq et le six ! dirent les deux autres personnes.

Amadis était déjà monté, mais la poigne du receveur le saisit au collet.

— Vous l'avez ramassé par terre, hein ? Descendez !

— On l'a vu ! braillèrent les autres. Il était sous l'autobus.

Le receveur gonfla sa poitrine, et précipita Amadis en bas de la plate-forme, en lui perçant l'épaule gauche d'un regard de mépris. Amadis se mit à sauter sur place de douleur. Les quatre personnes montèrent, et l'autobus s'en alla en se courbant, car il se sentait un peu honteux.

Le cinquième passa plein, et tous les voyageurs tirèrent la langue à Amadis et aux autres qui attendaient là. Même le receveur cracha vers lui, mais la vitesse mal acquise ne profita pas au crachat, qui n'arriva pas à retomber par terre. Amadis tenta de l'écraser au vol, d'une chiquenaude, et le manqua. Il transpirait, parce que vraiment tout ça l'avait mis dans un état de fureur terrible, et quand il eut raté le sixième et le septième, il se décida à partir à pied. Il tâcherait de le prendre à l'arrêt suivant, où plus de gens descendaient habituellement.

Il partit en marchant de travers exprès, pour que l'on voie bien qu'il était en colère. Il devait faire à peu près quatre cents mètres, et, pendant ce temps-là, d'autres 975 le dépassèrent, presque vides. Quand il

atteignit enfin la boutique verte, dix mètres avant l'arrêt, il déboucha, juste devant lui, d'une porte cochère, sept jeunes curés et douze enfants des écoles qui portaient des oriflammes idolâtriques et des rubans de couleurs. Ils se rangèrent autour de l'arrêt et les curés mirent deux lance-hosties en batterie, pour ôter aux passants l'envie d'attendre le 975. Amadis Dudu cherchait à se rappeler le mot de passe, mais des tas d'années s'étaient écoulées depuis le catéchisme, et il ne put retrouver le mot. Il essaya de se rapprocher en marchant à reculons, et reçut dans le dos une hostie enroulée, lancée avec une telle force qu'il eut la respiration coupée et se mit à tousser. Les curés riaient et s'affairaient autour des lance-hosties qui crachaient sans arrêt des projectiles. Il passa deux 975 et les gosses occupèrent presque toutes les places vides. Dans le second il y en avait encore, mais un des curés resta sur la plate-forme et l'empêcha de monter ; et quand il se retourna pour prendre un numéro, six personnes attendaient déjà, et il fut découragé. Il courut alors de toute sa vitesse pour joindre l'arrêt suivant. Loin devant, il apercevait l'arrière du 975 et les gerbes d'étincelles, et il se plaqua au sol, car le curé braquait le lance-hosties dans sa direction. Il entendit l'hostie passer au-dessus de lui en faisant un bruit de soie qu'on brûle, et elle roula dans le ruisseau.

Amadis se releva tout souillé. Il hésitait presque à se rendre à son bureau dans cet état de saleté, mais que dirait l'horloge pointeuse ? Il avait mal au couturier droit, et tenta de se planter une épingle dans la joue pour faire passer la douleur ; l'étude de l'acupuncture dans les ouvrages du D[r] Bottine de Mourant[2] était un de ses passe-temps ; par malheur, il ne visa pas bien et se guérit d'une néphrite du mollet qu'il n'avait pas encore attrapée, ce qui le retarda. Quand il parvint à l'arrêt d'après, il y avait encore plein de gens, et ils formaient un mur hostile autour de la boîte à numéros.

Amadis Dudu resta à distance respectueuse et profita de ce moment de tranquillité pour tenter de raisonner posément :

— D'une part, s'il avançait encore d'un arrêt, ce ne serait presque plus la peine de prendre l'autobus, car il serait tellement en retard que.

— D'autre part, s'il reculait, il recommencerait à trouver des curés.

— De troisième part, il voulait prendre l'autobus.

Il ricana très fort, car, pour ne rien brusquer, il avait, exprès, omis de faire un raisonnement logique, et reprit sa route vers l'arrêt suivant. Il allait encore plus de travers qu'avant, et il était évident que sa colère n'avait que crû.

Le 975 lui ronfla à l'oreille au moment où il atteignait presque le poteau, où personne n'attendait, et il leva le bras, mais trop tard; le conducteur ne le vit point et dépassa la pancarte métallique en appuyant joyeusement sur sa petite pédale à vitesse.

— Oh! merde! dit Amadis Dudu.

— C'est vrai, approuva un monsieur qui arrivait derrière lui.

— Vous croyez qu'ils ne le font pas exprès! continua Amadis indigné.

— Ah! Ah! dit l'homme. Ils le feraient exprès?

— J'en suis persuadé! dit Amadis.

— Du fond du cœur? demanda le monsieur.

— En mon âme et conscience.

— Et vous en jureriez?

— Peste boufre! Certes! dit Amadis. Foutre d'âne! Oui, que j'en jurerais. Et, merde, maintenant!

— Jurez voir? dit le monsieur.

— Je jure! dit Amadis, et il cracha dans la main du monsieur qui venait de l'avancer vers ses lèvres.

— Cochon! rugit le monsieur. Vous avez dit du mal du conducteur du 975. Je vous dresse une contravention.

— Ah, oui? dit Amadis.

La moutarde ne faisait pas de vieux os sous ses pieds.

— Je suis assermenté, dit l'homme, et il ramena en avant la visière de sa casquette retournée jusqu'ici. C'était un inspecteur de 975.

Amadis jeta un vif regard à droite puis à gauche, et, entendant le bruit caractéristique, s'élança pour sauter dans un nouveau 975 qui rampait à côté de lui. Il retomba de telle sorte qu'il creva la plate-forme arrière et s'enfonça de plusieurs décimètres dans la chaussée. Il eut juste le temps de baisser la tête; l'arrière de l'autobus le survola une fraction de seconde. L'inspecteur l'extirpa du trou et lui fit payer la contravention, et, pendant ce temps-là, il rata deux autres voitures; ce que voyant, il se rua en avant pour arriver à l'arrêt d'après, et ceci paraît anormal, et pourtant c'est.

Il l'atteignit sans encombre, mais se rendit compte que son bureau n'était plus qu'à trois cents mètres; monter en autobus pour ça...

Alors il traversa la rue et fit le chemin en sens inverse, sur le trottoir, pour le prendre d'un endroit où cela vaille la peine.

2

Il parvint assez vite au point d'où il partait tous les matins et décida de continuer, car il connaissait mal cette partie du parcours. Il lui semblait y avoir matière à observations pertinentes de ce côté de la ville. Il ne perdait pas de vue son objectif immédiat, prendre l'autobus, mais voulait utiliser à son avantage les fâcheux contretemps dont il se trouvait l'objet depuis le début de la journée. Le parcours du 975 s'étirait sur une grande longueur de rue et des choses plus qu'intéressantes apparaissaient tour à tour à la vue d'Amadis. Mais sa colère ne s'apaisait point. Il comptait les arbres, en se trompant régulièrement, pour faire baisser sa tension artérielle qu'il sentait près du point critique, et tapotait sur sa cuisse gauche des marches militaires à la mode afin de scander sa promenade. Et il aperçut une grande place entourée de bâtiments datant du moyen-âge, mais qui avaient vieilli depuis ; c'était le terminus du 975. Il se sentit ragaillardi et, avec une légèreté de pendule, s'élança sur la marche de l'embarcadère ; un employé coupa la corde qui retenait encore la machine ; Amadis sentit celle-ci se mettre en route.

En se retournant, il vit l'employé recevoir en pleine figure l'extrémité de la corde et un lambeau de son nez s'envola dans un jaillissement de pétales d'acarus.

Le moteur ronronnait régulièrement car on venait de lui donner une pleine assiettée d'arêtes de poisson-chat ; Amadis, assis dans le coin arrière droit, jouissait de la voiture pour lui tout seul. Sur la plate-forme, le receveur tournait machinalement sa mécanique à cochonner les tickets, qu'il venait d'embrayer sur la boîte à musique à cinq notes de l'intérieur, et la mélopée berçait Amadis. Il sentait vrombir la carcasse lorsque l'arrière effleurait les pavés et le crépitement des étincelles accompagnait la petite musique monotone. Les boutiques se succédaient dans un chatoiement de couleurs brillantes ; il se plaisait à entrevoir son reflet dans les grandes glaces des devantures, mais rougit quand il le vit profiter de sa position commode pour dérober des choses qui étaient en vitrine, et se tourna de l'autre côté.

Il ne s'étonnait pas de ce que le conducteur n'eût point encore arrêté le véhicule : à cette heure de la matinée, personne ne se rend plus à son bureau. Le receveur s'endormit et glissa sur la plate-forme où il chercha, dans son sommeil, une position plus commode. Amadis se sentait gagné par une espèce de somnolence hardie qui s'infiltrait en lui comme un poisson ravageur. Il récupéra ses jambes, étendues devant lui, et les posa

sur la banquette en face. Les arbres brillaient au soleil, comme les
boutiques ; leurs feuilles fraîches frottaient le toit de l'autobus, et
faisaient le même bruit que les plantes marines sur la coque d'un petit
bateau. Le roulis de l'autobus berçait Amadis ; cela ne s'arrêtait toujours
pas ; il reconnut qu'il avait dépassé son bureau juste au moment de
perdre conscience et cette ultime constatation le troubla à peine.

Lorsque Amadis se réveilla, ils roulaient toujours. Il faisait beaucoup
moins clair, dehors, et il regarda la route. Aux deux canaux d'eau grise
qui la bordaient, il reconnut la Nationale d'Embarquement[3] et
contempla quelque temps le spectacle. Il se demandait si le nombre de
tickets qui lui restait serait suffisant pour lui permettre de payer sa place.
Il tourna la tête et regarda le receveur. Dérangé par un rêve érotique de
grand format, l'homme s'agitait en tous sens et finit par s'enrouler en
spirale autour du léger pilier nickelé supportant le toit. Cependant il
n'interrompit pas son sommeil. Amadis pensa que la vie de receveur
devait être bien fatigante et se leva pour se dérouiller les jambes. Il
supposa que l'autobus ne s'était point arrêté en route, car il ne vit aucun
voyageur. Il avait largement la place de déambuler à son aise. Il alla
d'arrière en avant, puis revint en arrière, et le bruit qu'il fit en descendant
la marche réveilla le receveur ; ce dernier s'agenouilla brusquement et
tourna la manivelle de sa mécanique avec furie, en visant et en faisant
panpanpan avec sa bouche.

Amadis lui tapa sur l'épaule et le receveur le mitrailla à bout portant,
alors il fit pouce ; heureusement, c'était pour jouer. L'homme se frottait
les yeux et se mit debout.

— Où est-ce qu'on va ? demanda Amadis.

Le receveur, qui se nommait Denis, eut un geste d'ignorance.

— On peut pas savoir, répondit-il. C'est le machiniste 21.239 et il est
fou.

— Alors ? dit Amadis.

— Alors, on ne sait jamais comment ça finit avec lui. Personne ne
monte dans cette voiture-là, d'habitude. Au fait, comment êtes-vous
monté ?

— Comme tout le monde, dit Amadis.

— Je sais, expliqua le receveur. J'étais un peu endormi ce matin.

— Vous ne m'avez pas vu ? dit Amadis.

— Avec ce conducteur fou, c'est ennuyeux, poursuivit le receveur,
parce qu'on ne peut rien dire, il ne comprend pas. Il est idiot, en plus,
il faut reconnaître.

— Je le plains, dit Amadis. C'est une catastrophe.

— Sûrement, dit le receveur. Voilà un homme qui pourrait pêcher à la ligne, et qu'est-ce qu'il fait?...

— Il conduit un autobus, constata Amadis.

— Voilà! dit le receveur. Vous n'êtes pas bête non plus.

— Qu'est-ce qui l'a rendu fou?

— Je ne sais pas. Je tombe toujours avec des conducteurs fous. Vous trouvez ça drôle?

— Fichtre non!

— C'est la Compagnie, dit le receveur. D'ailleurs ils sont tous fous à la Compagnie.

— Vous tenez bien le coup, dit Amadis.

— Oh, moi, expliqua le receveur, ce n'est pas pareil. Vous comprenez, je ne suis pas fou.

Il s'esclaffa si abondamment qu'il perdit le souffle. Amadis fut un peu inquiet en le voyant rouler par terre, devenir violet, tout blanc, et se raidir, mais il se rassura vite en voyant que c'était de la frime : l'autre clignait de l'œil; sur un œil révulsé, cela fait très joli. Au bout de quelques minutes, le receveur se releva.

— Je suis un marrant, dit-il.

— Ça ne m'étonne pas, répondit Amadis.

— Il y en a, ils sont tristes, mais pas moi! Sans ça, allez rester avec un type comme ce machiniste!...

— Quelle route est-ce?

Le receveur le regarda d'un air soupçonneux...

— Vous l'avez bien reconnue, non? C'est la Nationale d'Embarquement. Il la prend une fois sur trois.

— Où est-ce qu'on arrive?

— C'est ça, dit le receveur, je cause, je suis gentil, je fais le con, et puis vous m'achetez.

— Mais je ne vous achète pas du tout, dit Amadis.

— Premièrement, dit le receveur, si vous n'aviez pas reconnu la route, vous m'auriez demandé tout de suite où on était. Ipso facto.

Amadis ne dit rien et le receveur continua.

— Deuxièmement, puisque vous l'avez reconnue, vous savez où elle va... et troisièmement vous n'avez pas de billet.

Il se mit à rire avec une application visible. Amadis était mal à l'aise. Effectivement, il n'avait pas de billet.

— Vous en vendez, dit-il.

— Pardon, dit le receveur. J'en vends, mais pour le parcours normal. Minute.

— Alors, qu'est-ce que je peux faire? dit Amadis.

— Oh rien.

— Mais il me faut un billet.

— Vous me le paierez après, dit le receveur. Peut-être qu'il va nous flanquer dans le canal, hein? Alors, autant garder votre argent.

Amadis n'insista pas et s'efforça de changer le sujet de la conversation.

— Est-ce que vous avez une idée de la chose pourquoi on appelle cette route la Nationale d'Embarquement?

Il hésitait à dire le nom de la route et à revenir là-dessus, car il avait peur que le receveur ne se mît en colère de nouveau. Ce dernier regarda ses pieds d'un air triste et ses deux bras retombèrent le long de son corps. Il les y laissa.

— Vous ne savez pas? insista Amadis.

— Ça va vous embêter si je réponds, murmura le receveur.

— Mais non, dit Amadis, encourageant.

— Eh bien, j'en sais rien de rien. Mais là, rien, alors. Parce que personne ne peut dire qu'il y ait une possibilité de s'embarquer en prenant cette route-là.

— Où est-ce qu'elle passe?

— Regardez, dit le receveur.

Amadis vit venir un grand poteau qui soutenait une pancarte de tôle émaillée. Des lettres blanches dessinaient lisiblement le nom de l'Exopotamie[4], avec une flèche et un nombre de mesures.

— C'est là qu'on va? dit-il. On peut donc y arriver par terre?

— Bien sûr, dit le receveur. Il suffit de faire le tour et de ne pas avoir les foies.

— Pourquoi?

— Parce qu'on se fait drôlement engueuler en revenant. C'est pas vous qui payez l'essence, hein?

— D'après vous, dit Amadis, à quelle allure on va?

— Oh, dit le receveur, on y sera demain matin.

3

À peu près vers cinq heures du matin, Amadis Dudu eut l'idée de se réveiller, et bien lui en prit ; ceci lui permit de constater qu'il était horriblement mal installé et que son dos le faisait grandement souffrir. Il sentait sa bouche consistante, comme lorsqu'on ne s'est pas lavé les dents. Il se dressa, fit quelques mouvements pour se remettre les membres en place et procéda à sa toilette intime en s'efforçant de ne pas tomber dans le champ de visée du receveur. Celui-ci, couché entre deux banquettes, rêvassait en tournant sa boîte à musique. Il faisait grand jour. Les pneus dentelés chantaient sur le revêtement comme autant de toupies de Nürnberg sur des postes de téessef. Le moteur vrombissait à un régime invariable, sûr d'avoir son assiette de poisson quand il le faudrait. Amadis se livra à des exercices de saut en longueur pour s'occuper, et son dernier élan le fit atterrir droit sur le ventre du receveur ; il rebondit avec tant de force que sa tête bossela le plafond de la voiture ; il retomba mollement à cheval sur un des accoudoirs des banquettes : ce dernier mouvement l'obligeait à lever très haut la jambe côté banquette tandis que l'autre pouvait s'allonger dans le couloir. Juste à ce moment, il vit dehors une nouvelle pancarte : Exopotamie[4], deux mesures, et il se rua sur la sonnette qu'il pressa une fois, mais longuement ; l'autobus ralentit et s'arrêta sur le bord de la route. Le receveur s'était redressé et se tenait négligemment à la place réservée au receveur, arrière gauche près du cordon, mais son ventre douloureux lui faisait perdre de la dignité. Amadis parcourut le couloir, plein d'aisance, et sauta légèrement en bas de l'autobus. Il se trouva nez à nez avec le machiniste ; ce dernier venait de quitter son siège et s'approchait pour voir ce qui se passait. Il apostropha Amadis.

— Quelqu'un s'est enfin décidé à sonner ! C'est pas trop tôt !

— Oui, dit Amadis. Ça fait un bout de chemin.

— Enfin, quoi, mince ! dit le conducteur. Toutes les fois que je prends un 975, personne ne se décide à sonner, et d'habitude je reviens sans m'arrêter une seule fois. Vous appelez ça un métier ?

Le receveur cligna de l'œil derrière le dos du machiniste, et se tapa le front pour signifier à Amadis l'inutilité d'une discussion.

— Les voyageurs oublient peut-être, dit Amadis, car l'autre attendait une réponse.

Le conducteur ricana.

— Vous voyez bien que non, puisque vous avez sonné. L'ennui...

Il se pencha vers Amadis. Le receveur comprit qu'il était de trop et s'éloigna sans affectation.

— ... c'est ce receveur, expliqua le conducteur.

— Ah? dit Amadis.

— Il aime pas les voyageurs. Alors il s'arrange pour qu'on parte sans voyageurs et il ne sonne jamais. Je le sais bien.

— C'est vrai, dit Amadis.

— Il est fou, vous comprenez, dit le machiniste.

— C'est ça... murmura Amadis. Je le trouvais bizarre.

— Ils sont tous fous à la Compagnie.

— Ça ne m'étonne pas!

— Moi, dit le conducteur, je les possède. Au pays des aveugles, les borgnes sont rois. Vous avez un couteau?

— J'ai un canif.

— Prêtez.

Amadis le lui tendit et l'autre ouvrit la grande lame qu'il se planta dans l'œil avec énergie. Puis il tourna. Il souffrait beaucoup et criait très fort. Amadis prit peur et s'enfuit, les coudes collés au torse, en levant les genoux aussi haut qu'il pouvait : ce n'était pas le moment de négliger une occasion de faire sa culture physique. Il dépassa quelques touffes de scrub spinifex, se retourna et regarda. Le conducteur repliait le canif et le mit dans sa poche. De la place d'Amadis, on voyait que le sang ne coulait plus. Il avait opéré très proprement et portait déjà un bandeau noir sur l'œil. Le receveur, dans la voiture, allait de long en long le long du couloir, et, à travers les glaces, Amadis le vit consulter sa montre. Le conducteur se réinstalla sur son siège. Le receveur attendit quelques instants, regarda sa montre une seconde fois, et tira sur le cordon plusieurs coups de suite ; son collègue comprit que c'était complet, et la lourde voiture repartit dans un bruit progressivement croissant ; Amadis vit les étincelles et le bruit diminua, s'atténua, disparut ; au même moment, il cessa de voir l'autobus, et il était venu en Exopotamie sans dépenser un seul ticket.

Il reprit sa marche. Il ne voulait pas s'attarder, car le receveur se raviserait peut-être, et il désirait garder son argent.

B

Un capitaine de gendarmerie se glisse dans la pièce, pâle comme un
mort (il craignait de recevoir une balle).

Maurice LAPORTE, *Histoire de l'Okhrana*, Payot, 1935, p. 105[5].

1

Claude Léon[6] entendit à bâbord la sonnerie de trompette du réveille-
matin et se réveilla pour l'écouter avec plus d'attention. Ceci fait, il se
rendormit, machinalement, et rouvrit les yeux, sans le faire exprès, cinq
minutes plus tard. Il regarda le cadran phosphorescent du réveil, constata
qu'il était l'heure, et rejeta la couverture; affectueuse, elle remonta
aussitôt le long de ses jambes et s'entortilla autour de lui. Il faisait noir,
on ne distinguait pas encore le triangle lumineux de la fenêtre. Claude
caressa la couverture qui cessa de s'agiter et consentit à le laisser se lever.
Il s'assit donc sur le bord du lit, étendit le bras gauche pour allumer la
lampe du chevet, se rendit compte, une fois de plus, qu'elle était à sa
droite, étendit le bras droit et se cogna, comme tous les matins, sur le
bois du lit.

— Je finirai par le scier, murmura-t-il entre ses dents.

Ces dernières s'écartèrent à l'improviste et sa voix résonna brusque-
ment dans la pièce.

— Zut! pensa-t-il. Je vais réveiller la maison.

Mais en prêtant l'oreille il perçut la cadence régulière, la respiration
souple et posée des planchers et des murs et se rasséréna. On
commençait à entrevoir les lignes grises du jour autour des rideaux.
Dehors, c'était la lueur pâle de l'hiver matin. Claude Léon poussa un
soupir et ses pieds cherchèrent ses pantoufles sur la descente de lit. Il se
mit debout avec effort. Le sommeil ne s'échappait qu'à regret de tous ses
pores dilatés, en faisant un bruit très doux, comme une souris qui rêve.
Il gagna la porte et, avant de manœuvrer l'interrupteur, se tourna vers
l'armoire. Il avait éteint brusquement la veille, juste en faisant une
grimace devant la glace, et voulait la revoir avant d'aller à son bureau. Il
alluma d'un seul coup. Sa figure d'hier était encore là. Il rit tout haut en
la voyant, puis elle se dissipa à la lumière et le miroir refléta le Léon du

nouveau matin, qui lui tourna le dos pour aller se raser. Il se dépêchait pour arriver au bureau avant son chef.

2

Par chance, il habitait tout près de la Compagnie. L'hiver, par chance. L'été, c'était trop court. Il avait juste trois cents mètres à faire dans l'avenue Jacques-Lemarchand[7], contrôleur des contributions de 1857 à 1870, héroïque défenseur, à lui tout seul, d'une barricade contre les Prussiens. Ils l'avaient eu, en fin de compte, car ils étaient arrivés de l'autre côté : le pauvre, coincé contre sa barricade trop haute et qui défiait l'escalade, s'était tiré deux balles de chassepot dans la bouche, et le recul lui avait arraché, de surcroît, le bras droit. Claude Léon s'intéressait énormément à la petite histoire et, dans le tiroir de son bureau, il dissimulait les œuvres complètes du Dr Cabanès[8], reliées de toile noire, en forme de livres de comptes.

Le froid faisait cliqueter des glaçons rouges sur le bord des trottoirs et les femmes repliaient les jambes sous leurs courtes jupes de futaine. Claude, en passant, dit « Bonjour » au concierge et s'approcha timidement de l'ascenseur Roux-Conciliabuzier devant la grille duquel attendaient déjà trois dactylos et un comptable, qu'il salua d'un geste réservé et collectif.

3

— Bonjour, Léon, dit son chef en ouvrant la porte.

Claude sursauta et fit une grosse tache.

— Bonjour, monsieur Saknussem[9], balbutia-t-il.

— Maladroit ! gronda l'autre. Toujours des taches...

— Excusez-moi, monsieur Saknussem, dit Claude... mais...

— Effacez ça !... dit Saknussem.

Claude se pencha sur la tache et se mit à la lécher avec application. L'encre était rance et sentait le phoque.

Saknussem paraissait d'humeur joviale.

— Alors, dit-il, vous avez vu les journaux ? Les conformistes nous préparent de beaux jours, hein ?...

— Heu... oui... monsieur, murmura Claude.

— Ces salauds-là, dit son chef. Ah !... il est temps qu'on fasse attention... Et ils sont tous armés, vous savez.

— Ah... dit Claude.

— On l'a bien vu, au Libérationnement, dit Saknussem. Ils emmenaient les armes par camions entiers. Et naturellement, les honnêtes gens comme vous ou moi n'ont pas d'armes.

— Bien sûr... dit Claude.

— Vous n'en avez pas, vous ?

— Non, monsieur Saknussem, dit Claude. Mais peut-être...

— Vous pourriez me procurer un revolver ? demanda Saknussem de but en blanc.

— C'est que... dit Claude, peut-être par le beau-frère de ma logeuse... Je ne sais pas... heu...

— Parfait, dit son chef. Je compte sur vous, hein ? Pas trop cher, non plus, et des cartouches, hein ? Ces salauds de conformistes... C'est qu'il faut se méfier, hein ?

— Certainement, dit Claude.

— Merci Léon. Je compte sur vous. Quand pouvez-vous me l'amener ?

— Il faut que je demande, dit Claude.

— Bien sûr... Prenez votre temps... Si vous voulez partir un peu plus tôt...

— Oh non... dit Claude. Ce n'est pas la peine.

— Bon ! dit Saknussem. Et puis attention aux taches, hein ? Soignez votre travail, que diable, on ne vous paye pas pour ne rien faire...

— Je ferai attention, monsieur Saknussem, promit Claude.

— Et soyez à l'heure, conclut son chef. Hier, vous aviez six minutes de retard.

— Mais j'étais quand même neuf minutes en avance... dit Claude.

— Oui, dit Saknussem, mais d'habitude vous arrivez un quart d'heure en avance. Faites un effort, sacré nom.

Il quitta la pièce et referma la porte. Claude, très ému, reprit sa plume. Comme ses mains tremblaient, il fit une seconde tache. Elle était énorme. Elle avait la forme d'une figure ricanante et un goût de pétrole lampant.

4

Il achevait de dîner. Le fromage, dont il ne restait plus qu'un gros morceau, grouillait paresseusement dans l'assiette jaune à trous mauves. Il se versa, pour terminer, un plein verre de lithinés au caramel et l'écouta descendre le long de son œsophage. Les petites bulles qui remontaient le courant faisaient un bruit métallique en éclatant dans son pharynx. Il se leva pour répondre au coup de sonnette que l'on venait de frapper à la porte. C'était le beau-frère de la logeuse qui entrait.

— Bonjour, monsieur, dit cet homme, dont le sourire honnête et le poil roux trahissaient les origines carthaginoises[10].

— Bonjour, monsieur, répondit Claude.

— Je vous apporte la chose, dit l'homme.

Il s'appelait Gean.

— Ah oui... dit Claude. Le...

— C'est ça... dit Gean.

Et il le tira de sa poche.

C'était un joli égalisateur à dix coups, de la marque Walther et du modèle ppk[11], avec un chargeur dont le pied, garni d'ébonite, s'adaptait avec exactitude aux deux plaques striées qu'on y met la main.

— Bonne fabrication, dit Claude, ému mais compétent.

— Canon fixe, dit l'autre. Grande précision.

— Oui, dit Claude. Visée commode.

— Bien en main, ajouta Gean.

— Arme bien conçue, dit Claude en visant un pot de fleurs qui s'écarta de la ligne de mire.

— Excellente arme, dit Gean. Trois mille cinq.

— C'est un peu beaucoup, dit Claude. Ce n'est pas pour moi. Bien sûr, je pense que ça les vaut, mais la personne ne veut pas dépasser trois mille.

— Je ne peux pas vous le laisser à moins, dit Gean. C'est ce qu'il me coûte.

— Je sais bien, dit Claude. C'est très cher.

— Ce n'est pas cher, dit Gean.

— Je veux dire, les armes sont chères, dit Claude.

— Ah ça, oui, dit Gean, un pistolet comme ça, ce n'est pas facile à trouver.

— Certainement, dit Claude.

— Trois mille cinq dernier prix, dit Gean.

Saknussem ne dépasserait pas trois mille. En économisant un ressemelage, Claude pourrait mettre cinq cents francs de sa poche.

— Peut-être qu'il ne neigera plus, dit Claude.

— Peut-être, dit Gean.

— Un ressemelage, dit Claude, on peut s'en passer.

— Voire, dit Gean. On est en hiver.

— Je vais vous donner l'argent, dit Claude.

— Je vous laisse le second chargeur pour le même prix, dit Gean.

— C'est aimable à vous, dit Claude.

Il mangerait un peu moins pendant cinq ou six jours, et ça rattraperait les cinq cents francs. Saknussem l'apprendrait peut-être par hasard.

— Je vous remercie, dit Gean.

— C'est moi, dit Claude, et le reconduisit à la porte.

— Vous aurez là une bonne arme, conclut Gean, et il s'en alla.

— Ce n'est pas pour moi, lui rappela Claude, et l'autre descendit l'escalier.

Claude referma la porte et revint à la table. L'égalisateur noir et froid n'avait encore rien dit ; il reposait lourdement près du fromage qui, effrayé, s'éloignait de toute sa vitesse, sans oser toutefois quitter son assiette nourricière. Le cœur de Claude battait un peu plus que de coutume. Il prit l'objet triste et le tourna dans ses mains. Il se sentait fort jusqu'au bout des ongles, derrière sa porte fermée. Mais il faudrait sortir et l'apporter à Saknussem.

Et c'était interdit d'avoir un revolver sur soi dans la rue. Il le reposa sur la table et, dans le silence, prêta l'oreille, se demandant si les voisins n'avaient rien entendu de sa conversation avec Gean.

<p style="text-align:center">5</p>

Il le sentait le long de sa cuisse, lourd et glacé comme une bête morte. Le poids tirait sa poche et sa ceinture, sa chemise bouffait à droite sur son pantalon. Son imperméable empêchait que l'on voie, mais, à chaque avancée de la cuisse, il se dessinait un grand pli sur l'étoffe et tout le monde allait le remarquer. Il paraissait sage de prendre un autre chemin. Il tourna donc délibérément à gauche sitôt hors de l'entrée du bâtiment. Il allait vers la gare et décida de ne se hasarder que dans des petites rues. Le jour était triste, il faisait aussi froid que la veille ; il connaissait mal ce

quartier, il prit la première à droite, puis, pensant qu'il allait rejoindre trop rapidement son chemin habituel, se rejeta dix pas plus loin dans la première à gauche. Elle faisait un angle un peu inférieur à quatre-vingt-dix degrés avec la précédente, filant en oblique et pleine de boutiques très différentes de celles qu'il longeait d'ordinaire, des boutiques neutres sans aucune particularité.

Il marchait vite et la chose pesait sur sa cuisse. Il croisa un homme qui lui parut baisser les yeux vers la poche ; Claude frissonna ; il se retourna deux mètres plus loin, l'homme le regardait aussi. Baissant la tête, il reprit sa marche et se jeta à gauche au premier croisement. Il heurta une petite fille si brutalement qu'elle glissa et s'assit dans la neige sale que l'on avait entassée au bord du trottoir. Sans oser la relever il pressa le pas, les mains enfoncées dans les poches, jetant en arrière des regards furtifs. Il fila au ras du nez d'une matrone armée d'un balai qui sortait d'un immeuble voisin et qui le salua d'une injure sonore. Il se retourna. Elle le suivait des yeux. Il accéléra sa marche et faillit heurter une grille carrée que des ouvriers de la voirie venaient de déposer au-dessus d'un regard d'égout. Dans un violent mouvement interne pour l'éviter, il l'accrocha, en passant, avec la poche de son imperméable, qui se déchira. Les ouvriers le traitèrent de con et d'enfoiré. Rouge de honte, il alla, toujours plus vite, glissant sur les flaques gelées. Il commençait à transpirer dans son gilet de laine et, au moment de traverser, il heurta un cycliste qui tournait sans prévenir. La pédale lui arracha le bas de son pantalon et lui lacéra la cheville. Jetant un cri d'effroi, il tendit les mains en avant pour ne pas tomber et le groupe s'affala sur la chaussée boueuse. Il y avait un flique pas loin de là. Claude Léon s'était dégagé de la bicyclette. Sa cheville lui faisait horriblement mal. Le cycliste avait un poignet foulé et le sang pissait de son nez, il injuriait Claude et la colère commençait à saisir Claude, son cœur battait et du chaud lui descendait le long des mains, son sang circulait très bien, cela battait aussi dans sa cheville et, sur sa cuisse, l'égalisateur se soulevait à chaque pulsation. Brusquement, le cycliste lui lança son poing gauche dans la figure, et Claude devint encore plus lucide. Il plongea la main dans sa poche et tira l'égalisateur, et il se mit à rire parce que le cycliste bafouillait et reculait, puis il sentit un choc terrible sur sa main, et le bâton du flique retomba. Le flique ramassait l'égalisateur et saisit Claude au collet. Claude ne sentait plus rien à la main. Il se retourna brusquement et sa jambe droite se détendit d'un coup, il avait visé le bas-ventre du flique qui se courba en deux et lâcha l'égalisateur. Avec un grognement de plaisir, Claude se précipita

pour le ramasser, et puis il le déchargea avec soin sur le cycliste qui porta les deux mains à sa ceinture et s'assit tout doucement en faisant ââââh... du fond de la gorge. La fumée des cartouches sentait bon et Claude souffla dans le canon, comme il l'avait vu faire au cinéma ; il remit l'égalisateur dans sa poche, et il s'affala sur le flique, il voulait dormir.

<div align="center">6</div>

— Enfin, dit l'avocat en se levant pour partir, pourquoi, réellement, aviez-vous ce revolver sur vous ?

— Je vous l'ai dit... dit Claude.

Il le dit encore une fois.

— C'était pour mon directeur, monsieur Saknussem, Arne Saknussem...

— Mais il prétend que non, dit l'avocat, vous le savez bien.

— Mais c'est vrai, dit Claude Léon.

— Je sais bien, dit l'avocat, mais trouvez autre chose ; vous avez eu le temps, à la fin !...

Irrité, il marcha vers la porte.

— Je vous laisse, dit-il. Il n'y a plus qu'à attendre. Je tâcherai de faire de mon mieux ; vous ne m'y aidez guère !...

— Ce n'est pas mon métier, dit Claude Léon. Il le détestait presque autant que le cycliste et que l'agent qui lui avait cassé un doigt au commissariat. De nouveau, il avait chaud dans les mains et les jambes.

— Au revoir, dit l'avocat, et il sortit.

Claude ne répondit pas et s'assit sur son lit. Le gardien referma la porte.

<div align="center">7</div>

Le gardien posa la lettre sur le lit. Claude dormait à moitié. Il reconnut la casquette et se dressa.

— Je voudrais... dit-il.

— Quoi ? répondit le gardien.

— De la ficelle. Une pelote.

Claude se frottait la tête.

— C'est défendu, dit le gardien.

— Ce n'est pas pour me pendre, dit Claude. J'ai mes bretelles, ce serait déjà fait.

Le gardien pesa cet argument.

— Pour deux cents francs, dit-il, je peux vous en avoir dix ou douze mètres. Pas plus. Et je risque !...

— Oui, dit Claude. Vous les demanderez à mon avocat. Apportez-la.

Le gardien fouilla dans sa poche.

— Je l'ai là, dit-il.

Il lui tendit un petit rouleau de ficelle assez solide.

— Merci, dit Claude.

— Qu'est-ce que vous voulez en faire ? demanda le gardien. Pas de bêtises, au moins ?

— Me pendre ! dit Claude, et il rit.

— Ah ! Ah !... dit le gardien en déployant sa gorge comme un drapeau, c'est idiot, vous aviez vos bretelles.

— Elles sont trop neuves, dit Claude. Ça les abîmerait.

Le gardien le regarda avec admiration.

— Vous en avez une santé, vous, dit-il. Vous devez être journaliste.

— Non, dit Claude. Merci. »

Le gardien se dirigea vers la porte.

« Alors, pour l'argent, voyez l'avocat, dit Claude.

— Oui, dit le gardien. Mais c'est sûr, hein ? »

Claude hocha la tête pour faire oui, et la serrure claqua doucement.

8

Mise en double et tressée, elle avait à peu près deux mètres. C'était juste. En montant sur le lit, il arriverait à la nouer autour du barreau. Pour régler la longueur, cela serait délicat, car il ne faudrait pas que ses pieds touchent terre.

Il l'essaya à la traction. Elle tenait. Il monta sur le lit, s'accrocha au mur et atteignit le barreau. Il attacha la corde, péniblement. Puis, il passa sa tête dans la boucle et se lança dans le vide. Il reçut un coup derrière la tête et la corde cassa. Il tomba sur ses pieds, furieux.

— Ce gardien est un salaud, dit-il à voix haute.

Le gardien ouvrit la porte à ce moment.

— Votre ficelle, c'est de la saloperie, dit Claude Léon.

— Ça m'est égal, dit le gardien. L'avocat me l'a payée. Aujourd'hui, j'ai du sucre à dix francs le morceau, si vous en voulez.

— Non, dit Claude, je ne vous demanderai plus rien.

— Vous y reviendrez, dit le gardien. Attendez seulement deux ou trois mois ; et j'exagère, vous n'y penserez même plus dans huit jours.

— Probablement, dit Claude. Ça n'empêche pas que votre ficelle, c'était de la saloperie.

Il attendit que le gardien s'en aille et se décida alors à retirer ses bretelles. Elles étaient toutes neuves, en cuir et caoutchouc tressés. Elles représentaient les économies de deux semaines. Un mètre soixante à peu près ; il regrimpa sur le lit et assujettit solidement le bout au pied du barreau. Puis il fit un nœud à l'autre bout et passa sa tête. Il se lança une seconde fois ; les bretelles s'allongèrent à fond, et il atterrit mollement sous la fenêtre. Alors le barreau se descella et lui arriva sur la tête comme la foudre. Il vit trois étoiles et il dit :

— Martell !...

Et son dos descendit le long du mur. Il se retrouva assis par terre. Son crâne enflait terriblement avec une musique atroce, et les bretelles n'avaient rien.

9

L'abbé Petitjean[12] caracolait dans les couloirs de la prison suivi de près par le gardien. Ils jouaient à la pouillette. En approchant de la cellule de Claude Léon, l'abbé glissa sur une crotte de chat à neuf queues et fit un tour complet dans l'atmosphère. Sa soutane, gracieusement déployée autour de ses jambes robustes, le fit ressembler si fort à la Loïe Fuller[13] que le gardien le dépassa, plein de respect et en se découvrant par politesse. Puis l'abbé retomba par terre avec un bruit étalé et le gardien lui bondit à cheval sur le dos ; l'abbé fit pouce.

— Je vous ai eu, dit le gardien. Vous payez la tournée.

L'abbé Petitjean acquiesça de mauvaise grâce.

— Pas de blagues, dit le gardien. Signez un papier.

— Je ne peux pas le signer à plat ventre, dit l'abbé.

— Bon, je vous lâche..., dit le gardien.

Sitôt relevé, l'abbé poussa un grand éclat de rire et se précipita droit devant lui. Il s'y trouvait un mur assez solide et le gardien n'eut pas de mal à le rattraper.

— Vous êtes un faux frère, lui dit-il. Signez un papier.

— Transigeons, dit l'abbé. Quinze jours d'indulgence ?

— Des clopinettes, dit le gardien.

— Oh, ça va... dit l'abbé. Je signe.

Le gardien détacha une formule toute remplie de son carnet à souche et donna son crayon à Petitjean qui s'exécuta, puis s'approcha de la porte de Claude Léon. La clé s'engagea dans la serrure qui prit parti pour elle et s'ouvrit.

Assis sur le lit, Claude Léon méditait. Un rayon de soleil entrait par le vide qu'avait laissé le barreau de la fenêtre en se descellant, faisait un petit tour et se perdait dans la tinette.

— Bonjour, mon père, dit Claude Léon en voyant entrer l'abbé.

— Bonjour, mon petit Claude.

— Ma mère va bien ? demanda Claude Léon.

— Mais certainement, dit Petitjean.

— J'ai été touché par la grâce, dit Claude.

Il se passa la main sur l'occiput.

— Tâtez, ajouta-t-il.

L'abbé tâta.

— Fichtre ! dit-il, elle n'y a pas été de main morte...

— Loué soit le Seigneur, dit Claude Léon. Je voudrais me confesser. Je veux me présenter devant mon créateur garni d'une âme nette.

— ... comme si elle avait été lavée avec Persil ! dirent-ils d'une même voix suivant le rite catholique, et ils firent un signe de croix des plus classiques.

— Mais il n'est pas encore question de vous estrapadouiller, dit l'abbé.

— J'ai tué un homme, dit Claude. Qui plus est, un cycliste.

— J'ai des nouvelles, dit l'abbé. J'ai vu votre avocat. Le cycliste était conformiste.

— J'ai quand même tué un homme, dit Claude.

— Mais Saknussem a accepté de témoigner en votre faveur.

— J'ai pas envie, dit Claude.

— Mon fils, dit l'abbé, vous ne pouvez pas ne pas tenir compte du fait

que ce cycliste était un ennemi de notre Sainte Mère l'Église cornue et apostillonique...

— Je n'étais pas encore touché par la grâce quand je l'ai tué, dit Claude.

— Foutaises! assura l'abbé. Nous vous tirerons de là.

— Je ne veux pas, dit Claude. Je veux être ermite. Où pourrais-je être mieux qu'en prison pour ça?

— Parfait, dit l'abbé. Si vous voulez être ermite, on vous en sort demain. L'évêque est très bien avec le directeur de la prison.

— Mais je n'ai pas d'ermitage, dit Claude. Ici ça me plaît.

— Rassurez-vous, dit l'abbé. On vous trouvera quelque chose d'encore plus moche.

— Alors, dit Claude, c'est différent. On s'en va?

— Minute, parpaillot, dit l'abbé, manière de plaisanter. Il faut les formalités. Je passe vous prendre demain avec la voiture des morts.

— Où est-ce que j'irai? demanda Claude très excité.

— Il reste une bonne place d'ermite en Exopotamie, dit l'abbé. On va vous donner ça. Vous serez très mal.

— Parfait! dit Claude. Je prie pour vous.

— Amen! dit l'abbé. Bourre et Bam et Ratatourre!... terminèrent-ils en chœur, toujours selon le rite catholique, ce qui dispense, comme chacun sait, du signe de croix. Le prêtre caressa la joue de Claude et lui pinça le nez un bon coup, puis il quitta la cellule et le gardien referma la porte.

Alors Claude resta debout devant la petite fenêtre et il fit une grande génuflexion et se mit à prier de tout son cœur astral.

C

Vous vous faites une idée exagérée des inconvénients des mariages mixtes.

Mémoires de Louis Roussel, Stock, 1908, p. 60.

1

Angel attendait Anne et Rochelle; assis sur la pierre usée de la balustrade, il regardait les techniciens procéder à la tonte annuelle des

pigeons du square. C'était un spectacle ravissant. Les techniciens portaient des blouses blanches très propres, et des tabliers de maroquin rouge, marqués aux armes de la ville. Ils étaient munis de tondeuses à plumes, d'un modèle spécial, et de produit pour dégraisser les ailes de pigeons aquatiques, dont le quartier comptait une forte proportion.

Angel guettait le moment où le duvet de près de la peau commençait à voler, pour se trouver aspiré presque aussitôt par les récupérateurs cylindriques chromés que les aides manipulaient sur de petits chariots à pneumatiques. Avec le duvet, on remplissait la couette du Président des Conseilleurs. Cela faisait penser à la mousse de la mer quand le vent souffle ; on la voit sur le sable en gros paquets blancs qui vibrent sous le vent, et si l'on pose le pied dessus, elle vous ressort entre les doigts de pieds. C'est doux et ça a l'air de se feutrer un peu à mesure que ça sèche. Anne et Rochelle n'arrivaient pas.

Anne avait certainement fait des blagues. Il ne se déciderait jamais à venir à l'heure, ni à donner sa voiture au garagiste pour la faire réviser. Rochelle attendait probablement Anne qui devait passer la prendre. Angel connaissait Anne depuis cinq ans et Rochelle depuis moins de temps. Anne et lui sortaient de la même école, mais Angel n'avait obtenu qu'un rang inférieur parce qu'il n'aimait pas travailler. Anne dirigeait une branche de la Compagnie des Fabricants de Cailloux pour les Voies Ferrées Lourdes, et Angel se contentait d'une situation moins lucrative chez un tourneur de tubes de verre pour verres de lampes. Il assumait la direction technique de l'entreprise tandis qu'Anne, dans sa Compagnie, était au service commercial.

Le soleil passait et repassait dans le ciel et ne se décidait pas ; l'ouest et l'est venaient de jouer aux quatre coins avec leurs deux camarades, mais, pour s'amuser, chacun occupait maintenant une position différente ; de loin, le soleil ne pouvait s'y reconnaître. Les gens profitaient de la situation. Seuls les engrenages des cadrans solaires travaillaient dans le mauvais sens et se détraquaient les uns après les autres au milieu de craquements et de gémissements sinistres ; mais la gaîté de la lumière atténuait l'horreur de ces bruits. Angel regarda sa montre. Ils avaient un demi-tour de retard. Cela commençait à compter. Il se leva et changea d'endroit. Il voyait de face une des filles qui tenait les pigeons à tondre. Elle portait une jupe très courte et le regard d'Angel rampa le long de ses genoux dorés et polis pour s'insinuer entre les cuisses longues et fuselées ; il y faisait chaud ; sans écouter Angel qui voulait le retenir, il avança un peu plus loin et s'occupa à sa façon. Angel,

gêné, se décida, à regret, à fermer les yeux. Le petit cadavre resta sur place et la fille le fit choir sans s'en apercevoir, en tapotant sa jupe lorsqu'elle se leva quelques minutes plus tard.

Les pigeons déplumés faisaient des efforts désespérés pour se remettre à voler, mais ils se fatiguaient très vite et retombaient presque aussitôt. À ce moment ils ne remuaient plus guère et se laissaient attacher sans protester les ailes en soie jaune, rouge, verte ou bleue que la municipalité leur fournissait libéralement. Après quoi on leur montrait comment s'en servir; ils regagnaient leurs nids, pénétrés d'une dignité nouvelle, et leur démarche naturellement grave se faisait hiératique. Angel commençait à se lasser de ce spectacle. Il pensa qu'Anne ne viendrait pas, ou qu'il avait emmené Rochelle d'un autre côté, et se leva de nouveau.

Il traversa le jardin, dépassant des groupes d'enfants qui jouaient à tuer des fourmis à coups de marteau, à la marelle, à accoupler des punaises des bois, et à d'autres amusements de leur âge. Des femmes cousaient des musettes en toile cirée qu'on passe au cou des bébés pour leur faire avaler la bouillie, ou s'occupaient de leur progéniture. Certaines tricotaient; d'autres faisaient semblant, pour se donner une contenance, mais on voyait vite qu'elles n'avaient pas de laine.

Angel poussa la petite porte en grillage. Elle claqua derrière lui et il fut sur le trottoir. Du monde passait et des voitures sur la chaussée, mais Anne? Il resta là quelques minutes. Il hésitait à partir. L'idée qu'il ne connaissait pas encore la couleur des yeux de Rochelle le retint au moment de traverser, et un chauffeur fit un horrible tête à queue dans le sens de la hauteur, car il avait freiné sec en voyant s'avancer Angel. La voiture d'Anne venait derrière. Elle s'arrêta au bord du trottoir et Angel monta.

Rochelle était assise à côté d'Anne et Angel se trouva seul sur la banquette fourrée de ressorts à ficelles et de kapok en nappes. Il se pencha pour leur serrer la main. Anne s'excusait de son retard. La voiture repartit. Anne braqua serré pour éviter l'épave du taxi retourné.

Ils suivirent la rue jusqu'au moment où des arbres commencent à garnir les trottoirs et tournèrent à gauche de la statue. À ce moment Anne accéléra, car il y avait moins de voitures. Le soleil venait enfin de retrouver l'ouest et se dirigeait dare-dare de ce côté, mettant les bouchées doubles pour rattraper le chemin perdu. Anne conduisait habilement et s'amusait à effleurer l'oreille des enfants qui se promenaient sur le trottoir au moyen de ses indicateurs automatiques de

virage ; il était obligé pour cela de raser le bord de la rue, et risquait à chaque instant d'érafler la peinture de ses pneus, mais s'en tirait sans une égratignure. Par malheur, il vint à passer une petite fille de neuf ou dix ans dont les étiquettes se trouvaient extraordinairement décollées, et l'indicateur, frappant en plein lobe, se brisa net. L'électricité se mit à perler en gouttes serrées au bout du fil arraché, et l'ampèremètre baissait de façon inquiétante. Rochelle le tapota sans résultat. La température de l'allumage diminua et le moteur ralentit. Quelques mesures plus loin, Anne stoppa.

— Qu'est-ce qu'il y a ? dit Angel.

Il ne comprenait pas et se rendit compte qu'il était en train de regarder les cheveux de Rochelle depuis déjà longtemps.

— C'est la barbe ! maugréait Anne. Cette sale gosse !

— Un indicateur est cassé, expliqua Rochelle en se tournant vers Angel.

Anne descendit pour tenter de réparer le dommage et s'affaira autour de la fragile mécanique. Il essayait de faire une ligature au catgut.

Rochelle se retourna tout à fait en s'agenouillant sur le siège avant.

— Vous nous avez attendus longtemps ? dit-elle

— Oh, ça ne fait rien... murmura Angel.

Il trouvait très difficile de la regarder en face. Elle brillait trop. Pourtant, ses yeux... il fallait voir la couleur...

— Si, dit-elle. Mais c'est ce grand serin d'Anne. Il est toujours en retard. Moi, j'étais prête. Et regardez, il recommence à faire des blagues, sitôt parti.

— Il aime bien s'amuser. Il a raison.

— Oui, dit Rochelle. Il est si gai.

Anne, pendant ce temps-là, jurait comme un charretier et sautait en l'air chaque fois qu'une goutte d'électricité lui roulait sur la main.

— Où est-ce qu'on va ? demanda Angel.

— Il veut qu'on aille danser, dit Rochelle. Moi je préfère le cinéma.

— Il aime bien voir ce qu'il fait, dit Angel.

— Oh ! dit Rochelle. Vous ne devez pas dire des choses comme ça !

— Excusez-moi.

Rochelle avait un peu rougi, et Angel regrettait ce commentaire perfide.

— C'est un brave type, ajouta-t-il. Mon meilleur copain.

— Vous le connaissez bien ? demanda Rochelle.

— Depuis cinq ans.

— Vous n'êtes pas du tout pareils.

— Non, mais on s'entend très bien, assura Angel.

— Est-ce qu'il...

Elle s'arrêta et rougit encore.

— Pourquoi vous n'osez pas le dire ? C'est pas correct ?

— Si, dit Rochelle. Mais c'est idiot. Ça ne me regarde pas.

— C'est ça que vous voulez savoir ? demanda Angel. Eh bien oui, il a toujours eu du succès avec les filles.

— Il est très beau garçon... murmura Rochelle.

Elle se tut et se retourna, parce qu'Anne faisait, en sens inverse, le tour de la voiture, pour venir se réinstaller au volant. Il ouvrit la portière.

— J'espère que ça tiendra, dit-il. Ça ne coule pas beaucoup, mais il y a une drôle de pression. Je venais de faire recharger les accus.

— C'est pas de chance, dit Angel.

— Pourquoi est-ce que cette imbécile de fille avait de telles oreilles ? protesta Anne.

— Tu n'avais qu'à ne pas faire l'idiot avec ton indicateur, dit Angel.

— C'est vrai, approuva Rochelle.

Elle rit.

— C'était très drôle !...

Anne rit aussi. Il n'était pas en colère. La voiture repartit, mais ils s'arrêtèrent de nouveau très vite car la rue refusait de continuer plus loin. C'est là qu'ils allaient.

C'était un club de danse où les amateurs de vraie musique se retrouvaient entre purs pour pratiquer des dislocations. Anne dansait très mal. Angel souffrait toujours en voyant Anne se mettre à contretemps ; il ne l'avait jamais regardé danser avec Rochelle.

Cela se passait au sous-sol. Un petit escalier blanc y menait en se tortillant ; une grosse corde-lierre, dont on coupait les feuilles tous les mois, permettait de descendre sans se tuer. C'était aussi, par endroits, garni de cuivre rouge et de hublots.

Rochelle passa la première, puis Anne, et Angel fermait la marche, afin que les prochains arrivants puissent s'en servir à leur tour. Quelquefois, des insouciants la laissaient ouverte et le garçon se cassait la figure à chaque coup parce que son plateau l'empêchait de voir.

À mi-descente, ils se sentirent brusquement saisis par le battement cardiaque de la section rythmique. Un peu plus bas, on prenait en plein dans l'oreille les mélanges de sons de clarinette et de trompinette qui progressaient en s'appuyant l'un sur l'autre, acquérant ainsi, en très peu

de temps, une vitesse considérable. Et puis, au pied de l'escalier, ils perçurent le vague brouhaha de pieds remués, de torses pelotés, de rires confidentiels et d'autres moins discrets, de graves éructations et de conversations nerveuses parmi les clapotis de verres et d'eau gazéifiée qui composent l'atmosphère adéquate d'un bar de demi-luxe. Anne chercha des yeux une table libre et la désigna à Rochelle, qui l'atteignit la première. Angel s'assit le dernier. Ils commandèrent des portos frisés.

La musique ne s'arrêtait guère à cause de la persistance des impressions oreilleuses. Anne profita d'un blues considérablement langoureux pour inviter Rochelle. Pas mal de danseurs venaient de se rasseoir, écœurés par la lenteur du morceau, et tous les tordus se levaient parce que ça leur rappelait le tango ; ils en profitaient pour intercaler des corte et des pas-hésitation entre les déboîtaisons classiques des orthodoxes, au nombre desquels Anne croyait pouvoir se compter. Angel les regarda deux secondes puis détourna les yeux, prêt à vomir. Anne était déjà à contretemps. Et Rochelle suivait sans se troubler.

Ils revinrent s'asseoir. Angel invita Rochelle à son tour. Elle sourit, dit oui et se leva. C'était encore un air lent.

— Où est-ce que vous avez rencontré Anne ? demanda Angel.

— Il n'y a pas longtemps, répondit-elle.

— Un mois ou deux, je crois ?

— Oui, dit Rochelle. Dans une surprise-partie.

— Vous n'aimez peut-être pas que je vous parle de ça ? demanda Angel.

— J'aime bien parler de lui.

Angel la connaissait très peu, mais il eut de la peine. Il aurait été embarrassé d'expliquer pourquoi. Toutes les fois qu'il rencontrait une jolie fille, il éprouvait un désir de propriété. L'envie d'avoir des droits sur elle. Enfin, Anne était son ami.

— C'est un type remarquable, dit-il. Très doué.

— Ça se voit tout de suite, dit Rochelle. Il a des yeux épatants, et une belle voiture.

— À l'École, il réussissait sans difficulté aucune, là où d'autres mettaient des heures.

— Il est très costaud, dit Rochelle. Il fait beaucoup de sport.

— Je ne l'ai pas vu rater un seul examen en trois ans.

— Et puis, j'aime la façon dont il danse.

Angel essayait de la maîtriser, mais elle paraissait fermement décidée à danser à contretemps. Il fut obligé de la tenir un peu moins serré et la laissa se démener toute seule.

— Il n'a qu'un défaut, dit Angel.

— Oui, dit Rochelle, mais ce n'est pas important.

— Il pourra s'en corriger, assura Angel.

— Il a besoin qu'on s'occupe de lui, et il a besoin d'avoir toujours quelqu'un près de lui.

— Vous avez probablement raison. D'ailleurs, il y a toujours quelqu'un près de lui.

— Je ne voudrais pas qu'il y ait non plus trop de gens, dit Rochelle pensivement. Seulement des amis sûrs. Vous par exemple.

— Je suis un ami sûr?

— Vous êtes le type dont on a envie d'être la sœur. Exactement.

Angel baissa la tête. Elle ne lui laissait pas beaucoup d'illusions. Il ne savait pas sourire comme Anne. Voilà la raison. Rochelle continuait à danser à contretemps et prenait grand plaisir à la musique. Les autres danseurs aussi. Il faisait chaud et enfumé, et les notes se faufilaient parmi les volutes grises des mégots en train d'agoniser sur des cendriers-réclames de la maison Dupont, rue d'Hautefeuille, qui représentaient, à échelle réduite, des bassins de lit et du matériel pour malades.

— Qu'est-ce que vous faites? demanda Angel.

— Qu'est-ce que je fais, comment ça?

— Dans la vie?

— Je danse souvent, dit Rochelle. J'ai appris le secrétariat après mon bacchanaloréat, mais je ne travaille pas encore. Mes parents aiment mieux que je sache me conduire dans le monde.

La musique s'arrêta et Angel aurait voulu rester sur place pour recommencer sitôt que les musiciens attaqueraient un nouveau morceau, mais ils aiguisaient leurs instruments. Il suivit Rochelle qui s'empressait de regagner la table et s'assit tout près d'Anne.

— Alors, dit Anne, vous me donnez la prochaine?

— Oui, dit Rochelle. J'aime bien danser avec vous.

Angel prit l'air de ne pas entendre. D'autres filles pouvaient avoir d'aussi jolis cheveux, mais la même voix, comment? La forme comptait aussi pas mal.

Il ne voulait surtout pas ennuyer Anne. C'est Anne qui connaissait Rochelle, et ça le regardait. Il prit la bouteille dans le seau plein de glace

verte et remplit sa coupe. Pas une de ces filles ne l'intéressait. Sauf Rochelle. Mais Anne avait la priorité.

Anne, c'était son copain.

2

Ils durent s'en aller pour dîner. On ne peut pas passer toute la nuit dehors quand on travaille le lendemain. Dans la voiture, Rochelle s'assit devant, à côté d'Anne, et Angel monta derrière. Anne se tenait bien avec Rochelle. Il ne mettait pas le bras autour de sa taille, et ne se penchait pas vers elle, et il ne lui prenait pas la main. Angel l'aurait fait, si Rochelle l'avait connu avant Anne. Mais Anne, aussi, gagnait plus d'argent que lui ; Anne méritait tout cela. Danser à contretemps, cela paraît moins rédhibitoire quand on n'entend plus la musique. On passerait là-dessus. Anne disait une bêtise, parfois, et Rochelle riait, agitant ses cheveux éclatants sur le col de son tailleur vert vif...

Anne dit quelque chose à Angel, mais Angel pensait à autre chose, c'est naturel. Alors Anne se retourna vers Angel, et son mouvement fit dévier un peu le volant. C'est malheureux à dire, mais il venait un piéton sur le trottoir et il reçut l'aile de la voiture en plein sur la hanche, tandis que la roue avant droite grimpait sur le trottoir. Le monsieur fit un grand bruit en tombant et resta couché en se tenant la hanche. Il était agité de saccades convulsives. Angel avait déjà ouvert la portière et se précipita dehors. Il se pencha, mortellement inquiet, sur le blessé. Celui-ci se tordait de rire et s'arrêtait, par instants, pour gémir un bon coup et puis il recommençait à se rouler de joie.

— Vous souffrez ? demanda Angel.

Rochelle ne regardait pas. Elle restait dans la voiture, la tête dans ses mains. Anne avait une sale figure. Il était pâle. Il croyait que l'homme agonisait.

— C'est vous ? hoqueta l'homme en désignant Angel.

Une crise de fou rire le reprit. Les larmes ruisselaient sur sa figure.

— Remettez-vous, dit Angel. Vous devez avoir très mal.

— Je souffre comme un veau, parvint à dire le monsieur.

Sa phrase le plongea dans un tel délire qu'il avança de deux pieds en faisant le tonneau. Anne restait là, perplexe. Il se retourna et vit Rochelle. Elle pleurait, car elle se figurait que l'homme se plaignait, et elle avait

peur pour Anne. Il s'approcha d'elle ; par la portière ouverte, il prit sa tête entre ses deux grandes mains et l'embrassa sur les yeux.

Angel voyait cela sans le vouloir, mais quand les mains de Rochelle se rejoignirent sur le col du veston d'Anne, il écouta de nouveau le monsieur. Celui-ci faisait des efforts pour tirer son portefeuille de sa poche.

— Vous êtes ingénieur ? dit-il à Angel.

Son rire se calmait un peu.

— Oui... murmura Angel.

— Vous me remplacerez, alors. Je ne peux pas décemment aller en Exopotamie avec une hanche brisée en cinq morceaux. Si vous saviez ce que je suis content !...

— Mais... dit Angel.

— C'est vous qui conduisiez, hein ?

— Non, dit Angel. C'est Anne...

— Ennuyeux... dit l'autre.

Sa figure se rembrunit et sa bouche tremblait.

— Ne pleurez pas, dit Angel.

— On ne peut pas envoyer une fille à ma place...

— C'est un garçon... dit Angel.

Ceci galvanisa le blessé.

— Vous féliciterez la mère...

— Je n'y manquerai pas, dit Angel, mais elle est déjà faite à cette idée.

— Alors on va envoyer Anne en Exopotamie. Je m'appelle Cornélius Onte.

— Moi, c'est Angel.

— Prévenez Anne, dit Cornélius. Il faut qu'il signe. Heureusement que le nom était en blanc sur mon contrat !

— Pourquoi ça ? demanda Angel.

— Je crois qu'ils se méfiaient de moi, dit Cornélius. Appelez Anne.

Angel se retourna. Il regarda, et il avait mal, mais il fit deux pas et posa la main sur l'épaule d'Anne. Il était dans le cirage, et ses yeux... affreux à voir. Ceux de Rochelle restaient fermés.

— Anne, dit Angel. Il faut que tu signes.

— Quoi ? dit Anne.

— Un contrat pour l'Exopotamie.

— Pour construire un chemin de fer, précisa Cornélius.

Il geignit à la fin de sa phrase, car les morceaux de sa hanche, en se cognant, faisaient un bruit désagréable à ses oreilles.

— Vous allez partir là-bas ? dit Rochelle.

Et Anne se pencha de nouveau vers elle pour lui dire de répéter. Et il répondit oui. Il fouilla dans sa poche et prit son stylo. Cornélius tendait le contrat. Anne remplit les formules et mit sa signature en bas de la page.

— Est-ce qu'on vous met dans la voiture pour vous conduire à l'hôpital ? proposa Angel.

— Ce n'est pas la peine, dit Cornélius. Il passera bien une ambulance. Rendez-moi le contrat. Vraiment, je suis très content.

Il reprit le contrat et s'évanouit.

3

— Je ne sais pas quoi faire, dit Anne.

— Il faut que tu y ailles, dit Angel. Tu as signé.

— Mais je vais m'embêter horriblement, dit Anne. Je serai tout seul.

— As-tu revu Cornélius ?

— Il m'a téléphoné. Je dois partir après-demain.

— Ça t'embête tant que ça ?

— Non, dit Anne. Ça me fera voir du pays, au fond.

— Tu ne veux pas le dire, dit Angel, mais c'est à cause de Rochelle que ça t'ennuie.

Anne regarda Angel avec étonnement.

— Vraiment, je n'y songeais pas. Tu crois qu'elle m'en voudra si je m'en vais ?

— Je ne sais pas, dit Angel.

Il pensait que, si elle restait, il pourrait la voir de temps en temps. Ses yeux étaient bleus. Anne serait parti.

— Tu sais... dit Anne.

— Quoi ?

— Tu devrais venir avec moi. Ils ont sûrement besoin de plusieurs ingénieurs.

— Mais je ne connais rien aux chemins de fer, dit Angel.

Il ne pouvait pas laisser Rochelle si Anne s'en allait.

— Tu t'y connais autant que moi.

— Tu sais au moins tout ce qui concerne les cailloux, avec ta situation.

— J'en vends, dit Anne. Je n'y connais rien, je t'assure. On ne connaît pas forcément ce qu'on vend.

— Si nous partons tous les deux... dit Angel.

— Oh, dit Anne, elle trouvera bien d'autres types pour s'occuper d'elle...

— Mais tu n'es pas amoureux d'elle ? demanda Angel.

Cela remuait un peu anormalement du côté de son cœur. Il essaya de s'empêcher de respirer pour arrêter, mais c'était fort.

— C'est une très jolie fille, dit Anne. Mais il y a des sacrifices à faire.

— Mais alors, demanda Angel, pourquoi est-ce que tu es si troublé à l'idée de partir ?

— Je vais m'embêter, dit Anne. Si tu viens avec moi, on pourra toujours se distraire. Tu ne peux pas venir ? Ce n'est pas Rochelle qui te retient tout de même ?

— Sûr que non, dit Angel.

Très douloureux à dire, mais rien ne se cassa.

— Au fait, dit Anne, si je la faisais embaucher par Cornélius comme secrétaire ?

— C'est une bonne idée, dit Angel. Je vais en parler à Cornélius en lui demandant s'ils ont du travail pour moi.

— Tu te décides tout de même ? dit Anne.

— Je ne vais pas te laisser tomber comme ça.

— Bon, dit Anne. Mon vieux, je crois qu'on va rigoler. Téléphone à Cornélius.

Angel s'assit à la place d'Anne et décrocha le récepteur.

— Alors on lui demande si Rochelle peut venir, et si ils peuvent m'embaucher ?

— Vas-y, dit Anne. Après tout, il y a des sacrifices qu'on peut très bien ne pas faire.

D

... Pareille décision a été prise après un débat animé ; il peut paraître intéressant de connaître les positions de chacun dans cette discussion.

Georges GOGNIOT, « Les subventions à l'enseignement confessionnel », *La Pensée*, n° 3, d'avril, mai, juin 1945[14].

1

Le professeur Mangemanche[15] regarda quelques instants la vitrine sans pouvoir détacher ses yeux du reflet brillant que l'ampoule opaline accrochait distraitement au bois poli d'une hélice à douze pales ; son cœur se démenait, plein de joie, et remua tant que sa pointe vint à toucher la dix-huitième paire de nerfs brachiaux temporaires ; et Mangemanche ouvrit la porte. La boutique sentait bon le bois scié. Il y avait des petits bouts de balsa, de pruche, d'hemlock et d'hickory dans tous les coins, coupés de toutes les formes et à tous les prix, et, dans des vitrines, des roulements à billes, des mécaniques à voler et des machins ronds, sans nom, que le marchand baptisait roues à cause d'un petit trou au milieu.

— Bonjour, monsieur le professeur, dit le marchand.

Il connaissait bien Mangemanche.

— Bonne nouvelle, monsieur Cruc, dit Mangemanche. Je viens de tuer trois clients et je vais avoir le temps de travailler de nouveau.

— Épatant ! dit M. Cruc. Il ne faut pas les rater.

— La médecine, dit le professeur, c'est très bien pour se marrer, mais ça ne vaut pas les modèles réduits.

— Ne dites pas ça, dit M. Cruc. J'ai commencé ma médecine il y a deux jours et ça me plaît.

— Oh, vous en reviendrez ! dit Mangemanche. Est-ce que vous avez vu le nouveau petit moteur italien ?

— Non, dit M. Cruc. Comment qu'il est ?

— Terrible ! dit Mangemanche. On en mangemancherait.

— Ah ! Ah ! Ah ! dit M. Cruc, vous êtes toujours marrant, professeur.

— Oui, mais il n'y a pas d'allumage, dit le professeur.

Les yeux de Cruc s'allongèrent en large. Ce qui eut pour effet de lui

faire baisser les paupières, et il se pencha vers le professeur, les mains
posées à plat sur le comptoir.

— Non ? haleta-t-il.

— C'est vrai...

Mangemanche parlait d'un ton net, doux et rose, qui excluait
l'impossibilité.

— Vous l'avez vu ?

— J'en ai un chez moi, et il marche.

— D'où le tenez-vous ?

— Mon correspondant italien, Alfredo Jabès[16], me l'a envoyé.

— Vous me le montrerez ? dit Cruc.

L'espoir creusait ses joues piriformes.

— Ah, dit Mangemanche, ça dépend.

Il passa les doigts entre le col de sa chemise bouton-d'or et son cou
cylindro-conique.

— J'ai besoin de fournitures.

— Servez-vous, dit Cruc. Prenez ce que vous voudrez, ne payez pas,
mais je vais chez vous tout à l'heure.

— Bon, dit Mangemanche.

Il gonfla d'air ses poumons et se précipita à l'intérieur du magasin en
chantant un air de guerre. Cruc le regardait faire. Il aurait accepté de le
voir emporter toute la boutique.

2

— C'est inouï !... dit Cruc.

Le moteur venait de s'arrêter. Mangemanche tripota le pointeau et
tourna l'hélice pour le remettre en marche. Au troisième tour, elle partit
d'un coup sec et il n'eut pas le temps de retirer sa main. Il se mit à sauter
sur place en gémissant. Cruc prit sa place et la lança à son tour. Le moteur
redémarra en un clin d'œil. Dans la petite bouteille de combustible, on
voyait des bulles d'air entrer par la soupape, comme un escargot qui
bave, et, par les deux lumières de l'échappement, de l'huile ruisselait
tout doucement.

Le vent de l'hélice soufflait la fumée de l'échappement sur
Mangemanche qui s'était approché de nouveau. Il tenta de tourner la

manette du contre-piston pour régler la compression, et se brûla les doigts très fort. Il secoua sa main et la mit tout entière dans sa bouche.

— Merde et merde ! jura-t-il.

À travers ses doigts, on comprenait mal, heureusement. Cruc, hypnotisé, tentait de suivre des yeux le mouvement de l'hélice et ses globes tournaient à cet effet dans l'orbite, mais la force centrifuge projetait les cristallins vers l'extérieur et il voyait juste le bord interne de ses paupières, aussi il s'arrêta. La lourde table, sur laquelle était vissé le petit carter d'aluminium, vibrait et faisait trembler toute la pièce.

— Ça marche !... se mit à crier Cruc.

Et il s'écarta de la table et saisit Mangemanche par les mains. Ils dansèrent une ronde pendant que la fumée bleue fuyait vers le fond de la pièce.

Les surprenant au beau milieu d'un saut périlleux, la sonnerie du téléphone manifesta des dispositions certaines pour la production d'un bruit strident rappelant le sifflement d'une méduse. Mangemanche, saisi en plein vol, retomba à plat sur le dos, tandis que Cruc allait se ficher en terre, la tête en avant, dans un pot vert qui contenait une grande palme académique.

Mangemanche se releva le premier et courut répondre. Cruc manœuvrait pour sortir de la terre et finit par se relever avec le pot, car il tirait sur la tige de la palme en la prenant pour son cou. Il s'aperçut de son erreur lorsque toute la terre lui dégoulina dans le dos.

Mangemanche revint, l'air furieux. Il cria à Cruc d'arrêter le moteur, parce que cela faisait un potin infernal. Cruc s'approcha, ferma le pointeau, et le moteur stoppa en produisant un bruit de baiser méchant, sec et aspiré.

— Je m'en vais, dit Mangemanche. Un malade me demande.

— C'est un de vos clients ?

— Non, mais je dois y aller.

— C'est assommant, dit Cruc.

— Vous pouvez rester le faire marcher, dit Mangemanche.

— Oh, alors, ça va. Allez-y ! dit Cruc.

— Vous êtes malin, dit Mangemanche. Ça vous est égal.

— Complètement.

Cruc se pencha sur le cylindre brillant, dévissa légèrement le pointeau, et changea de place pour remettre le moteur en marche. Celui-ci démarra au moment où Mangemanche quittait la pièce. Cruc avait modifié le réglage de la compression, et, avec un ronflement rageur,

l'hélice arracha la table du sol ; le tout s'écrasa sur le mur opposé. Au bruit, Mangemanche était revenu. En voyant ça, il tomba à genoux et se signa. Cruc était déjà en prières.

3

La domestique de Cornélius Onte introduisit le professeur Mangemanche dans la chambre du blessé. Celui-ci tricotait, pour passer le temps, un motif jacquard de Paul Claudel[17], qu'il avait relevé dans un numéro de *La Pensée catholique et le Pèlerin agglomérés*.

— Salut ! dit Mangemanche. Vous me dérangez.

— Oui ? dit Cornélius. J'en suis peiné.

— Je vois. Vous avez mal ?

— J'ai la hanche en cinq morceaux.

— Qui vous a soigné ?

— Perriljohn. Ça va très bien maintenant.

— Alors, pourquoi est-ce que vous m'avez fait venir ?

— Je voulais vous proposer quelque chose, dit Cornélius.

— Allez vous faire foutre ! dit Mangemanche.

— Bon, dit Cornélius. J'y vais.

Il tenta de se lever, et à peine avait-il mis un pied par terre que sa hanche se recassa. Il s'évanouit très nettement. Mangemanche se saisit du téléphone et demanda qu'on envoie une ambulance pour le faire transporter dans son service.

4

— Vous le piquerez à l'évipan tous les matins, dit Mangemanche. Je ne veux pas qu'il se réveille quand je passe dans le service. Il me barbe tout le temps avec...

Il s'interrompit. L'interne le considérait attentivement.

— Ça ne vous regarde pas, au fait, dit Mangemanche. Comment va sa hanche ?

— On a mis des vis, dit l'interne. Des du grand modèle. Superbe fracture, qu'il a là.

— Vous savez qui c'est, Kylala[18]? demanda Mangemanche.

— Heu... dit l'interne.

— Si vous ne le connaissez pas, n'en parlez pas. C'est un ingénieur finlandais qui a inventé un système d'échappement pour les locomotives.

— Ah?... dit l'interne.

— Perfectionné plus tard par Chaplon[18], compléta Mangemanche. Mais, après tout, ça ne vous regarde pas non plus.

Il quitta le chevet de Cornélius et son regard se porta sur le lit voisin. La femme de service venait, profitant de ce qu'aucun malade ne l'occupait, de poser une chaise dessus pour faire le ménage.

— Qu'est-ce qu'elle a, cette chaise? dit Mangemanche, plaisantin.

— Elle a la fièvre, répondit l'interne, non moins.

— Vous vous foutez de moi, hein? dit Mangemanche. Mettez-lui un thermomètre, on va bien voir.

Il se croisa les bras et attendit. L'interne quitta la pièce et revint avec une chignole et un thermomètre. Il retourna la chaise cul par-dessus tête et se mit à percer un trou sous le siège. Il soufflait dessus en même temps pour faire partir la sciure.

— Dépêchez-vous, dit Mangemanche. Je suis attendu.

— Pour déjeuner? demanda l'interne.

— Non, dit Mangemanche. Pour construire un modèle du Ping 903[19]. Vous êtes bien curieux, ce matin.

L'interne se redressa et planta le thermomètre dans le trou. On vit le mercure se ramasser sur lui-même, puis bondir, escalader les degrés à une vitesse foudroyante, et le haut du thermomètre se mit à gonfler comme une bulle de savon.

— Retirez-le vite!... dit Mangemanche.

— Jésus!... dit l'interne.

Le ballonnet formé enfla encore un peu, et puis une amorce de rupture éclata près de la tige, et un jet de mercure brûlant tomba sur le lit. À son contact, les draps roussirent. Cela dessinait sur la toile blanche des lignes parallèles qui convergeaient quand même vers une petite nappe de mercure.

— Retournez cette chaise et mettez-la au lit, dit Mangemanche. Appelez mademoiselle Gongourdouille.

L'infirmière en chef se précipita.

— Prenez la tension de cette chaise, dit Mangemanche.

Il regarda l'interne la coucher avec précaution.

— C'est un cas très curieux, grommela-t-il encore. Ne la secouez pas comme ça, à la fin!...

L'interne, furieux, manipulait la chaise avec brutalité, lui arrachant un horrible craquement. Saisi par le regard de Mangemanche, il s'affaira autour de la chaise avec des gestes délicats de gobeur d'œufs professionnel.

5

— Je verrais plutôt un bord d'attaque taillé dans la masse, dit Cruc.

— Non, répondit Mangemanche, un revêtement classique en balsa de 15 dixièmes; ça sera tout de même plus léger.

— Avec ce moteur-là, dit Cruc, s'il rencontre quelque chose il est foutu.

— On choisira un endroit, dit Mangemanche.

Ils travaillaient tous les deux sur un plan à grande échelle du Ping 903 que Mangemanche modifiait pour le moteur.

— Ça sera dangereux, observa Cruc. Mieux vaudra ne pas se trouver devant.

— Vous êtes emmerdant, Cruc. Tant pis. Je suis docteur, après tout.

— Bien. Je vais rassembler les pièces qui nous manquent encore.

— Prenez du bon, hein? Je paierai ce qu'il faudra.

— Je prends comme pour moi, dit Cruc.

— Non!... Prenez comme pour moi. Je préfère. Vous avez mauvais goût. Je pars avec vous. Il faut que je voie mon malade.

— Allons-y, dit Cruc.

Ils se levèrent et quittèrent la pièce.

6

— Écoutez, dit Cornélius Onte.

Il parlait d'une voix vague et brouillée et ses paupières retombaient. Mangemanche prit un air excédé.

— Votre évipan ne vous suffit pas? Vous voulez quand même recommencer vos fameuses propositions?

— Mais non!... dit Cornélius. C'est... cette chaise...

— Eh bien, quoi? dit Mangemanche. Elle est malade. On la soigne. Vous savez ce que c'est qu'un hôpital, non?

— Oh!... gémit Cornélius. Enlevez-la!... Elle a grincé sans arrêt toute la nuit...

L'interne, debout près de Mangemanche, paraissait également à la limite de ses nerfs.

— C'est vrai? lui demanda le professeur.

L'interne fit un signe affirmatif.

— On pourrait la flanquer en l'air, dit-il. C'est une vieille chaise.

— C'est une chaise Louis XV, dit Mangemanche. Et puis, c'est vous ou c'est moi qui a dit qu'elle avait la fièvre?

— C'est moi, dit l'interne.

Il était furieux toutes les fois que Mangemanche s'occupait de la chaise.

— Alors, soignez-la.

— Mais je deviens fou!... gémit Cornélius.

— Tant mieux, dit Mangemanche. Vous ne m'embêterez plus avec vos propositions. Piquez-le encore, ajouta-t-il en se tournant vers l'interne et en désignant Cornélius.

— Ouille... Ouille... se lamenta Cornélius. Je ne sens plus ma fesse!...

— C'est que ça va mieux!

À ce moment, la chaise fit retentir une horrible série de craquements osseux. Une odeur dégoûtante se répandit autour de son lit.

— Toute la nuit comme ça... murmura Cornélius. Changez-moi d'endroit...

— On vous colle déjà dans une chambre à deux lits seulement et vous n'êtes pas content?... protesta l'interne.

— Deux lits et une chaise qui pue, dit Cornélius.

— Oh, ça va, dit l'interne. Vous croyez que vous sentez bon?

— Soyez poli avec mon malade, lui fit remarquer Mangemanche. Qu'est-ce qu'elle a, cette chaise? Elle fait une occlusion perforante?

— Je crois, dit l'interne. En plus, elle a quarante-neuf de tension.

— Bon, dit Mangemanche. Vous savez ce qui vous reste à faire. Au revoir.

Il appuya un bon coup sur le nez de Cornélius, pour le faire rire, et sortit. Cruc l'attendait pour le Ping 903.

7

Cruc se mâchait nerveusement les lèvres. Il y avait devant lui une feuille de papier couverte de calculs et d'équations du vingt-sixième degré, irrésolues et hésitantes. Mangemanche arpentait la pièce et, pour éviter de se retourner, repartait en marche arrière chaque fois qu'il arrivait au mur peint en bleu punaise.

— Impossible ici, affirma Cruc après un long silence.

— Cruc, dit Mangemanche, vous êtes un dégonflard.

— Pas assez d'espace. Il fera quatre mesures à la minute. Vous vous rendez compte ?

— Alors quoi ? dit Mangemanche.

— Il faut trouver un désert.

— Je suis bien forcé de rester m'occuper des malades.

— Faites-vous nommer médecin colonial.

— C'est idiot. J'aurai à me balader sans arrêt d'un village à l'autre, et jamais le temps de m'occuper du Ping.

— Prenez des vacances.

— Ça ne se fait pas.

— Alors, on ne peut pas !...

— Enfin, quoi ! dit Mangemanche.

— Ben, oui ! répondit Cruc.

— Oh, zut ! Je vais à l'hôpital... Continuez vos calculs.

Il descendit l'escalier, traversa le vestibule cylindrique et sortit. Sa voiture l'attendait devant le trottoir à claire-voie. Depuis la mort d'une de ses clientes préférées, il ne recevait pratiquement plus et se bornait à exercer à l'hôpital.

Lorsqu'il entra dans la chambre de Cornélius, il trouva, assis sur le lit de la chaise, un grand gaillard costaud et blond. Celui-ci se leva en le voyant.

— Je m'appelle Anne, dit-il. Bonjour, monsieur.

— C'est pas l'heure des visites, observa l'interne, qui entrait derrière le professeur.

— Il dort tout le temps, dit Anne. Je suis bien obligé de rester jusqu'à ce qu'il se réveille.

Mangemanche se retourna et regarda l'interne.

— Qu'est-ce que vous avez, vous ?

— Oh, ça va se passer.

Les mains de l'interne tremblaient comme des marteaux de sonnette et ses yeux étaient noirâtres jusqu'au milieu de la figure.

— Vous n'avez pas dormi?

— Non... C'est la chaise...

— Ah? Ça ne va pas?

— Quelle garce!... dit l'interne.

La chaise remua et craqua et cela recommença à sentir mauvais. L'interne, furieux, fit deux pas en avant, mais Mangemanche lui posa la main sur le bras.

— Calmez-vous, lui dit-il.

— Je ne peux plus!... Elle se fout de moi!

— Vous lui avez passé le bassin?

— Elle ne veut rien faire, se lamenta l'interne. Juste craquer, grincer, avoir la fièvre et m'emmerder.

— Soyez correct, dit Mangemanche. On va s'occuper d'elle tout à l'heure. Alors, vous? continua-t-il en s'adressant à Anne.

— Je voudrais parler à monsieur Onte. C'est au sujet de mon contrat.

— C'est pas la peine de me parler de ça... je ne suis pas au courant.

— Monsieur Onte ne vous a pas fait des propositions?

— Monsieur Onte est tellement bavard que je le fais dormir d'un bout de la journée à l'autre.

— Pardon, dit l'interne. C'est moi.

— Ça va, dit Mangemanche. C'est vous... si vous voulez.

— J'ai connaissance de ces propositions, dit Anne. Je peux vous les dire.

Mangemanche regarda l'interne et lui fit un signe. L'interne fouilla dans sa poche. Il était derrière Anne.

— Oui? C'est intéressant, dit Mangemanche. Allez-y!

L'interne tira de sa poche une grosse seringue et planta l'aiguille en plein dans le gras du biceps d'Anne. Celui-ci essaya de lutter, mais s'endormit presque aussitôt.

— Où je le mets? dit l'interne, car Anne était lourd à tenir.

— Débrouillez-vous, dit Mangemanche. Je vais visiter les salles. D'ici là, Onte sera sans doute réveillé.

L'interne écarta les bras et Anne glissa par terre.

— Je peux le mettre à la place de cette chaise... suggéra-t-il.

La chaise riposta par une série d'éclatements ricaneurs.

— Laissez-la tranquille, dit Mangemanche. Si je vous prends à l'embêter...

— Bon, dit l'interne. Alors, je le laisse là.

— Comme vous voudrez.

Le professeur réajusta sa blouse blanche et sortit d'un pas souple et feutré. Il disparut dans le couloir laqué.

Resté seul, l'interne s'approcha lentement de la chaise et la couvrit d'un regard d'où suintait la méchanceté. Il était si fatigué que ses paupières retombaient à chaque instant. Une infirmière entra.

— Vous lui avez passé le bassin ? dit l'interne.

— Oui, dit l'infirmière.

— Alors ?

— Alors, elle a des oxyures de bois. Et puis, elle s'est levée toute seule, une fois. Elle va l'amble. C'est déplaisant à voir. J'étais terrorisée.

— Je vais l'ausculter, dit l'interne. Passez-moi un linge propre.

— Voilà, dit l'infirmière.

Il n'avait même pas la force de lui fourrer sa main entre les jambes, bien qu'elle eût ouvert sa blouse comme à l'habitude. Dépitée, elle lui donna la serviette et s'en alla en remuant de la tôle émaillée. L'interne s'assit sur le lit et découvrit la chaise. Il s'efforçait de ne pas respirer, car elle craquait de plus belle.

8

Lorsque Mangemanche revint de sa visite des salles, l'interne dormait à son tour, en travers sur Anne, au pied du lit de Cornélius. Le professeur remarqua quelque chose d'insolite dans l'aspect du lit voisin et découvrit prestement la chaise Louis XV. Ses pieds s'étaient raidis. Elle avait vieilli de vingt ans. Elle était froide, inerte, et Louis XVI. Les courbes de son dossier, tendues et droites, disaient combien son agonie avait dû être pénible. Le professeur remarqua la teinte blanc-bleuâtre du bois, et donna, en se retournant, un bon coup de pied dans la tête de l'interne, mais celui-ci ne bougea pas. Il ronflait. Le professeur s'agenouilla près de lui et le secoua.

— Alors... quoi ? Vous dormez ?... Qu'est-ce que vous avez fait ?...

L'interne se mit à grouiller et ouvrit un œil filandreux.

— Qu'est-ce qui vous arrive ? répéta Mangemanche.

— Me suis piqué... murmura l'interne. Évipan aussi. Trop sommeil.

Il referma l'œil avec un ronflement caverneux.

Mangemanche le secoua plus fort.

— Et la chaise ?

L'interne ricana avec lenteur.

— Strychnine.

— Salaud !... dit Mangemanche. Il n'y a plus qu'à la remettre sur ses pieds et la faire empailler.

Il se releva, vexé. L'interne dormait comme un bienheureux, Anne aussi et Cornélius aussi. Mangemanche bâilla. Il souleva la chaise avec délicatesse et la posa au pied du lit. Elle émit un dernier craquement, doux et mort, et il s'assit dessus. Sa tête oscillait de droite et de gauche, et, au moment où elle se fixait dans une position commode, on frappa à la porte. Le professeur n'entendit pas, et Angel frappa de nouveau puis il entra.

Mangemanche tourna vers lui deux globes vitreux et dénués d'expression.

— Jamais il ne pourra voler, marmotta-t-il.

— Vous dites ? demanda poliment Angel.

Le professeur avait du mal à sortir de son assoupissement. Il fit un gros effort de plusieurs kilos et réussit à dire quelque chose.

— Jamais un Ping 903 n'aura la place de voler dans ce pays. Foi de Mangemanche !... Il y a trop d'arbres.

— Mais si vous venez avec nous ? dit Angel.

— Avec vous, qui ?

— Avec Anne et moi, et Rochelle.

— Où ça ?

— En Exopotamie.

Les voiles de Morphée s'entrouvrirent au-dessus du crâne de Mangemanche, et Morphée lui-même lâcha un caillou juste sur sa fontanelle. Il se réveilla tout à fait.

— Sacré nom ! Mais c'est un désert, ça !...

— Oui, dit Angel.

— C'est ce qu'il me faut.

— C'est d'accord, alors ?

— Mais quoi, bran ? dit le professeur qui ne comprenait plus.

— Enfin, monsieur Onte vous a fait des propositions ?

— Monsieur Onte me casse les pieds, dit Mangemanche. Depuis huit jours, je le fais piquer à l'évipan pour être tranquille.

— Mais il voulait simplement vous offrir une situation en Exopotamie. Médecin-chef du camp.

— Quel camp ? quand ?

— Le camp du chemin de fer qu'on va construire là-bas. Dans un mois. On devait partir demain, Anne et moi, et Rochelle.

— Qui est Rochelle ?

— Une amie.

— Jolie ?

Mangemanche se redressa. Il était ragaillardi.

— Oui, dit Angel. Du moins je trouve.

— Vous êtes amoureux, affirma le professeur.

— Oh, non ! dit Angel. C'est Anne qu'elle aime.

— Mais vous l'aimez ?

— Oui, dit Angel. C'est pour ça qu'il faut qu'Anne l'aime aussi, puisqu'elle l'aime ; elle sera contente.

Mangemanche se frotta le nez.

— Ça vous regarde, hein, dit-il. Mais méfiez-vous de ce raisonnement. Alors vous croyez qu'il y a de la place pour faire marcher un Ping 903 ?

— Tout ce que vous voulez.

— Comment le savez-vous ?

— Je suis ingénieur, dit Angel.

— Merveilleux !

Le professeur appuya sur la sonnette au chevet de Cornélius.

— Attendez, dit-il à Angel. On va les faire réveiller.

— Comment ça ?

— Oh ! assura Mangemanche, avec une bonne piqûre, c'est très facile.

Il se tut et réfléchit.

— À quoi pensez-vous ? lui demanda Angel.

— Je vais faire venir mon interne avec moi, dit Mangemanche. C'est un garçon honnête...

Il se sentit mal à l'aise sur la chaise, mais continua.

— J'espère qu'ils auront aussi une place pour Cruc. C'est un très bon mécanicien.

— Sûrement, dit Angel.

Et puis l'infirmière entra avec tout ce qu'il fallait pour les piqûres.

PASSAGE

Il y a lieu de s'arrêter une minute, maintenant, car cela va sûrement devenir noué et en chapitres ordinaires. On peut savoir pourquoi : il y a déjà une fille, une jolie fille. Il en viendra d'autres, et rien ne peut durer dans ces conditions-là.

Sinon, ce serait sans doute plus souvent gai ; mais avec les filles il faut du triste ; ce n'est pas qu'elles aiment le triste — elles le disent, du moins, — mais il vient avec elles. Avec les jolies. Les laides, on ne saurait en parler : c'est assez qu'il y en ait. D'ailleurs, elles sont toutes jolies.

Une s'appellera Cuivre, et l'autre Lavande, et les noms de certaines viendront après ; mais ni dans ce livre-ci, ni dans la même histoire.

Il y aura beaucoup de gens, en Exopotamie, parce que c'est le désert. Les gens aiment à se rassembler dans le désert, car il y a de la place. Ils essayent d'y refaire les choses qu'ils faisaient partout ailleurs, et qui, là, leur paraissent neuves ; car le désert constitue un décor sur lequel tout ressort bien, surtout si le soleil est doué, par hypothèse, de propriétés spéciales.

Le désert est souvent employé. Arthur Eddington[20] a donné le moyen de récupérer tous les lions qu'il contient ; il suffit de tamiser le sable et les lions restent sur la toile. Ceci comporte une phase — la plus intéressante — la phase d'agitation. À la fin, on a bien tous les lions sur la toile du tamis. Mais Eddington a oublié qu'il reste aussi les cailloux. Je crois que je parlerai des cailloux, de temps en temps.

PREMIER MOUVEMENT

C'est là un procédé fort avantageux, et son économie, jointe à la qualité des fibres, rend cette méthode particulièrement intéressante.

René ESCOURROU, *Le Papier,* Armand Colin, 1941, p. 84.

I

Alors, comme il avait faim, Athanagore Porphyrogénète reposa son marteau archéologique, et, fidèle à sa devise (sit tibi terra levis), entra sous sa tente pour déjeuner, laissant là le pot turcique qu'il achevait de désincrustir.

Puis, pour la commodité du lecteur, il remplit la fiche de renseignement suivante, reproduite ci-dessous in extenso, mais en typographie seulement :

Taille : 1 m 65

Poids : 69 kilogrammes force

Cheveux : grisonnants

Système pileux résiduaire : peu développé

Âge : incertain

Visage : allongé

Nez : foncièrement droit

Oreilles : type universitaire en anse d'amphore

Vêture : peu soignée et les poches déformées par un bourrage sans scrupules

Caractères annexes : sans aucun intérêt

Habitudes : sédentaires en dehors des périodes de transition

Ayant rempli cette fiche, il la déchira, car lui n'en avait absolument pas

besoin, vu qu'il pratiquait depuis son jeune âge le petit exercice socratique nommé vulgairement

γνῶθι σεαυτόν[21]

La tente d'Atha était formée d'une pièce de toile taillée spécialement, munie d'œillets en de certains points judicieusement choisis, et reposant sur le sol par l'intermédiaire de perches de bois de bazooka cylindré, qui lui donnaient une assise ferme et suffisante.

Au-dessus de cette pièce de toile, se trouvait tendue une autre pièce de toile, à une distance convenable, assujettie par le truchement de cordons reliés à des piquets métalliques qui mettaient le tout à la terre pour éviter les ronflements désagréables.

Le montage de cette tente, excellemment réalisé par les soins de Martin Lardier, le factotum d'Athanagore, procurait au visiteur, toujours éventuel, un ensemble de sensations en rapport avec la qualité et l'acuité de ses facultés intrinsèques, mais réservait l'avenir. Il ne couvrait, en effet, qu'une surface de six mètres carrés (et des fractions, car la tente venait d'Amérique, et les Anglo-Saxons expriment en pouces et en pieds ce que les autres mesurent en mètres ; ce qui faisait dire à Athanagore : dans ces pays où le pied règne en maître, il serait bon que le mètre prît pied) et il y avait encore plein de place à côté.

Martin Lardier, qui s'occupait, dans les parages, à redresser la monture de sa loupe tordue par un grossissement trop élevé, rejoignit son maître sous la tente. À son tour, il remplit une fiche ; il la déchira malheureusement trop vite pour que l'on ait le temps de la recopier, mais on le recoincera au tournant. D'un coup d'œil, on pouvait se rendre compte qu'il avait les cheveux bruns.

— Servez le repas, Martin, pria l'archéologue qui faisait régner une discipline de fer dans son champ de fouilles[1].

— Oui, maître, répondit, sans vain souci d'originalité, Martin.

Il déposa le plateau sur la table et s'assit en face d'Athanagore ; les deux hommes entrechoquèrent bruyamment leurs fourchettes à cinq doigts en piquant, d'un commun accord, dans la grosse boîte de ragoût condensé que venait d'ouvrir Dupont, le serviteur nègre.

Dupont, le serviteur nègre, préparait dans sa cuisine une autre boîte de conserves pour le repas du soir. Il lui fallait tout d'abord faire cuire à grande eau la viande fibreuse de momie, avec l'assaisonnement cérémonial, sur un feu laborieusement entretenu au moyen de sarments

1. Produisant ainsi des courants induits, par le moyen desquels, à travers des solénoïdes, il s'éclairait.

solennels en état d'ignition, puis distiller la soudure, remplir de méture la boîte de tôle étamée avec la nourriture cuite à grande eau, non sans avoir vidé la grande eau dans le petit lévier ; et puis souder le couvercle avec la soudure comme du fer et ça faisait une boîte de conserves pour le repas du soir.

Dupont, fils d'artisans laborieux, les avait tués afin qu'ils puissent enfin s'arrêter de travailler et reposer en paix. Évitant les félicitations ostensibles, il vivait à l'écart, d'une vie de religion et de dévouement, espérant être canonné par le Pape avant de mourir, comme le Père de Foucault[22] prêchant la croisière. En règle générale il bombait le torse ; pour l'instant il s'affairait, empilant des bûchettes sur du feu en équilibre instable, lardant de coups de serpe des seiches humides dont il jetait l'encre aux porcs avant de les noyer dans l'eau minéralogique qui bouillait dans un seau constitué de lamelles étroitement jointives de tulipier à cœur rouge. Au contact de l'eau bouillante, les seiches prenaient une belle couleur indigo ; la lueur du feu ricochait sur la surface frissonnante, posant au plafond de la cuisine des reflets en forme de cannabis indica, mais dont l'odeur différait à peine de celle des lotions d'arôme Patrelle que l'on trouve chez tous les bons coiffeurs, André et Gustave en particulier.

L'ombre de Dupont parcourait la pièce à gestes coudés et rompus. Il attendait la fin du repas d'Athanagore et de Martin pour desservir.

Cependant Martin faisait à son maître le récit en forme de dialogue des événements de la matinée.

— Quoi de neuf ? dit Athanagore.

— Rien de nouveau quant à ce qui concerne le sarcophage, dit Martin.

— Quel sarcophage ? demanda Athanagore.

— Justement, dit Martin. Il n'y en a pas.

— On continue à creuser ?

— On continue. Dans tous les sens.

— Nous réduirons à une seule direction quand nous pourrons.

— On a signalé un homme dans la région, dit Martin.

— Qu'est-ce qu'il fait ?

— Il est arrivé par le 975. Il s'appelle Amadis Dudu.

— Ah, soupira Athanagore, ils ont enfin ramassé un voyageur...

— Il est installé, dit Martin. Il a emprunté un bureau et il écrit des lettres.

— À qui a-t-il emprunté un bureau ?

— Je ne sais pas. Il a l'air de travailler dur.

— C'est curieux.

— Pour le sarcophage? dit Martin.

— Écoutez, Martin, ne vous habituez pas à l'idée que nous allons trouver un sarcophage tous les jours.

— Mais nous n'en avons encore trouvé aucun!...

— Ceci prouve bien qu'ils sont rares, conclut Athanagore.

Martin secoua la tête, écœuré.

— Ce coin ne vaut rien, dit-il.

— Nous venons à peine d'amorcer, observa Athanagore. Vous êtes trop pressé.

— Excusez-moi, maître, dit Martin.

— Ça n'a pas d'importance. Vous me ferez deux cents lignes pour ce soir.

— Quel genre, maître?

— Traduisez-moi en grec une poésie lettriste d'Isidore Isou[23]. Prenez-en une de la longueur.

Martin repoussa sa chaise et sortit. Il en avait pour jusqu'à sept heures du soir, au moins, et il faisait très chaud.

Athanagore termina son repas. Il reprit son marteau archéologique en sortant de la tente; il tenait à finir de désincrustir son pot turcique. Mais il avait l'intention de se dépêcher; la personne du dénommé Amadis Dudu commençait à l'intéresser.

Le pot, de grande taille, en porcelaine grossière, était peint, au fond, d'un œil que le calcaire et la silice obstruaient à moitié. À petits coups précis, Athanagore fit sauter les éclats pétrifiés, dégageant l'iris et la pupille. Vu en entier, c'était un assez bel œil bleu, un peu dur, aux cils plaisamment recourbés. Athanagore regardait plutôt d'un autre côté pour se dérober à l'interrogation insistante qu'impliquait l'expression de ce vis-à-vis céramique. Lorsque le nettoyage fut chose faite, il remplit le pot de sable, pour ne plus voir l'œil, le retourna sens dessus dessous et le brisa de plusieurs coups de marteau, puis il ramassa les fragments épars. Ainsi, le pot tenait très peu de place et pourrait entrer dans une boîte du modèle standard sans déparer la régularité des collections du maître, qui tira de sa poche le réceptacle en question.

Ceci fait, Athanagore se désaccroupit et partit en direction présumée d'Amadis Dudu. Si ce dernier montrait, pour l'archéologie, des dispositions, il méritait que l'on s'y intéressât. Le sens infaillible qui guidait l'archéologue dans ses démarches ne manqua point à le diriger

vers la bonne place. Effectivement assis à un bureau, Amadis Dudu téléphonait. Sous son avant-bras gauche, Atha vit un sous-main dont le buvard portait déjà les marques d'un travail intense ; une pile de lettres, devant lui, prêtes à l'expédition, et dans une corbeille, le courrier déjà reçu.

— Savez-vous où l'on peut déjeuner par ici ? demanda Amadis, couvrant le récepteur de sa main, sitôt qu'il eut aperçu l'archéologue.

— Vous travaillez trop, répondit Athanagore. Le soleil va vous abrutir.

— C'est un pays charmant, assura Amadis. Et il y a beaucoup à faire.

— Où avez-vous trouvé ce bureau ?

— On trouve toujours un bureau. Je ne peux pas travailler sans bureau.

— Vous êtes venu par le 975 ?

Le correspondant d'Amadis devait s'impatienter, car le récepteur se tordit violemment dans sa main. Avec un mauvais sourire, Amadis saisit une épingle dans le plumier et la planta dans le petit trou noir. Le récepteur se roidit et il put le reposer sur l'appareil.

— Vous disiez ? s'enquit Amadis.

— Je disais : vous êtes arrivé par le 975 ?

— Oui. Il est assez commode. Je le prends tous les jours.

— Je ne vous ai jamais vu par ici.

— Je ne prends pas ce 975-là tous les jours. Comme je vous le disais, il y a beaucoup à faire par ici. Accessoirement, pourriez-vous m'indiquer où l'on peut déjeuner ?

— Il doit être possible de trouver un restaurant, dit Athanagore. Je vous avoue que depuis mon arrivée ici je ne m'en suis pas préoccupé J'avais amené des provisions, et puis on peut pêcher dans le Giglyon.

— Vous êtes ici depuis ?...

— Depuis cinq ans, précisa Athanagore.

— Vous devez connaître le pays, alors.

— Pas trop mal. Je travaille plutôt en dessous. Il y a des plissements siluro-dévoniens, des merveilles. J'aime aussi certains coins de pléistocène où j'ai trouvé des traces de la ville de Glure.

— Connais pas, dit Amadis. Le dessus ?

— Ça, il faut demander à Martin de vous guider, dit Athanagore. C'est mon factotum.

— Il est pédéraste ? demanda Amadis.

— Oui, dit Athanagore. Il aime Dupont.

— Ça m'est égal, dit Amadis. Tant pis pour Dupont.

— Vous allez le peiner, dit Atha. Et il ne me fera plus la cuisine.

— Puisqu'il y a un restaurant...

— Vous êtes sûr ?

— Venez avec moi, dit Amadis. Je vous y mène.

Il se leva, remit sa chaise en place. Dans le sable jaune, il était facile de la faire tenir droite.

— C'est propre, ce sable, dit Amadis. J'aime bien cet endroit. Il n'y a jamais de vent ?

— Jamais, assura Athanagore.

— Si nous descendons le long de cette dune-là, nous allons trouver le restaurant.

De longues herbes vertes, raides et cirées, tachaient le sol d'ombres filiformes. Les pieds des deux marcheurs ne faisaient aucun bruit et creusaient des empreintes coniques aux contours doucement arrondis.

— Je me sens un autre homme, ici, dit Amadis. L'air est très sain.

— Il n'y a pas d'air, dit Athanagore.

— Cela simplifie tout. Avant de venir ici, j'ai eu des moments de timidité.

— Ça paraît vous avoir passé, dit Athanagore. Quel âge avez-vous ?

— Je ne peux pas vous donner de chiffre, dit Amadis. Je ne me rappelle pas le début. Tout ce que je pourrais faire, c'est répéter quelque chose que l'on m'a dit et dont je ne suis pas sûr. J'aime mieux pas. En tout état de cause, je suis encore jeune.

— Je vous donnerais vingt-huit ans, dit Athanagore.

— Je vous remercie, dit Amadis. Je ne saurais qu'en faire. Vous trouverez sûrement quelqu'un à qui ça fera plaisir.

— Oh, bon ! dit Atha.

Il était un peu vexé.

La dune descendait maintenant en pente raide, et une autre, aussi haute, masquait l'horizon ocre. Des dunes adventives, plus petites, formaient des replis, dessinant des cols et des passes à travers lesquels Amadis se dirigeait sans la moindre hésitation.

— C'est assez loin de ma tente, dit Atha.

— Ça ne fait rien, dit Amadis. Vous suivrez nos empreintes pour revenir.

— Mais si on se trompe de chemin en y allant ?

— Eh bien, vous vous perdrez en revenant, voilà tout.

— C'est embêtant, dit Atha.

— N'ayez pas peur. Je sais sûrement où c'est. Tenez, regardez.

Derrière la grosse dune, Athanagore aperçut le restaurant italien : Joseph Barrizone, propriétaire. On l'appelait Pippo[24]. Les stores de toile rouge se détachaient gaiement sur la peinture laquée des murs de bois. Laquée blanche. Pour préciser. Devant le soubassement de briques claires, des hépatrols sauvages fleurissaient sans répit dans des pots de terre vernissée. Il en poussait aussi aux fenêtres.

— On sera très bien là, dit Amadis. Ils doivent avoir des chambres. Je vais y faire transporter mon bureau.

— Vous allez rester là ? dit Atha.

— On va construire un chemin de fer, dit Amadis. J'ai écrit à ma maison pour ça. J'ai eu l'idée ce matin.

— Mais il n'y a pas de voyageurs, dit Athanagore.

— Vous trouvez que ça arrange les chemins de fer, vous, les voyageurs ?

— Non, dit Athanagore. Évidemment non.

— Donc, il ne s'usera pas, dit Amadis. Ainsi, dans le calcul des frais d'exploitation, on n'aura jamais à tenir compte de l'amortissement du matériel. Vous vous rendez compte ?

— Mais ce n'est qu'un poste du bilan, observa Athanagore.

— Qu'est-ce que vous y connaissez, en affaires, hein ? répliqua brutalement Amadis.

— Rien, dit Athanagore. Je suis juste archéologue.

— Alors, venez déjeuner.

— J'ai déjà déjeuné.

— À votre âge, dit Amadis, vous devez pouvoir déjeuner deux fois.

Ils arrivaient à la porte vitrée. Tout le rez-de-chaussée était vitré sur la façade, et l'on voyait les rangées de petites tables propres et les chaises de cuir blanc.

Amadis poussa le battant et une sonnette s'agita fiévreusement. Derrière le grand comptoir à droite, Joseph Barrizone, que l'on appelait Pippo, lisait du langage majuscule dans un journal. Il avait une belle veste blanche toute neuve et un pantalon noir, et un col ouvert, parce qu'il faisait tout de même relativement chaud.

— Facché la barba à sept heures c'to matteïgno ? demanda-t-il à Amadis.

— Si ! répondit Amadis.

S'il en ignorait l'orthographe, il comprenait le patois de Nice.

— Bien! répondit Pippo. C'est pour déjeuner?

— Oui. Qu'est-ce qu'il y a?

— Tout ce qu'on peut trouver dans ce restaurant terrestre et diplomatique, répondit Pippo avec un fameux accent italien.

— Du minestrone?

— Aussi du minestrone et des spaghettis à la Bolognese.

— Avanti! dit Athanagore pour rester dans le ton.

Pippo disparut vers la cuisine. Amadis choisit une table près de la fenêtre et s'assit.

— Je voudrais voir votre factotum, dit-il. Ou votre cuisinier. Comme vous voudrez.

— Vous avez le temps.

— Ce n'est pas sûr, dit Amadis. J'ai pas mal de travail. Vous savez, bientôt, il y aura beaucoup de monde par ici.

— Charmant! dit Athanagore. Ça va être la bonne vie. On fera des raouts?

— Qu'est-ce que vous appelez un raout?

— C'est une réunion mondaine, expliqua l'archéologue.

— Vous parlez! dit Amadis. Comme on aura le temps de faire des raouts!

— Oh, zut! dit Athanagore.

Tout d'un coup, il se sentait déçu. Il retira ses lunettes et cracha dessus pour en nettoyer les vitres.

II

RÉUNION

À cette liste on peut également ajouter le sulfate d'ammoniaque, le sang desséché et les gadoues.

Yves HENRY, *Plantes à fibres,* Armand Colin, 1924.

1.

L'huissier arriva, comme d'habitude, le premier. La réunion du Conseil d'administration était prévue pour dix heures et demie. Il avait à ouvrir

la salle, disposer des cendriers devant chaque sous-main et des images obscènes à la portée des Conseillers, vaporiser par endroits du désinfectant car plusieurs de ces messieurs souffraient de maladies contagieuses dépouillantes, et aligner les dossiers des chaises sur des parallèles idéales aux côtés de la table ovale. Il faisait à peine jour, car l'huissier boitait et devait calculer largement son temps. Il était vêtu d'un vieux complet rupinant en serge moisée de couleur vert sombre, et portait une chaîne dorée au cou avec une plaque gravée où l'on pouvait lire son nom si l'on voulait. Il se déplaçait par saccades et son membre perclus battait l'air en spirales à chacune de ses progressions fragmentaires.

Il saisit la clé contournée du placard à accessoires et gagna du terrain vers l'angle de la pièce contiguë au lieu de réunion, où l'on rangeait toutes ces choses très indispensables. Il se hâtait à grands ahans. Le panneau démasqua les étagères, coquettement garnies de papier rose festonné, peint par Léonard de Vinci à une époque reculée. Les cendriers s'étageaient dans un ordre discret, suggéré plutôt qu'imposé, mais rigoureux quant à l'esprit. Les cartes obscènes de divers modèles, certaines en plusieurs couleurs, étaient classées dans des pochettes assorties. L'huissier connaissait plus ou moins les préférences des messieurs du Conseil. Il sourit du coin de l'œil en voyant, à l'écart, un petit paquet innocent dans lequel il avait rassemblé toutes celles qui lui plaisaient personnellement, et il esquissa le geste de déboutonner sa braguette, mais le contact de son engin désolé fit se rembrunir sa figure ridée. Il se rappela la date et se souvint qu'il n'y trouverait rien de sérieux avant deux jours. À son âge, ce n'était pas si mal, mais il lui revenait à la mémoire un moment où il pouvait le faire jusqu'à deux fois par semaine. Cette réminiscence lui rendit un peu de gaieté et les coins sales de sa bouche en sphincter de galline dessinèrent l'amorce d'un sourire, tandis qu'une vilaine lumière grise clignotait dans ses yeux ternis.

Il prit les six cendriers nécessaires et les posa sur le plateau japonais à fond de verre dont il se servait généralement pour ces sortes de transports. Puis, se référant à l'index punaisé au dos de la porte, il choisit les cartes, une par une, quatre pour chacun. Il se souvint, sans avoir besoin de vérifier, que le président préférait les groupes cycliques à doubles liaisons, c'était une conséquence de ses études de chimie, et regarda la première carte avec admiration, car ça représentait vraiment une performance acrobatique. Sans s'attarder davantage, il secoua la tête avec complicité et termina rapidement son choix.

2.

Le baron Ursus de Janpolent[25] roulait en voiture vers le lieu du Conseil.

3.

Ils arrivèrent en même temps, vers dix heures et quart, trois personnages que l'huissier salua respectueusement. Ils portaient de légères serviettes de cuir de porc à peine patiné, des complets à veston croisé et gilet fantaisie, quoique uni et de teinte assortie au tissu du complet, et des chapeaux du genre boléro. Ils parlaient très sérieusement, dans un langage parsemé d'inflexions nettes et décisives, en levant assez haut le menton et en faisant des gestes avec la main droite qui ne tenait pas la serviette. On peut noter, sans préjuger de la suite des événements, que deux de ces serviettes s'ouvraient par une fermeture éclair répartie sur trois de leurs côtés, le dernier jouant le rôle de charnière. La troisième, à poignée, était la honte de son propriétaire qui signalait, de trois minutes en trois minutes, l'acquisition projetée, dans l'après-midi, d'une identique aux deux autres, à laquelle condition les possesseurs des deux autres continuaient à échanger des inflexions définissantes avec lui.

4.

Il restait encore deux membres à venir, sans compter le baron Ursus de Janpolent, qui roulait en voiture vers le lieu du Conseil.

L'un, Agathe Marion, entra dans l'immeuble à dix heures vingt-sept. Il s'arrêta, se retourna et regarda avec insistance, dans la lumière de la porte, le bout de son soulier droit qu'un importun venait d'érafler ; le cuir luisant portait une balafre et le petit bout de peau triangulaire qui se soulevait, en projetant une ombre de forme différente car elle tenait compte du contour apparent de la chose, était horrible à voir. Agathe Marion frissonna et, chassant d'un geste des épaules les vibrations en chair d'oie qui s'agitaient entre ses omoplates, pivota de nouveau. Il reprit sa marche, dit au passage un bonjour à l'huissier, et son premier pied entama le plan légèrement matériel de la porte du Conseil, une minute avant l'heure réglementaire.

5.

Le baron Ursus de Janpolent le suivait à trois mètres.

6.

Le dernier était en retard et la séance commença sans lui. Ce qui fait cinq personnes et un huissier, et une personne en retard, qui compte tout de même, soit sept en tout ; en chiffres ronds ? Malheureusement non, car pour un nombre inférieur à dix, il n'y a qu'un chiffre rond : c'est zéro, et c'est différent de sept.

— Messieurs, la séance est ouverte. Je donne la parole au rapporteur qui va vous exposer, beaucoup mieux que je ne saurais le faire moi-même, les progrès de notre affaire depuis la dernière séance.

— Messieurs, je vous rappelle que notre Société, fondée à l'instigation du directeur technique Amadis Dudu, a pour but la création et l'exploitation en Exopotamie d'un chemin de fer.

— Je ne suis pas de cet avis.

— Mais si, vous vous rappelez bien.

— Oui, c'est vrai. Je confondais...

— Messieurs, depuis notre dernière séance, nous avons reçu du directeur Dudu une série d'études importantes que les services techniques de la Société ont étudiées dans tous les détails. Il ressort de ceci la nécessité d'envoyer d'urgence à Amadis Dudu un personnel de maîtrise et des agents d'exécution.

— Le secrétaire a été chargé du recrutement à l'issue de la séance dernière et va, maintenant, nous indiquer les résultats de ses démarches.

— Messieurs, j'ai assuré à notre entreprise le concours d'un des plus remarquables techniciens de l'heure en matière de chemin de fer.

— Je ne suis pas de cet avis.

— Voyons, vous savez bien qu'il ne parle pas de ça !

— Ah ! bon !

— J'ai nommé Cornélius Onte.

— C'est tout ?

— Malheureusement, Cornélius Onte a été victime d'un accident d'automobile. Cependant, grâce aux démarches incessantes effectuées depuis cette date, j'ai réussi à remplacer le technicien remarquable qu'est monsieur Onte par un ingénieur de grand mérite. Qui plus est, faisant d'une pierre deux coups et un morceau, j'ai fait signer un contrat à un autre ingénieur de talent et à une secrétaire ravissante. Voyez la carte quatre de monsieur Agathe Marion ; la figure en haut à gauche a un profil, quoique déformé par l'action exercée, sensiblement identique à celui de ladite secrétaire.

— Messieurs, faites passer la carte.

— Je ne suis pas de cet avis.

— Vous nous faites perdre notre temps avec vos interruptions perpétuelles.

— Excusez-moi, je pensais à autre chose.

— Et les agents d'exécution ?

— L'entreprise se présente bien.

— Messieurs, j'ai également embauché à ce jour un médecin et un interne dont la présence sera précieuse lorsque les accidents du travail auront atteint leur plein rendement.

— Je ne suis pas de cet avis.

— Et les agents d'exécution ?

— À la suite d'une convention signée sur place par le directeur Dudu, la nourriture et le logement du personnel technique de direction seront assurés par le restaurant Barrizone.

— Messieurs, le travail accompli par le secrétaire se révèle d'ores et déjà fructueux. Je vous signale par ailleurs qu'un de mes neveux, Robert Gougnan du Peslot, me paraît la personne rêvée pour accepter les fonctions de directeur commercial de l'affaire. Je vous propose de lui laisser le soin de fixer lui-même ses appointements et d'engager sa secrétaire.

— Parfaitement.

— Quand au personnel technique, on pourrait lui affecter le traitement en vigueur ici, majoré d'une prime de déplacement.

— Je ne suis pas de cet avis.

— Pour une fois, il a raison.

— Qu'est-ce qu'un technicien ? Cela ne demande pas de qualités spéciales. Il suffit d'appliquer mécaniquement des choses toutes faites qu'on vous apprend.

— Pas de prime de déplacement.

— Une petite prime de déplacement.

— Il faut réfléchir à la question.

— Messieurs, la séance est levée.

— Rendez-moi ma carte.

— On n'a pas parlé des agents d'exécution.

— Il faut en parler à la prochaine séance.

— Je ne suis pas de cet avis.

Ils se levèrent tous sans ensemble, et dans un remue-ménage peu harmonieux, quittèrent la salle. L'huissier les salua au passage et, traînant

sa patte folle, se rapprocha avec lenteur du lieu de la réunion défunte, qu'empuantissaient des fumées révoltantes.

III

Il semble bien établi que les petits enfants et les jeunes animaux tètent tout ce qui leur vient à la bouche, et qu'il faut leur apprendre à téter au bon endroit.

Lord RAGLAN, *Le Tabou de l'inceste*, Payot, 1935, p. 29.

Anne trouvait sa valise bien lourde ; il se demandait s'il n'avait pas eu tort de s'encombrer d'un certain nombre d'articles de seconde nécessité. Il ne se répondait pas par pure mauvaise foi, et ceci lui fit rater la dernière marche de l'escalier ciré. Son pied partit en avant et dans un geste concomitant, son bras droit projeta la valise à travers la vitre de l'imposte. Il se releva rapidement, franchit la porte d'un bond et rattrapa sa valise comme elle retombait de l'autre côté. Le poids le fit fléchir, et sous l'effort qu'il exerça, son cou se gonfla et rompit le bouton de col en métal radieux qu'il avait acheté cinq ans plus tôt dans une kermesse d'actions de grâces. Sa cravate se desserra aussitôt de plusieurs centimètres et tout était à refaire. Il ramassa la valise, la lança de l'autre côté de l'imposte au prix d'un cruel effort, courut à reculons la recevoir au pied de l'escalier, et grimpa très vite, en montée arrière, les dix dernières marches. Il poussa un soupir de soulagement en sentant sa cravate se resserrer et son bouton de col lui chatouiller à nouveau la pomme d'Adam.

Cette fois, il sortit de la maison sans encombre et tourna pour suivre le trottoir.

Rochelle quittait aussi son appartement, et elle se dépêchait pour arriver à la gare avant que le conducteur du train ne tire le coup de pistolet du départ. Par raison d'économie, les Chemins de Fer Nationaux utilisaient de la vieille poudre mouillée, et appuyaient sur la gâchette

une demi-heure à l'avance, pour que le coup parte à peu près au moment voulu ; mais, certaines fois, il retentissait presque tout de suite. Elle avait perdu beaucoup de temps à s'habiller pour le voyage ; le résultat était exceptionnel.

Par l'ouverture d'un manteau léger de laine perfrisée, on entrevoyait sa robe vert tilleul de coupe très simple. Ses jambes s'inséraient étroitement dans une paire de nylons fins et des souliers grébichus de cuir fauve gainaient ses pieds délicats. Sa valise la suivait à quelques pas, portée par son petit frère ; il était venu l'aider bénévolement, et Rochelle, pour le récompenser, lui confiait ce travail de précision.

Le métro béait non loin de là, attirant dans sa gueule noire des groupes d'imprudents. Par intervalles, le mouvement inverse se produisait et, péniblement, il vomissait un paquet d'individus pâlis et amoindris, portant à leurs vêtements l'odeur des entrailles du monstre, qui puent fort.

Rochelle tournait la tête de droite et de gauche, cherchant des yeux un taxi, car l'idée du métro l'épouvantait. Avec un bruit de succion, ce dernier absorba sous ses yeux cinq personnes dont trois de la campagne, car elles portaient des paniers d'oies, et elle dut fermer ses paupières pour se ressaisir. Il n'y avait pas un seul taxi en vue. Le flot de voitures et d'autobi qui dévalaient la rue en pente lui donnait un vertige défilant. Son petit frère la rejoignit au moment où, brisée, elle allait se laisser happer à son tour par l'escalier insidieux et réussit à la retenir en empoignant le bas de sa robe. Son geste eut pour effet de dévoiler les cuisses ravissantes de Rochelle et des hommes tombèrent évanouis ; elle remonta la marche fatale et embrassa son petit frère pour le remercier. Heureusement pour elle, le corps d'une des personnes qui venaient de se trouver mal s'abattit devant les roues d'un taxi libre dont les pneus pâlirent et qui s'arrêta.

Rochelle courut, donna l'adresse au chauffeur, saisit la valise que lui lançait son petit frère. Il la regardait s'en aller, et, de la main droite, elle lui envoya des baisers, par la vitre de derrière devant laquelle pendait un chien de peluche macabre.

Le ticket de location pris par Angel la veille portait des numéros caractéristiques, et l'ensemble des indications que lui fournirent successivement cinq employés concordait avec l'idée générale qu'elle tira de l'examen des pancartes. Aussi, c'est sans mal qu'elle trouva son compartiment. Anne venait d'arriver et posait sa valise dans le filet ; son visage était en sueur ; sa veste gisait déjà au-dessus de sa place et

Rochelle admira ses biceps à travers la popeline rayée de sa chemise de laine. Il lui dit bonjour en lui embrassant la main et ses yeux brillaient de contentement.

— C'est merveilleux! Vous êtes à l'heure!

— Je suis toujours à l'heure, dit Rochelle.

— Pourtant, vous n'avez pas l'habitude de travailler.

— Oh! dit Rochelle. J'espère que je ne la prendrai pas trop vite.

Il l'aida à loger ses affaires, car elle tenait toujours sa valise.

— Excusez-moi. Je vous regardais...

Rochelle sourit. Elle aimait bien cette excuse.

— Anne...

— Quoi?

— C'est long, ce voyage?

— C'est très long. Il faut prendre le bateau ensuite, et de nouveau un train, et puis une voiture, à travers le désert.

— C'est merveilleux, dit Rochelle.

— C'est très merveilleux.

Ils s'assirent côte à côte sur la banquette.

— Angel est là... dit Anne.

— Ah!...

— Il est reparti chercher des choses à lire et à manger.

— Comment est-ce qu'il peut penser à manger alors que nous sommes là tous les deux... murmura Rochelle.

— Ça ne lui fait pas le même effet.

— Je l'aime bien, dit Rochelle, mais il n'est pas poétique du tout.

— Il est un peu amoureux de vous.

— Il ne devrait pas penser aux choses à manger, alors.

— Je ne crois pas qu'il y pense pour lui, dit Anne. Peut-être que si, mais je ne crois pas.

— Je ne peux pas penser à rien d'autre qu'à ce voyage... avec vous...

— Rochelle... dit Anne.

Il parlait tout bas.

— Anne...

— Je voudrais vous embrasser...

Rochelle ne dit rien, mais elle s'écarta un peu.

— Vous gâchez tout, dit-elle. Vous êtes comme tous les hommes.

— Vous aimeriez mieux que je vous dise que vous ne me faites aucun effet?

— Vous n'êtes pas poétique.

Son ton était désabusé.

— On ne peut pas être poétique avec une fille jolie comme vous, dit Anne.

— Alors, vous auriez envie d'embrasser n'importe quelle idiote. C'est bien ce que je pensais.

— Ne soyez pas comme ça, Rochelle.

— Comme quoi ?

— Comme ça... vilaine.

Elle se rapprocha légèrement, mais elle restait boudeuse.

— Je ne suis pas vilaine.

— Vous êtes adorable.

Rochelle avait très envie qu'Anne l'embrasse mais il fallait un peu le dresser. Il ne faut pas les laisser faire.

Anne ne la touchait pas, il ne voulait pas la brusquer. Pas tout en même temps. Et puis, elle était très sensible. Très douce. Si jeune. Attendrissante. Pas l'embrasser sur la bouche. Vulgaire. Caresses, les tempes, peut-être les yeux. Près de l'oreille. D'abord passer le bras autour de la taille.

— Je ne suis pas adorable.

Elle fit mine d'écarter le bras qu'Anne venait de passer autour de sa taille. Il résista très peu. Si elle avait voulu, il l'aurait enlevé.

— Je vous ennuie ?...

Elle n'avait pas voulu.

— Vous ne m'ennuyez pas. Vous êtes comme tous les autres.

— C'est pas vrai.

— On sait tellement bien ce que vous allez faire.

— Non, dit Anne, je ne vais pas vous embrasser si vous ne voulez pas.

Rochelle ne répondit pas et baissa les yeux. Les lèvres d'Anne étaient tout près de ses cheveux. Il lui parlait à l'oreille. Elle sentait son souffle, léger et contenu ; elle s'écarta de nouveau.

Anne n'aimait pas ça. La dernière fois, dans l'auto, qu'est-ce qu'il lui filait comme patin... Et elle se laissait faire. Mais là, tout de suite, sa pimbêche. On ne peut pas écraser un type toutes les fois qu'on a envie d'embrasser une fille. Pour la mettre en état de réceptivité. Il se rapprocha délibérément, lui saisit la tête et posa ses lèvres sur la joue rosée de Rochelle. Sans appuyer. Elle résistait un peu. Pas longtemps.

— Non... murmura-t-elle.

— Je ne voulais pas vous ennuyer, dit Anne dans un souffle.

Elle tourna un peu sa figure et lui laissa sa bouche. Elle le mordit pour jouer. Un si grand garçon. Il faut aussi leur apprendre. Elle entendit du bruit du côté de la porte et, sans changer de position, regarda ce que c'était. Il y avait le dos d'Angel qui s'en allait dans le couloir du wagon.

Rochelle caressait les cheveux d'Anne.

<div style="text-align:center">

IV

</div>

> *... Je ne mettrai plus de petits machins comme ça que de place en place, parce que cela devient emmerdant.*
>
> <div style="text-align:right">Boris VIAN, *Pensées inédites.*</div>

Filait sur la route le professeur Mangemanche, dans un véhicule personnel, car il se rendait en Exopotamie par ses propres moyens. Le produit de ces moyens, voisin de l'extrême, défiait toute description, mais l'une d'entre elles releva le gant, et le résultat suit.

Il y avait : à droite et en avant, une roue,
en avant et à gauche, une roue,
à gauche et en arrière, une roue,
en arrière et à droite, une roue,
au milieu et dans un plan incliné à 45° sur celui déterminé par trois des centres de ces roues (dans lequel il arrivait que se trouvît aussi la quatrième), une cinquième roue, laquelle dénommait Mangemanche le volant. Sous l'influence de celle-ci, l'ensemble prenait par moments des mouvements d'ensemble et c'est bien naturel.

À l'intérieur, entre les parois de tôle et de fonte, on aurait pu dénombrer un grand planté d'autres, diverses, roues, mais en se mettant de la graisse plein les doigts.

On citera encore du fer, de l'étoffe, du phare, de l'huile, du carburant départemental, un radiateur, un pont dit arrière, des pistons volubiles, des bielles, du vilebrequin, du magma et de l'interne, assis à côté de Mangemanche, et qui lisait un bon livre, *La Vie de Jules Gouffé*, par

Jacques Loustalot et Nicolas[26]. Un étrange système ingénieux, dérivé du coupe-racines, enregistrait instantanément l'allure immédiate du tout, et Mangemanche surveillait l'aiguille y afférente.

— Ça gaze, dit l'interne en levant les yeux. Il posa son livre et en prit un autre dans sa poche.

— Oui, dit Mangemanche.

Sa chemise jaune éclatait de joie sous le soleil qui leur faisait face.

— Nous y serons ce soir, dit l'interne, feuilletant rapidement son nouveau bouquin.

— Voire... répondit Mangemanche. Nous n'y sommes point encore. Et les embûches peuvent se multiplier.

— Se multiplier par quoi ? dit l'interne.

— Par rien, dit Mangemanche.

— Alors il n'y en aura pas, dit l'interne, parce que quelque chose qu'on multiplie par rien, ça fait toujours rien.

— Vous me faites suer, dit Mangemanche. Où avez-vous appris ça ?

— Dans ce livre, dit l'interne.

C'était le *Cours d'arithmétique* de Brachet et Dumarqué. Mangemanche l'arracha des mains de l'interne et le jeta par-dessus bord. Il s'engloutit dans le fossé avec un grand jaillissement d'éclairs lumineux.

— Ça y est, dit l'interne. Brachet et Dumarqué vont sûrement mourir.

Il se mit à pleurer amèrement.

— Ils en ont vu d'autres, dit Mangemanche.

— Pensez-vous, dit l'interne. Tout le monde aime Brachet et Dumarqué. C'est de l'envoûtement à rebours, ce que vous faites là. C'est puni par la loi.

— Et piquer à la strychnine des chaises qui ne vous ont rien fait ? dit sévèrement le professeur. Ça n'est pas puni par la loi, non ?

— Ce n'était pas de la strychnine, sanglota l'interne. C'était du bleu de méthylène.

— C'est pareil, dit Mangemanche. Cessez de m'asticoter. Ça vous retombera toujours sur le nez. Je suis très méchant.

Il rit.

— C'est vrai, dit l'interne.

Il renifla et passa sa manche sous son nez.

— Vous êtes un sale vieux bonhomme, dit-il.

— C'est exprès, répondit Mangemanche. C'est pour me venger. C'est depuis que Chloé est morte.

— Oh, n'y pensez plus ! dit l'interne.

— J'y suis bien forcé.

— Pourquoi continuez-vous à porter des chemises jaunes, alors ?

— Ça ne vous regarde pas, dit Mangemanche. Voilà encore une phrase que je vous répète quinze fois par jour et vous recommencez quand même.

— Je déteste vos chemises jaunes, dit l'interne. Voir ça toute la journée, ça vous ravage un type.

— Je ne les vois pas, dit Mangemanche.

— Je le sais bien, dit l'interne. Mais moi ?

— Vous, je m'en fous, dit Mangemanche. Vous avez signé le contrat, hein ?

— C'est du chantage ?

— Mais non. La vérité, c'est que j'avais besoin de vous.

— Mais je suis nul en médecine !

— D'accord, constata le professeur. Ça, c'est un fait. Vous êtes nul en médecine. Plutôt nuisible, dirais-je même. Mais j'ai besoin d'un garçon solide pour tourner l'hélice des modèles réduits.

— C'est pas dur, dit l'interne. Vous auriez pu prendre n'importe qui. Ça part au quart de tour.

— Vous croyez ça, hein ? Pour un moteur à explosion, je veux bien ; mais j'en ferai aussi avec du caoutchouc. Vous savez ce que c'est, remonter un moteur de caoutchouc à trois mille tours ?

L'interne s'agita sur son siège.

— Il y a des systèmes, dit-il. Avec une chignole, c'est rien du tout non plus.

— Pas de chignole, dit le professeur. Ça esquinte l'hélice.

L'interne se renfrogna dans son coin. Il ne pleurait plus. Il grogna quelque chose.

— Quoi ? dit Mangemanche.

— Rien.

— Rien, dit Mangemanche, ça fait toujours rien.

Il rit encore en voyant l'interne se retourner vers la portière en faisant semblant de dormir, et pressa l'accélérateur en chantant joyeusement.

Le soleil avait tourné et ses rayons arrivaient obliquement sur la voiture qui, à un observateur placé dans des conditions adéquates, fût

apparue brillante sur fond noir, car Mangemanche appliquait ainsi les principes connus de l'ultramicroscopie.

<div align="center">V</div>

Le bateau longeait le môle pour prendre son élan et franchir la barre. Il était plein à craquer de matériel et de gens pour l'Exopotamie, et touchait presque le fond quand il avait le malheur de se trouver entre deux vagues. À bord, Anne, Rochelle et Angel occupaient trois cabines inconfortables. Le directeur commercial, Robert Gougnan du Peslot, n'était pas du voyage : il devait arriver dès que la construction du chemin de fer serait terminée. Temporairement, il toucherait ses appointements sans quitter son ancienne situation.

Dans l'entrepont, le capitaine courait de long en large, cherchant son pavillon à donner des ordres ; il ne parvenait pas à mettre la main dessus, et si le navire continuait dans cette direction sans nouveaux ordres, il allait se fracasser sur la Toupie, un récif renommé pour sa férocité. Finalement, il aperçut l'engin tapi derrière un rouleau de corde, qui guettait le moment où une mouette passerait pour se jeter dessus. Le capitaine l'empoigna et galopa lourdement le long de la coursive, puis monta l'escalier qui le mena sur le pont, d'abord, et plus haut, sur la passerelle. Il était temps, car on venait juste de signaler la Toupie.

De grosses vagues mousseuses couraient les unes après les autres, et le navire roulait tant soit peu, mais dans le mauvais sens, pas celui de la marche, aussi cela ne servait pas à le faire aller plus vite. Un vent frais, saturé d'ichneumon et d'iode, s'engouffrait dans les replis auriculaires de l'homme de barre, produisant une note douce comme le chant du courlis, et voisine du ré dièse.

L'équipage digérait lentement la soupe au biscuit de mer intérieure que le capitaine obtenait du gouvernement par faveur spéciale. Des poissons imprudents se précipitaient tête basse sur la coque et les chocs sourds qui en résultaient ne manquaient pas d'intriguer certains des passagers dont c'était le premier voyage, et notamment Didiche et Olive.

Olive, la fille de Marin et Didiche, le fils de Carlo. Marin et Carlo, les deux agents d'exécution embauchés par la Compagnie. Ils avaient d'autres enfants, mais bien cachés pour le moment dans les recoins du bateau, car il leur restait des choses à voir, dans le bateau et sur eux. Le contremaître Arland[27] était du voyage. Un beau salaud.

L'étrave écrasait les vagues sous elle comme un pilon à purée, car les formes commerciales du navire ne le destinaient pas à la vitesse pure. Néanmoins, l'effet produit sur l'âme des spectateurs restait élégant, à cause que l'eau de mer est salée et que le sel purifie tout. Comme de juste, les mouettes gueulaient sans arrêt et jouaient à virer sec autour du grand mât, et puis elles se mirent toutes en rang sur la quatrième vergue en haut à gauche, pour voir passer un cormoran qui faisait un essai de vol sur le dos.

À ce moment-là, Didiche marchait sur les mains pour montrer à Olive, et le cormoran se troubla en voyant cela ; il voulut monter, et se dirigea dans le mauvais sens. Sa tête percuta un bon coup dans le plancher de la passerelle. Cela fit un bruit sec. Il ferma les yeux parce que la douleur le forçait à cligner, et il se mit à saigner du bec. Le capitaine se retourna et lui tendit un mouchoir crasseux en haussant les épaules.

Olive avait vu tomber le cormoran. Elle courut pour demander si on pouvait le prendre dans ses mains. Didiche marchait toujours la tête en bas, et il dit à Olive de regarder ce qu'il allait faire, mais Olive n'était plus là. Il se remit debout et jura sans ostentation ; un assez gros mot, mais bien proportionné ; puis il suivit Olive, mais sans se presser, parce qu'elles exagèrent. Il tapait sur la rambarde avec le plat de sa main sale, tous les deux pas à peu près, et ça résonnait tout du long avec un beau bruit vibrant ; en même temps, ça lui donna l'idée de chanter quelque chose.

Le capitaine aimait bien qu'on vînt le déranger sur sa passerelle, car il avait horreur du gendarme et c'était formellement interdit de lui parler. Il fit un sourire à Olive. Il appréciait ses jambes bien tournées et ses cheveux raides et blonds, et son chandail trop serré, avec les deux jeunes renflements par devant, dont le petit Jésus venait de lui faire présent trois mois plus tôt. Juste à ce moment le bateau longeait la Toupie et le capitaine porta à sa bouche son pavillon à donner les ordres, il voulait se faire admirer par Olive et Didiche dont la tête apparaissait au bas de l'échelle de fer. Il se mit à crier très fort. Olive ne comprenait pas ce qu'il disait, et le cormoran avait déjà horriblement mal à la tête.

La capitaine lâcha son pavillon et se retourna vers les enfants avec un sourire satisfait.

— Qui est-ce que vous appelez, monsieur? dit Olive.

— Appelle-moi capitaine, dit le capitaine.

— Mais vous, répéta Olive, qui appelez-vous?

— Le naufragé, expliqua le capitaine. Il y a un naufragé sur la Toupie.

— Qu'est-ce que c'est la Toupie, capitaine? demanda Didiche.

— C'est ce gros récif, dit le capitaine.

— Il est là tout le temps? demanda Olive.

— Qui? dit le capitaine.

— Le naufragé, expliqua Didiche.

— Bien sûr, dit le capitaine.

— Pourquoi? demanda Olive.

— Parce qu'il est idiot, dit le capitaine, et aussi parce que ça serait très dangereux d'aller le chercher.

— Il mord? demanda Didiche.

— Non, dit le capitaine, mais il est très contagieux.

— Qu'est-ce qu'il a?

— On ne sait pas, dit le capitaine.

Il éleva de nouveau son pavillon à ses lèvres et cria dedans, et des mouches marines tombèrent à une encablure de là.

Olive et Didiche étaient accoudés au garde-fou de la passerelle. Ils regardaient des grosses méduses tourner très vite sur elles-mêmes en produisant des vortex où venaient se prendre les poissons imprudents, méthode inventée par les méduses australiennes et qui faisait fureur à ce moment sur la côte.

Le capitaine reposa son pavillon à côté de lui et s'amusa de voir que le vent séparait les cheveux d'Olive par une ligne blanche sur sa tête blonde. Quelquefois sa jupe remontait jusqu'à ses cuisses et claquait en entourant ses jambes.

Le cormoran, triste de voir qu'on ne faisait pas attention à lui, poussa un gémissement douloureux. Olive se rappela soudain pourquoi elle était venue sur la passerelle et se retourna vers le pauvre blessé.

— Capitaine, dit-elle, est-ce que je peux le prendre?

— Naturellement, dit le capitaine, si tu n'as pas peur qu'il te morde!

— Mais ça ne mord pas, un oiseau, dit Olive.

— Ah! Ah! Ah! dit le capitaine. C'est que ce n'est pas un oiseau ordinaire!

— Qu'est-ce que c'est? demanda Didiche.

— Je ne sais pas, dit le capitaine; et ça prouve bien que ce n'est pas un oiseau ordinaire, parce que les oiseaux ordinaires, je les connais: il y a la pie, le fanfremouche et l'écubier, et le caillebotis, et puis la mouture, l'épervuche et l'amillequin, la bêtarde et le cantrope, et le verduron des plages, le marche-à-l'œil et le coquillet; en dehors de ça, on peut citer la mouette et la poule vulgaire qu'ils appellent en latin cocota deconans.

— Mince!... murmura Didiche. Vous en savez des choses, capitaine.

— C'est que j'ai appris, dit le capitaine.

Olive avait tout de même pris le cormoran dans ses bras et le berçait en lui racontant des bêtises pour le consoler. Il se rembobinait dans ses plumes, tout content, et ronronnait comme un tapir.

— Vous voyez, capitaine, dit-elle. Il est très gentil.

— Alors c'est une épervuche, dit le capitaine. Les épervuches sont des oiseaux charmants, c'est dans le bottin.

Flatté, le cormoran prit, avec sa tête, une pose gracieuse et distinguée, et Olive le caressa.

— Quand est-ce qu'on va arriver, capitaine? demanda Didiche qui aimait bien les oiseaux, mais pas tellement.

— C'est loin, dit le capitaine. On en a un bon bout à faire, tu sais. Où est-ce que vous allez, vous deux?

— On va en Exopotamie, dit Didiche.

— Fichtre! apprécia le capitaine. Pour la peine, je vais donner un tour de roue de plus.

Il fit comme il disait et Didiche le remercia.

— Vos parents sont à bord? demanda le capitaine.

— Oui, répondit Olive. Carlo, c'est le papa de Didiche, et Marin c'est mon père à moi. Moi j'ai treize ans, et Didiche, il en a treize et demi.

— Ah! Ah! dit le capitaine.

— Ils vont construire un chemin de fer à eux tout seuls.

— Et nous, on y va aussi.

— Vous êtes des veinards, dit le capitaine. Si je pouvais, je viendrais avec vous. J'en ai marre de ce bateau.

— C'est pas drôle d'être capitaine?

— Oh, non! dit le capitaine. C'est un boulot de contremaître.

— Arland, c'est un beau salaud, assura Didiche.

— Tu vas te faire gronder, dit Olive. Il ne faut pas dire ça.

— Ça ne fait rien, dit le capitaine. Je ne le répéterai pas. On est entre hommes.

Il caressa les fesses d'Olive. Elle était flattée d'être assimilée à un homme et prit ça pour une de ces marques d'amitié que se témoignent les mâles. La figure du capitaine était toute rouge.

— Venez avec nous, capitaine, proposa Didiche. Ils seront sûrement contents de vous avoir.

— Oui, dit Olive, ça sera amusant. Vous nous raconterez des aventures de pirates et on jouera à l'abordage.

— Bonne idée! dit le capitaine. Tu crois que tu es assez forte pour ça?

— Oh, je comprends! dit Olive. Tâtez mes bras!

Le capitaine l'attira vers lui et lui manipula les épaules.

— Ça peut aller, dit-il.

Il parlait avec difficulté.

— C'est une fille, dit Didiche. Elle ne pourra pas se battre.

— À quoi vois-tu que c'est une fille? dit le capitaine. C'est à cause de ces deux petits machins-là?

— Quels machins? demanda Didiche.

— Ça... dit le capitaine.

Il toucha pour montrer à Didiche.

— C'est pas si petit que ça, dit Olive.

Pour faire voir, elle bomba le torse après avoir déposé le cormoran endormi à côté d'elle.

— Mais non... murmura le capitaine. Pas si petit.

Il lui fit signe de s'approcher.

— Si tu tires dessus tous les matins, dit-il en baissant la voix, ça deviendra encore plus gros.

— Comment? dit Olive.

Didiche n'aimait pas que le capitaine devienne rouge comme ça et que ses veines sortent sur son front. Il regarda ailleurs, l'air gêné.

— Comme ça... dit le capitaine.

Et puis Didiche entendit qu'Olive se mettait à pleurer qu'il la pinçait, et elle se débattit et il vit que le capitaine la tenait en lui faisant mal. Il prit le pavillon et en donna, de toutes ses forces, un coup sur la figure du capitaine qui lâcha Olive en jurant.

— Foutez-moi le camp, petits malheureux!... brailla le capitaine.

On voyait une marque là où Didiche visait en le frappant. Des grosses larmes coulaient sur les joues d'Olive et elle se tenait la poitrine où le

capitaine venait de la pincer. Elle descendit l'échelle en fer. Didiche la suivait, il était très en colère, furieux et vexé sans savoir pourquoi exactement, et il avait la sensation qu'on venait de le rouler. Le cormoran passa au-dessus de leurs têtes, projeté d'un coup de pied du capitaine et s'abattit devant eux. Olive se baissa et le ramassa. Elle pleurait toujours. Didiche passa un bras autour de son cou et avec son autre main, il écarta ses cheveux jaunes qui se collaient sur sa figure mouillée, et il l'embrassa aussi doucement qu'il put, sur la joue. Elle s'arrêta de pleurer, et elle regarda Didiche et baissa les yeux. Elle tenait le cormoran tout contre elle, et Didiche la serrait avec son bras.

VI

Angel arrivait sur le pont. Le bateau était maintenant en pleine mer et le vent du large le parcourait en long ; cela faisait une croix, phénomène normal, car le royaume du Pape paprochait.

Anne et Rochelle venaient de s'enfermer dans une de leurs cabines, et Angel aimait mieux s'en aller ; c'était assez épuisant pourtant, de penser à autre chose. Anne restait toujours aussi gentil avec lui. Le plus terrible, c'est que Rochelle également. Mais tous deux dans une seule cabine, ils n'allaient pas parler d'Angel. Ils n'allaient pas parler. Ils n'allaient pas... Peut-être si... Peut-être qu'ils allaient...

Le cœur d'Angel battait assez fort, parce qu'il pensait à Rochelle sans rien, comme elle était en bas, dans la cabine, avec Anne ; ou, sans ça, ils n'auraient pas fermé la porte.

Elle regardait Anne d'une façon très désagréable pour Angel, depuis plusieurs jours, avec des yeux pareils à ceux d'Anne, quand il l'embrassait dans l'auto, des yeux un peu noyés, horribles, des yeux qui bavaient, avec des paupières comme des fleurs meurtries, aux pétales légèrement écrasés, spongieux et translucides.

Le vent chantait dans les ailes des mouettes et s'accrochait aux choses qui dépassent le pont des bateaux, laissant des petites queues de vapeur à chaque aspérité, comme la plume de l'Everest. Le soleil s'envoyait dans

l'œil en se reflétant sur la mer clignotante et blanche par places. Cela sentait très bon la blanquette de veau marin et les fruits de mer mûris à la chaleur. Les pistons de la machine pilaient avec consistance et la coque vibrait régulièrement. Une fumée bleue montait au-dessus du toit lamellé du lanterneau d'aération desservant la chambre des mécaniques, aussitôt dissipée par le vent. Angel voyait tout ça ; un tour en mer, ça vous console un peu, et puis le chuintement doux de l'eau, le frottis des écumes sur la coque, les cris et les claquements d'ailes des mouettes lui montaient à la tête, et son sang s'allégea et, malgré Anne, en bas, avec Rochelle, se mit à pétiller comme du champagne dans ses veines.

L'air était jaune clair et bleu turquoise lavé. Les poissons continuaient à frapper la coque de temps à autre. Angel aurait aimé descendre et regarder s'ils ne bosselaient pas dangereusement les tôles déjà vieilles. Mais il chassa cette pensée et il n'avait déjà plus dans les yeux les images d'Anne et de Rochelle, parce que le goût du vent était merveilleux, et le goudron mat sur le pont portait des craquelures brillantes comme des nervures de feuilles capricieuses. Il alla vers l'avant du bateau et voulut s'accouder à la rambarde. Olive et Didiche, penchés par-dessus, regardaient les drôles de gerbes d'écume qui collaient des moustaches blanches au menton de l'étrave, curieux endroit pour des moustaches. Didiche tenait toujours Olive par le cou et le vent ébouriffait les cheveux des deux enfants en leur chantant sa musique dans l'oreille. Angel s'arrêta et s'accouda près d'eux. Ils s'aperçurent de sa présence et Didiche le regarda d'un air soupçonneux, qui s'adoucit à mesure ; sur les joues d'Olive, Angel vit les traces sèches des larmes, et elle reniflait encore un petit peu sur sa manche.

— Alors, dit Angel. Vous êtes contents ?

— Non, dit Didiche. Le capitaine est un vieux veau.

— Qu'est-ce qu'il vous a fait ? demanda Angel. Il vous a chassés de sa passerelle ?

— Il a voulu faire mal à Olive, dit l'enfant. Il l'a pincée là.

Olive mit sa main à l'endroit désigné et elle renifla un bon coup.

— Ça me fait encore mal, dit-elle.

— C'est un vieux cochon, dit Angel.

Il était furieux contre le capitaine.

— Je lui ai donné un coup d'entonnoir sur la gueule, observa le garçon.

— Oui, dit Olive, c'était drôle.

Elle se mit à rire tout doucement, et Angel et Didiche rirent aussi en pensant à la figure du capitaine.

— S'il recommence, dit Angel, venez me chercher. Je lui casserai la figure.

— Vous, au moins, remarqua Didiche, vous êtes un pote.

— Il voulait m'embrasser, dit Olive. Il sentait le vin rouge.

— Vous n'allez pas la pincer aussi?...

Didiche soudain s'alarmait. Ne pas aller trop vite avec ces adultes.

— N'aie pas peur, dit Angel. Je ne la pincerai pas et je n'essaierai pas de l'embrasser.

— Oh, dit Olive, vous, je veux bien que vous m'embrassiez, mais pas pincer, ça fait très mal.

— Moi, observa Didiche, je ne tiens pas du tout à ce que vous embrassiez Olive. Je peux très bien le faire...

— Tu es jaloux, hein? dit Angel.

— Pas du tout.

Les joues de Didiche prirent une belle teinte pourpre et il regarda délibérément par-dessus la tête d'Angel. Ça lui faisait renverser le cou en arrière à un angle très incommode. Angel riait. Il attrapa Olive sous les aisselles, l'éleva à sa hauteur et l'embrassa sur les deux joues.

— Voilà, dit-il en la reposant, maintenant on est des potes. Serre-moi la pince, dit-il à Didiche.

Celui-ci tendit sa patte sale à contre-cœur, mais il se dérida en voyant la figure d'Angel.

— Vous en profitez parce que vous êtes plus vieux que moi, mais, après tout, je m'en fiche. Je l'ai embrassée avant vous.

— Je te félicite, dit Angel. Tu es un homme de goût. Elle est très agréable à embrasser.

— Vous venez en Exopotamie aussi? demanda Olive.

Elle préférait qu'on parle d'autre chose.

— Oui, dit Angel. Je suis engagé comme ingénieur.

— Nos parents, dit Olive avec fierté, sont des agents d'exécution.

— C'est eux qui font tout le travail, compléta Didiche. Ils disent toujours que les ingénieurs tout seuls, ils ne pourraient rien faire.

— Ils ont raison, assura Angel.

— Et puis il y a le contremaître, Arland, conclut Olive.

— C'est un beau salaud, précisa Didiche.

— On verra ça, dit Angel.

— Vous êtes le seul ingénieur? demanda Olive.

Alors Angel se rappela qu'Anne et Rochelle étaient ensemble dans la cabine, en bas, et le vent fraîchit. Le soleil se cacha et le bateau dansait plus fort. Les cris des mouettes se firent agressifs.

— Non... dit-il avec effort. Il y a un de mes amis qui vient aussi. Il est en bas...

— Comment qu'il s'appelle ? demanda Didiche.

— Anne, répondit Angel.

— C'est marrant, observa Didiche. C'est un nom de chien.

— C'est un joli nom, dit Olive.

— C'est un nom de chien, répéta Didiche. C'est idiot, un type avec un nom de chien.

— C'est idiot, dit Angel.

— Vous voulez voir notre cormoran ? proposa Olive.

— Non, dit Angel, il vaut mieux pas le réveiller.

— On vous a dit quelque chose qui vous a ennuyé ? demanda doucement Olive.

— Mais non, dit Angel.

Il posa sa main sur les cheveux d'Olive et caressa la tête ronde, et puis il soupira.

En haut, le soleil hésitait à revenir.

VII

... et il n'est pas toujours mauvais de mettre un peu d'eau dans son vin...

Marcel Veron, *Traité de chauffage,* Dunod, tome 1, p. 145.

On tapait à la porte d'Amadis Dudu depuis déjà cinq bonnes minutes. Amadis regardait sa montre pour compter combien de temps il fallait avant que sa patience fût à bout et, à six minutes dix, il se dressa en donnant un formidable coup de poing sur la table.

— Entrez ! rugit-il d'une voix rageuse.

— C'est moi, dit Athanagore en poussant la porte. Je vous dérange ?

— Naturellement, dit Amadis.

Il faisait des efforts surhumains pour se calmer.

— C'est parfait, dit Athanagore, comme ça, vous vous rappellerez ma visite. Vous n'avez pas vu Dupont?

— Mais non, je n'ai pas vu Dupont.

— Oh! dit Athanagore, vous allez fort! Alors, où est-il?

— Enfin, nom de Dieu! dit Amadis. Est-ce que c'est Martin ou moi qui s'envoie Dupont? Demandez à Martin!

— Bon! c'est tout ce que je voulais savoir, répondit Atha. Ainsi vous n'avez pas encore réussi à séduire Dupont?

— Écoutez, je n'ai pas de temps à perdre. Les ingénieurs et le matériel arrivent aujourd'hui et je suis en plein baccara.

— Vous parlez comme Barrizone, dit Athanagore. Vous devez être très influençable.

— Je vous en fous, dit Amadis. Ce n'est pas parce que j'ai le malheur de sortir une expression diplomatique à Barrizone que vous devez m'accuser d'être influençable. Influençable? Vous me faites rigoler, tenez!

Amadis se mit à rigoler. Mais Athanagore le regardait et ça le rendit furieux de nouveau.

— Au lieu de rester là, dit-il, vous feriez mieux de m'aider à tout préparer pour les recevoir.

— Préparer quoi? demanda l'archéologue.

— Préparer leurs bureaux. Ils viennent ici pour travailler. Comment voulez-vous qu'ils fassent s'ils n'ont pas de bureaux?

— Je travaille bien sans bureau, dit Athanagore.

— Vous travaillez? Vous?... Enfin... Vous vous rendez bien compte que, sans bureau, il n'y a pas de travail sérieux, non?

— J'ai l'impression que je travaille autant qu'un autre, dit Athanagore. Vous croyez que c'est léger un marteau archéologique? Et casser des pots toute la journée pour les mettre dans des boîtes standard, vous vous imaginez que c'est une plaisanterie? Et surveiller Lardier, et engueuler Dupont, et écrire mon livre de bord et chercher dans quelle direction on devrait creuser, alors, tout ça, ce n'est rien?

— Ce n'est pas sérieux, dit Amadis Dudu. Faire des notes de service et envoyer des rapports, à la bonne heure! Mais creuser des trous dans du sable...

— Qu'est-ce que vous allez faire en fin de compte? dit Athanagore. Avec toutes vos notes et tous vos rapports? Vous allez bâtir un ignoble chemin de fer puant et rouillé qui mettra de la fumée partout. Je ne dis

pas qu'il ne servira à rien, mais ce n'est pas un travail de bureau non plus.

— Vous devriez bien vous dire plutôt que le plan a été approuvé par le Conseil d'administration et Ursus de Janpolent, dit Amadis avec suffisance. Vous n'êtes pas en mesure de juger de son utilité.

— Vous me cassez les pieds, dit Athanagore. Au fond, ce que vous êtes, c'est un homosexuel. Je ne devrais pas vous fréquenter.

— Vous ne risquez rien, dit Amadis. Vous êtes trop vieux. Dupont, à la bonne heure !

— Oh, la barbe, avec Dupont. Qui est-ce que vous attendez, aujourd'hui, finalement ?

— Angel, Anne, Rochelle, un contremaître, deux agents d'exécution et leur famille, le matériel. Le docteur Mangemanche arrive par ses propres moyens, avec un interne, et un mécanicien nommé Cruc nous rejoindra dans quelque temps. Nous recruterons sur place les quatre autres agents d'exécution indispensables, s'il y a lieu, mais je crois qu'il n'y aura pas lieu.

— Ça fait une considérable quantité de travailleurs, dit Athanagore.

— Au besoin, remarqua Amadis, on débauchera votre équipe en lui offrant un salaire supérieur.

Athanagore regarda Amadis et se mit à rire.

— Vous êtes drôle avec votre chemin de fer.

— Qu'est-ce que j'ai de drôle ? demanda Amadis, vexé.

— Vous croyez que vous débaucherez mon équipe comme ça ?

— Certainement, dit Amadis. Je leur offrirai une prime supérieure au rendement et des avantages sociaux et un comité d'entreprise et une coopérative et une infirmerie.

Peiné, Athanagore secoua sa tête grisonnante. Tant de méchanceté le confondait avec le mur et Amadis crut le voir disparaître, s'il est permis de s'exprimer ainsi. Un effort d'accommodation le fit émerger à nouveau au milieu de son champ visuel en friche.

— Vous n'y arriverez pas, assura Athaganore. Ils ne sont pas fous.

— Vous verrez, dit Amadis.

— Ils travaillent pour rien, avec moi.

— Raison de plus.

— Ils aiment l'archéologie.

— Ils aimeront la construction des chemins de fer.

— Enfin, oui ou non, dit Athanagore, avez-vous fait les Sciences politiques ?

— Oui, dit Amadis.

Athanagore resta silencieux quelques instants.

— Quand même, dit-il enfin. Vous aviez des prédispositions. Les Sciences politiques ne suffiraient pas à expliquer ça.

— Je ne sais pas ce que vous voulez dire, mais cela ne m'intéresse pas du tout. Voulez-vous m'accompagner ? Ils arrivent dans vingt minutes.

— Je vous suis, dit Athanagore.

— Savez-vous si Dupont sera là ce soir ?

— Oh ! dit Athanagore excédé. Foutez-moi la paix avec Dupont.

Amadis grommela et se leva. Son bureau occupait maintenant une pièce au premier étage du restaurant Barrizone, et, par la fenêtre, il pouvait voir les dunes et les herbes raides et vertes où se collaient de petits escargots jaune vif et des lumettes de sable aux irisations changeantes.

— Venez, dit-il à Athanagore, et il passa le premier avec insolence.

— Je vous suis, dit l'archéologue. N'empêche que vous faisiez moins votre directeur en attendant le 975...

Amadis Dudu rougit. Ils descendaient l'escalier frais et peu éclairé, et cela fit sortir de l'ombre des objets de cuivre luisant.

— Comment le savez-vous ?

— Je suis archéologue, dit Athanagore. Les vieux secrets n'en sont pas pour moi.

— Vous êtes archéologue, d'accord, convint Amadis, mais vous n'êtes pas voyante.

— Ne discutez pas, dit Atha. Vous êtes un jeune homme mal élevé. Je veux bien vous aider à recevoir votre personnel, mais vous êtes mal élevé... Personne n'y peut rien, car vous l'êtes mal, mais également vous êtes élevé. C'est l'inconvénient.

Ils arrivèrent en bas des marches et traversèrent le couloir. Dans la salle du restaurant, Pippo lisait encore son journal, assis derrière le comptoir, et secouait la tête en marmottant dans son patois.

— Salut, la Pipe, dit Amadis.

— Bonjour, dit Athanagore.

— Bon giorno, dit Pippo.

Amadis et Athanagore sortirent devant l'hôtel. Il faisait chaud et sec et l'air ondulait au-dessus des dunes jaunes. Ils se dirigèrent vers la plus haute d'entre elles, une forte bosse de sable couronnée de touffes vertes, d'où l'on voyait assez loin en rond.

— De quel côté viennent-ils ? demanda Amadis.

— Oh, dit l'archéologue, ils peuvent venir de n'importe quel côté ; il suffit qu'ils se soient trompés de route.

Il regarda avec attention en tournant sur lui-même et s'immobilisa lorsque son plan de symétrie passa par la ligne des pôles.

— Par là, dit-il en montrant le nord.

— Où ça ? demanda Dudu.

— Ouvrez vos châsses, dit Atha, usant d'un argot archéologique.

— Je vois, dit Amadis. Il n'y a qu'une voiture. Ce doit être le professeur Mangemanche.

On ne voyait encore qu'un petit point vert brillant et, derrière, un nuage de sable.

— Ils sont à l'heure, dit Amadis.

— Ça n'a aucune importance, dit Athanagore.

— Et l'horloge pointeuse, qu'est-ce que vous en faites ?

— Ce n'est pas avec le matériel qu'elle arrive ?

— Si, dit Amadis, mais, en son absence, je pointerai moi-même.

Athanagore le considéra avec stupéfaction.

— Mais, qu'est-ce que vous avez dans le ventre ? demanda-t-il.

— Des tas de saloperies, comme tout le monde, dit Amadis.

Il se tourna dans la direction opposée.

— ... des tripes et de la merde. Voilà les autres ! annonça-t-il.

— On va à leur rencontre ? proposa Athanagore.

— On ne peut pas, dit Amadis. Il en vient des deux côtés.

— On pourrait y aller chacun d'un côté ?

— Pensez-vous ! Pour que vous leur racontiez des bobards ! D'abord, j'ai des ordres. Je dois les recevoir moi-même.

— Bon, dit Athanagore. Eh bien, foutez-moi la paix, moi je m'en vais.

Il planta là Amadis interloqué dont les pieds se mirent à prendre racine, car, sous la couche superficielle de sable, ça poussait bien. Puis il descendit la dune. Il allait à la rencontre du grand convoi.

Cependant le véhicule du professeur Mangemanche progressait parmi les pleins et les creux avec une grande vitesse. L'interne, plié en trois par le mal au cœur, enfonçait sa tête dans une serviette éponge humide et hoquetait avec la dernière inconvenance. Mangemanche ne se laissait pas abattre par si peu de chose et fredonnait gaiement un petit air amerlaud intitulé *Show Me the Way to Go Home*, tout à fait approprié à la circonstance, tant par les mots que par les notes. Il enchaîna avec habileté, en haut d'une forte élévation de terrain, sur *Takin' a chance on Love* de Vernon Duke[28] et l'interne gémissait à apitoyer un marchand de

canons paragrêles. Puis, Mangemanche accéléra dans la descente et l'interne se tut car il ne pouvait pas gémir et dégueuler en même temps, grave lacune due à une éducation trop bourgeoise.

Dans un dernier ronflement du moteur et un râle ultime de l'interne, Mangemanche stoppa finalement devant Amadis qui suivait d'un œil courroucé la progression de l'archéologue à la rencontre du convoi.

— Bonjour, dit Mangemanche.

— Bonjour, dit Amadis.

— Rrrououâh!... dit l'interne.

— Vous êtes à l'heure, constata Amadis.

— Non, dit Mangemanche, je suis en avance. Au fait, pourquoi ne portez-vous pas des chemises jaunes!

— C'est affreux, dit Amadis.

— Oui, dit Mangemanche, je reconnais qu'avec votre teint terreux, ce serait un désastre. Les jolis hommes seuls peuvent se permettre ça.

— Vous trouvez que vous êtes un joli homme?

— D'abord, vous pourriez me donner mon titre, dit Mangemanche. Je suis le professeur Mangemanche et pas n'importe qui.

— Question accessoire, dit Amadis. Moi, en tout cas, je trouve que Dupont est plus joli que vous.

— Professeur, compléta Mangemanche.

— Professeur, répéta Amadis.

— Ou docteur, dit Mangemanche, c'est comme vous voudrez. Je suppose que vous êtes pédéraste?

— Est-ce qu'on ne peut pas aimer les hommes sans être pédéraste? dit Amadis. Vous êtes emmerdants, tous à la fin!...

— Vous êtes un vilain mufle, dit Mangemanche. Heureusement que je ne suis pas sous vos ordres.

— Vous êtes sous mes ordres.

— Professeur, dit Mangemanche.

— Professeur, répéta Amadis.

— Non, dit Mangemanche.

— Quoi, non? dit Amadis. Je dis ce que vous me dites de dire, et vous me dites ensuite de ne pas dire ce que je dis.

— Non, dit Mangemanche, je ne suis pas sous vos ordres.

— Si.

— Si, professeur, dit Mangemanche, et Amadis répéta.

— J'ai un contrat, dit Mangemanche. Je ne suis sous les ordres de personne. Qui plus est, je donne des ordres du point de vue sanitaire.

— On ne m'a pas prévenu, docteur, dit Amadis qui s'amadisouait.

— Ah, dit le professeur, voilà que vous devenez obséquieux.

Amadis passa la main sur son front ; il commençait à être chaud. Le professeur Mangemanche s'approcha de sa voiture.

— Venez m'aider, dit-il.

— Je ne peux pas, professeur, répondit Amadis. L'archéologue m'a planté là, et je ne peux plus me déplanter.

— C'est idiot, dit le professeur Mangemanche. C'est juste une façon qu'on a d'écrire.

— Vous croyez ? dit Amadis anxieux.

— Broutt ! dit le professeur, en soufflant brusquement au nez d'Amadis, qui eut très peur et se sauva en courant.

— Vous voyez ! lui cria Mangemanche.

Amadis revenait, l'air empoisonné.

— Est-ce que je peux vous aider, professeur ? proposa-t-il.

— Ah !... dit Mangemanche. Enfin vous devenez conventionnel. Attrapez ça.

Il lui lança dans les bras une énorme caisse. Amadis la reçut, chancela, et se la laissa tomber sur le pied droit. Une minute plus tard, il faisait au professeur une imitation réellement convaincante du flamand zazou sur sa patte unique.

— Bien, dit Mangemanche qui se réinstallait au volant. Descendez-la jusqu'à l'hôtel. Vous m'y retrouverez.

Il secoua l'interne qui venait de s'assoupir.

— Hé ! Vous !... On est arrivés.

— Ah !... soupira l'interne avec une expression de bonheur béat.

Et puis la voiture descendit la dune en trombe, et il plongea précipitamment dans sa serviette dégoûtante. Amadis regarda le derrière de la voiture et la caisse, et, en boitant, il entreprit de la charger sur ses épaules. Par malheur, il avait le dos rond.

VIII

Au-devant du convoi venait Athanagore, à pas menus, assortis à ses souliers pointus dont la tige de drap beige donnait à ces supports une

dignité révolue. Sa culotte courte de toile bise laissait trois fois la place à ses genoux osseux de passer sans encombre et sa chemise kaki, décolorée par les mauvais traitements, blousait à la ceinture. Plus un casque colonial qui restait accroché dans sa tente. Donc, il ne le portait jamais. Il pensait à l'insolence d'Amadis et à comme quoi ce garçon méritait une leçon, ou plusieurs, et encore, ce ne serait pas suffisant. Il regardait par terre, ainsi font d'habitude les archéologues ; ils ne doivent rien négliger, car souvent une découverte est le fruit du hasard, qui rôde ordinairement au ras du sol, ainsi qu'en témoignent les écrits du moine Orthopompe[29] ; ce dernier vivait au dixième siècle, dans un couvent de barbus dont il était le supérieur car lui seul savait calligraphier. Athanagore se rappelait le jour que Lardier venait de lui signaler la présence dans la région du sieur Amadis Dudu, et la lueur d'espoir allumée dans sa cervelle, si c'est là, entretenue par la découverte ultérieure du restaurant et que sa dernière conversation avec Amadis venait de ramener à son état initial d'extinction.

Maintenant, le convoi venait secouer un peu la poussière de l'Exopotamie ; encore du changement, peut-être des gens aimables. Athanagore avait un mal fou à réfléchir, car c'est une habitude qu'on perd très rapidement dans le désert ; voilà pourquoi ses pensées revêtaient un mode pompier d'expression, un mode de lueurs d'espoir allumées et tout le reste à l'avenant, comme la poire.

Or, surveillant ainsi le hasard et le ras du sol, et pensant au moine Orthopompe et au changement, il aperçut un fragment de pierre à moitié recouvert de sable ; à moitié préjugeait de la suite, comme il s'en aperçut dès qu'agenouillé il s'efforça de le dégager, car il creusa tout autour sans en rencontrer la fin. D'un coup sec de son marteau, il choqua le granit lisse et posa presqu'immédiatement son oreille contre la surface tiédie par le soleil, dont un rayon moyen tombait plus tôt à cet endroit. Il entendit le son se divertir et s'égarer dans de lointains prolongements de la pierre et comprit qu'il trouverait là de grandes choses. Il repéra le lieu d'après la position du convoi, pour être sûr de le retrouver, et recouvrit soigneusement de sable l'angle usé du monument. Il finissait à peine, et le premier camion passa devant lui, chargé de caisses. Le second suivait de près, il n'y avait encore que des bagages et du matériel. C'étaient de très gros camions, longs de plusieurs dizaines de piédouches, et ils faisaient un bruit jovial ; les rails et les outils brinqueballaient entre les ridelles bâchées, et le chiffon rouge, derrière, dansa devant les yeux de l'archéologue. Plus loin venait un troisième camion chargé de gens et de

bagages, et enfin un taxi jaune et noir dont le petit drapeau baissé décourageait l'imprudent[30]. Athanagore aperçut une jolie fille dans le taxi, et il salua de la main. Le taxi s'arrêta un peu plus loin, l'air de l'attendre. Il se hâta.

Angel, assis près du conducteur, descendit et s'avança vers Athanagore.

— Vous nous attendiez ? lui dit-il.

— Je suis venu à votre rencontre, dit Athanagore. Vous avez fait un bon voyage ?

— Ce n'était pas trop dur, dit Angel, sauf quand le capitaine a essayé de continuer sur terre par ses propres moyens.

— Je vous crois sans peine, dit Athanagore.

— Vous êtes monsieur Dudu ?

— Absolument pas ! Je ne serais pas monsieur Dudu pour toutes les poteries exopotamiennes du Britiche Muséomme.

— Excusez-moi, dit Angel. Je ne peux pas deviner.

— Ça ne fait rien, dit Athanagore. Je suis archéologue. Je travaille par ici.

— Enchanté, dit Angel. Moi, je suis ingénieur ; je m'appelle Angel. Dedans, il y a Anne et Rochelle.

Il désigna le taxi.

— Et il y a moi aussi, grommela le chauffeur.

— Certainement, dit Angel. On ne vous oublie pas.

— Je regrette pour vous, dit Athanagore.

— Pourquoi ? demanda Angel.

— Je pense que vous n'aimerez pas Amadis Dudu.

— C'est ennuyeux, ça, murmura Angel.

Dans le taxi, Anne et Rochelle s'embrassaient. Angel le savait et il avait mauvaise mine.

— Voulez-vous venir à pied avec moi ? proposa Athanagore. Je vous expliquerai.

— Mais oui, dit Angel.

— Alors je m'en vais ? dit le chauffeur.

— Allez-vous-en.

L'homme embraya après avoir jeté sur son compteur un regard satisfait. C'était une bonne journée.

Angel regarda malgré lui la vitre arrière du taxi au moment où il démarra. On se rendait compte qu'Anne, de profil, ne s'occupait pas du reste. Angel baissa la tête.

Athanagore le regardait avec étonnement. La figure fine d'Angel portait

les marques du mauvais sommeil et du tourment quotidien, et son dos élancé se courbait un peu.

— C'est drôle, dit Athanagore, vous êtes pourtant un beau garçon.

— C'est Anne qui lui plaît, dit Angel.

— Il est épais, remarqua Athanagore.

— C'est mon ami, dit Angel.

— Oui... »

Athanagore passa son bras sous celui du jeune homme.

— Vous allez vous faire engueuler.

— Par qui ? demanda Angel.

— Par ce Dudu de malheur. Sous prétexte que vous serez en retard.

— Oh, dit Angel, ça m'est égal. Vous faites des fouilles ?

— En ce moment, je les laisse travailler, expliqua Athanagore. Je suis sûrement sur la piste de quelque chose de supérieur. Je sens ça. Alors, je les laisse. Mon factotum Lardier s'occupe de tout. Le reste du temps je lui donne des pensums parce que, sans cela, il ennuie Dupont. Dupont, c'est mon cuisinier. Je vous dis toutes ces choses pour que vous soyez au courant. Il se trouve, par un phénomène curieux et assez désagréable, que Martin aime Dupont, et que Dudu s'est amouraché de Dupont aussi.

— Qui est Martin ?

— Martin Lardier, mon factotum.

— Et Dupont ?

— Dupont s'en fout. Il aime bien Martin, mais il est putain comme tout. Excusez-moi... À mon âge je ne devrais pas employer ces expressions-là, mais aujourd'hui je me sens jeune. Alors, moi, avec ces trois cochons-là, qu'est-ce que je peux faire ?

— Rien du tout, dit Angel.

— C'est bien ce que je fais.

— Où est-ce que nous allons habiter ? demanda Angel.

— Il y a un hôtel. Ne vous en faites pas...

— Pourquoi ?

— À cause d'Anne...

— Oh, dit Angel, il n'y a pas à s'en faire. Rochelle aime mieux Anne que moi, et ça se voit.

— Comment, ça se voit ? Ça ne se voit pas plus qu'autre chose. Elle l'embrasse et c'est tout.

— Non, dit Angel, ça n'est pas tout. Elle l'embrasse, et puis il l'embrasse, et partout où il la touche, sa peau n'est plus la même, après. On ne le croit pas d'abord, parce qu'elle a l'air aussi fraîche quand elle

sort des bras d'Anne, et ses lèvres aussi gonflées et aussi rouges, et ses cheveux aussi éclatants, mais elle s'use. Chaque baiser qu'elle reçoit l'use un petit peu, et c'est sa poitrine qui sera moins ferme, et sa peau moins lisse et moins fine, et ses yeux moins clairs, et sa démarche plus lourde, et ce n'est plus la même Rochelle de jour en jour. Je sais, on croit ; on la voit ; moi-même j'ai cru au début et je ne m'apercevais pas de ça.

— C'est une idée que vous vous faites, dit Athanagore.

— Non, ce n'est pas une idée. Vous savez bien que non. Maintenant, je le vois, je peux le constater presque d'un jour à l'autre, et chaque fois que je la regarde, elle est un peu plus abîmée. Elle s'use. Il l'use. Je ne peux rien y faire. Vous non plus.

— Vous ne l'aimez plus, alors ?

— Si, dit Angel. Je l'aime autant. Mais cela me fait mal, et j'ai un peu de haine, aussi, parce qu'elle s'use.

Athanagore ne répondit pas.

— Je suis venu ici pour travailler, continua Angel. Je pense que je ferai de mon mieux. J'espérais qu'Anne viendrait tout seul avec moi, et que Rochelle resterait là-bas. Mais je ne l'espère plus, puisque ce n'est pas arrivé. Pendant tout le voyage, il est resté avec elle, et pourtant je suis toujours son ami et, au début, il plaisantait quand je lui disais qu'elle était jolie.

Tout ce que disait Angel remuait de très vieilles choses au fond d'Athanagore, des idées longues et minces et complètement aplaties sous une couche épaisse d'événements plus récents, si aplaties que, vues de profil comme en ce moment, il ne pouvait ni les différencier ni distinguer leur forme et leur couleur : il les sentait seulement se déplacer en dessous, sinueuses et reptiliennes. Il secoua la tête et le mouvement s'arrêta ; effrayées, elles s'immobilisaient et se rétractaient.

Il chercha quoi dire à Angel, il ne savait pas. Il essaya désespérément. Ils marchaient côte à côte, les herbes vertes chatouillaient les jambes d'Athanagore et frottaient doucement le pantalon de toile d'Angel, et sous leurs pieds, les coquilles vides des petits escargots jaunes éclataient avec un jet de poussière et un son clair et pur, comme une goutte d'eau tombant sur une lame de cristal en forme de cœur, ce qui est cucu.

Du haut de la dune qu'ils venaient de gravir, on apercevait le restaurant Barrizone, les gros camions rangés devant, comme si c'était la guerre, et rien d'autre autour ; de nulle part, on ne pouvait voir la tente d'Athanagore ni son chantier, car il en avait choisi l'emplacement d'une

façon très habile. Le soleil restait dans les parages. On le regardait le moins possible, à cause d'une particularité désagréable : il donnait une lumière inégale ; il était entouré de couches rayonnantes, alternativement claires et obscures, et les points du sol en contact avec les couches obscures restaient toujours sombres et froids. Angel n'avait pas été frappé par cet aspect curieux du pays, car le conducteur du taxi s'arrangeait, depuis le début du désert, pour suivre une bande claire, mais, du haut de la dune, il apercevait la limite noire et immobile de la lumière et il frissonna. Athanagore était habitué. Il vit qu'Angel, mal à son aise, regardait avec inquiétude cette espèce de discontinuité fixe, et lui tapa dans le dos.

— Ça frappe au début, dit-il, mais vous vous y ferez.

Angel pensa que la réflexion de l'archéologue valait aussi pour Anne et Rochelle.

— Je ne crois pas, répondit-il.

Ils descendirent la pente douce. Maintenant ils entendaient les exclamations des hommes qui commençaient à décharger les camions, et les chocs hauts et métalliques des rails les uns contre les autres. Autour du restaurant, des silhouettes inégales allaient et venaient dans une activité confuse d'insectes, et l'on reconnaissait Amadis Dudu, affairé et important.

Athanagore soupira.

— Je ne sais pas pourquoi je m'intéresse à tout ça, dit-il. Je suis pourtant vieux.

— Oh, dit Angel, je ne voudrais pas que mes histoires vous ennuient...

— Ça ne m'ennuie pas, dit Athanagore. Ça me fait de la peine pour vous. Vous voyez, je croyais que j'étais trop vieux.

Il s'arrêta un instant, se gratta la tête, et reprit sa marche.

— C'est le désert, conclut-il. Ça conserve, sans doute.

Il posa une main sur l'épaule d'Angel.

— Je vais vous quitter là, dit-il. Je ne tiens pas à rencontrer de nouveau cet individu.

— Amadis ?...

— Oui. Il...

L'archéologue chercha ses mots un moment.

— Positivement, il me casse le cul.

Il rougit et serra la main d'Angel.

— Je sais que je ne devrais pas parler comme ça, mais c'est cet intolérable Dudu. À bientôt. Je vous reverrai sans doute au restaurant.

— Au revoir, dit Angel. J'irai voir vos fouilles.

Athanagore secoua la tête.

— Vous ne verrez que des petites boîtes. Mais enfin, c'est un joli modèle de petites boîtes. Je me sauve. Venez quand vous voudrez.

— Au revoir, répéta Angel.

L'archéologue obliqua sur la droite et disparut dans un creux de sable ; Angel guetta le moment où sa tête blanche réapparaîtrait. Il le vit à nouveau tout entier. Ses chaussettes dépassaient la tige de drap de ses bottines et lui faisaient des balzanes claires. Puis il plongea derrière un renflement de sable jaune, de plus en plus petit, et la ligne de ses empreintes était droite comme un fil de la Vierge.

Angel regarda de nouveau le restaurant blanc avec les fleurs aux teintes vives qui piquaient la façade, çà et là, et il pressa le pas pour rejoindre ses camarades. À côté des camions monstrueux s'accroupissait le taxi noir et jaune, aussi peu représentatif qu'une brouette ancien modèle à côté du type « dynamique » établi par un inventeur bien connu de très peu de gens.

Non loin de là, la robe vert vif de Rochelle frémissait, agitée au point fixe par les vents ascendants, et le soleil lui faisait une ombre très belle, malgré l'irrégularité du sol.

<div align="center">IX</div>

— Je vous assure que c'est vrai, maître, répéta Martin Lardier.

Sa figure rose et pleine brillait d'excitation et une petite aigrette bleue sortait de chacun de ses cheveux.

— Je ne vous crois pas, Lardier, répondit l'archéologue. Je croirai n'importe quoi, mais pas ça. Ni même un bon nombre d'autres choses, soyons justes.

— Ben mince ! dit Lardier.

— Lardier, vous me copierez le troisième Chant de *Maldoror*[31], en retournant les mots bout pour bout, et en changeant l'orthographe.

— Oui, maître, dit Lardier.

Et déchaîné, il ajouta :

— Mais vous n'avez qu'à venir voir.

Athanagore le considéra attentivement et secoua la tête.

— Vous êtes incorrigible. Enfin, je n'augmente pas votre punition.

— Maître, je vous en conjure !

— Oh, bon, je vais y aller, grommela Atha, vaincu par cette insistance.

— Je suis sûr que c'est ça. Je me rappelle la description du manuel de William Bugle[32], c'est exactement ça.

— Vous êtes fou, Martin. On ne trouve pas une ligne de foi comme ça. Je vous pardonne votre espièglerie parce que vous êtes idiot, mais vous ne devriez pas vous laisser aller de cette façon. Vous n'êtes plus d'âge.

— Mais enfin, nom d'une pipe, ce n'est pas une blague...

Athanagore se sentit impressionné. Pour la première fois depuis que son factotum avait commencé son compte rendu quotidien, il éprouvait la sensation que quelque chose venait réellement de se produire.

— Voyons, dit-il.

Il se leva et sortit.

La lueur vacillante du photophore à gaz éclairait vivement le sol et les parois de la tente et découpait dans la nuit opaque un volume de clarté vaguement conique. La tête d'Athanagore était dans le noir, et le reste de son corps recevait les rayons dilués émanés du manchon incandescent. Martin trottait à ses côtés, remuant ses courtes pattes et son derrière rond. Ils furent dans la nuit complète et la torche électrique de Martin les guida vers l'orifice étroit et profond du puits de descente par lequel on arrivait au front de taille. Martin passa le premier ; il soufflait en s'agrippant aux barreaux d'argent niellé qu'Athanagore, par un raffinement immodeste encore qu'excusable, utilisait aux fins d'accès à son champ opératoire.

Athanagore regarda le ciel. L'Astrolabe[33] scintillait comme de coutume, trois éclats noirs, un vert et deux rouges, et pas d'éclat du tout, deux fois. La Grande Ourse, avachie, jaunâtre, émettait une lumière pulsée de faible ampérage et Orion venait de s'éteindre. L'archéologue haussa les épaules et sauta à pieds joints dans le trou. Il comptait sur la couche de lard de son factotum pour l'atterrissage. Mais Martin était déjà dans la galerie horizontale. Il revint en arrière pour aider son patron à se dégager du tas de terre dans lequel son corps maigre avait creusé un trou cylindro-plutonique.

La galerie bifurquait au bout d'une mesure environ, émettant des ramifications dans presque toutes les directions. L'ensemble représentait

un travail considérable. Chaque branche portait, grossièrement tracé sur un écriteau blanc, un numéro repère. Des fils électriques, au toit des galeries, couraient sans bruit le long des pierres sèches. De place en place, une ampoule luisait, mettant les bouchées doubles avant qu'on la crève. On entendait le souffle rauque du groupe de pompage d'air comprimé à l'aide duquel, l'émulsant sous forme d'aérosol, Athanagore se débarrassait du mélange de sable, de terre, de rocs et de pinpinaquangouse broyés extrait quotidiennement par ses machines d'abattage.

Les deux hommes suivaient la galerie numéro 7. Athanagore avait du mal à ne pas perdre Martin de vue, tant ce dernier, excité au suprême degré, progressait rapidement. La galerie était taillée en ligne droite, d'un seul jet, et tout au fond, ils commençaient à entrevoir les ombres de l'équipe qui manœuvrait les engins puissants et complexes à l'aide desquels Athanagore emmagasinait les trouvailles merveilleuses dont s'enorgueillissait, quand elle était seule, sa collection.

En franchissant la distance résiduelle, Atha commença de percevoir une odeur si caractéristique et si plaisante que tous ses doutes se dissipèrent d'un coup. Pas d'erreur possible, ses aides avaient découvert la ligne de foi. C'était cette odeur mystérieuse et composite des salles creusées en plein roc, l'odeur fraîche, sèche, et nette du vide pur, que la terre conserve lorsqu'elle a recouvert les ruines de monuments disparus. Il courut. Dans ses poches, de menus objets tintaient, et son marteau lui battait la cuisse, gainé par le fourreau de cuir. La clarté augmentait à mesure ; lorsqu'il arriva, il haletait d'impatience. Devant lui, le groupe fonctionnait. Le hurlement aigu de la turbine, à demi étouffé par un coffrage d'insonorisation, emplissait l'étroit cul-de-sac, et l'air ronflait dans le gros tuyau annelé de l'émulseur.

Martin suivait avidement des yeux la progression des molettes tranchantes, et à côté de lui, deux hommes et une femme, le torse nu, regardaient aussi. Parfois l'un des trois, d'un geste sûr et bien réglé, manœuvrait une manette ou un levier de commande.

Du premier coup d'œil, Athaganore reconnut la trouvaille. Les dents acérées des outils entamaient l'enduit compact obstruant l'entrée d'une salle hippostalle de grandes dimensions, à en juger par l'épaisseur du mur déjà dégagé. Habilement, l'équipe avait suivi le chambranle, et la paroi, à peine recouverte encore de quelques millimètres de limon durci, apparaissait de place en place. Des plaques de terre compacte, aux

formes irrégulières, se détachaient de temps à autre, à mesure que la pierre se remettait à respirer.

Athanagore, déglutissant avec effort, déclencha le contacteur, et la machine s'arrêta peu à peu avec le bruit doucissant d'une sirène qui se tait. Les deux hommes et la femme se retournèrent, le virent et s'approchèrent de lui. Il y avait maintenant dans le cul-de-sac un silence riche et lourd.

— Vous l'avez, dit Athanagore.

Les hommes lui tendirent la main. Il les serra, l'une après l'autre, et il attira à lui la jeune femme.

— Cuivre, tu es contente?

Elle sourit, sans répondre. Elle avait les yeux et les cheveux noirs et sa peau était d'une curieuse couleur d'ocre foncé. Les pointes des seins, presque violettes, se dressaient, aiguës, au-devant des deux globes polis et durs.

— C'est fini, dit-elle. On l'a eue tout de même.

— Vous allez pouvoir sortir tous les trois, dit Athanagore en caressant le dos nu et chaud.

— Pas question, dit celui de droite.

— Pourquoi, Bertil? demanda Athanagore. Ton frère serait peut-être content de sortir?

— Non, répondit Brice. Nous préférons creuser encore.

— Vous n'avez rien trouvé d'autre? demanda Lardier.

— C'est dans le coin, dit Cuivre. Des pots encore, et des lampes et un pernuclet.

— On verra ça après, dit Athanagore. Viens, toi, ajouta-t-il à l'adresse de Cuivre.

— Oui, pour une fois, je veux bien, dit-elle.

— Tes frères ont tort. Ils devraient prendre un peu l'air.

— Il en arrive pas mal, ici, répondit Bertil. Et puis on veut voir.

Sa main courut sur la machine et chercha le contacteur. Il enfonça le bouton noir. La machine émit un grondement doux, incertain, qui s'affermit et prit de la puissance en même temps que la note s'élevait dans l'aigu.

— Ne vous crevez pas, cria Athanagore par-dessus le tumulte.

Les dents recommençaient à arracher à la terre une poussière lourde, immédiatement aspirée par les absorbeurs.

Brice et Bertil secouèrent la tête en souriant.

— Ça va, dit Brice.

— Au revoir, lança encore l'archéologue.

Il fit demi-tour et partit. Cuivre passa son bras sous celui d'Athanagore et le suivit. Elle allait d'un pas léger et musclé ; au passage, les lampes électriques faisaient briller sa peau orange. Derrière venait Martin Lardier, ému, malgré ses mœurs, par la courbe des reins de la jeune femme.

Ils allèrent en silence jusqu'au rond-point où se réunissaient toutes les galeries. Elle lâcha le bras d'Athanagore et s'approcha d'une sorte de niche taillée dans la paroi d'où elle tira quelques vêtements. Elle quitta sa courte jupe de travail et passa une chemisette de soie et un short blanc. Athanagore et Martin se détournaient, le premier par respect, le second pour ne pas tromper Dupont, même en intention, car sous sa jupe, Cuivre ne mettait rien. Il n'y avait effectivement besoin de rien.

Sitôt qu'elle fut prête, ils reprirent leur progression rapide et s'engagèrent à rebours dans le puit d'accès. Martin passa le premier, et Athanagore fermait la marche.

Dehors, Cuivre s'étira. À travers la soie mince, on voyait les endroits plus foncés de son torse, jusqu'à ce qu'Athanagore priât Martin de diriger ailleurs le faisceau de sa torche électrique.

— Il fait bon... murmura-t-elle. Tout est si calme dehors.

Il y eut un heurt métallique lointain dont l'écho résonna longuement sur les dunes.

— Qu'est-ce que c'est ? demanda-t-elle.

— Il y a du nouveau, dit Athanagore. Il y a des tas de gens nouveaux. Ils viennent construire un chemin de fer.

Ils approchaient de la tente.

— Comment sont-ils ? demanda Cuivre.

— Il y a deux hommes, dit l'archéologue. Deux hommes et une femme, et puis des ouvriers, des enfants et Amadis Dudu.

— Comment est-il ?

— C'est un sale pédéraste, dit Athanagore.

Il s'interrompit. Il avait oublié la présence de Martin. Mais Martin venait de les quitter pour rejoindre Dupont dans sa cuisine. Athanagore respira.

— Je n'aime pas vexer Martin, tu comprends, expliqua-t-il.

— Et les deux hommes ?

— L'un est très bien, dit Athanagore. L'autre, la femme l'aime. Mais le premier aime la femme. Il s'appelle Angel. Il est beau.

— Il est beau... dit-elle lentement.

— Oui, répondit l'archéologue. Mais cet Amadis...

Il frissonna.

— Viens prendre quelque chose. Tu vas avoir froid.

— Je suis bien... murmura Cuivre. Angel... c'est un drôle de nom.

— Oui, dit l'archéologue. Ils ont tous de drôles de noms.

Le photophore brillait de toute sa lumière sur la table et l'entrée de la tente béait, chaude et accueillante.

— Passe, dit-il à Cuivre en la poussant devant lui.

Cuivre entra.

— Bonjour ! dit l'abbé assis à la table et qui se leva en la voyant.

X

— Combien faut-il de boulets de canon pour démolir la ville de Lyon ? continua l'abbé s'adressant à brûle-cravate à l'archéologue qui pénétrait dans la tente derrière Cuivre.

— Onze ! répondit Athanagore.

— Oh, zut, c'est trop. Dites trois.

— Trois, répéta Athanagore.

L'abbé saisit son chapelet et le dit trois fois à toute vitesse. Puis il le laissa retomber. Cuivre s'était assise sur le lit d'Atha, et ce dernier regardait le curé, stupéfait.

— Qu'est-ce que vous faites dans ma tente ?

— Je viens d'arriver, expliqua l'abbé. Vous jouez à la pouillette ?

— Oh, chic ! dit Cuivre en battant des mains. On joue à la pouillette !

— Je ne devrais pas vous adresser la parole, dit l'abbé, car vous êtes une créature impudique, mais vous avez une sacrée poitrine.

— Merci, répondit Cuivre. Je sais.

— Je cherche Claude Léon, dit l'abbé. C'est l'ermite. Il a dû arriver voici quinze jours environ. Moi, je suis l'inspecteur régional. Je vais vous montrer ma carte. Il y a pas mal d'ermites dans ce pays, mais assez loin d'ici. Claude Léon, par contre, doit être tout près.

— Je ne l'ai pas vu, dit Athanagore.

— J'espère bien, dit l'abbé. Un ermite ne doit pas, d'après le règlement, quitter son ermitage à moins d'y être formellement autorisé par dispense espéciale de l'inspecteur régional responsable. »

Il salua.

— C'est moi, dit-il. Une, deux, trois, nous irons au bois...

— Quatre, cinq, six, cueillir des saucisses, compléta Cuivre.

Elle se rappelait le catéchisme.

— Merci, dit l'abbé. Je disais donc que Claude Léon n'est probablement pas loin. Voulez-vous que nous allions le voir ensemble ?

— Il faudrait prendre quelque chose avant de partir, dit Athanagore. Cuivre, tu n'as rien mangé. Ce n'est pas raisonnable.

— Je veux bien un sandwich, dit Cuivre.

— Vous boirez bien un Cointreau, l'abbé ?

— Cointreau n'en faut, dit l'abbé. Ma religion me le défend. Je vais me signer une dérogation si vous n'y voyez pas d'inconvénients.

— Je vous en prie, dit Athanagore. Je vais chercher Dupont. Voulez-vous du papier et un stylo ?

— J'ai des imprimés, dit l'abbé. Un carnet à souche. Comme ça, je sais où j'en suis.

Athanagore sortit et tourna à gauche. La cuisine de Dupont s'élevait tout à côté. Il ouvrit la porte sans frapper et alluma son briquet. À la lueur clignotante, il distingua le lit de Dupont, et, couché dedans, Lardier qui dormait. On voyait deux traînées sèches sur ses joues et de gros sanglots gonflaient sa poitrine, comme on dit. Athanagore se pencha sur lui.

— Où est Dupont ? lui demanda-t-il.

Lardier s'éveilla et se mit à pleurer. Il avait vaguement entendu la question d'Atha dans son demi-sommeil.

— Il est parti, dit-il. Il n'était pas là.

— Ah... dit l'archéologue. Vous ne savez pas où il a été ?

— Avec cette morue d'Amadis, sûrement, sanglota Lardier. Elle me le paiera, celle-là.

— Allons, Lardier, dit sévèrement Athanagore. Après tout, vous n'êtes pas marié avec Dupont...

— Si, dit Lardier sèchement.

Il ne pleurait plus.

— On a cassé un pot ensemble, en arrivant ici, continua-t-il, comme dans *Notre-Dame de Paris*, et ça a fait onze morceaux. Il est marié avec moi pour encore six ans.

— D'abord, dit l'archéologue, vous avez tort de lire *Notre-Dame de Paris*, parce que c'est vieux, et ensuite, c'est un mariage si on veut. Outre ceci, je suis bien bon d'écouter vos jérémiades. Vous me copierez le premier chapitre de ce livre, en écrivant de la main gauche et de droite à gauche. Et puis dites-moi où est le Cointreau ?

— Dans le buffet, dit Lardier, calmé.

— Maintenant, dormez, dit Athanagore.

Il alla vers le lit, borda Martin et lui passa la main dans les cheveux.

— Il a peut-être été faire une course, simplement.

Lardier renifla et ne répondit rien. Il paraissait un peu plus tranquille.

L'archéologue ouvrit le buffet et trouva sans difficulté la bouteille de Cointreau à côté d'un bocal de sauterelles à la tomate. Il prit trois petits verres de forme gracieuse, découverts quelques semaines plus tôt à la suite d'une fouille fructueuse, et dont il pensait que la reine Néfourpitonh se servait, quelques milliers d'années plus tôt, en guise d'œillères pour des bains calmants. Il disposa élégamment le tout sur un plateau. Il tailla ensuite un gros sandwich pour Cuivre, l'ajouta au reste, et regagna sa tente en portant le plateau.

L'abbé, assis sur le lit à côté de Cuivre, avait entrouvert la chemisette de cette dernière et regardait à l'intérieur avec une attention soutenue.

— Cette jeune femme est très intéressante, dit-il à Athanagore quand il le vit.

— Oui ? dit l'archéologue, et en quoi spécialement ?

— Mon Dieu, répondit l'abbé, on ne peut pas dire en quoi spécialement. L'ensemble, peut-être ; mais les diverses parties constitutives, certainement aussi.

— Vous vous êtes signé une dérogation pour l'examen ? demanda Atha.

— J'ai une carte permanente, dit l'abbé. C'est nécessaire, dans ma profession.

Cuivre, sans aucune gêne, riait. Elle n'avait pas reboutonné sa chemisette. Athanagore ne put s'empêcher de sourire. Il posa le plateau sur la table et tendit le sandwich à Cuivre.

— Que ces verres sont petits ! s'écria l'abbé. C'est regrettable d'avoir gâché une feuille de mon carnet pour ça. Tanquam adeo fluctuat nec mergitur.

— Et cum spiritu tuo[34], répondit Cuivre.

— Tire la ficelle et gobe les troncs, conclurent en chœur Athanagore et l'abbé.

— Foi de Petitjean! s'exclama celui-ci presque aussitôt, c'est plaisir que de rencontrer des gens aussi religieux que vous.

— Notre métier, expliqua Athanagore, veut que nous connaissions ces choses. Quoique nous soyons plutôt mécréants.

— Vous me rassurez, dit Petitjean. Je commençais à me sentir en état de péché volatil. Mais c'est passé. Voyons si ce Cointreau pique dès qu'on sert[35].

Athanagore déboucha la bouteille et remplit les verres. L'abbé se leva et en prit un. Il regarda, sentit et avala.

— Hum, dit-il.

Il tendit à nouveau son verre.

— Comment le trouvez-vous? demanda Athanagore en le remplissant.

L'abbé but le second verre et réfléchit.

— Ignoble, déclara-t-il. Il sent le pétrole.

— Alors, c'est que je me suis trompé de bouteille, dit l'archéologue. Les deux étaient pareilles.

— Ne vous excusez pas, dit l'abbé, c'est tout de même supportable.

— C'est du bon pétrole, assura l'archéologue.

— Vous permettez que j'aille dégueuler dehors? dit Petitjean.

— Je vous en prie... Je vais chercher l'autre bouteille.

— Dépêchez-vous, dit l'abbé. Ce qui est horrible, c'est qu'il va me repasser dans la bouche. Tant pis, je fermerai les yeux.

Il sortit en trombe. Cuivre riait, étendue sur le lit et les mains croisées sous sa tête. Ses yeux noirs et ses dents saines accrochaient au vol des éclats de lumière. Athanagore hésitait encore, mais il entendit les hoquets de Petitjean et sa figure parcheminée se dérida pour de bon.

— Il est sympathique, dit-il.

— Il est idiot, dit Cuivre. Est-ce qu'on est curé, d'abord? Mais il est drôle, et adroit de ses mains.

— Tant mieux pour toi, dit l'archéologue. Je vais chercher le Cointreau. Mais attends tout de même d'avoir vu Angel.

— Bien sûr, dit Cuivre.

L'abbé réapparut.

— Je peux entrer? demanda-t-il.

— Certainement, dit Athanagore qui s'effaça pour le laisser passer, puis sortit à son tour en prenant la bouteille de pétrole.

L'abbé rentra et s'assit sur une chaise de toile.

— Je ne m'installe pas à côté de vous, expliqua-t-il, parce que je sens le dégueulis. J'en ai mis plein mes souliers à boucles. C'est honteux. Quel âge avez-vous ?

— Vingt ans, répondit Cuivre.

— C'est trop, dit l'abbé. Dites trois.

— Trois.

Derechef, Petitjean égrena trois chapelets avec la rapidité d'une machine à écosser les petits pois. Athanagore réapparut au moment où il terminait.

— Ah ! s'écria l'abbé. Voyons si ce Cointreau m'adhère.

— Celui-là est très mauvais, jugea Cuivre.

— Excusez-moi, dit l'abbé. On ne peut pas être spirituel à jet continu, surtout si on rend son goujon entre-temps.

— C'est certain, dit Cuivre.

— C'est très juste, dit Athanagore.

— Alors, buvons, dit l'abbé. Et puis j'irai chercher Claude Léon.

— Pouvons-nous vous accompagner ? proposa l'archéologue.

— Mais... dit l'abbé, vous ne comptez pas dormir cette nuit ?

— Nous dormons rarement, expliqua Athanagore. Ça fait perdre un temps fou, de dormir.

— C'est exact, dit l'abbé. Je ne sais pas pourquoi je vous demandais ça, car je ne dors jamais moi non plus. Je suis probablement vexé, car je croyais être le seul.

Il réfléchit.

— Je suis réellement vexé. Mais enfin, c'est tolérable. Donnez-moi du Cointreau.

— Voilà, dit Athanagore.

— Ah ! dit l'abbé en mirant son verre devant le photophore, ça, ça va.

Il goûta.

— Au moins, celui-là, c'est du bon. Mais, après le pétrole, ça prend goût de pisse d'âne.

Il but le reste et renifla.

— C'est dégueulasse, conclut-il. Ça m'apprendra à me signer des dérogations à tort et à travers.

— Il n'est pas bon ? demanda Athanagore, étonné.

— Si, bien sûr, dit Petitjean, mais quoi, ça fait tout de suite quarante-trois degrés et c'est tout. Parlez-moi d'une Arquebuse à quatre-vingt-

quinze ou de bon alcool à pansements. Quand j'étais à Saint-Philippe-du-Roule, je n'utilisais que ça comme vin de messe. C'étaient des messes qui pétaient le feu, ces messes-là, je vous le dis.

— Pourquoi n'y êtes-vous pas resté? demanda Cuivre.

— Parce qu'ils m'ont foutu dehors, dit l'abbé. Ils m'ont nommé inspecteur. Ça s'appelle un limogeage, hein, ou alors je ne suis plus Petitjean.

— Mais vous voyagez, comme ça, dit Athanagore.

— Oui, dit l'abbé. Je suis très content. Allons chercher Claude Léon.

— Allons, dit Athanagore.

Cuivre se leva. L'archéologue étendit la main vers la flamme du photophore et l'aplatit légèrement pour lui donner la forme d'une veilleuse, puis ils sortirent tous les trois de la tente maintenant obscure.

XI

— Cela fait longtemps que nous marchons, dit Athanagore.

— Ah? dit Petitjean. Je n'ai pas compté. J'étais perdu dans une méditation, d'ailleurs classique, sur la grandeur de Dieu et la petitesse de l'homme dans le désert.

— Oui, dit Cuivre, ce n'est pas très nouveau.

— En général, répondit Petitjean, je ne pense pas de la même couleur que mes collègues, et cela donne du charme à mes méditations, en même temps qu'une touche bien personnelle. Dans celle-ci, j'avais introduit une bicyclette.

— Je me demande comment vous avez fait? dit Athanagore.

— N'est-ce pas? dit Petitjean. Je me le demandais au début mais maintenant, c'est en me jouant que j'accomplis ce genre de performance. Il me suffit de penser à une bicyclette, et hop, ça y est.

— Expliqué comme ça, dit Athanagore, ça paraît simple.

— Oui, dit l'abbé, mais ne vous y fiez pas. Qu'est-ce que c'est, ça, devant?

— Je ne vois pas, dit Athanagore en écarquillant les paupières.

— C'est un homme, dit Cuivre.

— Ah!... dit Petitjean. C'est peut-être Léon.

— Je ne crois pas, dit Athanagore. Il n'y avait rien par là, ce matin.

Tout en discutant, ils se rapprochaient de la chose. Pas très vite, car la chose se déplaçait dans le même sens.

— Hohé!... cria Athanagore.

— Hohé!... répondit la voix d'Angel.

Ça s'arrêta, et c'était Angel. Ils le rejoignirent en quelques instants.

— Bonjour, dit Athanagore. Je vous présente Cuivre et l'abbé Petitjean.

— Bonjour... dit Angel.

Il serra les mains.

— Vous vous promenez? demanda Petitjean. Vous méditez sans doute.

— Non, dit Angel. Je m'en allais.

— Où ça? demanda l'archéologue.

— Ailleurs, dit Angel. Ils font tant de bruit à l'hôtel.

— Qui? demanda l'abbé. Vous savez, je suis d'une discrétion à toute épreuve.

— Oh, je peux vous le dire, dit Angel. Ce n'est pas un secret. C'est Rochelle et Anne.

— Ah! dit l'abbé, ils sont en train de...

— Elle ne peut pas le faire sans crier, dit Angel. C'est terrible. Je suis juste dans la chambre à côté. Je ne supportais plus de rester.

Cuivre s'approcha d'Angel; elle lui passa ses bras autour du cou, et l'embrassa.

— Venez, dit-elle. Venez avec nous, on va chercher Claude Léon. Vous savez, l'abbé Petitjean est très marrant.

La nuit d'encre jaune était hachée par les pinceaux lumineux et filiformes qui tombaient des étoiles sous des angles variés. Angel cherchait à voir la figure de la jeune femme.

— Vous êtes gentille, dit-il.

L'abbé Petitjean et Athanagore marchaient en avant.

— Non, dit-elle. Je ne suis pas spécialement gentille. Vous voulez voir comment je suis?

— Je voudrais, dit Angel.

— Allumez votre briquet.

— Je n'ai pas de briquet.

— Alors, touchez avec vos mains, dit-elle en s'écartant un peu de lui.

Angel posa ses mains sur les épaules droites, et remonta. Ses doigts se promenèrent sur les joues de Cuivre, sur ses yeux fermés et se perdirent dans les cheveux noirs.

— Vous sentez un drôle de parfum, dit-il.

— Quoi ?

— Le désert.

Il laissa retomber ses bras.

— Vous ne connaissez que ma figure... protesta Cuivre.

Angel ne dit rien et ne bougea pas. Elle s'approcha de lui, et jeta de nouveau ses deux bras nus autour du cou d'Angel. Elle lui parlait tout près de l'oreille, sa joue sur celle du garçon.

— Vous avez pleuré.

— Oui, murmura Angel.

Il restait immobile.

— Il ne faut pas pleurer pour une fille. Les filles ne valent pas ça.

— Ce n'est pas pour elle que je pleure, dit Angel. C'est à cause de ce qu'elle était et de ce qu'elle sera.

Il parut se réveiller d'une somnolence lourde, et ses mains se posèrent à la taille de la jeune femme.

— Vous êtes gentille, répéta-t-il. Venez, nous allons les rejoindre.

Elle dénoua son étreinte et le prit par la main. Ils coururent sur le sable des dunes. Dans le noir, ils trébuchaient et Cuivre riait.

L'abbé Petitjean venait d'expliquer à Athanagore comment Claude Léon avait été nommé ermite.

— Vous comprenez, dit-il, que ce garçon ne méritait pas de rester en prison.

— Certainement, dit Athanagore.

— N'est-ce pas ? dit Petitjean. Il méritait d'être guillotiné. Mais enfin, l'évêque a le bras long.

— Tant mieux pour Léon.

— Notez que ça ne change pas grand-chose. Être ermite, c'est drôle si on veut. Enfin, ça lui laisse quelques années de répit.

— Pourquoi ? demanda Cuivre qui avait entendu la fin de la phrase.

— Parce qu'au bout de trois ou quatre ans d'ermitage, dit l'abbé, en général on devient fou. Alors, on s'en va droit devant soi, et on tue la première petite fille que l'on rencontre pour la violer.

— Toujours ? dit Angel étonné.

— Toujours, affirma Petitjean. On ne cite qu'un exemple qui fasse exception à la règle.

— Qui était-ce ? dit Athanagore.

— Un type très bien, dit Petitjean. Vraiment un saint. C'est une longue histoire, mais bougrement édifiante.

— Dites-la-nous... demanda Cuivre d'un ton persuasif et suppliant.

— Non, dit l'abbé. C'est impossible. C'est trop long. Je vais vous dire la fin. Il est parti droit devant lui et la première petite fille qu'il a rencontrée...

— Taisez-vous, dit Athanagore. C'est horrible !...

— Elle l'a tué, dit Petitjean. C'était une maniaque.

— Oh, soupira Cuivre, c'est atroce. Le pauvre garçon. Comment s'appelait-il ?

— Petitjean, dit l'abbé. Non ! Excusez-moi. Je pensais à autre chose. Il s'appelait Leverrier.

— C'est extraordinaire, remarqua Angel. J'en connaissais un à qui il n'est pas du tout arrivé la même chose[36].

— Alors ce n'est pas le même, dit l'abbé. Ou encore, je suis un menteur.

— Évidemment... dit Athanagore.

— Regardez, dit Cuivre, il y a une lumière pas loin.

— Nous devons être arrivés, proclama Petitjean. Excusez-moi, il faut que j'y aille seul pour commencer. Vous viendrez après. C'est le règlement.

— Il n'y a personne pour contrôler, dit Angel. Nous pourrions vous accompagner.

— Et ma conscience ?... protesta Petitjean. Papanicale, roi des papillons...

— En jouant à la balle s'est cassé le menton !... s'exclamèrent en chœur les trois autres.

— Bon, dit Petitjean. Si vous connaissez le rituel aussi bien que moi, vous pouvez venir tous les trois. Personnellement, je préfère cela, car, tout seul, je m'empoisonne.

Il fit un bond considérable et retomba en tournant sur lui-même, accroupi sur ses talons. Sa soutane, déployée autour de lui, faisait une grande fleur noire que l'on distinguait vaguement sur le sable.

— Cela fait partie du rituel ? demanda l'archéologue.

— Non ! dit l'abbé. C'est un truc de ma grand-mère quand elle voulait

pisser sur la plage sans qu'on la remarque. Je dois vous dire que je n'ai pas ma culotte apostolique. Il fait trop chaud. J'ai une dispense.

— Toutes ces dispenses doivent vous alourdir, remarqua Athanagore.

— Je les ai fait reproduire sur microfilm, dit Petitjean. Cela tient en un rouleau de faible volume réel.

Il se leva.

— Allons-y !

Claude Léon était installé dans une petite cabane en bois blanc, coquettement aménagée. Un lit de cailloux occupait un angle de la pièce principale et c'était tout.

Une porte menait à la cuisine. Par la fenêtre vitrée, ils aperçurent Claude lui-même, à genoux devant son lit, qui méditait, la tête entre ses mains. L'abbé entra.

— Coucou ! dit-il.

L'ermite releva la tête.

— Mais ce n'est pas encore le moment, dit-il. Je n'ai compté que jusqu'à cinquante.

— Vous jouez à cache-cache, mon fils ? dit Petitjean.

— Oui, mon père, dit Claude Léon. Avec Lavande.

— Ah, dit l'abbé. On peut jouer avec vous ?

— Bien sûr, dit Claude.

Il se releva.

— Je vais chercher Lavande et lui dire. Elle sera très contente.

Il passa dans la cuisine. Angel, Cuivre et l'archéologue entrèrent à la suite de l'abbé.

— Vous ne faites pas des prières spéciales quand vous rencontrez un ermite ? s'étonna Cuivre.

— Oh, non, dit l'abbé. Maintenant qu'il est du métier ! C'est bon pour les non-initiés, ces trucs-là. Pour le reste, on suit les règles ordinaires.

Léon revenait, suivi d'une négresse ravissante. Elle avait la figure ovale, le nez mince et droit, de grands yeux bleus et une extraordinaire masse de cheveux roux. Elle était vêtue d'un soutien-gorge noir.

— C'est Lavande, expliqua Claude Léon. Oh, dit-il en voyant les trois autres visiteurs, bonjour. Comment allez-vous ?

— Je m'appelle Athanagore, dit l'archéologue. Celui-ci est Angel, et voilà Cuivre.

— Vous jouez à cache-cache ? proposa l'ermite.

— Parlons sérieusement, mon enfant, dit l'abbé. Il faut que je fasse mon inspection. J'ai des questions à vous poser pour mon rapport.

— Nous allons vous laisser, dit Athanagore.

— Pas du tout, dit Petitjean. J'en ai pour cinq minutes.

— Asseyez-vous, dit Lavande. Venez dans la cuisine, on va les laisser travailler.

Sa peau avait exactement la couleur des cheveux de Cuivre, et vice versa. Angel essaya de se représenter le mélange et il eut le vertige.

— Vous l'avez fait exprès, dit-il à Cuivre.

— Mais non, répondit Cuivre. Je ne la connaissais pas.

— Je vous assure, dit Lavande, c'est un hasard.

Ils passèrent dans la cuisine. L'abbé resta seul avec Léon.

— Alors? dit Petitjean.

— Rien à signaler, dit Léon.

— Vous vous plaisez ici?

— Ça va.

— Où en êtes-vous avec la grâce?

— Ça va et ça vient.

— Idées?

— Noires, dit Léon. Mais avec Lavande, c'est excusable. Noires, mais pas tristes. Noires et feu.

— C'est la couleur de l'enfer, dit l'abbé.

— Oui, dit Claude Léon, mais l'intérieur d'elle c'est du velours rose.

— Vrai?

— La pure vérité.

— Picoti, picota, lève la queue et saute en bas.

— Amen! répondit l'ermite.

L'abbé Petitjean réfléchissait.

— Ça m'a l'air d'être en ordre, tout ça, dit-il. Je crois que vous ferez un ermite présentable. Il faudrait que vous mettiez un écriteau. Les gens viendront vous voir le dimanche.

— Je veux bien, dit Claude Léon.

— Avez-vous choisi un acte saint?

— Quoi?...

— On a dû vous expliquer, dit l'abbé. Se tenir debout sur une colonne ou se flageller cinq fois par jour, ou porter une chemise de crins, ou manger des cailloux, ou rester en prières vingt-quatre heures sur vingt-quatre, et cetera.

— Ils ne m'ont pas parlé de ça, dit Claude Léon. Est-ce que je peux

chercher autre chose ? Tout ça ne me paraît pas assez saint, et puis on l'a déjà fait.

— Méfiez-vous de l'originalité, mon fils, dit l'abbé.

— Oui, mon père, répondit l'ermite.

Il médita quelques instants.

— Je peux baiser Lavande... proposa-t-il.

Ce fut au tour de l'abbé de penser avec intensité.

— Personnellement, dit-il, je n'y vois pas d'inconvénient. Mais avez-vous songé qu'il faudra le faire toutes les fois qu'il y aura des visiteurs ?

— C'est agréable, répondit Claude Léon.

— Alors, c'est d'accord. Du velours rose, réellement ?

— Réellement.

L'abbé frissonna, et les poils de son cou se hérissèrent. Il se passa la main sur le bas-ventre.

— Effrayant, dit-il. Eh bien, c'est tout ce que j'avais à vous dire. Je vous ferai livrer un supplément de conserves par l'Aide aux Ermites.

— Oh, j'en ai ! dit Claude.

— Il vous en faudra beaucoup. Vous aurez pas mal de visiteurs. Ils construisent un chemin de fer, par là.

— Mince, dit Claude Léon.

Il était pâle, mais positivement ravi.

— J'espère qu'ils viendront souvent...

— Vous m'effrayez, je vous le répète, dit l'abbé Petitjean. Et pourtant, je suis un dur. Pique, nique, douille...

— C'est toi l'andouille, termina l'ermite.

— Allons retrouver les autres, proposa Petitjean. Alors, pour votre acte saint, c'est entendu. Je ferai mon rapport dans ce sens.

— Merci, dit Claude.

PASSAGE

Sans l'ombre d'un doute, Amadis Dudu est un type horrible. Il embête tout le monde, et peut-être qu'au milieu, il va être supprimé, simplement parce qu'il est de mauvaise foi, hautain, insolent et prétentieux. De surcroît, homosexuel. Presque tous les personnages sont en place, maintenant, et il en sortira des choses de divers ordres. D'abord, la construction du chemin de fer, et ça représente un travail parce qu'ils ont oublié le ballast. C'est pourtant essentiel, et on ne peut pas le remplacer par des coquilles de petits escargots jaunes, comme personne ne l'a proposé. Pour l'instant, ils vont monter la voie sur les traverses et la laisser en l'air, en attente, et puis ils mettront le ballast en dessous, quand il arrivera. On peut, naturellement, faire une voie de cette façon-là. Pourtant, ce n'est pas cette histoire de ballast que je prévoyais quand j'annonçais que je parlerais aussi des cailloux du désert. Il y avait là, sans doute, une manière de représentation symbolique grossière, et faiblement intellectuelle, mais il va de soi que l'atmosphère d'un désert comme celui-ci se révèle, à la longue, passablement déprimante, à cause notamment de ce soleil à bandes noires. Je signale, pour terminer, qu'un personnage accessoire nouveau devait venir encore : Alfredo Jabès, qui sait ce que c'est qu'un modèle réduit ; mais il est trop tard maintenant. Cruc, son bateau fera naufrage, et tout sera terminé lorsqu'il arrivera. Alors j'en reparlerai seulement dans le passage suivant, ou même pas.

DEUXIÈME MOUVEMENT

I

Il faisait un temps frais et orageux, sans une trace de vent. Les herbes vertes se tenaient raides, comme à l'accoutumée, et le soleil inlassable blanchissait leurs pointes acérées. Accablés, les hépatrols se fermaient à moitié ; Joseph Barrizone avait baissé tous les stores de son restaurant au-dessus duquel montait une légère vibration. Devant, le taxi jaune et noir attendait, drapeau relevé. Les camions venaient de repartir en quête de ballast et les ingénieurs travaillaient dans leurs chambres, tandis que les agents d'exécution commençaient à limer les bouts des rails qui n'étaient pas coupés d'équerre ; l'atmosphère résonnait du grincement mélodieux des limes neuves. Angel, de sa fenêtre, voyait Olive et Didiche qui s'en allaient, la main dans la main, remplir de lumettes un petit panier brun. À côté de lui, l'encre séchait sur la planche à dessin. Dans la pièce voisine, Anne faisait des calculs et, un peu plus loin, Amadis dictait des lettres à Rochelle, tandis que, dans le bar en bas, ce salaud d'Arland buvait un coup en attendant de retourner engueuler Marin et Carlo. Au-dessus de lui, Angel entendait résonner les pas du professeur Mangemanche qui avait aménagé tout le grenier en infirmerie modèle. Comme personne n'était malade, il se servait de la table d'opérations pour fabriquer ses petits avions. De temps à autre, Angel l'entendait sauter de joie, et parfois, des éclats de voix venaient se ficher dans le plafond avec un bruit sec lorsqu'il engueulait l'interne dont le timbre geignard bourdonnait alors quelques instants.

De nouveau, Angel se pencha sur sa planche. Il n'y avait pas le moindre doute à avoir, si l'on se tenait aux données d'Amadis Dudu. Il hocha la tête et reposa son tire-lignes. Il s'étira et, d'un pas lassé, s'en fut vers la porte.

— Je peux entrer?

C'était la voix d'Angel. Anne releva la tête et dit oui.

— Salut, vieux.

— Bonjour, dit Angel. Ça avance?

— Oui, dit Anne. C'est presque fini.

— Je trouve un truc embêtant.

— Quoi?

— Il va falloir exproprier Barrizone.

— Sans blague? dit Anne. C'est sûr?

— C'est certain. J'ai refait le machin deux fois.

Anne regarda les calculs et le dessin.

— Tu as raison, dit-il. La voie va passer juste au milieu de l'hôtel.

— Qu'est-ce qu'on va faire? dit Angel. Il faut la dévier.

— Amadis ne voudra pas.

— On va le lui demander?

— Allons-y, dit Anne.

Il déploya son corps massif et repoussa sa chaise.

— C'est la barbe, dit-il.

— Oui, dit Angel.

Anne sortit. Angel le suivit et ferma la porte. Anne parvint à la porte d'Amadis, derrière laquelle on entendait un bruit de voix et les explosions sèches de la machine à écrire. Il tapa deux coups.

— Entrez! cria Amadis.

La machine s'arrêta. Anne et Angel entrèrent, et Angel ferma la porte.

— Qu'est-ce que c'est? demanda Amadis. Je n'aime pas être dérangé.

— Ça ne va pas, dit Anne. D'après vos données, la voie va couper l'hôtel.

— Quel hôtel?

— Celui-ci. L'hôtel Barrizone.

— Eh bien, dit Amadis. Quelle importance? On va le faire exproprier.

— On ne peut pas la dévier?

— Vous êtes malade, mon ami, dit Amadis. D'abord, quel besoin avait Barrizone de s'installer en plein milieu du désert sans se demander si cela ne gênerait personne?

— Cela ne gênait personne, fit observer Angel.

— Vous voyez bien que si, dit Amadis. Messieurs, vous êtes payés pour faire des calculs et des plans. Est-ce fait?

— C'est en train, dit Anne.

— Eh bien, si ce n'est pas fini, terminez-les. Je vais saisir de cette affaire le Grand Conseil d'administration, mais il est hors de doute que le tracé prévu doit être maintenu.

Il se tourna vers Rochelle.

— Continuons, mademoiselle.

Angel regarda Rochelle. Dans la lumière du store baissé, elle avait un visage doux et régulier, mais la fatigue tirait un peu ses yeux. Elle fit un sourire à Anne. Les deux garçons quittèrent le bureau d'Amadis.

— Alors ? dit Angel.

— Alors, on continue, dit Anne en haussant les épaules. Au fond, qu'est-ce que ça peut faire ?

— Oh, rien, murmura Angel.

Il avait envie d'entrer chez Amadis, de le tuer et d'embrasser Rochelle. Le plancher du couloir de bois brut sentait un peu la lessive, et du sable jaune sortait des joints. À l'extrémité du couloir, un faible courant d'air agitait une lourde branche d'hépatrol devant la fenêtre. Angel eut de nouveau cette sensation de s'éveiller qu'il avait éprouvée le soir de la visite à Claude Léon.

— J'en ai marre, dit-il. Viens te balader.

— Comment ça ?

— Laisse tes calculs. Viens faire un tour.

— Il faudra les finir quand même, dit Anne.

— On les finira après.

— Je suis vanné, dit Anne.

— C'est ta faute.

Anne sourit complaisamment.

— C'est ma faute, dit-il, pas complètement. Nous sommes deux dans le coup.

— Tu n'avais qu'à ne pas l'emmener, dit Angel.

— J'aurais moins sommeil.

— Tu n'es pas forcé de coucher avec elle tous les soirs.

— Elle aime ça, dit Anne.

Angel hésita avant de le dire.

— Elle aimerait ça avec n'importe qui.

— Je ne crois pas, répondit Anne.

Il réfléchit un peu. Il parlait sans fatuité.

— Moi, j'aimerais mieux qu'elle le fasse un peu avec tout le monde, et

que ça me soit égal. Mais elle ne veut le faire qu'avec moi ; de plus, ça ne me serait pas encore égal.

— Pourquoi tu ne l'épouses pas ?

— Oh, dit Anne, parce qu'il y aura un moment où cela me sera égal. J'attends ce moment-là.

— Et si ça ne vient pas ?

— Ça pourrait ne pas venir, dit Anne, si elle était ma première femme. Mais il y a toujours une espèce de dégradation. La première, tu l'aimeras très fort, pendant deux ans, mettons. Tu t'apercevras, à ce moment-là, qu'elle ne te fait plus le même effet.

— Pourquoi ? dit Angel. Si tu l'aimes.

— Je t'assure, dit Anne. C'est comme ça. Ce peut être plus de deux ans, ou moins, si tu as mal choisi. Alors tu t'aperçois qu'une autre te fait l'effet que te faisait la première, et tu crois que tu es plus jeune de deux ans. Mais, cette nouvelle fois-ci, ça ne dure qu'un an. Et ainsi de suite. Note que tu peux toujours voir la première, l'aimer et coucher avec elle, mais ce n'est plus la même chose. Ça devient une sorte de réflexe.

— C'est pas intéressant, ton truc, dit Angel. Je ne crois pas que je sois comme ça.

— Tu n'y peux rien, dit Anne. On est tous comme ça. En fait, on n'a besoin d'aucune femme, spécialement.

— Physiquement, dit Angel, peut-être.

— Non, dit Anne. Pas seulement physiquement ; même intellectuellement, aucune femme n'est indispensable. Elles sont trop carrées.

Angel ne dit rien. Ils étaient arrêtés dans le couloir, Anne adossé au chambranle de la porte de son bureau. Angel le regarda. Il respira un peu plus fort et puis il parla.

— C'est toi qui dis ça, Anne... C'est toi qui dis ça ?...

— Oui, dit Anne. Je le sais.

— Si on me donnait Rochelle, dit Angel, si elle m'aimait, je n'aurais jamais besoin qu'une autre femme m'aime.

— Si, dans deux, trois ou quatre ans. Et si elle t'aimait encore de la même façon à ce moment-là, c'est toi qui t'arrangerais pour changer.

— Pourquoi ?

— Pour qu'elle ne t'aime plus.

— Je ne suis pas comme toi, dit Angel.

— Elles n'ont pas d'imagination, dit Anne, et elles croient qu'il suffit d'elles pour remplir une vie. Mais il y a tellement d'autres choses.

— Non, dit Angel. Je disais ça aussi avant de connaître Rochelle.

— Cela n'a pas changé. Cela n'a pas cessé d'être vrai parce que tu connais Rochelle. Il y a tant de choses. Rien que cette herbe verte et pointue. Rien que toucher cette herbe et craquer entre ses doigts une coquille d'escargot jaune, sur ce sable sec et chaud, et regarder les petits grains luisants et bruns qu'il y a dans ce sable sec, et le sentir dans ses doigts. Et voir un rail nu et bleu et froid, et qui sonne clair, et voir la vapeur sortir d'une buse d'échappement, ou quoi... je ne sais pas, moi...

— C'est toi qui dis ça, Anne...

— Ou ce soleil et les zones noires... et qui sait ce qu'il y a derrière... Ou les avions du professeur Mangemanche, ou un nuage, ou creuser dans la terre et trouver des choses. Ou entendre une musique.

Angel fermait les yeux.

— Laisse-moi Rochelle, supplia-t-il. Tu ne l'aimes pas.

— Je l'aime, dit Anne. Mais je ne peux pas faire plus, ni que le reste n'existe pas. Je te la laisse, si tu veux. Elle ne veut pas. Elle veut que je pense tout le temps à elle, et que je vive en fonction d'elle.

— Encore, dit Angel. Dis-moi ce qu'elle veut.

— Elle veut que le reste du monde soit mort et desséché. Elle veut que tout s'écroule et que nous restions seuls tous les deux. Elle veut que je prenne la place d'Amadis Dudu. Alors, elle sera ma secrétaire.

— Mais tu l'abîmes, murmura Angel.

— Tu voudrais que ce soit toi?

— Je ne l'abîmerais pas, dit Angel. Je ne la toucherais pas. Juste l'embrasser et la mettre nue dans une étoffe blanche.

— Elles ne sont pas comme ça, dit Anne. Elles ne savent pas qu'il y a autre chose. Du moins très peu le savent. Ce n'est pas leur faute. Elles n'osent pas. Elles ne se rendent pas compte de ce qu'il y a à faire.

— Mais qu'est-ce qu'il y a à faire?

— Être par terre, dit Anne. Être par terre... sur ce sable avec un peu de vent et la tête vide ; ou marcher et voir tout, et faire des choses, faire des maisons de pierre pour les gens, leur donner des voitures, de la lumière, tout ce que tout le monde peut avoir, pour qu'ils puissent ne rien faire aussi et rester sur le sable, au soleil, et avoir la tête vide et coucher avec des femmes.

— Tantôt tu veux, dit Angel, et tantôt non.

— Je veux tout le temps, dit Anne, mais je veux le reste aussi.

— N'abîme pas Rochelle, dit Angel.

Il implorait, la voix tremblante. Anne se passa la main sur le front.

— Elle s'abîme elle-même, dit-il. Tu ne pourras pas l'empêcher. Après, quand je l'aurai quittée, elle aura l'air très abîmée, mais si elle t'aime, cela reviendra très vite. Presque comme avant. Pourtant, elle s'abîmera de nouveau deux fois plus vite, et tu ne pourras pas le supporter.

— Alors?... dit Angel.

— Alors, je ne sais pas ce que tu feras, dit Anne. Et au fur et à mesure, elle s'abîmera avec une rapidité qui augmentera en progression géométrique.

— Tâche d'être horrible avec elle, dit Angel.

Anne rit.

— Je ne peux pas encore. Je l'aime encore, j'aime coucher avec elle.

— Tais-toi, dit Angel.

— Je vais finir mes calculs, dit Anne. Tu es ballot. Il y a des jolies filles partout.

— Elles m'ennuient, dit Angel. J'ai trop de peine.

Anne lui serra l'épaule dans sa main forte.

— Va te balader, dit-il. Va prendre l'air un peu. Et pense à autre chose.

— Je voulais me promener, dit Angel. C'est toi qui n'as pas voulu. Je ne peux pas penser à autre chose. Elle a tellement changé.

— Mais non, dit Anne. Elle sait seulement un peu mieux se débrouiller dans un lit.

Angel renifla et s'en alla. Anne riait. Il ouvrit sa porte et rentra dans son bureau.

II

Les pieds d'Angel dérapaient dans le sable chaud et il sentait les grains menus courir entre ses orteils, à travers la grille de cuir de ses spartiates. Il avait encore dans les oreilles les paroles d'Anne et la voix d'Anne, mais ses yeux voyaient la figure douce et fraîche de Rochelle, assise devant la

machine à écrire dans le bureau d'Amadis Dudu, l'arc net de ses sourcils et sa bouche brillante.

Loin, devant lui, la première bande noire tombait sans un pli, coupant le sol d'une ligne sombre qui collait étroitement aux sinuosités des dunes, droite et inflexible. Il marchait vite, autant qu'il pouvait sur ce terrain instable, perdant quelques centimètres à chaque pas qu'il faisait en montant, et redégringolant les pentes arrondies à grande vitesse, heureux physiquement que ses empreintes soient les premières à marquer la piste jaune. Peu à peu sa peine se calmait, séchée insidieusement par la pureté poreuse de tout ce qui l'entourait, par la présence absorbante du désert.

La frange d'ombre se rapprochait, élevant indéfiniment une muraille nue et terne, plus attirante qu'une ombre vraie, car c'était plutôt une absence complète et brutale de lumière, un vide opaque et compact, une solution de continuité dont rien ne venait troubler la rigueur.

Il lui restait encore quelques pas à faire et Angel entrerait dans le noir. Il était au pied de la muraille et il avança timidement la main. Sa main disparut devant ses yeux et il sentit le froid de l'autre zone. Sans hésiter, il y pénétra tout entier, et le voile obscur l'enveloppa d'un coup.

Il marcha lentement. Il avait froid ; son cœur battait plus fort. Il fouilla dans sa poche, prit une boîte d'allumettes, en fit craquer une. Il eut l'impression qu'elle s'enflammait, mais la nuit restait complète. Il laissa tomber l'allumette, un peu effrayé, et se frotta les yeux. De nouveau, soigneusement, il gratta le petit morceau de phosphore sur la surface rugueuse de la boîte. Il entendit le chuintement de l'allumette qui prenait feu. Il remit la boîte dans sa poche gauche et à tâtons, au jugé, approcha son index libre du mince éclat de bois. Il le retira aussitôt sous la brûlure, et lâcha la seconde allumette.

Il se retourna avec précaution et tenta de revenir à son point de départ. Il eut l'impression de marcher plus longtemps qu'à l'aller, et c'était toujours la nuit impénétrable. Il s'arrêta une seconde fois. Son sang circulait plus vite dans ses veines, et ses mains étaient glacées. Il s'assit ; il devait se calmer ; il mit ses mains sous ses aisselles pour se réchauffer.

Il attendit. Les battements de son cœur diminuaient d'intensité. Il conservait dans ses membres l'impression des mouvements exécutés depuis son entrée dans le noir. Posément, sans hâte, il s'orienta de nouveau, et d'un pas décidé marcha vers le soleil. Quelques secondes plus tard, il sentit le contact du sable chaud et le désert, immobile et

jaune, flambait devant ses yeux clignotants. Très loin, il apercevait la vibration au-dessus du toit plat de l'hôtel Barrizone.

Il s'éloigna du mur d'ombre et se laissa choir sur le sable mobile. Devant ses yeux, une lumette glissait paresseusement sur une herbe longue et courbe qu'elle recouvrait d'une pellicule irisée. Il s'étendit, creusant une place à chacun de ses membres, et, relâchant complètement ses muscles et son cerveau, il se laissa respirer, tranquille et triste.

III

RÉUNION

1.

Le président Ursus de Janpolent fronça les sourcils en arrivant, car l'huissier n'était pas à son poste. Il passa néanmoins et pénétra dans la salle de réunion. Il fronça le sourcil derechef : personne autour de la table. Il atteignit, de l'index et du pouce réunis, l'amorce de sa montre d'or, amorce matérialisée sous les espèces d'une chaîne du même métal, et tira. Chose étrange assez, cette mécanique irréprochable portait la même heure qui l'avait tant fait se presser peu auparavant. S'expliquant ainsi les absences combinées et non complotées, comme il lui en était venu le soupçon, de l'huissier et des membres du Conseil, il fit en courant le chemin du retour à sa limousine et enjoignit à son chauffeur zélé de le mener quelque part, pour ce qu'il ne faudrait point que l'on vît arriver le premier un président de Conseil d'administration, fichtre non !

2.

L'huissier, un rictus las aux lèvres, émergea du buen-retiro à temps pour se rendre, sans lambiner, à l'armoire grande où restaient les collections de cartes postales obscènes. Un rictus las aux lèvres, et les mains tremblantes, et la braguette humide, car c'était son jour. Cela

coulait encore un peu, lui allumant le bas de l'échine d'éclairs discordants et décroissants, et raidissant ses vieux muscles fessiers tannés par des ans de chaise.

3.

Le petit chien écrasé par Agathe Marion qui conduisait, comme d'habitude, sans regarder, avait les poumons d'une curieuse couleur verte, ainsi que le constata l'agent voyer dont le balai agile précipita la charogne dans une bouche d'égout. L'égout se mit à vomir peu après, et l'on dut détourner la circulation pour quelques jours.

4.

Après divers avatars, provoqués tant par la malignité des humains ou des choses que par les lois inexorables de la probabilité, ils se rencontrèrent à la porte de la salle des séances la quasi-totalité des y convoqués, qui s'introduisirent dans ce lieu après les frottements palmaires et éjaculations de parcelles de salive en usage dans la société civilisée, et que la société militarisée remplace par des ports de mains au chef et des claquements solaires accompagnés, dans de certains cas, d'interjections brèves, et hurlées de loin, ce qui fait qu'à tout prendre, on pourrait estimer que le militaire est hygiénique, opinion de laquelle on est forcé, quoique, de se défaire quand on voit les latrines d'icelui, avec une exception faite pour les militaires amerlauds lesquels chient en rang et tiennent leurs chambres à caca en état de propreté et d'odeur désinfectante constant, ainsi qu'il arrive dans certains pays où l'on soigne la propagande et où l'on a l'heur de tomber sur des inhabitants persuasibles par de tels moyens, ce qui est le cas général, à cette condition que la propagande ainsi soignée ne le soit pas à l'aveuglette, mais en tenant compte des désirs révélés par les offices de prospection et d'orientation, comme aussi des résultats de référenda que les gouvernements heureux ne manquent pas de prodiguer pour le bonheur encore accentué des peuplades qu'ils administrent.

Ainsi, le Conseil commença. Il ne manquait qu'un membre, empêché, et qui vint deux jours après s'excuser, mais l'huissier fut sévère.

5.

— Messieurs, je donne la parole à notre dévoué secrétaire.

— Messieurs, avant de vous communiquer les résultats bruts des

premières semaines de travaux, je désire vous donner lecture, le rapporteur étant absent, du rapport reçu d'Exopotamie qu'il m'a heureusement fait tenir en temps voulu, et je désire ici rendre hommage à cette prudence, tout à l'honneur de sa prévoyance, car nul n'est à l'abri d'un contretemps.

— Tout à fait d'accord !

— De quoi s'agit-il ?

— Vous savez bien.

— Ah ! je me rappelle !

— Messieurs, voici la note en question.

— Malgré les difficultés de tous ordres, les efforts et l'ingéniosité du directeur technique Amadis Dudu ont abouti à la mise en place de tout le matériel nécessaire et il n'est pas besoin d'insister sur les capacités de dévouement et d'abnégation, ainsi que sur le courage et l'habileté professionnelle du directeur technique Dudu, car les énormes difficultés rencontrées, ainsi que la lâcheté sournoise et la malignité des agents d'exécution, des éléments et des ingénieurs en général, à l'exception du contremaître Arland, font que cette tâche, presque impossible, ne saurait être menée à bien que par lui.

— Tout à fait d'accord.

— Ce rapport est excellent.

— Je n'ai pas saisi. De quoi s'agit-il ?

— Mais si, vous savez bien !

— Ah ! Oui ! Passez-moi vos cartes.

— Messieurs, une circonstance se présente à laquelle il n'était pas possible d'apporter un remède préventif ou modificatoire ; c'est l'existence sur place, et dans l'axe juste de la voie future, d'un hôtel dit Hôtel Barrizone, et qu'il faut, propose notre directeur Dudu, exproprier, puis détruire partiellement par les moyens les plus convenables.

— Savez-vous ce que c'est qu'une lumette ?

— Cette position est renversante !

— Je crois qu'il faut donner notre approbation.

— Messieurs, je vais procéder à un vote à main levée.

— C'est inutile.

— Tout le monde est tout à fait d'accord.

— Parfaitement, il faut exproprier Barrizone.

— Messieurs, Barrizone sera donc exproprié. Notre secrétaire va s'occuper des démarches. Étant donné qu'il s'agit d'une entreprise

d'intérêt public, nul doute que les formalités à remplir ne soient très réduites.

— Messieurs, je propose un vote de félicitations à l'adresse de l'auteur du rapport qui vous a été lu, et qui n'est autre que notre directeur technique Amadis Dudu.

— Messieurs, je pense que vous serez tous d'accord pour adresser une note de félicitations à Dudu, comme le propose notre éminent collègue Marion.

— Messieurs, selon les termes du rapport, l'attitude des subordonnés de Dudu se révèle odieuse. Je crois qu'il serait sage de diminuer leur traitement de vingt pour cent.

— On pourrait verser l'économie réalisée au compte de M. Dudu, au titre d'amélioration de son indemnité de déplacement.

— Messieurs, Dudu se refusera certainement à accepter quoi que ce soit.

— Tout à fait d'accord.

— Et puis ça fera des économies.

— On n'augmente pas Arland non plus ?

— C'est absolument inutile. Ces hommes ont leur conscience pour eux.

— Mais on diminue les autres, naturellement.

— Messieurs, toutes ces décisions seront consignées par le secrétaire dans le procès-verbal de la séance. L'ordre du jour n'appelle aucune observation ?

— Que dites-vous de cette position ?

— C'est renversant !

— Messieurs, la séance est levée.

IV

Cuivre et Athanagore, bras dessus, bras dessous, arpentaient la piste en direction de l'hôtel Barrizone. Ils avaient laissé dans la galerie Brice et Bertil. Ceux-ci ne voulaient pas sortir avant d'avoir dégagé complètement

la salle immense découverte quelques jours plus tôt. Les machines creusaient sans arrêt et c'étaient de nouveaux couloirs, de nouvelles salles, communiquant entre elles par des avenues souterraines bordées de colonnes, et regorgeant d'objets précieux tels que des épingles à chevaux, des fibules de savon et de bronze malléable, des statuettes votives, sans les urnes ou avec, et des tas de pots. Le marteau d'Atha ne chômait pas. Mais il fallait un peu de repos et de changement d'idées à l'archéologue, et Cuivre venait avec lui.

Ils montaient et descendaient les pentes arrondies, et le soleil les enveloppait d'or. Ils aperçurent la façade de l'hôtel et les fleurs rouges du haut de la dune d'où l'on dominait aussi tout le chantier du chemin de fer. Les agents d'exécution s'affairaient autour de piles immenses de rails et de traverses et Cuivre distingua les silhouettes, plus grêles, de Didiche et Olive qui jouaient sur les tas de bois. Sans s'arrêter, ils gagnèrent le bar de l'hôtel.

— Salut, la Pipe, dit Athanagore.

— Bon giorno, dit Pippo... Facchè la barba a six houres c'to matteïgno?

— Non, dit Athanagore.

— Putain de nocche cheïgno Benedetto!... s'exclama Pippo... Vous n'avez pas honte, patron?

— Non, dit Athanagore. Ça marche, les affaires?

— C'est la misère, dit Pippo. C'est la misère qui nous rend fous. Quand j'étais chef de rang trancheur à Spa, il fallait voir!... Mais ici!... C'est des pourrrques!...

— Des quoi? demanda Cuivre.

— Des pourrrques. Des cochons, quoi!

— Donne-nous à boire, dit l'archéologue.

— Que je leur fous une de ces tartinasses diplomatiques, que je les envoie jusqu'à Verrsovie, dit Pippo.

Il illustrait cette menace d'une mimique appropriée qui consistait à tendre la main droite en avant, le pouce replié sur la paume.

Athanagore sourit.

— Donne-nous deux Turin.

— Voilà, patron, dit Pippo.

— Et qu'est-ce qu'ils vous ont fait? demanda Cuivre.

— Eh, dit Pippo. Ils veulent me foutre ma baraque en l'air. Fini. Elle est morte.

Il se mit à chanter.

— Quant il a vu Guillaume,
 Que Vittorio va le plaquer,
 Il envoya-z-à Rome
 Bülow pour contratter...
— C'est joli, ça, dit l'archéologue.
— Donne-lui Trente et Trieste,
 Et même tout le Trentin.
 Dis-lui-z-à Vittorio-o,
 Que ça lui coûte rien.
 Mais dans un aéro
 Gabriele d'Annunzio[37]
 Chantait comme un zoizeau.
 Chi va piano va sano...
— J'ai entendu ça quelque part, dit l'archéologue.
— Chi va sano va lontano.
 Chi va forte va a la morte.
 Evviva la libertà !

Cuivre applaudit. Pippo ténorisait avec ce qui lui restait de voix, passablement éraillée. On entendit des coups sourds au plafond.

— Qu'est-ce que c'est ? demanda l'archéologue.
— Eh, c'est l'autre pourrrque ! dit Pippo.

Il avait, comme toujours, l'air à la fois furieux et réjoui. Il reprit :

— Amapolis Dudu. Il n'aime pas que je chante.
— Amadis, rectifia Cuivre.
— Amadis, Amapolis, Amadou, qu'est-ce que ça peut nous foutre ?
— Qu'est-ce que c'est que cette histoire de baraque ? dit Atha.
— C'est des histoires diplomatiques à Amapolis, dit Pippo. Il veut m'extérioriser... Putain, il a que des mots comme ça dans la gueule, ce pourrrque ! Il dit qu'il envisageait ça.
— T'exproprier ? dit Atha.
— C'est ça, dit Pippo. C'est le mot terrestre.
— Tu n'auras plus besoin de travailler, dit Atha.
— Qu'est-ce que j'en ai à foutre de leurs vacances ? dit Pippo.
— Bois un coup avec nous, dit Atha.
— Merci, patron.
— C'est le chemin de fer qui est gêné par l'hôtel ? demanda Cuivre.
— Oui, dit Pippo. C'est leur putain de chemin de fer. Tchin' Tchin'.
— Tchin' Tchin', répéta Cuivre, et ils vidèrent leurs verres tous les trois.

— Est-ce qu'Angel est là ? demanda Atha.

— Il est dans sa chambre, je crois, dit Pippo. Je ne suis pas sûr, hein. Je crois simplement. Il dessine, encore.

Il appuya sur une sonnerie derrière le bar.

— Il va venir, s'il est là, hein.

— Merci, dit l'archéologue.

— Cet Amapolis, conclut Pippo, c'est un pourrrque.

Il se remit à fredonner en essuyant des verres.

— Combien te dois-je ? dit l'archéologue, voyant qu'Angel ne descendait pas.

— Trente francs, dit Pippo. C'est la misère.

— Voilà, dit l'archéologue. Tu viens avec nous, voir le chantier ? Angel ne doit pas être chez lui.

— Eh ! Je ne peux pas ! dit Pippo. Ils sont tous comme des mouches autour de moi, et si je m'en vais, ils vont tout boire.

— Alors, à bientôt, dit l'archéologue.

— À bientôt, patron.

Cuivre lui fit un beau sourire et Pippo se mit à bégayer ; puis, elle sortit derrière Atha et ils prirent le chemin du chantier.

L'air sentait les fleurs et la résine. Des herbes vertes, coupées sauvagement, s'amoncelaient en tas des deux côtés d'une espèce de piste tracée par les niveleuses, et de leurs tiges raides s'échappaient lentement de grosses gouttes vitreuses et odorantes, qui roulaient sur le sable et s'enrobaient de grains jaunes. La voie suivait ce tracé amorcé par les machines selon les indications d'Amadis. Athanagore et Cuivre regardaient avec une vague tristesse les masses d'herbes dures rangées sans goût de part et d'autre du chemin, et les ravages exercés sur la surface lisse des dunes. Ils montèrent, puis descendirent, remontèrent encore et virent enfin le chantier.

Nus jusqu'à la ceinture, Carlo et Marin, courbés sous un soleil sans personnalité, agrippaient des deux mains des marteaux pneumatiques de fort calibre. L'air retentissait des pétarades sèches des engins, et du sourd grondement du compresseur qui tournait à quelque distance de là. Ils travaillaient sans relâche, à demi aveuglés par le jet de sable soulevé par l'échappement et qui se collait à leur peau moite. Une mesure de voie était déjà aplanie et les deux côtés de la fouille s'élevaient nets et coupants. Ils avaient tranché dans la dune et se stabilisaient au niveau moyen du désert calculé par Anne et Angel selon les relevés topographiques effectués au préalable, et bien inférieur à la surface du

sol qu'ils foulaient d'ordinaire. Il faudrait sans doute établir toute cette partie de la voie en déblai, et les monceaux de sable s'accumulaient des deux côtés.

Athanagore fronça le sourcil.

— Ça va être joli... murmura-t-il.

Cuivre ne répondit rien. Ils se rapprochèrent des deux hommes.

— Bonjour, dit l'archéologue.

Carlo releva la tête. Il était grand et blond et ses yeux bleus injectés de sang paraissaient ne pas voir son interlocuteur.

— Salut !... murmura-t-il.

— Ça avance... apprécia Cuivre.

— C'est dur, dit Carlo. Tout dur. Comme de la pierre. Il n'y a que la couche du dessus qui soit du sable.

— C'est forcé, expliqua Athanagore. Il n'y a jamais de vent : le sable s'est pétrifié.

— Pourquoi pas en surface, alors ? demanda Carlo.

— Jusqu'à l'endroit où la chaleur du soleil cesse de pénétrer, expliqua l'archéologue, il ne pouvait pas y avoir de pétrification.

— Ah... dit Carlo.

Marin s'arrêta à son tour.

— Si on s'arrête, dit-il, on va avoir ce salaud d'Arland sur le râble.

Carlo remit son marteau pneumatique en marche.

— Vous êtes tout seuls pour faire ça ? demanda Athanagore.

Il était forcé de crier pour dominer le vacarme infernal du marteau. Le long fleuret d'acier attaquait le sable en faisant jaillir une poussière bleuâtre, et, sur les deux poignées horizontales, les mains dures de Carlo se contractaient avec une sorte de désespoir.

— Tout seuls... dit Marin. Les autres cherchent le ballast.

— Les trois camions ? hurla Athanagore.

— Oui, répondit Marin sur le même ton.

Il avait une tignasse brune et hirsute, du poil sur le thorax et une figure de gosse ravagée. Ses yeux quittèrent l'archéologue et s'attardèrent sur la jeune femme.

— Qui c'est ? demanda-t-il à l'archéologue en arrêtant à son tour son marteau.

— Je m'appelle Cuivre, dit-elle en lui tendant la main. On fait le même boulot que vous, mais en dessous.

Marin sourit et serra doucement les doigts nerveux dans sa main sèche et craquelée.

— Salut... dit-il à son tour.

Carlo continuait à travailler. Marin regarda Cuivre avec regret.

— On ne peut pas s'arrêter, à cause d'Arland, sans ça, on aurait été prendre un verre.

— Et ta femme?... cria Carlo, en s'arrêtant à son tour.

Cuivre se mit à rire.

— Elle est jalouse comme ça?

— Mais non, dit Marin, elle sait bien que je suis sérieux.

— T'aurais du mal, observa Carlo. Pas beaucoup le choix dans le coin...

— On se verra dimanche, promit Cuivre.

— Après la messe, dit Marin, pour rigoler.

— On ne va pas à la messe, par ici.

— Il y a un ermite, dit Athanagore. En principe, on ira voir l'ermite le dimanche.

— Qui est-ce qui a dit ça? protesta Marin. J'aime mieux boire un coup avec la petite.

— L'abbé viendra vous expliquer tout ça, dit l'archéologue.

— Oh, zut, dit Marin. J'aime pas les curés.

— Qu'est-ce que tu veux faire d'autre? lui fit remarquer Carlo. Tu veux te balader avec ta femme et les gosses?

— Je n'aime pas les curés non plus, dit Athanagore, mais celui-là n'est pas comme les autres.

— Je sais, dit Marin, mais il a une soutane quand même.

— C'est un rigolo, dit Cuivre.

— C'est les plus dangereux.

— Grouille-toi, Marin, dit Carlo, ce salaud d'Arland va nous tomber sur le poil.

— On y va... murmura l'autre.

Les marteaux pneumatiques reprirent leur percussion brutale, et, de nouveau, le sable jaillit dans l'air.

— Au revoir, les garçons, dit Athanagore. Buvez un coup chez Barrizone et mettez ça sur mon ardoise.

Il s'éloigna. Cuivre agita la main vers Carlo et Marin.

— À dimanche! dit Marin.

— Ta gueule! dit Carlo. C'est pas pour ta poire!

— C'est un vieux con, dit Marin.

— Non, dit Carlo. Il a l'air brave.

— C'est un bon vieux con, dit Marin. Il y en a aussi.

— Tu nous fais chier, dit Carlo.

Il essuya la sueur de sa figure d'un revers de bras. Ils pesaient légèrement sur les masses pesantes. Des blocs compacts se détachaient et s'effondraient devant eux et le sable leur brûlait la gorge. Ils avaient l'oreille faite au bruit régulier des marteaux, tant qu'ils pouvaient murmurer et s'entendre. Ils se parlaient d'habitude en travaillant, pour alléger la peine qu'ils avaient, car il n'y aurait point de fin, et voici que Carlo rêvait tout haut.

— Quand on aura fini...

— On n'aura pas fini.

— Le désert ne dure pas tout le long...

— Il y a d'autre travail.

— Nous aurions le droit de nous étendre un peu...

— Nous pourrions nous arrêter de travailler...

— Nous serions tranquilles...

— Il y aurait de la terre, de l'eau, des arbres et la belle fille.

— S'arrêter de creuser...

— On n'aura jamais fini.

— Il y a ce salaud d'Arland.

— Il ne fait rien, il gagne plus.

— Cela n'arrivera pas.

— Peut-être que le désert dure jusqu'au bout.

Leurs doigts durs enserraient les poignées, le sang séchait dans leurs veines, et leur voix n'était plus perceptible, un murmure, une plainte contenue, couverte par la vibration des marteaux et qui dansait, bourdonnante, autour de leurs figures en sueur, au coin de leurs lèvres brûlées. Sous le tissu compact de leur peau brune jouaient des muscles noueux, en bosses arrondies, qui remuaient comme des bêtes coordonnées.

Les yeux de Carlo se fermaient à demi, il sentait le long de ses bras tous les gestes brutaux du fleuret d'acier et le guidait, sans le voir, instinctivement.

Derrière eux s'ouvrait la grande tranche d'ombre de la coupure déjà creusée, au fond nivelé grossièrement et ils s'enfonçaient de plus en plus profondément dans la dune pétrifiée. Leurs têtes affleuraient déjà le niveau de leur nouvelle entaille, et, loin sur l'autre dune, ils aperçurent un instant les silhouettes réduites de l'archéologue et de la fille orange. Et puis les blocs se détachèrent et roulèrent derrière eux. Ils seraient bientôt forcés de s'arrêter pour évacuer l'énorme amoncellement de

déblais; les camions n'étaient pas encore revenus. Les chocs répétés du piston d'acier sur la tige du fleuret et le sifflement de l'air d'échappement se répercutaient contre les parois de l'entaille avec une force intolérable, mais ni Marin, ni Carlo ne l'écoutaient plus. Il y avait devant leurs yeux des étendues fraîches et vertes et des filles robustes, nues dans l'herbe, qui les attendaient.

<p style="text-align:center">V</p>

Amadis Dudu relut le message qu'il venait de recevoir et qui portait l'en-tête du Siège général et la signature de deux membres du Conseil d'administration, dont le président. Ses yeux s'attardèrent sur certains mots avec une satisfaction gourmande et il commençait à préparer des phrases dans sa tête pour impressionner l'auditoire. Il fallait les réunir dans la grande salle de l'hôtel Barrizone; le plus tôt serait le mieux. Après le travail, de préférence, et de toute façon. Et voir au préalable si Barrizone disposait d'une estrade. Une clause de la lettre concernait Barrizone lui-même et son hôtel. Les démarches allaient vite quand une puissante société s'en occupait. Les plans du chemin de fer étaient pratiquement terminés, mais toujours pas de ballast. Les camionneurs cherchaient sans relâche; ils donnaient quelquefois de leurs nouvelles, ou bien l'un d'eux surgissait à l'improviste, avec son camion, et repartait presque aussitôt. Amadis était un peu exaspéré par cette histoire de ballast, mais la voie se construisait tout de même, à quelque distance du sol, sur des cales. Carlo et Marin ne faisaient rien. Heureusement, Arland réussissait à en tirer le maximum, et, à eux deux, ils arrivaient à poser trente mètres de voie par jour; d'ici quarante-huit heures, on commencerait à couper l'hôtel en deux.

On frappa à la porte.

— Entrez! dit sèchement Amadis.

— Bon giorno, dit la Pipe en entrant.

— Bonjour, Barrizone, dit Amadis. Vous désirez me parler?

— Si, dit Pippo. Qu'est-ce qu'ils viennent faire, ces putains du chemin

de fer, à le mettre juste devant mon hôtel ? Qu'est-ce que j'en ai à foutre ?

— Le Ministre vient de signer le décret d'expropriation vous concernant, dit Amadis. Je comptais vous en aviser ce soir.

— C'est des histoires diplomatiques et majuscules, ça, dit Pippo. Quand est-ce qu'ils vont enlever ça ?

— On va être obligés de démolir l'hôtel pour le faire passer au milieu, dit Amadis. Il fallait que je vous en informe.

— Quoi ? dit Pippo. Démolir le fameux hôtel Barrizone ? Que ceux qui ont goûté de mes spaghetti à la Bolognese sont restés avec la Pipe toute leur vie ?

— C'est regrettable, dit Amadis, mais le décret est signé. Considérez que l'hôtel est réquisitionné au profit de l'État.

— Et moi, alors ? dit Pippo. Qu'est-ce que je fous, là-dedans ? Je n'ai plus qu'à retourner chef de rang trancheur, hein ?

— Vous serez indemnisé, dit Amadis. Pas immédiatement, sans doute.

— Les pourrrques ! murmura Pippo.

Il tourna le dos à Amadis et sortit sans refermer la porte. Amadis le rappela.

— Fermez votre porte !

— Eh, ce n'est plus ma porte, dit la Pipe, furieux. Fermez-la vous-même !

Il s'en alla en marmottant des jurons à résonance méridionale.

Amadis pensa qu'il aurait dû faire réquisitionner Pippo en même temps que l'hôtel, mais le processus était plus complexe et les formalités auraient demandé trop de temps. Il se leva et fit le tour de son bureau. Il se trouva nez à nez avec Angel qui entrait sans frapper, et pour cause.

— Bonjour, monsieur, dit Angel.

— Bonjour, dit Amadis, sans lui tendre la main.

Il acheva son tour et se rassit.

— Fermez votre porte, s'il vous plaît, dit-il. Vous désirez me parler ?

— Oui, dit Angel. Quand serons-nous payés ?

— Vous êtes bien pressés.

— J'ai besoin d'argent et nous devrions être payés depuis trois jours.

— Est-ce que vous vous rendez compte que nous sommes dans un désert ?

— Non, dit Angel. Dans un vrai désert il n'y a pas de chemin de fer.

— C'est un sophisme, estima Amadis.

— C'est ce qu'on voudra, dit Angel. Le 975 passe souvent.

— Oui, dit Amadis, mais on ne peut pas confier un envoi à un conducteur fou.

— Le receveur n'est pas fou.

— J'ai voyagé avec lui, dit Amadis. Je vous assure qu'il n'est pas normal.

— C'est long, dit Angel.

— Vous êtes un gentil garçon, dit Amadis. Physiquement, je veux dire. Vous avez... une peau assez plaisante. Aussi, je vais vous apprendre quelque chose que vous ne saurez que ce soir.

— Mais non, dit Angel, puisque vous allez me le dire.

— Je vous le dirai si vous êtes vraiment un gentil garçon. Approchez-vous.

— Je ne vous conseille pas de me toucher, dit Angel.

— Regardez-le! Il prend la mouche tout de suite! s'exclama Amadis. Ne soyez pas si raide, voyons!

— Ça ne me dit rien du tout.

— Vous êtes jeune. Vous avez tout le temps de changer.

— Est-ce que vous me dites ce que vous avez à me dire ou est-ce que je dois m'en aller? dit Angel.

— Eh bien, vous allez être diminués de vingt pour cent.

— Qui?

— Vous, Anne, les agents d'exécution, et Rochelle. Tous, sauf Arland.

— Quel salaud, cet Arland! murmura Angel.

— Si vous montriez de la bonne volonté, dit Amadis, j'aurais pu vous éviter ça.

— Je suis plein de bonne volonté, dit Angel. J'ai terminé mon travail trois jours plus tôt que vous ne me l'aviez demandé, et j'ai presque fini le calcul des éléments de la gare principale.

— Je n'insiste pas sur ce que *moi* j'entends par bonne volonté, dit Amadis. Pour plus d'éclaircissements, vous pourriez vous adresser à Dupont.

— Qui est Dupont?

— Le cuisinier de l'archéologue, dit Amadis. Un gentil garçon, ce Dupont, mais quelle garce!

— Ah oui! Je vois qui vous voulez dire.

— Non, dit Amadis. Vous confondez avec Lardier. Lardier, il me dégoûte.

— Pourtant... dit Angel.

— Non, vraiment, Lardier est répugnant. D'ailleurs, il a été marié.

— Je comprends.

— Vous ne pouvez pas me blairer, hein ? demanda Amadis.

Angel ne répondit pas.

— Je sais bien. Cela vous gêne. Je n'ai pas l'habitude de faire des confidences à n'importe qui, vous savez, mais je vais vous avouer que je me rends parfaitement compte de ce que vous pensez tous de moi.

— Et alors ? dit Angel.

— Alors je m'en fous, dit Amadis. Je suis pédéraste et qu'est-ce que vous voulez y changer ?

— Je ne veux rien y changer, dit Angel. En un sens je préfère ça.

— À cause de Rochelle ?

— Oui, dit Angel. À cause de Rochelle. J'aime mieux que vous ne vous occupiez pas d'elle.

— Parce que je suis séduisant ? demanda Amadis.

— Non, dit Angel. Vous êtes affreux, mais c'est vous le patron.

— Vous avez une drôle de façon de l'aimer, dit Amadis.

— Je sais comment elle est. Ce n'est pas parce que je l'aime que je ne la vois pas.

— Comment pouvez-vous aimer une femme ? dit Amadis.

Il semblait se parler à lui-même.

— C'est inconcevable ! Ces choses molles qu'elles ont partout. Ces espèces de replis humides...

Il frissonna.

— Horrible...

Angel se mit à rire.

— Enfin, dit Amadis, de toutes façons, ne prévenez pas Anne que vous êtes diminués. Je vous ai dit ça confidentiellement. De femme à homme.

— Merci, dit Angel. Vous ne savez pas quand l'argent arrivera ?

— Je ne sais pas. Je l'attends.

— Bon.

Angel baissa la tête, regarda ses pieds, ne leur trouva rien de spécial et releva la tête.

— Au revoir, dit-il.

— Au revoir, dit Amadis. Ne pensez pas à Rochelle.

Angel sortit et rentra aussitôt.

— Où est-elle ?

— Je l'ai envoyée à l'arrêt du 975 porter le courrier.

— Bon, dit Angel.

Il quitta la pièce et ferma la porte.

VI

Pourquoi ce type d'invariance avait-il échappé au calcul tensoriel ordinaire ?

G. WHITROW, *La Structure de l'Univers*, Gallimard, p. 144.

— Prêt ! dit l'interne.

— Tournez, dit Mangemanche.

D'un geste énergique, l'interne lança l'hélice de bois dur. Le moteur éternua, fit un rot méchant et il y eut un retour. L'interne poussa un glapissement et prit sa main droite dans sa main gauche.

— Ça y est ! dit Mangemanche. Je vous avais dit de vous méfier.

— Nom de dieu ! dit l'interne. Nom de dieu de nom de dieu de merde ! Qu'est-ce que ça déménage !

— Faites voir ?

L'interne tendit la main. L'ongle de son index était tout noir.

— C'est rien, dit Mangemanche. Vous avez encore votre doigt. Ça sera pour la prochaine fois.

— Non.

— Si, dit Mangemanche. Ou alors, faites attention.

— Mais je fais attention, dit l'interne. Je n'arrête pas de faire attention, et ce nom de dieu de merde de moteur me part tout le temps dans les pattes. J'en ai marre, à la fin.

— Si vous n'aviez pas fait ce que vous avez fait... dit sentencieusement le professeur.

— Oh, la barbe, avec cette chaise...

— Bon.

Mangemanche recula, prit son élan et envoya à l'interne un direct en pleine mâchoire.

— Oh!... gémit l'interne.

— Vous ne sentez plus votre main, maintenant, hein?

— Grrrrr... fit l'interne.

Il paraissait prêt à mordre.

— Tournez! dit Mangemanche.

L'interne s'arrêta et se mit à pleurer.

— Ah! Non! cria Mangemanche. Assez! Vous pleurez tout le temps, à la fin! Ça devient une manie. Foutez-moi la paix, et tournez cette hélice. Ça ne prend plus, vos larmes.

— Mais, ça n'a jamais pris, dit l'interne vexé.

— Justement. Je ne comprends pas que vous ayez le culot d'insister.

— Oh, ça va, dit l'interne. Je n'insiste pas.

Il fouilla dans sa poche et exhiba un mouchoir très dégoûtant. Mangemanche s'impatientait.

— Ça avance, oui ou zut?

L'interne se moucha et remit le mouchoir dans sa poche. Puis, il s'approcha du moteur, et, d'un air réticent, s'apprêta à lancer l'hélice.

— Allez! commanda Mangemanche.

L'hélice fit deux tours, le moteur crachota soudain et partit, et les pales vernies disparurent dans un tourbillon gris.

— Augmentez la compression, dit Mangemanche.

— Je vais me brûler! protesta l'interne.

— Oh!... dit le professeur excédé, ce que vous êtes...

— Merci, dit l'interne.

Il régla le petit levier.

— Arrêtez-le! dit Mangemanche.

L'interne coupa l'arrivée d'essence en tournant le pointeau et le moteur s'arrêta, balançant son hélice d'un air mal assuré.

— Bon, dit le professeur. On va aller l'essayer dehors.

L'interne conservait son air renfrogné.

— Allons, dit Mangemanche. De l'entrain, que diable! Ce n'est pas un enterrement.

— Pas encore, précisa l'interne, mais ça va venir.

— Prenez cet avion et amenez-vous, dit le professeur.

— On le laisse voler libre ou on l'attâche?

— Libre, bien sûr. Ça ne serait pas la peine d'être dans un désert.

— Jamais je ne me suis senti moins seul que dans ce désert-là.

— Assez de jérémiades, dit Mangemanche. Il y a une belle fille, vous savez, dans le coin. Elle a la peau d'une drôle de couleur, mais rien à dire sur sa forme.

— Oui ? demanda l'interne.

Il semblait plus compréhensif.

— Certes oui, dit Mangemanche.

L'interne rassemblait les éléments épars de l'avion qu'ils devaient monter à l'extérieur. Le professeur examina la pièce avec satisfaction.

— Gentille petite infirmerie que nous avons là, dit-il.

— Oui, dit l'interne. Pour ce qu'on y fait. Personne n'est malade dans ce sacré coin. Je suis en train d'oublier tout ce que je savais.

— Vous serez moins dangereux, assura Mangemanche.

— Je ne suis pas dangereux.

— Toutes les chaises ne sont pas de cet avis.

L'interne devint bleu roi et les veines de ses tempes se mirent à battre spasmodiquement.

— Écoutez, dit-il, encore un mot sur cette chaise et je...

— Je quoi ? railla Mangemanche.

— J'en tue une autre...

— Quand vous voudrez, dit Mangemanche. En fait, qu'est-ce que vous voulez que ça me fasse ? Allons, venez.

Il sortit et sa chemise jaune projeta dans l'escalier du grenier une lumière suffisante pour l'empêcher de trébucher sur les marches inégales. Mais l'interne n'y manqua point, et chut sur les fesses, heureusement pour l'avion. Il arriva en bas presque en même temps que le professeur.

— C'est malin, dit celui-ci. Vous ne pouvez pas vous servir de vos pieds ?

L'interne se frotta les fesses d'une seule main. De l'autre, il maintenait les ailes et le fuselage du Ping 903.

Ils descendirent encore et se trouvèrent au rez-de-chaussée. Pippo, derrière son comptoir, vidait méthodiquement une bouteille de Turin.

— Salut ! dit le professeur.

— Bonjour, patron, dit Pippo.

— Ça va, les affaires ?

— Amapolis me fout dehors.

— Ce n'est pas vrai ?

— Il m'extériorise. Encore du majuscule. C'est pour de vrai.

— Il t'exproprie ?

— Eh, c'est comme il disait, fit la Pipe. Il m'extériorise.

— Qu'est-ce que tu vas faire ?

— Eh, je n'en sais rien. Je n'ai plus qu'à me fourrer dans les cabinets, et c'est fini, elle est morte.

— Mais il est idiot, dit Mangemanche, ce type-là.

L'interne s'impatientait.

— On va le faire voler, cet avion ?

— Tu viens avec nous, la Pipe ? dit Mangemanche.

— Eh, je m'en fous, moi, de ce pourrrque d'avion !

— Alors à tout à l'heure, dit Mangemanche.

— Au revoir, patron. Il est beau comme une cerise, cet avion.

Mangemanche sortit, suivi de l'interne.

— Quand est-ce qu'on peut la voir ? demanda ce dernier.

— Qui ?

— La belle fille.

— Oh, vous m'embêtez, dit Mangemanche. On va faire marcher cet avion, et c'est tout.

— Mince, alors, dit l'interne. Vous me faites miroiter ça devant les yeux, et puis pfuitt... plus rien. Vous êtes dur !

— Et vous ?

— Ben, je comprends que je le suis, dit l'interne. Ça fait trois semaines qu'on est là. Vous vous rendez compte, et j'ai pas fait ça une seule fois !

— Bien sûr ? dit Mangemanche. Même avec les femmes des agents d'exécution ? Qu'est-ce que vous faites à l'infirmerie le matin, quand je dors ?

— Je me... dit l'interne.

Mangemanche le regarda sans comprendre, et puis il éclata de rire.

— Bon sang ! dit-il. C'est... vous vous... C'est trop drôle !... C'est pour ça que vous êtes de si mauvaise humeur !...

— Vous croyez ? demanda l'interne un peu inquiet.

— Certainement. C'est très malsain.

— Oh ! dit l'interne. Vous ne l'avez jamais fait, hein ?

— Jamais tout seul, dit Mangemanche.

L'interne se tut, car ils gravissaient une haute dune et il avait besoin de tout son souffle. Mangemanche se remit à rire.

— Qu'est-ce qu'il y a ? demanda l'interne.

— Rien. Je pense seulement à la tête que vous devez avoir.

Il riait si fort qu'il s'effondra sur le sable. De grosses larmes jaillissaient

de ses yeux et sa voix s'étranglait dans un hurlement d'allégresse.
L'interne tournait la tête d'un air boudeur et posa par terre les morceaux
de l'avion qu'il se mit, agenouillé, à assembler tant bien que mal.
Mangemanche reprenait son calme.

— D'ailleurs, dit-il, vous avez très mauvaise mine.

— Vous êtes sûr?

L'interne se sentait de plus en plus inquiet.

— Parfaitement sûr. Vous savez, vous n'êtes pas le premier.

— Je croyais... murmura l'interne.

Il considéra les ailes et la carlingue.

— Alors, vous pensez que d'autres l'ont fait avant moi?

— Naturellement.

— Bien entendu, je le pensais aussi, dit l'interne. Mais dans les mêmes
conditions? Dans le désert, parce qu'il n'y a pas de femmes?

— Sans doute, dit Mangemanche. Vous croyez que le symbole de saint
Siméon Stylite[38] signifie autre chose? Cette colonne? Ce type
perpétuellement occupé de sa colonne? Enfin, c'est transparent! Vous
avez étudié Freud, je suppose?

— Mais non, dit l'interne. C'est démodé, voyons! Il n'y a que les
arriérés pour croire encore à ces choses-là.

— C'est une chose, dit Mangemanche, et la colonne en est une autre.
Il y a tout de même des représentations et des transferts, comme disent
les philosophes, et des complexes, et du refoulement, et de l'onanisme
aussi dans votre cas particulier.

— Évidemment, dit l'interne, vous allez encore me dire que je ne suis
qu'un crétin.

— Mais non, dit Mangemanche. Vous n'êtes pas très intelligent, c'est
tout. On peut vous pardonner ça.

L'interne avait assemblé les ailes et le fuselage et disposait avec goût
l'empennage. Il s'arrêta quelques instants pour réfléchir aux paroles de
Mangemanche.

— Mais vous, lui dit-il. Comment faites-vous?

— Comment est-ce que je fais quoi?

— Je ne sais pas...

— C'est une question vague, ça, dit Mangemanche. Si vague, dirai-je
même, qu'elle en devient indiscrète.

— Je n'ai pas voulu vous vexer, dit l'interne.

— Oh, je sais bien. Mais vous avez le don de vous mêler de ce qui ne
vous regarde pas.

— J'étais mieux là-bas, dit l'interne.

— Moi aussi, dit Mangemanche.

— J'ai le cafard.

— Ça va se passer. C'est ce sable.

— Ce n'est pas le sable. Cela manque d'infirmières, d'internes, de malades...

— De chaises aussi, hein ? dit Mangemanche.

L'interne hocha la tête et une expression d'amertume se répandit par plaques sur son visage.

— Vous me la reprocherez toute la vie, hein, cette chaise ?

— Ça ne fait pas encore très longtemps, dit Mangemanche. Vous ne vivrez pas vieux. Vous avez de trop mauvaises habitudes.

L'interne hésita, ouvrit la bouche et la referma sans rien dire. Il se mit à tripoter le cylindre et le moteur, et Mangemanche le vit sursauter, puis regarder sa main comme il l'avait fait une demi-heure auparavant. Une large déchirure saignait sur sa paume. Il se tourna vers Mangemanche. Il ne pleurait pas, mais il était très pâle et ses lèvres vertes.

— Il m'a mordu... murmura-t-il.

— Qu'est-ce que vous lui avez encore fait ? demanda Mangemanche.

— Mais... rien... dit l'interne.

Il posa l'avion sur le sable.

— Ça me fait mal...

— Faites voir.

Il tendit sa main.

— Passez-moi votre mouchoir, dit Mangemanche.

L'interne lui tendit son dégoûtant chiffon, et Mangemanche tant bien que mal lui banda la main en donnant tous les signes d'une répulsion prononcée.

— Ça va ?

— Ça va... dit l'interne.

— Je vais le lancer moi-même, dit le professeur.

Il saisit l'avion et mit adroitement le moteur en marche.

— Tenez-moi par la taille ! cria-t-il à l'interne pour dominer le bruit du moteur.

L'interne le saisit à pleins bras. Le professeur régla la vis d'admission et l'hélice se mit à tourner si vite que l'extrémité des pales commençait à passer au rouge sombre. L'interne se cramponnait à Mangemanche qui vacillait, secoué par le vent furieux du modèle.

— Je lâche, dit Mangemanche.

Le Ping 903 partit comme une balle et s'évanouit en quelques secondes. Saisi, l'interne qui tirait toujours lâcha prise et s'étala. Il resta assis, le regard vide, tourné vers le point où l'avion venait de disparaître. Mangemanche renifla.

— Ma main me fait mal, dit l'interne.

— Ôtez cette loque, dit le professeur.

La plaie béait et des bourrelets verdâtres se soulevaient tout autour. Le centre, rouge noir, bouillonnait déjà à petites bulles rapides.

— Hé!... dit Mangemanche.

Il empoigna l'interne par le bras.

— Venez soigner ça!

L'autre se leva et se mit à galoper sur ses jambes molles. Ils couraient tous deux vers l'hôtel Barrizone.

— Et l'avion? dit l'interne.

— Il a l'air de marcher, dit Mangemanche.

— Il va revenir?

— Je pense. Je l'ai réglé pour ça.

— Il va très vite...

— Oui.

— Comment va-t-il s'arrêter?

— Je ne sais pas... dit Mangemanche. Je n'y avais pas du tout pensé.

— C'est ce sable... dit l'interne.

Ils entendirent un bruit aigu et quelque chose siffla un mètre au-dessus de leurs têtes, puis il y eut une sorte d'explosion et les vitres de la salle du rez-de-chaussée s'étoilèrent d'un trou net dont la forme était celle du Ping. À l'intérieur, ils entendirent des bouteilles tomber, l'une après l'autre, et se fracasser sur le sol.

— Je file en avant, dit Mangemanche.

L'interne s'arrêta et vit la silhouette noire du professeur dévaler la pente en trombe. Son col jaune vif luisait au-dessus de sa redingote démodée. Il ouvrit la porte et disparut dans l'hôtel. Puis l'interne regarda sa main et se remit à galoper à pas pesants et incertains.

VII

Angel espérait retrouver Rochelle et la raccompagner jusqu'au bureau d'Amadis, et il se hâtait à travers les dunes, marchant vite dans les montées et courant à longues enjambées dans les descentes. À ce moment-là, ses pieds s'enfonçaient loin dans le sable avec un bruit étouffé et mat. Il atterrissait parfois sur une touffe d'herbe et percevait alors le craquement des tiges dures et l'odeur de résine fraîche.

L'arrêt du 975 se trouvait à deux mesures environ de l'hôtel. À l'allure d'Angel, il ne fallait pas longtemps. Il aperçut Rochelle qui revenait au moment où elle se détacha tout en haut de la dune. Il était dans le creux. Il voulut courir pour monter la pente mais il ne pouvait pas et la rejoignit à mi-côte.

— Bonjour ! dit Rochelle.

— Je suis venu vous chercher.

— Anne travaille ?

— Je crois.

Il y eut un silence ; cela commençait mal. Heureusement, Rochelle se tordit le pied et prit le bras d'Angel pour consolider sa marche.

— Ce n'est pas commode, dans ces dunes, dit Angel.

— Non, avec des souliers à hauts talons, surtout.

— Vous en mettez toujours pour sortir ?

— Oh, je ne sors pas souvent. Je reste plutôt avec Anne à l'hôtel.

— Vous l'aimez beaucoup ? demanda Angel.

— Oui, dit Rochelle, il est très propre, et très bien bâti et très sain. J'aime énormément coucher avec lui.

— Mais intellectuellement... dit Angel.

Il s'efforçait de ne pas penser aux paroles de Rochelle. Elle rit.

— Intellectuellement, je suis servie. Quand j'ai fini de travailler avec Dudu, je ne songe pas à tenir des conversations intellectuelles !...

— Il est idiot.

— Il connaît son métier, en tout cas, dit Rochelle. Et je vous jure que, pour le travail, c'est un homme à qui on ne la fait pas.

— C'est un sale type.

— Ils sont très gentils avec les femmes.

— Il me dégoûte.

— Vous ne pensez qu'au physique.

— Ce n'est pas vrai, dit Angel. Avec vous, oui.

— Vous m'ennuyez, dit Rochelle. J'aime bien parler avec vous ; j'aime bien coucher avec Anne ; et j'aime bien travailler avec Dudu ; mais je ne peux pas imaginer que je coucherais avec vous. Cela me paraît obscène.

— Pourquoi ? dit Angel.

— Vous attachez tellement d'importance à ça...

— Non, j'attache de l'importance à ça avec vous.

— Ne dites pas ça. Ça... ça m'ennuie... ça me dégoûte un peu.

— Mais je vous aime, dit Angel.

— Mais oui, vous m'aimez, bien sûr. Ça me fait plaisir ; je vous aime bien aussi, comme si vous étiez mon frère, je vous l'ai déjà dit ; mais je ne peux pas coucher avec vous.

— Pourquoi ?

Elle eut un petit rire.

— Après Anne, dit-elle, on n'a plus envie de rien que de dormir.

Angel ne répondit pas. Elle était dure à tirer, car ses souliers la gênaient pour marcher. Il la regarda de profil. Elle portait un pull-over de tricot mince à travers lequel saillaient les pointes de ses seins, un peu affaissés, mais tentants encore. Son menton avait une courbe vulgaire, et Angel l'aimait plus que n'importe qui.

— Qu'est-ce qu'il vous fait faire, Amadis ?

— Il me dicte du courrier ou des rapports. Il a toujours du travail à me donner. Des notes sur le ballast, sur les agents d'exécution, sur l'archéologue, sur tout.

— Je ne voudrais pas que vous...

Il s'arrêta.

— Que je quoi ?

— Rien... Si Anne s'en allait, est-ce que vous iriez avec lui ?

— Pourquoi voulez-vous qu'Anne s'en aille ? Les travaux sont loin d'être terminés.

— Oh, dit Angel, je ne veux pas qu'Anne s'en aille. Mais s'il ne vous aimait plus ?

Elle rit.

— Vous ne diriez pas ça si vous le voyiez...

— Je ne veux pas le voir, murmura Angel.

— Bien sûr ! dit Rochelle. Ça serait dégoûtant. Nous ne nous tenons pas toujours très bien.

— Taisez-vous ! dit Angel.

— Vous m'ennuyez. Vous êtes toujours triste. C'est assommant.

— Mais je vous aime !... dit Angel.

— Mais oui. C'est assommant. Quand Anne en aura assez de moi, je vous ferai signe.

Elle rit encore.

— Vous allez rester célibataire longtemps !...

Angel ne répondit pas. Ils se rapprochaient de l'hôtel. Soudain, il entendit un sifflement violent et le fracas d'une explosion.

— Qu'est-ce que c'est ? dit Rochelle distraitement.

— Je ne sais pas... dit Angel.

Ils s'arrêtèrent pour écouter. Il n'y eut qu'un silence ample et majestueux, puis un vague cliquetis de verre.

— Quelque chose est arrivé... dit Angel. Dépêchons-nous !...

C'était un prétexte pour la serrer un peu plus.

— Laissez-moi... dit Rochelle. Allez voir. Je vous retarderais.

Angel soupira et partit sans se retourner. Elle progressait avec précaution sur ses talons trop hauts. Maintenant, on entendait des bruits de voix.

Il vit, dans la paroi vitrée, un trou de forme précise. Des éclats de vitre jonchaient le sol. Des gens s'agitaient dans la salle. Angel poussa la porte et entra. Il y avait Amadis, l'interne, Anne et le docteur Mangemanche. Devant le comptoir reposait le corps de Joseph Barrizone. La moitié supérieure de sa tête manquait.

Angel leva les yeux et vit, fiché dans le mur opposé à la façade vitrée, le Ping 903, engagé jusqu'au train d'atterrissage dans la maçonnerie. Sur le plan supérieur gauche, il y avait le reste du crâne de la Pipe qui glissa doucement jusqu'à l'extrémité effilée de l'aile et s'abattit sur le sol avec un choc mat, amorti par les cheveux noirs frisés de la Pipe.

— Qu'est-il arrivé ? dit Angel.

— C'est l'avion, expliqua l'interne.

— Je comptais justement, dit Amadis, lui apprendre que les agents d'exécution commenceront à couper l'hôtel demain soir. Il y avait des dispositions à prendre. C'est insupportable, écoutez !

Il semblait s'adresser à Mangemanche. Ce dernier taquinait nerveusement sa barbiche.

— Il faut le transporter, dit Anne. Aidez-moi.

Il prit le cadavre sous les aisselles et l'interne saisit les pieds. À reculons, Anne se dirigea vers l'escalier. Il monta lentement ; il maintenait loin de lui la tête saignante de Pippo et le corps s'incurvait

entre leurs bras pour traîner presque sur les marches, inerte et inconsistant. L'interne souffrait beaucoup à cause de sa main.

Amadis regarda la salle. Il regarda le docteur Mangemanche. Il regarda Angel. Rochelle, qui arrivait tout doucement, entra dans la pièce.

— Ah! dit Amadis. Vous voilà! Il y avait du courrier?

— Oui, dit Rochelle. Qu'y a-t-il?

— Rien, dit Amadis. Un accident. Venez, j'ai des lettres urgentes à vous dicter. On vous expliquera ça.

Il alla rapidement vers l'escalier. Rochelle le suivait. Angel ne la quitta pas des yeux tout le temps qu'elle fut visible, puis il reporta son regard vers la tache noire devant le comptoir. Un des sièges de cuir blanc était tout éclaboussé de gouttelettes irrégulières en rangée lâche.

— Venez, dit le professeur Mangemanche.

Ils laissèrent la porte ouverte.

— C'est le modèle réduit? dit Angel.

— Oui, répondit Mangemanche. Il marchait bien.

— Trop, dit Angel.

— Non, pas trop. Lorsque j'ai quitté mon cabinet, je pensais trouver le désert. Comment vouliez-vous que je sache qu'il y avait un restaurant en plein milieu?

— C'est un hasard, dit Angel. Personne ne vous reproche rien.

— Vous croyez?... dit Mangemanche. Je vous expliquerai. On se figure, lorsqu'on n'a jamais fait de modèle réduit, que c'est un divertissement un peu enfantin. Mais c'est inexact. Il y a autre chose. Vous n'en avez jamais fait?

— Non.

— Vous ne pouvez pas vous rendre compte, alors. Il y a, positivement, une ivresse du modèle réduit. Courir derrière un modèle réduit qui file devant vous, tout droit, en montant lentement, ou qui tourne autour de votre tête avec un petit frémissement, tellement raide et gauche dans l'air, et qui vole... Je pensais que le Ping irait vite, mais pas si vite. C'est ce moteur.

Il s'arrêta brusquement.

— Je ne pensais plus à l'interne.

— Encore un accident? demanda Angel.

— Il s'est fait mordre par le moteur, dit Mangemanche. Je l'ai laissé monter le corps de Pippo. Il a fait ça machinalement.

Ils revenaient sur leurs pas.

— Il faut que j'aille le soigner. Pouvez-vous m'attendre là ? Je ne serai pas long...

— Je vous attends, dit Angel.

Le professeur Mangemanche partit au pas de gymnastique et Angel le vit pénétrer dans l'hôtel.

Brillantes et vives, les fleurs d'hépatrol s'ouvraient largement aux nappes de lumière jaune qui s'abattaient sur le désert. Angel s'assit sur le sable. Il avait l'impression de vivre au ralenti. Il regrettait de ne pas avoir aidé l'interne à porter Pippo.

De sa place, il entendait les coups amortis des lourds marteaux de Marin et Carlo qui enfonçaient dans les traverses pesantes les crampons à tête recourbée destinés à maintenir les rails. De temps à autre, une des masses de fer heurtait l'acier du rail, et en tirait un long cri vibrant et clair qui perçait la poitrine. Plus loin encore, il percevait les rires joyeux de Didiche et Olive. Ils chassaient la lumette, pour changer.

Rochelle était une sale garce. De quelque façon qu'on la prenne. Et ses seins... De plus en plus bas. Anne va la bousiller complètement. La distendre. L'amollir. La presser. Une demi-peau de citron. Elle a toujours de belles jambes. La première chose qu'on...

Il s'arrêta et se mit à penser 45 degrés plus à gauche. Il est absolument inutile de formuler des commentaires obscènes à l'égard d'une fille qui, à tout prendre n'est qu'un trou, du poil autour, et qui... Encore 45 degrés, car ça ne suffit pas. Il faut la prendre et arracher ce qu'elle a sur le dos, et crocher dans ça à coups d'ongle, l'amocher à son tour. Mais, sortie des mains d'Anne, il ne restera plus rien à faire. Déjà tant abîmée, tant flétrie, cernes, marbrures, muscles mous, rodée, salie, relâchée. La cloche et son battant. De l'espace entre. Plus rien de frais. Plus rien de neuf. L'avoir eue avant Anne. La première fois. Son odeur neuve. Ceci pouvait se faire, par exemple, après avoir été traîner dans un petit club de danse, un retour en voiture, le bras autour de la taille, un accident, elle a peur. Ils viennent de renverser Cornélius Onte qui gît sur le trottoir. Il est heureux. Il n'ira pas en Exopotamie, et pour voir, Messieurs et Mesdames, l'homme embrasser la femme, il suffit de se retourner ; ou d'arriver, dans le train, au moment où l'homme embrasse la femme, car l'homme embrasse tout le temps la femme, et la prend par tout le corps avec ses mains et cherche l'odeur de la femme sur tout le corps de la femme ; mais ce n'est pas l'homme qu'il faut. De cela résulte, en fait, l'impression même de la possibilité, et il suffit de terminer sa vie à plat ventre sur une chose à se coucher, et de baver en laissant pendre sa tête, et de s'imaginer qu'on

peut baver toute sa vie ; imagination déraisonnable s'il en fut, car on n'a pas assez de bave disponible pour ça. Baver, la tête pendante, a pourtant une action lénifiante et les gens ne le font pas assez. Il faut dire, à leur décharge...

Il est absolument inutile de formuler des commentaires obscènes à l'égard d'une fille qui...

Le professeur Mangemanche donna un petit coup de poing sur la tête d'Angel, qui tressaillit.

— Et l'interne ? demanda-t-il

— Heu... dit Mangemanche.

— Quoi ?

— Je vais attendre jusqu'à demain soir, et on lui coupera la main.

— À ce point-là ?

— On peut vivre avec une main, dit Mangemanche.

— C'est sans main, dit Angel.

— Oui, dit Mangemanche. En poussant ce raisonnement assez loin et compte tenu de certaines hypothèses de base, on doit arriver à vivre absolument sans corps.

— Ce ne sont pas des hypothèses admissibles, dit Angel.

— En tout cas, dit le professeur, je vous préviens qu'on va venir me coffrer bientôt.

Angel s'était relevé. Derechef, il s'éloignait de l'hôtel.

— Pourquoi ?

Le professeur Mangemanche atteignit un petit carnet dans sa poche intérieure gauche. Il l'ouvrit à la dernière page. Sur deux colonnes s'alignaient des noms. Un nom de plus dans la colonne de gauche que dans celle de droite.

— Regardez, dit le professeur.

— C'est votre carnet à malades ? dit Angel.

— Oui. Ceux de gauche, je les ai guéris. Ceux de droite sont morts. Tant que j'ai de l'avance à gauche, je peux y aller.

— Comment ça ?

— Je veux dire que je peux tuer des gens jusqu'à concurrence du nombre de gens que j'ai guéris.

— Les tuer de but en blanc ?

— Oui. Naturellement. Je viens de tuer Pippo et je suis juste à égalité.

— Mais vous n'aviez pas plus d'avance que ça !

— Après la mort d'une de mes malades, dit Mangemanche, il y a deux

ans, j'ai fait de la neurasthénie, alors j'ai tué pas mal de gens. Bêtement, en fait ; je n'en ai pas vraiment profité.

— Mais vous pourriez en guérir de nouveaux, dit Angel, et vivre une vie tranquille.

— Personne n'est malade ici, dit le professeur. Je ne peux pas inventer. En outre, je n'aime pas la médecine.

— Mais l'interne ?

— C'est encore de ma faute. Si je le guéris, ça sera annulé. S'il en meurt...

— La main en moins, ça ne compte pas ?

— Oh, tout de même non ! dit le professeur. Tout de même pas une simple main !

— Je vois, dit Angel, qui ajouta : pourquoi va-t-on vous coffrer ?

— C'est la loi. Vous devriez le savoir.

— Vous savez, dit Angel, en général, on ne sait rien. Et les gens qui devraient savoir, même, c'est-à-dire ceux qui savent manipuler les idées, les triturer, et les présenter de telle sorte qu'ils s'imaginent avoir une pensée originale, ne renouvellent jamais leur fonds de choses à triturer, de sorte que leur mode d'expression est toujours d'environ vingt ans en avance sur la matière de cette expression. Il résulte de ceci qu'on ne peut rien apprendre avec eux parce qu'ils se contentent de mots.

— Ce n'est pas utile de vous perdre dans des discours philosophiques pour m'expliquer que vous ne connaissez pas la loi, dit le professeur.

— Certainement, dit Angel, mais il est nécessaire que ces réflexions trouvent leur place quelque part. Si tant est qu'il s'agisse de réflexions. Pour ma part j'inclinerais à les traiter de simples réflexes d'individu sain et susceptible de constater.

— Constater quoi ?

— Constater, objectivement, et sans préjugés.

— Vous pouvez ajouter : sans préjugés bourgeois, dit le professeur. Ça se fait.

— Je veux bien, dit Angel. Ainsi, les individus en question ont étudié si longuement et si à fond les formes de la pensée que les formes leur masquent la pensée elle-même. Vient-on à leur mettre le nez dedans, ils vous bouchent la vue au moyen d'un autre morceau de forme. Ils ont enrichi la forme elle-même d'un grand nombre de pièces et de dispositifs mécaniques ingénieux, et s'efforcent de la confondre avec la pensée en question, dont la nature purement physique, d'ordre réflexe, émotionnel et sensoriel, leur échappe en totalité.

— Je ne comprends pas du tout, dit Mangemanche.

— C'est comme en jazz, dit Angel. La transe.

— J'entrevois, dit Mangemanche. Vous voulez dire : de la même façon, certains individus y sont sensibles et d'autres pas.

— Oui, dit Angel. C'est très curieux, lorsqu'on est en transe, de voir des gens pouvoir continuer à parler et à manœuvrer leurs formes. Lorsqu'on sent la pensée, je veux dire. La chose matérielle.

— Vous êtes fumeux, dit Mangemanche.

— Je ne cherche pas à être clair, dit Angel, parce que ça m'embête tellement d'essayer d'exprimer une chose que je ressens si clairement ; et, par ailleurs, je me fous en totalité de pouvoir ou non faire partager mon point de vue aux autres.

— On ne peut pas discuter avec vous, dit Mangemanche.

— Je crois qu'on ne peut pas, dit Angel. Vous m'accorderez cette circonstance atténuante que c'est la première fois, depuis le début, que je me hasarde à quelque chose de ce genre.

— Vous ne savez pas ce que vous voulez, dit Mangemanche.

— Lorsque je suis satisfait dans mes bras et dans mes jambes, dit Angel, et que je peux rester mou et relâché comme un sac de son, je sais que j'ai ce que je veux, parce qu'alors je peux penser à comme je voudrais que ce soit.

— Je suis complètement abruti, dit Mangemanche. La menace impendante, implicite et implacable dont je suis présentement l'objet ne doit pas être étrangère, pardonnez-moi l'allitération, à l'état nauséeux et voisin du coma dans lequel se trouve ma carcasse de quadragénaire barbu. Vous feriez mieux de me parler d'autre chose.

— Si je parle d'autre chose, dit Angel, je vais parler de Rochelle, et ça foutra par terre l'édifice péniblement construit par mes soins depuis quelques minutes. Parce que j'ai envie de baiser Rochelle.

— Mais bien sûr, dit Mangemanche. Moi aussi. Je compte le faire, après vous, si vous n'y voyez pas d'inconvénient, et si la police m'en laisse le temps.

— J'aime Rochelle, dit Angel. Il est probable que ça va m'entraîner à faire des blagues. Car je commence à en avoir assez. Mon système est trop parfait pour pouvoir jamais être réalisé : en outre, il est incommunicable ; aussi je serais forcé de le mettre en application tout seul, et les gens ne s'y prêteraient pas. Par conséquent, ce que je peux faire comme blagues n'a pas d'importance.

— Quel système ? dit Mangemanche. Vous m'abrutissez littéralement, aujourd'hui.

— Mon système de solutions à tous les problèmes, dit Angel. J'ai réellement trouvé des solutions à tout. Elles sont excellentes et d'un bon rendement, mais je suis le seul à les connaître, et je n'ai pas le temps de les faire connaître aux autres, car je suis très occupé. Je travaille et j'aime Rochelle. Vous voyez ?

— Des gens font beaucoup plus de choses, dit le professeur.

— Oui, dit Angel, mais il me faut encore le temps de rester par terre, à plat ventre, et de baver. Je le ferai bientôt. J'attends beaucoup de cette pratique.

— Si le type vient m'arrêter demain, dit Mangemanche, je vous demanderai de soigner l'interne. Je lui couperai la main avant de m'en aller.

— On ne peut pas encore vous arrêter, dit Angel. Vous avez droit à un cadavre de plus.

— Ils vous arrêtent quelquefois d'avance, répondit le professeur. La loi va tout de travers, en ce moment.

VIII

À grands pas, l'abbé Petitjean arpentait la piste. Il portait un bissac lourdement chargé et balançait négligemment son bréviaire au bout d'une ficelle, comme font les bachoteurs leur encrier. Pour se charmer l'ouïe, de plus, il chantait (et pour se sanctifier aussi) un vieux cantique :

> Une souris ver-teu
> Qui courait dans l'her-beu
> Je l'attrapeu par la queu
> Je la montre à ces messieurs
> Ces messieurs me di-seu
> Trempez-la dans l'hui-leu
> Trempez-la dans l'eau

Ça fera un escargueau
Tout cheau
Dans la cuiller à peau
Rue Lazare Carneau
Numéreau Zéreau

D'un coup de talon vigoureux, il scandait les accents traditionnels du morceau et l'état physique résultant de cet ensemble d'activités lui semblait satisfaisant. Il y avait bien, par moments, une touffe d'herbes pointues juste au milieu du chemin, et, par-ci par-là, du scrub spinifex picoteux et malfaisant qui lui griffait les mollets sous sa soutane, mais que sont ces choses ? Rien. L'abbé Petitjean en avait vu d'autres, car Dieu est grand.

Il vit un chat passer de gauche à droite et pensa qu'il approchait. Et puis, il se trouva brusquement au milieu du campement d'Athanagore. Au milieu même de la tente d'Athanagore. Où travaillait d'ailleurs ce dernier, fort occupé d'une de ses boîtes standard, laquelle refusait de s'ouvrir.

— Salut ! dit l'archéologue.

— Salut ! dit l'abbé. Qu'est-ce que vous faites ?

— J'essaie d'ouvrir cette boîte, dit Athanagore, mais je n'y arrive pas.

— Alors ne l'ouvrez pas, dit l'abbé. Ne forçons point notre talent.

— C'est une boîte de fasin, dit Athanagore.

— Qu'est-ce que c'est, le fasin ?

— C'est un mélange, dit l'archéologue. Ce serait long à dire.

— Je vous en prie, dit l'abbé. Qu'y a-t-il de neuf ?

— Barrizone est mort ce matin, dit Athanagore.

— Magni nominis umbra... dit l'abbé.

— Jam proximus ardet Ucalegon...[39]

— Oh ! estima Petitjean, il ne faut pas croire aux présages. Quand est-ce qu'on l'ensable ?

— Ce soir ou demain.

— On va y aller, dit l'abbé. À tout à l'heure.

— Je viens avec vous, dit l'archéologue. Une seconde.

— On boit un coup avant ? proposa Petitjean.

— Du Cointreau ?

— Non !... J'en ai amené.

— J'ai aussi du zython, suggéra l'archéologue.

— Merci... sans façons.

Petitjean dégrafa les sangles de son bissac, et après une brève recherche, exhiba une gourde.

— Voilà, dit-il. Goûtez.

— Après vous...

Petitjean s'exécuta et but un bon coup. Puis il tendit l'appareil à l'archéologue. Celui-ci porta l'embouchure à ses lèvres, renversa la tête en arrière, et se redressa presque aussitôt.

— Il n'y en a plus... dit-il.

— Ça ne m'étonne pas... Je suis toujours le même, dit l'abbé. Buveur et indiscret, et goinfre en outre.

— Je n'y tenais pas spécialement, dit l'archéologue, j'aurais fait semblant.

— Ça ne fait rien, dit l'abbé. Je mérite une punition. Combien y a-t-il de pruneaux dans une caisse de pruneaux d'agents?

— Qu'est-ce que vous appelez des pruneaux d'agents? demanda l'archéologue.

— Oui, dit Petitjean, évidemment, vous êtes en droit de me poser cette question. C'est une expression imagée qui m'est propre et sert à désigner les cartouches de 7,65 mm[40], lesquelles munissent les égalisateurs d'agents.

— Ceci concorde avec la tentative d'explication que je m'efforçais d'élaborer, dit l'archéologue. Eh bien, disons vingt-cinq.

— C'est trop, zut! dit l'abbé. Dites trois.

— Alors, trois.

Petitjean tira son chapelet et le dit trois fois, si vite que les grains polis se mirent à fumer entre ses doigts agiles. Il le remit dans sa poche et agita les mains en l'air.

— Ça brûle!... dit-il. C'est bien fait. Je me fous du monde, aussi.

— Oh, dit Athanagore, personne ne vous en fait grief.

— Vous causez bien, dit Petitjean. Vous êtes un homme bien élevé. C'est plaisir de rencontrer quelqu'un de son niveau dans un désert plein de sable et de lumettes gluantes.

— Et d'élymes, dit l'archéologue.

— Ah oui, dit l'abbé. C'est les petits escargots jaunes? Au fait, que devient votre jeune amie, la femme aux beaux seins?

— Elle ne sort guère, dit l'archéologue. Elle creuse avec ses frères. Ça avance. Mais les élymes, ce ne sont pas des escargots. Plutôt des herbes.

— Alors, on ne la verra pas? demanda l'abbé.

— Pas aujourd'hui.

— Mais, qu'est-ce qu'elle est venue faire ici? dit Petitjean. Une belle fille, une peau extraordinaire, des cheveux superbes, une poitrine à se faire excommunier, intelligente et ferme comme une bête, et on ne la voit jamais. Elle ne couche pas avec ses frères, quand même?

— Non, dit l'archéologue. Je crois qu'Angel lui plaisait.

— Alors? Je peux les marier, si vous voulez.

— Il ne pense qu'à Rochelle, dit l'archéologue.

— Elle ne me botte pas. Elle est trop repue.

— Oui, dit Athanagore. Mais il l'aime.

— Est-ce qu'il l'aime?

— Déterminer s'il l'aime vraiment serait une tâche intéressante.

— Peut-il continuer à l'aimer en la voyant coucher avec son ami? dit Petitjean. Je vous parle de tout ça, n'y voyez pas une curiosité sexuelle de refoulé. Personnellement, je trique aussi à mes moments perdus.

— Je pense bien, dit Athanagore. Ne vous excusez pas. En fait, je crois qu'il l'aime pour de bon. Je veux dire jusqu'à continuer à courir après sans aucun espoir. Et jusqu'à ne pas être intéressé par Cuivre qui ne demanderait que ça.

— Oh! Oh! dit Petitjean. Il doit se griffer!

— Se quoi?

— Se griffer. Excusez-moi, c'est de l'argot de sacristie.

— Je... Ah! Oui! dit Athanagore. J'ai compris. Non, pourtant, je ne crois pas qu'il se griffe.

— Dans ces conditions, dit Petitjean, on devrait pouvoir le faire coucher avec Cuivre.

— J'aimerais qu'il le fît, dit Athanagore. Ils sont plaisants tous les deux.

— Il faut les emmener voir l'ermite, dit l'abbé. Vraiment, il a un acte saint qui rupine vachement. Oh, zut! Encore! Tant pis. Rappelez-moi de dire quelques chapelets tout à l'heure.

— Qu'y a-t-il? demanda l'archéologue.

— Je n'arrête pas de blasphémer, dit Petitjean. Mais ça n'a pas grande importance. Je récapitulerai tout à l'heure. Pour en revenir à nos moutons, je vous disais que le spectacle de l'ermite est assez intéressant.

— Je n'y ai pas encore été, dit l'archéologue.

— Vous, dit l'abbé, ça ne vous ferait pas grand-chose. Vous êtes assez vieux.

— Oui, dit l'archéologue, je m'intéresse plutôt aux objets et aux souvenirs du passé. Mais la vue de deux jeunes êtres bien faits dans des positions simples et naturelles ne me rebute nullement.

— Cette négresse... dit Petitjean.

Il n'acheva pas.

— Qu'est-ce qu'elle a?

— Elle... est très douée. Très souple, je veux dire. Ça vous ennuierait de me parler d'autre chose?

— Pas du tout, dit l'archéologue.

— Je commence à m'énerver, dit Petitjean. Et je ne veux pas importuner votre jeune amie. Parlez-moi par exemple d'un bon verre d'eau froide dans le cou, ou du supplice du maillet.

— Qu'est-ce que c'est que le supplice du maillet?

— Fort usité chez certains Indiens, dit l'abbé, il consiste à presser doucement le scrotum du patient sur un billot de bois, de façon à faire saillir les glandes et à les écraser d'un coup sec au moyen d'un maillet de bois... Ouille! Ouille!... ajouta-t-il en se tortillant sur place. Ce que ça doit faire mal!

— C'est bien imaginé, dit l'archéologue. Ça m'en rappelle un autre...

— N'insistez pas... dit l'abbé, plié en deux. Je suis tout à fait calmé.

— Parfait, dit Athanagore. Nous allons pouvoir partir?

— Comment? s'étonna l'abbé. Nous ne sommes pas encore partis? C'est stupéfiant ce que vous êtes bavard.

L'archéologue se mit à rire et enleva son casque colonial qu'il accrocha à un clou.

— Je vous suis, dit-il.

— Une oie, deux oies, trois oies, quatre oies, cinq oies, six oies!... dit l'abbé.

— Sept oies! dit l'archéologue.

— Amen! dit Petitjean.

Il se signa et sortit le premier de la tente.

IX

Ces excentriques sont ajustables...

La Mécanique à l'exposition de 1900, Dunod, tome 2, p. 204.

— Vous disiez que ce sont des élymes? demanda l'abbé Petitjean en désignant les herbes.

— Pas celles-là, observa l'archéologue. Il y a aussi des élymes.

— C'est sans aucun intérêt, remarqua l'abbé. À quoi bon connaître le nom si l'on sait ce qu'est la chose?

— C'est utile pour la conversation.

— Il suffirait de donner un autre nom à la chose.

— Naturellement, dit l'archéologue, mais on ne désignerait pas la même chose par le même nom suivant l'interlocuteur avec lequel on serait en train de converser.

— Vous faites un solécisme, dit l'abbé. L'interlocuteur que l'on serait en train de convertir.

— Mais non, dit l'archéologue. D'abord, ce serait un barbarisme, ensuite, ça ne veut absolument pas dire ce que je voulais dire.

Ils avançaient vers l'hôtel Barrizone. L'abbé avait familièrement passé son bras sous celui d'Athanagore.

— Je veux bien vous croire... dit l'abbé. Mais ça m'étonne.

— C'est votre déformation confessionnelle.

— Où en êtes-vous de vos fouilles, à part ça?

— Nous avançons très vite. Nous suivons la ligne de foi.

— À quoi correspond-elle, sensiblement?

— Oh... dit l'archéologue... Je ne sais pas... Voyons...

Il parut chercher.

— Approximativement, elle ne doit pas passer loin de l'hôtel.

— Vous avez trouvé des momies?

— Nous en mangeons à tous les repas. Ce n'est pas mauvais. Elles sont, en général, bien préparées, mais il y a souvent trop d'aromates.

— J'en ai goûté autrefois dans la Vallée des Rois, dit l'abbé. C'est la spécialité de la région.

— Ils les fabriquent. Les nôtres sont authentiques.

— J'ai horreur de la viande de momie, dit l'abbé. Je crois que j'aime encore mieux votre pétrole.

Il lâcha le bras d'Athanagore.

— Excusez-moi une seconde.

L'archéologue le vit prendre son élan, sauter, et exécuter un double tour dans l'espace. Il retomba sur les mains et se mit à faire la roue. Sa soutane, déployée autour de lui, se collait à ses jambes et dessinait les bosses de ses gros mollets. Il fit une douzaine de tours et s'arrêta sur les mains, puis se remit debout d'un coup.

— J'ai été élevé chez les Eudistes[41], expliqua-t-il à l'archéologue. C'est une formation sévère mais bienfaisante pour l'esprit et le corps.

— Je regrette, dit Athanagore, de ne pas avoir suivi la carrière religieuse. En vous voyant, je me rends compte de ce que j'ai perdu.

— Vous n'avez pas mal réussi, dit l'abbé.

— Découvrir une ligne de foi à mon âge... dit l'archéologue. C'est trop tard maintenant...

— Les jeunes gens en profiteront.

— Sans doute.

Ils aperçurent l'hôtel du haut de l'éminence qu'ils venaient de gravir. Juste devant, la voie du chemin de fer, brillante et neuve, scintillait au soleil sur ses cales. Deux hauts remblais de sable s'élevaient à droite et à gauche et l'extrémité se perdait derrière une autre dune. Les agents d'exécution achevaient d'enfoncer les derniers crampons dans les traverses et on voyait la lueur des coups de marteau sur la tête des crampons avant d'entendre le choc.

— Mais ils vont couper l'hôtel !... dit Petitjean.

— Oui... Les calculs ont montré que c'était nécessaire.

— C'est idiot ! dit l'abbé. Il n'y a pas tellement d'hôtels dans ce coin.

— C'est ce que j'ai pensé, dit l'archéologue. Mais c'est l'idée de Dudu.

— Je ferais bien un jeu de mots facile sur ce nom de Dudu, dit l'abbé, mais on croirait qu'il y a eu préméditation dans son choix. Et je suis bien placé pour dire que ce n'est pas le cas.

Ils se turent car le bruit devenait intolérable. Le taxi jaune et noir s'était un peu déplacé pour laisser passer la voie ; les hépatrols fleurissaient toujours avec la même exubérance. L'hôtel laissait, comme d'habitude, un fort tremblement s'élever au-dessus de son toit plat et le sable restait le sable, c'est-à-dire jaune, sec, pulvérulent et tentant. Quant au soleil, il luisait sans modification, et le bâtiment dissimulait aux regards des deux hommes la zone limite noire et froide qui s'étendait loin derrière, de droite et de gauche, dans sa matité morte.

Carlo et Marin s'arrêtèrent, d'abord afin de laisser passer l'abbé et Athanagore, ensuite parce que c'était fini pour maintenant. Il fallait démolir un bout de l'hôtel avant de continuer, et ils devaient au préalable en sortir le corps de Barrizone.

Ils laissèrent tomber leurs lourdes masses et, d'un pas lent, marchèrent vers les piles de traverses et de rails pour préparer, en attendant, le montage de la section suivante. Le profil grêle des appareils de levage en poutrelles d'acier mince se dessinait au-dessus des tas de matériaux, découpant le ciel en triangles cernés de noir.

Ils escaladèrent le remblai, s'aidèrent de leurs mains, car la pente était raide, et dévalèrent l'autre versant, échappant aux regards de l'abbé et de son compagnon.

Ceux-ci entrèrent dans la salle principale et Athanagore referma derrière lui la porte vitrée. Il faisait chaud à l'intérieur, et une odeur de médicament s'abattait sur le sol par l'escalier, s'accumulant à hauteur de mouton dans la pièce et s'infiltrant dans les recoins concaves disponibles. Il n'y avait personne.

Ils levèrent la tête et entendirent marcher à l'étage supérieur. L'abbé se dirigea vers l'escalier et en entreprit la montée, suivi par l'archéologue. L'odeur leur levait le cœur. Athanagore s'efforçait de ne pas respirer. Ils arrivèrent au couloir de l'étage, et le bruit de voix les guida jusqu'à la chambre où reposait le corps. Ils frappèrent et on leur dit d'entrer.

On avait mis ce qui restait de Barrizone dans une grande caisse et il y tenait juste car l'accident l'avait un peu raccourci. Le reste de son crâne lui recouvrait la figure ; à la place de son visage, on ne distinguait qu'une masse de cheveux noirs frisés. Dans la pièce, il y avait Angel qui parlait tout seul et s'arrêta en les voyant.

— Bonjour ! dit l'abbé. Comment ça va ?

— Comme ça... dit Angel.

Il serra la main de l'archéologue.

— Vous parliez, il me semble, dit l'abbé.

— J'ai peur qu'il ne s'ennuie, dit Angel. J'essayais de lui dire des choses. Je ne crois pas qu'il entende, mais ça ne peut que le calmer. C'était un brave type.

— C'est un sale accident, dit Athanagore. C'est décourageant, une histoire comme ça.

— Oui, dit Angel. C'est aussi l'avis du professeur Mangemanche. Il a brûlé son modèle réduit.

— Zut ! dit l'abbé. J'espérais le voir marcher.

— C'est assez effrayant à voir, dit Angel. Il paraît, du moins...

— Comment ça ?

— Parce qu'on ne voit rien. Ça va trop vite. On entend juste le bruit.

— Où est le professeur ? demanda Athanagore.

— En haut, dit Angel. Il attend qu'on vienne l'arrêter.

— Pourquoi ?

— Son carnet à malades est à égalité, expliqua Angel. Et il a peur que l'interne ne s'en sorte pas. Il doit être en train de lui couper la main.

— Encore le modèle réduit ? s'enquit Petitjean.

— Le moteur a mordu l'interne à la main, dit Angel. L'infection s'y est mise tout de suite. Alors, il faut lui couper la main.

— Ça ne va pas, tout ça, dit l'abbé. Aucun de vous n'a encore été voir l'ermite, je parie.

— Non, avoua Angel.

— Comment voulez-vous vivre dans des conditions pareilles ? dit l'abbé. On vous offre un acte saint de premier choix, vraiment réconfortant, et personne ne va le voir...

— Nous ne sommes plus croyants, dit Angel. Moi, personnellement, je pense surtout à Rochelle.

— Elle est débectante, dit l'abbé. Quand vous pourriez vous appuyer la copine d'Athanagore !... Vous êtes atroce avec votre femme molle.

L'archéologue regardait par la fenêtre et ne prenait pas part à la conversation.

— Je voudrais tant coucher avec Rochelle, dit Angel. Je l'aime avec intensité, persévérance et désespoir. Ça vous fait peut-être rigoler, mais ce n'est pas autre chose.

— Elle se fout de votre gueule, dit l'abbé. Mince et zut ! Si j'étais à votre place !...

— Je veux bien embrasser Cuivre, dit Angel, et la tenir dans mes bras, mais je ne serai pas moins malheureux.

— Oh, dit l'abbé, vous me faites mal ! Allez voir l'ermite, sacré nom d'une pipe !... Ça vous fera changer d'avis !...

— Je veux Rochelle, dit Angel. Il est temps que je l'aie. Elle est de plus en plus abîmée. Ses bras ont pris la forme du corps de mon ami, et ses yeux ne disent plus rien, et son menton s'en va, et ses cheveux sont gras. Elle est molle, c'est vrai, elle est molle comme un fruit un peu pourri, et elle a la même odeur de chair chaude qu'un fruit un peu pourri, et elle attire autant.

— Ne faites pas de littérature, dit Petitjean. Un fruit pourri, c'est dégueulasse. C'est gluant. Ça s'écrase.

— C'est simplement très mûr... dit Angel. C'est plus que mûr. D'un côté, c'est mieux.

— Vous n'êtes pas d'âge.

— Il n'y a pas d'âge. Je préférais son aspect d'avant. Mais ça ne se présente plus de la même façon.

— Mais ouvrez les yeux ! dit l'abbé.

— J'ouvre les yeux, et je la vois tous les matins sortir de la chambre d'Anne. Encore tout ouverte, tout humide de tout, toute chaude et collante, et j'ai envie de ça. J'ai envie de l'étaler sur moi, elle doit se prêter comme du mastic.

— C'est écœurant, dit l'abbé. C'est Sodome et Gomorrhe en moins normal. Vous êtes un grand pécheur.

— Elle doit sentir l'algue qui a mijoté au soleil dans l'eau de mer, dit Angel. Quand ça commence à se décomposer. Et faire ça avec elle, c'est sûrement comme avec une jument, avec beaucoup de place et plein de recoins, et une odeur de sueur et de pas lavé. Je voudrais qu'elle ne se lave pas pendant un mois, et qu'elle couche avec Anne tous les jours une fois par jour pour qu'il en soit dégoûté, et puis la prendre juste à la sortie. Encore pleine.

— Ça suffit, à la fin, dit l'abbé. Vous êtes un salaud.

Angel regarda Petitjean et se mit à trembler.

— Vous ne comprenez pas, dit-il. Vous n'avez rien compris. Elle est foutue.

— Je comprends, qu'elle l'est ! dit l'abbé.

— Oui, dit Angel. Dans ce sens-là aussi. Mais c'est fini pour moi.

— Si je pouvais vous botter les fesses, dit Petitjean, ça ne se passerait pas comme ça.

L'archéologue se retourna.

— Venez avec nous, Angel, dit-il. Venez voir l'ermite. On va prendre Cuivre et on ira ensemble. Il faut vous changer les idées et ne pas rester avec la Pipe. C'est fini ici, mais pas pour vous.

Angel passa une main sur son front et il parut se calmer un peu.

— Je veux bien, dit-il. On va emmener le docteur.

— Allons le chercher ensemble, dit l'abbé. Combien doit-on monter de marches pour arriver au grenier ?

— Seize, dit Angel.

— C'est trop, dit Petitjean. Trois suffiront. Mettons quatre.

Il tira son chapelet de sa poche.

— Je grignote mon retard, dit-il. Excusez-moi. Je vous suis.

X

Quand vous présentez des tours de table, il serait ridicule d'opérer avec de plus grandes ardoises.

Bruce ELLIOTT, *Précis de prestidigitation,* Payot, p. 223.

Angel entra le premier. Dans l'infirmerie, il n'y avait que l'interne, étendu de tout son long sur la table d'opérations et le docteur Mangemanche, en blouse blanche de chirurgien vétérinaire, qui stérilisait un scalpel à la flamme bleue d'une lampe à alcool avant de le plonger dans une bouteille d'acide nitrique. Une boîte carrée, nickelée, pleine à moitié d'eau et d'instruments brillants, bouillait sur un réchaud électrique, et d'un ballon de verre empli d'un liquide rouge montait une vapeur turbulente. L'interne, tout nu et les yeux fermés, frissonnait sur la table, attaché par des sangles solides qui pénétraient profondément dans ses chairs amollies par l'oisiveté et les mauvaises pratiques. Il ne disait rien, et le professeur Mangemanche sifflotait un passage de *Black, Brown and Beige*[42], toujours le même, parce qu'il n'arrivait pas à se rappeler le reste. Il se retourna au bruit des pas d'Angel ; à ce moment Athanagore et l'abbé Petitjean apparurent également.

— Bonjour, docteur, dit Angel.

— Salut ! dit Mangemanche. Ça biche ?

— Ça biche.

Le professeur salua l'archéologue et l'abbé.

— On peut vous aider ? demanda Angel.

— Non, dit le professeur. Ça va être fini tout de suite.

— Il est endormi ?

— Pensez-vous... dit Mangemanche. Pas pour une petite chose comme ça.

Il avait l'air inquiet et jetait des regards furtifs derrière lui.

— Je l'ai insensibilisé à coups de chaise sur la tête, dit-il. Mais n'avez-vous pas rencontré un inspecteur de police, en venant?

— Non, dit Athanagore. Il n'y a personne, professeur.

— Ils doivent venir m'arrêter, dit Mangemanche. J'ai dépassé mon nombre.

— Ça vous ennuie? demanda l'abbé.

— Non, dit Mangemanche. Mais j'ai horreur des inspecteurs. Il faut que je coupe la main de cet imbécile et je m'en irai.

— C'est grave? demanda Angel.

— Regardez vous-même.

Angel et l'abbé s'approchèrent de la table. Athanagore restait quelques pas en arrière. La main présentait un vilain aspect. Le professeur, pour son opération, l'avait étendue le long du corps de l'interne. La plaie béait, d'un vert vif, et une mousse abondante refluait sans cesse du centre vers les bords, maintenant complètement brûlés et déchiquetés. Une humeur liquide s'écoulait entre les doigts de l'interne et souillait le linge épais sur lequel reposait son corps agité d'un tremblement rapide. Par moments, une grosse bulle arrivait à la surface de la blessure et éclatait, criblant le corps du patient, au voisinage de sa main, d'une infinité de petites taches irrégulières.

Petitjean détourna la tête le premier, l'air ennuyé. Angel regardait le corps maigre et flasque de l'interne, sa peau grise et ses muscles relâchés, et les quelques poils noirs miteux qu'il avait sur la poitrine. Il vit les genoux bosselés, les tibias pas bien droits et les pieds sales, et serra les poings, puis il se retourna vers Athanagore et ce dernier lui mit la main sur l'épaule.

— Il n'était pas comme ça en arrivant... murmura Angel. Est-ce que le désert fait cet effet-là à tout le monde?

— Non, dit Athanagore. Ne vous frappez pas, mon petit. Une opération, ce n'est pas agréable.

L'abbé Petitjean alla vers une des fenêtres de la longue pièce et regarda dehors.

— Je pense qu'ils viennent chercher le corps de Barrizone, dit-il.

Carlo et Marin marchaient en direction de l'hôtel, portant une sorte de brancard.

Le professeur Mangemanche fit quelques pas et jeta un coup d'œil à son tour.

— Oui, dit-il. Ce sont les deux agents d'exécution. Je croyais que c'étaient des inspecteurs.

— Personne n'a besoin d'aller les aider, je suppose, dit Angel.

— Non, assura Petitjean. Il suffira d'aller voir l'ermite. Au fait, professeur, nous étions venus vous chercher pour ça.

— J'en ai pour très peu de temps, dit Mangemanche. Mes instruments sont prêts. De toutes façons, je ne viendrai pas avec vous. Sitôt que j'aurai fini, je m'en irai.

Il retroussa ses manches.

— Je vais lui couper la main. Ne regardez pas si ça vous dégoûte. C'est indispensable. Je pense qu'il en crèvera parce qu'il est dans un triste état.

— On ne peut rien faire? demanda Angel.

— Rien, dit le professeur.

Angel se détourna; l'abbé et l'archéologue en firent autant. Le professeur transvasa le liquide rouge du ballon dans une sorte de cristallisoir plat et saisit un scalpel. Les trois autres entendirent la lame grincer sur les os du poignet, et c'était fini tout de suite. L'interne ne bougeait plus. Le professeur étancha le sang avec une poignée de coton et de l'éther, puis il saisit le bras de l'interne et plongea l'extrémité saignante dans le liquide du cristallisoir qui se figea aussitôt autour du moignon, formant une sorte de croûte.

— Qu'est-ce que vous faites? demanda Petitjean qui regardait à la dérobée.

— C'est de la cire de bayou[43], dit Mangemanche.

Il prit délicatement la main coupée au moyen d'une paire de pinces nickelées et la déposa sur une assiette de verre, puis l'arrosa d'acide nitrique. Une fumée rousse s'éleva et les vapeurs corrosives le firent tousser.

— J'ai fini, dit-il. On va le détacher et le réveiller.

Angel s'occupa de défaire les courroies des pieds et l'abbé celle du cou. L'interne ne remuait toujours pas.

— Il est probablement mort, dit Mangemanche.

— Comment est-ce possible? demanda l'archéologue.

— L'insensibilisation... j'ai dû taper trop fort.

Il rit.

— Je plaisante. Regardez-le.

Les paupières de l'interne se soulevèrent d'un coup, comme deux petits volets rigides, et il se dressa sur son séant.

— Pourquoi suis-je à poil ? demanda-t-il.

— Sais pas... dit Mangemanche en commençant à déboutonner sa blouse. J'ai toujours pensé que vous aviez du goût pour l'exhibitionnisme.

— Si vous cessiez de me dire des vacheries, ça vous ferait mal, hein ? lança l'interne, hargneux.

Il regarda son moignon.

— Vous appelez ça du travail propre ? dit-il.

— La barbe ! dit Mangemanche. Vous n'aviez qu'à le faire vous-même.

— C'est ce que je ferai la prochaine fois, assura l'interne. Où sont mes vêtements ?

— Je les ai brûlés... dit Mangemanche. Ce n'était pas la peine de contaminer tout le monde.

— Alors moi, je suis à poil, et je reste à poil ? dit l'interne. Eh bien, merde !

— Assez, dit Mangemanche. Vous m'embêtez, à la fin.

— Ne vous disputez pas, dit Athanagore. Il y a sûrement d'autres vêtements.

— Vous, le vieux, dit l'interne, passez la main.

— Ça va ! dit Mangemanche. Vous allez la fermer ?

— Qu'est-ce qui vous prend ? demanda l'abbé. Bateau, ciseau...

— Des clous, dit l'interne. Vous me les cassez avec vos conneries. Je vous chie sur la gueule, tous tant que vous êtes !

— C'est pas ça la réponse, dit Petitjean. Il faut répondre : La bataille au bord de l'eau.

— Ne lui parlez pas, dit Mangemanche. C'est un sauvage et un malappris.

— Ça vaut mieux que d'être un assassin... dit l'interne.

— Sûrement pas, dit Mangemanche. Je vais vous faire une piqûre.

Il s'approcha de la table et renoua prestement les courroies, maintenant d'une main le patient qui n'osait se défendre, de crainte d'abîmer son beau moignon de cire tout neuf.

— Ne le laissez pas faire... dit l'interne. Il va me zigouiller. C'est une vieille crapule.

— Foutez-nous la paix, dit Angel. Nous n'avons rien contre vous. Laissez-vous soigner.

— Par ce vieil assassin ? dit l'interne. M'a-t-il assez emmerdé avec cette chaise ? Et qui est-ce qui rigole, maintenant ?

— C'est moi, dit Mangemanche.

Il lui enfonça rapidement l'aiguille dans la joue ; l'interne poussa un cri aigu, puis son corps se détendit et il ne bougea plus.

— Voilà, dit Mangemanche. Maintenant, je fiche le camp.

— Il va dormir et se calmer ? demanda l'abbé.

— Il aura l'éternité pour ça ! dit Mangemanche. C'était du cyanure des Karpathes.

— La variété active ? dit l'archéologue.

— Oui, répondit le professeur.

Angel regardait sans comprendre.

— Quoi ?... murmura-t-il. Il est mort ?

Athanagore l'entraîna vers la porte. L'abbé Petitjean suivait. Le professeur Mangemanche ôtait sa blouse. Il se pencha sur l'interne et lui mit le doigt dans l'œil. Le corps resta immobile.

— Personne n'y pouvait rien, dit le professeur. Regardez.

Angel se retourna. Le biceps de l'interne, du côté du moignon, venait de se craqueler et de s'entrouvrir. La chair, autour de la déchirure, se soulevait en bourrelets verdâtres, et des millions de petites bulles montaient en tourbillonnant des profondeurs obscures de la plaie béante.

— Au revoir, les enfants, dit Mangemanche. Je regrette tout ça. Je ne pensais pas que cela tournerait de cette façon. En fait, si Dudu avait réellement disparu, comme on pensait qu'il le ferait, rien ne se serait passé ainsi et l'interne et Barrizone seraient encore vivants. Mais on ne peut pas remonter le courant. Trop de pente, et puis...

Il regarda l'heure.

— Et puis, on est trop vieux.

— Au revoir, docteur, dit Athanagore.

Le professeur Mangemanche avait un sourire triste.

— Au revoir, dit Angel.

— Ne vous en faites pas, dit l'abbé. Les inspecteurs sont des gourdes en général. Voulez-vous une place d'ermite ?

— Non, dit Mangemanche. Je suis fatigué. C'est bien comme ça. Au revoir, Angel. Ne faites pas l'andouille. Je vous laisserai mes chemises jaunes.

— Je les porterai, dit Angel.

Ils revinrent sur leurs pas et serrèrent la main du professeur Mangemanche. Puis, l'abbé Petitjean le premier, ils descendirent l'escalier bruyant. Angel venait le troisième. Il se retourna une dernière

fois. Le professeur Mangemanche lui fit un signe d'adieu. Les coins de sa bouche trahissaient son émotion.

<p style="text-align:center">XI</p>

Athanagore était au milieu. À sa gauche marchait Angel, qu'il tenait par l'épaule, et l'abbé lui avait pris le bras droit. Ils allaient vers le campement d'Athanagore, pour chercher Cuivre et l'emmener voir Claude Léon.

Ils se turent d'abord, mais l'abbé Petitjean ne pouvait pas supporter ça très longtemps.

— Je me demande pourquoi le professeur Mangemanche a refusé une place d'ermite, dit-il.

— Il en avait assez, je pense, dit Athanagore. Soigner des gens toute sa vie pour arriver à ce résultat...

— Mais tous les docteurs en sont là... dit l'abbé.

— On ne les arrête pas tous, dit Athanagore. Ils camouflent, en général. Le professeur Mangemanche n'a jamais voulu avoir recours au truquage.

— Mais comment camouflent-ils ? demanda l'abbé.

— Ils passent leurs malades à d'autres confrères plus jeunes, au moment où ils vont mourir, et ainsi de suite.

— Il y a là quelque chose qui m'échappe. Si le malade meurt à ce moment, il y a toujours un médecin qui trinque ?

— Souvent, dans ce cas-là, le malade guérit.

— Dans quel cas ? dit l'abbé. Excusez-moi, mais je ne vous suis pas bien.

— Quand un vieux médecin le passe à un confrère plus jeune, dit Athanagore.

— Mais le docteur Mangemanche n'était pas un vieux médecin... dit Angel.

— Quarante, quarante-cinq... estima l'abbé.

— Oui, dit Athanagore. Il n'a pas eu de chance.

— Oh, dit l'abbé, tout le monde tue des gens, tous les jours. Je ne comprends pas pourquoi il a refusé une place d'ermite. La religion a été inventée pour placer les criminels. Alors?

— Vous avez eu raison de le lui proposer, dit l'archéologue, mais il est trop honnête pour accepter.

— Il est noix, dit l'abbé. Personne ne lui demande d'être honnête. Qu'est-ce qu'il va faire, maintenant?

— Je ne pourrais pas dire... murmura Athanagore.

— Il va s'en aller, dit Angel. Il ne veut pas se faire arrêter. Il s'en ira exprès dans un sale endroit.

— Parlons d'autre chose, proposa l'archéologue.

— C'est une bonne idée, dit l'abbé Petitjean.

Angel ne dit rien. Tous trois continuèrent à marcher en silence. De temps à autre, ils écrasaient des escargots, et le sable jaune volait en l'air. Leurs ombres progressaient avec eux, verticales et minuscules. Ils pouvaient les apercevoir en écartant les jambes, mais par un hasard curieux, celle de l'abbé était à la place de l'ombre de l'archéologue.

XII

Louise :
— *Oui.*

François de CUREL, *Le Repas du lion*, G. Grès, acte 4, sc. 2, p. 175[44].

Le professeur Mangemanche jeta un regard rectiligne autour de lui. Tout semblait en ordre. Le corps de l'interne, sur la table d'opérations, continuait à éclater par places et à bouillonner et c'était la seule chose à arranger. Il y avait dans un coin un grand bac doublé de plomb et Mangemanche roula la table jusque-là, puis il coupa les courroies à coups de bistouri et bascula le corps dans le réservoir. Il revint à l'étagère garnie de bonbonnes et de flacons, en choisit deux et répandit leur contenu sur la charogne. Puis il ouvrit la fenêtre et s'en alla.

Dans sa chambre il changea de chemise, se peigna devant la glace, vérifia la position de sa barbiche et brossa ses souliers. Il ouvrit son armoire, repéra la pile des chemises jaunes, la prit avec soin et la porta jusqu'à la chambre d'Angel. Puis, sans revenir sur ses pas, sans se retourner, sans émotion, en somme, il descendit l'escalier. Il sortit par la porte de derrière. Sa voiture était là.

Anne travaillait dans sa chambre et le directeur Dudu dictait du courrier à Rochelle. Ils sursautèrent tous trois au bruit du moteur et se penchèrent aux fenêtres. C'était de l'autre côté. Ils descendirent à leur tour, intrigués. Anne remonta presque aussitôt car il avait peur qu'Amadis ne lui fît le reproche d'abandonner son travail aux heures de travail. Le professeur Mangemanche exécuta une volte avant de partir pour de bon, mais le vacarme des engrenages l'empêcha d'entendre ce que lui criait Amadis. Il se borna à agiter la main et, à la vitesse maximum, il absorba la première dune. Les roues agiles dansaient sur le sable et des jets de pulvérin filaient de toutes parts ; à contre-jour, ils formaient des arcs-en-terre du plus gracieux effet. Le professeur Mangemanche goûtait cette polychromie.

En haut de la dune, il évita de justesse un cycliste suant, vêtu d'une saharienne de toile cachou du modèle réglementaire et de forts souliers à clous dont les tiges laissaient émerger deux rebords de chaussettes de laine grise. Une casquette complétait la tenue de vélocipédiste. C'était l'inspecteur chargé d'arrêter Mangemanche.

Ils se croisèrent, et Mangemanche salua le cycliste au passage, d'un geste amical. Puis il dévala la pente.

Il regardait ce paysage si propice à l'essai des modèles réduits et il crut sentir dans ses mains la vibration forcenée du Ping 903 au moment où il s'arrachait à son étreinte pour le seul vol réussi de sa carrière.

Le Ping était détruit, Barrizone et l'interne en train de se décomposer, et lui, Mangemanche, filait devant l'inspecteur qui venait l'arrêter, parce que son petit carnet portait un nom de trop dans la colonne de droite, ou un nom de pas assez dans la colonne de gauche.

Il tâchait d'éviter les touffes d'herbes luisantes pour ne pas ravager l'harmonie du désert aux courbes si pures — sans ombres, à cause de ce soleil perpétuellement à la verticale, et tiède seulement, pourtant, tiède et mou. Même à cette allure, il n'y avait presque pas de vent, et, sans le bruit du moteur, il roulerait dans le plus complet silence. Montée, descente. Il lui plut d'attaquer les dunes en oblique. La zone noire se rapprochait capricieusement, tantôt par à-coups brusques, tantôt avec

une lenteur imperceptible, selon la direction que le professeur
imprimait à son engin mobile. Il ferma les yeux un temps. Il y était
presque. Et au dernier moment, il fit pivoter le volant d'un quart de tour
et s'éloigna selon une large courbe dont la sinuosité épousait très
exactement l'arête de sa réflexion.

Deux petites silhouettes accrochèrent son regard et le professeur
reconnut Olive et Didiche. Accroupis sur le sable, ils s'amusaient à un
jeu. Mangemanche accéléra et s'arrêta juste à côté d'eux. Il descendit.

— Bonjour... dit-il. À quoi jouez-vous ?

— On chasse la lumette... dit Olive. On en a déjà un million.

— Un million deux cent douze, précisa Didiche.

— C'est parfait ! dit le professeur. Vous n'êtes pas malades ?

— Non, dit Olive.

— Pas beaucoup... confirma Didiche.

— Qu'est-ce qu'il y a ? dit Mangemanche.

— Didiche a mangé une lumette.

— C'est ballot, dit le professeur. Ça doit être infect. Pourquoi as-tu fait
ça ?

— Parce que, répondit Didiche. Pour voir. Ce n'est pas si mauvais.

— Il est fou, assura Olive. Je ne veux plus me marier avec lui.

— Tu as raison... dit le professeur. S'il te faisait manger des lumettes,
hein, tu vois ça ?

Il caressa la tête blonde de la fille. Sous le soleil, ses cheveux s'étaient
décolorés par mèches et sa peau brillait d'un beau hâle mat. Les deux
enfants, agenouillés devant leur panier de lumettes, le regardaient avec
un peu d'impatience.

— Vous me dites au revoir ? proposa Mangemanche.

— Vous vous en allez ? demanda Olive. Où vous allez ?

— Je ne sais pas, dit le professeur. Je peux te donner une bise ?

— Pas de blagues, hein !... dit le garçon.

Mangemanche se mit à rire.

— Tu as peur, hein ? Puisqu'elle ne veut plus t'épouser, elle pourrait
bien partir avec moi ?

— Pensez-vous ! protesta Olive. Vous êtes trop vieux.

— Elle préfère l'autre type, le type au nom de chien.

— Mais non, dit Olive. Tu dis des bêtises. Le type au nom de chien, il
s'appelle Anne.

— Tu aimes mieux Angel ? dit Mangemanche.

Olive rougit et baissa le nez.

— Elle est idiote, affirma Didiche. Il est beaucoup trop vieux aussi. Elle croit qu'il s'occupe d'une petite fille comme elle !

— Tu n'es pas tellement plus âgé qu'elle, dit le professeur.

— J'ai six mois de plus, dit fièrement Didiche.

— Ah, oui... dit Mangemanche. Dans ce cas...

Il se pencha et embrassa Olive. Il embrassa aussi Didiche, qui était un peu étonné.

— Au revoir, docteur, dit Olive.

Le professeur Mangemanche monta dans sa voiture. Didiche s'était levé et regardait les mécaniques.

— Vous me laisseriez conduire ? demanda-t-il.

— Une autre fois, dit Mangemanche.

— Où vous allez ? demanda Olive.

— Là-bas... dit Mangemanche.

Il montra la bande sombre.

— Mince ! dit le garçon. Mon père m'a dit que si jamais j'y mettais les pieds qu'est-ce qu'il me passerait !

— Le mien aussi ! confirma Olive.

— Vous n'avez pas essayé ? demanda le professeur.

— Oh, à vous, on peut vous le dire... On a essayé et on n'a rien vu...

— Comment êtes-vous sortis ?

— Olive n'y avait pas été. Elle me tenait du bord.

— Ne recommencez pas ! dit le professeur.

— C'est pas drôle, dit Olive. On n'y voit rien. Tiens, qui est-ce qui vient ?

Didiche regarda.

— On dirait un cycliste.

— Je m'en vais, dit Mangemanche. Au revoir, les enfants.

Il embrassa Olive encore une fois. Elle se laissait toujours faire quand on l'embrassait doucement.

Le moteur du véhicule gémit sur une note haute, et Mangemanche accéléra brutalement. La voiture renâcla au bas de la dune et l'avala d'un coup. Cette fois, Mangemanche ne changea pas de direction. Il maintenait son volant d'une poigne assurée et son pied écrasait le système à vitesse. Il eut l'impression de se ruer à la rencontre d'un mur. La zone noire grandit, envahit tout son champ de vision, et la voiture disparut brutalement au milieu des ténèbres massives et glacées. À l'endroit où elle venait de pénétrer dans la nuit subsistait une légère dépression, qui se combla peu à peu. Lentement, comme un plastique

reprend sa forme, la surface impénétrable redevint lisse et parfaitement plane. Un double sillon dans le sable marquait encore le passage du professeur Mangemanche.

Le cycliste mit pied à terre à quelques mètres des deux enfants qui le regardaient venir. Il s'approcha en poussant sa machine. Les roues s'enfonçaient jusqu'à la jante et le frottement du sable avait poli les nickels jusqu'à les rendre parfaitement éblouissants.

— Bonjour, les enfants, dit l'inspecteur.

— Bonjour, monsieur, répondit Didiche.

Olive se rapprocha de Didiche. Elle n'aimait pas la casquette.

— Vous n'avez pas vu un bonhomme qui s'appelle Mangemanche?

— Si, dit le garçon.

Olive lui donna un coup de coude.

— On ne l'a pas vu aujourd'hui, dit-elle.

Didiche ouvrit la bouche, mais elle ne le laissa pas continuer.

— Il est parti hier prendre l'autobus.

— Tu me racontes des blagues, dit l'inspecteur. Il y avait un bonhomme en voiture, avec vous, tout à l'heure.

— C'est le laitier, dit Olive.

— Tu veux aller en prison, pour dire des mensonges? dit l'inspecteur.

— Je ne veux pas vous parler, dit Olive. Je ne dis pas de mensonges.

— Qui c'était, hein? demanda l'inspecteur à Didiche. Dis-le-moi et je te prête ma bicyclette.

Didiche regarda Olive et la bicyclette. Olive n'avait pas l'air content, mais la bicyclette brillait fameusement.

— C'était... commença-t-il.

— C'était un des ingénieurs, dit Olive. Celui qui a un nom de chien.

— Ah oui? dit l'inspecteur. Celui qui a un nom de chien, vraiment?

Il s'approcha d'Olive et prit un air menaçant.

— Je l'ai vu là-bas, à l'hôtel, celui qui a un nom de chien, petite malheureuse!

— C'est pas vrai, dit Olive. C'était lui.

L'inspecteur leva la main comme pour la frapper et elle fit un geste de défense en mettant son bras devant sa figure. Cela faisait ressortir ses petits seins ronds et l'inspecteur avait des yeux.

— Je vais essayer une autre méthode, proposa-t-il.

— Vous m'ennuyez, dit Olive. C'était un des ingénieurs.

L'inspecteur se rapprocha encore.

— Tiens ma bicyclette, dit-il à Didiche. Tu peux faire un tour dessus.

Didiche regarda Olive. Elle avait l'air effrayé.

— Laissez-la, dit-il. Ne touchez pas Olive.

Il lâcha la bicyclette que l'inspecteur venait de lui fourrer dans les mains.

— Je ne veux pas que vous touchiez à Olive, dit-il. Tout le monde cherche à l'embrasser et à la toucher. J'en ai assez, à la fin !... C'est mon amie à moi, et si vous l'embêtez, je casse votre bicyclette.

— Dis donc, dit l'inspecteur, tu veux aller en prison ? Toi aussi ?

— C'était le professeur, dit le garçon. Maintenant, je vous l'ai dit, laissez Olive tranquille.

— Je la laisserai tranquille si je veux, dit l'inspecteur. Elle mérite d'aller en prison.

Il saisit Olive par les deux bras. Didiche prit son élan et donna un coup de pied dans la roue avant, de toute sa force, au beau milieu des rayons. Cela fit du bruit.

— Laissez-la, dit-il. Ou je vous donne des coups de pied aussi.

L'inspecteur lâcha Olive et devint tout rouge de colère. Il fouilla dans sa poche et exhiba un gros égalisateur.

— Si tu continues, je vais te tirer dessus.

— Ça m'est égal, dit le garçon.

Olive se jeta sur Didiche.

— Si vous tirez sur Didiche, cria-t-elle, je ferai tellement de bruit que vous serez mort. Laissez-nous. Vous êtes un vieux crabe. Allez-vous-en, avec votre sale casquette ! Vous êtes affreux et vous ne me toucherez pas. Si vous me touchez, d'abord, je vous mordrai.

— Je sais ce que je vais faire, dit l'inspecteur. Je vais vous tirer dessus à tous les deux, et, après, je pourrai te toucher tant que je voudrai.

— Vous êtes un sale vieux flique, dit Olive. Vous ne faites pas votre métier. Votre femme et votre fille ne seront pas fières de vous. Tirer sur les gens, voilà ce qu'ils savent faire les fliques, maintenant. Mais aider les vieilles dames et les enfants à traverser les rues, oui ! On peut y compter ! Ou bien ramasser les petits chiens écrasés ! Vous avez des égalisateurs et des casquettes et vous ne pouvez même pas arrêter tout seul un pauvre homme comme le professeur Mangemanche !

L'inspecteur réfléchit, remit son égalisateur dans sa poche, et se détourna. Il resta debout un instant, puis il remit sa bicyclette sur ses roues. Celle d'avant ne tournait plus. Elle était toute tordue. Il empoigna

le guidon et regarda par terre autour de lui. On voyait distinctement l'empreinte des roues du professeur. L'inspecteur hocha la tête. Il regarda les enfants. Il avait l'air honteux. Et puis il partit dans la direction qu'avait prise Mangemanche.

Olive restait avec Didiche. Ils avaient peur tous les deux. Ils virent l'inspecteur s'éloigner, monter et descendre le long des dunes, et devenir tout réduit, en traînant sa bicyclette inutilisable. Il marchait d'un pas égal, sans ralentir, bien droit entre les deux ornières laissées par la voiture du professeur, et puis il respira un bon coup et pénétra dans la zone noire. La dernière chose qu'on vit, c'était le morceau de verre rouge attaché au garde-boue, et il s'éteignit comme un œil sous un coup de poing.

Olive partit la première vers l'hôtel en courant, Didiche venait derrière elle et l'appelait, mais elle pleurait et n'écoutait pas. Ils avaient oublié le petit panier brun au fond duquel grouillaient les lumettes, et Olive trébuchait souvent parce que ses yeux pensaient à autre chose.

XIII

L'abbé Petitjean et Angel attendaient sous la tente d'Athanagore. L'archéologue était parti chercher la fille brune et les avait laissés quelques instants.

Le premier, Petitjean rompit le calme.

— Êtes-vous toujours dans les mêmes dispositions stupides? demanda-t-il. Sexuellement parlant, je veux dire?

— Oh, dit Angel, vous aviez raison d'avoir envie de me botter les fesses. Ce que je voulais faire, c'est répugnant. J'en avais vraiment envie, car j'ai besoin physiquement d'une femme en ce moment.

— À la bonne heure! dit l'abbé. Comme ça, je comprends. Vous n'avez qu'à vous occuper de la petite qui va venir.

— Je le ferai sans doute, dit Angel. À un moment de ma vie, je n'ai pas pu. Je voulais aimer la première femme avec qui je coucherais.

— Vous avez réussi?

— J'ai réussi, dit Angel, mais je ne suis pas convaincu tout à fait, puisque j'ai eu deux fois la même impression maintenant que j'aime Rochelle.

— L'impression de quoi? dit Petitjean.

— L'impression de savoir, dit Angel. D'être sûr. Sûr de ce qu'il faut faire. De pourquoi je suis vivant.

— Et pourquoi? dit Petitjean.

— C'est ce que je n'arrive pas à dire, dit Angel. On a un mal énorme à le dire quand on n'est pas habitué aux mots.

— Revenons au début, proposa Petitjean. Vous m'embrouillez, et, ma parole, je perds le fil. C'est insolite. Suis-je pas Petitjean, hein? Pourtant?

— J'ai donc, dit Angel, aimé une femme. C'était la première fois pour nous deux. Ça a réussi, je vous disais. Maintenant, j'aime Rochelle. Il n'y a pas très longtemps. Elle... Je lui suis égal.

— N'employez pas ces tournures mélancoliques, dit Petitjean. Vous ne savez pas.

— Elle couche avec Anne, dit Angel. Il l'amoche. Il la bousille. Il la démolit. D'accord avec elle, et sans le faire exprès. Qu'est-ce que ça change?

— Ça change, dit Petitjean. Vous n'en voulez pas à Anne.

— Non, dit Angel, mais peu à peu je ne l'aime plus. Il jouit trop. Et il a dit, au début, qu'il se fichait d'elle.

— Je sais, dit l'abbé. Et après, ils les épousent.

— Il ne l'épousera plus. Elle ne m'aime pas, donc, et moi je l'aime, mais je vois qu'elle est presque finie.

— Elle est encore bien. Malgré vos répugnantes descriptions.

— Ce n'est pas suffisant. Peu m'importait, vous comprenez, qu'elle ait été mieux qu'elle n'est avant que je la rencontre. Il me suffit qu'il y ait eu cette dégradation, pas par moi, depuis que je la connais.

— Mais elle aurait subi cette dégradation de la même façon avec vous.

— Non, dit Angel. Je ne suis pas une brute. Je l'aurais laissée en repos bien avant de l'abîmer. Pas pour moi, mais pour elle. Pour qu'elle puisse retrouver quelqu'un d'autre. Elles n'ont guère que ça pour trouver des hommes. Leur forme.

— Oh, dit l'abbé, vous me faites marrer. Il y a des poux qui trouvent des hommes.

— Je ne les compte pas, dit Angel. Je vous demande pardon de ça,

mais quand je dis femme, ça veut dire jolie femme. Les autres sont dans un monde tellement étranger.

— Comment trouvent-elles, alors ?

— C'est comme les produits de conseil en médecine, dit Angel. Ces produits qui ne font pas de publicité, jamais, et que les médecins recommandent à leurs clients. Qui se vendent uniquement de cette façon. De bouche à oreille. Ces femmes, les laides, se marient avec des gens qui les connaissent. Ou qu'elles saisissent, par leur odeur. Des choses comme ça. Ou des paresseux.

— C'est affreux, dit Petitjean. Vous me révélez une quantité de détails que ma vie chaste et mes longues méditations m'ont empêché d'apprendre. Je dois dire qu'un prêtre, ce n'est pas la même chose. Les femmes viennent vous trouver et, théoriquement, vous n'auriez qu'à choisir : mais elles sont toutes laides, et vous êtes obligé de ne pas choisir. C'est une façon de résoudre le problème. Arrêtez-moi, car je m'embrouille à mon tour.

— Je dis donc, continua Angel, qu'on doit quitter ou laisser libre une jolie femme avant de l'avoir réduite à zéro. Ça a toujours été ma règle de conduite.

— Elles n'accepteront pas toujours de vous quitter, dit Petitjean.

— Si. On peut le faire soit d'accord avec elles, car il y en a qui comprennent ce que je vous ai expliqué et, à partir de ce moment, vous pouvez vivre toute votre vie sans les perdre ; soit en étant volontairement assez méchant avec elles pour qu'elles vous quittent d'elles-mêmes ; mais c'est une façon triste, car il faut vous souvenir qu'au moment où vous les laissez libres, vous devez les aimer encore.

— C'est à cela, sans doute, que vous reconnaissez qu'elles ne sont pas abîmées complètement ? À ce que vous les aimez encore ?

— Oui, dit Angel. C'est pourquoi c'est si difficile. Vous ne pouvez pas rester complètement froid. Vous les laissez, volontairement, vous leur trouvez même un autre garçon, et vous croyez que ça marche, alors vous êtes jaloux.

Il resta silencieux. L'abbé Petitjean avait pris la tête entre ses mains et plissait son front dans une réflexion appliquée.

— Jusqu'à ce que vous en trouviez vous-même une autre, dit-il.

— Non. Vous êtes encore jaloux quand vous en avez vous-même trouvé une autre. Mais vous devez garder votre jalousie pour vous. Vous ne pouvez pas ne pas être jaloux, puisque vous n'êtes pas allé jusqu'au

bout avec celle d'avant. Il y a toujours ce reste-là. Que vous ne prendrez jamais si vous êtes un type bien, je veux dire.

— Un type comme vous, plutôt, précisa l'abbé complètement à côté de la question.

— Anne est en train d'aller jusqu'au bout, dit Angel. Il ne s'arrêtera pas. Il ne restera rien. Si on le laisse faire.

— Si on ne le laisse pas faire, dit l'abbé, est-ce qu'il en restera assez ?

Angel ne répondit pas. Sa figure était un peu pâle, et l'effort d'expliquer, une fois de plus, l'avait épuisé. Ils étaient tous deux assis sur le lit de l'archéologue et Angel s'allongea, les bras sous sa tête, et regarda, au-dessus de lui, la toile opaque et serrée.

— C'est la première fois, dit Petitjean, que je reste aussi longtemps sans dire une connerie plus grosse que moi. Je me demande ce qui se passe.

— Rassurez-vous, dit Angel. La voilà.

XIV

— Ce que m'avait dit Claude Léon, expliqua l'abbé Petitjean, c'est qu'à l'intérieur, la négresse est comme du velours rose.

L'archéologue hocha la tête. Ils étaient un peu en avant, et ensuite venaient Cuivre et Angel, qui la tenait par la taille.

— Vous êtes bien mieux que l'autre jour... lui dit-elle.

— Je ne sais pas, répondit Angel. C'est probable, si vous le croyez. J'ai l'impression d'être près de quelque chose.

L'abbé Petitjean insistait.

— Je ne suis pas curieux, dit-il, mais je voudrais bien savoir s'il a raison.

— Il doit avoir essayé, dit Athanagore.

Cuivre prit la main d'Angel dans ses doigts durs.

— J'aimerais être quelque temps avec vous, dit-elle. Je pense qu'après, vous seriez tout à fait bien.

— Je ne crois pas que cela suffise, dit Angel. Naturellement, vous êtes très jolie, et c'est une chose que je pourrais très bien faire. C'est la première condition.

— Après, vous pensez que je ne suffirais plus ?

— Je ne peux pas dire, dit Angel. Il faut que je sois débarrassé de cette idée de Rochelle. C'est impossible parce que je l'aime ; et c'est d'ailleurs ça l'idée. Vous suffiriez sans doute ; mais en ce moment je suis assez désespéré, et je ne peux rien affirmer. Après Rochelle, il y aura pour moi une période morte, et c'est dommage que vous arriviez juste à ce moment.

— Je ne vous demande pas de sentiments, dit-elle.

— Ils viendront ou non, mais vous ne comptez pas pour cette chose précise. C'est à moi d'y arriver. Vous voyez qu'avec Rochelle je n'y suis pas arrivé.

— Vous ne vous êtes pas donné assez de mal.

— Tout ceci était confus dans ma tête, dit Angel. Je commence à débrouiller l'écheveau seulement depuis très peu de temps. L'influence catalytique du désert y est probablement pour beaucoup, et je compte également, dans l'avenir, sur les chemises jaunes du professeur Mangemanche.

— Il vous les a laissées ?

— Il m'a promis de me les laisser.

Il regarda Petitjean et l'archéologue. Ils avançaient à grands pas et Petitjean expliquait en faisant des gestes, tout au sommet de la dune au pied de laquelle Cuivre et Angel venaient d'arriver ; et leurs têtes commencèrent à descendre de l'autre côté puis disparurent. Le creux de sable sec était accueillant et Angel soupira.

Cuivre s'arrêta et s'étendit sur le sable. Elle tenait toujours la main d'Angel et attira le garçon contre elle. Comme d'habitude, elle ne portait qu'un short et une chemisette de soie légère.

XV

Amadis terminait son courrier et Rochelle le notait sous la dictée, qui faisait une grande ombre mouvante dans la pièce. Il alluma une cigarette et se renversa dans son fauteuil. Une pile de lettres s'accumulait sur l'angle droit du bureau, prêtes à partir, mais le 975 ne venait plus depuis plusieurs jours et le courrier aurait du retard. Amadis était ennuyé de ce contretemps. Des décisions devaient survenir, il fallait rendre compte, remplacer Mangemanche peut-être, tâcher de résoudre le problème du ballast, essayer de diminuer les appointements du personnel, sauf Arland.

Il sursauta car le bâtiment venait de trembler sous un choc violent. Puis il regarda sa montre et sourit. C'était l'heure. Carlo et Marin commençaient à démolir l'hôtel. La partie dans laquelle se trouvait le bureau d'Amadis resterait debout, et celle où travaillait Anne, également. Seul le milieu, la chambre de Barrizone, allait s'effondrer. Celle de Mangemanche partiellement, et celle de l'interne aussi. La chambre de Rochelle et la chambre d'Angel ne bougeraient pas non plus. Les agents d'exécution vivaient au rez-de-chaussée ou dans les caves.

Les coups retentissaient maintenant à intervalles irréguliers, par séries de trois, et l'on entendait l'écroulement pierreux des gravats et du plâtre, et le claquement des morceaux de vitres sur le sol du restaurant.

— Tapez-moi tout ça, dit Amadis, et nous aviserons pour le courrier. Il faut trouver une solution.

— Bien, monsieur, dit Rochelle.

Elle posa son crayon et découvrit sa machine à écrire, bien au chaud sous sa housse et qui frissonna au contact de l'air. Rochelle la calma d'un geste et prépara ses carbones.

Amadis se leva. Il remua les jambes pour mettre ses affaires en place et quitta la pièce. Rochelle entendait son pas dans l'escalier. Elle regarda dans le vague une minute, et se mit à son travail.

De la poussière de plâtre emplissait la grande salle du rez-de-chaussée et Amadis vit à contre-jour les silhouettes des agents d'exécution dont les lourds marteaux s'abaissaient et se relevaient avec effort.

Il se boucha le nez et sortit de l'hôtel par la porte opposée ; dehors, il vit Anne, les mains dans les poches, qui fumait une cigarette.

— Bonjour !... dit Anne sans se déranger.

— Et votre travail ? remarqua Amadis.

— Vous croyez qu'on peut travailler avec ce vacarme ?

— Là n'est pas la question. Vous êtes payé pour travailler dans un bureau et non pour flâner les mains dans les poches.

— Je ne peux pas travailler dans ce bruit.

— Et Angel ?

— Je ne sais pas où il est, dit Anne. Il se balade avec l'archéologue et le curé, je crois.

— Rochelle est la seule à travailler, dit Amadis. Vous devriez avoir honte et vous rappeler que je signalerai votre attitude au Conseil d'administration.

— Elle fait un travail mécanique. Elle n'a pas besoin de réfléchir.

— Quand on est payé pour ça, on doit au moins faire semblant, dit Amadis. Remontez dans votre bureau.

— Non.

Amadis chercha quelque chose à dire, mais Anne avait une drôle d'expression dans la figure.

— Vous ne travaillez pas vous-même, dit Anne.

— Je suis le directeur. Je surveille le travail des autres, notamment, et je veille à son exécution.

— Mais non, dit Anne. On sait bien ce que vous êtes. Un pédéraste.

Amadis ricana.

— Vous pouvez continuer, ça ne me vexe pas.

— Alors, je ne continue pas, dit Anne.

— Qu'est-ce qui vous prend ? Vous montrez plus de déférence, d'habitude, vous, et Angel, et tous. Qu'est-ce que vous avez ? Vous devenez fous ?

— Vous ne pouvez pas vous rendre compte, dit Anne. Rappelez-vous que vous êtes normalement, c'est-à-dire ordinairement anormal. Cela doit vous soulager. Mais nous sommes à peu près normaux, alors de temps en temps il nous faut des crises.

— Qu'entendez-vous par crises ? Ce que vous êtes en train de faire ?

— Je vous explique. À mon avis...

Il s'arrêta.

— Je ne peux vous donner que mon avis, je pense que les autres... ceux qui sont normaux, vous donneraient le même. Mais peut-être pas.

Amadis Dudu approuva et parut donner des signes d'impatience. Anne s'adossa au mur de l'hôtel, qui tremblait toujours sous les chocs brutaux des masses de fer. Il regardait par-dessus la tête d'Amadis et ne se pressait pas de parler.

— En un sens, dit-il, vous avez certainement une existence horriblement monotone et ordinaire.

— Comment ça ?

Amadis ricana encore.

— Je pense plutôt que c'est une preuve d'originalité que d'être pédéraste.

— Non, dit Anne. C'est idiot. Ça vous limite énormément. Vous n'êtes plus que ça. Un homme normal ou une femme normale peut faire tellement plus de choses et revêtir un nombre tellement plus grand de personnalités. Peut-être est-ce en cela que vous êtes plus étroit...

— Un pédéraste a l'esprit étroit, selon vous ?

— Oui, dit Anne. Un pédéraste ou une gouine, ou tous ces gens-là, ont un esprit horriblement étroit. Je ne pense pas que ce soit leur faute. Mais en général ils s'en glorifient. Alors que c'est une faiblesse sans importance.

— C'est sans nul doute une faiblesse sociale, dit Amadis. Nous sommes toujours brimés par les gens qui mènent une vie normale : je veux dire ceux qui couchent avec des femmes ou qui ont des enfants.

— Vous dites des idioties, reprit Anne. Je ne pensais pas du tout au mépris des gens pour les pédérastes ni à leurs rires. Les gens normaux ne se sentent pas tellement supérieurs ; ce n'est pas ça qui vous brime ; ce sont les cadres de la vie, et les individus dont l'existence se réduit à ces cadres, qui vous accablent ; mais cela ne compte pas. Ce n'est pas parce que vous vous réunissez entre vous, avec des manies, des affectations, des conventions et tout cela que je vous plains. C'est vraiment parce que vous êtes si limités. À cause d'une légère anomalie glandulaire ou mentale, vous recevez une étiquette. C'est déjà triste. Mais, ensuite, vous vous efforcez de correspondre à ce qu'il y a sur l'étiquette. De lui faire dire la vérité. Les gens se moquent de vous à la façon du gosse qui se moque d'un infirme, sans penser. S'ils pensaient, ils vous plaindraient ; mais c'est une infirmité qui fait moins sérieux qu'aveugle. D'ailleurs, les aveugles sont les seuls infirmes dont on puisse se moquer puisqu'ils ne le voient pas, et c'est pour cela que personne ne s'en moque.

— Pourquoi, alors, me traitez-vous de pédéraste en vous moquant de moi ?

— Parce qu'en ce moment, je me laisse aller, parce que vous êtes mon directeur, que vous avez sur le travail des idées que je ne peux plus piffer et que j'utilise tous les moyens, mêmes injustes.

— Mais vous avez toujours travaillé très régulièrement, dit Amadis. Et, tout à coup, paf! vous vous mettez à déconner sans arrêt.

— C'est ça que j'appelle être normal, dit Anne. Pouvoir réagir, même si ça vient après un temps d'abrutissement ou de fatigue.

— Vous vous prétendez normal, insista Amadis, et vous couchez avec ma secrétaire jusqu'à être vaincu par cet abrutissement idiot.

— Je suis presque au bout, dit Anne. Je crois que ce sera bientôt fini avec elle. J'ai envie d'aller voir cette négresse...

Amadis eut un frisson de dégoût.

— Faites ce que vous voudrez en dehors des heures de travail, dit-il. Mais, d'abord, ne m'en parlez pas. Et ensuite, allez vous remettre au boulot.

— Non, dit Anne, posément.

Amadis se renfrogna et sa main passa nerveusement dans ses cheveux filasse.

— C'est formidable, dit Anne, quand on se met à penser à tous ces types qui travaillent pour rien. Qui restent huit heures par jour dans leur bureau. Qui peuvent y rester huit heures par jour.

— Mais vous avez été comme ça jusqu'ici, dit Amadis.

— Vous m'assommez, avec ce qui a été. Est-ce qu'on n'a plus le droit de comprendre, même après avoir été cul pendant un bout de temps?

— Ne dites pas ces mots-là, observa Amadis. Même si vous ne me visez pas personnellement, ce dont je doute, ça me fait un effet désagréable.

— Je vous vise en tant que directeur, dit Anne. Tant pis si les moyens que j'emploie atteignent en vous une autre cible. Mais vous voyez à quel point vous êtes limité, à quel point vous voulez coller à votre étiquette. Vous êtes aussi limité qu'un bonhomme inscrit à un parti politique.

— Vous êtes un sale type, dit Amadis. Et vous me déplaisez physiquement. Et un feignant.

— Il y en a plein les bureaux, dit Anne. Il y en a des masses. Ils s'emmerdent le matin. Ils s'emmerdent le soir. À midi, ils vont bouffer des choses qui n'ont plus figure humaine, dans des gamelles en alpax, et ils digèrent l'après-midi en perçant des trous dans des feuilles, en écrivant des lettres personnelles, en téléphonant à leurs copains. De temps en temps, il y a un autre type, un qui est utile. Un qui produit des choses. Il écrit une lettre et la lettre arrive dans un bureau. C'est pour une affaire. Il suffirait de dire oui, chaque fois, ou non, et ça serait fini, et l'affaire réglée. Mais ça ne se peut pas.

— Vous avez de l'imagination, dit Amadis. Et une âme poétique, épique et tout. Pour la dernière fois, allez à votre travail.

— À peu près pour chaque homme vivant, il y a comme ça un homme de bureau, un homme parasite. C'est la justification de l'homme parasite, cette lettre qui règlerait l'affaire de l'homme vivant. Alors il la fait traîner pour prolonger son existence. L'homme vivant ne le sait pas.

— Assez, dit Amadis. Je vous jure que c'est idiot. Je vous garantis qu'il y a des gens qui répondent tout de suite aux lettres. Et qu'on peut travailler comme ça. Et être utile.

— Si chaque homme vivant, poursuivit Anne, se levait et cherchait, dans les bureaux, qui est son parasite personnel, et s'il le tuait...

— Vous me navrez, dit Amadis. Je devrais vous vider et vous remplacer, mais sincèrement, je pense que c'est le soleil et votre manie de coucher avec une femme.

— Alors, dit Anne, tous les bureaux seraient des cercueils, et, dans chaque petit cube de peinture verte ou jaune et de linoléum rayé, il y aurait un squelette de parasite, et on remiserait les gamelles en alpax. Au revoir. Je vais voir l'ermite.

Amadis Dudu resta muet. Il vit Anne s'éloigner à pas larges et vigoureux, et monter la dune sans effort, détendant ses muscles bien réglés. Il construisit une ligne capricieuse d'empreintes alternées qui s'arrêta tout en haut du sable arrondi, et son corps continua seul, puis disparut.

Le directeur Dudu se retourna et rentra dans l'hôtel. Le bruit des marteaux venait de cesser. Carlo et Marin commençaient à déblayer le tas de matériaux accumulé devant eux. Au premier étage, on entendait le cliquetis de la machine et le timbre grêle de la sonnerie à la fin des lignes, couvert par le raclement métallique des pelles. Des champignons bleu-vert poussaient déjà sur les gravats.

PASSAGE

Le professeur Mangemanche est certainement mort à l'heure qu'il est et cela fait déjà un joli tableau de chasse. L'inspecteur parti à sa recherche a dû résister plus longtemps, car il était plus jeune et échauffé par sa rencontre avec Olive. Malgré tout, on ne peut pas savoir ce qui leur est arrivé derrière la zone noire. Il y a place pour l'incertitude, comme disent les marchands de perroquets qui parlent. Une chose assez curieuse, on n'a pas encore assisté à la fornication de l'ermite et de la négresse : étant donné l'importance initiale relativement considérable du personnage de Claude Léon, cela paraît un retard inexplicable. Il serait bon qu'ils le fissent enfin devant des spectateurs impartiaux, car les conséquences de cet acte répété doivent avoir sur le physique de l'ermite des répercussions telles qu'on pourra prédire avec vraisemblance s'il tiendra le coup ou s'il mourra d'épuisement. Sans préjuger de la suite des événements, on devrait enfin être en mesure de déterminer avec précision ce que va faire Angel. Il est permis de penser que les opinions et les actes d'Anne, son camarade (qui a un nom de chien, mais ce dernier facteur n'intervient pas de façon stricte), ont une influence assez forte sur Angel, à qui il ne manque que de s'éveiller de façon régulière au lieu de le faire par intervalles, et rarement quand il faudrait ; presque toujours, heureusement, en présence d'un témoin. La fin des autres personnages est, en vérité, moins prévisible : soit que l'enregistrement irrégulier de leurs actes aboutisse à une indétermination à plusieurs degrés de liberté, soit qu'ils n'aient pas d'existence réelle, malgré des efforts dans ce sens. Il est à présumer que leur peu d'utilité risque d'aboutir à leur suppression. On a certainement noté la faible présence du personnage principal, qui est évidemment Rochelle, et celle du Deus ex machina, qui est soit le receveur, soit le conducteur du 975, soit encore le chauffeur du taxi jaune et noir (dont la couleur permet de reconnaître

qu'il s'agit d'un véhicule condamné). Ces éléments ne sont d'ailleurs que les adjuvants de la réaction — ils n'interviennent pas dans le processus de celle-ci, non plus que dans l'équilibre finalement atteint.

TROISIÈME MOUVEMENT

I

Amadis surveillait les gestes de Carlo et Marin. La brèche pratiquée dans l'hôtel n'avait pas encore atteint la hauteur voulue, car elle se limitait au rez-de-chaussée et devait en définitive sectionner complètement le bâtiment, mais les deux agents d'exécution nettoyaient la place avant de continuer. Adossé au mur, près de l'escalier du premier, Dudu, les mains dans les poches, réfléchissait, en se grattant, aux paroles d'Anne et se demandait s'il ne pourrait pas se passer de ses services. Il décida donc de jeter, en montant, un coup d'œil sur le travail des deux ingénieurs ; s'il était terminé ou à peu près, le moment semblait venu de les congédier.

Il suivait du regard les nombreuses mesures de voie déjà construites ; ainsi posée sur des cales, elle avait l'air d'un jouet. Le sable bien nivelé sous les traverses attendait le ballast ; les wagons et la machine, démontés, reposaient sous des bâches près des piles de rails et de traverses du chantier.

Carlo s'arrêta. Son dos lui faisait mal. Il le déplia lentement et posa les mains sur le manche de sa pelle, puis s'essuya le front avec son poignet. Ses cheveux luisaient de sueur et la poussière s'était collée sur son corps humide. Son pantalon, accroché au bas des reins, faisait de grosses poches molles aux genoux et il regardait par terre en tournant lentement la tête à droite et à gauche. Marin continuait à déblayer et les éclats de verre sonnaient sur la tôle de sa pelle ; il les rejetait, d'un coup de reins, sur le tas de déblais derrière lui.

— Reprenez votre travail, dit Amadis à Carlo.

— Je suis fatigué, monsieur, dit Carlo.

— Vous n'êtes pas payé pour flemmarder.

— Je ne flemmarde pas, monsieur. Je reprends le souffle.

— Si vous n'avez pas assez de souffle pour faire ce travail, il ne fallait pas l'accepter.

— Je n'ai pas demandé à le faire, monsieur. Je suis forcé de le faire.

— Personne ne vous forçait, dit Amadis. Vous avez signé un contrat.

— Je suis fatigué, dit Carlo.

— Je vous dis de reprendre votre travail.

Marin s'arrêta à son tour.

— On ne peut pas travailler comme des brutes sans jamais respirer, dit-il.

— Si, dit Amadis. les contremaîtres sont là pour faire respecter cette règle irréfragable.

— Cette quoi ? dit Marin.

— Cette règle irréfragable.

— Vous nous faites suer, dit Marin.

— Je vous prie d'être poli, dit Amadis.

— Pour une fois que ce salaud d'Arland nous fout la paix, dit Marin, foutez-nous-la aussi.

— Je compte bien rappeler Arland à l'ordre, dit Amadis.

— Nous faisons notre boulot, dit Marin. Ça nous regarde, la manière que nous le faisons.

— Pour la dernière fois, dit Amadis, je vous donne l'ordre de reprendre votre travail.

Carlo lâcha le manche de sa pelle qu'il garda entre ses avant-bras et cracha dans ses mains sèches. Marin laissa tomber sa pelle.

— On va vous casser la gueule, dit-il.

— Ne fais pas ça, Marin... murmura Carlo.

— Si vous me touchez, dit Amadis, je proteste.

Marin fit deux pas vers lui et le regarda, et avança encore jusqu'à le toucher.

— Je vais vous casser la gueule, dit-il. On n'a jamais dû le faire. Vous puez le parfum. Vous êtes une sale tante et un emmerdeur.

— Laisse-le, Marin, dit Carlo. C'est le patron.

— Il n'y a pas de patron dans le désert.

— Ce n'est plus le désert, remarqua ironiquement Amadis. Vous avez déjà vu des chemins de fer dans le désert ?

Marin réfléchit.

— Viens travailler, Marin, dit Carlo.

— Il me casse, avec ses phrases, dit Marin. Si je commence à écouter

ce qu'il dit, il va m'entourlouper. Je sais que je ne dois pas lui casser la gueule, mais je crois que je vais le faire quand même, sinon il va m'entourlouper.

— Après tout, dit Carlo, si tu le fais, je peux t'aider. »

Amadis se raidit.

— Je vous interdis de me toucher, dit-il.

— Si on vous laisse parler, dit Carlo, c'est sûr qu'on sera refaits. Vous voyez la chose.

— Vous êtes des imbéciles et des brutes, dit Amadis. Reprenez vos pelles, sinon vous ne serez pas payés.

— On s'en fout, dit Marin. Vous avez du fric là-haut et on n'a pas encore été payés. On prendra ce qu'on nous doit.

— Vous êtes des voleurs, dit Amadis.

Le poing de Carlo décrivit une brève trajectoire, rigide et fulgurante, et la joue d'Amadis craqua. Il laissa échapper un gémissement.

— Retirez ça, dit Marin. Retirez ça ou vous êtes un homme mort.

— Des voleurs, dit Amadis. Pas des travailleurs, des voleurs.

Marin s'apprêtait à frapper.

— Laisse, dit Carlo. Pas à deux. Laisse-moi.

— Tu es trop excité, dit Marin. Tu vas le tuer.

— Oui, dit Carlo.

— Je suis furieux aussi, dit Marin, mais si c'est ça, c'est lui qui gagne.

— S'il avait peur, dit Carlo, ça serait tellement plus facile.

— Des voleurs, répéta Amadis.

Les bras de Carlo retombèrent.

— Vous êtes une sale tante, dit-il. Dites ce que vous voudrez. Qu'est-ce que vous voulez que ça nous fasse, des histoires de tante ? Vous avez les foies.

— Non, dit Amadis.

— Attendez un peu, dit Marin. Je vais dire à ma femme de s'occuper de vous.

— Assez, dit Amadis. Reprenez votre travail.

— Quel salaud ! dit Carlo.

— Des voleurs et des imbéciles, dit Amadis.

Le pied de Marin l'atteignit au bas-ventre. Il poussa un cri étouffé et tomba sur le sol, replié sur lui-même. Sa figure était blanche et il haletait comme un chien qui a couru.

— Tu as eu tort, dit Carlo. J'étais calmé.

— Oh, ça va, dit Marin. J'ai pas tapé fort. Il va pouvoir marcher dans cinq minutes. Il avait envie de ça.

— Je crois, dit Carlo. Tu as raison.

Ils ramassèrent leurs outils.

— On va être virés, dit Carlo.

— Tant pis, murmura son camarade. On se reposera. Il y a plein d'escargots dans ce désert. C'est les gosses qui disent ça.

— Oui, dit Carlo. On va en faire un drôle de plat.

— Quand le chemin de fer sera fini.

— Quand il sera fini.

Ils entendirent un grondement lointain.

— Tais-toi, dit Marin. Qu'est-ce que c'est?

— Oh! dit Carlo. C'est sûrement les camions qui reviennent.

— Il va falloir mettre le ballast, dit Marin.

— Sous toute la voie... dit Carlo.

Marin se courba sur sa pelle. Le bruit des camions grandissait, passa par un maximum, puis ils perçurent la clameur aigre des freins et le silence se fit.

II

L'abbé Petitjean saisit le bras de l'archéologue et lui montra du doigt la cabane de l'ermite.

— Nous y sommes, dit-il.

— Bon. Attendons les gosses... dit l'archéologue.

— Oh, dit l'abbé. Ils sont sûrement capables de se passer de nous.

Athanagore sourit.

— Je l'espère bien pour Angel.

— Le veinard! dit Petitjean. J'aurais bien usé quelques dispenses pour cette fille.

— Allons, allons... dit l'archéologue.

— Sous ma douillette, précisa Petitjean, bat un cœur viril.

— Libre à vous de l'aimer avec votre cœur... dit l'archéologue.

— Heu... Bien sûr... approuva Petitjean.

Ils étaient arrêtés et regardaient derrière eux, si on peut dire. Derrière les eux de cinq secondes plus tôt.

— Les voilà! dit Athanagore. Où est Cuivre?

— Ce n'est pas Angel, dit l'abbé. C'est son copain.

— Vous avez de bons yeux.

— Non, dit Petitjean. Je pense qu'Angel n'est tout de même pas assez noix pour faire ça aussi vite avec une fille pareille.

— C'est bien l'autre, constata Athanagore. Vous le connaissez?

— Peu. Il est toujours en train de dormir, de travailler ou de prendre de l'exercice avec la secrétaire du pédé.

— Il court... dit l'archéologue.

Anne s'approchait rapidement.

— C'est un beau gars, dit Petitjean.

— On ne le voit jamais... Qu'est-ce qui le prend?

— Les choses prennent une tournure particulière en ce moment.

— Vous avez raison, dit l'archéologue. Pauvre professeur Mangemanche.

Ils se turent.

— Bonjour! dit Anne. Je suis Anne.

— Bonjour, dit Athanagore.

— Comment allez-vous? demanda Petitjean avec intérêt.

— Mieux, dit Anne. Je vais la balancer.

— Votre coquine?

— Ma coquine. Elle m'embête.

— Alors vous en cherchez une autre?

— Tout juste, monsieur l'abbé, dit Anne.

— Oh! Je vous en prie! protesta l'abbé. Pas de ces vocables prétentiards. Et d'abord...

Il s'éloigna de quelques pas et se mit à tourner autour des deux autres en tapant vigoureusement ses pieds sur le sol.

— Trois petits bonhommes s'en allaient au bois! chanta-t-il.

— Quand ils revenaient ils disaient tout bas... reprit l'archéologue.

— Atchoum! Atchoum! Atchoum!... dit Anne en se mettant au pas.

Petitjean s'arrêta et se gratta le nez.

— Il sait les formules aussi! dit-il à l'archéologue.

— Oui... constata ce dernier.

— Alors, on l'emmène? dit Petitjean.

— Bien sûr, dit Anne. Je veux voir la négresse.

— Vous êtes un salaud, dit Petitjean. Il vous les faut toutes, alors ?

— Mais non, dit Anne. C'est fini avec Rochelle.

— C'est fini ?

— C'est fini, tout à fait.

Petitjean réfléchit.

— Est-ce qu'elle le sait ? demanda-t-il.

Anne parut légèrement tourmenté.

— Je ne lui ai pas encore dit...

— C'est, à ce que je constate, dit l'abbé, une décision unilatérale et soudaine.

— Je l'ai prise en courant pour vous rattraper, expliqua l'ingénieur.

Athanagore paraissait ennuyé.

— Vous êtes gênant, dit-il. Ça va encore faire des histoires avec Angel.

— Mais non, dit Anne. Il va être très content. Elle est libre.

— Mais qu'est-ce qu'elle va en penser ?

— Oh, je ne sais pas, dit Anne. Ce n'est pas une cérébrale.

— C'est vite dit...

Anne se gratta la joue.

— Peut-être que ça va l'ennuyer un peu, admit-il. Personnellement, ça ne me fait rien, aussi je ne peux pas m'en préoccuper.

— Vous réglez les choses avec rapidité.

— Je suis ingénieur, expliqua Anne.

— Vous seriez archevêque, dit l'abbé, ça ne serait pas une raison pour plaquer une fille sans la prévenir, quand vous avez couché avec elle encore hier.

— Encore ce matin, dit Anne.

— Vous profitez du moment où votre camarade Angel commence à trouver la voie de l'apaisement, dit Petitjean, pour le rejeter dans l'incertitude. Ce n'est pas sûr du tout qu'il veuille quitter la voie de l'apaisement pour cette fille que vous avez triturée comme un broyeur à boulets.

— Qu'est-ce que c'est, la voie de l'apaisement ? dit Anne. Qu'est-ce qu'il a fait, Angel ?

— Il s'envoie une sacrée poule ! dit Petitjean. Le cochon !...

Il claqua la langue avec bruit et se signa presque aussitôt.

— J'ai encore dit un mot prohibé, s'excusa-t-il.

— Faites donc... approuva Anne machinalement. Comment est-elle, cette femme ? Ce n'est pas la négresse, au moins ?

— Certainement pas, dit Petitjean. La négresse est réservée à l'ermite.

— Il y en a une autre? dit Anne. Une bien?

— Allons, dit Athanagore. Laissez votre ami tranquille...

— Mais il m'aime beaucoup, dit Anne. Il ne dira rien si je me l'envoie.

— Vous dites des choses antipathiques, observa l'archéologue.

— Mais il va être heureux comme un entrepreneur de savoir que Rochelle est libre!

— Je ne crois pas, dit l'archéologue. Il est trop tard.

— Il n'est pas trop tard. Elle est encore très bien, cette fille. Et elle en sait un peu plus qu'avant.

— Ce n'est pas agréable pour un homme. Un garçon comme Angel n'aimera pas recevoir des leçons de cet ordre.

— Ah? dit Anne.

— C'est drôle, dit Petitjean. Parfois vous devez parler d'une façon intéressante, mais, en ce moment, vous êtes odieux.

— Vous savez, moi, dit Anne, les femmes, j'en fais ce qu'il faut, mais ça se borne là. Je les aime bien, mais, pour tous les jours, je préfère les copains; pour parler, justement.

— Angel n'est peut-être pas comme vous, dit Athanagore.

— Il faut le tirer de là, dit Anne. Qu'il couche avec Rochelle et il en aura vite assez.

— Il cherche autre chose, dit Petitjean. Ce que je cherche, moi, dans la religion... enfin... en principe... parce que je fais quelques bénignes entorses au règlement... Mais je dirai une cinquantaine de chapelets récapitulatifs; quand je dis une cinquantaine... mettons trois.

— Ce que vous lui offrez de faire avec Rochelle, dit l'archéologue, il peut l'avoir avec n'importe quelle fille. Il l'a en ce moment.

— Le cochon! dit Anne. Il ne m'a pas dit ça. Voyez-vous cet Angel!

— Il cherche autre chose, répéta Petitjean. Ne pensez pas qu'à la trique. Il y a...

Il chercha.

— Je ne sais pas ce qu'il y a, dit-il. Pour les femmes, au fond, je suis un peu de votre avis. Il faut les tripoter; mais on peut penser à autre chose.

— Bien sûr, dit Anne. Pour le reste, je vous dis, j'aime mieux les copains.

— Ce qu'il cherche, dit Athanagore, c'est difficile à dire. Il faudrait que

vous en eussiez la notion. Je ne peux pas vous raconter des mots qui ne correspondront à rien en vous.

— Allez-y, dit Anne.

— Je crois qu'il cherche un témoin, dit Athanagore. Quelqu'un qui le connaisse et qu'il intéresse assez pour pouvoir se contrôler sans s'observer lui-même.

— Pourquoi pas cette autre fille? dit Anne.

— C'est Rochelle qu'il a aimée d'abord et le fait qu'elle ne l'aime pas, à la réflexion, lui a semblé un gage d'impartialité. Encore fallait-il arriver à l'intéresser suffisamment pour qu'elle soit ce témoin...

— Angel est un brave type, dit Anne. Je regrette qu'il ait des idées comme ça. Il a toujours été un peu terne.

L'archéologue hésita un moment.

— Peut-être que j'invente, dit-il. Je doute que cela se passe si facilement.

— Comment, si facilement?

— Je ne sais pas si Angel va se trouver tellement heureux de pouvoir aimer Rochelle en toute liberté. Je crois qu'elle le dégoûte, maintenant.

— Mais non, dit Anne. Il serait difficile.

— Vous l'avez amochée, dit Petitjean. Et, au fait, peut-être qu'elle n'a pas du tout envie de vous remplacer par lui.

— Oh, dit Anne, je lui expliquerai...

— Si nous continuions à marcher, dit Petitjean.

— Je vous suis, dit Anne.

— Je vais vous demander une chose, dit l'archéologue.

Ils se remirent en route tous les trois. Anne dépassait ses deux compagnons de toute une tête. La sienne, pour être précis.

— Je vais vous demander de ne pas le dire à Angel.

— Quoi?

— Que Rochelle est libre.

— Mais il va être très content!

— Je préférerais que Rochelle le sût avant lui.

— Pourquoi?

— Pour la construction de la chose, dit l'archéologue. Je pense que ça ne peut rien arranger de la dire à Angel tout de suite.

— Ah! Bon! dit Anne. Mais je lui dirai après?

— Naturellement, dit l'archéologue.

— En somme, dit Anne, il faut d'abord que je prévienne Rochelle, et Angel seulement après?

— C'est normal, dit Petitjean. Supposez que vous changiez d'avis après avoir prévenu Angel et sans l'avoir dit à Rochelle. Pour vous, ça ne cassera rien. Pour Angel, c'est une déception de plus.

— Bien sûr, dit Anne.

— La vraie raison n'est pas celle-là, naturellement, expliqua l'archéologue. Mais il est inutile que vous la sachiez.

— Celle-ci me suffit, dit Anne.

— Je vous remercie, dit l'archéologue. Je compte sur vous.

— Allons voir la négresse, dit Anne.

III

Par exemple, la rubrique «BALLET», comporte tous nos disques de musique de ballet et se trouve à la place alphabétique du mot ballet dans la section classique.

Catalogue Philips, 1946, p. III.

Rochelle vit entrer Amadis. Il se tenait le bas-ventre d'une main; il s'appuyait de l'autre au chambranle de la porte et aux murs, et il avait mal. Il boita jusqu'à son fauteuil et s'y laissa tomber avec un air d'épuisement. Il clignait des yeux et son front se remontait en rides successives qui en déformaient la surface molle.

Rochelle s'arrêta de travailler et se leva. Elle ne l'aimait pas.

— Qu'est-ce que je peux faire pour vous? dit-elle. Vous êtes souffrant?

— Ne me touchez pas, dit Amadis. C'est un de ces ouvriers qui m'a frappé.

— Voulez-vous vous étendre?

— Il n'y a rien à faire, dit Amadis. Physiquement. Pour le reste, ils ne perdent rien pour attendre.

Il s'agita légèrement.

— J'aurais voulu voir Dupont.

— Qui, Dupont ?

— Le cuisinier de l'archéologue.

— Où voulez-vous que je le trouve ?

— Il doit être encore avec cette cochonnerie de Lardier... murmura Amadis.

— Vous ne voulez rien prendre ? dit Rochelle. Je peux vous préparer du thé d'édréanthes.

— Non, dit Amadis. Rien.

— Bon.

— Merci, dit Amadis.

— Oh, dit Rochelle, je ne fais pas ça pour vous être agréable. Je ne vous aime pas du tout.

— Je sais, dit Amadis. On prétend pourtant d'habitude que les femmes aiment bien les homosexuels.

— Les femmes qui n'aiment pas les hommes, dit Rochelle. Ou les femmes qui généralisent.

— On dit qu'elles se sentent en confiance avec eux, qu'elles n'ont pas peur d'être importunées, etc.

— Quand ils sont beaux, dit Rochelle, c'est possible. Moi, je n'ai pas peur d'être importunée. J'aime assez être importunée.

— Qui vous importune ici, à part Anne ?

— Vous êtes indiscret, dit Rochelle.

— Ça n'a pas d'importance, dit Amadis. Anne et Angel redeviennent des hommes ordinaires, je les ai renvoyés.

— Anne ne m'importune pas, dit Rochelle. Je fais l'amour avec lui. Il me touche. Il me malaxe.

— Angel vous importune ?

— Oui, dit Rochelle, parce que je veux bien. Il a l'air moins costaud que son ami. Et puis, je préférais Anne, au début, parce qu'il est moins compliqué.

— Angel est compliqué ? Je trouve qu'il est idiot et paresseux. Et pourtant, physiquement, il est mieux qu'Anne.

— Non, dit Rochelle. Pas à mon goût. Mais, enfin, il n'est pas mal.

— Vous pourriez coucher avec lui ?

— Bien sûr ! dit Rochelle. Maintenant je peux. Je ne pourrai plus avoir grand-chose d'Anne. Il commencera à se fatiguer de moi bientôt.

— Je vous demande tout ça parce que vous êtes un monde tellement étrange pour moi, dit Amadis. Je voudrais comprendre.

— C'est le coup que vous avez reçu qui vous rappelle que vous êtes un homme? dit Rochelle.

— J'ai très mal, dit Amadis, et je suis insensible à l'ironie.

— Quand cesserez-vous de croire qu'on se moque de vous? dit Rochelle. Si vous saviez comme ça m'est égal!

— Passons, dit Amadis. Vous dites qu'Angel vous importune; est-ce que cela vous ennuie?

— Non, dit Rochelle. C'est une espèce de réserve de sécurité.

— Mais il doit être jaloux d'Anne.

— Comment pouvez-vous le savoir?

— Je raisonne par analogie, dit Amadis. Je sais bien ce que je voudrais faire à Lardier.

— Quoi?

— Le tuer, dit Amadis. À coups de pieds dans le ventre. Tout écraser.

— Angel n'est pas comme vous. Il n'est pas si passionné.

— Vous devez vous tromper, dit Amadis. Il en veut à Anne.

Rochelle le regarda inquiète.

— Vous ne le pensez pas pour de bon?

— Si, dit Amadis. Ça va se régler comme ça. Qu'est-ce que vous voulez que ça me fasse? Je ne le dis pas pour vous embêter.

— Vous parlez comme si vous le saviez vraiment, dit Rochelle. Je crois que vous voulez m'acheter. Les airs mystérieux, ça ne prend pas avec moi.

— Il n'y a pas d'airs mystérieux, dit Amadis. Je souffre et je comprends des choses. À propos, où en est votre travail?

— Il est terminé, dit Rochelle.

— Je vais vous donner autre chose. Prenez votre bloc.

— Vous devez beaucoup moins souffrir, dit Rochelle.

— Le ballast est arrivé, dit Amadis. Il faut préparer les feuilles de paie des chauffeurs des camions et leur proposer de travailler à la voie.

— Ils refuseront, dit Rochelle.

— Prenez une note de service, dit Amadis. On peut très bien s'arranger pour qu'ils ne refusent pas.

Rochelle fit trois pas et saisit son bloc et son crayon. Amadis s'accouda quelques instants à son bureau, la tête entre ses mains, et il commença à dicter.

IV

— Cet acte saint est vraiment de premier ordre, dit l'abbé Petitjean.

Anne, l'archéologue et l'abbé revenaient à petits pas.

— La négresse... dit Anne. Vingt dieux !...

— Allons, allons, dit l'archéologue.

— Foutez la paix à Claude Léon, dit l'abbé. Il ne se débrouille pas si mal.

— Je lui donnerais bien un coup de main, dit Anne.

— La main n'est pas exactement ce qu'il utilise, dit Petitjean. Vous avez mal suivi le détail.

— Oh ! Gyghô !... dit Anne. Parlez d'autre chose. Je ne peux plus marcher.

— Ça fait de l'effet, dit l'abbé. Je suis d'accord. Mais moi, j'ai une soutane.

— Qu'est-ce qu'il faut faire pour être prêtre ? demanda Anne.

— Vous, dit Petitjean, vous ne savez pas ce que vous voulez. Tantôt ci, tantôt ça. Tantôt vous dites des conneries, tantôt vous avez l'air intelligent, tantôt vous êtes sensible, et tantôt aussi salaud qu'un marchand de bestiaux qui ne pense qu'à ça. Excusez-moi, mon langage reste bien inférieur à ma pensée.

— Ça va bien, dit Anne. Je vois.

Il se mit à rire et prit le bras de l'abbé.

— Petitjean, dit-il, vous êtes un mâle !

— Merci, dit Petitjean.

— Et vous, vous êtes un lion, continua Anne en se tournant vers l'archéologue. Je suis content de vous connaître.

— Je suis un vieux lion, dit Athanagore. Et la comparaison serait plus exacte si vous aviez choisi un animal fouisseur.

— Mais non, dit Anne. Vos fouilles, c'est de la blague. Vous en parlez toujours et on ne les voit jamais.

— Vous voudriez les voir ?

— Sûr ! dit Anne. Tout m'intéresse.

— Tout vous intéresse un peu, dit Petitjean.

— Tout le monde est comme ça, dit Anne.

— Et les spécialistes, alors ? observa l'archéologue. Mon modeste exemple ne signifie rien, mais seule l'archéologie compte pour moi.

— Pas vrai, dit Anne. C'est un genre.

— Mais pas du tout ! dit Athanagore, indigné.

Anne rit de nouveau.

— Je vous mets en boîte, dit-il. Vous y mettez bien des pots en faïence qui ne vous ont rien fait.

— Taisez-vous, homme superficiel ! dit Athanagore.

Il n'était pas en colère.

— Alors, dit Anne, on va voir vos fouilles ?

— On y va, dit Petitjean.

— Venez, dit l'archéologue.

V

Angel venait à leur rencontre. Il marchait d'un pas incertain, tout chaud encore du corps de Cuivre. Elle était repartie de l'autre côté, pour rejoindre Brice et Bertil et les aider dans leur travail. Elle savait qu'il valait mieux ne pas rester près du garçon inquiet qui venait de la prendre dans un creux de sable délicatement, tendrement, sans vouloir la blesser. Elle rit et courut. Ses jambes fines s'élevaient, élastiques, au-dessus du sol clair, et son ombre dansait près d'elle et lui donnait quatre dimensions.

Lorsqu'il fut tout près d'eux, Angel les regarda avec application. Il ne s'excusait pas de les avoir quittés. Anne était là aussi, fort et gai comme avant Rochelle ; ainsi, Rochelle était finie.

Il restait un chemin très court à faire jusqu'au campement d'Athanagore. Ils parlaient seulement et les choses étaient prêtes à s'accomplir.

Car Angel savait ce qu'était Cuivre et il perdait d'un coup tout ce qu'Anne avait eu de Rochelle.

VI

— Je descends le premier, dit Athanagore. Faites attention. Il y a en bas un tas de pierres à emballer.

Son corps s'engagea dans l'ouverture du puits et ses pieds prirent un appui solide sur les barreaux d'argent.

— Passez! dit Anne en s'effaçant devant Petitjean.

— C'est un sport ridicule, dit Petitjean. Hé, vous, en bas, ne levez pas les yeux, hein. Ça ne se fait pas!

Il rassembla sa soutane dans une main et mit le pied sur le premier échelon.

— Ça va, dit-il. Je descends quand même.

Anne restait près d'Angel.

— Jusqu'où crois-tu que ça descend? dit-il.

— Je ne sais pas, dit Angel d'une voix étranglée. C'est profond.

Anne se pencha sur l'ouverture.

— On ne voit pas grand-chose, dit-il. Petitjean doit être arrivé. C'est le moment.

— Pas encore... dit Angel avec désespoir.

— Mais si, dit Anne.

Il s'était agenouillé près de l'orifice du puits et scrutait l'ombre dense.

— Non, répéta Angel. Pas encore.

Il parlait plus bas, d'une voix effrayée.

— Il faut y aller, dit Anne. Allons, tu as peur?

— Je n'ai pas peur... murmura Angel.

Sa main toucha le dos de son ami et brusquement il le poussa dans le vide. Le front d'Angel était humide de sueur. Il y eut un craquement mat quelques secondes après, et la voix de Petitjean qui criait tout au fond du puits.

Les jambes d'Angel tremblaient et ses doigts hésitèrent avant de trouver le premier barreau. Ses pieds l'emmenaient en bas et il sentait son corps fluide et lourd comme du mercure froid. L'entrée du puits, au-dessus de lui, se découpait en bleu-noir sur un fond d'encre. Le sous-sol s'éclaira vaguement et il accéléra sa descente. Il entendait Petitjean réciter des mots d'une voix monotone. Il ne regardait pas en bas.

VII

— C'est ma faute, dit l'archéologue à Petitjean.

— Non, dit Petitjean. Je suis coupable aussi.

— Il fallait lui laisser dire à Angel que Rochelle était libre.

— Alors, dit Petitjean, c'est Angel qui serait là.

— Pourquoi fallait-il choisir ?

— Parce qu'il faut choisir, dit Petitjean. C'est emmerdant, mais c'est comme ça.

Anne avait le cou cassé et son corps reposait sur les pierres. Sa figure était neutre et son front portait une large éraflure, à demi cachée par ses cheveux en désordre. Une de ses jambes se repliait sous lui.

— Il faut l'ôter de là, dit Petitjean, et l'allonger.

Ils virent arriver les pieds d'Angel et son corps et Angel s'approcha doucement.

— Je l'ai tué, dit-il. Il est mort.

— Je crois qu'il s'est trop penché, dit l'archéologue. Ne restez pas là.

— C'est moi... dit Angel.

— Ne le touchez pas, dit Petitjean. Ce n'est pas la peine. C'est un accident.

— Non, dit Angel.

— Si, dit l'archéologue. Vous pouvez tout de même accepter ça de lui.

Angel pleurait et sa figure était chaude.

— Attendez-nous par là, dit Athanagore. Suivez le couloir.

Il s'approcha d'Anne. Avec douceur, il lissa les cheveux blonds, et regarda le corps meurtri et pitoyable.

— Il était jeune, dit-il.

— Oui, murmura Petitjean. Ils sont jeunes.

— Ils meurent tous... dit Athanagore.

— Pas tous... il en reste. Vous et moi, par exemple.

— Nous sommes en pierre, dit l'archéologue. Ça ne compte pas.

— Aidez-moi, dit Petitjean.

Ils avaient beaucoup de mal à le soulever. Le corps relâché s'affaissait et traînait par terre. Les pieds de Petitjean dérapaient sur le sol meuble. Ils le soulevèrent du tas de pierres et l'allongèrent contre le mur de la galerie.

— Je suis retourné, dit Athanagore. C'est ma faute.

— Je vous répète que non, dit Petitjean. Il n'y avait rien d'autre à faire.

— C'est ignoble, dit Athanagore, que nous ayons été forcés de prêter la main à ça.

— Nous devions être déçus de toutes façons, dit Petitjean. Il se trouve que nous sommes déçus dans notre chair. C'est plus dur à supporter, mais ça passera mieux.

— Ça passera pour vous, dit Athanagore. Il était beau.

— Ils sont beaux, dit Petitjean. Tous ceux qui restent.

— Vous êtes trop dur, dit l'archéologue.

— Un prêtre ne peut pas avoir de cœur, dit Petitjean.

— Je voudrais arranger ses cheveux, dit l'archéologue. Avez-vous un peigne ?

— Je n'en ai pas, dit Petitjean. Ce n'est pas la peine. Venez.

— Je ne peux pas le laisser.

— Ne vous laissez pas aller. Il est près de vous parce qu'il est mort et que vous êtes vieux. Mais il est mort.

— Et je suis vieux, mais vivant, dit l'archéologue. Et Angel est tout seul.

— Il n'aura guère de compagnie, maintenant, dit Petitjean.

— Nous resterons avec lui.

— Non, dit Petitjean. Il s'en ira. Il s'en ira seul. Les choses ne vont pas se tasser si facilement. Nous ne sommes pas encore au bout.

— Qu'est-ce qui peut arriver ?... soupira Athanagore d'une voix lasse et brisée.

— Ça va venir, dit Petitjean. On ne travaille pas dans le désert sans conséquences. Les choses sont mal embringuées. Ça se sent.

— Vous avez l'habitude des cadavres, dit Athanagore. Moi pas. Seulement des momies.

— Vous n'êtes pas dans le coup, dit Petitjean. Vous pouvez juste souffrir, sans rien en tirer.

— Vous en tirez quelque chose, vous ?

— Moi ? dit Petitjean. Je n'en souffre pas. Venez.

VIII

Ils trouvèrent Angel dans la galerie. Ses yeux étaient secs.

— Il n'y a rien à faire? demanda-t-il à Petitjean.

— Rien, dit Petitjean. Simplement prévenir les autres en revenant.

— Bon, dit Angel. Je leur dirai. Nous allons voir les fouilles?

— Mais oui, dit Petitjean. On est là pour ça.

Athanagore ne parlait pas et son menton ridé frémissait. Il passa entre eux deux et prit la tête de la colonne.

Ils suivirent le chemin compliqué qui menait au front de taille. Angel observait attentivement le toit des galeries et les piédroits et paraissait chercher à se rendre compte de l'orientation du souterrain. Ils arrivèrent à la galerie principale tout au bout de laquelle on entrevoyait, à des mesures, le point lumineux que faisaient les appareils d'éclairage. Angel s'arrêta à l'entrée.

— Elle est là-bas? dit-il.

Athanagore le regarda sans comprendre.

— Votre amie? répéta Angel. Elle est là-bas?

— Oui, dit l'archéologue. Avec Brice et Bertil. Elle travaille.

— Je ne veux pas la voir, dit Angel. Je ne peux pas la voir. J'ai tué Anne.

— Arrêtez, dit Petitjean. Si vous répétez encore une fois cette stupidité, je me charge de vous.

— Je l'ai tué, dit Angel

— Non, dit Petitjean. Vous l'avez poussé et il est mort en arrivant sur les cailloux. C'est un hasard.

— Vous êtes un jésuite... dit Angel.

— Je crois avoir déjà dit que j'ai été élevé chez les Eudistes, dit Petitjean avec calme. Si on se donnait la peine de faire attention quand je parle, cela n'irait pas plus mal. Vous aviez l'air de réagir correctement, tout à l'heure, et puis, vous flanchez de nouveau. Je vous préviens que je ne vous laisserai pas faire. Pomme de reinette et pomme d'api...

— Tapis, tapis rouge... dirent machinalement Angel et l'archéologue.

— Je pense que vous savez la suite, dit Petitjean, aussi je n'insiste pas. Maintenant, je ne veux pas vous forcer à aller voir ces trois types au bout du couloir. Je ne suis pas un bourreau.

Athanagore toussa ostensiblement.

— Parfaitement, dit Petitjean en se tournant vers lui, je ne suis pas un bourreau.

— Certainement non, dit Athanagore. Votre soutane serait rouge au lieu d'être noire.

— Et la nuit, dit Petitjean, ça ferait le même effet.

— Ou pour un aveugle, dit l'archéologue. Vous n'arrêtez pas d'énoncer des truismes...

— Vous êtes bien accrocheur, dit Petitjean. Je cherche à vous remonter le moral à tous les deux.

— Ça marche très bien, dit Athanagore. On arrive presque à avoir envie de vous engueuler.

— Quand vous y serez tout à fait, dit Petitjean, j'aurai réussi.

Angel se taisait et regardait le bout de la galerie, puis il se retourna et scruta attentivement l'autre côté.

— Quelle direction avez-vous suivie pour creuser ? demanda-t-il à l'archéologue.

Il faisait un effort pour parler naturellement.

— Je ne sais pas, dit l'archéologue. À peu près deux mesures à l'est du méridien...

— Ah !... dit Angel.

Il restait immobile.

— Il faudrait se décider, dit Petitjean. On y va ou on n'y va pas ?

— Il faudra que je regarde les calculs, dit Angel.

— Qu'y a-t-il ? demanda l'archéologue.

— Rien, dit Angel. Une supposition. Je ne veux pas y aller.

— Bon, dit Petitjean. Alors, on s'en retourne.

Ils firent demi-tour.

— Vous venez à l'hôtel ? demanda Angel à l'abbé.

— Je vous accompagne, dit Petitjean.

L'archéologue marchait derrière, cette fois, et son ombre était petite à côté de celle de ses deux compagnons.

— Il faut que je me dépêche, dit Angel. Je veux voir Rochelle. Je veux lui dire.

— Je peux lui dire, dit l'abbé.

— Dépêchons-nous, dit Angel. Il faut que je la voie. Je veux voir comment elle est.

— Dépêchons-nous, dit Petitjean.

L'archéologue s'arrêta.

— Je vous laisse, dit-il.

Angel revint en arrière. Il était debout devant Athanagore.

— Je vous demande pardon, dit-il. Je vous remercie.

— De quoi ? dit Athanagore, triste.

— De tout... dit Angel.

— Tout est de ma faute...

— Merci... dit Angel. À bientôt.

— Peut-être, dit l'archéologue.

— Allez, amenez votre viande ; au revoir, Atha ! cria Petitjean.

— Au revoir, l'abbé ! dit Athanagore.

Il les laissa s'éloigner et tourner dans la galerie, puis, il continua derrière eux. Anne attendait tout seul, le long du roc froid ; Angel et Petitjean passèrent et montèrent l'échelle d'argent, et Athanagore arriva, il s'agenouilla près d'Anne et le regarda, et puis sa tête se baissa sur sa poitrine ; il pensait encore à des choses anciennes, douces, avec un parfum presque évaporé. Anne ou Angel, pourquoi avait-il fallu choisir ?

IX

Aimer une femme intelligente est un plaisir de pédéraste.

BAUDELAIRE, *Fusées*[45].

Amadis entra dans la chambre d'Angel. Le garçon était assis sur son lit et, à côté de lui, explosait une des chemises du professeur Mangemanche. Amadis cligna des yeux, essaya de s'y faire, mais dut regarder ailleurs. Angel ne disait rien, il avait à peine tourné la tête au bruit de la porte, et il ne bougea pas lorsque Amadis s'assit sur la chaise.

— Savez-vous où est ma secrétaire ? demanda Amadis.

— Non, dit Angel. Je ne l'ai pas vue depuis hier.

— Elle a pris ça très mal, dit Amadis, et j'ai du courrier en retard. Vous

auriez bien pu attendre jusqu'à aujourd'hui, avant de lui dire qu'Anne était mort.

— C'est Petitjean qui le lui a dit. Je n'y suis pour rien.

— Vous devriez aller près d'elle, et la consoler, et lui dire que seul le travail pourra la tirer de là.

— Comment pouvez-vous dire cela ? dit Angel. Vous savez bien que c'est un mensonge.

— C'est évident, dit Amadis. Le travail, puissant dérivatif, donne à l'homme la faculté de s'abstraire temporairement des inquiétudes et des charges de la vie quotidienne.

— Rien n'est plus quotidien... vous me faites marcher, dit Angel. Vous ne pouvez pas dire ça sans rire.

— Je ne peux plus rire depuis longtemps, dit Amadis. Je voudrais bien que Rochelle vienne prendre des lettres et que le 975 revienne.

— Envoyez le taxi, dit Angel.

— C'est fait, dit Amadis. Mais vous pensez comme je m'attends à le revoir.

— Vous seriez idiot, dit Angel.

— Vous allez me dire sans doute que je suis une sale tante, maintenant ?

— La barbe ! dit Angel.

— Vous ne voulez pas dire à Rochelle que j'ai du travail pour elle ?

— Je ne peux pas la voir maintenant, dit Angel. Rendez-vous compte. Anne est mort hier après-midi.

— Je sais bien, dit Amadis. Avant d'avoir été payé. Je voudrais que vous alliez dire à Rochelle que mon courrier ne peut guère attendre.

— Je ne peux pas la déranger.

— Mais si, dit Amadis. Elle est dans sa chambre.

— Pourquoi me demandiez-vous où elle est ?

— Pour que vous soyez inquiet, dit Amadis.

— Je sais très bien qu'elle est dans sa chambre.

— Alors, ça n'a pas servi, dit Amadis. C'est tout.

— Je vais la chercher, dit Angel. Elle ne viendra pas.

— Mais si.

— Elle aimait 'Anne.

— Elle coucherait très bien avec vous. Elle me l'a dit. Hier.

— Vous êtes un salaud, dit Angel.

Amadis ne répondit pas. Il paraissait absolument indifférent.

— Elle aurait couché avec moi si Anne était encore vivant, dit Angel.

— Mais non. Même maintenant.

— Vous êtes un salaud, répéta Angel. Un sale pédéraste.

— Ça y est ! dit Amadis. Vous l'avez dite, la généralité. Alors, vous allez y aller. Le général pousse au particulier.

— Oui, je vais y aller. »

Il se leva et les ressorts du lit gémirent doucement.

— Son lit à elle ne fait pas de bruit, dit Amadis.

— Assez... murmura Angel.

— Je vous devais ça.

— Assez... Je ne peux pas vous supporter... Allez-vous-en...

— Tiens ! dit Amadis. Vous savez ce que vous voulez, aujourd'hui ?

— Anne est mort...

— Alors, ça vous libère de quoi ?

— De moi, dit Angel. Je me réveille.

— Mais non, dit Amadis. Vous savez bien que vous allez vous suicider maintenant.

— J'ai pensé à ça, dit Angel.

— Allez d'abord me chercher Rochelle.

— Je vais la chercher.

— Vous pouvez prendre votre temps, dit Amadis. Si vous voulez la consoler... ou autre chose. Mais ne la fatiguez pas trop. J'ai pas mal de courrier.

Angel passa devant Amadis sans le regarder. Le directeur resta assis sur la chaise et attendit que la porte se ferme.

Le couloir de l'hôtel donnait maintenant, d'un côté, directement sur le vide et Angel s'approcha du bord avant de se rendre chez Rochelle. La voie brillait au soleil entre les deux moitiés de l'hôtel et, de l'autre côté, le couloir reprenait vers les chambres qui restaient. Entre les rails et les traverses, le ballast gris et propre accrochait des éclats de lumière aux pointes micacées de ses éléments.

Elle s'étendait à perte de vue, de part et d'autre des façades, et les tas de traverses et de rails, invisibles pour Angel de l'endroit où il se trouvait, avaient presque disparu. Deux des conducteurs de camions finissaient d'assembler les pièces des voitures et de la locomotive qui reposaient déjà sur les rails, et le chuintement de la poulie du petit engin de levage brodait sur le rouet régulier du moteur à mazout qui l'actionnait.

Angel se retourna et passa deux portes. Il s'arrêta devant la troisième et frappa.

La voix de Rochelle lui dit d'entrer.

Sa chambre avait le même ameublement que les autres, simple et nu. Rochelle était étendue sur son lit. Elle portait la robe de la veille et les couvertures n'étaient pas défaites.

— C'est moi... dit Angel.

Rochelle se redressa et le regarda. Ses yeux s'éteignaient dans sa figure marquée.

— Comment est-ce arrivé ? dit-elle.

— Je n'ai pas pu vous voir hier, dit Angel. Je pensais que Petitjean vous avait dit.

— Il est tombé dans le puits, dit Rochelle. Vous ne pouviez pas le retenir, parce qu'il était si lourd. Je sais comme il était lourd. Comment est-ce arrivé à Anne ?

— C'est ma faute, dit Angel.

— Mais non... Vous n'étiez pas assez fort pour le retenir.

— Je vous aimais énormément, dit Angel.

— Je sais, dit Rochelle. Vous m'aimez encore beaucoup.

— C'est pour ça qu'il est tombé, dit Angel. Il semble. Pour que je puisse vous aimer.

— Il est trop tard, dit Rochelle avec une sorte de coquetterie.

— Il était trop tard même avant.

— Alors, pourquoi est-il tombé ?

— Il n'a pas pu tomber, dit Angel. Pas Anne.

— Oh, dit Rochelle, c'est un accident.

— Vous n'avez pas dormi ?

— Je pensais qu'il ne fallait pas me coucher, dit-elle, parce que, tout de même, un mort, ça se respecte.

— Et vous vous êtes endormie... dit Angel.

— Oui, l'abbé Petitjean m'avait donné une chose que j'ai prise.

Elle lui tendit un flacon plein.

— J'ai pris cinq gouttes. J'ai très bien dormi.

— Vous avez de la veine, dit Angel.

— Ce n'est pas quand les gens sont morts qu'on y change quelque chose en se lamentant, dit Rochelle. Vous savez, ça m'a fait beaucoup de peine.

— Moi aussi, dit Angel. Je me demande comment nous pouvons vivre après cela.

— Vous croyez que ce n'est pas bien ?

— Je ne sais pas, dit Angel.

Il regarda le flacon.

— Si vous aviez pris la moitié de la bouteille, dit-il, vous ne vous seriez pas réveillée.

— J'ai fait de très beaux rêves, dit Rochelle. Il y avait deux hommes amoureux de moi, qui se battaient pour moi, c'était merveilleux. C'était très romanesque.

— Je vois ça, dit Angel.

— Peut-être qu'il n'est pas tellement trop tard, dit Rochelle.

— Vous avez vu Anne ?

— Non !... dit Rochelle. Ne me parlez pas de ça, ça me déplaît. Je ne veux pas penser à ça.

— Il était beau, dit Angel.

Rochelle le regardait avec inquiétude.

— Pourquoi me dites-vous ces choses-là ? dit-elle. J'étais calme, et vous venez me faire peur et m'impressionner. Je ne vous aime pas quand vous êtes comme ça. Vous êtes toujours triste. Il ne faut pas penser à ce qui est arrivé.

— Vous pouvez vous en empêcher ?

— Tout le monde peut s'en empêcher, dit Rochelle. Je suis vivante, moi. Vous aussi.

— J'ai honte de vivre... dit Angel.

— Dites, dit Rochelle, vous m'aimiez tant que ça !

— Oui, dit Angel. Tant que ça.

— Je vais être bientôt consolée, dit Rochelle. Je ne peux pas penser à une chose triste longtemps. Bien sûr, je vais me rappeler Anne souvent.

— Pas tant que moi... dit Angel.

— Oh ! Vous n'êtes pas drôle, dit Rochelle. Nous sommes vivants tous les deux, après tout.

Elle s'étira.

— Amadis voulait que vous veniez pour le courrier, dit Angel, et il se mit à rire amèrement.

— Je n'ai pas envie, dit-elle. Je suis abrutie avec ces gouttes. Je vais me coucher pour de bon, je crois.

Angel se leva.

— Vous pouvez rester, dit-elle. Ça ne me gêne pas. Vous pensez ! Après une chose pareille ! On ne va pas faire des manières...

Elle commençait à défaire sa robe.

— J'avais peur que vous n'ayez pris une dose trop forte, dit Angel.

Il tenait toujours le flacon à la main.

— Pensez-vous ! L'abbé Petitjean m'avait bien dit de ne pas dépasser cinq gouttes.

— Si on dépasse la dose prescrite, dit Angel, vous savez ce qui arrive.

— On doit dormir très longtemps, dit Rochelle. Ça doit être dangereux. Peut-être qu'on meurt. Ce ne sont pas des trucs à faire.

Angel la regarda. Elle avait enlevé sa robe et son corps se dressait, épanoui et robuste, mais marqué à tous les endroits fragiles de rides et de cassures imperceptibles en apparence. Ses seins légèrement affaissés pesaient sur le tissu frêle du soutien-gorge blanc et ses cuisses charnues laissaient transparaître des veines sinueuses et bleutées. Elle baissa la tête avec un sourire en rencontrant les yeux du garçon et se coula rapidement entre les draps.

— Asseyez-vous près de moi, dit-elle.

— Prendre chacun la moitié de la bouteille... murmura Angel.

Il s'assit près d'elle et continua.

— On doit pouvoir s'en tirer comme cela aussi.

— Se tirer de quoi ? dit Rochelle. La vie est bonne.

— Vous aimiez Anne...

— Mais oui, dit Rochelle. Ne recommencez pas. Est-ce que vous ne voyez pas que vous me faites de la peine quand vous me parlez de ces choses-là ?

— Je ne peux plus supporter ce désert où tout le monde vient crever.

Elle s'étendit sur l'oreiller.

— Pas tout le monde.

— Mais si... Mangemanche, Pippo, l'interne, Anne, l'inspecteur... vous et moi.

— Pas nous deux, dit Rochelle. Nous sommes vivants.

— Comme dans les romans, dit Angel. Mourir ensemble. L'un près de l'autre.

— Tendrement enlacés, dit Rochelle. C'est joli, comme image, vous ne trouvez pas ? Je l'ai lu.

— Comme ça, l'un après l'autre, dit Angel.

— C'est dans les romans, dit Rochelle. Ça n'existe pas.

— Ce serait bien... dit Angel.

Elle réfléchit et croisa ses bras sous sa tête.

— Ça serait aussi comme un film, dit-elle. Vous croyez qu'on peut mourir comme ça ?

— Peut-être pas, dit Angel. Malheureusement.

— Ce serait comme un film que j'ai vu, dit Rochelle. Ils mouraient d'amour l'un à côté de l'autre. Est-ce que vous pourriez mourir d'amour pour moi ?

— Je crois que j'aurais pu, dit Angel.

— Vous pourriez vraiment ? C'est drôle...

— Je ne crois pas qu'on puisse avec ça, dit Angel en débouchant le flacon.

— Non ? On dormirait seulement ?

— Probablement.

— Si on essayait, dit Rochelle. Cela serait si beau, s'endormir maintenant. Je voudrais faire encore ce rêve.

— Il y a des drogues, dit Angel, qui vous font faire des rêves comme ça tout le temps.

— C'est vrai ? dit Rochelle. Peut-être cette drogue-là ?

— Probablement, dit Angel.

— J'ai envie... dit Rochelle. Je voudrais refaire ce rêve. Je ne peux pas dormir toute seule.

Elle lui glissa un regard inquisiteur. Il avait la tête baissée et regardait le flacon.

— On en prend un peu chacun ? dit-elle.

— On peut s'en tirer comme ça aussi, répéta Angel.

— C'est amusant, dit Rochelle en s'asseyant. J'aime bien ces choses-là. Être un peu ivre, ou prendre des drogues et ne plus savoir bien ce qu'on fait.

— Je pense que Petitjean a exagéré, dit Angel. Si on prend chacun la moitié de la bouteille, ça doit nous faire faire des rêves formidables.

— Alors, vous restez avec moi ? dit Rochelle.

— Mais... ça ne se fait pas... dit Angel.

Elle rit.

— Vous êtes idiot. Qui viendra ?

— Amadis vous attendait.

— Oh... dit Rochelle. Après la peine que j'ai eue, je ne vais pas travailler maintenant. Donnez le flacon.

— Attention, dit Angel. Tout, ça serait dangereux.

— On partage !... dit Rochelle.

Elle prit le flacon des mains d'Angel et le porta à ses lèvres. Elle s'arrêta au moment de boire.

— Vous restez avec moi ? dit-elle.

— Oui..., dit Angel.

Il était blanc comme de la craie.

Rochelle but la moitié du flacon et le lui rendit.

— C'est mauvais, dit-elle. À vous...

Angel garda le flacon dans sa main. Il ne la quittait pas des yeux.

— Qu'est-ce que vous avez ? demanda-t-elle. Vous n'êtes pas bien ?

— Je pense à Anne... dit-il.

— Oh !... La barbe !... Encore !...

Il y eut un silence.

— Buvez, dit-elle, et venez près de moi. On est bien.

— Je vais le faire, dit Angel.

— Cela met longtemps, pour dormir ? demanda-t-elle.

— Pas longtemps, dit Angel très bas.

— Venez, dit Rochelle. Tenez-moi.

Il s'assit à son chevet et glissa son bras derrière le dos de la jeune femme qui se redressa avec effort.

— Je ne peux plus bouger mes jambes, dit-elle. Mais cela ne fait pas mal. C'est agréable.

— Vous aimiez Anne ? dit Angel.

— Je l'aimais bien. Je vous aime bien aussi.

Elle remua faiblement.

— Je suis lourde.

— Non.

— J'aimais Anne... mais pas trop, murmura-t-elle. Je suis bête...

— Vous n'êtes pas bête, murmura Angel aussi doucement qu'elle.

— Assez bête... Vous allez boire bientôt ?

— Je vais boire...

— Tenez-moi... acheva-t-elle dans un souffle.

Elle laissa aller sa tête sur la poitrine d'Angel. Il voyait d'en haut ses cheveux fins et sombres, et la peau plus claire entre leurs mèches lourdes. Il posa la fiole qu'il tenait encore de la main gauche et prit le menton de la jeune femme. Il lui releva la tête et retira sa main. Doucement, la tête retomba.

Il se dégagea avec effort et l'allongea sur le lit. Les yeux de Rochelle étaient fermés.

Il regarda, devant la fenêtre, une branche d'hépatrol chargée de fleurs orange qui s'agitait sans bruit, faisant des taches dans le soleil de la chambre.

Angel prit la bouteille brune et resta debout près du lit. Il regardait le

corps de Rochelle, la figure pleine d'horreur, et sentait, sur sa main droite, l'effort qu'il avait fait pour la soulever dans son lit. L'effort qu'il avait fait pour pousser Anne dans le vide.

Il n'entendit pas l'abbé Petijean entrer, mais céda à la pression des doigts sur son épaule et le suivit dans le couloir.

<div style="text-align:center">X</div>

Ils descendirent ce qui restait de l'escalier. Angel tenait encore le petit flacon brun et Petitjean marchait devant lui, sans rien dire. L'odeur des fleurs rouges remplissait la brèche entre les deux moitiés de l'hôtel. La dernière marche aboutissait maintenant au-dessus des rails, et ils trébuchèrent l'un après l'autre sur les cailloux tranchants. Angel s'efforça de marcher sur les traverses, dont la surface était lisse et plus commode. Puis, Petitjean sauta de la voie sur le sable des dunes et Angel le suivit. Il voyait tout avec toute sa tête et plus seulement ses yeux, et il allait se réveiller ; il sentait sa torpeur se concentrer à l'intérieur avant de se vider d'un coup, mais il fallait que quelqu'un crève la paroi et Petitjean venait le faire. Alors, il boirait la petite bouteille.

— Que comptiez-vous faire ? dit Petitjean.

— Vous allez m'expliquer... dit Angel.

— C'est à vous de trouver, dit Petitjean. Je veux bien confirmer ce que vous aurez trouvé — d'abord, ça fait partie de mon métier —, mais vous devez le trouver tout seul.

— Je ne peux pas le trouver en dormant, dit Angel. Maintenant, je dors. Comme Rochelle.

— Il ne peut pas mourir quelqu'un sans que vous éprouviez le besoin d'épiloguer, dit Petitjean.

— Quand j'y suis pour quelque chose, c'est normal.

— Vous croyez que vous y êtes pour quelque chose ?

— Certainement, dit Angel.

— Vous pouvez tuer quelqu'un et vous ne pouvez pas vous réveiller ?

— Ce n'est pas pareil. Je les ai tués en dormant.

— Mais non, dit Petitjean. Vous le dites mal. Ils sont morts pour vous réveiller.

— Je sais, dit Angel. Je comprends. Il faut que je boive ce qui reste. Mais maintenant, je suis tranquille.

Petitjean s'arrêta, se retourna vers Angel et le regarda bien droit entre les yeux.

— Vous avez dit?

— Que je vais boire ce qui reste, dit Angel. J'aimais Anne et Rochelle et ils sont morts.

Petitjean regarda son poing droit, le ferma deux ou trois fois, releva sa manche et dit:

— Attention!

Et Angel vit une masse noire lui arriver en plein dans le nez. Il chancela et tomba assis sur le sable. Sa tête sonnait clair comme une cloche d'argent. Du sang coulait de son nez.

— Mince!... dit-il avec une voix d'enrhumé.

— Ça va mieux? demanda Petitjean. Vous permettez?

Il prit son chapelet.

— Combien avez-vous vu d'étoiles?

— Trois cent dix, dit Angel.

— Mettons... quatre, dit Petitjean.

Il égrena le chapelet quatre fois avec la virtuosité dont il faisait preuve en ces occasions-là.

— Où est ma bouteille? dit brusquement Angel.

Le petit flacon brun s'était renversé sur le sable et une tache d'humidité s'allongeait sous le goulot. Le sable commençait à noircir à cet endroit et il en montait une fumée cauteleuse.

Angel tenait sa tête avancée au-dessus de ses genoux écartés et son sang criblait le sol de points foncés.

— La paix! dit Petitjean. Vous voulez que je recommence?

— Ça m'est égal, dit Angel. Il y a d'autres façons de mourir.

— Oui, dit Petitjean. De taper sur le blair aussi, je vous préviens.

— Oh, dit Angel, vous ne resterez pas là tout le temps.

— Certainement pas. Ce sera inutile.

— Rochelle... murmura Angel.

— Vous avez l'air malin, dit Petitjean, à dire des noms de femme avec le nez qui pisse du sang. Rochelle, il n'y en a plus. C'est marre. Pourquoi est-ce que vous croyez que je lui ai donné le flacon?

— Je ne sais pas, dit Angel. Alors, moi je n'y suis pour rien? Encore une fois?

— Ça vous embête, hein?

Angel essayait de réfléchir. Des choses passaient dans sa tête pas tellement vite, mais en vibrant si serré qu'il ne pouvait pas les reconnaître.

— Pourquoi n'avez-vous pas bu tout de suite?

— Je recommencerai... dit Angel.

— Allez-y. En voilà un autre.

L'abbé Petitjean fouilla dans sa poche et mit à jour un flacon brun exactement semblable au premier. Angel tendit la main et le prit. Puis, il le déboucha et versa quelques gouttes sur le sable. Cela fit une tache minuscule, et une fumée jaune déroula sa volute paresseuse dans l'air immobile.

Angel lâcha le bouchon et garda le flacon bien serré dans le poing. De sa manche, il s'essuya le nez, et regarda, dégoûté, la traînée sur son avant-bras. Son sang s'était arrêté de couler.

— Mouchez votre nez, dit Petitjean.

— Je n'ai pas de mouchoir, dit Angel.

— Vous avez sans doute raison, dit Petitjean. Vous n'êtes pas bon à grand-chose et vous ne voyez rien.

— Je vois ce sable, dit Angel. Ce chemin de fer... ce ballast... cet hôtel coupé en deux... Tout ce travail qui ne sert à rien...

— On peut le dire, dit Petitjean. C'est quelque chose que de le dire.

— Je vois... je ne sais pas. Anne et Rochelle... Vous allez encore me taper sur le nez.

— Non, dit Petitjean. Qu'est-ce que vous voyez d'autre?

La figure d'Angel paraissait s'éclairer peu à peu.

— Il y avait la mer, dit-il. En venant. Les deux gosses sur le pont. Les oiseaux.

— Rien que ce soleil, dit Petitjean, ça ne vous suffit pas?

— C'est pas mal... dit Angel lentement. Il y a l'ermite et la négresse.

— Et la fille d'Athanagore...

— Laissez-moi chercher, dit Angel. Il y a des tas de choses à voir.

Il regarda le flacon.

— Mais on voit aussi Anne et Rochelle... murmura-t-il

— On voit ce qu'on veut, dit Petitjean. Et puis voir, c'est bien, mais c'est pas suffisant.

— Peut-être qu'on peut faire des choses... dit Angel. Aider les gens... »

Il ricana.

— On est tout de suite arrêté, dit-il. Vous comprenez, on peut aussi tuer Anne et Rochelle...

— Sans doute, dit Petitjean.

— Et faire des chemins de fer qui ne servent à rien.

— Bien sûr, dit Petitjean.

— Alors ?...

— Alors, c'est tout ce que vous voyez ?

Petitjean s'assit sur le sable à côté d'Angel.

— Alors, buvez, dit-il. Si vous n'avez pas plus d'imagination que cela...

Ils se turent tous les deux. Angel cherchait et sa figure était tirée.

— Je ne sais pas, dit-il. Je trouve des choses à voir, à sentir, mais pas encore à faire. Je ne peux pas ne pas savoir ce que j'ai déjà fait...

— Vous nous cassez les pieds, dit Petitjean. N'ergotez pas. Buvez.

Angel lâcha le flacon. Petitjean ne fit pas un geste pour le ramasser et il se vida rapidement. Angel était contracté et tendu, puis ses muscles se relâchèrent et ses mains pendirent, inertes. Il releva la tête et renifla.

— Je ne sais pas... dit-il. Voir, ça me suffit pour commencer. On doit voir loin quand on n'a plus envie de rien.

— Vous êtes sûr que vous voyez ? dit Petitjean.

— Je vois des tas de choses, dit Angel. Il y a tellement de choses à voir...

— Quand on en a vu beaucoup, dit Petitjean, on sait ce qu'on doit faire.

— On sait ce qu'on doit faire... dit Angel.

— C'est simple... dit Petitjean.

Angel ne dit rien. Il tournait quelque chose dans sa tête.

— Le professeur Mangemanche est parti dans la zone noire, dit-il.

— C'est comme vous si vous aviez bu, dit Petitjean. Vous voyez qu'on peut le faire aussi.

— Mais c'est mieux ? dit Angel.

— Moi, je trouve que c'est raté, dit Petitjean. Enfin, ça sert d'exemple. Il faut aussi des exemples de choses qui ratent.

Il se recueillit un instant.

— Une petite prière ? proposa-t-il. Je te tiens, tu me tiens par la barbichette...

— Le premier qui rira aura une tapette...

— Si tu ris, pan, pan. Amen, conclut l'abbé.

— C'est à Amadis qu'il faut chanter ça, dit Angel.

— Mon fils, dit Petitjean, vous êtes railleur et malintentionné.

Ils se levèrent. Devant eux, le train presque terminé s'allongeait sur les rails ; les conducteurs des camions cognaient à grand coups de marteaux sur les tôles de la chaudière et l'acier noir résonnait sous le soleil.

XI

Mais il me semblerait étrange que Boris, un garçon sérieux, ait eu en 1889 l'idée bizarre de copier de pareilles balivernes.

Ch. Chassé, *Les Sources d'Ubu Roi,* Floury, p. 44.

Le directeur Dudu avait convoqué tout le personnel, et celui-ci se pressait sur le quai provisoire érigé à la hâte par Marin et Carlo. Le train comportait deux wagons. Il y avait là Carlo, Marin et leurs familles respectives, ce salaud d'Arland, les trois conducteurs de camions dont l'un s'occupait déjà d'enfourner du charbon dans la chaudière, Amadis lui-même et Dupont, le serviteur nègre d'Athanagore, invité spéciale-ment et qui paraissait inquiet, car Amadis lui avait fait réserver un compartiment spécial où ils se trouveraient en tête-à-tête. Il y eut un grand coup de sifflet et tout le monde se rua à l'assaut des marchepieds.

Angel et l'abbé Petitjean regardaient du haut de la dune. Athanagore et ses aides ne s'étaient pas dérangés, et l'ermite devait baiser la négresse.

Le directeur Dudu apparut à la portière du compartiment réservé et sa main s'abaissa trois fois pour donner le signal du départ. Les freins crièrent, la vapeur pouffa et le convoi s'ébranla peu à peu avec un bruit joyeux. Les mouchoirs s'agitaient aux fenêtres.

— Vous devriez y être, dit Petitjean.

— Je ne fais plus partie de la Société, dit Angel. Ce train me dégoûte.

— Je reconnais qu'il ne sert à rien, dit Petitjean.

Ils regardèrent la locomotive s'engager entre les deux morceaux de l'hôtel en ruines. Le soleil faisait briller la laque du toit des wagons et les hépatrols piquetaient de rouge la façade démantelée.

— Pourquoi résonne-t-il comme ça sur les rails? dit Petitjean. On dirait que c'est creux.

— C'est le bruit que ça fait d'habitude sur le ballast, dit Angel

Le train disparut, mais on voyait la fumée s'élever en l'air en balles de coton blanc.

— Il va revenir, expliqua Angel

— Je le pensais, dit l'abbé.

Ils attendirent en silence, guettant la respiration pressée de la machine qui s'évanouit au loin. Puis le bruit se fit entendre de nouveau.

Au moment où, en marche arrière, la machine pénétrait de nouveau dans l'hôtel, il se fit une rumeur sourde. Le convoi parut chanceler sur les rails qui s'enfoncèrent d'un coup dans le sol. La locomotive disparut. Une craquelure immense s'étendit tout le long de la voie, gagnant de proche en proche, et les wagons semblèrent aspirés par le sable. Le sol s'effondrait dans un vacarme de blocs broyés et la voie sombrait lentement comme un chemin recouvert par la marée. Le sable accumulé des deux côtés s'affaissait en nappes obliques, en vagues qui, nées au bas de la pente, semblaient gagner le sommet en remontant d'un coup le versant à mesure que les grains jaunes déroulaient le long du talus.

L'abbé Petitjean, frappé d'horreur, avait saisi le bras d'Angel et les deux hommes virent le sable combler inexorablement la faille énorme née sous leurs yeux. Il y eut une dernière secousse à l'aplomb de l'hôtel et une gigantesque bouffée de vapeur et de fumée explosa sans bruit, tandis qu'une pluie de sable couvrait le bâtiment. La fumée s'effilocha devant le soleil en un instant et les herbes vertes et pointues s'agitèrent légèrement au passage du courant d'air.

— Je le pensais, dit Angel. Je l'ai pensé l'autre jour... et je l'ai oublié.

— Ils ont construit juste au-dessus d'un trou, dit Petitjean.

— Au-dessus des fouilles d'Athanagore... dit Angel. C'était là... à deux mesures de l'arc du méridien... et puis Rochelle est morte... et je l'ai oublié...

— Nous ne pouvons rien faire, dit Petitjean. Espérons que l'archéologue s'en est tiré...

— C'est ma faute, dit Angel.

— Cessez de vous croire responsable du monde, dit Petitjean. Vous

êtes partiellement responsable de vous et c'est suffisant. C'est leur faute comme la vôtre. C'est aussi la faute d'Amadis et celle de l'archéologue. Et celle d'Anne. Venez. Nous allons voir s'ils sont vivants. »

Angel suivit Petitjean. Ses yeux étaient secs. Il paraissait reprendre des forces.

— Allons... dit-il. Allons jusqu'au bout.

XII

Angel attendait l'autobus 975. Il était par terre adossé au poteau d'arrêt et Petitjean, assis dans la même position, lui tournait le dos. Ils parlaient sans se regarder. Angel avait sa valise à côté de lui et un gros paquet de lettres et de rapports retrouvés sur le bureau d'Amadis Dudu.

— Je regrette que l'archéologue n'ait pu m'accompagner, dit Angel.

— Il a beaucoup de travail, dit Petitjean. Son matériel a été amoché. C'est une veine qu'ils n'aient rien eu, ni lui, ni ceux de son équipe.

— Je sais bien, dit Angel. Pourvu que l'autobus arrive !...

— Il ne passait plus ces derniers temps, dit Petitjean.

— Il va repasser, dit Angel. Ça correspondait sans doute au congé annuel du conducteur.

— C'est la saison... dit Petitjean.

Angel se racla la gorge. Il était ému.

— Je ne vais plus vous voir, dit-il. Je voulais vous remercier.

— Ce n'est rien, dit l'abbé. Vous reviendrez.

— Je peux vous poser une question ?

— Oui... Je la connais d'avance.

— Vous devez la connaître. Pourquoi est-ce que vous portez la soutane ?

L'abbé rit doucement.

— C'est bien ça que j'attendais... dit-il. Je vais vous dire. C'est la méthode moderne.

— Quelle méthode ?

— Il faut noyauter... répondit l'abbé Petitjean.

— Je vois... dit Angel.

Ils entendirent le moteur.

— Il arrive... dit Petitjean.

Il se leva. Angel en fit autant.

— Au revoir... À bientôt.

— Au revoir... dit Angel.

L'abbé Petitjean lui serra la main et partit sans se retourner. Il sautait haut pour que sa robe prît à chaque retombée la forme d'une cloche. Il était tout noir sur le sable.

Angel tâta d'un doigt tremblant le col de sa chemise jaune et leva la main. Le 975 s'arrêta pile devant lui. Le receveur tournait sa boîte et une jolie musique s'en échappait.

Il n'y avait qu'un voyageur à l'intérieur, et il portait une petite serviette, marquée A. P., Antenne Pernot ; il était habillé comme pour se rendre à son bureau. Il parcourut le couloir, plein d'aisance, et sauta légèrement en bas de l'autobus. Il se trouva nez à nez avec le conducteur. Ce dernier venait de quitter son siège et s'approchait pour voir ce qui se passait. Il portait un bandeau noir sur l'œil.

— Bigre ! dit le conducteur. Un qui descend et un qui remonte !... Et mes pneus alors ! J'ai pas le droit de prendre de la surcharge.

L'homme à la serviette le regarda, gêné, et profitant de ce que l'autre se remettait l'œil en place avec son cure-pipe, s'enfuit à toutes jambes.

Le conducteur se toucha le front.

— Je commence à être habitué, dit-il. Ça fait le second.

Il regagna son siège.

Le receveur aida Angel à monter.

— Allons, allons ! dit-il. Ne nous bousculons pas !... Les numéros, s'il vous plaît !...

Angel monta. Il posa sa valise sur la plate-forme.

— À l'intérieur, les bagages !... dit le receveur. Ne gênez pas le service, s'il vous plaît !...

Il se pendit à la poignée qu'il agita plusieurs fois.

— Complet !... cria-t-il.

Le moteur ronfla et l'autobus partit. Angel posa sa valise sous une banquette et revint sur la plate-forme.

Le soleil brillait au-dessus du sable et des herbes. Des touffes de scrub spinifex marquaient le sol. À l'horizon, il apercevait confusément une bande noire et immobile.

Le receveur s'approcha de lui.

— Terminus !... dit Angel.

— Vole !... répondit le receveur en levant le doigt vers le ciel.

PASSAGE

Il y a eu, peu de temps après, une séance au Conseil d'administration ; sur l'insistance du président Ursus de Janpolent, qui a donné lecture d'une missive d'Antenne Pernot, ils ont décidé d'envoyer un corps de techniciens et d'agents d'exécution pour étudier la possibilité de réaliser, en Exopotamie, un chemin de fer à voie normale, à un emplacement différent du précédent, afin d'éviter l'incident fâcheux qui a marqué la fin des premiers travaux. Les membres présents se sont félicités de la somme de renseignements recueillis grâce aux efforts du regretté Amadis Dudu, dont le nouveau directeur, Antenne Pernot, tirera largement profit, ce qui permettra de réduire ses appointements dans de notables proportions. La composition de l'expédition sera donc la suivante : une secrétaire, deux ingénieurs, deux agents d'exécution, un contremaître, un docteur et son assistant, et trois conducteurs de camions. En raison des propriétés particulières que possède le soleil en Exopotamie, et étant donné la nature du sol, il risque de se produire des phénomènes remarquables ; il faut tenir compte également du fait qu'en Exopotamie se trouvent déjà un archéologue et ses aides, un ermite et une négresse, et l'abbé Petitjean qui a beaucoup d'ermites à inspecter. Les agents d'exécution partent avec leur famille. La complexité de l'ensemble fait que tout ce qui peut leur arriver est vraiment, malgré l'expérience acquise, impossible à prévoir, encore plus à imaginer. Il est inutile de tenter de le décrire, car on peut concevoir n'importe quelle solution.

L'HERBE ROUGE

Genèse

L'Herbe rouge *est l'œuvre de Vian dont la genèse apparaît la plus complexe et les manuscrits révèlent clairement le travail de recherche et de composition. Le premier titre choisi fut* Le Ciel crevé, *après tâtonnements avec* Les Images mortes *et* La Tête vide. *Une première et brève ébauche fut intégrée à un manuscrit en quatre parties intitulées « Le Sénateur Dupont », « Lazuli », « Wolf », « Les Femmes », daté d'août 1948 à septembre 1949. Elle subit de multiples modifications au cours des copies et la dernière témoigne d'une recomposition et transformation considérables, faisant de* L'Herbe rouge *un autre roman que* Le Ciel crevé, « roman palimpseste » selon A. Calame*.*

Ainsi le héros, appelé Ralph dans les pages du début mais vite devenu Wolf (le Loup), voit son unique voyage originel redistribué en quatre voyages distincts qui scandent L'Herbe rouge *d'allers et retours dans l'au-delà. L'instrument du voyage est d'abord « l'Échelle » — de Jacob ? — pourvue d'un éperon qui crève la peau du ciel d'où s'écoule du sang, image et thème qui peuvent évidemment donner lieu à une interprétation sexuelle et œdipienne ; mais cela est transformé dans la version publiée en « la machine », sorte de derrick où circule une cage d'exploration annonçant une navette spatiale primitive ; le puits qui, au-dessous de « l'Échelle », stockait les morceaux successifs de celle-ci prend alors une double fonction : des éléments de la tour de forage en sortent encore mais il est surtout puits aux souvenirs et puits de l'oubli. En effet, entre les deux romans, on passe du désir de « voir les choses de là-haut », vision du ciel et du passé, à la volonté de détruire les souvenirs lors d'une*

* A. Calame, « Du Ciel crevé à L'Herbe rouge », *in* Boris Vian — Colloque de Cerisy 1, UGE, 10/18, 1977, pp. 352-354.

anamnèse pseudo-psychanalytique, d'effacer ce passé pour s'en puri-*
fier : d'où les hésitations sensibles dans le dernier état du texte entre
« monter » et « plonger », par exemple.

L'inspiration du roman participe de deux ensembles. D'une part
certainement des souvenirs personnels — famille, études, problèmes
relationnels — mais fortement transposés : Wolf n'est pas Vian. D'autre
part une culture du fantastique et de la science-fiction : Lewis Carroll et
le passage « de l'autre côté du miroir » ; H. G. Wells pour « l'herbe rouge »
venue des « Marsiens » de La Guerre des mondes, *puis pour* La Machine à
remonter le temps *lors de la recomposition ; Claude Farrère aussi, je*
crois, pour sa nouvelle « Où ? » (1923), reprise dans L'Autre Côté *(1928) :*
pour parvenir « là-bas », il faut rêver et, pour revenir « ici », il faut « reculer
*dans le temps, d'abord; redevenir enfant ».***

PUBLICATION

Pour ajouter au caractère exceptionnel de ce roman, c'est un éditeur
mystérieux et quasi inconnu, Toutain, qui le publia au milieu de 1950 :
son activité n'est connue que par ce titre, L'Équarrissage pour tous *et*
l'annonce du Manuel de Saint-Germain-des-Prés. *Gallimard avait*
auparavant refusé le texte : une lettre de Queneau à Vian parle de
*réticences et réserves de Lemarchand, Sartre et Queneau lui-même***.*

Le tirage fut sans doute très réduit et environ mille exemplaires furent
écoulés ; une partie du reste fut pilonnée et l'autre sauvée par le Collège
de 'Pataphysique en 1960. M. Rybalka, chercheur incomparable, n'a
retrouvé nulle critique de l'époque : le silence, donc. Et pourtant il semble
que Vian, pas découragé, envisageait en 1956 de republier L'Herbe
rouge *aux Éditions de Minuit, après* L'Automne à Pékin.

Il faut attendre la réédition de J.-J. Pauvert en 1962 d'un volume
regroupant ces deux romans et des nouvelles sous le titre Les Lurettes
fourrées *pour voir celui-ci vendu à plus de dix-huit mille exemplaires.*

* Cf. M. *Lapprand, « Le Procès de la psychanalyse », in* Magazine littéraire, Boris
Vian, *n° 270, octobre 1989, p. 25.*

** *Cité in Pierre Versins,* Encyclopédie de l'Utopie et de la Science-Fiction,
Lausanne, L'Âge d'homme, 1972, p. 249. Le titre ne serait-il pas aussi un clin d'œil
humoristique au roman de la baronne Orczy, Le Mouron rouge *(Cf.* L'Écume des
jours, *p. 119, note 25) ?*

*** R. Queneau — B. Vian/Une correspondance, *présentée par C. Rameil,* Les
Amis de Valentin Brû, *1982, p. 9.*

Repris seul en 1965 par le même éditeur puis, par Le Livre de Poche, en 1969 et C. Bourgois en 1975, L'Herbe rouge *est alors devenue l'un des grands titres de l'œuvre de Vian.*

SÉMANTIQUE, SCIENCE-FICTION ET PSYCHANALYSE.

L'une des originalités de L'Herbe rouge *est le reflet de la réflexion sémantique de l'auteur ; corroborée par des lectures et conversations, par exemple avec R. Queneau, elle se signale dès* L'Automne à Pékin *en 1946 (pp. 350-351 et 357) et reçoit dans ce roman-ci maintes illustrations, avant des textes postérieurs tel* Les Bâtisseurs d'Empire. *Vian est déjà ici compagnon de son futur collègue en 'Pataphysique, E. Ionesco avec sa* Cantatrice chauve *et autres grandes œuvres du théâtre de l'absurde ou de la dérision : les mots ne sont pas les choses, le langage trahit, la logique verbale ou aristotélicienne ne vaut rien. Le maître Lewis Carroll avait transmis ce message poétiquement, avant le sémanticien américain Alfred Korzybski (*Science and Sanity, *1948), souvent cité en épigraphe par Van Vogt, auteur de science-fiction que Vian traduira dans les années cinquante*.*

L'Herbe rouge *est justement unique parmi les romans de Vian surtout par l'inspiration et le thème qui relèvent nettement de la science-fiction, comme l'atteste précisément la progression du premier au dernier état du texte. Écrivant sur ce genre littéraire en 1951, Vian semble d'ailleurs définir certains aspects de son roman ; il parle de «poésie épique : l'homme et son dépassement par lui-même, le héros et ses exploits, la lutte avec l'Inconnu» et évoque le thème de l'apocalypse**. Certes l'épopée de Wolf est plutôt à l'échelle intérieure, mais elle a bien quelque chose d'héroïque et de fatal, cependant que s'effondre et s'efface le microcosme qui l'entoure.*

L'espace est distribué selon trois niveaux classiques, le souterrain avec le puits et les cavernes, la surface avec «le Carré», espace géométrique et sacré comme le templum *des Romains et plate-forme de l'ascenseur-fusée à remonter le temps, le céleste enfin, cet éther où se découvre un monde différent, celui du passé de Wolf et de ses interrogateurs-*

* *Cf.* Obliques — Boris Vian, *n° 8-9, 1976, p. 157. Et G. Pestureau,* Boris Vian, les Amerlauds et les Godons, *UGE, 10/18, 1978, pp. 156-175.*

** *B. Vian et S. Spriel, «Un nouveau genre littéraire : la Science-Fiction»,* Les Temps modernes, *n° 72, octobre 1951, pp. 618-626.*

analystes. Mais ce ciel est encore un océan où plonge le héros et l'itinéraire exploratoire est constamment a-logique, à la fois envol et plongée, montée vers l'au-delà de ce monde et descente dans les profondeurs intimes de l'enfance. L'originalité de Vian éclate d'ailleurs dans un traitement paradoxal de l'aventure, inverse de la classique science-fiction : le voyage dans l'espace-temps enlève généralement à un monde cohérent, rationnel et « réel » pour découvrir un univers utopique, conjectural, souvent fantastique ; l'épopée de Wolf, au contraire, le fait passer d'un monde loufoque et insolite — Municipaux, herbe rouge, Sénateur Dupont, quartier des amoureuses digne d'un Claude-Nicolas Ledoux — au seul univers vrai *: l'enfance, l'adolescence, les souvenirs,* l'intimus. *Épuisé le bilan de soi-même, il ne reste au héros qu'à mourir.*

Mais la lucidité de Wolf n'est-elle pas complaisance à soi-même ? Sa recherche de perfection se double d'un égocentrisme qui dénonce l'incapacité relationnelle, correspondant chez le mécanicien Lazuli au blocage sexuel exprimé par le double-témoin. Par pesanteurs familiales et sociales d'abord, puis par solipsisme stérilisant, ce que Wolf fabrique de mieux c'est une machine à détruire ! Ainsi a-t-il tout manqué sauf sa mort : perfection dans le néant... Mais ce croisement ironique de science-fiction, d'existentialisme sartrien et de pseudo-analyse ne serait-il pas une forme de catharsis pour l'auteur, permettant à Vian de conjurer une crise existentielle, une angoisse insoutenable, la vision poignante d'un adolescent mutilé, d'un adulte qui se craint raté ? Cosmonaute du for intérieur, Wolf symbolise l'être qui meurt en nous prématurément ; mais il témoigne aussi avec Lazuli d'une maladie de l'âme : dédoublé en rival ou juge, il se condamne lui-même, éternel « héautontimorouménos » *.*

La vision du mâle hanté par la honte multiforme est ici particulièrement pessimiste face à la femme, liée à la fois au végétal et à l'animal, instinctive et intuitive, amoureuse, naturelle et maternelle, mais qui échoue à sauver qui elle aime. La leçon en creux est bien que, passant le temps naguère perdu aux profits et pertes, il faut savoir lire l'amour dans le regard, jouir de la vie et se laisser emporter par le bonheur, même menacé ; notre passion doit être l'éphémère, la frivolité, la musique, la sensualité et la gratuité : la danse, quoi !

G. P.

* Cf. *Baudelaire,* Les Fleurs du Mal, *« L'Héautontimorouménos » (Le bourreau de soi-même).*

pas dessein tous les en prendre. Quand, étendant une télé scope, son regard lui saillit la mains.

Il lui fallait retirer que réputait Wolf vous sous côtoyé, les quatre en désordre... Enfin il quitté sa chambre et son bureau minute.

Il s'entretenu, depuis encore qu'étaient [?] pendant si millions en chantier de la roue-qui-dort mot, une production de l'eau. Les [?] près de pluie était s'élança très exigeants quelques questions en heures.

Wolf, devant lequel il ne quittait de la machine étonnaient exprès-

I

Le vent, tiède et endormi, poussait une brassée de feuilles contre la fenêtre. Wolf, fasciné, guettait le petit coin de jour démasqué périodiquement par le retour en arrière de la branche. Sans motif, il se secoua soudain, appuya ses mains sur le bord de son bureau et se leva. Au passage, il fit grincer la lame grinçante du parquet et ferma la porte silencieusement pour compenser. Il descendit l'escalier, se retrouva dehors et ses pieds prirent contact avec l'allée de briques, bordée d'orties bifides, qui menait au Carré[1], à travers l'herbe rouge du pays.

La machine, à cent pas, charcutait le ciel de sa structure d'acier gris, le cernait de triangles inhumains. La combinaison de Saphir Lazuli, le mécanicien, s'agitait comme un gros hanneton cachou près du moteur. Saphir était dans la combinaison. De loin, Wolf le héla et le hanneton se redressa et s'ébroua.

Il rejoignit Wolf à dix mètres de l'appareil et ils terminèrent ensemble.

— Vous venez le vérifier ? demanda-t-il.

— Il m'a l'air d'être temps, dit Wolf.

Il regarda l'appareil. La cage était remontée, et entre les quatre pieds râblés béait un puits profond. Il contenait, rangés en bon ordre, les éléments destructeurs qui viendraient s'ajuster automatiquement à la suite les uns des autres, au fur et à mesure de leur usure.

— Pourvu qu'il n'y ait pas de pépin, dit Wolf. Après tout, ça peut ne pas tenir. C'est calculé juste.

— Si on a un seul pépin avec une machine pareille, grogna Saphir, j'apprends le brenouillou et je ne parle plus que ça tout le reste de ma vie.

— Je l'apprends aussi, dit Wolf. Il faudra bien que tu parles à quelqu'un, n'est-ce pas ?

— Pas d'histoires, dit Lazuli, excité. Le brenouillou, c'est pas encore

pour demain. On met en marche ? On va chercher votre femme et ma Folavril ? Il faut qu'elles voient ça.

— Il faut qu'elles voient ça... répéta Wolf sans conviction.

— Je prends le scooter, dit Saphir. Je suis de retour dans trois minutes.

Il enfourcha le petit scooter qui partit en grondant et cahota sur le chemin de briques. Wolf était tout seul au milieu du Carré. Les hauts murs de pierre rose s'élevaient nets et précis à quelques centaines de mètres.

Wolf, debout devant la machine, au milieu de l'herbe rouge, attendait. Depuis plusieurs jours, les curieux ne venaient plus ; ils se réservaient pour le jour de l'inauguration officielle, et préféraient, dans l'intervalle, aller voir, à l'Eldorami[2], les boxeurs fous et le montreur de rats empoisonnés.

Le ciel, assez bas, luisait sans bruit. Pour le moment, on pouvait le toucher du doigt en montant sur une chaise ; mais il suffisait d'une risée, d'une saute de vent, pour qu'il se rétracte et s'élève à l'infini...

Il s'approcha du tableau de commande et ses mains laminées en éprouvèrent la solidité. Il avait la tête légèrement inclinée comme toujours, et son profil dur se découpait sur la tôle, moins résistante, de l'armoire de contrôle. Le vent plaquait sur son corps sa chemise de toile blanche et son pantalon bleu.

Debout, un peu troublé, il attendait le retour de Saphir. Tout commença de cette façon-là simplement. Le jour était pareil aux autres et seul un observateur très entraîné aurait pu remarquer la zébrure filiforme, comme une craquelure dorée, qui marquait l'azur juste au-dessus de la machine. Mais les yeux de Wolf, pensifs, rêvaient parmi l'herbe rouge. Il y avait de temps en temps l'écho fugitif d'une voiture, derrière le mur Ouest du Carré, en bordure de la route. Les sons portaient loin : c'était jour de repos et les gens s'ennuyaient dans le silence.

Alors, le petit moteur du scooter hoqueta sur la route de briques ; quelques secondes passèrent et Wolf, sans se retourner, perçut à ses côtés le parfum blond de sa femme. Il leva la main et son doigt enfonça le contacteur. Avec un sifflement très doux, le moteur se mit à tourner. La machine vibrait. La cage grise reprit sa place au-dessus du puits. Ils restaient immobiles. Saphir tenait la main de Folavril qui cachait ses yeux derrière une grille de cheveux jaunes.

II

Ils regardaient la machine, tous les quatre, et il y eut un claquement dur au moment où le second élément, enclenché par les griffes de l'élément de tête, le remplaça à la base de la cage. Le balancier, rigide, oscillait, sans un à-coup, sans un choc. Le moteur avait pris son régime et l'échappement creusait une longue rainure dans la poussière.

— Elle marche, dit Wolf.

Lil se serra contre lui, et il sentit à travers la toile de son pantalon de travail, la ligne de l'élastique de ses hanches.

— Alors, dit-elle, tu prends quelques jours de repos?

— Il faut que je continue à venir, dit Wolf.

— Mais tu as fait le travail qu'ils t'ont commandé... dit Lil. C'est fini, maintenant.

— Non, dit Wolf.

— Wolf... murmura Lil. Alors... jamais...

— Après... dit Wolf. D'abord...

Il hésita puis continua.

— Sitôt qu'elle sera rodée, dit-il, je l'essaierai.

— Qu'est-ce que tu veux oublier? dit Lil maussade.

— Quand on ne se rappelle rien, répondit Wolf, ce n'est sûrement pas pareil...

Lil insista.

— Mais tu vas te reposer... Je voudrais deux jours de mon mari... dit-elle à mi-voix avec du sexe dans l'intonation.

— Je veux bien rester avec toi demain, dit Wolf. Mais après-demain, elle sera assez entraînée, et il faudra que je l'étalonne.

À côté d'eux, Saphir et Folavril, enlacés, ne bougeaient pas. Pour la première fois, il avait osé poser ses lèvres sur celles de son amie et il gardait leur goût de framboise. Il fermait les yeux et le ronronnement de la machine suffisait à le transporter ailleurs. Et puis il regarda la bouche de Folavril et ses yeux relevés aux coins comme des yeux de biche-panthère et il sentit soudain la présence de quelqu'un d'autre. Pas Wolf et Lil... Un étranger... Il regarda. Il y avait un homme à côté de lui, qui les observait. Son cœur sauta mais il ne fit pas un mouvement. Il attendit puis se décida à passer sa main sur ses paupières. Lil et Wolf parlaient. Il entendait le murmure de leurs mots... Il pressa violemment ses yeux jusqu'à voir des taches fulgurantes, et les rouvrit. Personne. Folavril ne

s'était aperçue de rien. Elle restait contre lui, presque indifférente... lui-même n'avait guère pensé à ce qu'ils faisaient.

Wolf allongea le bras et saisit Folavril par l'épaule.

— En tout cas, dit-il, toi et ton coquin vous venez dîner ce soir à la maison.

— Oh oui !... dit Folavril. Pour une fois, vous laisserez le Sénateur Dupont avec nous... Il est toujours à la cuisine, le pauvre vieux !

— Il va crever d'indigestion, dit Wolf.

— Chouette, dit Lazuli avec un effort pour être gai. Ça veut dire qu'on fait un vrai gueuleton.

— Comptez sur moi, dit Lil.

Elle aimait bien Lazuli. Il avait l'air tellement jeune.

— Demain, dit Wolf à Lazuli, c'est toi qui viendras surveiller tout ça. Je prends un jour de repos.

— Pas de repos, murmura Lil en se frottant contre lui. De vacances. Avec moi.

— Je pourrai accompagner Lazuli ? demanda Folavril.

Saphir lui pressa doucement la main pour lui dire qu'elle était gentille.

— Ah, dit Wolf, je veux bien, mais pas de sabotage.

Encore un claquement brutal et le talon du second tronçon extirpa le troisième de la réserve.

— Ça marche tout seul, dit Lil. Allons-nous-en.

Ils firent demi-tour. Tous fatigués comme après une grosse tension. Dans l'air du crépuscule, ils distinguèrent la silhouette grise et velue du Sénateur Dupont que la bonne venait de lâcher et qui accourait les rejoindre en miaulant à tue-tête.

— Qui lui a appris à miauler ? demanda Folavril.

— Marguerite, répondit Lil. Elle dit qu'elle préfère les chats, et le Sénateur ne peut rien lui refuser. Pourtant, ça lui fait très mal à la gorge.

En chemin, Saphir prit la main de Folavril et il se retourna deux fois. Il avait eu, pour la seconde fois, l'impression qu'un homme les suivait pour les épier. C'était sans doute ses nerfs. Il frotta sa joue contre les longs cheveux de la fille blonde qui marchait au même pas que lui. Loin derrière eux, la machine murmurait dans le ciel instable, et le Carré était mort et désert.

III

Wolf choisit un bel os dans son assiette et le déposa au milieu de celle du Sénateur Dupont qui trônait en face de lui, une serviette nouée élégamment autour de son cou miteux. Le Sénateur, au comble de la jubilation, esquissa un aboiement jovial qu'il transforma aussitôt en un miaou superbement modulé, sentant peser sur lui le regard courroucé de la bonne. À son tour, celle-ci présenta son offrande. Une grosse boule de mie de pain, roulée entre des doigts tout noirs, et le Sénateur engloutit la chose avec un « glop ! » sonore.

Les quatre autres parlaient, genre conversation-type-de-table, passe-moi le pain, j'ai pas de couteau, prête-moi ta plume, où sont les billes, j'ai une bougie qui ne donne pas, qui a gagné Waterloo, honni soit qui mal y pense et les vaches seront ourlées au mètre. Le tout en fort peu de mots, car, en somme, Saphir était amoureux de Folavril, Lil de Wolf, et vice versa pour la symétrie de l'histoire. Et Lil ressemblait à Folavril car elles avaient toutes deux des cheveux blonds et longs, des lèvres à embrasser et la taille fine. Folavril la portait plus haut, à cause de ses jambes perfectionnées, mais Lil montrait de plus jolies épaules et puis Wolf l'avait épousée. Sans sa combinaison cachou, Saphir Lazuli faisait beaucoup plus épris ; c'était la première phase, il buvait du vin pur. La vie était vide et pas triste, en attente. Pour Wolf. Pour Saphir, débordante et pas qualifiable. Pour Lil, corollaire. Folavril ne pensait pas. Elle vivait simplement et elle était douce, à cause de ses yeux de biche-panthère — panthère aux coins.

On servait et desservait, Wolf ne savait pas qui. Il ne pouvait regarder un domestique, car cela fait honte. Il versa du vin à Saphir, qui but, et à Folavril, qui rit. La bonne sortit et revint du jardin avec une boîte de conserves remplie d'un mélange de terre et d'eau, qu'elle tenta de faire absorber au Sénateur Dupont pour le taquiner. Il se mit à mener un tapage d'enfer, en conservant assez de self-control pour miauler de temps en temps, comme un bon chat domestique.

Ainsi que la plupart des gestes qui se répètent tous les jours, le repas n'avait pas de durée sensible. Il se passait, c'est tout. Dans une jolie pièce aux murs de bois verni, aux grandes baies de glace bleutée, au plafond rayé de poutres droites et foncées.

Le sol, carrelé d'orange pâle, s'abaissait un peu en pente vers le centre de la pièce pour créer l'intimité. Sur une cheminée de briques assorties trônait le portrait du Sénateur Dupont à trois ans, avec un beau collier de

cuir croûté d'argent. Des fleurs de spirale d'Asie Mineure garnissaient un vase limpide ; entre leurs tiges bosselées passaient de petits poissons des Mers. Par la fenêtre, on voyait les longues traînées de larmes du crépuscule sur les joues noires des nuages.

— Passe-moi le pain, dit Wolf.

Saphir, qui lui faisait face, allongea le bras droit, prit la corbeille et la lui tendit du bras gauche — pourquoi pas.

— J'ai pas de couteau, dit Folavril.

— Prête-moi ta plume, répondit Lil.

— Où sont les billes ? demanda Saphir.

Puis, ils s'arrêtèrent quelques instants, car cela suffisait à entretenir la conversation pour le rôti. En outre, on ne mangeait point de rôti ce soir-là, soir de gala ; un gros poulet doré à la feuille gloussait en sourdine au centre du plat de porcelaine d'Australie.

— Où sont les billes ? répéta Saphir.

— J'ai une bougie qui ne donne pas, remarqua Wolf.

— Qui a gagné Waterloo ? interjeta, sans prévenir, le Sénateur Dupont, coupant la parole à Lil.

Ce qui créa un second silence car ce n'était pas prévu au programme. En manière de parade, les voix conjuguées de Lil et de Folavril s'élevèrent.

— Honni soit qui mal y pense... affirmèrent-elles avec un grand calme.

— Et les vaches seront ourlées au mètre, deux fois, répondirent, en canon perfectionné, Saphir et Wolf.

Pourtant, ils pensaient visiblement à autre chose, car leurs deux paires d'yeux avaient cessé d'être assorties.

Le dîner se poursuivit donc à la satisfaction générale.

— On poursuit la soirée ? proposa Lazuli au dessert. Ça m'ennuie de remonter me coucher.

Il habitait la moitié du second étage, Folavril l'autre. Comme ça, le hasard.

Lil aurait voulu se coucher avec Wolf, mais elle pensait que peut-être cela amuserait Wolf. Le distrairait. Le détendrait. Le gratouillerait. De voir ses amis. Elle lui dit :

— Téléphone à tes amis.

— Lesquels ? demanda Wolf en décrochant.

On lui dit lesquels et ils n'étaient pas contre. Pour l'ambiance, pendant ce temps-là, Lil et Folavril souriaient.

Wolf reposa le téléphone. Il avait cru faire plaisir à Lil. Comme elle ne disait pas tout, par pudeur, il la comprenait peu.

— Qu'est-ce qu'on va faire ? dit-il. La même chose que les autres fois ? Disques, bouteilles, danse, rideaux déchirés, lavabo bouché ? Enfin, si ça te fait plaisir, ma Lil.

Lil avait envie de pleurer. De se cacher la figure dans un gros tas de duvet bleu. Elle avala son chagrin avec effort et dit à Lazuli d'ouvrir l'armoire aux liquides, pour être gaie tout de même. Folavril comprenait à peu près et elle se leva et serra le poignet de Lil en passant.

La bonne, en guise de dessert, remplissait l'oreille gauche du Sénateur Dupont, à la petite cuiller, de moutarde Colman apprivoisée, et le Sénateur hochait la tête de crainte qu'un remuement opposé, de queue, ne soit pris pour une marque d'estime.

Lil choisit une bouteille vert clair parmi les dix que venait d'extirper Lazuli, et s'en versa un ras-bord sans laisser de place pour l'eau.

— Un verre, Folle ? proposa-t-elle.

— Je veux bien, dit Folavril, amie.

Saphir disparut vers la salle de bains pour améliorer certains détails de sa toilette. Wolf regardait par la fenêtre de l'Ouest.

Une à une, les bandes rouges des nuages s'éteignaient, avec un léger murmure, un friselis de fer chaud dans l'eau. Il y eut une seconde où tout resta immobile.

Un quart d'heure après, les amis arrivèrent pour la soirée divertissante. Saphir sortait de la salle de bains, le nez rouge de se l'être pressé, et mit le premier disque. Il y en avait pour jusqu'à trois heures et demie, quatre heures. Là-bas, au milieu du Carré, la machine grognait toujours, et le moteur perforait la nuit de sa petite lumière gourde.

IV

Deux couples dansaient encore, dont un composé de Lil et de Lazuli. Lil était contente : on l'avait invitée toute la soirée et, avec quelques verres de maintien, ça s'était arrangé très bien. Wolf les regarda un instant et se glissa dehors pour entrer dans son bureau. Là, dans un coin, il y avait, sur quatre pieds, un grand miroir d'argent poli. Wolf s'approcha et s'étendit de tout son long, la figure contre le métal, pour se parler

d'homme à homme, Un Wolf d'argent attendait devant lui. Il pressa ses mains sur la surface froide pour s'assurer de sa présence.

— Qu'est-ce que tu as? dit-il.

Son reflet fit un geste d'ignorance.

— De quoi tu as envie? dit encore Wolf. L'air n'est pas mauvais, par ici.

Sa main s'approcha du mur et manœuvra l'interrupteur. La pièce, d'un coup, tomba dans le noir. Seule l'image de Wolf restait éclairée. Elle prenait sa lumière d'ailleurs.

— Qu'est-ce que tu fais pour t'en sortir? continua Wolf. Et pour te sortir de quoi, d'ailleurs?

Le reflet soupira. Un soupir de lassitude. Wolf se mit à ricaner.

— C'est ça, plains-toi. Rien ne marche, en somme. Tu vas voir, mon bonhomme. Je vais entrer dans cette machine.

Son image parut assez ennuyée.

— Ici, dit Wolf, qu'est-ce que je vois? Des brumes, des yeux, des gens... des poussières sans densité... et puis ce sacré ciel comme un diaphragme.

— Reste tranquille, dit nettement le reflet. Pour ainsi dire, tu nous casses les pieds.

— C'est décevant, hein? railla Wolf. Tu as peur que je ne sois déçu quand j'aurai tout oublié? Il vaut mieux être déçu que d'espérer dans le vague. De toutes façons, il faut savoir. Pour une fois que l'occasion se présente... Mais réponds donc, bougre!...

Son vis-à-vis restait muet, désapprobateur.

— Et la machine ne m'a rien coûté, dit Wolf. Tu te rends compte? C'est ma chance. La chance de ma vie, voui. Je la laisserais passer? Pas question. Une solution qui vous démolit vaut mieux que n'importe quelle incertitude. T'es pas d'accord?

— Pas d'accord, répéta le reflet.

— Ça va, dit Wolf brutalement. C'est moi qui ai parlé. Tu ne comptes pas. Tu ne me sers plus à rien. Je choisis. La lucidité. Ah! Ah! Je cause majuscule.

Il se redressa péniblement. Devant lui, il y avait son image, comme gravée dans la feuille d'argent. Il refit la lumière et elle s'effaça lentement. Sa main, sur le commutateur, était blanche et dure comme le métal du miroir.

V

Wolf fit un brin de toilette avant de revenir dans la salle où l'on buvait en dansant. Se lava les mains, laissa pousser sa moustache, constata que ça ne lui allait pas, la coupa sur-le-champ et noua sa cravate d'une autre, plus volumineuse, façon, car la mode venait de changer. Puis, au risque de le choquer, il prit le couloir en sens inverse. Au passage, il fit basculer le coupe-circuit, qui servait à varier l'atmosphère pendant les longues soirées d'hiver. De ce fait, l'éclairage se trouvait remplacé par une émission de rayons X extra-doux, émoussés pour plus de précaution, qui projetaient sur les murs luminescents l'image agrandie du cœur des danseurs. On voyait au rythme suivi s'ils aimaient leur partenaire.

Lazuli dansait avec Lil. Tout allait bien de ce côté-là et leurs cœurs, tous deux assez jolis de forme et cependant très différents, palpitaient distraitement, tranquillement. Folavril se tenait debout près du buffet, le cœur arrêté. Les deux autres couples s'étaient constitués par échange de leur élément femelle légal, et l'allure des battements prouvait sans discussion que ce système s'étendait au-delà de la danse.

Wolf invita Folavril. Douce, indifférente, elle se laissa conduire. Ils passèrent près de la fenêtre. Il était tard, ou tôt, et la nuit ruisselait sur le toit de la maison avec des remous, roulant comme des fumées lourdes le long de la lumière ardente qui les faisait s'évaporer aussitôt. Wolf s'arrêta peu à peu. Ils avaient atteint la porte.

— Viens, dit-il à Folavril. On va faire un tour dehors.

— Je veux bien, répondit Folavril.

En passant, elle prit une poignée de cerises sur une assiette et Wolf s'effaça pour la laisser sortir. Ils touchaient la nuit de tout leur corps. Le ciel était baigné d'ombre, mouvant, instable comme le péritoine d'un chat noir en pleine digestion. Wolf tenait le bras de Folavril ; ils suivirent l'allée de graviers. Leurs pieds crissants faisaient de petites notes aiguës en forme de clochettes de silex. Trébuchant sur le bord de la pelouse, Wolf se rattrapa à Folavril. Elle céda, ils tombèrent assis sur l'herbe et, la trouvant tiède, ils s'étendirent côte à côte, sans se toucher. Un soubresaut de la nuit démasqua soudain quelques étoiles. Folavril croquait des cerises ; on entendait le jus vif et parfumé lui éclater dans la bouche. Wolf était tout plat sur le sol, ses mains froissaient et écrasaient les brins odorants. Il aurait dormi là.

— Tu t'amuses, Folle ? demanda-t-il.

— Oui... dit Folavril dubitative. Mais Saphir... est drôle, aujourd'hui. Il

n'ose pas m'embrasser. Il se retourne tout le temps comme s'il y avait quelqu'un.

— Maintenant, ça va se tasser, dit Wolf. Il a trop travaillé.

— J'espère que c'est ça, dit Folavril. C'est fini.

— Le principal est fait, dit Wolf. Mais demain, je vais l'essayer.

— Oh, j'aimerais venir, dit Folavril. Vous voulez bien m'emmener ?

— Je ne peux pas, dit Wolf. Théoriquement, ce n'est pas à ça qu'elle sert. Et qui sait ce que je vais trouver derrière ? Tu n'es jamais curieuse, toi, Folle ?

— Non, dit-elle. Je suis trop paresseuse. Et puis, je suis presque toujours contente, alors je n'ai pas de curiosité.

— Tu es la douceur même, dit Wolf.

— Pourquoi me dites-vous ça, Wolf, demanda Folavril avec une inflexion.

— Je n'ai rien dit, murmura Wolf. Donne-moi des cerises.

Il sentit les doigts frais lui caresser le visage, cherchant sa bouche, et lui glisser une cerise entre les lèvres. Il la laissa tiédir quelques secondes avant de la croquer et rongea le noyau mobile. Folavril était tout près de lui et l'arôme de son corps se mêlait aux parfums de la terre et de l'herbe.

— Tu sens bon, Folle, dit-il. J'aime ton parfum.

— Je n'en mets pas, répondit Folavril.

Elle regardait les étoiles se courir après dans le ciel et se rejoindre avec de grands éclairs. Trois d'entre elles, en haut à droite, mimaient une danse orientale. Des volutes de nuit les masquaient par instants.

Wolf se retourna lentement pour changer de position. Il ne voulait pas perdre une seconde le contact de l'herbe. Sa main droite, cherchant un appui, rencontra le pelage d'un petit animal immobile. Il écarquilla les yeux, cherchant à le distinguer dans le sombre.

— J'ai une bête douce tout près de moi, dit-il.

— Merci !... répondit Folavril.

Elle rit très silencieusement.

— Ce n'est pas toi, dit Wolf. Je m'en apercevrais. C'est une taupe... ou un bébé taupe. Ça ne bouge pas mais c'est vivant... tiens, écoute quand je le caresse.

Le bébé taupe se mit à ronronner. Ses petits yeux rouges brillaient comme des saphirs blancs. Wolf s'assit et le posa sur la poitrine de Folavril, à l'endroit où commençait la robe, juste entre les seins.

— C'est doux, dit Folavril.

Elle rit.

— On est bien.

Wolf se laissa retomber sur l'herbe. Il était habitué à l'obscurité et commençait à voir. Devant lui, à quelques centimètres, le bras de Folavril reposait, lisse et clair. Il avança la tête et ses lèvres effleurèrent le creux d'ombre de la saignée.

— Folle... tu es jolie.

— Je ne sais pas... murmura-t-elle. On est bien. Si on dormait là ?

— On pourrait, dit Wolf. Je l'ai pensé tout à l'heure.

Sa joue se posa contre l'épaule de Folavril, encore un peu anguleuse de trop de jeunesse.

— On va se réveiller couverts de taupes, dit-elle encore.

Elle rit à nouveau, de son rire bas et grave, un peu étouffé.

— L'herbe sent bon, dit Wolf. L'herbe et toi. Il y a plein de fleurs. Qu'est-ce qui sent le muguet ? Il n'y a plus de muguet maintenant.

— Je me rappelle le muguet, dit Folavril. Autrefois, c'était plein de muguet, des champs entiers, drus comme des cheveux en brosse. On s'asseyait au milieu et on le cueillait sans se lever. Plein de muguet. Mais ici, c'est une autre plante, avec des fleurs en chair orange, comme des petites plaques rondes. Je ne sais pas comment on l'appelle. Sous ma tête, ce sont des violettes de la mort et là, près de mon autre main, il y a des asphodèles.

— Tu es sûre ? demanda Wolf d'une voix un peu lointaine.

— Non, dit Folavril. Mais je n'en ai jamais vu et, comme j'aime ce nom-là et ces fleurs-là, je les mets ensemble.

— C'est ce qu'on fait, dit Wolf. On met ce qu'on aime ensemble. Si on ne s'aimait pas tant soi-même on serait toujours seuls.

— Ce soir, on est tout seuls, dit Folavril. Tout seuls tous les deux.

Elle eut un soupir de plaisir.

— Ce qu'on est bien... murmura-t-elle.

— C'est la veille... dit Wolf.

Ils se turent. Folavril caressait tendrement le bébé taupe qui mugissait de satisfaction... un tout petit mugissement de bébé taupe. Des trouées de vide s'ouvraient au-dessus d'eux, traquées par une obscurité mobile qui, par moments, dérobait les étoiles à leur vue. Ils s'endormirent sans parler, le corps contre la terre chaude, dans le parfum des fleurs sanglantes. Le jour allait commencer à poindre. Il venait de la maison une rumeur incertaine, sophistiquée comme de la serge bleue[3]. Un brin d'herbe se courbait sous le souffle imperceptible de Folavril.

VI

Las d'attendre le réveil de Lil qui pouvait aussi bien se produire dans la soirée, Wolf griffonna un billet qu'il laissa près d'elle et sortit de chez lui vêtu de son costume vert, spécialement conçu pour jouer au plouk.

Le Sénateur Dupont, déjà harnaché par la bonne, le suivit en traînant la petite voiture où on mettait les billes et les drapiaux, la pelle à creusir et le pointe-plante, sans oublier le compte-coups et le siphon à billes pour les cas où le trou était trop profond. Wolf portait en bandoulière ses cannes de plouk dans un étui : celle à angle ouvert, celle à angle mort et celle dont on ne se sert jamais mais qui brille très fort.

Il était onze heures. Wolf se sentait reposé mais Lil avait dansé jusqu'au matin sans s'arrêter. Saphir devait travailler à la machine. Folavril dormait aussi, probablement.

Le Sénateur pestait comme un vrai diable. Il n'aimait pas du tout le plouk et se révoltait en particulier contre la petite voiture. Wolf tenait à la lui faire tirer de temps en temps pour que son ventre tombe, résultat de l'exercice pris. Le Sénateur Dupont avait l'âme voilée de crêpe ; en outre, jamais son ventre ne tomberait, il était bien trop tendu. Tous les trois mètres, le Sénateur faisait halte et consommait une touffe de chiendent.

Le terrain à ploukir s'étendait à la limite du Carré, derrière le mur méridional. L'herbe n'y était point rouge, mais d'un beau vert artificiel, garni de boqueteaux et de terriers à lapins bigles. On pouvait y ploukir des heures sans être obligé de revenir sur ses pas ; ceci constituait un de ses agréments principaux. Wolf marchait d'un bon pas, savourant l'air du matin frais pondu. De temps à autre, il interpellait le Sénateur Dupont et se moquait de lui.

— Tu as encore faim ? lui demanda-t-il, comme le Sénateur se ruait sur un chiendent particulièrement haut. Faut le dire ! On t'en servira de temps en temps.

— Ça va, ça va, grommela le Sénateur. C'est bien malin de se moquer d'un vieux malheureux qui a à peine la force de se traîner soi-même et à qui on fait, par surcroît, tirer de pesants véhicules.

— Tu en as bien besoin, dit Wolf. Tu prends de l'estomac. Tu vas perdre tous tes poils et attraper le rouge et tu seras immonde.

— Pour ce que je fais de la bête, ça me suffit, dit le Sénateur. De toutes façons, la bonne m'arrachera ce qui reste en me peignant sauvagement.

Wolf marchait devant et parlait sans se retourner, les mains dans les poches.

— Quand même, dit-il. Suppose que quelqu'un vienne s'établir par ici et qu'il ait, disons... une chienne...

— Vous ne m'aurez pas comme ça, dit le Sénateur, je suis revenu de tout.

— Sauf du chiendent, dit Wolf. Drôle de goût. Moi je préférerais une jolie petite chienne.

— Faut pas vous en priver, dit le Sénateur. Suis pas jaloux. Ai juste un peu mal aux tripes.

— Mais quand tu mangeais tout ça, dit Wolf, sur le moment, après tout, ça t'a fait plaisir.

— Heu... dit le Sénateur. À part la bouillie à la terre et la moutarde dans l'oreille, ça se tenait.

— Tu n'as qu'à te défendre, dit Wolf. Tu pourrais très bien lui apprendre à te respecter.

— Je ne suis pas respectable, dit le Sénateur. Je suis un vieux chien puant et je bouffe toute la journée. Beuh!... ajouta-t-il en portant une patte molle à son museau. Vous allez m'excuser une seconde... Ce chiendent était de bonne qualité... Il opère... Détachez la voiture, si ça ne vous fait rien, ça risque de me gêner.

Wolf, se penchant, libéra le Sénateur du harnais de peau qui l'enchaînait aux brancards. Le Sénateur partit le nez au sol, à la recherche d'un petit buisson doué d'une odeur adéquate et susceptible de dissimuler aux yeux de Wolf la déshonorante activité qui allait s'ensuivre. Wolf s'arrêta pour l'attendre.

— Prends ton temps, lui dit-il. On n'est pas à la minute.

Très occupé à hoqueter en cadence, le Sénateur Dupont ne rédupondit pas. Wolf s'assit par terre, les talons aux fesses et se mit à se balancer d'avant en arrière, en serrant ses genoux dans ses bras. Il fredonnait, pour corser l'intérêt de l'action, un air tout plein de sentiment.

C'est là que le trouva Lil cinq minutes plus tard. Le Sénateur n'en finissait pas et Wolf allait se lever pour lui tapoter le dos. Les pas de Lil, pressés, l'arrêtèrent; il savait, sans regarder, qui c'était. Elle portait une robe de toile fine et ses cheveux dénoués sautaient sur ses épaules. Elle s'accrocha au cou de Wolf, s'agenouillant près de lui, et lui parla dans l'oreille.

— Pourquoi ne m'as-tu pas attendue? C'est ça mon jour de vacances?

— Je ne voulais pas te réveiller, dit Wolf. Tu avais l'air fatiguée.

— Je suis très fatiguée, dit-elle. Tu voulais vraiment jouer au plouk ce matin ?

— Je voulais surtout marcher un peu, dit Wolf. Le Sénateur aussi, mais lui, il a changé d'avis en route. Ceci dit, je suis prêt à faire ce que tu me proposeras.

— Tu es gentil, dit Lil. Je venais justement te dire que j'avais oublié une course très importante et que tu peux jouer au plouk tout de même, et sans remords.

— Tu as encore dix minutes ? demanda Wolf.

— C'est une course, expliqua Lil. Je suis forcée, j'ai rendez-vous.

— Tu as encore dix minutes ? demanda Wolf.

— Bien sûr, répondit Lil. Pauvre Sénateur. Je savais qu'il serait malade.

— Pas malade, réussit à dire le Sénateur derrière son buisson. Intoxiqué, c'est différent.

— C'est ça ! protesta Lil. Dis que la cuisine était mauvaise.

— La terre l'était, grommela le Sénateur, et il se remit à glapir.

— On va se promener ensemble avant que je ne parte, dit Lil. Où va-t-on ?

— Où on veut, dit Wolf.

Il se leva en même temps que Lil et laissa tomber ses cannes dans la petite voiture.

— Je reviens, dit-il au Sénateur. Prends ton temps et ne te surmène pas.

— Pas de danger, dit le Sénateur. Bon Dieu ! J'ai les pattes qui tremblent que c'en est une horreur.

Ils marchèrent au soleil. De grandes prairies s'enfonçaient comme des golfes dans des futaies d'un vert obscur. Les arbres, de loin, paraissaient serrés les uns contre les autres et on aurait voulu en être un. Par terre, c'était sec et brindilleux. Ils avaient laissé à leur gauche le terrain à ploukir, un peu en dessous car le sol s'élevait. Deux ou trois personnes ploukaient consciencieusement, avec usage de tous les accessoires.

— Si on parlait d'hier, dit Wolf, tu t'es bien amusée ?

— Très bien, dit Lil en sautant, j'ai dansé tout le temps.

— J'ai vu ça, dit Wolf, avec Lazuli. Je suis très jaloux.

Ils prirent vers la droite pour entrer dans le bois. On entendait les piverts jouer aux petits papiers en morse.

— Qu'est-ce que tu as fait avec Folavril, toi ? dit Lil en contre-attaque.

— Dormi sur l'herbe, répondit Wolf.

— Elle embrasse bien ? demanda Lil.

— Tu es bête, dit Wolf, je n'y avais même pas songé.

Lil rit et se serra contre lui en marchant au même pas, et ceci la forçait à des écartèlements sérieux.

— Je voudrais que ça soit toujours les vacances, dit-elle. Je voudrais tout le temps me promener avec toi.

— Tu en auras assez tout de suite, dit Wolf. Tu vois, déjà une course à faire.

— C'est pas vrai, dit Lil. C'est un hasard. Tu préfères ton travail. Tu ne peux pas rester sans travailler. Ça te rend fou.

— Ce n'est pas de ne pas travailler qui me rend fou, dit Wolf. Je le suis naturellement. Pas exactement fou, mais mal à mon aise.

— Pas quand tu dors avec Folavril, dit Lil.

— Ni quand je dors avec toi, dit Wolf. Mais ce matin, c'est toi qui dormais et j'ai préféré m'en aller.

— Pourquoi ? dit Lil.

— Sans ça, dit Wolf, je t'aurais réveillée.

— Pourquoi ? répéta Lil innocemment.

— Pour ça, dit Wolf en faisant ce qu'il disait et ils se trouvèrent allongés dans l'herbe du bois.

— Pas là, dit Lil, c'est plein de monde.

Elle n'avait pas du tout l'air de croire à sa raison.

— Tu ne pourras plus jouer au plouk après, dit-elle.

— J'aime ce jeu-là aussi, murmura Wolf dans son oreille, oreille comestible d'ailleurs.

— Je voudrais que tu sois toujours en vacances, soupira Lil, presque heureuse.

Puis heureuse tout à fait, avec divers soupirs et quelque activité.

Elle rouvrit les yeux.

— J'aime beaucoup, beaucoup ça... conclut-elle.

Wolf l'embrassa doucement sur les cils pour atténuer l'ennui d'une séparation même locale.

— Qu'est-ce que c'est que cette course ? demanda-t-il.

— C'est une course, dit Lil. Viens vite... Je vais être en retard.

Elle se leva, le prit par la main. Ils coururent jusqu'à la petite voiture. Le Sénateur Dupont, effondré, les quatre pattes à plat, bavait sur les cailloux.

— Lève-toi, Sénateur, dit Wolf. On va jouer au plouk.

— Au revoir, dit Lil. Reviens tôt.

— Et toi ? dit Wolf.

— Je serai là ! cria Lil en se sauvant.

VII

— Mmmm... joli coup ! apprécia le Sénateur.

La bille venait de s'envoler très haut et le sillage de fumée rousse qu'elle venait de tracer persistait dans le ciel. Wolf laissa retomber sa canne et ils reprirent leur marche.

— Oui, dit Wolf indifférent, je suis en progrès. Si je pouvais m'entraîner...

— Personne ne vous en empêche, dit le Sénateur Dupont.

— De toutes façons, répondit Wolf, il y aura toujours des gens qui joueront mieux que moi. Alors ? À quoi bon ?

— Ça ne fait rien, dit le Sénateur. C'est un jeu.

— Justement, dit Wolf, puisque c'est un jeu, il faut être le premier. Sans ça, c'est idiot et c'est tout. Oh ! et puis ça fait quinze ans que je joue au plouk... tu penses comme ça m'excite encore...

La petite voiture brinquebalait derrière le Sénateur et profita d'une légère déclivité pour venir lui cogner le derrière avec sournoiserie. Le Sénateur se lamenta.

— Quel supplice ! gémit-il. J'aurai le cul pelé avant une heure !...

— Ne sois pas douillet comme ça, dit Wolf.

— Enfin, dit le Sénateur, à mon âge ! C'est humiliant !

— Ça te fait du bien de te promener un peu, dit Wolf, je t'assure.

— Quel bien peut me faire une chose qui m'assomme, dit le Sénateur.

— Mais tout est assommant, dit Wolf, et on fait des choses quand même...

— Oh ! vous, dit le Sénateur, sous prétexte que rien ne vous amuse, vous croyez que tout le monde est dégoûté de tout.

— Bon, dit Wolf, en ce moment, de quoi as-tu envie ?

— Et si on vous posait la même question, grommela le Sénateur, vous seriez bien en peine de répondre, hein ?

Effectivement, Wolf ne répondit pas tout de suite. Il balançait sa canne et s'amusait à décapiter des tiges de pétoufle grimaçant qui croissaient çà

et là sur le terrain à ploukir. De chaque tige coupée sortait un jet gluant de sève noire qui se gonflait en un petit ballon noir à monogramme d'or.

— Je ne serais pas en peine, dit Wolf. Je te dirais simplement que plus rien ne me fait envie.

— C'est nouveau, ricana le Sénateur, et la machine ?

— Ça serait plutôt une solution désespérée, railla Wolf à son tour.

— Allons, dit le Sénateur, vous n'avez pas tout essayé.

— C'est vrai, dit Wolf. Pas encore. Mais ça va venir. Il faut d'abord une vue claire des choses. Tout ça ne me dit pas de quoi tu as envie.

Le Sénateur devenait grave.

— Vous ne vous moquerez pas de moi ? demanda-t-il.

Les coins de son museau étaient humides et frémissants.

— Absolument pas, dit Wolf. Si je savais que quelqu'un a vraiment envie de quelque chose, ça me remonterait le moral.

— Depuis que j'ai trois mois, dit alors le Sénateur d'un ton confidentiel, je voudrais un ouapiti.

— Un ouapiti, répéta Wolf absent.

Et il reprit aussitôt :

— Un ouapiti !...

Le Sénateur reprit courage. Sa voix s'affermit.

— Ça au moins, expliqua-t-il, c'est une envie précise et bien définie. Un ouapiti, c'est vert, ça a des piquants ronds et ça fait glop quand on le jette à l'eau. Enfin... pour moi... un ouapiti est comme ça.

— Et c'est ça que tu veux ?

— Oui, dit le Sénateur fièrement. Et j'ai un but dans ma vie et je suis heureux comme ça. Je veux dire, je serais heureux sans cette saloperie de petite voiture.

Wolf fit quelques pas en reniflant et cessa de décapiter les pétoufles. Il s'arrêta.

— Bon, dit-il. Je vais t'enlever la voiture et on va aller chercher un ouapiti. Tu verras si ça change quoi que ce soit d'avoir ce qu'on veut.

Le Sénateur s'arrêta et hennit de saisissement.

— Quoi ? dit-il. Vous feriez ça ?

— Je te le dis...

— Sans blague ? haleta le Sénateur. Faut pas donner un espoir comme ça à un vieux chien fatigué...

— Tu as la veine d'avoir envie de quelque chose, dit Wolf, je vais t'aider, c'est normal...

— Nom d'une pipe! dit le Sénateur, c'est ce qu'on appelle de la métaphysique amusante, dans le catéchisme.

Pour la seconde fois, Wolf se baissa et libéra le Sénateur. Gardant une canne à ploukir, il laissa les autres dans la voiture. Personne n'y toucherait car le code moral du plouk est particulièrement sévère.

— En route, dit-il. Pour le ouapiti, il faut marcher courbés et vers l'est.

— Même en vous courbant, dit Dupont, vous serez encore plus grand que moi. Donc, je reste debout.

Ils partirent, humant le sol avec précaution. La brise agitait le ciel dont le ventre argenté et mouvant s'abaissait parfois à caresser les grandes ombelles bleues des cardavoines de mai, encore en fleur et dont l'odeur poivrée tremblait dans l'air tiède.

VIII

En quittant Wolf, Lil se dépêchait. Une petite grenouille bleue se mit à sauter devant elle. Une rainette sans pigment complémentaire. Elle allait du côté de la maison et battit Lil de deux sauts. La rainette continua, mais Lil monta vite l'escalier pour se remaquiller devant sa coiffeuse. Un coup de pinceau par cil, un coup de brosse par là, de l'élixir pour les joues, du tapotif pour les tifs, des étuis à zongles et c'était fait. Pas plus d'une heure. En courant, elle dit au revoir à la bonne et elle était dehors. Traversa le Carré et, par une petite porte, entra dans la rue.

La rue crevait d'ennui en longues fentes originales, pour tenter une diversion.

Au fond de lames d'ombre sinueuses luisaient des pierres de couleurs vives, des reflets incertains, des taches de clarté qui s'éteignaient au hasard des mouvements du sol. La lueur d'une opale et puis un de ces cristaux des montagnes qui jettent une poudre d'or quand on veut les saisir, comme des pieuvres, l'éclair grinçant d'une émeraude sauvage et, soudain, les traînées tendres d'une colonie de béryls dégradés. À pas menus, Lil songeait aux questions qu'elle poserait. Et sa robe suivait ses jambes complaisamment, plutôt flattée.

Il y eut des maisons, d'abord à peine poussées, puis des grandes, et c'était une vraie rue avec immeubles et circulations. Croiser trois transversales, tourner à droite ; la reniflante habitait une haute cabane

montée sur des grands pieds en bois plein de cors, avec un escalier tout tortillé à la rampe duquel s'accrochaient des loques dégoûtantes qui coloraient localement de leur mieux. Un parfum de carry, d'ail et de poumpernicayle traînait dans l'air, nuancé à partir de la cinquième marche, de chouic et de poisson très âgé. En haut de l'escalier, un corbeau à la tête prématurément blanchie par le truchement d'une eau oxygénée extra-forte, accueillait les visiteurs en leur tendant un rat crevé qu'il tenait délicatement par la queue. Le rat servait longtemps car les initiés déclinaient l'offre et les autres ne venaient pas.

Lil fit un gracieux sourire au corbeau et tapa trois coups sur la porte avec la mailloche de réception qui pendait à un cordon, s'il vous plaît.

— Entrez! dit la reniflante qui venait de monter l'escalier derrière elle.

Lil entra, suivie de la spécialiste. Dans la cabane, il y avait un mètre d'eau et on circulait sur des matelas flottants pour ne pas abîmer l'encaustique. Lil, prudemment, se poussa jusqu'au fauteuil de reps usagé réservé aux visiteurs, pendant que la reniflante, fiévreusement, vidait l'eau par la fenêtre avec une casserole de fer rouillé. Quand tout fut à peu près sec, elle s'assit à son tour à sa table à flairer sur laquelle reposait un inhalateur de cristal synthétique. Il y avait sous l'inhalateur un gros papillon beige, évanoui, cloué au tapis de table passé par le poids de l'inhalateur.

La reniflante souleva l'instrument et, du bout des lèvres, souffla sur le papillon. Puis, reposant son appareil à sa gauche, elle tira de son corsage un jeu de cartes qui ruisselait d'une sueur fumante.

— Je vous fais toute la lyre? demanda-t-elle.

— Je n'ai pas beaucoup de temps, dit Lil.

— Alors, la demi-lyre et le résidu? proposa la reniflante.

— Oui, le résidu aussi, dit Lil.

Le papillon commençait à palpiter doucement. Et il poussa un léger soupir. Le paquet de tarots répandait une odeur de ménagerie. La reniflante étala rapidement les six premières cartes sur la table. Elle sentit avec violence.

— Bougre, bougre, dit-elle. Je ne subodore pas grand-chose dans votre jeu. Crachez-z-y par terre, voir, et posez le pied dessus.

Lil obéit.

— Retirez votre pied, maintenant.

Lil retira son pied et la reniflante enflamma un petit feu de Bengale. La pièce se remplit de fumée lumineuse et d'un parfum de poudre verte.

— Ça va, ça va, dit la reniflante. Maintenant on y flaire plus dégagé. Bon, je blairnifle pour vous des nouvelles de quelqu'un que vous affectionnez. Et puis de l'argent. Pas une somme considérable. Mais enfin, un peu d'argent. Évidemment, rien d'extraordinaire. En considérant les choses objectivement on pourrait presque dire que, financièrement, votre situation ne change pas. Attendez.

Elle étala, sur les premières, six nouvelles cartes.

— Ah! dit-elle. C'est exactement ce que je vous disais. Vous allez être obligée de débourser un petit quelque chose. Mais, par contre, la lettre, ça vous touche de très près. Peut-être votre mari. Ce qui revient à dire qu'il va vous parler, vu que, naturellement, ça serait bien ridicule que votre mari vous écrivassît une lettre. Continuons. Choisissez une carte.

Lil prit la première venue, la cinquième en l'espèce.

— Tenez bon! dit la reniflante. Voilà-t-y pas la confirmation exacte de tout ce que je vous annonçais! Un grand bonheur pour une personne de votre maison. Elle va trouver ce qu'elle cherche depuis très longtemps après avoir été malade.

Lil pensa que Wolf avait eu raison de construire la machine et qu'enfin ses efforts allaient être récompensés, mais gare à son foie.

— C'est vrai? demanda-t-elle.

— Tout ce qu'il y a de véridique et d'officiel, dit la reniflante, les odeurs ne mentent jamais.

— Je sais bien, dit Lil.

Auquel moment le corbeau oxygéné tapa du bec sur la porte en imitant le chant du départ sauvage.

— Faut que je me grouille, dit la reniflante. Vous tenez vraiment au résidu?

— Non, dit Lil. Il me suffit de savoir que mon mari va enfin avoir ce qu'il cherche. Combien vous dois-je, madame?

— Douze pélouques, dit la reniflante.

Le grand papillon beige s'agitait de plus en plus. Soudain, il s'éleva en l'air, d'un vol pesant, incertain, comme une chauve-souris plus infirme. Lil recula. Elle avait peur.

— Ce n'est rien, dit la reniflante.

Elle ouvrit son tiroir et saisit un revolver. Sans se lever, elle visa la bête de velours et tira. Il y eut un craquement sale. Le papillon, atteint en pleine tête, replia ses ailes sur son cœur et plongea, inerte. Cela fit un bruit mou sur le sol. Une poudre d'écailles soyeuses s'éleva. Lil poussa la porte et sortit. Poliment le corbeau lui dit au revoir. Une autre

personne attendait. Une petite fille maigre avec des yeux noirs et inquiets, qui serrait dans sa main sale une pièce d'argent. Lil descendit l'escalier. La petite fille hésita et la suivit.

— Pardon, madame, dit-elle. Est-ce qu'elle dit la vérité ?

— Mais non, dit Lil, elle dit l'avenir. Ce n'est pas pareil vous savez.

— Ça rend confiance ? demanda la petite fille.

— Ça rend quelquefois confiance, dit Lil.

— Le corbeau me fait peur, dit la petite fille. Ce rat crevé sent très mauvais. Je n'aime pas du tout les rats.

— Moi non plus, dit Lil. Mais c'est une reniflante pas ruineuse... Elle ne peut pas avoir des lézards crevés, comme les reniflantes de haut vol.

— Alors j'y retourne, madame, dit la petite fille. Merci, madame.

— Au revoir, dit Lil.

La petite fille remonta rapidement les marches torturées. Lil se dépêchait de revenir à la maison, et tout le long du chemin, des escarboucles frisées firent un reflet lumineux sur ses jolies jambes pendant que le jour commençait à se garnir des traînées d'ambre et des grésillements aigus du crépuscule.

IX

Le Sénateur Dupont allongeait le pas car Wolf marchait vite ; et si le Sénateur avait quatre pattes, celles de Wolf étaient en nombre deux fois inférieur, mais chacune trois fois plus longue ; d'où la nécessité où se trouvait le Sénateur de tirer la langue de temps en temps et de faire han ! han ! pour manifester sa fatigue.

Maintenant le sol était rocailleux et couvert d'une mousse drue pleine de petites fleurs comme des boules de cire parfumée. Des insectes volaient entre les tiges, éventrant les fleurs à coups de mandibules pour boire la liqueur de l'intérieur. Le Sénateur n'arrêtait pas d'avaler de croquantes bestioles et sursautait chaque fois. Wolf allait à grandes enjambées, à la main sa canne à ploukir, et ses yeux scrutaient les alentours avec le soin qu'ils eussent apporté à déchiffrer le Kalevala dans le texte[4]. Il entremêlait ce qu'il voyait de choses déjà dans sa tête, cherchant à quel endroit la jolie figure de Lil se posait le mieux. Une ou deux fois même, il tenta d'incorporer au paysage l'effigie de Folavril,

mais une honte à demi formulée lui fit éliminer ce montage. Faisant un effort, il réussit à se concentrer sur l'idée du ouapiti.

À des indices variés, tels que crottes en spirales et rubans de machine à écrire mal digérés, il reconnaissait d'ailleurs la proximité de l'animal et ordonna au Sénateur, vivement ému, de garder son calme.

— On va en trouver un ? souffla Dupont.

— Naturellement, répondit Wolf tout bas. Et maintenant, pas de blagues. À plat ventre tous les deux.

Il se colla au sol et avança au ralenti. Le Sénateur grommelait « ça me racle entre les cuisses » mais Wolf lui imposa le silence. À trois mètres, il aperçut brusquement ce qu'il cherchait : une grosse pierre aux trois quarts enterrée, percée en son sommet d'un petit trou carré parfait, qui s'ouvrait dans sa direction. Il l'atteignit, saisit sa canne et cogna trois coups sur la pierre.

— Au quatrième top, il sera exactement l'heure !... dit-il en imitant la voix du Monsieur.

Il donna le quatrième top. À la même seconde, le ouapiti, affolé, sortit du trou avec de grandes contorsions.

— Grâce, Monseigneur ! gémit-il. Je rendrai les diamants. Parole de gentilhomme !... Je n'ai rien fait !... Je vous l'assure...

L'œil luisant de convoitise du Sénateur Dupont le regardait en se léchant les babines si l'on ose dire. Wolf s'assit et dévisagea le ouapiti.

— Je t'ai eu, dit-il. Il n'est que cinq heures et demie. Tu vas venir avec nous.

— Zut, zut et zut, protesta le ouapiti. Ça ne va pas du tout. C'est pas du jeu.

— S'il avait été vingt heures douze, dit Wolf, et si nous nous étions trouvés là, tu étais fait de toutes façons.

— Vous profitez de ce qu'un ancêtre a trahi, dit le ouapiti. C'est lâche. Vous savez bien que nous sommes d'une terrible susceptibilité horaire.

— Ce n'est pas une raison dont tu peux exciper, dit Wolf pour l'impressionner par un langage adéquat.

— Bon, je viens, dit le ouapiti. Mais gardez à distance cette brute à l'œil torve qui semble me vouloir meurtrir dans l'instant.

Les moustaches hirsutes du Sénateur se mirent à pendre.

— Mais... bredouilla-t-il. Je suis venu avec les meilleures intentions du monde...

— Que m'importe le monde ! dit le ouapiti.

— Tu feras des tartines? demanda Wolf.

— Je suis votre prisonnier, monsieur, dit le ouapiti, et je m'en remets à votre bon vouloir.

— Parfait, dit Wolf. Serre la main au Sénateur et arrive.

Très ému, le Sénateur Dupont tendit en reniflant sa grosse patte au ouapiti.

— Puis-je monter sur le dos de Monsieur? proposa le ouapiti en désignant le Sénateur.

Ce dernier acquiesça et le ouapiti, très content, s'installa sur son dos. Wolf se remit en marche en sens inverse. Bouleversé, ravi, le Sénateur le suivait. Enfin, son idéal se matérialisait... il s'était réalisé... Une sérénité onctueuse lui envahit l'âme et il ne sentait plus ses pieds.

Wolf marchait tristement.

X

La machine avait l'air filiforme d'une toile d'araignée vue de loin. Debout, Lazuli surveillait le fonctionnement qui s'était poursuivi normalement depuis la veille. Il inspectait les rouages délicats du moteur. Tout près, étendue dans l'herbe rase, Folavril rêvassait, un œillet aux lèvres. Autour de la machine, la terre tremblait un peu mais ce n'était pas désagréable.

Lazuli se redressa et regarda ses mains pleines d'huile. Il ne pouvait pas s'approcher de Folavril avec ces mains-là. Il ouvrit l'armoire de tôle, prit une poignée d'étoupe et enleva le plus gros. Puis, il s'enduisit les doigts de savon minéral et frotta. Les grains de ponce lui faisaient rêche sur les paumes. Il se rinça dans un seau cabossé. Il restait, sous chaque ongle, une raie bleue de graisse; à part ça, c'était propre. Il referma l'armoire et se retourna. Folavril se laissait regarder, grande, déliée, ses longs cheveux jaunes en pointe sur son front, son menton rond presque volontaire et ses oreilles fines comme des nacres de lagune. Sa bouche aux lèvres épaisses, presque pareilles; ses seins tendaient le devant de son chandail jaune trop court qui remontait sur la hanche, découvrant de la peau dorée. Lazuli suivait la ligne émouvante de son corps. Il vint s'asseoir près d'elle et se pencha pour l'embrasser. Et puis il sursauta et se remit debout d'un coup. Il y avait un homme à côté de lui, qui le regardait. Lazuli recula et s'adossa à la charpente métallique; ses doigts

serrèrent le froid du métal ; à son tour, fixement, il regarda l'homme ; le moteur lui vibrait dans les mains et lui donnait sa puissance. L'homme ne bougeait pas, se grisait, se fondait ; à la fin, il parut se dissoudre dans l'air, et il n'y avait plus rien.

Lazuli s'essuya le front. Folavril n'avait rien dit, elle attendait, pas même étonnée.

— Qu'est-ce qu'il me veut ? gronda Lazuli comme pour lui tout seul. Toutes les fois que nous sommes ensemble, il est là.

— Tu as trop travaillé, dit Folavril, et tu es fatigué de la nuit dernière. Tu as dansé tout le temps.

— Pendant que tu étais partie, dit Lazuli

— Je n'étais pas loin, dit Folavril, on parlait avec Wolf. Viens près de moi. Calme-toi. Il faut que tu te reposes.

— Je veux bien, dit Lazuli.

Il passa sa main sur son front.

— Mais c'est cet homme qui est là tout le temps.

— Je t'assure qu'il n'y a personne, dit Folavril. Pourquoi est-ce que je ne verrais jamais rien ?

— Tu ne regardes jamais rien... dit Lazuli.

— Jamais ce qui m'ennuie... dit Folavril.

Lazuli se rapprocha d'elle et se rassit sans la toucher.

— Tu es belle, murmura-t-il, comme... comme une lanterne japonaise... allumée.

— Ne dis pas d'idioties, protesta Folavril.

— Je ne peux pas te dire que tu es belle comme le jour, dit Lazuli, ça dépend des jours. Mais une lanterne japonaise, c'est toujours joli.

— Ça m'est égal d'être laide ou belle, dit Folavril. Il faut seulement que je plaise aux gens qui m'intéressent.

— Tu plais à tout le monde, dit Lazuli. Alors ceux-là sont sûrement dans le lot.

Tout près, elle avait de minuscules taches de rousseur et, sur les tempes, des fils de verre dorés.

— Ne pense pas à tout ça, dit Folavril, pense à moi quand je suis là et raconte-moi des histoires.

— Quelles histoires ? demande Lazuli.

— Oh ! pas d'histoires, alors, dit Folavril, tu préfères me chanter des chansons ?

— Pourquoi tout ça ? dit Lazuli. Je veux te prendre dans mes bras et avoir le goût de framboise de ton rouge.

— Oui, murmura Folavril, c'est très bien ça, c'est mieux que les histoires...

Folavril se laissa faire, et fit aussi.

— Folavril... dit Lazuli.

— Saphir... dit Folavril.

Et puis ils se remirent à s'embrasser. Le soir venait. Il les vit et s'arrêta près d'eux pour ne pas les troubler. Il irait plutôt accompagner Wolf qui rentrait à ce moment-là. Une heure plus tard, tout était obscur, sauf dans un rond de soleil qui restait, où il y avait les yeux clos de Folavril et les baisers de Lazuli, à travers une vapeur qui venait de leur corps.

XI

À moitié conscient, Wolf tenta un dernier effort pour arrêter la sonnerie de son réveil, mais la chose, visqueuse, lui échappa et se lova dans un recoin de la table de chevet où elle continua de carillonner, haletante et rageuse, jusqu'à épuisement total. Alors le corps de Wolf se détendit dans la dépression carrée remplie de morceaux de fourrure blanche, où il reposait. Il entrouvrit les yeux et les murs de la chambre chancelèrent, s'abattirent sur le plancher, soulevant en tombant de grandes vagues de pâte molle. Et puis il y eut des membranes superposées qui ressemblaient à la mer... Au milieu, sur une île immobile, Wolf s'enfonçait lentement dans le noir, parmi le bruit du vent balayant de grands espaces nus, un bruit jamais en repos. Les membranes palpitaient comme des nageoires transparentes ; du plafond invisible croulaient des nappes d'éther, s'épandant autour de sa tête. Mêlé à l'air, Wolf se sentait traversé, imprégné par çe qui l'entourait ; et il y eut soudain une odeur verte, amère, l'odeur du cœur en feu des reines-marguerites, pendant que le vent s'apaisait.

Wolf rouvrit les yeux. Tout était silencieux. Il fit un effort et se retrouva debout avec ses chaussettes. La lumière du soleil ruisselait dans la chambre. Mais Wolf restait mal à l'aise ; pour se sentir mieux, il prit un morceau de parchemin, des craies colorées et il se fit un dessin qu'il regarda ; mais la craie tomba en poussière sous ses yeux : il ne restait sur le parchemin que quelques angles opaques, quelques vides sombres, dont l'aspect général lui rappela une tête de mort depuis longtemps. Découragé, il laissa choir son dessin et s'approcha de la chaise où se

trouvait, plié, son pantalon. Il chancelait comme si le sol se fût rétracté sous ses pas. L'odeur des reines-marguerites était moins précise ; il s'y mêlait maintenant un arôme sucré, le parfum du seringa en été, avec les abeilles. Un ensemble un peu écœurant. Il fallait qu'il se dépêche. C'était le jour de l'inauguration et les Municipaux allaient attendre. Rapidement, il se mit à sa toilette.

XII

Il y fut tout de même quelques minutes avant eux, et il en profita pour examiner la machine. Il restait encore dans la fosse des dizaines d'éléments et le moteur, vérifié soigneusement par Lazuli, tournait rond. Rien d'autre à faire qu'à attendre. Il attendit.

Le sol, facile, portait encore l'empreinte du corps élégant de Folavril et l'œillet qu'elle avait tenu dans ses lèvres était là, mousseux et dentelé, déjà rattaché à la terre par mille liens invisibles, des fils d'araignées blanches. Wolf se pencha pour le cueillir et le goût de l'œillet le frappa et l'étourdit. Il le manqua. L'œillet s'éteignit et sa couleur se confondit avec celle du sol. Wolf sourit. S'il le laissait là, les Municipaux l'écraseraient. Sa main courut au ras du sol et rencontra la tige maigre. Se sentant pris, l'œillet retrouva sa couleur naturelle. Wolf, délicatement, rompit une des bosses noueuses et le mit à son col. Il le respirait sans pencher la tête.

Derrière le mur du Carré, il y eut un vague bruit de musique, des éclats de biniou cuivré et de gros chocs sourds de caisse à peaux ; puis un pan de briques s'abattit sous la pression du défonce-murs municipal, piloté par un huissier barbu en habit noir et chaîne d'or. Par la brèche entrèrent les premiers représentants de la foule, qui s'alignèrent avec respect, des deux côtés. La musique parut, bouffante et résonnante. Touff, Touff et Tzinn. Les choristes allaient glapir dès qu'ils seraient à portée de voix. Un tambour-major peint en vert marchait le premier, agitant une canepetière dont il visait le soleil sans espoir. Il fit un grand signe, suivi d'un double saut périlleux, et les choristes attaquèrent l'hymne :

C'est Monsieur le Maire,
Touff, Touff et Tzinn !
De cette belle ville,

Touff, Touff et Tzinn !
Qu'est venu vous voir !
Touff, Touff et Tzinn !
Pour vous demander,
Touff, Touff et Tzinn !
Si vous vous proposez
Touff, Touff et Tzinn !
De bientôt lui payer
Touff, Touff et Tzinn
Tous vos vieux impôts.
Touff et Touff et Tzinn et Tzinn et Ticoticoto[5].

Le ticoticoto fut produit par le choc de pièces métalliques taillées en forme de coco contre un titito qui venait les cogner par fragments. Le tout formait une très vieille marche qu'on employait un peu à tort et à travers, car personne ne payait plus ses impôts depuis longtemps ; mais on ne pouvait empêcher la fanfare de jouer le seul air qu'elle connût.

Le Maire parut derrière la musique, tenant son cornet acoustique dans lequel il s'efforçait d'enfoncer une chaussette pour ne pas entendre ce vacarme affreux. Sa femme, une très grosse personne, toute rouge et toute nue, se montra ensuite sur un char, avec un panneau-réclame pour le principal marchand de fromages de la ville, qui savait des histoires sur le compte de la municipalité et les obligeait à passer par tous ses caprices.

Elle avait de gros seins qui lui claquaient sur l'estomac à cause de la mauvaise suspension de la voiture et aussi parce que le fils du marchand de fromages mettait des pavés sous les roues.

Derrière le char du marchand de fromages venait celui du quincaillier qui ne disposait pas des appuis politiques de son rival et devait se contenter d'une grande litière de parade dans laquelle la rosière se faisait mettre à mal par un gros singe. La location du singe coûtait très cher et ne donnait pas de si bons résultats que ça, car la rosière s'était évanouie depuis dix minutes et ne criait plus ; tandis que la femme du Maire, elle, était en train de devenir violette, et tout de même avait beaucoup de poils très mal peignés.

Le char du marchand de bébés venait ensuite, propulsé par une batterie de tétines à réaction ; un chœur de bébés scandait une vieille chanson à boire.

Le cortège s'arrêtait là, car les cortèges n'amusent personne ; et le

quatrième char, où s'étaient installés les vendeurs de cercueils, venait de tomber en panne, peu avant, parce que le conducteur était mort sans se confesser.

Wolf, à moitié assourdi par la fanfare, vit les officiels s'avancer à sa rencontre, encadrés par les hommes de la garde, armés de gros fusils sournois. Il les accueillit comme il devait et des spécialistes, pendant ce temps-là, dressèrent en quelques minutes une petite estrade de bois avec des gradins, où prirent place le Maire et les sous-maires, tandis que la Mairesse continuait à se démener sur son char. Le marchand de fromages allait occuper sa place officielle.

Il y eut un grand roulement de tambours à la suite duquel le fifre devint fou et partit en l'air comme une fusée en se tenant les oreilles à deux mains; tous les yeux suivirent sa trajectoire et chacun rentra le cou dans les épaules quand il retomba, la tête la première, avec un bruit de limace qui se suicide. Après quoi on respira et le Maire se leva.

La fanfare s'était tue. Une épaisse poussière montait dans l'air bleu par la fumée des cigarettes de drogue dominicale et cela sentait la foule, avec tous les pieds que le terme implique. Quelques parents, attendris par les supplications de leurs enfants, les avaient pris sur leurs épaules, mais ils les maintenaient cul par-dessus tête afin de ne point trop les encourager au penchant de badauderie.

Le Maire toussota dans son cornet acoustique et prit la parole par le cou pour l'étrangler mais elle tint bon.

— Messieurs, dit-il, et chers coadjupiles. Je ne reviendrai pas sur la solennité de ce jour, pas plus pur que le fond de mon cœur, puisque vous savez comme moi que, pour la première fois depuis l'avènement au pouvoir d'une démocratie stable et indépendante, des combinaisons politiques louches et de la basse démagogie qui ont entaché de suspicion les décades passées, heu, bougre, c'est-y dur à lire, c'te putain d'papier, l'texte est tout effacé. J'ajoute que si je vous disais tout ce que je sais, et notamment à propos de c't'autre animal de menteur qui s'prétend marchand de fromages...

La foule applaudit bruyamment et le marchand se leva à son tour. Il commença à lire la minute d'un pot-de-vin généreux accordé au Conseil Municipal sur la recommandation du plus grand trafiquant d'esclaves de la ville. La fanfare attaqua pour couvrir sa voix et la femme du Maire, voulant sauver son mari par une diversion, redoubla d'activité. Wolf souriait d'un sourire vague. Il n'écoutait pas un mot. Il était ailleurs.

— C'est avec une joie hargneuse, continua le Maire, que nous sommes

fiers de saluer aujourd'hui la remarquable solution imaginée par notre grand coadjupile ici présent, Wolf, pour éliminer totalement les difficultés résultant d'une surproduction de métal à faire les machines. Et comme je ne peux pas vous en dire plus long car, personnellement, selon l'usage, je ne sais absolument point de quoi c'est que c'est qu'il s'agit, rapport que je suis un officiel, je passe la parole à la fanfare qui va exécuter un morceau de son répertoire.

En souplesse, le tambour-major réalisa un coup de pied à la lune, avec demi-tonneau arrière et, à la seconde précise où il toucha le sol, le tuba lâcha une grosse note d'ouverture qui se mit à voltiger gracieusement. Et puis les musiciens se faufilèrent dans les intervalles et on reconnut l'air de tradition. Comme la foule s'approchait trop, les hommes de la garde firent une décharge générale qui en découragea la majeure partie, cependant que les corps des autres s'éparpillaient en lambeaux.

En quelques secondes, le Carré se vida. Il restait Wolf, le cadavre du fifre, quelques papiers gras, un petit morceau de l'estrade. Les dos des hommes de la garde s'éloignaient en rangs, au pas, et disparurent.

Wolf soupira. La fête était finie. Derrière le mur du Carré, là-bas, on devinait encore la rumeur de la fanfare qui s'éloignait par saccades, avec des résurgences. Le moteur accompagnait la musique de son ronron intarissable.

Il vit au loin Lazuli qui venait le retrouver. Folavril l'accompagnait. Elle le quitta avant qu'il ne rejoigne Wolf. Elle penchait la tête en marchant et, dans sa robe à dessins jaunes et noirs, elle avait l'air d'une salamandre blonde.

XIII

Et maintenant, Wolf et Lazuli se retrouvaient seuls comme le soir où le moteur s'était mis en marche. Wolf portait des gants de cuir rouge et des bottes de cuir doublées de peau de bêlant. Il avait revêtu une combinaison matelassée et un serre-tête qui lui dégageait le haut du visage. Il était prêt. Lazuli le regardait, un peu pâle. Wolf avait les yeux baissés.

— Tout est au point? dit-il sans lever la tête.

— Tout, dit Lazuli. Le coffre est vide. Les éléments remis en place.

— C'est l'heure? demanda Wolf.

— Dans cinq ou six minutes, dit Lazuli. Vous vous tiendrez, hein?

Son ton un peu bourru toucha Wolf.

— N'aie pas peur, dit-il. Je me tiendrai.

— Vous avez de l'espoir? demanda Lazuli.

— Le plus grand depuis longtemps, dit Wolf. Mais je n'y crois guère. Ça va encore faire comme les autres fois.

— Qu'est-ce qui s'est passé les autres fois? dit Lazuli.

— Rien, répondit Wolf. Quand c'était fini, il n'en restait rien. Que la déception. Enfin... on ne peut pas rester tout le temps au ras du sol.

Lazuli déglutit péniblement.

— Tout le monde a des petits problèmes, dit-il.

Et il revit en pensée l'homme qui le regardait embrasser Folavril.

— Sûr, dit Wolf.

Il releva les yeux.

— Cette fois, dit-il, je vais en sortir. De là-dedans, ça ne peut pas être pareil.

— C'est un peu risqué quand même, murmura Lazuli. Faites très attention, les vents doivent être mauvais.

— Ça ira, dit Wolf.

Et, sans logique, il ajouta :

— Tu aimes Folavril, elle t'aime aussi. Rien ne peut vous en empêcher.

— Presque rien... répondit Lazuli comme un faux écho.

— Alors? dit Wolf.

Il aurait voulu une passion. D'abord voir, ça lui éclaircirait les idées. Il ouvrit la porte de la cabine, mit un pied à l'intérieur et ses mains gantées se crispèrent sur les barres. Dans ses doigts, il sentait la vibration du moteur. Il se faisait l'effet d'une araignée dans une toile pas pour elle.

— C'est l'heure, dit Lazuli.

Wolf fit un signe de tête et, mécaniquement, il prit la position. La porte d'acier gris claqua sur lui. Dans la cage, le vent se mit à souffler. Doucement d'abord, puis il se raffermit comme une huile que l'on durcit au froid. Il changeait de direction sans prévenir et, lorsque l'air le frappait de face, Wolf devait s'accrocher de tout son poids à la paroi et il sentait sur sa figure le froid de l'acier terne. Pour ne pas s'épuiser, il respirait à une cadence lente. Son sang battait régulièrement dans ses canaux.

Wolf n'avait pas encore osé regarder au-dessous de lui. Il attendait d'être assez aguerri et s'astreignait à garder ses yeux fermés, chaque fois

que la fatigue le contraignait à baisser la tête. De ses hanches, partaient deux lanières de cuir suiffé terminées par des crochets de fer qu'il fixait alors à deux anneaux proches pour reposer ses mains.

Il haletait péniblement et ses genoux commençaient à lui faire mal. L'air s'allégeait, le pouls de Wolf s'accélérait et il sentait une sorte de manque à remplir au fond de ses poumons.

Le long du montant de droite, il aperçut soudain une traînée sombre, luisante, comme une coulée de grès fondu aux parois bombées d'une cruche de poterie. Il s'arrêta, accrocha ses lanières et tâta du doigt avec prudence. C'était poisseux. En élevant la main, il constata, à contre-jour, qu'une goutte rouge foncé restait suspendue à l'extrémité de son index. Elle se massa, s'allongea en poire et, d'un coup, se détacha de son doigt en filant comme de l'huile. C'était désagréable sans raison. Surmontant sa gêne, il s'apprêta à tenir une minute de plus avant que la fatigue de ses jambes tremblantes ne lui impose de s'arrêter tout à fait.

Pesamment, avec effort, il atteignit l'extrémité du délai et accrocha ses deux lanières. Cette fois, il se laissa aller à fond, tout mou au bout de ses rubans de cuir. Il sentait son poids lui écraser la taille. Dans l'angle de la cage, sous son nez, le liquide rouge ruisselait toujours, paresseux et lent, traçant un chemin sinueux sur l'acier. Seul, parfois, un épaississement local indiquait son mouvement ; à part, çà et là, un reflet, une ombre, on eût dit une ligne immobile.

Wolf attendit. Les mouvements désordonnés de son cœur s'apaisèrent. Ses muscles commençaient à s'habituer à la cadence accélérée de sa respiration. Il était seul dans la cage et, faute d'un repère, ne percevait plus son mouvement.

Il compta encore une centaine de secondes. Malgré les gants ses doigts perçurent le contact craquant du givre qui se formait. Maintenant, il faisait très clair. Il avait du mal à regarder, ses yeux pleuraient. Lâchant une main, il assujettit de l'autre ses lunettes de protection, relevées jusqu'ici sur le serre-tête. Ses paupières cessèrent de clignoter et de lui faire mal. Tout était devenu aussi net que dans un aquarium.

Timidement, il lança un regard vers ses pieds. La fuite vertigineuse du sol apparent lui coupa le souffle. Il était au centre d'un fuseau dont une pointe se perdait dans le ciel et dont l'autre jaillissait de la fosse.

À tâtons, les yeux fermés pour ne pas vomir, il défit ses crochets et tourna pour s'adosser à la paroi. Il se rattacha dans sa nouvelle position et, les talons écartés, se décida à relever ses paupières. Il serrait ses poings comme des cailloux.

Il tombait des régions supérieures de vagues traînées de poussières brillantes, insaisissables, et le ciel fictif palpitait à l'infini, troué de lueurs. La figure de Wolf était moite et glacée.

Ses jambes tremblaient maintenant et ce n'était pas la vibration du moteur qui les faisait trembler. Peu à peu, méthodiquement, il parvint cependant à se contrôler.

À ce moment, il s'aperçut qu'il se rappelait. Il ne lutta pas contre les souvenirs et se maîtrisa plus profondément, baigné dans le passé. Le givre craquant caparaçonnait ses vêtements de cuir d'une croûte brillante, cassée aux poignets et aux genoux.

Les lambeaux du temps jadis se pressaient autour de lui, tantôt doux comme des souris grises, furtifs et mobiles, tantôt fulgurants pleins de vie et de soleil — d'autres coulaient tendres et lents, fluides sans mollesse et légers, pareils à la mousse des vagues.

Certains avaient la précision, la fixité des fausses images de l'enfance formées après coup par des photographies ou les conversations de ceux qui se souviennent, impossibles à ressentir à nouveau, car leur substance s'est évanouie depuis longtemps.

Et d'autres revivaient, tout neufs, comme il les rappelait à lui, ceux des jardins, de l'herbe et de l'air, dont les mille nuances de vert et de jaune se fondent dans l'émeraude de la pelouse, foncé au noir dans l'ombre fraîche des arbres.

Wolf tremblait dans l'air blême et se souvenait. Sa vie s'éclairait devant lui aux pulsations ondoyantes de sa mémoire.

À sa droite et à sa gauche, la coulée lourde empoissait les montants de la cage.

XIV

Et d'abord ils accoururent en hordes inorganisées comme un grand incendie d'odeurs, de lumière et de murmures.

Il y avait les porte-boules, dont on fait sécher les fruits rugueux pour obtenir le poil rêche à jeter dans le cou. Il y a des gens qui les nomment platanes. Ce mot ne change rien à leurs propriétés.

Il y avait les feuilles tropicales barbelées de longs crochets cornés et bruns pareils à ceux d'insectes combattants.

Il y avait les cheveux courts de la petite fille, en neuvième, et le tablier bis du garçon dont Wolf était jaloux.

Les grands pots rouges des deux côtés du perron, transformés en Indiens sauvages par la nuit qui venait et l'incertitude de l'orthographe.

La chasse aux vers de terre avec un long manche à balai tournant.

Cette chambre immense dont on entrevoyait la voûte sphérique pardelà le coin d'un édredon bombé comme le ventre énorme du géant qui mangeait les moutons.

La mélancolie des marrons luisants que l'on revoyait tomber tous les ans, marrons d'Inde cachés parmi les feuilles jaunes, avec leur bogue molle aux piquants pas sérieux fendue en deux ou trois, et qui servaient aux jeux, taillés en masques, pareils à de petits gnomes, enfilés en colliers à trois ou quatre rangs, marrons pourris crevant en un jus écœurant, marrons lancés dans les carreaux.

Cela, c'était l'année, au retour des vacances, où les souris avaient, dans le tiroir d'en bas, rongé sans hésiter les bougies miniatures qui garnissaient hier l'épicerie modèle — et l'on éprouve encore la joie de constater, en ouvrant le tiroir voisin, qu'elles avaient laissé intact le paquet de petites pâtes avec lesquelles, sur son assiette, on s'amuse à écrire son nom le soir en mangeant du bouillon.

Où étaient les souvenirs purs ? En presque tous se fondent les impressions d'autres époques qui s'y superposent et leur donnent une réalité différente. Il n'y a pas de souvenirs, c'est une autre vie revécue avec une autre personnalité qui résulte pour partie de ces souvenirs eux-mêmes. On n'inverse pas le sens du temps à moins de vivre les yeux fermés, les oreilles sourdes.

Dans le silence, Wolf ferma les yeux. Il plongeait toujours plus avant, et devant lui se déroulait la carte sonore à quatre dimensions de son passé fictif.

Il était sans doute allé assez vite, car à ce moment-là il vit disparaître la paroi de la cage qui lui faisait face.

Détachant les crochets qui le retenaient encore, il prit pied de l'autre côté.

XV

Il faisait un léger soleil d'automne qui brillait entre les frondaisons jaunes des marronniers.

Devant Wolf, une allée allait en pente douce. Le sol était, au milieu, sec et un peu poudreux, plus foncé sur les bords, où restaient quelques auréoles de boue fine, dépôts laissés par les flaques d'une averse récente.

Entre les feuilles craquantes luisaient les dos acajou de marrons d'Inde, enveloppés parfois dans leurs bogues de teintes incertaines, du beige rouillé au vert amande.

De part et d'autre de l'allée, des pelouses négligées offraient leur surface irrégulière à la caresse du soleil. L'herbe jaunie se hérissait de chardons sporadiques et de plantes vivaces montées en graines.

L'allée paraissait aboutir à quelques ruines cernées d'un roncier pas très haut. Sur un banc de pierre blanche, devant les ruines, Wolf distingua la silhouette assise d'un vieil homme vêtu de lin. Lorsqu'il fut plus près, il constata que ce qu'il prenait pour un vêtement, c'était en réalité une barbe, une vaste barbe argentée qui faisait cinq à six fois le tour du corps de l'homme.

À côté de lui, sur le banc, il y avait une petite plaque de cuivre bien astiquée qui portait au centre, en noir et en creux, un nom : Monsieur Perle.

Wolf s'approcha de lui. De plus près, il vit que la figure du vieux était ridée comme un ballon rouge à moitié dégonflé. Il avait un gros nez taraudé de narines considérables d'où s'échappait un poil bourru, des sourcils en saillie au-dessus de deux yeux pétillants et des pommettes luisantes comme des petites pommes ou pommettes. Ses cheveux blancs coupés en brosse évoquaient une carde à coton. Ses mains déformées par l'âge, aux gros ongles carrés, reposaient sur ses genoux. Il avait pour tout costume un caleçon de bain antique rayé vert et blanc et des sandales trop vastes pour ses pieds cornés.

— Je m'appelle Wolf, dit Wolf.

Il désigna la plaquette de cuivre gravé :

— C'est votre nom ?

Le vieux acquiesça.

— C'est moi Monsieur Perle, dit-il. Parfaitement. Léon-Abel Perle. Ainsi, Monsieur Wolf, c'est votre tour. Voyons, voyons, de quoi pourriez-vous me parler ?

— Je ne sais pas, dit Wolf.

Le vieux eut l'air étonné et un peu condescendant de celui dont la question s'adresse à lui-même et n'attend pas le moindre rebond extérieur.

— Naturellement, naturellement, vous ne savez pas, dit-il.

Marmottant dans sa barbe, il tira soudain d'on ne sait où une liasse de fiches qu'il consulta.

— Voyons... voyons... dit-il. Monsieur Wolf... oui... né le... à... très bien, bon... ingénieur... oui... oui, très bien tout ça. Allons, Monsieur Wolf, pouvez-vous me parler dans le détail de vos premières manifestations de non-conformisme ?

Wolf trouvait le vieux monsieur un peu bizarre.

— Qu'est-ce... en quoi est-ce que ça peut vous intéresser ? demanda-t-il enfin.

Le vieux fit ttt... ttt... avec sa langue sur ses dents.

— Allons, allons, dit-il, je suppose qu'on vous a appris à répondre autrement ?

Il employait le ton qui se met à la portée d'un interlocuteur fortement nuancé d'infériorité.

Wolf haussa les épaules.

— Je ne vois pas en quoi ça peut vous intéresser, répéta-t-il. D'autant que je n'ai jamais protesté. J'ai triomphé si je croyais pouvoir le faire, et dans le cas contraire, j'ai toujours ignoré les choses dont je savais qu'elles me résisteraient.

— Vous ne les ignoriez donc pas au point de ne pas savoir au moins ça, dit le vieux. Vous les connaissiez assez pour faire semblant de les ignorer. Allons, tâchez de répondre honnêtement et de ne pas vous perdre dans les généralités. Et n'y avait-il, au fait, que des choses pour vous résister ?

— Monsieur, dit Wolf, je ne sais ni qui vous êtes, ni de quel droit vous me posez ces questions. Comme dans une certaine mesure je m'efforce d'être déférent avec les hommes âgés, je veux bien vous répondre en deux mots. Voici. J'ai toujours prétendu pouvoir me mettre objective-ment dans la situation de tout ce qui me fut antagoniste ; et de ce fait, je n'ai jamais pu lutter contre ce qui s'opposait à moi, car je comprenais que la conception correspondante ne pouvait qu'équilibrer la mienne pour qui n'avait aucune raison subjective d'en préférer l'une ou l'autre. C'est tout.

— C'est un peu gros, dit le vieux. Selon mes fiches, il vous est

pourtant arrivé d'avoir des raisons subjectives, comme vous dites, et de choisir. Heu... tenez... je vois là une circonstance...

— J'ai joué à pile ou face, dit Wolf.

— Oh, dit le vieux, dégoûté. Vous êtes écœurant. Enfin, voulez-vous me dire pourquoi vous êtes venu ici ?

Wolf regarda à droite et à gauche, renifla et se décida :

— Pour faire le point.

— Eh bien, dit Monsieur Perle, c'est exactement ce que je vous propose et vous me mettez des bâtons dans les roues.

— Vous êtes trop désordonné, dit Wolf. Je ne peux pas tout raconter en vrac à n'importe qui. Vous n'avez ni plan ni méthode. Voilà dix minutes que vous m'interrogez et vous n'avez pas avancé d'un pouce. Je veux des questions précises.

Monsieur Perle caressa sa grande barbe, agita le menton de haut en bas et un peu en biais et regarda Wolf d'un air sévère.

— Ah ! dit-il, je vois qu'avec vous, ça n'ira pas tout seul. Ainsi vous vous imaginez que je vous interrogeais au hasard, et sans plan préalable.

— C'est visible, dit Wolf.

— Vous savez ce que c'est qu'une meule, dit Monsieur Perle. Vous savez comment c'est fait ?

— Je n'ai pas spécialement étudié les meules, dit Wolf.

— Dans une meule, dit Monsieur Perle, il y a les grains d'abrasif, qui travaillent et le liant qui les maintient en place et doit s'user plus vite qu'eux de façon à les libérer. Certes, ce sont les cristaux qui agissent : mais le liant n'en est pas moins indispensable ; sans lui, rien n'existerait qu'un ensemble de pièces non dénuées d'éclat et de dureté, mais désorganisées et inutiles, comme un recueil de maximes.

— Oui, dit Wolf, et alors ?

— Alors, dit Monsieur Perle, j'ai un plan, parfaitement, et je vais vous poser des questions très précises, dures et acérées ; mais la sauce dont vous envelopperez les faits est pour moi aussi nécessaire que les faits eux-mêmes.

— Vu, dit Wolf. Parlez-moi un peu de ce plan.

XVI

— Le plan, dit Monsieur Perle, est évident. Nous avons à la base deux facteurs déterminants : vous êtes occidental et catholique. Il s'ensuit que nous devons adopter, chronologiquement, l'ordre que voici :

1° Rapports avec votre famille ;

2° Travail d'écolier et études postérieures ;

3° Premières expériences en matière de religion ;

4° Puberté, vie sexuelle d'adolescent, mariage éventuel ;

5° Activité en tant que cellule d'un corps social ;

6° S'il y a lieu, inquiétudes métaphysiques ultérieures, nées d'une prise de contact plus étroit avec le monde, et qui peuvent se relier au 3ᵉ au cas où, contrairement à la moyenne des hommes de votre espèce, vous n'auriez pas coupé tout contact avec la religion dans les années qui ont suivi votre première communion.

Wolf réfléchit, pesa, balança et dit :

— C'est un plan possible. Naturellement...

— Certes, coupa Monsieur Perle, on pourrait se placer d'un tout autre point de vue que le chronologique, et même intervertir l'ordre de certains numéros. En ce qui me concerne, je suis chargé de vous poser des questions sur le premier point et sur celui-là seulement. Rapports avec votre famille.

— C'est une question connue, dit Wolf. Tous les parents se valent.

Monsieur Perle se leva et se mit à marcher de long en large. Le fond de son vieux caleçon de bain pendait sur ses cuisses maigres comme une voile de calme plat.

— Pour la dernière fois, dit-il, je vous demande de ne pas faire l'enfant. Maintenant, c'est sérieux. Tous les parents se valent ! Vraiment ! Ainsi, parce que vous n'avez pas été gêné par les vôtres, vous n'en tenez aucun compte.

— Les miens étaient bons, d'accord, dit Wolf, mais avec des mauvais, on réagit plus violemment, et c'est plus profitable en fin de compte.

— Non, dit Monsieur Perle. On dépense plus d'énergie, mais finalement, comme on est parti de plus bas, on arrive au même point ; c'est du gâchis. Évidemment, quand on a vaincu plus d'obstacles, on est tenté de croire qu'on a été plus loin. C'est faux. Lutter n'est pas avancer.

— Tout ça, c'est le passé, dit Wolf. Je peux m'asseoir ?

— Allons, dit Monsieur Perle, je vois que vous avez envie d'être

insolent avec moi. En tout cas, si c'est mon maillot qui vous fait rire, pensez que je pourrais ne pas en avoir du tout.

Wolf se rembrunit.

— Je ne ris pas, dit-il, prudent.

— Vous pouvez vous asseoir, compléta Monsieur Perle.

— Merci, dit Wolf.

Malgré lui, il se laissait influencer par le ton sérieux de Monsieur Perle. Levant les yeux, il vit la figure bonasse du vieux se détacher sur les feuilles oxydées par l'automne comme de minces scories cupriques. Un marron tomba et les troua avec un bruit d'oiseau qui s'envole. La bogue et le fruit atterrirent dans un claquement doux.

Wolf rassemblait ses souvenirs. Il s'apercevait maintenant que Monsieur Perle avait eu raison de ne pas s'occuper outre mesure de son plan. Les images revenaient en vrac, au hasard, comme des numéros que l'on tire d'un sac. Il le lui dit.

— Tout va être mélangé !

— Je me débrouillerai, dit Monsieur Perle. Allez, dites tout. L'abrasif et le liant. Et n'oubliez pas que le liant donne sa forme à l'abrasif.

Wolf s'assit et mit sa figure dans ses mains. Il commença à parler d'une voix neutre, sans nuances, indifférente.

— C'était une grande maison, dit-il. Une maison blanche. Je ne me rappelle pas bien le début, je revois la figure des domestiques. Le matin, j'allais souvent dans le lit de mes parents, et devant moi, de temps à autre, mon père et ma mère s'embrassaient sur la bouche et cela m'était bien désagréable.

— Comment étaient-ils avec vous ? demanda Monsieur Perle.

— Jamais ils ne m'ont battu, dit Wolf. On ne pouvait pas les fâcher. Il fallait le faire exprès. Il fallait tricher. Toutes les fois que j'avais envie d'être en colère, il fallait que je fasse semblant et je prenais chaque fois des motifs si futiles et si vains que je ne parviens pas à en retrouver un.

Il reprit haleine. Monsieur Perle ne disait rien et son vieux visage était plissé par l'attention.

— Ils avaient toujours peur pour moi, dit Wolf. Je ne pouvais pas me pencher aux fenêtres, je ne traversais pas la rue tout seul, il suffisait qu'il y ait un peu de vent pour qu'on me mette ma peau de bique et, hiver comme été, je ne quittais pas mon gilet en laine ; c'étaient des tricots jaunâtres et distendus qu'on nous faisait avec de la laine de pays. Ma santé, c'était effrayant. Jusqu'à quinze ans je n'ai pas eu le droit de boire autre chose que de l'eau bouillie. Mais la lâcheté de mes parents, c'est

qu'eux-mêmes ne se ménageaient pas et se donnaient tort dans leur conduite à mon égard par leur comportement envers eux-mêmes. À force, je finissais par avoir peur moi-même, par me dire que j'étais très fragile, et j'étais presque content de me promener, en hiver, en transpirant dans douze cache-nez de laine. Pendant toute mon enfance, mon père et ma mère ont pris sur eux de m'épargner tout ce qui pouvait me heurter. Moralement, je ressentais une gêne vague, mais ma chair molle s'en réjouissait hypocritement.

Il ricana.

— Un jour que j'avais rencontré des jeunes gens qui, dans la rue, se promenaient, leur imperméable sur le bras tandis que je suais dans un gros paletot d'hiver, j'ai eu honte. En me regardant dans la glace, j'ai vu un balourd engoncé, ficelé et chapeauté comme une larve de hanneton. Deux jours plus tard, comme il pleuvait, j'ai retiré ma veste et je suis sorti. Je prenais mon temps pour que ma mère ait le loisir d'essayer de me retenir. Mais j'avais dit "Je vais sortir" et j'ai dû le faire. Et malgré cette peur de m'enrhumer qui me gâchait la joie d'avoir vaincu ma honte, je suis sorti parce que j'avais honte d'avoir peur de m'enrhumer.

Monsieur Perle toussota.

— Hum, hum, dit-il. C'est très bien, tout ça.

— C'est ça que vous me demandiez? dit Wolf reprenant brutalement conscience.

— C'est presque ça, dit Monsieur Perle. Vous voyez, c'est bien facile, quand on commence. Qu'est-il advenu après votre sortie?

— Ç'a été une scène terrible, dit Wolf. Toutes proportions gardées.

Il réfléchit, les yeux en l'air.

— Il y a plusieurs choses distinctes, dit-il. Mon désir de vaincre ma mollesse et mon sentiment que j'étais redevable de cette mollesse à mes parents, et la tendance de mon corps à se laisser aller à cette mollesse. C'est drôle, vous voyez, ça a commencé par la vanité, ma lutte contre l'ordre établi. Si je ne m'étais pas trouvé ridicule dans cette glace... C'est le grotesque de mon aspect physique qui m'a ouvert les yeux. Et le grotesque apparent de certaines réjouissances familiales a achevé de m'écœurer. Vous savez, les pique-niques où l'on apporte son herbe pour pouvoir rester assis sur la route afin d'éviter la vermine. Dans un désert, j'aurais aimé ça... la salade russe, les casse-noix à escargots, les tringles à macaronis... mais que quelqu'un passe, et toutes ces formes humiliantes de la civilisation familiale, les fourchettes, les timbales en aluminium, tout ça me montait à la tête — je voyais rouge. Alors je lâchais mon

assiette et je m'écartais pour avoir l'air d'être ailleurs — ou je m'installais au volant de l'auto vide, qui me rendait une virilité mécanique. Et pendant ce temps, mon moi mou me soufflait à l'oreille... «Pourvu qu'il reste de la salade russe et du jambon»... alors j'avais honte de moi, honte de mes parents, et je les haïssais.

— Mais vous les aimiez beaucoup! dit Monsieur Perle.

— Certes, dit Wolf. Et cependant la vue d'un cabas à la poignée cassée dont dépassent le thermos et le pain suffit encore aujourd'hui à me soulever le cœur et me donne envie de tuer.

— Cela vous gênait vis-à-vis des observateurs possibles, dit Monsieur Perle.

— Dès ce moment, dit Wolf, ma vie extérieure a été dirigée en fonction de ces observateurs. C'est ce qui m'a sauvé.

— Vous considérez que vous êtes sauvé? dit Monsieur Perle. Pour nous résumer, dans une première phase de votre existence, vous leur reprochez d'avoir encouragé chez vous une tendance à la pusillanimité que vous étiez, par veulerie physique, enclin à satisfaire, et, moralement, écœuré de subir. Ce qui vous a conduit à tenter de donner à votre vie un lustre qui lui manquait, et de là à tenir, plus qu'il ne fallait, compte de l'attitude d'autrui à votre égard. Comme vous étiez dans une situation dominée par des impératifs contradictoires, il y avait forcément déception.

— Et le sentiment, dit Wolf. J'étais noyé dans le sentiment. On m'aimait trop; et comme je ne m'aimais pas, je concluais logiquement à la stupidité de ceux qui m'aimaient... à leur malignité même — et peu à peu, je me suis construit un monde à ma mesure... sans cache-nez, sans parents — vide et lumineux comme un paysage boréal et j'y errais, infatigable et dur, le nez droit et l'œil aigu... sans jamais cligner des paupières. Je m'y entraînais, des heures, derrière une porte et il me venait des larmes douloureuses que je n'hésitais pas à répandre sur l'autel de l'héroïsme; inflexible, dominateur, méprisant, je vivais intensément...

Il rit gaiement.

— Sans me rendre compte un instant, acheva-t-il, que je n'étais qu'un petit garçon assez gras et que le pli méprisant de ma bouche, encadré par mes joues rondes, me donnait tout juste l'air de retenir une envie de faire pipi.

— Allons, dit Monsieur Perle, les rêves d'héroïsme sont fréquents chez les jeunes enfants. Tout cela d'ailleurs me suffit à vous noter.

— C'est drôle... dit Wolf. Cette réaction contre la tendresse, ce souci du jugement d'autrui, c'était un pas vers la solitude. Parce que j'ai eu peur, parce que j'en ai eu honte, parce que j'ai été déçu, j'ai voulu jouer les héros indifférents. Quoi de plus seul qu'un héros ?

— Quoi de plus seul qu'un mort ? dit Monsieur Perle d'un air détaché.

Peut-être que Wolf n'entendit pas. Il ne dit rien.

— Allons, conclut Monsieur Perle, je vous remercie, c'est par là.

Du doigt, il désigna le tournant de l'allée.

— Au revoir ? dit Wolf.

— Je ne pense pas, dit Monsieur Perle. Bonne chance.

— Merci, dit Wolf.

Il vit Monsieur Perle s'enrouler dans sa barbe et s'étendre confortablement sur son banc de pierre blanche. Puis il se dirigea vers le tournant de l'allée. Les questions de Monsieur Perle avaient fait surgir en lui mille visages, mille jours, qui dansaient dans sa tête comme les feux d'un kaléidoscope dément.

Et puis il y eut, d'un coup, le noir.

XVII

Lazuli grelottait. Le soir était venu d'un coup, compact et venteux, et le ciel en profitait pour se rapprocher du sol qu'il couvait de sa menace flasque. Wolf n'était pas redescendu et Lazuli se demandait s'il ne fallait pas aller le rechercher. Wolf se vexerait peut-être. Il s'approcha du moteur pour lui prendre un peu de chaleur, mais le moteur chauffait à peine.

Depuis quelques heures, les murs du Carré s'étaient fondus dans la masse cotonneuse de l'ombre, et l'on voyait cligner, pas très loin, les yeux rouges de la maison. Wolf devait avoir prévenu Lil qu'il rentrerait tard et malgré cela, Lazuli s'attendait à chaque instant à voir s'approcher une petite lanterne-tempête.

Aussi, comme il n'y était pas préparé, il se laissa surprendre par l'arrivée de Folavril, seule dans le noir. Il la reconnut tout près de lui et il eut chaud aux mains. Aimable et un peu liane, elle se laissa embrasser. Il caressa son cou gracieux, la serra sur son corps et murmura, les yeux

mi-clos, des mots de litanie ; mais elle le sentit soudain se contracter, se pétrifier.

Fasciné, Lazuli voyait près de lui un homme au teint pâle, vêtu de sombre et qui les regardait. Sa bouche faisait une barre noire sur sa figure, et ses yeux venaient de loin. Lazuli haletait. Il ne supportait pas que l'on écoute ce qu'il disait à Folavril. Il s'écarta d'elle et ses jointures blanchirent.

— Qu'est-ce que vous voulez ? dit-il.

Sans le voir, il sentit l'étonnement de la fille blonde, et une fraction de temps, détourna la tête vers elle. Surprise, avec un demi-sourire de surprise. Pas encore inquiète. Le temps qu'il regarde l'homme... il n'y avait plus personne. Lazuli se mit à grelotter, le froid de la vie lui gelait le cœur. Il restait près de Folavril, accablé, vieux. Ils ne disaient rien. Le sourire avait disparu des lèvres de Folavril. Elle lui passa son bras mince autour du cou et le cajola comme un bébé, caressant la limite rase de ses cheveux derrière l'oreille.

À ce moment-là, ils entendirent le choc mat des talons de Wolf sur le sol et il tomba près d'eux, lourdement. Il resta sur les genoux, courbé, sans forces, la tête entre ses mains. Sur sa joue, on voyait une grande traînée noire, épaisse et poisseuse, comme une croix d'encre sur un mauvais devoir ; ses doigts douloureux digéraient à peine leur longue étreinte.

Oubliant son cauchemar à lui, Saphir déchiffrait sur le corps de Wolf les traces d'une autre inquiétude. L'étoffe de son vêtement protecteur brillait de gouttelettes microscopiques comme des perles et il restait affaissé, un cadavre, au pied de la machine.

Folavril se dégagea de Saphir et s'approcha de Wolf. Elle lui prit les poignets dans ses doigts tièdes, et, sans essayer de les disjoindre, les pressa amicalement. En même temps, elle parlait d'une voix enveloppante et chanteuse, elle lui disait de rentrer à la maison, où il faisait chaud, où il y avait un grand rond de lumière sur la table, où Lil l'attendait ; et Saphir se pencha vers Wolf et l'aida à se relever. Pas à pas, ils le guidèrent dans l'ombre. Wolf marchait avec peine. Il traînait un peu la jambe droite, un bras sur les épaules de Folavril. Saphir le soutenait de l'autre côté. Ils firent tout le chemin sans mot dire. Des yeux de Wolf tombait sur l'herbe de sang une lumière hostile et froide qui posait devant eux la trace légère de son double pinceau, atténué de seconde en seconde ; lorsqu'ils arrivèrent à la porte de la maison l'opacité massive de la nuit venait de se refermer sur eux.

XVIII

Vêtue d'un peignoir léger, Lil, assise à sa coiffeuse, arrangeait ses ongles. Ils venaient de tremper pendant trois minutes dans du jus de liseron décalcifié, pour amollir la cuticule et amener la lunule au premier quartier tout juste. Elle préparait soigneusement la petite cage à fond mobile dans laquelle deux coléoptères spécialisés s'aiguisaient les mandibules en attendant le moment où, posés à pied d'œuvre, ils auraient à tâche de faire disparaître les peaux. Les encourageant de quelques mots sélectionnés, Lil posa la cage sur l'ongle de son pouce et tira la tirette. Avec un ronron satisfait, les insectes se mirent au travail, animés d'une émulation maladive. Les peaux se transformaient en fine poussière sous les coups rapides du premier, tandis que l'autre fignolait le travail, ébarbait et lissait les bords tranchés par son petit camarade.

Il y eut un frappis contre la porte et Wolf entra. Il était rasé et raclé, l'air bien mais un peu blême.

— Je peux parler avec toi, Lil ? demanda-t-il.

— Viens, dit-elle en lui faisant une place sur la banquette de satin piqué.

— Je ne sais pas de quoi, dit-il.

— Ce n'est pas grave, dit Lil. On ne parle jamais beaucoup de toute façon... Tu n'auras pas de mal à trouver. Qu'est-ce que tu as vu dans ta machine ?

— Je ne suis pas venu pour te le dire, protesta Wolf.

— Bien sûr, dit Lil. Mais tu préfères tout de même que je te le demande.

— Je ne peux pas te répondre, dit Wolf, parce que ce n'est pas plaisant.

Lil fit passer la cage de l'ongle du pouce à celui de l'index.

— Tu ne vas pas prendre cette machine tellement au tragique, dit-elle. C'est tout de même une initiative qui ne vient pas de toi.

— En général, dit Wolf, quand une vie passe par un tournant, ce n'est pas elle qui l'a prémédité.

— C'est dangereux, cette machine, dit Lil.

— Il faut se mettre dans une situation dangereuse, ou un petit peu désespérée, dit Wolf. C'est excellent à condition de ne pas le faire tout à fait exprès, ce qui est mon cas.

— Pourquoi rien qu'un peu exprès ? dit Lil.

— Le petit peu qu'il faut, c'est pour se répondre, si on a peur, dit Wolf, « je l'ai cherché ».

— C'est de l'enfantillage, dit Lil.

La cage voltigea de l'index au majeur. Wolf regardait les coléoptères.

— Tout ce qui n'est ni une couleur, ni un parfum, ni une musique, dit-il en comptant sur ses doigts, c'est de l'enfantillage.

— Et une femme? protesta Lil. Sa femme?

— Une femme, non, par conséquent, dit Wolf, puisque c'est au moins les trois.

Ils se turent un instant.

— Tu es en plein parti pour me dire des choses affreusement supérieures, dit Lil, et il y a bien un moyen de t'arrêter mais je ne veux pas défaire des ongles que j'ai eu tant de mal à faire. Aussi, tu vas sortir avec Lazuli. Tu vas prendre de l'argent et vous irez vous distraire tous les deux, ça vous fera du bien.

— Voir les choses de là-dedans, dit Wolf, ça restreint considérablement le domaine de l'intérêt.

— Tu es un éternel découragé, dit Lil. Ce qui est drôle, c'est que tu continues à faire des choses avec cette mentalité-là. Tu n'as pas tout essayé, tout de même...

— Ma Lil, dit Wolf.

Elle était toute tiède dans son peignoir bleu. Elle sentait bon le savon et les parfumeries chauffées sur la peau. Il l'embrassa dans le cou.

— J'ai tout essayé avec vous, peut-être? ajouta-t-il, taquin.

— Parfaitement, dit Lil, et j'espère que tu essaieras encore, mais tu me chatouilles et tu vas bousiller mes ongles, alors j'aime mieux que tu ailles un peu faire l'imbécile avec ton aide. Que je ne te revoie pas avant ce soir, hein... et tu ne me diras pas tout ce que vous aurez fait. Et pas de machine aujourd'hui. Vis un peu au lieu de ressasser.

— Pas besoin de machine aujourd'hui, dit Wolf. J'ai oublié des choses pour au moins trois jours. Pourquoi tu veux que je sorte sans toi?

— Tu n'aimes pas tellement sortir avec moi, dit Lil; et aujourd'hui, je n'ai pas le cafard, alors j'aime mieux que tu t'en ailles. Allez, va chercher Lazuli. Et laissez-moi Folavril, hein! Tu serais trop content d'avoir ce prétexte-là pour sortir avec elle et dire à Lazuli d'aller tripoter ton sale moteur.

— T'es bête... et machiavélique, dit Wolf.

Il se leva et se rebaissa pour embrasser un des seins de Lil spécialement embrassable une fois debout lui Wolf.

— File! dit Lil avec une pichenette de l'autre main.

Wolf sortit, referma la porte et monta un étage. Il toqua chez Lazuli. Qui dit entrez et apparut sur son lit, renfrogné.

— Oui? dit Wolf. C'est triste, hein?

— Ah! oui, soupira Lazuli.

— Viens, dit Wolf. On va faire une virée en garçons.

— Quel genre? dit Lazuli.

— En garçons pas sérieux, dit Wolf.

— Alors, j'emmène pas Folavril? dit Lazuli.

— Pas question, dit Wolf. Au fait, où est-elle?

— Chez elle, dit Lazuli. Fait ses ongles. Pouah!

Ils descendirent l'escalier. Au moment de passer le palier où habitait Wolf, celui-ci s'arrêta.

XIX

— Tu n'es pas de bonne humeur, constata-t-il.

— Vous non plus, dit Lazuli.

— On va prendre du vigoureux, dit Wolf. J'ai un reginglot 1924 qu'est spécialement idoine. Ça console.

Il entraîna Lazuli dans la salle à manger et ouvrit le placard. Il y avait une pleine bouteille de reginglot à moitié vide.

— Ça suffira, dit Wolf. À la régalade?

— Voui, dit Lazuli. Comme des hommes.

— Qu'on est, ajouta Wolf pour renforcer leur décision.

— La trique au vent, dit Lazuli, tandis que Wolf buvait. La trique au vent et tant pis pour les cloches. Et vive les récipiendaires. Passez-moi ça, buvez pas tout.

D'un dos de main, Wolf se torcha les babines.

— T'as l'air un peu énervé, dit-il.

— Glou! fit Lazuli.

Et il ajouta:

— Je suis un affreux simulateur.

La bouteille vide ayant conscience de son inutilité totale, s'étrécit et se tassa, se tsantsa[6] et disparut.

— Allons-y! dit Wolf.

Ils partirent, marquant le pas au moyen d'un crayon gras. Ça distrait.

À leur gauche, disparut la machine.

Ils traversèrent le Carré.

Franchirent la brèche.

Voilà la route.

— Qu'est-ce qu'on va faire ? dit Lazuli.

— Voir les filles, dit Wolf.

— Chouette ! dit Lazuli.

— Comment chouette ? protesta Wolf. C'est à moi de dire ça. Toi, tu es célibataire.

— Justement, dit Lazuli. J'ai le droit de me réjouir sans remords.

— Oui, dit Wolf. Mais toi, tu ne le diras pas à Folavril.

— Plus souvent ! grogna Lazuli.

— Elle ne voudrait plus de toi.

— Je ne sais pas, dit hypocritement Lazuli.

— Tu veux que je lui dise pour voir ? proposa hypocritégalement Wolf.

— J'aime mieux pas, avoua Lazuli. Mais pourtant, j'ai le droit, bon Dieu !

— Oui, dit Wolf.

— Avec elle, dit Lazuli, j'ai des embêtements. Je ne suis jamais seul. Toutes les fois que je commence à m'occuper d'elle sexuellement, c'est-à-dire avec mon âme, il y a un homme...

Il s'interrompit.

— Je suis cinglé. Ça a l'air tellement idiot comme ça. Mettons que j'aie rien dit.

— Il y a un homme ? répéta Wolf.

— C'est tout, dit Lazuli. Il y a un homme et on n'y peut rien.

— Qu'est-ce qu'il fait ?

— Il regarde, dit Lazuli.

— Quoi ?

— Ce que je fais.

— Ça... murmura Wolf, c'est lui que ça doit gêner.

— Non... dit Lazuli. Parce que, à cause de lui, je ne peux rien faire de gênant.

— C'est une bonne blague, dit Wolf. Quand est-ce que tu en as eu l'idée ? Ça ne serait pas plus simple de dire à Folavril que tu ne veux pas d'elle ?

— Mais j'en veux !... gémit Lazuli. J'en veux drôlement !...

La ville s'approchait d'eux. Les petites maisons en bouton, les demi-

maisons presque grandes avec une fenêtre encore enterrée à moitié et les toutes poussées de diverses couleurs et odeurs. Ils suivirent la rue principale et tournèrent vers le quartier des amoureuses. On passait une grille d'or et tout devenait de luxe. Les façades des maisons étaient plaquées de turquoise ou de lave rose, et par terre, c'était de la fourrure épaisse, onctueuse, jaune citron. Au-dessus des rues, il y avait, entrevues, des coupoles de cristal mince et de verre gravé mauve et eau. Des lampadaires à gaz parfumé éclairaient les numéros des maisons devant lesquelles, sur un petit écran de télévoyance en couleur, on pouvait contrôler l'activité des occupantes dans des boudoirs tendus de velours noir et éclairés gris pâle. La musique vous nouait les six dernières vertèbres, très douce et sulfureuse. Celles qui n'opéraient pas étaient devant leurs portes, dans des niches de cristal où ruisselaient des jets d'eau de rose pour les détendre et les adoucir.

Un voile de brume rouge au-dessus de leurs têtes masquait et découvrait par intervalles les dessins capricieux du verre des coupoles.

Dans la rue, il y avait quelques hommes, un peu étourdis, qui avançaient à pas vagues. D'autres, allongés devant les maisons, rêvaient en reprenant des forces. Le bord du trottoir, sous la fourrure citron, était de mousse élastique, douce aux sentiments, et les ruisseaux de vapeur rouge filaient le long des maisons, suivant les tubes de descente en verre épais à travers lesquels on vérifiait aisément l'activité des salles de bain.

Il circulait des marchandes de poivre et de cantharide, vêtues d'un gros ruban de fleurs dans les cheveux et portant des petits plateaux de métal mat avec des sandwiches tout prêts.

Wolf et Lazuli s'assirent sur le trottoir. Il passa contre eux une marchande longue, brune et déliée, qui chantonnait une valse lente et dont la cuisse lisse effleura la joue de Wolf. Elle sentait le sable des Îles. Wolf la retint en étendant la main et il lui caressa la peau suivant les contours des muscles fermes. Elle s'assit entre eux. Ils se mirent tous trois à manger des sandwiches au poivre.

À la quatrième bouchée, l'air commençait à vibrer autour de leurs têtes et Wolf s'allongea dans le ruisseau confortable. La marchande s'étendit à côté de lui. Wolf était sur le dos et elle, à plat ventre, accoudée, lui glissait de temps en temps un nouveau sandwich entre les dents. Lazuli se mit debout et il cherchait des yeux une porteuse de boissons. Elle arriva et ils burent des gobelets d'alcool d'ananas pimenté et bouillant.

— Que fait-on ? murmura Wolf très voluptueusement.

— On est bien ici, dit Lazuli, mais on serait encore mieux dans une de ces jolies maisons.

— Vous n'avez plus faim ? demanda la marchande de poivre.

— Ni soif ? compléta sa collègue.

— Vous, dit Wolf, on peut entrer avec vous dans ces maisons ?

— Non, dirent les deux marchandes. Nous, on est plus ou moins vestales.

— On peut toucher ? dit Wolf.

— Oui, dirent les deux filles. Touchotter, bigeotter, lichotter, mais rien de plus.

— Oh zut ! dit Wolf. De quoi se mettre en appétit et être obligé de s'arrêter juste au bon moment !...

— On a des fonctions, expliqua la porteuse de boissons. Il faut faire attention dans notre métier. Et puis celles des maisons en tâtent un peu...

Elles se relevèrent, les reins élastiques. Wolf s'assit et passa une main incertaine dans ses cheveux. Restant où il était, il enlaça les jambes de la marchande de sandwiches et posa ses lèvres sur de la chair qui voulait bien. Puis il se releva et entraîna Lazuli.

— Viens, dit-il. Laissons-les travailler.

Déjà elles s'éloignaient avec des gestes d'adieu.

— On compte cinq maisons, dit Lazuli, et on entre.

— D'accord, dit Wolf. Pourquoi cinq ?

— Parce qu'on est deux, dit Lazuli.

Il comptait :

— ... quatre... cinq. Passez devant.

C'était une petite porte d'agate enchâssée de bronze luisant. Sur l'écran, on voyait qu'elles dormaient. Wolf poussa la porte. Il y avait dans la pièce une lumière beige et trois filles étendues sur un grand lit de cuir.

— Ça va bien, dit Wolf. Déshabillons-nous sans les réveiller. Celle du milieu servira à nous séparer.

— Ça va nous remettre les idées en place, dit Lazuli, ravi.

Wolf laissa tomber ses vêtements à ses pieds. Lazuli se battit avec un lacet de soulier et arracha tout. Ils étaient nus tous les deux.

— Et si celle du milieu se réveille ? dit Wolf.

— Faut pas s'en faire, dit Lazuli. On trouvera bien une solution. Elles doivent savoir se débrouiller dans un cas comme ça.

— Je les aime, dit Wolf. Elles sentent bon la femme.

Il s'étendit contre la rousse tout près de lui. Elle était chaude de sommeil et n'ouvrit pas les yeux. Ses jambes se réveillèrent jusqu'à son ventre. Le haut continuait à dormir pendant que Wolf, bercé[7], redevenait jeune comme tout. Et personne ne regardait Lazuli.

XX

En reprenant conscience, Wolf s'étira et se dégagea du corps de son amoureuse qui s'était rendormie tout entière. Il se leva, fit jouer ses muscles et se pencha vers elle pour la soulever. Elle s'accrocha à son cou et il la porta jusqu'à la baignoire où coulait une eau opaque et parfumée. Il la cala confortablement et revint se rhabiller. Lazuli, déjà prêt, l'attendait en caressant les deux autres filles qui se laissaient faire plutôt volontiers. Lorsqu'ils sortirent, elles les embrassèrent et s'en furent rejoindre leur camarade.

Ils foulèrent le sol jaune, les mains dans les poches, respirant à pleins poumons l'air laiteux. D'autres hommes les croisaient, pleins de sérénité. De temps en temps, certains s'asseyaient par terre, retiraient leurs chaussures et se calaient commodément contre le trottoir pour un somme avant de recommencer. Quelques-uns passaient leur vie entière dans le quartier des amoureuses, nourris de poivre et d'alcool d'ananas. Ils étaient maigres et durs, avec des yeux flambants, des gestes arrondis et l'esprit apaisé.

À l'angle d'une rue, Wolf et Lazuli se heurtèrent à deux marins qui sortaient d'une maison bleue.

— Vous êtes d'ici ? demanda le plus grand.

Il était grand, brun, frisé, avec un corps musclé et une tête romaine.

— Oui, dit Lazuli.

— Vous nous indiquez où on peut jouer ? demanda l'autre marin, moyen et neutre.

— À quoi ? dit Wolf.

— À la saignette ou au retroussis, répondit le premier marin.

— Le quartier des jeux est par là... dit Lazuli en montrant devant eux. On y va.

— On vous suit, dirent les deux marins en chœur.

Ils continuèrent en parlant.

— Quand avez-vous débarqué ? demanda Lazuli.

— Il y a deux ans, répondit le grand marin.

— Comment vous appelez-vous ? demanda Wolf.

— Je m'appelle Sandre, dit le grand marin, et mon copain se nomme Berzingue.

— Vous êtes resté dans le quartier depuis deux ans ? demanda Lazuli.

— Oui, dit Sandre. On y est bien. Nous aimons beaucoup le jeu.

— La saignette ? précisa Wolf qui avait lu des histoires de marins.

— La saignette et le retroussis, dit Berzingue, qui semblait parler peu.

— Venez jouer avec nous, proposa Sandre.

— À la saignette ? dit Lazuli.

— Oui, dit Sandre.

— Vous êtes sûrement trop forts pour nous, dit Wolf.

— C'est un bon jeu, dit Sandre. Il n'y a pas de perdants. Il y a des gagnants plus ou moins et on profite de ce que gagnent les autres autant que de ce que soi-même.

— Je me laisserais presque tenter, dit Wolf. Tant pis pour l'heure. Il faut tout essayer.

— Il n'y a pas d'heure, dit Berzingue. J'ai soif.

Il héla une porteuse de boissons qui accourut. Sur son plateau, l'alcool d'ananas pimenté bouillait dans des gobelets d'argent. Elle but avec eux et ils l'embrassèrent sur ses lèvres à vif.

Ils foulaient toujours l'épaisse laine jaune, environnés de brume par instants, complètement détendus, bien vivants jusqu'au bout des doigts de pied.

— Avant ici, dit Lazuli, vous avez beaucoup navigué ?

— Ja, ja, jamais, dirent les deux marins.

Puis Berzingue ajouta :

— On ment.

— Oui, dit Sandre. On n'a pas arrêté, en réalité. On disait ja, ja, jamais parce qu'à notre idée, ça devrait quasiflûtement pouvouyoir fayère une cheranceron.

— Ça ne nous dit pas ousque vous avez été, dit Lazuli.

— On a vu les Îles Creuses, dit Sandre, et on y est restés trois jours.

Wolf et Lazuli les regardèrent avec respect.

— C'est comment ? dit Wolf.

— C'est creux, dit Berzingue.

— Foutre de foutre ! dit Lazuli.

Il était devenu tout pâle.

— Faut pas penser à ça, dit Sandre. C'est passé maintenant. Et puis, sur le moment, on ne s'est pas rendu compte.

Il s'arrêta.

— Ça y est, dit-il. C'est l'endroit. Vous aviez raison, c'était bien par là. Nous, depuis deux ans qu'on est ici, on n'arrive pas à s'y retrouver.

— Comment faites-vous en mer ? demanda Wolf.

— En mer, dit Sandre, il y a de la variété. Y a pas deux vagues qui se ressemblent. Ici, c'est toujours pareil. Des maisons et des maisons. On peut pas.

Il poussa la porte et elle admit cet argument.

À l'intérieur, c'était grand et carrelé, tout lavable. Du côté des joueurs, on s'asseyait dans des fauteuils en cuir, de l'autre, des gens étaient debout, nus et attachés, femmes ou hommes, suivant les goûts. Sandre et Berzingue avaient déjà sur eux des pipes à saignette à leurs initiales et Lazuli en prit deux sur un plateau pour Wolf et lui-même, avec une boîte d'aiguilles.

Sandre s'assit, porta sa pipe à sa bouche et souffla. Là-bas, devant lui, il y avait une fille de quinze ou seize ans. L'aiguille se ficha dans la chair de son sein gauche et une grosse goutte de sang se forma, coula et descendit le long du corps.

— Sandre est vicieux, dit Berzingue. Il vise les seins.

— Et vous ? demanda Lazuli.

— Moi, d'abord, dit Berzingue, je fais ça aux hommes. Moi, j'aime les femmes.

Sandre en était à sa troisième aiguille. Elle arriva si près des deux premières que l'on entendit le petit cliquetis de l'acier.

— Tu veux y jouer ? demanda Wolf à Lazuli.

— Pourquoi pas ? dit Lazuli.

— Moi, dit Wolf, je n'ai plus guère envie.

— Une vieille ? proposa Lazuli. Ça ne peut pas te faire de mal, une vieille... sous l'œil.

— Non, dit Wolf. J'aime pas. Pas drôle.

Berzingue avait choisi sa cible, un garçon criblé d'acier, qui regardait ses pieds, l'air indifférent. Il prit sa respiration et souffla de toutes ses forces. La pointe arriva en pleine chair et disparut dans l'aine du garçon qui sursauta. Un gardien s'approcha.

— Vous jouez trop fort, dit-il à Berzingue. Comment voulez-vous qu'on la retire si vous jouez aussi fort ?

Il se pencha sur le point sanglant et, tirant de sa poche une brucelle d'acier chromé, fouilla délicatement la chair. Il laissa choir sur le carrelage l'aiguille brillante et rouge.

Lazuli hésitait.

— J'ai très envie d'essayer, dit-il à Wolf. Mais je ne suis pas tellement sûr d'aimer ça autant qu'eux.

Sandre avait lancé ses dix aiguilles. Ses mains tremblaient et sa bouche déglutissait doucement. On ne voyait plus que le blanc de ses yeux. Il eut une sorte de spasme et se laissa aller en arrière dans son fauteuil de cuir.

Lazuli actionnait la manivelle qui changeait la cible devant lui. Brusquement, il s'immobilisa.

Il y avait devant lui un homme vêtu de sombre, l'air triste, qui le regardait. Il se passa la main sur les paupières.

— Wolf! souffla-t-il. Vous le voyez?

— Qui? dit Wolf.

— L'homme!... en face de moi.

Wolf regarda. Il s'ennuyait. Il voulait partir.

— Tu es sonné, dit-il à Lazuli.

Il y eut un bruit près d'eux. Berzingue avait encore soufflé trop fort et il recevait, en représailles, cinquante aiguilles dans la figure. Son visage n'était plus qu'une tache rouge et il poussait des gémissements pendant que deux gardiens l'emmenaient.

Lazuli, troublé par ce spectacle, avait détourné les yeux. Il les reporta devant lui. La cible était vide. Il se leva.

— Je vous suis... murmura-t-il à l'adresse de Wolf.

Ils sortirent. Tout leur entrain était tombé.

— Pourquoi avons-nous rencontré ces marins? dit Lazuli.

Wolf soupira.

— Il y a tellement d'eau partout, dit-il. Et si peu d'îles.

Ils s'éloignaient à grands pas du quartier des jeux, et devant eux se dressait la grille noire de la ville. Ils franchirent l'obstacle et se retrouvèrent dans l'obscurité tissée de fils sombres; ils avaient encore une heure de marche pour retourner à la maison.

XXI

Ils allaient, sans se soucier du chemin, côte à côte comme pour faire Eve. Lazuli traînait un peu la jambe et sa combinaison de soie grège faisait des plis. Wolf marchait la tête baissée, comptant ses pieds. Au bout d'un moment il dit avec une espèce d'espoir :

— Si on passait par les cavernes ?

— Oui, dit Lazuli. Ici, il y a trop de monde.

Ils venaient en effet, pour la troisième fois en dix minutes, de croiser un vieillard pas frais. Wolf étendit le bras à gauche pour montrer qu'il allait tourner et ils entrèrent dans la première maison. C'était une maison à peine poussée, un étage environ, car ils approchaient des faubourgs. Ils descendirent l'escalier de la cave, vert de mousse, et parvinrent au couloir général qui desservait la rangée. De là, sans effort, on accédait aux cavernes. Il suffisait d'assommer le gardien, ce qui fut chose aisée, car il ne lui restait qu'une dent.

Derrière le gardien s'ouvrait une porte étroite avec un arc en plein cintre et un nouvel escalier, tout brillant de cristaux minuscules. Des lampes, de place en place, guidaient les pas de Wolf et de Lazuli qui faisaient crisser sous leurs semelles les concrétions éblouissantes. En bas de l'escalier, le souterrain s'élargissait et l'air devenait chaud avec des pulsations comme dans une artère.

Ils firent deux ou trois cents mètres avant de se parler. Par endroits, le mur s'interrompait sur des ouvertures plus basses, des ramifications du passage central, et chaque fois, les couleurs des cristaux changeaient. Il y en avait des mauves, des vert vif, certains comme de l'opale, avec des reflets à la fois bleu lacté et orange ; des couloirs avaient l'air tapissés d'yeux de chat. Dans d'autres, la lumière tremblait doucement et le centre des cristaux palpitait comme un petit cœur minéral. Ils ne couraient aucun risque de se perdre parce qu'il n'y avait qu'à suivre le passage principal pour arriver en dehors de la ville. Ils s'arrêtaient parfois pour suivre du regard les jeux de lumière dans une des ramifications. Aux raccordements, il y avait des bancs de pierre blanche pour s'asseoir.

Wolf pensait que la machine continuait à l'attendre dans le noir et il se demandait quand il allait y retourner.

— Il y a un liquide qui suinte sur les montants de la cage, dit Wolf.

— Ce que vous aviez sur la figure en descendant ? demanda Lazuli. Ce machin noir et collant ?

— C'est devenu noir quand je suis descendu, dit Wolf. Dedans, c'était rouge. Rouge et poisseux comme du sang épais.

— Ce n'est pas du sang, dit Lazuli, c'est probablement une condensation...

— C'est remplacer un mystère par un mot, dit Wolf. Ça fait un autre mystère, c'est tout. On commence comme ça, et on finit par faire de la magie.

— Et alors ? dit Lazuli. Ce n'est pas de la magie, cette histoire de cage ? C'est un résidu de vieille superstition gauloise.

— Laquelle ? dit Wolf.

— Vous êtes comme tous les autres Gaulois, dit Lazuli. Vous craignez que le ciel ne vous tombe sur la tête, alors, vous prenez les devants. Vous vous enfermez.

— Bon Dieu, dit Wolf, c'est le contraire. Je veux voir ce qu'il y a derrière.

— Comment se fait-il que ça coule rouge, dit Lazuli, puisque ça vient de rien ? C'est forcément une condensation. Mais ça, vous ne vous en souciez pas du tout. Qu'est-ce que vous avez vu, de là-dedans ? Vous n'êtes même pas fichu de me le dire, protesta Lazuli, pourtant je travaille avec vous depuis le début. Vous le savez bien, que vous vous foutez complètement de ce qu'il y a...

Wolf ne répondit pas. Lazuli hésitait. Il se décida.

— Dans une chute d'eau, dit-il, ce qui compte, c'est la chute, ce n'est pas l'eau.

Wolf releva la tête.

— De là-dedans, dit-il, on voit les choses comme elles ont été. C'est tout.

— Et ça vous donne envie d'y retourner ? dit Lazuli, avec un ricanement sarcastifleur.

— C'est autre chose qu'une envie, dit Wolf. C'est inévitable.

— Bouh ! pouffa Lazuli. Vous me faites marrer.

— Pourquoi est-ce que tu as l'air si idiot quand tu es avec Folavril ? dit Wolf pour contre-attaquer. Tu vas me le dire, peut-être ?

— Pas du tout, dit Lazuli. Je n'ai rien à vous dire de ça, puisqu'il ne se passe rien d'anormal.

— Tu te ressaisis, hein ? dit Wolf. Parce que tu viens de faire ça avec une amoureuse du quartier ? Alors, tu crois que ça va remarcher avec

Folavril? Ben, tu peux dormir tranquille. Sitôt que tu seras de nouveau avec elle, tu auras ton type qu reviendra t'embêter.

— Non, dit Lazuli. Pas après ce que j'ai fait.

— Et tout à l'heure, à la saignette, tu ne l'as pas vu le type? dit Wolf.

— Non, dit Lazuli qui mentait avec aplomb.

— Tu mens, dit Wolf.

Et il ajouta:

— Avec aplomb.

— Est-ce qu'on est bientôt arrivés? dit Lazuli en changeant de ton parce que ça devenait pénible.

— Non, dit Wolf. Encore une bonne demi-heure.

— Je veux voir le nègre qui danse, dit Lazuli.

— C'est au prochain embranchement, dit Wolf. Dans deux minutes. Ça ne nous fera pas de mal, tu as raison. Cette saignette est un jeu idiot.

— La prochaine fois, dit Lazuli, on jouera plutôt au retroussis.

XXII

Et puis à ce moment-là, ils arrivèrent au point d'où l'on voyait le nègre danser. Les nègres ne dansent plus dehors. Il y a toujours un tas d'imbéciles qui viennent les regarder, et les nègres croient que c'est pour les tourner en ridicule. Car les nègres sont très susceptibles et ils ont raison. Après tout, être blanc, c'est une absence de pigments plutôt qu'une qualité spéciale, et on ne voit pas pourquoi des types qui ont inventé la poudre se prétendraient supérieurs à tout le monde et devraient être autorisés à troubler les activités autrement intéressantes de la danse et de la musique. Ceci pour dire que le nègre n'avait guère trouvé que ce coin-là pour être tranquille; la caverne était gardée par un gardien; il fallait donc pour voir le nègre se débarrasser du gardien, et ce geste constituait aux yeux du nègre une sorte de certificat: si on avait vraiment eu assez envie de le voir pour démolir le gardien, on gagnait le droit de le faire, parce qu'on prouvait une assez grande absence de préjugés.

D'ailleurs, il s'était installé confortablement et un tube spécial lui envoyait du vrai soleil et de l'air du dehors. L'embranchement choisi par lui, en beaux cristaux au chrome orange, était assez dégagé et plutôt haut de plafond, il y poussait des herbes tropicales et des colibris, et en

général les épices indispensables. Le nègre se faisait de la musique sur une machine perfectionnée qui jouait longtemps. Il travaillait le matin, par sections, des danses qu'il exécutait le soir, complètes et avec tous les détails.

Lorsque Wolf et Lazuli parurent, il allait tout juste commencer la danse du serpent, qui se fait des hanches aux orteils, sans le secours du reste. Il attendit poliment qu'ils soient près de lui et commença. Sa machine à musique faisait un ravissant accompagnement où l'on reconnaissait le timbre grave de la sirène d'un bateau à vapeur[8] qui remplaçait au pied levé le saxophone baryton de l'orchestre, lorsque le disque avait été enregistré.

Wolf et Lazuli se taisaient et regardaient. Le nègre était très habile, il avait bien quinze façons de se remuer les rotules, ce qui est un nombre considérable, même pour un nègre. Peu à peu, cela faisait oublier tous les ennuis, la machine, le Conseil Municipal, Folavril et la saignette.

— Je ne regrette pas d'être revenu par la caverne, dit Lazuli.

— Sans doute, répondit Wolf. Surtout qu'il fait nuit dehors, à cette heure-ci. Et lui, il a encore du soleil.

— On devrait venir habiter avec lui, suggéra Lazuli.

— Et le travail ? dit Wolf pas convaincu.

— Oh, le travail ! oui ! hein ! dit Lazuli. Mais non, vous voulez retourner dans votre sacrée cage. C'est un bon prétexte, le travail. Et moi, je veux voir si l'homme revient.

— Zut ! dit Wolf. Regarde-le et fiche-moi la paix. Il vous empêche de penser à ça.

— Naturellement, dit Lazuli, mais j'avais un reste de conscience professionnelle.

— Va te faire foutre, avec ta conscience professionnelle, dit Wolf.

Le nègre leur adressa un large sourire et s'arrêta. La danse du serpent était finie. Sur sa figure, on voyait briller de grosses gouttes de sueur et il s'essuya avec un vaste mouchoir à carreaux. Puis, sans plus attendre, il se mit à faire la danse de l'autruche. Il ne se trompait pas une fois et à chaque instant, il inventait de nouveaux rythmes avec le tapotis de ses pieds.

À la fin de cette nouvelle danse, il leur fit un grand sourire.

— Ça fait deux heures que vous êtes là, dit-il très objectivement.

Wolf regarda sa montre. C'était exact.

— Il ne faut pas nous en vouloir, dit-il. Nous étions fascinés.

— C'est à ça que ça sert, constata le nègre.

Mais Wolf sentit à je ne sais quoi — on sent très vite quand un nègre devient susceptible — qu'ils étaient restés trop longtemps déjà. Avec un murmure de regret, il prit congé.

— Au revoir, dit le nègre.

Et, derechef, il enchaîna sur le pas du lion boiteux. Avant de regagner le souterrain principal, Wolf et Lazuli se retournèrent une dernière fois, au moment où il imitait l'assaut de la gazelle des plateaux. Puis ils tournèrent et ne le virent plus.

— Zut! dit Wolf. Quel dommage qu'on ne puisse pas rester plus!

— On va déjà être drôlement en retard, dit Lazuli sans pour cela se presser le moins du monde.

— Tout ça, des déceptions, dit Wolf. Parce que ça ne dure pas.

— On se sent frustrés, dit Lazuli.

— Mais si ça durait, dit Wolf, ça serait la même fin.

— Ça ne dure jamais, dit Lazuli.

— Si, dit Wolf.

— Non, dit Lazuli.

C'était difficile à dénouer, alors Wolf changea de conversation.

— On a une bonne journée de travail devant nous, dit-il.

Il réfléchit et ajouta:

— Le travail, ça dure.

— Non, dit Lazuli.

— Si, dit Wolf.

Ce fut le tour de Lazuli.

— J'ai hâte de voir Folavril.

— Ça ne durera pas, répondit Wolf.

— Si, dit Lazuli.

— Non, dit Wolf.

Cette fois, ils furent obligés de se taire. Ils marchaient vite et le sol commençait à remonter. Brusquement, ce fut un escalier. Dans une guérite, à droite, se tenait, au gardien-à-vous, un vieux gardien.

— Qu'est-ce que vous fichez là? leur demanda-t-il. Vous avez estourbi mon confrère de l'autre bout?

— Pas gravement, assura Lazuli. Il pourra marcher demain.

— Tant pis, dit le vieux gardien. J'avoue que je ne déteste pas voir du monde. Bonne chance, mes gars.

— Si on revient, dit Lazuli, vous nous laisserez descendre?

— Pas question, dit le vieux gardien. La consigne, c'est elle. Il faudra me passer sur le corps.

— Entendu, promit Lazuli. À bientôt.

Au-dehors, il y avait des cernes gris et blêmes. Il faisait du vent. Le jour allait bientôt se lever.

En passant près de la machine, Wolf s'arrêta.

— Rentre seul, dit-il à Lazuli. j'y retourne.

Lazuli s'éloigna en silence. Wolf ouvrit l'armoire et commença à s'équiper. Ses lèvres remuaient indistinctement. Il tira le levier qui ouvrait la porte et pénétra dans la cage. La porte grise se referma sur lui avec un claquement clair.

XXIII

Cette fois, il avait mis l'index à la vitesse maximum et ne sentit pas le temps s'écouler. Lorsque son esprit se clarifia, il se retrouvait en haut de la grande allée, à l'endroit même où il avait quitté Monsieur Perle.

C'était le même sol gris-jaune, avec les marrons, les feuilles mortes et les pelouses. Mais les ruines et le roncier étaient déserts. Il aperçut le tournant qu'il fallait franchir. Il avança sans hésiter.

Presque aussitôt, il prit conscience d'un brusque changement de décor ; malgré quoi il n'eut pas la notion d'une interruption, d'une solution de continuité quelconque. Maintenant, devant lui, c'était une rue pavée, assez raide, triste, bordée à droite par des tilleuls ronds le long d'un vaste bâtiment gris, à gauche par un mur sévère couronné de tessons. Il régnait un silence total sur toutes choses. Wolf, à pas lents, longea le mur ; au bout de quelques dizaines de mètres, il se trouva devant une porte à guichet, entrebâillée. Sans hésiter, il la poussa et entra. À ce moment, une brève sonnerie retentit, et cessa. Il était dans une vaste cour carrée qui lui rappela la cour du lycée. La disposition des lieux lui sembla familière. Le jour commençait à baisser. Là-bas, dans ce qui avait été le bureau du surveillant général, brillait une lumière jaune. Le sol était propre, assez bien entretenu. Une girouette grinçait sur le grand toit d'ardoises.

Wolf marcha vers la lumière. Lorsqu'il fut assez près, il vit, par la porte vitrée, un homme assis à une petite table et qui paraissait attendre. Il frappa et entra.

L'homme regarda sa montre, une montre ronde en acier qu'il tira de la poche de son gilet gris.

— Vous avez cinq minutes de retard, dit-il.

— Je m'excuse, dit Wolf.

Le bureau était triste, classique, il sentait l'encre et le désinfectant. À côté de l'homme, sur une petite plaque rectangulaire, on lisait en creux et en noir un nom : Monsieur Brul.

— Asseyez-vous, dit l'homme.

Wolf s'assit et le regarda. Monsieur Brul avait, ouverte devant lui, une chemise de papier fort de couleur bulle, qui contenait divers papiers. Il était âgé de quarante-cinq ans environ, il était maigre, les os de sa mâchoire ressortaient sous ses joues jaunes et son nez pointu faisait triste. Il avait deux yeux soupçonneux sous des sourcils mités et un rond en dépression sur ses cheveux gris marquait la place d'un chapeau trop porté.

— Vous êtes déjà passé avec mon collègue Perle, dit Monsieur Brul.

— Oui, monsieur, dit Wolf. Léon Abel Perle.

— Pour suivre le plan, dit Monsieur Brul, je devrais maintenant vous interroger sur votre travail d'écolier et vos études.

— Oui, monsieur, dit Wolf.

— Cela m'ennuie, dit Monsieur Brul, car mon collègue l'Abbé Grille sera obligé de revenir en arrière. En effet, vos rapports avec la religion ont duré fort peu de temps, alors que vos études vous ont accaparé jusqu'au-delà de la vingtième année.

Wolf acquiesça.

— Vous allez partir d'ici, dit Monsieur Brul, et suivre le couloir intérieur jusqu'au troisième embranchement. Là, vous trouverez facilement l'Abbé Grille et vous lui donnerez ce billet. Ensuite, vous reviendrez me voir.

— Oui, monsieur, dit Wolf.

Monsieur Brul remplit une formule et la tendit à Wolf.

— Comme cela, dit-il, nous aurons le temps de nous y reconnaître. Suivez le couloir. Le troisième transversal.

Wolf se leva, salua et sortit.

Il se sentait un peu oppressé. Le long couloir sonore, voûté prenait jour sur une cour intérieure, un jardin triste aux allées de gravier bordées de buis nain. Des rosiers morts sortaient de massifs de terre sèche sur lesquels rampaient des herbettes minables. Les pas de Wolf résonnaient dans le couloir et il avait envie de courir comme il courait lorsqu'il était en retard, autrefois, quand il passait par la loge du concierge après la fermeture de la grande grille bardée de tôle opaque. Le sol de ciment

grainé était coupé au droit des colonnes qui soutenaient la voûte, de bandes de pierre blanche plus usées que le reste, où l'on distinguait des traces de coquillages fossiles. Des portes béaient, de l'autre côté de la cour, sur des classes vides aux bancs en gradins ; de temps en temps, Wolf apercevait un coin de tableau noir et, raide et austère, une chaire sur son estrade usée.

Au troisième embranchement, Wolf repéra immédiatement une petite plaque d'émail blanc : Catéchisme. Il toqua timidement et entra. C'était une salle comme une salle de classe sans tables, avec des bancs durs taillardés et gravés, et des lampes, au bout de longs fils, munies d'abat-jour émaillés ; les murs, bruns jusqu'à un mètre cinquante du sol, tournaient au gris sale au-dessus. Une épaisse couche de poussière recouvrait les choses. À sa table, mince et distingué, l'Abbé Grille paraissait s'impatienter. Il avait une petite barbe en pointe et une soutane de bonne coupe ; une légère serviette de cuir noir reposait près de lui sur la table. Entre ses mains, Wolf vit, sans étonnement, le dossier que tenait Monsieur Brul quelques instants plus tôt.

Il tendit son billet.

— Bonjour, mon enfant, dit l'Abbé Grille.

— Bonjour, monsieur l'Abbé, dit Wolf. C'est Monsieur Brul qui...

— Je sais, je sais, dit l'Abbé Grille.

— Vous êtes pressé ? demanda Wolf. Je peux m'en aller.

— Mais pas du tout, pas du tout, dit l'Abbé Grille. J'ai tout le temps.

Sa voix travaillée et trop distinguée heurtait Wolf comme une verrerie incommode.

— Voyons... murmura l'Abbé Grille. En ce qui me concerne... euh... vous ne croyez plus à grand-chose, n'est-ce pas ? Alors... voyons... dites-moi quand vous avez cessé de croire. C'est une question facile, cela, n'est-ce pas ?

— Ouais... dit Wolf.

— Asseyez-vous, asseyez-vous, dit l'Abbé. Tenez, vous avez une chaise là... Prenez votre temps, ne vous affolez pas...

— Il n'y a pas de quoi s'affoler... dit Wolf, un peu las.

— Cela vous ennuie ? demanda l'Abbé Grille.

— Oh, non ! dit Wolf... c'est un peu trop simple, voilà tout.

— Ce n'est pas si simple que ça... cherchez bien...

— On prend les gosses trop tôt, dit Wolf. On les prend à un âge où ils croient aux miracles ; ils désirent en voir un ; ils n'en ont pas et c'est fini pour eux.

— Vous n'étiez pas comme cela, dit l'Abbé Grille. Votre réponse est peut-être valable pour un enfant quelconque... vous me la donnez pour ne pas avoir à vous expliquer à fond, et je vous comprends... je vous comprends, mais, n'est-ce pas, dans votre cas, il y a autre chose... autre chose.

— Oh, dit Wolf, en colère, si vous êtes si bien renseigné sur moi, vous connaissez déjà toute l'histoire.

— En effet, dit l'Abbé Grille, mais moi, je n'ai pas besoin d'être éclairé sur votre compte. C'est vous que cela concerne... c'est vous...

Wolf attira à lui la chaise et s'assit.

— J'avais un Abbé comme vous, au catéchisme, dit-il. Mais lui s'appelait Vulpian de Naulaincourt de la Roche-Bizon.

— Grille n'est pas mon nom complet, dit l'Abbé en souriant avec complaisance. Je possède aussi la particule...

— Et tous les gosses n'étaient pas identiques à ses yeux, dit Wolf. Ceux qui portaient de beaux habits l'intéressaient beaucoup et leurs mères aussi.

— Rien de tout ceci ne peut être un motif déterminant de ne pas croire, dit l'Abbé Grille, conciliant.

— J'ai cru très fort le jour de ma première communion, dit Wolf. J'ai failli m'évanouir à l'église. J'ai mis ça sur le compte de Jésus. En réalité, ça faisait trois heures qu'on attendait dans une atmosphère confinée et je crevais de faim.

L'Abbé Grille se mit à rire.

— Vous avez une rancune de petit garçon contre la religion, dit-il.

— Vous avez une religion de petits garçons, dit Wolf.

— Vous n'êtes pas qualifié pour en juger, reprit l'Abbé Grille.

— Je ne crois pas en Dieu, dit Wolf.

Il resta silencieux quelques instants.

— Dieu est ennemi du rendement, dit-il.

— Le rendement est l'ennemi de l'homme, dit l'Abbé Grille.

— Du corps de l'homme... riposta Wolf.

L'Abbé Grille sourit.

— Ça s'annonce mal, dit-il. Nous nous égarons, et vous ne répondez pas à ma question... vous ne répondez pas...

— J'ai été déçu par les formes de votre religion, dit Wolf. C'est trop gratuit. Simagrées, chansonnettes, jolis costumes... le catholicisme et le music-hall, c'est du pareil au même[9].

— Remettez-vous dans votre état d'esprit d'il y a vingt ans, dit l'Abbé

Grille. Allons, je suis ici pour vous aider... prêtre ou pas prêtre... le music-hall, c'est très important aussi.

— On n'a pas d'arguments pour ou contre, murmura Wolf. On croit ou non. J'ai toujours été gêné d'entrer dans une église. J'ai toujours été gêné de voir des hommes, qui avaient l'âge de mon père, mettre un genou en terre en passant devant une petite armoire. Ça me faisait honte pour mon père. Je n'ai pas été en contact avec de mauvais prêtres, ceux dont on lit les turpitudes dans des livres de pédérastes, je n'ai pas assisté à l'injustice — j'aurais à peine su la discerner, mais j'étais gêné avec les prêtres. Peut-être la soutane.

— Quand vous avez dit «Je renonce à Satan, à ses pompes et à ses œuvres»? dit l'Abbé Grille.

Il cherchait à aider Wolf.

— J'ai pensé à une pompe, dit Wolf... c'est vrai, je ne me souvenais plus... à une pompe qu'il y avait dans le jardin des voisins, avec un battant, et peinte en vert. Vous savez, j'ai à peine été frotté de catéchisme... je ne pouvais pas croire élevé comme j'ai été élevé. C'était une formalité pour avoir une montre en or et ne pas rencontrer d'obstacles à mon mariage.

— Qui vous forçait à vous marier à l'église? dit l'Abbé Grille.

— Ça amuse les amis, dit Wolf. C'est une robe pour la femme et... oh, ça m'ennuie, tout ça... ça ne m'intéresse pas. Ça ne m'a jamais intéressé.

— Vous voulez voir une photo du Bon Dieu? proposa l'Abbé Grille. Une photo?

Wolf le regarda. L'autre ne plaisantait pas. Il était là, attentif, empressé, impatient.

— Je ne crois pas que vous en ayez une, dit-il.

L'Abbé Grille plongea la main dans une poche intérieure de sa soutane et en tira un joli portefeuille de crocodile marron.

— J'en ai là une série d'excellentes... dit-il.

Il en prit trois et les tendit à Wolf. Celui-ci les examina négligemment.

— C'est ce que je pensais, dit-il. C'est mon copain Ganard. C'était toujours lui qui faisait le Bon Dieu quand on jouait une pièce à l'école ou quand on était en récréation.

— C'est bien cela, dit l'Abbé Grille. Ganard, qui l'aurait cru, n'est-ce pas? C'était un cancre. Un cancre. Ganard. Le Bon Dieu. Qui l'aurait cru?

Tenez, regardez celle-là, de profil. Elle est plus nette. Vous vous rappelez ?

— Oui, dit Wolf. Il avait un gros grain de beauté près du nez. Quelquefois, en classe, il y mettait des ailes et des pattes pour qu'on croie que c'était une mouche. Ganard... pauvre vieux.

— Il ne faut pas le plaindre, dit l'Abbé Grille. Il a une belle situation. Une belle situation.

— Oui, dit Wolf. Une jolie situation.

L'Abbé Grille remit les photos dans son portefeuille. Dans un autre compartiment il trouva un petit rectangle de carton qu'il tendit à Wolf.

— Tenez, mon petit, lui dit-il. Vous n'avez pas mal répondu, dans l'ensemble. Voilà un bon point. Quand vous en aurez dix, je vous donnerai une image. Une jolie image.

Wolf le regarda avec stupéfaction et secoua la tête.

— Ce n'est pas vrai, dit-il. Vous n'êtes pas comme ça. Vous n'êtes pas tolérants comme ça. C'est du camouflage. Du noyautage. De la propagande. Du vent.

— Mais si, mais si, dit l'Abbé, c'est ce qui vous trompe. Nous sommes très tolérants.

— Allons, allons, dit Wolf, et quoi de plus tolérant qu'un athée ?

— Un mort, dit négligemment l'Abbé Grille qui remit son portefeuille dans sa poche. Allons, je vous remercie, je vous remercie. Au suivant.

— Au revoir, dit Wolf.

— Vous retrouverez votre chemin ? dit l'Abbé Grille sans attendre la réponse.

XXIV

Wolf était déjà sorti. Il pensait maintenant à tout cela. Tout ce que la personne même de l'Abbé Grille lui avait interdit d'évoquer... Les stations à genoux dans la chapelle obscure, qui le faisaient tant souffrir et qu'il se rappelait pourtant sans déplaisir. La chapelle elle-même, fraîche, un peu mystérieuse. À droite, en entrant, c'était le confessionnal ; il se souvenait de la première confession, vague et générale — comme celles qui avaient suivi — et la voix du prêtre lui semblait, derrière la petite grille, très différente de celle qu'il avait à l'ordinaire — vague, un peu voilée, plus sereine, comme si vraiment la fonction du confesseur

l'élevait au-dessus de son état — ou plutôt l'enlevait à son état pour lui donner une faculté subtile de pardon, une compréhension étendue et une aptitude à distinguer le bien d'avec le mal en toute sécurité. Le plus amusant, c'était la retraite avant la première communion ; armé d'une claquette en bois, le prêtre leur apprenait la manœuvre, comme à de petits soldats, pour qu'il n'y ait pas d'anicroche le jour de la cérémonie ; et de ce fait, la chapelle perdait de son pouvoir, devenait un lieu plus familier ; une sorte de connivence s'établissait entre ses vieilles pierres et les écoliers qui, groupés à droite et à gauche du passage central, s'entraînaient à former deux files qui se soudaient en une colonne plus épaisse, longeait le passage jusqu'aux marches et se redivisait en deux files symétriques recevant l'hostie des mains de l'Abbé et d'un vicaire qui l'assisterait au jour dit. Sera-ce lui, sera-ce le vicaire qui me tendra l'hostie ? se demandait Wolf, et il envisageait des manœuvres complexes pour se substituer à un de ses camarades au moment crucial afin de la recevoir de celui qu'il fallait, car si c'était l'autre, on risquait de tomber foudroyé ou d'être pris par Satan à tout jamais. Et puis on avait appris des cantiques. La chapelle retentissait d'Agneaux si doux, de gloire, d'espérance et de soutien !... et Wolf s'étonnait maintenant de voir à quel point tous ces mots d'amour et d'adoration pouvaient rester dénués de signification, se limiter à leur fonction sonore dans la bouche des enfants qui l'entouraient comme dans la sienne même.

À ce moment-là, c'était amusant de passer sa première communion ; on avait vis-à-vis des jeunes — des plus jeunes — l'impression d'avancer d'un degré dans l'échelle sociale, de prendre du galon, et vis-à-vis des anciens, celle d'accéder à leur état, de pouvoir traiter avec eux d'égal à égal. Et puis le brassard, le complet bleu, le col empesé, les souliers vernis — et tout de même, quoiqu'on en ait, l'émotion du grand jour, la chapelle parée, pleine de monde, l'odeur de l'encens et les mille lueurs des cierges, le sentiment mitigé d'être en représentation et d'approcher un grand mystère, le désir d'édifier par sa piété, la crainte de « La » mâcher — le « si c'était vrai tout de même » — le « c'est vrai »... et, de retour à la maison, l'estomac plein, l'impression amère d'avoir été roulé. Il restait les images dorées échangées avec les copains, le complet que l'on userait, le col empesé dont on ne ferait jamais rien, et une montre en or bonne à vendre plus tard, un jour de dèche, sans un regret. Un livre de messe, aussi, le don d'une cousine pieuse que jamais l'on n'osera jeter à cause de la jolie reliure et dont on ne saura jamais quoi faire... Déception sans ampleur... comédie dérisoire... et petit regret de ne point savoir si

l'on a entrevu Jésus ou si l'on s'est trouvé mal à cause de la chaleur, des odeurs, du réveil matinal ou du col qui vous serrait trop...

Du vide. Une mesure pour rien.

Alors Wolf se retrouva devant la porte de Monsieur Brul, et devant Monsieur Brul lui-même. Il se passa la main sur le front et s'assit.

— C'est fait... dit Monsieur Brul.

— C'est fait, dit Wolf. Sans résultat.

— Comment ? dit Monsieur Brul.

— Ça n'accrochait pas, avec lui, dit Wolf. On n'a dit que des blagues.

— Mais ensuite ? demanda Monsieur Brul. Vous vous êtes tout raconté à vous-même. C'est l'essentiel.

— Ah ? dit Wolf. Oui. Bon. Tout de même, c'est un numéro qu'on aurait pu retirer du plan. C'est vide, sans substance.

— C'est la raison, dit Monsieur Brul, pour laquelle je vous ai demandé de passer le voir d'abord. Pour liquider rapidement une chose dénuée d'importance.

— Dénuée totalement, dit Wolf. Ça ne m'avait jamais tourmenté.

— Bien sûr, bien sûr, marmotta Monsieur Brul, mais c'est plus complet comme ça.

— Le Bon Dieu, expliqua Wolf, c'était Ganard, un de mes copains de classe. J'ai vu sa photo. Ça ramène la chose à ses exactes proportions. Au fond, cette conversation n'était pas inutile.

— Maintenant, dit Monsieur Brul, parlons sérieusement.

— Ça se déroule sur tant d'années... dit Wolf. Tout y est mélangé. Il va falloir mettre de l'ordre dans tout ça.

XXV

— Le point important, dit Monsieur Brul en détachant soigneusement les mots, c'est de définir en quoi vos études ont contribué à votre dégoût de l'existence. Car c'est bien ce motif qui vous a amené ici ?

— C'est à peu près ça, dit Wolf. Pourquoi de ce côté-là aussi j'ai été déçu.

— Mais d'abord, dit Monsieur Brul, quelle est votre part de responsabilité dans ces études.

Wolf se souvenait très bien qu'il avait voulu aller en classe. Il le dit à Monsieur Brul.

— Mais, compléta-t-il, il est honnête, je crois, d'ajouter que si je ne l'avais pas désiré, j'y aurais été quand même.

— Est-ce bien sûr ? demanda Monsieur Brul.

— J'apprenais vite, dit Wolf, et je voulais avoir des livres de classe, des plumes, un cartable et du papier, c'est vrai. Mais de toutes façons, mes parents ne m'auraient pas gardé à la maison.

— On peut faire autre chose, dit Monsieur Brul. La musique. Le dessin.

— Non, dit Wolf.

Il regarda distraitement la pièce. Sur un classeur poudreux trônait un vieux buste en plâtre auquel une main inexperte avait ajouté une moustache.

— Mon père, expliqua Wolf, avait interrompu ses études assez jeune, car ses moyens lui permettaient de s'en passer. C'est pourquoi il tenait tant à ce que je termine les miennes. À ce que je les commence, par conséquent.

— Bref, dit Monsieur Brul, on vous a mis au lycée.

— J'avais envie de camarades de mon âge, dit Wolf. Cela jouait aussi.

— Et tout s'est bien passé, dit Monsieur Brul.

— Dans une certaine mesure, oui... dit Wolf. Mais les tendances qui dominaient déjà ma vie d'enfant se sont développées de plus belle. Entendons-nous bien. D'une part, le lycée m'a libéré, car il me donnait à voir des êtres humains dont les habitudes et les manies dérivées de celles de leur milieu n'étaient pas identiques à celles de mon milieu à moi ; ce qui par contrecoup m'amena à douter de l'ensemble et à choisir, entre toutes, les plus aptes à me satisfaire, pour me faire une personnalité.

— Sans doute, dit Monsieur Brul.

— D'autre part, continua Wolf, le lycée contribua à renforcer les caractères distinctifs dont j'ai parlé à Monsieur Perle ; désir d'héroïsme d'une part, veulerie physique d'autre part et déception corollaire causée par mon incapacité à me laisser aller complètement à l'une ou l'autre des deux.

— Votre goût de l'héroïsme vous poussait à briguer la première place, dit Monsieur Brul.

— Mais ma paresse m'interdisait d'y accéder en permanence, dit Wolf.

— Cela fait une vie équilibrée, dit Monsieur Brul. Où est le mal ?

— C'est un équilibre instable, assura Wolf. Un équilibre épuisant. Un système où toutes les forces agissantes sont nulles m'aurait beaucoup mieux convenu.

— Quoi de plus stable... commença Monsieur Brul... puis il regarda Wolf d'une façon bizarre, et ne dit rien de plus.

— Mon hypocrisie ne fit que s'accroître, dit Wolf sans sourciller, je n'étais pas hypocrite au sens où l'on est dissimulé : cela se bornait à mon travail. J'avais la chance d'être doué, et je faisais semblant de travailler alors que j'arrivais à dépasser la moyenne sans le moindre effort. Mais on n'aime pas les gens doués.

— Vous voulez qu'on vous aime ? dit Monsieur Brul sans avoir l'air d'y toucher.

Wolf pâlit et sa figure sembla se refermer.

— Laissons cela de côté, dit-il. Nous parlons études.

— Alors parlons études, dit Monsieur Brul.

— Posez-moi des questions, dit Wolf, et je répondrai.

— Dans quel sens, demanda aussitôt Monsieur Brul, vos études vous ont-elles formé ? Ne vous contentez pas de remonter à votre première enfance, je vous en prie. Quel fut le résultat de tout ce travail — car il y eut un travail de votre part, et une assiduité, peut-être extérieure, certaine ; or une régularité d'habitudes ne peut manquer d'agir sur un individu lorsqu'elle persiste un temps assez long.

— Assez long... répéta Wolf. Quel calvaire ! Seize ans... seize ans le cul sur des bancs durs... seize ans de combines et d'honnêteté alternées — seize ans d'ennui — qu'en reste-t-il ? Des images isolées, infimes... l'odeur des livres neufs le premier octobre, les feuilles que l'on dessinait, le ventre dégoûtant de la grenouille disséquée en travaux pratiques, avec son odeur de formol, et les derniers jours de l'année où l'on s'aperçoit que les professeurs sont des hommes parce qu'ils vont partir en vacances et que l'on est moins nombreux. Et toutes ces grandes peurs dont on ne sait plus la cause, les veilles d'examens... Une régularité d'habitudes... ça se bornait à cela... Mais savez-vous, Monsieur Brul, que c'est ignoble, d'imposer à des enfants une régularité d'habitudes qui dure seize ans ? Le temps est faussé, Monsieur Brul. Le vrai temps n'est pas mécanique, divisé en heures, toutes égales... le vrai temps est subjectif... on le porte en soi... Levez-vous à sept heures tous les matins... Déjeunez à midi, couchez-vous à neuf heures... et jamais vous n'aurez une nuit à vous... jamais vous ne saurez qu'il y a un moment, comme la mer s'arrête de descendre et reste, un temps, étale, avant de remonter, où

la nuit et le jour se mêlent et se fondent, et forment une barre de fièvre pareille à celle que font les fleuves à la rencontre de l'océan. On m'a volé seize ans de nuit, Monsieur Brul. On m'a volé ça... entre autres... On m'a volé mon but, Monsieur Brul. On m'a fait croire, en sixième, que passer en cinquième devait être mon seul propos... en première, il m'a fallu le bachot... et ensuite, un diplôme... Oui, j'ai cru que j'avais un but, Monsieur Brul... et je n'avais rien... J'avançais dans un couloir sans commencement, sans fin, à la remorque d'imbéciles, précédant d'autres imbéciles. On roule la vie dans des peaux d'ânes comme on met dans des cachets les poudres amères, pour vous les faire avaler sans peine... mais voyez-vous, Monsieur Brul, je sais maintenant que j'aurais aimé le vrai goût de la vie.

Monsieur Brul se frotta les mains sans rien dire, puis se tira les doigts et les fit craquer vigoureusement, chose désagréable, pensa Wolf.

— Voilà pourquoi j'ai triché, conclut Wolf. J'ai triché... pour n'être que celui qui réfléchit dans sa cage car j'y étais tout de même avec ceux qui restaient inertes... et je n'en suis pas sorti une seconde plus tôt. Certes, ils ont pu croire que je me soumettais, que je faisais comme eux, et cela satisfaisait mon souci de l'opinion d'autrui. — Pourtant, tout ce temps-là, je vivais ailleurs... j'étais un paresseux et je pensais à autre chose.

— Écoutez, dit Monsieur Brul, je ne vois point de tricherie là-dedans. Paresseux ou non, vous êtes venu à bout de vos études, et dans un rang honorable. Que vous ayez pensé à autre chose n'implique en rien votre culpabilité.

— Ça m'a usé, Monsieur Brul, dit Wolf. Je hais les années d'études parce qu'elles m'ont usé. Et je hais l'usure.

Il frappa le bureau du plat de la main.

— Regardez, dit-il. Ce vieux bureau. Tout ce qui entoure les études est comme ça. Des vieilles choses sales, poussiéreuses. De la peinture qui tombe en croûtes malsaines. Des lampes pleines de poussière et de chiures de mouches. De l'encre partout. Des trous dans les tables tailladées au canif. Des vitrines avec des oiseaux empaillés, pleins de vers. Des salles de chimie qui empestent, des gymnases minables et mal aérés, du mâchefer dans les cours. Et des vieux professeurs idiots. Des gâteux. Une école de gâtisme. L'instruction... Et tout ça vieillit mal. Ça tourne en lèpre. Ça s'use à la surface et on voit ce qu'il y a dessous. Une matière moche.

Monsieur Brul parut se renfrogner légèrement et son long nez se plissa avec un soupçon de désapprobation.

— Nous nous usons tous... dit-il.

— Oui certes, répondit Wolf ; pas tout à fait de cette façon. Nous nous exfolions... notre usure vient du centre. C'est moins laid.

— L'usure n'est pas une tare, dit Monsieur Brul.

— Si, répondit Wolf. On doit avoir honte de s'user.

— Mais, objecta Monsieur Brul, tout le monde en est là.

— Qu'importe, dit Wolf, si l'on a vécu. Mais que l'on commence par cela, voilà contre quoi je me suis dressé. Voyez-vous, Monsieur Brul, mon point de vue est simple : aussi longtemps qu'il existe un endroit où il y a de l'air, du soleil et de l'herbe, on doit avoir regret de ne point y être. Surtout quand on est jeune.

— Revenons à notre sujet, dit Monsieur Brul.

— Nous y sommes en plein, dit Wolf.

— N'avez-vous rien en vous que vous puissiez mettre à l'actif de vos études ?

— Ah... dit Wolf, Monsieur Brul, vous avez tort de me demander cela...

— Pourquoi ? dit Monsieur Brul. Moi, vous savez, ça m'est extraordinairement égal.

Wolf le regarda et l'ombre d'une déception de plus passa devant ses yeux.

— Oui, dit-il, excusez-moi.

— Cependant, dit Monsieur Brul, je dois le savoir.

Wolf fit oui avec sa tête et se mordit la lèvre inférieure avant de commencer.

— On ne vit pas impunément, dit-il, dans un temps compartimenté sans en retirer le goût facile d'un certain ordre apparent. Et quoi de plus naturel, ensuite, que de l'étendre à ce qui vous entoure...

— Rien de plus naturel, dit Monsieur Brul, bien que vos deux affirmations soient en réalité caractéristiques de votre esprit propre et non de celui de tous, mais passons.

— J'accuse mes maîtres, dit Wolf, de m'avoir, par leur ton et celui de leurs livres, fait croire à une immobilité possible du monde. D'avoir figé mes pensées à un stade déterminé (lequel n'était point défini, d'ailleurs, sans contradictions de leur part) et de m'avoir fait penser qu'il pouvait exister un jour, quelque part, un ordre idéal.

— Eh bien, dit Monsieur Brul, c'est une croyance qui peut vous encourager, ne le pensez-vous pas ?

— Lorsque l'on s'aperçoit que l'on n'y accédera jamais, dit Wolf, et

qu'il faut en abandonner la jouissance à des générations aussi lointaines que sont les nébuleuses du ciel, cet encouragement se résout en désespoir et vous précipite au fond de vous-même comme l'acide sulfurique précipite les sels de baryum. Ceci dit pour rester dans la note scolaire. Encore dans le cas du baryum le précipité est-il blanc.

— Je sais, je sais, dit Monsieur Brul. Ne vous perdez pas dans des commentaires sans intérêt.

Wolf le regarda méchamment.

— Ça suffit, dit-il. Je vous en ai assez dit. Débrouillez-vous comme ça.

Monsieur Brul fronça le sourcil et ses doigts tapotèrent la table.

— Seize ans de votre vie, dit-il, et vous en avez assez dit. C'est tout ce que ça vous a fait. Vous traitez ça par-dessous la jambe.

— Monsieur Brul, dit Wolf en martelant ses mots, écoutez ce que je vais vous répondre. Écoutez bien. Vos études, c'est de la blague. C'est ce qu'il y a de plus facile au monde. On essaye de faire croire aux gens, depuis des générations, qu'un ingénieur, qu'un savant, c'est un homme d'élite. Eh bien, je rigole ; et personne ne s'y trompe, sauf les prétendus hommes d'élite eux-mêmes. Monsieur Brul, c'est plus difficile d'apprendre la boxe que les mathématiques. Sinon, il y aurait plus de classes de boxeurs que de classes de calcul dans les écoles. C'est plus difficile de devenir un bon nageur que de savoir écrire en français. Sinon, il y aurait plus de maîtres baigneurs que de professeurs de français. Tout le monde peut être bachelier, Monsieur Brul... et d'ailleurs, il y a beaucoup de bacheliers ; mais comptez le nombre de ceux qui sont capables de prendre part à des épreuves de décathlon. Monsieur Brul, je hais mes études, parce qu'il y a trop d'imbéciles qui savent lire : et ces imbéciles ne s'y trompent pas, qui s'arrachent les journaux sportifs et glorifient les gens du stade. Et mieux vaudrait apprendre à faire l'amour correctement que de s'abrutir sur un livre d'histoire.

Monsieur Brul leva une main timide.

— Ce n'est pas moi qui dois vous questionner là-dessus, dit-il. Ne sortez pas du sujet, encore une fois.

— L'amour est une activité physique aussi négligée que les autres, dit Wolf.

— Possible, répondit Monsieur Brul, mais on lui consacre en général un chapitre spécial.

— Bon, dit Wolf, n'en parlons plus. Vous savez maintenant ce que j'en pense, de vos études. De votre gâtisme. De votre propagande. De vos

livres. De vos classes puantes et de vos cancres masturbés. De vos cabinets pleins de merde et de vos chahuteurs sournois, de vos normaliens verdâtres et lunettards, de vos polytechniciens poseurs, de vos centraux confits dans la bourgeoisie, de vos médecins voleurs et de vos juges véreux... bon sang... parlez-moi d'un bon match de boxe... c'est truqué aussi, mais au moins ça soulage.

— Ça ne soulage que par contraste, dit Monsieur Brul. S'il y avait autant de boxeurs que d'étudiants, on porterait en triomphe le premier du Concours général.

— Peut-être, dit Wolf, mais on a choisi de propager la culture intellectuelle. Tant mieux pour la physique... Et maintenant, si vous pouviez me foutre la paix, ça m'arrangerait singulièrement.

Il prit sa tête dans ses mains et cessa de regarder Monsieur Brul pendant quelques instants. Lorsqu'il releva les yeux, Monsieur Brul avait disparu et il se trouvait assis au milieu d'un désert de sable doré ; la lumière semblait sourdre de toutes parts et un vague bruit de vagues venait de derrière lui. En se retournant, à cent mètres, il vit la mer, bleue, tiède, essentielle, et il sentit son cœur s'épanouir. Il se déchaussa, laissa là ses bottes, sa veste de cuir et son casque et courut à la rencontre de la frange d'écume brillante qui ourlait la nappe d'azur. Et soudain tout se brouilla, se fondit. De nouveau, c'était le tourbillon, le vide, et le froid glacial de la cage.

XXVI

Wolf se retrouvait à son bureau, prêtant l'oreille. Au-dessus de lui, il entendait les pas impatients de Lazuli dans sa chambre. Lil devait s'occuper de la maison, pas loin de là. Wolf se sentait cerné, il avait épuisé des tas de distractions en si peu de temps qu'il ne lui restait plus d'idées, rien qu'une grande lassitude, rien que la cage d'acier ; et l'issue de la tentative contre les souvenirs paraissait douteuse maintenant.

Il se leva, mal dans sa peau, chercha Lil de pièce en pièce. Elle était agenouillée devant la caisse du Sénateur dans la cuisine. Elle le regardait et ses yeux nageaient dans les larmes.

— Qu'y a-t-il ? demanda Wolf.

Entre les pattes du Sénateur, le ouapiti dormait ; le Sénateur bavait, l'œil tertreux, et chantait des bribes de chansons inarticulées.

— C'est le Sénateur, dit Lil, et sa voix se cassa.

— Qu'est-ce qu'il a ? dit Wolf.

— Je ne sais pas, dit Lil. Il ne sait plus ce qu'il dit et il ne répond pas quand on lui parle.

— Mais il a l'air content, dit Wolf. Il chante.

— On dirait qu'il est gâteux, murmura Lil.

Le Sénateur remua la queue et un semblant de compréhension éclaira ses yeux l'espace d'un éclair.

— Juste ! remarqua-t-il. Je suis gâteux et j'entends le rester.

Puis il se remit à sa musique atroce.

— Tout va bien, dit Wolf. Tu sais, il est vieux.

— Il avait l'air si content d'avoir un ouapiti, répondit Lil, pleine de pleurs.

— Être satisfait ou gâteux, dit Wolf, c'est bien pareil. Quand on n'a plus envie de rien, autant être gâteux.

— Oh ! dit Lil. Mon pauvre Sénateur.

— Note bien, dit Wolf, qu'il y a deux façons de ne plus avoir envie de rien : avoir ce qu'on voulait ou être découragé parce qu'on ne l'a pas.

— Mais il ne va pas rester comme cela ! dit Lil.

— Il t'a dit que si, dit Wolf. C'est la béatitude. Lui, c'est parce qu'il a ce qu'il voulait. Je crois que dans les deux cas, ça finit par l'inconscience.

— Ça me tue, dit Lil.

Le Sénateur fit un ultime effort.

— Écoutez, dit-il, je vais avoir une dernière lueur. Je suis content. Vous comprenez ? Bon. Moi, je n'ai plus besoin de comprendre. C'est du contentement intégral, c'est donc végétatif, et ce seront mes paroles finales. Je reprends contact... je reviens aux sources... du moment que je suis vivant et que je ne désire plus rien, je n'ai plus besoin d'être intelligent. J'ajoute que j'aurais dû commencer par là.

Il se lécha le nez avec gourmandise et produisit un son incongru.

— Je fonctionne, dit-il. Le reste c'est de la rigolade. Et maintenant, je rentre dans le rang. Je vous aime bien, je continuerai peut-être à vous comprendre mais je ne dirai plus rien. J'ai mon ouapiti. Trouvez le vôtre.

Lil se moucha et caressa le Sénateur qui remua la queue, posa son nez sur le cou du ouapiti et s'endormit.

— Et s'il n'y en avait pas pour tout le monde, des ouapitis ? dit Wolf.

Il aida Lil à se relever.

— Oh, dit-elle, je ne peux pas m'y faire.

— Lil, dit Wolf. Je t'aime tant. Pourquoi est-ce que ça ne me rend pas aussi heureux que le Sénateur?

— C'est que je suis trop petite, dit Lil en se serrant contre lui. Ou alors, tu vois mal les choses. Tu les prends pour d'autres.

Ils quittèrent la cuisine et allèrent s'asseoir sur un grand divan.

— J'ai presque tout essayé, dit Wolf, et il n'y a rien que j'aie envie de refaire.

— Pas même m'embrasser? dit Lil.

— Si, dit Wolf en le faisant.

— Et ta vieille machine horrible? dit Lil.

— Ça me fait peur, murmura Wolf. La façon dont on repense aux choses là-dedans...

Il eut une crispation de déplaisir dans la région du cou.

— C'est fait pour oublier, mais d'abord on repense à tout, continuat-il. Sans rien omettre. Avec encore plus de détails. Et sans éprouver ce qu'on éprouvait.

— C'est si ennuyeux? dit Lil.

— C'est tuant, de traîner avec soi ce qu'on a été avant, dit Wolf.

— Tu ne veux pas m'emmener, moi? dit Lil en le câlinant.

— Tu es jolie, dit Wolf. Tu es gentille. Je t'aime. Et je suis déçu.

— Tu es déçu? répéta Lil.

— C'est pas possible que ça ne soit que ça, dit Wolf avec un geste vague, le plouk, la machine, les amoureuses, le travail, la musique, la vie, les autres gens...

— Et moi? dit Lil.

— Oui, dit Wolf. Il y aurait bien toi, mais on ne peut pas être dans la peau d'un autre. Ça fait deux. Tu es complète. Toi entière, c'est trop; et tout vaut d'être gardé, alors il faut bien que tu sois différente.

— Mets-toi dans ma peau avec moi, dit Lil. Moi je serai heureuse, rien que nous deux.

— C'est pas possible, dit Wolf. On ne peut pas se mettre dans la peau d'un autre, sauf en le tuant et en l'écorchant pour la lui prendre.

— Écorche-moi, dit Lil.

— Après, dit Wolf, je ne t'aurai pas plus; ça sera toujours moi dans une autre peau.

— Oh! dit Lil toute triste.

— C'est ça, quand on est déçu, dit Wolf. C'est qu'on peut être déçu avec tout. C'est irrémédiable; ça marche à tout coup.

— Tu n'as plus du tout d'espoir ? dit Lil.

— Cette machine... dit Wolf. J'ai cette machine. Après tout, je n'y ai pas été tellement longtemps.

— Quand vas-tu y retourner ? dit Lil. J'ai tellement peur de la cage. Et tu ne me dis rien.

— Je remets ça demain, dit Wolf. Maintenant, il faut que j'aille travailler. Quant à te dire quelque chose, je ne peux pas.

— Pourquoi ? demanda Lil.

La figure de Wolf se ferma.

— Parce que je ne me rappelle rien, dit-il. Je sais qu'une fois dedans, les souvenirs reviennent ; mais la machine est là pour les détruire juste aussitôt.

— Ça ne te fait pas peur, demanda Lil, de détruire tous tes souvenirs ?

— Oh, dit Wolf évasivement, je n'ai encore rien détruit d'important.

Il prêta l'oreille. La porte du dessus, chez Lazuli, venait de claquer et cela faisait un grand bruit de pas dans l'escalier. Ils se levèrent et regardèrent par la fenêtre. Lazuli s'éloignait presque en courant, dans la direction du Carré. Avant d'y arriver, il se jeta dans l'herbe rouge et cacha sa tête dans ses mains.

— Monte voir Folavril, dit Wolf. Qu'est-ce qu'il y a ? Il est surmené.

— Tu ne vas pas le consoler ? dit Lil.

— Ça se console tout seul, un homme, dit Wolf en rentrant dans son bureau.

Il mentait avec naturel et sincérité. Ça se console exactement comme une femme.

XXVII

Lil était un peu gênée d'aller proposer des encouragements à Folavril, parce que ce n'est pas discret, mais, d'autre part, Lazuli ne partait pas comme cela d'habitude, et en courant, il avait eu la démarche d'un homme terrorisé plutôt que celle d'un homme en colère.

Lil sortit sur le palier et monta les dix-huit marches. Elle tapa chez Folavril. Le pas de Folavril vint lui ouvrir et Folavril lui dit bonjour.

— Qu'est-ce qu'il y a ? demanda Lil. Est-ce que Lazuli a peur ou est-ce qu'il est malade ?

— Je ne sais pas, dit Folavril, toujours douce et fermée. Il est parti tout d'un coup.

— Je ne veux pas être indiscrète, dit Lil. Mais il avait l'air différent.

— Il m'embrassait, expliqua Folavril, et puis il a encore vu quelqu'un et cette fois, il n'a pas pu tenir. Il est parti.

— Et il n'y avait personne ? dit Lil.

— Moi, ça m'est égal, dit Folavril. Mais lui a sûrement vu quelqu'un.

— Que faire ? dit Lil.

— Je crois qu'il a honte de moi, dit Folavril.

— Non, dit Lil, il doit avoir honte d'être amoureux.

— Je n'ai pourtant jamais dit de mal de sa mère, protesta Folavril.

— Je vous crois, dit Lil. Mais que faire ?

— J'hésite à aller le rechercher, dit Folavril. J'ai l'impression d'être la cause d'un martyre pour lui ; et je ne veux pas le martyriser.

— Que faire... répéta Lil. Je peux aller le chercher, moi, si vous voulez.

— Je ne sais pas, dit Folavril. Quand il est près de moi, il a tellement envie de me toucher, de m'embrasser, de me prendre, je le sens, et moi j'aimerais bien qu'il le fasse ; et puis il n'ose pas, il a peur que cet homme revienne, pourtant ça ne fait rien, moi ça m'est égal puisque je ne le vois pas ; mais lui, ça le paralyse ; et maintenant, c'est pire, il a peur.

— Oui, dit Lil.

— Et bientôt, dit Folavril, ça le mettra en colère parce qu'il a de plus en plus envie de moi. Et moi de lui.

— Vous êtes trop jeunes pour ça tous les deux, dit Lil.

Folavril se mit à rire, d'un joli rire léger et bref.

— Vous êtes trop jeune aussi pour ce ton-là, observa-t-elle.

Lil eut un sourire, mais pas joyeux.

— Je ne veux pas poser pour les grands-mères, dit-elle, mais je suis mariée depuis quelques années à Wolf.

— Lazuli n'est pas la même chose, dit Folavril. Je ne veux pas dire qu'il est mieux ; il est tourmenté par autre chose que Wolf ; mais Wolf est tourmenté aussi, ne me dites pas le contraire.

— Oui, dit Lil.

Folavril lui disait à peu près ce que venait de lui dire Wolf et ça lui semblait curieux.

— Tout serait si simple, soupira-t-elle.

— Oui, dit Folavril, mais il y a tant de choses simples, c'est l'ensemble

qui devient compliqué, et que l'on perd de vue. Il faudrait pouvoir regarder tout ça de très haut.

— Et alors, dit Lil, on sera effrayé de voir que tout est très simple, mais qu'il n'y a pas de remède et qu'on ne peut pas dissiper l'illusion sur place.

— C'est probable, dit Folavril.

— Que fait-on quand on est effrayé ? dit Lil.

— On fait comme Lazuli, dit Folavril. On a peur et on se sauve.

— Ou une autre fois, on se met en colère, murmura Lil.

— C'est ce qu'on risque, dit Folavril.

Elles se turent.

— Mais que pourrait-on faire pour les intéresser de nouveau à quelque chose ? dit Lil.

— Je fais de mon mieux, dit Folavril. Vous aussi. Nous sommes jolies, nous essayons de les laisser libres, nous essayons d'être aussi bêtes qu'il faut puisqu'il faut qu'une femme soit bête — c'est la tradition — et c'est aussi difficile que n'importe quoi, par conséquent pas déshonorant. Nous les aimons, nous leur laissons notre corps, et nous prenons le leur ; c'est honnête, au moins, et ils s'en vont parce qu'ils ont peur.

— Et ils n'ont même pas peur de nous, dit Lil.

— Ça serait trop beau, dit Folavril. Même leur peur, il faut qu'elle vienne d'eux.

Le soleil rôdait autour de la fenêtre et lançait par instants un grand éclair blanc sur le parquet poli.

— Pourquoi est-ce que nous résistons mieux ? demanda Lil.

— Parce que nous avons un préjugé contre nous, dit Folavril, et ça nous donne à chacune la force d'un ensemble. Et ils croient qu'on est compliquées à cause de cet ensemble. C'est ce que je vous ai dit.

— Alors ils sont bêtes, dit Lil.

— Ne les généralisez pas, à leur tour, dit Folavril. Ça va les rendre compliqués aussi. Et chacun d'eux ne le mérite pas. Il ne faut jamais penser «les hommes». Il faut penser «Lazuli» ou «Wolf». Eux pensent toujours «les femmes», c'est ça qui les perd.

— Où avez-vous pêché tout ça ? demanda Lil, étonnée.

— Je ne sais pas, dit Folavril. Je les écoute. D'ailleurs ce que je dis doit être idiot.

— Peut-être, dit Lil, mais c'est clair, en tout cas.

Elles s'approchèrent de la fenêtre. Là-bas, sur l'herbe écarlate, la tache beige du corps de Lazuli faisait un trou en relief. Une bosse, disent

certains. Et il y avait Wolf, agenouillé près de lui, une main sur son épaule. Il se penchait vers lui, il devait lui parler.

XXVIII

C'était un autre jour. Dans la chambre de Lazuli qui sentait bon le bois du nord et la résine, Folavril rêvassait. Lazuli allait revenir.

Au plafond couraient des rainures à peu près parallèles, le fil du bois, taché de nœuds sombres et plus lisses, cirés par le métal de la scie.

Le vent traînait dehors dans la poussière de la route et rôdait à l'entour des haies vives. Il ridait l'herbe écarlate en vagues sinueuses dont la crête écumait de petites fleurs nouvelles. Le lit de Lazuli était frais sous le corps de Folavril. Elle avait retourné la couverture pour que son cou soit au contact du lin de l'oreiller.

Lazuli viendrait. Il s'allongerait près d'elle et passerait son bras derrière ses cheveux blonds. La main droite de Lazuli tiendrait l'épaule qu'elle tâta doucement.

Il était timide.

Des rêves couraient devant Folavril ; au passage, elle y accrochait ses yeux ; paresseuse, elle ne les suivait jamais jusqu'au bout. À quoi bon rêver puisque Lazuli viendrait, qu'il n'était pas un rêve. Folavril vivait réellement. Son sang battait, elle le sentait sous son doigt le long de sa tempe, elle aimait fermer et ouvrir ses mains pour détendre ses muscles. En ce moment même elle n'avait plus conscience de sa jambe gauche, endormie, et elle retardait le moment de la remuer parce qu'elle savait la sensation qu'elle éprouverait à ce moment-là et c'était double plaisir que de l'éprouver d'avance.

Le soleil matérialisait l'air en millions de points d'or où dansaient quelques bêtes ailées. Parfois, elles disparaissaient subitement dans un rayon d'ombre vide, comme avalées, et Folavril ressentait chaque fois un petit pincement au cœur. Et puis elle revenait à son rêve et cessait de prêter attention à la danse des paillettes brillantes. Elle entendait les bruits familiers de la maison, des portes, en dessous, qui se fermaient, l'eau que l'on prenait chantait dans les tuyaux, et à travers la porte fermée, elle entendait le claquement irrégulier de la corde que l'on tirait pour ouvrir le vasistas du couloir sonore et qui était agitée par un courant d'air variable.

On sifflait dans le jardin. Folavril bougea sa jambe et sa jambe se recomposa cellule par cellule; il y eut un moment où le grouillement des cellules fut presque intolérable. C'était délicieux. Elle s'étira avec un petit gémissement de plaisir.

Lazuli monta l'escalier sans se presser et Folavril sentit son cœur se réveiller. Il ne battait pas plus vite — au contraire, il prenait un rythme stable, solide, et puissant. Elle sentait ses joues rosir et soupira de contentement. C'était vivre.

Lazuli toqua à la porte et entra. Il se découpait sur le panneau de vide, avec ses cheveux sablés, ses épaules larges et sa taille mince. Il portait sa combinaison de toile cachou et la chemise ouverte. Ses yeux étaient gris comme le gris métallique de certains émaux, sa bouche bien dessinée avec une petite ombre sous la lèvre inférieure, et les lignes de son cou musclé donnaient au col de sa chemise un mouvement romantique.

Il leva une main et s'appuya au chambranle. Il regardait Folavril étendue sur le lit. Elle souriait, les paupières à demi baissées. Il ne voyait de ses yeux qu'un point brillant sous les cils frisés. Elle avait la jambe gauche pliée en angle soulevant sa robe légère, et Lazuli suivait, troublé, la ligne de l'autre jambe, depuis le petit soulier découpé jusqu'à l'ombre au-delà du genou.

— Bonjour... dit Lazuli sans faire un pas.

— Bonjour toi, dit Folavril.

Il ne bougeait pas. Les mains de Folavril se portèrent à son collier de fleurs jaunes qu'elles défirent doucement. À bout de bras, sans quitter Lazuli des yeux, elle laissa couler le fil pesant sur le plancher. Maintenant elle enlevait un soulier, sans hâte, tâtonnant un peu autour de la boucle chromée.

Elle s'arrêta et le talon fit un choc léger par terre et elle défit l'autre boucle.

Lazuli respirait plus fort. Fasciné, il suivait les gestes de Folavril. Elle avait des lèvres juteuses et écarlates comme l'ombre à l'intérieur d'une fleur chaude.

Maintenant, elle roulait jusqu'à la cheville un bas aux mailles impalpables, qui se densifia en un petit flocon gris. Un second flocon le suivit et tous deux rejoignirent les souliers.

Les ongles des pieds de Folavril étaient laqués de nacre bleue.

Elle portait une robe de soie boutonnée sur le côté de l'épaule au mollet. Elle commença par l'épaule et dégagea deux des boutons. Puis elle revint à l'autre extrémité, libérant trois attaches — une en haut, une

en bas, deux de chaque côté. Il en restait une seule, à la ceinture. Les pans de la robe retombaient des deux côtés de ses genoux polis, et à l'endroit de ses jambes où tombait le soleil, on voyait trembler un duvet doré.

Un double triangle de dentelle noire s'accrocha à la lampe de chevet — et il n'y avait plus que le dernier bouton à défaire, car le léger vêtement mousseux que Folavril portait encore au terme de son ventre plat faisait partie intégrante de sa personne.

Le sourire de Folavril attira soudain tout le soleil de la chambre. Fasciné, Lazuli s'approcha, les bras ballants, incertain. À ce moment, Folavril se dégagea complètement de sa robe et, comme épuisée, resta immobile, les bras en croix. Pendant le temps que Lazuli mit à se déshabiller, elle ne fit pas un mouvement, mais ses seins durs, épanouis par leur position de repos, érigeaient inexorablement leur pointe rose.

XXIX

Il s'allongea près d'elle et l'enlaça. Folavril, se tournant sur le côté, lui rendit ses baisers. Elle lui caressait les joues de ses mains fines et ses lèvres suivaient les cils de Lazuli, les effleurant de justesse. Lazuli, frémissant, sentait une grande chaleur se fixer dans ses reins et prendre la forme stable du désir. Il ne voulait pas se presser, il ne voulait pas laisser aller toute seule son envie de chair, et il y avait autre chose, une vieille inquiétude qui creusait derrière son front et l'empêchait de s'abandonner. Il fermait les yeux, le doux murmure de la voix de Folavril l'endormait d'un faux sommeil sensuel. Il était étendu sur le flanc droit, elle tournée vers lui. En levant la main gauche, il rencontra le haut de son bras blanc et suivit son bras jusqu'à l'aisselle blonde à peine habillée d'une touffe de crins menus et élastiques. En ouvrant les yeux il vit une perle de sueur transparente et liquide rouler le long du sein de Folavril et se pencha pour la goûter ; elle avait le goût de lavande salée ; il posa ses lèvres sur la peau tendue et Folavril, chatouillée, colla son bras à son côté en riant. Lazuli glissa sa main droite sous les longs cheveux et la saisit par le cou. Les seins pointés de Folavril se nichèrent contre sa poitrine à lui, elle ne riait plus, elle avait la bouche à demi entrouverte et l'air plus jeune encore que d'habitude, comme un bébé qui va s'éveiller.

Au-dessus de l'épaule de Folavril, il y avait un homme, l'air triste, et qui regardait Lazuli.

Il ne bougea pas. Sa main chercha doucement derrière lui. Le lit était bas et il put atteindre son pantalon tombé tout près. Attaché à la ceinture, il trouva le poignard court dont la lame portait une profonde cannelure, son poignard de quand il était scout.

Des yeux, il ne quittait pas l'homme. Folavril immobile soupirait, ses dents brillaient entre ses lèvres offertes. Lazuli dégagea son bras droit. L'homme ne remuait pas. Il était debout près du lit, de l'autre côté de Folavril. Lentement, sans le perdre de vue, Lazuli s'agenouilla et fit passer son couteau dans sa bonne main. Il transpirait, des gouttelettes apparurent sur ses tempes et sur sa lèvre supérieure. Ses yeux le piquaient à cause de la sueur. D'un geste vif de la main gauche, il crocha le col de l'homme et le coucha sur le lit. Il se sentait une force sans limites. L'homme restait inerte, comme un cadavre, et à de certains indices Lazuli sentit qu'il allait se dissoudre dans l'air, s'évanouir sur place. Alors, sauvagement, il le poignarda au cœur, par-dessus le corps de Folavril qui murmurait des mots de calme. Son geste fit un bruit sourd, comme un choc sur un tonneau de sable, et la lame pénétra jusqu'à la garde, imprimant le tissu dans la blessure. Lazuli retira l'arme — un sang gluant se figeait déjà sur la lame. Lazuli l'essuya au revers du veston de l'homme.

Reposant son couteau à portée, il poussa le corps inerte jusqu'à l'autre bord du lit. Le cadavre glissa sur le tapis, sans bruit. Lazuli passa son avant-bras droit sur son front ruisselant. Il avait dans tous ses muscles une puissance sauvage prête à bouillir. Il éleva sa main devant ses yeux pour voir si elle tremblait. Elle était dure et tranquille comme une main d'acier.

Dehors, le vent commençait à se lever. Des tourbillons de poussière montaient obliquement du sol et couraient sur les herbes. Le vent s'accrochait aux poutres et aux angles du toit, et à chaque endroit, laissait vivre une petite plainte hululée, une effilure sonore. La fenêtre du couloir claquait sans prévenir. Devant le bureau de Wolf, l'arbre s'agitait et bruissait incessamment.

Dans la chambre de Lazuli, tout était calme. Le soleil tournait peu à peu et commençait à libérer les couleurs d'une image au-dessus de la commode. Une jolie image, la coupe d'un moteur d'avion avec le vert pour l'eau, le rouge pour l'essence, le jaune pour les gaz brûlés et le bleu

pour l'air d'admission. À l'endroit de la combustion, la superposition du rouge et du bleu donnait un beau pourpre couleur de foie cru.

Les yeux de Lazuli se reposèrent sur Folavril. Elle avait cessé de sourire. Elle avait l'air d'un enfant frustré sans motif.

Le motif gisait dans la ruelle, saignant un sang épais par une fente noire à la hauteur du cœur. Lazuli, délivré, se pencha sur Folavril. Il posa un baiser imperceptible sur son cou de profil et ses lèvres descendirent le long de l'épaule offerte, gagnèrent le flanc à peine ondulé par la place des côtes, plongèrent au creux de la taille et remontèrent sur la hanche. Folavril, couchée sur le flanc gauche, se laissa soudain aller sur le dos et la bouche de Lazuli s'appuyait à la ligne de l'aine ; sous la peau transparente, une veine faisait une fine ligne bleue, estompée. Les mains de Folavril saisirent la tête de Lazuli et la guidèrent — mais déjà Lazuli rompait le contact et se redressait, sauvage.

Au pied du lit, debout devant lui, il y avait un homme, vêtu de sombre, l'air triste, et qui le regardait.

Se ruant sur le poignard, Lazuli bondit et frappa. Au premier coup, l'homme ferma les yeux. Ses paupières tombèrent net comme des couvercles de métal. Il restait debout ; il fallut que Lazuli lui plongeât une seconde fois sa lame entre les côtes pour que le corps oscille et s'écroule au pied du lit comme une drisse cassée.

Son poignard à la main, nu, Lazuli considérait le cadavre lugubre avec une grimace de haine et de rage. Il n'osa pas lui donner un coup de pied.

Folavril, assise sur le lit, regarda Saphir avec inquiétude. Ses cheveux blonds rejetés d'un côté cachaient à moitié sa figure et elle penchait la tête de l'autre côté, pour voir mieux.

— Viens, dit-elle à Lazuli en lui tendant une main, viens, laisse ça, tu te feras du mal.

— Ça en fait deux de moins, dit Lazuli.

Il avait la voix plate qu'on a dans un rêve.

— Calme-toi, dit Folavril. Il n'y a rien. Je t'assure. Il n'y a plus rien. Détends-toi. Viens près de moi.

Lazuli baissa le front d'un air découragé. Il vint s'asseoir près de Folavril.

— Ferme les yeux, dit-elle. Ferme les yeux et pense à moi... et prends-moi, maintenant, prends-moi, je t'en prie... j'ai trop envie de toi... Saphir, mon chéri.

Lazuli gardait à la main son poignard. Il le posa derrière l'oreiller et,

renversant Folavril, se glissa sur elle. Elle s'attachait à lui comme une plante blonde et murmurait des mots pour le calmer.

Il n'y avait plus que le bruit de leurs respirations mêlées dans la chambre, et la plainte du vent qui geignait au-dehors et giflait les arbres à grandes claques sèches. Maintenant, le soleil se voilait par moments de nuages rapides, chassés les uns contre les autres comme des grévistes par la police.

Les bras de Lazuli enserraient étroitement le torse nerveux de Folavril. En ouvrant les yeux, il vit, contre sa chair, les seins de Folavril gonflés par leur étreinte et la ligne d'ombre qu'ils faisaient entre eux, une ligne arrondie et moite.

Une autre ombre le fit tressaillir. Le soleil, revenu subitement, découpait en noir contre la fenêtre la silhouette d'un homme vêtu de sombre, l'air triste, et qui le regardait.

Lazuli gémit doucement et serra plus fort la fille dorée. Il voulait refermer ses paupières, mais elles refusèrent d'obéir. L'homme ne bougeait pas. Indifférent, à peine réprobateur, il attendait.

Lazuli lâcha Folavril. Il tâtonna derrière l'oreiller et retrouva son couteau. Soigneusement, il visa, le lança.

L'arme se planta d'un jet dans le cou blême de l'homme. Le manche ressortait et du sang se mit couler. Impassible, l'homme restait là. Lorsque le sang atteignit le parquet, il chancela et tomba d'un bloc. Au moment où il prit contact avec le sol, le vent gémit plus fort et couvrit le bruit de la chute, mais Lazuli sentit la vibration du parquet. Il s'arracha aux bras de Folavril qui voulaient le retenir et, titubant, se dirigea vers l'homme. D'un geste brutal, il retira le couteau de la plaie.

Lorsqu'il se retourna, grinçant des dents, il vit, à sa gauche, un homme sombre identique aux trois autres. Le poignard levé, il se jeta sur lui. Cette fois, il le frappa d'en haut, lui plongeant sa lame entre les deux épaules. Et, à ce moment, un homme surgit à sa droite, puis un autre devant lui.

Folavril, assise sur le lit, les yeux agrandis par l'horreur, tenait sa bouche pour rester calme. Lorsqu'elle vit Lazuli retourner son arme contre lui et se fouiller le cœur elle se mit à hurler. Saphir s'abattit sur les genoux. Il faisait un effort pour relever la tête et sa main, rouge jusqu'au poignet, mit son empreinte sur le parquet nu. Il grognait comme une bête et sa respiration faisait un bruit d'eau. Il voulut dire quelque chose et se mit à tousser. Du sang éclaboussait le sol à chaque quinte, en milliers de points écarlates. Il eut une sorte de sanglot qui tira les coins

de sa bouche vers le bas, et son bras céda. Il s'effondra. Le manche du couteau heurta le sol de front et la lame bleue ressortit dans son dos nu, soulevant la peau avant de la crever. Il ne bougeait plus.

Alors, d'un coup, tous les cadavres furent visibles pour Folavril. Il y avait le premier, étendu le long du sommier, il y avait celui qui dormait au pied, celui de la fenêtre avec sa plaie affreuse au cou... et chaque fois elle lisait la même plaie sur le corps de Lazuli. Il avait tué le dernier homme d'un coup de couteau dans l'œil et lorsqu'elle se jeta sur son ami pour le ranimer, elle vit que son œil droit n'était plus qu'un cloaque noir.

Dehors, il se faisait maintenant une grande rumeur vague sous un jour blême d'avant l'orage.

Folavril se taisait. Sa bouche tremblait comme si elle avait froid. Elle se leva, se rhabilla machinalement. Ses yeux ne quittaient pas les cadavres dans la pièce, tous pareils. Elle regarda mieux.

Un des hommes sombres, à plat ventre, se trouvait à peu près dans la même position que Lazuli et leurs deux profils paraissaient curieusement semblables. Le même front, le même nez. Le chapeau de l'homme avait roulé par terre, découvrant une chevelure pareille. Folavril sentait son esprit s'en aller. Elle pleurait sans bruit, de tous ses yeux, elle n'osait plus bouger. Tous les hommes étaient identiques à Lazuli. Et puis le corps du premier mort parut moins net. Ses contours s'adoucirent dans une brume foncée. La métamorphose s'accéléra. Devant elle, le corps se mit à se dissoudre. Les habits noirs s'effilochèrent en traînées d'ombre. Avant qu'il disparaisse, elle eut le temps de voir que le corps de l'homme était bien le même que celui de Lazuli mais il fondait, et la fumée grise filait au ras du plancher, filait par les fentes de la fenêtre. Déjà la transformation du second cadavre avait commencé. Folavril, terrassée par la crainte, attendait sans un geste. Elle osa regarder Lazuli. Sur sa peau brûlée, les plaies disparaissaient une à une à mesure que les hommes, un à un, se transformaient en brouillard.

Lorsqu'il n'y eut plus dans la chambre que Folavril et Lazuli, le corps de ce dernier était redevenu jeune et beau dans la mort comme il l'avait été de son vivant. Son visage était détendu, intact. L'œil droit brillait, terne, sous les longs cils baissés. Seul, un petit triangle d'acier bleu marquait le dos puissant d'une tache insolite.

Folavril fit un pas vers la porte. Rien ne bougea. Une dernière trace de vapeur grise se glissa, insinuante, sur l'appui de la fenêtre. Alors elle courut vers la porte, l'ouvrit et la referma en un instant, et se précipita

dans le couloir, vers l'escalier. À ce moment, le vent se déchaîna dehors, avec un coup de tonnerre terrible et une pluie lourde, brutale, qui sonnait contre les tuiles. Il y eut un grand éclair, le tonnerre de nouveau, Folavril descendait l'escalier en courant, elle atteignit la chambre de Lil et entra. Là, elle ferma les yeux. Il venait d'y avoir une lueur plus forte que toutes les autres, suivie immédiatement d'un éclat de bruit presque intolérable. La maison trembla sur sa base comme si un poing formidable venait de s'abattre sur le toit. Et tout d'un coup, le silence total régna, lui laissant les oreilles bourdonnantes comme lorsqu'on a plongé dans une eau trop profonde.

XXX

Maintenant, Folavril reposait sur le lit de son amie. Lil, assise près d'elle, la regardait avec une pitié tendre. Folavril pleurait encore un peu, reniflant à gros sanglots oppressants et tenait la main de Lil.

— Qu'est-ce qu'il y a eu? dit Lil. Ce n'est qu'un orage, Folle, il ne faut pas prendre ça au tragique.

— Lazuli est mort... dit Folavril.

Et ses larmes s'arrêtèrent. Elle s'assit sur le lit. Elle avait des yeux vagues, l'air de ne pas comprendre.

— Allons, dit Lil. Ce n'est pas possible.

Elle éprouvait un ralentissement général de tous ses réflexes. Lazuli n'était pas mort, Folavril devait se tromper.

— Il est mort, là-haut, dit Folavril. Couché par terre, nu, avec la lame qui sort de son dos. Et tous les autres sont partis.

— Quels autres? dit Lil.

Est-ce que Folavril délirait ou non. Sa main n'était pas si chaude.

— Les hommes en noir, dit Folavril. Il a essayé de les tuer, tous, et quand il a vu qu'il ne pouvait pas, il s'est tué lui-même. Et moi à ce moment-là, je les ai vus. Et mon Lazuli, je croyais qu'il était fou... mais je les ai vus, Lil, je les ai vus quand il est tombé.

— Comment étaient-ils? demanda Lil.

Elle n'osait pas parler de Lazuli. Lazuli étendu là-haut avec cette lame. Mort. Elle se leva sans attendre la réponse.

— Il faut y aller... dit-elle.

— Je n'ose pas... dit Folavril. Ils ont fondu... comme une fumée, et ils étaient tous pareils à Lazuli. Tous pareils.

Lil haussa les épaules.

— C'est de l'enfantillage, dit-elle. Qu'est-ce qu'il y a eu? Vous n'avez pas voulu de lui, et alors il s'est tué... C'est ça?

Folavril la regarda, stupéfaite.

— Oh! Lil! dit-elle en se remettant à pleurer.

Lil se leva.

— On ne peut pas le laisser tout seul là-haut, murmura-t-elle. Il faut le descendre.

Folavril se leva à son tour.

— Je viens avec vous.

Lil était hébétée et vague.

— Lazuli n'est pas mort, murmura-t-elle. On ne meurt pas comme ça.

— Il s'est tué... dit Folavril. Et j'aimais tellement quand il m'embrassait.

— Le pauvre gosse, dit Lil.

— Ils sont trop compliqués, dit Folavril. Oh, Lil, je voudrais tellement que ça ne soit pas arrivé, qu'on soit hier... ou juste avant, quand il me tenait... Oh... Lil...

Elle suivait Lil qui ouvrit la porte et sortit. Elle écouta, puis délibérément monta l'escalier. En haut, il y avait la chambre de Folavril à gauche et celle de Lazuli à droite. Il y avait la chambre de Folavril... Là à gauche... et il y avait...

— Folavril, dit Lil, qu'est-ce qui s'est passé?

— Je ne sais pas, dit Folavril en s'accrochant à elle.

À l'endroit où s'était trouvée la chambre de Lazuli, il ne restait plus rien que le toit de la maison, maintenant en contrebas du couloir qui ressemblait à une loggia.

— La chambre de Lazuli? demanda Lil.

— Je ne sais pas, dit Folavril. Lil, je ne sais pas. Je veux m'en aller. Lil j'ai peur.

Lil ouvrit la porte de l'appartement de Folavril. Rien n'avait bougé; la coiffeuse, le lit, le placard. L'ordre, et le léger parfum de jasmin. Elles ressortirent. Du couloir, on voyait maintenant les tuiles de la moitié du toit, il y en avait une un peu cassée dans la sixième rangée.

— C'est la foudre... dit Lil. C'est la foudre qui a volatilisé Lazuli et sa chambre.

— Non, dit Folavril.

Maintenant ses yeux étaient secs. Elle se raidit.

— Ça a toujours été comme ça... se força-t-elle à dire. Il n'y avait pas de chambre, et Lazuli n'existe pas. Et je n'aime personne. Et je veux m'en aller, Lil, il faut venir avec moi.

— Lazuli... murmura Lil, abasourdie.

Frappée de stupeur, elle redescendit l'escalier. En ouvrant la porte de sa chambre, elle osait à peine toucher la poignée, de peur que tout ne se réduise en ombre. En passant devant la fenêtre, elle frissonna.

— Cette herbe rouge, dit-elle, c'est sinistre.

XXXI

Arrivé au bord de l'eau, Wolf respira profondément l'air salé et s'étira. À perte de vue, l'océan s'étendait, mobile, calme, et le sable plat. Wolf acheva de se déshabiller et entra dans la mer. Elle était chaude et délassante, et sous ses pieds nus, c'était comme un velours gris-beige. Il entra. La grève s'abaissait insensiblement en pente douce, et il lui fallut avancer longtemps pour avoir de l'eau jusqu'aux épaules. Elle était pure et transparente ; il voyait ses pieds blancs plus gros qu'en réalité, et les petits nuages de sable soulevés par ses pas. Et puis il se mit à nager, la bouche à demi ouverte pour goûter le sel brûlant, plongeant, de temps en temps, afin de se sentir tout entier dans l'eau. Il s'ébattit longuement et revint vers le rivage. Maintenant, à côté de ses vêtements il y avait deux formes noires, immobiles sur de grêles pliants aux pieds jaunes. Comme elles lui tournaient le dos, il n'eut pas honte de sortir nu et s'approcha d'elles pour se rhabiller. Lorsqu'il fut décent, comme averties par un instinct secret, les deux vieilles dames se retournèrent. Elles portaient des chapeaux informes de paille noire et des châles décolorés comme en ont les vieilles dames au bord de la mer. Chacune tenait un sac à ouvrage au point de croix avec un fermoir en simili écaille blonde. La plus vieille avait des bas de coton blanc dans des gamiroles éculées, genre Charles IX en cuir gris sale. L'autre était chaussée de vieilles espadrilles et sous ses bas de fil noir, on voyait la trace de bandages à varices. Entre elles deux, Wolf aperçut une petite plaque de cuivre gravée. Celle aux souliers plats s'appelait Mademoiselle Héloïse et l'autre Mademoiselle Aglaé. Elles avaient des pince-nez d'acier bleu.

— Vous êtes Monsieur Wolf? dit Mademoiselle Héloïse.

— Nous sommes chargées de vous interroger.

— Oui, approuva Mademoiselle Aglaé, de vous interroger.

Wolf fit un gros effort de mémoire pour se rappeler le plan, qui lui sortait un peu de l'esprit, et frémit d'horreur.

— De... de m'interroger sur l'amour?

— Parfaitement, dit Mademoiselle Héloïse, nous sommes des spécialistes.

— Des spécialistes, conclut Mademoiselle Aglaé.

Elle s'aperçut, à temps, qu'on voyait un peu trop ses chevilles et tira pudiquement sa robe.

— Je ne peux rien vous dire... murmura Wolf... jamais je n'oserai...

— Oh! dit Héloïse, nous pouvons tout entendre.

— Tout! assura Aglaé.

Wolf regarda le sable, la mer et le soleil.

— On ne va pas parler de ça sur cette plage, dit-il.

C'est pourtant sur une plage qu'il avait éprouvé un de ses premiers étonnements. Il passait, avec son oncle, devant les cabines et une jeune femme était sortie. Wolf ne trouvait pas normal de regarder une femme d'au moins vingt-cinq ans, mais son oncle s'était retourné avec complaisance en faisant une remarque sur la beauté des jambes de la personne.

— À quoi vois-tu ça? demanda Wolf.

— Ça se voit, dit l'oncle.

— Je suis incapable de m'en rendre compte, dit Wolf.

— Tu verras, dit l'oncle, plus tard, tu pourras.

C'était inquiétant. Peut-être qu'un jour, en se réveillant, on saurait dire: celle-ci a de jolies jambes, pas celle-là. Et que ressentait-on, à passer de la catégorie de ceux qui ne savent pas à celle de ceux qui savent?

— Voyons? dit la voix de Mademoiselle Aglaé le ramenant au présent, vous avez toujours aimé les petites filles quand vous aviez vous-même leur âge.

— Elles me troublaient, dit Wolf. J'aimais bien toucher leurs cheveux et leur cou. Je n'osais pas aller plus loin. Tous mes amis m'ont assuré qu'à partir de dix ou douze ans, ils savaient ce que c'était qu'une fille; je devais être spécialement arriéré, ou alors j'ai manqué d'occasions. Mais je crois que même si j'en avais eu envie je me serais volontairement abstenu.

— Et pourquoi ? demanda Mademoiselle Héloïse.

Wolf réfléchit un peu.

— Écoutez, dit-il, j'ai peur de me perdre dans tout cela. Si vous le voulez bien, je vais y penser quelques instants.

Elles attendirent, patientes. Mademoiselle Héloïse tira de son sac une boîte de pastilles vertes dont elle offrit une à Aglaé qui la prit. Wolf déclina.

— Voici dans l'ensemble, dit Wolf, comment ont évolué mes rapports avec elles jusqu'à l'époque où je me suis marié. À l'origine, j'ai toujours eu le désir... sans doute, je ne me rappelle pas la première fois que je fus amoureux... cela doit remonter très loin... j'avais cinq ou six ans et je ne me souviens plus qui c'était... une dame en robe de soirée que j'avais entrevue pendant une réception chez mes parents.

Il rit.

— Je ne me suis pas déclaré ce soir-là, dit-il. Pas plus que les autres fois. Et bien d'autres fois pourtant je les ai désirées... j'étais difficile, je crois, mais certains détails me fascinaient. La voix, la peau, les cheveux... C'est très joli, une femme.

Mademoiselle Héloïse toussota et Mademoiselle Aglaé prit, elle aussi, un air modeste.

— Les seins me touchaient également de façon extrême, dit Wolf. Pour le reste, mon... éveil sexuel, disons, ne se produisit que vers quatorze à quinze ans. Malgré les conversations crues avec les copains du lycée, mes connaissances restaient fort vagues... je... vous savez que ça me gêne, mesdemoiselles...

Héloïse eut un geste rassurant.

— Nous pouvons vraiment tout entendre, dit-elle, je vous le répète.

— Nous avons été infirmières... ajouta Aglaé.

— Alors, je continue, dit Wolf. J'avais surtout envie de me frotter à elles, de toucher leur poitrine, leurs fesses. Pas tellement leur sexe. J'ai rêvé de très grosses femmes sur lesquelles j'aurais été comme sur un édredon. J'ai rêvé de femmes très fermes, de négresses. Oh, je suppose que tous les garçons ont passé par là. Mais le baiser jouait dans mes orgies imaginaires un rôle plus important que l'acte proprement dit... j'ajoute que j'envisageais pour le baiser un champ d'action fort large.

— Bien, bien, dit rapidement Aglaé, voici un point acquis, vous aimiez les femmes. Et comment cela s'est-il traduit ?

— N'allons pas si vite, protesta Wolf. Pour me freiner... que de choses...

— Tant de choses que cela ? dit Héloïse.

— C'est fou, soupira Wolf. Et que de choses idiotes... des choses vraies... et des prétextes. Ceux-ci d'abord. Mes études, par exemple... je me disais qu'elles étaient plus importantes.

— Le croyez-vous encore ? dit Aglaé.

— Non, répondit Wolf, mais je ne m'illusionne pas. Si j'avais négligé mes études, je regretterais leur absence autant que je regrette maintenant de leur avoir donné trop de mon temps. Puis l'orgueil.

— L'orgueil ? demanda Héloïse.

— Lorsque je vois une femme qui me plaît, dit Wolf, jamais il ne me viendra à l'idée de le lui dire. Car je considère que si j'ai envie d'elle quelqu'un d'autre a dû en avoir envie avant moi... et j'ai horreur de prendre la place de quelqu'un qui est sans doute aussi aimable que moi.

— Où voyez-vous l'orgueil ? dit Aglaé. Mon cher jeune homme, il n'y a là que modestie.

— Je comprends ce qu'il veut dire, expliqua Héloïse. Quelle idée en effet de vous dire que si vous la trouvez bien, les autres la trouvent bien aussi... c'est là ériger votre jugement en loi universelle et accorder à votre goût un brevet de perfection.

— Je me le disais donc, admit Wolf, et je pensais malgré tout que mon jugement était aussi bon que celui d'un autre.

— Vous vous y complaisiez, dit Héloïse.

— C'est ce que je vous ai dit, répondit Wolf.

— Et quel procédé bizarre, continua Héloïse. N'était-il pas plus simple, lorsqu'une femme vous plaisait, de le lui dire franchement ?

— Nous touchons là au troisième de mes motifs-prétextes à retenue, dit Wolf. Si je rencontre une femme qui me tente, mon premier réflexe me pousse à lui parler franchement, en effet. Mais supposez que je lui dise : « Voulez-vous faire l'amour avec moi ». Combien de fois répondra-t-elle avec la même franchise ? Que sa réponse soit « Moi aussi » ou « Pas moi », ce serait si simple — mais elles répondent par un faux-fuyant... une bêtise... ou elles jouent les prudes... ou elles rient.

— Si une femme demande la même chose à un homme, protesta Aglaé, est-il plus honnête ?

— Un homme accepte toujours, dit Wolf.

— Bon, dit Héloïse, mais ne confondez pas la franchise avec la brutalité... votre façon de vous exprimer est un peu... cavalière, dans votre exemple.

— Je vous assure, dit Wolf, qu'à la même question exprimée avec la même netteté mais sous les formes plus polies qui vous paraissent y manquer, la réponse n'est jamais nette.

— Il faut être galant !... minauda Aglaé.

— Écoutez, dit Wolf, jamais je n'ai abordé une inconnue — qu'elle en ait envie ou non — parce que je trouve qu'elle avait aussi bien que moi le droit de choisir, d'une part, et parce que j'ai toujours eu horreur de faire la cour à une personne selon le processus éprouvé qui consiste à lui parler du clair de lune, du mystère de son regard et de la profondeur de son sourire. Moi, que voulez-vous, je pensais à ses seins, à sa peau — ou je me demandais si, déshabillée, c'était une vraie blonde. Quant à être galant... si on admet l'égalité de l'homme et de la femme, la politesse suffit et l'on n'a pas de raison de traiter une femme plus poliment qu'un homme. Non, elles ne sont pas franches.

— Comment seraient-elles aussi directes dans une société qui les brime ? dit Héloïse.

— Vous êtes insensé, renchérit Aglaé. Vous voulez les traiter comme elles devraient être traitées si elles n'étaient conditionnées par des siècles d'esclavage.

— Possible qu'elles soient pareilles aux hommes, dit Wolf, et c'est ce que je croyais lorsque je désirais qu'elles choisissent comme moi, mais elles sont habituées, hélas, à d'autres méthodes, et cet esclavage, elles n'en sortiront jamais si elles ne commencent pas à se conduire autrement.

— Celui qui commence quelque chose a toujours bien du mal, dit Aglaé, sentencieuse ; vous l'avez vérifié en essayant de les traiter comme vous le fîtes — et vous aviez raison.

— Oui, dit Wolf, mais les prophètes ont toujours tort d'avoir raison : la preuve en est qu'on les écharpe.

— Reconnaissez, dit Héloïse, que, malgré une dissimulation peut-être réelle mais excusable, je vous le répète, toutes les femmes sont assez franches pour vous faire comprendre que vous leur plaisez lorsque c'est le cas...

— Et comment ça ? dit Wolf.

— Par leurs regards, dit Héloïse, langoureuse.

Wolf ricana sèchement.

— Excusez-moi, répondit-il, mais, de ma vie, je n'ai pu lire quoi que ce soit dans un regard.

Aglaé le regarda avec sévérité.

— Dites que vous n'avez pas osé, répondit-elle, méprisante. Ou que vous avez eu peur.

Wolf, troublé, la regarda. La vieille fille lui parut soudain légèrement inquiétante.

— Naturellement, dit-il avec effort. J'allais y arriver.

Il soupira.

— Encore une chose que je dois à mes parents, dit-il, la crainte des maladies. Oui, ma terreur d'attraper quelque chose n'avait d'égale que mon envie de coucher avec toutes les filles qui me plaisaient. Certes, je m'endormais et je m'aveuglais de ces motifs-prétextes dont je vous ai parlé : mon désir de ne pas négliger mon travail, ma crainte de m'imposer, ma répugnance à faire la cour selon des méthodes méprisables à des femmes que j'aurais aimé traiter avec franchise — mais le vrai fond de tout cela était une peur profonde due aux légendes dont on m'avait bercé sous couvert d'esprit large en m'apprenant, dès mon adolescence, tout ce que je risquais.

— Il s'ensuivit ? dit Héloïse.

— Il s'ensuivit que je restais chaste malgré mes désirs, dit Wolf, et qu'au fond, comme lorsque j'avais sept ans, mon corps faible était content d'interdictions dont il s'accommodait et contre lesquelles mon esprit faisait semblant de lutter.

— Vous avez été le même en tout... dit Aglaé.

— À la base, dit Wolf, les corps physiques sont à peu près semblables, avec des réflexes et des besoins identiques — il s'y ajoute une somme de conceptions qui résultent du milieu et qui s'accordent plus ou moins avec les besoins et réflexes en question. On peut certes tenter de modifier ces conceptions acquises. On y arrive parfois, mais il y a un âge où le squelette moral aussi cesse d'être malléable.

— Allons, dit Héloïse, vous devenez bien sérieux, Racontez-nous votre première passion...

— C'est bête, ce que vous me demandez là, remarqua Wolf. Vous comprenez que dans ces conditions, je ne pouvais pas éprouver de passion. Par le jeu de mes interdits et de mes idées fausses, je fus amené d'abord à une sélection plus ou moins consciente de mes flirts dans un milieu «convenable» — dont les conditions d'éducation correspondaient plus ou moins aux miennes — de la sorte, je tombais presque à coup sûr sur une fille saine, peut-être vierge, et dont je pouvais me dire qu'elle était épousable en cas de bêtise[10]... toujours ce vieux besoin de sécurité inculqué par mes parents : un chandail en plus ne peut pas faire de mal.

Voyez-vous, pour qu'il y ait passion, c'est-à-dire réaction explosive, il faut que l'union soit brutale, que l'un des corps soit très avide de ce dont il est privé et que l'autre possède en très grande quantité.

— Mon cher jeune homme, dit Aglaé en souriant, j'ai été professeur de chimie et je vous ferai remarquer qu'il peut y avoir des réactions en chaîne, qui partent très doucement et, s'alimentant elles-mêmes, peuvent se terminer de façon violente.

— Mes principes constituaient un solide ensemble d'anticatalyseurs, dit Wolf en souriant à son tour. Pas de réaction en chaîne non plus dans ce cas-là.

— Alors, pas de passion ? dit Héloïse, visiblement déçue.

— J'ai rencontré des femmes, dit Wolf, pour qui j'aurais pu en éprouver ; avant mon mariage, le réflexe de crainte a joué. Après, c'était pure veulerie... j'avais un motif de plus... la crainte de faire de la peine. C'est beau, hein ? ça faisait sacrifice. À qui ? Pour qui ? Qui en profitait ? Personne. En réalité, ce n'était pas sacrifice, mais solution facile.

— C'est vrai, dit Aglaé. Votre femme. Racontez.

— Oh, oh, écoutez, dit Wolf, après ce que je vous ai dit, il est bien facile de déterminer les conditions de mon mariage et ses caractéristiques...

— C'est facile, dit Aglaé, mais nous aimerions que vous le fissiez vous-même. C'est pour vous que nous sommes là.

— Bon, dit Wolf. Voilà. Les causes ? Je me suis marié parce que j'avais besoin d'une femme physiquement ; parce que ma répugnance à mentir et à faire la cour m'obligeait à me marier assez jeune pour plaire physiquement ; parce que j'en avais trouvé une que je pensais aimer et dont le milieu, les opinions, les caractéristiques, étaient convenables. Je me suis marié presque sans connaître les femmes. Résultat de tout cela ? Pas de passion, l'initiation lente d'une femme trop vierge, la lassitude de ma part... Au moment où elle a commencé à s'y intéresser, j'étais trop fatigué pour la rendre heureuse ; trop fatigué d'avoir attendu les émotions violentes que j'espérais au mépris de toute logique. Elle était jolie. Je l'aimais bien, je lui voulais du bien. Ce n'est pas suffisant. Et maintenant, je ne dirai plus rien.

— Oh ! protesta Héloïse. C'est si joli, de parler d'amour.

— Oui, peut-être, dit Wolf. Vous êtes très gentilles, en tout cas, mais réflexion faite, je trouve choquant de raconter tout ça à des demoiselles. Je vais aller me baigner. Je vous présente mes hommages.

Il se retourna et s'en fut retrouver la mer. Il plongea profondément vers le large, ouvrant les yeux dans l'eau troublée par le sable.

Lorsqu'il revint à lui, il était seul au milieu de l'herbe rouge du Carré. Derrière lui, la porte de la cage béait, sinistre.

Pesamment, il se leva, quitta son équipement et le rangea dans le placard près de la cage. Rien de ce qu'il avait vu ne restait dans sa tête. Il était ivre, comme déséquilibré. Pour la première fois, il se demanda si l'on pouvait continuer à vivre après avoir détruit tous ses souvenirs. Ce ne fut qu'une idée fugace, qui le traversa l'espace d'un instant. Combien de séances lui faudrait-il encore?...

XXXII

Il eut vaguement conscience d'un remue-ménage du côté de la maison lorsque le toit se souleva pour retomber un peu plus bas. Il marchait sans penser à rien, sans rien voir. Il éprouvait seulement une impression d'attente. Quelque chose allait se passer, bientôt.

En arrivant tout près de la maison, il remarqua son aspect étrange, et la disparition de la moitié du second étage.

Il entra. Lil était là, elle s'occupait à des choses sans importance. Elle venait de descendre.

— Que se passe-t-il? demanda Wolf.

— Tu as vu... dit Lil d'une voix basse.

— Où est Lazuli?

— Il n'y a plus rien, dit Lil. Sa chambre est partie avec lui, c'est tout.

— Et Folavril?

— Elle se repose dans la nôtre. Ne la dérange pas, elle a été très frappée.

— Lil, qu'est-ce que c'est que cette histoire? dit Wolf.

— Oh, je ne sais pas, dit Lil. Tu demanderas à Folavril quand elle sera en état de te répondre.

— Mais elle ne t'a rien dit? insista Wolf.

— Si, dit Lil, mais je n'ai rien compris. Probablement, je suis bête.

— Mais non, dit Wolf poliment.

Il se tut quelques instants.

— C'est encore son bonhomme qui le regardait, dit-il. Alors il s'est énervé et il s'est disputé avec elle?

— Non, dit Lil. Il s'est battu avec lui, et il a fini par se blesser lui-même en tombant sur son couteau. Folavril prétend qu'il s'est donné des coups volontairement, mais c'est sûrement un accident. Il paraît qu'il y avait des tas d'hommes, et tous pareils à lui, et qu'ils ont disparu quand il est mort. Une histoire à dormir debout.

— On est tous debout, dit Wolf ; il faut bien en profiter pour quelque chose. Dormir par exemple.

— Et la foudre est tombée sur sa chambre, dit Lil, et tout a disparu avec lui.

— Folavril n'y était donc pas ?

— Elle venait de descendre pour chercher du secours, dit Lil.

Wolf réfléchit, la foudre a des effets bizarres.

— La foudre a des effets étranges, dit-il.

— Oui, dit Lil.

— Je me rappelle, dit Wolf, un jour que je chassais le renard, il y a eu un orage, et le renard s'est transformé en ver de terre.

— Ah... dit Lil pas intéressé.

— Et une autre fois, dit Wolf, sur une route, un homme a été entièrement déshabillé et peint en bleu. En plus sa forme avait été modifiée. On aurait cru une voiture. Et quand on montait dedans, elle marchait.

— Oui, dit Lil.

Wolf se tut. Plus de Lazuli. Il fallait monter tout de même, ça ne changeait rien à rien. Lil avait étendu une nappe sur la table, elle ouvrait le buffet pour mettre le couvert. Elle prit des assiettes et des verres et les disposa.

— Donne-moi le grand saladier de cristal, dit-elle.

C'était une vaisselle à laquelle Lil tenait énormément. Une grande chose claire et travaillée, assez lourde.

Wolf se baissa et prit le saladier. Lil finissait de poser les verres. Il leva le saladier entre ses yeux et la fenêtre pour voir les spectres multicolores. Et puis ça l'ennuyait et il le lâcha. Le saladier tomba sur le sol et se réduisit en poussière blanche crissante, avec une note aiguë.

Lil, figée, regarda Wolf.

— Ça m'est égal, dit-il. Je l'ai fait exprès, et je vois que ça m'est égal. Même si ça t'ennuie. Je sais que ça t'ennuie beaucoup, et malgré ça, je ne sens rien. Alors je m'en vais. Il est temps.

Il sortit sans se retourner. Le haut de son buste passa devant la fenêtre.

Lil, l'âme engourdie, ne fit pas un geste pour le retenir. En elle se cristallisait soudain une compréhension lucide. Elle allait quitter la maison avec Folavril. Elles s'en iraient sans personne.

— En réalité, dit-elle à haute voix, ils ne sont pas faits pour nous. Ils sont faits pour eux. Et nous pour rien.

Elle laisserait Marguerite, la bonne, pour s'occuper de Wolf.

S'il revenait.

XXXIII

Aussitôt que la porte de la cage se referma sur lui, Wolf sentit une angoisse terrible l'étreindre ; il haletait ; l'air durci pénétrait à peine dans ses poumons avides et un cercle de fer lui étreignait les tempes. Des filaments légers lui passèrent sur la figure et, brusquement, il se trouvait dans l'eau chargée de sable de la plage. Au-dessus de lui, il vit la membrane bleue de l'air, nagea désespérément ; une silhouette gainée de soie blanche le frôla. Par un réflexe élémentaire, il passa sa main sur ses cheveux avant de remonter. Il émergea, ruisselant, à bout de souffle, et devant lui, vit le sourire et les cheveux frisés d'une fille brune à qui le soleil avait fait un teint d'or foncé. Elle nageait, à brassées rapides, vers le rivage — il fit demi-tour et la suivit. Il s'aperçut alors que les deux vieilles dames n'étaient plus là. Cependant, à quelque distance, au milieu de la plage, s'élevait une petite guérite qu'il n'avait pas remarquée auparavant. Il s'en occuperait plus tard. Il reprit pied sur le sol jaune et s'approcha de la fille. Elle était agenouillée sur le sable et dénouait dans son dos le lien de son maillot pour prendre plus de soleil. Wolf se laissa choir à côté d'elle.

— Où est votre plaque de cuivre ? demanda-t-il.

Elle tendit son bras gauche.

— Je la porte au poignet, dit-elle. C'est moins officiel. Je m'appelle Carla.

— Vous venez pour la fin de l'interview ? demanda Wolf, un peu amer.

— Oui, dit Carla. Vous me direz peut-être ce que vous ne vouliez pas dire à mes tantes.

— Ces deux dames étaient vos tantes ? demanda Wolf.

— Elles en ont bien l'air, dit Carla. Vous ne trouvez pas ?

— Ce sont d'horribles punaises, dit Wolf.

— Allons, dit Carla, vous étiez plus affectueux, autrefois.

— Ce sont de vieilles cochonnes, dit Wolf.

— Oh! dit Carla, vous exagérez. Elles ne vous ont rien demandé de lubrique...

— Elles en grillaient d'envie, dit Wolf.

— Qui donc est digne d'affection pour vous? demanda Carla.

— Je ne sais plus, dit Wolf. Il y avait un oiseau, sur le rosier grimpant de ma fenêtre, il m'éveillait le matin en tapant à la vitre à petits coups de bec. Il y avait une souris grise qui venait la nuit se promener près de moi et manger le sucre que je laissais pour elle sur la table de nuit. Il y avait une chatte noire et blanche qui ne me quittait pas et allait prévenir mes parents si je grimpais à un arbre trop haut...

— Rien que des animaux, constata Carla.

— C'est pour cela que j'ai essayé de faire plaisir au Sénateur, expliqua Wolf. À cause de l'oiseau, de la souris et du chat.

— Dites, demanda Carla, ça vous faisait de la peine, quand vous étiez amoureux d'une fille... je veux dire une passion... de ne pas l'avoir?

— Ça m'en faisait, dit Wolf, et puis ça a cessé de m'en faire parce que je trouvais mesquin que l'on puisse avoir de la peine sans en mourir et j'étais las d'être mesquin.

— Vous résistiez à vos désirs, dit Carla. C'est drôle... pourquoi ne vous y laissiez-vous pas aller?

— Mes désirs mettaient toujours quelqu'un d'autre en jeu, dit Wolf.

— Et, bien sûr, vous n'avez jamais su lire dans un regard, compléta Carla.

Il la regardait tout près de lui, fraîche, dorée, des cils frisés ombraient ses yeux jaunes. Ses yeux où il lisait maintenant mieux qu'en un livre ouvert.

— Le livre, dit-il pour se dégager de l'attraction qu'il subissait, n'est pas forcément écrit dans une langue que l'on comprend.

Carla rit sans détourner la tête; son expression avait changé. Maintenant, il était trop tard. Visiblement.

— Vous avez toujours pu résister à vos désirs, dit-elle. Et vous pouvez toujours. C'est pour cela que vous mourrez déçu.

Elle se leva, s'étira, et entra dans l'eau. Wolf la suivit des yeux jusqu'au moment où la tête brune disparut sous le plancher bleu de la mer. Il ne comprenait pas. Il attendit un peu. Rien ne réapparut.

Hébété, il se redressa à son tour. Il pensait à Lil, sa femme. Pour elle, qu'avait-il été d'autre qu'un étranger? qu'un déjà mort?

Wolf marchait, mou, dans le sable mou. Déçu, vidé — par lui-même. Il allait, les bras ballants, transpirant sous le soleil féroce. Une ombre se dessina devant lui. L'ombre d'une guérite. Il s'y abrita. Elle était percée d'un guichet derrière lequel il distingua la figure d'un fonctionnaire tout cassé, coiffé d'un canotier jauni, avec un col dur et une petite cravate noire.

— Que faites-vous là? demanda le vieux.

— J'attends que vous m'interrogiez, dit Wolf, machinalement en s'accotant au guichet.

— Vous devez me payer la taxe, dit le fonctionnaire.

— Quelle taxe? demanda Wolf.

— Vous vous êtes baigné, il faut payer la taxe.

— Avec quoi? dit Wolf. Je n'ai pas d'argent.

— Vous devez me payer la taxe, répéta l'autre.

Wolf fit un effort de réflexion. L'ombre de la guérite lui faisait du bien. C'était la dernière interrogation, sans nul doute. Ou l'avant-dernière. Au diable le plan.

— Quel est votre nom? demanda-t-il.

— La taxe... demanda l'autre à son tour.

Wolf se mit à rire :

— Il n'y a pas de taxe, dit-il. Je n'ai qu'à m'en aller sans payer.

— Non, dit l'autre. Vous n'êtes pas tout seul. Tout le monde paie la taxe, il faut faire comme tout le monde.

— À quoi servez-vous? demanda Wolf.

— À faire rentrer la taxe, dit le petit vieux. Je fais mon travail. Avez-vous fait le vôtre? À quoi avez-vous servi vous-même?

— C'est assez d'exister... dit Wolf.

— Absolument pas... répondit le vieux. Il faut faire son travail.

Wolf poussa légèrement la guérite. Elle ne tenait pas bien.

— Écoutez, dit Wolf, avant que je m'en aille. Les derniers chapitres du plan, ça va bien. Je vous en fais cadeau. Je vais un peu changer quelque chose.

— Faire son travail, répéta le vieux. Nécessaire.

— Pas de travail, pas de chômage, dit Wolf. C'est vrai ou c'est pas vrai?

— La taxe, dit le vieux. Payez la taxe. Pas d'interprétations.

Wolf ricana.

— Je vais céder à mes instincts, dit-il, emphatique. Pour la première fois. Non, la seconde, c'est vrai. J'ai déjà cassé un saladier de cristal. Vous allez voir se déchaîner une passion dominante de mon existence : la haine de l'inutile.

Il s'arc-bouta, fit un effort violent, et la guérite bascula. Le petit vieux restait assis sur sa chaise avec son canotier.

— Ma guérite, dit-il.

— Votre guérite est par terre, répondit Wolf.

— Ça vous fera des ennuis, dit le vieux. Je vais rédiger un rapport.

La main de Wolf s'abattit à la base du cou du vieillard qui gémit. Wolf le força à se lever.

— Venez, dit-il. On va faire le rapport ensemble.

— Laissez-moi, protesta le vieux en se débattant. Laissez-moi tranquille tout de suite ou j'appelle.

— Qui ? demanda Wolf. Venez avec moi. Marchons un peu. Il faut faire son travail. Le mien, c'est d'abord de vous emmener.

Ils avançaient dans le sable, la main de Wolf crispée comme une serre sur le cou du vieil homme courbé dont les bottines jaunes trébuchaient fréquemment. Le soleil de plomb tombait comme une masse sur Wolf et son compagnon.

— D'abord de vous emmener, répéta Wolf. Ensuite... de vous jeter par terre.

Il le fit. Le vieux gémissait de peur.

— Parce que vous êtes inutile, dit Wolf. Et vous me gênez. Et maintenant, je me débarrasserai de tout ce qui me gêne. De tous les souvenirs. De tous les obstacles. Au lieu de m'y plier, de me surmonter, de m'abrutir... de m'user... j'ai horreur de m'user à tout ça... parce que je m'use, vous m'entendez ! hurla Wolf. Je suis déjà plus vieux que vous.

Il s'agenouilla près du vieux monsieur qui le regardait avec des yeux terrifiés et ouvrait les mâchoires comme un poisson à sec. Et puis il prit une poignée de sable et la fourra dans la bouche édentée.

— Une pour l'enfance, dit-il.

Le vieux cracha, bava et s'étrangla.

Wolf prit une seconde poignée.

— Une pour la religion.

À la troisième, le vieux commençait à bleuir.

— Une pour les études, dit Wolf. Et une pour l'amour. Et avalez tout ça, bordel de Dieu.

De la main gauche, il cloua au sol le débris minable qui suffoquait devant lui en émettant des borborygmes étouffés.

— Encore une, dit-il, parodiant Monsieur Perle, pour votre activité en tant que cellule d'un corps social...

Sa main droite, fermée en poing, tassa le sable entre les gencives de sa victime.

— Quant à la dernière, conclut Wolf, je la réserve pour vos inquiétudes métaphysiques éventuelles.

L'autre ne bougeait plus. La dernière poignée de sable se répandit sur sa figure noirâtre et s'amassa dans les orbites creuses, recouvrant les yeux injectés de sang, jaillis de leurs orbites. Wolf le regardait.

— Quoi de plus seul qu'un mort... murmura-t-il. Mais quoi de plus tolérant ? Quoi de plus stable... hein, Monsieur Brul, et quoi de plus aimable ? Quoi de plus adapté à sa fonction... de plus libre de toute inquiétude ?

Il s'arrêta, se leva.

— On se débarrasse de ce qui vous gêne, premier point, dit-il, et on en fait un cadavre. Donc quelque chose de parfait, car rien n'est plus parfait, plus achevé qu'un cadavre. Ça, c'est une opération fructueuse. Un coup double.

Wolf marchait, et le soleil avait disparu. Une brume lente venait du sol et traînait en nappes grises. Bientôt, il ne vit plus ses pieds. Il sentit que le sol durcissait et foula le roc sec.

— Un mort, continuait Wolf, c'est bien. C'est complet. Ça n'a pas de mémoire. C'est *terminé*. On n'est pas complet quand on n'est pas mort.

Il sentit que le sol montait en pente raide. Le vent se levait qui dissipa la brume. Wolf, courbé en deux, luttait et grimpait, s'aidant maintenant de ses mains pour progresser. Il faisait sombre, mais il distingua, au-dessus de lui, une muraille de rocher presque à pic où s'attachaient des végétations rampantes.

— Bien entendu, il suffirait d'attendre pour oublier, dit Wolf. On y arriverait aussi. Mais là comme pour le reste... il y a des gens qui ont du mal à attendre.

Il était presque collé à la paroi verticale et s'élevait lentement. Un de ses ongles se coinça dans une fente de la pierre. D'un coup sec, il retira sa main. Son doigt se mit à saigner et le sang battait dedans, précipité.

— Et quand on a du mal à attendre, dit Wolf, et quand on se gêne soi-même, on a le motif et l'excuse — et si on se débarrasse alors de ce qui

vous gêne... de soi-même... on touche à la perfection. Un cercle qui se ferme.

Ses muscles se contractaient dans des efforts insensés et il montait toujours, collé au mur comme une mouche. Des plantes aux griffes acérées déchiraient son corps en mille endroits. Le souffle court, épuisé. Wolf s'approchait de la crête.

— Un feu de genévrier... dans une cheminée de briques pâles... dit-il encore.

À ce moment, il atteignit le sommet de la paroi rocheuse et, comme dans un rêve, il sentit sous ses doigts le froid de la cage d'acier, et sur sa figure, la gifle du vent de face. Nu dans l'air gelé, il tremblait et claquait des dents. Sous une rafale plus violente, il faillit lâcher prise.

— Quand je voudrai... grogna-t-il, les dents serrées. J'ai toujours pu résister à mes désirs...

Il ouvrit les mains, sa figure se décontracta et ses muscles se détendirent.

— Mais je meurs de les avoir épuisés...

Le vent l'arracha de la cage et son corps tourbillonna dans l'air.

XXXIV

— Alors, dit Lil, on les fait, ces valises ?

— On les fait, répondit Folavril.

Elles étaient assises sur le lit dans la chambre de Lil. Elles avaient la figure fatiguée. Toutes les deux.

— Et puis plus d'hommes sérieux, dit Folavril.

— Non, dit Lil. Rien que des affreux coureurs. Des qui dansent, qui s'habillent bien, qui soient bien rasés et qui aient des chaussettes en soie rose.

— Ou en soie verte, pour moi, dit Folavril.

— Et des voitures de vingt-cinq mètres de long, dit Lil.

— Oui, dit Folavril. Et on les fera ramper.

— Sur les genoux. Et à plat ventre. Et ils nous paieront des visons, des dentelles, des bijoux et des femmes de ménage.

— Avec des tabliers d'organdi.

— Et on ne les aimera pas, dit Lil. Et on leur en fera voir. Et on ne leur demandera jamais d'où vient leur argent.

— Et s'ils sont intelligents, dit Folavril, on les plaque.

— Ça va être merveilleux, admira Lil.

Elle se leva et sortit quelques instants. Puis elle revint, traînant deux énormes valises.

— Voilà, dit-elle. Une pour chacune.

— Jamais je ne pourrai la remplir, assura Folavril.

— Moi non plus, admit Lil, mais ça a plus de façade. Et puis ça sera moins lourd à porter.

— Et Wolf? demanda soudain Folavril.

— Voilà deux jours qu'il est parti, dit Lil très calme. Il ne reviendra pas. D'ailleurs on n'a plus besoin de lui.

— Mon rêve, dit Folavril en réfléchissant, mon rêve ça serait d'épouser un pédéraste avec plein d'argent.

XXXV

Le soleil était déjà haut lorsque Lil et Folavril sortirent de la maison. Elles étaient toutes les deux très bien habillées. Peut-être un peu voyantes, mais avec du goût. Finalement elles avaient laissé les valises trop lourdes dans la chambre de Lil. On les ferait prendre.

Lil avait une robe de lainage pervenche qui moulait étroitement son buste et ses hanches; une longue fente s'ouvrait sur le côté et laissait apercevoir ses bas gris fumée. De petits souliers bleus à gros nœuds de ruban, un grand sac de daim de couleur assortie et une aigrette mêlée à ses cheveux blonds complétaient sa toilette. Folavril portait un tailleur noir très strict et un chemisier à jabot mousseux, avec de longs gants noirs et un chapeau noir et blanc. On avait du mal à ne pas les remarquer; mais sur le Carré, il n'y avait personne que la machine, sinistre dans le ciel vide.

Elles passèrent à côté, par un reste de curiosité. La fosse qui avait reçu les souvenirs béait, obscure, et en se penchant, elles virent qu'un liquide sombre l'emplissait presque maintenant. On commençait à distinguer sur le métal des montants des traces de corrosion, étrangement profondes. L'herbe rouge commençait à repousser partout où Wolf et Lazuli avaient dégagé le terrain pour installer les appareils.

— Ça ne tiendra pas longtemps, dit Folavril.

— Non, dit Lil. Encore une chose qu'il aura ratée.

— Il est peut-être arrivé à ce qu'il voulait, observa Folavril, absente.

— Oui, dit Lil distraitement. Peut-être. Allons-nous-en.

Elles reprirent leur route.

— On va aller au spectacle, sitôt qu'on sera arrivées, dit Lil. Il y a des mois que je ne suis pas sortie.

— Oh! oui, dit Folavril. J'en ai tellement envie. Et puis on se cherchera un joli appartement.

— Dieu! dit Lil. Comment a-t-on pu vivre si longtemps avec des hommes.

— C'est de la folie, approuva Folavril.

Leurs petits talons claquetèrent sur la route lorsqu'elles franchirent le mur du Carré. Le vaste quadrilatère demeurait désert, et la grande machine d'acier se décomposait doucement au gré des orages du ciel. À quelques centaines de pas, vers l'ouest, le corps de Wolf, nu, presque intact, gisait la face tournée vers le soleil. Sa tête, pliée contre son épaule à un angle peu vraisemblable, paraissait indépendante de son corps.

Rien n'avait pu rester dans ses yeux grand ouverts. Ils étaient vides.

L'ARRACHE-CŒUR

Noël Arnaud a pu retracer très précisément la conception de L'Arrache-cœur *: c'est dès janvier 1947, alors que Vian écrit* L'Automne à Pékin *et attend la publication de* L'Écume des jours, *qu'il jette sur le papier l'idée générale de ce roman : « Mère et ses enfants [...] [elle] finira par les enfermer dans des cages*. » ; puis tout au long de l'année il accumule des notations qui trouveront enfin leur place dans le manuscrit final de janvier 1951. Cela contredit donc l'hypothèse selon laquelle Vian aurait fait une charge satirique de sa première épouse et il faut plutôt voir dans son dernier roman une réflexion fictionnelle sur la névrose maternelle devenue psychose et sur les pouvoirs magiques de l'enfance : les bébés sont des êtres totalement différents des hommes, comme le disait bien Richard Hughes dès 1929 dans* Un cyclone à la Jamaïque**, *les bébés sont des mutants...*

Le premier titre retenu est Les Fillettes de la Reine *et ce manuscrit devait être la « Première manche », allant « Jusqu'aux cages » ; on y trouve d'ailleurs dans le chapitre XXIX l'annonce que les enfants pourront sortir de celles-ci et poursuivre leurs aventures, ébauchées dans le schéma d'une « Seconde manche* ». Le titre final vient évidemment d'une invention verbale et meurtrière qui trouve place dans* L'Écume des jours, *l'arme de Chick avec laquelle Alise arrache le cœur de Partre puis celui des libraires successifs ; on voit aussi une collection d'« arrache-cœurs » au mur du bureau militaire où Colin va chercher du travail (chapitres LI, LVI, LVII, LIX). Mais cette arme fictionnelle disparaît ici au profit d'un syntagme poétique qui est plutôt en relation avec le poème « La Vie en rouge » (cf. p. 1196-1197).*

* N. Arnaud, *Les Vies parallèles de Boris Vian, Bourgois*, 1981 ; pp. 226-232.

** R. Hughes, Un cyclone à la Jamaïque, *Le Livre de Poche*, 1973 ; pp. 143-144.

Si la maison sur la falaise transpose sans doute la villa de vacances des Vian dans le Cotentin, l'inspiration semble se rattacher aussi à des lectures : à Richard Hughes on ajoutera Gracq (Au château d'Argol) *pour le début , Carl Sandburg* (Le Pays de Routabaga) *et les enfants qui volent, Queneau* (Saint Glinglin) *pour le village et ses mœurs, Sartre* (Les Mouches) *avec l'homme qui prend en charge la honte de la communauté — sans préjudice du rôle évangélique de confesseur-rédempteur joué par le psychiatre à la barbe rousse —, Beauvoir* (Le Deuxième Sexe) *pour des conduites maternelles ou mystiques de fierté et d'avilissement (cf. la note 8 du texte). Le Kalevala enfin, épopée finlandaise offerte par Boris à Michelle en 1943 et qui, conjugué à* L'Ève future *de Villiers de L'Isle-Adam et à* Metropolis *de Lang, annonce le maréchal-ferrant et son androïde. Mais toutes ces traces intertextuelles recensées,* L'Arrache-cœur *est un des romans les plus puissamment originaux de Vian, ce qui lui fut néfaste à l'époque : il l'était trop.*

PUBLICATIONS ET RÉCEPTION

Reprenant à l'envers le fil de l'Avant-propos paradoxal de L'Écume des jours, *Vian a rédigé une esquisse de préface vite abandonnée : « Toute ressemblance avec des événements, des personnes ou des paysages réels est vivement souhaitée. Il n'y a pas de symboles et ce qui est raconté ici s'est effectivement passé».*

Refusé par Gallimard en 1951 car le soutien de J. Lemarchand fit encore défaut à l'auteur, ce dernier roman fut publié par le mécène qui dirigeait les éditions Pro Francia-Vrille en janvier 1953, avec un Avant-propos judicieux, chaleureux et prémonitoire de Queneau qui avait défendu le manuscrit rue Sébastien-Bottin. La confrontation du manuscrit et du dactylogramme avec l'originale révèle que Vian a supprimé, sans doute sur épreuves, maints longs passages et épisodes qui exagéraient l'esclavage des enfants sous la domination et l'orgueil maternels implacables. L'état publié offre une vision plus subtile à la fois du triomphe secret de l'enfant et de la folie angoissée de la mère.

Il semble que seul François Billetdoux ait parlé du roman après sa publication, avec faveur et en rapportant une conversation avec Vian qui disait avoir voulu faire un « anti-Bazin » — Hervé Bazin dont Vipère au poing *avait paru avec succès en 1948. Seulement cent cinquante*

exemplaires environ du roman avaient été vendus en 1961, selon F. Caradec, à une époque où le livre était déjà soldé sur les quais.*

C'est encore l'édition des Romans et Nouvelles *de 1962 chez Pauvert qui fit de* L'Arrache-cœur *l'un des plus grands succès posthumes de Boris Vian, suivie de celle du roman seul en 1965, puis du* Livre de Poche *et du* Club Français du Livre *en 1968, enfin de Christian Bourgois en 1975.*

UNE MISE EN ŒUVRE DES ANTAGONISMES

Le roman me paraît structuré sur le nombre trois, selon une recette très quenienne : trois parties de 21 (3 × 7), 18 (3 × 6) et 30 (3 × 10) chapitres ; trois bébés dits les « trumeaux » ; trois femmes, peut-être trois héros et trois lieux — maison, village, ciel/mer... Mais le nœud profond en est le duel.

En face d'un psychiatre trop vide qui offre une représentation satirique de la cure — de la psychanalyse comme accouplement à la prise de relais du bouc émissaire villageois —, voici une mère trop riche de dévouement-domination et trois enfants dont les pouvoirs magiques s'affirment tandis que le père est rejeté vers le large, l'inconnu. Le psychiatre fait le lien nécessaire avec un village de violence et de foi paysannes où se croisent le curé, le maréchal-ferrant et cet étrange nocher du fleuve de sang, La Gloïre, assumant la honte collective, ainsi que maints personnages secondaires venus de chez nous mais aussi d'ailleurs.

Le temps lui-même se détraque au milieu du roman, au centre des crises (Deuxième Partie, chapitre XII), temps humain devenant d'outre-monde, prélude d'éternité, cependant que s'accentuent les thèmes de la faute, du rachat — par l'or et la victime expiatoire —, de la prison intime comme matérielle, de la « religion de luxe », et toujours de la féerie de l'enfance. L'Arrache-cœur *est bien une image des contrastes puissants par lesquels j'ai défini la vision et l'art de Boris Vian : la beauté grandiose de la nature, falaises, arbres, ciel, se dresse devant la fureur et la cruauté sauvage de l'homme ; le charme du rêve et du verbe — paysages subjectifs, jardin aux fleurs surréelles, mots-sésames pour des expériences prodigieuses ou des apparitions féeriques — reflète le pouvoir des enfants comme de l'artiste à ouvrir un univers à la Lewis Carroll et lutte contre la logique démente et les raisonnements paranoïaques de la mère.*

* *Cité in M. Fauré,* Les Vies posthumes de B. Vian, *UGE, 10/18, 1975 ; p. 58.*

Seule la poésie peut réconcilier un monde déchiré par l'égoïsme, l'aveuglement et la culpabilité.

Roman de sortilèges et de violences, pays des merveilles et des horreurs, L'Arrache-cœur *témoigne chez Vian de la fécondité de l'écriture et de l'imaginaire qui devront prendre d'autres voies artistiques après l'échec de la publication.*

G.P.

AVANT-PROPOS

Boris Vian est un homme instruit et bien élevé, il sort de Centrale, ce n'est pas rien, mais ce n'est pas tout :

Boris Vian a joué de la trompinette comme pas un, il a été un des rénovateurs de la cave en France ; il a défendu le style Nouvelle-Orléans, mais ce n'est pas tout :

Boris Vian a aussi défendu le bibop, mais ce n'est pas tout :

Boris Vian est passé devant la justice des hommes pour avoir écrit J'irai cracher sur vos tombes, sous le nom de Vernon Sullivan, mais ce n'est pas tout :

Boris Vian a écrit trois autres pseudépygraphes, mais ce n'est pas tout :

Boris Vian a traduit de véritables écrits américains authentiques absolument, et même avec des difficultés de langage que c'en est pas croyable, mais ce n'est pas tout :

Boris Vian a écrit une pièce de théâtre, L'Équarrissage pour tous, qui a été jouée par de vrais acteurs sur une vraie scène, pourtant il n'y était pas allé avec le dos de la Q.I.R., mais ce n'est pas tout :

Boris Vian est un des fondateurs d'une des sociétés les plus secrètes de Paris, le Club des Savanturiers[1], mais ce n'est pas tout :

Boris Vian a écrit de beaux livres, étranges et pathétiques, L'Écume des jours, le plus poignant des romans d'amour contemporains ; Les Fourmis, la plus termitante des nouvelles écrites sur la guerre ; L'Automne à Pékin, qui est une œuvre difficile et méconnue, mais ce n'est pas tout :

Car tout ceci n'est rien encore : Boris Vian va devenir Boris Vian.

Raymond QUENEAU.

PREMIÈRE PARTIE

I

28 août.

Le sentier longeait la falaise. Il était bordé de calamines en fleur et de brouillouses un peu passées dont les pétales noircis jonchaient le sol. Des insectes pointus avaient creusé le sol de mille petits trous ; sous les pieds, c'était comme de l'éponge morte de froid.

Jacquemort avançait sans se presser et regardait les calamines dont le cœur rouge sombre battait au soleil. À chaque pulsation, un nuage de pollen s'élevait, puis retombait sur les feuilles agitées d'un lent tremblement. Distraites, des abeilles vaquaient.

Du pied de la falaise s'élevait le bruit doux et rauque des vagues. S'arrêtant, Jacquemort se pencha sur l'étroit rebord qui le séparait du vide. En bas, tout était très loin, à pic, et de l'écume tremblait dans le creux des roches comme une gelée de juillet. Cela sentait l'algue braisée. Pris de vertige, Jacquemort s'agenouilla sur l'herbe terreuse de l'été, toucha le sol de ses deux mains étendues ; rencontrant dans ce geste des crottes de bique aux contours bizarrement irréguliers, il conclut à la présence, parmi ces animaux, d'un bouc de Sodome dont il croyait pourtant l'espèce disparue.

Maintenant, il avait moins peur et il osa de nouveau s'incliner sur la falaise. Les grands pans de roc rouge tombaient à la verticale dans l'eau peu profonde, d'où ils ressortaient presque aussitôt pour donner lieu à une falaise rouge sur la crête de laquelle Jacquemort, à genoux, se penchait.

Des récifs noirs émergeaient de place en place, huilés par le ressac et

couronnés d'un anneau de vapeur. Le soleil corrodait la surface de la mer et la salissait de graffiti obscènes.

Jacquemort se releva, reprit sa marche. Le chemin tournait. À gauche il vit des fougères déjà marquées de roux et des bruyères en fleur. Sur les rocs dénudés brillaient des cristaux de sel apportés par le chasse-marée. Le sol, vers l'intérieur du pays s'élevait en pente escarpée. Le sentier contournait des masses brutales de granit noir, jalonné, par places, de nouvelles crottes de bique. De biques, point. Les douaniers les tuaient, à cause des crottes.

Il accéléra l'allure, et se trouva brusquement dans l'ombre car les rayons du soleil ne parvenaient plus à le suivre. Soulagé par la fraîcheur, il allait encore plus vite. Et les fleurs de calamines passaient en ruban de feu continu devant ses yeux.

À de certains signes, il reconnut qu'il approchait et prit le soin de mettre en ordre sa barbe rousse et effilée. Puis, il repartit allègrement. Un instant, la Maison lui apparut tout entière entre deux pitons de granit, taillés par l'érosion en forme de sucette et qui encadraient le sentier comme les piliers d'une poterne géante. Le chemin tournait à nouveau, il la perdit de vue. Elle était assez loin de la falaise, tout en haut. Lorsqu'il passa entre les deux blocs sombres, elle se démasqua entièrement, très blanche, entourée d'arbres insolites. Une ligne claire se détachait du portail, serpentait paresseusement sur le coteau et rejoignait, à bout de course, le sentier. Jacquemort s'y engagea. Arrivé presque en haut de la côte, il se mit à courir car il entendait les cris.

Du portail grand ouvert au perron de la maison une main prévoyante avait tendu un ruban de soie rouge. Le ruban montait l'escalier, aboutissait à la chambre. Jacquemort le suivit. Sur le lit, la mère reposait, en proie aux cent treize douleurs de l'enfantement. Jacquemort laissa tomber sa trousse de cuir, releva ses manches et se savonna les mains dans une auge de lave brute.

II

Seul dans sa chambre, Angel s'étonnait de ne pas souffrir. Il entendait sa femme gémir à côté, mais ne pouvait aller lui tenir les mains parce qu'elle le menaçait de son revolver. Elle préférait crier sans personne, car elle haïssait son gros ventre et ne voulait pas qu'on la vît dans cet état.

Depuis deux mois, Angel restait seul en attendant que tout fût terminé ; il méditait sur des sujets infimes. Il tournait aussi en rond assez souvent, ayant appris par des reportages que les prisonniers tournent comme des bêtes, mais quelles ? Il dormait et tâchait de dormir en pensant aux fesses de sa femme, car, vu le ventre, il préférait penser à elle de dos. Une nuit sur deux, il se réveillait en sursaut. Le mal, en général, était fait et cela n'avait rien de satisfaisant.

Les pas de Jacquemort résonnèrent dans l'escalier. En même temps, les cris de la femme cessèrent et Angel resta frappé de stupeur. S'approchant doucement de la porte, il essaya de voir, mais le pied du lit lui masquait tout le reste et il se tordit douloureusement l'œil droit sans résultat appréciable. Il se redressa et tendit l'oreille, à personne en particulier.

III

Jacquemort reposa le savon sur le bord de l'auge et saisit la serviette éponge. Il s'essuya les mains, ouvrit sa trousse. De l'eau grouillait non loin de là dans un vase électrique. Jacquemort y stérilisa son doigtier, le doigta habilement et découvrit la femme pour voir de quoi il retournait.

Ayant vu, il se redressa et dit d'un ton dégoûté :

— Il y en a trois.

Dans la pièce voisine, on entendit tomber un buvard.

— Trois... murmura la mère, étonnée.

Puis elle se remit à hurler car son ventre lui rappelait soudain qu'elle y avait très mal.

Jacquemort pris dans sa trousse quelques pilules de fortifiant et les avala, il en aurait besoin. Puis, décrochant une bassinoire, il en donna un grand coup par terre pour faire monter la valetaille. Il entendit courir en bas, puis attaquer l'escalier. La nurse apparut, vêtue de blanc comme pour un enterrement chinois.

— Préparez les appareils, dit Jacquemort. Comment vous appelez-vous ?

— J'm'appelle Culblanc, m'sieur, répondit-elle avec un fort accent campagnard.

— J'aime mieux ne pas vous appeler, dans ce cas, grogna Jacquemort.

La fille ne dit rien et se mit à astiquer des machins nickelés. Il s'approcha du lit. Soudain la femme se tut. La douleur la violait.

Jacquemort saisit un outil dans sa trousse et, d'une main experte, lui rasa le pubis. Puis, d'un trait de peinture blanche, il circonscrivit le champ opératoire. La nurse le regardait faire, un peu stupéfaite car ses connaissances en obstétrique n'allaient guère au-delà du vêlage.

— Avez-vous un Larousse médical ? demanda Jacquemort en rangeant son pinceau.

Ceci dit et fait, il se pencha sur son œuvre et souffla sur la peinture pour qu'elle sèche plus vite.

— J'ai que le Catalogue Général de la Manufacture Française d'Armes et Cycles de Saint-Étienne[2], répondit la nurse.

— C'est embêtant, dit Jacquemort. Ça nous renseignerait peut-être.

Sans écouter la réponse, il laissa errer ses yeux au hasard de la pièce et son regard tomba sur la porte derrière laquelle Angel s'ennuyait.

— Qui s'ennuie derrière cette porte ? demanda-t-il.

— C'est Monsieur..., répondit la nurse. Il est enfermé.

À ce moment, la mère sortit de sa torpeur et poussa une série de cris suraigus. Ses poings se crispaient et se décontractaient. Jacquemort se tourna vers la nurse :

— Vous avez un bassin ? demanda-t-il.

— J'm'en vais en chercher un, répondit la nurse.

— Remuez-vous, créature stupide, dit Jacquemort. Vous voulez donc qu'elle nous gâte une paire de draps ?

Elle sortit en trombe et Jacquemort l'entendit avec satisfaction se casser la figure dans l'escalier.

Il s'approcha de la femme. Tendrement, il caressa le visage épouvanté. Elle lui saisit le poignet de ses deux mains crispées.

— Vous voulez voir votre mari ? demanda-t-il.

— Oh ! oui, répondit-elle. Mais donnez-moi d'abord le revolver, dans l'armoire...

Jacquemort hocha la tête. La nurse revint, munie d'un baquet ovale à éplucher les chiens.

— C'est tout ce que j'ai, dit-elle. Faut vous en accommoder.

— Aidez-moi à le lui glisser sous les reins, dit Jacquemort.

— Le bord est coupant, remarqua la nurse.

— Apparemment, opina l'autre, on les punit de cette façon-là.

— Ça n'a pas de sens, marmonna la nurse. Elle n'a rien fait de mal.

— Et qu'est-ce qu'elle a fait de bien ?

Le dos épaissi de la mère reposait sur le bord du baquet plat.

— Maintenant, soupira Jacquemort, comment procède-t-on ? Ce n'est pas du tout un travail de psychiatre, cette affaire-là...

IV

Il s'interrogeait, incertain. La femme se taisait et la domestique, immobile, la regardait, le visage dénué d'expression.

— Il faut qu'elle perde les eaux, dit-elle.

Jacquemort, sans réagir, approuva. Puis, frappé, il releva la tête. La lumière baissait.

— C'est le soleil qui se cache ? demanda-t-il.

La bonne alla regarder. Le jour s'envolait derrière la falaise et un vent silencieux venait de se lever. Elle revint, inquiète.

— Je ne sais pas ce qui arrive... murmura-t-elle.

Dans la chambre, on ne distinguait rien qu'une phosphorescence autour du miroir de la cheminée.

— On va s'asseoir et attendre, suggéra Jacquemort à voix douce.

Il montait de la fenêtre une odeur d'herbes amères et de poussière. Le jour avait totalement disparu. Dans le creux d'ombre de la chambre, la mère se mit à parler.

— Je n'en aurai plus, dit-elle. Jamais plus je n'en voudrai.

Jacquemort se boucha les oreilles. Elle avait une voix d'ongles sur du cuivre. La nurse sanglota, terrorisée. La voix envahissait la tête de Jacquemort et lui lardait le cerveau.

— Ils vont sortir, dit la mère avec un rire dur. Ils vont sortir et me faire mal et ce sera seulement le commencement.

Le lit commençait à geindre. La mère haletait dans le silence, et la voix reprit :

— Il y aura des années, des années, et chaque heure, chaque minute, chaque seconde sera peut-être le but, et toute cette douleur n'aura servi qu'à cela et à me faire mal pour tout le temps.

— Assez, murmura Jacquemort avec netteté.

La mère, maintenant, hurlait à se lacérer la gorge. Les yeux du psychiatre s'accoutumaient à la lueur émanée du miroir. Il vit la femme gisante, le corps arqué, s'efforcer de tous ses membres. Elle poussa de longs cris successifs, et la voix retentissait aux oreilles de Jacquemort

comme un voile de brume aigre et collante. Et subitement, entre le dièdre des jambes levées, parurent, l'une après l'autre, deux taches plus claires. Il devina les gestes de la nurse, qui s'arrachait à sa terreur pour saisir les deux enfants, qu'elle roula dans du linge.

— Encore un, dit-il pour lui.

La mère, torturée, semblait près d'abandonner. Jacquemort se mit debout. Comme le troisième bébé arrivait, il le saisit adroitement, aida la femme. Brisée, elle retomba. La nuit se déchirait sans bruit, la lumière entrait dans la chambre, et la femme reposait, sa tête tournée sur le côté. De grands cernes marquaient son visage abîmé par le travail. Jacquemort s'épongea le front et le cou, s'étonna d'entendre les bruits du jardin, dehors. La nurse achevait d'envelopper le dernier bébé, qu'elle coucha près des deux autres, sur le lit. Elle alla jusqu'à l'armoire, à qui elle prit un drap qu'elle déploya dans la longueur.

— Je vais lui bander le ventre, dit-elle. Et il faut qu'elle dorme. Vous, allez-vous-en.

— Vous avez coupé les cordons ? s'enquit Jacquemort. Ligaturez-les bien serré.

— J'ai fait des rosettes, dit la nurse. Ça tient aussi bien et c'est plus élégant.

Il acquiesça, abruti.

— Allez retrouver Monsieur, suggéra la nurse.

Jacquemort s'approcha de la porte derrière laquelle Angel attendait. Il tourna la clé et entra.

V

Angel était assis sur une chaise, le dos cassé à angle rond, le corps encore sonore des cris de Clémentine. Au bruit de la serrure, il leva la tête. La barbe rousse du psychiatre le surprit.

— Je m'appelle Jacquemort, expliqua celui-ci. Je passais sur le chemin et j'ai entendu des cris.

— C'était Clémentine, dit Angel. Tout s'est bien passé ? C'est fini ? Dites ?

— Vous êtes trois fois père, dit Jacquemort.

Angel s'étonna :

— Des trumeaux ?

— Des jumeaux et un isolé, précisa Jacquemort. Il est sorti nettement après. C'est le signe d'une forte personnalité.

— Comment va-t-elle ? demanda Angel.

— Elle va bien, dit Jacquemort. Vous la verrez un peu plus tard.

— Elle est très montée contre moi, dit Angel. Elle m'a enfermé.

Emporté par les conventions, il ajouta :

— Vous voulez prendre quelque chose ?

Il se leva péniblement.

— Merci, dit Jacquemort. Pas maintenant.

— Qu'est-ce que vous faites ici ? demanda Angel. Vous venez passer les vacances ?

— Oui, dit Jacquemort. Je pense que je ne serai pas mal chez vous, puisque vous me le proposez.

— C'est une chance que vous vous soyez trouvé là, dit Angel.

— Il n'y a pas de docteur ? demanda Jacquemort.

— J'étais enfermé, dit Angel. Je n'ai pas pu m'en occuper. C'est la fille de ferme qui devait tout faire. Elle est dévouée.

— Ah !... dit Jacquemort. Cette... Excusez-moi, je n'aime pas son nom.

— Personne, dit Angel. Mais si on l'appelle Blanche ou Marie ou Caramélie, elle rectifie toujours.

Ils se turent. Jacquemort peignait sa barbe rousse de ses cinq doigts écartés. Ses yeux bleus brillaient dans le soleil de la chambre. Angel le regarda attentivement. Le psychiatre portait un complet de tissu noir très souple, des pantalons collants à sous-pieds et un veston long et boutonné haut, qui réduisait sa carrure. Il avait aux pieds des sandales découpées de cuir verni noir et une chemise de satin lilas bouillonnait dans l'échancrure de son col. Il était follement simple.

— Je suis content que vous restiez là, dit Angel.

— Venez voir votre femme, maintenant, proposa l'autre.

VI

Clémentine ne bougeait pas. Elle reposait toute plate, les yeux au plafond. Deux des bougres étaient à sa droite, le troisième à sa gauche. La nurse avait rangé la pièce. Du soleil coulait sans bruit sur le rebord de la fenêtre ouverte.

— Il faudra les sevrer demain, dit Jacquemort. Elle ne peut pas en nourrir deux plus un, ensuite ça ira plus vite et tertio elle gardera une jolie poitrine.

Clémentine s'agita, tourna la tête de leur côté. Elle ouvrit deux yeux durs et parla :

— Je les nourrirai moi-même, dit-elle. Tous les trois. Et ça ne m'abîmera pas la poitrine. Et tant mieux si ça me l'abîme. De toute façon, je n'ai plus le désir de plaire à personne.

Angel s'approcha et voulut lui caresser la main. Elle se dégagea.

— Ça suffit, dit-elle. Je n'ai pas envie de recommencer maintenant.

— Écoute, murmura Angel.

— Va-t-en, dit-elle, d'un ton fatigué. Je ne veux pas te voir en ce moment. Ça m'a fait trop mal.

— Tu ne te sens pas mieux ? demanda Angel. Regarde... Ton ventre qui t'ennuyait tant. Tu n'en as plus.

— Et avec le drap que vous portez, dit Jacquemort, quand vous vous relèverez, vous n'aurez pas une trace.

Clémentine fit un gros effort et se redressa à demi. Elle parla d'une voix basse et sifflante :

— Je devrais me sentir mieux, hein ?... comme ça... juste après..., avec mon ventre déchiré... et mon dos qui me fait mal... et les os de mon bassin tordus et douloureux, et mes yeux pleins de veinules rouges... je devrais me récupérer, être bien sage, me refaire une jolie silhouette bien plate, une jolie poitrine bien ferme..., pour que toi ou un autre vous veniez m'écraser et me jeter votre ordure, et que ça recommence, que j'aie mal, que je sois lourde, que je saigne...

D'un geste violent, elle glissa son bras sous les couvertures et arracha le drap qui lui bandait le corps. Angel esquissa un geste.

— N'avance pas ! dit-elle d'une voix si haineuse que son mari s'immobilisa, muet. Allez-vous-en ! dit-elle. Tous les deux ! Toi parce que tu m'as fait ça et vous parce que vous m'avez vue comme ça. Allez !... Filez !

Jacquemort se dirigea vers la porte, suivi d'Angel. Comme celui-ci venait de s'engager dans le passage, il reçut sur la nuque le drap roulé en boule que sa femme venait de lancer. Il trébucha et son front heurta le chambranle. La porte se referma sur lui.

VII

Maintenant, ils descendaient l'escalier de carreaux rouges qui tremblait sous leurs pas. La maison était bâtie en force, avec de grosses poutres noires et des murs chaulés. Jacquemort cherchait quelque chose à dire.

— Ça ira mieux tout à l'heure..., proposa-t-il.

— Mmm..., répondit Angel.

— Vous en avez gros sur la patate ? suggéra le psychiatre.

— Non, dit Angel. J'ai été enfermé deux mois. C'est ça.

Il s'efforça de rire.

— Ça me fait drôle de me retrouver libre.

— Qu'est-ce que vous avez fait pendant ces deux mois ? demanda Jacquemort.

— Rien, dit Angel.

Ils traversaient un grand hall carrelé, comme l'escalier, de grès rouge. Il y avait peu de meubles ; une table massive de bois clair, un buffet bas du même arbre et, aux murs, deux ou trois peintures blanches, très belles. Des chaises assorties. Angel s'arrêta près du buffet.

— Vous boirez bien quelque chose ? dit-il.

— Volontiers, dit Jacquemort.

Angel servit deux verres de ploustochnik fait à la maison.

— Fameux ! apprécia Jacquemort.

Comme l'autre ne répondait pas, il ajouta :

— Dans l'ensemble, ça vous fait quel effet d'être père ?

— C'est pas marrant, dit Angel.

VIII

29 août.

Clémentine était seule. Pas un bruit dans la chambre. Sauf, par moments, le clapotis du soleil au bas des rideaux.

Soulagée, parfaitement abrutie, elle passa ses deux mains sur son ventre plat et mou. Ses seins gonflés pesaient. Elle eut pour son corps un regret, un remords, une honte, et oublia le drap rejeté la veille. Ses doigts

parcoururent le contour de son cou, de ses épaules, l'enflure anormale de sa poitrine. Elle avait un peu trop chaud, la fièvre, sans doute.

Vague, venait de la fenêtre la rumeur lointaine du village. C'était l'heure du travail aux champs. On entendait monter des étables obscures quelques glapissements de bestiaux mis en pénitence, mais moins fâchés qu'ils ne voulaient le paraître.

Près d'elle, les salopiots dormaient. Elle en saisit un, réticente d'un léger dégoût et le tint à bout de bras au-dessus d'elle. Il était rose, avec une petite bouche humide de pieuvre et des yeux de viande plissée. Elle détourna la tête, découvrit un de ses seins et en approcha le salopiot. Il fallut lui mettre le bout du sein dans la bouche, alors ils crispa ses poings et ses joues se creusèrent. Il avalait la gorgée aussitôt tirée avec un vilain bruit de gosier. Ce n'était pas très agréable. Cela soulageait un peu, cela mutilait un peu aussi. Le sein vidé aux deux tiers, le salopiot se rendit à merci, les deux mains écartées, ronflant salement. Clémentine le reposa à côté d'elle, et sans cesser de ronfler, il fit un bizarre remue-ménage avec sa bouche, suçant encore dans son sommeil. Il avait un duvet miteux sur le crâne, sa fontanelle battait de façon inquiétante, on pensait appuyer au milieu pour l'arrêter.

La maison résonna d'un choc sourd. La lourde porte d'en bas venait de se refermer, Jacquemort et Angel étaient sortis. Clémentine avait droit de vie et de mort sur les trois choses qui dormaient près d'elle. C'était à elle. Elle caressa son sein lourd et douloureux. Elle aurait de quoi nourrir les trois.

Le second se jeta avidement sur le mamelon brun que son frère venait d'abandonner. Il tétait tout seul, elle s'étira. Les pas de Jacquemort et d'Angel crissaient sur le gravier de la cour. Le bébé buvait. Le troisième remua dans son sommeil. Elle le souleva et lui donna l'autre sein.

IX

Le jardin s'accrochait partiellement à la falaise et des essences variées croissaient sur ses parties abruptes, accessibles à la rigueur, mais laissées le plus souvent à l'état de nature. Il y avait des calaïos, dont le feuillage bleu-violet par-dessous, est vert tendre et nervuré de blanc à l'extérieur ; des ormandes sauvages, aux tiges filiformes, bossuées de nodosités monstrueuses, qui s'épanouissaient en fleurs sèches comme des

meringues de sang, des touffes de rêviole lustrée gris perle, de longues grappes de garillias crémeux accrochés aux basses branches des araucarias, des sirtes, des mayanges bleues, diverses espèces de bécabunga, dont l'épais tapis vert abritait de petites grenouilles vives, des haies de cormarin, de cannaïs, de sensiaires, mille fleurs pétulantes ou modestes terrées dans des angles de roc, épandues en rideaux le long des murs du jardin, rampant au sol comme autant d'algues, jaillissant de partout, ou se glissant discrètes autour des barres métalliques de la grille. Plus haut, le jardin horizontal était divisé en pelouses nourries et fraîches, coupées de sentiers gravelés. Des arbres multiples crevaient le sol de leurs troncs rugueux.

C'est là qu'Angel et Jacquemort étaient venus se promener, las d'une nuit mal dormie. L'air frais de la mer nappait de cristal la falaise entière. En haut, à la place du soleil, il y avait une flamme creuse à contour carré.

— Vous avez un joli jardin, dit Jacquemort, sans chercher mieux. Vous vivez ici depuis longtemps ?

— Oui, dit Angel. Deux ans. J'avais des désordres de conscience. J'ai raté pas mal de choses[3].

— Il restait de la marge, dit Jacquemort. Ce n'est pas fini avec ça.

— C'est vrai, dit Angel. Mais j'ai mis plus longtemps que vous à le découvrir.

Jacquemort hocha la tête.

— On me dit tout, remarqua-t-il. Je finis par savoir ce qu'il y a dans les gens. À propos, pourrez-vous m'indiquer des sujets à psychanalyser ?

— Il y en a plein, dit Angel. Vous aurez la nurse quand vous voudrez. Et les gens du village ne refuseront pas. Ce sont des gens un peu grossiers, mais intéressants et riches.

Jacquemort se frotta les mains.

— Il va m'en falloir des tas, dit-il, Je fais une forte consommation de mentalités.

— Comment ça ? demanda Angel.

— Je dois vous expliquer pourquoi je suis venu ici, dit Jacquemort. Je cherchais un coin tranquille pour une expérience. Voilà : représentez-vous le petit Jacquemort comme une capacité vide.

— Un tonneau ? proposa Angel. Vous avez bu ?

— Non, dit Jacquemort. Je suis vide. Je n'ai que gestes, réflexes, habitudes. Je veux me remplir. C'est pourquoi je psychanalyse les gens. Mais mon tonneau est un tonneau des Danaïdes. Je n'assimile pas. Je leur

prends leurs pensées, leurs complexes, leurs hésitations, et rien ne m'en reste. Je n'assimile pas ; ou j'assimile trop bien... c'est la même chose. Bien sûr, je conserve des mots, des contenants, des étiquettes ; je connais les termes sous lesquels on range les passions, les émotions, mais je ne les éprouve pas.

— Alors, cette expérience, dit Angel. Vous avez tout de même le désir de cette expérience ?

— Certes, dit Jacquemort. J'ai le désir de cette expérience. De quelle expérience au fait ? Voilà. Je veux faire une psychanalyse *intégrale*. Je suis un illuminé.

Angel haussa les épaules.

— Ça s'est déjà fait ? dit-il.

— Non, dit Jacquemort. Celui que je psychanalyserai comme ça, il faudra qu'il me dise tout. Tout. Ses pensées les plus intimes. Ses secrets les plus poignants, ses idées cachées, ce qu'il n'ose pas s'avouer à lui-même, tout, tout et le reste, et encore ce qu'il y a par-derrière. Aucun analyste ne l'a fait. Je veux voir jusqu'où on peut aller. Je veux des envies et des désirs et je prendrai ceux des autres. Je suppose que s'il ne m'en est rien resté jusqu'ici, c'est que je n'ai pas été assez loin. Je veux réaliser une espèce d'identification. Savoir qu'il existe des passions et ne pas les ressentir, c'est affreux.

— Je vous assure, dit Angel, que vous avez au moins ce désir-là et que cela suffit à faire que vous ne soyez pas si vide.

— Je n'ai aucune raison de faire une chose plutôt qu'une autre, dit Jacquemort. Et je veux prendre aux autres les raisons qu'ils ont.

Ils approchaient du mur de derrière. Symétrique par rapport à la maison du portail par lequel Jacquemort avait pénétré la veille dans le jardin, une haute grille dorée s'élevait, rompant la monotonie des pierres.

— Mon cher ami, dit Angel, permettez-moi de vous répéter qu'avoir envie d'avoir des envies c'est déjà une passion suffisante. La preuve, c'est que cela vous fait agir.

Le psychiatre caressa sa barbe rousse et se mit à rire.

— Cela prouve cependant en même temps le manque d'envies, dit-il.

— Mais non, dit Angel. Pour ne pas avoir de désirs ni d'orientations, il faudrait que vous eussiez subi un conditionnement social parfaitement neutre. Que vous soyez indemne de toute influence, et sans passé intérieur.

— C'est le cas, dit Jacquemort. Je suis né l'année dernière, tel que vous me voyez devant vous. Regardez ma carte d'identité.

Il la tendit à Angel qui la prit et l'examina.

— C'est exact, dit Angel en la lui rendant. C'est une erreur.

— Écoutez-vous parler !... protesta Jacquemort, outré.

— Ça se complète très bien, dit Angel. Il est exact que ce soit écrit, mais ce qui est écrit est une erreur.

— J'avais pourtant une notice à côté de moi, dit Jacquemort. «Psychiatre. Vide. À remplir.» Une notice! C'est indiscutable. C'est imprimé.

— Alors? dit Angel.

— Alors vous voyez bien que ça ne vient pas de moi, ce désir de me remplir, dit Jacquemort. Que c'était joué d'avance. Que je n'étais pas libre.

— Mais si, répondit Angel. Puisque vous avez un désir, vous êtes libre.

— Et si je n'en avais pas du tout? Pas même celui-là?

— Vous seriez un mort.

— Ah zut! s'écria Jacquemort. Je ne discuterai plus avec vous. Vous me faites peur.

Ils avaient franchi la grille et foulaient le chemin qui mène au village. Le sol était blanc et poussiéreux. Des deux côtés croissait une herbe cylindrique, vert foncé, spongieuse, comme des crayons de gélatine.

— Enfin, protesta Jacquemort, c'est le contraire. On n'est libre que lorsqu'on n'a envie de rien, et un être parfaitement libre n'aurait envie de rien. C'est parce que je n'ai envie de rien que je me conclus libre.

— Mais non, dit Angel. Puisque vous avez envie d'avoir des envies, vous avez envie de quelque chose et tout ça est faux.

— Oh! Oh! Oh! s'exclama Jacquemort de plus en plus outré. Enfin, vouloir quelque chose, c'est être enchaîné à son désir.

— Mais non, dit Angel. La liberté, c'est le désir qui vient de vous. D'ailleurs...

Il s'arrêta.

— D'ailleurs, dit Jacquemort, vous vous payez ma tête, et c'est tout. Je psychanalyserai des gens et je leur prendrai des vrais désirs, des vouloirs, du choix et tout, et vous me faites suer.

— Tenez, dit Angel, qui réfléchissait, faisons une expérience : essayez un instant avec sincérité de cesser complètement de désirer les envies des autres en l'occurrence. Essayez. Soyez honnête.

— J'accepte, dit Jacquemort.

Ils s'arrêtèrent au bord de la route. Le psychiatre ferma les yeux, sembla se détendre. Angel le surveillait avec attention.

Il se fit comme une brisure de couleur dans la tonalité de la figure de Jacquemort. Subtilement, une certaine transparence envahit ce qu'on voyait de son corps, ses mains, son cou, sa figure.

— Regardez vos doigts... murmura Angel.

Jacquemort ouvrit des yeux presque incolores. Il vit, à travers sa main droite, un silex noir sur le sol. Puis, comme il se ressaisissait, la transparence disparut et il se solidifia de nouveau.

— Vous voyez bien, dit Angel. En pleine relaxation, vous n'existez plus.

— Ah! dit Jacquemort. Vraiment vous vous leurrez. Si vous croyez qu'un tour de passe-passe va avoir raison de ma conviction... Expliquez-moi votre truc...

— Bien, dit Angel. Je suis heureux de voir que vous êtes de mauvaise foi et insensible à l'évidence. C'est dans l'ordre des choses. Un psychiatre doit avoir mauvaise conscience.

Ils étaient parvenus à l'orée du village et, d'un commun accord, rebroussèrent chemin.

— Votre femme a envie de vous voir, dit Jacquemort.

— Vous n'en savez rien, dit Angel.

— Je le pressens, dit Jacquemort. Je suis un idéaliste.

Arrivés à la maison, ils montèrent l'escalier. La rampe de chêne sculpté s'aplatit servilement sous la poigne robuste de Jacquemort. Angel entra le premier dans la chambre de Clémentine.

X

Il s'arrêta sur le seuil. Jacquemort, derrière lui, attendait.

— Tu veux bien que je vienne? demanda Angel.

— Entre, dit Clémentine.

Elle le regarda, ni amie, ni ennemie. Il restait debout, sans oser s'asseoir sur le lit, de peur de la déranger.

— Je ne peux plus guère me fier à toi, dit-elle. Une femme ne peut plus se fier aux hommes à partir du moment où un homme lui a fait des enfants. Et particulièrement pas à celui-là.

— Ma Clémentine, dit Angel, tu as eu bien mal.

Elle secoua la tête. Elle ne voulait pas se laisser plaindre.

— Je me lèverai demain, dit-elle. Dans six mois, il faut qu'ils sachent marcher. Dans un an, ils liront.

— Tu vas mieux, dit Angel. Je te retrouve.

— Ce n'était pas une maladie, dit-elle. C'est fini maintenant. Et ça ne recommencera plus. Dimanche, il faut qu'ils soient baptisés. Ils s'appelleront Joël, Noël et Citroën. C'est décidé.

— Joël et Noël, dit Angel, ce n'est pas bien joli. Tu avais encore Azraël, Nathanaël et même Ariel. Ou Prünel.

— Tu n'y changeras rien, dit Clémentine, la voix précise. Joël et Noël pour les jumeaux. Citroën pour le troisième.

Elle dit à mi-voix, pour elle :

— Celui-là, il faudra le mater au départ. J'aurai du mal avec lui, mais il est gentil. Demain, continua-t-elle à voix haute, il faut qu'ils aient des lits.

— Si vous avez des courses à faire, proposa Jacquemort, je suis là. Ne vous gênez pas.

— C'est une idée, dit Clémentine. Comme ça, vous ne resterez pas à ne rien faire.

— Ce n'est guère mon habitude, dit Jacquemort.

— Mais vous risquez de la prendre ici, répondit-elle. Allez, maintenant. Allez-vous-en tous les deux. Commandez trois lits chez le menuisier. Deux petits et un plus grand. Et dites-lui de soigner le travail. Et envoyez-moi Blanche en passant.

— Oui, ma douce, dit Angel.

Il se pencha pour l'embrasser et se releva. Jacquemort s'effaça devant Angel qui sortit. Le psychiatre referma la porte et le suivit.

— Où est Blanche ? demanda-t-il.

— En bas..., dit Angel. Dans la lavanderie. En train de lavander. Allons déjeuner. On s'occupera des courses ensuite.

— J'irai, dit Jacquemort. Vous resterez ici. Je n'ai pas envie de recommencer à discuter comme tout à l'heure. C'est épuisant. Et ce n'est pas mon métier. Après tout, le rôle d'un psychiatre, c'est clair. C'est de psychiatrer.

XI

Jacquemort franchit la grille pour la seconde fois dans ce sens et reprit le chemin du village. À sa droite, le mur du jardin, puis le flanc de la falaise et la mer, très loin. À gauche, des champs cultivés, des arbres çà et là, des haies. Un puits qu'il n'avait pas remarqué le matin le surprit par son couronnement de pierre patinée et ses deux hautes colonnes de pierre entre lesquelles un boisseau de frêne supportait une chaîne rugueuse de rouille. L'eau du puits bouillottait dans le fond, couronnant la margelle d'un nuage vite effiloché par la carde bleue du ciel. Les premières maisons lui apparurent, de loin; elles frappaient par leur rudesse. C'étaient des fermes en forme d'U, les branches de l'U dirigées vers la route. D'abord, il n'y en avait qu'une ou deux, à droite. Leur cour présentait l'habituelle disposition : carrée, un grand bassin au milieu, plein d'une eau noire peuplée d'écrevisses et de vibrouzes ; à main gauche, l'aile où logeaient le fermier et sa famille ; à droite et au fond, les étables et les écuries, réparties au premier étage, auxquelles le bétail accédait par une rampe assez raide. Leur soubassement de forts piliers encadrait des cuves où venaient s'accumuler, par gravité, le fumier et les merdres. Celles des étables qui n'étaient pas occupées abritaient la paille, le grain et les réserves de fourrage. Dans un réduit spécial, bien aménagé et garni abondamment de balles de sarlipètes, on culbutait les filles de ferme. La cour elle-même était pavée de granit gris coupé de bandes bien entretenues de cette herbe cylindrique et spongieuse qui bordait aussi la route.

Jacquemort continuait d'avancer sans voir personne. Les fermes se firent plus nombreuses. Maintenant, il y en avait aussi à gauche et le chemin plus large obliquait de ce côté. Il se doubla soudain d'un ruisseau rouge dont la surface arrivait presque au ras du sol, sans une ride, sans un pli, et sur lequel flottaient des débris non identifiables, comme après la digestion. Il courait maintenant, çà et là, la rumeur peu explétive des maisons vides. Jacquemort tentait de scinder en parfums individualisés les bouffées complexes qui le frappaient au droit de chaque bâtiment.

Le ruisseau l'intriguait. D'abord, il n'y avait rien eu, puis, tout à coup, il coulait large, plein jusqu'au bord, comme sous une membrane tendue. De la couleur de la bave du crache-sang, rouge clair et opaque. Une gouache d'eau. Jacquemort ramassa un caillou et le jeta dedans. Il

s'enfonça discrètement, sans éclabousser, comme dans un fleuve de duvet.

Le chemin s'épanouit en une place oblongue, rehaussée d'un terre-plein où des arbres alignés maintenaient une ombre tranquille. Bifide, la chaussée contournait le terre-plein. À droite, il y avait une certaine animation et Jacquemort se dirigea de ce côté-là.

Il vit en arrivant que c'était seulement la foire aux vieux. Il y avait un banc de bois, exposé au soleil, et des grosses pierres sur lesquelles s'asseyaient les derniers arrivés. Des vieux s'alignaient sur le banc et trois des pierres étaient déjà occupées. On pouvait compter sept hommes et cinq femmes. Le maquignon municipal était debout devant le banc, son registre de moleskine sous le bras. Il portait un vieux costume de velours marron et des chaussures à clous, et, malgré la chaleur, il était coiffé d'une ignoble casquette en peau de taupe. Il sentait mauvais et les vieux encore plus. Plusieurs restaient immobiles, les mains croisées sur leur bâton poli par l'usage, tout couverts d'étoffes sales et informes, pas rasés, pleins de rides pleines de crasse, les yeux plissés d'avoir trop travaillé au soleil. Ils mâchonnaient de leurs bouches édentées aux chicots puants.

— Allons, dit le maquignon, celui-ci n'est pas cher et il fera encore bon usage. Voyons, Lalouët, tu ne le veux pas pour tes gosses ? Il peut encore en voir, tu sais.

— Et il pourra leur en montrer ! dit un homme.

— Ah ça ! oui ! approuva le maquignon municipal. Tiens, viens là, vieux machin.

Il le fit lever. L'autre, tout courbé, avança d'un pas.

— Montre-leur-z-y voir ce que t'as dans ta culotte ! dit le maquignon.

De ses doigts tremblants, le vieux commença de défaire sa braguette. Les bords en étaient luisants d'usure et de graisse. Les gens s'esclaffèrent.

— Regardez ça ! dit Lalouët. Mais c'est vrai qu'il a encore quelque chose !

Il se pencha sur le vieux et soupesa la misérable chiffe en se tordant de rire.

— Ah ! Tiens ! Je le prends, dit-il au maquignon. Je t'en donne cent francs.

— Adjugé ! dit le maquignon.

Jacquemort savait qu'à la campagne c'est courant, mais il assistait pour la première fois à une foire aux vieux et le spectacle le surprenait.

Le vieux se reboutonna et attendit.

— File, viû chûin! dit Lalouët en lui donnant un coup de pied qui le fit trébucher. Allez, les gosses, amusez-vous.

Le vieux se mit en route à petits pas. Deux enfants se détachèrent du groupe. L'un d'eux se mit à lui cingler le dos avec une badine et l'autre s'accrocha à son cou pour le faire tomber. Le vieux s'étala, le nez dans la poussière. Les hommes ne regardaient pas. Seul Jacquemort, fasciné, observait les enfants. Le vieux se mit à genoux, son nez écorché saignait et il cracha quelque chose. Jacquemort se détourna et regagna le groupe principal. Le maquignon faisait l'article pour une femme de soixante-dix ans à peu près, grosse et courte, dont les cheveux rares et graisseux dépassaient un vieux fichu noir.

— Allez, celle-là est en bon état, dit-il. Qui en veut? Elle a point de dents. Ça peut être commode.

Jacquemort se sentait un peu écœuré. Il regarda avec plus d'attention les figures qui l'entouraient. C'étaient des hommes de trente-cinq à quarante ans, solides, durs, coiffés de casquettes posées bien d'aplomb sur leur tête. La race paraissait trapue et résistante. Quelques-uns portaient la moustache. C'est une preuve.

— Soixante francs l'Adèle! continua le maquignon. Et pas de dents pour ce prix-là. Une affaire. Toi Chrëtien? Et toi, Nüfère?

Il assena une grande claque sur le dos de la vieille.

— Lève-toi, vieille bourrique, qu'on te voie! Allons, c'est une affaire.

La vieille se leva.

— Tourne-toi, dit le maquignon. Montre tes fesses à la compagnie. Regardez ça, vous autres!

Jacquemort s'efforçait de ne pas regarder. La vieille sentait si mauvais qu'il pensa tourner de l'œil. Il entrevit l'horrible masse graisseuse et boursouflée de varices.

— Cinquante..., dit une voix aigre.

— Prends-la, elle est à toi! s'exclama le maquignon.

Avant même que la vieille ait eu le temps de rabattre sa jupe de cotonnade, il la poussa d'une énorme claque. Jacquemort était près d'un énorme colosse brun, qui riait de bon cœur. Il lui posa la main sur le bras.

— Pourquoi riez-vous? demanda-t-il. Ça ne vous fait pas honte?

L'autre s'interrompit subitement.

— Ça me fait quoi, vous dites?

— Vous n'avez pas honte? répéta doucement Jacquemort. Ils sont vieux.

Il reçut le coup de poing avant de s'en apercevoir. Sa lèvre céda et se fendit sur une canine. Du sang lui sala la bouche. Il chancela et tomba du trottoir sur la chaussée. On ne le regardait pas. Les enchères continuaient.

Il se releva et, du plat de la main, brossa son pantalon poussiéreux. Il était derrière un demi-cercle de dos sombres et hostiles.

— Celui-là! dit la voix de l'aboyeur. Il a une jambe de bois. Ça, ça plaît. Cent dix francs pour le début! Cent dix!

Jacquemort s'éloigna. Au bout de la place, une rue transversale semblait comporter plusieurs échoppes. Il se dirigea vers elles. Quelques minutes plus tard, il entrait chez le menuisier. Il se sentait troublé, mal à l'aise. La porte se referma sur lui et il attendit.

XII

Le patron n'était pas dans cette pièce-là, une espèce de petit bureau crasseux. Un plancher de sapin usé, noirci, une table de bois noir, un vieux calendrier au mur; dans un coin, la trace sale d'un poêle, deux chaises dont la paille s'en allait, tel était l'ameublement. Des cloisons de planches. Au fond s'ouvrait une porte d'où venaient les rumeurs de l'atelier, des coups irréguliers dont deux séries se superposaient sans se mélanger.

Jacquemort avança vers l'atelier.

— Y a quelqu'un? demanda-t-il à mi-voix.

Les coups ne s'arrêtaient pas et il passa dans l'atelier. Celui-ci prenait le jour d'en haut. C'était une longue remise assez vaste, encombrée de planches, de madriers, d'assemblages ébauchés. Il y avait trois ou quatre établis, une petite scie à ruban, une perceuse, une toupie dont le socle de fonte paraissait brisé. Aux murs, des outils divers, pas en très grand nombre. À droite, près de la porte par où Jacquemort venait d'entrer, un énorme tas de sciure et de copeaux. L'atmosphère sentait la colle forte. Le seau gluant qui devait la contenir tiédissait sur un petit réchaud à charbon de bois, à l'extrémité de la remise, devant une autre porte qui

s'ouvrait sur un jardin. À la charpente affaissée pendaient des objets divers, des vieilles lames de scie, une souris verte, des instruments en mauvais état, des serre-joints, tout un bric-à-brac.

Immédiatement à gauche, un énorme tronc de chêne s'allongeait, séparé du sol par deux fortes cales de bois. À cheval dessus, un petit apprenti s'escrimait à grands coups de hachette pour en tirer une poutre carrée. Il était vêtu de loques et ses bras maigres avaient peine à manier la hachette. Plus loin, le patron clouait une garniture de cuir sur le rebord d'une bizarre construction de chêne blanc, une sorte d'alvéole dans lequel il se tenait debout. Cette loge était munie d'un système d'épais volets, ouverts pour le moment et dont les charnières grinçaient doucement à chaque coup de marteau.

L'homme clouait, l'enfant travaillait. Aucun des deux ne regardait Jacquemort, qui restait sur le seuil, sans trop savoir. Enfin, il se décida.

— Bonjour ! dit-il assez fort.

Le patron s'arrêta de clouer et leva le nez. Il était laid. Il avait une grande bouche pendante et un nez en pied de marmite, mais ses mains étaient noueuses et robustes, frangées d'épais poils roux.

— Qu'est-ce que tu veux ? demanda-t-il.

— Je veux des lits pour des enfants, dit Jacquemort. Ils sont nés dans la maison sur la falaise, là-bas. Il faut deux lits. Un à deux places et un plus grand à une seule place.

— J'en ferai qu'un, dit le menuisier. Trois places, dont deux face à la marche.

— Et une plus grande..., dit Jacquemort.

— Une plus grande... On verra, dit le menuisier. À la main ou à la machine ?

Jacquemort regarda le petit apprenti qui tapait comme dans un rêve ; un misérable automate, rivé à son labeur sans fin.

— C'est moins coûteux à la main, dit le menuisier. Parce que les machines, ça revient cher, tandis que des ordures comme celui-ci on en a treize à la douzaine.

— On les élève durement par ici, remarqua Jacquemort.

— À la main ou à la machine ? répéta le menuisier.

— À la machine, dit Jacquemort...

— Naturellement... grommela l'autre. Pour m'user mes appareils...

— Pour demain, dit Jacquemort.

Puis, voulant amadouer l'homme, il fit mine de s'intéresser à son travail.

— Qu'est-ce que vous faites là ? demanda-t-il.

— C'est pour l'église, dit l'homme. Une chaire.

Il avait l'air fier et gêné en même temps. Sa grande bouche, quand il parlait, laissait échapper un flot de bruine.

— Une chaire ? dit Jacquemort.

Il s'approcha pour mieux voir. C'était une chaire en effet. Une chaire à couvercle. Un modèle étrange dont Jacquemort n'avait jamais rencontré l'équivalent.

— Je n'ai jamais été à la campagne, dit-il. Vous savez, à la ville, on ne les fait pas tellement comme ça, alors ça m'intéresse de voir.

— À la ville, dit le menuisier, on ne croit plus en Dieu.

Il regarda Jacquemort méchamment. À ce moment, le petit apprenti laissa tomber sa hachette et s'affala, le nez en avant, sur le tronc de chêne qu'il équarrissait. Le silence subit saisit Jacquemort. Il se retourna et s'approcha de l'enfant. Le menuisier, pendant ce temps, s'était éloigné de quelques pas et revenait en portant une vieille boîte de conserve pleine d'eau, dont il jeta brutalement le contenu dans le cou du gosse. Puis, voyant que l'enfant ne se relevait pas, il fit suivre le même chemin à la boîte. L'apprenti soupira et Jacquemort s'approcha, révolté, pour l'aider ; mais déjà le petit poignet sale recommençait à s'élever puis à s'abattre, faible et monotone.

— Vous êtes trop brutal, dit Jacquemort au menuisier. Un gosse de cet âge ! Vous devriez avoir honte !

Le coup qu'il reçut au menton faillit le faire choir, et il recula de deux pas pour récupérer son équilibre. Avec précaution, il palpa sa mâchoire. Sa barbe avait amorti le choc.

Le menuisier s'était remis à son travail, comme si rien ne se passait d'anormal. Entre deux coups de marteau, il s'arrêta.

— Viens la voir dimanche, dit-il. Elle sera montée. C'est une belle chaire.

Il la caressa avec orgueil. Le chêne blanc et poli semblait frémir sous ses mains.

— Tes lits seront prêts demain, dit-il encore. Tu viendras les chercher. Vers cinq heures.

— Entendu... répondit Jacquemort.

Les coups reprirent. L'odeur de colle forte s'épaississait. Jacquemort regarda une dernière fois l'apprenti, haussa les épaules et sortit.

La rue était calme. Il reprit le chemin de la maison. Lorsqu'il passait devant les fenêtres, des rideaux frémissaient. Une petite fille sortit en

chantant. Elle portait un broc émaillé aussi grand qu'elle. Au retour, elle ne chanterait plus.

<div align="center">

XIII

</div>

<div align="right">

30 août.

</div>

Angel et Jacquemort étaient assis dans le grand hall frais de la maison. La bonne allait et venait, préparant des boissons. Elle disposa les verres et le broc sur un plateau devant Angel. Les fenêtres et la porte étaient ouvertes sur le jardin. Parfois il entrait un insecte et ses ailes résonnaient dans la haute pièce. Tout reposait.

Jacquemort ouvrit la bouche :

— Les lits devaient être prêts aujourd'hui à cinq heures, dit-il.

— Alors ils sont déjà prêts, dit Angel. C'était certainement cinq heures du matin.

— Vous croyez ? demanda Jacquemort. En ce cas, effectivement, ils le sont.

Ils se turent et burent en silence. Jacquemort hésita et le rompit de nouveau.

— Je ne veux pas vous parler de choses qui n'ont rien de nouveau pour vous, et qui vous embêtent sans aucun doute, dit-il, mais ce que j'ai vu hier au village m'a frappé. Les gens sont bizarres par ici.

— Vous les trouvez bizarres ? demanda Angel.

Il était poli, mais son ton témoignait d'un intérêt mitigé. Jacquemort le sentit et tourna court.

— Oui, dit-il. Je les trouve bizarres. Mais je suppose que leur mentalité s'éclaircira pour moi quand je les connaîtrai mieux. Après tout, je serais aussi surpris ailleurs. Je suis neuf.

— Sans doute, assura Angel, distrait.

Un oiseau passa en flèche devant le cadre de la fenêtre. Jacquemort le suivit du regard.

— Naturellement, dit-il, changeant brusquement de sujet, vous n'aimeriez pas vous laisser psychanalyser ?

— Non, dit Angel. Je n'aimerais certainement pas ça. Je ne suis pas intéressant, d'ailleurs. Je suis intéressé. C'est différent.

— Par quoi? demanda Jacquemort, qui faisait des efforts terribles pour entretenir la conversation.

— Par tout et rien, dit Angel. Par la vie. J'aime à vivre.

— C'est une chance, murmura Jacquemort.

Il but d'un trait ce qui restait dans son verre.

— C'est bon, ça, remarqua-t-il. Je peux en reprendre?

— Faites comme chez vous, dit Angel. Ne vous gênez pas.

De nouveau le silence.

— Je vais voir votre femme, dit Jacquemort, en se levant. Elle doit s'ennuyer toute seule.

— Mais oui, dit Angel. Certainement. Repassez me prendre, je sortirai la voiture et nous irons chercher les lits.

— À tout à l'heure, dit Jacquemort, qui sortit de la pièce et se dirigea vers l'escalier.

Il toqua discrètement à la porte de Clémentine et elle répondit qu'on entrât. Ce qu'il fit.

Dans le lit de Clémentine, il y avait Clémentine et les trois bébés. Deux à droite, et un à gauche.

— C'est moi, dit Jacquemort. Je venais voir si vous n'avez besoin de rien.

— De rien, dit-elle. Les lits seront bientôt prêts?

— Ils doivent déjà l'être, dit Jacquemort.

— Comment sont-ils? demanda-t-elle.

— Heu... répondit le psychiatre. Je crois qu'il les a faits plus ou moins à son idée. Deux places face à la route et l'autre en travers.

— Plus grande? interrogea Clémentine.

— Je le lui ai dit, se contenta de préciser Jacquemort prudent.

— Vous êtes installé comme il faut? demanda Clémentine après un temps de réflexion.

— Je suis très bien, assura Jacquemort.

— Vous n'avez besoin de rien?

— De rien...

Un des salopiots commençait à remuer et à prendre l'air gêné. Il y eut dans son ventre comme un brusque bruit de dégringolade, et sa petite figure de singe se décontracta. Clémentine souriait. Elle lui tapota le ventre.

— Là... Là... dit-elle. C'est une petite colique, mon bonhomme.

Le second commençait à geindre. Clémentine leva les yeux vers la pendule puis regarda Jacquemort.

— C'est l'heure de la tétée, dit-elle.

— Je vous laisse, murmura Jacquemort.

Il sortit sans bruit.

Clémentine saisit le nourrisson et le regarda. C'était Noël. Sa bouche se tirait vers les coins et il en sortait un grincement grelottant. Vite elle le reposa et dégagea un sein. Puis, reprenant l'enfant, elle l'en approcha. Il se mit à aspirer à perdre haleine. Alors, d'un geste vif, elle l'éloigna du mamelon. Un petit filet de lait s'éleva en parabole et retomba sur le globe ferme. Rendu furieux par le geste de Clémentine, Noël hurla. Elle le rapprocha et il se remit à boire, geignant encore, avec une avidité affolée. De nouveau elle le souleva.

Il cria de plus belle. Clémentine était intéressée. Elle recommença. Quatre fois. Fou de rage, Noël prenait une teinte violette. Et soudain, il parut étouffer. Il avait la bouche horriblement distendue sur un cri silencieux et des larmes roulaient le long de ses joues noires de colère. Clémentine eut une peur terrible, subite, et le secoua.

— Noël... Noël... allons...

Elle s'affolait de plus en plus. Elle allait appeler. Et puis, brusquement, Noël retrouva son souffle pour un nouveau hurlement. Très vite, les mains tremblantes, elle lui rendit le sein.

Aussitôt calmé, il se remit à boire, goulûment.

Elle passa la main sur son front moite. Elle ne recommencerait plus.

Enfin repu, Noël s'arrêta quelques minutes après. Il déglutit à vide, rota un petit coup et sombra presque immédiatement dans un sommeil encore coupé de gros soupirs.

Lorsqu'elle prit le dernier, elle s'aperçut qu'il la regardait. Avec ses cheveux frisés et ses yeux bien ouverts, il était inquiétant, profond comme un petit dieu étranger. Il souriait d'un drôle de sourire de connivence.

Il but sa tournée. De temps en temps, il s'arrêtait, la regardait et, continuant à la fixer, gardait, sans avaler, le bout du sein dans sa bouche.

Quand il eut fini, elle le reposa à sa gauche et lui tourna le dos. Les trois respirations frêles bruissaient dans la chambre.

Encore perturbée, elle s'étira et se remit au vague. Des trois maillots montait l'odeur aigre de la sueur. Elle fit un mauvais rêve.

XIV

Angel venait de sortir la voiture du garage et il attendait que Jacquemort le rejoigne. Le psychiatre s'attardait à contempler le merveilleux panorama, la mer violette et le ciel de fumée brillante, les arbres et les fleurs du jardin, et la maison, blanche et stable au milieu de l'orgie de couleurs.

Jacquemort cueillit une petite fleur jaune et monta près d'Angel. C'était une vieille voiture solide, carrossée en canadienne, peu confortable mais sûre. L'arrière était ouvert, retenu par deux chaînes et l'air frais circulait abondamment.

— Quel pays! dit Jacquemort. Quelles fleurs! Quelle beauté! Quels!...

— Oui, dit Angel.

Il accéléra sur le chemin poudreux. Un nuage s'élevait derrière la voiture et retombait sur l'herbe spongieuse à laquelle Jacquemort s'était accoutumé.

Une chèvre, sur le bord de la route, fit un signe avec ses cornes et Angel s'arrêta.

— Monte, dit-il à l'animal.

La chèvre sauta dans la voiture et s'assit sur le plateau, derrière eux.

— Elles font toutes de l'auto-stop, expliqua Angel. Comme je n'ai aucune raison de me mettre en mauvais termes avec les paysans...

Il n'acheva pas sa phrase.

— Je vois, dit Jacquemort.

Un peu plus loin, ils chargèrent un cochon. Les deux animaux descendirent à l'entrée du village et se dirigèrent chacun vers sa ferme.

— Quand ils se tiennent tranquilles, dit encore Angel, ils ont le droit d'aller se promener. Sinon, on les punit et on les bat. Et on les enferme. Et on les mange sans autre forme de procès.

— Oui..., dit Jacquemort abruti.

La voiture d'Angel s'arrêta devant la menuiserie. Les deux hommes descendirent. Il y avait maintenant dans le petit bureau une oblongue caisse. Le corps de l'apprenti, occupé la veille à tailler la poutre de chêne, y reposait, mince et blême, mal recouvert d'un vieux sac.

— Il y a quelqu'un? cria Angel en cognant sur la table.

Le menuisier parut. Dans l'atelier, on entendait des coups comme hier. Un autre apprenti sans doute. L'homme s'essuya le nez d'un revers de manche.

— Tu viens chercher tes lits ? demanda-t-il à Angel.

— Oui, dit Angel.

— Ben, prends-les, dit l'homme. Ils sont là.

Il désigna l'atelier.

— Viens m'aider, dit Angel.

Ils disparurent tous les deux. Jacquemort écarta une grosse mouche qui bourdonnait en cercle autour de la tête pâle de l'enfant mort.

Le menuisier et Angel mirent les lits dans la voiture. Ils étaient démontés en panneaux.

— Tu me prends ça, dit le menuisier en montrant la caisse où gisait l'apprenti.

— Bon, dit Angel. Charge-la.

Le menuisier souleva la caisse et la mit dans la voiture. Ils repartirent et, peu après, longèrent le ruisseau rouge. Angel s'arrêta, descendit et prit la caisse. Elle était légère et pas très grande. Sans effort il la souleva et la porta jusqu'au ruisseau. Puis il la bascula dans l'eau. Le bois coula aussitôt à pic. Le corps de l'enfant surnageait, immobile, emporté par le cours lent du ruisseau, comme par une nappe de cire figée.

Les planches s'entrechoquaient dans la voiture, au gré des cahots de la route.

XV

31 août.

La chambre de Jacquemort était au premier étage, tout au bout du long couloir carrelé, vers la mer. Les cheveux raides d'un dracœna s'inscrivaient dans le cadre de la vitre inférieure. Au-dessus de leurs lames vertes, il y avait la mer. La pièce carrée, pas bien haute, entièrement recouverte de voliges jointives de pin verni, sentait la résine. Au plafond, de longs madriers de pin, vernis eux aussi, dessinaient le squelette du toit, un peu en pente, étayé, aux angles, de contre-fiches obliques grossièrement taillées. Le mobilier comprenait un lit bas de bois de citronnier, un bureau assez important, à dessus de maroquin rouge, un fauteuil assorti et une armoire combinée, dont la glace reflétait la fenêtre. Le sol était carrelé, comme le reste de la maison, mais de petits losanges poreux jaune clair, à moitié dissimulés par un

épais tapis de laine noire. Il n'y avait rien aux murs, ni images, ni photos. Une porte basse menait à la salle de bains.

Jacquemort termina sa toilette et s'habilla pour sortir. Il avait abandonné son costume professionnel de psychiatre et revêtait maintenant un pantalon de peau souple assez ajusté, une chemise de soie pourpre et une ample veste de velours marron, assortie à la couleur du pantalon. Il noua les lanières de ses sandales pourpres et sortit de sa chambre. Il lui fallait se rendre au village pour s'entendre avec le curé sur la cérémonie de dimanche et, en conséquence, il se vêtait simplement.

Dans le couloir, il entrevit Clémentine qui regagnait sa chambre. Elle se levait pour la première fois et venait de faire un tour au jardin. Elle lui fit un signe de la main avant de refermer sa porte.

Il descendit. Angel dormait encore. Sans attendre le petit déjeuner, Jacquemort passa dans le jardin. Les feuilles des arioles fauves crissaient au vent frais du matin.

Le sol était sec comme de l'amiante. Comme la veille, l'eau du puits bouillait, et le ciel, transparent jusqu'à l'os, ne recélait aucune promesse de pluie. Jacquemort prit le chemin du village, que l'habitude déjà rendait moins long.

Il n'avait pas encore vu l'église, dont le clocher s'élevait assez peu au-dessus des maisons et des fermes voisines. Pour y parvenir, il dut suivre le ruisseau rouge pendant longtemps. Il regardait l'eau massive, un peu hérissé à la pensée de tout ce qui se cachait sous cette surface tendue.

Le chemin tournait, le ruisseau aussi. Les bâtisses grises qui le bordaient sur la gauche masquaient à Jacquemort le delà du coude.

Encore cinquante mètres et, assez loin devant lui, surgit l'église. Et, sur le ruisseau rouge, une barque immobile. Les avirons pendaient de part et d'autre. Derrière la proue qui se présentait à lui de trois quarts, il aperçut une forme sombre, animée de mouvements imprécis, et se rapprocha pour comprendre.

Lorsqu'il fut au niveau de la barque, il vit l'homme s'accrocher au bord et s'efforcer d'y remonter. L'eau du ruisseau rouge passait sur ses vêtements, en perles vives, sans les mouiller. Sa tête apparut au-dessus du plat-bord. La barque s'agitait, roulait au gré de ses efforts. Jacquemort distingua enfin la figure de l'homme, qui, dans une dernière tentative, réussit à passer un bras et une jambe et s'affala au fond de la barque. C'était un homme assez âgé. Il avait un visage creusé, des yeux bleus lointains. Il était entièrement rasé et ses cheveux blancs et longs lui donnaient une expression à la fois digne et débonnaire, mais sa bouche,

au repos, se marquait d'amertume. Présentement, il tenait entre ses dents
un objet que Jacquemort ne put identifier.

Jacquemort le héla :

— Vous êtes en difficulté ? demanda-t-il.

L'homme se redressa et réussit à s'asseoir. Il lâcha ce qu'il venait de
ramener avec ses mâchoires.

— Que dites-vous ? demanda-t-il.

Il se courba sur ses avirons et rapprocha sa barque de la rive. En
quelques coups de rames il accosta. De la sorte, Jacquemort constata que
la rive plongeait verticalement sous l'eau comme une faille.

— Vous avez besoin d'aide ? demanda Jacquemort.

L'homme le regarda. Il était vêtu d'un sac et de loques informes.

— Vous êtes étranger ? dit-il.

— Oui, répondit Jacquemort.

— Sans ça, vous ne me parleriez pas comme ça, remarqua l'homme
presque pour lui.

— Vous auriez pu vous noyer, dit Jacquemort.

— Pas dans cette eau, dit l'homme. Elle est variable ; certaines fois,
elle ne porte pas le bois, d'autres fois, des pierres peuvent rester à sa
surface ; mais les corps y flottent toujours sans s'enfoncer.

— Qu'est-ce qui est arrivé ? demanda Jacquemort. Vous êtes tombé de
la barque ?

— Je faisais mon travail, dit l'homme. On jette les choses mortes dans
cette eau pour que je les repêche. Avec mes dents. Je suis payé pour ça.

— Mais un filet ferait aussi bien l'affaire, dit Jacquemort.

Il ressentait une sorte d'inquiétude, l'impression de parler à quelqu'un
d'une autre planète. Sensation bien connue, certes, certes.

— Il faut que je les repêche avec mes dents, dit l'homme. Les choses
mortes ou les choses pourries. On les jette pour cela. Souvent on les
laisse pourrir exprès pour pouvoir les jeter. Et je dois les prendre avec
mes dents. Pour qu'elles crèvent entre mes dents. Qu'elles me souillent
le visage.

— On vous paie cher pour cela ? demanda Jacquemort.

— On me fournit la barque, dit l'homme, et on me paie de honte et
d'or.

Au mot « honte », Jacquemort fit un geste de recul et s'en voulut.

— J'ai une maison, dit l'homme, qui avait remarqué le mouvement de
Jacquemort et souriait. On me donne à manger. On me donne de l'or.
Beaucoup d'or. Mais je n'ai pas le droit de le dépenser. Personne ne veut

rien me vendre. J'ai une maison et beaucoup d'or, mais je dois digérer la honte de tout le village. Ils me paient pour que j'aie des remords à leur place. De tout ce qu'ils font de mal ou d'impie. De tous leurs vices. De leurs crimes. De la foire aux vieux. Des bêtes torturées. Des apprentis. Et des ordures.

Il s'arrêta un instant.

— Mais tout ça ne peut pas vous intéresser, reprit-il. Vous n'avez pas l'intention de rester ici ?

Il y eut un long silence.

— Si, dit enfin Jacquemort. Je vais rester ici.

— Alors, vous serez comme les autres, dit l'homme. Vous aussi vous vivrez la conscience libre, et vous vous déchargerez sur moi du poids de votre honte. Et vous me donnerez de l'or. Mais vous ne me vendrez rien contre mon or.

— Comment vous appelez-vous ? demanda Jacquemort.

— La Gloïre, dit l'homme. Ils m'appellent La Gloïre. C'est le nom de la barque. Moi je n'en ai plus.

— Je vous reverrai... dit Jacquemort.

— Vous serez comme eux, dit l'homme. Vous ne me parlerez plus. Vous me paierez. Et vous me jetterez vos charognes. Et votre honte.

— Mais pourquoi le faites-vous ? demanda Jacquemort.

L'homme haussa les épaules.

— Avant moi, il y en avait un autre, dit-il.

— Mais comment l'avez-vous remplacé ? insista Jacquemort.

— Le premier qui a plus honte que moi prend la place, dit l'homme. Ils se sont toujours conduits comme ça dans ce village. Ils sont très croyants. Ils ont leur conscience pour eux. Jamais de remords. Mais celui qui faiblit... Celui qui se révolte...

— On l'embarque sur *La Gloïre*... acheva Jacquemort. Et vous vous êtes révolté.

— Oh ! ça n'arrive plus très souvent... dit l'homme. Peut-être que je serai le dernier. Ma mère n'était pas d'ici.

Il se remit en position et se courba sur ses avirons.

— Je dois travailler, dit-il. Au revoir.

— Au revoir, dit Jacquemort.

Il le regarda s'éloigner lentement sur la moire rouge de l'eau et reprit sa marche. L'église, un œuf de poule sur un nid, n'était plus très loin. Quand il y arriva, il monta rapidement les sept marches et entra. Avant de parler au curé, il voulait jeter un coup d'œil à l'intérieur.

XVI

Un lacis complexe de poutres et de longrines supportait la couverture de schiste noir de la nef ovoïde. Devant Jacquemort se dressait l'autel, de granit sombre, avec les accessoires verts du culte. Entre deux poutres, à droite, la chaire toute neuve estompait sa haute silhouette blanche avec ses volets ouverts.

C'était la première fois que Jacquemort voyait une église construite de cette façon artificieuse, en forme d'œuf, sans colonnes de pierre, sans arcs, sans doubleaux, sans croisées d'ogives, sans tambour ni trompette et sans souci du lendemain. Les pièces de bois curieusement ajustées serpentaient le long des murs puissants, dont elles constituaient l'armature géodésique. Les principales étaient fouillées de sculptures profondes, qu'il devina polychromes, et les yeux des saints, des serpents et des démons brillaient dans l'ombre. L'espace intérieur de la nef était entièrement dégagé. Un vitrail ovale, au-dessus de l'autel, baignait celui-ci d'une dominante bleu outremer. Sans ce vitrail, il aurait fait nuit dans l'église. Des deux côtés de l'autel, deux flambeaux multiples jetaient des feux tremblotants et trouaient les ténèbres de leur halo dégradé.

Une épaisse jonchée de paille recouvrait le sol, de l'entrée à l'autel. Jacquemort s'y engagea. Comme ses yeux s'habituaient à l'obscurité, il nota le rectangle gris d'une porte ouverte, derrière l'autel et à droite, et il s'y rendit, pensant gagner la sacristie et le presbytère.

Il passa la porte et pénétra dans une petite pièce oblongue, pleine d'armoires et d'objets de toute sorte. Au fond, une autre porte. Il venait par celle-ci un murmure de voix. Jacquemort cogna trois fois ses phalanges sur le bois du mur.

— On peut entrer ? demanda-t-il à mi-voix.

Le bruit de conversation s'arrêta.

— Entrez ! entendit Jacquemort.

Il obéit à l'invitation et franchit la seconde porte.

Le curé était là, en conversation avec le sacristain. Ils se levèrent en voyant Jacquemort.

— Bonjour, dit ce dernier. Monsieur le curé, sans doute ?

— Bonjour, monsieur, dit le curé.

C'était un homme noueux avec un visage creusé de deux yeux noirs surmontés d'épais sourcils noirs. Il avait de longues mains sèches, qu'il tenait croisées en parlant. Lorsqu'il se déplaça, Jacquemort constata qu'il souffrait d'une légère claudication.

— Je voudrais vous parler, dit Jacquemort.

— Parlez... répondit le curé.

— C'est pour un baptême, expliqua Jacquemort. Dimanche, pourrez-vous ?

— C'est mon métier, dit le curé. Chacun le sien.

— Trois jumeaux sont nés dans la maison de la falaise, dit Jacquemort. Joël, Noël et Citroën. Il faut que tout soit fini dimanche soir.

— Venez à la messe dimanche, dit le curé. Je vous dirai l'heure.

— Mais je ne vais jamais à la messe... protesta Jacquemort.

— Raison de plus, dit le curé. Ça vous distraira. Au moins il y aura quelqu'un à qui ce que je dis paraîtra nouveau.

— Je suis contre la religion, dit Jacquemort. Sans perdre de vue qu'elle peut être utile dans les campagnes.

Le curé ricana.

— Utile !... La religion est un luxe, dit-il. Ce sont ces brutes qui veulent en faire quelque chose d'utile.

Il se redressa fièrement et se mit à arpenter la pièce d'un pas agité et claudicant.

— Mais je refuse, dit-il d'un ton tranchant. Ma religion restera un luxe !

— Ce que je voulais souligner, expliqua Jacquemort, c'est qu'à la campagne un curé peut avoir son mot à dire. Diriger les grossiers esprits des paysans, leur faire mettre le doigt sur les erreurs qu'ils commettent, leur ouvrir les yeux sur le danger d'une vie trop terrestre, jouer un rôle de frein vis-à-vis des mauvais instincts... Je ne sais si vous êtes au courant d'une chose qui se passe dans ce village... Je... hum... je viens d'arriver et je ne voudrais ni me poser en juge ni vous choquer par ma réaction vis-à-vis d'une chose qui vous semble sans doute naturelle depuis le temps qu'elle existe... heu... un curé, par exemple, flétrit le vol du haut de sa chaire et condamne les rapports sexuels trop hâtifs des jeunes gens afin d'éviter que le désordre et la luxure ne dominent son district.

— Sa cure... rectifia le sacristain.

— Sa cure... dit Jacquemort. Où en étais-je ?

— Je l'ignore, trancha le curé.

— Enfin quoi, dit Jacquemort, se décidant, cette foire aux vieux. C'est insensé !

— Vous vivez dans le siècle ! s'exclama le curé. Cette foire aux vieux ? Peu m'importe la foire aux vieux, monsieur ! Ces hommes souffrent... et ceux qui souffrent sur terre gagnent leur part de Paradis. Les souffrances

elles-mêmes ne sont pas inutiles, d'ailleurs, mais en réalité seuls les ressorts de cette souffrance m'importunent. Ma gêne vient de ce qu'ils ne souffrent pas en Dieu, Monsieur. Ce sont des brutes. Je vous le disais tout à l'heure. La religion est un moyen pour eux. Des brutes matérielles...

Il s'animait en parlant et ses yeux lançaient des éclairs de chaleur.

— Ils viennent à l'église en dominateurs. En chair et en os. Et savez-vous ce qu'ils me demandent ? De faire pousser le sainfoin. La paix de l'âme, Monsieur, ils s'en foutent ! Ils l'ont ! Ils ont La Gloire ! Je lutterai jusqu'au bout, mais je ne plierai pas. Je ne ferai pas pousser le sainfoin. Grâce à Dieu... j'ai des amis fidèles. Rares mais qui me soutiennent.

Il ricana.

— Venez dimanche et vous verrez.... Vous verrez comment on vient à bout de la matière par la matière. Je mettrai ces brutes en face d'elles-mêmes... Leur inertie se heurtera à une inertie plus grande... Et de ce choc naîtra l'inquiétude qui les ramènera à la religion... au luxe !... À ce luxe auquel Dieu dans sa mansuétude a bien voulu leur donner droit.

— Alors, dit Jacquemort, ce baptême ? Ce sera pour dimanche après-midi ?

— Je vous préciserai l'heure à la sortie de la messe, répéta le curé.

— Bon, dit Jacquemort. Au revoir, monsieur le curé. J'ai admiré votre église, tout à l'heure. C'est une curieuse construction.

— Curieuse, acquiesça le prêtre, l'air absent.

Il se rassit, tandis que Jacquemort sortait par où il était entré. Il éprouvait une légère lassitude.

— Clémentine m'ennuie avec ses corvées, pensa-t-il tout haut. Je serai content quand ces trois-là seront élevés. Et puis le coup de la messe forcée...

Le soir venait.

— Le coup de la messe forcée, je trouve ça révoltant !

— Révoltant, approuva un gros chat noir assis sur un mur.

Jacquemort le regarda. Le chat se mit à ronronner et fendit ses yeux jaunes de traits verticaux.

— Révoltant ! conclut Jacquemort en cueillant une herbe ronde, cylindrique et molle.

Un peu plus loin il se retourna. Il regarda le chat, hésita, puis reprit sa route.

XVII

Dimanche 2 septembre.

Prêt à partir, Jacquemort flânait dans le couloir. Il avait revêtu ses habits sérieux et se sentait gêné comme un acteur en costume sur une scène vide. La nurse arriva enfin.

— Vous en mettez un temps, dit Jacquemort.

— C'est que je me faisais belle, expliqua-t-elle.

Elle avait une génuine robe du dimanche en piqué blanc, avec des souliers noirs et un chapeau noir et des gants blancs de filoselle. Elle portait un missel de cuir usé. Sa figure était luisante et ses lèvres mal fardées. Ses gros seins tendaient son corsage et les courbes robustes de ses hanches emplissaient consciencieusement le reste de sa robe.

— Allons-y, dit Jacquemort.

Ils sortirent. Elle semblait intimidée, et, par déférence, tâchait de ne pas faire de bruit en respirant.

— Alors, demanda Jacquemort, badin, cent mètres plus loin, quand est-ce que je vous psychanalyse ?

Elle rougit et le regarda en dessous. Ils passaient près d'une haie épaisse.

— On peut pas faire ça maintenant, avant d'aller à la messe... dit-elle pleine d'espoir.

Le psychiatre sentit frémir sa barbe rousse en comprenant ce qu'elle comprenait et la guida d'une main ferme vers le bord du chemin. Ils disparurent derrière la haie par un étroit passage garni de ronces auxquelles Jacquemort érailla son joli complet.

Maintenant, ils étaient dans un champ bien abrité. Avec précaution la bonne retira son chapeau noir.

— Faut pas que je l'abîme, dit-elle. Et puis, dites donc, je vais avoir du vert, si on se met là-dessus...

— Mettez-vous à quatre pattes, dit Jacquemort.

— Bien sûr, dit-elle, comme si elle estimait que c'était la seule façon possible.

Tandis que le psychiatre la besognait, il voyait la nuque courte de la fille se redresser puis se relâcher. Comme elle était mal coiffée, quelques mèches blondes s'agitaient au vent. Elle sentait fort, mais Jacquemort n'avait pas opéré depuis son arrivée à la maison et cette odeur un peu

bestiale ne lui déplut point. Par un souci d'humanité bien compréhensible, il évita de lui faire un enfant.

Ils arrivèrent devant l'église à peine dix minutes après le début de la messe. La nef ovoïde devait, à en juger par le nombre des voitures et des carrioles, être pleine de monde. Jacquemort, avant de monter les marches, regarda la fille encore rouge et un peu honteuse.

— Je viens ce soir ? murmura-t-elle.

— Oui, dit-il. Tu me raconteras ta vie.

Étonnée, elle le dévisagea, constata qu'il ne plaisantait pas et acquiesça sans comprendre. Ils entrèrent et se mêlèrent à la foule bien récurée qui se pressait. Jacquemort était serré contre elle et le parfum animal lui emplissait les narines. Sous les bras, elle transpirait en rond.

Le curé terminait son préambule et s'apprêtait à monter en chaire. La chaleur, étouffante, prenait les gens à la gorge, et des femmes dégrafaient leur corsage. Cependant, les hommes gardaient fermées jusqu'en haut leurs vestes noires et leurs cols cassés. Jacquemort regardait les visages autour de lui ; ils avaient tous l'air bien vivants, solides, tannés par l'air et le soleil, et sûrs de quelque chose. Le curé monta l'escalier de la chaire blanche dont les volets étaient ouverts. Un curieux modèle de chaire. Jacquemort se rappela le menuisier, le petit apprenti, et frissonna. Quand il pensait à l'apprenti, l'odeur de la boniche le dégoûtait.

Au moment où le curé parut entre les deux montants de chêne clair, un homme monta sur un banc et demanda le silence d'une voix puissante. Les rumeurs s'apaisèrent. Dans la nef, il régnait maintenant un calme attentif. Les yeux de Jacquemort remarquaient les lumières innombrables pendues à la voûte, qui révélaient maintenant le fouillis de corps enchevêtrés, sculptés à même la charpente énorme, et le vitrail bleu de l'autel.

— De la pluie, curé ! dit l'homme.

La foule reprit d'une seule voix :

— De la pluie !...

— Le sainfoin est sec ! continua l'homme.

— De la pluie ! beugla la foule.

Jacquemort, complètement assourdi, vit le prêtre étendre le bras pour réclamer la parole. Les murmures se calmèrent. Le soleil du matin flambait derrière le vitrail bleu. On avait peine à respirer.

— Gens du village ! dit le curé.

Sa voix, immense, paraissait venir de partout, et Jacquemort devina qu'un système amplificateur lui permettait d'atteindre ce volume. Les

têtes se tournèrent vers la voûte, vers les murs. Pas un appareil n'était visible.

— Gens du village! dit le curé. Vous me demandez de la pluie, vous n'en aurez point. Vous êtes venus aujourd'hui arrogants et fiers comme des leghorns, confiants dans votre vie charnelle. Vous êtes venus en quémandeurs insolents exiger ce que vous ne méritez point. Il ne pleuvra pas. Le sainfoin, Dieu s'en moque! Courbez vos corps, courbez vos têtes, humiliez vos âmes et je vous donnerai la parole de Dieu. Mais ne comptez pas sur une goutte d'eau. C'est une église, ici, et pas un arrosoir!

Il y eut un murmure de protestation dans la foule. Jacquemort trouvait que le curé parlait bien.

— De la pluie! répéta l'homme monté sur un banc.

Après la tempête sonore de la voix du curé, son cri parut dérisoire, et les assistants, conscients d'une infériorité temporaire, se turent.

— Vous prétendez croire en Dieu! tonitrua le curé, parce que vous venez à l'église le dimanche, parce que vous traitez durement vos pareils, parce que vous ignorez la honte et parce que votre conscience ne vous tourmente pas...

Lorsque le curé prononça le mot honte, des protestations jaillirent çà et là, se nourrirent d'échos, s'enflèrent en un long hurlement. Les hommes trépignaient sur place, les poings crispés. Les femmes, muettes, pinçaient la bouche et regardaient le curé d'un œil mauvais. Jacquemort commençait à perdre pied. Le tumulte s'apaisant, le curé reprit la parole.

— Que m'importent vos champs! Que m'importent vos bêtes et vos enfants! hurla-t-il. Vous vivez une vie matérielle et sordide. Vous ignorez le luxe!... Ce luxe, je vous l'offre: je vous offre Dieu... Mais Dieu n'aime pas la pluie... Dieu n'aime pas le sainfoin. Dieu se soucie peu de vos plates-bandes et de vos plates aventures. Dieu, c'est un coussin de brocart d'or, c'est un diamant serti dans le soleil, c'est un précieux décor ciselé dans l'amour, c'est Auteuil, Passy, les soutanes de soie, les chaussettes brodées, les colliers et les bagues, l'inutile, le merveilleux, les ostensoirs électriques... Il ne pleuvra pas!

— Qu'il pleuve! hurla l'orateur, soutenu cette fois par la foule qui se mit à tonner comme un ciel d'orage.

— Retournez à vos fermes! mugit la voix multiple du curé. Retournez à vos fermes! Dieu, c'est la volupté du superflu. Vous ne songez qu'au nécessaire. Vous êtes des hommes perdus pour lui.

Le voisin de Jacquemort l'écarta brusquement et, prenant son élan, projeta une lourde pierre dans la direction de la chaire. Mais déjà les volets de chêne se refermaient en claquant et la voix du prêtre continua, tandis que le pavé venait percuter avec un bruit sourd les panneaux massifs.

— Il ne pleuvra pas ! Dieu n'est pas utilitaire. Dieu est un cadeau de fête, un don gratuit, un lingot de platine, une image artistique, une friandise légère. Dieu est en plus. Il n'est ni pour ni contre. C'est du rabiot !

Une grêle de cailloux s'abattit sur le couvercle de la chaire.

— La pluie ! La pluie ! La pluie ! scandait maintenant la foule sur un rythme uniforme.

Et Jacquemort, emporté par la passion qui émanait de ces hommes, se surprit à chanter avec eux.

Sous ses yeux, à sa droite, à sa gauche, les paysans marchaient sur place et ce grand bruit de souliers emplissait l'église comme le pas des soldats sur un pont de fer. Une poussée porta en avant les quelques hommes les plus rapprochés de la chaire et ils se mirent à secouer les quatre poteaux massifs qui l'écartaient du sol.

— Il ne pleuvra pas ! répétait le curé que l'on devinait derrière ses volets en proie à une transe totale. Il pleuvra des ailes d'ange ! Il pleuvra des duvets d'émeraude, des vases d'albâtre, des peintures admirables... mais pas d'eau ! Dieu se moque du sainfoin, de l'avoine, du blé, du seigle, de l'orge, du houblon, du sarrasin, du trèfle, de la luzerne, de l'orpin blanc et de la sauge...

Jacquemort admira au passage l'érudition du curé, mais les quatre pieds de chêne cassèrent à la fois et l'on entendit, répercuté par les haut-parleurs, un gros juron poussé par le curé qui venait de se cogner la tête en tombant.

— Ça va ! Ça va ! cria-t-il. Il pleuvra ! Il pleut, il pleut !

En un moment, la foule reflua vers la porte de l'église qui s'ouvrit à deux battants. Le ciel s'était brusquement assombri et les premières gouttes claquaient contre les marches comme des grenouilles molles. Puis ce fut un véritable déluge qui tambourina sur les dalles de schiste de la toiture. On avait redressé la chaire tant bien que mal et le curé rouvrit ses volets.

— La messe est finie, dit-il simplement.

Les gens se signèrent, puis les hommes remirent leurs casquettes, les femmes se levèrent et tout le monde sortit.

Jacquemort voulut se diriger vers la sacristie, mais il dut se retenir à un banc de bois pour ne pas être entraîné par la foule.

Au passage, il fut heurté par le menuisier dont il reconnut la grande bouche et le nez à boule. L'homme lui sourit méchamment.

— Tu as vu? dit-il. Ici, on croit en Dieu. Et c'est pas le curé qui nous en empêchera. Il sait seulement pas à quoi ça sert, Dieu.

Il haussa les épaules.

— Bah! conclut-il. On le laisse dire. Ça fait pas de mal. Ça distrait. Ici, on aime bien la messe. Avec ou sans curé. Et en tout cas, mes volets ont tenu.

Il passa. Jacquemort ne savait pas où était la nurse et il décida de ne plus s'en occuper. Le courant diminuait de force et il put progresser vers la porte de la sacristie. Il entra et, sans frapper, s'introduisit dans la seconde pièce.

Le curé marchait de long en large en boitant, épanoui sous les compliments que lui prodiguait le sacristain, petit homme rougeaud et si insignifiant que Jacquemort dut faire un effort pour se rappeler qu'il l'avait vu à sa dernière visite.

— Vous fûtes énorme! disait le sacristain. Vous fûtes parfait! Quelle création! C'est votre plus beau rôle!

— Ah! dit le curé. Je crois que je les ai eus.

Il avait une énorme bosse sur le front.

— Vous fûtes sensationnel! dit le sacristain. Quel souffle! Quelle inspiration! Et quelle science de la période! Foi de moi-même, je m'inclinai et je m'incline!

— Tout de même, dit le curé. Tu exagères... J'étais bien. Mais vraiment?... À ce point-là?

— Permettez-moi, dit Jacquemort, de joindre mes compliments à ceux de Monsieur.

— Ah!... soupira le sacristain. Quel talent!... Vous fûtes... sublime!

— Écoutez, dit le curé. Vraiment, vous me flattez.

Il se rengorgea et sourit aimablement à Jacquemort.

— Asseyez-vous donc, monsieur.

Jacquemort prit une chaise.

— Ah!... pantela le sacristain. Quand vous leur dîtes : « C'est une église et pas un arrosoir!... », je défaillis. Positif. Quel talent, mon curé, quel talent! Et «Dieu n'aime pas le sainfoin. » Quel art!

— Et c'est si vrai! approuva le curé. Mais ne retardons pas Monsieur.

— Je venais pour le baptême, expliqua le psychiatre.

— Je me rappelle, je me rappelle, dit le curé volubile. Allons... on va vous faire ça tantôt. Soyez tous là à quatre heures. Je sonnerai les cloches à quatre heures moins vingt. Tantôt. Sans faute.

— Je vous remercie, monsieur le curé, dit Jacquemort qui se releva. Et encore tous mes compliments. Vous fûtes... épique.

— Ah ! dit le sacristain. Épique, voilà le mot. Épique. Ah, mon curé !

Le curé, ravi, tendit la main à Jacquemort et agita vigoureusement celle qu'il reçut en échange.

— Je suis désolé que vous partiez si vite, dit-il. Je vous aurais volontiers gardé à déjeuner... Mais je crains d'abuser de vos instants...

— Je suis assez pressé, dit Jacquemort. Une autre fois. Merci. Et bravo !

Il repartit à grands pas. La nef était obscure et silencieuse. La pluie avait presque cessé. Dehors, le soleil revenait. Une brume chaude s'élevait du sol.

XVIII

— Ça me fera ma dose, pensa Jacquemort. Deux fois à l'église dans la même journée, et pendant dix ans je ne vais peut-être pas y remettre les pieds. Ou peut-être neuf ans et demi.

Il était assis dans le hall et attendait. Les pas nombreux de la nurse, d'Angel et de Clémentine retentissaient au premier étage, assourdis par l'épaisseur du plafond et des carreaux de grès. De temps en temps, le cri aigu d'un des deux salopiots perçait le tout sans effort et venait s'enrouler autour des tympans de Jacquemort. Noël ou Joël. Citroën ne criait jamais.

Culblanc portait une robe de baptême en taffetas rose à grands rubans lilas, avec des souliers noirs et un chapeau noir. Elle osait à peine remuer. Elle prenait tout du bout des doigts. Et elle avait déjà cassé trois vases.

Angel s'était mis comme tous les jours. Clémentine en pantalons noirs et tailleur assorti. Les trois salopiots resplendissaient dans des étuis de cellophane brodée.

Angel descendit sortir la voiture.

Clémentine portait Noël et Joël, confiant Citroën à la nurse. De temps en temps, il regardait sa mère et sa bouche fine frémissait. Il ne pleurait

pas. Citroën ne pleurait jamais. Clémentine, parfois, lui lançait un regard ironique et affectait d'embrasser Noël et Joël.

La voiture arriva devant le perron et tout le monde sortit. Jacquemort le dernier. Il portait les sacs de dragées, d'argent et de cretons que l'on distribuerait aux enfants et aux bêtes du village après la cérémonie.

Le ciel, comme à l'accoutumée, était d'un bleu immuable et le jardin brillait de ses pourpres et de ses ors.

La voiture démarra. Angel conduisait doucement à cause des enfants.

Chaque fois que la nurse remuait, on entendait un grand bruit de taffetas. C'était une très belle robe. Jacquemort, cependant, préférait l'autre, en piqué, qui la moulait plus. Dans celle-ci, elle avait tout juste l'air péquenaud.

XIX

2 septembre.

L'ombre s'épaississait autour de Jacquemort. Assis à son bureau, il méditait. Une certaine lassitude le retenait de faire la lumière. Ç'avait été une journée fatigante, la dernière d'une semaine fatigante et il tentait de retrouver le calme de son âme. Pendant tous ces jours de fièvre et d'agitation, il avait à peine éprouvé le besoin de psychanalyser, mais maintenant qu'il était seul, détendu, dans sa chambre, il sentait revenir, précis et angoissant, le vide et l'absence de passion masqués un temps par une surabondance d'images. Incertain, nu de désirs, il attendait que la bonne frappât à sa porte.

Il faisait chaud dans sa chambre vernie, et cela sentait bon le bois ; la mer voisine adoucissait l'haleine brûlante de l'air et le rendait calmant et délicieux. Dehors, on entendait quelques cris d'oiseaux et des frottis aigus d'insectes.

Et puis, on gratta à la porte. Jacquemort se leva, alla ouvrir. La jeune paysanne entra et resta sur place, paralysée par la timidité. Jacquemort souriait ; il manœuvra l'interrupteur et referma soigneusement le panneau.

— Alors ? dit-il. On a peur ?

Il se reprocha aussitôt sa vulgarité, mais se la pardonna quelques

instants plus tard en réfléchissant qu'elle n'avait pu choquer une personne vulgaire.

— Assieds-toi... proposa-t-il. Là... Sur le lit.

— J'ose pas... dit-elle.

— Allons, allons, dit Jacquemort. Ne sois pas timide avec moi. Étends-toi et détends-toi.

— Est-ce que je me déshabille? demanda-t-elle.

— Tu fais ce que tu veux, dit Jacquemort. Déshabille-toi si ça te tente, et sinon, non. Mets-toi à ton aise... C'est tout ce que je te demande.

— Vous allez vous déshabiller aussi? demanda-t-elle un peu enhardie.

— Mais écoute, protesta Jacquemort, tu es venue ici pour une psychanalyse ou une fornication?

Elle baissa la tête, honteuse, et Jacquemort se sentit légèrement excité par tant d'ignorance.

— Je comprends pas vos grands mots, dit-elle. Moi je veux bien faire ce que vous me direz.

— Mais je te dis de faire ce que tu veux, insista Jacquemort.

— J'aime bien qu'on me dise tout ce que je dois faire... Ce n'est pas moi qui commande, après tout...

— Alors, étends-toi comme tu es, dit Jacquemort.

Il retourna s'asseoir à son bureau. Elle le regardait par en dessous et, se décidant, enleva sa robe d'un geste adroit. C'était une de ses robes de tous les jours qu'elle avait remise en revenant du baptême, une cotonnade à fleurs sans intérêt.

Jacquemort la détailla, un peu lourde, bien plantée, la poitrine ronde et grasse, le ventre pas encore déformé par le travail. Elle alla s'allonger sur le lit et il pensa que lorsqu'elle serait partie, il allait se trouver, au moment de se coucher, troublé par l'odeur de cette femme.

Elle marchait un peu bêtement, mais c'était encore là sans doute un reste de pudeur.

— Quel âge as-tu? demanda Jacquemort.

— J'ai vingt ans, dit-elle.

— Tu es d'où?

— Du village.

— Comment as-tu été élevée? Quel est ton plus vieux souvenir?

Il bavardait d'un ton léger pour la mettre en confiance.

— Tu te rappelles tes grands-parents?

Elle réfléchit une minute.

— C'est pourquoi que vous m'avez fait venir? demanda-t-elle. Pour me demander ces choses-là?

— C'est aussi pour ça, dit Jacquemort prudent.

— C'est des choses qui ne vous regardent pas, dit-elle.

Elle se leva et s'assit, les jambes hors du lit.

— Vous me montez, ou non? demanda-t-elle. Je suis venue pour ça. Vous le savez bien. Je ne sais pas parler, mais je ne suis pas assez bête pour vous laisser vous moquer de moi.

— Oh! va-t-en, dit Jacquemort. Tu as trop mauvais caractère. Tu reviendras demain.

Cependant, elle se levait. Elle passa devant le psychiatre et le profil de sa gorge le remua.

— Allez, dit-il. Reste sur le lit. Je viens.

Elle regagna rapidement sa place, un peu haletante. Lorsque Jacquemort s'approcha d'elle, elle se détourna, lui présenta ses reins. Il la prit dans cette position, comme le matin derrière la haie.

XX

Angel était étendu auprès de Clémentine. Dans le lit triple, les trois enfants dormaient sans rêves avec de petits reniflements inquiets. Elle ne dormait pas. Il le savait. Depuis une heure, ils étaient là, l'un près de l'autre, dans l'obscurité.

Il changea de place, cherchant un coin frais. Dans ce geste sa jambe vint au contact de celle de Clémentine. Elle eut un sursaut d'horreur et alluma brusquement la lumière. Angel, un peu somnolent, s'accouda sur l'oreiller pour la regarder.

— Qu'est-ce qu'il y a? demanda-t-il. Tu n'es pas bien?

Elle s'assit et secoua la tête.

— Je ne peux plus, dit-elle.

— Tu ne peux plus quoi?

— Je ne peux plus te supporter. Je ne peux plus dormir près de toi. Jamais je ne pourrai plus dormir si j'ai l'idée qu'à chaque instant tu vas me toucher. M'approcher. Quand je sens les poils de tes jambes effleurer seulement les miennes, je deviens folle. Je hurlerais.

Elle avait une voix tendue, frémissante, pleine de cris rentrés.

— Va dormir ailleurs, dit-elle. Aie pitié de moi. Laisse-moi.

— Tu ne m'aimes plus ? demanda Angel bêtement.

Elle le regarda.

— Je ne peux plus te toucher, dit-elle ; et encore. Je pourrais. Mais je ne peux pas imaginer que tu me touches, fût-ce un instant. C'est horrible.

— Tu es folle ? proposa Angel.

— Je ne suis pas folle. Tout contact physique avec toi me fait horreur. Je t'aime bien... C'est-à-dire je voudrais que tu sois heureux... mais pas comme ça... Ça me coûte trop. Pas à ce prix-là.

— Mais, dit Angel, je ne voulais rien te faire. Je changeais de position et je t'ai effleurée. Ne te mets pas dans cet état-là.

— Je ne suis dans aucun état, dit-elle. C'est mon état normal, maintenant. Couche dans ta chambre !... Je t'en prie, Angel. Aie pitié de moi.

— Tu n'es pas bien, murmura-t-il en hochant la tête.

Il lui passa la main sur l'épaule. Elle frémit mais le laissa faire. Il l'embrassa doucement sur la tempe et se leva.

— Je vais chez moi, mon chou, dit-il. Ne t'inquiète pas...

— Écoute, dit-elle encore, je... je ne veux pas... je ne sais pas comment te le dire... je ne veux plus... et je ne crois pas que je voudrai jamais de nouveau... Tâche de te trouver une autre femme. Je ne suis pas jalouse.

— Tu ne m'aimes plus... dit tristement Angel.

— Plus comme ça, dit-elle.

Il sortit. Elle restait assise à sa place et regardait à côté d'elle le creux qu'avait fait Angel en bas de son oreiller. Il dormait toujours tout en bas de l'oreiller.

Un des enfants s'agita dans son sommeil. Attentive elle écouta. Le bébé se rendormit. Levant la main, elle éteignit la lumière. Maintenant, elle avait tout le lit pour elle et jamais plus un homme ne la toucherait.

XXI

Dans sa chambre, Jacquemort venait d'éteindre à son tour. Lointains s'apaisèrent les petits grincements du sommier de la nurse qui se couchait, pleine. Quelques instants, il demeura sur le dos immobile. Les

choses de ces derniers jours dansaient jusqu'au vertige et son cœur battait violemment. Peu à peu, il se détendit et glissa dans l'inconscience, fermant ses paupières lasses sur des rétines lacérées par les lanières rêches de visions insolites.

DEUXIÈME PARTIE

I

Mardi 7 mai.

Il y avait, sur la falaise, loin au-delà du jardin, bien après le cap déchiré dont la mer, nuit et jour, faisait la barbe, une haute masse de pierre, un champignon irrégulier qui se dressait, solide et rebutant, limé par le vent, fréquenté seulement des biques et des fougères. Il était invisible de la maison. On l'appelait l'Hömme de Terre pour faire pièce à l'Hömme de Mer, son frère, qui jaillissait de l'eau un peu sur la gauche, juste en face. L'Hömme de Terre était facilement accessible de trois côtés. Cependant la face nord tendait au visiteur éventuel un ensemble de pièges et de chicanes presque infranchissables et que l'on eût dit combinés par un corbusier⁴ malicieux, rendant, de ce côté, son escalade aléatoire.

Parfois les douaniers venaient s'y entraîner, et tout le jour, sanglés dans leurs maillots de coton rayé vert et blanc, ils s'efforçaient d'inculquer à leurs apprentis les notions de grimpette sans lesquelles la contrebande deviendrait un fléau.

Mais ce jour-là, l'Hömme était désert. Pour Clémentine qui, collée au roc, s'élevait lentement, assurant ses prises.

Les jours précédents, ç'avait été un jeu d'enfant que de gagner le sommet par les flancs est, ouest et sud. Aujourd'hui, elle devait se donner à fond. Pas une prise, rien sous la main que le flanc de l'Hömme, le granit lisse et compact.

Elle se trouvait à plat ventre contre un glacis pratiquement vertical. Trois mètres au-dessus d'elle, une saillie lui permettrait de s'accrocher. C'est seulement là que le vrai travail commencerait : car toute la partie

supérieure de l'Hömme était en surplomb. Mais d'ores et déjà, il fallait faire les trois mètres.

Les extrémités de ses espadrilles la retenaient au-dessus du vide, engagées dans une longue fente qui courait en biais le long du glacis. De la terre accumulée dans cette fente y nourrissait de petites plantes. Cela faisait une ligne verte contre le gris du granit, comme le mérite agricole sur un revers d'instituteur.

Clémentine respirait lentement, profondément. S'élever, telle une mouche le long du mur. Trois mètres. Trois mètres seulement. Moins de deux fois sa hauteur.

À regarder de plus près, il y avait bien quelques aspérités. Le tout, c'était d'y regarder d'assez près pour les voir ; mais pas plus, pour éviter de se rendre compte que ça ne suffisait absolument pas à vous empêcher de tomber.

Elle posa ses mains sur deux de ces fausses saillies et se débrouilla.

À travers l'étoffe sèche du pantalon qu'elle portait, le roc lui caressait les genoux. Ses pied l'enlevèrent trente centimètres au-dessus de la ligne verte.

Elle respira, regarda et recommença. Dix minutes plus tard elle se rétablissait sur la corniche qui précédait la dernière étape. Son front était moite et les cheveux fins de ses tempes leur collaient. Elle sentait monter d'elle-même l'odeur végétale de sa transpiration.

Elle ne pouvait guère remuer car l'espace lui était mesuré. En tournant la tête, elle voyait sous un angle inhabituel, l'Hömme de Mer et sa ceinture de mousse. Le soleil, déjà haut dans le ciel, levait des nuages de paillettes autour des récifs noueux de la côte.

L'Hömme de Terre, au-dessus d'elle, s'achevait comme la gouttière d'un livre debout, aux trois quarts fermé, légèrement incliné, de surcroît, à la rencontre du vide. Un angle aigu et fuyant dans lequel il fallait avancer.

Clémentine rejeta sa tête en arrière, regarda l'angle et ronronna doucement de plaisir. Elle était mouillée entre les jambes.

II

Les trois salopiots galopaient à quatre pattes dans la salle où on les enfermait avant leur tétée de troizocloques. Ils commençaient à perdre

l'habitude de dormir vingt-quatre heures sur vingt-quatre et prenaient plaisir à se délasser un peu les membres de derrière. Noël et Joël glapissaient. Citroën, plus digne, tournait avec lenteur autour d'un petit guéridon bas.

Jacquemort les regardait. Il les rejoignait souvent, maintenant qu'ils ressemblaient plus à des êtres vivants qu'à des larves. Grâce au climat et aux soins reçus, ils étaient étonnamment avancés pour leur âge. Les deux premiers avaient des cheveux lisses et blond pâle. Le troisième, brun et frisé comme au jour de sa naissance, paraissait d'un an plus vieux que ses deux frères.

Ils bavaient, naturellement. Chacun de leurs arrêts sur le tapis était marqué d'une petite tache humide, reliée un moment à la bouche de son auteur par un long fil souple et fragile, et cristallin.

Jacquemort surveillait Citroën. Celui-ci, le nez vers le sol, tournait maintenant avec la dernière énergie. Puis ses mouvements se ralentirent et il s'assit. Son regard s'éleva sur le guéridon.

— Qu'est-ce que tu en penses? demanda Jacquemort.

— Baeuh!... dit Citroën.

Il tendit sa main vers l'objet. Trop loin. Il se rapprocha sans quitter la position assise, et, saisissant délibérément le bord entre ses doigts, il se mit debout.

— T'as gagné, dit Jacquemort. C'est bien comme ça qu'on fait.

— Oh! baeuh, répondit Citroën, qui lâcha, retomba d'un coup sur les fesses et parut étonné.

— Voilà, dit Jacquemort, il ne fallait pas lâcher. C'est simple. Dans sept ans tu feras ta première communion, dans vingt ans tu auras fini tes études et cinq ans plus tard tu te marieras.

Citroën hocha la tête d'un air peu convaincu et se remit debout en un rien de temps.

— Bien, conclut Jacquemort. Ben, il va falloir prévenir le cordonnier ou le maréchal-ferrant. On les élève très durement par ici, tu sais. Et puis on ferre les chevaux et ils ne s'en portent pas plus mal. C'est comme ta mère voudra.

Il s'étira. Quelle vie. Et personne à psychanalyser. La boniche se montrait toujours intraitable. Aucun progrès.

— C'est moi qui vous emmènerai, mes cocos, dit-il. Ça fait des semaines que je n'ai pas mis les pieds au village.

Citroën, maintenant, tournait autour du guéridon, mais debout.

— Dis donc, observa Jacquemort. Tu apprends vite. Après tout, tu

seras peut-être en avance sur mon programme. Enfin, ça va me faire quelqu'un avec qui me balader.

Joël et Noël donnaient des signes d'agitation et Jacquemort regarda sa montre.

— Eh oui, dit-il, c'est l'heure. Elle est même passée. Mais que veux-tu, un retard, ça arrive à tout le monde.

Joël se mit à pleurer. Noël lui fit écho. Leur frère, immobile, les observa d'un œil froid.

Il était près de trois heures et demie lorsque Clémentine arriva. Elle trouva Jacquemort assis au même endroit. Il était impassible et ne paraissait pas entendre les volées de braillements que lançaient les jumeaux. Sur ses genoux, Citroën, aussi impassible que lui-même, jouait à lui tirer la barbe.

— Enfin ! dit Jacquemort.

La jambe gauche du pantalon de Clémentine était complètement déchirée. Elle-même portait une large ecchymose à la pommette.

— Vous avez bien rigolé, à ce que je vois, dit-il.

— Pas mal, répondit-elle, froide. Et vous ?

Son ton posé contrastait avec l'excitation physique qui imprégnait encore visiblement ses membres.

— Quel chahut ! constata-t-elle objectivement une minute après.

— Ben, dit Jacquemort, ils ont soif. Ils ont besoin de vous, vous savez, autant que vos cailloux.

— Je n'ai pas pu venir plus vite, dit-elle. Je prends le plus sage d'abord.

Elle enleva Citroën des genoux du psychiatre et s'installa dans le second fauteuil. Jacquemort se détourna discrètement, ça le gênait de la voir donner le sein, à cause des veines bleues qui faisaient un réseau sur la peau très blanche. La tétée lui paraissait en outre détourner le sein de sa destination vraie.

— Vous savez qu'il marche... continua le psychiatre.

Elle sursauta et, dans son geste, retira le mamelon de la bouche du bébé... Silencieux, l'enfant attendit.

— Il marche ?

Elle le reposa par terre.

— Marche !...

Citroën s'accrocha au pantalon et se mit debout. Elle le reprit, un peu démontée.

Joël et Noël, toujours hurlants, se rapprochaient à quatre pattes.

— Et eux ? demanda-t-elle.

— Eux, non, dit le psychiatre.

— Bon, approuva-t-elle.

— On dirait que ça vous ennuie qu'il marche ? suggéra Jacquemort.

— Oh ! murmura Clémentine, ils n'iront pas encore bien loin, les pauvres poulets.

Citroën avait fini. Elle attrapa Joël et Noël par leurs brassières et les cala.

Jacquemort se leva.

— Alors, en somme, demanda-t-il, vous les aimez toujours ?

— Ça a l'air de si braves gens, répondit Clémentine. Et puis ils ont besoin de moi. Vous sortez ?

— J'ai besoin de détente, observa Jacquemort.

— Vous passerez chez le maréchal-ferrant, dit Clémentine. Pour Citroën.

— Pourquoi tenez-vous à ce qu'ils soient élevés comme les gosses des paysans ?

— Pourquoi pas ? dit Clémentine sèchement. Ça vous gêne ?

— Ça me gêne, répondit Jacquemort.

— Snob ! dit Clémentine. Mes enfants seront simples.

Il quitta la pièce. Citroën le regardait et sa petite figure était morose comme celle d'un saint de pierre après un bombardement.

III

La bonne parut.

— Vous m'avez demandée ? dit-elle.

— Prends ces trois-là, change-les et couche-les, dit Clémentine. Elle la regarda attentivement et remarqua :

— Tu as une fichue mine.

— Ah ! dit l'autre. Madame trouve ?

— Est-ce que tu continues à coucher avec Jacquemort ? demanda Clémentine.

— Oui, dit la bonne.

— Qu'est-ce qu'il te fait donc ?

— Oh, dit la bonne, il me monte.

— Et il te questionne ?

— Même, dit la bonne. Même que j'ai pas le temps de rien sentir, il est là à me questionner.

— Ne réponds jamais, dit Clémentine, et ne couche plus avec lui.

— Ça me travaille, dit la fille.

— Tu me dégoûtes. Tu seras bien avancée s'il te fait un petit.

— C'est pas encore arrivé.

— Ça arrive, murmura Clémentine en frissonnant. Enfin, tu ferais mieux de ne plus coucher avec lui. C'est dégoûtant, tout ça.

— Ben moi, dit la fille, j'en vois rien de la manière qu'on se met.

— Fiche-moi le camp, dit Clémentine.

Culblanc ramassa les trois enfants et sortit.

Clémentine regagna sa chambre. Elle se déshabilla, se frictionna à l'eau de Cologne, lava la plaie contuse qu'elle avait à la figure et s'étendit sur le dos, par terre, pour faire sa gymnastique.

Elle la fit, et passa du sol à son lit. Cette fois, elle serait à l'heure pour la tétée. Ça ne vaut rien, pour des bébés, d'attendre comme ça. Les bébés, ça doit manger juste quand il faut, le reste ne compte pas.

Angel, vautré sur son lit, dans l'attitude de la désolation la plus achevée, leva les yeux en entendant les trois coups frappés à la porte.

— Oui ! dit-il.

Jacquemort entra et commenta :

— Naturellement, toujours à ne rien faire...

— Toujours, répondit Angel.

— Ça va ? demanda le psychiatre.

— Ça va, dit Angel. J'ai la fièvre.

— Voyons ça.

Il s'approcha de lui et lui prit le pouls.

— Effectivement, acquiesça-t-il.

Il s'assit sur le lit.

— Poussez vos pieds.

Angel se déporta de l'autre côté et Jacquemort, assis, se mit à se caresser la barbe.

— Qu'avez-vous encore fait ? demanda-t-il.

— Vous le savez très bien, dit Angel.

— Cherché une fille ?

— Trouvé une fille.

— Et couché avec ?

— Peux pas..., dit Angel. Sitôt qu'on est tous les deux dans le lit, la fièvre me reprend.

— Clémentine ne veut plus rien ? dit Jacquemort.

— Plus rien, dit Angel. Et les autres me fichent la fièvre.

— Vous avez mauvaise conscience, remarqua Jacquemort.

Angel sourit à la malice.

— Ça vous a déplu, le jour où je vous ai dit ça, remarqua-t-il.

— Eh ben, dit Jacquemort, ce n'est pas agréable à entendre..., surtout quand on n'a pas de conscience du tout.

Angel ne répondit pas. Visiblement, il était assez mal à l'aise. Il avait déboutonné son col et respirait avec avidité l'air de mai.

— Je viens de voir votre femme, dit Jacquemort qui voulait le distraire un peu de lui-même. Les gosses poussent diablement. Citroën se tient debout.

— Pauvre chou, dit Angel. À son âge..., ça va lui mettre les jambes de travers.

— Mais non, dit Jacquemort. S'il se tient debout, c'est que ses jambes suffisent à le porter.

— Laissons faire la nature..., murmura Angel.

— Votre femme m'envoie chercher le maréchal-ferrant, dit Jacquemort. Vous ne craignez pas qu'elle les élève un peu brutalement.

— Je ne peux rien dire, dit Angel. Elle a souffert et pas moi. Ça lui donne des droits.

— Je conteste, dit Jacquemort, qu'une chose aussi inutile que la souffrance puisse donner des droits quels qu'ils soient, à qui que ce soit, sur quoi que ce soit.

— Elle les traite vraiment mal ? demanda Angel, sans relever le propos.

— Non, dit Jacquemort. Elle est plus dure pour elle-même. Mais ce n'est pas non plus une raison. Tout ça, c'est mauvaise foi et compagnie.

— Je crois qu'elle les aime, dit Angel.

— Heu... oui..., répondit Jacquemort.

Angel se tut. Il n'était pas bien, cela se voyait.

— Vous devriez chercher un dérivatif, dit Jacquemort. Faites du bateau.

— Je n'ai pas de bateau... répondit Angel.

— Faites un bateau[5].

— C'est une idée, grogna l'autre.

Jacquemort se tut et se leva.

— Je vais chercher le maréchal-ferrant, dit-il. Puisqu'elle y tient.

— Allez-y demain, suggéra Angel. Laissez encore un jour à ce pauvre chou.

Jacquemort hocha la tête.

— Je ne sais pas, dit-il. Si vous êtes contre, dites-le donc.

— Je suis en état d'infériorité, dit Angel. Et puis, je crois qu'elle a raison. C'est elle la mère.

Jacquemort haussa les épaules et sortit. Le large escalier de carreaux tremblait sous ses pas rapides. Il traversa le hall et sortit. Le printemps bourrait la terre de mille merveilles qui explosaient de-çà, de-là, en feux diaprés, comme des accrocs somptueux dans le billard de l'herbe.

IV

8 mai.

Le lendemain étant un mercredi, Jacquemort, en se rendant au village, évita de passer par la rue principale et par la place où se tenait la foire aux vieux. Il obliqua avant de traverser l'agglomération, sur un sentier qui longeait le derrière des maisons, où poussaient des sauvages plantes vertes, urticantes et filassouzes, appelées malorties par les paÿsans.

Des chats, allongés sur des crêtes de murs ou des rebords de fenêtres, se solaçaient indolemment. Tout était tranquille et mort. Le psychiatre, malgré l'ennui qui le taquinait en permanence, se détendait et se sentait, cellulairement parlant, fonctionner.

Il savait que, par-delà les maisons à droite, le ruisseau rouge coulait à pleins bords, et il savait qu'un peu plus loin le ruisseau tournait vers la gauche. Aussi ne fut-il pas surpris de voir le petit chemin en faire autant sous le même angle et, du coup, il se crut fondé à conclure que l'ensemble des fermes présentait une profondeur sensiblement constante.

Un groupe de gens semblaient, quelques décamètres plus loin, occupés d'une besogne complexe. Comme il progressait rapidement vers le lieu de l'action, un cri frappa ses tympans sensibles. Un cri de douleur relevé d'étonnement, dont la résultante est assez voisine de la colère, avec une nuance passive qui ne lui échappa point.

Il pressa le pas et le pouls. Des paÿsans, devant une haute porte de chêne fruste, crucifiaient un cheval. Jacquemort s'approcha. Six hommes

soutenaient la bête contre le panneau de bois. Un septième et un huitième s'employaient à clouer la jambe gauche de devant. Le clou traversait déjà le paturon, un énorme clou de charpentier à la tête luisante, et un filet de sang coulait sur le poil brun de l'animal. C'était l'explication du cri de douleur perçu par Jacquemort.

Les paÿsans continuaient sans plus se soucier du psychiatre que si celui-ci se fût trouvé fort loin de là, aux Isles, par exemple. Seul le cheval fixa sur lui ses grands yeux bruns ruisselants de pleurs et découvrit ses longues dents pour esquisser un pauvre sourire d'excuse.

— Qu'a-t-il fait ? demanda doucement le psychiatre.

Un des cinq ou six hommes qui regardaient lui répondit sans se troubler :

— C'est un étalon. Il a fauté.

— Ce n'est pas bien grave, dit Jacquemort.

Son interlocuteur cracha par terre sans répondre. Maintenant, on clouait la jambe droite de l'étalon, et Jacquemort eut un frisson en voyant la pointe, enfoncée d'un coup de masse, crever le pelage terni par l'angoisse. Comme tout à l'heure, le cheval laissa échapper un cri bref, horrible. Ses épaules craquaient sous la tension anormale que leur avaient donnée les bourreaux dans leur effort pour appliquer le membre sur la lourde porte. La bête avait les coudes un peu repliés. Les pattes formaient entre elles un angle aigu, encadrant sa tête expressive. Déjà des mouches excitées par le sang venaient s'engluer les pattes autour des clous.

Ceux qui tenaient l'arrière-train se séparèrent et appliquèrent la face interne des sabots sur la traverse carrée qui barrait le bas de la porte. Jacquemort, figé, ne perdait pas un détail de l'opération. Il sentait une lame de rasoir se former dans sa gorge et l'avala à grand-peine. Le ventre de l'étalon frissonnait et son sexe, volumineux, semblait rétrécir et se tasser dans sa peau.

De l'autre côté du chemin, vint un murmure de voix. Deux hommes s'approchaient, que Jacquemort n'avait pas vu venir, un adulte et un jeune. Le plus vieux marchait les mains dans les poches. Il était énorme et velu, les bras dégagés par un maillot de jersey, et un tablier de cuir roussi lui battait les jambes. Le jeune, un apprenti minable et souffreteux, traînait une lourde marmite de fer pleine de charbons incandescents, d'où jaillissait le manche d'un crochet mis à rougir.

— V'là l' maréchal..., dit quelqu'un.

— Vraiment, ne put s'empêcher de remarquer Jacquemort à mi-voix, vous êtes sévères pour cette bête.

— C'est pas une bête, dit un païsan, c'est un étalon.

— Il n'a rien fait de grave.

— Il était libre, dit l'homme. L'avait qu'à ne pas fauter.

— Mais c'est son devoir, dit Jacquemort.

L'apprenti déposa la marmite sur le sol et activa le feu au moyen d'un soufflet. Son maître fourragea un instant parmi les charbons au moyen du crochet. Puis, le jugeant à point, il le saisit et se tourna vers l'étalon.

Jacquemort se détourna et s'enfuit. Les poings serrés sur les oreilles, il courait, maladroit d'avoir les avant-bras collés au cou, criant lui-même, pour ne pas percevoir les clameurs désespérées du cheval. Il s'arrêta après avoir atteint la petite place qu'il savait toute proche de l'église. Ses mains retombèrent le long de son corps. Le ruisseau rouge qu'il venait de traverser sur un léger pont de bois filait, sans rides, immobile et net. Un peu plus loin, La Gloïre nageait, haletant, pour ramener à sa barque un lambeau de chair pâle qui s'effilochait sous ses dents.

<div align="center">V</div>

Hésitant, Jacquemort regarda autour de lui. Personne n'avait remarqué sa fuite éperdue. L'église était là, un œuf, avec le vitrail bleu comme un trou par où le gober. Dedans, il y avait un murmure de chants. Jacquemort fit le tour et, sans se presser, gravit les marches. Il entra.

Le curé, debout devant l'autel, battait la mesure. Une vingtaine d'enfants chantaient en chœur un cantique de première communion, dont les paroles astucieuses frappèrent vivement le psychiatre qui, pour les mieux saisir, se rapprocha de l'autel.

L'aubépine, c'est une fleur
La graisse, c'est du gras
La m..., c'est du bonheur
Jésus, c'est mieux que tout ça.
L'herbe, c'est pour les bêtes
La viande, c'est pour papa
Les cheveux, c'est pour la tête,
Jésus, c'est mieux que tout ça.

> *Jésus, c'est du rabiuxe*
> *Jésus, c'est en pluxe*
> *Jésus, c'est du luxe...*

Le psychiatre reconnut, à ce moment, que l'auteur du cantique devait être le curé et cessa de faire attention au poème, comptant qu'il lui serait facile d'en demander une copie. La musique avait ramené un peu de calme dans son esprit troublé. Ne voulant pas déranger le curé dans ses exercices répétitoires, il s'assit sans bruit. Il faisait frais dans l'église ; les voix des enfants résonnaient dans le vaste édifice, accrochant des échos aux dentelures des parois. Laissant errer ses yeux çà et là, Jacquemort s'aperçut qu'on avait remis en place la chaire à couvercle et que deux charnières volumineuses lui permettaient maintenant de se renverser sans rien casser. Il se rendit compte qu'il n'était pas revenu dans ce lieu depuis le baptême des trois salopiots, et pensa comme le temps passe, et le temps passait en vérité, car, déjà, l'ombre calmait la dureté du vitrail bleu, et les voix des enfants se faisaient plus douces ; ainsi va-t-il de la musique et de l'obscurité dont l'association est onctueuse et vous met un pansement sur l'âme.

Il sortit apaisé et pensa qu'il fallait voir le maréchal-ferrant pour éviter de se faire bousculer par Clémentine au retour.

Le soir allait venir. Jacquemort s'en fut vers la place du village, suivant du nez l'odeur de corne brûlée, qui flottait, imprécise. Il ferma les yeux pour ne pas se perdre et ses narines le guidèrent jusqu'à l'échoppe sombre où l'apprenti poussait un feu de forge à grand renfort de coups de soufflet. Devant la porte un cheval attendait son dernier fer. On venait de le passer à la tondeuse, sauf la partie inférieure des quatre membres, et Jacquemort admira ses belles fesses rondes, son dos un peu en creux, son poitrail puissant et sa crinière en brosse dure comme une bordure de buis.

Le maréchal-ferrant sortit du trou noir. C'était bien lui que Jacquemort, une heure plus tôt, avait vu arriver par le chemin pour torturer l'étalon.

— Bonjour, dit Jacquemort.

— Bonjour, répondit le maréchal.

Il tenait à la main droite, au bout d'une tenaille longue, un morceau de fer rouge. Au bout de son bras gauche, pendait un lourd marteau.

— Lève la jambe, dit-il au cheval.

Ce dernier obéit et fut ferré en un clin d'œil. Un vive fumée bleue de

corne carbonisée se dégageait et obscurcit l'air. Jacquemort toussa. Le cheval reposa son pied sur le sol et essaya son fer.

— Ça va ? demanda le maréchal. Pas trop petit ?

Le cheval fit signe que non, posa sa tête sur l'épaule du maréchal-ferrant qui lui flatta les naseaux. Puis l'animal s'en alla d'un pas tranquille. Il y avait par terre des tas de petits paquets de poil, comme dans la boutique d'un coiffeur.

— Ohé ! cria le maréchal à son apprenti. Tu vas venir balayer ça !...

— Oui, dit la voix de l'apprenti.

Le maréchal s'apprêtait à rentrer et Jacquemort lui posa la main sur le bras.

— Dites...

— Quoi ? demanda le maréchal.

— Pourriez-vous passer à la maison de la falaise ? Un des enfants marche.

— C'est pressé ? demanda l'homme.

— Oui, dit Jacquemort.

— I peut pas venir ?

— Non.

— Je vais voir, dit le maréchal.

Il entra dans sa forge, croisant l'apprenti armé d'un vieux balai, qui commença à rassembler le poil épars en un tas à l'aspect dégoûtant. Jacquemort s'avança jusque sur le seuil. Il faisait très sombre et on était aveuglé par le feu dont la tache orange éclaboussait les choses d'ombres disparates. Près de la tache, Jacquemort distingua l'enclume et, allongée à côté sur un établi de fer, une forme vague, d'allure humaine, à laquelle la lumière venue de la porte accrochait un reflet gris métallique.

Mais déjà le maréchal se retournait, ayant consulté son carnet et revenait vers lui. Il fronça le sourcil en voyant que Jacquemort s'était approché.

— Restez dehors, dit-il. C'est pas un moulin, ici.

— Je m'excuse, murmura Jacquemort, vivement intrigué.

— Je passerai demain, dit le maréchal. Demain matin dix heures. Que tout soit prêt. J'ai pas guère de temps à perdre.

— Entendu, dit Jacquemort. Et merci.

L'homme rentra dans sa forge. L'apprenti avait fini de récolter le poil et y mit le feu. Jacquemort, prêt à tomber devant la puanteur, s'éloigna rapidement.

Sur le chemin du retour, il remarqua une boutique de mercerie-

couture. Il y avait, derrière la vitre, une vieille dame qu'on voyait distinctement dans la pièce éclairée. Elle était en train de finir une robe verte et blanche, garnie de broderie anglaise. Jacquemort s'arrêta, réfléchit et repartit. Un peu avant d'arriver à la maison, il se souvint que Clémentine portait exactement la même quelques jours plus tôt. Une robe rayée, verte et blanche, avec un col et des manchettes de broderie anglaise. Pourtant, Clémentine ne s'habillait pas au village ? Si ou non ?

VI

9 mars.

Jacquemort se levait. Toute la nuit passée à essayer de faire parler la bonne sans résultat. Et, comme d'habitude, ils avaient fini par s'accoupler, toujours dans cette étrange position quadrupède, la seule qu'elle tolérât. Jacquemort se fatiguait de ce mutisme épuisant, et il fallait l'odeur de ses mains, l'odeur du sexe de cette fille, pour le consoler de n'avoir pu tirer d'elle que des réponses vagues à des questions précises. En son absence, il s'indignait contre elle, il préparait une argumentation puérile, désarmé, sitôt qu'il la retrouvait, par un silence, par une inertie trop naturels pour qu'il puisse les combattre, trop simples pour qu'ils engendrassent en lui autre chose qu'un total découragement. Il flaira sa paume, il se revit en pensée guidant sa possession et l'affermissant — à ce souvenir, sa chair s'émouvait presque malgré sa lassitude.

Terminant sa toilette, évitant de se laver les mains, il décida d'aller voir Angel. Il avait besoin d'un interlocuteur.

Angel n'étant pas dans sa chambre, fait absolument démontré par l'absence de réponse à trois séries de trois successifs toquements, il vérifia par la même méthode diverses autres pièces, et conclut à la sortie de l'intéressé.

Du jardin venaient des bruits de scie. Il y fut.

Furtivement, tournant dans une allée, il respira ses doigts. L'odeur tenait.

Le chuintement de la scie se faisait plus net. Vers le garage, il vit Angel, en pantalon de toile bleue, sans veste, en train de scier un lourd madrier posé sur deux tréteaux.

Jacquemort s'approcha. L'extrémité du madrier, irrégulière et fendue, tomba sur le sol avec un choc mat. Un tas de sciure jaune, toute fraîche, résineuse, s'élevait déjà sous les tréteaux.

Angel se redressa et posa sa scie. Il tendit la main au psychiatre.

— Vous voyez, dit-il. Je suis vos conseils.

— Un bateau ? demanda Jacquemort.

— Un bateau.

— Vous savez faire un bateau ?

— Je ne lui demanderai pas de grosses performances, dit Angel. Pourvu qu'il flotte.

— Alors faites un radeau, dit Jacquemort. C'est carré. C'est plus facile à faire.

— Oui, dit Angel. Mais c'est moins beau.

— Comme la peinture à l'eau, dit Jacquemort.

— Comme la peinture à l'eau.

Angel posa sa scie et souleva le madrier qu'il venait de trancher.

— Celui-là va servir à quoi ? demanda Jacquemort.

— Je ne sais pas, dit Angel. Pour l'instant je coupe les mauvais bouts. Je veux travailler sur du propre.

— Vous doublez votre travail...

— Ça n'a pas d'importance. Je n'ai rien d'autre à faire.

— C'est curieux, murmura le psychiatre. Vous ne pourriez pas travailler si vous ne commenciez pas par régulariser vos matériaux ?

— Je pourrais, mais je n'aimerais pas.

— Et il y a longtemps que vous êtes comme ça ?

Angel le regarda, une lueur de malice à l'œil.

— Dites donc, c'est une interrogation en règle ?

— Du tout !... protesta Jacquemort en passant ses doigts sous son nez sous le prétexte de renifler d'un seul naseau pour le déboucher.

— Le métier qui vous reprend ?

— Non, dit Jacquemort. Si je ne m'intéresse pas aux autres, à qui voulez-vous que je m'intéresse ?

— Mais à vous, dit Angel.

— Vous savez bien que je suis le vide.

— Si vous vous demandiez pourquoi ? Ça suffirait déjà à en remplir un petit peu.

— Bagatelles, dit Jacquemort.

— Toujours personne à psychanalyser ?

— Personne...

— Essayez sur les animaux. Ça se fait maintenant.

— Comment savez-vous ça? dit Jacquemort.

— Je l'ai lu.

— Faut pas croire tout ce qu'on lit, répliqua sentencieusement le psychiatre.

La face interne de son pouce droit avait vraiment gardé un parfum caractéristique.

— Essayez quand même, dit Angel.

— Je vais vous dire..., commença le psychiatre, et il s'arrêta subitement.

— Me dire quoi?

— Non, conclut Jacquemort. Je ne vais pas vous le dire. Je verrai bien moi-même si c'est vrai.

— C'était une supposition?

— Une hypothèse.

— Bon, dit Angel. Après tout, ça vous regarde.

Il se retourna vers le garage. Par la porte ouverte, on apercevait l'arrière de la voiture et, à droite, appuyées contre le mur, des piles de planches liées qui s'infléchissaient en souplesse.

— Vous ne manquez pas de bois, apprécia Jacquemort.

— Ce sera, malgré tout, un assez gros bateau, dit Angel.

Il entra et choisit une planche. Jacquemort regarda le ciel. Il n'y avait pas un nuage.

— Je vous laisse, dit-il. Je vais au village.

— Bonne chance!

Le bruit de la scie reprit peu après et décrut à mesure que Jacquemort s'éloignait du garage. Arrivé à la grille du jardin, il ne l'entendait plus. Il s'engagea sur le sentier poudreux. Là-bas, en parlant avec Angel, il s'était soudain rappelé le gros chat noir, installé sur le mur, à la sortie du village. Une des seules personnes qui l'eussent approuvé.

Ce mur était sans doute la place favorite du chat. Il pressa le pas pour s'en assurer. En même temps, il tassa son pouce sous son nez et fit une profonde inhalation. L'odeur matérialisait des formes, le dos robuste de la bonne et lui-même attaché aux reins arrondis qui s'arquaient sous ses coups de boutoir. Des formes qui aidaient à marcher.

VII

24 mars.

Le vent traînait des pailles sur le chemin, pailles arrachées aux litières par les minces brèches des portes, pailles volantes des abords de grange, pailles anciennes des meules oubliées au soleil. Le vent s'était levé matin. Il avait raclé la surface de la mer pour lui prendre le sucre blanc des embruns, il avait grimpé la falaise, faisant sonnailler les bruyères stridentes, il tournait autour de la maison, se taillant un sifflet du moindre recoin, soulevant, çà et là, une tuile plus agile, roulant des feuilles de l'automne passé, filigranes brunis ayant échappé à la succion du compost, tirant des ornières une draperie de poudre grise, écorchant de sa râpe la croûte sèche d'anciennes flaques.

Un tourbillon se formait à l'orée du village. Des brindilles, des herbes folles se mirent à girer, sommet d'un cône incertain. La pointe se déplaçait capricieusement, comme la mine d'un crayon suit une courbe de niveau ; il y avait près du haut mur gris une chose noire, spongieuse et plastique ; la pointe s'en approcha dans un zigzag imprévu. C'était l'enveloppe vide et légère d'un chat noir, d'un chat sans substance, impalpable et sec. Le tourbillon le roula sur le chemin, efflanqué, disloqué, comme un journal roule sur une plage, avec de grands gestes gauches ; le vent tendait des fils aigus de bruit aux pointes des herbes hautes — le fantôme de chat quitta le sol dans un bond grotesque et retomba de guingois. Une saute de vent le plaqua contre une haie, puis le reprit, pantin désossé, pour la valse suivante. Le chat bondit soudain au-dessus du talus, car le chemin tournait ; il coupa à travers champs ; il courait parmi les pointes vertes des épis naissants, s'électrisant à leur contact, voltigeant de place en place, tel un corbeau ivre, et vide du vide parfait du végétal sec, comme la paille ancienne des meules oubliées au soleil.

VIII

30 mars.

Jacquemort, d'un bond, atteignit la route et huma l'air frais. Il percevait des odeurs multiples et neuves, qui éveillaient en lui des souvenirs mal débrouillés. Depuis une semaine qu'il avait absorbé l'intégralité de la substance mentale du chat noir, il passait de surprise en surprise et apprenait à grand-peine à se débrouiller dans ce monde complexe et violemment affectif. Il était faux qu'il en eût hérité un comportement vraiment nouveau ; ses habitudes physiques et ses gestes réflexes fondamentaux se trouvaient déjà trop profondément acquis pour se transformer beaucoup au contact de ceux du chat noir, dont l'intensité proportionnellement faible expliquait le peu d'effet ; il riait maintenant de ses tentatives pour laisser croire — et se persuader lui-même — qu'il éprouvait le besoin de se gratter l'oreille avec son pied ou se coucher à cropetons, les poings sous le menton. Mais il lui restait un ensemble de désirs et de sensations, de pensées même, dont il pressentait le peu de profondeur et le grand attrait ; la valériane par exemple : il sentit qu'à quelques mètres poussait un buisson de valériane. Cependant, il lui tourna délibérément le dos et s'avança dans la direction opposée à celle du village, le sentier de la falaise. Une idée qu'il trouvait fort bonne le guidait.

Il parvint au bord escarpé et découvrit sans peine un petit sentier à peine esquissé, tracé probablement par des chutes de pierres. Sans hésiter il s'y engagea, tournant le dos au vide, s'aidant de ses mains pour descendre. Il eut quelques émotions lorsque des cailloux se détachèrent sous ses pas, mais, indubitablement, sa progression présentait une sûreté souple encore jamais remarquée. En quelques instants, il fut en bas de la falaise. La mer, basse, découvrait un étroit ruban de cailloux roulés, encadré par des rochers découpés et taraudé de mares profondes. Jacquemort, d'un pas vif, se dirigea vers l'une d'elles. Il arriva près du bord, choisit un coin commode et s'accroupit, la manche relevée. Ses doigts crispés effleuraient l'eau.

Une dizaine de secondes s'écoulèrent. Et puis un petit poisson jaune montra sa tête derrière une herbe verte. On le distinguait à peine sur le fond végétal de la mare, mais Jacquemort voyait palpiter ses ouïes délicates et son cœur se réjouissait.

D'un coup, son bras se détendit ; il saisit la bestiole et la porta à ses narines. Cela sentait vraiment bon.

Se léchant les lèvres, il ouvrit la bouche et croqua sans hésiter la tête du poisson frétillant.

C'était exquis. Et il y en avait plein la mare.

IX

16 avril.

Angel reposa sur l'établi son rivoir et son tas, et s'essuya le front d'un grand revers de manche. Il venait d'achever le bordé tribord. Les clous de cuivre rouge faisaient une jolie ligne de taches sur le clair du bois incurvé. Le bateau prenait forme. Il reposait sur un berceau de chêne orienté vers la mer et d'où partait l'amorce de deux rails de chêne qui descendraient la falaise.

Les trois enfants, près de là, jouaient avec le tas de sciure et de copeaux qui encombrait un coin de l'atelier. Leur développement avait été étrangement rapide ; ils marchaient maintenant tous les trois, avec leurs petits sabots de fer ; seuls les pieds de Citroën saignaient encore un peu le soir, mais Joël et Noël, plus rustiques, résistaient et leur peau se cornait.

Angel s'étonnait ; il était l'heure et la bonne n'arrivait pas. Il fallait pourtant que les enfants goûtent. Il se rappela soudain que la bonne était de sortie. Avec un soupir, il regarda sa montre. En vérité, Clémentine oubliait de plus en plus rarement de leur donner à manger, et lorsqu'il lui faisait le moindre reproche, elle répondait, insolente, avec une espèce de sûreté haïssable et presque justifiée. Angel se trouvait gêné de voir que les enfants le regardaient alors presque ironiquement et se rangeaient aux côtés de leur mère.

Il les observa et rencontra l'œil noir de Citroën qui le troubla. Avec un peu de colère, il se dit qu'ils n'avaient que ce qu'ils méritaient. Lui-même ne demandait pas mieux que de les flatter, de les embrasser, mais ne se trouvait jamais sollicité.

Ils aiment qu'on les brime, pensa-t-il plein de rancune.

Cependant il se dirigea vers eux.

— Venez goûter, mes cocos, dit-il.

Joël et Noël levèrent le nez et grognèrent.

— Aveu Antine, dit Joël.

— Antine, répéta Noël.

— Clémentine n'est pas là, dit Angel. Venez, on va la chercher.

Citroën passait devant lui à pas dignes. Angel tendit la main aux deux jumeaux. Sans la prendre, ils se mirent sur pieds dans un nuage de sciure et de copeaux et rejoignirent leur frère en courant maladroitement. Angel se sentit moite et nerveux. Il les suivit pourtant, de loin, car le jardin escarpé présentait mainte embûche et malgré son irritation, il aurait détesté qu'il leur arrivât un accident.

Il atteignit l'entrée de la maison une seconde après eux et les rattrapa dedans. Noël appelait sa mère d'une voix aiguë et Joël lui faisait écho.

— Assez, dit Angel avec une certaine énergie.

Ils s'arrêtèrent étonnés.

— Venez à la cuisine, continua Angel.

Il était un peu surpris de ne rien trouver prêt. Elle aurait tout de même pu préparer ce goûter. Il les installa maladroitement devant des bols de lait et des tartines et se dirigea vers la porte tandis qu'ils s'empiffraient avec bruit. Il faillit se heurter à Jacquemort.

— Vous n'avez pas vu Clémentine, demanda-t-il.

Le psychiatre se passa la main sur l'oreille d'un geste félin.

— Heu... répondit-il sans se compromettre.

— Cessez vos manières de chat, dit Angel. Vous n'en avez pas plus envie que moi. Et dites-moi où est ma femme.

— Je regrette, dit Jacquemort, mais je suis entré par mégarde dans la salle à manger, elle y est.

— Alors quoi ? grogna Angel.

Il écarta Jacquemort et passa furieux. L'autre le suivait. Angel voulait traduire en colère le dégoût de sa propre incompétence vis-à-vis de ses gosses, c'était visible, mais Jacquemort évita de le souligner.

Angel préparait une phrase blessante. Il s'emportait rarement, et toujours à cause des enfants. Il aurait dû s'en occuper plus. Il était énervé. Son cœur battait. Elle se moquait du monde.

Il poussa vivement la porte et resta sur place. Étendue sur la table de la salle à manger, Clémentine, le pantalon baissé jusqu'aux genoux, haletait et s'agitait, possédée. Ses mains, à ses côtés, se contractaient convulsivement. Sur le vernis de la table, ses reins houlaient, se trémoussaient et ses jambes s'entrouvraient tandis qu'une légère plainte s'échappait de ses lèvres. Angel resta là un instant, stupide, et se mit à

reculer. Son visage s'empourprait peu à peu. Il referma la porte et d'un pas rapide regagna le jardin. Jacquemort s'arrêta sur le perron et le vit disparaître au tournant de l'allée. Il revint lui-même sur ses pas et regagna la cuisine.

— Je me demande... murmura-t-il.

En quelques gestes précis, il répara les dégâts commis par les salopiots. Ceux-ci, repus, babillaient joyeusement. Il leur essuya la figure et les poussa dehors.

— Allez jouer avec papa... dit-il.

— Aveu... Antine... dit Noël.

— Antine... dit Joël.

Citroën ne dit rien et partit en direction de la remise suivi de ses frères. Jacquemort attendit un instant en fronçant le sourcil. Il hésita, puis revint à la salle à manger. À plat ventre sur la table, cette fois, Clémentine continuait sa gesticulation obscène. Le psychiatre huma l'air de la pièce. Puis, à regret, il s'éloigna et regagna sa chambre. Il s'étendit sur le lit et s'essaya sans conviction au ronronnement. Malgré tout, il devait s'avouer incapable d'y parvenir de façon satisfaisante. Au fait, le chat noir qu'il avait psychanalysé quelques semaines plus tôt avait-il su ronronner ? Et puis il se remit à penser au sujet intéressant, Clémentine. Peut-être aurait-il dû toucher. Il flaira ses doigts. Il y avait encore un peu le parfum de la bonne, mais cela datait d'hier et c'était vague. Il était bien sur son lit, certes. Mais la femme, en bas, qui continuait sans doute à remuer... Il s'assit sur son lit, se leva, redescendit, et s'arrêta devant la porte de la salle à manger. Il prêta l'oreille. Plus rien. Il entra.

Clémentine, à demi-nue, dormait maintenant ; du moins elle avait cessé de remuer et reposait, la joue sur la table, la croupe offerte. Jacquemort se sentit chose. Il s'approcha. Elle s'agita en l'entendant et se souleva sur un coude. Jacquemort s'était immobilisé.

— Excusez-moi, dit-il. J'ai cru que vous appeliez.

Elle avait les yeux battus et troubles.

— Qu'est-ce que je fais sur cette table ? dit-elle.

— Euh... murmura Jacquemort. Je ne sais pas. Vous avez dû avoir trop chaud.

Elle s'aperçut alors du désordre de sa toilette.

— J'ai fait un rêve, commença-t-elle.

Et puis, comme Angel un moment plus tôt, elle rougit jusqu'à la racine des cheveux.

— Est-ce que... reprit-elle.

Elle s'assit sans tenter de dissimuler ses cuisses nues.

— Après tout, murmura-t-elle, vous savez comment je suis faite.

Démonté, Jacquemort ne souffla mot.

— Je suppose que je me suis agitée, dit-elle en commençant à se rhabiller.

— Je le crains...

— Eh bien, dit Clémentine, je ne sais pas. J'allais préparer le goûter des enfants et je... quoi, je suis là.

Elle palpa son crâne.

— J'ai le souvenir d'avoir été renversée sur cette table. J'ai une bosse.

— Quelque succube[6]... dit Jacquemort.

Elle avait rattaché son pantalon et lissait ses cheveux.

— Bon, eh bien, ça arrive, conclut-elle. Je croyais bien pouvoir m'en passer. Je vais aller préparer leur goûter.

— Ils ont goûté, précisa Jacquemort.

La figure de Clémentine se rembrunit.

— Qui les a fait goûter ?

— Votre mari, dit Jacquemort. Et c'est moi qui leur ai torché la physionomie.

— Angel est venu ici ?

— Oui, dit platement Jacquemort.

Elle passa devant lui et gagna le jardin à pas pressés. Au tournant de l'allée, elle courait presque. Jacquemort remonta, cogitant. Donc il était. Mais que lui.

X

Angel avait repris le rivoir et s'occupait de l'autre bord. Il appliquait le tas du côté interne lorsque Clémentine parut, rouge d'avoir été si vite. En la voyant, les jumeaux poussèrent un glapissement joyeux et Citroën s'approcha d'elle et lui prit la main. Angel leva les yeux, enregistra le tout et se contracta.

— Qui leur a donné à goûter ? dit-elle.

— Moi, répondit sèchement Angel.

Quelque chose dans son ton la surprit.

— Et de quel droit ?

— Assez ! dit Angel brutal.

— Je te demande de quel droit tu as fait goûter ces enfants, dont il est entendu que tu n'as pas à t'occuper ?

Avant qu'elle ait eu le temps de refermer la bouche, les gifles arrivèrent à toute volée. Elle chancela sous le choc. Angel, blanc comme un drap, tremblait de rage.

— Assez, gronda-t-il.

Il parut se calmer, tandis qu'elle portait une main hésitante à sa joue.

— Je regrette, dit-il enfin, mais tu vas trop loin.

Les enfants se mirent à crier et Citroën se baissa et ramassa un clou. S'approchant d'Angel, il le lui planta dans la jambe, de toutes ses petites forces. Angel ne bougeait pas. Clémentine se mit à rire, d'un rire sanglotant.

— Assez ! répéta Angel, tendu.

Elle s'arrêta.

— En fait, continua-t-il, je ne regrette pas. Je regrette de ne pas avoir tapé plus fort.

Clémentine hocha la tête et partit. Les trois enfants la suivirent. De temps en temps, Citroën se retournait et lançait à son père un regard noir. Angel restait songeur. Il projeta la scène qui venait de se dérouler et remua, gêné ; puis il revit en esprit sa femme étendue sur la table de la salle à manger et la rougeur mobile gagna ses tempes et son front. Il savait qu'il ne rentrerait plus chez lui. Il y avait assez de sciure et de copeaux dans le hangar pour qu'on puisse y dormir à l'aise et les nuits étaient tièdes. Il sentait une légère démangeaison à la jambe gauche. Il se pencha et en retira le clou, une fine pointe dorée ; sur son pantalon de treillis verdâtre, il y avait une tache brune, de la grandeur d'une punaise. Ça faisait rire. Pauvres larves.

XI

20 mai.

Jacquemort désertait la maison depuis qu'Angel avait décidé de vivre sur son chantier. Il ne se sentait guère à l'aise en présence de Clémentine. Elle était trop mère, sur un plan trop différent. Non qu'il y vît aucun mal, car il ne mentait pas en s'affirmant vide et en impliquant,

de ce fait, qu'il n'avait guère la notion des valeurs éthiques. Mais ça le gênait physiquement.

Étendu dans un coin du jardin, où poussait en abondance le fouille-pétrin, qui donne à son usager discret le courage et la décision, il en mâchonnait distraitement quelques tiges anguleuses. Il attendait Culblanc, qui devait venir le rejoindre et passer avec lui la fin de ce jour sans relief. Cette idée de relief lui fit vérifier de la main la correction de son pantalon. Comme de coutume, cela se terminerait sans doute en queue de psychiatre.

Il entendit le gravier crisser et s'assit. Pataude et plantureuse, les pieds plats, le caraco pesant, la bonne parut et s'assit à côté de lui.

— Fini ton travail? demanda-t-il.

— Fini, soupira-t-elle. Les gosses sont couchés.

Elle déboutonnait déjà sa robe, mais Jacquemort l'arrêta.

— Si on parlait un peu? proposa-t-il.

— Je suis pas venue pour ça, observa-t-elle. Je veux bien le truc, mais pas causer.

— Je veux te demander une seule chose, dit-il.

Elle retira son vêtement et s'assit sur l'herbe. Dans ce coin écarté du jardin, ils se trouvaient comme dans une petite boîte. Au reste, il n'y avait pas le moindre risque de surprise; ni Angel ni Clémentine ne viendraient. Jacquemort, pour la faire patienter, se déshabilla à son tour. Elle évitait de le regarder. Nus sur l'herbe, ils étaient un peu ridicules tous les deux. Elle se mit à plat ventre, puis à quatre pattes.

— Je vous attends, dit-elle.

— Zut, protesta Jacquemort. Et puis, d'abord, j'en ai marre de cette position idiote.

— Allons, dit-elle.

— C'est insupportable, dit Jacquemort.

D'une poussée brusque il la déséquilibra. Avant qu'elle ait eu le temps de se rétablir, il la clouait au sol sur le dos et s'allongeait sur elle. Elle se débattit furieusement.

— Non, dit-elle. Pas ça! Pas comme ça! Satyre!

Jacquemort la maintenait solidement.

— Je veux bien te lâcher, dit-il. Mais alors, dis-moi pourquoi tu ne veux pas le faire autrement.

— Je ne veux pas, grogna-t-elle.

Il accentua son avantage. Il pouvait la prendre quand il voudrait.

— Si tu ne me le dis pas, je le fais comme ça.

Cette fois, elle se mit à pleurer de rage en balbutiant.

— Non... Allez-vous-en. Je ne veux pas. Vous êtes trop dégoûtant.

— Mais enfin ! protesta Jacquemort, tu es complètement cinglée !

— Je ne veux pas parler, dit-elle.

— Tu parleras, dit Jacquemort.

Il pencha la tête et saisit un bout de sein entre ses dents.

— Si tu ne me le dis pas, je mange le morceau, assura-t-il la bouche pleine, avec quelques difficultés.

Il avait très envie de rire et ses possibilités s'en ressentaient. Cependant, il dut la mordiller un peu fort car elle cria et fondit en larmes pour de bon. Impitoyable, il en profita pour la forcer.

— Je vous le dirai, gémit-elle. Mais retirez-vous de moi. Tout de suite. Tout de suite.

— Tu me diras tout ? dit Jacquemort.

— Je promets, dit-elle. Allez-vous en... Allez... Oh !...

Jacquemort la lâcha et s'écarta, haletant. Elle était dure à tenir. Elle se rassit.

— Parle maintenant, dit-il. Ou je recommence. Pourquoi fais-tu comme ça ? À quoi ça rime ?

— Je l'ai toujours fait, dit-elle.

— Quand ça ?

— Depuis le début.

— Avec qui l'as-tu fait la première fois ?

— Avec mon père.

— Et pourquoi comme ça ?

— Il disait qu'i voulait pas me regarder. Qu'il osait pas.

— Il avait honte ?

— On connaît pas ça, chez nous, dit-elle, dure.

Elle tenait ses seins dans ses mains mais gardait ses cuisses relevées et écartées. C'est la pudeur, pensa Jacquemort.

— Quel âge avais-tu ?

— Douze ans.

— Je comprends pourquoi il n'osait pas te regarder.

— Non, vous ne comprenez pas, dit-elle. I voulait pas parce qu'i disait que j'étais trop moche. Et puisque c'est mon père qui le disait, il avait raison ; et maintenant, voilà que vous m'avez fait désobéir à mon père et que je suis une mauvaise fille.

— Est-ce que tu aimes ça ? demanda Jacquemort.

— Quoi ?

— Comme tu le fais?

— Ben, c'est pas des questions, dit-elle. Vous voulez le faire ou non?

— Pas tout le temps comme ça, dit Jacquemort. Les meilleures choses lassent.

— Alors, vous êtes comme les bêtes, dit-elle.

Elle se releva et chercha sa robe.

— Qu'est-ce que tu fais? dit Jacquemort.

— J'm'en vais. J'ai honte de moi.

— Tu n'y es pour rien, observa Jacquemort.

— Si, dit-elle. J'aurais pas dû, dès le début.

— Si tu me racontais un peu plus de choses, dit Jacquemort, je pourrais essayer de ménager ta sensibilité. Mais tu n'es guère bavarde.

— Madame m'avait bien dit, grogna la nurse. Je ne veux plus vous voir.

— Tant pis, dit sèchement le psychiatre. Je me ferai une raison.

— Et je ne vous dirai rien. Je ne suis pas là pour satisfaire toutes vos sales manies.

Jacquemort ricana et commença à se rhabiller. Jamais il n'avait espéré psychanalyser sérieusement cette malheureuse. Il en trouverait de mieux. Il enfila ses souliers, se leva. Elle pleurnichait encore.

— Fiche-moi le camp, dit-il posément.

Elle obéit en reniflant. Elle devait le détester. Il sourit en pensant que, de ce point de vue, c'était une analyse réussie. Et puis, d'un bond léger, il attrapa un papillon attardé qui passait et le goba, satisfait.

XII

13 juinet.

Il y avait, devant le perron de la maison, un espace plat et gravelé où jouaient volontiers les trois enfants, leur repas terminé, en attendant que la nurse, qui servait à ce moment le leur aux grandes personnes, les mît au lit pour la sieste. Des fenêtres de la salle à manger, on pouvait ainsi les surveiller. C'est à Jacquemort, assis en ce sens, qu'en incombait le souci. En face de lui, Clémentine roulait distraitement entre ses doigts des boulettes de mie de biscotte, tâche ingrate s'il en fut (et il en fut). Ils

ne se voyaient guère qu'aux repas. Elle paraissait souhaiter qu'il continuât de vivre chez elle, mais se bornait, en général, à l'entretenir de propos insignifiants ; de son côté, il n'osait guère aborder les sujets personnels.

Culblanc, renfrognée et muette, apporta un plat qu'elle posa devant Jacquemort. Il le découvrit et dit poliment :

— Servez-vous, Clémentine, je vous prie.

— C'est pour vous, dit-elle. Pour vous seul. Une chatterie.

Elle souriait avec un peu de malice. Il regarda mieux.

— Mais... c'est du mou ! s'écria-t-il joyeusement.

— Tout juste, dit Clémentine.

— Je l'aurais préféré cru, commenta Jacquemort, mais l'attention est si délicate... Clémentine, vous êtes un ange.

— Je vous aime bien, dit-elle, mais, malgré tout, je n'aurais guère supporté de vous le voir manger cru.

— Certes, dit Jacquemort en se servant une large portion. Parlez-moi du mou ! Ça enfonce toutes les souris et tous les oiseaux de la terre.

— Je suis ravie que vous l'appréciiez, dit-elle.

— Un oiseau, observa Jacquemort, ce n'est pas mal, bien sûr ; mais ces horribles plumes !...

— C'est vrai, dit Clémentine. C'est le revers de la médaille. Mais les souris ?

— Purement distrayant, dit Jacquemort. Mais pas bon.

— Enfin, dit-elle. Cela étend le champ de vos goûts. C'est très souhaitable. Et sur qui travaillez-vous, en ce moment ?

— Vous, dit Jacquemort, vous êtes aimable parce que vous savez que votre boniche m'a laissé choir.

— Oui, dit-elle. J'avoue que ça me fait plaisir. Qu'avez-vous trouvé au village ? Vous y allez bien souvent, il me semble ?

— Oh ! dit Jacquemort. Il n'y a pas grand-chose, vous savez. Je vois assez fréquemment La Gloïre.

— Je vous parle de femmes, dit Clémentine.

— Je ne cherche guère, dit Jacquemort. Vous savez que ce chat était coupé ? Je n'y crois pas, mais ça m'influence un peu tout de même.

Il mentait.

— Je sais que vous cherchez, dit Clémentine.

Jacquemort regardait les trois enfants qui tournaient l'un derrière l'autre jusqu'à s'étourdir.

— Parlons d'autre chose, dit-il.

— Est-ce vous qui fouillez dans mes penderies? demanda-t-elle brusquement.

Jacquemort, l'air étonné, hésita.

— Pardon?

— Vous avez entendu.

— Non, répondit-il. Ce n'est pas moi. Qu'est-ce que vous voulez que je cherche dans vos penderies? J'ai tous les vêtements qu'il me faut.

— Oh!... Ça n'a pas d'importance, assura-t-elle. Je me trompe peut-être. J'avais l'impression qu'on touchait à tout, périodiquement. Aucune raison que ce soit vous, évidemment.

Il eut un geste du menton vers la bonne qui leur tournait le dos.

— Oh! non, dit Clémentine. Sûrement pas. D'ailleurs, à quoi lui servirait de s'en cacher? Ça m'est égal. Je ne les mets jamais. Presque jamais.

XIII

24 juinet.

— Ça y est, dit Angel en se relevant.

Il venait de scier à moitié la cale qui retenait le bateau sur ses rails. Tout était terminé. Une barque de dix mètres de long, de bois clair, relevée à l'avant comme un braquemart phénicien, munie d'un balancier léger, dont, présentement, seuls étaient fixés à la coque les supports de bronze luisant. Le pont, fortement bombé, ne comportait pour le moment que la saillie d'un rouf bas sur l'arrière. Jacquemort se pencha et regarda la coque. Onze paires de pieds articulés en sortaient sur toute la longueur.

— Ça ira vite, remarqua-t-il.

— Pas mal, dit Angel.

— Pour un amateur, continua Jacquemort, vous vous en êtes tiré singulièrement bien.

— Je ne suis pas un amateur, répondit Angel.

— Eh bien, reprit Jacquemort, pour un professionnel vous vous en êtes singulièrement bien tiré.

— Je ne suis pas un professionnel, dit Angel.

— Qu'est-ce que vous êtes, alors? demanda Jacquemort un peu furieux.

— Ne commencez pas à poser des questions, c'est une déplorable manie.

Jacquemort aurait pu se fâcher, certes, mais son tempérament ne l'y poussa point. Il cherchait quelque chose à dire à un homme qui va s'en aller. Pour longtemps. Dans un bateau pas très sûr. En fin de compte. Et malgré les onze paires de pieds.

— Vous êtes toujours dans les mêmes termes avec votre femme?

— Oui, dit Angel. C'est une...

Il s'interrompit.

— Ce n'est rien. Je n'ai rien à en dire. Les femmes et les hommes ne vivent pas sur le même plan. Mais je ne regrette rien.

— Ni vos enfants?

— Heureusement, dit Angel, je ne les connais pas encore. Je n'aurai pas de peine.

— Vous leur manquerez, assura le psychiatre.

— Je sais, dit Angel. Mais on a toujours quelque chose qui vous manque. Autant que ce soit quelque chose d'important.

— Les enfants élevés sans père... commença Jacquemort.

— Écoutez, dit Angel. Il n'y a pas à revenir là-dessus. Je m'en vais, je m'en vais. C'est tout.

— Vous vous noierez, dit Jacquemort.

— Je n'aurai pas cette veine-là.

— Ce que vous êtes banal, remarqua Jacquemort avec mépris.

— Voluptueusement banal, dit Angel.

— Je ne sais que vous dire.

— Ça s'entend, commenta Angel, sarcastique. À mon tour de poser des questions. Où en êtes-vous de vos grands projets?

— Rien, dit Jacquemort. Jusqu'ici, j'ai eu un chat et c'est tout. J'ai essayé un chien, mais le chat préalable provoque un fort désagréable conflit, et j'ai dû m'arrêter. Et puis, c'est un homme que je voudrais. Ou une femme; mais un humain.

— Qui fréquentez-vous en ce moment?

— Je vais connaître la bonne du maréchal-ferrant. Par la mercière.

— Vous allez chez la mercière, maintenant?

— Non, je ne sais pas, la couturière, enfin quoi. Au fait, c'est drôle. Elle fait toutes les robes de votre femme, n'est-ce pas?

— Jamais de la vie, dit Angel. Clémentine a tout amené. Elle ne va jamais au village.

— Elle a tort, dit Jacquemort. C'est plein d'intérêt.

— Allons donc, railla Angel. Ils vous rendent malade, tous.

— C'est vrai, mais c'est plein d'intérêt. En tout cas... oui... eh bien... c'est curieux : la couturière a tous les modèles de robes de votre femme. Toutes celles que je lui ai vues ici.

— Ah ? dit Angel, peu frappé.

Il regarda le bateau.

— Il va falloir que je parte, dit-il. Vous voulez l'essayer avec moi ?

— Vous ne partez pas comme ça, enfin... dit Jacquemort, désespéré.

— Si. Pas aujourd'hui, mais je partirai comme ça.

Il s'approcha de l'étai qu'il avait scié à moitié et leva le bras. D'un coup de poing bien appliqué, il acheva de rompre la pièce de bois. Il y eut un violent craquement. Le bateau frémit et s'ébranla. Les rails de chêne, bien suiffés, descendaient au travers du jardin, et, à pic, coupaient directement vers la mer. Le bateau filait comme une flèche et plongea, hors de vue, dans un nuage de fumée puante de suif brûlé.

— Ça doit y être, dit Angel au bout de vingt secondes. Venez faire un tour. On va voir si ça marche.

— Vous êtes gonflé, dit Jacquemort. Lancer un truc d'aussi haut !

— Ça va très bien, assura Angel. Plus c'est haut, plus c'est beau.

Ils descendirent, moins vite que le bateau, la pente escarpée. Il faisait très beau et la falaise fourmillait d'odeurs de plantes et de bruissements d'insectes. Angel avait pris affectueusement Jacquemort par les épaules. Le psychiatre se sentait instable. Il aimait bien Angel et il avait peur.

— Vous serez prudent ? dit-il.

— Naturellement.

— Vous avez des provisions ?

— J'ai de l'eau et des lignes.

— Rien d'autre ?

— Je prendrai du poisson. La mer suffit à tout.

— Ah ! vous l'avez, vous, votre complexe, fulmina Jacquemort.

— Soyez pas vulgaire, dit Angel. Je sais, le retour à la mère, la mer, le même tabac. Allez donc psychanalyser vos abrutis. Les mères, j'en ai ma claque.

— Parce que celle-là est votre femme, dit Jacquemort. Mais la vôtre, vous la regrettez.

— Non. D'ailleurs, je n'ai pas de mère.

Ils se tenaient au bord du vide et Angel s'engagea le premier sur une petite corniche descendante. Le bateau était maintenant en vue, à leurs pieds. Jacquemort vit que les rails se redressaient presque horizontalement en arrivant à l'eau, après une chute à pic. Étant donné sa vitesse d'arrivée, la barque aurait dû se trouver au moins à trois cents mètres du bord. Il en fit la remarque.

— Il y avait un câble de rappel, dit Angel.

— Bon, approuva Jacquemort sans comprendre.

La plage de galets se peupla d'échos sous leurs pieds. Souple, Angel saisit l'extrémité d'un filin léger et élastique. Lentement, la barque se rapprocha du bord.

— Embarquez, dit Angel.

Jacquemort obéit. Le bateau oscilla. Quand on se trouvait dessus, il paraissait plus grand. Angel sauta à son tour et disparut sous le rouf.

— Je monte le balancier, dit-il, et on part.

— Pas pour de bon, hein ? protesta Jacquemort.

La tête d'Angel réapparut.

— N'ayez pas peur, dit-il en souriant. Je ne suis pas encore tout à fait prêt. Pas avant huit jours. Aujourd'hui on essaie.

XIV

27 juinet.

Tant avait de fois Jacquemort pris le chemin du village qu'il lui était devenu aussi plat qu'un couloir d'asile et aussi nu qu'un barbu rasé. Un simple chemin, une voie comme une ligne est une ligne, sans épaisseur et n'existe pas. Et raccourci se trouvait ce chemin ; pieds connus, pas déjà faits (pas de marche et non de négation). Embrouiller, devait-il, inverser mais c'est insuffisant, les mêler, mieux, de parasites lettriques et logiques pour la parcourir, la route, sans ennui, ses pensées simples. Et tout de même, il arrivait au bout chaque fois. Il chantait aussi.

Le chant du canon
Le chant du départ
La chandelle nazale
Le chancre moule

Le chantre mouille
La chambre mousse

Et tous les chants connus, à naître, à venir, pauvre Jacquemort qu'il était bête, mais quoi, lui ne se voit pas. Alors il arriva au village, puisque c'est dit plus haut, et cette chape de ce village pesant lui tomba, et le couvrit, et le voilà devant chez la mercière (qu'il pensait) en fait couturière, et méritante, et il fit :

— Toc! deux fois.

— Entrez!

Jacquemort entra. Il faisait sombre comme dans toutes les maisons du village. Des objets fourbis luisaient profond. Le sol de carreaux usés, d'un rouge terne, jonché de petits morceaux de fil, de tissu, et de grains de mil pour les poules, de grains de sang pour les coqs et de grains de dix pour les amateurs.

La vieille couturière était vieille et cousait une robe.

— Tiens, se dit Jacquemort.

— Vous travaillez pour Clémentine? demanda-t-il pour en avoir le cœur net ; car il suffit de questions pour la propreté du cœur, c'est un organe bien protégé et facile à entretenir.

— Non, dit-elle.

Jacquemort vit alors le maréchal-ferrant.

— Bonjour! dit-il aimable.

Le maréchal sortit de son coin. Il était toujours impressionnant, mais encore plus dans l'ombre, car cette impression restait imprécise et grandissait de ce fait.

— Que venez-vous faire? demanda-t-il.

— Je viens voir Madame.

— Vous n'avez rien à faire ici, estima le maréchal.

— Je voudrais savoir à quoi ça rime, demanda Jacquemort. Ces robes sont les mêmes que celles de Clémentine et ça m'intrigue.

— Vous vous fatiguez bien pour rien, dit le maréchal. C'est pas des robes brevetées, tout le monde peut les faire.

— On ne copie pas toutes les robes comme ça, dit Jacquemort sévère. C'est indécent.

— Pas de vilains mots, dit le maréchal.

Il avait vraiment de très gros bras. Jacquemort se gratta le menton, regarda le plafond ventru et décoré de mouches mortes sur des rouleaux gluants.

— Alors bref, dit-il, elle persiste.

— C'est moi qui les commande, dit le maréchal-ferrant d'une voix plate et dangereuse. Et que je les paye.

— Tiens? dit Jacquemort mondain. Pour votre charmante jeune femme, peut-être?

— N'ai pas.

— Heu, heu... commença Jacquemort. Mais au fait, dit-il, changeant d'idée, sur quels modèles les copie-t-elle?

— Elle les copie pas, dit le maréchal, elle les voit. Et elle les fait d'après sa vue.

— Oh! Oh! persifla Jacquemort. Vous me la baillez belle!

— Je ne baille personne, maréchala le ferrant.

À ce moment, Jacquemort constata que la vieille couturière avait effectivement de faux yeux peints sur ses paupières fermées. Le maréchal suivait son regard.

— Les yeux peints, c'est pour qu'on ne remarque rien de la rue, dit-il. Si vous n'étiez pas entré, vous n'auriez rien remarqué.

— Mais j'ai frappé, dit Jacquemort.

— Oui, objecta le maréchal, mais comme elle n'y voit pas, elle a dit: «Entrez!» sans se rendre compte que c'était vous.

— Mais elle a dit : «Entrez!» quand même.

— Quoi, dit le maréchal-ferrant, elle est bien élevée, cette vieille pute.

La couturière faisait à ce moment un petit nid de smocks à la ceinture de la robe, une jolie simple de piqué blanc que Clémentine portait la veille.

— Mais elle travaille vraiment les yeux fermés? insista Jacquemort, étonné et affirmatif comme pour se convaincre.

— On a tort de dire les yeux fermés, ferranta le maréchal. On n'a pas les yeux fermés parce qu'on met des paupières devant. Ils sont ouverts dessous. Si vous roulez un rocher dans une porte ouverte, elle n'est pas fermée pour cela; et la fenêtre non plus d'ailleurs, parce que pour voir de loin c'est pas des yeux qu'on se sert, et, donc vous ne comprenez guère les choses.

— Eh bien! dit Jacquemort soufflé, si vous croyez que c'est votre charabia qui va m'éclairer, vous avez un culot peu commun.

— Je n'ai rien de commun, dit le maréchal. Surtout avec vous. Laissez travailler cette vieille morue et foutez-nous la paix.

— Bon, dit Jacquemort. Bon. Oh! Bon!... Je m'en vais.

— Bon vent, approuva le maréchal.

— Au revoir, monsieur Jacquemort, dit la couturière.

Elle coupa le fil avec ses dents, comme une Parque dont les ciseaux sont chez le repasseur. Jacquemort vexé sortit avec dignité. Il lança une flèche ultime.

— Je vais troncher votre bonne.

— Grand bien vous fasse, dit le maréchal. Je l'ai tronchée avant vous et c'est pas fameux. Elle remue pas les fesses.

— Je remuerai pour deux, assura Jacquemort, et je la psychanalyserai.

Il se retrouva fièrement dans la rue. Trois cochons passaient, marquant le pas en grognant. Il allongea un bon coup de pied dans le derrière du troisième qui lui paraissait vicieux, et reprit sa route, Jacquemort.

XV

27 juinet (plus tard).

La bonne du maréchal-ferrant, qu'on nommait Nëzrouge, couchait dans sa soupente au-dessus de la forge, avec l'apprenti du moment. L'apprenti crevait souvent, mais la bonne, dure au travail, tenait bon, surtout depuis que le maréchal s'abstenait de s'infiltrer dans son lit à l'instar d'une rivière résurgente. L'apprenti, pas question. Vanné comme il était, rien à faire. Une pauvre chiffe molle, un pas couchable. Il dormait juste. En ce moment, il ne dormait pas, non. Il était à la forge et il entretenait le feu. Jacquemort le vit en arrivant et pénétra dans l'atelier, crasseux de suie malgré le travail de Nëzrouge.

— Bonjour, apprenti, dit Jacquemort.

L'apprenti murmura bonjour en se garant la gueule du coin du bras, car c'était la joviale coutume des visiteurs que de lui en assener un au passage : cet apprenti tapait sur la ferraille et il était juste qu'il encaissât en retour.

— Ton patron n'est pas là, dit positivement Jacquemort.

— Pas là, contrôla le jeune.

— Eh bien, alors, je m'en vais, dit Jacquemort.

Il sortit et prit à gauche, tourna la maison, entra dans la cour, monta l'escalier de bois contre la maison, et se trouva dans un vague couloir de

planches brutes. À droite, sous la pente du toit, c'était la chambre de Nëzrouge. Devant, il y avait une haute porte, et c'est là que logeait le patron. À gauche, le mur marquait un retour de la chambre du patron qui tenait les trois quarts de l'étage et se trouvait, par la cloison de droite, contiguë à la chambre de Nëzrouge, disposition simple mais pratique.

Jacquemort entra sans frapper. La fille, assise sur son lit, lisait un journal de sept ans plus tôt. Les nouvelles mettaient longtemps à parvenir au village.

— Alors, dit le psychiatre, on se cultive ?

Il affectait un air bon enfant aussi naturel que des guêtres sur une pompe à purin.

— J'ai bien l'droit d'lire, dit Nëzrouge agressive.

Que ces paysans sont difficiles à manier, pensa Jacquemort.

La chambre de Nëzrouge présentait peu de confort. il y avait le plancher lessivé, les murs nus chaulés et les poutres du toit, elles-mêmes croisillonnées de chevrons, lesquels, entrecoupés de voliges, soutenaient des petits schistes. Le tout, efficacement poussiéreux. Meubles : lit, et table sur laquelle un seau d'eau servait à tout. Un coffre dans un coin pour les affaires, en nombre restreint, de la fille.

Cette simplicité monacale titillait en Jacquemort l'athée lubrique épris de chair brute qu'il aurait pu être en y réfléchissant bien.

Il alla s'asseoir près d'elle sur le lit de fer qui grinça. Pas d'autre endroit.

— Qu'est-ce que tu as fait de beau depuis la dernière fois ? demanda-t-il.

— Ben rien, dit-elle.

Elle continuait à lire, termina sa page, et replia son journal qu'elle mit sous l'oreiller.

— Déshabille-toi et étends-toi sur ce lit, dit Jacquemort.

— Ah ! zut, dit la fille, et si mon patron rentre, il faudra que je me rhabille pour faire la soupe.

— Pas à cette heure-ci, dit Jacquemort. Et puis ton patron n'est pas là, il est chez la couturière.

— Alors, il va sûrement rentrer après, dit-elle.

Réfléchissant, elle ajouta :

— Mais on sera tranquilles.

— Pourquoi ? interrogea Jacquemort.

— Toujours, quand il revient de là, dit la fille. Mais pourquoi voulez-vous donc que je me déshabille ?

— C'est la base indispensable d'une bonne psychanalyse... dit Jacquemort pédant.

Elle rougit. Sa main se serra sur son petit col en pointe.

— Oh... dit-elle en baissant les yeux. Même mon patron n'a jamais osé le faire avec moi.

Jacquemort fronça le sourcil. Qu'est-ce qu'elle comprenait? Mais comment le lui demander?

— Euh... murmura-t-elle. Je ne sais pas si je suis tellement propre pour ça... vous n'allez pas aimer ça...

Jacquemort entrevit... Du langage chiffré.

— La psychanalyse... commença-t-il.

— Attendez... murmura-t-elle. Pas maintenant.

La chambre était éclairée par une lucarne en pente. Elle se leva et, en quelques secondes, tira du coffre un vieux rideau qu'elle assujettit devant la petite vitre rectangulaire. Le jour traversait un peu le tissu bleuâtre et donnait un aspect de caverne à la soupente.

— Le lit va grincer, dit Jacquemort décidant de remettre sa psychanalyse à un peu plus tard. On peut mettre ta paillasse par terre, plutôt.

— Oui... dit-elle excitée.

Il sentait sa sueur parfumer la pièce. Elle devait être toute moite. Ça ne serait pas désagréable.

XVI

27 juinet (encore après).

Le pas pesant sur l'escalier de bois les tira de leur torpeur. Jacquemort se ressaisit rapidement et se désenchevêtra de la fille répandue mi-partie sur la paillasse, mi-partie sur le sol.

— C'est lui... souffla-t-il.

— Il ne viendra pas ici, murmura-t-elle seulement. Il va dans sa chambre.

Elle remua un peu.

— Lâche ça! protesta Jacquemort. Je n'en peux plus.

Elle obéit.

— Vous reviendrez encore me psy... choser, dit-elle, la voix rauque. J'aime ça. Ça fait du bien.

— Oui, oui, dit Jacquemort, plus excité du tout.

Il fallait quand même dix minutes pour que l'envie revienne. Les femmes n'ont aucune délicatesse.

Les pas du patron, tout proches, ébranlèrent le couloir. La porte de sa chambre s'ouvrit en grinçant et claqua. Jacquemort à genoux, prêta l'oreille. À quatre pattes, il se rapprocha doucement du mur. Soudain, un petit rayon de lumière lui perça l'œil. Un nœud du bois devait manquer dans la cloison. Progressant vers la source du rayon qu'il suivit avec sa main, il trouva aussitôt le trou dans la planche et y colla son œil, non sans une légère hésitation ; il recula aussitôt. Il avait l'impression d'être vu aussi bien qu'il voyait. Mais il se rassura par la raison et se remit à son poste d'observation.

Le lit du maréchal-ferrant se trouvait juste en dessous. Un lit bas, chose étrange, et démuni de couvertures. Un matelas et un drap bien tendu, à l'exclusion de l'immuable édredon mamelu à peau rouge que l'on trouvait sur tous les lits du pays, en constituaient l'essentiel.

Accommodant sur le reste de la chambre, il vit d'abord le maréchal torse nu et de dos. Il paraissait affairé à quelque tâche délicate. On ne distinguait pas ses mains. Puis elles s'élevèrent et firent le geste de tapoter quelque chose sur quelqu'un. Elles revinrent à sa propre ceinture et il défit la boucle, qui céda ; son pantalon tomba, découvrant ses jambes énormes et noueuses, velues comme des jambes de palmier. Il avait un caleçon de coton sale qui chut à son tour. Jacquemort entendait un murmure. Mais il ne pouvait à la fois voir et prêter l'oreille.

Le forgeron dégagea ses pieds nus du caleçon et du pantalon, et, les bras ballants, se détourna et marcha vers le lit. Il s'assit. Encore une fois, Jacquemort avait eu un mouvement de recul en le voyant approcher. Mais n'y tenant plus, il recolla immédiatement son œil à l'ouverture. Il ne bougea même pas en sentant Nëzrouge s'approcher de lui et se dit qu'elle allait prendre un bon coup de pied dans la poire si elle le faisait suer. Et puis il ne se dit plus rien car son cœur s'arrêtait. Devant lui, il voyait maintenant ce que le dos du forgeron lui avait caché jusqu'ici. C'était, vêtu d'une robe de piqué blanc, un merveilleux androïde[7] de bronze et d'acier, ciselé à l'image de Clémentine, et qui marchait vers le lit d'un pas irréel. La lueur de la lampe, invisible pour Jacquemort, tirait des reflets de ses traits délicats, et le métal luisant des mains, poli jusqu'à la douceur du satin, scintillait comme un bijou sans prix.

L'automate s'arrêta. Jacquemort voyait le maréchal haleter d'impatience. D'un geste aisé, les mains de métal se portèrent au col de la robe qu'elles arrachèrent sans effort. L'étoffe blanche en lambeaux tomba sur le sol. Jacquemort, fasciné, détaillait les seins de peau souple, les hanches flexibles et les articulations miraculeuses des genoux et des épaules. Doucement, l'androïde s'étendit sur le lit. Jacquemort se rejeta en arrière. À tâtons, il écarta brutalement la bonne qui s'efforçait de le remettre en train et il chercha fiévreusement son pantalon. Il avait laissé son bracelet-montre dans sa poche. À la lueur vague de la lucarne, il regarda : cinq heures moins le quart.

Depuis le jour où il l'avait surprise dans la salle à manger, tous les jours, à quatre heures et demie, Clémentine se retirait dans sa chambre pour faire, disait-elle, un petit somme. En ce moment où les reins d'acier de la statue plongeaient le maréchal dans l'extase, Clémentine, dans la maison de la falaise, crispait ses doigts fins sur ses draps et haletait aussi, satisfaite.

Jacquemort était de plus en plus excité quand il se rapprocha de la petite ouverture de la cloison. Sans hésiter, il regarda. Sa main cherchait en même temps le corps de Nëzrouge qui, ravie, n'y comprenait rien. Décidément, les paysans, c'est drôlement civilisé, se disait Jacquemort en regardant le maréchal.

XVII

39 juinet.

Les pieds dans l'eau, le pantalon relevé et ses chaussures à la main, Jacquemort contemplait bêtement le bateau. Il attendait Angel, le bateau l'attendait aussi. Angel redescendait la falaise, muni de couvertures et d'un dernier bidon d'eau. Il avait mis des vêtements de mer, en toile translujaüne et cirée. Il traversa rapidement la petite crique de galets et rejoignit Jacquemort. Celui-ci se sentait serré.

— Restez pas comme ça, avec vos souliers à la main, dit Angel. Vous avez l'air d'un bouseux du dimanche.

— Je m'en fiche de quoi j'ai l'air, répondit le psychiatre.

— Et laissez votre barbe tranquille.

Jacquemort regagna le sol sec et posa ses godasses sur un gros rocher.

Quand il levait la tête, il voyait la traînée rapide des rails du bateau disparaître au-delà des rocs de la falaise.

— Ça va me flanquer le cafard quand je verrai ce truc-là, dit-il.

— Mais non, dit Angel. Ne craignez rien.

Il franchit lestement la passerelle souple qui menait à bord. Jacquemort ne bougeait pas.

— À quoi ça sert, ces pots de fleurs? demanda-t-il lorsqu'Angel réapparut.

— J'ai pas le droit d'emporter des fleurs? demanda l'autre, agressif.

— Mais si, mais si, dit Jacquemort. Il ajouta: Avec quoi les arroserez-vous?

— Avec de l'eau, dit Angel. Et puis, vous savez, il pleut aussi en mer.

— Certes, confirma l'autre.

— Ne faites pas cette gueule-là, dit Angel. Vous me rendez malade. Dirait-on pas que vous perdez un ami!

— C'est le cas, dit Jacquemort. Je vous aime bien.

— Ben moi aussi, dit Angel. Mais vous voyez, je m'en vais quand même. On ne reste pas parce qu'on aime certaines personnes; on s'en va parce qu'on en déteste d'autres. Il n'y a que le moche qui vous fasse agir. On est lâches.

— Je ne sais pas si c'est de la lâcheté, dit Jacquemort, mais ça me fait de la peine.

— Pour que ça n'en soit pas trop, dit Angel, j'ai mis des détails complémentaires un peu dangereux: pas de provisions, un petit trou dans la coque et assez peu d'eau. Ça va? Ça compense?

— Quel con, grogna Jacquemort furieux.

— Comme ça, continua Angel, ça reste une lâcheté du point de vue moral, mais physiquement, c'est hardi.

— C'est pas hardi, c'est idiot, dit Jacquemort. Pas confondre. Et puis, qu'est-ce que ça a de lâche, sur le plan moral? On n'est pas lâche parce qu'on n'aime pas quelqu'un, ou parce qu'on ne l'aime plus. C'est comme ça, quoi.

— On va encore se perdre, dit Angel. Toutes les fois qu'on commence à parler ensemble, on s'écarte dans le fortement pensé. Ça me fait une autre raison de partir; j'éviterai aussi de vous donner de mauvaises idées.

— Si vous croyez que les autres m'en donnent de meilleures, marmonna Jacquemort.

— C'est vrai, excusez-moi. J'oubliais votre fameux vide.

Angel rit et replongea dans le ventre du bateau. Il en rejaillit presque aussitôt tandis qu'un léger ronflement s'élevait.

— Tout va bien, dit-il. Je peux partir. D'ailleurs, je préfère qu'elle les élève toute seule. Je ne serais sûrement pas d'accord et je déteste les discussions.

Jacquemort regardait l'eau claire qui grossissait les galets et les algues. La mer très belle bougeait à peine, un petit clapotis, mince comme des lèvres mouillées qui s'entrouvrent. Il baissa la tête.

— Ah zut! dit-il. Ne faites pas de blagues.

— J'ai jamais pu en faire des vraies, dit Angel. Au moins, avec ça, je suis forcé. Je ne peux plus reculer.

Il redescendit vivement la passerelle et tira de sa poche une boîte d'allumettes. Il se baissa, en gratta une et enflamma le bout d'une mèche suiffée qui dépassait l'extrémité du chemin de lancement.

— Comme ça, dit-il, vous n'y penserez plus.

La flamme bleuâtre rampa tandis qu'ils la guettaient tous deux. Elle jaunit, s'enfla, courut et le bois commençait à noircir en craquant. Angel remonta et rejeta la passerelle sur la grève.

— Vous ne la prenez pas? dit Jacquemort détournant ses yeux de la flamme.

— Pas besoin, dit Angel. Je vais vous avouer une chose: j'ai horreur des enfants. Au revoir, mon vieux.

— Au revoir, sale con, dit Jacquemort.

Angel sourit, mais il avait les yeux brillants. Derrière Jacquemort, le feu soufflait et chuintait. Angel descendit sous le rouf. On entendit un violent bouillonnement et les pieds articulés se mirent à battre l'eau. Il remonta et prit la barre. Déjà le bateau avait de la vitesse et s'éloignait rapidement du rivage, se déjaugeant à mesure qu'il accélérait. Lorsqu'il fut à son plein régime, il parut, léger et grêle, marcher sur l'eau calme au milieu d'une gerbe d'écume. Angel leva un bras, de poupée dans la distance. Jacquemort fit un signe. Il était six heures du soir. Le feu grondait maintenant et le psychiatre dut s'en écarter en s'essuyant le visage. Bon prétexte. Une épaisse fumée s'élevait dans un roulis majestueux, lacérée d'orange. En volutes puissantes, elle dépassa la falaise et monta presque droite dans le ciel.

Jacquemort frissonna. Il s'aperçut qu'il était en train de miauler depuis plusieurs minutes. Un miaulement de regret mêlé de douleur, comme celui d'un chat qu'on vient de couper. Il referma la bouche et, maladroit, remit ses chaussures. Il revint vers la falaise. Avant de grimper, il jeta un

dernier regard vers la mer. Les rayons du soleil encore vifs faisaient scintiller, là-bas, un objet maigre qui marchait sur l'eau comme une notonecte. Ou une nèpe. Ou une araignée. Ou comme quelque chose qui marchait tout seul sur l'eau, avec Angel, tout seul, à bord.

XVIII

39 juinout.

Assise à sa fenêtre, elle se regardait dans le vide. Le jardin, devant elle, se tassait sur la falaise et laissait le soleil lui lécher tous ses poils obliquement, une dernière caresse avant le crépuscule. Clémentine se sentait lasse et se surveillait son intérieur.

Perdue dans elle-même, elle sursauta lorsque le quart de six heures sonna au lointain clocher.

D'un pas vif, elle quitta la pièce. Ils n'étaient pas au jardin. Elle descendit l'escalier, soupçonneuse, et se rendit délibérément dans la cuisine. De la buanderie, lui parvinrent les échos de la lessive de Culblanc tandis qu'elle ouvrait la porte.

Les enfants avaient tiré une chaise devant le buffet. Noël la tenait à deux mains. Debout sur la chaise, Citroën tendait à Joël, l'un après l'autre, les morceaux de pain de la corbeille ; le pot de confiture reposait encore sur le siège de la chaise, entre les pieds de Citroën. Les joues barbouillées des jumeaux trahissaient l'usage déjà fait du produit de leur expédition.

En entendant arriver leur mère, ils se retournèrent et Joël fondit en larmes, suivi de près par Noël. Seul Citroën ne broncha pas. Il prit un dernier morceau de pain et y mordit, tandis qu'il faisait face et s'asseyait près du pot de confiture. Il mâchait posément, sans se presser.

En pensant qu'elle venait, une fois encore, de laisser passer l'heure, Clémentine fut saisie d'un remords honteux, plus vif encore que le déplaisir éprouvé lorsqu'il lui arrivait de rentrer en retard. L'attitude même de Citroën, cet air de provocation et de défi, complétait celle de ses frères ; s'il faisait face pour sa part, il avait, comme eux, le sentiment d'accomplir quelque chose de défendu ; il s'imaginait donc évidemment que sa mère les brimait tous trois volontairement, qu'elle s'opposait à ce qu'il goûte ; et cette réflexion fit tant de peine à Clémentine qu'elle faillit

elle-même se mettre à pleurer. Cependant, afin d'éviter que sa cuisine ne prît des allures de vallée de larmes, elle parvint à réduire à merci ses glandes lacrymales titillées.

Elle s'avança vers eux et prit Citroën dans ses bras. Il se raidit, têtu. Très douce, elle l'embrassa sur sa joue brune.

— Mon pauvre chou, dit-elle avec tendresse. Cette vilaine maman qui oublie votre goûter. Venez, pour la peine on va boire une bonne tasse de chocolat au lait.

Elle le reposa par terre. Les larmes des jumeaux s'étaient arrêtées net et ils piaillèrent de joie en se précipitant vers elle. Ils frottaient leurs figures sales contre ses jambes gainées de noir, tandis qu'elle s'approchait du fourneau pour décrocher une casserole qu'elle remplit de lait. Médusé, Citroën, son morceau de pain à la main, la regardait. Son front plissé se détendit. Ses yeux brillaient de larmes, mais il restait encore indécis. Elle lui sourit, enjôleuse. Il sourit à son tour, d'un sourire timide comme un écureuil bleu.

— Tu vas voir comme tu m'aimeras, maintenant, murmura-t-elle presque pour elle-même. Tu n'auras plus jamais rien à me reprocher.

Et voilà, ils se nourrissent seuls, ils n'ont plus besoin de moi, se disait-elle cependant avec amertume. Peut-être qu'ils tournaient déjà les robinets tout seuls.

N'importe. Cela pouvait se regagner. Elle leur donnerait tant d'amour. Elle allait leur donner tant d'amour que leur vie entière, tissée de soins et de bons offices, perdrait son sens hors de sa présence.

Comme ses yeux erraient à ce moment par la fenêtre, elle vit une épaisse fumée s'élever là-bas, vers le hangar. C'était le chemin de lancement du bateau qui brûlait.

Elle sortit pour aller voir ; derrière elle, les trois petits babillaient. Elle sentait déjà ce que signifiait l'incendie sans avoir besoin de vérifier. Son dernier obstacle s'envolait.

Le hangar craquait et ronflait. Des morceaux de bois carbonisé s'abattaient du toit. Devant la porte, Jacquemort, immobile, contemplait le brasier. Clémentine lui posa la main sur l'épaule. Il sursauta, mais il ne dit rien.

— Angel est parti ? demanda Clémentine.

Il acquiesça de la tête.

— Quand tout ça sera brûlé, dit Clémentine, vous déblaierez avec la bonne. Ça fera un merveilleux terrain de jeux pour les petits. On leur

construira un portique. *Vous* leur construirez un portique, c'est-à-dire. Ils s'amuseront comme des rois.

Il parut étonné et vit en la regardant que ça ne se discutait pas.

— Vous pouvez faire ça, assura-t-elle. Mon mari l'aurait très bien fait. Il était adroit. J'espère que les petits tiendront de lui.

TROISIÈME PARTIE

I

55 janvril.

— Déjà quatre ans et des jours que je suis là, se dit Jacquemort.
Sa barbe avait allongé.

II

59 janvril.

Il tombait une pluie fine et pernicieuse, et on toussait. Le jardin coulait, gluant. On voyait à peine la mer, du même gris que le ciel, et dans la baie, la pluie s'inclinait au gré du vent, hachait l'air de biais.

Il n'y a rien à faire quand il pleut. On joue dans sa chambre. Noël, Joël et Citroën jouaient dans leur chambre. Ils jouaient à baver. Citroën, à quatre pattes, cheminait le long de la bordure du tapis et s'arrêtait à toutes les taches rouges. Il penchait la tête et se laissait baver. Noël et Joël suivaient et tâchaient de baver aux mêmes endroits. Délicat.

Il pleuvait quand même. Clémentine, dans la cuisine, préparait des purées au lait. Elle avait engraissé. Elle ne se maquillait plus. Elle s'occupait de ses enfants. Son travail fini, elle monta pour reprendre sa surveillance. Quand elle entra, Culblanc leur faisait des reproches.

— Vous êtes des dégoûtants. Vous êtes des petits sales.

— Il pleut dehors, observa Citroën qui venait d'en réussir un beau bien filant.

— Il pleut dehors, répéta Joël.

— Il pleut, dit Noël, plus concis.

Il est vrai qu'il s'évertuait au même instant.

— Et qui va nettoyer vos cochonneries?

— C'est toi, dit Citroën.

Clémentine entra. Elle avait écouté la fin.

— Naturellement, c'est vous, dit-elle. Vous êtes là pour ça. Ils ont bien le droit de s'amuser, ces pauvres chéris. Vous trouvez qu'il fait si beau?

— Ça n'a pas le sens commun, dit Culblanc.

— Ça suffit, dit Clémentine. Vous pouvez retourner à votre repassage. Je m'occuperai d'eux.

La bonne sortit.

— Bavez, mes minets, dit Clémentine. Si ça vous amuse, bavez.

— On n'a plus envie, dit Citroën.

Il se leva.

— Venez, dit-il à ses frères. On va jouer au train.

— Venez me faire une bisette, dit Clémentine.

— Non, dit Citroën.

— Non, dit Joël.

Noël ne dit rien. C'était la seule possibilité résiduelle d'abréviation.

— On n'aime plus sa mamie? demanda Clémentine en s'agenouillant.

— Mais si, dit Citroën. Mais on joue au train. Il faut que tu montes dans le train.

— Eh bien! je monte, dit Clémentine. Houp! En voiture!

— Crie, dit Citroën. Tu feras le sifflet. Moi je suis le conducteur.

— Moi aussi, dit Joël qui se mit à faire tchou tchou.

— Moi... commença Noël.

Il se tut.

— Oh! mes cocos chéris, dit Clémentine.

Elle se mit à les embrasser.

— Crie, dit Citroën. On arrive.

. .

Joël ralentit.

— Eh bien, dit Clémentine, la voix cassée d'avoir trop crié, il marche rudement bien, ce train. Venez manger votre purée.

— Non, dit Citroën.

— Non, dit Joël.

— Pour me faire plaisir, dit Clémentine.

— Non, dit Citroën.

— Non, dit Joël.

— Alors je vais pleurer, dit Clémentine.

— Tu ne sais pas, observa Noël méprisant, arraché à son laconisme habituel par la remarque vraiment outrecuidante de sa mère.

— Ah! je ne sais pas pleurer? dit Clémentine.

Elle fondit en larmes, mais Citroën l'arrêta aussitôt.

— Non, dit-il. Tu ne sais pas. Toi, tu fais hû, hû, hû. Nous on fait ah.

— Alors ah, ah, aah! dit Clémentine.

— Ce n'est pas ça, dit Joël. Écoute.

Puis gagné par l'ambiance, Noël réussit une larme. Piqué au jeu, Joël continua. Citroën ne pleurait jamais. Mais il était très triste. Peut-être même désespéré.

Clémentine s'inquiéta:

— Mais vous pleurez pour de vrai! Citroën! Noël! Joël! Cessez cette comédie, mes minets! Mes petits! Mes chéris! Voyons! Ne pleurez pas! Qu'est-ce qu'il y a?

— Vilaine! beugla Joël, lamentable.

— Méchante! glapit Citroën, furieux.

— Ouin! hurla Noël de plus belle.

— Mes chéris! Mais non! Ce n'est rien, voyons, c'était pour rire! Enfin, vous me rendez folle!

— Je ne veux pas de purée, dit Citroën et il se remit à brailler.

— Veux pas la purée! dit Joël.

— A veux pas! dit Noël.

Quand ils étaient émus, Joël et Noël se remettaient à parler bébé.

Clémentine les caressait et les embrassait, complètement démontée.

— Mes petits choux, dit-elle. Eh bien, on la mangera tout à l'heure. Pas maintenant.

Tout s'arrêta comme par magie.

— Viens jouer au bateau, dit Citroën à Joël.

— Oh! oui, au bateau, dit Joël.

— Au bateau, conclut Noël.

Ils s'écartèrent de Clémentine.

— Laisse-nous, dit Citroën. On joue.

— Je vous laisse, dit Clémentine. Vous voulez bien que je reste à tricoter?

— À côté, dit Citroën.

— Va à côté, dit Joël. Hue, bateau !

Clémentine soupira et sortit à regret. Elle aurait voulu les avoir encore tout petits et tout mignons. Comme le premier jour où ils avaient tété. Elle baissa la tête et se rappela.

III

73 févruin.

> *Mélancolique, Jacquemort*
> *Se dirigeait vers le villâge*
> *Il pensait qu'il prenait de l'âge*
> *Il s'enfoirait de ses remorts*
> *Il était vide, c'est un fët*
> *Il n'y avait point de progrët*
> *Le temps était gris et mouillé*
> *La boue comme des œufs brouillés*
> *Sur ses cröquenots tout souillés...*

Un oiseau hurla. — Ah ! Zut ! Zut ! dit Jacquemort. Tu m'as troublé. Ça commençait pourtant bien. Dorénavant, je ne parlerai plus de moi qu'à la troisième personne. Ça m'inspire. — Il marchait, il marchait toujours. Les haies de part et d'autre du chemin s'étaient garnies, pendant l'hiver, d'eiders d'eiders (qui sont les enfants des eiders comme les gentlemen's gentlemen sont les enfants des gentlemen) et tous ces petits eiders entassés dans les aubépines faisaient de la neige artificielle en se grattant le ventre à grands coups de bec. Les bas-côtés du chemin, frais et verts, gorgés d'eau, pleins de grenouilles, prenaient du bon temps en attendant la sécheresse de juillembre.

— J'ai été eu, continua Jacquemort. Ce pays m'a eu. Quand je suis arrivé, j'étais un jeune psychiatre plein d'allant, et maintenant, je suis un jeune psychiatre sans allant du tout. Ça fait une grosse différence, assurément. Et c'est à ce village pourri que je dois ça. Ce sacré village dégueulasse. Ma première foire aux vieux. Maintenant, je me moque apparemment de la foire aux vieux, je cogne à regret sur les apprentis et j'ai déjà maltraité La Gloïre parce qu'autrement ça me faisait du tort. Eh

ben, c'est fini, tout ça. Je vais me mettre au travail énergiquement. C'est ça qu'il se disait, Jacquemort. Ce qu'il peut s'en passer des choses, dans la cervelle d'un homme, c'est pas croyable, ça fait penser.

Le chemin gémissait sous les pieds de Jacquemort. Chuintait. Gouillait. Résouillait. Gluissait. Au ciel, des corbeaux très pittoresques croassaient, mais sans bruit, car le vent portait dans l'autre sens.

Comment se fait-il, pensa soudain Jacquemort, qu'il n'y ait pas de pêcheurs ici? La mer est pourtant très proche, et pleine de crabes, d'arapèdes et de comestibles écailleux. Alors? Alors? Alors? Alors? Alors?

Alors, c'est qu'il n'y a pas de port. Il était si ravi d'avoir trouvé ça qu'il se sourit avec complaisance.

La tête d'une grosse vache brune dépassait une haie. Il s'approcha pour lui dire bonjour ; elle était tournée dans le mauvais sens et il la héla. En arrivant tout près, il vit que c'était une tête coupée sur un épieu pointu ; une vache punie, sans doute. L'écriteau était bien là, mais tombé dans le fossé. Jacquemort le ramassa et lut un mélange de boue et de lettres « La prochaine — tache — fois — tache — tu donne — tache — ras — tache — plus de lait. — Tache. Tache. Tache. »

Il hocha la tête, ennuyé. Il n'avait pas pu s'y faire. Encore, les apprentis... Mais pas les bestiaux. Il laissa retomber la pancarte. Les bêtes volantes avaient mangé les yeux et le nez de la vache et elle ressemblait à une cancéreuse que ça fait rire.

— Encore une pour La Gloïre, dit-il. Ça va encore retomber sur lui. Et il aura de l'or. L'or est inutile puisqu'il ne peut rien acheter avec. Donc, c'est la seule chose valable. Ça n'a pas de prix.

> *Ainsi trouvait Jacquemort*
> *Tout en marchant à pas vifs*
> *Des arguments positifs*
> *Sur la vraie valeur de l'or.*

Tiens, tiens, se dit Jacquemort. Je retrouve ma verve initiale. Bien que la matière de cette évidence n'ait pas d'intérêt, car c'est par construction que La Gloïre se trouve placé dans une situation telle que son or ne rime à rien. Et puis l'or, je m'en moque, mais ça m'a fait passer cent mètres.

Le village apparut. Sur le ruisseau rouge, la barque de La Gloïre rôdait, à l'affût des détritus. Jacquemort l'appela. Quand le bateau fut tout près de lui, il sauta dedans.

— Alors ? dit-il jovial. Quoi de neuf ?

— Rien, répondit La Gloïre.

Jacquemort sentit se formuler l'arrière-pensée qu'il traînait depuis le matin.

— Dites donc, proposa-t-il, si on allait chez vous ? J'aimerais vous poser quelques questions.

— Eh bien, dit La Gloïre, pourquoi pas ? Allons-y. Vous permettez ?

Comme projeté par un ressort, il bondit dans la rivière. Il grelottait, cependant. Ahanant, il se propulsa vers un débris qui flottait et le saisit adroitement dans sa bouche. C'était une main assez petite. Tachée d'encre. Il remonta.

— Tiens, dit-il en l'examinant, le gosse de Chärles a encore refusé de faire ses pages d'écriture.

IV

98 avroût.

J'ai vraiment de plus en plus horreur de ce village, se dit Jacquemort en se regardant dans la glace.

Il venait de tailler sa barbe.

V

99 avroût.

Clémentine avait faim[8]. Elle ne mangeait plus guère au repas de midi pendant lequel elle s'occupait de gaver ses trois. Elle alla vérifier la porte de sa chambre et tourna la clé dans la serrure. Tranquille. Personne n'entrerait. Elle revint au milieu de la chambre, desserra légèrement la ceinture de sa robe de toile. Elle se regardait discrètement dans la glace de l'armoire. Elle s'en fut à la fenêtre et la ferma également. Puis elle s'approcha de l'armoire. Elle prenait son temps, savourait les minutes à passer. Elle portait la clé de l'armoire accrochée à sa ceinture par une légère tresse de cuir. Elle la regarda et la glissa dans la serrure. Dans

l'armoire, ça sentait mauvais. Ça sentait la charogne, très exactement. Il y avait une boîte à chaussures en carton d'où venait l'odeur. Clémentine la saisit et flaira. Dans la boîte, sur une soucoupe, un reste de bifteck achevait de se putréfier. Une pourriture propre, sans mouches et sans asticots. Simplement, il devenait vert et il puait. Affreusement. Elle passa son doigt sur le bifteck, tâta. Cela cédait facilement. Elle sentit son doigt. Assez pourri. Délicatement, elle saisit le bifteck entre le pouce et l'index et elle mordit avec soin, faisant attention d'en détacher une bouchée bien nette. C'était facile, c'était tendre. Elle mâchait avec lenteur, percevant autant la consistance un peu savonneuse de la chair faisandée, qui lui faisait une sensation acide derrière les joues, que le parfum puissant s'exhalant de la boîte. Elle en mangea la moitié et le remit dans la boîte qu'elle repoussa à son emplacement primitif. Il y avait à côté un triangle de fromage à peu près dans le même état, totalement abandonné à son assiette. Elle y trempa son doigt, le lécha, ceci à plusieurs reprises. À regret, elle referma l'armoire et passa dans le cabinet de toilette où elle se lava les mains. Puis elle s'étendit sur son lit. Cette fois, elle ne vomirait pas. Elle le savait. Maintenant elle conserverait tout. Il suffisait d'avoir assez faim. Elle y prendrait garde. De toute façon, le principe devait triompher : les meilleurs morceaux pour les enfants ; elle rit en pensant au début, elle se contentait de manger les rogatons, de finir le gras des côtelettes et du jambon dans leur assiette et de venir à bout des tartines détrempées de lait qui traînaient autour des bols du petit déjeuner. Mais ça, n'importe qui peut le faire. Toutes les mères. C'est courant. Les épluchures de pêches, ça avait été plus difficile déjà. À cause de la sensation de velours sur la langue. Cependant, les épluchures de pêches, c'est également peu de chose ; d'ailleurs bien des gens les mangent avec leur chair. Mais elle seule laissait pourrir tous ces rebuts. Les enfants méritaient bien ce sacrifice — et plus c'était affreux, plus cela sentait mauvais, plus elle avait l'impression de consolider son amour pour eux, de le confirmer, comme si des tourments qu'elle s'infligeait de la sorte pouvait naître quelque chose de plus pur et de plus vrai — il fallait racheter tous ses retards, il fallait racheter chaque minute pensée sans eux.

Mais elle restait vaguement insatisfaite, car elle n'avait pu se résoudre encore à absorber les asticots. Et elle se rendait compte qu'elle trichait en protégeant des mouches les débris soustraits au garde-manger. Peut-être, en fin de compte, cela retomberait-il sur leur tête...

Demain, elle essaierait.

VI

107 avroût.

Comme je suis inquiète, se dit Clémentine, accoudée à sa fenêtre.
Le jardin se dorait au soleil.

Je ne sais pas où sont Noël, Joël ni Citroën. En ce moment ils peuvent
être tombés dans le puits, avoir mangé des fruits empoisonnés, avoir
reçu une flèche dans l'œil si un enfant joue sur le chemin avec une
arbalète, attraper la tuberculose si un bacille de Koch se met en travers,
perdre connaissance en respirant des fleurs trop parfumées, se faire
piquer par un scorpion ramené par le grand-père d'un enfant du village,
explorateur célèbre revenu récemment du pays des scorpions, tomber
d'un arbre, courir trop vite et se casser une jambe, jouer avec l'eau et se
noyer, descendre la falaise et trébucher et se rompre le cou, s'écorcher
à un vieux fil de fer et contracter le tétanos ; ils vont aller au fond du
jardin et retourner une pierre ; sous la pierre, il y aura une petite larve
jaune qui va éclore instantanément, qui va s'envoler vers le village,
s'introduire dans l'étable d'un méchant taureau, le piquer près du nase ;
le taureau sort de son étable, il démolit tout ; le voilà qui part sur le
chemin, dans la direction de la maison, il est comme fou et il laisse des
touffes de poils noirs dans les virages en s'accrochant aux haies d'épine-
vinette ; juste devant la maison, il se rue tête baissée contre une charrette
lourde tirée par un vieux cheval à moitié aveugle. Sous le choc, la
charrette se disloque et un fragment de métal est projeté en l'air à une
hauteur prodigieuse ; c'est peut-être une vis, un boulon, un écrou, un
clou, une ferrure de brancard, un crochet de l'attelage, un rivet des roues,
charronnées, puis brisées, réparées au moyen d'éclisses de frêne taillées
à la main, et le morceau de fer monte en sifflant vers le ciel bleu. Il passe
par-dessus la grille du jardin, mon Dieu, il retombe, il retombe et en
tombant effleure l'aile d'une fourmi volante et l'arrache, et la fourmi, mal
dirigée, perdant sa stabilité, vague au-dessus des arbres comme une
fourmi abîmée, s'abat soudain dans la direction de la pelouse, mon Dieu,
il y a là Joël, Noël et Citroën, la fourmi tombe sur la joue de Citroën et,
rencontrant peut-être des traces de confiture, le pique...

— Citroën ! Où es-tu ?

Clémentine s'était précipitée hors de sa chambre, et criait, hors d'elle,
tout en descendant l'escalier au grand galop. Dans le vestibule, elle se
heurta à la bonne.

— Où sont-ils? Où sont mes enfants?

— Mais ils dorment, répondit l'autre, l'air étonné. C'est l'heure de leur sieste.

Eh bien, oui, ce n'est pas arrivé cette fois; mais c'était parfaitement plausible. Elle remonta dans sa chambre. Son cœur battait. Décidément, c'est dangereux de les laisser aller seuls au jardin. En tout cas, il faudra leur interdire de retourner des pierres. On ne sait pas ce qu'on peut trouver sous une pierre. Des cloportes venimeux, des araignées dont la piqûre est mortelle, des cancrelats qui peuvent véhiculer des maladies coloniales contre lesquelles il n'y a pas de remèdes connus, des aiguilles empoisonnées cachées là par un médecin assassin lors de sa fuite vers le village après le meurtre des onze personnes en traitement qu'il avait amenées à modifier leur testament en sa faveur, fraude infâme découverte par un jeune interne du service, un type bizarre avec une barbe rousse.

Que devient donc Jacquemort? pensa-t-elle à ce propos ou vice-versa. Je ne le vois plus guère. Ça vaut autant. Sous prétexte qu'il est à la fois psychiatre et psychanalyste, il se mêlerait peut-être de l'éducation de Joël, Noël et de Citroën. Et de quel droit, on se le demande. Les enfants appartiennent à leur mère. Puisqu'elles ont eu mal en les faisant, ils appartiennent à leur mère. Et pas à leur père. Et leurs mères les aiment, par conséquent, il faut qu'ils fassent ce qu'elles disent. Elles savent mieux qu'eux ce qu'il leur faut, ce qui est bon pour eux, ce qui fera qu'ils resteront des enfants le plus longtemps possible. Les pieds des Chinoises. Les Chinoises, on leur met les pieds dans des chaussures spéciales. Peut-être des bandelettes. Ou des petits étaux. Ou des moules d'acier. Mais en tout cas, on s'arrange pour que leurs pieds restent tout petits. On devrait faire la même chose avec les enfants entiers. Les empêcher de grandir. Ils sont bien mieux à cet âge-là. Ils n'ont pas de soucis. Ils n'ont pas de besoins. Ils n'ont pas de mauvais désirs. Plus tard, ils vont pousser. Ils vont étendre leur domaine. Ils vont vouloir aller plus loin. Et que de risques nouveaux. S'ils sortent du jardin, il y a mille dangers supplémentaires. Que dis-je mille? Dix mille. Et je ne suis pas généreuse. Il faut éviter à tout prix qu'ils ne sortent du jardin. Déjà, dans le jardin, ils courent un nombre incalculable de risques. Il peut y avoir un coup de vent imprévu qui casse une branche et les assomme. Que la pluie survienne, et, s'ils sont en sueur après avoir joué au cheval, ou au train, ou au gendarme et au voleur, ou à un autre jeu courant, que la pluie survienne et ils vont attraper une congestion pulmonaire, ou une

pleurésie, ou un froid, ou une crise de rhumatismes, ou la poliomyélite, ou la typhoïde, ou la scarlatine, ou la rougeole, ou la varicelle, ou cette nouvelle maladie dont personne ne sait encore le nom. Et si un orage se lève. La foudre. Les éclairs. Je ne sais pas, il peut même y avoir ce qu'ils disent, ces phénomènes d'ionisation, ça a un assez sale nom pour que ça soit terrible, ça rappelle inanition. Et il peut arriver tant d'autres choses. S'ils sortaient du jardin, cela serait évidemment bien pire. Mais n'y pensons pas pour l'instant. Il y a assez à faire pour épuiser toutes les possibilités propres du jardin. Et quand ils seront plus grands, ah, là là! Oui, voilà les deux choses terrifiantes, évidemment : qu'ils grandissent et qu'ils sortent du jardin. Que de dangers à prévoir. C'est vrai, une mère doit tout prévoir. Mais laissons ça de côté. Je réfléchirai à tout ça un peu plus tard ; je ne l'oublie pas : grandir et sortir. Mais je veux me contenter du jardin pour le moment. Rien que dans le jardin, le nombre d'accidents est énorme. Ah! Justement, le gravier des allées. Combien de fois n'ai-je pas dit qu'il était ridicule de laisser les enfants jouer avec le gravier. S'ils en avalent? On ne peut pas s'en apercevoir tout de suite. Et trois jours après, c'est l'appendicite. Obligés d'opérer d'urgence. Et qui le ferait? Jacquemort? Ce n'est pas un docteur. Le médecin du village? Il n'y a qu'un vétérinaire. Alors, ils mourraient, tout simplement. Et après avoir souffert. La fièvre. Leurs cris. Non, pas de cris, ils gémiraient, ce serait encore plus horrible. Et pas de glace. Impossible de trouver de la glace pour leur mettre sur le ventre. La température monte, monte. Le mercure dépasse la limite. Le thermomètre éclate. Et un éclat de verre vient crever l'œil de Joël qui regarde Citroën souffrir. Il saigne. Il va perdre l'œil. Personne pour le soigner. Tout le monde est occupé de Citroën, qui geint de plus en plus doucement. Profitant du désordre, Noël se faufile dans la cuisine. Une bassine d'eau bouillante sur le fourneau. Il a faim. On ne lui a pas donné son goûter, naturellement ; ses frères malades, on l'oublie. Il monte sur une chaise devant le fourneau. Pour prendre le pot de confiture. Mais la bonne l'a remis un peu plus loin que d'habitude, parce qu'elle a été gênée par une poussière volante. Cela n'arriverait pas si elle balayait un peu plus soigneusement. Il se penche. Il glisse. Il tombe dans la bassine. Il a le temps de pousser un cri, un seul, et il est mort, mais il se débat encore mécaniquement, comme les crabes qu'on jette vivants dans l'eau bouillante. Il rougit comme les crabes. Il est mort. Noël!

Clémentine se précipita vers la porte. Elle appela la bonne.

— Oui Madame?

— Je vous interdis de servir des crabes à déjeuner.

— Mais il n'y en a pas, Madame. C'est du rosbif et des pommes de sable.

— Je vous l'interdis tout de même.

— Bien Madame.

— Et ne faites plus jamais de crabes. Ni de homards. Ni d'écrevisses. Ni de langoustes.

— Bien Madame.

Elle rentra dans sa chambre. Est-ce qu'il ne vaudrait pas mieux tout faire cuire lorsqu'ils dorment, et tout manger froid ? Qu'il n'y ait jamais de feu lorsqu'ils sont éveillés et debout ? Bien entendu, tenir soigneusement les allumettes sous clé. On le fait déjà. L'eau bouillie qu'ils boivent, on la ferait bouillir le soir, une fois qu'ils seront couchés. C'est une chance d'avoir pensé à l'eau bouillie. Les microbes perdent leur virulence quand ils ont bien bouilli. Oui, mais avec tout ce qu'ils fourrent dans leur bouche quand ils sont au jardin. Ce jardin. On devrait presque éviter de les envoyer au jardin. Ce n'est pas plus sain qu'une pièce propre. Une pièce bien propre, lessivée tous les jours, certes, cela vaut mieux qu'un jardin. Évidemment, sur le carrelage ils peuvent prendre froid. Mais au jardin aussi. Il y a autant de courants d'air. Et l'herbe mouillée. Une pièce bien propre. Ah ! c'est vrai. Il reste le danger des carreaux. Ils se couperont. Ils se coupent les artères du poignet, et comme ils ont fait une bêtise, ils n'osent pas le dire ; le sang coule, coule et Citroën devient tout pâle. Joël et Noël pleurent et Citroën saigne. La porte est fermée à clé parce qu'on est allé faire une course, et Noël prend peur devant le sang, et il essaie de passer par la fenêtre pour appeler, et voilà qu'il monte sur les épaules de Joël, il s'accroche maladroitement, tombe et se blesse à son tour, au cou, la carotide ; en quelques minutes il est mort, sa petite figure est toute blanche. Ce n'est pas possible, non, pas une pièce fermée...

Elle se rua hors de sa chambre et, comme une folle, fit irruption dans celle où dormaient les trois petits. Le soleil éclairait les murs roses par les fentes des persiennes ; on n'entendait que le souffle léger des trois respirations régulières. Noël bougea et grogna. Citroën et Joël souriaient dans leur sommeil, les poings à demi ouverts, détendus, inoffensifs. Le cœur de Clémentine battait trop fort. Elle quitta la chambre et revint dans la sienne. Cette fois, elle laissa les portes ouvertes.

Je suis une bonne mère. Je pense à tout ce qui peut leur arriver. Tous les accidents qu'ils risquent, j'y pense d'avance. Et je ne parle pas des

dangers qu'ils courront lorsqu'ils seront plus grands. Ou lorsqu'ils sortiront du jardin. Non. Ceux-là, je les garde en réserve. J'ai dit que j'y penserais par la suite. J'ai le temps. J'ai le temps. Il y a déjà tant de catastrophes à imaginer. Tant de catastrophes. Je les aime puisque je pense à ce qui peut leur arriver de pire. Pour le prévoir. Pour le prévenir. je ne me complais pas dans ces évocations sanglantes. Elle s'imposent à moi. Ceci prouve que je tiens à eux. J'en suis responsable. Ils dépendent de moi. Ce sont mes enfants. Je dois faire tout ce qui est en mon pouvoir pour leur éviter les calamités innombrables qui les guettent. Ces anges. Incapables de se défendre, de savoir ce qui est bon pour eux. Je les aime. C'est pour leur bien que je pense à tout cela. Cela ne me fait aucun plaisir. Je frémis à l'idée qu'ils peuvent manger des baies empoisonnées, s'asseoir dans l'herbe humide, recevoir une branche sur la tête, tomber dans le puits, rouler du haut de la falaise, avaler des cailloux, se faire piquer par les fourmis, par les abeilles, par les scarabées, les ronces, les oiseaux, ils peuvent respirer des fleurs, les respirer trop fort, un pétale leur entre par la narine, ils ont le nez obstrué, cela remonte au cerveau, ils meurent, ils sont si petits, ils tombent dans le puits, ils se noient, la branche s'écroule sur leur tête, le carreau cassé, le sang, le sang...

Elle n'en pouvait plus. Sans faire de bruit, elle se leva, et regagna à pas feutrés la chambre des enfants. Elle s'assit sur une chaise. De sa place elle les voyait tous les trois. Ils dormaient d'un sommeil sans rêves. Peu à peu, elle s'assoupit à son tour, crispée, inquiète. Elle tressaillait parfois dans son sommeil, comme un chien qui songe à la harde.

VII

135 avroût.

Ouf, se dit Jacquemort en arrivant au village, ça fait bien la millième fois que je viens dans ce satané patelin et cette route n'a plus rien à m'apprendre. Il est vrai qu'elle ne m'empêche pas non plus d'apprendre autre chose. Enfin, pour une fois qu'on va pouvoir profiter d'une distraction.

Il y avait des affiches partout. Des affiches blanches tirées en violet, sans doute à l'aide d'une machine à polycopier. CET APRÈS-MIDI, SPECTÄCLE DE LUXE, etcétéra, etcétéra. Le spectacle aurait lieu dans la

remise derrière le presbytère. Il était, de toute évidence, organisé par le curé.

Sur le ruisseau rouge, pas trace de La Gloïre. Il devait se trouver plus loin, après le coude. Des maisons grises sortaient les gens endimanchés, c'est-à-dire vêtus comme pour un deuil. Les apprentis restaient à la maison. Pour ne pas qu'ils regrettent, on les bourrait de coups de pied les jours de spectacle et ils se sentaient très heureux de rester seuls tout l'après-midi.

Jacquemort connaissait maintenant tous les coins, détours et raccourcis. Il traversa la grande place où se tenait toujours régulièrement la foire aux vieux, longea l'école; quelques minutes plus tard, il contournait l'église pour prendre un billet au guichet tenu par un des enfants de chœur du curé. Il prit une place chère pour bien voir. Et puis il entra dans la remise. D'autres personnes le précédaient et quelques-unes le suivaient. À la porte de la remise, le second enfant de chœur déchira la moitié de son billet ou, plus exactement déchira la totalité de son billet en deux moitiés dont il lui rendit une. Le troisième enfant de chœur plaçait une famille et Jacquemort attendit qu'il vînt s'occuper de lui, ce qui ne tarda pas. Les trois enfants de chœur étaient revêtus de leur tenue de gala, jupe rouge, petite calotte et chiffons de dentelle. Le dernier saisit le ticket de Jacquemort et guida le psychiatre jusqu'aux fauteuils d'orchestre. Le curé avait entassé dans la remise tout ce que l'église contenait comme chaises; tant de chaises qu'à certains endroits, il n'y avait que des chaises, les unes sur les autres, et que l'on ne pouvait pas s'asseoir; mais ça permettait de vendre plus de billets.

Jacquemort occupa sa place et donna à contrecœur une gifle à l'enfant de chœur qui paraissait attendre un pourboire et s'en fut sans demander son reste. Ce reste aurait sans doute consisté en quelques horions assortis; il était naturel que Jacquemort ne se dressât point en public contre les coutumes du pays, malgré le dégoût qu'il avait toujours de ces pratiques. Il se mit à considérer les aménagements du spectacle, gêné et mal à l'aise.

Au milieu de la remise, encadré des quatre côtés par les chaises de l'église, se dressait un ring parfaitement établi formé de quatre poteaux sculptés retenus par de forts tirants métalliques, et entre lesquels on avait tendu des cordes de velours pourpre. Deux des poteaux diagonaux ne représentaient guère que des scènes familières de la vie de Jésus : Jésus se grattant les pieds sur le bord du chemin, Jésus se tapant un litre de rouge, Jésus à la pêche à la ligne, bref un résumé de l'imagerie

sulpicienne classique. Les deux autres, par contre, possédaient des caractéristiques plus originales. Celui de gauche, le plus voisin de Jacquemort, affectait l'allure générale d'un gros trident, dressé pointes en l'air et tout décoré de sculptures infernales dont certaines semblaient propres (ou sales) à faire rougir un dominicain. Ou plusieurs dominicains. Ou même le colonel des Jésuites. Le dernier poteau, en forme de croix, portait de façon plus banale, l'effigie du curé, nu, de dos, et en train de chercher un bouton de col sous son lit.

Les gens entraient sans cesse et le brouhaha des chaises remuées, les jurons de ceux qui ne pouvaient pas s'asseoir parce qu'ils s'étaient montrés trop économes, les cris aigres des enfants de chœur, l'odeur puissante des pieds de l'assistance et les gémissements de quelques vieux achetés à la foire et que l'on avait menés là pour pouvoir les pincer pendant les entractes composaient une atmosphère banale de spectacle du dimanche. On entendit soudain un bruit de raclement puissant, comme le bruit d'un disque usé à son démarrage, et une voix tonitruante jaillit d'un haut-parleur que Jacquemort, levant les yeux, aperçut accroché à une poutre juste au-dessus du ring. Au bout de quelques secondes, il reconnut la voix du curé ; malgré la mauvaise qualité du son, on pouvait suivre le fil de son discours.

— Ça ne va pas ! brailla-t-il en manière d'exorde.

— Ah ! Ah ! Ah ! fit la foule, ravie de cette distraction.

— Certains d'entre vous, par sordide esprit d'avarice et de mesquinerie indigne, ont voulu bafouer les enseignements des Livres. Ils ont pris de mauvais billets. Ils ne s'assoiront pas ! Ceci est un spectacle de Luxe placé sous le signe de Dieu, créature de luxe, et quiconque en cette circonstance refusera d'agir luxueusement recevra le châtiment des méchants qui rôtiront éternellement en enfer sur de misérables feux de charbon de bois, de tourbe et même d'argol, si ce n'est pas d'herbe sèche.

— Remboursez ! Remboursez ! crièrent ceux qui ne pouvaient pas s'asseoir.

— Vous ne serez pas remboursés. Asseyez-vous comme vous pourrez, ne vous asseyez pas, Dieu s'en moque. Nous avons disposé sur vos chaises d'autres chaises, les pieds en l'air, pour vous faire comprendre qu'au prix de ces places elles sont à peine bonnes pour des chaises. Criez, protestez, Dieu est luxe et beauté, vous n'aviez qu'à prendre des tickets plus chers. Ceux qui le désirent peuvent acquitter un supplément,

mais ils garderont leurs mauvaises places. Réparation ne se résout pas en pardon.

On commençait à trouver le curé un peu abusif. Jacquemort se retourna, entendant un grand bruit de craquements. Il vit le maréchal-ferrant, debout aux places bon marché. Il tenait une chaise dans chaque main et les cognait l'une contre l'autre. Au deuxième choc, les chaises se fragmentèrent en bois d'allumettes. Il lança les morceaux à la volée dans la direction des coulisses, indiquées par un rideau tendu. Ce fut le signal. Tous ceux qui avaient de mauvais tickets saisirent les chaises qui les gênaient et se mirent à les briser. Ceux qui n'en avaient pas la force les passaient au maréchal.

Les morceaux filaient au milieu du vacarme et se frayaient violemment un chemin par l'intervalle qui marquait les deux moitiés du rideau. Un coup plus heureux que les autres ébranla la tringle qui le supportait. Dans le haut-parleur, on entendait le curé vociférer.

— Vous n'avez pas le droit! Le Dieu de luxe méprise vos façons misérables, vos chaussettes sales, vos caleçons tachés de jaune, vos cols noirs et le tartre de vos dents. Dieu refuse le paradis aux sauces maigres, aux coqs mal garnis, aux haridelles efflanquées, Dieu est un grand cygne d'argent, Dieu est un œil de saphir dans un triangle étincelant, un œil de diamant au fond d'un pot de chambre d'or, Dieu, c'est la volupté des carats, les grands mystères platinés, les cent mille bagues des courtisanes de Malampia[9], Dieu, c'est un cierge éternel, porté par un évêque de velours, Dieu vit dans le métal précieux, les perles liquides, le mercure bouillant, le cristal de l'éther. Dieu vous regarde, bouseux, et il a honte de vous...

Au mot interdit, la foule et même ceux qui étaient assis se mirent à gronder.

— Assez, curé! Ton spectacle!

Les chaises volaient de plus belle.

— Il a honte de vous! Grossiers, sales, ternes, vous êtes la serpillière du monde, la pomme de terre des potagers du ciel, l'ortie du jardin divin, vous êtes... ouille! ouilleouille!

Une chaise mieux dirigée que les autres venait de décrocher complètement le rideau et l'on aperçut le curé en caleçon qui dansait devant son micro en se tenant le dessus du crâne.

— Le spectacle, curé! hurla la foule d'une seule voix.

— Bon! Ouille! Bon! dit le curé. Voilà! Voilà!

Le bruit s'apaisa aussitôt. Les chaises étaient presque toutes garnies

maintenant et les enfants de chœur s'empressèrent autour du curé. L'un d'eux lui tendit un objet brun et rond dans lequel il fourra une main. Même jeu pour l'autre main. Puis le curé revêtit une superbe robe de chambre jaune vif et bondit en boitant sur le ring. Il avait emmené son micro qu'il accrocha au-dessus de sa tête à un fil prévu.

— Aujourd'hui, annonça-t-il sans préambule, je combattrai devant vous en dix reprises de trois minutes, avec vigueur et fermeté, contre le diable !

Il y eut un murmure d'incrédulité dans la foule.

— Ne riez pas ! hurla le curé. Que ceux qui ne me croient pas regardent !

Il fit un signe et le sacristain sortit de la coulisse en un éclair. Une violente odeur de soufre se répandit.

— Il y a huit jours, annonça le curé, j'ai découvert ceci : mon sacristain, c'était le diable.

Le sacristain cracha négligemment un assez beau jet de flamme. Malgré sa longue robe de chambre, on voyait très bien les grands poils de ses jambes et ses sabots fourchus.

— Un bravo pour lui ! proposa le curé.

Les applaudissements crépitèrent, plutôt mous. Le sacristain parut vexé.

— Qui pouvait plaire à Dieu, mugit le curé, plus qu'un de ces combats somptueux, qu'excellaient à organiser les empereurs romains, amateurs de luxe par excellence ?

— Assez, dit quelqu'un. Du sang !

— Bon ! dit le curé. Bon ! Oh ! Bon ! Je n'ajoute qu'une chose. Vous êtes de misérables béotiens.

Il laissa tomber sa robe de chambre ; deux enfants de chœur lui servaient de soigneurs ; le sacristain n'avait personne. Les enfants de chœur rangèrent la cuvette, le tabouret et la serviette, et le curé mit son protège-dents. Le sacristain dit seulement une parole cabalistique et sa robe de chambre noire prit feu sur lui et disparut dans un nuage de vapeur rouge. Il ricana et se mit à faire un peu de shadow-boxing pour se dégourdir. Le curé était pâle et il amorça un signe de croix. Le sacristain protesta :

— Pas de coups bas avant de commencer, hein, mon curé !

Le troisième enfant de chœur donna un grand coup de marteau sur une bassine de cuivre. Le sacristain qui se tenait dans son coin, près du

trident sculpté, s'avança vers le centre du ring. Il y avait eu un ah! de satisfaction au son du gong à confitures.

D'emblée, le diable attaqua, en courts crochets du droit qui perçaient, une fois sur trois, la garde du curé. Ce dernier se montrait cependant possesseur d'un joli jeu de jambes : deux jambes exactement, bien dodues et bien grasses et fort agiles, malgré leur inégalité. Le curé contrait en directs du droit, tentant de tenir son adversaire à distance. Profitant de ce que le diable relevait sa garde pour mieux juger une série au flanc, il doubla un gauche près du cœur et le sacristain jura grossièrement. La foule applaudit. Le curé se rengorgeait déjà quand il lui arriva un uppercut imprévu en plein dans les mandibules et il encaissa durement. Puis, d'une rapide série de gauches, le diable le marqua à l'œil droit. Il paraissait désireux de donner un échantillon de la variété de ses coups. Des rougeurs commençaient à apparaître sur le corps des deux hommes et le curé soufflait un peu. Comme le sacristain s'accrochait, il lui dit :

— Vade retro[10] !...

Cela fit rire le sacristain qui se tint les côtes, et le curé en profita pour lui en fourrer deux bons en plein museau. Le sang pissa. Presque aussitôt, le coup de gong retentit et les deux adversaires revinrent chacun dans leur coin. Le curé fut aussitôt entouré de ses trois enfants de chœur. La foule applaudissait parce que ça saignait bien. Le diable empoigna un bidon d'essence, but un bon coup et recracha en l'air une belle gerbe fuligineuse qui grilla un peu le fil du micro. La foule applaudit de plus belle. Jacquemort trouvait que le curé se défendait bien, et comme organisateur et comme combattant. Cette idée de faire venir le diable lui paraissait excellente.

Cependant, les petits enfants de chœur bouchonnaient soigneusement le curé. Il ne paraissait pas tellement bien en point et de grosses marques étaient maintenant très visibles en divers endroits de son anatomie.

— Deuxième reprise ! annonça l'enfant au gong, et ça fit bang !

Cette fois, le diable paraissait décidé à terminer avant la limite. Il attaqua comme un fou sans laisser au curé le temps de souffler. C'était une grêle de coups qui pleuvait, si l'on peut dire qu'une pluie peut grêler. Le curé rompait sans trêve et s'accrocha même une ou deux fois au grand mécontentement de l'assistance. Et puis, profitant d'une petite interruption, il empoigna à deux mains la tête du sacristain et lui donna un bon coup de genou dans le nez. Le diable rompit à son tour avec un violent glapissement de douleur.

— Oh! Ah! Oh! dit-on dans la foule.

Et d'une seule voix, tous les enfants s'exclamèrent, très contents :

— Il triche! Vive le curé!

— C'est honteux! assurait le diable en se frottant le nez et en donnant tous les signes de la souffrance la plus vive.

Le curé, ravi, se tordait; mais c'était une feinte du diable qui, brusquement, se jeta sur lui et lui assena deux terribles crochets au foie suivis d'un uppercut à la mâchoire, bloqué involontairement par le curé à l'aide de son œil gauche. Lequel se ferma.

Le gong retentit, heureusement pour le curé. Il se rinça plusieurs fois la bouche et se fit assujettir sur l'œil un gros bifteck cru percé d'un trou qui lui aurait permis de voir si son œil en avait encore été capable. Le diable, pendant ce temps, se livrait à diverses facéties qui plaisaient fort : en particulier quand il baissa brusquement son caleçon et montra son derrière à la vieille épicière, il obtint un grand succès.

Au milieu de la troisième reprise, qui s'annonçait encore plus mal pour lui, le curé, traîtreusement, tandis qu'il se garait d'une main, tira le fil du micro qu'il avait truqué. Aussitôt le haut-parleur se décrocha et tomba sur la tête du sacristain qui s'effondra, assommé. Le curé, très fier, fit le tour du ring les poings croisés au-dessus de sa tête.

— Je suis vainqueur par K.O. technique, proclama-t-il. C'est Dieu qui a vaincu en moi, ce Dieu de luxe et de richesse! C'est Dieu! En trois reprises!

Les habitants du villages restèrent muets un instant car tout s'était passé très vite. Et puis il protestèrent parce que ça faisait cher la minute. Jacquemort, un peu inquiet, sentit que ça allait se gâter.

— Rends l'argent, curé! cria la foule.

— Non! dit le curé.

— Rends l'argent, curé!

Une chaise vola, puis une seconde. Le curé bondit hors du ring. Une pluie de chaises s'abattit sur lui.

Jacquemort se faufilait vers la sortie quand il reçut un coup derrière l'oreille. Instinctivement il fit front et riposta. Il reconnut son adversaire au moment même de lui briser les dents avec son poing. C'était le menuisier qui s'effondra en crachant sa bouche. Jacquemort regarda ses doigts; il avait deux jointures fendues. Il lécha. Une gêne le prenait. Il la rejeta d'un haussement d'épaule.

— Qu'importe... pensa-t-il. La Gloïre est là pour la prendre. Il fallait

déjà que j'aille le voir pour cette gifle que j'ai donnée à l'enfant de chœur.

Il avait encore envie de se battre. Il cogna dans ce qu'il vit. Il cogna et ça le soulageait énormément de cogner sur des adultes.

VIII

135 avroût.

Lorsque Jacquemort poussa la porte de La Gloïre, ce dernier commençait à s'habiller. Il s'était déjà baigné dans sa baignoire d'or massif et, ayant accroché ses vieux habits de travail, il enfilait une somptueuse robe d'intérieur en brocart d'or. Il y avait de l'or partout, l'intérieur de la vieille maison paraissait coulé d'une pièce en métal précieux. L'or débordait des coffres, la vaisselle, les sièges, les tables, tout était jaune et brillant. Ce spectacle avait frappé Jacquemort la première fois, mais il le contemplait maintenant avec la même indifférence qu'il témoignait envers toutes choses non directement reliées à sa manie ; c'est-à-dire qu'il ne le voyait même plus.

La Gloïre lui dit bonjour, et s'étonna de le voir en cet état.

— Je me suis battu, dit Jacquemort. Au spectacle du curé. Tout le monde s'est battu. Lui aussi, mais déloyalement. C'est pour ça que les autres se sont mis de la partie.

— Ravis de ce prétexte, dit La Gloïre.

Il haussa les épaules.

— Je... dit Jacquemort. Euh... J'ai un peu honte ; car je me suis battu aussi ; alors j'ai profité de ce que je venais vous voir, j'ai apporté du liquide...

Il lui tendit une pile de pièces d'or.

— Naturellement... murmura La Gloïre, amer. Vous avez vite pris le pli. Mais arrangez un peu vos vêtements. Ne vous en faites pas. Je prends votre honte.

— Merci, dit Jacquemort. Et maintenant, si nous continuions notre séance ?

La Gloïre laissa tomber la pile de pièces d'or dans un saladier de vermeil et s'étendit, sans dire un mot, sur le lit bas, disposé au fond de la salle. Jacquemort vint s'asseoir près de lui.

— Racontez, dit-il. Détendez-vous et parlez. Nous étions arrivés à votre histoire à l'école, quand vous avez volé ce ballon.

La Gloïre passa sa main devant ses yeux et se mit à parler. Mais Jacquemort ne l'écouta pas tout de suite. Il était intrigué. Au moment où la main du vieillard se posait sur son front, il avait cru, mais peut-être était-ce une illusion, voir, à travers la paume, le regard fiévreux et mobile de son patient.

IX

136 avroût.

Les jours où Jacquemort se sentait intellectuel, il se retirait dans la bibliothèque d'Angel et lisait. Il n'y avait qu'un livre, amplement suffisant, un excellent dictionnaire encyclopédique où Jacquemort retrouvait, classés et ordonnés alphabétiquement sinon logiquement, les éléments essentiels de tout ce dont se composent les bibliothèques ordinaires sous un volume hélas si encombrant.

Il s'arrêtait d'habitude à la page des drapeaux, où il y a de la couleur et où le texte, nettement moins dense qu'aux autres pages, repose et délasse l'esprit. Le onzième à partir de la gauche, une dent sanglante sur fond noir, le fit penser ce jour-là aux petites jacinthes sauvages que l'on trouve dans les bois.

X

1er juillembre.

Les trois enfants jouaient au jardin, pas trop en vue de la maison. Ils avaient choisi leur endroit : on y trouvait en proportions adéquates les cailloux, la terre, l'herbe et le sable. Il y avait de l'ombre et du soleil, du sec et du mouillé, du dur et du tendre, du minéral et du végétal, du vif et du mort.

Ils parlaient peu. Munis de pelles de fer, ils creusaient, chacun pour soi, un fossé rectangulaire. De temps en temps, la pelle rencontrait un

objet intéressant, que son possesseur prélevait aussitôt pour le poser sur la pile des découvertes précédentes.

Au bout de cent coups de pelle, Citroën s'arrêta.

— Stop! dit-il.

Joël et Noël obéirent.

— J'ai une verte, dit Citroën.

Il leur montra un petit objet luisant à l'éclat d'émeraude.

— Voilà la noire, dit Joël.

— Voilà la dorée, dit Noël.

Ils disposèrent les trois objets en triangle. Prudemment, Citroën les réunit au moyen de brindilles sèches. Et puis il s'assirent chacun à un sommet du triangle et ils attendirent.

Entre les trois objets, le sol creva soudain. Une main blanche, minuscule, apparut, puis une autre. Les mains s'agrippèrent aux bords de l'ouverture et une silhouette claire de dix centimètres de haut prit pied dans le triangle. C'était une petite fille avec de longs cheveux blonds. Elle envoya des baisers aux trois enfants et se mit à danser. Elle dansa quelques minutes, sans jamais sortir du triangle. Et puis, brusquement, elle s'arrêta, regarda le ciel et s'enfonça dans le sol aussi rapidement qu'elle était sortie. À la place des pierres de couleur, il ne restait que trois petit cailloux ordinaires.

Citroën se leva et dispersa les brindilles.

— J'en ai assez, dit-il. Un autre jeu.

Déjà Joël et Noël s'étaient remis à creuser.

— Je suis sûr qu'on va trouver d'autres choses, dit Noël.

Sa pelle, à cet instant, heurta quelque chose de dur.

— Voilà un caillou énorme, dit-il.

— Fais voir! dit Citroën.

Un beau caillou jaune avec des cassures luisantes qu'il lécha pour voir si c'était bon comme ça en avait l'air. Presque. De la terre crissait sous la dent. Mais dans un creux du caillou, une petite limace, jaune aussi, était collée. Il regarda.

— Ça, dit Citroën, ce n'est pas une bonne. Tu peux la manger quand même, mais ce n'est pas une bonne. C'est les bleues qui vous font voler.

— Il y en a des bleues? demanda Noël.

— Oui, dit Citroën.

Noël goûta la jaune. Très sain. Bien meilleur que la terre, en tout cas. Mou. Et gluant. Bon, en somme.

Cependant, Joël, à son tour, venait d'insérer le tranchant de sa pelle sous une pierre lourde. Et il pesa. Deux limaces noires.

Il en tendit une à Citroën qui la regarda avec intérêt mais la repassa à Noël. Cependant Joël dégustait la sienne.

— Pas fameux, dit-il. On dirait du tapioca.

— Oui, dit Citroën, mais les bleues, c'est bon. C'est comme de l'ananas.

— C'est vrai? demanda Joël.

— Et après, on vole, dit Noël.

— On ne vole pas tout de suite, dit Citroën. Il faut travailler avant.

— On pourrait peut-être travailler d'abord, dit Noël. Après, si on en trouve des bleues, on volera tout de suite quand même.

— Oh! dit Joël qui creusait pendant ce temps-là, j'ai une belle graine toute neuve.

— Montre, dit Citroën.

C'était une graine presque aussi grosse qu'une noix.

— Il faut cracher dessus cinq fois, dit Citroën, et elle va pousser.

— Tu es sûr? demanda Joël.

— Sûr, dit Citroën. Mais il faut la poser sur une feuille fraîche. Va en chercher une, Joël.

De la graine, il sortit un arbre minuscule aux feuilles roses. Dans ses branches de fil d'argent grêle voltigeaient des oiseaux chanteurs. Le plus gros était juste aussi gros que l'ongle du petit doigt de Joël.

XI

347 juillembre.

Déjà six ans, trois jours et deux heures que je suis venu m'enterrer dans ce sacré pays, se dit Jacquemort en contemplant son reflet dans la glace.

Sa barbe se maintenait d'une longueur moyenne.

XII

348 juillembre.

Jacquemort allait sortir lorsqu'il croisa Clémentine dans le couloir. Il ne la voyait plus guère. Depuis des mois. Les jours s'écoulaient de façon si continue et si furtive qu'il perdait la notion de leur nombre. Elle le retint.

— Où allez-vous comme ça ?

— Comme d'habitude, répondit Jacquemort. Je vais voir mon vieil ami La Gloïre.

— Vous continuez à le psychanalyser ? demanda Clémentine.

— Hum... oui, dit Jacquemort.

— C'est long.

— Ça doit être total.

— Votre tête grossit, remarqua Clémentine.

Il s'écarta un peu parce qu'elle lui parlait de très près et qu'il repérait dans son haleine un relent indiscutable de charogne.

— C'est possible, dit Jacquemort. Lui, en tout cas, devient vraiment très transparent et je commence à être inquiet.

— Ça n'a pas l'air de vous rendre heureux, dit Clémentine. Vous avez cherché un sujet assez longtemps !

— Tous mes sujets se sont dérobés l'un après l'autre, dit Jacquemort. J'ai dû me rabattre sur La Gloïre parce qu'il ne restait que lui. Mais je vous avoue que son contenu mental n'est pas spécialement propre à réjouir son récipiendaire.

— Vous en êtes loin ? demanda Clémentine.

— Comment ?

— Votre psychanalyse est-elle très avancée ?

— Mon Dieu, pas mal, dit Jacquemort. En fait, je vois arriver avec inquiétude le moment où j'aborderai le sondage des plus infimes détails. Mais tout ceci est sans intérêt. Et vous, qu'est-ce que vous devenez ? On ne vous voit plus aux repas. Ni à midi, ni le soir.

— Je mange dans ma chambre, dit Clémentine avec un contentement dans la voix.

— Ah ! bon, dit Jacquemort.

Il examina la silhouette de la jeune femme.

— Ça n'a pas l'air de mal vous réussir, dit-il simplement.

— Je ne mange plus que ce que je dois, dit Clémentine.

Jacquemort cherchait désespérément à entretenir la conversation.

— Et le moral est bon ? demanda-t-il platement.

— Je ne peux pas dire. Oui et non.

— Qu'est-ce qui ne va pas ?

— À la vérité, expliqua-t-elle, j'ai peur.

— Peur de quoi ?

— J'ai peur pour mes enfants. En permanence. Il peut leur arriver n'importe quoi. Et je me le représente. Oh ! les choses les plus simples ; je ne me mets pas martel en tête pour des impossibilités ou des idées folles ; non, mais la liste stricte de ce qui pourrait survenir suffit à m'affoler. Et je ne peux pas m'empêcher d'y penser. Naturellement, je ne compte même pas ce qu'ils risquent en dehors du jardin ; par bonheur, ils n'ont pas, jusqu'ici, eu l'idée d'en sortir. Mais j'évite pour l'instant d'aller jusque-là parce que ça me donne le vertige.

— Mais ils ne risquent rien, dit Jacquemort. Les enfants savent plus ou moins consciemment ce qui est bon pour eux et ils ne se mettent guère souvent en mauvaise posture.

— Croyez-vous ?

— J'en suis sûr, dit Jacquemort. Sans quoi nous ne serions pas là, ni vous ni moi.

— C'est un peu vrai, dit Clémentine. Mais ce sont des enfants si différents des autres.

— Oui, oui, dit Jacquemort.

— Et je les aime tant. Je crois que je les aime tellement que j'ai pensé à tout ce qui pouvait leur arriver dans cette maison et ce jardin et je n'en dors plus. Vous ne pouvez pas imaginer quelle quantité d'accidents ça fait. Comprenez quelle épreuve c'est pour une mère qui aime ses enfants comme je les aime. Mais il y a tant de choses à faire dans une maison et je ne peux pas être tout le temps sur leur dos à les surveiller.

— Et la bonne ?

— Elle est stupide, dit Clémentine. Avec elle ils sont plus en danger que tout seuls. Elle n'a aucune sensibilité et j'aime autant les éloigner d'elle le plus possible. Et elle est incapable de la moindre initiative. Que les enfants creusent un peu trop profondément dans le jardin avec leurs pelle, qu'ils rencontrent un puits de pétrole, que le pétrole jaillisse et les noie tous, et elle ne saura que faire. Les frayeurs que je peux avoir ! Ah ! c'est que je les aime !

— Effectivement, dit Jacquemort. Je constate que vous ne négligez rien dans vos prévisions.

— Et il y a autre chose qui me tourmente, dit Clémentine. Leur éducation. Je tremble à la pensée de les envoyer à l'école du village. Bien entendu, il ne serait pas question qu'ils y aillent tout seuls. Mais je ne peux pas les faire accompagner par cette fille. Il leur arrivera un accident. J'irai moi-même ; vous me remplacerez de temps en temps, si vous me promettez de faire très attention. Mais non, je crois qu'il faudra que j'y aille moi-même. Remarquez, il ne faut pas trop se préoccuper de leurs études pour l'instant, après tout, ils sont encore très jeunes ; l'idée de les voir sortir du jardin m'affole tant que je n'ai pas encore pu réaliser tout ce que cela comporte comme risques.

— Faites venir un précepteur à domicile, dit Jacquemort.

— J'y ai bien pensé aussi, répondit Clémentine, mais je vous avoue que je suis jalouse. C'est tout bête et c'est tout simple mais je ne pourrais supporter de les voir s'attacher à quelqu'un d'autre que moi. Or, si c'est un bon précepteur, ils s'attacheront forcément à lui ; si c'est un mauvais, je ne tiens pas à ce que mes enfants tombent entre ses mains. De toute façon, je n'ai pas déjà très confiance en l'école, mais au moins y a-t-il un instituteur ; tandis que le problème du précepteur paraît pratiquement insoluble.

— Le curé ferait un précepteur assez traditionnel... dit Jacquemort.

— Je ne suis pas très religieuse et je ne vois pas pourquoi je désirerais que mes enfants le devinssent.

— Je ne crois pas qu'ils courent de gros risques avec ce curé-là, dit Jacquemort. Il a de la religion une conception plutôt saine et doit susciter le minimum de vocations.

— Le curé ne se dérangera pas, trancha Clémentine, et le problème reste le même. Il faudra qu'ils aillent au village.

— Mais enfin, dit Jacquemort, à bien y réfléchir, il ne passe jamais une voiture sur cette route. Ou si peu.

— Justement, dit Clémentine. Il en passe si peu qu'on ne se méfie plus et quand par hasard en arrive une, c'est d'autant plus dangereux. J'en frémis rien que d'y penser.

— Vous parlez comme saint Delly[11], dit Jacquemort.

— Cessez donc de vous moquer, dit Clémentine. Non, réellement, je ne vois pas d'autre solution que de les accompagner moi-même à l'aller et au retour. Que voulez-vous, quand on aime ses enfants, il y a des sacrifices que l'on peut faire.

— Ils vous embarrassaient moins quand vous les abandonniez sans tétée pour aller escalader des rochers, observa Jacquemort.

— Je ne me rappelle pas avoir jamais fait ça, dit Clémentine. Et si je l'ai fait, c'est que je devais être malade. De toute façon, ce n'est pas bien à vous de me le dire. Vous savez qu'il s'agit d'une époque où Angel était encore là, et où sa présence suffisait à me mettre hors de moi. Mais maintenant, les choses ont changé et c'est à moi que revient l'entière responsabilité de leur éducation.

— Ne craignez-vous pas de les rendre trop dépendants de vous-même ? observa le psychiatre, un peu honteux.

— Quoi de plus naturel ? Ces enfants me tiennent lieu de tout, ils sont mon unique raison d'exister ; il est juste que, réciproquement, ils s'habituent à se reposer sur moi en chaque circonstance.

— Mais malgré tout, dit Jacquemort, je crois que vous vous exagérez le danger... parce qu'à ce moment, vous pouvez le voir partout ; tenez, par exemple... je m'étonne que vous les laissiez se servir de papier ; avec le papier, ils peuvent s'érafler, et qui sait, à supposer que la femme qui a emballé la ramette ait simplement empoisonné sa famille à l'arsenic en pesant la dose exacte sur la première feuille, cette feuille peut être contaminée et dangereuse... au premier contact, un de vos gosses peut s'effondrer... vous devriez leur lécher le derrière.

Elle réfléchit un moment.

— Vous savez, dit-elle, les animaux le font bien pour leurs petits... peut-être qu'une bonne mère doit le faire...

Jacquemort la regarda.

— Je crois que vous les aimez vraiment, dit-il, très sérieux. Et, au fond, cette histoire d'arsenic, ça n'a rien d'impossible, quand on y réfléchit.

— C'est affolant, dit Clémentine, effondrée.

Elle se mit à pleurer.

— Je ne sais pas quoi faire... je ne sais pas quoi faire...

— Calmez-vous, dit Jacquemort, je vous aiderai. Je viens de me rendre compte que c'est un problème très complexe. Cela peut s'arranger, sûrement. Remontez vous étendre.

Elle passa.

Ça, c'est une passion, se dit Jacquemort en reprenant sa route.

Il aurait voulu l'éprouver. Mais, à défaut, il pouvait toujours l'observer.

Une vague pensée qu'il ne réussissait pas à formuler le taquinait cependant. Une vague pensée. Une pensée vague. De toute façon, ce serait intéressant de recueillir le point de vue des enfants.

Mais le temps ne pressait pas.

XIII

7 octembre.

Ils jouaient sur la pelouse devant les fenêtres de leur mère. De moins en moins elle tolérait qu'ils s'écartent. Pour l'instant, elle les regardait, suivant leurs gestes et tentant de deviner leurs jeux. Joël paraissait moins vif que d'habitude et restait à la traîne, suivant le mouvement tout juste. Un moment il se leva, tâta sa petite culotte et regarda ses frères. Ils se mirent à danser autour de lui comme s'il leur avait dit quelque chose de très drôle. Joël frotta ses poings sur ses yeux et il pleurait, c'était visible.

Clémentine sortit de sa chambre, descendit l'escalier et gagna la pelouse en quelques instant.

— Qu'est-ce qu'il y a, mon petit chou?

— Mal au ventre! sanglota Joël.

— Qu'est-ce que tu as mangé? C'est cette idiote qui t'a encore donné quelque chose de pas bon, mon pauvre ange.

Joël, debout, les jambes écartées, rentrait le ventre et sortait le derrière.

— J'ai fait dans ma culotte! hurla-t-il effondré.

Citroën et Noël prirent un air méprisant.

— C'est un bébé! dit Citroën. Il fait encore dans sa culotte!

— Quel bébé! dit Noël.

— Allons! dit Clémentine. Voulez-vous être gentils avec lui! Ce n'est pas sa faute. Viens, mon chéri, viens, je vais te mettre une belle culotte propre et tu auras une bonne cuillerée d'élixir parégorique.

Citroën et Noël restèrent frappés d'envie et d'étonnement.

Joël suivit Clémentine en trottant, tout consolé.

— C'est dégoûtant, dit Citroën, il a fait dans sa culotte et on lui donne des lixirs paracoliques.

— Oui, dit Noël. J'en veux aussi.

— Je vais essayer de pousser, dit Citroën.

— Moi aussi, dit Noël.

Ils poussèrent de toutes leurs forces, les joues violacées, mais rien ne venait.

— Je ne peux pas, dit Citroën. J'ai juste fait un tout petit peu pipi.

— Tant pis, dit Noël, on n'aura pas des lixirs. Mais on va cacher l'ours de Joël.

— Tiens? dit Citroën, surpris d'entendre Noël faire une si longue phrase. C'est une bonne idée, mais il ne faut pas qu'il puisse le trouver.

Le front de Noël se plissa douloureusement. Il cherchait. Il tourna la tête de droite et de gauche, en quête d'inspiration. Citroën n'était pas en reste et faisait fébrilement travailler ses neurones.

— Regarde! dit-il. Là-bas!

Là-bas, c'était l'espace libre où la bonne accrochait son linge à de hauts fils de fer. Au pied de l'un des poteaux blancs qui supportaient les fils se dessinait la silhouette de l'escabeau.

— On va le cacher dans un arbre, dit Citroën. On va prendre l'escabeau de Blanche. Vite avant qu'il ne revienne!

Ils coururent de toute la force de leurs jambes.

— Mais, haleta Noël tout en courant, il pourra le reprendre...

— Non, dit Citroën. Tu comprends, à nous deux, on peut soulever l'escabeau, mais lui tout seul ne pourra pas.

— Tu crois? demanda Noël.

— Tu vas voir, dit Citroën.

Ils arrivèrent à l'escabeau. Beaucoup plus grand qu'il n'en avait l'air de loin.

— Il faut faire attention de ne pas le faire tomber, dit Citroën, sans ça on ne pourrait plus le remettre debout.

Cahin-caha, ils s'éloignèrent, traînant l'objet.

— Ouille, c'est lourd! dit Noël au bout de dix mètres.

— Dépêche-toi, dit Citroën. Elle va revenir.

XIV

— Là! dit Clémentine. Comme ça, tu seras tout propre.

Elle jeta le morceau de coton dans le pot. Joël était debout devant elle, de dos. Elle, agenouillée, venait de le nettoyer. Elle hésita et lui dit:

— Penche-toi, mon petit chou.

Joël se pencha, les coudes aux cuisses. Elle lui saisit délicatement les fesses, les écarta un peu et se mit à lécher. Soigneusement. Consciencieusement.

— Qu'est-ce que tu fais, maman? demanda Joël, étonné.

— Je te nettoie, mon chéri, dit Clémentine en interrompant sa

besogne. Je veux que tu soies aussi propre qu'un bébé chat ou qu'un bébé chien.

Ce n'était même pas humiliant. Et, au fond, très naturel. Quel crétin, ce Jacquemort! Incapable de comprendre ça. C'est la moindre des choses, pourtant. Et au moins, comme ça, elle serait sûre qu'ils n'attrapent plus rien. Puisqu'elle les aimait, rien de ce qu'elle faisait ne pouvait leur nuire. Rien. Au fond elle aurait même dû les débarbouiller entièrement de cette façon-là.

Elle se releva, reculotta Joël, pensive. Voilà de nouveaux horizons.

— Va rejoindre tes frères, mon chéri, dit-elle.

Joël s'en fut en courant. Au bas de l'escalier, il passa son doigt sur sa culotte, entre les fesses, parce qu'il était un peu mouillé. Il haussa les épaules.

Clémentine regagna lentement sa chambre. Ça n'avait pas très bon goût en fin de compte. Un rien de bifteck allait lui faire du bien.

Les débarbouiller entièrement de cette façon-là. Oui.

Car, elle se l'était dit souvent, il est extrêmement dangereux de leur faire prendre des bains. Un instant d'inattention. On tourne la tête, par exemple, on se baisse pour ramasser le savon qui a glissé et qui s'est faufilé derrière le pied du lavabo, hors de portée. Et, à ce moment, il y a une formidable surpression dans les conduites, parce que, subitement, une météorite incandescente est tombée au milieu du réservoir et a réussi à pénétrer dans le canal principal sans exploser en raison de la vitesse affolante ; mais, une fois coincée, elle se met à vaporiser l'eau des canalisations et une onde de choc (c'est joli ce mot-là, une onde de choc) se propage à grande vitesse, et, naturellement, il coule bien plus d'eau qu'avant, de sorte que, le temps de se baisser pour ramasser ce savon — d'ailleurs, c'est un crime de vendre des savons de cette forme, ovoïdes et glissants, qui peuvent vous échapper pour un oui, pour un non, et s'envoler n'importe où, et même en tombant dans l'eau, envoyer un microbe dans le nez de l'enfant. Mais voilà que l'eau arrive en masse, et le niveau monte, l'enfant s'affole, il avale, s'étrangle — on peut en mourir — sa pauvre figure violette — asphyxié...

Elle essuya son front moite et referma la porte de l'armoire sans rien prendre. Son lit. Son lit, tout de suite.

XV

Un peu vexé, Joël rejoignit ses frères. Pelle en main, ils creusaient et ne firent aucune remarque.

— Tu crois qu'on va en retrouver une bleue? demanda Noël à Citroën.

Joël leva le nez, intéressé.

— Non, dit Citroën. Je t'ai dit que c'était très rare. On en trouve une sur cinq cents millions.

— C'est une blague, décida Joël, qui se remit au travail avec rage.

— Dommage qu'il l'ait mangée, dit Citroën. Sans ça, on serait peut-être en train de voler aussi.

— Heureusement que c'est le sien, dit Noël. Moi, ça m'ennuierait que le mien soit parti.

Il enlaça ostensiblement son ours en peluche.

— Mon Dumuzo! dit-il avec tendresse.

Joël, l'œil obstinément baissé, attaquait avec vigueur un petit filon de gravier.

L'allusion à l'ours lui fit sauter le cœur. Où était le sien? Il ne voulait pas lever la tête, mais ses yeux commençaient à le picoter un peu.

— Il n'a pas l'air content, railla Noël.

— Ils n'étaient pas bons, les lixirs? demanda ironiquement Citroën.

Joël ne répondit pas.

— Il sent encore mauvais, dit Noël. C'est pas étonnant que Poirogale soit parti.

Joël savait que s'il répondait, il aurait la voix tremblante, et il ne voulait pas. Il avait du mal à voir ce qu'il faisait, ses yeux se brouillant de plus en plus, mais il se concentra sur ses cailloux. Et, subitement, il oublia l'ours, ses frères, et tout ce qui l'environnait.

Une ravissante limace d'un bleu de cobalt des plus purs rampait doucement sur un des cailloux qui tapissaient le fond de son chantier. Le souffle coupé, il la regarda. De ses doigts tremblants, il la saisit avec délicatesse et la porta à sa bouche d'un geste discret. Les railleries de ses frères ne lui parvenaient plus qu'à travers une brume joyeuse.

Il goba la limace bleue et se leva.

— Je sais bien que c'est vous qui l'avez caché, dit-il d'un ton assuré.

— Jamais de la vie, dit Citroën. Il est monté là-haut tout seul parce qu'il ne voulait pas rester avec un papa qui sent si mauvais.

— Ça m'est égal, dit Joël. Je vais aller le chercher.

Il eut tôt fait de découvrir l'escabeau à quelques mètres de l'arbre, et l'arbre lui-même où Poirogale, niché confortablement entre deux branches, conversait, très calme, avec un pivert.

Maintenant, il fallait voler. Il étendit les bras, décidé, et remua les mains. Citroën l'avait dit.

Lorsque ses talons passèrent au ras du nez de Noël, celui-ci saisit le bras de Citroën.

— Il en a trouvé une... murmura-t-il.

— Bon, dit Citroën. Ça prouve que j'avais raison, tu vois.

Le pivert ne bougea pas en voyant arriver Joël qui s'installa confortablement à côté de l'ours et appela ses frères.

— Alors, vous venez? proposa-t-il, moqueur.

— Non, dit Citroën. C'est pas amusant.

— Si, c'est amusant, dit Joël. Hein? demanda-t-il au pivert.

— C'est très amusant, confirma le pivert. Mais vous savez, des limaces bleues, il y en a plein le massif d'iris.

— Oh, dit Citroën, j'en aurais trouvé de toute façon. Et on peut toujours les peindre en bleu avec de la couleur...

Il se dirigea vers le massif d'iris, suivi de Noël. Joël les rattrapa en route. Il avait laissé Poirogale sur la fourche.

— On va en manger beaucoup, dit-il. Comme ça, on pourra voler très haut.

— Une suffit, dit Citroën.

Lorsque Clémentine sortit, elle aperçut l'escabeau sur la pelouse. Elle courut et regarda de plus près. Elle vit l'arbre. Et, sur l'arbre, Poirogale, confortablement étendu.

Portant une main à son cœur, elle se précipita dans le jardin, appelant à grands cris ses enfants.

XVI

8 octobre.

— J'ose à peine vous donner tort, dit Jacquemort. Mais ne précipitons rien.

— C'est la seule solution, dit Clémentine. On peut retourner le

problème du côté que l'on veut. Cela ne serait pas arrivé s'il n'y avait pas eu cet arbre.

— Ça ne serait pas plutôt la faute de l'escabeau? suggéra Jacquemort.

— Naturellement, jamais elle n'aurait dû laisser traîner cet escabeau, dit Clémentine. Mais l'escabeau, c'est une autre histoire et elle sera punie comme elle le mérite. Mais vous comprenez bien que sans l'arbre, jamais Citroën et Noël n'auraient eu l'idée de mettre l'ours hors de portée de Joël? C'est cet arbre qui est la cause de tout. D'ailleurs, songez qu'il aurait même pu essayer d'y grimper directement pour aller rechercher son ours, le pauvre chou.

— Cependant, dit Jacquemort, certains considèrent que cela fait du bien aux enfants de grimper aux arbres.

— Pas à mes enfants à moi! dit Clémentine. Et il peut se produire tant de choses avec les arbres. On ne sait pas. Des termites rongent les racines, et soudain ils s'abattent sur vous, ou une branche morte se casse et vous assomme, ou la foudre le frappe, il s'enflamme, le vent active le feu, porte des flammèches jusqu'à la chambre des enfants et ils meurent brûlés!... Non, il y a trop de danger à garder des arbres dans un jardin. Aussi, je vous demande si vous voulez vous charger d'aller au village et de prier les hommes de venir les abattre tous. Ils pourront en emmener la moitié; je garderai le reste pour le chauffage.

— Quels hommes? demanda Jacquemort.

— Oh, je ne sais pas, moi, les élagueurs, les bûcherons... les bûcherons, voilà. Je vous demande de prier que l'on m'envoie quelques bûcherons. C'est très difficile?

— Oh non, dit Jacquemort. J'y vais. Il ne faut rien négliger.

Il se leva. Il y allait.

XVII

L'après-midi, les hommes arrivèrent. Ils portaient de nombreux instruments de fer, des aiguilles, des crochets et des réchauds. Jacquemort les vit entrer : il revenait d'une promenade, et il s'arrêta et il se rangea pour les laisser passer. Ils étaient cinq ; en outre, ils avaient amené deux apprentis, l'un d'une dizaine d'années, malingre et

rachitique, l'autre un peu plus âgé, avec un bandeau noir sur l'œil gauche et une jambe comiquement tordue.

L'un des hommes fit un signe à Jacquemort; c'est avec lui que Jacquemort avait discuté le prix de l'opération; ils s'étaient finalement mis d'accord pour adopter la combinaison proposée par Clémentine : la moitié des arbres pour les bûcherons, l'autre moitié pour la maison. Les frais de débitage seraient comptés en plus si elle désirait qu'on les coupe et qu'on les rentre.

Jacquemort avait le cœur serré. Sans leur attacher de valeur sentimentale, ainsi qu'il convenait à un individu né sans souvenirs à l'âge adulte, il estimait les arbres pour leur beauté probablement fonctionnelle et leur anarchique uniformité. Il se sentait assez intime avec eux pour ne pas éprouver le besoin de leur parler, ni de leur écrire des odes ; mais il aimait les reflets troubles du soleil sur les feuilles vernies, les puzzles d'ombre découpés par le jour et les feuilles, le léger bruit vivant des branches et l'odeur de leur évaporation, le soir après les journées chaudes. Il aimait les langues pointues des dracœnas, les stipes empilés des gros palmiers trapus, les membres lisses et frais des eucalyptus comme des grandes filles gauches poussées trop vite et qui se parent maladroitement de bijoux de cuivre verdi sans valeur après avoir vidé sur leur tête le flacon de parfum de leur mère. Il admirait les pins, austères en apparence, mais prêts à libérer, à la moindre chatouille, une semence de résine odorante, et il aimait aussi les chênes mal foutus comme des gros chiens costauds et ébouriffés. Tous les arbres. Tous avaient leur personnalité, leurs mœurs et leurs manies propres, mais tous étaient sympathiques. Cependant le surprenant amour maternel de Clémentine justifiait leur sacrifice.

Les hommes s'arrêtèrent au milieu de la pelouse et déposèrent leurs instruments. Puis deux d'entre eux saisirent des pioches et commencèrent à creuser tandis que les apprentis, empoignant de grandes pelles de terrassier plus longues qu'eux déblayaient la terre émiettée. La tranchée s'étendit rapidement. Jacquemort était revenu sur ses pas et considérait cette activité avec circonspection. Les apprentis entassaient la terre sur le bord de la tranchée et la piétinaient vigoureusement pour la durcir en un mur épais et bas.

Lorsque les ouvriers jugèrent le fossé suffisamment profond, ils cessèrent de piocher et sortirent. Ils avaient des gestes lents et leurs vêtements bruns et terreux les faisaient ressembler à de gros coléoptères en train d'enterrer leur progéniture. Les apprentis, eux, continuaient à

retirer la terre. Et à la tasser, frénétiques et suants. Chacun recevait une périodique taloche à titre d'encouragement. Pendant ce temps, les trois autres terrassiers, partis vers la grille, revenaient, tirant un charreton à bras sur le plateau duquel s'empilaient des rondins en longueurs d'un mètre. Ils arrêtèrent le grossier véhicule tout près de la tranchée. Puis ils se mirent à disposer les rondins en travers sur les semelles de terre battue que venaient de préparer les apprentis. Ils les juxtaposèrent soigneusement, jointifs, assénant sur chaque extrémité un vigoureux coup de masse pour tasser l'ensemble. Lorsque l'abri fut terminé, ils empoignèrent à leur tour des pelles, et commencèrent à recouvrir de terre les rondins. Jacquemort regardait, regardait, de plus en plus intrigué. Il fit signe à l'un des apprentis et celui-ci s'approcha.

— Qu'est-ce qu'ils font ? demanda Jacquemort en lui donnant, malgré sa répugnance, un coup de pied dans les tibias.

— C'est l'abri, dit l'apprenti qui gara sa figure et s'en fut en courant rejoindre ses compagnons. Lesquels ne l'oublièrent pas dans la distribution.

Il n'y avait pas de soleil, ce jour-là, et le ciel plombé luisait d'un éclat livide et désagréable. Jacquemort se sentait un peu frileux mais il voulait voir.

L'abri paraissait terminé. Un par un, les cinq hommes s'engagèrent sur la rampe douce pratiquée à l'une des extrémités de la tranchée. Ils tenaient tous les cinq. Les apprentis n'essayèrent même pas de les suivre, connaissant d'avance le résultat d'une tentative de cette sorte.

Les hommes ressortirent. Ils prélevèrent sur le tas d'outils des crocs et des pointes. Les deux apprentis s'activaient autour des réchauds, soufflant la braise de toutes leurs forces. Au commandement du chef d'équipe, ils se hâtèrent de soulever les lourds récipients de tôle brûlante et suivirent les hommes vers le premier arbre. De plus en plus, Jacquemort se sentait inquiet. Ça lui rappelait le jour où on crucifiait sur une porte l'étalon dévergondé.

Au pied d'un haut dattier d'une dizaine de mètres, on déposa le premier réchaud et chacun y fourra un de ses outils. Le second fut installé de la même façon près de l'eucalyptus voisin. Les apprentis se mirent à souffler sur les braises, cette fois avec de gros soufflets de peau sur lesquels ils sautaient à pieds joints. Pendant ce temps, le chef d'équipe collait son oreille, prudemment, au tronc du dattier, de-ci, de-là. Il s'arrêta soudain et fit une marque rouge sur l'écorce. Le plus trapu des quatre bûcherons retira du feu son crochet ; un fer de flèche plutôt

qu'un vrai crochet, une pointe acérée dont les barbes rouge clair fumaient dans l'air pesant. D'un geste décidé, il s'affermit, prit son élan et harponna le tronc lisse, juste au milieu de la marque rouge. Déjà les apprentis avaient emporté en courant le réchaud, et déjà un de ses camarades répétait le même geste pour l'eucalyptus. Et puis les deux harponneurs, de toute la vitesse de leurs jambes, regagnèrent l'abri et disparurent. Les apprentis se tassèrent à l'entrée, près des réchauds.

La touffe de feuilles du dattier se mit à frémir, imperceptiblement d'abord, puis plus vive, et Jacquemort serra les dents. Une plainte s'élevait, si aiguë et si intense, qu'il faillit se boucher les oreilles. Le tronc du dattier oscillait et, à chaque oscillation, le rythme des cris s'accélérait. La terre, au pied du dattier, se fendit et s'ouvrit. La note impossible vrillait l'air, déchirait les tympans, résonnait dans tout le jardin et semblait se réverbérer sur le plafond bas des nuages. D'un coup, la souche s'arracha du sol et le long fût courbe s'abattit dans la direction de l'abri. Maintenant, il sautait et dansait sur le sol, se rapprochait peu à peu de la tranchée, poussant toujours ce hurlement insupportable. Quelques secondes après, Jacquemort sentit pour la seconde fois le sol trembler. L'eucalyptus à son tour, s'écroulait. Lui ne criait pas ; il haletait comme un soufflet de forge fou et ses branches argentées se tordaient autour de lui, labouraient profondément le sol pour tenter d'atteindre la tranchée. Le dattier, à ce moment, atteignit l'extrémité du plafond de rondins, et il commença à le marteler avec de grandes contractions tremblantes ; mais déjà la clameur diminuait de puissance, le rythme ralentissait, ralentissait. L'eucalyptus, plus fragile, s'arrêta le premier, seules ses feuilles en lame de poignard grouillaient encore un peu. Les hommes sortirent de la tranchée. Le dattier eut un dernier sursaut. Mais l'homme qu'il visait sauta lestement de côté et lui porta un violent coup de hache. Tout se tut. Seuls de longs frissons parcouraient encore la colonne grise. Avant même que tout soit fini, les bûcherons étaient repartis vers les arbres voisins.

Jacquemort, les pieds rivés à terre, le tête éperdue et sonnante, les regardait, l'œil fixe. Lorsqu'il vit le harpon pénétrer pour la troisième fois dans le bois tendre, il ne put y tenir, se retourna et s'enfuit vers la falaise. Il courait, courait et l'air vibrait, autour de lui, des rugissements de colère et de douleur du massacre.

XVIII

11 octobre.

Maintenant, il n'y avait plus que le silence. Tous les arbres reposaient sur le sol, racines en l'air, et d'énormes trous criblaient la terre, comme après un bombardement de l'intérieur. De grands abcès vidés, secs, tristes. Les cinq hommes étaient rentrés au village et les deux apprentis devaient débiter les cadavres en bûches et ranger le résultat.

Jacquemort regardait le désastre. Seuls subsistaient quelques taillis d'arbustes et des massifs bas. Il n'y avait plus rien entre ses yeux et le ciel, étrangement nu soudain et sans ombres. Sur la droite, on entendit le claquement d'une serpe. Le plus jeune des deux apprentis passa, traînant une longue scie molle à deux poignées.

Jacquemort soupira et regagna la maison. Il remonta l'escalier. Au premier étage, il tourna vers la chambre des petits. Clémentine, assise, tricotait en leur tenant compagnie. Au fond de la pièce, Noël, Joël et Citroën regardaient des livres d'images en suçant des bonbons. Le sac de bonbons était au milieu d'eux.

Jacquemort entra.

— C'est fini, dit-il. Ils sont abattus.

— Ah ! tant mieux, dit Clémentine. Je serai tellement plus tranquille.

— C'est tout ce que ça vous fait ? dit Jacquemort. Malgré ce bruit ?

— Je n'ai guère fait attention. Je suppose qu'il est normal que les arbres fassent du bruit en tombant.

— Bien sûr... dit Jacquemort.

Il regarda les enfants.

— Vous les gardez ? Ça fait trois jours qu'ils ne sortent pas. Ils ne risquent plus rien, vous savez !

— Est-ce que les hommes ne travaillent plus ? demanda Clémentine.

— Il reste à débiter le bois, dit Jacquemort. Mais si vous avez peur pour eux, je vais les surveiller. Je crois qu'il faut leur faire prendre un peu l'air.

— Oh oui ! dit Citroën. On va se promener avec toi !

— Allons-y ! dit Noël.

— Faites très attention ! recommanda Clémentine. Ne les perdez pas de vue une seule seconde. Je serais morte d'inquiétude si je pensais que vous ne les surveillez pas.

Jacquemort quitta la pièce ; les gosses gambadaient devant lui. Ils descendirent tous quatre l'escalier en courant.

— Attention qu'ils ne tombent pas dans les trous ! cria encore Clémentine. Et qu'ils ne jouent pas avec les outils.

— Oui ! Oui ! dit Jacquemort entre haut et bas.

Dès qu'ils furent dehors, Noël et Joël galopèrent vers l'endroit d'où venait le bruit de serpe. Jacquemort les suivit sans se presser, en compagnie de Citroën.

Le plus jeune des apprentis, celui qui avait à peu près dix ans, ébranchait un pin. L'acier de la serpe s'élevait et s'abattait, de fins copeaux orange jaillissaient à chaque coup et la résine parfumait l'air de son odeur crissante. Joël choisit un poste d'observation commode et s'arrêta, fasciné. Noël resta à côté de lui, un peu en retrait.

— Comment tu t'appelles ? demanda Noël au bout d'un instant.

L'apprenti leva son visage misérable.

— J'sais pas, dit-il. Peut-être Jeañ.

— Jeañ ! répéta Noël.

— Moi, je m'appelle Joël, dit Joël et mon frère s'appelle Noël.

Jeañ ne répondit pas. La serpe s'abattait toujours avec une triste régularité.

— Qu'est-ce que tu fais, Jeän ? demanda Citroën qui arrivait.

— Ça, dit Jeañ.

Noël ramassa un des copeaux et le sentit.

— Ça doit être amusant, dit-il. Tu fais toujours ça ?

— Non, dit Jeañ.

— Regarde, dit Citroën. Est-ce que tu sais cracher aussi loin que ça ?

Jeañ regarda sans passion. Un mètre cinquante. Il s'essaya à son tour et fit plus que doubler la distance.

— Oh ! dit Noël.

Citroën admirait sincèrement.

— Tu craches drôlement loin, dit-il, plein d'égards.

— Mon frère crache quatre fois plus loin, dit Jeañ qui n'avait guère l'habitude d'être apprécié chez lui et s'efforçait de détourner ces louanges gênantes sur quelqu'un de plus digne.

— Eh bien, dit Citroën, il doit cracher drôlement loin aussi !

La branche ne tenait plus que par quelques fibres. Elle se détacha au coup suivant et l'élasticité des ramilles la fit se dresser brusquement et s'abattre sur le côté. Jeañ l'écarta de la main.

— Attention ! dit Jeañ.

— Tu es fort! dit Noël.

— Oh, dit Jeań, c'est rien, ça. Mon frère est bien plus fort que moi.

Tout de même, il attaqua la branche suivante avec une certaine emphase, et il fit jaillir de très gros éclats.

— Regarde ça, dit Citroën à Joël.

— Il la couperait presque d'un seul coup, dit Noël.

— Oui, dit Citroën.

— Presque, précisa Noël. Pas tout à fait d'un seul coup quand même.

— Je la couperais d'un seul coup si je voulais, dit Jeań.

— Je crois bien, dit Citroën. Est-ce que tu as déjà coupé un arbre d'un seul coup?

— Mon frère l'a fait, dit Jeań. Un vrai arbre.

Il s'animait visiblement.

— Est-ce que tu habites au village? demanda Citroën.

— Oui, dit Jeań.

— Nous, on a un jardin, dit Citroën. C'est amusant. Il y a d'autres garçons aussi forts que toi, au village?

Jeań hésita, mais l'honnêteté l'emporta.

— Oh oui, dit-il. Des tas!

— Mais toi, dit Noël. Tu as au moins neuf ans?

— Dix ans, précisa Jeań.

— Tu crois que je pourrais aussi couper des arbres, si j'avais dix ans? demanda Citroën.

— Je ne sais pas, dit Jeań. C'est assez difficile quand on ne connaît pas.

— Est-ce que tu me prêterais ça? dit Citroën.

— Quoi? dit Jeań. Ma serpe?

— Oui, ta serpe, dit Citroën en se délectant du mot.

— Essaye, dit généreusement Jeań. Mais c'est lourd, tu sais.

Citroën la souleva respectueusement. Jeań en profita pour se cracher dans les mains avec abondance. Ce que voyant Citroën, il la lui rendit avec une certaine gêne.

— Pourquoi tu craches dans tes mains? demanda Noël.

— Tous les hommes le font, dit Jeań. Ça durcit les mains.

— Tu crois que mes mains durciraient aussi? demanda Citroën. Peut-êtres qu'elles deviendraient dures comme du bois!...

— Je ne sais pas, dit Jeań.

Il se remit au travail.

— Est-ce que tu as déjà creusé dans ton jardin pour y trouver des limaces ? demanda Citroën.

Jeań renifla, tout en étudiant la question, et expectora une remarquable masse verte à une distance proprement stupéfiante.

— Oh ! dit Noël, tu as vu ?

— Oui, dit Citroën.

Intéressés, ils s'assirent par terre.

— Mon frère a déjà trouvé un os de mort, dit Jeań. En creusant.

Ils l'écoutaient mais sans passion. Jacquemort, debout, regardait le bizarre quatuor. Il était un peu perplexe.

XIX

27 octobre.

Il s'éveilla en sursaut. On frappait à sa porte. Avant qu'il ait eu le temps de répondre, Clémentine entra.

— Bonjour, dit-elle, l'air absent.

Elle paraissait complètement affolée.

— Que se passe-t-il ? demanda Jacquemort, intrigué.

— Rien ! dit Clémentine. C'est stupide. C'est un cauchemar que j'ai fait.

— Encore un accident ?

— Non. Ils sortaient du jardin. Ça me hante.

— Retournez vous coucher, dit Jacquemort en s'asseyant sur son lit. Je vais m'occuper de ça.

— De quoi ?

— Ne vous inquiétez pas.

Elle parut un peu calmée.

— Vous voulez dire que vous pouvez faire quelque chose pour leur sécurité ?

— Oui, dit Jacquemort.

Toujours la même pensée vague. Mais cette fois, elle lui suggérait une action précise.

— Retournez vous coucher, répéta-t-il. Je m'habille. Je viendrai vous voir sitôt la chose réglée. Ils sont déjà levés, je pense ?

— Ils sont au jardin, dit Clémentine.

Elle sortit et referma la porte.

XX

— Pas comme ça, dit Citroën. Comme ça.

Il s'étendit à plat ventre sur l'herbe et, par un mouvement imperceptible des mains et des pieds, s'éleva à trente centimètres du sol. Puis d'un coup, il fila en avant et dix mètres plus loin réalisa un magistral looping.

— Pas trop haut, prévint Noël. Ne dépasse pas le massif. On nous verrait.

Joël fit à son tour un essai, mais s'arrêta au sommet de sa boucle et revint en arrière.

— On vient ! souffla-t-il à voix basse dès qu'il eut regagné le sol.

— Qui ça ? demanda Citroën.

— C'est l'oncle Jacquemort.

— On joue aux cailloux, ordonna son frère.

Ils s'assirent tous trois, pelle en main. Jacquemort apparut comme prévu quelques minutes plus tard.

— Bonjour, oncle Jacquemort, dit Citroën.

— Bonjour, oncle, dit Joël.

— Bonjour, dit Noël. Assieds-toi avec nous.

— Je viens bavarder, dit Jacquemort en prenant place.

— Qu'est-ce que tu veux qu'on te raconte ? dit Citroën.

— Mon Dieu, dit Jacquemort, des choses et d'autres. Qu'est-ce que vous faisiez ?

— On cherche des cailloux, dit Citroën.

— C'est amusant, ça, dit Jacquemort.

— Très amusant, dit Noël. On y joue tous les jours.

— J'en ai vu de très beaux sur la route hier en allant au village, dit Jacquemort, mais évidemment, je ne pouvais pas vous les rapporter.

— Oh, ça ne fait rien, dit Joël, il y en a plein ici.

— C'est vrai, reconnut Jacquemort.

Il y eut un silence.

— Il y a plein d'autres choses sur la route, remarqua Jacquemort, anodin.

— Oui, dit Citroën. Il y a plein de choses partout, c'est vrai. On les voit à travers la grille. On voit tout le chemin jusqu'au tournant.

— Ah, oui, dit Jacquemort, mais après le tournant !

— Oh, dit Citroën, après le tournant, ça doit être la même chose.

— Il y a le village, un peu plus loin, dit Jacquemort.

— Avec des garçons comme Jeän, dit Citroën.

— Oui.

Citroën parut assez dégoûté.

— Il se crache dans les mains, observa-t-il.

— Il travaille, dit Jacquemort.

— Tous ceux qui travaillent se crachent dans les mains ?

— Naturellement, répondit Jacquemort. C'est pour faire mourir le poil.

— Et ils s'amusent ? demanda Joël. Les garçons du village.

— Ils jouent ensemble quand c'est l'heure de jouer. Mais ils travaillent surtout, sans ça on les battrait.

— Nous, dit Citroën, on joue tout le temps ensemble.

— Et puis il y a la messe, dit Jacquemort.

— Qu'est-ce que c'est, la messe ? demanda Noël.

— Eh bien, c'est des tas de gens dans une salle, une grande salle, et puis il y a un monsieur le curé qui porte de beaux habits brodés, et il parle aux gens et ils lui flanquent des cailloux sur la gueule.

— Tu dis des vilains mots, observa Joël.

— C'est tout ? demanda Citroën.

— Ça dépend, dit Jacquemort. Hier après-midi, par exemple, le curé avait organisé un très joli spectacle. Il s'est battu avec le sacristain, sur une scène, avec des gants de boxe, et ils se donnaient des coups de poing et à la fin, tout le monde s'est battu dans la salle.

— Toi aussi ?

— Bien sûr.

— Qu'est-ce que c'est, une scène ? interrogea Joël.

— C'est une sorte de plancher qui est levé en l'air pour que tout le monde puisse voir. Les gens sont assis sur des chaises tout autour.

Citroën réfléchissait.

— Est-ce qu'on fait autre chose que de se battre, au village ? demanda-t-il assez intrigué.

Jacquemort parut incertain.

— Ma foi, dit-il, non, en somme.

— Eh ben, dit Citroën, je trouve qu'on est bien mieux dans le jardin.

Jacquemort n'hésita plus.

— En somme, dit-il, vous n'avez pas envie de sortir ?

— Pas du tout, dit Citroën. On est déjà dehors. Et puis on ne se bat pas. On a autre chose à faire.

— Quoi donc ? demanda Jacquemort.

— Eh ben...

Citroën regarda ses frères.

— Chercher des cailloux, conclut-il.

Ils se remirent à creuser, signifiant clairement à Jacquemort que sa présence les importunait plutôt. Jacquemort se leva.

— Ça ne vous embête pas, qu'il n'y ait plus d'arbres ? demanda-t-il avant de les quitter.

— Oh, dit Citroën, c'était joli, mais ça repoussera.

— Mais pour grimper ?

Citroën ne dit rien. Noël répondit pour lui.

— Grimper aux arbres, dit-il, ce n'est plus de notre âge.

Jacquemort, confondu, s'éloigna sans se retourner. S'il s'était retourné il aurait vu trois petites silhouettes s'élever d'un jet vers le ciel et se cacher derrière un nuage pour pouvoir rire à leur aise. Les questions des grandes personnes, c'est réellement insensé.

XXI

28 octobre.

Jacquemort revenait à grands pas, le dos courbé, la barbe étroite, l'œil fixe et bas. Il présentait maintenant une notable qualité d'opacité et ne se sentait, corrélativement, que très matériel. Les séances avaient progressé, s'étaient multipliées ; sans doute n'y en aurait-il plus guère. Inquiet, Jacquemort se demandait. Comment cela finirait-il ? Il avait beau faire et beau dire, il avait beau tout tirer de La Gloïre, il n'en acquérait, mentalement, rien de plus. Il ne possédait de vivant que ses souvenirs et ses expériences propres. Il ne parvenait pas à intégrer ceux de La Gloïre. Pas tous.

Baste, baste, se dit-il. La nature est fraîche et belle, quoique l'an soit sur son déclin. Mois d'octobre que je préfère aux climats baignés par la mer, mois d'octobre odorant et mûr, avec les feuilles noires et dures et

les ronces en barbelé rouge, et tous les nuages qui bougent et qui s'étirent au bord du ciel, et les chaumes couleur vieux miel, et tout ça, mais c'est très joli, la terre est molle et brune et chaude, et s'inquiéter, quelle folie, tout ça va se tasser très vite. Ah! quelle est longue, cette route!

Un vol de maliettes qui partaient sans doute vers le sud lui fit lever les yeux, à cause de ses oreilles. Curieuse, cette habitude de chanter en accords: les oiseaux de pointe donnaient la basse, ceux du milieu la tonique, les autres se répartissaient également la dominante et la sensible, et quelques-uns se risquaient à des enrichissements plus subtils, voire diminués. Tous attaquaient et s'arrêtaient à la même seconde à intervalles pourtant irréguliers.

Mœurs des maliettes, pensa Jacquemort. Qui les étudiera? Qui saura les décrire? Il faudrait un gros livre, sur papier couché illustré d'eaux-fortes en couleurs, dues au burin fertile de nos meilleurs animaliers. Maliettes, maliettes, que n'approfondit-on pas vos mœurs! Mais las, qui jamais en prit une, maliettes couleur de suie, au poitrail rouge, à l'œil de lune, aux cris légers de petites souris. Maliettes qui mourez dès qu'on pose sur vos plumes impalpables le doigt le plus léger, qui mourez pour la moindre cause, lorsqu'on vous regarde trop longtemps, lorsqu'on rit en vous regardant, lorsqu'on vous tourne le dos, lorsqu'on enlève son chapeau, lorsque la nuit se fait attendre, lorsque le soir tombe trop tôt. Maliettes subtiles et tendres dont le cœur occupe, à l'intérieur, toute la place où les autres bêtes logent des organes banals.

Peut-être que les autres ne voient pas les maliettes comme je les vois, se dit Jacquemort, et peut-être que je ne les vois pas tout à fait comme je dis, mais en tout cas, une chose est sûre, c'est que même si on ne voit pas les maliettes, il faut faire semblant. Du reste, elles sont si visibles que l'on serait ridicule de les manquer.

Je distingue de moins en moins la route, voilà ce qui est sûr. Car je la connais trop. Et pourtant, nous trouvons beau surtout ce qui nous est familier, dit-on. Pas moi, probablement. Ou peut-être parce que cette familiarité me laisse libre de voir autre chose à la place. De voir les maliettes. Ainsi, rectifions: nous trouvons beau ce qui nous est assez indifférent pour nous permettre de voir ce que nous voulons à la place. Peut-être ai-je tort de mettre ceci à la première personne du pluriel. Rétablissons le singulier: je trouve... (voir ci-dessus).

Hé, hé, se dit Jacquemort, me voilà étrangement profond et raffiné soudain. Qui croirait, hein, qui croirait. Au reste, cette ultime définition

témoigne d'un anormal bon sens. Et il n'y a rien de plus poétique que le bon sens.

Les maliettes passaient et repassaient, tournant aux moments les plus inattendus, dessinant dans le ciel des figures gracieuses parmi lesquelles une persistance prolongée de l'impression des images rétiniennes eût permis de distinguer le trifolium de Descartes et bien d'autres amusettes curvilignes y compris la courbe affectueuse que l'on nomme cardioïde[12].

Jacquemort les regardait toujours. Elles volaient de plus en plus haut, montaient en spirales amples, jusqu'à ne plus présenter de contour distinct. C'était maintenant de simples points noirs, rangés en ordre capricieux, animés d'une vie collective. Quand elles passaient devant le soleil, il clignait des yeux, ébloui.

Tout à coup, il aperçut dans la direction de la mer, trois oiseaux un peu plus grands qui volaient si vite qu'il ne put distinguer leur espèce. Se faisant un abat-jour de la main, il tenta de préciser son impression. Mais les trois bêtes volantes étaient déjà passées. Il les vit réapparaître derrière un bloc de rocher lointain, décrivant une courbe implacable et fonçant vers le ciel, l'un derrière l'autre, toujours à la même allure terrifiante. Leurs ailes devaient battre si rapidement qu'il ne pouvait les définir — c'était trois silhouettes allongées, fuselées, presque identiques.

Les trois oiseaux piquaient vers les maliettes en formation. Jacquemort s'arrêta et regarda. Il avait le cœur un peu rapide — une émotion qu'il ne pouvait expliquer. Peut-être l'aisance et la grâce des nouveaux arrivants — peut-être la crainte de les voir assaillir les maliettes — peut-être cette impression de concerté qui naissait de leurs mouvements parfaitement synchrones.

Ils montaient à un angle abrupt, le long d'une pente d'air imaginaire, et leur rapidité coupait le souffle. Des hirondelles ne pourraient pas les suivre, pensa Jacquemort. Et ce devaient être d'assez gros oiseaux. L'incertitude de la distance à laquelle il les avait aperçus d'abord ne lui permettait pas de faire une estimation même approchée de leur taille, mais ils se détachaient sur le ciel d'une façon infiniment plus nette que les maliettes, perdues maintenant presque à la limite de visibilité, comme des têtes d'épingle sur le velours gris du ciel.

XXII

28 octembre.

Les journées raccourcissent, se disait Clémentine. Les journées raccourcissent et ça commence à parler de l'hiver et du printemps. Il y a une infinité de dangers en cette saison, une infinité de dangers nouveaux que l'on entrevoit déjà avec terreur en été, mais dont le détail ne se précise et ne se distingue que sur le moment, quand les journées raccourcissent, quand les feuilles s'envolent, quand la terre se met à sentir le chien mouillé chaud. Novrier, le mois froid du crachin. La pluie qui tombe peut causer bien des dégâts en bien des endroits, elle peut raviner les champs, combler les ravins, ravir les corbeaux. Elle peut geler subitement et Citroën attrape une broncho-pneumonie double, et le voilà qui tousse et crache le sang, et sa mère inquiète, à son chevet, se penche sur le pauvre visage fluet qui fait mal à voir, et les autres, sans surveillance, en profitent pour sortir sans leurs souliers montants, et ils prennent froid à leur tour, chacun attrape une maladie d'une espèce différente, impossible de les soigner tous trois en même temps, et on s'use les pieds à courir d'une pièce à une autre, mais même sur les moignons, moignons qui saignent à bouillons rouges sur le carreau froid, on se rue d'un lit à l'autre avec le plateau et les médicaments ; et les microbes des trois chambres distinctes, soudain, flottent dans l'air et s'unissent, et, de leur combinaison ternaire, voici que résulte un hybride immonde, un crobe monstrueux, visible à l'œil nu, qui a la propriété singulière de provoquer la croissance de ganglions doux et terribles, en chapelets mollasses sur les articulations des enfants étendus, et voici que crèvent les ganglions distendus, et les microbes ruissellent hors des blessures, oui, voilà, voilà tout ce que peut apporter la pluie, la pluie grisâtre d'octobre et le vent de novrier l'accompagne ; ah ! le vent, maintenant, ne peut plus arracher aux arbres les branches pesantes qu'il projette sur les têtes des innocents. Mais si le vent se venge aussi, gifle la mer de son souffle brutal, et montent, montent les embruns sur la falaise détrempée ; à l'un d'eux s'accroche une bête, un coquillage minuscule. Joël regardait les vagues, et (oh rien ! un effleurement à peine) la coquille vient à lui tomber dans l'œil. Sitôt tombée sitôt sortie, il frotte sa manche sur son œil, il n'a rien, rien qu'une imperceptible égratignure ; et de jour en jour cette fêlure s'étend, et l'œil de Joël, mon Dieu, cet œil, voilà qu'il ressemble aux prunelles de blanc d'œuf coagulé

des vieux qui ont trop regardé le feu — et l'autre œil, gagné par le mal sournois, tourne vers le ciel son regard terne ; Joël, mon Dieu, aveugle... et les embruns, sur la falaise, montent, montent, et la terre, comme du sucre, s'amollit sous leur manteau d'écume, et comme du sucre, elle fond, elle fond et s'effondre et coule, et Citroën et Noël, mon Dieu, comme une lave froide, la terre fondante les entraîne et leurs corps légers d'enfants flottent un instant à la surface du flot noirâtre et s'enfoncent, et la terre, ah ! la terre leur emplit la bouche ; criez, criez donc, que l'on sache, que l'on vienne !...

La maison tout entière retentit du hurlement de Clémentine. Mais il restait sans écho, tandis qu'elle se ruait en bas des marches et jusqu'au jardin, appelant ses enfants, sanglotante, éperdue. Il n'y avait que le temps gris pâle et le bruit éloigné des vagues. Affolée, elle alla jusqu'à la falaise. Puis elle pensa qu'ils dormaient peut-être et se précipita vers la maison, mais à mi-chemin, une idée la retint et elle obliqua vers le puits dont elle vérifia le lourd couvercle de chêne. Titubante, hors d'haleine, elle reprit sa course, remonta l'escalier, visita les chambres de la cave au grenier, ressortit. Elle appelait toujours d'une voix que l'émotion commençait à enrouer. Puis, saisie d'une intuition finale, elle courut à la grille. Elle était ouverte. Elle s'élança sur le chemin. Cinquante mètres plus loin, elle rencontra Jacquemort qui revenait du village. Il marchait lentement, le nez en l'air, perdu dans la contemplation des oiseaux.

Elle le saisit aux revers.

— Où sont-ils ? Où sont-ils ?

Jacquemort sursauta — il s'y attendait si peu.

— Qui ? demanda-t-il, faisant un effort de mise au point sur Clémentine.

Ses yeux, cuits par la lumière de l'air, dansaient devant lui.

— Les enfants ! La grille est ouverte ! Qui l'a ouverte ? Et ils sont partis !

— Mais non, ils ne sont pas partis, dit Jacquemort. La grille, c'est moi qui l'ai ouverte, quand je suis sorti. Et s'ils étaient partis, je les aurais vus.

— C'est vous ! haleta Clémentine. Malheureux ! Ainsi, grâce à vous, les voilà perdus !

— Mais ils s'en foutent ! dit Jacquemort. Vous n'avez qu'à leur demander vous-même, ils n'ont absolument pas la moindre envie de sortir du jardin.

— C'est ce qu'ils vous ont dit ! Mais si vous croyez que mes enfants ne sont pas assez intelligents pour vous rouler !... Venez ! courons !...

— Avez-vous regardé partout ? demanda Jacquemort, en la saisissant par la manche.

Elle commençait à l'impressionner.

— Partout ! dit Clémentine avec un sanglot. Même dans le puits.

— C'est embêtant, ça, dit Jacquemort.

Machinalement, il leva les yeux une dernière fois. Les trois oiseaux noirs avaient cessé de jouer avec les maliettes, et piquaient vers le sol. Un instant fugitif, il entrevit la vérité. Il la rejeta la seconde d'après — pur fantasme, idée folle — où peuvent-ils être ? Il suivait cependant leur vol ; ils disparurent derrière la courbe de la falaise.

— Venez, dit-il. Je suis certain qu'ils n'ont pas quitté la maison.

Il courut le premier. Clémentine haletait en sanglotant derrière lui. Cependant, elle prit le temps de tirer la grille après l'avoir franchie. Lorsqu'ils arrivèrent à la maison, Citroën descendait l'escalier. Clémentine se jeta sur lui comme une bête fauve. Jacquemort, un peu remué, la regardait avec discrétion. Clémentine bégayait des paroles sans suite, l'embrassant, le questionnant.

— J'étais au grenier avec Joël et Noël, expliqua l'enfant lorsqu'elle le laissa parler. On regardait les vieux livres.

Noël et Joël descendirent l'escalier à leur tour. Ils avaient le teint vif, le sang fouetté — il traînait autour d'eux comme une odeur de liberté. Lorsque Noël rentra prestement dans sa poche l'effilochure de nuage qui en dépassait encore, Joël sourit de l'étourderie de son frère.

Elle ne les quitta pas jusqu'au soir, multipliant les gâteries, les larmes et les caresses, comme s'ils venaient d'échapper à quelque Moloch. Elle les borda dans leurs lits bleus et ne s'éloigna que lorsqu'ils furent allongés et endormis. À ce moment-là, elle monta au second étage et frappa chez Jacquemort. Elle parla pendant un quart d'heure. Lui acquiesçait, compréhensif. Lorsqu'elle retourna chez elle, il prépara son réveil pour le lever du jour. Le lendemain, il irait au village convoquer les ouvriers.

XXIII

— Viens regarder, dit Citroën à Joël.

Il avait le premier réagi aux bruits qui s'élevaient en provenance de la grille.

— Ça m'ennuie de venir, dit Joël. Maman ne sera pas contente, et elle pleurera encore.

Citroën essaya de l'ébranler.

— Tu ne risques rien, dit-il.

— Si. Quand elle pleure, dit Joël, elle vous embrasse avec la figure mouillée. C'est dégoûtant. C'est chaud.

— Moi, ça m'est égal, dit Noël.

— De toute façon, qu'est-ce qu'elle fera ? dit Citroën.

— Je ne veux pas lui faire de peine, dit Joël.

— Ça ne lui fait pas de peine, dit Citroën, ça l'amuse de pleurer et de nous prendre dans ses bras, et de nous embrasser.

Ils s'éloignèrent, Noël et Citroën se tenant par le cou. Joël les regardait. Clémentine interdisait que l'on approche des ouvriers pendant la durée de leur travail. Certes.

Mais d'habitude, à cette heure-là, elle s'affaire dans la cuisine et le bruit des fritures et celui des casseroles l'empêche d'avoir l'oreille tendue ailleurs ; et, au fond, ce n'est pas très mal d'aller voir les ouvriers si on ne leur parle pas, après tout. Qu'est-ce qu'ils sont en train de fabriquer, Noël et Citroën ?

Joël, pour changer du vol, se mit à courir afin de rattraper les deux autres, si vite qu'au tournant de l'allée il dérapa sur le gravier et faillit choir. Il reprit son équilibre et repartit. Il riait tout seul. Voilà qu'il ne savait plus marcher.

Citroën et Noël, les bras ballants, étaient debout côte à côte, et là où aurait dû, à un mètre près, se dresser le mur du jardin et la grande grille d'or, Citroën et Noël, un peu étonnés, faisaient face au vide.

— Où est-il ? demanda Noël. Où est le mur ?

— Je ne sais pas, murmura Citroën.

Rien. Un vide clair. Une absence totale, subite et nette comme tranchée au rasoir, se dressait devant eux. Le ciel était plus haut. Joël, intrigué, s'approcha de Noël.

— Qu'est-ce qui est arrivé ? demanda-t-il. Les ouvriers ont emmené le vieux mur ?

— Sûrement, dit Noël.

— Il n'y a plus rien, dit Joël.

— Qu'est-ce que c'est ? dit Citroën. Qu'est-ce qu'ils ont donc fait ? Ça n'a pas de couleur. C'est pas blanc. C'est pas noir, c'est en quoi ?

Il s'avança.

— Touche pas, dit Noël. Touche pas, Citroën.

Citroën hésitait et tendit la main, mais il s'arrêta avant d'atteindre le vide.

— J'ose pas, dit-il.

— On ne voit plus rien là où il y avait la grille, dit Joël. Avant, on voyait le chemin et un coin des champs, tu te rappelles. Maintenant, c'est tout vide.

— C'est comme quand on a les yeux fermés, dit Citroën. Et pourtant on a les yeux ouverts, il n'y a plus que le jardin qu'on voit.

— C'est comme si le jardin c'était notre œil, dit Noël, et si ça, c'étaient les paupières. C'est pas noir et c'est pas blanc et il n'y a pas de couleurs, juste rien. C'est un mur de rien.

— Oui, dit Citroën, c'est sûrement ça. Elle a fait construire un mur de rien pour qu'on ne puisse pas avoir envie de sortir du jardin. Comme ça, tout ce qui n'est pas le jardin c'est rien et on ne peut pas y aller.

— Mais, dit Noël, il n'y a plus rien d'autre ? Il n'y a plus que le ciel ?

— Ça nous suffit, dit Citroën.

— Je ne croyais pas qu'ils avaient déjà fini, dit Joël. On les entendait donner des coups de marteau et parler. Je croyais qu'on allait les voir travailler. Moi ça ne m'amuse pas. Je vais voir maman.

— Peut-être qu'ils n'ont pas fini tout le mur ? dit Noël.

— Allons voir, dit Citroën.

Noël et Citroën, plantant là leur frère, partirent le long du sentier qui longeait le mur, du temps que le mur existait, et qui, maintenant, formait le chemin de ronde de leur nouvel univers fermé. Ils volaient très vite, au ras du sol, filant sous les branches basses.

Lorsqu'ils arrivèrent près du côté de la falaise, Citroën s'arrêta net. Il y avait devant eux un long pan du mur primitif, avec ses pierres et ses plantes grimpantes qui garnissaient le chaperon d'un couronnement vert bruissant d'insectes.

— Le mur ! dit Citroën.

— Oh ! dit Noël. Regarde ! On ne voit plus le haut.

Lentement, la surface disparut, comme escamotée.

— Ils le descendent devant, dit Citroën. Ils sont en train de descendre le dernier morceau devant. On ne le verra plus du tout.

— On ira de l'autre côté, dit Noël, si on veut.

— Oh! dit Citroën, on n'a pas besoin de le voir. De toute façon, on s'amuse mieux avec les oiseaux, maintenant.

Noël se tut. Il était d'accord et ceci se passait de commentaires. À son tour, le bas du mur céda la place à l'invisible. Ils entendirent les commandements du chef d'équipe et des coups de marteau et puis le silence ouaté.

Des pas pressés résonnèrent sur le chantier. Citroën se retourna. Clémentine, suivie de Joël, arrivait.

— Citroën, Noël, venez, mes petits. Maman a fait un bon gâteau pour le goûter. Allez, allez! Celui qui vient m'embrasser le premier aura le plus gros morceau.

Citroën resta sur le sentier. Noël lui fit un clin d'œil et se précipita dans les bras de Clémentine en feignant la terreur. Elle le serra contre elle.

— Qu'est-ce qu'il y a, mon bébé? Il a l'air tout triste. Qu'est-ce qui le taquine?

— J'ai peur, murmura Noël. Y a plus de mur.

Citroën avait envie de rire. Quel comédien, son frère!

Joël, un bonbon dans la bouche, rassura Noël.

— C'est rien du tout, dit-il. Moi j'ai pas peur. C'est juste un mur plus joli que l'autre, pour qu'on soit mieux dans le jardin.

— Mon chéri! dit Clémentine, embrassant Noël avec passion. Tu crois donc que maman pourrait faire quelque chose qui te fasse peur? Allez! venez goûter bien gentiment.

Elle fit un sourire à Citroën. Il vit que sa bouche tremblait et il fit non, de la tête. Quand elle commença à pleurer, il la regarda avec curiosité. Et puis, haussant les épaules, il s'approcha enfin. Elle l'étreignit convulsivement.

— Méchant! dit Joël. Tu as encore fait pleurer maman.

Il lui donna un bon coup de coude.

— Mais non, dit Clémentine.

Elle avait la voix mouillée de larmes.

— Il n'est pas méchant. Vous êtes tous gentils et vous êtes tous les trois mes poulets. Allez, allez, venez voir le beau gâteau. Allons!

Joël se mit à courir, suivi de Noël. Clémentine prit Citroën par la main

et l'entraîna. Il suivit le mouvement, le regard un peu dur ; il n'aimait pas la main crispée sur son poignet ; ça le mettait mal à l'aise. Il n'aimait pas les larmes non plus. Une sorte de pitié le forçait à rester contre elle, mais cette pitié lui faisait honte, le gênait, comme le jour où en entrant sans frapper dans la chambre de la bonne il l'avait trouvée nue devant une cuvette avec plein de poils sur le ventre et une serviette rouge à la main.

<div align="center">

XXIV

</div>

<div align="right">

79 déçars.

</div>

Plus d'arbres, pensait Clémentine. Plus d'arbres, une grille de qualité. Ce sont deux choses. Deux choses infimes, certes, mais riches de conséquences possibles. Un nombre considérable d'accidents de toutes sortes se trouvent d'ores et déjà relégués au domaine de l'éventuel mort. Ils sont beaux, ils grandissent, ils ont bonne mine. C'est l'eau bouillie, et les mille précautions prises. Et comment se porteraient-ils mal, puisque je me réserve le mal ? Mais il ne faut jamais relâcher sa vigilance, il faut continuer. Continuer. Il reste tant de dangers ! Ceux de l'altitude et de l'espace supprimés, il subsiste ceux du sol. Le sol. Pourriture, microbes, souillures, tout vient du sol. Isoler le sol. Relier entre eux les côtés du mur par un plancher aussi étanche aux risques. Ces murs merveilleux, ces murs d'absence, ces murs auxquels on ne peut se heurter, mais qui limitent de façon idéale. Qui limitent à l'état pur. Un sol analogue, un sol annihilant le sol. Il leur resterait le ciel à regarder... et le ciel a si peu d'importance. Certes, bien des malheurs peuvent fondre sur eux, venus d'en haut. Mais sans vouloir minimiser les risques immenses du ciel, on peut admettre — et je ne crois pas être une mauvaise mère en me laissant aller — oh ! tout théoriquement — à l'admettre, que par ordre de danger croissant, le ciel vient en dernier.

Mais le sol.

Carreler le jardin ? Des carreaux de céramique. Blancs, peut-être ? Mais la réverbération du soleil sur leurs pauvres yeux ; un soleil de plomb, tout d'un coup ; et un nuage transparent passe devant lui ; par malheur le nuage a la forme d'une lentille — d'une espèce de loupe — et le faisceau se concentre juste sur le jardin ; les carreaux blancs reflètent la lumière

avec une puissance insoupçonnable, et elle jaillit tout autour des enfants — leurs pauvres menottes se lèvent, ils tâchent de se protéger les yeux — mais déjà les voilà qui chancellent, aveuglés par l'implacable énergie — ils tombent, ils ne voient plus... Seigneur, faites qu'il pleuve... Je mettrai des carreaux noirs, Seigneur, des carreaux noirs — et cependant les carreaux sont si durs, s'ils perdaient l'équilibre — une glissade après la pluie, un faux mouvement — et une chute, voilà Noël par terre. Malheureusement personne ne l'a vu tomber ; une fracture invisible se cache maintenant sous les jolis cheveux fins — ses frères ne le ménagent pourtant pas plus qu'à l'ordinaire — un jour le voilà qui délire — on cherche — on a oublié, le docteur ne sait pas, et soudain, son crâne se fend, la fracture s'est agrandie et, comme un couvercle, le dessus de sa tête se détache — et un monstre velu en sort. Non ! non ! ce n'est pas vrai, ne tombe pas, Noël... attention !... Où est-il ?... Ils dorment — là, à côté de moi, ils dorment. Je les entends dormir — dans leurs petits lits... je vais les réveiller, attention, pas de bruit — attention... mais cela n'arriverait pas si le sol était doux et tendre comme un tapis de caoutchouc — c'est cela qu'il leur faut sans doute, du caoutchouc, voilà, c'est bien, le jardin entier tendu de caoutchouc comme un tapis — pourtant le feu — le caoutchouc qui brûle — collant, leurs pieds s'y engluent — et la fumée les asphyxie — assez, je ne veux pas le dire, il n'y a plus rien de vrai — je ne veux pas, c'est faux, c'est impossible — j'ai eu tort de chercher mieux — comme le mur ; comme le mur, rien, annuler le sol — il faut qu'ils viennent, il faut qu'ils reviennent, que l'on rejoigne les murs par un tapis d'absence invisible — ils resteront dans la maison pendant le temps qu'on me l'installe et quand cela sera fini, il n'y aura plus de danger, — si, le ciel, j'y ai bien pensé — mais j'avais conclu tout à l'heure qu'il fallait d'abord s'assurer que le sol ne pouvait plus rien...

Elle se leva — Jacquemort ne refuserait pas de convoquer les hommes pour le sol. C'est bête de ne pas avoir tout fait faire en même temps. Mais on ne peut penser à tout à la fois — il faut chercher, chercher toujours — se punir de ne pas avoir su d'emblée, et tâcher de persévérer, d'améliorer sans cesse — il faut leur construire un monde parfait, un monde propre, agréable, inoffensif, comme l'intérieur d'un œuf blanc posé sur un coussin de plume.

XXV

80 déçars.

En revenant de commander les travaux, Jacquemort passa devant l'église, et comme l'heure matinale lui laissait des loisirs, il décida de bavarder un peu avec le curé dont les conceptions lui plaisaient assez. Il entra dans le vaste ellipsoïde où régnait un clair-obscur de bon goût, huma l'atmosphère religieuse avec une volupté de vieux viveur et parvint à la porte de la sacristie, entrouverte et qu'il poussa. Trois petits coups préalables avaient signalé sa venue.

— Entrez, dit le curé.

Il sautait à la corde, en caleçon, au milieu de la petite pièce encombrée. Dans son fauteuil, le sacristain appréciait, un verre de gnôle au poing. La claudication du curé nuisait à l'élégance de son action, mais il s'en tirait néanmoins à son avantage.

— Bonjour, dit le sacristain.

— Mes respects, monsieur le curé, dit Jacquemort. Comme je passais, j'ai voulu en profiter pour vous saluer.

— C'est chose faite, observa le sacristain. Un petit coup de bistouille?

— N'affectez donc pas de parler campagnard, dit le curé sévèrement. Un langage de luxe convient à la maison du Seigneur.

— Mais la sacristie, mon curé, observa le sacristain, c'est comme qui dirait les cabinets de la maison du Seigneur. On s'y relâche un peu.

— Créature diabolique, dit le curé, le foudroyant du regard. Je me demande pourquoi je vous garde auprès de moi.

— Avouez que ça vous fait une bonne propagande, mon curé, dit le sacristain. Et pour vos spectacles, je vous suis tout de même utile.

— À propos, dit Jacquemort, que pensez-vous faire pour le prochain?

Le curé s'arrêta de sauter, replia soigneusement sa corde et la fourra en vrac dans un tiroir. Tandis qu'il parlait, il essuyait son thorax mollasson au moyen d'une serviette éponge légèrement grisâtre.

— Ce sera grandiose, dit-il.

Il se gratta l'aisselle, puis aussitôt le nombril, porta ses doigts à son nez, hocha la tête et reprit:

— Une exhibition dont le luxe fera pâlir celui des spectacles laïques où des créatures dévêtues servent de prétexte à l'élaboration d'un cadre

majestueux. Qui plus est, songez que l'attraction principale constituera un ingénieux moyen de se rapprocher du Seigneur. Voici ce que je compte faire. Au milieu d'un déploiement inimaginable d'ornements et de costumes, un chœur d'enfants de Marie remorquera jusqu'au champ de Bastiën une montgolfière d'or attachée au sol par mille fils d'argent. Dans la nacelle, je prendrai place, aux accents de l'orgue à vapeur, et sitôt parvenu à l'altitude convenable, je défenestrerai ce sacripant de sacristain. Et Dieu sourira devant l'éclat inoubliable de cette fête et le triomphe de sa Parole de luxe.

— Hé, là! dit le sacristain, vous ne m'aviez pas prévenu, mon curé; je vais me casser la gueule, moi!

— Créature diabolique! gronda le curé, et tes ailes de chauve-souris!

— J'ai pas volé depuis des mois, dit le sacristain, toutes les fois que j'essaie, le menuisier me flanque une charge de gros sel dans les fesses et me traite de volaille.

— Tant pis pour toi, dit le curé, tu te casseras la gueule.

— Eh bien, c'est vous qui serez le plus embêté, marmonna le sacristain.

— Sans toi? Ce sera enfin la délivrance.

— Hum, observa Jacquemort, me permettez-vous une remarque? il me semble que vous constituez les deux termes d'un équilibre; l'un rend l'autre valable. Sans diable, votre religion prendrait un aspect un peu gratuit.

— Voilà, dit le sacristain, je ne suis pas fâché de vous l'entendre dire. Écoutez, mon curé, avouez que je vous justifie.

— Va-t'en, vermine, dit le curé, tu es sale et tu sens mauvais.

Le sacristain en avait entendu d'autres.

— Et ce qui est dégoûtant de votre part, ajouta-t-il, c'est que j'ai toujours le vilain rôle, que je ne proteste jamais, et que vous persistez à m'engueuler. Si seulement on intervertissait de temps en temps.

— Et quand je prends les pierres sur la figure? dit le curé. C'est pas toi qui leur souffles de me les lancer?

— Si j'y pouvais quelque chose, vous en recevriez plus souvent, grommela l'autre.

— Va, je ne t'en veux point! conclut le curé. Mais ne recommence pas à oublier tes devoirs. Dieu a besoin de fleurs, Dieu a besoin d'encens, il lui faut les hommages et les présents somptueux, l'or et la myrrhe et les visions miraculeuses, et des adolescents beaux comme des centaures, et

des diamants brillants, des soleils, des aurores, et tu es là, laid et miteux, comme un âne pelé qui pète dans un salon... mais parlons d'autre chose, tu me mettrais en colère. Je te flanquerai en bas, ça ne souffre pas de discussion.

— Eh ben, je ne tomberai pas, dit le sacristain très sec.

Il cracha une langue de feu qui grilla les poils des jambes du curé. Ce dernier blasphéma.

— Messieurs, dit Jacquemort, je vous en prie.

— Au fait, reprit le curé très mondain, qu'est-ce qui nous vaut le plaisir de votre visite ?

— Je passais, expliqua Jacquemort, et j'ai voulu en profiter pour vous saluer.

Le sacristain se leva.

— Je vous laisse, mon curé, dit-il. Je vous laisse causer avec monsieur untel.

— Au revoir, dit Jacquemort.

Le curé se raclait les jambes pour détacher le poil grillé.

— Que devenez-vous ? demanda-t-il.

— Ça va bien, dit Jacquemort. J'étais venu au village chercher les ouvriers. il y a encore quelques travaux à faire à la maison.

— Toujours pour la même raison ? demanda le curé.

— Toujours, dit Jacquemort. L'idée qu'il pourrait leur arriver quelque chose la rend folle.

— Mais elle serait également folle d'avoir l'idée qu'il ne peut rien leur arriver, observa le curé.

— Fort juste, dit Jacquemort. C'est pourquoi j'ai jugé au début qu'elle s'exagérait le danger. Mais j'avoue que cette frénésie de protection m'inspire maintenant un certain respect.

— Quel amour admirable ! dit le curé. Ce luxe de précautions ! Se rendent-ils compte au moins de ce qu'elle fait pour eux ?

Jacquemort ne répondit pas tout de suite. Cet aspect du problème lui avait échappé. Il hésita :

— Ça, je ne sais pas...

— Cette femme est une sainte, dit le curé. Et cependant, elle ne vient jamais à la messe. Allez donc expliquer ça.

— C'est inexplicable, dit Jacquemort. De fait, ça n'a aucun rapport, convenez-en. C'est là l'explication.

— J'en conviens, dit le curé, j'en conviens.

Ils se turent.

— Eh bien, dit Jacquemort, je vais m'en aller.

— Eh oui, dit le curé, vous allez vous en aller.

— Alors je m'en vais, dit Jacquemort.

Il lui dit au revoir, et il s'en alla.

XXVI

12 marillet.

Le ciel se carrelait de nuages jaunâtres et de mauvais aspect. il faisait froid. Au loin, la mer commençait à chanter dans une tonalité désagréable. Le jardin s'étendait dans la lumière sourde d'avant l'orage. Depuis la dernière transformation, il n'y avait plus de sol ; seuls dépassaient, jaillis du vide, les rares massifs et les buissons échappés au massacre des arbres. Et l'allée de gravier subsistait, intacte, coupant en deux l'invisibilité de la terre.

Les nuages se rapprochaient furtivement les uns des autres ; à chaque jonction on entendait un bourdonnement sourd, en même temps que jaillissait une lueur rousse. Le ciel semblait se concentrer au-dessus de la falaise. Lorsqu'il ne fut plus qu'un tapis sale et pesant, un grand silence s'abattit. Et derrière ce silence, on entendit venir le vent, discret d'abord, sautelant par-dessus les corniches et les cheminées, et bientôt plus tendu, plus dur, arrachant un zonzon aigu à chaque angle de la pierre, courbant la tête inquiète des plantes, chassant devant lui les premières lames d'eau. Alors le ciel se craquela d'un coup, comme une faïence morte, et la grêle commença, des grêlons amers qui explosaient contre les ardoises du toit, faisant jaillir un pulvérin de cristal dur ; la maison disparut peu à peu sous la vapeur foncée — les grêlons s'abattaient sauvagement dans l'allée et des étincelles crevaient en chaque point d'impact. Sous les chocs répétés, la mer commençait à bouillir et montait comme un lait noirâtre.

La première stupeur passée, Clémentine avait cherché ses enfants. Ils étaient par bonheur dans leur chambre et elle les rassembla bien vite autour d'elle, dans le grand living-room du rez-de-chaussée. Dehors, il faisait tout à fait nuit et le brouillard sombre qui baignait les fenêtres prenait à la lueur des lampes des phosphorescences inégales.

Et il aurait suffi qu'ils soient dehors, pensait-elle, pour que je les

retrouve hachés par la grêle, écrasés sous ces œufs de diamant noir, étouffés par la poudre irrespirable et sèche qui leur emplit, insidieuse, les poumons. Quelle protection serait suffisante ? Un toit ? bâtir un toit sur le jardin ? Ce n'est pas la peine, autant vaut la maison, plus solide que n'importe quel toit surajouté — mais la maison elle-même, au fait, ne pourrait-elle s'effondrer — et si cette grêle durait des heures — des jours et des semaines — le poids de poussière morte accumulée sur le toit ne suffirait-il point à effondrer la charpente ? Il faudrait une pièce bâtie d'acier, une pièce invulnérable, un abri parfait — il faudrait les garder dans un coffre puissant, comme on garde toujours les bijoux de grand prix, il leur faut des écrins de force illimitée, indestructibles et durs comme les os du temps, il faut qu'on leur construise ici-même, demain — dès demain.

Elle regarda les trois enfants. Insoucieux de l'orage, ils jouaient, pacifiques et détendus.

Jacquemort, où est-il ? Je veux discuter avec lui la solution la meilleure.

Elle appela la bonne.

— Où est Jacquemort ?

— Dans sa chambre, je pense, répondit Culblanc.

— Cherchez-le, voulez-vous ?

La haute rumeur de la mer mousseuse engourdissait l'oreille. La grêle ne cédait pas.

Jacquemort apparut quelques instants après la sortie de la bonne.

— Voilà, dit Clémentine. Je crois que j'ai trouvé la solution définitive.

Elle lui exposa le résultat de sa réflexion.

— Comme ça, dit-elle, ils ne risqueront plus rien. Mais je vais être obligée de vous demander encore une fois votre aide.

— Je vais au village demain, dit-il. Je préviendrai le forgeron en passant.

— J'ai hâte que ce soit fait, dit-elle. Je serai tellement plus tranquille pour eux. J'ai toujours senti que je trouverais un jour le moyen de les protéger totalement du mal.

— Il est possible que vous ayez raison, dit Jacquemort. Je ne sais pas. Cela vous demandera un dévouement de tous les instants.

— Se dévouer pour quelqu'un que l'on est sûr de garder, ce n'est rien, répondit-elle.

— Ils ne prendront pas beaucoup d'exercice, dit Jacquemort.

— Je ne suis pas sûre que ce soit tellement sain, observa Clémentine. Ce sont des enfants assez fragiles.

Elle soupira.

— J'ai l'impression d'être tout près du but, dit-elle. C'est extraordinaire. Ça me soûle un peu.

— Vous pourrez vous reposer, remarqua-t-il, dans une certaine mesure.

— Je ne sais pas. Je les aime tant que je ne crois plus au repos pour moi.

— Si vous avez la patience de supporter cette sujétion...

— Ça ne sera plus rien, conclut-elle. À côté de ce que j'ai enduré !...

XXVII

14 marillet.

Par les trous des haies, on voyait des bêtes lentes et paisibles qui broutaient l'herbe rase des champs. Sur le chemin, sec et désert, il ne restait plus trace de la grêle de la veille. Le vent agitait les buissons dont le soleil faisait danser l'ombre pointillée.

Jacquemort posait sur tout cela des regards attentifs ; sur tous ces paysages qu'il ne reverrait plus — le jour venait de prendre la place que lui destinait le sort.

Si je ne m'étais pas trouvé sur le chemin de la falaise, pensait-il. Le 28 août. Et maintenant, les mois sont devenus si drôles — à la campagne, le temps, plus ample, passe plus vite et sans repères.

Et qu'ai-je donc assimilé. Qu'ont-ils bien voulu me laisser. Que pouvaient-ils communiquer ?

La Gloïre est mort hier, et je vais prendre sa place. Vide au départ, j'avais un handicap trop lourd. La honte, c'est tout de même ce qu'il y a de plus répandu.

Mais qu'avais-je à vouloir sonder, qu'avais-je à vouloir savoir — pourquoi tenter d'être comme eux — sans préjugés, doit-on nécessairement aboutir à cela, cela seul ?

Il revoyait un autre jour où dansaient en l'air des maliettes — et tous les pas qu'il avait faits sur ce chemin trop bien connu, tous ces pas pesaient à ses jambes, et il se sentait soudain si lourd, trajet parcouru tant

de fois, pourquoi donc met-on tout ce temps à se dégager du départ, pourquoi donc suis-je resté dans la maison de la falaise — il allait la quitter demain pour vivre dans l'or de La Gloïre.

La maison. Le jardin. Derrière, la falaise et la mer. Où est donc Angel, se demanda-t-il, où est-il parti sur cet instrument incertain qui dansait au milieu de l'eau?

Laissant derrière lui la grille d'or, il descendit le chemin de la falaise et gagna la grève, et les cailloux humides à l'odeur fraîche avec leur frange d'écume fine.

Il ne reste plus guère de traces du départ d'Angel. Quelques pierres encore noircies par le feu du chemin de lancement, c'est tout. Machinalement il leva les yeux. Et resta sur place, figé.

Les trois enfants couraient au bord de la falaise, de toute leur vitesse, silhouettes rapetissées par la distance et l'angle d'observation. Ils couraient comme en terrain plat, sans souci des pierres qui roulaient sous leurs pieds, insensibles à la proximité du vide, apparemment frappés de folie. Un geste maladroit et ils tombent. Un faux pas, et je les ramasse à mes pieds, brisés, saignants.

Le sentier de douaniers qu'ils suivaient présentait une coupure abrupte un peu plus loin; aucun des trois ne manifestait par un signe quelconque qu'il dût s'y arrêter. Oubliée, sans doute.

Jacquemort crispa ses poings. Crier — et risquer de les faire tomber? Ils ne pouvaient voir la coupure qu'il distinguait, lui, de sa place.

Trop tard. Citroën, le premier, l'aborda. Les poings de Jacquemort étaient tout blancs et il gémit. Les enfants tournèrent la tête vers lui, le virent. Et puis, lancés dans le vide, ils décrivirent une courbe aiguë et vinrent se poser à côté de lui, babillant et riant comme des hirondelles d'un mois.

— Tu nous as vus, oncle Jacquemort? dit Citroën. Mais tu ne le diras pas.

— On jouait à faire semblant de ne pas savoir voler, dit Noël.

— C'est amusant, hein, dit Joël. Si tu jouais avec nous.

Maintenant, il comprenait.

— C'était vous, l'autre jour, avec les oiseaux? demanda-t-il.

— Oui, dit Citroën. On t'avait vu, tu sais. Mais on essayait d'aller très vite, alors on ne s'est pas arrêtés. Et puis, tu sais, on ne le dit à personne, qu'on vole. On attend de voler très très bien pour faire la surprise à maman.

Pour faire la surprise à maman. Et quelle surprise elle vous prépare. Ça change tout.

Si c'est ça, elle ne peut pas. Il faut qu'elle sache. Les enfermer dans ces conditions-là... Je dois faire quelque chose. Je dois... je ne veux pas accepter... il me reste un jour... je ne suis pas encore dans la barque du ruisseau rouge...

— Retournez jouer, mes petits, dit-il. Il faut que je remonte voir votre mère.

Ils filèrent au ras des vagues, se poursuivirent, revinrent près de lui, l'escortèrent un moment et l'aidèrent à franchir les rochers les plus hauts. En quelques instants, il avait regagné la crête. D'un pas décidé, il se dirigea vers la maison.

XXVIII

— Mais écoutez, dit Clémentine surprise, je ne comprends pas. Hier, vous avez trouvé que c'était une bonne idée et voilà que vous arrivez en me disant que c'est absurde.

— Je suis toujours d'accord, dit Jacquemort. Votre solution leur assure une protection efficace. Mais un problème subsiste, et vous avez oublié de vous le poser.

— Lequel ? demanda-t-elle.

— En fait, ont-ils besoin de cette protection ?

Elle haussa les épaules.

— C'est évident. Je meurs d'inquiétude toute la journée en pensant à ce qui pourrait leur arriver.

— L'emploi du conditionnel, observa Jacquemort, est fréquemment un aveu d'impuissance — ou de vanité.

— Ne vous perdez pas en digressions oiseuses. Soyez un peu normal, pour une fois.

— Écoutez, insista Jacquemort, je vous demande sérieusement de ne pas le faire.

— Mais pour quelle raison, demanda-t-elle. Expliquez-vous !

— Vous ne comprendriez pas... murmura Jacquemort.

Il n'avait pas osé trahir leur secret. Au moins, leur laisser ça.

— Je crois que je suis mieux placée que quiconque pour juger ce qui leur convient.

— Non, dit Jacquemort. Eux sont encore mieux placés que vous.

— C'est absurde, dit Clémentine sèchement. Ces enfants courent des risques permanents, comme tous les enfants d'ailleurs.

— Ils ont des défenses que vous n'avez pas, dit Jacquemort.

— Et puis enfin, dit-elle, vous ne les aimez pas comme je les aime et vous ne pouvez pas ressentir ce que je ressens.

Jacquemort resta silencieux un moment.

— Naturellement, dit-il enfin. Comment voulez-vous que je les aime comme ça?

— Seule une mère pourrait me comprendre, dit Clémentine.

— Mais ça meurt, en cage, les oiseaux, dit Jacquemort.

— Ça vit très bien, dit Clémentine. C'est même le seul endroit où on puisse les soigner convenablement.

— Bon, dit Jacquemort. Je vois qu'il n'y a rien à faire.

Il se leva.

— Je vais vous dire au revoir. Pourtant je ne vous reverrai probablement pas.

— Quand ils seront habitués, dit-elle, je pourrai peut-être passer de temps en temps au village. D'ailleurs je comprends d'autant moins votre objection que vous allez, au fond, vous enfermer de la même façon.

— Je n'enferme pas les autres, dit Jacquemort.

— Mes enfants et moi, c'est la même chose, dit Clémentine. Je les aime tant.

— Vous avez une drôle de conception du monde, dit-il.

— C'est ce que je pensais de vous. La mienne n'a rien de drôle. Le monde, c'est eux.

— Non, vous confondez, dit Jacquemort. Vous souhaitez d'être le leur. Dans ce sens-là, c'est destructif.

Il se leva, quitta la pièce. Clémentine le regarda s'éloigner. Il n'a pas l'air heureux, pensait-elle. Sans doute, sa mère lui a manqué.

XXIX

15 marillet.

Les trois lunes jaunes, une pour chacun, venaient de se poser devant la fenêtre et jouaient à faire des grimaces aux frères. Ils s'étaient fourrés

tous les trois, en chemise de nuit, dans le lit de Citroën, d'où on les voyait mieux. Leurs trois ours apprivoisés, au pied du lit, dansaient la ronde en chantant, mais très doucement pour ne pas réveiller Clémentine, la berceuse des homards. Citroën, entre Noël et Joël, paraissait réfléchir. Il cachait quelque chose dans ses mains.

— Je cherche les mots, dit-il à ses frères. Celui qui commence...

Il s'interrompit.

— Ça y est. Je l'ai.

Il porta ses mains à sa bouche, sans les écarter l'une de l'autre, et dit quelques paroles à voix basse. Puis il posa sur le couvre-pieds ce qu'il tenait. Une petite sauterelle blanche.

Immédiatement, les ours accoururent et s'assirent autour d'elle.

— Poussez-vous, dit Joël, on voit rien.

Les ours se déplacèrent de façon à tourner le dos au pied du lit. Et puis la sauterelle salua et commença à faire des tours d'acrobatie. Les enfants l'admiraient sans réserve.

Mais très vite, elle se lassa ; leur envoyant un baiser, elle sauta très haut et ne retomba pas.

D'ailleurs, personne ne s'en souciait. Citroën levait le doigt.

— Je sais autre chose ! dit-il, sentencieux. Quand on trouvera des puces à fourrure, il faut se faire piquer trois fois.

— Et alors ? demanda Noël.

— Alors, dit Citroën, on pourra devenir aussi petits qu'on voudra.

— Et passer sous les portes ?

— Sous les portes, naturellement, dit Citroën. On pourra devenir aussi petits que les puces.

Les ours, intéressés, s'approchèrent.

— Est-ce qu'en disant les mots dans l'autre sens, on pourra devenir plus grands ? demandèrent-ils d'une seule voix.

— Non, dit Citroën. D'ailleurs, vous êtes très bien comme ça. Si vous voulez, je peux vous faire pousser des queues de singe.

— Sans façon ! dit l'ours de Joël. Merci !

Celui de Noël battit en retraite. Le troisième réfléchit.

— J'y penserai, promit-il.

Noël bâilla.

— J'ai sommeil. Je retourne dans mon lit, dit-il.

— Moi aussi, dit Joël.

Quelques minutes après, ils dormaient. Seul éveillé, Citroën regardait

ses mains en clignant de l'œil. Quand il clignait d'une certaine façon, il lui poussait deux doigts de plus. Demain, il apprendrait ça à ses frères.

XXX

16 marillet.

L'apprenti du forgeron avait onze ans. Il s'appelait André. Le cou et une épaule passés dans la bricole de cuir, il tirait de toutes ses forces. À côté de lui, le chien tirait aussi. Derrière, le forgeron et son compagnon marchaient tranquillement, poussant un peu quand ça montait trop, non sans une bordée d'injures à l'adresse d'André.

André avait mal à l'épaule, mais il frémissait d'excitation à l'idée d'entrer dans le jardin de la grande maison sur la falaise. Il tirait tant qu'il pouvait. Les dernières maisons du village apparaissaient déjà devant lui.

Sur le ruisseau rouge glissait la vieille barque de La Gloïre. André regarda. Ce n'était plus le vieux. C'était un drôle de type, vêtu de loques comme l'autre, mais avec une barbe rousse. Il était voûté et il regardait l'eau lisse et opaque, sans bouger, se laissant entraîner par le courant. Le forgeron et son compagnon lui crièrent des injures joviales.

Le charreton était très dur à traîner, car les panneaux de fer pesaient lourd. Des panneaux à barreaux carrés, massifs, entrecroisés, bleuis par la flamme de la forge. C'était le cinquième voyage, le dernier ; chacune des quatre autres fois, on avait déchargé la voiture devant la grille et d'autres aides étaient entrés porter le matériel dans le jardin. Cette fois, André y entrerait aussi, pour faire la navette entre la maison et le village au cas où le forgeron aurait besoin de quelque chose.

Le ruban gris du chemin s'allongeait, foulé par les pieds impatients de l'enfant. Les roues grinçaient et le charreton hoquetait au passage des flaches et des ornières. Il faisait un temps triste et insaisissable, sans soleil mais sans risque de pluie.

Le forgeron se mit à siffler joyeusement. Il avançait les deux mains dans ses poches, sans se presser.

André tremblait entre ses brancards. Il aurait voulu être un cheval pour aller plus vite.

Il allait plus vite. Son cœur battait presque trop fort.

Enfin, ce fut le tournant du chemin. Le haut mur de la maison. Et la grille.

Le charreton s'arrêta. André s'apprêtait à le faire tourner pour entrer, mais le forgeron lui dit :

— Reste-là et attends.

Et il avait une malice méchante dans l'œil.

— On va traîner ça nous deux, dit-il. Toi, tu dois être fatigué.

Il lui décocha un grand coup de pied parce qu'André ne se pressait pas assez de se dégager de la bricole. André poussa un cri de douleur et alla se cacher contre le mur, la tête dans ses bras croisés. Le forgeron riait d'un gros rire velu. Traînant le charreton avec aisance, il passa la grille et la referma bruyamment. André entendit le bruit des roues écrasant le gravier, de plus en plus loin, et puis rien que le vent qui agitait le lierre en haut du mur. Il renifla, frotta ses yeux et s'assit. Il attendait.

Un coup violent dans les côtes le tira de son sommeil et en un instant il fut debout. Le soir était tombé peu à peu. Son patron, devant lui, le regardait, l'air moqueur.

— Tu voudrais bien y entrer, hein ? dit-il.

André ne répondit pas, encore mal réveillé.

— Entre et va me chercher mon gros marteau que j'ai laissé dans la pièce.

— Où ? demanda André.

— Veux-tu te grouiller ? aboya le forgeron tandis que sa main s'élevait.

André s'élança à toutes jambes. Malgré son désir de voir le grand jardin, il ne put empêcher ses pieds de l'entraîner en ligne directe vers la maison. Il eut au passage la vision du vaste espace vide, inquiétant sans le soleil ; et il arrivait au perron. Il s'arrêta effrayé. Puis, le souvenir de son patron le poussa en avant ; il fallait ramener le marteau. Il monta.

La lumière allumée dans le living-room ruisselait sur les marches par les vitres aux volets ouverts. La porte n'était pas fermée. André, timidement, toqua.

— Entrez ! dit une voix douce.

Il entra. Il y avait devant lui une dame assez grande dans une très belle robe. Elle le regarda sans sourire. Elle vous regardait d'une façon qui serrait un peu la gorge.

— Mon patron a oublié son marteau, dit-il. Je viens le chercher.

— Bon, dit la dame. Dépêche-toi, alors, mon petit.

Se retournant, il aperçut les trois cages. Elles s'élevaient au fond de la pièce vidée de ses meubles. Elles étaient juste assez hautes pour un homme pas très grand. Leurs épais barreaux carrés dissimulaient en partie l'intérieur, mais on y remuait. Dans chacune, on avait mis un petit lit douillet, un fauteuil et une table basse. Une lampe électrique les éclairait de l'extérieur. Tandis qu'il s'approchait pour chercher le marteau, il aperçut des cheveux blonds. Il regarda mieux, gêné parce qu'il sentait que la dame l'observait. En même temps, il avait repéré le gros marteau. Il écarquilla les yeux tout en se baissant pour le ramasser. Lorsqu'il rencontra leur regard, il sut qu'il y avait d'autres petits garçons dans les cages. L'un d'eux demanda quelque chose et la dame ouvrit la porte et entra près de lui en lui disant des mots qu'André ne comprenait pas, mais si doux. Et puis, de nouveau, ses yeux se heurtèrent à ceux de la dame qui ressortait et il dit au revoir madame, et se mit en marche, courbé sous le lourd marteau. Comme il arrivait à la porte, une voix le retint.

— Comment tu t'appelles ?

— André, répondit-il machinalement.

— Moi, je m'appelle... reprit une autre voix.

C'est tout ce qu'il entendit, parce qu'on le poussait dehors sans brutalité, mais fermement. Il descendit les marches de pierre. Il y avait un tourbillon dans sa tête. Et comme il arrivait à la grande grille d'or, il se retourna une dernière fois. Ça devait être merveilleux de rester tous ensemble comme ça, avec quelqu'un pour vous dorloter, dans une petite cage bien chaude et pleine d'amour. Il repartit vers le village. Les autres ne l'avaient pas attendu. Derrière lui, la grille, peut-être poussée par un courant d'air, se referma avec un claquement profond. Le vent passait entre les barreaux.

Nouvelles

LES FOURMIS

Ce premier recueil de nouvelles groupe des textes vraisemblablement écrits de 1945 à 1947. Des cinq nouvelles retenues ici, quatre trouvent leur source, en partie au moins, dans un jeu verbal : double sens, détournement de cliché, référence musicale. Ainsi d'« avoir des fourmis » pour la première qui donna son titre au recueil, de « gagner son pain à la sueur de son front » pour « L'Écrevisse » ; ainsi du cliché proverbial « Il y a toujours du travail pour un plombier... », pour « Le Plombier » ; clin d'œil au jazz répété avec « L'Écrevisse », Crayfish *(voir note 5), et « Blues pour un chat noir »,* Black Cat Blues. *D'ailleurs, même la première fut, un temps, coiffée d'une dédicace « À Sidney Bechet à cause de* Didn't he ramble *».*

La nouvelle « Les Fourmis » fut inspirée autant par ce jeu de mots que par les films d'actualité sur le débarquement projetés par les Allemands aux fins de propagande et les récits de G.Is parvenus à Paris. Elle fut publiée dans Les Temps modernes *en juin 1946, accompagnée d'une* Chronique du Menteur, *première et double contribution de Vian à cette revue. Elle parut ensuite en feuilleton dans* L'Ordre *à partir du 30 octobre 1947.*

*« L'Écrevisse » est datée du 15 juin 1946 sur dactylogramme et joue donc d'une part sur le titre de jazz et le nom du tromboniste blanc Welden « Jack » Teagarden, puis sur l'association écrevisse + eau bouillante, le titre annonçant énigmatiquement, comme dans « Les Fourmis », la pointe finale. Elle fut à trois mois de distance reprise en recueil et en revue (*Paris-Tabou, *nᵒ 2, octobre 1949).*

Le charme du « Plombier » est, un peu comme chez Marcel Aymé, dans un mélange unique de quotidien et d'onirique. Celui-là nourrit un

quiproquo comique au premier degré — le plombier se trompe de salle de bains — et une farce légère — il coupe tout avant de refaire pareil, avec variations décoratives — ou tragique — conséquences fatales de cette erreur ; l'onirique nous plonge dans un univers étrange où le narrateur se débat entre la femme aimée, Jasmin, qui n'est peut-être que fantasme poétique et insaisissable, la belle-mère typique et les neveux et nièces incontrôlables : existent-ils d'ailleurs ? Le rêve féconde les servitudes de la vie matérielle et ouvre le robinet de la poésie.

La nouvelle « Les Poissons morts » serait inspirée, selon Michelle Vian, des étangs familiers de Ville-d'Avray, domaines de créatures aquatiques telles que sangsues, grenouilles, poissons. À partir de là, des trajets de métro, du collationnement des notes à l'Association française de normalisation et sans doute de la lecture de Steinbeck (Des souris et des hommes, où Lennie étrangle diverses sortes de souris chéries...), l'imagination de l'auteur décolle vers un épisode fantastique qui progresse par gags burlesques et scènes d'absurde et d'horreur vers un dénouement poignant et macabre. Le manuscrit est daté du 10 mars 1947, anniversaire de l'auteur, comme L'Écume des jours fut daté du 10 mars 1946 : Boris aime se faire cadeau d'un livre ! Ce texte fut publié dans le numéro 12 (printemps 1947) de la revue L'Arbalète.

« Blues pour un chat noir » joue sur le titre de jazz Black Cat Blues où cat, *dans le* jive *(argot) des jazzmen, signifie « fana de jazz » ; ici le héros est plutôt un* tomcat *(matou et dragueur) digne des dessins animés (Félix le Chat, Crazy Cat), Casanova félin dont l'histoire s'inspire d'une anecdote mettant en scène, au retour du cinéma, Michelle et son frère, étudiant en médecine vêtu d'une canadienne, des G.Is, une putain et autres types parisiens classiques. Aucune date pour ce manuscrit.*

Sans doute dès 1947 Vian commence à réunir des nouvelles sous le titre Les Lurettes fourrées *pour Gallimard, et l'annonce dans l'originale de* L'Écume des jours. *Cet éditeur n'ayant pas donné suite, c'est Jean d'Halluin qui publie le recueil titré* Les Fourmis *— onze nouvelles — aux Éditions du Scorpion en juillet 1949 avec second tirage en 1950.*

Les Éditions Le Terrain Vague le reprirent en 1960 puis 1965, avant la collection 10/18 en 1970 et C. Bourgois en 1974. C'est désormais un des ouvrages bien connus de Vian.

LES LURETTES FOURRÉES

Ce titre délicieux, jeu sur le cliché « belle heurette » ou « belle lurette », fut donc utilisé finalement par l'éditeur J.-J. Pauvert en 1962 pour trois nouvelles ajoutées à L'Herbe rouge *et* L'Arrache-cœur, *dans son volume* Romans et Nouvelles. *« Les Pompiers » et « Le Retraité », déjà publiés en revue, y suivent la nouvelle inédite « Le Rappel » retenue ici. On est tenté de dater celle-ci de fin 1949, si l'on considère la parenté de thème — montée, retour dans le passé et anamnèse, rencontre d'une femme étrange et fascinante, saut dans le vide du héros — avec* L'Herbe rouge ; *cependant il faut sans doute raisonner de façon inverse, la nouvelle ayant inspiré la fin du roman ; en effet, maints détails raturés sur le manuscrit ainsi qu'un titre retenu, « Empire State », m'incitent à penser que cette nouvelle date du début de la « période américaine » de Vian, celle des premiers romans de Sullivan, soit 1946-1947. Cette nouvelle est très précisément inscrite à New York avec le plus haut bâtiment mondial du moment, les numéros de rues et d'avenues, Long Island, etc., et un dactylogramme la dédie « À Duke Ellington à cause de* Reminiscing in Tempo » — *soit « Souvenirs en mesure ».*

Le suicide par chute dans le vide avec des gags dignes de films burlesques, Marx Brothers ou Hellzapoppin, *ce mélange caractéristique de l'humour de Vian, permet aussi de renouveler le fameux thème de l'ultime défilé des souvenirs à l'instant de la mort. Juste après le volume posthume chez Pauvert, « Le Rappel » parut dans* L'Express *du 26 juillet 1962 pour illustrer un article de Madeleine Chapsal, « Contre la mort », bonne présentation de l'œuvre de Vian et de son importance redécouverte, et prémonition judicieuse : « On peut encore citer longuement Boris Vian, vite, profitons-en, bientôt il sera trop connu... »*

LE LOUP-GAROU

Nombre de nouvelles de Vian restèrent inédites ou seulement accueillies en revues — souvent éphémères — avant sa mort. N. Arnaud les reprit donc dans deux recueils, Le Loup-garou *(1970) et* Le Ratichon baigneur *(1981). Je retiens ici trois nouvelles du premier.*

La nouvelle « Le Loup-garou » qui donne son titre au recueil posthume

était inédite et sa date de composition est incertaine ; le manuscrit n'est pas daté et l'éditeur suggère 1947 ; or on y trouve un « stylobic » (p. 763) et, selon la maison Bic, le premier stylo à bille portant ce nom fut commercialisé en 1953. Il faudrait donc retarder la composition finale jusqu'à cette dernière année au moins — sauf ajout postérieur à la première rédaction. Les lieux du récit sont familiers à l'auteur, de Ville-d'Avray à l'Opéra-Madeleine, mais il retourne astucieusement le stéréotype de l'homme civilisé qui devient loup sauvage. Vian part ici de l'idée que c'est l'homme qui est le vrai fauve — violence physique et sexuelle, colère, laideur — alors que le loup est naturellement beau, philosophe, calme et raffiné, plein de bons principes et de mansuétude.

« L'amour est aveugle » n'est pas non plus daté sur manuscrit mais fut publié en septembre 1949, dans le premier numéro de Paris-Tabou. *Cette nouvelle proche de la science-fiction — mais une science-fiction burlesque de la veine de* Et on tuera tous les affreux *— réunit un thème fantastique, la modification radicale de l'atmosphère parisienne, et un thème érotique, le brouillard « aphrobaisiaque » qui libère les humains de toute inhibition par le regard d'autrui — on pense évidemment au thème sartrien — avant une solution paradoxale et radicale, d'un comique atroce. Le jeu sur le cliché du titre « l'amour est aveugle » est à double détente et se révèle vraiment, là encore, avec la pointe finale.*

La dernière nouvelle, « Surprise-partie chez Léobille », au manuscrit sans date non plus sous le titre provisoire « Les Paupières de Folubert », fut publiée le 12 juillet 1947 dans Samedi-Soir *puis en juin 1965 dans* La Revue de poche. *Elle met en scène, à la manière de* Vercoquin et le plancton *et de bien d'autres textes des années quarante, la fameuse figure du Major née du copain Jacques Loustalot, héros à l'œil de verre et aux aventures vite épiques, et les adolescents plus ou moins zazous ou post-zazous habitués de surprises-parties. La rencontre de l'âme-sœur, d'abord rêvée puis miraculeusement conquise lors d'une soirée dansante, reprend évidemment l'épisode de la « reconnaissance » de Chloé par Colin dans* L'Écume des jours, *mais est ici traitée sur le mode résolument burlesque comme il convient à un épisode de la saga du Major.*

Les treize nouvelles du Loup-garou *furent publiées sous ce titre chez C. Bourgois, en 1970 et 1974 et en 10/18 en 1972.*

L'ART DE LA NOUVELLE

Par le choix proposé dans les limites de ce volume, j'espère témoigner suffisamment de l'art de la nouvelle tel que Vian l'illustre et le cultive — mais donner envie de les lire toutes ! De façon générale, il révèle sa maîtrise dans le rythme de ces textes courts avec par exemple la précision des prolepses ou annonces narratives et des rappels qui relient le début à la fin par un progrès subtil. Ces fictions closes sur elles-mêmes évoquent la structure d'un morceau de jazz avec l'annonce du thème, les chorus qui l'illustrent et le retour au thème rassemblant les fils musicaux tissés au cours des trois ou cinq minutes d'improvisation — ici variations ou épisodes enchaînés. Très souvent les formules finales sont justement des traits brillants ou des pointes surprenantes bien qu'exactement préparées.

Les thèmes ainsi brièvement et brillamment traités sont essentiels à l'œuvre de Vian : surprise-partie et coup de foudre ; amour, rêve, sensualité ; hostilité du monde et des hommes, mal de vivre, maladie, torture, meurtre et mort ; mutations et odyssée intime ; aventures guerrières et parisiennes ; animisme généralisé. Tout cela avec un humour grinçant ou une poésie mélancolique, des gags étonnants sinon magiques comme dans les dessins animés, un ton excessif, naïf ou froid. L'Amérique y tient une place importante par l'inspiration du jazz, le débarquement de Normandie, les G.Is à Paris et surtout l'Empire State Building du « Rappel » où un jeune Américain revoit en flash-back ses amours et son crime avant de s'écraser sur le trottoir — image forte de gratte-ciel fatal et de chaussée américaine qui attire le sang, reflet de grandes œuvres comme Les morts ont tous la même peau, Les Bâtisseurs d'Empire *et même* L'Herbe rouge. *On comprend bien que* L'Express *ait choisi cette nouvelle pour aider J.-J. Pauvert à lancer la gloire posthume de Vian en 1962.*

G. P.

LES FOURMIS

I

On est arrivés ce matin et on n'a pas été bien reçus, car il n'y avait personne sur la plage que des tas de types morts ou des tas de morceaux de types, de tanks et de camions démolis. Il venait des balles d'un peu partout et je n'aime pas ce désordre pour le plaisir. On a sauté dans l'eau, mais elle était plus profonde qu'elle n'en avait l'air et j'ai glissé sur une boîte de conserves. Le gars qui était juste derrière moi a eu les trois quarts de la figure emportée par le pruneau qui arrivait, et j'ai gardé la boîte de conserves en souvenir. J'ai mis les morceaux de sa figure dans mon casque et je les lui ai donnés, il est reparti se faire soigner mais il a l'air d'avoir pris le mauvais chemin parce qu'il est entré dans l'eau jusqu'à ce qu'il n'ait plus pied et je ne crois pas qu'il y voie suffisamment au fond pour ne pas se perdre.

J'ai couru ensuite dans le bon sens et je suis arrivé juste pour recevoir une jambe en pleine figure. J'ai essayé d'engueuler le type, mais la mine n'en avait laissé que des morceaux pas pratiques à manœuvrer, alors j'ai ignoré son geste, et j'ai continué.

Dix mètres plus loin, j'ai rejoint trois autres gars qui étaient derrière un bloc de béton et qui tiraient sur un coin de mur, plus haut. Ils étaient en sueur et trempés d'eau et je devais être comme eux, alors je me suis agenouillé et j'ai tiré aussi. Le lieutenant est revenu, il tenait sa tête à deux mains et ça coulait rouge de sa bouche. Il n'avait pas l'air content et il a vite été s'étendre sur le sable, la bouche ouverte et les bras en

avant. Il a dû salir le sable pas mal. C'était un des seuls coins qui restaient propres.

De là, notre bateau échoué avait l'air d'abord complètement idiot, et puis il n'a plus même eu l'air d'un bateau quand les deux obus sont tombés dessus. Ça ne m'a pas plu, parce qu'il restait encore deux amis dedans, avec les balles reçues en se levant pour sauter. J'ai tapé sur l'épaule des trois qui tiraient avec moi, et je leur ai dit : « Venez, allons-y. » Bien entendu, je les ai fait passer d'abord et j'ai eu le nez creux parce que le premier et le second ont été descendus par les deux autres qui nous canardaient, et il en restait seulement un devant moi, le pauvre vieux, il n'a pas eu de veine, sitôt qu'il s'est débarrassé du plus mauvais, l'autre a juste eu le temps de le tuer avant que je m'occupe de lui.

Ces deux salauds, derrière le coin du mur, ils avaient une mitrailleuse et des tas de cartouches. Je l'ai orientée dans l'autre sens et j'ai appuyé, mais j'ai vite arrêté parce que ça me cassait les oreilles et aussi elle venait de s'enrayer. Elles doivent être réglées pour ne pas tirer dans le mauvais sens.

Là, j'étais à peu près tranquille. Du haut de la plage, on pouvait profiter de la vue. Sur la mer, ça fumait dans tous les coins et l'eau jaillissait très haut. On voyait aussi les éclairs des salves des gros cuirassés et leurs obus passaient au-dessus de la tête avec un drôle de bruit sourd, comme un cylindre de son grave foré dans l'air.

Le capitaine est arrivé. On restait juste onze. Il a dit que c'était pas beaucoup mais qu'on se débrouillerait comme ça. Plus tard, on a été complétés. Pour l'instant, il nous a fait creuser des trous ; pour dormir, je pensais, mais non, il a fallu qu'on s'y mette et qu'on continue à tirer.

Heureusement, ça s'éclaircissait. Il en débarquait maintenant de grosses fournées des bateaux, mais les poissons leur filaient entre les jambes pour se venger du remue-ménage et la plupart tombaient dans l'eau et se relevaient en râlant comme des perdus. Certains ne se relevaient pas et partaient en flottant avec les vagues et le capitaine nous a dit aussitôt de neutraliser le nid de mitrailleuses, qui venait de recommencer à taper, en progressant derrière le tank.

On s'est mis derrière le tank. Moi le dernier parce que je ne me fie pas beaucoup aux freins de ces engins-là. C'est plus commode de marcher derrière un tank tout de même parce qu'on n'a plus besoin de s'empêtrer dans les barbelés et les piquets tombent tout seuls. Mais je n'aimais pas sa façon d'écrabouiller les cadavres avec une sorte de bruit qu'on a du mal à se rappeler — sur le moment, c'est assez caractéristique. Au bout

de trois minutes, il a sauté sur une mine et s'est mis à brûler. Deux des types n'ont pas pu sortir et le troisième a pu, mais il restait un de ses pieds dans le tank et je ne sais pas s'il s'en est aperçu avant de mourir. Enfin, deux de ses obus étaient déjà tombés sur le nid de mitrailleuses en cassant les œufs et aussi les bonshommes. Ceux qui débarquaient ont trouvé une amélioration, mais alors une batterie antichars s'est mise à cracher à son tour et il en est tombé au moins vingt dans l'eau. Moi, je me suis mis à plat ventre. De ma place, je les voyais tirer en me penchant un peu. La carcasse du tank qui flambait me protégeait un peu et j'ai visé soigneusement. Le pointeur est tombé en se tortillant très fort, j'avais dû taper un peu trop bas, mais je n'ai pas pu l'achever, il fallait d'abord que je descende les trois autres. J'ai eu du mal, heureusement le bruit du tank qui flambait m'a empêché de les entendre beugler — j'avais mal tué le troisième aussi. Du reste, ça continuait à sauter et à fumer de tous les côtés. J'ai frotté mes yeux un bon coup pour y voir mieux parce que la sueur m'empêchait de voir et le capitaine est revenu. Il ne se servait que de son bras gauche. — Pouvez-vous me bander le bras droit très serré autour du corps ? J'ai dit oui et j'ai commencé à l'entortiller avec les pansements et puis il a quitté le sol des deux pieds à la fois et il m'est tombé dessus parce qu'il était arrivé une grenade derrière lui. Il s'est raidi intantanément, il paraît que ça arrive quand on meurt très fatigué, en tout cas c'était plus commode pour l'enlever de sur moi. Et puis j'ai dû m'endormir et quand je me suis réveillé, le bruit venait de plus loin et un de ces types avec des croix rouges tout autour du casque me versait du café.

II

Après, on est partis vers l'intérieur et on a essayé de mettre en pratique les conseils des instructeurs et les choses qu'on a apprises aux manœuvres. La jeep de Mike est revenue tout à l'heure. C'est Fred qui conduisait et Mike était en deux morceaux ; avec Mike, ils avaient rencontré un fil de fer. On est en train d'équiper les autres bagnoles avec une lame d'acier à l'avant parce qu'il fait trop chaud pour qu'on roule avec les pare-brise relevés. Ça crache encore dans tous les coins et on fait patrouille sur patrouille. Je crois qu'on a avancé un peu trop vite et on a du mal à garder le contact avec le ravitaillement. Ils nous ont bousillé au

moins neuf chars ce matin et il est arrivé une drôle d'histoire, le bazooka d'un type est parti avec la fusée et lui restait accroché derrière par la bretelle. Il a attendu d'être à quarante mètres et il est descendu en parachute. Je crois qu'on va être obligés de demander du renfort parce que je viens d'entendre comme un grand bruit de sécateur, ils ont dû nous couper de nos arrières...

III

... Ça me rappelle il y a six mois quand ils venaient de nous couper de nos arrières. Nous devons être actuellement complètement encerclés, mais ce n'est plus l'été. Heureusement, il nous reste de quoi manger et il y a des munitions. Il faut qu'on se relaye toutes les deux heures pour monter la garde, ça devient fatigant. Les autres prennent les uniformes des types de chez nous qu'ils font prisonniers et se mettent à s'habiller comme nous et on doit se méfier. Avec tout ça, on n'a plus de lumière électrique et on reçoit des obus sur la figure des quatre côtés à la fois. Pour le moment, on tâche de reprendre le contact avec l'arrière ; il faut qu'ils nous envoient des avions, nous commençons à manquer de cigarettes. Il y a du bruit dehors, il doit se préparer quelque chose, on n'a même plus le temps de retirer son casque.

IV

Il se préparait bien quelque chose. Quatre chars sont arrivés presque jusqu'ici. J'ai vu le premier en sortant, il s'est arrêté aussitôt. Une grenade avait démoli une de ses chenilles, elle s'est déroulée d'un coup avec un épouvantable bruit de ferraille, mais le canon du char ne s'est pas enrayé pour si peu. On a pris un lance-flammes ; ce qui est embêtant avec ce système-là, c'est qu'il faut fendre la coupole du char avant de se servir du lance-flammes, sans ça, il éclate (comme les châtaignes) et les types à l'intérieur sont mal cuits. À trois, on a été fendre la coupole avec une scie à métaux, mais deux autres chars arrivaient, et il a bien fallu le faire sauter sans le fendre. Le second a sauté aussi et le troisième a fait demi-tour, mais c'était une feinte, parce qu'il était arrivé en marche arrière ;

aussi, ça nous étonnait un peu de le voir tirer sur les types qui le suivaient. Comme cadeau d'anniversaire, il nous a envoyé douze obus de 88 ; il faudra reconstruire la maison si on veut s'en resservir, mais cela ira plus vite d'en prendre une autre. On a fini par se débarrasser de ce troisième char en chargeant un bazooka avec de la poudre à éternuer et ceux à l'intérieur se sont tellement cogné le crâne sur le blindage qu'on n'a sorti que des cadavres. Seul le conducteur vivait encore un peu, mais il s'était pris la tête dans le volant sans pouvoir la retirer, alors plutôt que d'abîmer le char qui n'avait rien, on a coupé la tête du type. Derrière le char, des motocyclistes avec des fusils-mitrailleurs se sont amenés en faisant un foin du diable, mais on a réussi à en venir à bout grâce à une vieille moissonneuse-lieuse. Pendant ce temps-là, il nous arrivait aussi sur la tête quelques bombes, et même un avion que notre D.C.A. venait d'abattre sans le faire exprès, parce qu'en principe, elle tirait sur les chars. Nous avons perdu dans la compagnie Simon, Morton, Buck et P.C., et il nous reste les autres et un bras de Slim.

V

Toujours encerclés. Il pleut maintenant sans arrêt depuis deux jours. Le toit n'a plus qu'une tuile sur deux, mais les gouttes tombent juste où il faut et nous ne sommes pas vraiment mouillés. Nous ne savons absolument pas combien de temps cela va encore durer. Toujours des patrouilles, mais c'est assez difficile de regarderr dans un périscope sans entraînement et c'est fatigant de rester avec de la boue par-dessus la tête plus d'un quart d'heure. Nous avons rencontré hier une autre patrouille. Nous ne savions pas si c'étaient les nôtres ou ceux d'en face, mais sous la boue, on ne risquait rien à tirer parce qu'il est impossible de se faire mal, les fusils explosent tout de suite. On a tout essayé pour se débarrasser de cette boue. On a versé de l'essence dessus ; en brûlant, ça fait sécher, mais après on se cuit les pieds en passant dessus. La vraie solution consiste à creuser jusqu'à la terre ferme, mais c'est encore plus difficile de faire des patrouilles dans de la terre ferme que dans de la boue. On finirait par s'en accommoder tant bien que mal. L'ennuyeux est qu'il en est venu tant qu'elle se met à avoir des marées. Actuellement, ça va, elle est à la barrière, malheureusement, tout à l'heure, elle remontera de nouveau au premier étage, et ça, c'est désagréable.

VI

Il m'est arrivé ce matin une sale aventure. J'étais sous le hangar derrière la baraque en train de préparer une bonne plaisanterie aux deux types que l'on voit très bien à la jumelle en train d'essayer de nous repérer. J'avais un petit mortier de 81 et je l'arrangeais dans une voiture d'enfant et Johnny devait se camoufler en paysanne pour la pousser, mais d'abord, le mortier m'est tombé sur le pied ; ça, ce n'est rien d'autre que ce qui m'arrive tout le temps en ce moment, et ensuite, le coup est parti pendant que je m'étalais en tenant mon pied, et il est allé éclater un de ces machins à ailettes au deuxième étage, juste dans le piano du capitaine qui était en train de jouer *Jada*[1]. Ça a fait un bruit d'enfer, le piano est démoli, mais le plus embêtant, le capitaine n'avait rien, en tout cas rien de suffisant pour l'empêcher de taper dur. Heureusement, tout de suite après il est arrivé un 88 dans la même chambre. Il n'a pas pensé qu'ils s'étaient repérés sur la fumée du premier coup et il m'a remercié en disant que je lui avais sauvé la vie en le faisant descendre ; pour moi, ça n'avait plus aucun intérêt à cause de mes deux dents cassées, aussi parce que toutes ses bouteilles étaient juste sous le piano.

On est de plus en plus encerclés, ça nous dégringole dessus sans arrêt. Heureusement, le temps commence à se dégager, il ne pleut guère que neuf heures sur douze, d'ici un mois, on peut compter sur du renfort par avion. Il nous reste trois jours de vivres.

VII

Les avions commencent à nous lancer des machins par parachute. J'ai eu une déception en ouvrant le premier, il y avait dedans une flopée de médicaments. Je les ai échangés au docteur contre deux barres de chocolat aux noisettes, du bon, pas cette saloperie des rations, et un demi-flask de cognac, mais il s'est rattrapé en m'arrangeant mon pied écrabouillé. J'ai dû lui rendre le cognac, sans ça je n'aurais plus qu'un pied à l'heure qu'il est. Ça se met de nouveau à ronfler là-haut, il y a une petite éclaircie et ils envoient encore des parachutes, mais cette fois, ce sont des types, on dirait.

VIII

C'étaient bien des types. Il y en a deux rigolos. Il paraît qu'ils ont passé tout le trajet à se faire des prises de judo, à se flanquer des marrons, à se rouler sous tous les sièges. Ils ont sauté en même temps et ils ont joué à se couper, au couteau, les cordes de leurs parachutes. Malheureusement, le vent les a séparés, alors ils ont été obligés de continuer à coups de fusil. J'ai rarement vu d'aussi bons tireurs. Tout de suite, on est en train de les enterrer parce qu'ils sont tombés d'un peu haut.

IX

On est désencerclés. Nos chars sont revenus et les autres n'ont pas tenu le coup. Je n'ai pas pu me battre sérieusement à cause de mon pied mais j'ai encouragé les copains. C'était très excitant. De la fenêtre, je voyais bien, et les parachutistes arrivés hier se démenaient comme des diables. J'ai maintenant un foulard en soie de parachute jaune et vert sur marron et ça va bien avec la couleur de ma barbe, mais demain, je vais me raser pour la permission de convalescence. J'étais tellement excité que j'ai balancé une brique sur la tête de Johnny qui venait d'en rater un et, actuellement, j'ai deux nouvelles dents de moins. Cette guerre ne vaut rien pour les dents.

X

L'habitude émousse les impressions. J'ai dit ça à Huguette — elles ont de ces noms — en dansant avec elle au Centre de la Croix-Rouge, et elle a répliqué : «Vous êtes un héros», mais je n'ai pas eu le temps de trouver une réponse fine parce que Mac m'a tapé sur l'épaule, alors j'ai dû la lui laisser. Les autres parlaient mal, et cet orchestre jouait beaucoup trop vite. Mon pied me tracasse encore un peu mais dans quinze jours c'est fini, on repart. Je me suis rabattu sur une fille de chez nous, mais le drap d'uniforme, c'est trop épais, ça émousse aussi les impressions. Il y a beaucoup de filles ici, elles comprennent tout de même ce qu'on leur dit et ça m'a fait rougir, mais il n'y a pas grand-chose à faire avec elles. Je suis

sorti, j'en ai trouvé tout de suite beaucoup d'autres, pas le même genre, plus compréhensives, mais c'est cinq cents francs minimum, encore parce que je suis blessé. C'est drôle, celles-là ont l'accent allemand.

Après, j'ai perdu Mac et j'ai bu beaucoup de cognac. Ce matin, j'ai horriblement mal à la tête à l'endroit où le M.P.[2] a tapé. Je n'ai plus d'argent, parce qu'à la fin j'ai acheté des cigarettes françaises à un officier anglais, je les ai senties passer. Je viens de les jeter, c'est une chose dégoûtante, il a eu raison de s'en débarrasser.

XI

Quand vous sortez des magasins de la Croix-Rouge avec un carton pour mettre les cigarettes, le savon, les sucreries et les journaux, ils vous suivent des yeux dans la rue et je ne comprends pas pourquoi, car ils vendent sûrement leur cognac assez cher pour pouvoir s'en acheter aussi et leurs femmes ne sont pas données non plus. Mon pied est presque tout à fait guéri. Je ne crois pas rester encore longtemps ici. J'ai vendu les cigarettes pour pouvoir sortir un peu et j'ai ensuite tapé Mac, mais il ne les lâche pas facilement. Je commence à m'embêter. Je vais ce soir au cinéma avec Jacqueline, j'ai rencontré celle-là hier soir au club, mais je crois qu'elle n'est pas intelligente parce qu'elle enlève ma main toutes les fois et elle ne bouge pas du tout en dansant. Ces soldats d'ici m'horripilent, ils sont trop débraillés et il n'y en a pas deux qui portent le même uniforme. Enfin, il n'y a rien à faire qu'attendre ce soir.

XII

De nouveau là. Tout de même, on s'embêtait encore moins en ville. On avance très lentement. Chaque fois qu'on a fini la préparation d'artillerie, on envoie une patrouille et chaque fois, un des types de la patrouille revient amoché par un tireur isolé. Alors, on recommence la préparation d'artillerie, on envoie les avions, ils démolissent tout, et deux minutes après les tireurs isolés recommencent à tirer. En ce moment, les avions reviennent, j'en compte soixante-douze. Ce ne sont pas de très gros avions, mais le village est petit. D'ici, on voit les bombes

tomber en spirale et cela fait un bruit un peu étouffé, avec de belles colonnes de poussière. On va repartir à l'attaque, mais il faut d'abord envoyer une patrouille. Bien ma veine, j'en suis. Il y a à peu près un kilomètre et demi à faire à pied et je n'aime pas marcher si longtemps, mais, dans cette guerre, on ne nous demande jamais de choisir. Nous nous tassons derrière les gravats des premières maisons et je crois que d'un bout à l'autre du village, il n'en reste pas une seule debout. Il n'a pas l'air de rester beaucoup d'habitants non plus et ceux que nous voyons font une drôle de tête quand ils l'ont conservée, mais ils devraient comprendre que nous ne pouvons pas risquer de perdre des hommes pour les sauver avec leurs maisons ; les trois quarts du temps, ce sont de très vieilles maisons sans intérêt. Et aussi, c'est le seul moyen pour eux de se débarrasser des autres. Ça, d'ailleurs, ils le comprennent en général, quoique certains pensent que ce n'est pas le seul moyen. Après tout, ça les regarde, et ils tenaient peut-être à leurs maisons, mais sûrement moins dans l'état où elles sont maintenant.

Je continue ma patrouille. Je suis encore le dernier, c'est plus prudent, et le premier vient de tomber dans un trou de bombe plein d'eau. Il en sort avec des sangsues plein son casque. Il a aussi ramené un gros poisson tout ahuri. En rentrant, Mac lui a appris à faire le beau et il n'aime pas le chewing-gum.

XIII

Je viens de recevoir une lettre de Jacqueline, elle a dû la confier à un autre type pour la mettre à la poste, car elle était dans une de nos enveloppes. Vraiment, c'est une fille bizarre, mais probablement toutes les filles ont des idées pas ordinaires. Nous avons reculé un peu depuis hier, mais demain, nous avançons de nouveau. Toujours les mêmes villages complètement démolis, ça vous donne le cafard. On a trouvé une radio toute neuve. Ils sont en train de l'essayer, je ne sais pas si réellement on peut remplacer une lampe par un morceau de bougie. Je pense que oui : je l'entends jouer *Chattanooga*[3], je l'ai dansé avec Jacqueline un peu avant de partir de là-bas. Je pense que je vais lui répondre si j'ai encore du temps. Maintenant, c'est Spike Jones[4] ; j'aime aussi cette musique-là et je voudrais bien que tout soit fini pour aller m'acheter une cravate civile avec des raies bleues et jaunes.

XIV

On repart tout à l'heure. De nouveau, nous sommes tout près du front et des obus se remettent à arriver. Il pleut, il ne fait pas très froid, la jeep marche bien. Nous allons en descendre pour continuer à pied.

Il paraît que ça commence à sentir la fin. Je ne sais pas à quoi ils voient ça, mais je voudrais tâcher de m'en sortir le plus commodément possible. Il y a encore des coins où on se fait accrocher dur. On ne peut pas prévoir comment ça va être.

Dans quinze jours, j'ai une nouvelle permission et j'ai écrit à Jacqueline de m'attendre. J'ai peut-être eu tort de le faire, il ne faut pas se laisser prendre.

XV

Je suis toujours debout sur la mine. Nous étions partis ce matin en patrouille et je marchais le dernier comme d'habitude, ils sont tous passés à côté, mais j'ai senti le déclic sous mon pied et je me suis arrêté net. Elles n'éclatent que quand on retire son pied. J'ai lancé aux autres ce que j'avais dans mes poches et je leur ai dit de s'en aller. Je suis tout seul. Je devrais attendre qu'ils reviennent, mais je leur ai dit de ne pas revenir, et je pourrais essayer de me jeter à plat ventre, mais j'aurais horreur de vivre sans jambes. Je n'ai gardé que mon carnet et le crayon. Je vais les lancer avant de changer de jambe et il faut absolument que je le fasse parce que j'en ai assez de la guerre et parce qu'il me vient des fourmis.

L'ÉCREVISSE[5]

I

Jacques Théjardin était dans son lit, souffrant. Il avait attrapé l'éclanchelle en jouant de son flûtiau bourru sous un mauvais courant d'air. L'orchestre de musique de chambre dont il faisait partie acceptait, en effet, car les temps étaient durs, de se produire dans un simple couloir ; mais si les musiciens arrivaient de la sorte à subsister malgré l'inclémence des temps, leur santé risquait fréquemment d'en pâtir. Jacques Théjardin ne se sentait pas bien. Sa tête s'était allongée dans un seul sens et le cerveau ne suivait pas le mouvement ; aussi, peu à peu, dans le vide ainsi formé, s'introduisaient des corps étrangers, des pensées parasites, et, plus fluide, envahissante, de la douleur en paillettes aiguës comme de l'acide borique taillé. De temps en temps, Jacques Théjardin toussait, et les corps étrangers venaient choquer durement la paroi de son crâne, remontant brusquement le long de la courbe, comme les vagues dans une baignoire, pour retomber sur eux-mêmes avec un crissement de sauterelles piétinées. Une bulle, çà et là, éclatait et de menues projections blanchâtres, molles comme l'intérieur d'une araignée, étoilaient la voûte osseuse, aussitôt emportées par les remous. Jacques Théjardin guettait avec angoisse, après chaque quinte, le moment où il tousserait de nouveau, et comptait à cet effet les secondes au moyen d'un sablier gradué qui reposait sur sa table de nuit. Il était tourmenté par l'idée qu'il ne pourrait faire des exercices de flûtiau comme d'habitude : ses lèvres allaient se ramollir et ses doigts se désaplatir et tout serait à recommencer. Le flûtiau bourru exige de ses

adeptes une volonté terrifiante, car on apprend très difficilement à en jouer, mais on oublie très vite le peu qu'on a appris. Il repassait dans sa tête la cadence du dix-huitième mouvement symphonique en bémol plat[6] qu'il était en train de travailler, et les trilles de la cinquante-sixième et cinquante-septième mesures augmentèrent son mal. Il sentit venir la quinte et porta la main à sa bouche pour en retenir une partie. Elle monta, se boursoufla dans sa trachée, et sortit à gros jets turbulents ; la figure de Jacques Théjardin devint pourpre et ses yeux s'injectèrent de sang. Il les essuya du coin d'un mouchoir qu'il avait choisi rouge pour ne pas le tacher.

II

L'escalier se mit à bruire. La rampe, montée sur des tiges métalliques, vibrait comme un gong : c'était sûrement la logeuse qui lui apportait du tilleul. Le tilleul congestionne, à la longue, la prostate, mais Jacques Théjardin n'en prenait pas souvent et il échapperait, sans doute, à l'opération. Elle n'avait plus qu'un étage à gravir. C'était une belle grosse femme de trente-cinq ans dont le mari, prisonnier en Allemagne pendant des mois et des mois, s'était établi poseur de barbelés sitôt revenu chez lui, car c'était bien son tour d'enfermer les autres. Il bouclait des vaches en province à longueur de journée et donnait rarement signe de vie. Elle ouvrit la porte sans frapper et fit un grand sourire à Jacques. Elle tenait un pot de faïence bleue et un bol qu'elle posa sur la table de nuit. Sa robe de chambre entrouverte bâilla sur des ombres moussues lorsqu'elle se pencha pour arranger les oreillers, et Jacques perçut le fumet violent de son mystère barbu. Il cligna des yeux, car l'odeur le frappait de face, et désigna du doigt la place incriminée.

— Excusez-moi, dit-il, mais...

Il s'interrompit, en proie à une quinte violente. La logeuse, sans comprendre, se frictionnait le bas-ventre.

— C'est... votre... chose... conclut-il.

Pour qu'il rie, elle saisit à deux mains l'objet hilare et lui fit imiter le bruit du canard fouillant dans la vase ; mais, ne voulant pas faire tousser Jacques, elle referma bien vite sa robe. Un faible sourire détendit le visage du garçon.

— En temps normal, expliqua-t-il pour s'excuser, j'aime assez ça, mais j'ai déjà la tête si pleine de bruits, de sons et d'odeurs...

— Je vous verse du tilleul ? proposa-t-elle, maternelle.

Comme elle lâchait les pans pour lui donner à boire, ils s'écartèrent de nouveau ; Jacques taquinait la bestiole du bout de sa cuillère, et, soudain, cette dernière fut happée d'un coup. Il rit si fort que sa poitrine se déchira. Courbé en deux, suffoquant, il ne sentait même pas les tapes douces et rapides que la logeuse lui administrait sur le dos pour qu'il s'arrête de tousser.

— Je ne suis qu'une bête, dit-elle, se grondant de l'avoir fait rire. Je devrais bien penser que vous n'avez pas le cœur à jouer.

Elle lui rendit sa cuillère et lui tint le bol pendant qu'il buvait, à petites gorgées, le tilleul au goût de fauve qu'il tournait en même temps pour bien mélanger le sucre. Il avala deux tablettes d'aspirine.

— Merci, dit-il... Je vais tâcher de dormir, maintenant.

— Je vous monterai d'autre tilleul, dit la logeuse qui plia en trois le bol et le pot de faïence vides pour les emporter plus commodément.

III

Il se réveilla en sursaut. L'aspirine l'avait fait transpirer : comme, en vertu du principe d'Archimerdre, il avait perdu un poids égal à celui du volume de sueur déplacé, son corps s'était soulevé au-dessus du matelas, entraînant les draps et les couvertures, et le courant d'air ainsi produit ridait la mare de sueur dans laquelle il flottait ; de petites vagues clapotaient sur ses hanches. Il retira la bonde de son matelas et la sueur se déversa dans le sommier. Son corps descendit lentement et reposa de nouveau sur le drap qui fumait comme un cheval-vapeur. La sueur laissait un dépôt gluant sur lequel il glissait dans ses efforts pour se relever et s'accoter à l'oreiller spongieux. Sa tête recommençait à vibrer en sourdine, et des meules se formèrent derrière son cerveau, et se mirent à broyer les substances qui s'agitaient toujours dans le vide de son crâne. Il leva les mains doucement et palpa sa tête avec précaution. Il sentait la déformation. Ses doigts glissèrent de l'occiput aux pariétaux gonflés, touchèrent son front, suivirent le bord abrupt des orbites et gagnèrent les tempes, puis, revinrent aux os malaires qui cédaient légèrement sous la pression. Jacques Théjardin aurait bien voulu voir exactement la forme

de son crâne. Certains sont si jolis de profil, si bien équilibrés, si ronds. Il s'était fait faire une radiographie, pendant sa maladie de l'an passé, et toutes les femmes à qui il l'avait montrée étaient devenues facilement ses maîtresses. Cet allongement derrière et cette enflure des pariétaux l'inquiétaient beaucoup. Le flûtiau bourru, peut-être... Ses mains revinrent à l'occiput, s'attardèrent à la jonction du cou, dont la rotule tournait sans bruit, mais avec une certaine difficulté. Avec un soupir d'impuissance, il laissa retomber les bras le long de son corps, et, agitant rapidement les fesses de droite à gauche, il se fit un petit creux confortable dans la croûte encore tendre, mais qui commençait à s'affermir. Il n'osait pas trop remuer, car la sueur, dans le sommier, passait d'un seul coup de gauche à droite lorsqu'il prenait appui sur le bras droit, déséquilibrant le lit et l'obligeant à nouer, autour de ses reins, la large sangle de toile bise qui suffisait à peine à le retenir. Lorsqu'il s'appuyait sur l'autre bras, le lit se retournait complètement et le voisin du dessous tapait au plafond avec le manche d'un gigot dont l'odeur s'infiltrait à travers les raies du plancher et soulevait la tête de Théjardin. Il ne voulait pas siphonner le sommier sur le plancher. Le boulanger du coin lui donnerait un bon prix de toute cette sueur : il la mettrait en bouteilles, étiquetée « Sueur de Front », et les gens l'achèteraient pour s'aider à manger le pain bluté à 99 pour cent du Ravitaillement.

— Je tousse moins, pensa-t-il.

Sa poitrine se laissait aller régulièrement, et le bruit de ses poumons s'était fait imperceptible. Il étendit avec précaution son bras gauche et saisit son flûtiau posé sur une chaise à côté du lit. Il le coucha près de lui, puis ses mains remontèrent vers sa tête, glissèrent de l'occiput aux pariétaux gonflés, touchèrent son front et suivirent le bord abrupt de ses orbites.

IV

— Il y en avait onze litres, dit le boulanger.

— J'en ai perdu quelques litres, s'excusa Théjardin. Le sommier n'est pas très étanche.

— Elle n'est pas pure, ajouta le boulanger. Si on la comptait pour dix litres, ça serait plus juste.

— Vous vendrez les onze litres quand même, dit Jacques.

— Naturellement, dit le boulanger, mais j'aurai la conscience troublée. Cela doit compter.

— J'ai besoin d'argent, dit Jacques. Je ne joue pas depuis trois jours.

— Je n'ai pas beaucoup d'argent non plus, dit le boulanger. Une voiture de vingt-neuf chevaux coûte cher d'entretien et les domestiques me ruinent.

— Qu'est-ce que vous pouvez me donner ? demanda Jacques.

— Mon Dieu, dit le boulanger, je vous en offre trois francs le litre, et les onze compteront pour dix.

— Faites un effort, dit Jacques. Ce n'est pas beaucoup.

— Bon ! dit le boulanger. J'irai jusqu'à trente-trois francs, mais c'est une escroquerie.

— Donnez... dit Jacques.

Le boulanger tira de son portefeuille six coupures de sept francs.

— Rendez-moi neuf francs, dit-il.

— Je n'ai que dix francs, dit Jacques.

— Cela fera l'affaire, dit le boulanger.

Il empocha l'argent, souleva le seau, et se dirigea vers la porte.

— Tâchez de m'en faire d'autre, dit-il.

— Non, dit Jacques. Je n'ai plus de fièvre.

— Tant pis ! dit le boulanger, et il sortit.

Les mains de Jacques remontèrent à sa tête et il se remit à caresser ses os déformés. Il tentait de soulever son crâne ; il aurait voulu en connaître le poids exact, mais il devait attendre d'être tout à fait guéri, et puis son cou le gênait.

V

Péniblement, il rejeta ses couvertures. Ses jambes maigres, ondulées par cinq jours de repos, s'allongeaient devant lui. Il les considéra sans entrain, tenta de les lisser du plat de la main, puis, renonçant, s'assit sur le bord du lit et se leva avec effort. À cause de ses jambes, il avait perdu cinq bons centimètres. Il bomba le torse et ses côtes craquèrent. L'éclanchelle laissait des traces. Sa robe de chambre tombait en longs plis flasques sur ses fesses creuses. Ses lèvres ramollies et ses doigts gonflés ne lui permettaient plus de jouer du flûtiau bourru, il le constata tout de suite.

Abattu, il se laissa tomber sur une chaise, la tête dans ses mains. Ses doigts palpaient machinalement ses tempes et son front pesant.

VI

Le chef de l'orchestre dans lequel jouait Jacques montait l'escalier ; il s'arrêta une minute devant la porte, lut la carte et entra.

— Bonjour, dit-il. Alors, tu vas mieux ?

— Je me lève à l'instant, dit Jacques. Je suis mou.

— Ça sent drôle dans l'escalier, dit le chef.

— C'est la logeuse, dit Jacques. Elle ne ferme jamais sa robe.

— Ça sent bon, dit le chef. Ça sent le garenne.

— Oui, dit Jacques.

— Quand reviens-tu jouer avec nous ? demanda le chef.

— Il y a des affaires ? demanda Jacques. Je ne voudrais plus jouer en couloir. Après tout, la musique de chambre, c'est de la musique de chambre...

— Tu ne vas pas dire que c'est de ma faute si tu as attrapé l'éclanchelle, dit le chef. Après tout, nous avons tous joué dans ce couloir.

— Je sais, dit Jacques, mais j'étais devant le courant d'air et c'est pour cela que vous n'avez rien eu.

— C'est des histoires, dit le chef. D'ailleurs, tu as toujours eu un sale caractère.

— Non, dit Jacques, mais je n'aime pas être malade, c'est mon droit.

— Je devrais te remplacer, dit le chef. On ne peut pas jouer avec un type qui se fâche pour tout.

— Enfin, dit Jacques, j'ai failli crever !...

— Tu m'embêtes, dit le chef. Je n'y suis pour rien. Quand peux-tu recommencer à jouer ?

— Je ne sais pas, dit Jacques. Je suis mou.

— Tu commences à exagérer, dit le chef. Ce n'est pas comme ça qu'on travaille. Je vais demander à Albert de te remplacer.

— Paye-moi les deux cachets que tu me dois, dit Jacques. Il faut que je donne de l'argent à la logeuse.

— J'en ai pas sur moi, dit le chef. Au revoir. Je vais chez Albert. Tu as trop mauvais caractère.

— Quand me paieras-tu ? dit Jacques.

— Oh !... Je te paierai, dit le chef. Je m'en vais.

Les doigts de Jacques erraient sur son front et ses yeux étaient à demi fermés. Quatre kilos, peut-être ?...

VII

Le petit réchaud à alcool bourdonnait vaillamment et, agacée par le bruit, l'eau commençait à frémir dans la marmite d'aluminium. Cela faisait beaucoup d'eau pour un si léger réchaud, mais il en viendrait à l'eau bout.

Jacques attendait sur une chaise. Pour s'occuper, il travaillait un peu le flûtiau. Chaque fois, il manquait le si bémol de deux centimètres, mais à la fin, il réussit à l'attraper et l'écrasa entre deux doigts, content d'avoir triomphé. Ça revenait.

Il s'arrêta car la douleur revenait aussi dans sa tête. Et l'eau commençait à bouillir.

— Peut-être plus de quatre kilos, se dit-il. On va voir...

Alors il prit un grand couteau et se coupa la tête. Il la mit dans l'eau bouillante avec un peu de cristaux pour la nettoyer et ne pas fausser la pesée. Et puis il mourut avant d'avoir terminé, car ceci se passait en 1945 et la médecine n'était pas encore perfectionnée comme maintenant. Il monta au ciel dans un gros nuage rond. Il n'avait aucune raison d'aller ailleurs.

LE PLOMBIER

Ce n'était pas le coup de sonnette de Jasmin, qui faisait des achats dans un bureau louche en compagnie de son amant. Ce n'était pas non plus mon oncle, puisqu'il venait de mourir deux ans auparavant. Le chien la tirait deux fois et moi, j'avais ma clé. Donc, trouver autre chose. C'était un coup caractérisé : lourd... pesant, peut-être... non, dense, plutôt... un coup de sonnette lent et cher.

Le plombier, par conséquent. Il entra, muni, en bandoulière, d'une sacoche bâtarde en cuir d'herbivore éteint, chargée de ferraille tintante.

— La salle de bains, est par là, me dit-il avec un geste sagittaire.

Il ne posait pas la question. Il m'apprenait enfin où se trouvait, dans cet appartement, la salle de bains que, sans sa remarque, j'aurais pu négliger, bien longtemps encore, de situer avec la précision impliquée d'emblée par sa courte phrase.

À cette heure de la journée, puisque Jasmin n'était pas là, puisque mon oncle venait de mourir et puisque le chien tirait la sonnette deux fois (le plus souvent), il n'y avait à la maison que mes onze neveux et nièces, occupés à jouer dans la cuisine avec la chaudière à gaz, et l'on n'entendait aucun bruit.

Comme il arrivait au salon après un long détour, cramponné à son geste, je remis le plombier dans le droit chemin et le guidai donc jusqu'à la salle de bains. J'allais entrer avec lui lorsqu'il m'écarta, sans rudesse mais avec cette fermeté qui n'appartient qu'aux spécialistes.

— Je n'ai pas besoin de vous, me dit-il, et puis vous risqueriez de salir votre beau costume *neuf*.

Il insistait sur *neuf*.

Je ne dis rien, car il ricanait, de sucroît, avec sournoiserie, et j'allai découdre mon étiquette pendante.

Encore une négligence de Jasmin. Mais, après tout, vous ne pouvez attendre d'une femme qui ne vous connaît pas, qui n'a jamais entendu prononcer votre nom, qui ne sait pas même que vous existez, qui n'existe peut-être elle-même que partiellement, voire pas du tout, qu'elle vous rende les services d'une gouvernante anglaise, Alice Marshall, née à Bridgeport dans le Wilshire[7] ; et je tançai Alice pour son inattention chronique. Elle me fit observer qu'on ne peut, à la fois, s'abstenir de surveiller les neveux et enlever les étiquettes, et je dus m'incliner, car je passais à ce moment la porte qui conduit de l'antichambre à la salle à manger, porte notoirement trop basse ainsi que je l'ai plusieurs fois fait observer à l'architecte sourd appointé par mon propriétaire.

Le désordre de ma toilette ainsi compensé, je me dirigeai à tâtons, pour ne pas donner l'éveil, vers la chambre de la mère de Jasmin, à qui j'ai réservé une des plus belles de l'appartement, une de celles qui donnent sur la rue et qui reprennent de l'autre côté quand personne ne les regarde, à seule fin de conserver leur équilibre.

Il est temps, peut-être, que je vous fasse le portrait de Jasmin ; mais, dans le noir, car on n'ouvre jamais les fenêtres, puisque Jasmin n'existe pas et par suite ne peut avoir de mère (ce qui est contestable, ainsi que vous le prouvera la suite de cette histoire), dans le noir, donc la description n'en serait pas exacte.

Je traversai la chambre de la mère de Jasmin et ouvris avec précaution la porte qui, de là, mène à la salle de billard, dont un mur jouxte la salle de bains. J'avais, en prévision de la venue du plombier, fait pratiquer, voici bien longtemps, une ouverture carrée dans ce mur, ce qui explique que, de ce point de vue, j'aie pu, à loisir, observer les faits et gestes de l'homme tandis qu'il s'affairait autour des tuyauteries. Levant la tête, il me vit et me fit signe de le rejoindre.

Je m'empressai de refaire en sens inverse le trajet que je venais de parcourir. Je m'aperçus au passage que mes neveux continuaient de s'agiter près de la chaudière à gaz et j'en conçus (mais brièvement, car le plombier m'attendait et je désirais qu'il ne prît point mon retard pour une morgue à laquelle on attribue souvent mon allure sérieuse) un

mépris complet et irraisonné à l'endroit de ces appareils imparfaits que sont les chaudières à gaz. Je gagnai vivement l'office, ouvris la porte de communication donnant sur un étroit palier à quatre voies dont l'une desservirait la salle de billard, si elle n'était condamnée, l'autre, condamnée également, la chambre de la mère de Jasmin et la quatrième la salle de bains. La troisième, je la refermai et j'entrai enfin.

Assis sur le rebord de la baignoire, le plombier contemplait avec mélancolie les planches épaisses qui protégeaient les tuyaux à l'imparfait; car il venait de les faire sauter de la pointe du burin.

— Je n'ai jamais vu, m'assura-t-il, une installation pareille.

— C'est vieux, dis-je.

— Ça se voit, dit-il.

— C'est pour ça que je le dis, dis-je.

Car je suis incapable de déterminer l'âge d'une installation quand tout le monde ne peut pas s'en rendre compte.

— Il y en a qui causent, observa-t-il, et où est-ce que ça les mène?... Mais celui qui a monté ça, ce n'était pas un homme du métier.

— C'est votre maison qui a fait l'installation, dis-je. Je me le rappelle avec une grande netteté.

— Je n'étais pas employé chez eux à ce moment-là, dit-il. Sans ça, je serais parti.

— Donc, dis-je, ça revient au même puisque vous seriez parti; c'est comme si vous y étiez du moment que vous n'y étiez pas.

— En tout cas, dit-il, si je tenais le salaud d'enfant de pute à la graisse de couille de kangourou qui a foutu ce nom de Dieu de bordel de merde d'installation d'une façon aussi dégueulasse... eh bien... comme on dit, je ne lui ferais pas mes compliments.

Puis il se mit à jurer et les veines de son cou se gonflèrent comme des cordes. Il changea de position, dirigeant sa voix vers le fond de la baignoire pour obtenir une résonance grave à laquelle il se tint pendant l'heure qui suivit.

— Bon, conclut-il, à bout de souffle. Eh bien, je n'ai plus qu'à m'y mettre.

Je cherchais déjà une position commode pour le voir travailler lorsqu'il sortit de son étui de cuir une grosse lampe à souder. Tirant de sa poche un flacon, il versa son contenu dans le creux ménagé par l'industrieux fabricant au pied du tube d'adduction des gaz. Une allumette fit jaillir une grande flamme vers le plafond.

Éclairé par la lumière bleue, le plombier se pencha et considéra d'un

air méprisant les deux tuyaux d'eau chaude et froide, le tuyau du gaz, la conduite du chauffage central et quelques autres tubulures dont j'ignorais l'utilité.

— Le mieux, dit-il, c'est de tout couper au ras et de repartir à zéro. Mais vous allez le sentir passer.

— Puisqu'il le faut, dis-je.

Ne voulant pas assister au massacre, je partis sur la pointe des pieds. Il tournait le pointeau de sa lampe à souder au moment où je refermais la porte, et le rugissement de l'essence gazéifiée couvrit le léger claquement de la bille à ressort venant s'engager dans son logement.

Je passai par la porte de la chambre de Jasmin, condamnée à l'origine mais dont la peine venait d'être rapportée, et, traversant le salon, je bifurquai vers la salle à manger d'où je pus regagner ma chambre. Je me suis perdu dans l'appartement déjà plus d'une fois, et Jasmin veut à tout prix que nous en changions, mais elle devra le trouver elle-même, puisqu'elle s'obstine à revenir sans que je le lui demande.

D'ailleurs, je m'obstine moi-même à vous parler de Jasmin et c'est simplement parce que je l'aime ; elle ne joue aucun rôle dans cette histoire et n'en jouera probablement jamais aucun, à moins, bien entendu, que je ne me ravise, mais ceci, personne ne peut le prévoir ; comme le résultat ne tardera pas à être connu, il est inutile de s'appesantir sur un sujet aussi peu intéressant ; moins encore que n'importe quel autre ; je pense en particulier à l'élevage du mouchetis tyrolien et à la traite des pucerons lanigères.

Une fois dans ma chambre, je m'installai près du meuble de chêne ciré que j'ai transformé en électrophone voici déjà longtemps, sans exagérer. Et, manœuvrant l'interrupteur qui coupe l'ensemble des circuits dont la fermeture permet à l'appareil de fonctionner, je déclenchai le mouvement du plateau sur lequel un disque vint se déposer à fin de se prêter à l'extirpation de la mélodie adsorbée par le truchement d'une pointe aiguë.

Les accents noirâtres de la *Deep South Suite*[8] m'eurent bientôt plongé dans ma léthargie favorite et l'accélération résultante du mouvement des pendules entraîna le système solaire dans une giration renforcée, écourtant la durée du monde d'une presque journée ; tant et si bien qu'il était huit heures et demie du matin et moi, dans mon lit, je me réveillais ; inquiet de ne pas caresser de mes jambes les jambes tentantes de Jasmin ; hélas, Jasmin m'ignorait. Et je l'attends sans cesse ; elle a des cheveux d'eau sous le soleil et je voudrais cerner sa taille de mes bras durs et la

faire expirer sous des baisers sangsuels ; mais pas les jours où elle se met
à ressembler à Claude Farrère[9].

— Huit heures et demie, me dis-je. Et le plombier qui doit mourir de
faim !

Je m'habillai très vite et je m'orientai, puis partis pour la salle de bains.
Les abords m'en parurent profondément modifiés, comme à la suite de
quelque cataclysme essentiel ; je reconnus vite qu'il n'y avait que la
différence du manque des tuyaux habituels, et je m'y fis.

Le plombier, étendu à côté de la baignoire, respirait encore. Je lui
injectai du bouillon par les narines, car ses dents s'étaient fermées sur
une baguette de soudure à l'étain. Sitôt ranimé, il se remit au travail.

— Il se trouve, me dit-il, que j'ai accompli le plus gros du boulot ; tout
est coupé au ras des murs et je repars à zéro. Choisissez.

— Faites pour le mieux, dis-je. Je m'en rapporte à votre capacité de
spécialiste, et pour rien au monde je ne voudrais que la moindre de mes
suggestions fût une entrave à votre esprit d'initiative... à cet esprit
d'initiative qui est, devrais-je dire, l'apanage exclusif de la corporation
des plombiers.

— Ne chargez pas, me conseilla-t-il. En principe, je comprends ; mais
mon certificat est loin, et si vous me cassez les pieds, je ne pourrai plus
vous adresser la parole. C'est drôle comme les gens qui se croient
instruits éprouvent le besoin de faire chier le monde.

— Je vous assure, dis-je, que je place très haut le moindre de vos
actes ; et ne doutez pas de mon humilité.

— Bon, dit-il. Je ne suis pas le méchant gars. Alors, je vais faire une
chose. Je vais reprendre exactement comme ils l'avaient monté. Parce
que c'est tout de même un collègue qui s'en était occupé et un plombier
a toujours des raisons. Souvent on se dit : — Voilà un tuyau qui n'est pas
droit. Et on se demande pourquoi, et naturellement on en vient à accuser
le plombier ; mais si on veut aller au fond de la chose, c'est plus souvent
pour une raison qu'on ne sait pas, et on préfère laisser croire que le
tuyau n'est pas droit. Mais c'est le mur. Pour en revenir à notre affaire, je
refais tout exactement comme c'était ; et, après, je suis sûr que ça
marchera.

Je retins une remarque : ça marchait avant qu'il n'arrive. Mais au fait,
peut-être que je n'en savais rien. La parabole du tuyau droit me restait sur
la mémoire et je me tus.

Je réussis à retrouver mon lit. Des bruits de pieds impatients
résonnaient à l'étage au-dessus. Les gens sont ennuyeux ; ne peuvent-ils

se coucher nerveusement au lieu d'arpenter nerveusement le sol de leur chambre. Je me rendis à la raison : non.

L'image de Jasmin me hantait jusqu'à l'évidence, et je maudissais sa mère de l'éloigner de moi avec une malconscience que rien ne justifiait. Jasmin a dix-neuf ans, et je sais qu'elle a connu d'autres hommes que moi ; raison de plus pour qu'elle n'hésite pas à m'admettre dans son intimité ; c'est sa mère et la jalousie. Je me forçai de penser à une chose très différente, une méchanceté gratuite, et j'eus un mal si grand à en concevoir la forme exacte, matérialisée au moyen de ficelles de coton rouge et blanc, que je m'évanouis à mon tour durant une longue période. Dans la salle de bains, le ronflement de la lampe à souder bleussait le bord de mon rêve de franges oxydées inégalement.

Le plombier resta chez moi quarante-neuf heures d'affilée. Le travail était loin d'être fini, et je passais dans l'entrée pour me rendre à la cuisine lorsque j'entendis des coups à la porte.

— Ouvrez ! me disait-on. Il y a urgence !

J'ouvris et je vis la voisine du dessus qui se tenait devant moi en grand deuil. Sa figure portait les marques d'un chagrin récent et elle ruisselait sur mon tapis. Elle paraissait sortir de la Seine.

— Vous êtes tombée à l'eau ? demandai-je avec intérêt.

— Je m'excuse de vous déranger, monsieur, dit-elle. C'est que j'ai une fuite chez moi... J'avais demandé le plombier et il devait venir il y a trois jours...

— J'en ai un ici, dis-je. C'est peut-être le vôtre ?

— Mes sept enfants sont noyés, me dit-elle. Seuls les deux aînés respirent encore, parce que l'eau ne leur arrive qu'au menton. Mais si le plombier a encore du travail chez vous, je ne veux pas vous déranger...

— Je suppose qu'il s'est trompé, dis-je. Je vais aller le lui demander pour en avoir le cœur pur. En réalité, ma salle de bains fonctionnait de façon satisfaisante.

Lorsque j'entrai dans la salle de bains, il mettait la dernière main à une soudure en forme d'iris qui venait orner une partie nue du mur.

— Ça peut déjà tenir le coup comme ça, me dit-il. J'ai tout refait

exactement comme c'était ; j'ai ajouté quelques soudures parce que c'est ce que je réussis le mieux, et j'aime le travail bien fait.

— Une dame vous demande, dis-je. Est-ce que ce n'est pas à l'étage au-dessus que vous deviez aller ?

— C'est le quatrième ici ?

— Le troisième, dis-je.

— Alors, je me suis trompé, conclut-il. Je vais voir cette dame. La maison vous enverra la note. Mais ne regrettez rien... Il y a toujours du travail pour un plombier dans une salle de bains.

LES POISSONS MORTS

I

La portière du wagon résistait comme d'habitude; à l'autre bout du train, le chef à casquette appuyait fort sur le bouton rouge et l'air comprimé giclait dans les tuyaux. L'assistant peinait pour écarter les deux panneaux. Il avait chaud. Des gouttes de sueur grise zigzaguaient sur sa figure, comme des mouches, et l'on voyait le col sale de sa chemise de zéphyr blindé.

Le train allait repartir lorsque le chef lâcha le bouton. L'air rota joyeusement sous le train et l'assistant faillit perdre l'équilibre car la portière venait de céder à l'improviste. Il descendit en trébuchant, non sans déchirer sa sacoche au mécanisme de fermeture.

Le train repartait et le déplacement atmosphérique résultant plaqua l'assistant contre les latrines malodorantes où deux Arabes parlaient politique à grands coups de couteau.

L'assistant se secoua, tapota ses cheveux qui s'écrasèrent, sur son crâne mou, comme des herbes pourries. Une légère fumée montait de son poitrail à demi découvert sur lequel se dessinaient des clavicules saillantes, et l'amorce d'une ou deux paires de côtes disgracieuses et mal plantées. D'un pas lourd, il longea le quai carrelé d'hexagones rouges et verts souillés de place en place de longues traînées noires : il avait plu des pieuvres pendant l'après-midi, mais les employés de la gare passaient à des besognes inavouables le temps qu'ils auraient dû, selon leur charte monumentale, consacrer au nettoyage des quais.

L'assistant fouilla dans ses poches et ses doigts rencontrèrent le

grossier carton ondulé qu'il devait remettre à la sortie. Ses genoux le faisaient souffrir et l'humidité des mares explorées durant le jour faisait grincer ses jointures mal assujetties.

Il ramenait dans sa sacoche un butin plus qu'honorable, il faut le dire.

Il tendit son billet à l'homme vague debout derrière la grille. L'homme le prit, le regarda et sourit avec férocité.

— Vous n'en avez pas un autre ? dit-il.

— Non... dit l'assistant.

— Celui-ci est faux...

— Mais c'est mon patron qui me l'a donné, dit l'assistant gentiment, avec une risette et un petit signe.

L'employé ricana.

— Ça ne m'étonne pas qu'il soit faux, alors. Il nous en a acheté dix, ce matin.

— Dix quoi ? dit l'assistant.

— Dix billets faux.

— Mais pourquoi ? dit l'assistant.

Son sourire s'atténuait et pendait à gauche.

— Pour vous les donner, dit l'employé. Pour que vous vous fassiez engueuler d'abord, ce que je suis en train de faire, *primo*, et *secundo*, pour que vous soyez obligé de payer l'amende.

— Pourquoi ? dit l'assistant. Je n'ai que très peu d'argent.

— Parce que c'est dégueulasse de voyager avec un billet faux... dit l'employé.

— Mais c'est vous qui les fabriquez !...

— Il faut bien. Puisqu'il y a des types assez dégueulasses pour voyager avec des billets faux. Vous croyez que c'est drôle, vous, de faire des billets faux toute la journée ?

— Sûr que vous feriez mieux de nettoyer le quai, dit l'assistant.

— Pas de jeux de mots, dit l'employé. Payez l'amende. C'est trente francs.

— Ce n'est pas vrai... dit l'assistant. C'est douze francs quand on n'a pas de billet.

— C'est bien plus grave d'en avoir un faux, dit l'employé. Payez ou j'appelle mon chien !

— Il ne viendra pas, dit l'assistant.

— Non, dit l'employé, mais vous aurez mal aux oreilles, en plus.

L'assistant regarda la figure morne et décharnée de l'employé qui lui rendit un regard vénéneux.

— J'ai très peu d'argent, murmura-t-il.

— Moi aussi, dit l'employé. Payez.

— Il me donne cinquante francs par jour... dit l'assistant, et je dois me nourrir.

L'employé tira la visière de sa casquette et un rideau bleu descendit devant sa figure.

— Payez... dit-il avec sa main en frottant le pouce contre l'index.

L'assistant atteignit son porte-monnaie luisant et recousu. Il en tira deux coupures de dix francs cicatrisées et une petite coupure de cinq francs qui saignait encore.

— Vingt-cinq... proposa-t-il, incertain.

— Trente... dirent les trois doigts étendus de l'employé.

L'assistant soupira et la figure de son patron apparut entre ses doigts de pied. Il cracha dessus, juste dans l'œil. Son cœur battait plus fort. La figure fondit et noircit. Il déposa l'argent dans la main tendue et sortit. Il entendit le déclic que faisait la visière de la casquette en reprenant sa place habituelle. À pas lents, il gagna l'orée du raidillon. Sa sacoche meurtrissait ses hanches maigres, et le manche en bambou de son filet battait, au hasard de sa marche, ses mollets frêles et mal formés.

II

Il poussa la grille en fer qui céda avec un grincement affreux. Une grosse lampe rouge s'alluma en haut du perron et une sonnerie retentit faiblement dans le vestibule. Il entra le plus rapidement qu'il put et referma la grille, non sans s'électrocuter car la garniture antivol ne se trouvait pas à sa place habituelle.

Il monta l'allée. Juste au milieu, son pied rencontra un objet dur et un jet d'eau glacée jaillit du sol, pénétrant entre sa cheville et son pantalon et le trempant jusqu'aux genoux.

Il se mit à courir. La colère, comme tous les soirs, le gagnait progressivement. Il escalada les trois marches, les poings serrés. En arrivant en haut, son filet se prit dans ses jambes, et, dans le mouvement qu'il fit pour éviter de tomber, il déchira sa sacoche une seconde fois à un clou qui sortait de rien. Il s'était tordu quelque chose à l'intérieur du

corps et haletait sans mot dire. Au bout de quelques instants, il se calma et son menton retomba sur sa poitrine. Puis il sentit le froid de son pantalon humide et saisit le bouton de la porte. Il le lâcha précipitamment. Une vapeur malodorante s'élevait et un fragment de sa peau, collé sur la porcelaine brûlante, noircissait et se recroquevillait. La porte était ouverte. Il entra.

Ses jambes maigres le portaient mal et il s'affala dans un coin du vestibule, sur le carreau froid qui sentait la lèpre. Son cœur grognait entre ses côtes et le secouait à grands coups brutaux et irréguliers.

III

— C'est maigre, dit son patron.

Il examinait le contenu de la sacoche.

L'assistant, debout devant la table, attendait.

— Vous les avez abîmés, ajouta le patron. La dentelure de celui-ci est complètement ravagée.

— C'est le filet qui est trop vieux, dit l'assistant. Si vous voulez que je vous attrape des timbres jeunes et en bon état, il faut me payer un filet propre.

— Qui est-ce qui l'use, ce filet ? dit le patron. C'est vous ou moi ?

L'assistant ne répondit rien. Sa main brûlée le faisait souffrir.

— Répondez, dit le patron. C'est vous ou moi ?

— C'est moi, pour vous, dit l'assistant.

— Je ne vous force pas, dit le patron. Si vous avez la prétention de gagner cinquante francs par jour, il faut tout de même la justifier.

— Moins trente francs pour le billet... dit l'assistant.

— Quel billet ? Je vous paye le voyage aller et retour.

— Avec des billets faux.

— Vous n'avez qu'à faire attention.

— Comment voulez-vous que je m'en aperçoive ?

— Ce n'est pas difficile, dit le patron. Ils sont manifestement faux quand ils sont faits avec du carton ondulé. Les billets normaux sont en bois.

— Bon, dit l'assistant. Vous me rendrez mes trente francs.

— Non. Tous ces timbres sont en mauvais état.

— Ce n'est pas vrai, dit l'assistant. J'ai passé deux heures à les pêcher,

et j'ai dû casser la glace. J'ai pris les plus grandes précautions et il y en a à peine deux d'abîmés sur soixante.

— Ce ne sont pas ceux-là que je voulais, dit le patron. Je veux le deux cents de Guyane de 1855. Je n'ai rien à faire de la série de Zanzibar[10] que vous avez déjà prise hier.

— On prend ce qu'on trouve, dit l'assistant. Surtout avec un filet pareil. Et puis, ça n'est pas la saison pour les Guyane. Les Zanzibar, vous pourrez les échanger.

— Tout le monde en trouve cette année, dit le patron. Ça ne vaut plus rien.

— Et le jet d'eau dans les jambes, et la garniture de la grille, et le bouton de la porte... explosa soudain l'assistant.

Sa figure jaune et maigre se creusait de rides, et il paraissait prêt à pleurer.

— Ça vous durcit, dit le patron. Qu'est-ce que vous voulez que je fasse, ici ? Je m'embête, moi.

— Allez chercher des timbres, dit l'assistant.

Il réussissait à se contenir au prix d'un effort considérable.

— Je vous paye pour ça, dit le patron. Vous êtes un voleur. Vous volez l'argent que vous gagnez.

L'assistant passa sa manche usée sur son front, d'un geste las. Il avait la tête claire comme une cloche. La table s'écarta légèrement de lui et il chercha quelque chose pour se rattraper. Mais la cheminée se déroba à son tour, et il s'effondra.

— Relevez-vous, dit le patron. Pas sur mon tapis...

— Je voudrais dîner... dit l'assistant.

— La prochaine fois, vous rentrerez moins tard, dit le patron. Relevez-vous. Je ne veux pas vous voir sur mon tapis. Relevez-vous, sacré nom de Dieu !

Sa voix tremblait de fureur et ses mains noueuses tambourinaient sur le bureau.

L'assistant fit un effort terrible et réussit à se mettre à genoux. Son ventre lui faisait mal et sa main laissait s'écouler du sérum et du sang. Il l'avait entortillée dans un mouchoir sale.

Le patron fit un choix rapide et lui jeta trois timbres à la figure. Ils se collèrent sur sa joue avec un léger bruit de ventouse.

— Vous irez les remettre là où vous les avez pris, dit-il.

Il martelait les syllabes pour leur donner la forme de pointes acérées.

L'assistant pleurait. Ses cheveux mous lui tombaient sur le front et les timbres marquaient sa joue gauche. Pesamment, il se leva.

— Pour la dernière fois, dit le patron, je ne veux pas de timbres en mauvais état. Et ne me racontez pas d'histoires de filet.

— Non, monsieur, dit l'assistant.

— Voilà vos cinquante francs, dit le patron.

Il tira un billet de sa poche, cracha dessus, le déchira à moitié et le jeta par terre.

L'assistant se baissa péniblement. Ses genoux craquaient en triolets brefs et secs.

— Votre chemise est sale, dit le patron. Vous coucherez dehors cette nuit.

L'assistant ramassa le billet et sortit de la pièce. Le vent soufflait de plus belle et agitait la vitre ondulée devant la grille en fer forgée de la porte du vestibule. Il referma celle du bureau, non sans jeter un dernier coup d'œil à la silhouette de son patron. Celui-ci, penché sur son album de Zanzibar, commençait, muni d'une grosse loupe jaune, à confronter pour évaluer.

IV

Il redescendit les marches du perron, serrant autour de lui sa longue veste verdie par des contacts trop prolongés avec l'eau des mares à timbres. Le vent s'insinuait par les trous du tissu et gonflait son dos jusqu'à lui donner l'air d'un bossu, ce qui n'allait pas sans dommage pour sa colonne vertébrale ; il souffrait de mimétisme interne et devait lutter tous les jours pour conserver à ses organes en mauvais état leur fonction habituelle et leur forme ordinaire.

Il faisait tout à fait nuit maintenant et la terre émettait une lueur terne et bon marché. L'assistant tourna à droite et longea le mur de la maison. Il se guidait sur la ligne noire que faisait le tuyau déroulé dont son patron se servait pour noyer les rats dans la cave. Il atteignit la niche voisine vermoulue où il avait déjà dormi la veille. La paille, à l'intérieur, était humide et sentait le cancrelat. Un vieux fragment de couverture masquait l'entrée arrondie. Lorsqu'il le souleva pour s'y introduire à tâtons, il y eut une lueur aveuglante et une explosion. Un gros pétard

venait d'éclater à l'intérieur de la niche, la remplissant d'une violente odeur de poudre.

L'assistant avait sursauté et son cœur s'affolait. Il tenta de comprimer les battements en s'arrêtant de respirer, mais ses yeux dansèrent presque aussitôt et il avala goulûment une gorgée d'air. L'odeur de la poudre entra dans ses poumons, du même coup, et le calma un peu.

Il attendit que le silence revienne et écouta attentivement, puis siffla doucement. Sans se retourner, il pénétra en rampant dans la niche et se recroquevilla sur la paille malsaine. Il siffla de nouveau, puis prêta l'oreille. Des pas légers et menus s'approchaient, et à la lueur pâle de la terre, il aperçut sa chose vivante qui venait le retrouver. C'était une chose vivante, douce et velue, apprivoisée, qu'il nourrissait tant bien que mal avec des poissons morts. Elle entra dans la niche et se coucha contre lui. Il se rappela tout à coup et porta la main à sa joue. Les trois timbres commençaient à lui sucer le sang et il les arracha brutalement, se retenant pour ne pas crier. Il les lança loin de lui, en dehors de la niche. L'humidité du sol les conserverait sans doute jusqu'au lendemain. La chose vivante se mit à lui lécher la joue et il lui parla pour se calmer. Il lui parlait à voix basse, car son patron utilisait des systèmes pour l'écouter quand il était seul.

— Il m'ennuie, souffla-t-il.

La chose vivante fit un doux murmure et le lécha de plus belle.

— Je pense que je devrais faire quelque chose. Ne pas me laisser maltraiter, mettre des chemises propres malgré sa défense et avoir de faux billets en bois. Et puis, réparer le filet et l'empêcher d'y percer des trous. Je pense que je devrais refuser de coucher dans la niche et exiger ma chambre, et demander de l'augmentation parce que je ne peux pas vivre avec cinquante francs par jour. Et aussi engraisser, et devenir très robuste et très beau, et me révolter sans qu'il s'y attende, et lui jeter une brique à la figure. Je pense que je le ferai.

Il changea de position et réfléchit avec une telle intensité que l'air de la niche sortait à grandes saccades par l'ouverture arrondie et qu'il n'en restait plus assez pour respirer à l'intérieur. Il en rentrait un peu par les fentes, sous le sol de la niche, à travers la paille, mais cela augmentait encore l'odeur de cancrelat à laquelle se mêlait maintenant l'arôme désagréable des limaces en chaleur.

— Je n'aime pas cette niche. Il fait froid. Heureusement que tu es là. Il y a des bruits dans la cave, c'est l'eau qui entre dans les trous à rats. On ne peut pas dormir avec des hurlements de rats dans les oreilles tous les

soirs que le Bon Dieu éteint. Pourquoi veut-il à tout prix tuer ces rats et les tuer avec de l'eau ? On tue les rats avec du sang.

La chose vivante ne le léchait plus. Il l'apercevait de profil sur le fond gris de la terre lumineuse, avec son fin museau et ses oreilles pointues, et ses yeux jaunes qui reflétaient quelques éclairs froids. Elle tourna sur elle-même, cherchant une place commode, et se nicha contre lui, le nez sur ses cuisses.

— J'ai froid, dit l'assistant.

Il se mit à sangloter silencieusement. Ses larmes glissaient sur la paille dont s'élevait une légère vapeur, et le contour des objets devenait vague.

— Réveille-moi demain matin, ajouta-t-il. Il faut que je reporte ces trois timbres. Pourvu qu'il ne me donne pas un billet faux pour le train.

Il y eut un vacarme lointain, puis des chuintements aigus et des bruits de galopades menues.

— Oh !... dit l'assistant. Ça y est ! Il recommence avec les rats ! Je voudrais qu'il soit un rat. Je tiendrais le tuyau moi-même. J'espère qu'il me donnera mes cinquante francs demain soir. J'ai faim. Je mangerais un rat vivant.

Il serrait son ventre à deux mains, et pleurait toujours, et puis le rythme de ses sanglots se ralentit peu à peu, comme une machine s'arrête, et son corps tout tordu se détendit. Ses pieds passaient par l'ouverture de la niche et il dormait, la joue appuyée sur la paille malodorante. Dans son ventre vide, cela faisait un bruit de graviers.

V

De la pièce où il rampait, le patron entendit la phrase mélodieuse en ré bémol accéléré par laquelle la porteuse de poivre annonçait, d'ordinaire, son passage. Il se mit sur ses pieds, vit que de cette façon il pouvait marcher, et courut vers le vestibule dont il ouvrit la porte avec une brutalité consciente. Debout sur le perron, il regarda la jeune fille approcher.

Elle avait l'uniforme habituel, une petite jupe plissée au ras des fesses, des chaussettes courtes rouges et bleues et un boléro qui découvrait le bas des seins, sans oublier le bonnet de coton rayé rouge et blanc que les

porteurs de poivre de l'île Maurice[11] ont imposé au monde à force de patience.

Le patron lui fit un signe et elle monta l'allée. Il descendit en même temps les marches et s'avança à sa rencontre.

— Bonjour, dit-il. Je voudrais du poivre.

— Combien de grains? demanda-t-elle avec un sourire feint, car elle le détestait.

Ses cheveux noirs et sa peau mate faisaient au patron l'effet d'un verre d'eau froide sur les roubignoles, fort important effet, à la vérité.

— Montez les marches, dit-il, et je vous préciserai la quantité.

— Vous voulez rester en bas et voir mes cuisses, c'est tout, n'est-ce pas?

— Oui, dit le patron en bavant.

Il avançait les mains.

— Payez d'abord le poivre, dit-elle.

— Combien?

— Cent francs le grain et vous goûtez d'abord.

— Vous monterez les marches?... murmura le patron. Je vous donnerai une série de Zanzibar.

— Mon frère en a rapporté trois hier à la maison, dit-elle avec un ricanement melliflu. Goûtez mon poivre.

Elle lui tendit un grain, et le patron ne s'aperçut pas que c'était une semence d'œillet toxique. Sans méfiance, il la porta à sa bouche et l'avala.

La porteuse de poivre s'éloignait déjà.

— Quoi? s'étonna le patron. Et ces marches?

— Ah! Ah! Ah! dit la porteuse de poivre avec une méchanceté consommée.

Pendant ce temps-là, le patron commençait à ressentir les effets réconfortants du poison et il se mit à courir à toute vitesse autour de la maison. La porteuse de poivre, appuyée à la grille, le regardait.

Au troisième tour, elle lui fit un signe et attendit qu'il la regarde à son tour, ce qu'il fit dès le quatrième tour, toujours courant de plus en plus vite. Elle releva alors sa petite jupe plissée et, de sa place, elle vit la figure du patron devenir violette, puis toute noire, puis commencer à brûler et comme il gardait les yeux fixés sur ce qu'elle lui montrait, il se prit les pieds dans le tuyau d'arrosage qu'il utilisait à noyer les rats; il s'abattit, la face contre une grosse pierre et celle-ci s'encastra exactement entre ses pommettes à la place de son nez et de ses mâchoires. Ses pieds

renâclaient encore contre le sol et creusaient une double rigole où, peu à peu, à mesure que ses chaussures s'usaient, on vit apparaître la trace des cinq orteils grossiers dont il se servait pour retenir ses chaussettes.

La porteuse de poivre referma la grille et reprit sa route, lançant de l'autre côté le gland de son bonnet de coton, en signe de dérision.

<div align="center">VI</div>

L'assistant essayait vainement d'ouvrir la portière du wagon. Il faisait très chaud dans le train ; de cette façon, les voyageurs s'enrhumaient en descendant, car le mécanicien avait un frère marchand de mouchoirs.

Il avait peiné toute la journée pour une récolte misérable, et son cœur était gonflé de satisfaction, car il allait tuer son patron. Il réussit enfin à écarter les deux moitiés de la portière en tirant vers le haut et vers le bas et comprit que le chef à casquette l'avait retournée sur le côté pour lui faire une méchante farce. Heureux de déjouer ce tour, il sauta légèrement sur le quai et fouilla dans sa poche. Il trouva sans peine le morceau de carton ondulé qu'il allait donner à la sortie, et s'avança rapidement vers cette dernière, occupée par un homme à la mine chafouine en qui il reconnut l'employé de la veille.

— J'ai un billet faux... dit-il.

— Ah ! dit l'autre. Faites voir...

Il tendit son billet et l'homme le prit, puis l'examina avec une attention si grande que sa casquette s'écarta pour laisser entrer ses oreilles dans la coiffe.

— Il est bien imité, dit l'homme.

— À cela près qu'il n'est pas en bois, mais en carton, dit l'assistant.

— Réellement ? dit l'homme. On jurerait du bois ; si on ne savait pas que c'est du carton, naturellement.

— Tout de même, dit l'assistant, penser que mon patron me l'a donné pour vrai...

— Un vrai ne coûte que douze francs, dit l'homme. Il paye ceux-là beaucoup plus cher.

— Combien ? demanda l'assistant.

— Je vous en donnerai trente francs, dit l'homme, et il mit la main à sa poche.

L'assistant reconnut à l'aisance de son geste qu'il devait avoir de

mauvaises mœurs. Mais l'homme sortit seulement trois coupures de dix francs falsifiées au brou de noix.

— Voilà, ajouta-t-il.

— Elles sont fausses, bien entendu? dit l'assistant.

— Je ne peux pas vous donner de bons billets pour un billet faux, réfléchissez, dit l'employé.

— Non, dit l'assistant, mais je garde mon billet.

Il se contracta et prit un grand élan, grâce à quoi son poing maigre put dénuder de sa peau toute la partie droite de la figure à casquette. L'homme porta la main à sa visière et tomba au garde-à-vous, ce qui fait qu'il se cogna le coude sur le dur ciment du quai carrelé d'hexagones, à cet endroit précis, bleus et phosphorescents.

L'assistant enjamba le corps et passa. Il se sentait imbibé d'une vie chaude et limpide et se pressa pour grimper le raidillon. Il dégagea son filet de la lanière et s'en servit pour l'escalade. Il harponnait au passage les têtes des poteaux de fer qui soutenaient la grille de protection longeant la voie en déblai, et, tirant sur le manche, se hissait aisément parmi les pierres coupantes du sentier. Au bout de quelques mètres, la poche, déchirée, s'envola. Il passerait l'anneau de fil de fer au cou de son patron.

Il arriva très vite à la grille et la poussa sans précautions. Il espérait recevoir du courant pour vivifier sa colère, mais ne sentit rien et s'arrêta. Devant les marches, quelque chose remuait faiblement. Il courut le long de l'allée. Malgré le froid, sa peau commençait à roussir et il sentait l'odeur négligée de son corps, avec un relent de paille et de cancrelats.

Il durcissait ses biceps filiformes et ses doigts se crispaient sur le manche de bambou. Son patron, sans doute, avait tué quelqu'un.

Il s'arrêta stupéfait en reconnaissant le complet sombre et le col luisant d'amidon. La tête de son patron n'était plus qu'une masse noirâtre et ses jambes achevaient de creuser deux profondes ornières rayées.

Une espèce de désespoir s'empara de lui et il tremblait de tous ses membres, agité par sa colère et son désir de massacre. Il jeta les yeux alentour, inquiet et bouleversé. Il avait préparé des tas de choses à dire. Il fallait les dire.

— Pourquoi as-tu fait ça, cochon?

« Cochon » retentit dans l'air neutre avec une sonorité désuète et insuffisante.

— Cochon! Salaud! Couille! Merdeux! Sale couille! Voleur! Crapule! Couille!

Des larmes coulaient de ses yeux car le patron ne répondait pas. Il prit le manche de bambou et le planta au milieu du dos du patron.

— Réponds, vieux con. Tu m'as donné un billet faux.

Il appuya de tout son poids et le manche pénétra dans les tissus ramollis par le poison. Il tourna pour faire sortir les vers, manœuvrant l'autre extrémité du manche comme la tige d'un gyroscope.

— Un billet faux, de la paille à cancrelats, mes trente francs, et j'ai faim, et mes cinquante francs d'aujourd'hui.

Le patron ne remuait presque plus et les vers ne sortaient pas.

— Je voulais te tuer, sale couille. Il fallait que je te tue. Que je te tue, mort, vieux con, toi, oui. Mes cinquante francs, hein ?

Il arracha le manche de la plaie et tapa à grands coups sur le crâne carbonisé, qui s'effondra comme la croûte d'un soufflé trop cuit. À la place de la tête du patron, il n'y avait plus rien. Ça s'arrêtait au col.

L'assistant cessa de trembler.

— Tu préfères partir ? Ça va. Mais moi, il faut que je tue quelqu'un.

Il s'assit par terre, il pleura comme la veille, et sa chose vivante accourut à pas légers, quêtant une amitié. L'assistant fermait les yeux. Il sentait sur sa joue le contact doux et tendre, et ses doigts se serrèrent sur le cou frêle. La chose vivante ne faisait pas un mouvement pour se débattre, et, quand la caresse devint froide sur sa joue, il sut qu'il l'avait étranglée. Alors il se leva. Il trébucha le long de l'allée et sortit sur le chemin, il allait à droite, sans savoir, et le patron ne remuait plus du tout.

VII

Il vit la grande mare à timbres bleus, droit devant lui. La nuit tombait, et l'eau luisait de reflets mystérieux et lointains. La mare était peu profonde ; on y trouvait les timbres par centaines, mais ils n'avaient pas une grande valeur car ils se reproduisaient toute l'année.

Il prit deux piquets dans sa sacoche et les planta près de la mare, à un mètre l'un de l'autre. Entre les deux il tendit un fil d'acier strident et tâta, du doigt, pour une note triste. Le fil demeurait à dix centimètres du sol, parallèle au bord de la mare.

L'assistant s'éloigna de quelques pas, puis se tourna, la figure du côté de l'eau, et marcha droit vers le fil. Il avait les yeux fermés et sifflait un

air tendre, celui qu'aimait sa chose vivante. Il allait lentement, à pas menus, et ses pieds se prirent dans le fil d'acier. Il tomba, la tête dans l'eau. Son corps restait immobile et, sous la surface muette, des timbres bleus, déjà, se collaient à ses joues hâves.

BLUES POUR UN CHAT NOIR[12]

I

Peter Gna[13] sortit du cinéma avec sa sœur. L'air frais de la nuit, parfumé de citron, faisait du bien après l'atmosphère de la salle, peinte en bleu d'Auvergne et qui s'en ressentait. Il y avait eu un dessin animé profondément immoral et Peter Gna, furieux, faisait des moulinets avec sa canadienne et abîma une vieille dame encore intacte. Des odeurs précédaient les gens sur les trottoirs. La rue, éclairée par des réverbères et les lampes des cinémas et des voitures, moutonnait un peu. Ça se tassa dans les ruelles transversales et ils tournèrent vers les Folies-Bergère. Un bar toutes les deux maisons, deux filles devant chaque bar.

— Tas de vérolées, maugréa le Gna.

— Toutes ? demanda sa sœur.

— Toutes, assura le Gna, je les vois à l'hôpital, et elles vous proposent quelquefois leurs fesses sous prétexte qu'elles sont blanchies.

Sa sœur en eut froid dans le dos.

— Qu'est-ce que c'est, blanchies ?

— C'est quand il n'y a plus de réaction Wassermann, dit le Gna. Mais ça ne prouve rien.

— Les hommes ne sont pas dégoûtés, dit sa sœur.

Ils tournèrent à droite et tout de suite à gauche, et ça miaulait sous le trottoir, alors ils s'arrêtèrent pour regarder ce que c'était.

II

Au début, le chat n'avait pas envie de se battre, mais toutes les dix minutes, le coq poussait un hurlement strident. C'était le coq de la dame du premier. On l'engraissait pour le manger en temps voulu. Les Juifs mangent toujours un coq à une certaine date, ça se laisse manger, il faut dire. Le chat en avait plein le dos du coq, si seulement il jouait, mais non, toujours sur deux pattes, pour faire le malin.

— Attrape, dit le chat, et il lui flanqua un bon coup de patte sur la tête.

Ça se passait sur le rebord de la fenêtre de la concierge. Le coq n'aimait pas se battre, mais sa dignité... Il poussa un grand cri et laboura les côtes du chat d'un bon coup de bec.

— Salaud, dit le chat, tu me prends pour un coléoptère !... Mais tu vas changer d'avis !

Et pan !... Un coup de tête dans le bréchet. L'animal de coq !... Encore un coup de bec sur la colonne vertébrale du chat et un autre dans le gras des reins.

— On va voir ! dit le chat.

Et il lui mord le cou, mais il crache une pleine goulée de plumes et avant d'y voir clair, deux directs de l'aile et il roule sur le trottoir. Un homme passe. Il marche sur la queue du chat.

Le chat sauta en l'air, retomba dans la rue, évita une bicyclette qui fonçait, et constata que l'égout mesurait une profondeur d'un mètre soixante environ, avec un redan à un mètre vingt de l'ouverture, mais très étroit et plein de cochonneries.

III

— C'est un chat, dit Peter Gna.

Il était peu probable qu'un autre animal poussât la perfidie jusqu'à imiter le cri du chat, appelé d'habitude miaulement par onomatopation.

— Comment est-il tombé là ?

— Ce salaud de coq, dit le chat, et une bicyclette subséquente.

— C'est vous qui aviez commencé ? demanda la sœur de Peter Gna.

— Mais non, dit le chat. Il me provoquait en criant tout le temps, il sait que j'ai horreur de ça.

— Il ne faut pas lui en vouloir, dit Peter Gna. On va lui couper le cou bientôt.

— Bien fait, dit le chat, avec un ricanement satisfait.

— C'est très mal, dit Peter Gna, de vous réjouir du malheur d'autrui.

— Non, dit le chat, puisque je suis moi-même dans une mauvaise passe.

Et il pleura amèrement.

— Un peu de courage, dit sévèrement la sœur de Peter Gna, vous n'êtes pas le premier chat auquel il arrive de tomber dans un égout.

— Mais je me fous bien des autres, maugréa le chat, et il ajouta : Vous ne voulez pas essayer de me sortir d'ici ?

— Bien sûr que si, dit la sœur de Peter Gna, mais si vous devez recommencer à vous battre avec le coq, ce n'est pas la peine.

— Oh !... Je laisserai le coq tranquille, dit le chat d'un ton détaché. Il a eu son compte.

Le coq, de l'intérieur de la loge, poussa un gloussement de joie. Le chat n'entendit pas, heureusement.

Peter Gna déroula son foulard et se mit à plat ventre dans la rue.

Tout ce remue-ménage avait attiré l'attention des passants et un groupe se formait autour de la bouche d'égout. Il y avait une péripatéticienne en manteau de fourrure avec une robe rose plissée qu'on voyait par l'échancrure. Elle sentait vachement bon. Il y avait deux soldats américains avec elle, un de chaque côté. Celui de droite, on ne voyait pas sa main gauche, celui de gauche non plus, mais lui était gaucher. Il y avait aussi la concierge de la maison en face, la bonne du bistro en face, deux marloupins en chapeau mou, une autre concierge et une vieille mère à chats.

— C'est affreux ! dit la putain. La pauvre bête, je ne veux pas voir ça.

Elle dissimula sa figure derrière ses mains. Un des marloupins lui tendit obligeamment un journal sur lequel on pouvait lire : « *Dresde*[14] *réduit en petits morceaux, au moins cent vingt mille morts.* »

— Les hommes, dit la vieille mère à chats qui lisait le titre, c'est rien, ça ne me fait rien, mais je ne peux pas voir souffrir une bête.

— Une bête ! protesta le chat. Parlez pour vous !...

Mais pour l'instant, seuls Peter Gna, sa sœur et les Américains comprenaient le chat, car il avait un fort accent anglais et les Américains en étaient dégoûtés.

— *The shit with this limey cat!* dit le plus grand. *What about a drink somewhere ?...*[15]

— Oui, mon chéri, dit la putain. On va certainement le sortir de là.

— Je ne crois pas, dit Peter Gna en se relevant, mon foulard est trop court et il ne peut pas s'y accrocher.

— C'est affreux ! gémit le concert des voix apitoyées.

— Fermez donc ça, marmonna le chat. Laissez-le réfléchir.

— Personne n'a une ficelle ? demanda la sœur de Peter Gna.

On trouva une ficelle, mais, de toute évidence, le chat ne pouvait pas s'y agriffer.

— Ça ne va pas, dit le chat, ça me passe entre les griffes et c'est très désagréable. Si je tenais ce salaud de coq, je lui fourrerais le nez dans la cochonnerie. Ça sent le rat d'une manière dégoûtante dans ce trou.

— Pauvre petit, dit la bonne d'en face. Il miaule à fendre l'âme. Moi ça m'émeut.

— Ça émeut plus qu'un bébé, remarqua la putain, c'est trop atroce, je m'en vais.

— *To hell with that cat*, dit le second Américain. *Where can we sip some cognac ?...*

— Tu as trop bu de cognac, gronda la fille. Vous êtes terribles, aussi... Venez, je ne veux pas entendre ce chat.

— Oh !... protesta la bonne, vous pourriez bien aider un peu ces messieurs-dames !...

— Mais je veux bien, moi !... dit la putain qui fondit en larmes.

— Si vous fermiez ça, là-haut, répéta le chat. Et puis dépêchez-vous... je m'enrhume...

Un homme traversa la rue. Il était nu-tête, sans cravate, en espadrilles. Fumait une cigarette avant de se coucher.

— Qu'est-ce que c'est, madame Pioche ? demanda-t-il à l'apparemment concierge.

— Un pauvre chat que des galopins ont dû flanquer dans l'égout, interféra la mère à chats. Ces galopins !... On devrait tous les mettre dans des maisons de correction jusqu'à vingt et un ans.

— C'est les coqs qu'on devrait y mettre, suggéra le chat. Les galopins ne gueulent pas à longueur de journée sous prétexte que le soleil va peut-être se lever...

— Je vais remonter chez moi, dit l'homme. J'ai quelque chose qui va servir à le tirer de là. Attendez une minute.

— J'espère que ce n'est pas une blague, dit le chat. Je commence à

comprendre pourquoi l'eau ne ressort jamais des égouts. C'est facile d'y entrer, mais la manœuvre inverse est un tantinet délicate.

— Je ne vois pas ce que l'on pourrait faire, dit Peter Gna. Vous êtes très mal placé, c'est presque inaccessible.

— Je sais bien, dit le chat. Si je le pouvais, je sortirais tout seul.

Un autre Américain s'approchait. Il marchait droit. Peter Gna lui expliqua la chose.

— *Can I help you ?* dit l'Américain.

— *Lend me your flash light, please*, dit Peter Gna.

— *Oh ! Yeah !...* dit l'Américain et il lui tendit sa torche électrique.

Peter Gna se mit à plat ventre de nouveau et réussit à entrevoir un coin du chat. Celui-ci s'exclama :

— Envoyez-moi donc ce truc-là... Ça a l'air de marcher. C'est à un Amerlo, hein ?

— Oui, dit Peter Gna. Je vais vous tendre ma canadienne. Tâchez de vous y accrocher.

Il enleva sa canadienne et la laissa pendre dans l'égout, la tenant par une manche. Les gens commençaient à comprendre le chat. Ils se faisaient à son accent.

— Encore un petit effort, dit le chat.

Et il sautait pour s'accrocher au vêtement. On entendit en chat, cette fois, un affreux juron. La canadienne échappa à Peter Gna et disparut dans l'égout.

— Ça ne va pas ? demanda Peter Gna inquiet.

— Sacré nom de Dieu ! dit le chat, je viens de me cogner le crâne sur un truc que je n'avais pas vu. Mince !... Ça m'élance !...

— Et ma canadienne ? dit Peter.

— *I'll give you my pants*, dit l'Américain, et il commença à se déculotter pour aider au sauvetage.

La sœur de Peter Gna l'arrêta.

— *It's impossible with the coat*, dit-elle. *Won't be better with your pants.*

— *Oh ! Yeah !...* dit l'Américain, qui se mit à reboutonner son pantalon.

— Qu'est-ce qu'il fait ? dit la putain. Il est noir !... Ne le laissez pas se déculotter dans la rue. Quel cochon !...

Des individualités imprécises continuaient à s'agglomérer au petit groupe. La bouche d'égout prenait, sous la lueur de la lampe électrique,

une allure bizarre. Le chat maugréait et l'écho de ses imprécations parvenait, curieusement amplifié, aux oreilles des derniers arrivants.

— Je voudrais bien ravoir ma canadienne, dit Peter Gna.

L'homme en espadrilles joua des coudes pour s'ouvrir un passage. Il ramenait un long manche à balai.

— Ah! dit Peter Gna, ça va peut-être aller.

Mais devant l'entrée de l'égout, le bâton se raidit et le coude formé par la voûte empêcha de l'y introduire.

— Il faudrait chercher la plaque de l'égout et la desceller, suggéra la sœur de Peter Gna.

Elle traduisit à l'Américain sa proposition.

— *Oh! Yeah!* dit-il.

Et il se mit immédiatement à la recherche de la plaque. Il passa sa main dans l'ouverture rectangulaire, tira, glissa, lâcha prise et s'assomma sur le mur de la maison la plus proche.

— Soignez-le, commanda Peter Gna à deux femmes de la foule, qui relevèrent l'Américain et l'emmenèrent chez elles pour s'assurer du contenu des poches de sa vareuse. Elles trouvèrent notamment une savonnette *Lux* et une grosse barre de chocolat fourré *O'Henry*. En revanche, il leur passa une bonne blennorrhagie qu'il tenait d'une blonde ravissante rencontrée deux jours plus tôt à Pigalle.

L'homme au bâton se tapa la tête du plat de la main et dit :

— Euréchat!... et remonta chez lui.

— Il se fout de moi, dit le chat. Écoutez, vous, là-haut, si vous ne vous grouillez pas un peu, je m'en vais. Je trouverai bien une sortie.

— Et s'il vient à pleuvoir, dit la sœur de Peter Gna, vous serez noyé.

— Il ne pleuvra pas, affirma le chat.

— Alors, vous rencontrerez des rats.

— Ça m'est égal.

— Eh bien, allez-y, dit Peter Gna. Mais, vous savez, il y en a de plus gros que vous. Et ils sont dégoûtants. Et puis, ne pissez pas sur ma canadienne!

— S'ils sont sales, dit le chat, c'est une autre affaire. En tout cas, le fait est qu'ils puent. Non, sans blague, démerdez-vous, là-haut. Et ne vous inquiétez pas pour votre canadienne, j'y ai l'œil.

Il se dégonflait à ouïe d'oreille. L'homme reparut. Il avait, au bout d'une longue ficelle, un filet à provisions.

— Merveilleux! dit Peter Gna. Il va sûrement pouvoir s'y accrocher.

— Qu'est-ce que c'est? demanda le chat.

— Voilà, dit Peter Gna, en le lui lançant.

— Ah! C'est mieux, approuva le chat. Ne tirez pas tout de suite. Je prends la canadienne.

Quelques secondes plus tard, le filet réapparut, le chat s'était installé commodément à l'intérieur.

— Enfin! dit-il aussitôt débarrassé du filet. Pour votre canadienne, débrouillez-vous. Trouvez un hameçon, ou n'importe quoi. Mais elle était trop lourde.

— Quel fumier! grogna Peter Gna.

Une clameur de satisfaction accueillit le chat à sa sortie du filet. On se le passa de mains en mains.

— Quel beau chat! Le pauvre! Il est plein de boue...

Il sentait horriblement mauvais.

— Essuyez-le avec ça, dit la putain en tendant son foulard de soie bleu lavande.

— Ça va l'abîmer, dit la sœur de Peter Gna.

— Oh! Ça ne fait rien, dit la putain dans un grand élan de générosité. Il n'est pas à moi.

Le chat distribuait des poignées de main à la ronde et la foule commençait à se disperser.

— Alors, dit le chat voyant tout le monde s'en aller, maintenant que je suis dehors je ne suis plus intéressant? Au fait, où est le coq?

— La barbe, dit Peter Gna. Venez boire un coup et ne pensez plus au coq.

Il restait autour du chat l'homme en espadrilles, Peter Gna, sa sœur, la putain et les deux Américains.

— On va tous boire un coup ensemble, dit la putain, en l'honneur du chat.

— Elle n'est pas désagréable, dit le chat, mais quel genre elle a!... Au fond, je coucherais bien avec elle cette nuit.

— Du calme, dit la sœur de Peter Gna.

La putain secoua ses deux hommes.

— Venez! Boire!... Cognac!... énonça-t-elle laborieusement.

— *Yeah!... Cognac!...* répondirent les deux hommes en se réveillant avec ensemble.

Peter Gna marchait le premier en portant le chat et les autres le suivirent. Un bistro restait ouvert dans la rue Richer.

— Sept cognacs! commanda la putain. C'est ma tournée.

— Bonne petite gagneuse! dit le chat avec admiration. Un peu de valériane dans le mien, garçon!

Le garçon les servit et tous trinquèrent joyeusement.

— Ce pauvre chat a dû s'enrhumer, dit la putain. Si on lui faisait boire un viandox?

Entendant ça, le chat faillit s'étrangler et cracha du cognac un peu partout.

— Pour qui elle me prend? demanda-t-il à Peter Gna. Je suis un chat, oui ou non?

À la lueur des tubes à vapeur de mercure du plafond, on voyait maintenant le type de chat que c'était. Un terrible gros chat, avec des yeux jaunes et une moustache à la Guillaume II. Ses oreilles en dentelle prouvaient sa virilité entière et une grosse cicatrice blanche dégarnie de poils, coquettement mise en valeur par un liséré violet, lui traversait le dos.

— *What's that?* demanda un Américain en touchant la place. Blessé monsieur?

— *Yep!* répondit le chat. F.F.I...[16]

Il prononçait: Ef, Ef, Aï, comme il se doit.

— *Fine,* dit l'autre Américain en lui serrant vigoureusement la main. *What about another drink?*

— *Okey doke!* dit le chat. *Got a butt?*[17]

L'Américain lui tendit son étui à cigarettes, sans rancune pour l'horrible accent anglais du chat qui croyait lui être agréable en sortant son argot américain. Le chat choisit la plus longue et l'alluma au briquet du Gna. Chacun prit une cigarette.

— Racontez votre blessure, dit la putain.

Peter Gna venait de trouver un hameçon dans son verre et partit aussitôt repêcher sa canadienne.

Le chat rougit et baissa la tête.

— Je n'aime pas parler de moi, dit-il. Donnez-moi un autre cognac.

— Ça va vous faire mal, dit la sœur de Peter Gna.

— Mais non, protesta le chat. J'ai les triples blindées. Du véritable boyau de chat. Et puis après cet égout... Bouh! Ce que ça sentait le rat!...

Il avala d'un trait son cognac.

— Mince!... Quelle descente!... dit l'homme en espadrilles d'un ton admiratif.

— Le prochain dans un verre à orangeade, spécifia le chat.

Le second Américain s'écarta du groupe et s'installa sur la banquette du café. Il mit la tête dans ses mains et commença à se dégueuler entre les pieds.

— C'était, dit le chat, en avril 44. Je venais de Lyon où j'avais contacté le chat de Léon Plouc qui faisait aussi de la résistance. Un chat à la hauteur, d'ailleurs, depuis, il a été pris par la Gestapo de chat et déporté à Buchenkatze[18].

— C'est affreux, dit la putain.

— Je ne suis pas inquiet pour lui, dit le chat, il s'en tirera. En le quittant, donc, je suis remonté sur Paris et, dans le train, j'ai eu le malheur de rencontrer une chatte... la garce!... la salope!...

— Vous devriez surveiller votre langage, dit sévèrement la sœur de Peter Gna.

— Pardon! dit le chat, et il prit une grande lampée de cognac.

Ses yeux s'allumèrent comme deux lampes et sa moustache se hérissa.

— J'ai passé une de ces nuits, dans le train, dit-il en s'étirant avec complaisance. Bon Dieu! Quel coup de reins! Heûps!... conclut-il, car il avait le hoquet.

— Alors? demanda la putain.

— Alors, voilà! dit le chat faussement modeste.

— Mais votre blessure? demanda la sœur de Peter Gna.

— Le patron de la chatte avait des souliers ferrés, dit le chat, et il visait le cul, mais il l'a raté. Heûps!...

— C'est tout? demanda la putain déçue.

— Vous auriez voulu qu'il m'assommât, hein? ricana le chat sarcastique. Ben, vous avez une chouette mentalité, vous, alors! Au fait, vous n'allez jamais au Pax-Vobiscum?

C'était un hôtel du quartier. Pour tout dire, une maison de pax.

— Si, répondit sans détours la putain.

— Je suis copain avec la bonne, dit le chat. Qu'est-ce qu'elle me file comme muffées!...

— Ah? dit la putain. Germaine?...

— Oui, dit le chat. Ger-heûps-maine...

Il finit son verre d'un trait.

— Je m'en taperais bien une tricolore, dit-il.

— Une quoi? interrogea la putain.

— Une *chatte* tricolore. Ou encore un petit chat pas trop avancé.

Il eut un rire dégoûtant et cligna de l'œil droit.

— Ou le coq! Heûps!...

Le chat se dressa sur les quatre pattes, le dos arqué, la queue raide et frissonna du croupion.

— Bon sang! dit-il. Ça me travaille!...

Gênée, la sœur de Peter Gna farfouilla dans son sac.

— Vous n'en connaissez pas une? demanda le chat à la putain. Vos amies n'ont pas de chattes?

— Vous êtes un cochon, répondit la putain. Devant ces messieurs-dames!...

Le type en espadrilles ne parlait pas beaucoup, mais, énervé par la conversation du chat, il se rapprocha de la putain.

— Vous sentez bon, lui dit-il. Qu'est-ce que c'est?

— Fleur de Soufre, de Vieuxcopain, dit-elle.

— Et ça? demanda-t-il en y posant la main, qu'est-ce que c'est?...

Il s'était mis du côté laissé libre par l'Américain malade.

— Allons, mon chéri, dit la putain, sois sage.

— Garçon! dit le chat. Une menthe verte!

— Ah! Non! protesta la sœur de Peter Gna. Enfin!... dit-elle en voyant la porte s'ouvrir.

Peter revenait avec sa canadienne pleine de détritus.

— Empêche-le de boire, dit-elle, il est complètement rond!...

— Attends! dit Peter Gna. Il faut que je nettoie ma canadienne. Garçon! Deux siphons!...

Il pendit sa canadienne sur le dossier d'une chaise et la siphoniza copieusement.

— Marrant!... dit le chat. Garçon! Cette menthe verte... Heûps!...

— C'est toi mon sauveur!... s'exclama-t-il aussitôt après en enlaçant Peter Gna. Viens, je te paye le claque.

— Non, mon vieux, dit Peter Gna. Vous allez attraper une congestion.

— Il m'a sauvé!... rugit le chat. Il m'a tiré d'un trou plein de rats où j'ai failli crever.

Émue, la putain laissa tomber sa tête sur l'épaule de l'homme en espadrilles qui la lâcha et alla se finir dans un coin...

Le chat bondit sur le comptoir et vida le fond de cognac qui restait.

— Brroû!... fit-il en agitant rapidement la tête de droite et de gauche. Ça descend dur!... Sans lui, hurla-t-il, j'étais foutu, foutu!...

La putain s'affala sur le comptoir la tête dans ses coudes. Le second Américain la lâcha et s'installa près de son compatriote. Leurs deux

dégueulis se synchronisèrent et ils dessinèrent le drapeau américain sur le sol. Le second se chargea des quarante-huit étoiles.

— Dans mes bras... Heûps! conclut le chat.

La putain essuya une larme et dit :

— Qu'il est gentil!...

Pour ne pas le vexer, Peter Gna lui posa un baiser sur le front. Le chat le serra entre ses pattes et soudain lâcha prise et s'effondra.

— Qu'est-ce qu'il a? demanda, inquiète, la sœur de Peter Gna.

Peter Gna tira de sa poche un spéculum et l'introduisit dans l'oreille du chat.

— Il est mort, dit-il après avoir regardé. Le cognac a atteint le cerveau. On le voit suinter.

— Oh! dit la sœur de Peter Gna, et elle se mit à pleurer.

— Qu'est-ce qu'il a? demanda, inquiète, la putain.

— Il est mort, répéta Peter Gna.

— Oh!... dit-elle, après tout le mal qu'on s'est donné!

— C'était un si bon chat!... Et il savait causer!... dit l'homme en espadrilles qui revenait.

— Oui! dit la sœur de Peter Gna.

Le garçon du bistrot n'avait encore rien dit, mais il parut sortir de sa torpeur.

— Ça fait huit cent francs!...

— Ah! dit Peter Gna inquiet.

— C'est ma tournée, dit la putain qui sortit mille francs de son beau sac de cuir rouge. Gardez la monnaie, garçon!

— Merci, dit le garçon. Qu'est-ce que je dois faire de ça?

Il désignait le chat d'un air dégoûté. Un filet de menthe verte coulait sur le poil du chat en formant un réseau compliqué.

— Pauvre petit!... sanglota la putain.

— Ne le laisse pas comme ça, dit la sœur de Peter Gna. Il faut faire quelque chose...

— Il a bu comme un trou, dit Peter Gna. C'est idiot. Il n'y a rien à faire.

Le bruit de Niagara qui formait le fond sonore depuis la retraite des Américains s'arrêta net. Ils se relevèrent ensemble et se rapprochèrent du groupe.

— Cognac!... demanda le premier.

— Dodo, mon grand!... dit la putain. Viens!...

Elle les enlaça chacun d'un bras.

— Excusez messieurs-dames, dit-elle. Il faut que j'aille coucher mes bébés... Pauvre petit chat, tout de même... Une soirée si bien commencée.

— Au revoir, madame, dit la sœur de Peter Gna.

L'homme en espadrilles tapa amicalement sur l'épaule de Peter Gna, sans rien dire, d'un air de condoléance. Il secoua la tête, apparemment navré, et sortit sur la pointe des pieds.

Visiblement, le garçon avait sommeil.

— Qu'est-ce qu'on va en faire ? dit Peter Gna, et sa sœur ne répondit rien.

Alors, Peter Gna mit le chat dans sa canadienne et ils sortirent dans la nuit. L'air était froid et les étoiles éclataient une à une. La marche funèbre de Chopin, jouée par les cloches des églises, fit savoir aux populations qu'une heure du matin venait de sonner. À pas lents, ils se frayèrent un chemin dans l'atmosphère coupante.

Ils arrivèrent au coin de la rue. Noir, avide, l'égout attendait à leurs pieds. Peter Gna ouvrit sa canadienne. Il prit le chat tout raide avec précaution et sa sœur le caressa sans rien dire. Et puis, doucement, à regret, le chat disparut dans le trou. Cela fit : « Glop ! » et, avec un sourire satisfait, la bouche de l'égout se referma.

LE RAPPEL

I

Il faisait beau. Il traversa la trente-et-unième rue, longea deux blocks, dépassa le magasin rouge et, vingt mètres plus loin, pénétra au rez-de-chaussée de l'Empire State par une porte secondaire.

Il prit l'ascenseur direct jusqu'au cent dixième étage et termina la montée à pied au moyen de l'échelle extérieure en fer, ça lui donnerait le temps de réfléchir un peu.

Il fallait faire attention de sauter assez loin pour ne pas être rabattu sur la façade par le vent. Tout de même, s'il ne sautait pas trop loin, il pourrait en profiter pour jeter au passage un coup d'œil chez les gens, c'est amusant. À partir du quatre-vingtième, le temps de prendre un bon élan.

Il tira de sa poche un paquet de cigarettes, vida l'une d'elles de son tabac, lança le léger papier. Le vent était bon, il longeait la façade. Son corps dévierait tout au plus de deux mètres en largeur. Il sauta.

L'air chanta dans ses oreilles et il se rappela le bistro près de Long Island, à l'endroit où la route fait un coude près d'une maison de style virginal. Il buvait un pétrouscola avec Winnie au moment où le gosse était entré, des habits un peu lâches autour de son petit corps musclé, des cheveux de paille et des yeux clairs, hâlé, sain, pas très hardi. Il s'était assis devant une crème glacée plus haute que lui et il avait mangé sa crème. À la fin, il était sorti de son verre un oiseau comme on en trouve rarement dans cet endroit-là, un oiseau jaune avec un gros bec bossué,

des yeux rouges fardés de noir et les plumes des ailes plus foncées que le reste du corps.

Il revit les pattes de l'oiseau annelées de jaune et de brun. Tout le monde dans le bistro avait donné de l'argent pour le cercueil du gosse. Un gentil gosse. Mais le quatre-vingtième étage approchait et il ouvrit les yeux.

Toutes les fenêtres restaient ouvertes par ce jour d'été, le soleil éclairait de plein fouet la valise ouverte, l'armoire ouverte, les piles de linge que l'on s'apprêtait à transmettre de la seconde à la première. Un départ : les meubles brillaient. À cette saison, les gens quittaient la ville. Sur la plage de Sacramento, Winnie, en maillot noir, mordait un citron doux. À l'horizon, un petit yacht à voiles se rapprocha, il tranchait sur les autres par sa blancheur éclatante. On commençait à percevoir la musique du bar de l'hôtel. Winnie ne voulait pas danser, elle attendait d'être complètement bronzée. Son dos brillait, lisse d'huile, sous le soleil, il aimait à voir son cou découvert. D'habitude, elle laissait ses cheveux sur ses épaules. Son cou était très ferme. Ses doigts se rappelaient la sensation des légers cheveux que l'on ne coupe jamais, fins comme les poils à l'intérieur des oreilles d'un chat. Quand on frotte lentement ses cheveux à soi derrière ses oreilles à soi, on a dans la tête le bruit des vagues sur des petits graviers pas encore tout à fait sable. Winnie aimait qu'on lui prît le cou entre le pouce et l'index par-derrière. Elle redressait la tête en fronçant la peau de ses épaules, et les muscles de ses fesses et de ses cuisses se durcissaient. Le petit yacht blanc se rapprochait toujours, puis il quitta la surface de la mer, monta en pente douce vers le ciel et disparut derrière un nuage juste de la même couleur.

Le soixante-dixième étage bourdonnait de conversations dans des fauteuils en cuir. La fumée des cigarettes l'entoura d'une odeur complexe. Le bureau du père de Winnie sentait la même odeur. Il ne le laisserait donc pas placer un mot. Son fils à lui n'était pas un de ces garçons qui vont danser le soir au lieu de fréquenter les clubs de l'Y.M.C.A.[19]. Son fils travaillait, il avait fait ses études d'ingénieur et il débutait en ce moment comme ajusteur, et il le ferait passer dans tous les ateliers pour apprendre à fond le métier et pouvoir comprendre et commander les hommes. Winnie, malheureusement, un père ne peut pas s'occuper comme il l'entend de l'éducation de sa fille, et sa mère était trop jeune, mais ce n'est pas une raison parce qu'elle aime le flirt comme toutes les filles de son âge pour... Vous avez de l'argent ? Vous

vivez déjà ensemble... Ça m'est égal, ça n'a que trop duré déjà. La loi américaine punit heureusement ces sortes de choses et Dieu merci j'ai suffisamment d'appuis politiques pour mettre fin à... Comprenez-vous, je ne sais pas d'où vous sortez, moi !...

La fumée de son cigare posé sur le cendrier montait comme il parlait, et prenait dans l'air des formes capricieuses. Elle se rapprochait de son cou, l'entourait, se resserrait, et le père de Winnie ne semblait pas la voir ; et quand la figure bleuie toucha la glace du grand bureau, il s'enfuit car on l'accuserait sûrement de l'avoir tué. Et voilà qu'il descendait maintenant ; le soixantième n'offrait rien d'intéressant à l'œil... une chambre de bébé crème et rose. Quand sa mère le punissait, c'est là qu'il se réfugiait, il entrouvrait la porte de l'armoire et se glissait à l'intérieur dans les vêtements. Une vieille boîte à chocolat en métal lui servait à cacher ses trésors. Il se rappelait la couleur orange et noire avec un cochon orange qui dansait en soufflant dans une flûte. Dans l'armoire on était bien, sauf vers le haut, entre les vêtements pendus, on ne savait pas ce qui pouvait vivre dans ce noir, mais au moindre signe, il suffisait de pousser la porte. Il se rappelait une bille de verre dans la boîte, une bille avec trois spirales orange et trois spirales bleues alternées, le reste, il ne se souvenait plus quoi. Une fois, il était très en colère, il avait déchiré une robe à sa mère, elle les mettait chez lui parce qu'elle en avait trop dans son placard, et elle n'avait jamais pu la reporter. Winnie riait tant, leur première soirée de danse ensemble, il croyait que sa robe était déchirée. Elle était fendue du genou à la cheville et du côté gauche seulement. Chaque fois qu'elle avançait cette jambe, la tête des autres types tournait pour suivre le mouvement. Comme d'habitude on venait l'inviter toutes les fois qu'il partait au buffet lui chercher un verre de quelque chose de fort, et la dernière fois son pantalon s'était mis à rétrécir jusqu'à s'évaporer, et il se trouvait les jambes nues en caleçon, avec son smoking court et le rire atroce de tous ces gens, et il s'était enfoncé dans la muraille à la recherche de sa voiture. Et seule Winnie n'avait pas ri.

Au cinquantième, la main de la femme aux ongles laqués reposait sur le col du veston au dos gris et sa tête se renversait à droite sur le bras blanc que terminait la main. Elle était brune. On ne voyait rien de son corps, dissimulé par celui de l'homme, qu'une ligne de couleur, la robe en imprimé de soie, claire sur fond bleu. La main crispée contrastait avec l'abandon de la tête, de la masse des cheveux étalés sur le bras rond. Ses

mains se crispaient sur les seins de Winnie, petits, peu saillants, charnus, gonflés d'un fluide vivant, à quoi comparer cette sensation, aucun fruit ne peut la donner, les fruits n'ont pas cette absence de température propre, un fruit est froid, cette adaptation parfaite à la main, leur pointe un peu plus dure s'encastrait exactement à la base de l'index et du médius, dans le petit creux de chair. Il aimait qu'ils vivent sous sa main, excercer une douce pression de droite à gauche, du bout des doigts à la paume, et incruster étroitement ses phalanges écartées dans la chair de Winnie jusqu'à sentir les tubes transversaux des côtes, jusqu'à lui faire mordre en représailles la première épaule, la droite, la gauche, il ne gardait pas de cicatrices, elle arrêtait toujours le jeu pour des caresses plus apaisantes, qui ne laissaient pas aux mains cette indispensable envie d'étreindre, de faire disparaître dans les paumes refermées ces absurdes avancées de chair, et aux dents ce désir amer de mâcher sans fin cette souplesse jamais entamée, comme on mâcherait une orchidée.

Quarante. Deux hommes debout devant un bureau. Derrière, un autre, il le voyait de dos, assis. Ils étaient tous trois habillés de serge bleue, chemises blanches, ils étaient massifs, enracinés sur la moquette beige, issus du sol, devant ce bureau d'acajou, aussi indifférents que devant une porte fermée... la sienne... On l'attendait peut-être en ce moment, il les voyait monter par l'ascenseur, deux hommes vêtus de serge bleue, coiffés de feutre noir, indifférents, peut-être une cigarette aux lèvres. Ils frapperaient, et lui, dans la salle de bains, reposerait le verre et la bouteille, renverserait, nerveux, le verre sur la tablette de glace — et se dirait ce n'est pas possible, ils ne savent pas déjà — est-ce qu'on l'avait vu — et il tournerait dans la chambre sans savoir quoi faire, ouvrir aux deux hommes en costume foncé derrière la porte ou chercher à s'en aller — et il tournait autour de la table et voyait d'un seul coup, inutile de s'en aller, il restait Winnie sur tous les murs, sur les meubles, on comprendrait sûrement, il y avait la grande photo dans le cadre d'argent au-dessus de la radio, Winnie, les cheveux flous, un sourire aux yeux — sa lèvre inférieure était un peu plus forte que l'autre, elle avait des lèvres rondes, saillantes et lisses, elle les mouillait du bout de sa langue pointue avant d'être photographiée pour donner l'éclat brillant des photos des vedettes — elle se maquillait, passait le rouge sur la lèvre supérieure, beaucoup de rouge, soigneusement, sans toucher l'autre lèvre, et puis pinçait sa bouche en la rentrant un peu et la lèvre supérieure se décalquait sur l'autre, sa bouche vernie de frais comme une baie de houx, et ses lèvres résultaient l'une de l'autre, se

complétaient parfaitement, on avait à la fois envie de ces lèvres et peur
de rayer leur surface, unie avec un point brillant. Se contenter à ce
moment-là de baisers légers, une mousse de baisers à peine effleurés,
savourer ensuite le goût fugitif et délicieux du rouge parfumé — Après
tout, c'était l'heure de se lever, tout de même, il l'embrasserait de
nouveau plus tard — les deux hommes qui l'attendaient à la porte... et
par la fenêtre du trentième, il vit sur la table une statuette de cheval, un
joli petit cheval blanc en plâtre sur un socle, si blanc qu'il paraissait tout
nu. Un Cheval Blanc. Lui préférait le Paul Jones[20], il le sentait battre
sourdement au creux de son ventre, envoyer ses ondes bienfaisantes —
juste le temps de vider la bouteille avant de filer par l'autre escalier. Les
deux types — au fait, étaient-ils venus, ces deux types? — devaient
l'attendre devant la porte. Lui, tout bien rempli de Paul Jones — La bonne
blague. Frapper? C'était peut-être la négresse qui nettoyait la chambre...
Deux types? drôle d'idée. Les nerfs, il suffit de les calmer avec un peu
d'alcool — Agréable promenade, arrivée à l'Empire State — Se jeter d'en
haut. Mais ne pas perdre son temps — Le temps, c'est précieux. Winnie
était arrivée en retard au début, c'était seulement des baisers, des
caresses sans importance. Mais le quatrième jour, elle attendait la
première, il avait demandé pourquoi, narquoisement, elle rougissait, ça
non plus, ça n'avait pas duré, et c'est lui qui rougissait de sa réponse une
semaine plus tard. Et pourquoi ne pas continuer comme ça, elle voulait
l'épouser, il voulait bien aussi, leurs parents pourraient s'entendre?
Sûrement non, quand il était entré dans le bureau du père de Winnie, la
fumée de la cigarette avait étranglé le père de Winnie — mais la police
ne voudrait pas le croire, était-ce la négresse ou bien les deux types en
costumes foncés, fumant peut-être une cigarette, après avoir bu du
Cheval Blanc en tirant en l'air pour effrayer les bœufs, et ensuite les
rattraper avec un lasso à bout doré.

Il oublia d'ouvrir les yeux au vingtième et s'en aperçut trois étages plus
bas. Il y avait un plateau sur une table et la fumée coulait verticalement
dans le bec de la cafetière; alors il s'arrêta, remit de l'ordre dans sa
toilette, car sa veste était toute retournée et remontée par trois cents
mètres de chute; et il entra par la fenêtre ouverte.

Il se laissa choir dans un gélatineux fauteuil de cuir vert, et attendit.

II

La radio fredonnait en sourdine un programme de variétés. La voix contenue et infléchie de la femme réussit à renouveler un vieux thème. C'étaient les mêmes chansons qu'avant, et la porte s'ouvrit. Une jeune fille entra.

Elle ne parut pas surprise de le voir. Elle portait de simples pyjamas de soie jaune, avec une grande robe de la même soie, ouverte devant. Elle était un peu hâlée, pas maquillée, pas spécialement jolie, mais tellement bien faite.

Elle s'assit à la table et se versa du café, du lait, puis elle prit un gâteau.

— Vous en voulez ? proposa-t-elle.

— Volontiers.

Il se leva à demi pour prendre la tasse pleine qu'elle lui tendait, de légère porcelaine chinoise, mal équilibrée sous la masse du liquide.

— Un gâteau ?

Il accepta, se mit à boire à gorgées lentes, en mâchant les raisins du gâteau.

— D'où venez-vous, au fait ?

Il reposa sa tasse vide sur le plateau.

— De là-haut.

Il montrait la fenêtre d'un geste vague.

— C'est la cafetière qui m'a arrêté. Elle fumait.

La fille approuva.

Toute jaune, cette fille. Des yeux jaunes aussi, des yeux bien fendus, un peu étirés aux tempes, peut-être simplement sa façon d'épiler ses sourcils. Probablement. Bouche un peu grande, figure triangulaire. Mais une taille merveilleuse bâtie comme un dessin de magazine, les épaules larges et les seins hauts, avec des hanches — à profiter de suite — et des jambes longues.

Le Paul Jones, pensa-t-il. Elle n'est pas réellement comme ça. Ça n'existe pas.

— Vous ne vous êtes pas embêté pendant tout le temps que vous avez mis à venir ? demanda-t-elle.

— Non... J'ai vu des tas de choses.

— Vous avez vu des tas de choses de quel ordre ?...

— Des souvenirs... dit-il. Dans les chambres, par les fenêtres ouvertes.

— Il fait très chaud, toutes les fenêtres sont ouvertes, dit-elle avec un soupir.

— Je n'ai regardé que tous les dix étages, mais je n'ai pas pu voir au vingtième. Je préfère cela.

— C'est un pasteur... jeune, très grand et très fort... Vous voyez le genre?

— Comment pouvez-vous le savoir?

Elle mit un temps à lui répondre. Ses doigts aux ongles dorés enroulaient machinalement la cordelière de soie de son ample robe jaune.

— Vous auriez vu, continua-t-elle, en passant devant la fenêtre ouverte, une grande croix de bois foncé sur le mur du fond. Sur son bureau, il y a une grosse Bible et son chapeau noir est accroché dans l'angle.

— Est-ce tout, demanda-t-il?

— Vous auriez vu sans doute aussi autre chose...

Quand venait Noël, il y avait des fêtes chez ses grands-parents à la campagne. On garait la voiture dans la remise à côté de celle de ses grands-parents, une vieille voiture confortable et solide, à côté de deux tracteurs aux chenilles hérissées, encroûtées de terre brune sèche et de tiges d'herbes fanées, coincées dans les articulations des plaquettes d'acier. Pour ces occasions-là, grand-mère faisait toujours des gâteaux de maïs, des gâteaux de riz, toutes sortes de gâteaux, des beignets, il y avait aussi du sirop d'or, limpide et un peu visqueux, que l'on versait sur les gâteaux, et des animaux rôtis, mais il se réservait pour les sucreries. On chantait ensemble devant la cheminée à la fin de la soirée.

— Vous auriez peut-être entendu le pasteur faire répéter sa chorale, dit-elle.

Il se rappelait bien l'air.

— Sans doute, approuva la fille. C'est un air très connu. Ni meilleur ni pire que les autres. Comme le pasteur.

— Je préfère que la fenêtre du vingtième ait été fermée, dit-il.

— Pourtant, d'habitude...

Elle s'arrêta.

— On voit un pasteur avant de mourir? compléta-t-il?

— Oh, dit la fille, cela ne sert à rien. Moi je ne le ferais pas.

— À quoi servent les pasteurs?

Il posait la question à mi-voix, presque pour lui-même; peut-être à vous faire penser à Dieu. Mais ça n'avance à rien si l'on veut mourir. Dieu

n'a d'intérêt que pour les pasteurs et pour les gens qui ont peur de mourir, pas pour ceux qui ont peur de vivre, pas pour ceux qui ont peur d'autres hommes en costume foncé, qui viennent frapper à votre porte et vous faire croire que c'est la négresse ou vous empêchent de terminer une bouteille de Paul Jones entamée. Dieu ne sert plus à rien quand c'est des hommes que l'on a peur.

— Je suppose, dit la fille, que certaines personnes ne peuvent s'en passer. Ils sont commodes pour les gens religieux, en tout cas.

— Il doit être inutile de voir un pasteur si l'on veut mourir volontairement, dit-il.

— Personne ne veut mourir volontairement, conclut la fille. Il y a toujours un vivant et un mort qui vous y poussent. Il faut un vivant et un mort pour faire mourir un vivant. C'est pour cela qu'on a besoin des morts et qu'on les garde dans des boîtes.

— Ce n'est pas évident, protesta-t-il.

— Est-ce que cela ne *vous* apparaît pas clairement ? demanda-t-elle doucement.

Il s'enfonça un peu plus profondément dans le fauteuil vert.

— J'aimerais une autre tasse de café, dit-il.

Il sentait sa gorge un peu sèche. Pas envie de pleurer, quelque chose de différent, mais avec des larmes aussi.

— Voulez-vous quelque chose d'un peu plus fort ? demanda la fille jaune.

— Oui. Cela me ferait plaisir.

Elle se levait, sa robe jaune luisait dans le soleil et entrait dans l'ombre. Elle tira d'un bar d'acajou une bouteille de Paul Jones.

— Arrêtez-moi, dit-elle...

— Comme ça !...

Il la stoppa d'un geste impératif. Elle lui tendit le verre.

— Vous, dit-il, est-ce que vous regarderiez par les fenêtres en descendant ?

— Je n'aurais pas besoin de regarder, dit la fille, il y a la même chose à chaque étage et je vis dans la maison.

— Il n'y a pas la même chose à chaque étage, protesta-t-il, j'ai vu des pièces différentes toutes les fois que j'ouvrais les yeux.

— C'est le soleil qui vous trompait.

Elle s'assit près de lui sur le fauteuil de cuir et le regarda.

— Les étages sont tous pareils, dit-elle.

— Jusqu'en bas c'est la même chose ?

— Jusqu'en bas.

— Voulez-vous dire que si je m'étais arrêté à un autre étage je vous aurais trouvée ?

— Oui.

— Mais ce n'était pas du tout pareil... Il y avait des choses agréables, mais d'autres abominables... Ici c'est différent.

— C'était la même chose. Il fallait s'y arrêter.

— C'est peut-être le soleil qui me trompe aussi à cet étage, dit-il.

— Il ne peut pas vous tromper puisque je suis de la même couleur que lui.

— Dans ce cas, dit-il, je ne devrais pas vous voir...

— Vous ne me verriez pas si j'étais plate comme une feuille de papier, dit-elle, mais...

Elle ne termina pas sa phrase et elle avait un léger sourire. Elle était très près de lui et il pouvait sentir son parfum, vert sur ses bras et son corps, un parfum de prairie et de foin, plus mauve près des cheveux, plus sucré et plus bizarre aussi, moins naturel.

Il pensait à Winnie. Winnie était plus plate mais il la connaissait mieux. Même il l'aimait.

— Le soleil, au fond, c'est la vie, conclut-il après un moment.

— N'est-ce pas que je ressemble au soleil avec cette robe ?

— Si je restais, murmura-t-il ?

— Ici ?

Elle haussa les sourcils.

— Ici.

— Vous ne pouvez pas rester, dit-elle simplement. Il est trop tard.

À grand-peine, il s'arracha du fauteuil. Elle posa la main sur son bras.

— Une seconde, dit-elle.

Il sentit le contact des deux bras frais. De près, cette fois, il vit les yeux dorés, piquetés de lueurs, les joues triangulaires, les dents luisantes. Une seconde, il goûta la pression tendre des lèvres entrouvertes, une seconde il eut tout contre lui le corps drapé de soie resplendissante et déjà il était seul, déjà il s'éloignait, elle souriait de loin, un peu triste, elle se consolerait vite, on le voyait aux coins déjà relevés de ses yeux jaunes — il quittait la pièce, rester était impossible — Il fallait tout reprendre au début et, cette fois, ne plus s'arrêter en route. Il remonta au sommet de l'immense bâtiment, se jeta dans le vide, et sa tête fit une méduse rouge sur l'asphalte de la cinquième avenue.

LE LOUP-GAROU

Il habitait dans le bois de Fausses-Reposes[21], en bas de la côte de Picardie, un très joli loup adulte au poil noir et aux grands yeux rouges. Il se nommait Denis et sa distraction favorite consistait à regarder les voitures venues de Ville-d'Avray mettre plein gaz pour aborder la pente luisante sur laquelle une ondée plaque parfois le reflet olive des grands arbres. Il aimait aussi, par les soirs d'été, rôder dans les taillis pour y surprendre les amoureux impatients dans leur lutte avec la complication des garnitures élastiques dont s'encombre malheureusement de nos jours l'essentiel de la lingerie. Il observait avec philosophie le résultat de ces efforts parfois couronnés de succès et s'éloignait pudiquement en hochant la tête lorsqu'il arrivait qu'une victime consentante passât, comme on dit, à la casserole. Héritier d'une longue lignée de loups civilisés, Denis se nourrissait d'herbe et de jacinthes bleues, corsées en automne de quelques champignons choisis et en hiver, bien contre son gré, de bouteilles de lait chipées au gros camion jaune de la Société ; il avait le lait en horreur, à cause de son goût de bête, et maudissait, de novembre à février, l'inclémence d'une saison qui l'obligeait de se gâter l'estomac.

Denis vivait en bonne intelligence avec ses voisins, car ils ignoraient, vu sa discrétion, qu'il existât. Il s'abritait dans une petite caverne creusée, bien des années plus tôt, par un chercheur d'or sans espoir qui, assuré, ayant connu la mauvaise chance toute sa vie, de ne jamais rencontrer le « panier d'oranges » (c'est dans Louis Boussenard[22]), avait décidé sur sa fin de pratiquer au moins ses excavations aussi infructueuses que maniaques sous un climat tempéré. Denis s'était aménagé là une retraite

confortable, garnie, au fil des années, d'enjoliveurs de roues, d'écrous et de pièces automobiles ramassées par lui sur la route, où survenaient des accidents fréquents. Passionné de mécanique, il aimait à contempler ses trophées et rêvait à l'atelier qu'il monterait certainement un jour. Quatre bielles d'alliage léger soutenaient un couvercle de malle utilisé en guise de table ; le lit se composait des sièges en cuir d'une vieille Amilcar[23] éprise passagèrement d'un gros platane costaud, et deux pneus constituaient des cadres luxueux pour le portrait de parents longtemps chéris ; le tout se mariait avec goût aux pièces plus banales rassemblées jadis par le prospecteur.

Par une belle soirée d'août, Denis faisait à petits pas sa promenade de digestion quotidienne. La pleine lune travaillait les feuilles en dentelle d'ombre et, sous la lumière nette, les yeux de Denis prenaient les suaves reflets rubis du vin d'Arbois. Denis approchait du chêne, terminus ordinaire de sa marche, lorsque la fatalité mit sur son chemin le Mage du Siam, dont le vrai nom s'écrivait Étienne Pample, et la petite Lisette Cachou, brune serveuse du restaurant Gronœil entraînée à Fausses-Reposes par le Mage sous un fallacieux prétexte. Lisette étrennait une gaine « Obsession » flambant neuve, et c'est à ce détail, dont la destruction avait coûté six heures d'efforts au Mage du Siam, que Denis devait cette très tardive rencontre.

Par malheur pour Denis, les circonstances se trouvaient extrêmement défavorables. Il était minuit juste ; le Mage du Siam avait les nerfs en pelote ; et il croissait alentour, en abondance, l'oreille d'âne, le pied de loup et le lupin blanc qui, depuis peu, accompagnent obligatoirement les phénomènes de lycanthropie — ou plutôt d'antropolycie, comme nous allons le lire à l'instant. Rendu furieux par l'apparition de Denis, pourtant discret et qui déjà s'éloignait en marmottant une excuse, le Mage du Siam, déçu par Lisette et dont l'excès d'énergie demandait à se décharger d'une façon ou de l'autre, se jeta sur l'innocente bête et la mordit cruellement au défaut de l'épaule. Avec un glapissement d'angoisse, Denis s'enfuit au galop. Rentré chez lui, il fut terrassé par une fatigue anormale et s'endormit d'un sommeil pesant, entrecoupé de rêves troublés.

Il oublia peu à peu l'incident et les jours se remirent à passer, identiques et divers. L'automne approchait, et les marées de septembre, qui ont sur les arbres le curieux effet de rougir les feuilles. Denis se gavait de mousserons et de bolets, happant parfois quelque pezize à peu près invisible sur son socle d'écorce, et fuyant comme peste l'indigeste

langue de bœuf. Les bois, maintenant, se vidaient rapidement le soir de leurs promeneurs et Denis se couchait plus tôt. Cependant, il semblait que cela ne le reposât guère, et au sortir de nuits entrelardées de cauchemars, il s'éveillait la gueule pâteuse et les membres rompus. Même, il perdait de sa passion pour la mécanique, et midi le surprenait parfois dans un songe, étreignant d'une patte inerte le chiffon dont il devait lustrer une pièce de laiton vert-de-grise. Son repos se faisait de plus en plus troublé et il s'étonnait de n'en pas découvrir la raison.

La nuit de la pleine lune, il émergea brutalement de son somme grelottant de fièvre, saisi par une intense impression de froid. Se frottant les yeux, il fut surpris de l'effet étrange qu'il ressentait et chercha une lumière. Il eut tôt fait de brancher le superbe phare hérité quelques mois auparavant d'une Mercédès affolée, et la lueur éblouissante de l'appareil illumina les recoins de sa caverne. Titubant, il s'avança vers le rétroviseur fixé au-dessus de sa table de toilette. Il s'étonnait de se trouver debout sur ses pattes de derrière — mais il fut encore bien plus surpris lorsque ses yeux tombèrent sur son image : dans le petit miroir rond, une figure étrange lui faisait face, blanchâtre, dépourvue de poils, où seuls deux beaux yeux de rubis rappelaient son ancien aspect. Poussant un cri inarticulé, il regarda son corps et comprit l'origine de ce froid de glace qui l'étreignait de toutes parts. Son riche pelage noir avait disparu et sous ses yeux se dressait le corps malformé d'un de ces hommes dont il raillait d'ordinaire la maladresse amoureuse.

Il fallait courir au plus pressé. Denis s'élança vers la malle bourrée de défroques diverses glanées au hasard des accidents. L'instinct lui fit choisir un complet gris rayé de blanc, d'aspect distingué, auquel il assortit une chemise unie de teinte bois de rose et une cravate bordeaux. Dès qu'il eut revêtu ces vêtements, surpris de garder avec aisance un équilibre qu'il ne comprenait pas, il se sentit mieux et ses dents cessèrent de claquer. C'est alors que son regard éperdu se posa sur le petit tas de fourrure noire épars alentour de sa couche, et il pleura son aspect disparu.

Il se ressaisit néanmoins grâce à un violent effort de volonté et tenta de faire le point. Ses lectures lui avaient enseigné bien des choses, et l'affaire semblait claire : le Mage du Siam était un loup-garou et lui, Denis, mordu par l'animal, venait réciproquement de se changer en homme.

À la pensée qu'il allait devoir vivre dans un monde inconnu, d'abord il fut saisi d'une grande terreur. Homme parmi les hommes, quels

dangers ne courrait-il point! L'évocation des luttes stériles que se livraient, jour et nuit, les conducteurs de la Côte de Picardie lui donnait un avant-goût symbolique de l'existence atroce à laquelle, bon gré mal gré, il faudrait se plier.

Puis il réfléchit. Sa transformation, selon toute vraisemblance et si les livres ne mentaient point, serait de brève durée. Pourquoi donc ne pas en profiter et faire une incursion dans les villes? Là, il faut avouer que certaines scènes entrevues dans les bois revinrent à l'esprit du loup sans provoquer en lui les mêmes réactions qu'auparavant, et il se surprit à se passer la langue sur les lèvres, ce qui lui permit de constater qu'elle était, malgré tout, aussi pointue qu'auparavant. Il alla au rétroviseur, se regarda de plus près. Ses traits ne lui déplurent pas tant qu'il le craignait. En ouvrant la bouche, il constata que son palais restait d'un beau noir et qu'il gardait le contrôle intact de ses oreilles peut-être un soupçon trop longues et velues. Mais le visage qu'il contemplait dans le petit miroir sphérique, avec son ovale allongé, son teint mat et ses dents blanches, semblait devoir faire figure honorable parmi ceux qu'il connaissait. Après tout, autant tirer parti de l'inévitable et s'instruire utilement pour l'avenir. Un retour de prudence lui fit pourtant chercher, avant de sortir, des lunettes noires dont il pourrait éteindre en cas de besoin l'éclat rubescent de ses châsses. Il se munit également d'un imperméable qu'il jeta sur son bras et il gagna la porte d'un pas décidé. Quelques instants plus tard, muni d'une valise légère et humant l'air matinal qui semblait s'être singulièrement dépeuplé d'odeurs, il se trouva sur le bord de la route et braqua son pouce d'un air décidé à la première voiture qu'il aperçut. Il avait choisi la direction de Paris, instruit par l'expérience quotidienne de ce que les autos s'arrêtent rarement en abordant la côte, et plus volontiers dans la descente, car la gravité permet alors un redémarrage facile.

Son élégance lui valut d'être rapidement pris en charge par une personne peu pressée et, confortablement casé à la droite du conducteur, il ouvrit ses yeux ardents sur l'inconnu du vaste monde. Vingt minutes plus tard, il débarquait place de l'Opéra. Il faisait un temps clair et frais et la circulation restait dans les limites de la décence. Denis s'élança hardiment entre les clous et prit le boulevard en direction de l'hôtel Scribe, où il se fit donner une chambre avec salle de bains et salon. Laissant sa valise à la domesticité, il ressortit aussitôt pour acheter une bicyclette.

La matinée passa comme un rêve; ébloui, Denis ne savait où donner

de la pédale. Il éprouvait bien, cachée au creux de son moi, l'envie intime de chercher un loup pour le mordre, mais il pensait qu'il ne serait point facile de découvrir une victime et voulait éviter de se laisser trop influencer par ce que racontent les traités. Il n'ignorait pas qu'avec un peu de chance, il arriverait à s'approcher des animaux du Jardin des Plantes, mais réservait cette possibilité pour un tiraillement plus puissant. La bicyclette neuve attirait toute son attention. Cette chose nickelée le fascinait, et, de plus, lui serait bien utile pour regagner sa caverne.

À midi, Denis gara sa machine devant l'hôtel, sous le regard un peu étonné du portier ; mais l'élégance de Denis et surtout ses yeux rubis semblaient priver les gens de la faculté d'émettre la moindre remarque. Le cœur allègre, il se mit en quête d'un restaurant. Il en choisit un de bonne apparence, et discret ; trop de foule l'impressionnait encore un peu et, malgré l'étendue de sa culture générale, il craignait que ses manières ne témoignassent d'un léger provincialisme. Il demanda qu'on l'installât un peu à l'écart, et le service de s'empresser.

Mais Denis ignorait qu'en ce lieu si calme d'apparence se tenait justement ce jour-là la réunion mensuelle des Dilettantes du Chevesne Rambolitain[24], et il arriva qu'il vit, au milieu de son repas, déferler soudain une théorie de gentilshommes de teint frais, aux manières joviales et qui occupèrent d'un coup sept tables de quatre couverts. Denis se renfrogna devant cet afflux subit ; et comme il s'y attendait, le maître d'hôtel vint poliment à sa table :

— Je m'excuse beaucoup, monsieur, dit cet homme glabre et cause-graissé, mais pourriez-vous nous rendre le service de partager votre table avec mademoiselle ?

Denis jeta un coup d'œil à la pisseuse et se défrogna du même.

— J'en serais ravi, dit-il en se levant à demi.

— Merci, monsieur, dit la créature d'une voix musicale. Scie musicale pour être exact.

— Si vous me remerciez, vous, poursuivit Denis, que dois-je, moi ? Sous-entendu, remercier.

— La providence classique, sans doute, opina l'exquise.

Et elle laissa aussitôt choir son sac à main que Denis cueillit au vol.

— Oh ! s'exclama-t-elle. Mais vous avez d'extraordinaires réflexes !

— Voui, confirma Denis.

— Vos yeux sont assez étranges aussi, ajouta-t-elle cinq minutes plus tard. Ils font penser à... à...

— Ah! commenta Denis.

— À des grenats! conclut-elle.

— C'est la guerre, dit Denis.

— Je ne vous suis pas...

— Je voulais dire, spécifia Denis, que je m'attendais à ce que vous évoquiez le rubis et ne voyant venir que le grenat, je conclus aux restrictions, lesquelles entraînent immédiatement la guerre par une relation d'effet à cause.

— Et vous sortez des Sciences politiques? demanda la brune biche.

— Pour n'y plus jamais revenir!

— Je vous trouve assez fascinant, assura platement la demoiselle qui, entre nous, l'avait perdu plus souvent, son pucelage, qu'à son tour.

— Je vous réciproquerais volontiers la chose, en la mettant au féminin, madrigala Denis.

Ils quittèrent ensemble le restaurant, et la coquine confia au loup faithomme qu'elle occupait, non loin de là, une chambre ravissante à l'hôtel du Presse-Purée d'Argent.

— Venez voir mes estampilles japonaises, susurra-t-elle à l'oreille de Denis.

— Est-ce prudent? s'enquit Denis. Votre mari, votre frère, ou bien quelqu'un des vôtres ne va-t-il point s'inquiéter?

— Je suis un peu orpheline, gémit la petite en chatouillant une larme du bout de son index fuselé.

— Quel dommage! commenta poliment son élégant compagnon.

Il crut bien remarquer en la suivant à l'hôtel que l'employé paraissait curieusement absent, et que tant de peluche rouge assoupie faisait différer fortement l'endroit de son hôtel à lui Denis, mais l'escalier lui révélait les bas, puis les mollets immédiatement adjacents de la belle, à qui il laissa, voulant s'instruire, prendre six marches d'avance. Instruit, il pressa l'allure.

L'idée de forniquer en compagnie d'une femme le rebutait bien un peu par son comique, mais l'évocation de Fausses-Reposes fit disparaître cet élément retardateur et il se trouva bientôt à même de mettre en pratique par le geste les connaissances acquises par l'œil. La belle voulut bien se crier comblée, et l'artifice de ces affirmations par lesquelles elle assurait s'élever à la verticale échappa à l'entendement peu exercé en cette matière du bon Denis.

Il sortait à peine d'une espèce de coma assez différent de tout ce qu'il avait éprouvé jusqu'ici lorsqu'il entendit sonner l'heure. Tout suffoquant

et blêmequant, il se redressa et demeura stupide en apercevant sa compagne, le cul à l'air sauf votre respect, et qui fourrageait avec diligence dans la poche de son veston.

— Vous voulez ma photo ! dit-il soudain, croyant avoir saisi.

Il se sentait flatté mais comprit, au soubresaut qui anima l'hémisphère bipartite, l'erreur de cette supposition.

— Mais...euh... oui, mon chéri, dit la douce, sans bien savoir s'il se moquait ou niet.

Denis se renfrogna. Il se leva, alla et vérifia son portefeuille.

— Ainsi, vous êtes une de ces femelles dont on peut lire les turpitudes dans la littérature de M. Mauriac[25] ! conclut Denis. Une putain, en quelque sorte.

Elle allait répliquer, et comment, qu'il la faisait chier et qu'elle s'en cognait, de sa viande, et qu'elle n'allait pas se farcir un mec pour le plaisir, mais une lueur dans l'œil du loup anthropisé la fit muette au lieu de. Il émanait des orbites à Denis deux petits pinceaux rouges qui se fixèrent sur les globes oculaires de la brune et la plongèrent dans un curieux désarroi.

— Veuillez vous couvrir et décamper dans l'instant ! suggéra Denis.

Il eut l'idée inattendue, pour augmenter l'effet, de pousser un hurlement. Jamais encore pareille inspiration n'était venue le taquiner, mais malgré son manque d'expérience, cela résonna de façon épouvantable.

La demoiselle, terrorisée, s'habilla sans mot dire, en moins de temps qu'il n'en faut à une pendule pour sonner douze coups. Lorsqu'il fut seul, Denis se mit à rire. Il éprouvait une sensation vicieuse, assez excitante.

— C'est le goût de la vengeance, supposa-t-il tout haut.

Il remit de l'ordre dans ses ajustements, se nettoya où il fallait, et sortit. Il faisait nuit et le boulevard scintillait de façon merveilleuse.

Il n'avait pas fait deux mètres que trois hommes s'approchèrent de lui. Vêtus un peu voyant, avec des complets trop clairs, des chapeaux trop neufs et des chaussures trop cirées, ils l'encadrèrent.

— Peut-on vous causer ? dit le plus mince des trois, un olivâtre à fine moustache.

— De quoi ? s'étonna Denis.

— Fais pas le con, articula l'un des deux autres, rouge et cubique.

— Entrez donc par ici... proposa l'olivâtre comme ils passaient devant un bar.

Denis entra, assez curieux. Il trouvait, jusqu'ici, l'aventure plaisante.

— Vous jouez au bridge? demanda-t-il aux trois hommes.

— Tu vas en avoir besoin d'un, remarqua le rouge cubique d'une façon obscure. Il semblait courroucé.

— Mon cher, dit l'olivâtre, une fois qu'ils furent entrés, vous venez d'agir avec une jeune fille de façon assez peu correcte.

Denis s'esclaffa.

— Il se marre, l'empaffé! observa le rouge. Il va moins se marrer.

— Il se trouve, poursuivit l'olivâtre, qu'on s'y intéresse, à cette môme.

Denis comprit soudain.

— Je vois, dit-il. Vous êtes des maquereaux.

Tous trois se levèrent d'un coup.

— Nous cherche pas! menaça le cubique.

Denis les regarda.

— Je vais me mettre en colère, dit-il posément. C'est la première fois de ma vie, mais je reconnais la sensation. Comme dans les livres.

Les trois hommes semblaient déroutés.

— Tu penses pas que tu nous fais peur, bille! dit le rouge.

Le troisième causait peu. Il ferma un poing et prit un élan. Comme le poing arrivait au menton de Denis, ce dernier se déroba, happa le poignet, et serra. Cela fit du bruit.

Une bouteille atêtit sur le crâne de Denis, qui cilla et recula.

— On va te mettre en l'air, dit l'olivâtre.

Le bar s'était vidé. Denis bondit par-dessus la table et le cubique. Éberlué celui-ci béa, mais il eut le réflexe d'empoigner le pied chaussé de daim du solitaire de Fausses-Reposes.

Il s'ensuivit une brève mêlée à l'issue de laquelle Denis, le col déchiré, se contempla dans la glace. Une estafilade lui barrait la joue, et un de ses yeux virait à l'indigo. Prestement, il rangea les trois corps inertes sous les banquettes. Son cœur grondait furieusement sous ses côtes. Il s'arrangea un peu. Et soudain, ses yeux tombèrent sur une pendule. Onze heures.

— Par ma barbe! pensa-t-il. Il faut que je file!

Vite, il mit ses lunettes noires et courut vers son hôtel. Il avait l'âme pleine de haine, mais l'urgence de son départ lui apparaissait.

Il paya sa chambre, prit sa valise, sauta sur sa bicyclette, et partit comme un vrai coppi[26].

★

Il arrivait au pont de Saint-Cloud lorsqu'un agent l'arrêta.

— N'avez donc pas de lumière? dit cet homme semblable à d'autres.

— Hein? demanda Denis. Pourquoi? J'y vois!

— C'est pas pour y voir, dit l'agent. C'est pour qu'on vous voie. Si vous arrive un accident? hein?

— Ah? dit Denis. Oui, c'est vrai. Mais comment ça marche, cette lumière?

— Foutez de moi? demanda la vache.

— Écoutez, dit Denis, je suis vraiment très urgé. Je n'ai pas le temps de me foutre.

— Vous la voulez, votre contredanse? dit le flicard infect.

— Vous êtes excessivement ennuyeux, répondit le loup à pédales.

— Bon! dit l'ignoble pied plat, vous l'avez.

Il commença de sortir un carnet de bal et un stylobic et baissa le nez un instant.

— Votre nom? dit-il en relevant le nez.

Puis il siffla dans son tube à sons car il apercevait au loin la rapide bicyclette de Denis qui se lançait à l'assaut de la côte.

Denis en mit un coup. L'asphalte ébahi cédait devant sa furieuse progression. La côte de Saint-Cloud fut avalée en un rien de temps. Il traversa la portion de ville qui longe Montretout — fine allusion aux satyres errants du parc de Saint-Cloud — et tourna à gauche vers le Pont Noir et Ville-d'Avray. Comme il émergeait de cette noble cité devant le restaurant Cabassud, il prit conscience d'une agitation derrière lui. Il força l'allure, et, soudain, s'élança dans un chemin forestier. Le temps pressait. Au loin, soudain, une horloge annonçait minuit.

Dès le premier coup, Denis constata que ça allait mal. Il avait peine à attraper les pédales; ses jambes lui paraissaient se raccourcir. Au clair de la lune, il escaladait pourtant, sur sa lancée, les cailloux du chemin de terre — lorsqu'il aperçut son ombre — un long museau, des oreilles droites — et du coup, il prit la bûche, car un loup à bicyclette, ça n'a pas de stabilité.

Heureusement pour lui. Il avait à peine touché terre que d'un bond, il jaillit dans un fourré; et la moto de la police s'écrasa bruyamment sur la bicyclette affalée. Le motard y perdit un testicule et son acuité auditive, par la suite, diminua de trente-neuf pour cent.

Denis était à peine redevenu loup qu'il s'interrogea, tout en trottant

vers sa demeure, sur l'étrange frénésie qui l'avait saisi sous sa défroque d'homme. Lui si doux, si calme, avait vu s'envoler par-dessus le toit ses bons principes et sa mansuétude. La rage vengeresse dont les effets s'étaient manifestés sur les trois maquereaux de la Madeleine — dont l'un, hâtons-nous de le dire à la décharge des vrais maquereaux, émargeait à la Préfecture, service de la Mondaine — lui paraissait à la fois impensable et fascinante. Il hocha la tête. Quel grand malheur que cette morsure du Mage du Siam. Heureusement, pensa-t-il, cette pénible transformation va se limiter aux jours de pleine lune. Mais il lui en restait quelque chose — et cette vague colère latente, ce désir de revanche ne laissaient pas de l'inquiéter.

L'AMOUR EST AVEUGLE

I

Le cinq août à huit heures, le brouillard couvrait la ville. Léger, il ne gênait pas du tout la respiration et se présentait sous une apparence singulièrement opaque ; il semblait, en outre, fortement teinté de bleu.

Il s'abattit en nappes parallèles ; d'abord, il moutonnait à vingt centimètres du sol et l'on marcha sans voir ses pieds. Une femme qui habitait au numéro 22 de la rue Saint-Braquemart laissa tomber sa clé au moment d'entrer chez elle et ne put la retrouver. Six personnes, dont un bébé, vinrent à son aide ; entre-temps, la deuxième nappe tomba et on retrouva la clé mais pas le bébé qui avait pris le large sous le couvert du météore, impatient d'échapper au biberon et de connaître les joies sereines du mariage et de l'établissement. Treize cent soixante-deux clés et quatorze chiens s'égarèrent ainsi dans la première matinée. Las de surveiller leurs bouchons en vain, les pêcheurs devinrent fous et partirent pour la chasse.

Le brouillard s'entassait en épaisseurs considérables au bas des rues en pente et dans les creux ; en longues flèches, il filait par les égouts et les puits d'aération ; il envahit les couloirs du métro, qui s'arrêta de fonctionner lorsque le flot laiteux atteignit le niveau des feux rouges ; mais, à ce moment-là, déjà, la troisième nappe venait de descendre et, dehors, on baignait jusqu'aux genoux dans une nuit blanche.

Ceux des quartiers hauts, se croyant d'abord favorisés, raillèrent ceux du bord du fleuve, mais au bout d'une semaine, tous furent réconciliés

et purent se cogner de la même façon contre les meubles de leur chambre ; car le brouillard s'était maintenant installé jusqu'au sommet des constructions les plus hautes. Et si le clocheton de la tour fut le dernier à disparaître, en fin de compte, la poussée irrésistible du raz-de-marée opaque le submergea tout entier.

II

Orvert Latuile se réveilla le treize août d'un sommeil de trois cents heures ; il sortait d'une cuite un peu sévère et se crut tout d'abord aveugle : c'était faire bien de l'honneur aux alcools qu'on lui avait servis. Il faisait nuit, mais d'une nuit différente ; car, les yeux ouverts, il ressentait l'impression que l'on éprouve lorsque le jet d'une lampe électrique tombe sur les paupières closes. D'une main malhabile, il chercha le bouton de la radio. Elle marchait et les informations l'éclairèrent à demi.

Sant tenir compte des commentaires zoiseux du spicaire, Orvert Latuile réfléchit, se gratta le nombril et reconnut en flairant son ongle qu'il méritait un bain : mais la commodité de ce brouillard jeté sur toutes choses comme le manteau de Noé sur Noé, ou comme la misère sur le pauvre monde, ou comme le voile de Tanit sur Salammbô[27], ou comme un chat dans un violon, le fit conclure à l'inutilité d'un bain. D'ailleurs, ce brouillard avait une douce odeur d'abricot poitrinaire et devait tuer les relents personnels. En outre, le son portait bien et les bruits prenaient, à s'envelopper dans cette ouate, une curieuse résonance, claire et blanche comme la voix d'un soprano lyrique dont le palais, défoncé par une chute malheureuse sur le mancheron d'une charrue, serait remplacé par un appareil de prothèse en argent forgé.

D'abord, Orvert balaya de son esprit tous les problèmes et décida d'agir comme si de rien n'était. En conséquence de quoi il se vêtit sans mal, car ses vêtements étaient rangés à leur place ; c'est-à-dire les uns sur des chaises, d'autres sous le lit, les chaussettes dans les souliers, un des souliers dans un vase et l'autre sous le pot de chambre.

— Bon Dieu, se dit-il, quel drôle de truc que ce brouillard.

Cette réflexion sans grande originalité le sauva du dithyrambe, de l'enthousiasme ordinaire, de la tristesse et de la noire mélancolie en plaçant le phénomène dans la catégorie des choses simplement

constatées. Mais il s'enhardissait peu à peu et s'accoutumait à l'inhabituel au point d'envisager quelques expériences humaines.

— Je descends chez ma logeuse et je laisse ma braguette ouverte, dit-il. On va bien voir s'il y a du brouillard ou si c'est mes yeux.

Car l'esprit cartésien du Français le porte à douter de l'existence d'un brouillard opaque, même s'il l'est assez pour lui boucher la vue ; et ce n'est pas ce que l'on peut dire à la radio qui risque d'orienter sa décision pour lui faire conclure à l'étrange. La radio, c'est tous des abrutis.

— Je la sors, dit Orvert, et je descends comme ça.

Il la sortit, et descendit comme ça. Pour la première fois de sa vie, il remarqua le craquement de la première marche, le crainquement de la seconde, le criquement de la quatrième, le croquement de la septième, le frouttement de la dixième, le chuintement de la quatorzième, le brruiquement de la dix-septième, le gyyment de la vingt-deuxième et le zouinguement de la rampe en laiton dévissée de son support terminal.

Il croisa quelqu'un qui montait en se tenant au mur.

— Qui est-ce ? dit-il en s'arrêtant.

— Lerond ! répondit monsieur Lerond, le locataire d'en face.

— Bonjour, dit Orvert. Ici Latuile.

Il tendit la main et rencontra quelque chose de ferme qu'il lâcha avec étonnement. Lerond eut un rire gêné.

— Faites excuse, dit-il, mais on n'y voit rien, et ce brouillard est diablement chaud.

— C'est vrai, dit Orvert.

Pensant à sa braguette ouverte, il fut vexé de constater que Lerond avait eu la même idée que lui.

— Alors, au revoir, dit Lerond.

— Au revoir, dit Orvert, en lâchant sournoisement les trois crans de sa ceinture.

Son pantalon lui tomba sur les pieds et il le retira, puis le précipita dans la cage d'escalier. C'est un fait que ce brouillard était chaud comme une caille fiévreuse ; et si Lerond se baladait avec son bazar à l'air, Orvert ne pouvait pas rester habillé comme ça ? Tout ou rien.

Sa veste et sa chemise volèrent. Il garda ses souliers.

En arrivant au bas de l'escalier, il cogna doucement au carreau de la loge.

— Il y a du courrier pour moi ? demanda Orvert.

— Oh ! Monsieur Latuile ! s'esclaffa la grosse dame, toujours le mot pour rire... Alors... vous avez bien dormi, comme ça ? J'ai pas voulu vous

déranger... mais vous auriez vu les premiers jours de ce brouillard!...
Tout le monde était fou. Et maintenant... eh ben, on s'habitue...

Il reconnut qu'elle s'approchait de lui au parfum puissant qui réussit
à franchir la barrière laiteuse.

— Y a que pour se faire son manger que c'est pas très commode, dit-
elle. Mais c'est drôle, ce brouillard... ça nourrit, comme qui dirait; moi,
tenez, je mange bien... eh ben depuis trois jours, un verre d'eau, un bout
de pain, et je suis contente.

— Vous allez maigrir, dit Orvert.

— Ah! Ah! gloussa-t-elle, avec son rire comme un sac de noix qui
descend du sixième étage. Tâtez voir, monsieur Orvert, j'ai jamais été si
en forme. Même mes estomacs qui remontent... Tâtez voir...

— Mais... heu... dit Orvert.

— Tâtez voir, je vous dis.

Elle lui prit la main au jugé et la posa sur la pointe d'un des estomacs
en question.

— Étonnant! constata Orvert.

— Et j'ai quarante-deux ans, dit la logeuse. Hein! on le dirait plus!
Ah!... celles qui sont comme moi, un peu fortes, d'un sens, ça les
avantage...

— Mais bon sang! dit Orvert, frappé... vous êtes à poil!...

Car il les rencontrait en laissant retomber sa main. La logeuse se
rapprochait.

— Eh ben, et vous! dit-elle.

— C'est vrai, se dit Orvert. Quelle drôle d'idée j'ai eue là.

— Ils zondit à la téessef, poursuivit la logeuse, que c'est un aréosol
aphrobaisiaque.

— Ah! dit Orvert; la logeuse venait au contact avec une respiration
courte et il eut un instant la sensation d'être refait par ce sacré
brouillard.

— Écoutez voir, madame Panuche, implora-t-il. On n'est pas des
bestiaux. Si c'est un brouillard aphrodisiaque, faut se retenir, cré nom.

— Oh, oh! dit madame Panuche d'une voix entrecoupée, et elle plaça
ses mains avec précision.

— Ça m'est égal, dit Orvert très digne. Débrouillez-vous, moi je ne
m'occupe de rien.

— Ben, marmonna la logeuse sans perdre contenance, monsieur
Lerond est plus aimable que vous. Avec vous, faut faire tout le travail.

— Écoutez, dit Orvert, je me réveille d'aujourd'hui... Je ne suis pas habitué, moi.

— Je vais vous montrer, dit la logeuse.

Puis il se passa des choses sur lesquelles il vaut mieux jeter le manteau du pauvre monde comme sur la misère de Noé, de Salammbô et du voile de Tanit dans un violon.

Orvert sortit de la loge très fringant. Dehors, il prêta l'oreille. Voilà ce qui manquait : le bruit des voitures. Mais d'innombrables chansons s'élevaient. Des rires fusaient de toutes parts.

Un peu étourdi, il s'avança sur la chaussée. Ses oreilles n'étaient pas habituées à un horizon sonore d'une telle profondeur, il s'y perdait un peu. Il s'aperçut qu'il réfléchissait à voix haute.

— Bon Dieu, dit-il. Un brouillard aphrodisiaque !

Comme on le voit, les réflexions en question variaient peu. Mais il faut se mettre à la place d'un homme qui dort pendant onze jours ; qui se réveille dans une obscurité totale, compliquée d'une sorte d'empoisonnement licencieux et généralisé, qui constate que sa grosse logeuse croulante s'est transformée en une Walkyrie aux seins aigus et plantureux, Circé avide d'une caverne de plaisirs imprévus.

— Mince ! dit encore Orvert, pour préciser sa pensée.

S'apercevant soudain qu'il était debout en plein milieu de la rue, il prit peur et recula jusqu'au mur, dont il suivit la corniche pendant cent mètres. Là, c'était la boulangerie. Une hygiène appliquée lui ordonnait de consommer quelque nourriture après toute activité physique notable, et il entra pour manger un petit pain.

Il y avait grand bruit dans la boutique. Orvert était un homme de peu de préjugés, mais lorsqu'il comprit ce qu'exigeait la boulangère de chaque client et le boulanger de chaque cliente, il sentit ses cheveux se dresser sur sa tête.

— Si je vous donne un pain de deux livres, dit la boulangère, je suis en droit de vous demander le format correspondant, diable !

— Mais, madame, protesta l'organe aigu d'un petit vieillard en qui Orvert reconnut monsieur Curepipe, le vieil organiste du bout du quai... mais, madame...

— Et vous jouez de l'orgue à tuyaux ! dit la boulangère.

Monsieur Curepipe se fâcha.

— Je vous enverrai mon orgue, dit-il fièrement, et il se dirigea vers la sortie, mais Orvert était là et le choc lui coupa la respiration.

— Au suivant ! glapit la boulangère.

— Je voudrais un pain, dit Orvert avec peine, en se massant l'estomac.

— Un pain de quatre livres pour monsieur Latuile, vociféra la boulangère.

— Non ! Non ! gémit Orvert, un petit pain.

— Mufle ! dit la boulangère.

Et, s'adressant à son mari :

— Tiens, Lucien, occupe-toi de lui, ça lui apprendra.

Les cheveux d'Orvert se dressèrent sur sa tête et il s'enfuit à toutes jambes ; en plein dans la vitrine. Elle résista.

Il en fit le tour et sortit enfin. Dans la boulangerie l'orgie continuait. Le mitron s'occupait des enfants.

— Enfin, bigre, maugréait Orvert sur le trottoir. Si je préfère choisir, moi ? Avec la gueule qu'elle a, cette boulangère.

Et puis il se rappela la pâtisserie après le pont. La serveuse avait dix-sept ans et la bouche en cœur, et un petit tablier gaufré... peut-être qu'elle ne portait que son petit tablier...

Orvert partit à grands pas vers la pâtisserie. Il tomba trois fois sur des corps enlacés dont il ne s'amusa pas à repérer les combinaisons. Mais dans un cas au moins, ils étaient cinq.

— Rome ! murmura-t-il. Quo Vadis ! Fabiola ! et cum spirituo tuo[28] ! Les orgies ! Oh !

Il se frottait la tête, ayant récolté à la suite de son contact avec la vitrine un œuf de pigeon des mieux venus. Et il pressait l'allure, car une présence qui participait de sa personne, mais le précédait d'une bonne longueur, l'incitait à arriver le plus vite possible.

Pensant qu'il approchait du but, il tâcha de rejoindre les maisons, pour se guider au toucher. Il reconnut la vitrine de l'antiquaire au disque rond de contreplaqué boulonné qui maintenait en place une des glaces fêlées. La pâtisserie dans deux maisons.

Et il heurta de plein fouet un corps immobile qui lui tournait le dos. Il poussa un cri.

— Poussez pas, dit une grosse voix, et tâchez moyen de m'enlever ça des fesses, sinon vous allez vous faire murer la gueule...

— Mais... euh... qu'est-ce que vous croyez, dit Orvert.

Il obliqua à gauche pour dépasser. Second choc.

— Alors quoi, dit une autre voix d'homme. À la queue, comme tout le monde.

Il y eut un grand rire.

— Hein ? dit Orvert.

— Oui, dit une troisième voix, bien sûr, vous venez pour Nelly.

— Oui, balbutia Orvert.

— Ben prenez la queue, dit l'homme. On est déjà soixante.

Orvert ne répondit rien. Il était navré.

Il repartit, sans savoir si elle avait son petit tablier gaufré. Il prit la première à gauche. Une femme venait en sens inverse. Ils tombèrent tous deux assis par terre.

— Je m'excuse, dit Orvert.

— C'est ma faute, dit la femme. Vous teniez votre droite.

— Puis-je vous aider à vous relever, dit Orvert. Vous êtes seule, oui ?

— Et vous ? dit-elle. Vous n'allez pas me sauter dessus à cinq ou six ?

— Vous êtes bien une femme ? continua Orvert.

— Voyez vous-même, dit-elle.

Ils s'étaient rapprochés l'un de l'autre et Orvert sentit contre sa joue des cheveux longs et soyeux. Ils étaient agenouillés l'un devant l'autre.

— Où peut-on être tranquille ? dit-il.

— Au milieu de la rue, dit la femme.

Ils s'y rendirent, se repérant sur le bord du trottoir.

— J'ai envie de vous, dit Orvert.

— Moi de vous, dit la femme. Je m'appelle...

Orvert l'arrêta.

— Ça m'est égal, dit-il. Je ne veux rien savoir d'autre que ce que mes mains et mon corps sauront de vous.

— Prenez, dit la femme.

— Naturellement, constata Orvert, vous n'avez pas de vêtements.

— Vous non plus, dit-elle.

Il s'allongea contre elle.

— Rien ne nous presse, dit-elle. Commencez par les pieds et remontez.

Orvert fut choqué. Il le dit.

— Comme ça, vous vous rendrez compte, dit la femme. Nous n'avons plus à notre disposition, vous le dites vous-même, que le moyen d'investigation de notre peau. N'oubliez pas que je n'ai plus peur de votre regard. Votre autonomie érotique est dans le lac. Soyons francs et directs.

— Vous causez bien, dit Orvert.

— Je lis *Les Temps modernes*[29], dit la femme. Allez, dépêchez-vous de faire mon initiation sexuelle.

Ce que fit Orvert à de nombreuses reprises et de diverses façons. Elle avait des dispositions indubitables, et le domaine du possible est étendu quand on n'a pas peur que la lumière s'allume. Et puis, ça ne s'use pas, après tout. L'enseignement que lui donna Orvert de deux ou trois artifices non négligeables, et la pratique d'une jonction symétrique plusieurs fois répétée introduisit de la confiance dans leurs relations.

C'était là une vie simple et douce qui fait les hommes à l'image du dieu Pan.

III

Cependant la radio signala que des savants notaient une régression régulière du phénomène et que la couche de brouillard baissait de jour en jour.

Il y eut un grand conseil, la menace étant de taille. Mais on trouva vite une solution, car le génie de l'homme est à mille facettes, et lorsque le brouillard se dissipa, ce qu'indiquèrent des appareils détecteurs spéciaux, la vie put continuer heureuse, car tous s'étaient crevé les yeux.

SURPRISE-PARTIE CHEZ LÉOBILLE

I

Les paupières de Folubert Sansonnet, frappées directement par le rayon du soleil ondulé qui franchissait la grille des persiennes, avaient de l'intérieur, une jolie couleur rouge orange, et Folubert souriait dans son sommeil. Il s'avançait d'un pas léger sur le gravier blanc, doux et chaud, du jardin des Hespérides, et de jolis animaux soyeux lui léchaient les doigts de pied. À ce moment, il se réveilla ; il cueillit délicatement, sur son gros orteil, Frédéric, l'escargot apprivoisé, et le remit en position pour le matin suivant. Frédéric renâcla, mais ne dit rien.

Folubert s'assit sur son lit. Il prenait le temps de réfléchir, dès le matin pour toute la journée, et s'épargnait ainsi les multiples désagréments dont s'embarrassent ces êtres mal ordonnés, scrupuleux et inquiets, à qui leur moindre action semble le prétexte de divagations sans nombre (pardonnez-moi la longueur de cette phrase) et bien souvent sans objet, car ils l'oublient.

Il y avait à réfléchir à :

1. Comment il allait s'harnacher ;
2. Comment il allait se sustenter ;
3. Comment il allait se distraire.

Et c'est tout, car c'était dimanche et trouver l'argent constituait un problème déjà résolu.

Folubert réfléchit donc, et dans l'ordre, à ces trois questions.

Il fit avec soin sa toilette, en se brossant les dents vigoureusement et en se mouchant dans ses doigts ; puis il s'habilla. Le dimanche, il

commençait par la cravate et terminait par les souliers, c'était un excellent exercice. Il prit dans son tiroir une paire de chaussettes à la mode, formées de bandes alternées : une bande bleue, pas de bande, une bande bleue, pas de bande, et cétéra. Avec ce modèle de chaussettes, on pouvait se peindre les pieds de la couleur qu'on voulait, qui apparaissait entre les bandes bleues. Il se sentait timide et choisit donc un pot de couleur vert pomme.

Pour le reste, il mit ses habits de tous les jours, une chemise bleue et du linge propre, car il pensait au troisièmement.

Il déjeuna d'un hareng en civière, arrosé d'huile douce et d'un morceau de pain, frais comme l'œil et, comme l'œil, frangé de longs cils roses.

Il se permit enfin de penser à son dimanche.

C'était aujourd'hui l'anniversaire de son ami Léobille et il y avait, en l'honneur de Léobille, une belle surprise-partie.

À la pensée des surprises-parties, Folubert se perdit dans une longue rêverie. Il souffrait, en effet, d'un complexe de timidité et il enviait en cachette la hardiesse des pratiquants du jour : il aurait voulu posséder la souplesse de Grouzniê, alliée à la fougue de Doddy, l'élégance smart et charmeuse de Rémonfol, la rigidité attirante du chef Abadibada ou la piraterie éblouissante de n'importe lequel des membres du Club Lorientais[30].

Pourtant, Folubert avait de jolis yeux marron d'Inde, des cheveux doucement flous et un gracieux sourire à l'aide duquel il conquérait tous les cœurs, sans s'en douter. Mais il n'osait jamais tirer parti de son physique avantageux et restait toujours seul pendant que ses camarades dansaient élégamment le swing, le jitterbug[31] et la barbette gauloise avec les jolies filles.

Ceci le rendait souvent mélancolique, mais, la nuit, des rêves venaient le consoler. Il s'y retrouvait plein d'audace et les belles jeunes filles l'entouraient, suppliantes, afin qu'il leur accordât la faveur d'une danse.

Folubert se rappela le rêve de cette nuit. C'était une très jolie personne en robe de crêpe mousse bleu lavande, et ses cheveux blonds lui couvraient les épaules. Elle avait de petits souliers de serpent bleu et un bracelet curieux qu'il ne pouvait plus décrire exactement. Dans le rêve, elle l'aimait beaucoup et, à la fin, ils étaient partis ensemble.

Sûrement, il l'avait embrassée et peut-être même qu'elle s'était laissée faire pour lui accorder quelques faveurs supplémentaires.

Folubert rougit. Il aurait bien le temps de penser à ça en se rendant chez Léobille. Il fouilla dans sa poche, vérifia qu'elle contenait assez d'argent et sortit pour acheter une bouteille d'apéritif au venin, la marque la moins chère, car il ne buvait jamais.

II

Au même instant que Folubert s'éveillait, le Major[32], tiré de son sommeil par la voix rauque de sa conscience troublée, atterrit sur le parquet gluant de sa chambre avec un goût de méchant jaja ordinaire dans la bouche.

Son œil de verre brillait d'une lueur sinistre dans la pénombre et éclairait d'un jour abject le foulard qu'il était en train de peindre ; le dessin, représentant, à l'origine, un anicroche paissant au milieu des frères présvert[33], prit l'aspect d'une tête de mort vénitienne, et le Major sut que, ce jour-ci, il avait une mauvaise action à commettre.

Il se rappela la surprise-partie chez Léobille, et ricana sauvagement en ré dièse, avec une fausse note, ce qui prouvait surabondamment ses déplorables dispositions. Avisant une bouteille de gros rouge, il étancha d'une lampée le flux tiède qui en empâtait le fond et se sentit mieux. Puis, debout devant la glace, il s'efforça de ressembler à Sergeï Andrejef Papanine, dans *Ivan le Terrible*[34]. Il n'y arriva pas, car il lui manquait la barbe. Néanmoins, c'était un assez bon résultat.

Le Major ricana de nouveau et se retira dans son cabinet de travail pour préparer le sabotage de la surprise-partie de Léobille, dont il désirait tirer vengeance. En effet, Léobille faisait courir, depuis quelques semaines, les bruit les plus tendancieux sur le Major, allant jusqu'à prétendre que ce dernier devenait honnête.

Et ceci valait une bonne punition.

Le Major s'entendait fort bien à réduire à merci tous les ennemis qu'il lui arrivait de rencontrer sur sa route ; ceci, d'une part, grâce à sa fort mauvaise éducation, d'autre part, en raison de ses dispositions naturelles sournoises et de sa malignité bien supérieure à la normale.

Sans oublier l'horrible petite moustache qu'il cultivait vicieusement sur sa lèvre supérieure, empêchant les insectes de s'y attaquer et la couvrant d'un filet, le jour, pour que les oiseaux n'y touchent point.

III

Folubert Sansonnet s'arrêta, ému, devant la porte de Léobille et plongea l'index de la main droite dans le petit trou de la sonnette, tapie au fond car elle dormait.

Le geste de Folubert la réveilla en sursaut. Elle se retourna sur elle-même et mordit cruellement le doigt de Folubert, qui se mit à glapir sur le mode aigu.

Aussitôt, la sœur de Léobille, qui guettait dans l'entrée, vint ouvrir et Folubert entra. Au passage, la sœur de Léobille colla un petit morceau de sparadrap sur la plaie et le débarrassa de sa bouteille.

Les accords de pick-up résonnaient joyeusement sous les plafonds de l'appartement et cernaient les meubles d'une légère couche de musique, plus claire et qui les protégeait.

Léobille était devant la cheminée et il parlait avec deux filles. En voyant la seconde, Folubert se troubla et, comme Léobille s'avançait vers lui la main tendue, il dut dissimuler son émoi.

— Bonjour, dit Léobille.

— Bonjour, dit Folubert.

— Je te présente, dit Léobille ; Azyme (c'était la première fille), voilà Folubert, voilà Jennifer.

Folubert s'inclina devant Azyme et baissa les yeux en tendant la main à Jennifer. Cette dernière portait une robe de crêpe mousse rouge glauque, des souliers de serpent rouge et un bracelet très extraordinaire qu'il reconnut immédiatement. Ses cheveux roux lui couvraient les épaules et elle était, en tous points, semblable à la fille de son rêve, mais c'est normal, car un rêve ça se passe la nuit, après tout.

Léobille semblait fort occupé d'Azyme, aussi Folubert, sans plus tarder, invita Jennifer. Il continuait à baisser les yeux car, devant lui, deux objets, fort intéressants, sollicitaient ses regards sous un décolleté carré qui les laissait respirer à l'aise.

— Vous êtes un vieux copain de Léobille ? dit Jennifer.

— Je le connais depuis trois ans, précisa Folubert. Nous nous sommes rencontrés au judo.

— Vous faites du judo ? Est-ce que vous avez déjà lutté pour défendre votre vie ?

— Heu... dit Folubert embarrassé. Je n'ai pas eu l'occasion... Je ne me bats que rarement.

— Vous avez peur ? demanda Jennifer ironiquement.

Folubert détestait la tournure de cette conversation. Il tenta de reconquérir son assurance de cette nuit.

— Je vous ai vue en rêve..., hasarda-t-il.

— Je ne rêve jamais, dit Jennifer. Ça me paraît peu probable. Vous avez dû confondre.

— Vous étiez blonde... dit Folubert au bord du désespoir.

Elle avait la taille mince et, de près, ses yeux riaient gentiment.

— Vous voyez, dit Jennifer, ce n'était pas moi... je suis rousse...

— C'était vous... murmura Folubert.

— Je ne crois pas, dit Jennifer. Je n'aime pas les rêves. J'aime mieux la réalité.

Elle le regarda bien en face, mais il baissait les yeux de nouveau et ne s'en rendit pas compte. Il ne la serrait pas trop contre lui, parce qu'il n'aurait plus rien vu.

Jennifer haussa les épaules. Elle aimait le sport et les garçons hardis et vigoureux.

— J'aime le sport, dit-elle, et j'aime les garçons hardis et vigoureux. Je n'aime pas les rêves et je suis aussi vivante qu'on peut l'être.

Elle se dégagea, car le disque s'arrêtait dans un horrible grincement de freins, vu que l'ami Léobille venait de fermer, sans prévenir, le passage à niveau. Folubert dit merci et il aurait voulu la retenir par une conversation habile et ensorceleuse mais, au moment précis où il était sur le point de trouver une formule véritablement ensorceleuse, un grand et horrible flandrin se faufila devant lui et enlaça brutalement Jennifer.

Horrifié, Folubert recula d'un pas, mais Jennifer souriait, et il s'abattit, effondré, dans un profond fauteuil de cuir d'outre.

Il était très triste et se rendait compte qu'après tout ç'allait être une surprise-partie comme les autres, brillante et pleine de jolies filles... mais pas pour lui.

IV

La sœur de Léobille s'apprêtait à ouvrir la porte, mais elle s'arrêta, stupéfaite, en entendant une détonation. Elle comprima d'une main les battements de son cœur, et l'huis céda sous le coup de pied féroce du Major.

Celui-ci tenait à la main un pistolet fumant, avec lequel il venait de tuer la sonnette. Ses chaussettes moutarde insultaient au monde entier.

— J'ai tué cette sale bête, dit-il. Vous jetterez la charogne.

— Mais... dit la sœur de Léobille.

Puis elle fondit en larmes, car la sonnette était avec eux depuis si longtemps qu'elle faisait partie de la famille. Elle s'enfuit en pleurant dans sa chambre, et le Major, ravi, esquissa un entre-chien-et-loup, puis remit son pistolet dans sa poche.

Léobille arrivait. Plein d'innocence, il tendit la main au Major.

Le Major y déposa une énorme cochonnerie qu'il venait de ramasser devant la porte de l'immeuble.

— Pousse-toi, mec, dit-il à Léobille. Je veux passer... Y a de quoi boire, chez toi ?

— Oui, répondit Léobille d'une voix tremblante. Dis-moi... Tu ne vas rien casser...

— Je vais TOUT casser », dit le Major froidement en montrant les dents.

Il s'approcha de Léobille et lui vrilla les orbites du regard insoutenable de son œil de verre.

— Alors, tu racontes que je travaille, mec ? dit-il. Tu dis que je deviens honnête ? Tu te permets des trucs comme ça ?

Il respira profondément et rugit.

— Mec, ta surprise-partie, tu peux dire qu'elle va être un tout petit peu fumante !...

Léobille pâlit. Il tenait toujours la chose que le Major avait mise dans sa main et n'osait pas bouger.

— Je... Je ne voulais pas te vexer... dit-il.

— Ferme ça, mec, dit le Major. Pour chaque parole de trop, il y aura une Majoration.

Puis il glissa son pied droit derrière les jambes de Léobille, lui donna une poussée brutale et Léobille s'effondra.

Les invités n'avaient pas remarqué grand-chose. Ils dansaient, et buvaient et bavardaient, et disparaissaient par couples dans les pièces libres, comme dans toute surprise-partie réussie, et Jennifer était très entourée.

Le Major se dirigea vers le buffet. Non loin de là, Folubert, toujours désespéré, se rongeait dans son fauteuil. Au passage, le Major le souleva par le col de son veston et le mit sur ses pieds.

— Viens boire, lui dit-il. Je ne bois jamais seul.

— Mais... Je ne bois jamais... moi, répondit Folubert.

Il connaissait un peu le Major et n'osait pas protester.

— Allez, dit le Major, pas de salades !

Folubert regarda Jennifer. Par bonheur, elle tournait la tête d'un autre côté et discutait avec animation. Par malheur, il est vrai, trois garçons l'entouraient et deux autres étaient à ses pieds, tandis qu'un sixième la contemplait du haut d'une armoire.

Léobille s'était relevé discrètement et s'apprêtait à filer sans bruit pour alerter les forces gardiennes de l'ordre, mais il réfléchit que, si les forces en question se donnaient la peine de regarder dans les chambres, il risquait, lui, Léobille, de passer la nuit au poste.

En outre, il connaissait le Major et pensait bien que ce dernier ne le laisserait pas partir.

En effet, le Major surveillait Léobille et lui lança un coup d'œil qui l'immobilisa.

Puis, tenant toujours Folubert par le col, il tira son pistolet et, sans viser, fit sauter le goulot d'une bouteille. Tous les invités se retournèrent stupéfaits.

— Barrez-vous, dit le Major. Barrez-vous, les mecs ; les gonzesses, elles peuvent rester.

Il tendit un verre à Folubert.

— Buvons !

Les garçons quittèrent les filles et commencèrent à s'en aller. On ne résistait pas au Major.

— Je ne veux pas boire, dit Folubert.

Il regarda la figure du Major et but précipitamment.

— À ta santé, mec, dit le Major.

Les yeux de Folubert tombèrent soudain sur le visage de Jennifer. Elle était avec les autres filles, dans un coin, et le considérait avec mépris. Folubert sentit ses jambes se dérober sous lui.

Le Major vida son verre d'un trait.

Presque tous les garçons avaient maintenant quitté la pièce. Le dernier (il s'appelait Jean Berdindin, et c'était un brave) saisit un lourd cendrier et visa le Major à la tête. Le Major attrapa l'engin au vol et, en deux bonds, fut sur Berdindin.

— Toi... amène-toi, dit-il.

Il le traîna au centre de la salle.

— Tu vas prendre une des filles, celle que tu voudras, tu vas la

déshabiller et tu vas la... (je ne peux pas répéter ce que dit le Major, mais les filles rougirent d'horreur).

— Je refuse, dit Berdindin.

— Mec, fais gaffe, dit le Major.

— Tout, mais pas ça, dit Berdindin.

Folubert, épouvanté, se versa machinalement un second verre et le but d'un trait.

Le Major ne dit rien. Il s'approcha de Berdindin et lui saisit un bras. Puis, il le tourna très vite et Berdindin vola en l'air. Le Major profitant de cette position, lui déroba son pantalon pendant qu'il retombait.

— Allez, mec, lui dit-il, prépare-toi.

Il regarda les filles.

— Il y a une volontaire ? dit-il en ricanant.

— Assez, dit Berdindin qui titubait, étourdi, et tenta de s'accrocher au Major. Mal lui en prit. Le Major le souleva et le projeta sur le sol. Berdindin fit «Vlouf!» et resta là à se frotter les côtes.

— La rouquine, dit le Major. Amène-toi.

— Laissez-moi tranquille, dit Jennifer très pâle.

Folubert vidait son quatrième verre et la voix de Jennifer lui fit l'effet de la foudre. Il pivota lentement sur ses talons et la regarda.

Le Major s'approchait d'elle, et d'un geste sec, arracha l'épaulette de sa robe rouge glauque. (La vérité m'oblige à dire que les spectacles ainsi découverts étaient plaisants.)

— Laissez-moi, dit Jennifer une seconde fois.

Folubert se passa la main sur les yeux.

— C'est un rêve ! murmura-t-il d'une voix pâteuse.

— Amène-toi, lui dit le Major. Tu vas la tenir pendant que le mec va opérer.

— Non ! hurla Berdindin. Je ne veux pas !... Tout, mais pas ça... Pas une femme !

— Bon, dit le Major, je suis bon Major.

Il revint à Folubert sans lâcher Jennifer.

— Déshabille-toi, dit-il, et occupe-toi du mec. Je m'occupe d'elle.

— Je refuse, dit Folubert.

— Pardon ? dit le Major.

— Je refuse, dit Folubert. Et tu peux aller te faire voir chez Alfred. Tu nous les casses.

Le major lâcha Jennifer. Il avala une longue lampée d'air et sa poitrine se dilata d'au moins un mètre vingt-cinq. Jennifer regardait Folubert avec

surprise, ne sachant si elle devait remonter le devant de sa robe ou s'il était plus sage de laisser Folubert prendre des forces en contemplant ce spectacle. Elle se décida pour la seconde solution.

Folubert regarda Jennifer et hennit. Il pétina rapidement sur place et chargea le Major. Ce dernier, atteint au plexus solaire, au moment où il finissait de dilater son thorax, se plia en deux avec un bruit horrible. Il se redressa presque aussitôt, et Folubert en profita pour lui faire un coup de judo absolument classique, celui qui consiste à rabattre les oreilles sur les yeux du patient pendant qu'on lui souffle dans les trous de nez.

Le Major devint bleu clair et suffoqua. À ce moment, Folubert, dont l'amour et l'apéritif décuplaient les forces, introduisit sa tête entre les jambes du Major, le souleva et le précipita dans la rue, à travers les vitres du salon, par-dessus la table abondamment garnie.

Dans le salon, redevenu calme, de Léobille, il y eut un grand silence et Jennifer, sans remonter sa robe, tomba dans les bras de Folubert, qui s'écroula car elle pesait dans les soixante kilos. Par bonheur, le fauteuil de cuir d'outre était derrière lui.

Quant au Major, son corps ondula rapidement dans l'air et, grâce à quelques rotations judicieuses, il parvint à se remettre d'aplomb ; mais il eut la maladresse de tomber dans un taxi rouge et noir à toit ouvrant qui l'emporta au loin avant qu'il ait le temps de s'en rendre compte.

Quand il s'en rendit compte, il fit sortir le chauffeur en le menaçant avec la dernière méchanceté et dirigea le taxi vers sa demeure, Villa Cœur-de-Lion.

Et puis, sur la route, comme il ne voulait pas se tenir pour battu, il assassina, par écrasement, un vieux marchand des quatre-saisons, dont trois à la sauvette, heureusement.

V

Et, pendant tout le reste de la soirée, Folubert et Jennifer s'employèrent à recoudre la robe de cette dernière. Elle l'avait enlevée pour ce que soit plus commode, et Léobille, reconnaissant, leur prêta, pour l'occasion, sa propre chambre et le fer à repasser électrique en cloisonné chinois, qu'il tenait de sa mère, laquelle le tenait de sa grand-mère, et que, dans sa famille, on se repassait de génération en génération depuis la première Croisade.

Romans

(Vernon Sullivan)

Vernon Sullivan

J'IRAI CRACHER
SUR VOS TOMBES

Traduit de l'américain par
Boris Vian

Avec le printemps de grâce 1946, Vian croit vraiment à sa vocation d'écrivain : Vercoquin et le plancton puis L'Écume des jours vont être publiés par une prestigieuse maison ! Cependant ce deuxième roman, avec l'échec au Prix de la Pléiade, est une expérience douce-amère. Le besoin d'écrire — et de gagner sa vie avec sa plume — prend alors une voie détournée, croisant le goût de Vian pour toute farce ; excellent connaisseur des thrillers américains qui font des tirages pharamineux dans la France d'après-guerre — création de la « Série noire » par Marcel Duhamel en 1945, publication de Pas d'orchidées pour Miss Blandish traduit de James Hadley Chase et best-seller ici en 1946 —, Vian est sollicité par le jeune éditeur Jean d'Halluin, frère d'un complice de jazz, de lui en trouver un bon avec du sang, du sexe, et qui offre la formule magique « traduit de l'américain ».

Notre jeune auteur fait alors le pari d'un jeu suprême, joyeuse mystification et canular triomphal : écrire lui-même un roman noir amerlaud et faire croire qu'il n'est que le traducteur ! Il choisit un sujet d'actualité qui lui tient à cœur et qu'il connaît bien par ses relations avec les jazzmen et ses lectures : la ségrégation raciale dans le Sud des États-Unis. Un article de Collier's en particulier l'a alerté sur le problème des « nègres blancs » tandis que Sartre écrit La Putain respectueuse et que se prépare un numéro spécial des Temps modernes, U.S.A. (août-septembre 1946). Vian compose ce thriller-canular du 5 au 20 août pour la plus grande joie de sa femme et de ses amis de vacances, auditeurs quotidiens du manuscrit en progrès ; il se choisit un pseudonyme, Vernon, parce qu'il trouve ce prénom fort dandy et assez jazz, comme le saxo ténor be bop Vernon Story loué dans des Chroniques de jazz — cela rime

aussi avec son totem-anagramme Bison et rappelle son copain Paul
Vernon —, et Sullivan, inspiré peut-être de Pat Sullivan, créateur de
Felix the Cat, *mais surtout du pianiste de jazz Joe Sullivan, excellent*
musicien blanc au même titre que le modèle de Boris Vian, Bix
*Beiderbecke**.

On choisit enfin en commun le titre du roman J'irai cracher sur vos
tombes, *phrase à l'allure pseudo-biblique évidemment racoleuse par sa*
violence, sa vulgarité et son irrespect, rappelant des titres comme Faites
danser le cadavre *de J. H. Chase justement.*

Publication et scandale

Le roman sort en novembre 1946 aux Éditions du Scorpion en même
temps que des « bonnes feuilles» dans Franc-Tireur *; une édition de luxe*
illustrée par Jean-Boullet, bientôt complice de Barnum's Digest, *paraît en*
1947. Les critiques ne soupçonnent guère la supercherie du « Traduit de
l'américain par Boris Vian» et jusqu'en février 1947 cet excellent
pastiche du genre noir d'outre-Atlantique n'eut qu'un petit succès — qui
soudain va devenir énorme grâce à deux gestes contradictoires mais liés
dans l'esprit du public avide de scandale; le meurtre de sa maîtresse par
un lecteur laissant le roman ouvert sur la table de nuit — le crime mode
d'emploi! — qui suit la plainte déposée contre J'irai cracher sur vos
tombes *par le Cartel d'action sociale et morale, déjà déchaîné contre*
Henry Miller. *Jean d'Halluin multiplie les tirages, le roman devient le best-*
seller de 1947 et, d'amnistie en nouvelle plainte, aveu de paternité,
condamnation à forte amende, interdiction du livre et amnistie finale
de l'auteur, le scandale se prolonge et rebondit pendant trois ans.

Vian se voyant soudain riche profite de ce pactole « sale» sans penser
aux impôts à venir : en cinq ans la signature Sullivan sur quatre romans
et une nouvelle lui rapporte près de 5 000 000 d'anciens francs, c'est-à-
dire à peu près cinq fois le salaire d'un ingénieur pour la même
période!

En 1948 il publie une traduction établie avec un ami américain, I
Shall Spit on Your Graves (*chez Vendôme Press, distribué par le*
Scorpion) et il commet une adaptation théâtrale qui tient la scène

* Écrits sur le jazz *I, Bourgois, 1981; 55, 244, 250.* Derrière la zizique,
Bourgois, 1976; 49.
À propos de Felix the Cat, *voir la nouvelle « Blues pour un chat noir», et à propos*
de Joe Sullivan, né à Chicago, voir L'Écume des jours, *note 4 : Chicago > Chick.*

seulement trois mois, puis signe un contrat pour le cinéma. De 1953 à 1957 le projet se traîne de scénarios en problèmes de réalisation et finalement l'auteur est dépossédé du titre au profit d'un film qui n'a que peu à voir avec le roman et dont la première projection privée est liée à la mort de Vian, le 23 juin 1959. La sombre ironie est qu'un jeune public ira voir ce film avec ferveur dans les années soixante-dix, y trouvant même le reflet de son héros!

Toujours interdit, J'irai cracher sur vos tombes *est pourtant réédité sous le manteau en 1960, puis publiquement par C. Bourgois en 1973. En 1983 il passe en collection 10/18 sous le n° 1 000 et demeure une excellente vente parmi les titres de Vian. Un exhaustif* Dossier de l'affaire « J'irai cracher sur vos tombes » *(1974) a permis à N. Arnaud de regrouper tous les éléments de l'histoire de l'œuvre, du scandale et des avatars littéraires. Après* J'irai cracher sur vos tombes, *le pseudo Vernon Sullivan publia* Les morts ont tous la même peau, *toujours sur le thème racial, et la nouvelle « Les Chiens, le désir et la mort », du côté du sadisme, en 1947;* Et on tuera tous les affreux *en 1948, sorte de feu d'artifice ludique retenu pour cette édition; enfin, hors d'inspiration et la veine américaine épuisée,* Elles se rendent pas compte *en 1950.*

Boris Vian et Vernon Sullivan

La technique de J'irai cracher sur vos tombes *est celle du monologue intérieur, récit subjectif ou rétrospectif — jusqu'au dénouement fatal traité avec la froide distanciation du reportage — qui implique le lecteur à la manière de cette caméra subjective inaugurée par E. Dmytryck (1944) mais employée systématiquement par R. Montgomery pour tout le film* Lady in the Lake *(La Dame du Lac de R. Chandler, 1946, traduit par Vian en 1948): la caméra est constamment le regard de Philip Marlowe, détective-narrateur; Orson Welles et A. Hitchcock reprendront le procédé pour de longues séquences. Le lecteur de Sullivan est ainsi mis dans la peau faussement blanche du Noir Lee Anderson, caresse, possède, tue avec lui — et cela ne contribue pas peu à l'effet de participation bouleversante et d'implication fascinante dans les scènes de sexe ou de violence.*

Le canular du départ n'est pas exempt de sincérité ni de sérieux. Si Vian a 26 ans en 1946 comme son héros, si tous deux aiment le jazz et si l'auteur rêve alors de femmes faciles et multiples comme celles que culbute son héros, l'un n'est pourtant pas l'autre. Mais l'écrivain nous

*parle d'un problème qui le passionne, la ségrégation raciale et sa
cruauté, et d'un pays qu'il rêve à la fois beau et atroce, les États-Unis.
Dans ce mythe les contrastes s'affrontent, puritanisme et érotisme,
sophistication et sauvagerie. Face au drame de la négritude triomphe le
jazz ; à la violence de la vengeance et du talion redoublé s'opposent la
beauté naturelle ou le luxe des décors comme la perfection des
automobiles ; au sexe, au sang, pulsions primitives éclairées par le feu du
ciel ou des hommes et exacerbées par l'alcool répond le raffinement
d'une civilisation du livre et de l'image mouvante ; la femme est une
femelle en chaleur sous le masque de la* bobbysoxer *(minette) ou de la
vamp hollywoodienne, mais incarne aussi la fraîcheur et la beauté
absolue ; l'immédiateté agressive de l'arme à feu est contredite par le* you
*anglo-saxon, politesse paradoxalement conservée dans la pseudo-
traduction. Ce thriller américain fabriqué sur une image mythologique
mais sur un vrai problème sociologique — et comme une psychanalyse
sauvage de l'auteur si l'on suit l'interprétation autobiographique de
certains critiques — nous plonge dans les ténèbres de l'homme et la
terreur panique, au rythme d'un blues haletant, rythmé, sensuel, nourri
de fantasmes érotiques et cruels.*

G.P.

PRÉFACE

C'est vers juillet 1946 que Jean d'Halluin[1] a rencontré Sullivan, à une espèce de réunion franco-américaine. Deux jours après, Sullivan lui apportait son manuscrit.

Entre-temps, il lui dit qu'il se considérait plus comme un Noir que comme un Blanc, malgré qu'il ait passé la ligne ; on sait que, tous les ans, plusieurs milliers de « Noirs » (reconnus tels par la loi) disparaissent des listes de recensement, et passent au camp opposé ; sa préférence pour les Noirs inspirait à Sullivan une espèce de mépris des bons « Noirs », de ceux dont les Blancs tapotent affectueusement le dos dans la littérature. Il était d'avis qu'on peut imaginer et même rencontrer des Noirs aussi « durs » que les Blancs. C'est ce qu'il avait personnellement essayé de démontrer dans ce court roman dont Jean d'Halluin acquit les droits complets de publication sitôt qu'il en eut pris connaissance par l'intermédiaire d'un ami. Sullivan hésitait d'autant moins à laisser son manuscrit en France que les contacts déjà pris par lui avec des éditeurs américains venaient de lui montrer la vanité de toute tentative de publication dans son pays.

Ici, nos moralistes bien connus reprocheront à certaines pages leur... réalisme un peu poussé. Il nous paraît intéressant de souligner la différence foncière qu'il y a entre celles-ci et les récits de Miller[2] ; ce dernier n'hésite en aucun cas à faire appel au vocabulaire le plus vif ; il semble au contraire que Sullivan songe plus à suggérer par des tournures et des constructions que par l'emploi du terme cru ; à cet égard, il se rapprocherait d'une tradition érotique plus latine.

On retrouve par ailleurs, dans ces pages, l'influence extrêmement

nette de Cain[3] (bien que l'auteur ne cherche pas à justifier par un artifice, manuscrit ou autre, l'emploi de la première personne, dont le romancier précité proclame la nécessité dans la curieuse préface de *Three of a Kind*, un recueil de trois romans courts réunis récemment en Amérique sous la même couverture et traduits ici par Sabine Berritz) et celle également des plus modernes Chase[4] et autres supporters de l'horrible. À cet égard on devra reconnaître que Sullivan se montre plus réellement sadique que ces devanciers illustres ; il n'est pas surprenant que son œuvre ait été refusée en Amérique : gageons qu'elle y serait interdite le lendemain de sa publication. Quant à son fond même, il faut y voir une manifestation du goût de la vengeance chez une race encore, quoi qu'on en dise, brimée et terrorisée, une sorte de tentative d'exorcisme vis-à-vis de l'emprise des Blancs vrais, de la même façon que les hommes néolithiques peignaient des bisons frappés de flèches pour attirer leurs proies dans des pièges, un mépris assez considérable de la vraisemblance — et aussi des concessions au goût du public.

Hélas, l'Amérique, pays de cocagne, est aussi la terre d'élection des puritains, des alcooliques, et de l'enfoncez-vous-bien-ça-dans-la-tête : et si l'on s'efforce en France à plus d'originalité, on n'éprouve nulle gêne outre-Atlantique à exploiter sans vergogne une formule qui a fait ses preuves. Ma foi, c'est une façon comme une autre de vendre sa salade.

Boris Vian

I

Personne ne me connaissait à Buckton[5]. Clem avait choisi la ville à cause de cela ; et d'ailleurs, même si je m'étais dégonflé, il ne me restait pas assez d'essence pour continuer plus haut vers le Nord. À peine cinq litres. Avec mon dollar, la lettre de Clem, c'est tout ce que je possédais. Ma valise, n'en parlons pas. Pour ce qu'elle contenait. J'oublie : j'avais aussi dans le coffre de la voiture le petit revolver du gosse, un malheureux 6,35 bon marché ; il était encore dans sa poche quand le shérif était venu nous dire d'emporter le corps chez nous pour le faire enterrer. Je dois dire que je comptais sur la lettre de Clem plus que sur tout le reste. Cela devait marcher, il fallait que cela marche. Je regardais mes mains sur le volant, mes doigts, mes ongles. Vraiment personne ne pouvait trouver à y redire. Aucun risque de ce côté. Peut-être allais-je m'en sortir.

Mon frère Tom[6] avait connu Clem à l'Université. Clem ne se comportait pas avec lui comme les autres étudiants. Il lui parlait volontiers ; ils buvaient ensemble, sortaient ensemble dans la Caddy de Clem. C'est à cause de Clem qu'on tolérait Tom. Quand il partit remplacer son père à la tête de la fabrique, Tom dut songer à s'en aller aussi. Il revint avec nous. Il avait beaucoup appris et n'eut pas de mal à être nommé instituteur de la nouvelle école. Et puis l'histoire du gosse flanquait tout par terre. Moi, j'avais assez d'hypocrisie pour ne rien dire, mais pas le gosse. Il n'y voyait aucun mal. Le père et le frère de la fille s'étaient chargés de lui.

De là venait la lettre de mon frère à Clem. Je ne pouvais plus rester dans ce pays, et il demandait à Clem de me trouver quelque chose. Pas trop loin, pour qu'il puisse me voir de temps en temps, mais assez loin

pour que personne ne nous connaisse. Il pensait qu'avec ma figure et mon caractère, nous ne risquions absolument rien. Il avait peut-être raison, mais je me rappelais tout de même le gosse.

Gérant de librairie à Buckton, voilà mon nouveau boulot. Je devais prendre contact avec l'ancien gérant et me mettre au courant en trois jours. Il changeait de gérance, montait en grade et voulait faire de la poussière sur son chemin.

Il y avait du soleil. La rue s'appelait maintenant Pearl Harbor Street[7]. Clem ne le savait probablement pas. On lisait aussi l'ancien nom sur les plaques. Au 270, je vis le magasin et j'arrêtai la Nash[8] devant la porte. Le gérant recopiait des chiffres sur des bordereaux, assis derrière sa caisse ; c'était un homme d'âge moyen, avec des yeux bleus durs et des cheveux blond pâle, comme je pus le voir en ouvrant la porte. Je lui dis bonjour.

— Bonjour. Vous désirez quelque chose ?

— J'ai cette lettre pour vous.

— Ah ! C'est vous que je dois mettre au courant. Faites voir cette lettre.

Il la prit, la lut, la retourna et me la rendit.

— Ce n'est pas compliqué, dit-il. Voilà le stock. (Il eut un geste circulaire). Les comptes seront terminés ce soir. Pour la vente, la publicité et le reste, suivez les indications des inspecteurs de la boîte et des papiers que vous recevrez.

— C'est un circuit ?

— Oui. Succursales.

— Bon, acquiesçai-je. Qu'est-ce qui se vend le plus ?

— Oh, romans. Mauvais romans, mais ça ne nous regarde pas. Livres religieux, pas mal, et livres d'école aussi. Pas beaucoup de livres d'enfants, ni de livres sérieux. Je n'ai jamais essayé de développer ce côté-là.

— Les livres religieux, pour vous, ce n'est pas sérieux.

Il se passa la langue sur les lèvres.

— Ne me faites pas dire ce que je n'ai pas dit.

Je ris de bon cœur.

— Ne prenez pas ça mal, je n'y crois pas beaucoup non plus.

— Eh bien, je vais vous donner un conseil. Ne le faites pas voir aux gens, et allez écouter le pasteur tous les dimanches, parce que sans ça ils auront vite fait de vous mettre à pied.

— Oh, ça va, dis-je. J'irai écouter le pasteur.

— Tenez, dit-il en me tendant une feuille. Vérifiez ça. C'est la comptabilité du mois dernier. C'est très simple. On reçoit tous les livres

par la maison mère. Il n'y a qu'à tenir compte des entrées et des sorties, en triple exemplaire. Ils passent ramasser l'argent tous les quinze jours. Vous êtes payé par chèques, avec un petit pourcentage.

— Passez-moi ça, dis-je.

Je pris la feuille, et je m'assis sur un comptoir bas, encombré de livres sortis des rayons pour les clients, et qu'il n'avait probablement pas eu le temps de remettre en place.

— Qu'est-ce qu'il y a à faire dans ce pays ? lui demandai-je encore.

— Rien, dit-il. Il y a des filles au drugstore en face, et du bourbon chez Ricardo, à deux blocks.

Il n'était pas déplaisant, avec ses manières brusques.

— Combien de temps que vous êtes ici ?

— Cinq ans, dit-il. Encore cinq ans à tirer.

— Et puis ?

— Vous êtes curieux.

— C'est votre faute. Pourquoi dites-vous encore cinq ? Je ne vous ai rien demandé.

Sa bouche s'adoucit un peu et ses yeux se plissèrent.

— Vous avez raison. Eh bien encore cinq et je me retire de ce travail.

— Pour quoi faire ?

— Écrire, dit-il. Écrire des best-sellers. Rien que des best-sellers. Des romans historiques, des romans où des nègres coucheront avec des Blanches et ne seront pas lynchés, des romans avec des jeunes filles pures qui réussiront à grandir intactes au milieu de la pègre sordide des faubourgs...

Il ricana.

— Des best-sellers, quoi ! Et puis des romans extrêmement audacieux et originaux. C'est facile d'être audacieux dans ce pays ; il n'y a qu'à dire ce que tout le monde peut voir en s'en donnant la peine.

— Vous y arriverez, dis-je.

— Sûrement, j'y arriverai. J'en ai déjà six de prêts.

— Vous n'avez jamais essayé de les placer ?

— Je ne suis pas l'ami ou l'amie de l'éditeur et je n'ai pas assez d'argent à y mettre.

— Alors ?

— Alors dans cinq ans, j'aurai assez d'argent.

— Vous y arriverez certainement, conclus-je.

Pendant les deux jours qui suivirent, le travail ne manqua pas, malgré la réelle simplicité de fonctionnement du magasin. Il fallut mettre à jour

les listes de commande, et puis Hansen — c'était le nom du gérant — me donna divers tuyaux sur les clients dont un certain nombre passait régulièrement le voir pour discuter littérature. Ce qu'ils en savaient se bornait à ce qu'ils pouvaient en apprendre dans la *Saturday Review* ou la page littéraire du journal local qui tirait tout de même à soixante mille. Je me contentais pour l'instant de les écouter discuter avec Hansen, tâchant de retenir leur nom, et de me rappeler leur figure, car, ce qui compte beaucoup en librairie, plus qu'ailleurs, c'est d'appeler l'acheteur par son nom dès qu'il met le pied dans la boutique.

Pour le logement, je m'étais arrangé avec lui. Je reprendrais les deux pièces qu'il occupait au-dessus du drugstore en face. Il m'avait avancé quelques dollars, en attendant, afin de me permettre de vivre trois jours à l'hôtel, et il eut l'attention de m'inviter à partager ses repas deux fois sur trois, m'évitant ainsi d'accroître ma dette envers lui. C'était un chic type. J'étais ennuyé pour lui de cette histoire de best-sellers ; on n'écrit pas un best-seller comme ça, même avec de l'argent. Il avait peut-être du talent. Je l'espérais pour lui.

Le troisième jour, il m'emmena chez Ricardo boire un coup avant le déjeuner. Il était dix heures, il devait partir l'après-midi.

C'était le dernier repas que nous prendrions ensemble. Après, je resterais seul en face des clients, en face de la ville. Il fallait que je tienne. Déjà, quel coup de chance d'avoir trouvé Hansen. Avec mon dollar, j'aurais pu vivre les trois jours en vendant des bricoles ; mais comme cela, j'étais retapé à bloc. Je repartais du bon pied.

Chez Ricardo, c'était l'endroit habituel, propre, moche. Cela sentait l'oignon frit et le doughnut. Un type quelconque, derrière le comptoir, lisait un journal distraitement.

— Qu'est-ce qu'on vous sert ? demanda-t-il.

— Deux bourbons, commanda Hansen en m'interrogeant du regard. J'acquiesçai.

Le garçon nous le donna dans de grands verres, avec de la glace et des pailles.

— Je le prends toujours comme ça, expliqua Hansen. Ne vous croyez pas forcé.

— Ça va, dis-je.

Si vous n'avez jamais bu de bourbon glacé avec une paille, vous ne pouvez pas savoir l'effet que cela produit. C'est comme un jet de feu qui vous arrive sur le palais. Du feu doux. C'est terrible.

— Fameux ! approuvai-je.

Mes yeux tombèrent sur ma figure dans une glace. J'avais l'air complètement sonné. Je ne buvais plus depuis déjà un certain temps. Hansen se mit à rire.

— Vous en faites pas, dit-il. On s'habitue vite, malheureusement. Allons, continua-t-il, il faudra que j'apprenne mes manies au garçon du prochain bistrot où je m'abreuverai.

— Je regrette que vous partiez, dis-je.

Il rit.

— Si je restais, c'est vous qui ne seriez pas là!... Non, continua-t-il, il vaut mieux que je m'en aille. Plus que cinq ans, sacré nom!

Il termina son verre d'une seule aspiration et en commanda un second.

— Oh, vous vous y ferez vite. Il me regardait de haut en bas. Vous êtes sympathique. Il y a quelque chose en vous qu'on ne comprend pas bien. Votre voix.

Je souris sans répondre. Ce type était infernal.

— Vous avez une voix trop pleine. Vous n'êtes pas chanteur?

— Oh, je chante quelquefois pour me distraire.

Je ne chantais plus, maintenant. Avant, oui, avant l'histoire du gosse. Je chantais et je m'accompagnais à la guitare. Je chantais les blues de Handy et les vieux refrains de La Nouvelle-Orléans, et d'autres que je composais sur la guitare, mais je n'avais plus envie de jouer de la guitare. Il me fallait de l'argent. Beaucoup. Pour avoir le reste.

— Vous aurez toutes les femmes, avec cette voix-là, dit Hansen.

Je haussai les épaules.

— Ça ne vous intéresse pas?

Il me lança une claque dans le dos.

— Allez faire un tour du côté du drugstore. Vous les trouverez toutes là. Elles ont un club dans la ville. Un club de bobbysoxers[9]. Vous savez, les jeunes qui mettent des chaussettes rouges et un chandail à raies, et qui écrivent à Frankie Sinatra. C'est leur G.Q.G., le drugstore. Vous avez dû en voir déjà? Non, c'est vrai, vous êtes resté au magasin presque tous les jours.

Je repris un autre bourbon à mon tour. Cela circulait à fond dans mes bras, dans mes jambes, dans tout mon corps. Là-bas, nous manquions de bobbysoxers. J'en voulais bien. Des petites de quinze seize ans, avec des seins bien pointus sous des chandails collants, elles le font exprès, les garces, elles le savent bien. Et les chaussettes. Des chaussettes jaune vif ou vert vif, bien droites dans des souliers plats; et des jupes amples, des

genoux ronds ; et toujours assises par terre, avec les jambes écartées sur des slips blancs. Oui, j'aimais ça, les bobbysoxers.

Hansen me regardait.

— Elles marchent toutes, dit-il. Vous ne risquez pas grand-chose. Elles ont des tas d'endroits où elles peuvent vous emmener.

— Ne me prenez pas pour un porc, dis-je.

— Oh ! non, dit-il. Je voulais dire, vous emmener danser et boire.

Il sourit. J'avais l'air intéressé, sans doute.

— Elles sont drôles, dit-il. Elles viendront vous voir au magasin.

— Qu'est-ce qu'elles peuvent y faire ?

— Elles vous achètent des photos d'acteurs, et, comme par hasard, tous les livres de psychanalyse. Livres médicaux, je veux dire. Elles font toutes leurs études de médecine.

— Bon... maugréai-je. On verra bien.

Je dus feindre assez bien l'indifférence, cette fois, car Hansen se mit à parler d'autre chose. Et puis, nous avons déjeuné, et il est parti vers deux heures de l'après-midi. Je suis resté seul devant la boutique.

II

Je crois que j'étais là depuis déjà quinze jours lorsque j'ai commencé à m'embêter. Je n'avais pas quitté le magasin pendant tout ce temps. La vente marchait bien. Les livres s'enlevaient bien, et pour la publicité, tout était fait d'avance. La maison envoyait chaque semaine, avec le paquet de livres en dépôt, des feuilles illustrées et des dépliants à mettre en bonne place à l'étalage, sous le livre correspondant, bien en vue. Les trois quarts du temps, il me suffisait de lire le résumé commercial, et d'ouvrir le livre à quatre ou cinq pages différentes pour avoir une idée très suffisante de son contenu — très suffisante en tout cas pour pouvoir donner la réplique au malheureux qui se laissait prendre à ces artifices : la couverture illustrée, le dépliant et la photo de l'auteur avec la petite notice biographique. Les livres sont très chers, et tout cela y est pour quelque chose ; c'est bien la preuve que les gens se soucient peu d'acheter de la bonne littérature ; ils veulent avoir lu le livre recommandé par leur club, celui dont on parle, et ils se moquent bien de ce qu'il y a dedans.

Pour certains bouquins, j'en recevais une floppée, avec une note

recommandant d'en faire une vitrine, et des imprimés à distribuer. Je les mettais en pile, à côté de la caisse enregistreuse, et j'en fourrais un dans chaque paquet de livres. Personne ne refuse jamais un imprimé sur papier glacé, et les quelques phrases inscrites dessus sont bien ce qu'il faut raconter au genre de clientèle de cette ville. La maison mère utilisait ce système pour tous les bouquins un peu scandaleux — et ceux-là s'enlevaient dans l'après-midi de leur exposition.

À vrai dire, je ne m'embêtais pas réellement. Mais je commençais à me débrouiller mécaniquement dans la routine du commerce, et j'avais le temps de penser au reste. C'est ce qui me rendait nerveux. Cela marchait trop bien.

Il faisait beau. L'été finissait. La ville sentait la poussière. Du côté de la rivière, en bas, on devait être au frais sous les arbres. Je n'étais pas encore sorti depuis mon arrivée, et je ne connaissais rien de la campagne tout autour. J'éprouvais le besoin d'un peu d'air neuf. Mais j'éprouvais surtout un autre besoin qui me tracassait. Il me fallait des femmes.

En fermant le rideau de fer, à cinq heures, ce soir-là, je ne rentrai pas au magasin pour y travailler comme d'habitude à la lueur des tubes à mercure. Je pris mon chapeau et, le veston sur le bras, j'allai directement au drugstore, en face. J'habitais juste au-dessus. Il y avait trois clients. Un gosse d'une quinzaine d'années et deux filles — le même âge à peu près. Ils me regardèrent d'un air absent et se replongèrent dans leurs verres de lait glacé. La vue seule de ce produit faillit me faire tourner de l'œil. Heureusement, l'antidote se trouvait dans la poche de ma veste.

Je m'assis devant le bar, à un siège de la plus grande des deux filles. La serveuse, une brune assez laide, leva vaguement la tête en me voyant.

— Qu'est-ce que vous avez sans lait? dis-je.

— Citron? proposa-t-elle. Grapefruit? Tomate? Coca-Cola?

— Grapefruit, acquiesçai-je. Pas trop plein, le verre.

Je fouillai dans la veste et je débouchai mon flask.

— Pas d'alcool ici, protesta mollement la serveuse.

— Ça va, c'est mon médicament! ricanai-je. Ne vous en faites pas pour votre licence.

Je lui tendis un dollar. J'avais touché mon chèque le matin. Quatre-vingt-dix dollars par semaine. Clem connaissait des gens. Elle me rendit la monnaie et je lui laissai un gros pourboire.

Le grapefruit avec du bourbon, ce n'est pas fameux, mais c'est mieux que sans rien en tout cas. Je me sentais mieux. J'en sortirais. J'en sortais. Les trois gosses me regardaient. Pour ces morveux-là, un type de vingt-six

ans, c'est un vieux ; je fis un sourire à la petite gosse blonde ; elle avait un pull bleu ciel rayé de blanc, sans col, et les manches roulées au coude, et des petites chaussettes blanches dans des souliers à grosses semelles de crêpe. Elle était gentille. Très formée. Ça devait être ferme sous la main comme des prunes bien mûres. Elle ne portait pas de soutien-gorge, et les pointes se dessinaient à travers l'étoffe de laine. Elle me sourit aussi.

— Chaud, hein ? proposai-je.

— Mortel ! dit-elle en s'étirant.

Sous ses aisselles, on voyait deux taches d'humidité. Ça me fit quelque chose. Je me levai et je glissai cinq cents dans la fente du juke-box qui se trouvait là.

— Assez de courage pour danser ? dis-je en m'approchant d'elle.

— Oh ! vous allez me tuer ! dit-elle.

Elle se colla à moi si étroitement que j'en eus le souffle coupé. Elle avait une odeur de bébé propre. Elle était mince, et je pouvais atteindre son épaule droite avec ma main droite. Je remontai mon bras et je glissai mes doigts juste sous le sein. Les deux autres nous regardèrent et ils s'y mirent aussi. C'était une rengaine, *Shoo Fly Pie*, par Dinah Shore[10]. Elle fredonnait l'air en même temps. La serveuse avait relevé le nez de son magazine en nous voyant danser, et elle s'y replongea au bout de quelques instants.

Elle n'avait rien sous son pull, ça se sentait tout de suite. J'aimais autant que le disque s'arrête, encore deux minutes et je n'étais plus présentable. Elle me lâcha, retourna à sa place et me regarda.

— Vous dansez pas mal, pour un adulte, dit-elle.

— C'est mon grand-père qui m'a appris, dis-je.

— Ça se voit, railla-t-elle. Pas hep[11] pour un sou, hein ?

— Vous me collerez sûrement sur le jive[12], mais je peux vous apprendre d'autres trucs.

Elle ferma ses yeux à moitié.

— Des trucs de grandes personnes ?

— Ça dépend si vous avez des dispositions.

— Vous, je vous voir venir... dit-elle.

— Vous ne me voyez sûrement pas venir. Est-ce que l'un de vous a une guitare ?

— Vous jouez de la guitare ? dit le garçon.

Il avait l'air de se réveiller, tout d'un coup.

— Je joue un peu de guitare... dis-je.

— Vous chantez aussi, alors, dit l'autre fille.

— Je chante un peu.

— Il a la voix de Cab Calloway[13], railla la première.

Elle avait l'air vexée de voir les autres me parler. Je ferrai en douceur.

— Emmenez-moi dans un coin où il y ait une guitare, dis-je en la regardant, et je vous montrerai ce que je peux faire. Je ne tiens pas à passer pour W. C. Handy[14], mais je peux jouer le blues.

Elle soutint mon regard.

— Bon, dit-elle, on va aller chez B.J.

— Il a une guitare?

— Elle a une guitare, Betty Jane.

— Ça pouvait être Baruch Junior[15], raillai-je.

— Sûr, dit-elle. C'est ici qu'il habite. Venez.

— On y va tout de suite? dit le garçon.

— Pourquoi pas? dis-je. Elle a besoin d'être mouchée.

— O.K., dit le garçon. Je m'appelle Dick. Elle, c'est Jicky.

— Il désigna celle avec qui j'avais dansé.

— Moi, dit l'autre fille, c'est Judy.

— Je suis Lee Anderson, dis-je. Je tiens la librairie en face.

— On le sait, dit Jicky. Il y a quinze jours qu'on le sait.

— Ça vous intéresse tant que ça?

— Sûrement, dit Judy. Ça manque d'hommes, dans le coin.

Nous sortîmes tous les quatre pendant que Dick protestait. Ils avaient l'air assez excités. Il me restait encore suffisamment de bourbon pour les exciter un peu plus quand il faudrait.

— Je vous suis, dis-je une fois dehors.

Le roadster de Dick, une Chrysler[16] vieux modèle, attendait à la porte. Il prit les deux filles devant, et je m'arrangeai avec le siège arrière.

— Qu'est-ce que vous faites dans le civil, jeunes gens? demandai-je.

La voiture démarra net et Jicky s'agenouilla sur la banquette, la figure tournée vers moi pour me répondre.

— On travaille! dit-elle.

— Études? suggérai-je.

— Ça et d'autres choses...

— Si vous veniez par là, dis-je, en forçant un peu la voix à cause du vent, cela serait plus commode pour parler.

— Plus souvent, murmura-t-elle.

Elle ferma encore les yeux à moitié. Elle avait dû prendre ce truc-là dans un film quelconque.

— Vous n'avez pas envie de vous compromettre, hein ?

— Ça va ! dit-elle.

Je l'empoignai par les épaules et la fis basculer par-dessus la séparation.

— Eh, vous autres, dit Judy en se retournant. Vous avez des façons de parler un peu spéciales...

J'étais en train de faire passer Jicky à ma gauche et je m'arrangeais pour l'attraper aux bons endroits. Cela se tenait vraiment pas mal. Elle avait l'air de comprendre la plaisanterie. Je l'assis sur le siège de cuir et je passai mon bras autour de son cou.

— Tranquille, maintenant, dis-je, ou je vous fiche une fessée.

— Qu'est-ce que vous avez dans cette bouteille ? dit-elle.

J'avais mon veston sur les genoux. Elle glissa la main sous l'étoffe, et je ne sais pas si elle le fit exprès, mais si oui, elle avait rudement bien visé.

— Bougez pas ! dis-je en retirant sa main. Je vous sers.

Je dévissai le bouchon nickelé et je lui tendis le flask. Elle en prit un bon coup.

— Pas tout ! protesta Dick.

Il nous surveillait dans le rétroviseur.

— Passez m'en, Lee, vieux crocodile.

— N'ayez pas peur ! il y en a d'autre.

Il tint le volant d'une main et, de l'autre, battit l'air dans notre direction.

— Pas de blagues, hein, recommanda Judy. Ne nous fiche pas dans le décor.

— C'est vous la tête froide de la bande, lui lançai-je. Perdez jamais votre sang-froid.

— Jamais ! dit-elle.

Elle empoigna au vol le flacon au moment où Dick allait me le rendre. Quand elle me le tendit de nouveau, il était vide.

— Eh bien, approuvai-je, ça va mieux ?

— Oh !... C'est pas terrible... dit-elle.

Je voyais des larmes dans ses yeux, mais elle tenait bien le coup. Sa voix était un peu étranglée.

— Avec ça, dit Jicky, il n'y en a plus pour moi.

— On ira en rechercher, proposai-je. Passons prendre cette guitare et puis on retournera chez Ricardo.

— Vous avez de la veine, dit le garçon. Personne ne veut nous en vendre.

— Voilà ce que c'est d'avoir l'air si jeunes, dis-je, me moquant d'eux.

— Pas si jeune que ça, grogna Jicky.

Elle se mit à grouiller et s'installa de telle façon que je n'avais plus qu'à refermer les doigts pour m'occuper. Le roadster s'arrêta tout à coup et je laissai pendre négligemment ma main le long de son bras.

— Je reviens, annonça Dick.

Il sortit et courut vers la maison. Celle-ci faisait partie d'une rangée visiblement construite par le même entrepreneur dans un lotissement. Dick réapparut sur le porche. Il tenait une guitare dans un étui verni. Il claqua la porte derrière lui et, en trois sauts, rejoignit la voiture.

— B.J. n'est pas là, annonça-t-il. Qu'est-ce qu'on fait ?

— On la lui rapportera, dis-je. Embarquez. Passez chez Ricardo, que je fasse remplir ce machin.

— Vous allez avoir une belle réputation ! dit Judy.

— Oh, assurai-je. On comprendra tout de suite que c'est vous qui m'avez entraîné dans vos sales orgies.

Nous refîmes en sens inverse le même trajet, mais la guitare me gênait. Je dis au garçon d'arrêter à quelque distance du bar et je descendis pour faire le plein. J'achetai un flask supplémentaire et je rejoignis le groupe. Dick et Judy, agenouillés sur le siège avant, discutaient énergiquement avec la blonde.

— Qu'est-ce que vous en pensez, Lee, demanda le garçon, on va se baigner ?

— D'accord, dis-je. Vous me prêtez un slip ? Je n'ai rien ici...

— Oh, on s'arrangera, dit-il.

Il embraya et nous sortîmes de la ville. Presque aussitôt, il prit un chemin de traverse, juste assez large pour la Chrysler, et horriblement mal entretenu. Pas entretenu du tout en fait.

— On a un coin épatant pour se baigner, assura-t-il. Jamais personne ! et une eau !

— Rivière à truites ?

— Oui. Du gravier et du sable blanc. Personne n'y vient jamais. Nous sommes les seuls à prendre ce chemin.

— Ça se voit ! dis-je en soutenant ma mâchoire qui risquait de se décrocher à chaque cahot. Vous devriez changer le roadster contre un bulldozer.

— Ça fait partie de la rigolade, expliqua-t-il. Ça empêche les gens de venir fourrer leur vilain blase dans le quartier.

Il accéléra et je recommandai mes os au Créateur. Le chemin tourna brusquement et, au bout de cent cinquante mètres, il s'arrêta. Il n'y avait plus que des fourrés. La Chrysler stoppa net devant un gros érable et Dick et Judy sautèrent à terre. Je descendis le premier, et j'attrapai Jicky au vol. Dick avait pris la guitare et fila devant. Je suivis bravement. Il y avait un étroit passage sous les branches et on découvrait tout d'un coup la rivière, fraîche et transparente comme un verre de gin. Le soleil était bas, mais la chaleur restait intense. Tout un côté de l'eau frisonnait dans l'ombre et l'autre brillait doucement sous les rayons obliques. Une herbe drue, sèche et poudreuse descendait jusqu'à l'eau.

— Pas mal, ce coin, approuvai-je. Vous avez trouvé ça tout seuls?

— Nous ne sommes pas si noix que ça, dit Jicky, et je reçus sur le cou une grosse motte de terre sèche.

— Si vous n'êtes pas sage, menaçai-je, vous n'aurez plus de lolo.

— Je tapai sur ma poche pour accentuer la portée de mes paroles.

— Oh, ne vous fâchez pas, vieux chanteur de blues, dit-elle. Montrez plutôt ce que vous savez faire.

— Ce slip? demandai-je à Dick.

— Vous en faites pas, dit-il. Il n'y a personne.

Je me retournai. Judy avait déjà retiré son sweat-shirt. Elle ne portait certainement pas grand-chose en dessous. Sa jupe glissa le long de ses jambes et, en un rien de temps, elle fit voler en l'air ses chaussures et ses socquettes. Elle s'étala dans l'herbe, complètement nue. Je dus avoir l'air assez stupide, car elle me rit au nez d'une façon si railleuse que je faillis perdre contenance. Dick et Jicky, dans la même tenue, vinrent s'écrouler à côté d'elle. Comble du ridicule, c'est moi qui paraissais gêné. Je notai cependant la maigreur du garçon, dont les côtes saillaient sous la peau tannée par le soleil,

— O.K., dis-je, je ne vois pas pourquoi je ferais des manières.

Je fis exprès de prendre mon temps. Je sais ce que je vaux à poil, et je vous assure qu'ils eurent le temps de s'en rendre compte pendant que je me déshabillais. Je fis craquer mes côtes en m'étirant un bon coup, et je m'assis près d'eux. Je n'étais pas encore calmé après mes petits accrochages avec Jicky, mais je ne fis rien pour dissimuler quoi que ce soit. Je suppose qu'ils attendaient que je me dégonfle.

J'empoignai la guitare. C'était une excellente Ediphone; ce n'est pas très commode de jouer assis par terre et je dis à Dick:

— Ça ne vous fait rien que j'aille chercher le coussin de la bagnole ?

— Je vais avec vous, dit Jicky, et elle fila comme une anguille à travers les branches.

Cela faisait un drôle d'effet de voir ce corps de gosse sous cette tête de starlette, au milieu des buissons pleins d'ombres foncées. Je posai la guitare et je la suivis. Elle avait de l'avance et, quand j'atteignis la voiture, elle revenait déjà, chargée du lourd siège de cuir.

— Donnez ça ! dis-je.

— Laissez-moi tranquille, Tarzan ! cria-t-elle.

Je n'écoutai pas ses protestations, et je la saisis par derrière, comme une brute. Elle lâcha le coussin et se laissa faire. J'aurais pris une guenon. Elle dut s'en rendre compte et se débattit de son mieux. Je me mis à rire. J'aimais ça. L'herbe était haute à cet endroit-là, et douce comme un matelas pneumatique. Elle glissa sur le sol et je l'y rejoignis. Nous luttions tous les deux comme des sauvages. Elle était bronzée jusqu'à la pointe des seins, sans ces marques de soutien-gorge qui défigurent tant de filles nues. Et lisse comme un abricot, nue comme une petite fille, mais quand je réussis à la tenir sous moi, je compris qu'elle en savait plus qu'une petite fille. Elle me donna le meilleur échantillon de technique que j'aie eu depuis bien des mois. Sous mes doigts, je sentais ses reins lisses et creusés, et plus bas, ses fesses, fermes comme des melons d'eau. Cela dura dix minutes à peine. Elle fit mine de s'endormir et, au moment où je me laissais aller à fond, elle me lâcha comme un ballot, et s'enfuit devant moi, vers la rivière. Je ramassai le coussin et je courus derrière elle. Au bord de l'eau, elle prit son élan et plongea sans une éclaboussure.

— Vous vous baignez déjà ?

C'était la voix de Judy. Elle mâchait un petit brin de saule, étendue sur le dos, la tête sous les mains. Dick, vautré à côté d'elle, lui caressait les cuisses. Un des deux flasks gisait à terre, renversé. Elle vit mon regard.

— Oui, il est vide !... Elle rit. On vous en a laissé un...

Jicky barbotait de l'autre côté de l'eau. Je fouillai dans la veste et je pris l'autre bouteille, et puis je plongeai. L'eau était tiède. Je me sentais merveilleusement en forme. Je sprintai à mort et je la rejoignis au milieu de la rivière. Il y avait peut-être deux mètres de fond et un courant presque insensible.

— Vous avez soif ? lui demandai-je en battant l'eau d'une seule main pour me tenir à la surface.

— Vous parlez ! assura-t-elle. Vous êtes esquintant avec vos façons de vainqueur du rodéo !

— Venez, dis-je. Faites la planche.

Elle se laissa aller sur le dos et je me glissai sous elle, un bras en travers de son torse. Je lui tendis le flask de l'autre main. Elle le saisit et je laissai descendre mes doigts le long de ses cuisses. J'écartai doucement ses jambes et, de nouveau, je la pris dans l'eau. Elle se laissait aller sur moi. Nous étions presque debout et nous bougions juste assez pour ne pas tomber au fond.

III

Cela a continué comme ça jusqu'en septembre. Il y avait dans leur bande cinq ou six autres gosses, filles et garçons : B.J., celle à qui appartenait la guitare, assez mal faite, mais dont la peau avait une odeur extraordinaire. Susie Ann, une autre blonde, mais plus ronde que Jicky, et une fille châtain insignifiante qui dansait d'un bout de la journée à l'autre. Les garçons étaient aussi bêtes que je pouvais le souhaiter. Je n'avais pas recommencé la blague de partir en ville avec eux : j'aurais vite été coulé dans la région. Nous nous retrouvions près de la rivière, et ils gardaient le secret sur nos rencontres, parce que j'étais une source de bourbon et de gin commode.

J'avais toutes les filles les unes après les autres, mais c'était trop simple, un peu écœurant. Elles faisaient ça aussi facilement qu'on se lave les dents, presque par hygiène. Ils se conduisaient comme une bande de singes, débraillés, gourmands, bruyants et vicieux ; ça faisait mon affaire pour le moment.

Je jouais souvent de la guitare ; rien que ça aurait suffi, même si je n'avais pas été capable de donner la fessée à tous ces garçons-là en même temps, et d'une seule main. Ils m'apprenaient le jitterbug[17] et le jive ; il ne me fallait guère de peine pour y arriver mieux qu'eux. Ce n'était pas leur faute.

Cependant, je pensais de nouveau au gosse et je dormais mal. J'avais revu Tom deux fois. Il arrivait à tenir. On ne parlait plus de l'histoire là-bas. Les gens laissaient Tom tranquille, dans son école, et moi, ils ne m'avaient jamais beaucoup vu. Le père d'Anne Moran avait envoyé sa fille à l'université du comté ; il continuait avec son fils. Tom me demanda si

tout marchait bien pour moi, et je lui dis que mon compte en banque s'élevait déjà à cent vingt dollars. Je rognais sur tout, sauf sur l'alcool, et la vente des livres restait bonne. Je comptais sur un accroissement vers la fin de l'été. Il me recommanda de ne pas négliger mes devoirs religieux. Ça c'était une chose dont j'avais pu me débarrasser, mais je m'arrangeais pour qu'on ne s'en aperçoive pas plus que du reste. Tom croyait en Dieu. Moi, j'allais à l'office du dimanche, comme Hansen, mais je crois qu'on ne peut pas rester lucide et croire en Dieu, et il fallait que je sois lucide.

En sortant du temple, nous nous retrouvions à la rivière et nous nous repassions les filles avec la même pudeur qu'une sacrée bande de singes en rut ; vraiment c'est ce que nous étions, je vous le dis. Et puis l'été s'est terminé sans qu'on le sente, et les pluies ont commencé.

Je suis retourné plus souvent chez Ricardo. Je passais de temps en temps au drugstore pour tailler une carpette avec les chats du coin ; réellement, je commençais à parler le jive mieux qu'eux, et j'avais des dispositions naturelles pour ça aussi. Il a commencé à rentrer de vacances toute une floppée des types les plus à l'aise de Buckton, ils revenaient de Floride ou de Santa Monica, que sais-je encore. Tous bien bronzés, bien blonds, mais pas plus que nous qui étions restés près de la rivière. Le magasin est devenu un de leurs lieux de rendez-vous.

Ceux-là ne me connaissaient pas encore, mais j'avais le temps qu'il fallait, et je ne me pressais pas.

IV

Et puis, Dexter est revenu aussi. Il m'en parlaient tous à m'en faire mal aux oreilles. Dexter habitait une des plus chics maisons du beau quartier de la ville. Ses parents restaient à New York, et lui séjournait toute l'année à Buckton, car il avait les poumons fragiles. Ils étaient originaires de Buckton, et c'est une ville où on peut étudier aussi bien qu'ailleurs. Je connaissais déjà la Packard[18] de Dexter, ses clubs de golf, sa radio, sa cave et son bar comme si j'avais passé ma vie chez lui. Je n'ai pas été déçu en le voyant. C'était bien la sale petite crapule qu'il fallait que ce soit. Un type maigre, brun, un peu l'air indien, avec des yeux noirs sournois, des cheveux frisés, et une bouche mince sous un grand nez courbe. Il avait des mains horribles, de grands battoirs avec des ongles ras et comme

plantés en travers, plus larges que longs et boursouflés comme les ongles de quelqu'un de mal portant.

Ils étaient tous après Dexter comme des chiens sur un morceau de foie. Je perdis un peu de mon importance en tant que pourvoyeur d'alcool, mais il me restait la guitare, et je leur réservais quelques petits tours aux claquettes dont ils n'avaient pas la moindre idée. J'avais le temps. Il me fallait un gros morceau, et, dans la bande à Dexter, je trouverais sûrement ce que j'espérais depuis que je rêvais du gosse toutes les nuits. Je crois que j'ai plu à Dexter. Il devait me détester à cause de mes muscles et de ma taille, et aussi de ma guitare, mais cela l'attirait. J'avais tout ce qui lui manquait. Et lui, il détenait le fric. Nous étions faits pour nous entendre. Et puis il avait compris dès le début que j'étais prêt à pas mal de choses. Il ne se doutait pas de ce que je voulais ; non, il n'allait pas jusque-là ; comment y aurait-il pensé plus que les autres ? Il pensait simplement, je crois, qu'avec mon concours on allait pouvoir réussir quelques petites orgies particulièrement carabinées. En ce sens, il ne se trompait pas.

La ville était à peu près complète, maintenant ; je commençais à débiter des cours de sciences naturelles, de géologie, de physique, et des tas d'autres trucs dans le genre. Ils m'envoyaient tous leur copains. Les filles étaient terribles. À quatorze ans, elle s'arrangeaient déjà pour se faire peloter, et pourtant, il faut y mettre du sien pour trouver un prétexte à pelotage en achetant un livre. Mais, à tout coup, ça rendait : elle me faisaient tâter leurs biceps pour constater le résultat des vacances, et puis de fil en aiguille, on passait aux cuisses. Elles exagéraient. J'avais tout de même quelques clients sérieux et je ménageais ma situation. Mais à n'importe quelle heure du jour, ces gosses étaient chaudes comme des chèvres, et humides à dégouliner par terre. Sûr, ce n'est pas un travail de tout repos que d'être professeur dans une université, si c'est déjà facile à ce point-là pour un marchand de bouquins. Quand les cours ont repris, j'ai été un peu plus tranquille. Elles ne venaient que l'après-midi. Ce qui est terrible, c'est que les garçons m'aimaient tous aussi. Ni mâles ni femelles, ces êtres-là ; sauf quelques-uns déjà bâtis comme des hommes, tous les autres avaient autant de plaisir que les filles à se fourrer dans mes pattes. Et toujours leur manie de danser sur place. Je ne me rappelle pas en avoir vu cinq ensemble sans qu'ils commencent à fredonner une rengaine quelconque et à s'agiter en mesure. Ça, ça me faisait du bien. C'est quelque chose qui venait de chez nous.

Je n'avais plus guère d'inquiétudes quant à mon physique. Je crois que

c'était impossible à soupçonner. Dexter m'a fait peur à l'occasion d'une des dernières baignades. J'étais en train de faire l'imbécile, à poil, avec une des filles, que je lançais en l'air en la faisant rouler sur mes bras, comme un poupon. Il nous observait, derrière moi à plat ventre. Vilain spectacle que celui de ce gringalet avec ses cicatrices de ponction sur le dos ; il avait eu des pleurésies par deux fois. Il me regardait en dessous, et il m'a dit :

— Vous n'êtes pas bâti comme tout le monde, Lee, vous avez les épaules tombantes comme un boxeur noir.

J'ai laissé tomber la fille et je me suis mis en garde, et j'ai dansé autour de lui en chantant des paroles de ma composition, et ils ont tous ri, mais j'étais embêté. Dexter ne riait pas. Il continuait à me regarder.

Le soir, je me suis regardé dans la glace au-dessus de mon lavabo, et je me suis mis à rire à mon tour. Avec ces cheveux blonds et cette peau rose et blanche, vraiment je ne risquais rien. Je les aurai. Dexter, c'est la jalousie qui le faisait parler. Et puis j'avais vraiment les épaules tombantes. Quoi de mal à ça ? J'ai rarement si bien dormi que cette nuit-là. Deux jours après, ils organisaient une party chez Dexter pour le week-end. Tenue de soirée. J'ai été louer un smoking et le marchand me l'a arrangé en vitesse ; le type qui le portait avant moi devait être à peu près de ma taille, et ça ne clochait pas du tout.

J'ai encore pensé au gosse cette nuit-là.

V

Quand je suis entré chez Dexter, j'ai compris pourquoi la tenue de soirée : notre groupe était noyé dans une majorité de types « bien ». J'ai reconnu des gens, tout de suite : le docteur, le pasteur, d'autres du même genre. Un domestique noir est venu prendre mon chapeau, et j'en ai aperçu deux autres encore. Et puis Dexter m'a attrapé par le bras et m'a présenté à ses parents. J'ai compris que c'était son anniversaire. Sa mère lui ressemblait, une petite femme maigre et brune, avec de sales yeux, et son père, le genre d'hommes qu'on a envie d'étouffer lentement sous un oreiller tellement ils ont l'air de ne pas vous voir. B.J., Judy, Jicky et les autres, en robe de soirée, elles faisaient très gentil. Je ne pouvais pas m'empêcher de penser à leurs sexes en les voyant faire des manières pour boire un cocktail et se laisser inviter à danser par des types à

lunettes du genre sérieux. De temps en temps, on se lançait des clins d'yeux, pour ne pas perdre contact ; c'était trop navrant.

Il y avait réellement à boire. Dexter savait tout de même recevoir les copains. Je me suis présenté moi-même à une ou deux filles, pour danser des rumbas, et j'ai bu, il n'y avait pas grand-chose d'autre à faire. Un bon blues avec Judy m'a remis le cœur en place ; c'est une de celles que je baisais le moins souvent. Elle paraissait m'éviter en général et je ne cherchais pas à l'avoir plus qu'une autre, mais j'ai cru ce soir-là que je ne sortirais pas vivant de ses cuisses ; bon Dieu, quelle chaleur ! Elle a voulu me faire monter dans la chambre de Dexter, mais je n'étais pas trop sûr qu'on soit tranquilles et je l'ai emmenée boire pour compenser, et puis j'ai reçu une espèce de coup de poing entre les deux yeux en voyant le groupe qui venait d'entrer.

Il y avait trois femmes — deux jeunes, une de quarante ans à peu près — et un homme — mais ne parlons pas de ceux-ci. Oui, j'ai su que j'avais enfin trouvé. Ces deux-là — et le gosse se retournerait de joie dans sa tombe. J'ai serré le bras de Judy, elle a dû croire que j'avais envie d'elle car elle s'est rapprochée de moi. Je les aurais bien mises toutes ensemble dans mon lit, rien que de voir ces filles. Je lâchai Judy et je lui caressai les fesses, sans ostentation, en laissant retomber mon bras.

— Qu'est-ce que c'est que ces deux poupées, Judy ?

— Ça vous intéresse, hein, vieux marchands de catalogues ?

— Dites ? D'où Dexter a-t-il pu sortir ces ravissantes ?

— Bonne société. Pas des bobbysoxers de faubourgs, ça, vous savez, Lee. Et rien à faire pour les baignades.

— Bougrement dommage ! À la rigueur, je crois que je prendrais même la troisième pour avoir les deux autres.

— Vous excitez pas comme ça, mon vieux. Elle ne sont pas d'ici.

— D'où viennent-elles ?

— Prixville. Cent milles d'ici. Des vieux amis du père Dexter.

— Toutes les deux ?

— Ben oui, quoi ! Vous êtes idiot, ce soir, mon cher Joe Louis[19]. Ce sont les deux sœurs, la mère et le père. Lou Asquith, Jean Asquith. Jean, c'est la blonde. L'aînée. Lou a cinq ans de moins qu'elle.

— Ça lui en fait seize ? avançai-je.

— Quinze. Lee Anderson, vous allez lâcher la bande et cavaler après les gonzesses de papa Asquith.

— Vous êtes idiote, Judy. Elles ne vous tentent pas, ces filles ?

— Je préfère les types ; excusez-moi, mais je me sens normale, ce soir. Faites-moi danser, Lee.

— Vous me présenterez ?

— Demandez ça à Dexter.

— O.K., dis-je.

Je lui fis danser les dix dernières mesures du disque qui s'achevait et je la plantai là. Dexter discutait le coup au bout du hall avec une poule quelconque. Je l'accrochai.

— Oh, Dexter ?

— Oui ?

Il se retourna. Il avait l'air de rigoler en me regardant, mais je m'en foutais bien.

— Ces filles... Asquith, je crois ? Présentez-moi.

— Mais certainement, mon vieux. Venez avec moi.

De tout près, ça dépassait encore ce que j'avais vu du bar. Elles étaient sensationnelles. Je leur dis n'importe quoi et j'invitai la brune, Lou, à danser le slow que le changeur de disques venait de pêcher sous la pile. Bon sang ! Je bénissais le ciel et le type qui avait fait faire ce smoking à ma taille. Je la tenais un peu plus près qu'il n'est d'usage, mais, tout de même, je n'osais pas lui coller au corps comme nous nous collions les uns aux autres, quand ça nous prenait, dans la bande. Elle était parfumée avec un machin compliqué sûrement très cher ; probablement un parfum français. Elle avait des cheveux bruns qu'elle ramenait tous d'un seul côté de la tête, et des yeux jaunes de chat sauvage dans une figure triangulaire assez pâle ; et son corps — j'aime mieux ne pas y penser. Sa robe tenait toute seule, je ne sais pas comment, parce qu'il n'y avait rien pour l'accrocher, ni aux épaules ni autour du cou, rien, sauf ses seins, et je dois dire qu'on aurait pu faire tenir deux douzaines de robes de ce poids avec des seins aussi durs et aussi aigus. Je l'ai fait passer un peu vers la droite et dans l'échancrure de mon smoking je sentais la pointe à travers ma chemise de soie, sur ma poitrine. Les autres, on voyait le bord de leur slip qui saillait à travers les étoffes, sur les cuisses, mais elle devait s'arranger autrement, car, des aisselles aux chevilles, la ligne était aussi lisse qu'un jet de lait. J'ai essayé de lui parler tout de même. Je l'ai fait sitôt après avoir repris ma respiration.

— Comment se fait-il qu'on ne vous voie jamais ici ?

— On me voit, ici. La preuve.

Elle se rejeta un peu en arrière pour me regarder. J'étais plus grand qu'elle d'une bonne tête.

— Je veux dire, en ville...

— Vous me verriez si vous alliez à Prixville.

— Alors je crois que je vais louer quelque chose à Prixville...

J'avais hésité avant de lui assener ça. Je ne voulais pas aller trop vite, mais avec ces filles, on ne peut pas savoir. Il faut prendre des risques. Ça n'a pas eu l'air de l'émouvoir. Elle sourit un peu, mais ses yeux restaient froids.

— Vous ne me verriez pas forcément, même comme ça.

— Je pense qu'il y a pas mal d'amateurs...

Décidément, je fonçais comme une brute. On ne s'habille pas comme ça quand on a froid aux yeux.

— Oh! dit-elle. Il n'y a pas beaucoup de gens intéressants à Prixville.

— Ça va, dis-je. Alors, j'ai des chances?

— Je ne sais pas si vous êtes intéressant.

Attrape. Après tout, j'avais cherché ce qui m'arrivait. Mais je ne lâchai pas si vite.

— Qu'est-ce qui vous intéresse?

— Vous n'êtes pas mal. Mais cela peut tromper. Je ne vous connais pas.

— Je suis un ami de Dexter, de Dick Page et des autres.

— Je connais Dick. Mais Dexter est un drôle de type...

— Il a beaucoup trop de fric pour être réellement drôle, dis-je.

— Alors, je crois que vous n'aimeriez pas du tout ma famille. Vous savez, nous avons vraiment pas mal d'argent aussi.

— Ça se sent... dis-je en approchant un peu ma figure de ses cheveux. Elle sourit de nouveau.

— Vous aimez mon parfum?

— J'adore ça.

— C'est curieux... dit-elle. J'aurais juré que vous préféreriez l'odeur des chevaux, de la graisse d'armes ou de l'embrocation.

— Ne me mettez pas en boîte... repris-je. Ce n'est pas de ma faute si je suis bâti comme ça, et si je n'ai pas une tête de chérubin.

— J'ai horreur des chérubins, dit-elle. Mais j'ai encore plus horreur des hommes qui aiment les chevaux.

— Je n'ai jamais approché, de près ou de loin, un de ces volatiles, dis-je. Quand est-ce que je peux vous revoir?

— Oh! Je ne suis pas encore partie, répondit-elle. Vous avez toute la soirée devant vous.

— Ce n'est pas assez.

— Ça dépend de vous.

Elle me lâcha comme ça, car le morceau venait de finir. Je la regardais se glisser à travers les couples et elle se retourna pour me rire au nez, mais ce n'était pas un rire décourageant. Elle avait une ligne à réveiller un membre du Congrès.

Je retournai au bar. J'y trouvai Dick et Jicky. Ils étaient en train de siroter un martini[20]. Ils semblaient s'ennuyer ferme.

— Oh, Dick, lui dis-je. Vous riez trop, ça va vous déformer la poire...

— Ça va, vous, l'homme aux longs tifs, dit Jicky. Qu'est-ce que vous venez de faire ? Le shag[21] avec une négresse, ou chasser la poule de luxe ?

— Pour un type aux longs tifs, rétorquai-je, je commence à swinguer un peu. Filons seulement d'ici avec quelques gens sympathiques et je vous montrerai ce que je sais faire.

— Des gens sympathiques avec des yeux de chat et des robes sans épaulettes, hein ?

— Jicky, ma jolie, dis-je en m'approchant d'elle et la saisissant par les poignets, vous n'allez pas me reprocher d'aimer les jolies filles ?

Je la serrai un peu contre moi en la regardant bien dans les yeux. Elle riait de toute sa figure.

— Vous nous embêtez, Lee, vous avez assez de la bande, hein ? Après tout, vous savez, je ne suis pas non plus un mauvais parti ; mon père fait tout de même vingt mille par an.

— Enfin, vous vous amusez ici, vous ? Je trouve ça mortel. Prenons des bouteilles et filons ailleurs. On étouffe sous ces sacrés machins bleu foncé.

— Vous supposez que Dexter sera content ?

— Je suppose que Dexter a autre chose à faire que s'occuper de nous.

— Et vos jolies ? Vous croyez qu'elles vont venir comme ça ?

— Dick les connaît... affirmai-je en lui jetant un regard en coulisse. Dick, moins abruti que d'habitude, se tapa sur les cuisses.

— Lee, vous êtes un vrai dur. Vous ne perdez pas le nord.

— Je croyais que j'étais un gars à longs tifs.

— Ça doit être une perruque.

— Cherchez-moi ces deux créatures, dis-je, et amenez-les par ici. Ou plutôt tâchez de les faire monter dans ma bagnole. Dans la vôtre si vous préférez.

— Mais, sous quel prétexte ?

— Oh, Dick, assurai-je, vous avez sûrement des tas de souvenirs d'enfance à évoquer avec ces donzelles !

Il partit, découragé, en rigolant. Jicky écoutait ça et se payait ma tête. Je lui fis un signe. Elle se rapprocha.

— Vous, dis-je, dégottez Judy et Bill, avec sept ou huit fioles.

— Où est-ce qu'on va aller?

— Où est-ce qu'on peut aller?

— Mes parents ne sont pas là, dit Jicky. Juste mon petit frère. Il dormira. Venez à la maison.

— Vous êtes un vrai as, Jicky. Parole d'Indien.

Elle baissa la voix.

— Vous me le ferez?...

— Quoi?

— Vous me le ferez, Lee?

— Oh!... Bien sûr, dis-je.

J'avais beau être habitué à Jicky, je crois que maintenant, j'aurais pu le lui faire tout de suite. C'était assez excitant de la voir en robe du soir, avec sa vague de cheveux lisses le long de la joue gauche, ses yeux un peu obliques et sa bouche d'ingénue. Elle respirait plus vite et ses joues avaient rosi.

— C'est stupide, Lee, je sais qu'on le fait tout le temps... Mais *j'aime* ça!

— Ça va, Jicky, dis-je en lui caressant l'épaule. On le fera encore plus d'une fois avant d'être morts...

Elle me serra le poignet très fort et fila avant que je puisse la retenir. J'aurais voulu lui dire maintenant, lui dire ce que j'étais; j'aurais voulu, pour voir sa figure... mais Jicky ne constituait pas une proie à ma taille. Je me sentais fort comme John Henry[22], et mon cœur à moi ne risquait point de se casser.

Je me retournai vers le buffet et je demandai un double martini au type qui se tenait derrière. J'avalai ça d'un seul coup et je tâchai de travailler un peu pour aider Dick.

L'aînée des filles Asquith apparut dans le secteur. Elle bavardait avec Dexter. Il me plaisait encore moins que d'habitude, avec sa mèche noire sur le front. Son smoking lui allait vraiment bien. Dedans, il paraissait presque bien bâti, et son teint foncé sur la chemise blanche, ça faisait assez «Passez vos vacances au *Splendid* à Miami».

Je m'approchai d'eux, carrément.

— Dex, dis-je, est-ce que vous allez me tuer si j'invite Miss Asquith à danser ce slow?

— Vous êtes beaucoup trop fort pour moi, Lee, répondit Dexter. Je ne me bats pas avec vous.

Réellement, je crois qu'il s'en fichait, mais c'était difficile de savoir ce que le ton de ce garçon-là pouvait vouloir dire. J'avais déjà enlacé Jean Asquith.

Je crois que je préférais tout de même sa sœur Lou. Mais jamais je ne leur aurais donné cinq ans de différence. Jean Asquith était presque à ma taille. Elle avait au moins quatre pouces de plus que Lou. Elle portait une robe deux-pièces en machin noir transparent, en sept ou huit épaisseurs pour la jupe, avec un soutien-gorge complètement tarabiscoté mais qui tenait vraiment la place minimum. Sa peau était ambrée, avec quelques taches de rousseur sur les épaules et sur les tempes, et ses cheveux coupés très court et frisés lui faisaient une tête toute ronde. Elle avait aussi la figure plus ronde que Lou.

— Est-ce que vous trouvez qu'on s'amuse, ici ? demandai-je.

— C'est toujours la même chose, ces parties. Celle-ci n'est pas pire qu'une autre.

— Pour l'instant, dis-je, je la préfère à une autre.

Cette fille savait danser. Je n'avais vraiment pas grand travail. Et puis je ne me gênais pas pour la tenir plus près que sa sœur, car elle pouvait me parler sans me regarder d'en bas. Elle appuyait sa joue sur la mienne et en baissant les yeux, j'avais le panorama d'une oreille bien ourlée, de ses drôles de cheveux courts, et de son épaule ronde. Elle sentait la sauge et les herbes sauvages.

— Quel parfum avez-vous ? continuai-je, car elle ne répondait pas.

— Je ne me parfume jamais, dit-elle.

Je n'insistai pas sur ce genre de conversation et je risquai le paquet.

— Qu'est-ce que vous diriez d'aller dans un endroit où on s'amuserait pour de bon ?

— C'est-à-dire ?

Elle parlait d'une voix nonchalante, sans lever la tête, et ce qu'elle disait paraissait venir de derrière moi.

— C'est-à-dire où on pourrait boire suffisamment, fumer suffisamment et danser avec suffisamment de place.

— Ça changerait d'ici, dit-elle. Ça rappelle plutôt une danse de tribu qu'autre chose.

De fait nous n'avions pu réussir à changer de place depuis cinq minutes et nous piétinions en cadence sans avancer ni reculer. Je

relâchai mon étreinte et, sans cesser de la tenir par la taille, je la guidai vers la sortie.

— Venez, alors, dis-je. Je vous emmène chez des copains.

— Oh! Je veux bien, dit-elle.

Je me tournai vers elle au moment où elle répondait et je reçus son haleine en pleine figure. Dieu me pardonne si elle n'avait pas bu sa demi-bouteille de gin.

— Qu'est-ce que c'est, vos copains?

— Oh, des types très gentils, assurai-je.

Nous traversâmes le vestibule sans encombre. Je ne pris pas la peine de chercher sa cape. L'air était tiède et tout parfumé par le jasmin du porche.

— Au fond, remarqua Jean Asquith en s'arrêtant dans la porte, je ne vous connais pas du tout.

— Mais si... dis-je en l'entraînant, je suis ce vieux Lee Anderson.

Elle éclata de rire et se laissa aller en arrière.

— Mais oui!... Lee Anderson... Venez, Lee, ils nous attendent.

Maintenant, j'avais du mal à la suivre. Elle dégringola les cinq marches en deux secondes et je la rattrapai dix mètres plus loin.

— Ho!... Pas si vite, dis-je.

Je l'empoignai à pleins bras.

— La bagnole est là.

Judy et Bill m'attendaient dans la Nash.

— On a du liquide, souffla Judy. Dick est devant avec les autres.

— Lou Asquith? murmurai-je.

— Oui, don Juan, elle y est. Roulez.

Jean Asquith, la tête renversée sur le dossier du siège avant, tendit vers Bill une main molle.

— Hello! Comment allez-vous? Il pleut?

— Sûrement pas, dit Bill. Le baromètre annonce une dépression de dix-huits pieds de mercure, mais c'est seulement pour demain.

— Oh! dit Jean, jamais la voiture ne montera si haut.

— Ne dites pas de mal de ma Duesenberg[23], protestai-je. Vous n'avez pas froid?

Je me penchai pour chercher une hypothétique couverture, et je remontai sa jupe jusqu'aux genoux, par mégarde, en l'accrochant avec les boutons de ma manche. Sainte fumée[24], quelles jambes!

— Je meurs de chaleur, assura Jean d'une voix incertaine.

J'embrayai et suivis la voiture de Dick qui venait de démarrer par

devant. Il y avait une rangée de bagnoles de tout poil devant la maison de Dexter et j'en aurais bien pris une pour remplacer mon antique Nash. Mais j'y arriverai sans bagnole neuve.

Jicky n'habitait pas trop loin, dans un pavillon de style Virginie. Le jardin, entouré d'une haie d'arbustes assez hauts, se distinguait de ceux du coin.

Je vis le feu rouge de Dick s'immobiliser puis s'éteindre, et les feux de position s'allumer ; j'arrêtai à mon tour et j'entendis claquer la portière du roadster. Il en sortit quatre personnes, Dick, Jicky et Lou et un autre type. Je le reconnus à sa manière de monter l'escalier de la maison, c'était le petit Nicholas. Dick et lui tenaient chacun deux bouteilles et je vis que Judy et Bill en avaient autant. Jean Asquith ne faisait pas mine de vouloir descendre de la Nash et je fis le tour de la voiture. J'ouvris sa portière et je glissai un bras sous ses genoux et un sous son cou. Elle en avait un fameux coup dans le nez. Judy s'arrêta derrière moi.

— Elle est groggy, votre douce amie, Lee. Vous l'avez boxée ?

— Sais pas si c'est moi ou si c'est le gin qu'elle a bu, grognai-je, mais ça n'a rien à voir avec le sommeil de l'innocence.

— C'est le moment d'en profiter, mon cher, allez-y.

— Vous me cassez les pieds. C'est trop facile, avec une femme saoule.

— Dites donc, vous autres...

C'était la douce voix de Jean. Elle se réveillait.

— Vous avez fini de me balader en l'air ?

Je vis le moment où elle allait vomir et je bondis dans le jardin de Jicky. Judy referma la porte sur nous et je tins la tête de Jean pendant qu'elle s'exécutait. C'était du propre. Rien que du gin pur. Et aussi dure à soutenir qu'un cheval. Elle se laissait complètement aller. Je la maintins d'une seule main.

— Retirez-moi ma manche, soufflai-je à Judy.

Elle fit passer la manche du smoking le long de mon bras, et je changeai de côté pour tenir l'aînée des Asquith.

— Ça va, dit Judy quand l'opération fut terminée. Je vous le garde. Ne vous pressez pas.

Bill, pendant ce temps-là, était parti avec les bouteilles.

— Où est-ce qu'il y a de l'eau, ici ? demandai-je à Judy.

— Dans la maison. Venez, on peut passer par derrière.

Je la suivis dans le jardin en traînant Jean qui trébuchait à chaque pas sur le gravier de l'allée. Seigneur, ce que cette fille était lourde ! J'avais de quoi m'occuper les mains. Judy me précéda dans l'escalier et me

conduisit à l'étage. Les autres menaient déjà grand bruit dans le living-room dont la porte fermée, heureusement, amortissait leurs cris. Je montai à tâtons, dans le noir, me guidant sur la tache claire que faisait Judy. En haut, elle réussit à trouver un commutateur et j'entrai dans la salle de bains. Il y avait un grand tapis de caoutchouc mousse à alvéoles devant la baignoire.

— Mettez-la là-dessus, dit Judy.

— Pas de blagues, dis-je. Enlevez-lui sa jupe.

Elle manœuvra la fermeture éclair et enleva la légère étoffe en un tournemain. Elle roula les bas le long des chevilles. Réellement, je ne savais pas ce que c'était qu'une fille bien bâtie avant d'avoir vu Jean Asquith nue, sur ce tapis de bain. C'était un rêve. Elle avait les yeux fermés et bavait un petit peu. Je lui essuyai la bouche avec une serviette. Pas pour elle, pour moi. Judy s'affairait dans la pharmacie.

— J'ai trouvé ce qu'il faut, Lee. Faites-lui boire ça.

— Elle ne pourra pas boire maintenant. Elle dort. Elle n'a plus rien dans l'estomac.

— Alors, allez-y, Lee. Ne vous gênez pas pour moi. Quand elle sera réveillée, peut-être qu'elle ne marchera pas.

— Vous allez fort, Judy.

— Ça vous gêne que je sois habillée?

Elle alla vers la porte et tourna la clé dans la serrure. Et puis, elle retira sa robe et son soutien-gorge. Elle n'avait plus que ses bas.

— C'est à vous, Lee.

Elle s'assit sur la baignoire, les jambes écartées, et me regarda. Je ne pouvais plus attendre. Je flanquai toutes mes frusques en l'air.

— Collez-vous sur elle, Lee. Dépêchez-vous.

— Judy, lui dis-je, vous êtes dégueulasse.

— Pourquoi? Ça m'amuse de vous voir sur cette fille-là. Allons, Lee, allons...

Je me laissai tomber sur la fille, mais cette sacrée Judy m'avait coupé le souffle. Ça ne carburait plus du tout. Je restai agenouillé, elle était entre mes jambes. Judy se rapprocha.

— Je vous aide, Lee. Couchez-vous sur elle.

J'obéis et Judy se rapprocha encore. Je sentis sa main sur moi et elle me guida où il fallait. Elle laissait sa main. J'ai manqué gueuler tellement ça m'excitait. Jean Asquith restait immobile et puis mes yeux sont tombés sur la figure, elle bavait encore. Elle a ouvert les siens à moitié, et puis les a refermés et j'ai senti qu'elle commençait à remuer un peu — à

remuer les reins — et Judy continuait pendant ce temps-là et, de l'autre main, elle me caressait le bas du corps.

Judy s'est relevée. Elle a marché dans la pièce, et la lumière s'est éteinte. Elle n'osait tout de même pas tout faire en plein jour. Elle est revenue et je pensais qu'elle voulait recommencer, mais elle s'est penchée sur moi, elle m'a tâté. J'étais encore en place, et elle s'est étendue à plat ventre sur mon dos, en sens contraire, et, au lieu de sa main, maintenant, c'était sa bouche.

VI

Je me suis tout de même rendu compte, au bout d'une heure, que les autres allaient trouver ça bizarre, et j'ai réussi à me dégager de ces deux filles. Je ne sais plus très bien à quel endroit de la salle de bains nous étions. J'avais la tête qui me tournait un peu et le dos me faisait mal. J'étais lacéré sur les hanches où les ongles de Jean Asquith m'avaient griffé sans ménagement. J'ai rampé jusqu'au mur et je me suis orienté, et puis j'ai trouvé le commutateur. Judy remuait pendant ce temps-là, j'ai allumé et je l'ai vue assise par terre et se frottant les yeux. Jean Asquith était à plat ventre sur le tapis de caoutchouc, la tête sur les bras, elle avait l'air de dormir. Seigneur, les reins de cette fille ! J'ai remis en vitesse ma chemise et mon pantalon. Judy se refaisait une beauté devant le lavabo. Et puis j'ai pris une serviette de bain et je l'ai trempée dans l'eau. J'ai soulevé la tête de Jean Asquith pour la réveiller — elle avait les yeux grands ouverts — et, ma parole, elle riait. Je l'ai attrapée par le milieu du corps et je l'ai assise sur le rebord de la baignoire.

— Une bonne douche vous ferait du bien.

— Je suis trop fatiguée, dit-elle. Je crois que j'ai un peu bu.

— Je crois aussi, dit Judy.

— Oh ! Pas tellement, assurai-je. Vous aviez surtout besoin d'un petit somme.

Alors, elle se leva et s'accrocha à mon cou, et elle savait embrasser aussi. Je me suis dégagé en douceur et je l'ai collée dans la baignoire.

— Fermez les yeux et levez la tête...

Je tournai les robinets du mélangeur et elle reçut sa douche. Sous l'eau tiède, son corps se tendait et je voyais les pointes de ses seins se faire plus foncées et saillir doucement.

— Ça fait du bien...

Judy remontait ses bas.

— Grouillez-vous, vous deux. Si on descend tout de suite, on aura peut-être encore un peu à boire.

J'empoignai un peignoir. Jean ferma le robinet et je la saisis dans l'étoffe spongieuse. Elle aimait certainement ça.

— Où sommes-nous? dit-elle. Chez Dexter?

— Chez d'autres amis, dis-je. Je trouve qu'on s'embêtait chez Dexter.

— Vous avez bien fait de m'emmener, dit-elle. Ici c'est plus vivable.

Elle était bien sèche. Je lui tendis sa robe en deux morceaux.

— Remettez ça. Arrangez-vous la figure et venez.

Je me dirigeai vers la porte. Je l'ouvris devant Judy qui descendit l'escalier en trombe. Je m'apprêtais à la suivre.

— Attendez-moi, Lee...

Jean se tournait vers moi pour que je ferme son soutien-gorge. Je lui mordis doucement la nuque. Elle se renversa en arrière.

— Vous dormirez encore avec moi?

— Très volontiers, dis-je. Quand vous voudrez.

— Tout de suite?...

— Votre sœur va se demander ce que vous faites.

— Lou est ici?

— Bien sûr!...

— Oh!... C'est très bien, dit Jean. Comme ça, je pourrai la surveiller.

— Je crois que votre surveillance ne peut que lui être utile, assurai-je.

— Comment la trouvez-vous, Lou?

— Je dormirais bien avec elle aussi, dis-je.

Elle rit de nouveau.

— Je la trouve formidable. Je voudrais être comme elle. Si vous la voyiez déshabillée...

— Je ne demande pas mieux, dis-je.

— Dites donc! Vous êtes un parfait goujat!

— Excusez-moi. Je n'ai pas eu le temps d'apprendre les bonnes manières.

— J'aime bien vos manières, dit-elle en me regardant d'un air câlin.

Je passai mon bras autour de sa taille et l'entraînai vers la porte.

— Il est temps que nous descendions.

— J'aime bien votre voix aussi.

— Venez.

— Vous voulez m'épouser?

— Ne dites donc pas de bêtises.

Je commençai à descendre l'escalier.

— Je ne dis pas de bêtises. Vous devez m'épouser, maintenant.

Elle avait l'air parfaitement tranquille, et sûre de ce qu'elle disait.

— Je ne peux pas vous épouser.

— Pourquoi ?

— Je crois que je préfère votre sœur.

Elle rit encore.

— Lee, je vous adore !

— Bien obligé, dis-je.

Ils étaient tous dans le living-room, menant grand tapage. Je poussai la porte et je laissai passer Jean. Notre arrivée fut saluée par un concert de grognements. Ils avaient ouvert des boîtes de poulet en gelée et mangeaient comme des pourceaux. Bill, Dick et Nicholas étaient en manches de chemise et couverts de sauce. Lou avait une énorme tache de mayonnaise sur sa robe, du haut en bas. Quand à Judy et Jicky, elles s'empiffraient avec la plus belle inconscience. Je notai que cinq des bouteilles se trouvaient en voie de disparition.

La radio débitait en sourdine un concert de musique de danse

En voyant le poulet, Jean Asquith poussa un cri de joie et s'empara à pleines mains d'un gros morceau dans lequel elle mordit sans plus attendre. Je m'installai à mon tour et remplis mon assiette.

Décidément, ça s'annonçait très bien.

VII

À trois heures du matin Dexter a téléphoné. Jean continuait avec application à se confectionner une seconde cuite encore plus belle que la première et j'en avais profité pour laisser Nicholas s'en occuper. Je ne quittais guère sa sœur, et je la faisais boire autant que je pouvais, mais elle ne se laissait pas faire et je devais y mettre beaucoup d'astuce. Dexter nous prévenait que les parents Asquith commençaient à s'étonner de ne plus voir leurs filles. Je lui demandai comment il avait trouvé notre lieu de réunion, et il se borna à rire au bout du fil. Je lui expliquai pourquoi nous étions partis.

— Ça va, Lee, dit-il. Je sais bien que, chez moi, il n'y avait rien à faire pour s'en payer, ce soir. Trop de gens sérieux.

— Venez nous rejoindre, Dex, proposai-je.

— Vous n'avez plus rien à boire?

Comme toujours, ce type était cinglant, et, comme toujours, il avait un ton parfaitement innocent.

— Non, dis-je. Ce n'est pas ça, mais ça vous changerait les idées.

— Je ne peux pas m'en aller, dit-il. Sans ça, je viendrais. Qu'est-ce que je dis aux parents?

— Dites-leur qu'on leur ramènera leurs fillettes à domicile.

— Je ne sais pas s'ils aimeront ça, Lee, vous savez.

— Elles sont d'âge à se débrouiller toutes seules.

— D'accord, Lee, mais ils savent bien qu'elles ne sont pas toutes seules.

— Arrangez ça, mon vieux Dexter. Je compte sur vous.

— O.K., Lee. J'arrangerai ça. Au revoir.

— Au revoir.

Il raccrocha. J'en fis autant de mon côté et je retournai à mes occupations. Jicky et Bill commençaient quelques petits exercices pas pour jeunes filles de bonne famille et j'étais curieux d'observer les réactions de Lou. Elle se mettait tout de même à boire un peu. Cela n'eut pas l'air de la frapper, même quand Bill se mit à défaire la robe de Jicky.

— Qu'est-ce que je vous donne?

— Whisky.

— Grouillez-vous de boire ça, et puis on va danser.

Je l'empoignai et je tâchai de l'entraîner vers une autre pièce.

— Qu'est-ce qu'on va faire, par là?

— Ils font trop de bruit, ici.

Elle me suivit sans rien dire. Elle s'assit sur un divan à côté de moi, sans protester, mais lorsque je me mis à la peloter, je reçus une de ces paires de beignes qui comptent dans la vie d'un homme. J'étais dans une colère terrible, mais je réussis à rester souriant.

— Bas les pattes, dit Lou.

— Vous allez fort, lui dis-je.

— Ce n'est pas moi qui ai commencé.

— Ce n'est pas une raison. Vous supposiez que c'était une réunion de l'école du dimanche? Ou pour jouer à bingo[25]?

— Je n'ai pas envie d'être le gros lot.

— Que vous le vouliez ou non, vous êtes le gros lot.

— Vous pensez à la galette de mon père?

— Non, dis-je. À ça.

Je la renversai sur le divan et j'arrachai le devant de sa robe. Elle se débattait comme un beau diable. Ses seins jaillirent de la soie claire.

— Lâchez-moi. Vous êtes une brute !

— Non, dis-je. Je suis un homme.

— Vous me dégoûtez, dit-elle en tentant de se dégager. Qu'est-ce que vous avez fait pendant une heure là-haut avec Jean ?

— Mais je n'ai rien fait... dis-je. Vous savez bien que Judy était avec nous.

— Je commence à voir ce que c'est que votre bande, Lee Anderson, et quel genre de types vous fréquentez.

— Lou, je vous jure que je n'ai pas touché à votre sœur autrement que pour la dessaouler.

— Vous mentez. Vous n'avez pas vu sa tête quand elle est redescendue.

— Ma parole, dis-je, on jurerait que vous êtes jalouse.

Elle me regarda avec stupeur.

— Mais qui êtes-vous ? Pour qui vous prenez-vous ?...

— Vous croyez que, si j'avais... touché à votre sœur, j'aurais encore envie de m'occuper de vous ?

— Elle n'est pas mieux que moi !

Je la tenais toujours sur le divan. Elle avait cessé de se débattre. Sa poitrine se soulevait précipitamment. Je me penchai sur elle et je baisai ses seins, longuement, l'un après l'autre, en caressant leurs pointes avec ma langue. Puis, je me relevai.

— Non, Lou, dis-je. Elle n'est pas mieux que vous.

Je la lâchai et je reculai vivement car je m'attendais à une réaction violente. Alors elle se tourna de l'autre côté et elle se mit à pleurer.

VIII

Après, j'ai repris le travail de tous les jours. J'avais amorcé, je devais attendre et laisser les choses se faire elles-mêmes. Réellement, je savais que je les reverrais. Jean, je ne croyais pas qu'elle puisse m'oublier après lui avoir vu des yeux comme cela, et Lou, eh bien, je comptais un peu sur son âge et aussi sur ce que je lui avais dit et fait chez Jicky.

Je reçus, la semaine qui vint, toute une cargaison de nouveaux bouquins qui m'annoncèrent la fin de l'automne et l'approche de

l'hiver ; je continuais à bien me débrouiller et à mettre des dollars de côté. J'en avais, maintenant, un assez joli paquet. Une misère, mais cela me suffisait. Je dus faire quelques dépenses. Pour m'habiller à neuf et puis pour faire retaper la voiture. J'avais remplacé, un certain nombre de fois, le guitariste dans le seul orchestre potable de la ville, qui jouait au *Stork Club*. Je pense que ce *Stork Club*-là n'avait pas de rapport avec l'autre, celui de New York, mais les jeunes types à lunettes y venaient volontiers avec les filles des agents d'assurances ou des marchands de tracteurs du pays. Ça me faisait un peu de fric en plus, et je vendais des livres aux gens que je pouvais raccrocher là. Les copains de la bande y mettaient quelquefois les pieds aussi. Je continuais à les voir régulièrement, et je couchais toujours avec Judy et Jicky. Je ne pouvais pas me débarrasser de Jicky — mais heureusement que j'avais ces deux filles car j'étais dans une forme sensationnelle. En dehors de tout ça, je faisais de l'athlétisme et je prenais des muscles de boxeur.

Et puis un soir, une semaine après la soirée chez Dex, j'ai reçu une lettre de Tom. Il me demandait de venir le plus tôt possible. J'ai profité du samedi et j'ai filé sur la ville. Je savais que Tom m'écrivait pour quelque chose, et je pensais que ça n'était pas du gâteau.

Ces types, pour les élections, avaient saboté le vote sur l'ordre du sénateur, la plus damnée crapule qu'on puisse trouver dans tout le pays, Balbo. Depuis que les Noirs votaient, il multipliait les provocations. Il avait fait tant et si bien que, deux jours avant le vote, des hommes à lui dispersaient les réunions des Noirs et en laissaient deux sur le carreau.

Mon frère, en sa qualité d'instituteur à l'école noire, avait protesté publiquement et envoyé une lettre, et il s'était fait rouer de coups le lendemain. Il m'écrivait de venir le prendre avec la voiture pour changer d'endroit.

Il m'attendait dans la maison, seul dans la pièce sombre. Il était assis sur une chaise. Son large dos tout courbé et sa tête dans ses mains me firent mal. Je sentais le sang de la colère, mon bon sang noir, déferler dans mes veines et chanter à mes oreilles. Il se leva et me prit par les épaules. Sa bouche était tuméfiée et il parlait avec peine. Comme j'allais lui taper sur le dos pour tâcher de le consoler, il arrêta mon geste.

— Ils m'ont cravaché, dit-il.

— Qui a fait ça ?

— Les hommes de Balbo, et le fils Moran.

— Encore celui-là...

Mes poings se serraient malgré moi. Une colère sèche m'envahissait peu à peu.

— Veux-tu qu'on le descende, Tom ?

— Non, Lee. Nous ne pouvons pas. Ta vie serait finie. Toi, tu as une chance. Tu n'as pas les marques.

— Mais tu vaux mieux que moi, Tom.

— Regarde mes mains, Lee. Regarde mes ongles. Regarde mes cheveux, et regarde mes lèvres. Je suis Noir, Lee. Je ne peux pas y échapper. Toi...

Il s'arrêta et me regardait. Ce type-là m'aimait vraiment.

— Toi, Lee, tu dois en sortir. Dieu t'aidera à en sortir. Il t'aidera, Lee.

— Dieu s'en fiche bien, dis-je.

Il sourit. Il savait mon peu de conviction.

— Lee, tu as quitté cette ville trop jeune, et tu as perdu ta religion, mais Dieu te pardonnera quand le moment sera venu. Ce sont les hommes qu'il faut fuir. Mais tu dois aller à Lui les mains et le cœur grand ouverts.

— Où vas-tu aller, Tom ? Veux-tu de l'argent ?

— J'ai de l'argent, Lee. Je voulais quitter la maison avec toi. Je veux...

Il s'arrêta. Les mots sortaient difficilement de sa bouche déformée.

— Je veux brûler la maison, Lee. Notre père l'avait construite. Nous lui devons tout ce que nous sommes. C'était presque un Blanc pour la couleur, Lee, mais souviens-toi qu'il n'a jamais songé à renier sa race. Notre frère est mort, et personne ne doit posséder la maison que notre père avait construite de ses deux mains de nègre.

Je n'avais rien à dire. J'aidai Tom à faire ses paquets et nous les empilâmes sur la Nash. La maison, assez isolée, se trouvait en bordure de la ville. Je laissai Tom terminer et je sortis pour parfaire l'arrimage des colis.

Il me rejoignit quelques minutes plus tard.

— Allons, dit-il, allons-nous en, puisque le temps n'est pas encore venu où la justice règnera sur cette terre pour les hommes noirs.

Une lueur rouge clignotait dans la cuisine, et elle s'agrandit d'un coup. Il y eut l'explosion sourde d'un bidon d'essence qui éclate et la lueur gagna la fenêtre de la pièce voisine. Et puis, une longue flamme creva le mur de planches et le vent attisa l'incendie. La lueur dansait tout autour et la figure de Tom, dans la lumière rouge, brillait de sueur. Deux grosses larmes roulèrent sur ses joues. Alors il me mit la main sur l'épaule et nous nous retournâmes pour partir.

Je pense que Tom aurait pu vendre la maison ; avec l'argent, c'était possible de causer des ennuis aux Moran, peut-être d'en démolir un des trois, mais je ne voulais pas l'empêcher de faire à son idée. Je faisais à la mienne. Il lui restait trop de ces préjugés de bonté et de divinité dans la tête. Il était trop honnête, Tom, c'est ce qui le perdait. Il croyait qu'en faisant le bien, on récoltait le bien, or quand ça arrive, ce n'est qu'un hasard. Il n'y a qu'une chose qui compte, c'est se venger et se venger de la manière la plus complète qui soit. Je pensais au gosse, qui était encore plus blanc que moi si possible. Lorsque le père d'Anne Moran avait su qu'il courtisait sa fille et qu'ils sortaient ensemble, cela n'avait pas traîné. Mais le gosse n'était jamais sorti de la ville ; moi, je venais d'en rester éloigné pendant plus de dix ans, et au contact des gens qui ne connaissaient pas mon origine, j'avais pu perdre cette humilité abjecte qu'ils nous ont donnée peu à peu comme un réflexe, cette humilité odieuse, qui faisait proférer des paroles de pitié aux lèvres déchirées de Tom, cette terreur qui poussait nos frères à se cacher en entendant les pas de l'homme blanc ; mais je savais bien qu'en lui prenant sa peau, nous le tenions, car il est bavard et se trahit devant ceux qu'il croit ses semblables. Avec Dick, avec Bill, avec Judy, j'avais déjà gagné des points sur eux. Mais dire à ceux-ci qu'un Noir venait de les avoir, cela ne m'avançait guère. Avec Lou et Jean Asquith, j'aurais ma revanche sur Moran et sur eux tous. Deux pour un. Et ils ne me descendraient pas comme ils avaient descendu mon frère.

Tom somnolait vaguement dans la voiture. J'accélérai. Je devais le conduire à l'embranchement direct de Murchison Junction[26], d'où il prendrait le rapide pour le Nord. Il avait décidé de rejoindre New York. C'était un brave type, Tom. Un brave type trop sentimental. Trop humble.

IX

J'ai regagné la ville le lendemain et j'ai repris mon travail sans avoir dormi. Je n'avais pas sommeil. J'attendais toujours. C'est arrivé vers onze heures sous les espèces d'un coup de téléphone. Jean Asquith m'invitait avec Dex et d'autres amis à elle pour le week-end chez eux. J'ai accepté, naturellement, mais sans empressement.

— Je me dégagerai...

— Tâchez de venir, dit-elle au bout du fil.

— Vous ne manquez pas de cavaliers à ce point, raillai-je. Ou alors, vous vivez vraiment dans un trou.

— Les hommes d'ici ne savent pas s'occuper d'une fille qui a un peu trop bu.

Je restai sec et elle le sentit car j'entendis un léger éclat de rire.

— Venez ; réellement j'ai envie de vous voir, Lee Anderson. Et Lou sera contente aussi.

— Embrassez-la pour moi, dis-je. Et dites-lui d'en faire autant pour vous.

Je me remis au boulot avec plus de courage. J'étais regonflé. Le soir, j'allai retrouver la bande au drugstore et j'emmenai Jicky et Judy dans la Nash. Ce n'est pas très commode, une bagnole, mais on y trouve des angles inédits. Encore une nuit où je dormis bien.

Pour compléter ma garde-robe, j'allai acheter le lendemain une espèce de nécessaire de toilette et une valise portable ; une paire de pyjamas neufs, et des petits trucs sans grande importance mais qui me manquaient. Je ne voulais pas passer pour un clochard chez ces gens-là, et je savais à peu près ce qu'il faut pour ne pas passer pour un clochard.

Le jeudi soir de cette semaine-là, je finissais de mettre ma caisse à jour et de remplir mes feuilles lorsque, vers cinq heures et demie, j'ai vu la voiture de Dexter s'arrêter devant la porte. J'ai été lui ouvrir car j'avais fermé la boutique et il est entré.

— Salut, Lee, me dit-il. Les affaires vont ?

— Pas mal, Dex. Et ces études ?

— Oh... Ça se traîne. Je n'ai pas assez de goût pour le baseball et le hockey pour faire un étudiant très fameux, vous savez.

— Qu'est-ce qui vous amène ?

— Je passais vous prendre pour dîner quelque part ensemble, et ensuite, pour vous emmener tâter d'une de mes petites distractions favorites.

— C'est d'accord, Dex. Donnez-moi cinq minutes.

— Je vous attends dans la voiture.

J'ai enfoui mes feuilles et le fric dans la caisse et j'ai baissé le rideau de fer, et puis je suis sorti par la porte de derrière en prenant ma veste. Il faisait un sale temps lourd, trop chaud pour la saison déjà très avancée. L'air était humide et collant, et les choses poissaient aux doigts.

— Je prends la guitare ? demandai-je à Dex.

— Pas la peine. Ce soir, c'est moi qui me charge des distractions.

— Allez-y.

Je m'installai devant, à côté de lui. Sa Packard, c'était autre chose que ma Nash, mais ce garçon ne savait pas conduire. Pour arriver à faire cogner le moteur d'une Clipper[27] dans une reprise, il faut vraiment y mettre du sien.

— Où m'emmenez-vous, Dex?

— On va d'abord dîner au *Stork*, et puis, je vous emmènerai là où nous allons.

— Vous allez samedi chez les Asquith, je crois?

— Oui. Je vous prendrai, si vous voulez.

C'était le moyen de ne pas arriver dans la Nash. Un répondant comme Dexter, ça valait le coup.

— Merci. J'accepte.

— Est-ce que vous jouez au golf, Lee?

— J'ai essayé ça une fois dans ma vie.

— Vous avez une tenue et des clubs?

— Jamais de la vie! Vous me prenez pour Kaiser[28]?

— Les Asquith ont un golf. Je vous conseille de dire que votre médecin vous interdit d'y jouer.

— Vous pensez comme ça prendra, grognai-je.

— Et le bridge?

— Oh! ça, ça va.

— Ça va bien?

— Ça va.

— Alors, je vous suggère également de déclarer qu'une partie de bridge vous serait fatale.

— Tout de même, insistai-je, je peux jouer.

— Vous pouvez perdre cinq cents dollars sans faire un nez?

— Ça me gênerait.

— Alors suivez aussi ce conseil-là.

— Vous êtes plein de choses aimables, ce soir, Dex, lui dis-je. Si vous m'avez invité pour me faire comprendre que je suis trop fauché pour ces gens-là, dites-le tout de suite et au revoir.

— Vous feriez mieux de me remercier, Lee. Je vous donne les moyens de pouvoir tenir le coup en face de ces gens-là, comme vous dites.

— Je me demande en quoi ça vous intéresse.

— Ça m'intéresse.

Il se tut un instant et freina sec pour respecter un feu rouge. La Packard s'affaissa doucement sur ses ressorts, vers l'avant, et revint en place.

— Je ne vois pas en quoi.

— Je voudrais savoir où vous voulez en venir avec ces filles.

— Toutes les jolies filles méritent qu'on s'en occupe.

— Vous en avez sous la main des douzaines qui sont aussi jolies et beaucoup plus faciles.

— Je ne crois pas que la première partie de votre phrase soit entièrement vraie, dis-je, et la seconde non plus.

Il me regarda avec une idée de derrière la tête. J'aimais mieux quand il surveillait la route.

— Vous m'étonnez, Lee.

— Franchement, dis-je, je trouve ces deux filles à mon goût.

— Je sais que vous aimez ça, dit Dex.

Certainement, ce n'est pas ce qu'il me tenait en réserve.

— Je ne crois pas que ce soit plus difficile de coucher avec elles qu'avec Judy ou Jicky, assurai-je.

— Ce n'est pas simplement ça que vous cherchez, Lee ?

— Simplement ça.

— Alors, faites attention. Je ne sais pas ce que vous avez fait à Jean, mais en cinq minutes de téléphone, elle a trouvé le moyen de prononcer quatre fois votre nom.

— Je suis heureux de lui avoir fait cette impression.

— Ce ne sont pas des filles avec qui on peut coucher sans les épouser plus ou moins. Du moins je pense qu'elles sont comme ça. Vous savez, Lee, je les connais depuis dix ans.

— Alors, j'ai eu de la veine, assurai-je. Parce que je ne compte pas les épouser toutes les deux, et que je compte bien coucher avec les deux.

Dexter ne répondit rien et me regarda encore. Est-ce que Judy lui avait raconté notre séance chez Jicky ou est-ce qu'il ne savait rien ? Je crois que ce type était capable de deviner les trois quarts des choses, même sans qu'on lui raconte le reste.

— Descendez, me dit-il.

Je me rendis compte que la voiture était arrêtée devant le *Stork Club* et je descendis.

Je précédais Dexter en entrant et c'est lui qui laissa le pourboire à la brune du vestiaire. Un garçon en livrée, que je connaissais bien, nous conduisit à la table qui nous était réservée. Dans ce bistrot, ils essayaient de singer le grand genre, et ça donnait des résultats comiques. Je serrai la pince à Blackie, le chef d'orchestre, en passant. C'était l'heure du cocktail et l'orchestre jouait pour la danse. Je connaissais aussi la plupart des clients de vue. Mais j'avais l'habitude de les voir de l'estrade, et ça fait

toujours un drôle d'effet de se retrouver brusquement avec les ennemis, du côté du public.

Nous nous assîmes et Dex commanda des triples martinis.

— Lee, me dit-il, je ne veux plus vous parler de cela, mais faites attention à ces filles.

— Je fais toujours attention, dis-je. Je ne sais pas dans quel sens vous l'entendez mais, en général, je me rends compte de ce que je fais.

Il ne me répondit pas, et, deux minutes après, parla d'autre chose. Quand il voulait perdre son drôle d'air en dessous, il pouvait dire des choses intéressantes.

X

Nous étions tous les deux pas mal pleins en sortant, et je me mis au volant malgré les protestations de Dexter.

— Je ne tiens pas à ce que vous m'abîmiez le portrait pour samedi. Vous regardez toujours ailleurs en conduisant et ça me donne chaque fois l'impression de mourir.

— Mais vous ne connaissez pas le chemin, Lee.

— Eh bien quoi, dis-je, vous allez me l'expliquer.

— C'est un quartier de la ville où vous n'allez jamais et c'est compliqué.

— Oh! Vous m'assommez, Dex. Quelle rue?

— Bon, eh bien menez-vous au 300 de Stephen's Street.

— C'est par là? demandai-je en pointant un index vague dans la direction du quartier ouest.

— Oui. Vous la connaissez?

— Je connais tout, assurai-je. Attention au démarrage.

Cette Packard, c'était un velours à conduire. Dex ne l'aimait pas et préférait la Cadillac de ses parents; mais à côté de la Nash, du véritable miel.

— C'est à Stephen's Street que nous allons?

— À côté, dit Dex.

Malgré la quantité d'alcool qu'il avait dans les tripes, il tenait le coup comme un chêne. À croire qu'il n'avait rien bu.

Nous arrivions en plein dans le quartier pauvre de la ville. Stephen's Street commençait bien, mais dès le numéro 200, ça devenait des

logements à bon marché, et puis des baraques à un seul étage, de plus en plus minables. Au 300, ça se tenait encore debout. Il y avait quelques vieilles voitures devant les maisons, presque de l'époque du T de Ford. J'arrêtai la bagnole de Dex devant l'endroit indiqué.

— Venez, Lee, dit-il. On marche un bout.

Il ferma les portes et nous nous mîmes en route. Il tourna dans une rue transversale et fit une centaine de mètres. Il y avait des arbres et des clôtures démolies. Dex s'arrêta devant une bâtisse de deux étages dont le haut était en planches. Par miracle, le grillage, autour du tas de détritus qui constituait le jardin, était à peu près en bon état. Il entra sans prévenir. Il faisait presque nuit et les recoins grouillaient d'ombres bizarres.

— Venez, Lee, dit-il. C'est ici.

— Je vous suis.

Il y avait un chèvrefeuille devant la maison, un seul, mais son odeur suffisait à couvrir les relents d'immondices qui s'accumulaient un peu partout. Dex grimpa les deux marches de l'entrée qui était sur le côté de la maison. Une grosse négresse vint ouvrir en réponse à son coup de sonnette. Sans rien dire, elle nous tourna le dos et Dexter la suivit. Je refermai la porte derrière moi.

Au premier, elle s'effaça pour nous laisser passer. Dans une petite pièce, il y avait un divan, une bouteille et deux verres, et deux gosses de onze à douze ans, une petite rouquine ronde et couverte de taches de rousseur, et une jeune négresse, la plus âgée des deux à ce qu'il semblait. Elles étaient sagement assises sur le divan, vêtues chacune d'une chemisette et d'une jupe trop courte.

— Voilà des messieurs qui vous apportent des dollars, dit la négresse. Soyez bien sages avec eux.

Elle referma la porte et nous laissa. Je regardai Dexter.

— Déshabillez-vous, Lee, dit-il. Il fait très chaud, ici.

Il se tourna vers la rousse.

— Viens m'aider, Jo.

— Je m'appelle Polly, dit l'enfant. Vous allez me donner des dollars ?

— Certainement, dit Dex.

Il tira de sa poche une coupure de dix froissée et la jeta à la gosse.

— Viens m'aider à défaire mon pantalon.

Je n'avais pas encore bougé. Je regardai la rouquine se lever. Elle devait avoir un peu plus de douze ans. Elle avait des fesses bien rondes sous sa jupe trop courte. Je savais que Dexter me regardait.

— Je prends la rousse, me dit-il.

— Vous savez que nous risquons la taule pour ce truc-là?

— C'est la couleur de sa peau qui vous gêne? me lança-t-il brutalement.

C'est ça qu'il me réservait. Il me regardait toujours, avec sa mèche sur l'œil. Il attendait. Je crois que je n'ai pas changé de couleur. Les deux gosses ne bougeaient plus, un peu effrayées...

— Viens Polly, dit Dex. Veux-tu boire un petit verre?

— J'aime mieux pas, dit-elle. Je peux vous aider sans boire.

En moins d'une minute, il était déshabillé et prit l'enfant sur ses genoux en lui relevant sa jupe. Sa figure devenait sombre et il commençait à souffler.

— Vous n'allez pas me faire de mal? dit-elle.

— Laisse-toi faire, répondit Dexter. Sinon, pas de dollars.

Il lui fourra sa main entre les jambes et elle se mit à pleurer.

— Tais-toi! dit-il. Ou je te fais battre par Anna.

Il tourna la tête vers moi. Je n'avais pas bougé.

— C'est la couleur de sa peau qui vous gêne? répéta-t-il. Voulez-vous la mienne?

— Ça va comme ça, dis-je.

Je regardai l'autre gosse. Elle se grattait la tête, absolument indifférente à tout ça. Elle était déjà formée.

— Viens, lui dis-je.

— Vous pouvez y aller, Lee, dit Dex, elles sont propres. Vas-tu te taire? Polly s'arrêta de pleurer et renifla un bon coup.

— Vous êtes trop gros... dit-elle. Ça me fait mal.

— Tais-toi, dit Dex. Je te donnerai cinq dollars de plus.

Il haletait comme un chien. Et puis il la saisit par les cuisses et commença à s'agiter sur la chaise. Les larmes de Polly coulaient maintenant sans bruit. La petite négresse me regardait.

— Déshabille-toi, lui dis-je, et va sur ce divan.

Et puis je retirai ma veste et je défis ma ceinture. Elle poussa un léger cri lorsque j'entrai en elle. Et elle était brûlante comme l'enfer.

XI

Lorsque le samedi est arrivé, je n'avais pas revu Dexter. J'ai décidé de prendre la Nash et d'aller jusque chez lui. S'il venait toujours, je la laisserais dans son garage. Sinon, je repartirais directement.

Je l'avais laissé malade comme un cochon le soir d'avant. Il devait être beaucoup plus saoul que je ne croyais et s'était mis à faire des blagues. La petite Polly garderait une marque sur le sein gauche, car cet abruti avait imaginé de la mordre comme un enragé. Il supposait que ses dollars la calmeraient, mais la négresse Anna rappliquait sans tarder et menaçait de ne jamais plus le recevoir. Sûr qu'il ne venait pas dans cette boîte pour la première fois. Il ne voulait pas laisser partir Polly, dont l'odeur de rouquine devait lui plaire. Anna lui mit une espèce de pansement et lui donna un somnifère, mais elle fut obligée de la laisser à Dex qui la léchait sur toutes les coutures en faisant des sales bruits avec sa gorge.

Je me rendais compte de ce qu'il devait ressentir parce que, pour ma part, je ne pouvais pas me décider à sortir de cette gosse noire, et tout de même je faisais attention de ne pas la blesser, mais elle ne s'est pas plainte une seule fois. Elle fermait seulement les yeux.

C'est à cause de cela que je me demandais si Dex était d'aplomb aujourd'hui pour le week-end chez les Asquith. Je m'étais réveillé moi-même la veille dans un drôle d'état et Ricardo pouvait le dire : dès neuf heures du matin, il me servait un triple zombie, et je ne connais que ça pour remettre un type en place. Au fond je ne buvais guère avant de venir à Buckton et je me rendais compte de mon tort. À condition d'en prendre assez, il n'y a pas d'exemple que ça ne vous éclaircisse les idées. Ce matin, ça allait, et je stoppai devant chez Dex, très en forme.

Il m'attendait déjà, contrairement à ce que je supposais, rasé de frais, dans un complet de gabardine beige et une chemise bicolore grise et rose.

— Avez-vous déjeuné, Lee ? Je déteste m'arrêter en route, alors je prends mes précautions.

Ce Dexter-là était clair, simple et net comme un gosse. Un gosse plus vieux que son âge, tout de même. Ses yeux.

— Je mangerais bien un peu de jambon et de marmelade, répondis-je.

Le valet de chambre me servit copieusement. J'ai horreur d'avoir un type qui fourre ses pattes dans ce que je mange, mais ça paraissait très normal à Dexter.

Sitôt après ça, nous sommes partis. J'ai transféré mes bagages de la Nash dans la Packard et Dexter s'est assis à droite.

— Conduisez, Lee. Ça va mieux comme ça.

Il me regarda en dessous. Ce fut sa seule allusion à la soirée de l'avant-veille. Tout le reste de la route, il fut d'une humeur charmante et me raconta tout un tas d'histoires sur les parents Asquith, deux bons salauds qui avaient débuté dans la vie avec un confortable capital, ce qui est correct, mais aussi l'habitude d'exploiter des gens dont le seul tort est d'avoir la peau d'une autre couleur qu'eux. Ils avaient des plantations de canne du côté de la Jamaïque ou d'Haïti et Dex prétendait que, chez eux, on buvait un sacré rhum.

— Ça bat les zombies de Ricardo, vous savez, Lee.

— Alors j'en suis ! affirmai-je.

Et je tirai un bon coup sur la manette des gaz.

Nous fîmes les cent milles en un peu plus d'une heure et Dexter me dirigea en arrivant à Prixville. C'était un patelin beaucoup moins important que Buckton, mais les maisons paraissaient plus luxueuses et les jardins plus grands. Il y a des endroits comme ça où tous les types ont l'air pleins de galette.

La grille des Asquith était ouverte et je montai en prise la rampe d'accès au garage, mais, avec moi, le moteur ne cognait pas. Je rangeai la Clipper derrière deux autres voitures.

— Il y a déjà des clients, dis-je.

— Non, remarqua Dexter. Ce sont celles de la maison. Je crois que nous sommes les seuls. En dehors de nous, il y a quelques types d'ici. Ils s'invitent tous à tour de rôle, parce que lorsqu'ils se retrouvent chez eux, ils s'embêtent trop. Il faut dire qu'ils n'y sont pas souvent.

— Je vois, dis-je. Des gens à plaindre, en somme.

Il rit et descendit. Nous prîmes chacun notre valise et nous trouvâmes nez à nez avec Jean Asquith. Elle portait une raquette de tennis. Elle avait un short blanc et venait d'enfiler, après la partie, un pull bleu canard qui la moulait d'une façon effrayante.

— Oh ! Vous voilà ! dit-elle.

Elle paraissait ravie de nous voir.

— Venez prendre quelque chose !

Je regardai Dex, et il me regarda, et nous hochâmes la tête avec approbation et ensemble.

— Où est Lou ? demanda Dex.

— Elle est déjà remontée, dit Jean. Elle doit se changer.

— Oh! dis-je, méfiant. On s'habille pour le bridge, ici?

Jean rit aux éclats.

— Je veux dire, changer de short. Allez mettre quelque chose de plus commode que ça et revenez. On va vous mener à vos chambres.

— J'espère que vous allez changer de short aussi, raillai-je. Il y a au moins une heure que vous portez celui-là.

Je reçus un bon coup de tête de raquette sur les doigts.

— Moi, je ne transpire pas! affirma Jean. Je n'ai plus l'âge.

— Et vous avez perdu la partie, sans doute?

— Oui!...

Elle rit encore. Elle savait qu'elle riait très bien.

— Alors, je peux me risquer à vous proposer un set? dit Dex. Naturellement, pas pour tantôt. Pour demain matin.

— Bien sûr! dit Jean.

Je ne sais pas si je me trompe, mais je crois qu'elle aurait préféré que ce soit moi.

— Bon, dis-je. S'il y a deux courts, j'en ferai autant avec Lou, et les deux perdants joueront l'un contre l'autre. Arrangez-vous pour perdre, Jean, et nous avons une chance de jouer ensemble.

— O.K., dit Jean.

— Alors, conclut Dex, puisque tout le monde triche, c'est moi qui serai battu.

Nous nous mîmes à rire tous les trois. Ce n'était pas drôle ; mais ça se tendait un peu, et il fallait arranger ça. Puis Dex et moi suivîmes Jean vers la maison et elle nous remit entre les mains d'une femme de chambre noire, très mince, avec un petit bonnet blanc empesé.

XII

Je me suis changé dans ma chambre et j'ai retrouvé Dex et les autres en bas. Il y avait deux autres garçons et deux filles, un compte rond, et Jean jouait au bridge avec une des filles et les deux garçons. Lou était là. J'ai laissé Dex tenir compagnie à l'autre fille et j'ai tourné le bouton de la radio pour mettre un peu de musique de danse. J'ai accroché Stan Kenton[29] et j'ai laissé. C'était mieux que rien. Lou sentait un nouveau parfum que je préférais à celui de l'autre jour, mais j'ai voulu la taquiner.

— Vous avez changé de parfum, Lou.

— Oui. Celui-là ne vous plaît pas?

— Si, il est bien. Mais vous savez que ça ne se fait pas.

— Quoi?

— Ce n'est pas la règle de changer de parfum. Une véritable élégante reste fidèle à un parfum.

— Où avez-vous pris ça?

— Tout le monde sait ça. C'est une vieille règle française.

— Nous ne sommes pas en France.

— Alors pourquoi utilisez-vous des parfums français?

— Ce sont les meilleurs.

— Certainement, mais si vous respectez une règle, il faut les respecter toutes.

— Mais, dites-moi, Lee Anderson, où avez-vous été pêcher tout ça?

— Ce sont les bienfaits de l'instruction, raillai-je.

— De quel collège sortez-vous?

— D'aucun collège que vous connaissiez.

— C'est-à-dire?

— J'ai étudié en Angleterre et en Irlande, avant de revenir aux U.S.A.

— Pourquoi faites-vous ce que vous faites? Vous pourriez gagner plus d'argent.

— J'en gagne assez pour ce que je veux faire, dis-je.

— Quelle est votre famille?

— J'avais deux frères.

— Et?

— Le plus jeune est mort. Dans un accident.

— Et l'autre?

— Il vit toujours. Il est à New York.

— J'aimerais le connaître... dit-elle.

Elle paraissait avoir perdu cette brusquerie qu'elle montrait chez Dexter et chez Jicky, et aussi avoir oublié ce que je lui avais fait à ce moment-là.

— Je préfère que vous ne le connaissiez pas, dis-je.

Et je le pensais. Mais je me trompais en croyant qu'elle avait oublié.

— Vos amis sont drôles, dit-elle, passant sans transition à un autre sujet.

Nous dansions toujours. Il n'y avait pratiquement pas d'interruption entre les morceaux, et cela m'évita de répondre.

— Qu'est-ce que vous avez fait à Jean, la dernière fois? dit-elle. Elle n'est plus pareille.

— Je ne lui ai rien fait. Je l'ai juste aidée à se dessaouler. Il y a une technique connue.

— Je ne sais pas si vous me racontez des blagues. On a du mal à savoir, avec vous.

— Je suis transparent comme le cristal... assurai-je.

C'était à son tour de ne plus répondre, et elle fut toute à la danse pendant quelques minutes. Elle était détendue dans mes bras et semblait ne penser à rien.

— Je voudrais avoir été là, conclut-elle.

— Je le regrette aussi, dis-je. Vous seriez tranquille maintenant.

Ma phrase me fit monter à moi-même une bouffée de chaleur derrière les oreilles. Je me rappelais le corps de Jean. Les prendre toutes les deux, et les supprimer en même temps, après le leur avoir dit. Pas possible.

— Je ne crois pas que vous pensiez ce que vous dites.

— Je ne sais pas ce qu'il faudrait que je dise pour que vous croyiez que je le pense.

Elle protesta vigoureusement, me traita de pédant, et m'accusa de parler comme un psychiatre autrichien. C'était un peu dur.

— Je veux dire, expliquai-je, à quels moments croyez-vous que je dis la vérité ?

— J'aime mieux quand vous ne dites rien.

— Et quand je ne fais rien aussi ?

Je la serrai un peu plus fort. Elle se rappelait certainement ce à quoi je faisais allusion et elle baissa les yeux. Mais je n'allais pas la lâcher comme ça. D'ailleurs, elle dit :

— Ça dépend de ce que vous faites.

— Vous n'approuvez pas tout ce que je fais ?

— Cela n'a aucun intérêt si vous le faites à tout le monde.

Je sentais que j'y arrivais peu à peu. Elle était presque mûre. Encore quelques efforts. Je voulais voir si vraiment c'était cuit.

— Vous parlez par énigmes, dis-je. De quoi parlez-vous ?

Cette fois, elle ne baissa pas seulement les yeux, mais la tête. Elle était réellement beaucoup plus petite que moi. Elle avait un gros œillet blanc dans les cheveux. Mais elle répondit :

— Vous savez très bien de quoi je parle. De ce que vous m'avez fait l'autre jour sur le divan.

— Et alors ?

— Est-ce que vous le faites à toutes les femmes que vous rencontrez ?

Je ris tout haut et elle me pinça les bras.

— Ne vous moquez pas de moi. Je ne suis pas une idiote.

— Certainement pas.

— Répondez à ma question.

— Non, dis-je. Je ne le fais pas à toutes les femmes. Franchement, il n'y a que très peu de femmes à qui l'on puisse avoir envie de le faire.

— Vous me racontez des blagues. J'ai bien vu comment se tenaient vos amis.

— Ce ne sont pas des amis, ce sont des camarades.

— Ne chicanez pas sur les mots, dit-elle. Est-ce que vous le faites à vos camarades?

— Croyez-vous que l'on puisse avoir envie de le faire à des filles comme ça?

— Je crois... murmura-t-elle. Il y a des moments où on pourrait faire beaucoup de choses avec beaucoup de gens.

Je crus devoir profiter de cette phrase pour resserrer légèrement mon étreinte. En même temps je m'efforçais de lui caresser le sein droit. Je m'y étais pris trop tôt. Elle se dégagea doucement, mais avec fermeté.

— L'autre jour, vous savez, j'avais bu, dit-elle.

— Je ne crois pas, répondis-je.

— Oh!... Vous supposez que je me serais laissé faire si je n'avais pas bu?

— Certainement.

Elle baissa la tête de nouveau, puis la releva pour me dire:

— Vous ne pensez pas que j'aurais dansé avec n'importe qui?

— Je suis n'importe qui.

— Vous savez bien que non.

J'avais rarement soutenu une conversation aussi épuisante. Cette fille vous glissait entre les doigts comme une anguille. Tantôt elle avait l'air de marcher à fond, et tantôt elle se rebiffait au moindre contact. Je continuai tout de même.

— Qu'est-ce que j'ai de différent?

— Je ne sais pas. Vous êtes bien physiquement, mais il y a autre chose. Votre voix, par exemple.

— Eh bien?

— Ce n'est pas une voix ordinaire.

Je ris encore de bon cœur.

— Non, insista-t-elle. C'est une voix plus grave... et plus... Je ne sais pas comment dire... plus balancée.

— C'est l'habitude de jouer de la guitare et de chanter.

— Non, dit-elle. Je n'ai pas entendu des chanteurs et des guitaristes chanter comme vous. J'ai entendu des voix qui me rappellent la vôtre, oui, c'est là... à Haïti. Des Noirs.

— C'est un compliment que vous me faites, dis-je. Ce sont les meilleurs musiciens que l'on puisse trouver.

— Ne dites pas de bêtises.

— Toute la musique américaine est sortie d'eux, assurai-je.

— Je ne crois pas. Tous les grands orchestres de danse sont blancs.

— Certainement, les Blancs sont bien mieux placés pour exploiter les découvertes des Noirs.

— Je ne crois pas que vous ayez raison. Tous les grands compositeurs sont blancs.

— Duke Ellington, par exemple.

— Non, Gershwin, Kern, tous ceux-là[30].

— Tous des Européens émigrés, assurai-je. Certainement ceux-ci sont les meilleurs exploiteurs. Je ne crois pas qu'on puisse trouver dans Gershwin un passage original, qu'il n'ait pas copié, démarqué ou reproduit. Je vous défie d'en trouver un dans la *Rhapsody in Blue*.

— Vous êtes bizarre, dit-elle. Je déteste les Noirs.

C'était trop beau. Je pensai à Tom, et je fus bien près de remercier le Seigneur. Mais j'avais trop envie de cette fille pour être accessible à la colère à ce moment. Et pas besoin du Seigneur pour faire du bon travail.

— Vous êtes comme tous les autres, dis-je. Vous aimez bien vous vanter de choses que tout le monde, sauf vous, a découvertes.

— Je ne vois pas ce que vous voulez dire.

— Vous devriez voyager, assurai-je. Vous savez, ce ne sont pas les Américains blancs tout seuls qui ont inventé le cinéma, ni l'automobile, ni les bas nylon, ni les courses de chevaux. Ni la musique de jazz.

— Parlons d'autre chose, dit Lou. Vous lisez trop de livres, voilà ce que c'est.

Ils continuaient leur bridge à la table à côté, et vraiment, je n'arriverais à rien si je ne faisais pas boire cette fille. Il fallait persévérer.

— Dex m'a parlé de votre rhum, continuai-je. Est-ce que c'est un mythe ou est-ce qu'il est accessible aux simples mortels ?

— Vous pouvez certainement en avoir, dit Lou. J'aurais dû penser que vous aviez soif.

Je la lâchai et elle fila vers une sorte de bar de salon.

— Mélange ? dit-elle. Rhum blanc et rhum rouge ?

— Va pour le mélange. Si vous pouvez ajouter un peu de jus d'orange. Je crève de soif.

— C'est facile! assura-t-elle.

Ceux de la table de bridge, à l'autre bout de la pièce, nous hélèrent à grands cris.

— Oh! Lou, faites-en pour tout le monde!...

— Bon, dit-elle, mais vous viendrez le prendre.

J'aimais voir cette fille se pencher en avant. Elle portait une espèce de jersey collant avec un décolleté complètement rond qui lui découvrait la naissance des seins, et cette fois, ses cheveux étaient tous rejetés d'un seul côté, comme le jour où je l'avais vue, mais à gauche. Elle était beaucoup moins maquillée, et vraiment à mordre dedans.

— Vous êtes réellement une jolie fille, dis-je.

Elle se redressa, une bouteille de rhum à la main.

— Ne commencez pas...

— Je ne commence pas. Je continue.

— Alors, ne continuez pas. Ça va trop vite, avec vous. On perd tout le plaisir.

— Il ne faut pas que les choses durent trop longtemps.

— Si. Les choses agréables, ça devrait durer tout le temps.

— Est-ce que vous savez ce que c'est qu'une chose agréable?

— Oui. Parler avec vous, par exemple.

— Le plaisir est pour vous. C'est égoïste.

— Vous êtes un mufle. Dites que ma conversation vous rase.

— Je ne peux pas vous regarder sans penser que vous êtes faites pour autre chose que pour parler, et cela m'est difficile de vous parler sans vous regarder. Mais je veux bien continuer à parler avec vous. Pendant ce temps-là, je ne joue pas au bridge.

— Vous n'aimez pas le bridge?

Elle avait rempli un verre et me le tendit. Je le pris et le vidai à moitié.

— J'aime ça.

Je désignai le verre.

— Et j'aime aussi que vous l'ayez préparé.

Elle devint rose.

— C'est tellement agréable quand vous êtes comme ça.

— Je vous assure que je peux être agréable d'un tas d'autres façons.

— Vous êtes un poseur. Vous êtes bien bâti et vous vous imaginez que toutes les femmes ont envie de cela.

— De quoi?

— Des choses physiques.

— Celles qui n'en ont pas envie, affirmai-je, n'ont jamais essayé.

— Ce n'est pas vrai.

— Vous avez essayé?

Elle ne répondit pas et tortilla ses doigts, et puis elle se décida.

— Ce que vous m'avez fait, la dernière fois...

— Eh bien?...

— Ce n'était pas agréable. C'était... C'était terrible!

— Mais pas désagréable?

— Non, dit-elle tout bas.

Je n'insistai pas et finis mon verre. J'avais rattrapé le terrain perdu. Sacré nom, quel mal j'aurais avec cette fille; il y a des truites qui vous donnent cette impression-là.

Jean s'était levée et venait prendre des verres.

— Vous ne vous ennuyez pas avec Lou?

— Tu es trop aimable, dit sa sœur.

— Lou est charmante, dis-je. Je l'aime beaucoup. Est-ce que je peux vous demander sa main?

— Jamais de la vie, dit Jean. J'ai la priorité.

— Alors, qu'est-ce que je suis, là-dedans? dit Lou. Un laissé pour compte?

— Tu es jeune, dit Jean. Tu as le temps. Moi...

Je ris, car Jean ne portait réellement pas deux ans de plus que sa sœur.

— Ne riez pas comme un idiot, dit Lou. N'est-ce pas qu'elle est déjà bien décatie?

Décidément, j'aimais bien ces deux filles. Et elles avaient l'air de s'entendre, aussi.

— Si vous ne devenez pas pire en vieillissant, dis-je à Lou, je veux bien vous épouser toutes les deux.

— Vous êtes horrible, dit Jean. Je retourne à mon bridge. Vous danserez avec moi tout à l'heure.

— Ah, zut, dit Lou. Cette fois, c'est moi qui ai la priorité. Va jouer avec tes sales cartes.

Nous nous mîmes à danser de nouveau, mais le programme changea et je proposai à Lou un tour dehors pour se dégourdir les jambes.

— Je ne sais pas si j'ai intérêt à rester seule avec vous, dit-elle.

— Vous ne risquez pas grand-chose. En somme, vous n'avez qu'à appeler.

— C'est ça, protesta-elle. Pour avoir l'air d'une idiote.

— Bon, dis-je. Alors, je voudrais boire un peu, si ça ne vous fait rien.

Je me dirigeai vers le bar et me confectionnai un petit machin remontant. Lou était restée à l'endroit où je l'avais laissée.

— En voulez-vous ?

Elle fit non de la tête, en fermant ses yeux jaunes. Cessant de m'occuper d'elle, je traversai la pièce et vins considérer le jeu de Jean.

— Je viens vous porter chance ! dis-je.

— C'est le moment !

Elle se tourna légèrement vers moi avec un sourire radieux.

— Je perds cent trente dollars. Vous trouvez ça gai ?

— Tout dépend de l'exact pourcentage de votre fortune que cela représente, assurai-je.

— Si nous nous arrêtions de jouer ? proposa-t-elle alors.

Les trois autres, qui ne paraissaient pas avoir envie de jouer plus que d'autre chose, se levèrent avec ensemble. Quant au dénommé Dexter, depuis déjà un bout de temps, il avait emmené la quatrième fille dans le jardin.

— Il n'y a que ça ? dit Jean en désignant la radio d'un index méprisant. Je vais vous trouver quelque chose de mieux.

Elle manipula les boutons et se brancha effectivement sur quelque chose de dansable. Un des deux types invita Lou. Les deux autres dansèrent ensemble, et j'emmenai Jean boire quelque chose avant de commencer. Elle, je savais ce qu'il lui fallait.

XIII

Pratiquement, je n'avais pas adressé de nouveau la parole à Lou depuis notre grande conversation lorsque nous sommes montés nous coucher, Dex et moi. Nos chambres étaient au premier, du même côté que celles des filles. Les parents occupaient l'autre aile. Les autres types étaient rentrés chez eux. Je dis que les parents occupaient l'autre aile, mais à ce moment, ils étaient repartis pour New York ou Haïti, ou quelque chose comme ça. Il y avait dans l'ordre ma chambre, celle de Dexter, celle de Jean et celle de Lou. J'étais mal placé pour des incursions.

Je me déshabillai, pris une bonne douche et me frictionnai énergiquement au gant de crin. J'entendais Dexer remuer vaguement dans sa chambre. Il sortit, puis revint cinq minutes après et je perçus le

bruit d'un verre qu'on emplit. Il avait été faire une petite expédition de ravitaillement et je pensai que ce n'était pas une mauvaise idée. Je tapai légèrement à la porte de communication de sa chambre et de la salle de bains qui nous séparait. Il vint aussitôt.

— Oh, Dex, dis-je à travers la porte. Ai-je rêvé ou ai-je entendu des bruits de bouteilles ?

— Je vous en passe une, dit Dex. J'en ai remonté deux.

C'était du rhum. Rien de mieux pour dormir ou pour rester éveillé, suivant l'heure. Je comptais rester éveillé, mais j'entendis Dex se coucher peu après. Il l'avait pris d'une autre façon que moi.

J'attendis une demi-heure et je sortis doucement de ma chambre. J'avais un slip et ma veste de pyjama. Je ne peux pas sentir les pantalons de pyjama. C'est un système impossible.

Le couloir était sombre, mais je savais où j'allais. J'avançai sans précautions, car les tapis suffisaient à étouffer le bruit d'un match de base-ball, et je cognai doucement à la porte de Lou.

Je l'entendis approcher ; je la sentis approcher, plutôt, et la clé tourna dans la serrure. Je me glissai dans sa chambre et je refermai prestement le panneau laqué.

Lou portait un ravissant déshabillé blanc qu'elle avait dû voler à une Vargas Girl[31]. Visiblement, sa tenue comprenait également un soutien-gorge de dentelle et une petite culotte assortie.

— Je viens voir si vous êtes toujours fâchée contre moi, dis-je.

— Ne restez pas ici, protesta-t-elle.

— Pourquoi m'avez-vous ouvert ? Qui pensiez-vous que c'était ?

— Je ne sais pas, moi, Susie, peut-être...

— Susie est couchée. Les autres domestiques aussi. Vous le savez parfaitement.

— Où voulez-vous en venir ?

— À ça.

Je l'attrapai au vol et je l'embrassai d'une façon vraiment conséquente. Je ne sais pas ce que faisait ma main gauche pendant ce temps-là. Mais Lou se débattait et je reçus sur l'oreille un des plus ravissants coups de poing qu'il m'ait été donné d'encaisser jusqu'à ce jour. Je la lâchai.

— Vous êtes un sauvage... dit-elle.

Ses cheveux étaient peignés normalement, flous, avec une raie au milieu, et c'était vraiment un morceau de choix. Mais je restai calme. Le rhum m'aidait.

— Vous faites trop de bruit, répondis-je. Jean va sûrement vous entendre.

— Il y a la salle de bains entre nos deux chambres.

— Parfait.

Je récidivai et j'ouvris son déshabillé. Je réussis à lui arracher son slip avant qu'elle ait pu me frapper de nouveau. Mais je rattrapai son poignet et je lui tins les mains derrière le dos. Elles logeaient à l'aise au creux de ma paume droite. Elle luttait sans bruit, mais avec rage et tentait de me donner des coups de genou, mais je glissai ma main gauche derrière ses reins et je l'appliquai serrée contre moi. Elle essayait de me mordre à travers mon pyjama. Il m'aurait fallu une main de plus. Je sentais son sexe frisé contre ma cuisse droite et je la soulevai légèrement de terre. Mais je n'arrivais pas à me dégager de mon sacré slip. Je la lâchai brusquement et la repoussai vers son lit.

— Après tout, dis-je, vous vous êtes débrouillée toute seule jusqu'à maintenant. Je serais bien bête de me fatiguer pour si peu de chose.

Elle était près de pleurer, mais ses yeux luisaient de colère. Elle n'essayait même pas de se rhabiller et je me rinçais l'œil. Elle avait une toison noire et serrée, brillante comme de l'astrakan.

Je tournai les talons et je me dirigeai vers la porte.

— Dormez bien, dis-je. Excusez-moi d'avoir légèrement endommagé votre linge. Je n'ose vous proposer de le remplacer, mais je compte que vous m'enverrez la note.

Il m'était difficile d'être plus mufle, et pourtant, j'ai des dispositions. Elle ne répondit rien, mais je vis ses poings se crisper et elle se mordit les lèvres. Elle me tourna le dos brusquement et je restai une seconde à l'admirer de ce côté-là. Vraiment c'était dommage. Je sortis dans un drôle d'état.

J'ouvris sans me gêner la porte suivante, celle de Jean. Elle n'avait pas fermé à clé. Je me dirigeai posément vers la salle de bains et je tournai le verrou nickelé.

Et puis j'enlevai ma veste de pyjama et je quittai mon slip. La chambre était éclairée par une lumière douce et les tentures orangées adoucissaient encore l'atmosphère. Jean, complètement nue, faisait ses ongles, à plat ventre sur son lit bas. Elle tourna la tête en me voyant entrer et me suivit des yeux pendant que je bouclais les portes.

— Vous avez du culot, dit-elle.

— Oui, répondis-je. Et vous, vous m'attendiez.

Elle rit et se retourna sur son lit. Je m'assis près d'elle et lui caressai les

cuisses. Elle était impudique comme une gosse de dix ans. Elle s'assit et tâta mes biceps.

— Vous êtes costaud.

— Je suis faible comme l'agneau qui vient de naître, assurai-je.

Elle se frotta à moi et m'embrassa, mais je la vis reculer et s'essuyer les lèvres.

— Vous venez de chez Lou. Vous sentez son parfum.

Je n'avais pas pensé à cette sacrée habitude. La voix de Jean tremblait et elle évitait de me regarder. Je la saisis par les épaules.

— Vous n'êtes pas raisonnable.

— Vous sentez son parfum.

— Je suis entré chez elle.

— Vous voyez.

— J'avais à m'excuser, dis-je. Je l'ai froissée tantôt.

Je pensais que Lou était peut-être encore debout, aux trois quarts nue, au milieu de sa chambre, et cela m'excita encore plus. Jean s'en aperçut et rougit.

— Ça vous gêne ? demandai-je.

— Non, murmura-t-elle. Je peux vous toucher ?

Je m'étendis près d'elle et la fis s'allonger à côté de moi. Ses mains me parcouraient timidement le corps.

— Vous êtes très fort, dit-elle à voix basse.

Nous étions maintenant sur le côté, l'un en face de l'autre. Je la poussai doucement et la retournai sur l'autre côté et puis je me rapprochai d'elle. Elle écarta légèrement les jambes pour me donner passage.

— Vous allez me faire mal.

— Certainement pas, dis-je.

Je ne faisais rien d'autre que de promener mes doigts sur ses seins, en remontant du bas vers les pointes, et je la sentais vibrer contre moi. Ses fesses rondes et chaudes se logeaient étroitement en haut de mes cuisses et elle respirait rapidement.

— Voulez-vous que j'éteigne ? murmurai-je.

— Non, dit Jean, je préfère comme ça.

Je dégageai ma main gauche de dessous son corps et j'écartai ses cheveux sur l'oreille droite. Beaucoup de gens ignorent ce que l'on peut faire d'une femme en lui embrassant et en lui mordillant une oreille, mais c'est un fameux truc. Jean se tordit comme une anguille.

— Ne me faites pas ça.

Je m'arrêtai aussitôt, mais elle me saisit le poignet et me serra avec une force extraodinaire.

— Faites-le encore.

Je recommençai plus longuement, et je la sentis se raidir tout d'un coup, puis se détendre et laisser retomber sa tête. Ma main glissa le long de son ventre et je me rendis compte qu'elle avait senti quelque chose. Je me mis à lui parcourir le cou de baisers rapides à peine effleurés. Je voyais sa peau se tendre à mesure que je progressais vers sa gorge. Et puis, tout doucement, je pris mon sexe et j'entrai en elle, si facilement que je ne sais pas si elle s'en rendit compte avant que je ne commence à remuer. C'est une question de préparation. Mais elle se dégagea d'un léger coup de reins.

— Je vous ennuie ? dis-je.

— Caressez-moi encore. Caressez-moi toute la nuit.

— Je compte bien le faire, dis-je.

Je la possédai à nouveau, brutalement cette fois. Mais je me retirai avant de l'avoir satisfaite.

— Vous allez me rendre folle !... murmura-t-elle.

Et elle se roula sur le ventre en cachant sa tête dans ses bras. Je lui embrassai les reins et les fesses, et puis m'agenouillai au-dessus d'elle.

— Écartez vos jambes, dis-je.

Elle ne dit rien et écarta doucement les jambes. Je glissai ma main entre ses cuisses et je me guidai de nouveau, mais je me trompais de chemin. Elle se raidit à nouveau, et j'insistai.

— Je ne veux pas, dit-elle.

— Agenouillez-vous, dis-je.

— Je ne veux pas.

Et puis, elle cambra les reins et ses genoux remontèrent. Elle gardait la tête enfouie dans ses bras et, lentement, j'arrivai à mes fins. Elle ne disait rien, mais je sentais son ventre aller et venir de haut en bas et son souffle se précipiter. Sans la quitter, je me laissai tomber sur le côté, l'entraînant contre moi, et lorsque je cherchai à voir sa figure, des larmes coulaient de ses yeux fermés, mais elle me dit de rester.

XIV

Je suis retourné dans ma chambre à cinq heures du matin. Jean n'a pas bougé lorsque je l'ai lâchée, elle était vraiment à bout. J'avais les genoux un peu flageolants, mais j'ai réussi à sortir de mon lit à dix heures. Je pense que le rhum de Dex m'a aidé pas mal. Je me suis collé sous la douche froide et je lui ai demandé de venir me boxer un peu. Il a cogné comme un sourd, ça m'a remis d'aplomb. Je pensais à l'état dans lequel devait être Jean. Dex, lui, il avait trop tapé dans le rhum ; il avait une haleine effrayante à deux mètres. Je lui ai conseillé de boire trois litres de lait et de faire un tour au golf. Il pensait trouver Jean au tennis, mais elle n'était pas levée. Je suis descendu déjeuner. Lou était assise toute seule à la table ; elle portait une petite jupe plissée et une blouse de soie claire sous une veste de daim. Vraiment, j'avais envie de cette fille. Mais ce matin je me sentais plutôt calmé. Je lui dis bonjour.

— Bonjour.

Son ton était froid. Non, triste plutôt.

— Vous êtes fâchée contre moi ? Je vous fais mes excuses pour hier soir.

— Je suppose que vous n'y pouvez rien, dit-elle. Vous êtes né comme ça.

— Non. Je suis devenu comme ça.

— Vos histoires ne m'intéressent pas.

— Vous n'êtes pas d'âge à ce que mes histoires vous intéressent.

— Je vous ferai regretter ce que vous venez de me dire, Lee.

— Je voudrais voir comment.

— N'en parlons plus. Voulez-vous faire un simple avec moi ?

— Volontiers, dis-je. J'ai besoin d'une détente.

Elle ne put s'empêcher de sourire et, sitôt le déjeuner fini, je la suivis sur le court. Cette fille ne pouvait pas rester longtemps en colère.

Nous avons joué au tennis jusque vers midi. Je ne sentais plus mes jambes et je commençais à voir tout gris, lorsque Jean est arrivée d'un côté et Dex de l'autre. Ils étaient en aussi triste état que moi.

— Salut ! dis-je à Jean. Vous avez l'air en forme.

— Vous ne vous êtes pas regardé, répondit-elle.

— C'est la faute de Lou ! affirmai-je.

— C'est aussi de ma faute si ce vieux Dex est à ramasser à la cuillère ? protesta Lou. Vous avez tous bu trop de rhum et c'est tout. Oh, Dex, vous sentez le rhum à cinq mètres.

— Lee m'a dit à deux mètres! protesta vigoureusement Dexter.

— J'ai dit ça, moi?

— Lou, dit Dex, venez jouer avec moi.

— Pas juste, dit Lou. Ça devait être Jean.

— Impossible, dit Jean. Lee, emmenez-moi faire un tour avant le déjeuner.

— Mais à quelle heure est-ce qu'on déjeune ici? protesta Dex.

— Il n'y a pas d'heure, dit Jean.

Elle passa son bras sous le mien et m'entraîna vers le garage.

— On prend la voiture de Dex? dis-je. C'est la première, ce sera plus commode.

Elle ne répondit pas. Elle me serrait le bras très fort et se rapprochait de moi le plus possible. Je m'efforçais de parler de choses sans importance et elle continuait à ne pas répondre. Elle lâcha mon bras pour monter dans la voiture, mais sitôt que je fus installé, elle se tassa contre moi, de nouveau, le plus près qu'elle put sans m'empêcher de conduire. Je sortis en marche arrière et je dévalai l'allée. La grille était ouverte et je tournai à droite. Je ne savais pas où cela menait.

— Comment sort-on de cette ville? demandai-je à Jean.

— N'importe comment... murmura-t-elle.

Je la regardai dans le rétroviseur. Elle avait les yeux fermés.

— Dites donc, insistai-je, vous avez trop dormi, vous, ça vous abrutit.

Elle se redressa comme une folle et m'empoigna la tête à deux mains pour m'embrasser. Je freinai prudemment car ça diminuait considérablement la visibilité.

— Embrassez-moi, Lee...

— Attendez au moins qu'on soit sortis de la ville.

— Ça m'est égal, les gens. Ils peuvent bien le savoir tous.

— Et votre réputation?

— Vous ne vous en préoccupez pas toujours. Embrassez-moi.

Embrasser, ça va cinq minutes, mais je ne pouvais pas faire ça tout le temps. Coucher avec elle et la retourner de tous les côtés, d'accord. Mais pas embrasser. Je me dégageai.

— Soyez sage.

— Embrassez-moi, Lee. S'il vous plaît.

J'accélérai de nouveau et je virai dans la première rue à ma droite, puis à gauche; j'essayais de la secouer assez pour qu'elle me lâche et s'accroche à quelque chose d'autre; mais il n'y avait rien à faire avec

cette Packard. Ça ne bougeait pas. Elle en profita pour me remettre les bras autour du cou.

— Je vous assure qu'on va en raconter de drôles sur vous dans ce pays.

— Je voudrais qu'on en raconte encore beaucoup plus. Les gens seront tellement vexés après...

— Quand, après?

— Quand ils sauront que nous allons nous marier.

Bon sang, ce que cette fille avait marché. Il y en a à qui ça produit l'effet de la valériane à un chat, ou d'un crapaud mort à un fox-terrier. Ils voudraient s'y accrocher toute leur vie.

— Nous allons nous marier?

Elle pencha sa tête et m'embrassa la main droite.

— Sûr.

— Quand?

— Maintenant.

— Pas un dimanche.

— Pourquoi? dit-elle.

— Non. C'est idiot. Vos parents ne seront pas d'accord.

— Ça m'est égal.

— Je n'ai pas d'argent.

— Assez pour nous deux.

— À peine assez pour moi, dis-je.

— Mes parents m'en donneront.

— Je ne crois pas. Vos parents ne me connaissent pas. Vous non plus, vous ne me connaissez pas, d'ailleurs.

Elle rougit et cacha sa tête dans mon épaule.

— Si, je vous connais, murmura-t-elle. Je pourrais vous décrire de mémoire, et tout entier.

Je voulus voir jusqu'où ça allait et je dis:

— Bien des femmes pourraient me décrire de cette façon-là.

Elle ne réagit pas.

— Ça m'est égal. Elles ne le feront plus maintenant.

— Mais vous ne savez rien de moi.

— Je ne savais rien de vous.

Elle se mit à fredonner la chanson de Duke qui porte ce titre[32].

— Vous n'en savez pas plus maintenant, assurai-je.

— Alors, racontez-moi, dit-elle en s'arrêtant de chanter.

— Après tout, dis-je, je ne vois pas comment je pourrais vous

empêcher de m'épouser, sinon en m'en allant. Et je n'ai pas envie de m'en aller.

Je n'ajoutai pas « avant d'avoir eu Lou », mais c'est ce que cela voulait dire. Jean le prit pour argent comptant. Je tenais cette fille dans le creux de ma main. Il fallait accélérer la manœuvre avec Lou. Jean posa la tête sur mes genoux et tassa son corps sur le reste de la banquette.

— Racontez-moi, je vous en prie, Lee.

— Bon, dis-je.

Je lui appris que j'étais né quelque part du côté de la Californie, que mon père était d'origine suédoise et que c'était pour ça que j'avais les cheveux blonds. J'avais eu une enfance difficile car mes parents étaient très pauvres et, vers l'âge de neuf ans, c'était en plein milieu de la dépression, je jouais de la guitare pour gagner ma vie, et puis j'avais eu la chance de rencontrer un type qui s'était intéressé à moi quand j'avais quatorze ans, et il m'avait emmené en Europe avec lui, en Grande-Bretagne et en Irlande où j'étais resté une dizaine d'années.

Tout ça, c'était des blagues. J'avais bien été dix ans en Europe, mais pas dans ces conditions-là, et tout ce que j'avais appris, je ne le devais qu'à moi et à la bibliothèque du type chez qui je travaillais comme domestique. Je ne lui parlai pas non plus de la manière dont ce type me traitait, sachant que j'étais Noir, ni de ce qu'il me faisait quand ses petits amis ne venaient pas le voir, ni de la façon dont je l'avais quitté, après lui avoir fait signer un chèque pour me payer mon voyage de retour, moyennant quelques attentions spéciales.

Je lui inventai un tas de sornettes sur mon frère Tom, et sur le gosse, et comment il était mort dans un accident, on croyait que ça venait des nègres, ces types-là sont sournois, c'est une race de domestiques, et l'idée d'approcher un homme de couleur la rendait malade. Ainsi, j'étais revenu pour trouver la maison de mes parents vendue, et mon frère Tom à New York, et le gosse sous six pieds de terre, alors, j'avais cherché du travail et je devais mon boulot de libraire à un ami de Tom ; ça c'était vrai.

Elle m'écoutait comme un prédicateur et j'en rajoutais ; je lui dis que je pensais que ses parents n'accepteraient pas notre mariage, car elle n'avait pas vingt ans. Elle venait juste de les avoir et pouvait se passer de ses parents. Mais je gagnais peu d'argent. Elle préférait que je gagne de l'argent moi-même, et honnêtement, et ses parents m'aimeraient sûrement et me trouveraient un travail plus intéressant à Haïti ou dans une de leurs plantations. Je tâchais pendant ce temps-là de m'orienter, et je finis par retomber sur la route par laquelle nous étions arrivés avec

Dex. Je reprendrais, pour l'instant, mon travail, et elle viendrait me voir dans la semaine ; on s'arrangerait pour filer dans le Sud et passer quelques jours dans un endroit quelconque où personne ne nous gênerait, et puis on reviendrait mariés, et le tour serait joué.

Je lui demandai si elle le dirait à Lou ; elle répondit que oui, mais pas ce que nous avions fait ensemble, et en reparlant de ça, elle s'excita de nouveau. Heureusement, nous étions arrivés.

XV

Nous avons passé l'après-midi un peu n'importe comment. Il faisait moins beau que la veille, un vrai temps d'automne, et je me suis bien gardé de faire un bridge avec les amis de Jean et de Lou ; je me rappelais les conseils de Dex ; ce n'était pas le moment de flanquer en l'air les quelques centaines de dollars que j'avais réussi à ramasser ; de fait ces types ne se souciaient guère d'en avoir cinq ou six cents de plus ou de moins, ils cherchaient à tuer le temps.

Jean n'arrêtait pas de me regarder à propos de rien, et je lui dis, en profitant d'un instant de tête à tête, de faire attention. Je dansai encore avec Lou, mais elle se méfiait et je ne pus réussir à mettre la conversation sur un sujet intéressant. Je ne me ressentais plus guère de ma nuit et je recommençais à m'exciter toutes les fois que je regardais sa poitrine ; tout de même, elle se laissait un peu peloter en dansant. Comme la veille, les amis sont partis pas très tard, et nous nous sommes retrouvés tous les quatre. Jean ne tenait plus debout, mais elle en voulait encore, et j'ai eu toutes les peines du monde à la persuader d'attendre ; heureusement, la fatigue opéra. Dex continuait à taper dans le rhum. Nous sommes montés vers dix heures et je suis redescendu presque aussitôt pour prendre un bouquin. Je n'avais pas envie de remettre ça avec Jean et pas assez sommeil pour dormir tout de suite.

Et puis quand je suis entré de nouveau dans ma chambre, j'ai trouvé Lou assise sur mon lit. Elle portait le même déshabillé que la veille, et un slip neuf. Je ne l'ai pas touchée. J'ai fermé à clé ma porte et celle de la salle de bains et je me suis couché comme si elle n'était pas là. Pendant que j'enlevais mes frusques, je l'entendais respirer vite. Une fois au lit, je me suis décidé à lui parler.

— Vous n'avez pas sommeil, ce soir, Lou ? Puis-je quelque chose pour vous ?

— Je suis sûre que vous n'irez pas chez Jean, comme ça, ce soir, répondit-elle.

— Qu'est-ce qui vous fait supposer que j'ai été chez Jean hier soir ?

— Je vous ai entendu... dit-elle.

— Vous m'étonnez. Je n'ai pourtant pas fait de bruit, raillai-je.

— Pourquoi avez-vous fermé ces deux portes ?

— Je dors toujours en fermant mes portes, dis-je. Je ne tiens pas à me réveiller avec n'importe qui à côté de moi.

Elle avait dû se parfumer des pieds à la tête. Elle sentait à des kilomètres et son maquillage était impeccable. Elle était coiffée comme la veille, avec ses cheveux divisés en deux, et réellement, il me suffisait d'allonger la main pour la cueillir comme une orange mûre, mais il me restait un petit compte à régler avec elle.

— Vous avez été chez Jean, affirma-t-elle.

— En tous cas, vous m'avez mis à la porte, dis-je. C'est tout ce que je me rappelle.

— Je n'aime pas vos manières, dit-elle.

— Je me trouve particulièrement correct, ce soir, dis-je. Je m'excuse d'avoir été obligé de me déshabiller devant vous, mais de toute façon je suis certain que vous n'avez pas regardé.

— Qu'est-ce que vous avez fait à Jean ? insista-t-elle.

— Écoutez, dis-je, je vais vous surprendre, mais je ne peux pas faire autrement. J'aime mieux que vous le sachiez. Je l'ai embrassée l'autre jour, et depuis, elle ne cesse de me courir après.

— Quand ?

— Quand je l'ai dessaoulée chez Jicky.

— Je le savais.

— Elle m'y a presque forcé. Vous savez que j'avais un peu bu aussi.

— Est-ce que vous l'avez vraiment embrassée ?

— Comment ?

— Comme moi... murmura-t-elle.

— Non, dis-je simplement avec un accent de franchise dont je fus fort satisfait. Votre sœur est un crampon, Lou. C'est vous que je désire. J'ai embrassé Jean comme... comme j'aurais embrassé ma mère, et elle ne se tient plus. Je ne sais comment me débarrasser d'elle, mais j'ai peur de ne pas y arriver. Elle vous dira sûrement que nous allons nous marier. Ça l'a

prise ce matin dans la voiture de Dex. Elle est jolie, mais je n'ai pas envie d'elle. Je crois qu'elle est un peu cinglée.

— Vous l'avez embrassée avant moi.

— C'est elle qui m'a embrassé. Vous savez bien qu'on est toujours reconnaissant à quelqu'un qui s'occupe de vous quand on est noir.

— Est-ce que vous regrettez de l'avoir embrassée ?

— Non, dis-je. Il n'y a qu'une chose que je regrette, c'est que vous n'ayez pas été ivre ce soir-là, au lieu d'elle.

— Vous pouvez m'embrasser, maintenant, dit-elle.

Elle ne bougeait pas et regardait devant elle, mais ça avait dû lui coûter quelque chose de dire ça.

— Je ne peux pas vous embrasser, dis-je. Avec Jean, ça n'avait pas d'importance. Avec vous, ça me rend malade. Je ne vous toucherai pas avant...

Je ne terminai pas ma phrase et je poussai un vague grognement découragé en me retournant de l'autre côté du lit.

— Avant quoi ? demanda Lou.

Elle avait pivoté légèrement et me posa une main sur le bras.

— C'est idiot, dis-je. C'est impossible.

— Dites-le...

— Je voulais dire... avant que nous soyons mariés, Lou, vous et moi. Mais vous êtes trop jeune et jamais je ne vais pouvoir me débarrasser de Jean, et jamais elle ne nous laissera tranquilles.

— Est-ce que vous le pensez sérieusement ?

— Quoi ?

— À m'épouser ?

— Je ne peux pas penser sérieusement une chose impossible, assurai-je. Mais quant à en avoir envie, je vous jure que j'en ai envie sérieusement.

Elle se leva du lit. Je restais tourné de l'autre côté. Je l'entendis remuer, et elle se rassit à côté de moi. Elle ne disait rien. Je n'ai rien dit non plus et j'ai senti qu'elle s'allongeait sur le lit.

— Lee, dit-elle au bout d'un moment.

Je sentais mon cœur battre si rapidement que le lit résonnait un peu. Je me retournai. Elle avait ôté son déshabillé et le reste et fermait les yeux, couchée sur le dos. Je pensai qu'Howard Hughes[33] aurait fait une douzaine de films rien que pour la poitrine de cette fille. Je ne la touchai pas.

— Je ne veux pas le faire avec vous, dis-je. Cette histoire avec Jean me

dégoûte. Avant de me connaître, vous vous entendiez bien toutes les deux. Je n'ai pas envie de vous séparer d'une façon ou de l'autre.

Je ne sais si j'avais envie d'autre chose que de la baiser à m'en rendre malade, à en croire mes réflexes. Mais je réussis à tenir.

— Jean est amoureuse de vous, dit Lou. Ça se voit.

— Je n'y peux rien.

Elle était lisse et mince comme une herbe, et odorante comme un magasin de parfumerie. Je m'assis et me penchai au-dessus de ses jambes, et je lui embrassai l'intérieur des cuisses, à l'endroit où la peau des femmes est aussi douce que les plumes d'un oiseau. Elle resserra ses jambes, et puis les écarta presque aussitôt, et je recommençai un peu plus haut. Son duvet brillant et bouclé me caressait la joue et, doucement, je me mis à la lécher à coups légers. Son sexe était brûlant et humide, ferme sous la langue, et j'avais envie de la mordre, mais je me redressai. Elle s'assit en un sursaut et saisit ma tête pour la remettre en place. Je me dégageai à moitié.

— Je ne veux pas, dis-je. Je ne veux pas tant que cette histoire avec Jean ne sera pas liquidée. Je ne peux pas vous épouser toutes les deux.

Je lui mordillai les pointes des seins. Elle tenait toujours ma tête et gardait les yeux fermés.

— Jean veut m'épouser, continuai-je. Pourquoi, je ne sais pas. Mais si je refuse, elle s'arrangera certainement pour nous empêcher de nous voir.

Elle se taisait et se cambrait sous mes caresses. Ma main droite allait et venait le long de ses cuisses et Lou s'ouvrait à chaque attouchement précis.

— Je ne vois qu'une solution, dis-je. Je peux épouser Jean et vous viendrez avec nous, et nous trouverons bien le moyen de nous voir.

— Je ne veux pas, murmura Lou.

Sa voix résonnait inégalement et j'aurais presque pu en jouer comme d'un instrument de musique. Elle changeait d'intonation à chaque nouveau contact.

— Je ne veux pas que vous lui fassiez ça.

— Rien ne me force à lui faire ça, dis-je.

— Oh, faites-le moi, dit Lou. Faites-le moi tout de suite !

Elle s'agitait, et, chaque fois que ma main remontait, allait au-devant d'elle. Je glissai ma tête vers ses jambes et, la tournant sur le côté, son dos vers moi, je soulevai sa jambe et introduisis ma figure entre ses cuisses.

Je pris son sexe entre mes lèvres. Elle se raidit soudain, et se relâcha presque aussitôt. Je la suçai un peu et me retirai. Elle était à plat ventre.

— Lou, murmurai-je. Je ne vous baiserai pas. Je ne veux pas vous baiser avant que nous soyons tranquilles. Je vais épouser Jean et nous nous en tirerons. Vous m'aiderez.

Elle se remit sur le dos d'un seul coup et m'embrassa avec une espèce de fureur. Ses dents choquèrent les miennes, et pendant ce temps je lui caressais les reins. Et puis je la pris par la taille et la mis debout.

— Rentrez vous coucher, lui dis-je. Nous avons dit beaucoup de bêtises. Rentrez vous coucher sagement.

Je me levai à mon tour et l'embrassai sur les yeux. Heureusement, j'avais gardé un slip sous mon pyjama et je conservai ma dignité.

Je lui remis son soutien-gorge et son slip ; je lui essuyai les cuisses avec mon drap, et je lui fis enfin passer son déshabillé transparent. Elle se laissait faire sans rien dire, elle était molle et tiède dans mes bras.

— Dodo, petite sœur, lui dis-je. Je file demain matin. Tâchez d'être là au petit déjeuner. J'aime bien vous voir.

Et puis je la poussai dehors et je refermai la porte. Sûr, je tenais ces deux filles. Je me sentais tout joyeux à l'intérieur et c'est probablement que le gosse se retournait sous ses six pieds de terre, alors je lui tendis ma patte. C'est quelque chose, de serrer la main de son frère.

XVI

Je reçus une lettre de Tom quelques jours plus tard. Il ne me disait pas grand-chose de ses affaires. Je crus comprendre qu'il avait trouvé un machin pas bien brillant dans une école de Harlem, et il me citait les Écritures, en me donnant la référence, parce qu'il se doutait que je n'étais pas très au courant de ces histoires-là. Ça consistait en un passage du livre de Job et ça disait : « J'ai pris ma chair entre mes dents, j'ai mis mon âme dans ma main[34]. » Je crois que le type, selon Tom, voulait entendre par là qu'il avait joué sa dernière carte ou risqué le tout pour le tout, et je trouve que c'est une façon compliquée d'accommoder un plat aussi simple. Je vis donc que Tom n'avait pas changé à ce point de vue-là. Mais c'était un brave type quand même. Je lui répondis que tout allait bien pour moi et je lui mis un billet de cinquante parce que je crois que le pauvre vieux ne bouffait pas comme il devait.

Pour le reste, il n'y avait rien de nouveau. Des livres et toujours des livres. Je recevais des listes d'albums de Noël et des feuilles qui n'étaient pas passées par la maison mère, des types qui prospectaient pour leur propre compte, mais mon contrat m'interdisait de pratiquer ce petit jeu-là et je n'allais pas m'y risquer. Quelquefois, je flanquais à la porte des types d'un autre genre, qui travaillaient dans le porno ; mais jamais brutalement. Ces gars-là étaient souvent des Noirs ou des mulâtres, et je sais que ça se présente mal pour ce genre de bonshommes ; en général, je leur prenais un ou deux machins, et je donnais ça à la bande ; Judy aimait particulièrement ces trucs-là, et avec elle je ne risquais rien.

Ils continuaient à se réunir au drugstore, à venir me voir, et moi à m'envoyer des filles de temps en temps, un jour sur deux en général. Plus bêtes que vicieuses. Sauf Judy.

Jean et Lou devaient passer à Buckton avant la fin de la semaine, toutes les deux. Deux rendez-vous pris séparément ; je reçus un coup de téléphone de Jean, et Lou ne vint pas. Jean m'invitait pour le week-end suivant, et je dus lui répondre que je ne pouvais pas venir. Je n'allais pas me laisser manœuvrer comme un pion par cette fille. Elle ne se sentait pas bien et aurait préféré que je vienne, mais je lui ai dit que j'avais un boulot en retard et elle a promis d'arriver le lundi, vers cinq heures ; nous aurions le temps de bavarder comme ça.

Jusqu'au lundi, je ne fis rien d'extraordinaire et, le samedi soir, je remplaçai de nouveau le guitariste du *Stork*, et ça me rapporta quinze dollars et la boisson à l'œil, ils payaient pas mal dans cette boîte. Chez moi, je lisais ou travaillais ma guitare. J'avais un peu abandonné les claquettes, ils étaient trop faciles à avoir sans ça. Je reprendrais après que je me serais débarrassé des deux filles Asquith. Je me procurai aussi des cartouches pour le petit pétard du gosse, et j'achetai diverses drogues. J'amenai ma bagnole au garage pour une révision et le type m'arrangea quelques machins qui n'allaient pas.

Pas signe de vie de Dex pendant tout ce temps-là ; j'avais essayé de le joindre le samedi matin, mais il venait de partir pour le week-end, on ne me dit pas où. Je suppose qu'il était déjà retourné s'envoyer des gosses de dix ans chez la vieille Anna, parce que les autres de la bande ne savaient pas non plus où il était passé de toute la semaine.

Et le lundi, à quatre heures vingt, la voiture de Jean s'arrêta devant ma porte ; elle se moquait pas mal de ce que les gens pourraient en penser. Elle descendit et entra dans ma boutique. Il n'y avait personne. Elle s'approcha de moi et m'en appliqua un de derrière les fagots et je lui dis

de s'asseoir. Je fis exprès de ne pas baisser le rideau de fer pour qu'elle voie bien que je n'approuvais pas son idée d'arriver en avance. Elle avait très mauvaise mine, malgré son maquillage, et les yeux marqués de noir. Comme d'habitude, elle portait ce que l'on peut trouver de plus cher à se mettre sur le dos, et un chapeau qui ne venait pas de chez Macy[35]; il la vieillissait, d'ailleurs.

— Bon voyage? demandai-je.

— C'est tout près, répondit-elle. Ça m'avait semblé plus loin.

— Vous êtes en avance, observai-je.

Elle regarda sa montre pavée de brillants.

— Pas tellement... Il est cinq heures moins vingt-cinq.

— Quatre heures vingt-neuf, protestai-je. Vous avancez horriblement.

— Ça vous ennuie?

Elle avait pris un air câlin qui me tapa sur les nerfs.

— Certainement. J'ai autre chose à faire que de m'amuser.

— Lee, murmura-t-elle, soyez gentil.

— Je suis gentil quand mon travail est terminé.

— Soyez gentil, Lee, répéta-t-elle. Je vais avoir... je suis...

Elle s'arrêta. J'avais compris, mais il fallait qu'elle le dise.

— Expliquez-vous? dis-je.

— Je vais avoir un enfant, Lee.

— Vous, dis-je, en la menaçant du doigt, vous vous êtes mal tenue avec un homme.

Elle rit, mais sa figure restait tirée et tendue.

— Lee, il faut que vous m'épousiez le plus tôt possible, sinon, cela va faire un scandale horrible.

— Mais non, assurai-je. Ça arrive tous les jours.

J'adoptais maintenant un ton enjoué; il ne fallait tout de même pas la faire filer avant d'avoir tout arrangé. Dans cet état-là, les femmes sont souvent nerveuses. Je m'approchai d'elle et lui caressai les épaules.

— Bougez pas, dis-je. Je vais fermer la boutique et on sera plus tranquilles.

Sûrement ce serait plus facile de se débarrasser d'elle avec un gosse. Elle avait une bonne raison de se supprimer, maintenant. Je me dirigeai vers la porte et je manœuvrai l'interrupteur de gauche qui commandait le rideau. Il tomba lentement, sans faire d'autre bruit que le cliquetis des engrenages d'angle qui tournaient dans l'huile.

Quand je me retournai, Jean avait enlevé son chapeau et elle tapotait

ses cheveux pour leur rendre de l'élasticité ; elle était mieux comme cela ; vraiment une belle fille.

— Quand est-ce que nous partons ? demanda-t-elle soudain. Il faut que vous m'emmeniez le plus vite possible maintenant.

— Nous pourrons y aller à la fin de cette semaine, répondis-je. Mes affaires sont en ordre ; mais il faudra que je trouve un nouveau boulot là-bas.

— J'emporterai de l'argent.

Je n'avais certainement pas l'intention de me laisser entretenir, même par une fille que je voulais descendre.

— Ça ne change rien pour moi, dis-je. Il n'est pas question que je dépense votre argent. Je voudrais que ce soit convenu une fois pour toutes.

Elle ne répondit pas. Elle se tortillait sur sa chaise comme quelqu'un qui n'ose pas dire quelque chose.

— Allez-y, repris-je pour l'encourager. Lâchez votre paquet. Qu'est-ce que vous avez fait sans me le dire ?

— J'ai écrit là-bas, dit-elle. J'ai vu une adresse dans les annonces, ils disent que c'est un endroit désert, pour les amateurs de solitude et les amoureux qui veulent passer une lune de miel tranquille.

— Si tous les amoureux qui veulent être tranquilles se donnent rendez-vous là-bas, maugréai-je, ça va être un bel encombrement.

Elle rit. Elle avait l'air soulagée. Ce n'était pas une fille à garder quelque chose pour elle.

— Ils m'ont répondu, dit-elle. Nous aurons un pavillon pour la nuit, et on prend ses repas à l'hôtel.

— Ce que vous avez de mieux à faire, dis-je, c'est de filer la première et je vous y rejoindrai. J'aurai le temps de tout terminer, comme ça.

— J'aimerais mieux y aller avec vous.

— Ce n'est pas possible. Rentrez chez vous pour ne pas donner l'éveil, ne préparez votre valise qu'au dernier moment. Ce n'est pas la peine d'emporter grand-chose. Et ne laissez pas de lettre pour dire où vous allez. Vos parents n'ont pas besoin de le savoir.

— Quand viendrez-vous ?

— Lundi prochain. Je partirai dimanche soir.

Il y avait peu de chances pour qu'on remarque mon départ un dimanche soir. Mais il restait Lou.

— Bien entendu, ajoutai-je, je suppose que vous l'avez dit à votre sœur.

— Pas encore.

— Elle doit s'en douter. De toute façon, vous avez intérêt à le lui dire. Elle pourra vous servir d'intermédiaire. Vous vous entendez bien, n'est-ce pas ?

— Oui.

— Alors dites-le lui, mais seulement le jour où vous partirez, et laissez l'adresse, mais de façon qu'elle ne la trouve qu'après votre départ.

— Comment est-ce que je dois faire ?

— Vous pouvez la mettre dans une enveloppe et mettre l'enveloppe à la poste une fois que vous serez à deux ou trois cents milles de chez vous. Vous pouvez la laisser dans un tiroir. Il y a des tas de façons.

— Je n'aime pas toutes ces complications. Oh, Lee, est-ce que nous ne pouvons pas partir simplement tous les deux, en disant à tout le monde que nous avons envie d'être tranquilles ?

— Ce n'est pas possible, dis-je. Pour vous, ça va, mais moi, je n'ai pas d'argent.

— Ça m'est égal.

— Regardez-vous dans une glace, dis-je. Ça vous est égal parce que vous en avez.

— Je n'ose pas le dire à Lou. Elle n'a que quinze ans.

Je ris.

— Est-ce que vous la prenez pour un bébé au maillot ? Vous devez savoir que, dans une famille où il y a des sœurs, la plus jeune apprend les choses à peu près en même temps que la plus vieille. Si vous aviez une petite sœur de dix ans, elle en saurait autant que Lou.

— Mais Lou n'est qu'une gosse.

— Certainement. Il n'y a qu'à voir la façon dont elle s'habille. Les parfums dont elle s'arrose témoignent aussi de sa grande innocence. Il faut prévenir Lou. Je vous répète qu'il vous faut quelqu'un chez vous pour servir d'intermédiaire entre vos parents et vous.

— J'aimerais mieux que personne ne le sache.

Je ricanai avec toute la méchanceté que je pus trouver.

— Vous n'êtes pas si fière que ça du type que vous vous êtes trouvé, hein ?

Sa bouche se mit à trembler et je crus qu'elle allait pleurer. Elle se leva.

— Pourquoi me dites-vous des méchancetés ? Ça vous fait plaisir de me faire mal ? Si je ne veux rien dire c'est que j'ai peur...

— Peur de quoi ?

— Peur que vous me quittiez avant que nous soyons mariés.

Je haussai les épaules.

— Vous croyez que le mariage m'arrêterait si je voulais vous quitter ?

— Si nous avons un enfant, oui.

— Si nous avons un enfant, je ne pourrai pas obtenir le divorce, c'est entendu ; mais cela ne suffira pas à m'empêcher de vous quitter si j'en ai envie.

Cette fois, elle se mit à pleurer. Elle retomba assise sur sa chaise et baissa un peu la tête et des larmes roulèrent sur ses joues rondes. Je me rendis compte que j'allais un peu vite et m'approchai d'elle. Je lui posai ma main sur le cou et lui caressai la nuque.

— Oh, Lee, dit-elle, c'est tellement différent de ce que je pensais. Je croyais que vous seriez heureux de m'avoir tout à fait.

Je répondis quelque chose d'idiot, et puis elle commença à vomir. Je n'avais rien sous la main, pas une serviette, et je dus courir jusqu'à la petite arrière-boutique et prendre le torchon avec lequel la femme de ménage nettoyait le magasin. Je suppose que c'est l'enfant qui la rendait malade. Quand elle eut cessé de hoqueter, je lui essuyai la figure avec son mouchoir. Ses yeux étaient brillants de larmes, comme lavés, et elle respirait avec force. Ses souliers étaient sales et je les essuyai avec un morceau de papier. J'étais gêné par l'odeur, mais je me penchai sur elle et je l'embrassai. Elle me serra violemment contre elle en murmurant des choses sans suite. Je n'avais pas de veine avec cette fille. Toujours malade, qu'elle ait trop bu ou trop baisé.

— Filez vite, lui dis-je. Rentrez chez vous, soignez-vous, et puis faites votre valise jeudi soir et filez. Je vous rejoins lundi prochain. Je me suis occupé de la licence.

Du coup, elle fut ragaillardie et eut un sourire incrédule.

— Lee, c'est vrai ?

— Bien sûr.

— Oh ! Lee, je vous adore... Vous savez, nous allons être très heureux.

Vraiment, elle n'avait pas de rancune. Les filles de ce pays sont moins conciliantes, d'habitude. Je la mis debout et lui caressai les seins à travers sa robe. Elle se tendit et se renversa. Elle voulait que je continue. Moi, je préférais aérer la pièce, mais elle se cramponna à moi et me déboutonna d'une main. Je relevai sa robe et je la pris sur la longue table où les clients reposaient les livres qu'ils avaient feuilletés ; elle fermait les yeux et paraissait morte. Quand je la sentis se détendre, je continuai encore jusqu'à ce qu'elle gémisse, et je lâchai tout sur sa robe, et alors elle se releva en portant sa main à sa bouche et vomit de nouveau.

Et puis je la remis sur ses pieds, je lui fermai son manteau ; je la portai presque jusqu'à sa voiture en passant par la porte du fond de la boutique et je l'installai au volant. Elle avait l'air dans les pommes, mais elle trouva encore la force de me mordre la lèvre inférieure jusqu'au sang ; je ne bronchai pas et je la regardai partir. Je pense que la voiture connaissait le chemin, heureusement pour elle.

Ensuite, je rentrai chez moi et je pris un bain, à cause de cette odeur.

XVII

Jusqu'à ce moment-là, je n'avais pas pensé à toutes les complications dans lesquelles allait m'entraîner l'idée de démolir ces deux filles. L'envie me vint à ce moment d'abandonner mon projet et de tout laisser tomber, et de continuer à vendre mes bouquins sans m'en faire. Mais il fallait que je le fasse, pour le gosse, et puis pour Tom, et pour moi aussi. Je connaissais des types à peu près dans mon cas qui oubliaient le sang qu'ils avaient, et qui se mettaient du côté des Blancs en toutes circonstances, et n'hésitaient pas à taper sur les Noirs quand l'occasion se présentait. Ces types-là, je les aurais tués aussi avec un certain plaisir, mais il fallait faire les choses progressivement. D'abord les filles Asquith. J'aurais eu trente-six occasions d'en supprimer d'autres : les gosses que je voyais, Judy, Jicky, Bill et Betty, mais ça ne présentait pas d'intérêt. Trop peu représentatifs. Les Asquith, ça serait mon coup d'essai. Ensuite, je pense qu'en me débrouillant, j'arriverais à liquider un gros type quelconque. Pas un sénateur, mais quelque chose de ce genre. Il m'en fallait pas mal pour être tranquille. Mais je devais réfléchir un peu d'abord au moyen de m'en tirer, une fois ces deux femelles mortes sur les bras.

Le mieux serait de camoufler ça en accident d'auto. On se demanderait ce qu'elles étaient venues faire du côté de la frontière, et on cesserait de se le demander après l'autopsie, quand on trouverait Jean enceinte. Lou aurait simplement accompagné sa sœur. Et moi, je n'y serais pour rien. Seulement une fois tranquille et l'affaire liquidée, je le dirais à leurs parents. Ils sauraient que leur fille s'était fait avoir par un Noir. À ce moment, il faudrait que je change d'air pour quelque temps, et puis je n'aurais qu'à recommencer. Un plan idiot, mais les plus idiots sont ceux qui réussissent le mieux. J'étais sûr que Lou serait là dans les huit jours de

notre arrivée; je tenais cette fille. Une sortie avec sa sœur. Jean conduisant, et puis une nausée au volant. Quoi de plus naturel? J'aurais le temps de sauter. Je trouverais toujours un terrain qui se prête à ce jeu-là du côté où nous allions. Lou serait devant avec sa sœur, moi derrière. Lou d'abord, et si Jean lâchait le volant en voyant ça, le travail serait tout fait.

Seulement ça ne me plaisait qu'à moitié, cette combine en auto. D'abord, ce n'est pas neuf. Ensuite et surtout, ce serait trop vite fait. Il fallait que j'aie le temps de leur dire pourquoi, il fallait qu'elles se voient dans mes pattes, qu'elles se rendent compte de ce qui les attendait.

L'auto... mais après. L'auto pour finir. Je crois que j'avais trouvé. D'abord, les emmener dans un coin tranquille. Et là, les descendre. Avec le motif. Les remettre dans la bagnole, et l'accident. Aussi simple, et plus satisfaisant. Oui, tant que ça?

Je pensai encore à tout ça quelque temps. Je devenais nerveux. Et puis je flanquai toutes ces idées-là en l'air et je me dis qu'après tout, ça ne se passerait pas du tout comme je le pensais, et je me rappelai le gosse. Et je me rappelai aussi ma dernière conversation avec Lou. J'avais commencé à amorcer quelque chose avec cette fille, et ça se précisait. Et cette chose-là, ça valait de courir le risque. La bagnole, si je pouvais. Sinon, tant pis. La frontière n'était pas loin, et au Mexique, la peine de mort n'existe pas. Je crois que, tout ce temps-là, j'avais eu vaguement dans la tête cet autre projet qui prenait forme en ce moment, et je venais seulement de réaliser à quoi il correspondait, en fait.

Je bus pas mal de bourbon pendant ces jours-là. J'avais la cervelle qui travaillait dur. Je me procurai d'autres trucs en plus des cartouches; j'achetai une pelle et une pioche, et de la corde. Je ne savais pas encore si ma dernière idée marcherait. Si oui, de toute façon, j'avais besoin de cartouches. Sinon, le reste pouvait me servir. Et la pelle et la pioche, c'était une sécurité pour une autre idée qui m'avait traversé l'esprit. Je crois que les types qui préparent un coup ont tort de se fixer un plan parfaitement défini dès le début. À mon avis, il est préférable de laisser un peu opérer le hasard; mais, quand le moment propice arrive, il faut avoir sous la main tout le nécessaire. Je ne sais pas si j'avais tort de ne rien préparer de précis, mais, en repensant à ces histoires d'auto et d'accident, ça me plaisait moins. Je n'avais pas tenu compte d'un facteur important, celui du temps: j'aurais pas mal de temps devant moi, et j'évitai de me concentrer sur cette histoire. Personne ne connaissait l'endroit où nous allions, et je pensais que Lou ne le dirait à personne,

si notre dernière conversation lui avait fait l'effet voulu. Ça, j'allais le savoir sitôt arrivé.

Et puis, au dernier moment, une heure avant mon départ, il me vint une espèce de terreur et je me demandai si je trouverais Lou en arrivant. C'est le plus mauvais moment que j'aie passé. Je restai devant ma table et je bus. Je ne sais pas combien de verres, mais j'avais le cerveau aussi lucide que si le bourbon de Ricarco s'était transformé en pure et simple flotte, et je vis ce qu'il fallait faire aussi clairement que j'avais vu la figure de Tom lorsque le bidon d'essence explosait dans la cuisine ; je descendis au drugstore pour m'enfermer dans la cabine téléphonique. Je composai le numéro de l'inter et je demandai Prixville, et j'obtins la communication tout de suite. Une femme de chambre me répondit que Lou allait venir et, en cinq secondes, elle était là.

— Allô ? dit-elle.

— Ici Lee Anderson. Comment allez-vous ?

— Qu'est-ce qu'il y a ?

— Jean est partie, n'est-ce pas ?

— Oui.

— Vous savez où elle va ?

— Oui.

— Elle vous l'a dit ?

Je l'entendis ricaner.

— Elle avait coché l'annonce dans le journal.

Cette fille n'avait pas les yeux dans sa poche. Elle devait s'être rendu compte de tout dès le début.

— Je passe vous prendre, dis-je.

— Vous ne la rejoignez pas ?

— Si. Avec vous.

— Je ne veux pas.

— Vous savez très bien que vous alliez partir.

Elle ne répondit rien et je continuai.

— C'est tellement plus simple si je vous emmène.

— Alors, pourquoi aller la rejoindre ?

— Il faut bien lui dire.

— Lui dire quoi ?

Je ris à mon tour.

— Je vous rappellerai ça pendant le voyage. Faites votre valise et venez.

— Où est-ce que j'attends ?

— Je pars. Je serai là-bas d'ici deux heures.

— Avec votre voiture?

— Oui. Attendez-moi dans votre chambre. Je cornerai trois fois.

— Je verrai.

— À tout à l'heure.

Je n'attendis pas sa réponse et je raccrochai. Et je tirai mon mouchoir pour m'éponger le front. Je sortis de la cabine. Je payai et je remontai chez moi. Mes affaires étaient déjà dans la voiture et mon argent sur moi. J'avais écrit à la maison une lettre dans laquelle je leur expliquais que j'étais obligé de rejoindre d'urgence mon frère malade; Tom me pardonnerait cela. Je ne sais pas ce que j'avais l'intention de faire avec ce travail de libraire; ça ne m'embêtait pas tellement. Je ne coupais rien derrière moi. Jusqu'ici j'avais vécu sans aucune difficulté et sans connaître l'incertitude, jamais, d'une façon ou de l'autre, mais cette histoire commençait à m'exciter et ça tournait moins rond que d'habitude. J'aurais déjà voulu être là-bas pour régler tout ça et m'occuper d'autre chose. Je ne peux pas supporter d'avoir un travail en train à finir, et pour ce truc, c'était la même chose. Je regardai tout autour pour voir si je n'oubliais rien, et je pris mon chapeau. Puis, je sortis et je fermai la porte. Je gardai la clé. La Nash m'attendait un block plus loin. Je mis le contact et je partis. Sitôt hors de la ville, je bloquai l'accélérateur à fond et je laissai filer la bagnole.

XVIII

Il faisait salement noir sur cette route, et heureusement il n'y avait pas beaucoup de circulation. Des poids lourds, surtout, dans l'autre sens. Il ne descendait presque personne vers le Sud. J'ai vraiment donné tout ce que ça pouvait. Le moteur ronflait comme celui d'un tracteur et le thermomètre marquait cent quatre-vingt-quinze, mais je poussai quand même, et ça tenait le coup.

Je voulais juste me calmer les nerfs. Au bout d'une heure de ce fracas, ça allait mieux, alors, j'ai un peu ralenti et j'ai de nouveau entendu le grincement de la carrosserie.

La nuit était humide et froide. Ça commençait à sentir l'hiver, mais mon manteau était dans ma valise; Seigneur, jamais je n'ai eu moins froid. Je surveillais les poteaux de signalisation mais le chemin n'était

pas compliqué. Il y avait juste, de temps à autre, une station d'essence et trois ou quatre baraques, et puis la route de nouveau. Une bête sauvage et des vergers ou des cultures, ou rien du tout.

Je pensais mettre deux heures pour les cent milles. En réalité, cela fait cent huit ou cent neuf, sans tenir compte du temps perdu à sortir de Buckton et à tourner autour du jardin en arrivant. Je fus devant chez Lou en une heure et demie ou à peine un peu plus. J'avais demandé à la Nash tout ce qu'elle pouvait rendre. Je pensai que Lou devait être prête, aussi je roulai lentement pour dépasser la porte et me rapprocher le plus possible de la maison, et je donnai trois coups de klaxon. Je n'entendis rien tout d'abord. Je ne voyais pas sa fenêtre de là où j'étais, mais je n'osais pas descendre et je ne voulais pas recommencer à corner, de peur de donner l'éveil à quelqu'un.

Je suis resté là à attendre et j'ai vu que mes mains tremblaient au moment où j'ai allumé une cigarette pour me calmer les nerfs. Je l'ai jetée deux minutes après et j'ai longtemps hésité avant de redonner trois coups de klaxon. Et puis comme j'allais descendre tout de même, j'ai deviné qu'elle arrivait et, en me retournant, je l'ai vue s'approcher de la voiture.

Elle avait un manteau clair, pas de chapeau et un gros sac à main de cuir marron qui paraissait prêt à craquer, mais aucun autre bagage. Elle est montée et s'est assise à côté de moi sans dire un mot. J'ai fermé la portière en me penchant par-dessus elle, mais je n'ai pas cherché à l'embrasser. Elle était fermée comme une porte de coffre-fort.

J'ai démarré et j'ai tourné pour rejoindre la route. Elle fixait le chemin droit devant elle. Je la regardais du coin de l'œil, mais je pensais qu'une fois hors de la ville ça irait mieux. J'ai fait encore cent milles à tout casser. On commençait à se rendre compte que le Sud était moins loin, l'air était plus sec et la nuit moins sombre. Mais j'en avais encore cinq ou six cents à avaler.

Je ne pouvais plus rester à côté de Lou sans rien dire, et son parfum avait rempli la voiture ; d'une façon, ça m'excitait terriblement, parce que je la revoyais debout dans sa chambre avec son slip déchiré et ses yeux de chat, et je soupirai assez fort pour qu'elle le remarque. Elle eut l'air de se réveiller, de redevenir vivante en quelque sorte, et je tentai de créer une atmosphère plus cordiale, parce que ça restait quand même un peu gêné.

— Pas froid ?

— Non, dit-elle.

Elle frissonna, et ça la mit encore plus de mauvaise humeur. Je pensai qu'elle faisait une espèce de scène de jalousie, mais j'avais à m'occuper de conduire et je ne pouvais pas arranger ça très vite, rien qu'avec des paroles, si elle y mettait cette mauvaise volonté-là. Je lâchai le volant d'une main et je fouillai de l'autre dans le casier de droite. J'en sortis une bouteille de whisky et je la posai sur ses genoux. Il y avait encore un gobelet de bakélite dans le casier. Je le pris et le mis à côté de la bouteille, et puis je refermai le casier et je tournai le bouton de la radio. J'aurais dû y penser plus tôt mais décidément, je me sentais mal à mon aise.

C'est cette idée que tout restait à faire qui me tourmentait comme ça. Heureusement, elle prit la bouteille et la déboucha, puis s'en versa un verre et l'avala d'un trait ; je tendis la main ; elle remplit à nouveau le verre et le vida une seconde fois. C'est seulement à ce moment qu'elle m'en versa un. Je ne me rendis pas compte de ce que je buvais et je lui donnai le verre. Elle remit le tout dans le casier, se détendit un peu sur son siège et défit les deux boutons de son manteau. Elle portait un tailleur assez court, à revers très longs et ouvrit également la veste. En dessous, elle avait un pull-over citron directement sur la peau, et pour ma sécurité je me forçai délibérément à regarder la route.

Maintenant, dans la voiture, ça sentait son parfum et l'alcool, un peu la cigarette, une vraie odeur à vous monter à la tête. Mais je laissai les glaces fermées. Nous continuions à ne pas parler ; ça dura encore une demi-heure, et puis elle rouvrit le casier et but encore deux verres. Elle avait chaud maintenant et retira son manteau. Et dans le mouvement qu'elle fit en se rapprochant de moi, je me penchai un peu et lui embrassai le cou, juste sous l'oreille. Elle s'éloigna brusquement et se retourna, et me regarda, et puis, elle éclata de rire. Je pense que le whisky commençait à lui faire de l'effet. Je conduisis encore cinquante milles sans rien dire, et je l'attaquai enfin. Elle avait encore repris du whisky.

— Pas en forme ?

— Ça va, dit-elle lentement.

— Pas envie de sortir avec le vieux Lee ?

— Oh, ça va !

— Pas envie d'aller voir sa petite sœur ?

— Ne me parlez pas de ma sœur.

— C'est une gentille fille.

— Oui, et elle baise bien, hein ?

Elle me coupa le souffle. N'importe qui d'autre pouvait me dire ça sans

que j'y fasse attention, Judy, Jicky, B.J., mais pas Lou. Elle vit que je restais sur place et rit à s'en étrangler. Quand elle riait, on voyait qu'elle avait bu.

— Ce n'est pas comme ça qu'on dit ?

— Si, approuvai-je. Exactement comme ça.

— Et ce n'est pas ce qu'elle fait ?

— Je ne sais pas.

Elle rit encore.

— Pas la peine, Lee, vous savez, je ne suis plus d'âge à croire qu'on attrape des gosses en s'embrassant sur la bouche.

— Qui a parlé de gosse ?

— Jean attend un bébé.

— Vous êtes malade.

— Je vous assure, Lee, ce n'est pas la peine de continuer. Je sais ce que je sais.

— Je n'ai pas couché avec votre sœur.

— Si.

— Je ne l'ai pas fait, et quand bien même je l'aurais fait, elle n'attend pas de gosse.

— Pourquoi est-ce qu'elle est malade tout le temps ?

— Elle était malade chez Jicky, et pourtant je ne lui avais pas fait de gosse. Votre sœur a l'estomac fragile.

— Et le reste, ce n'est pas trop fragile ?...

Et puis, elle se rua sur moi à coups de poings. Je rentrai la tête dans les épaules et j'acccélérai. Elle me tapait dessus de toute sa force ; ce n'était pas grand-chose, mais je le sentais quand même. À défaut de muscles, elle avait des nerfs, et un bon entraînement au tennis. Quand elle s'arrêta, je me secouai.

— Vous vous sentez mieux ?

— Je me sens très bien. Et Jean, est-ce qu'elle se sentait bien, après ?

— Après quoi ?

— Après que vous l'avez baisée ?

Elle éprouvait sûrement un plaisir considérable à répéter ce mot-là. Si je lui avais passé la main entre les cuisses à ce moment-là, je suis sûr que j'aurais dû m'essuyer.

— Oh, dis-je, elle avait déjà fait ça.

De nouveau, ce fut l'avalanche.

— Vous êtes un sale menteur, Lee Anderson.

Elle haletait après cet effort et restait tournée vers la route.

— Je crois que je préférerai vous baiser, dis-je. J'aime mieux votre odeur, et vous avez plus de poils au ventre. Mais Jean baise bien. Je la regretterai quand nous serons débarrassés d'elle.

Elle ne bougea pas. Elle encaissa ce truc-là comme le reste. Moi, j'avais la gorge serrée, et, sur le coup, ça m'avait fait comme une sorte d'éblouissement, parce que je commençais à me rendre compte.

— Est-ce que nous le ferons tout de suite, murmura Lou, ou seulement après?

— Faire quoi? murmurai-je.

J'avais du mal à parler.

— Est-ce que vous allez me baiser?... dit-elle si bas que je compris ce qu'elle disait plus que je ne l'entendis réellement.

Maintenant j'étais excité comme un taureau et ça me faisait presque mal.

— Il faut la supprimer avant, dis-je.

Je dis ça seulement pour voir si je la tenais tout à fait.

— Je ne veux pas, dit-elle.

— Vous y tenez tant à votre sœur, hein? Vous vous dégonflez.

— Je ne veux pas attendre.

Par chance pour moi, j'aperçus un poste d'essence et j'arrêtai la bagnole. Il fallait que je pense à autre chose, sinon je perdais mon sang-froid. Je restai assis et je dis au type de remplir le réservoir. Lou tourna la poignée de la portière et sauta à terre. Elle murmura quelque chose et l'homme lui indiqua la baraque. Elle disparut et revint au bout de dix minutes. J'en avais profité pour faire regonfler un pneu un peu mou et pour dire au type de m'apporter un sandwich que je ne pus pas manger.

Lou se réinstalla. J'avais payé l'homme et il était reparti se coucher. Je remis la voiture en marche et je me mis à conduire à tombeau ouvert, pendant encore une ou deux heures. Lou ne bougeait plus, elle avait l'air de dormir; je m'étais calmé tout à fait, et tout à coup elle s'étira, rouvrit le casier, et cette fois elle prit trois verres coup sur coup et ôta la veste de son tailleur.

Je ne pouvais plus la voir bouger sans m'exciter de nouveau. J'essayai de continuer à conduire mais dix milles plus loin j'arrêtai la bagnole au bord de la route. Il faisait encore nuit mais on sentait pourtant venir l'aube, et dans ce coin, il n'y avait pas de vent. Des bouquets d'arbres et des buissons. Nous avions traversé une ville une demi-heure avant, peut-être.

Lorsque j'ai eu serré les freins, j'ai pris la bouteille et j'ai bu un coup

et puis je lui ai dit de descendre. Elle a ouvert la porte et pris son sac, et je l'ai suivie ; elle allait vers les arbres et s'arrêta dès que nous y fûmes et me demanda une cigarette ; je les avais laissées dans l'auto. Je lui dis de m'attendre ; elle commençait à fouiller dans son sac pour en trouver mais j'étais déjà parti et je courus jusqu'à la voiture. Je pris aussi la bouteille. Elle était presque vide, mais il m'en restait d'autre dans le coffre arrière.

Quand je suis revenu, j'avais du mal à marcher et j'ai commencé à me déboutonner avant d'arriver jusqu'à elle ; à ce moment, j'ai vu l'éclair du coup de revolver, et juste au même moment, j'ai eu l'impression que mon coude gauche éclatait ; mon bras est retombé le long de mon thorax : si je n'avais pas été en train de m'arranger, je prenais le pruneau dans les poumons.

Tout ça, je l'ai pensé en une seconde ; la seconde d'après j'étais sur elle et je lui tordais le poignet, et puis, je lui ai appliqué un coup de poing sur la tempe, de toutes mes forces, parce qu'elle essayait de mordre ; mais j'étais mal placé et je souffrais comme un damné. Elle a pris ça et s'est affaissée par terre sans bouger, mais ça ne faisait pas encore mon affaire. J'ai ramassé le revolver et je l'ai mis dans ma poche. C'était seulement un 6,35, comme le mien, mais la garce avait visé juste. Je suis retourné à l'auto en courant. Je tenais mon bras gauche dans ma main droite et je devais grimacer comme un masque chinois, mais j'étais tellement enragé que je ne me rendais pas compte à quel point j'avais mal.

J'ai trouvé ce que je cherchais, de la corde, et je suis revenu. Lou commençait à remuer. Je n'avais qu'une main pour lui ficeler les bras, et j'ai eu du mal, mais quand ça a été fini, j'ai commencé à la gifler ; je lui ai arraché sa jupe de tailleur et j'ai déchiré son pull, et je me suis remis à la gifler. J'avais dû la tenir avec mon genou pendant que j'enlevais ce sacré chandail, et je réussis seulement à ouvrir le devant. Il faisait un tout petit peu jour ; une partie de son corps était juste dans l'ombre plus noire de l'arbre.

À ce moment, elle a essayé de parler et elle m'a dit que je ne l'aurais pas et qu'elle venait de téléphoner à Dex de prévenir les flics, et qu'elle pensait que j'étais une crapule depuis que j'avais parlé de supprimer sa sœur. J'ai rigolé, et puis elle a fait aussi une espèce de sourire et je lui ai appliqué mon poing sur la mâchoire. Sa poitrine était froide et dure ; je lui ai demandé pourquoi elle m'avait tiré dessus, et j'essayais de me maîtriser ; elle m'a dit que j'étais un sale nègre, que Dexter le lui avait dit,

et qu'elle était venue avec moi pour prévenir Jean, et qu'elle me haïssait comme jamais personne.

J'ai rigolé encore. Ça battait dans ma poitrine comme un marteau de forge, et mes mains tremblaient et mon bras gauche saignait dur ; je sentais le jus me couler le long de l'avant-bras.

Alors je lui ai répondu que les Blancs avaient descendu mon frère, et que je serais plus dur à avoir, mais qu'elle, en tout cas, allait y passer et j'ai crispé ma main sur un de ses seins jusqu'à ce qu'elle manque s'évanouir, mais elle ne disait rien. Je l'ai giflée à mort. Elle a ouvert les yeux de nouveau. Le jour venait, et je les voyais briller de larmes et de rage ; je me suis penché sur elle ; je crois que je reniflais comme une espèce de bête et elle s'est mise à gueuler. Je l'ai mordue en plein entre les cuisses. J'avais la bouche remplie de ses poils noirs et durs ; j'ai lâché un peu et puis j'ai repris plus bas, où c'était plus tendre. Je nageais dans son parfum, elle en avait jusque-là, et j'ai serré les dents. Je tâchais de lui mettre une main sur la bouche mais elle gueulait comme un porc, des cris à vous donner la chair de poule. Alors, j'ai serré les dents de toutes mes forces et je suis rentré dedans. J'ai senti le sang me pisser dans la bouche, et ses reins s'agitaient malgré la corde. J'avais la figure pleine de sang et j'ai reculé un peu sur les genoux. Jamais je n'ai entendu une femme crier comme ça ; tout d'un coup je me suis rendu compte que tout partait dans mon slip ; ça m'a secoué comme jamais, mais j'ai eu peur que quelqu'un ne vienne. J'ai craqué une allumette, j'ai vu qu'elle saignait fort. À la fin, je me suis mis à lui taper dessus, juste avec mon poing droit d'abord, sur la mâchoire, j'ai senti ses dents se casser et j'ai continué, je voulais qu'elle s'arrête de crier. J'ai tapé plus fort et puis j'ai ramassé sa jupe, je la lui ai collée sur la bouche et je me suis assis sur sa tête. Elle remuait comme un ver. Je n'aurais pas pensé qu'elle ait la vie aussi dure ; elle a fait un mouvement si violent que j'ai cru que mon avant-bras gauche allait se détacher ; je me suis rendu compte que j'étais maintenant dans une telle colère que je l'aurais écorchée ; alors, je me suis levé pour la terminer à coups de pieds, et j'ai pesé de tout mon poids en mettant un soulier en travers de sa gorge. Quand elle n'a plus bougé, j'ai senti que ça revenait une seconde fois. Maintenant, j'avais les genoux qui tremblaient et j'ai eu peur de tourner de l'œil à mon tour.

XIX

J'aurais dû aller chercher la pelle et la pioche et l'enterrer là, mais j'avais peur de la police maintenant. Je ne voulais pas qu'on me rattrape avant d'avoir liquidé Jean. Sûr, c'est le gosse qui me guidait maintenant ; je me suis agenouillé devant Lou. J'ai défait la corde qui lui tenait les mains ; elle avait des traces profondes sur les poignets et elle était flasque à toucher comme sont les morts juste après qu'ils sont morts ; déjà ses seins s'avachissaient. Je n'ai pas retiré la jupe de sa figure. Je ne voulais plus voir sa tête, mais j'ai pris sa montre. J'avais besoin de quelque chose à elle.

J'ai repensé brusquement à ma figure à moi et j'ai couru à la bagnole. En me regardant dans le rétroviseur, j'ai vu que ce n'était pas grand-chose à arranger. Je me suis lavé avec un peu de whisky ; mon bras ne saignait plus ; j'ai réussi à le retirer de ma manche et à l'attacher serré autour de mon torse avec mon foulard et de la corde. J'ai failli chialer tellement j'avais mal, car il fallait que je le replie ; j'y suis arrivé quand même en sortant du coffre une seconde bouteille. J'avais perdu pas mal de temps et le soleil n'était guère loin. J'ai pris le manteau de Lou dans la voiture et j'ai été le coller sur elle, je ne voulais pas trimbaler ça avec moi. Je ne sentais plus mes jambes, mais mes mains tremblaient un peu moins.

Je me suis réinstallé au volant et j'ai démarré. Je me suis demandé ce qu'elle avait pu dire à Dex ; son histoire de police commençait à me tracasser, je n'y pensais pas vraiment. C'était derrière, comme un fond sonore.

Je voulais avoir Jean maintenant et sentir encore ce que j'avais senti deux fois en démolissant sa sœur. Je venais de trouver ce que j'avais toujours cherché. La police, ça m'embêtait, mais tout à fait sur un autre plan ; ça ne m'empêcherait pas de faire ce que je voulais, j'avais trop d'avance. Ils seraient obligés de cavaler dur pour me rattraper. Il me restait un peu moins de trois cents milles à faire. Mon bras gauche était à peu près engourdi maintenant et je donnai toute la sauce.

XX

J'ai commencé à me rappeler des choses peut-être une heure avant d'arriver. Je me suis souvenu du jour où j'avais pris une guitare pour la

première fois. C'était chez un voisin, et il me donna quelques leçons en cachette ; je ne travaillais qu'un seul air : *When the Saints go marchin'in*, et j'appris à le jouer tout entier avec le break[36], et à le chanter en même temps. Et un soir, j'ai emprunté la guitare du voisin pour leur faire une surprise à la maison. Tom s'est mis chanter avec moi ; le gosse était fou, il a commencé à danser autour de la table comme s'il suivait une parade avec la ligne de réserve ; il avait pris un bâton et faisait des moulinets avec[37]. À ce moment-là mon père est rentré et il a ri et chanté avec nous. J'ai rapporté la guitare au voisin mais le lendemain j'en ai trouvé une sur mon lit ; une d'occasion mais encore très bonne. Tous les jours je la travaillais un peu. La guitare, c'est un instrument qui vous rend paresseux. On la prend, on joue un air, et puis on la laisse, on flemmarde, on la reprend pour plaquer un ou deux accords ou s'accompagner pendant qu'on siffle. Les journées passent vite comme ça.

Je me suis ressaisi tout à coup après un cahot sur la route. Je crois que je m'endormais. Je ne sentais plus du tout mon bras gauche et j'avais une soif terrible. J'ai essayé de repenser au vieux temps pour me changer les idées, parce que j'étais tellement impatient d'arriver que, sitôt que je reprenais conscience, mon cœur se remettait à sonner dans mes côtes et ma main droite à trembler sur le volant ; je n'avais pas trop d'une seule main pour conduire. Je me suis demandé ce que faisait Tom en ce moment ; il priait probablement, ou il apprenait des choses aux gosses ; par Tom, je suis arrivé à Clem, et à la ville, Buckton, où j'étais resté trois mois pour tenir une boutique de libraire qui me rapportait bien ; je me suis rappelé Jicky et la fois où je l'avais baisée dans l'eau, et comme la rivière était transparente ce jour-là. Jicky, toute jeune, lisse et nue, pareille à un bébé et tout à coup, ça m'a fait penser à Lou et à sa toison noire, drue et frisée, et au goût que j'avais eu dans la bouche en la mordant, un goût doux et un peu salé, et chaud, avec l'odeur de parfum de ses cuisses et j'ai eu encore ses cris dans les oreilles ; je sentais la sueur me dégouliner le long du front, et je ne pouvais pas lâcher ce sacré volant pour m'essuyer. Mon estomac me donnait l'impression d'être gonflé au gaz et de peser sur mon diaphragme pour m'écraser les poumons, et Lou criait dans mes oreilles ; j'atteignis le bouton de l'avertisseur, sur le volant ; celui de la route, c'était l'anneau d'ébonite, le bouton noir du milieu pour la ville, et j'écrasai les deux à la fois pour couvrir les cris.

Je devais rouler à quatre-vingt-cinq milles à peu près, ça ne pouvait guère aller plus vite mais la route se mit à descendre un peu et j'ai vu

l'aiguille gagner deux points, trois, puis quatre. Il faisait grand jour depuis longtemps. Je croisais maintenant des voitures et j'en dépassais quelques-unes. Après quelques minutes je lâchai les deux boutons, parce que je pouvais rencontrer des flics à moto, et je n'avais pas assez de réserve pour les gratter. En arrivant, je prendrais la voiture de Jean, mais Seigneur, quand est-ce que j'allais arriver...

Je crois que je me mis à grogner, dans la voiture, à grogner comme un porc, entre mes dents, pour aller plus vite, et j'ai pris un virage sans ralentir, dans un terrible bruit de pneus. La Nash roula violemment mais se rétablit après avoir été presque sur la gauche de la route, et je continuai à appuyer à fond, et maintenant je riais et j'étais joyeux comme le gosse quand il tournait autour de la table en chantant *When the Saints...*, et je n'avais presque plus peur.

XXI

Cette saloperie de tremblement est revenue tout de même quand je suis arrivé devant l'hôtel. Il était près de onze heures et demie ; Jean devait m'attendre pour déjeuner comme je le lui avais dit. J'ai ouvert la portière de droite et je suis descendu de côté-là parce qu'avec mon bras j'étais mal arrangé pour faire autrement.

L'hôtel, c'était une espèce de bâtisse blanche avec une véranda à la mode du pays, avec des jalousies baissées. Dans ce coin-là, il y avait encore du soleil malgré que ce fût la fin d'octobre. Je ne trouvai personne dans la salle du bas. C'était loin du somptueux palace que promettait l'annonce, mais pour être isolé, on ne pouvait pas demander mieux.

Je comptai à peine une douzaine d'autres baraques dont un poste à essence qui faisait bistrot, en retrait de la route, destiné sans doute aux conducteurs de poids lourds. Je suis ressorti. D'après ce que je me rappelais, les pavillons où l'on dormait étaient séparés de l'hôtel et je pensai qu'ils aboutissaient à ce chemin qui filait à angle droit avec la route, bordé d'arbres mal fichus et d'une herbe lépreuse. J'ai laissé la Nash et je suis parti par là. Ça tournait tout de suite et tout de suite aussi je suis tombé sur la voiture de Jean devant une bicoque de deux pièces assez propres. Je suis entré sans prévenir.

Elle était assise dans un fauteuil et paraissait dormir, elle avait

mauvaise mine, mais toujours aussi bien habillée. J'ai voulu la réveiller ; le téléphone — il y avait un téléphone — s'est mis à sonner juste au même moment. Je me suis affolé stupidement et j'ai bondi dessus. Mon cœur recommençait à partir. J'ai décroché et raccroché aussitôt. Je savais que seul Dexter pouvait appeler, Dexter ou la police. Jean se frottait les yeux. Elle s'est levée et, avant le reste, je l'ai embrassée à la faire gueuler. Elle s'est réveillée un peu mieux ; j'ai passé mon bras autour d'elle pour l'emmener. À ce moment-là, elle a vu ma manche vide.

— Qu'est-ce qu'il y a, Lee ?

Elle avait l'air effarée. J'ai ri. Je riais mal.

— Ce n'est rien. J'ai fait une chute idiote en descendant de la bagnole et je me suis abîmé le coude.

— Mais vous avez saigné ?

— Une égratignure. Venez, Jean. J'en ai assez de ce voyage. Je voudrais être seul avec vous.

Alors le téléphone s'est mis à resonner, et ça a été comme si le courant électrique passait à travers moi au lieu de passer dans les fils. Je n'ai pas pu me retenir et j'ai empoigné l'appareil pour le projeter sur le parquet.

Je l'ai achevé à coups de talon — tout à coup, c'était comme si j'écrasais la figure de Lou avec mes souliers ; j'ai sué encore et j'ai failli ficher le camp. Je savais que ma bouche tremblait et que je devais avoir l'air d'un fou.

Heureusement, Jean n'a pas insisté. Elle est sortie et je lui ai dit de s'installer dans sa voiture ; on allait un peu plus loin pour être tranquilles et on reviendrait déjeuner après. C'était largement l'heure de déjeuner, mais elle paraissait amorphe. Toujours malade, je crois, à cause de ce bébé qu'elle attendait. J'ai appuyé sur l'accélérateur, la voiture est partie en nous projetant sur les dossiers ; cette fois c'était presque fini ; d'entendre ce moteur-là, ça me rendit mon calme. Je dis à Jean quelque chose pour m'excuser pour le téléphone ; elle commençait à s'apercevoir que je déraillais, et il était temps que je cesse de dérailler. Elle se serrait contre moi et elle mettait la tête sur mon épaule.

J'ai attendu d'avoir fait vingt milles et j'ai cherché un endroit pour m'arrêter. À cet endroit, la route était en remblai ; je me dis qu'en descendant le talus, ça irait. J'ai arrêté, Jean est descendue la première. J'ai tâté le revolver de Lou dans ma poche. Je ne voulais pas m'en servir tout de suite. Même avec un seul bras je pouvais venir à bout de Jean aussi. Elle s'est penchée pour rattacher sa chaussure et j'ai vu ses cuisses au-dessous de sa jupe courte qui dessinait étroitement ses hanches. J'ai

senti ma bouche sécher. Elle s'est arrêtée près d'un buisson ; il y avait un coin d'où on ne voyait pas la route quand on était assis.

Elle s'est allongée par terre ; je l'ai prise là tout de suite, mais sans me laisser aller jusqu'au bout. J'ai tâché de me calmer malgré ses sacrés mouvements de reins ; je suis arrivé à la faire jouir avant d'avoir rien eu moi-même. À ce moment-là, je lui ai parlé.

— Ça vous fait toujours autant d'effet de coucher avec des hommes de couleur ?

Elle n'a rien répondu. Elle était parfaitement abrutie. J'ai continué.

— Parce que pour ma part j'en ai plus d'un huitième.

Elle a rouvert les yeux et j'ai ricané. Elle ne comprenait pas. Alors je lui ai tout raconté ; enfin toute l'histoire du gosse, comment il était tombé amoureux d'une fille et comment le père et le frère de la fille s'étaient occupés de lui ensuite ; je lui ai expliqué ce que j'avais voulu faire avec Lou et elle, en faire payer deux pour un. J'ai fouillé dans ma poche et j'ai retrouvé le bracelet de Lou, je lui ai montré, et j'ai dit que je regrettais de ne pas lui avoir apporté un œil de sa sœur mais qu'ils étaient trop abîmés après le petit traitement de mon invention que je venais de lui servir.

J'ai eu du mal à dire tout ça, les mots ne venaient pas tout seuls. Elle était là, les yeux fermés, allongée par terre, avec sa jupe relevée jusqu'au ventre. J'ai senti encore la chose qui venait le long de mon dos et ma main s'est fermée sur sa gorge sans que je puisse m'en empêcher ; c'est venu ; c'était si fort que je l'ai lâchée et que je me suis presque mis debout. Elle avait déjà la figure bleue, mais elle ne bougeait pas. Elle s'était laissée étrangler sans rien faire. Elle devait respirer encore. J'ai pris le revolver de Lou dans ma poche et je lui ai tiré deux balles dans le cou, presque à bout portant ; le sang s'est mis à gicler à gros bouillons, lentement, par saccades, avec un bruit humide. De ses yeux, on voyait juste une ligne blanche à travers ses paupières ; elle a eu une espèce de contraction et je crois qu'elle est morte à ce moment-là. Je l'ai retournée pour ne plus voir sa figure, et pendant qu'elle était encore chaude, je lui ai fait ce que je lui avais fait déjà dans sa chambre.

Je me suis probablement évanoui aussitôt après ; quand j'ai repris conscience, elle était tout à fait froide et impossible à remuer. Alors, je l'ai laissée et je suis remonté vers la voiture. Je pouvais à peine me traîner ; des choses brillantes me passaient devant les yeux ; quand je me suis assis au volant, je me suis rappelé que le whisky était dans la Nash, et le tremblement de ma main est revenu.

XXII

Le sergent Culloughs reposa sa pipe sur le bureau.

— Jamais nous ne pourrons l'arrêter, dit-il.

Carter hocha la tête.

— On peut essayer.

— On ne peut pas arrêter avec deux motos un type qui va à cent milles à l'heure dans une bagnole de huit cents kilos !

— On peut essayer. On risque sa peau mais on peut essayer.

Barrow n'avait encore rien dit. C'était un grand gars maigre et brun, dégingandé, avec un accent traînant.

— Moi, j'en suis, dit-il.

— On y va, dit Carter.

Culloughs les regarda.

— Les gars, dit-il, vous risquez votre peau, mais vous aurez de l'avancement si vous y arrivez.

— On ne peut pas laisser un sacré nègre mettre tout le pays à feu et à sang, dit Carter.

Culloughs ne répondit rien et regarda sa montre.

— Il est cinq heures, dit-il. Ils ont téléphoné voici dix minutes. Il doit passer dans cinq minutes... s'il passe, ajouta-t-il.

— Il a tué deux filles, dit Carter.

— Et un garagiste, ajouta Barrow.

Il vérifia que son Colt lui battait la cuisse et se dirigea vers la porte.

— Il y en a déjà deux derrière lui, dit Culloughs. Aux dernières nouvelles, ils tenaient toujours. La voiture du super[38] est partie maintenant et on en attend une autre.

— On ferait mieux de démarrer, dit Carter. Mets-toi derrière moi, dit-il à Barrow. On prend une seule moto.

— C'est pas régulier, protesta le sergent.

— Barrow sait tirer, dit Carter. À soi tout seul, on ne peut pas conduire et tirer.

— Oh, débrouillez-vous, dit Culloughs. Moi je m'en lave les mains.

L'Indian[39] démarra d'un coup. Barrow était accroché à Carter qui faillit décoller. Il s'était assis à l'envers, le dos contre celui de Carter, ficelés l'un à l'autre par une sangle de cuir.

— Ralentis sitôt sorti de la ville, dit Barrow.

— C'est pas régulier, marmonna Culloughs, à peu près au même moment, et il regarda la moto de Barrow d'un air mélancolique.

Il haussa les épaules et rentra dans le poste. Il ressortit presque aussitôt et vit disparaître l'arrière de la grande Buick[40] blanche qui venait de passer dans un tonnerre de moteur. Et puis il entendit les sirènes et vit passer quatre motos — il y en avait donc quatre — et une bagnole qui les suivait de près.

— Saloperie de route, grommela encore Culloughs.

Cette fois, il resta dehors. Il entendit décroître le bruit des sirènes.

XXIII

Lee mâchait à vide. Sa main droite se déplaçait nerveusement sur le volant pendant qu'il écrasait l'accélérateur de tout son poids. Il avait les yeux injectés et de la sueur coulait sur sa figure. Ses cheveux blonds étaient collés par la transpiration et la poussière. Il percevait à peine le bruit des sirènes derrière lui, en prêtant l'oreille, mais la route était trop mauvaise pour qu'ils tirent sur lui. Juste devant, il aperçut une moto et obliqua à gauche pour la doubler, mais elle garda sa distance et le pare-brise s'étoila soudain pendant qu'il recevait en pleine figure des fragments de verre pulvérisé en menus morceaux cubiques. La moto semblait presque immobile par rapport à la Buick et Barrow visait aussi soigneusement qu'au stand de tir. Lee aperçut les lueurs du second et du troisième coups de feu mais les balles manquèrent leur cible. Il s'efforçait maintenant de zigzaguer le long de la route pour éviter les projectiles, mais le pare-brise s'étoila de nouveau, plus près de sa figure. Il sentait maintenant le courant d'air violent qui s'infiltrait par le trou parfaitement rond du gros lingot de cuivre que peut cracher un 45.

Et puis il eut la sensation que la Buick accélérait, car il se rapprochait de la moto, mais comprit soudain qu'au contraire, Carter était en train de ralentir ; sa bouche esquissa un vague sourire pendant que son pied se soulevait légèrement de l'accélérateur. Il restait à peine vingt mètres entre les deux véhicules, quinze, dix ; Lee appuya de nouveau à fond. Il vit la figure de Barrow tout près de lui et sursauta sous le choc de la balle qui lui traversa l'épaule droite ; il doubla la moto en serrant les dents pour ne pas lâcher le volant ; une fois devant, il ne risquait plus rien.

La route tourna brusquement et redevint droite. Carter et Barrow collaient toujours à ses roues arrière. Malgré la suspension, il sentait maintenant dans ses membres rompus jusqu'au moindre cahot de la

route. Il regarda le rétroviseur. Il n'y avait encore en vue que les deux hommes, et il vit Carter ralentir puis s'arrêter au bord, pour laisser Barrow se réinstaller dans le bon sens, car ils ne pouvaient se risquer à tenter de le dépasser maintenant.

La route bifurquait à cent mètres à droite ; Lee aperçut une sorte de bâtiment. Sans cesser d'accélérer, il fonça à travers les champs fraîchement labourés qui bordaient le chemin. La Buick fit un bond terrible et un demi-tête-à-queue, mais il réussit à la redresser dans un gémissement de toutes les pièces métalliques et s'arrêta devant la grange. Sans perdre un instant, il descendit ; grimaçant de douleur, il atteignit la porte. Ses deux bras le lancinaient maintenant sans arrêt ; la circulation commençait à se rétablir dans son bras gauche toujours attaché à son torse et lui arrachait des soupirs de douleur. Il se dirigea vers une échelle en bois qui menait au grenier et s'élança sur les barreaux. Il faillit perdre l'équilibre, se rétablissant par une contorsion invraisemblable et crochant de ses dents un des gros cylindres de bois rugueux. Il restait là, haletant, à mi-chemin, et une écharde lui déchirait la lèvre. Il se rendit compte à quel point il avait serré les mâchoires en sentant de nouveau dans sa bouche ce goût doux et salé du sang chaud, du sang chaud et salé qu'il avait bu sur le corps de Lou, entre ses cuisses parfumées avec un parfum français qui n'était pas de son âge. Il revit la bouche torturée de Lou et la jupe de son tailleur empoissée de sang, et de nouveau, des choses brillantes dansèrent devant ses yeux.

Lentement, péniblement, il monta, quelques barreaux plus haut, et la clameur des sirènes retentit au-dehors. Les cris de Lou sur la clameur des sirènes, et cela remuait et vivait à nouveau dans sa tête, il recommençait à tuer Lou, et la même sensation, la même jouissance le reprirent comme il atteignait le plancher du grenier. Dehors le bruit s'était tu. Avec peine, sans s'aider de son bras droit dont le moindre geste lui était maintenant aussi une souffrance, il rampa vers la lucarne. Devant lui, à perte de vue, les champs de terre jaune s'étendaient. Le soleil baissait et un vent léger agitait les herbes de la route. Le sang coulait dans sa manche droite et le long de son corps ; il s'épuisait peu à peu, et puis il se mit à trembler car la peur le reprenait.

Maintenant, les policiers cernaient la grange. Il les entendit l'appeler, et sa bouche s'ouvrit toute grande. Il avait soif et transpirait et il voulut leur crier des injures, mais sa gorge était sèche. Il vit son sang faire une petite mare près de lui, gagner son genou. Il tremblait comme une feuille et claquait des dents, et lorsque les pas retentirent sur les

barreaux de l'échelle, il commença à hurler, un hurlement sourd d'abord, qui s'enfla et s'accrut ; il tenta de prendre le revolver dans sa poche et y parvint au prix d'un effort insensé. Son corps s'incrustait dans le mur, le plus loin possible de l'ouverture d'où surgiraient les hommes en bleu. Il tenait le revolver, mais il ne pourrait pas tirer.

Le bruit avait cessé. Alors il s'arrêta de hurler et sa tête retomba sur sa poitrine. Il entendit encore vaguement quelque chose. Le temps s'écoula ; et puis les balles le frappèrent à la hanche ; son corps se relâcha et s'affala avec lenteur. Un filet de bave joignait sa bouche au plancher grossier de la grange ; les cordes qui tenaient son bras gauche y avaient laissé de profondes marques bleues.

XXIV

Ceux du village le pendirent tout de même parce que c'était un nègre. Sous son pantalon, son bas-ventre faisait encore une bosse dérisoire.

Vernon Sullivan

ET ON TUERA
TOUS LES AFFREUX

Traduit de l'américain par
Boris Vian

Sollicité par France-Dimanche *début 1948, Vian qui a en mains la version américaine du premier Sullivan,* I Shall Spit on Your Graves, *et s'est vu amnistié en août 1947 pense pouvoir poursuivre en feuilleton le filon américain. Mais peut-être n'y croit-il plus guère déjà car le fond sérieux de* J'irai cracher... *et* Les morts... *— le problème racial — est épuisé et l'auteur se laisse vite emporter par le goût de l'humour et de la farce. Il avoue d'ailleurs avoir voulu « emmerder » le solliciteur imprudent*. Contraint d'expurger son texte pour la publication hebdomadaire et le salut moral des familles, il voit néanmoins la publication interrompue après deux mois par les protestations de lecteurs !*

C'est donc le fidèle Scorpion qui recueille l'œuvre terminée pour la publier en juin 1948 avant une réimpression en 1949. Après la mort de Vian, les Éditions Le Terrain Vague prennent le relais en 1960 puis 1964, Éric Losfeld en 1965 — avec aussi un album B.D. d'Alain Tercinet en 1967 —, la collection 10/18 en 1970 et enfin Christian Bourgois en 1983.

Les vicissitudes de publication dès l'époque de la rédaction — et la rédaction elle-même de type feuilleton — expliquent la confusion du manuscrit formé de plusieurs séries de feuillets : manuscrit, copie carbone, coupures de France-Dimanche, *épreuves corrigées... Vian avait prévu un Avant-propos attribué à « Gary Kilian du* California Call », *comme si le roman était rédigé par un journaliste, l'un des acteurs de l'intrigue. Il y renonça car le développement propre de celle-ci, dans l'emportement de l'imaginaire, se mit à contredire la fin tragique et*

* Cf. *M. Rybalka,* Boris Vian, *Minard, 1984, p. 232.*

morale annoncée au profit d'une pirouette humoristique : au pays des
Apollons et des Vénus, les moches seront rois et reines!

Une fiction multiple

Bien que démarrant comme un thriller et situé dans le cadre d'une
Amérique éminemment mythologique, entre Los Angeles, Hollywood et
une île hawaïenne, Et on tuera tous les affreux *est certainement le*
Sullivan le plus proche des fictions signées Boris Vian car traité d'emblée
avec désinvolture et multipliant les réflexions clairement humoristiques
dès les premières pages ; la narration dérape vite du stéréotype pastiché
— excès d'un Lemmy Caution (Peter Cheyney) rajeuni et innocent,
accumulation de pin-up... — vers la fiction pure avec chien qui parle,
invraisemblance appuyée à plaisir, délire fantasmatique d'un Club
Méditerranée pimenté de sélection eugénique et raciale, jusqu'à l'échec
burlesque de celle-ci, conclusion pseudo-morale et quasi voltairienne :
vivent les affreux dans un monde trop uniformisé !

Ce roman est bien un croisement d'inspirations multiples qui en font
une sorte de monstre joyeux, original et parodique à tous niveaux.
Private joke *ou canular intime pour un cercle d'amis dont les noms y*
sont transposés, Et on tuera... *est emporté sur les eaux de la chasse aux*
gros poissons du crime, de la conjecture scientifique, de la futurologie
politique prémonitoire, et même sur la rivière intérieure des obsessions
intimes.

La science-fiction est le premier facteur de renouveau pour Sullivan ;
si le maître de L'Île du Dr Moreau *de H.G. Wells (1896) veut faire des*
animaux des hommes, le Dr. Schutz de Sullivan a décidé de remplacer les
affreux courants par des séries d'êtres beaux, sinon parfaits. L'eugé-
nisme nazi franchit ainsi l'Atlantique avec l'aide de Jules Verne — Les
Cinq Cents Millions de la Bégum *(1879) — d'A. Huxley —* Le Meilleur
des mondes *(1932) —, et possible d'Erle Cox —* Out of the Silence
(1925) partiellement traduit La Sphère d'or *(1929) —, pour une libre*
entreprise d'éprouvettes et de sinistres opérations in vivo, *programme*
raciste destiné à asseoir un système pseudo-scientifique de gouverne-
ment. Où le roman est génialement prémonitoire, c'est dans cette vision
du règne de la beauté physique indispensable au succès d'une politique
aujourd'hui médiatisée à outrance : depuis Kennedy et dans tous les pays
désormais, le visage sur écran de télévision et le fameux look *sont un*
argument de vente et de pouvoir que l'on ne soupçonnait guère en 1948,

sauf notre poète ! D'ailleurs les ravages mêmes de la chirurgie esthétique en Californie et ailleurs prouvent encore que l'imaginaire voit le vrai. Le thème obsédant de la photo signale cette obsession future...

*La logique gauloise prend cependant sa revanche ; d'abord avec le goût récurrent pour les êtres imparfaits : Quasimodo ou l'avorton triomphent dans un univers de stéréotypes physiques et de gym-clubs ; ensuite avec le traitement joyeux et non plus brutal, odieux ou terrifiant de la sexualité — certains diront de la pornographie, mais n'est-ce pas excessif ? Autre thème gaulois, l'homme naïf quasi violé par l'audacieuse Américaine, ici nuancé par le fait que le héros, Rock Bailey, est évidemment californien. Cependant il paraît bien transposer un thème et un fantasme propres à Vian, correspondant à son éducation et à sa conception des relations avec les femmes : l'homme vierge et l'initiative féminine dans les rapports sexuels. Le puceau prolongé, à son corps défendant ou par prétexte intime, on le retrouve ailleurs ; mieux que Colin, c'est Wolf qui l'incarne et le révèle clairement à l'époque même d'*Et on tuera tous les affreux. *Celui-là exprime l'attente devant la sexualité ; celui-ci un interdit quasi imposé mais assumé personnellement pour raisons médicales et intellectuelles. Les aventures de Rock offrent le traitement comique de cette virginité qu'il a juré de conserver jusqu'à vingt ans, non pour conforter, lui, ses progrès intellectuels, mais pour son entraînement physique de « Monsieur Los Angeles ».*

Mais contrairement aux héros de Vian qui restent bloqués devant les avances féminines tout en regrettant qu'elles ne soient pas la règle, l'Apollon de Sullivan accepte avec gratitude et enthousiasme l'initiation multiple que lui donnent ses audacieuses belles amies, starlettes de Hollywood, fréquentations de boîtes, modèles des séries O — quelle histoire ! — ou P du Dr. Schutz. L'innocence du héros, détective amateur, cède avec amours, délices et orgies à la détermination des jeunes vamps hollywoodiennes, stéréotype positif ici grâce à l'effacement du thriller au profit du roman d'anticipation humoristique.

G.P.

I

ÇA COMMENCE EN DOUCEUR

Prendre un coup sur la tête, ce n'est rien. Être drogué deux fois de suite dans la même soirée, ce n'est pas trop pénible... Mais sortir prendre l'air et se retrouver dans une chambre inconnue avec une femme, tous les deux dans le costume d'Adam et Ève, ça commence à être un peu fort. Quant à ce qui m'est arrivé ensuite...

Mais je crois qu'il vaut mieux que je reprenne tout depuis le début de la première soirée. Soirée d'été, pour préciser. La date exacte importe peu.

Eh bien, je ne sais pas pourquoi j'avais envie de sortir. Le soir, je préfère en général aller me coucher, et me lever tôt, mais certains jours on sent le besoin d'un peu d'alcool, d'un peu de chaleur humaine, de compagnie. Probable que je suis un sentimental. On ne le dirait pas à me voir, mais les bosses que font mes muscles sont les apparences trompeuses sous lesquelles je dissimule mon petit cœur de Cendrillon. J'aime bien les amis ; j'aime bien les amies ; je n'ai jamais manqué ni des unes ni des autres et de temps en temps je remercie en moi-même mes parents du physique qu'ils m'ont donné ; il y en a qui remercieraient Dieu, je sais... mais entre nous, je trouve qu'ils mêlent Dieu à des histoires auxquelles il n'a réellement rien à voir. Quoi qu'il en soit, ma mère ne m'a pas loupé... mon père non plus... après tout il y est aussi pour quelque chose.

J'avais envie de sortir et je suis sorti. Il y a un avantage indéniable à se choisir des parents bien à leur aise. Je suis sorti ; toute la bande

m'attendait au Zooty Slammer. Gary Kilian, le reporter du *Call*[1], Clark
Lacy, un copain de l'université qui vivait près de Los Angeles, comme
moi, et nos compagnes habituelles ; pas de ces filles que tous les types
se croient obligés de trimbaler quand ils ont un peu d'argent ; pas de ces
chanteuses à la gomme, pas de ces danseuses trop expertes. Je n'aime
pas ça... elles sont toujours à se frotter contre vous. Pas ces filles-là. Non.
Des amies, des vraies... ni figurantes en quête de contrat, ni ingénues un
peu amochées, simplement des gentilles filles sympathiques. C'est
terrible ce que j'ai du mal à en trouver. Lacy, il en déniche autant qu'il
veut et il peut sortir avec elles dix soirs de suite sans qu'elles essaient de
l'embrasser ; moi, je ne leur fais pas du tout le même effet, et c'est
assommant de rembarrer une jolie qui se jette dans vos bras. Quand
même je ne voudrais pas avoir la gueule de Lacy. C'est une autre histoire,
d'ailleurs. En fin de compte, je savais qu'au Slammer je rencontrerais
Beryl Reeves et Mona Thaw et qu'avec elles, je ne risquais rien... Pour en
revenir aux autres, elles ont toutes l'air de se figurer que l'amour c'est le
but de la vie, surtout quand on pèse 90 kg et qu'on a six pieds deux
pouces... Je leur réponds toujours que si je suis dans cette forme-là, c'est
justement parce que je me ménage. Et que si elles avaient mon tonnage
de viande nette à balader, ça les fatiguerait assez pour qu'elles me fichent
la paix... En tout cas, Beryl et Mona ne sont pas comme ça, et elles savent
qu'une vie hygiénique c'est bien préférable à toutes les plaisanteries pas
nouvelles qu'on répète sur les canapés.

Je suis entré au Zooty Slammer. C'est une boîte sympa, tenue par Lem
Hamilton, un gros pianiste noir qui a joué autrefois dans l'orchestre de
Leatherbird. Il connaît tous les musiciens de la côte et Dieu sait qu'il y en
a en Californie. Au Slammer, on peut entendre de la vraie musique.
J'aime ça, ça détend... comme je suis déjà détendu naturellement, c'est
terriblement reposant. Gary m'attendait, Lacy dansait avec Beryl et Mona
me sauta au cou...

— Bonsoir Mona, dis-je. Rien de neuf ? Salut, Gary.

— Salut, me dit Kilian.

Il était impeccable, comme toujours. Un joli garçon brun à la peau
bleutée. Son *bow-tie*[2] rouge clair avait l'air amidonné tellement il tenait
droit. Ce que j'aime, chez Gary, c'est qu'il a du goût pour la toilette. Enfin
il a le même goût que moi, c'est cela qu'il faut comprendre.

Mona me regardait.

— Rocky, me dit-elle, c'est indécent. Vous devenez plus beau tous les
jours.

Avec elle, ce n'était pas gênant. Son ton était... comment... supportable.

— Vous êtes merveilleux, Rocky. Vos cheveux blonds... votre peau orange... mmm... on en mangerait.

J'ai rougi quand même. Je suis de cette espèce. Gary se foutait de moi...

— Tu ne protestes même plus, Rock, me dit-il. Autrefois, tu serais parti...

— Elle m'a donné des preuves d'intelligence, répondis-je, mais si elle continue comme ça, je vais sûrement m'en aller.

Elle rit. Gary aussi. Moi aussi. Ça, ce sont des copains.

Tout de même, je préférais que Lacy ne soit pas là... Je n'aime pas que les filles me complimentent sur mon physique, surtout devant Clark Lacy ; c'est le meilleur type de la terre, mais on dirait que son père est un rat et sa mère une grenouille, ça ne m'étonnerait pas tellement ; c'est de ça qu'il a l'air. Et ça le gêne un peu pour faire la cour aux filles.

Mona a remis ça.

— Rocky, quand allez-vous vous décider à m'avouer que vous m'aimez ?

— Jamais, Mona... Je ne veux pas faire des millions de malheureuses.

Elle avait dû boire un peu, parce qu'elle n'insistait pas souvent comme ça. Heureusement, Clark et Beryl revenaient et on a changé de sujet. Hamilton, le patron de la boîte, venait de se mettre au piano. Comme tous ces gros-là, il a un toucher d'une légèreté extraordinaire et je riais de plaisir en l'écoutant. Gary s'est mis à danser avec Beryl et j'allais inviter Mona quand Lacy s'en est emparé. J'aurais bien pris n'importe quelle fille, quand Hamilton commençait à jouer. Ça fait l'effet d'une décharge électrique. Je regardais un peu partout et mon sauveur est entré. Ce grand crétin de Douglas Thruck. Je vous dirai tout à l'heure qui c'est, mais pour l'instant, je bondis sur la fille qui l'accompagne et je l'emmène sur la piste. Elle n'est pas mal faite et elle danse bien... Pas de blague... La voilà qui commence à se serrer un peu trop...

— Doucement ! dis-je. Je tiens à ma réputation.

C'est un peu mufle, ce que je viens de lâcher là, mais avec ma gueule, tout passe, vous savez bien. Elle a un petit sourire et elle n'en fait qu'à sa tête. Et à voir ce qu'elle fricote avec son châssis, ce n'est pas difficile de se rendre compte de ce qu'elle a dans le crâne.

— Dommage que ça ne soit pas une samba, répond-elle sans se frapper.

— Pourquoi ? dis-je, je trouve que ça va comme ça.

— Ça a plus d'atmosphère... répond-elle. Cette musique-là, c'est tout de même un peu froid.

Mes enfants, si c'est ça qu'elle appelle de la musique froide, j'aime mieux ne pas danser la samba avec elle. Bon sang ! il faut que je fasse quelque chose. Je suis tout de même un peu plus costaud qu'elle et je réussis à l'écarter de moi. Je continue à danser en la tenant à bout de bras. On ne peut pas consacrer sa vie au sport et danser avec des poupées comme celle-ci. Ça ne va pas ensemble. Et moi, je tiens au sport. Par-dessus tout.

Elle se mord un peu la lèvre inférieure, mais elle sourit quand même. Impossible à vexer. Un de ces jours, je vais me coller une paire de fausses moustaches, et je pourrai danser en paix.

Hamilton s'arrête de jouer. Je ramène la fille à son légitime propriétaire, Douglas Thruck. Douglas, il vaut la peine qu'on le présente un peu en détail. C'est un long garçon blond et frisé, avec une bouche comme si on l'avait mise en double, et toujours hilare. Il est très jeune, il boit comme un trou, et il est vaguement journaliste. Il écrit une colonne dans un canard de cinéma, et à ses moments perdus, il travaille à la grande œuvre de sa vie, une *Esthétique du Cinéma* pour laquelle il prévoit dix volumes et dix ans de travail. Il fume le cigare. À part ça, c'est une véritable éponge, je vous le répète.

— Salut ! me dit-il. Je te présente ?

— Bien sûr !

— C'est Rock Bailey, explique-t-il à la jolie brune qui en voulait à mes sentiments. Sunday Love, me dit-il en la désignant. Un espoir de la Metro[3].

— Ravi de vous connaître.

Je m'incline courtoisement et lui serre la main. Elle rit. Elle est gentille, après tout. Un espoir de la Metro. Mon Dieu, si j'étais la Metro, je n'hésiterais pas à accrocher quelques espoirs à cette enfant ; tout ça a l'air de se tenir parfaitement bien.

— Elle a le béguin pour toi, me dit Douglas Thruck avec son tact habituel.

Il est vrai que je n'ai rien à lui envier sous le rapport de la muflerie, mais tout de même... Je le rembarre...

— Elle t'a dit ça pour se débarrasser de toi.

— Vous avez deviné, dit Sunday Love.

Elle se rapproche de moi. Zut et zut, que ces femelles sont empoisonnantes. Où a-t-elle été pêcher ce nom à la gomme. Sunday Love... Drôle d'idée. Ça fait un peu campagnard. Surtout, ça ne lui va pas du tout. Je suis persuadé que cette fille ne se contente pas de faire l'amour le dimanche.

— Dansons encore, me propose-t-elle, comme Lem Hamilton vient de commencer un autre machin.

— Non, dis-je. Vous allez finir par me pervertir et mon entraînement ne me permet pas ce genre de fantaisies. Je suis à votre disposition pour vous payer un verre.

— Votre entraînement vous permet de boire ? me répond-elle du tac au tac.

— Mais oui, assure Douglas qui ne perd pas un mot de notre conversation. Écoutez, Sunday, n'essayez pas de séduire le vieux Rocky. Il est inébranlable et toutes les filles se sont cassé le nez sur lui. Vous savez, les sportifs, d'ailleurs, ça n'a rien de transcendant. Pour ce qui vous intéresse, rien ne vaut les intellectuels.

C'est lui, l'intellectuel. Naturellement. Enfin... je paie la tournée... Douglas paie la sienne. Je remets ça. Entre-temps, je danse avec Beryl, avec Mona... Encore avec Sunday Love... Je m'amuse, parce que malgré tous ses efforts, je reste parfaitement froid. Elle a compris et elle joue le jeu franchement. Je suis très en forme, ce soir et je sais que pas mal des femmes qui sont là s'en laisseraient conter. C'est tout de même agréable d'avoir une belle gueule.

— Écoutez, me dit tout à coup Sunday Love...

— Je vous écoute.

Elle colle sa joue sur la mienne. Elle sent très bon. Le parfum de ses cheveux et celui de son rouge à lèvres sont remarquablement assortis. Je le lui dis.

— Pas de bêtises, Rocky, s'il vous plaît. Vous n'en pensez pas un mot.

— Mais si, ma douce, dis-je. Je suis on ne peut plus sérieux.

— Si vous m'emmeniez ailleurs ?

— Pourquoi voulez-vous aller ailleurs ? Vous n'aimez pas la musique du vieux Lem ?

— Si... mais vous l'aimez trop. Comment voulez-vous qu'on prenne plaisir à danser avec un type qui écoute la musique ?

— Je sais qu'il y en a qui dansent pour les filles et pas pour la

musique, lui dis-je. Mais moi, j'aime cette musique-là, et je vous répète que les femmes ne m'intéressent pas.

— Allons donc ! me dit-elle avec un regard de reproche, en me tâtant les biceps. Vous n'êtes pas comme ça...

Je m'aperçois qu'elle me prend pour une grande folle et j'éclate de rire.

— Bien sûr !... lui dis-je, n'ayez pas peur, je n'aime pas les hommes non plus, si c'est ça que vous avez compris... Mais ce que j'apprécie particulièrement, c'est le bon état de mon académie... et pour ça, il n'y a que le sport.

— Oh, répond-elle avec une moue... je ne vous ferais pas de mal...

Elle est bougrement jolie, à bien la regarder, et je ferais presque une entorse à mon règlement personnel. Mais bon sang de bois, j'ai décidé... zut... je lâche le morceau... j'ai décidé de rester vierge jusqu'à vingt ans. C'est peut-être complètement idiot, mais on se fixe des trucs comme ça quand on est jeune. C'est comme de marcher sur les raies des trottoirs ou de cracher dans les lavabos sans toucher les bords... mais je ne peux pas lui dire, quand même... comment faire ?...

— Je m'en rapporte à vous, dis-je en lui serrant un peu le bras... Mais pour une raison que je ne peux pas vous raconter, je suis forcé d'être très sérieux.

— Vous avez fait des bêtises ?

Zut, alors. Qu'elle comprenne tout, mais pas ça, quand même.

— Je ne sais pas comment vous expliquer ça, dis-je, mais si vous voulez que je vous donne rendez-vous le jour de mes vingt ans, vous aurez l'étrenne du bonhomme.

Eh bien, si j'espérais la refroidir, c'est loupé. Elle me regarde avec des yeux de mangeuse d'hommes et elle respire plus vite...

— Oh... Rocky... C'est une blague, mon petit Rocky...

Et voilà une fille qui a bien dix-sept ans, que je pourrais porter d'une seule main à bras tendu et qui m'appelle son petit. Je vous assure que c'est une race pas ordinaire.

— Parole d'homme... lui dis-je. Je ne m'en dédirai pas.

— Je peux vous offrir la même chose, me dit-elle en me regardant dans les yeux.

Ben, si vous voulez mon avis, c'est quand même un moment embêtant. Heureusement, le vieux Gary arrive à mon secours. Il me tape sur l'épaule.

— À moi ! dit-il.

Je m'incline et je le laisse enlacer la petite. Elle fait encore une moue légère, mais elle n'est pas fâchée parce que Kilian est malgré tout un beau brin de gars. Elle me sourit en baissant un peu les paupières. Elle a l'air d'une fleur de serre à caméras, genre Linda Darnell[4]...

Je reviens au bar. Clark Lacy est là qui bavarde avec Beryl, et Mona danse avec Douglas. Il n'y a que des gens sympathiques au Zooty Slammer. Je connais à peu près toutes les têtes. Je m'étire. C'est quand même bon de vivre, d'avoir des sous dans sa poche et des bons copains comme ça. Je ris aux anges. Le cigare de Douglas est là sur le cendrier et il pue que c'en est une bénédiction. C'est un de ces horribles machins italiens, noueux comme un vieil os de rhumatisant et sentant plus mauvais que les égouts de l'enfer. Tout d'un coup, j'ai besoin de respirer un peu d'air frais et je le dis à Lacy.

— Je reviens... Je sors une seconde.

— O.K... dit-il.

Je me dirige vers la porte. Je fais un signe à Lem en passant et il rit de toute sa bonne figure noire.

Il fait un temps splendide. La nuit est bleue et odorante et toutes les lumières de la ville font un halo vague au-dessus de ma tête. Je fais quelques pas et je m'accoude à ma bagnole qui m'attend sagement pas loin du Slammer. Un type est sorti derrière moi. Il s'approche. Il est costaud, râblé, un peu l'air d'une brute, mais correct.

— Vous avez du feu ? me dit-il.

Je lui tends mon briquet et je me rappelle que c'est l'entrée en matière classique du gangster qui va faire un mauvais coup. Ça me fait rire. Je ris.

— Merci, dit-il.

Il se met à rire à son tour et il allume sa cigarette. Dommage. Ce n'est pas un gangster. Je respire la fumée de sa cigarette. Drôle d'odeur. Il s'aperçoit de ce que je fais et me tend son étui.

— Vous en voulez une ?

Ça pue presque autant que le cigare de Douglas, mais en plein air, ça a moins d'importance. J'en allume une et je lui dis merci parce que moi aussi j'ai été à l'école du dimanche.

Ça a également presque aussi mauvais goût que le cigare de Douglas, mais je n'ai guère le temps de m'en apercevoir parce que je tombe dans les pommes aussi sûrement que si je venais de boire un quadruple zombi. Le type est charmant et j'ai juste le temps de me rendre compte

qu'il me tient la tête pour l'empêcher de cogner contre le trottoir, et puis je m'envoie au pays des poux volants.

II

UN PEU DE PHYSIQUE AMUSANTE

Je me réveille dans une chambre tout ce qu'il y a de normal. Il fait encore nuit, je suppose, parce que les rideaux sont tirés et la lumière allumée ; je regarde l'heure. Trois heures. Il devait être à peu près une heure et demie quand j'ai pris cette cigarette... Je me rappelle tout très bien, sauf entre la cigarette et ce lit où je suis allongé... complètement nu.

Je me retourne et je cherche mes vêtements, des draps, quelque chose. Ce n'est pas agréable de se trouver à poil dans une chambre qu'on ne connaît pas. Jolie chambre. Murs beige orange, éclairage indirect. Bizarre. Aucun meuble. Le lit est bas, très doux. Rien ne dépasse de nulle part. Une porte là-bas.

Je me mets debout. Je vais à la fenêtre. J'écarte les rideaux. Pas plus de rideaux que de vêtements. Les rideaux sont en trompe l'œil et c'est du bon mur plein.

La porte. Il faut tout essayer. Si la porte est une blague aussi, je me demande comment ils m'ont fait entrer ici.

La porte ne bouge pas. Tout ça me paraît solide. Mais c'est une vraie porte.

Faut pas s'en faire. Je me jette sur le lit et je réfléchis un petit peu. Pas longtemps... ça m'assomme de réfléchir. Je suis encore un peu gêné d'être déshabillé, mais après tout je n'y peux rien, et puis on doit s'y faire puisqu'on prétend que certains types vivent comme ça toute leur vie. En Afrique ou en Australie, je crois. Grand bien leur fasse. Moi, je ne me vois pas dansant la samba avec Sunday Love dans cette tenue-là.

Oui. Mais va te faire foutre pour rester tranquille. La porte s'ouvre, et

puis elle se referme... et entre les deux opérations, il y a eu une légère modification de mon état d'esprit.

Car maintenant, dans la pièce, il y a une femme, dans la même tenue que moi...

Bon sang, mes enfants, quel morceau! Je me dépêche de faire une petite prière au Seigneur parce que si je lui fais l'effet qu'elle me fait, mes bonnes résolutions sont par terre.

Elle est très belle, mais d'une beauté assez surprenante. Un peu trop perfectionnée, si je peux me faire comprendre comme ça. On dirait qu'on l'a fabriquée avec les seins de Jane Russell, les jambes de Betty Grable, les yeux de Bacall[5], et ainsi de suite. Elle me regarde, je la regarde, et je crois que nous rougissons en même temps. Elle s'approche de moi. Je fais une petite prière. Zut, ce n'est pourtant pas mon genre, les prières. Peut-être qu'elle veut simplement me parler. Je m'efforce de rester convenable et j'y arrive, mais Seigneur, ce que j'ai du mal... Je pense à mon père et à ses lunettes d'or, à ma mère dans sa robe mauve, à la petite sœur que je pourrais avoir, à un match de base-ball et à une bonne douche froide, mais la voilà qui s'assied sur le lit. Elle me regarde en pleine figure et elle cligne des yeux doucement. Elle a des cils de cinquante centimètres et une peau d'un lisse...

Qu'est-ce que vous voulez faire... Je suis là, complètement nu, avec une fille des dix-neuf tonnerres de Dieu dans le même costume que moi, au beau milieu d'une chambre où il n'y a qu'un lit et rien d'autre. Sûr que c'est un problème qu'on ne m'a pas appris à résoudre à l'université. J'aimais encore mieux les cours de français... et pourtant ces sagouins-là ont de ces verbes irréguliers...

Enfin les verbes irréguliers ont réussi à me remettre d'aplomb. Je me sens plus sûr de moi. Bon sang de sort, si j'ai décidé que je resterais sage jusqu'à vingt ans, ce n'est pas pour flanquer en l'air tout mon programme à la première femme qui entre dans ma chambre. Car c'est ma chambre, puisque j'y étais avant elle. Et la tenue n'a rien à voir à la question. Je lui montrerai qu'on peut être digne, même sans pantalon.

Je me lève, je me croise les bras et je lui dis:

— Qu'est-ce que voulez?

Oh, ce n'est pas long. Elle répond:

— Vous.

Je m'étrangle un bon coup et je tousse comme un vieux pot.

— Nous ne sommes pas d'accord, dis-je. Mon entraînement exige une chasteté absolue.

Elle hausse les sourcils, sourit, et se lève. Elle avance. Elle va me jeter ses bras autour du cou. Je l'attrape par les poignets et je cherche à la tenir à distance... Je me rappelle Sunday Love... C'est tout de même beaucoup plus facile dans un dancing quand on est en tenue de soirée.

Je ne sais plus quoi faire... elle est forte comme un cheval... et elle sent rudement bon, elle aussi. Enfin, c'est fou, ça, quand même... je voudrais bien comprendre.

— Qui m'a amené ici? dis-je. Où sommes-nous? Qu'est-ce que c'est que toute cette histoire, qu'est-ce que c'est supposé représenter? Que diriez-vous si on vous droguait, si on vous emmenait dans une pièce que vous n'avez jamais vue, si on vous déshabillait et si on faisait entrer un homme dont les intentions sont évidentes?

— Je ne dirais rien, dit-elle en cessant de remuer. Les paroles sont complètement inutiles dans des circonstances aussi bizarres... Ce n'est pas votre avis?

Elle sourit. Elle a tout, cette fille. Elle a même des dents à monter sur des bagues.

— C'est peut-être le vôtre parce que vous, vous savez ce que ça veut dire; mais moi, ce n'est pas mon cas.

Je me rends vaguement compte de la stupidité de cette conversation, dans cette tenue, et elle aussi; elle rit et recommence à vouloir se rapprocher de moi, et nom d'une pipe, elle n'est pas loin, car sa poitrine touche la mienne pendant que je me débats de plus belle... je faiblis... je faiblis... elle a l'air de me considérer comme un pauvre idiot... un type qui a des principes, et ça me met en colère. Parfaitement, j'ai des principes, et je maintiens mon point de vue. Je me mets à brailler, comme un écorché...

— Lâchez-moi! Vampire! laissez-moi tranquille... Je ne veux pas... Vous m'embêtez... Maman!...

Cette fois, elle est complètement démontée. Elle me lâche, elle s'écarte de moi, s'adosse au mur et me regarde. Mes enfants, si jamais vous avez lu quelque chose dans un regard, vous pouvez dire tout de suite que je suis le plus parfait crétin que la terre ait jamais porté. J'ai tellement hurlé que j'ai mal à la gorge et j'ai envie d'être ailleurs.

Et puis la porte s'ouvre et il entre deux types pas sympathiques du tout. Ils sont habillés de blanc, comme des infirmiers, et ils sont construits à peu près aussi légèrement que le pont de San Francisco. Ça m'est égal, je proteste quand même.

— Emmenez cette cinglée et rendez-moi mes vêtements, dis-je. C'est pas moi qui vais servir à vos sales trucs de voyeurs.

— Qu'est-ce qui se passe ? demande le premier.

Il est gras et bête et il a une petite moustache.

— Il préfère les hommes ? demande le second.

Ça, mon vieux, tu vas le regretter. Je prends mon élan et je lui balance mon poing dans l'estomac avec tout ce que j'ai. Apparemment, ça lui est désagréable, parce qu'il se plie en deux en faisant une grimace à moitié satisfaite seulement.

Le gros à moustache me regarde avec reproche.

— Il a eu tort de dire ça, bien sûr, me dit-il, mais tu ne devrais pas être si brutal. À quoi ça t'avance-t-il ?

L'autre s'est redressé. Il est tout vert autour de la bouche et il fait des bruits assez originaux avec son gosier.

— Je ne voulais pas vous vexer, réussit-il à dire. Ne soyez pas si emporté.

Je ne me méfie pas de lui, et j'ai tort, parce qu'il me colle sur le crâne un de ces coups de matraque à vous faire voir le système solaire dans son entier. Le gros s'est avancé d'un pas et il me reçoit dans ses bras. Je lutte désespérément pour ne pas perdre conscience et je réussis à me remettre debout. Je dois avoir sur l'occiput quelque chose comme un embryon d'œuf d'autruche et je sens que ça se développe à vue d'œil. D'ici cinq minutes, ça va éclore. Et ça sera cuit, parce qu'en même temps, c'est chaud.

— Nous sommes quittes, dis-je. Ou plutôt bredouillé-je.

— Bon, bon, dit le moustachu, je pensais bien que tu allais devenir raisonnable. Écoute. Tu ne peux pas nous assommer tous les deux. Alors laisse-toi faire. Tu refuses de rester seul avec madame ?

— Elle est charmante, dis-je, mais j'ai mes raisons à moi.

— Bon, grogne le second. Après tout, ça vous regarde. Venez avec nous.

Ma tête sonne comme une vieille cloche, mais lui est livide et il marche tout courbé. En un sens, ça me réconforte.

— Foutez-moi la paix, dis-je. Je veux mes vêtements et je veux sortir d'ici.

Je sens quelque chose sur mon pied. C'est le soulier à clous du gros à moustache. Il n'appuie pas.

— Écoute, mon poulet, me dit-il, viens avec nous. On en a pour cinq minutes et, parole, on te laisse t'en aller.

On se sent horriblement désarmé avec les pieds nus quand les autres ont des souliers. Surtout à clous. Et mon crâne ne me permet pas de réfléchir avec un rendement suffisant.

La fille s'est jetée sur le lit, indifférente. J'ai presque un sentiment de regret mais tant pis. Ce sont peut-être des préjugés qui m'ont fait agir, mais il faut bien tenir à quelque chose même si ce sont des préjugés. J'aurai vingt ans dans six mois et si je ne peux pas tenir six mois encore, je ne me respecterai plus jamais. Je suis les deux types le long d'un couloir nu et propre, genre hôpital. Ils me surveillent du coin de l'œil et le second a toujours la main dans sa poche. Je sais qu'il y range une petite matraque... J'espère que c'est tout ce qu'il a pour moi. J'ai un haut-le-corps en pensant tout à coup au Zooty Slammer et à mes copains qui m'attendent là-bas. S'ils me voyaient...

Je rougis encore en pensant à ma tenue. Je ne sais pas ce que je donnerais pour ne pas rougir comme ça à tout bout de champ. C'est quand même idiot...

Nous entrons dans une pièce du genre salle d'opérations. Il y a quelques appareils. Une barre horizontale nickelée, à hauteur d'épaules, tenue au plafond comme une barre fixe, m'intrigue. Ils me mettent devant.

— Levez les bras, dit le second.

Je lève. En deux temps et trois mouvements ils m'attachent les poignets aux deux extrémités de la barre. Je rue dans le vide.

— Allez-vous me lâcher, tas de nœuds volants !...

Je leur dis encore bien d'autres choses, mais ma mémoire me fait défaut pour vous les raconter. C'est préférable. Ils m'attrapent par les pieds et me les attachent au sol. Qu'est-ce qu'ils veulent ? Me fouetter ? Je gueule de plus belle. J'ai dû tomber dans les pattes d'une de ces bandes qui font des photos spéciales et qui procurent des spectacles de choix aux vieux messieurs et aux rombières un peu fatigués de la vie.

— Foutez-moi la paix... Bande de crabes... Bande de pouilleux... Je vous jure que je vous aurai au tournant...

Ouais... autant parler à des portes. Ils s'affairent dans la pièce. Le premier a mis devant moi une sorte de cuvette en porcelaine montée sur un pied, comme un cendrier, et le second fricote je ne sais quoi avec une machine électrique.

— Nous, me dit le moustachu, on aurait préféré la première solution... Mais tu n'as pas l'air d'y tenir, et il faut nous excuser...

Il me plaque un truc sur le ventre. C'est relié à la machine par un fil

souple et le second passe derrière moi avec la seconde électrode. Bon Dieu! Le porc! Je me sens encore plus humilié que si c'était un thermomètre. Ils me traitent absolument comme un lapin d'expériences. Je les gratifie de tous les noms choisis qui me reviennent encore à la mémoire.

— T'inquiète pas, dit le gros. C'est pas douloureux, et puis on t'a laissé le choix. Bouge plus, je mets le contact.

Il le met une fois... deux fois... trois fois, et je saute à chaque coup et je comprends à quoi servait le truc en porcelaine. Je suis trop honteux pour dire quoi que ce soit et ces deux imbéciles éclatent de rire.

— Ne vous en faites pas, me dit le second. Ça restera entre nous.

Je mens, histoire de sauver la face.

— Je m'en fous, dis-je dans un grognement. Vous êtes une belle paire de salauds, mais on se retrouvera.

— Quand tu voudras, fiston, dit le premier, en riant de plus belle...

Je me souviens encore qu'ils me donnent quelque chose à boire...

III

ANDY SIGMAN À LA RESCOUSSE

Je repris conscience pour écouter le chant des pinsons bleus du Gabon dans une plantation d'orangers, en contrebas de la route sur le bord de laquelle j'étais allongé, tout habillé. J'avais dans le nez l'odeur du cigare de Douglas et je me demandai comment cet idiot m'avait retrouvé.

Renseignements pris, ce n'était pas le cigare de Douglas. Il y avait devant moi un taxi orange et noir et un vieux bonhomme sympathique, assis sur son marchepied, fumait sa pipe en me regardant.

— Qu'est-ce que je fais là? demandai-je.

— J'allais vous poser la question, me dit le type.

— Je suis habillé... constatai-je.

— Ben, j'espère bien ! dit-il. Vous aviez autre chose ?

Je palpai mes poches. Rien ne manquait en apparence.

— Quelle heure est-il ?

— Vers six heures, dit-il.

Je me mis debout. Ma tête me prouvait que tout ça n'était pas un rêve. J'ai dû grogner car il m'a regardé avec sollicitude.

— Vous avez une fameuse bosse, mon vieux...

— Oui...

J'étais fatigué du côté des reins. Cette bande de mufles, avec leurs trucs électriques. Enfin... si c'était tout, je m'en tirais à bon compte. J'hésitai un instant.

— Vous pouvez me ramener en ville ?

— Je pensais que vous me le demanderiez, dit-il. C'est pour ça que j'ai attendu. Je m'appelle Sigman. Andy Sigman.

— Je suis Rock Bailey, dis-je. Eh bien, content de vous avoir rencontré.

— Oh, ça va ! dit-il. Je revenais à vide. C'est aussi bien pour moi.

Je réfléchis une minute, et mon crâne me fit sentir que c'était le maximum.

— Allons-y, dis-je. Menez-moi au Zooty Slammer. Allez jusqu'au coin de Pico Boulevard et San Pedro Street et je vous indiquerai.

— Je sais où c'est, me dit-il. Chez Hamilton ?

— C'est ça.

Je m'assis à côté de lui, tant pis pour le règlement, c'est plus commode pour bavarder et tous les chauffeurs de taxi de la ville sont bavards comme des vieilles négresses. Je tâchais de fabriquer une histoire qui se tienne. Sûr que je n'allais pas raconter tout ce qui m'était arrivé, avec les détails.

— Méfiez-vous des femmes, dis-je pour commencer.

— C'est une sale race, approuva-t-il.

— Surtout quand elles vous poussent par la portière après s'être laissé peloter pendant vingt miles.

— Elle n'allait pas tellement vite... dit-il en regardant mes vêtements.

— Heureusement, dis-je. Elle redémarrait.

— Ça m'épate un peu qu'une fille ait refusé de vous embrasser, dit-il, légèrement soupçonneux. Je ne peux pas juger, avec cette bosse que vous avez sur le coin du crâne, mais elles ne doivent pas tellement vous

faire marcher... à mon sens, vous seriez plutôt le genre devant qui elles tombent comme des mouches.

— Pas trace de flatterie dans sa voix. Il devait penser ce qu'il disait.

— D'habitude, dis-je, c'est ça... mais on peut toujours tomber sur un os. En tout cas, celle-là m'a salement eu et je serais incapable de dire ce que j'ai fait depuis le moment où je suis parti dans les pommes.

— Vous avez dû dormir sur place, dit-il.

— Probablement, répondis-je.

— C'est une veine que j'aie conduit ce client jusqu'à San Pinto[6].

— Une veine pour moi, dis-je.

— Quand j'étais à Shanghai, commença-t-il, c'est tous les jours qu'on rencontrait des gens au coin des rues, par terre.

— Vous avez été à Shanghai ?

— J'étais directeur de la concession française des tramways. C'est une drôle d'histoire.

Je me mis à rigoler.

— C'est une blague.

— Pas du tout. J'ai réellement dirigé ça. Pour tout dire, à dix-neuf ans, je voulais apprendre le turc.

— D'où êtes-vous ?

— Je suis né en France et j'y suis resté vingt-trois ans. Donc à dix-neuf ans je me suis inscrit à l'École des langues orientales, comme ils disent là-bas, pour le turc. Et le premier jour, je me suis trompé de classe.

Il se mit à rire à son tour.

— Vous avez raison, continua-t-il, ça a l'air d'une blague, mais c'est vrai. Il y avait deux élèves en tout et pour tout. Avec moi, ça faisait trois. C'était la première fois, depuis onze ans, que le professeur avait trois élèves... et je n'ai pas eu le courage de le décevoir.

— Alors ?

— Alors, quand j'ai su le chinois, il a bien fallu que j'aille en Chine. J'y suis resté vingt ans, et pendant ce temps-là, j'ai appris l'anglais.

— Et vous voilà.

— Et me voilà. C'est un chic endroit, la Californie...

— Oui, dis-je, un chic endroit.

Un chic endroit, où on vous offre des cigarettes droguées pour vous faire subir des traitements ignominieux dans des lieux inconnus. Si je lui racontais ça, il en aurait des sueurs froides. Pire que si tous les tramways de Shanghai venaient sonner devant sa fenêtre à quatre heures du matin.

Non, quatre heures de l'après-midi plutôt... parce qu'il doit dormir dans la journée.

Nous n'étions plus très loin. Ils m'avaient laissé sur la route de San Pinto. Ça ne voulait rien dire. Ils avaient pu m'emmener n'importe où dans un rayon de quarante miles...

Andy Sigman tourna le coin. Ma Buick était toujours là, et je reconnus le vieux tacot de Douglas.

— Ça va, dis-je à Andy. Arrêtez-moi là et merci encore.

— Si jamais vous aviez besoin de moi... me dit-il en me regardant d'un drôle d'air.

Il écrivit son numéro de téléphone sur mon carnet.

— Vous avez le téléphone ? m'étonnai-je.

— Oui, dit-il, je ne suis pas mal logé. En fait, ça m'amuse d'être chauffeur de taxi. Mais je pourrais m'en passer.

Ce qui fit que je n'osai pas lui offrir un pourboire.

— Je vous donne un coup de fil un de ces jours pour prendre un verre ensemble, lui dis-je en serrant sa main, dure et maigre.

— D'accord ! me répondit-il. Au revoir.

Je regardai sa plaque arrière disparaître.

Il était six heures et demie exactement. Et juste comme j'entrais pour la seconde fois dans la taverne de Lem, je vis, de dos, Sunday Love qui reculait en hurlant et se cachant la figure dans ses mains.

— Il y a un homme ! mort !... là... dans la cabine téléphonique.

IV

GARY S'EMBALLE

Du coup, ma rentrée passe absolument inaperçue et je sens un volumineux complexe de frustration se développer en moi. Le vieux Lem fait une drôle de figure, parce que si c'est vrai c'est mauvais pour la boîte. Gary et Douglas se sont dirigés vers la cabine téléphonique, au fond de

la salle et à droite, et je les vois qui regardent quelque chose par terre. Je dois vous dire qu'il n'y a presque plus personne au Zooty Slammer. Même Mona et Beryl ne sont plus là, et je ne vois pas non plus la moindre trace de Clark Lacy. Gary et Doug reviennent, ils n'ont touché à rien.

— Téléphonez à la police, Lem, dit Gary. Il est mort. Il vaut mieux les prévenir tout de suite. Vous ne risquez rien. Demandez le lieutenant Defato. Nick Defato. C'est un ami.

Et puis il m'aperçoit.

— Où étais-tu passé ? grand lâcheur... Tu reviens à temps ! Tu choisis ton moment.

— J'ai été prendre l'air, dis-je. Je t'avais prévenu.

— Et tu es tombé sur un os... ajoute Douglas, hilare comme d'habitude.

Car il faut autre chose qu'un cadavre pour lui faire perdre sa gaieté. Il fait allusion à la bosse de mon crâne. Mieux vaut changer de sujet.

— Console cette pauvre Sunday au lieu de dire des blagues, lui dis-je.

Pendant ce temps-là, Gary est allé rejoindre Lem au téléphone et je l'entends insister personnellement pour avoir Nick Defato à l'autre bout.

— Sans blague, insiste Douglas, qu'est-ce que tu as fait ?

— J'ai été enlevé par une femme qui m'aimait en secret, dis-je. Et j'ai trouvé un type qui fume des cochonneries encore plus affreuses que les tiennes.

— Allons, dit Douglas... dis-le-nous, quoi... Où as-tu été ?

— C'est dégoûtant... dit Sunday Love. Vous croyez qu'il est mort ?

Elle est encore tout émue. Gary et Lem ont fini de téléphoner et ils reviennent. Les deux ou trois clients qui sont encore là se sont levés, sont allés regarder le cadavre et sont revenus au bar, ce qui fait que tout le monde entoure le comptoir, attendant que Lem nous prépare un remontant terrible ; car son barman est allé se coucher depuis un moment sans doute. Je demande à Kilian :

— Qu'est-ce que c'est que ce type ? Il était là ce soir ?

— Oui, dit Kilian. Il me semble l'avoir vaguement remarqué il y a deux heures ou peut-être plus. Un peu après ton départ, tiens, je crois... Je suis sorti pour voir ce que tu faisais et il était dehors... Il parlait avec un autre et ils sont entrés. Je les ai remarqués surtout parce que tu n'étais pas là et que je m'attendais à te voir.

Une idée me vient... Je me dirige rapidement vers le fond de la salle.

Si c'était le même... Je regarde le type. Il est bien mort, il a dû boire quelque chose de pas très bon parce que sa figure a une couleur assez originale. Mais ce n'est pas celui qui m'a offert une cigarette. C'est peut-être son copain... C'est peut-être eux que Gary a vus entrer. Je reviens pour lui demander d'autres détails, mais j'aperçois le reflet rouge des phares de la police et j'entends un coup de sirène. Un tout petit coup. Ils nous ménagent. Ils entrent. Deux flics en uniforme et un civil qui n'a pas l'air très réveillé. Il serre la main à Kilian. Ce doit être le dénommé Defato. Il en arrive aussitôt deux autres. L'un d'eux a une trousse noire et une figure de cheval étonné, l'autre doit être photographe. Ils passent devant le bar, suivant les deux flics harnachés. À la bonne heure, ça va vite, au moins.

Ça va encore plus vite que je ne pensais. En une demi-heure tout est terminé, ils ont pris nos noms, nos adresses et nos dépositions et sont rentrés chez eux en emmenant la volaille.

— C'est beau, les relations, dis-je à Kilian.

Il sourit. Le bon gros Lem a l'air tout ragaillardi et il nous paie une tournée. Douglas ne tient plus debout et il lui reste tout juste assez de lucidité pour sortir. Ce qu'il va faire avec sa bagnole, ce n'est l'affaire de personne et ça vaut mieux comme ça. Nous sortons à notre tour.

— Je vous pose chez vous? dis-je à Sunday Love.

Elle me regarde et, sûrement, elle veut me faire comprendre quelque chose avec ses yeux, mais je ne suis pas intelligent du tout et ne comprends pas, et c'est elle que je dépose la première. Parce qu'il faut que je parle à Gary.

Nous lui disons au revoir tous les deux et nous la regardons rentrer. Elle nous fait tout de même un beau sourire et disparaît derrière la porte dépolie de l'immeuble. Il fait grand jour et j'ai un peu sommeil. Gary, lui, paraît frais comme une rose. Mais, sitôt que nous sommes seuls il se tourne vers moi, anxieux, tendu comme une corde de guitare.

— Rock... Où as-tu attrapé ça?

Il l'a vue aussi, ma bosse, il faudrait vraiment être très myope. Je dirige la bagnole vers la sortie de la ville, un tour sur la plage de Santa-Monica ne nous fera pas de mal et à cette heure-là, nous pourrons tout de même parler tranquillement.

— C'est un cadeau, dis-je. De quelqu'un que je ne connais pas.

— Où ça? Quand?

— D'abord une question, dis-je. Revenons à ces deux types que tu as vus entrer au Zooty. L'un des deux était le mort. Est-ce que l'autre était

costaud, l'air désagréable, avec un complet beige et des chaussures blanches ?

— Oui, me dit Gary au bout d'un instant.

— Et une cravate un peu comme la tienne ?

Machinalement il redresse son nœud.

— Oui, dit-il.

— Bon, alors maintenant, je te raconte ce qui m'est arrivé.

Je lui dis comment le type que j'ai reconnu à sa description m'a drogué, comment ils m'ont emmené dans une pièce où je me suis retrouvé complètement nu. Je lui parle de la belle fille et du traitement que j'ai subi ensuite, du coup de matraque et d'Andy Sigman, pour terminer.

Gary écoute sans m'interroger et quand j'ai fini, il reste un moment sans rien dire. Et puis tout à coup il regarde par la portière et sursaute.

— Où est-ce que tu vas par ce chemin-là ?

— Tu ne crois pas qu'un bon bain nous fera du bien ?

— Un bon bain ? Mais tu es piqué, Rock, me dit-il. Demi-tour et en vitesse.

Je proteste.

— Arrête la voiture et donne-moi ta place, me dit-il. Ce n'est plus le moment de rigoler. Donne-moi le volant.

Nous avons donc changé de place, et je vous prie de croire que Gary appuyait sur le champignon. Mais ça ne l'empêchait pas de parler.

— Tu sais qui c'était, le macchabée, chez Lem ?

— Comment veux-tu que je le sache ?

Je sais seulement que c'était un grand gars blond, avec probablement, des yeux bleus ; mais tel qu'il se présentait, il valait mieux regarder ailleurs.

— C'était Wolf Petrossian, me dit Kilian. C'est pour ça que que tout s'est passé si vite. Defato le recherchait depuis un bout de temps et même comme ça, il était content de l'avoir.

— Qui est Wolf Petrossian ? dis-je. Je n'ai jamais entendu parler de ce type-là.

— Un drôle de bonhomme, murmure Kilian. Il a fait tous les métiers... C'est un des seuls types que je connaisse qui ait exploité un couvent tout entier.

— Comment ça, Seigneur ? dis-je.

— Sous prétexte de faire un dessin animé sur la vie de saint Martin, dit Gary Kilian. Il avait fait faire tous ses intermédiaires par les religieuses.

Gratis pro deo, naturellement... mais en dehors de ça, c'était un des plus gros trafiquants de drogues de la côte...

— Alors ?

— Alors, je me demande qui l'a descendu... et comme il n'y a qu'un nombre très réduit de possibilités... on va vérifier tout de suite... Tu ne fais rien ce matin ?

— Non...

— Eh bien mon petit Rock, on va un peu jouer aux détectives...

— Ah !... dis-je sans enthousiasme.

Les films de Bogart[7] m'ont enseigné que dans ce métier-là, on en prend sur la poire plus souvent qu'à son tour, mais devant Gary, je ne voudrais pas trop avoir l'air d'un dégonflé.

— On va bien rigoler, dis-je.

Je m'efforce à un sourire ravi. Mais ce n'est pas ce qu'il a l'air d'attendre.

— Tu sais, dit-il, on va peut-être prendre des risques. Ce n'est pas toujours sans danger.

Cette fois, je crâne, ouvertement, et je claque des doigts.

— Penses-tu. On va les avoir comme ça.

— Qui va-t-on avoir ? demande-t-il avec malice.

— Eh bien... Je ne sais pas... tu as des idées, non ?

— Oui, me dit Gary... J'en ai quelques-unes.

Et puis nous sommes arrivés devant l'immeuble de la police et je passe la parole à Gary qui préfère vous raconter la suite à sa manière. Pas exactement la suite, à vrai dire, puisqu'il vous apprendra ce qui se passe quand Defato et l'ambulance quittent le Slammer avec le corps de Petrossian... Tout ça, ce sont les tuyaux que Defato lui a donnés.

V

L'ATTAQUE DU FOURGON DES MACCHABÉES

Le fourgon mortuaire démarra le premier, encadré par les deux agents motocyclistes. La voiture du lieutenant Defato suivait. Ce dernier, très réveillé maintenant, eut une pensée émue à l'adresse du lit bien chaud qu'il venait de quitter et qu'il allait retrouver et se renversa, satisfait, sur les coussins. Perry conduisait et Lynn était devant à côté de lui. Les bureaux de la police se trouvaient assez loin du Zooty Slammer et Perry allait aussi vite qu'il pouvait. La circulation n'était pas encore trop intense.

Comme ils allaient tourner, passé Flower Street, pour remonter vers le Nord, il y eut un choc violent et le fracas impersonnel d'une mitrailleuse légère. La voiture fit un plongeon sur ses roues et Defato, en un instant, se laissa tomber entre le siège arrière et le siège avant. Il entendit la plainte de Perry et, simultanément, le cliquetis terne des glaces cassées. Lynn était déjà dehors et tirait. Les deux agents à moto avaient trinqué dur et le conducteur du fourgon mortuaire piquait du nez sur son volant. Il arborait un sourire béat car la rafale venait de lui emporter la majeure partie de la mâchoire inférieure. Defato ne bougeait pas et il entendait le claquement mesquin du Colt de Lynn. Celui-ci devait gêner les agresseurs du fourgon, car il y eut un nouvel arrosage et Defato perçut le bang des tôles lacérées, et l'écrasement mat du plomb dans la chair de Perry. Il se rendit compte que Lynn était blessé car un râle sourd résonnait près de sa tête, étouffé par l'épaisseur de la portière et du plancher de la voiture. Puis un moteur ronfla, dehors, des portières claquèrent et ce fut la rumeur de voix inquiètes. Defato se redressa. Il essuya son front trempé de sueur. Il se rendait compte aussi que la sirène de la voiture n'avait pas cessé de hurler pendant toute l'attaque. D'autres sirènes retentirent : le renfort arrivé trop tard. Il se redressa, ouvrit la portière et bondit vers le fourgon. La porte était ouverte et le cadavre de Wolf Petrossian gisait nu et meurtri sur la chaussée. Quelques pièces de son costume jonchaient le sol à côté de lui. Defato haussa les sourcils, étonné, et se retourna vers les hommes de la seconde patrouille qui ramassaient les morceaux de leurs confrères endommagés. Lynn remuait encore un peu. Sa main fouillait l'intérieur de son dolman bleu à

boutons dorés et retomba rouge jusqu'au poignet. Defato serra les dents.

Sans perdre une minute, il fit signe à une des voitures de police et y monta. Quelques instants plus tard, il se retrouvait à son bureau et donnait des ordres d'une voix dure. Le téléphone intérieur tinta. On lui annonça Gary Kilian et Rock Bailey.

— Faites monter, dit-il.

VI

LA CABINE EST DANS LE BAIN

Nous sortîmes du bureau de Nick Defato un peu refroidis par ce qu'il venait de nous apprendre. Gary paraissait rêveur.

— D'après ce que dit Nick, il n'y avait rien dans les poches de Petrossian. Rien d'intéressant, en tout cas.

— C'est ça que j'ai compris aussi, dis-je.

— Une veine qu'il l'ait fouillé complètement au Zooty Slammer, dit Gary.

— Ça dépend, dis-je. S'ils n'ont pas trouvé ce qu'ils cherchaient, il y aura peut-être du grabuge à un autre moment.

— Quelle est ton idée ?

— Wolf est mort dans la cabine téléphonique, dis-je. J'ai idée que s'il avait quelque chose de compromettant à cacher, c'est un endroit idéal.

— Je ne te suis pas, dit Gary.

— Il devait s'attendre à quelque chose, dis-je. À en juger par la vitesse à laquelle agit cette bande, s'il portait des documents ou de la drogue, ou ce que tu voudras de compromettant, il a dû chercher à s'en débarrasser le plus rapidement possible. Et il s'est fait tuer après, mais je ne pense pas que l'assassin fasse partie de la bande.

— Pourquoi, dit Gary ?

— Il y a une différence de style, dis-je en souriant.

Il me regarda soupçonneux.

— Mon vieux Rock, si tu t'embarques dans ce métier-là avec des idées de ce genre, tu risques d'avoir des déceptions : nous ne savons pas si les gens qui ont tué Petrossian ne faisaient pas partie de la même organisation que ceux qui t'ont enlevé, et nous ne savons pas s'ils n'ont pas trouvé ce qu'ils cherchaient.

— Ça ne tient pas debout, dis-je. On a tué Petrossian avec une drogue. Deux heures après on enlève ses vêtements, pour les fouiller, de toute évidence. Ensuite, Defato nous dit qu'il n'y avait rien dedans. Moi, j'ai quelques idées là-dessus. Je vais te les expliquer lentement puisque tu as du mal à saisir.

Nous étions arrêtés dans le couloir devant le bureau de Nick et Gary m'entraîna.

— Viens, dit-il, on va passer au bureau des Disparus. Moi aussi, j'ai une idée. Mais continue.

— D'abord, dis-je, le meurtrier était parti quand Wolf est mort. En effet, il a été empoisonné. Et Wolf n'a pas bu dans la cabine. Donc il a bu au bar ou à une table. Il a été téléphoner, et il est mort là, tout seul. Par conséquent, le meurtrier ne l'a pas fouillé.

— Pas bête, dit Gary.

— Ensuite, Defato nous avoue qu'il n'avait rien sur lui. Et un flic s'y connaît en investigations.

— D'accord, dit Gary.

— Tertio, les gens qui ont attaqué le fourgon ne l'ont pas fait pour rien. Donc, ils savaient qu'il y avait quand même quelque chose à chercher. Quarto, je parie dix contre un que c'est à eux que Petrossian téléphonait et qu'il voulait leur donner le truc. Il est mort en même temps. Le téléphone était décroché dans la cabine où il est mort ?

— Oui, dit Gary.

— Bon. Ceci prouve qu'il n'a pas eu le temps de leur dire qu'il avait caché la chose ni où il l'avait cachée. Tu me suis ? Tu vois pourquoi ?

— Oui, dit Gary. S'il le leur avait dit, ils n'auraient pas enlevé le corps. Ils seraient allés directement au Slammer.

— Tu y es, dis-je.

Gary me regarda. Je fus flatté de ce regard.

— Mon vieux, dit-il, tu me dépasses. Arriver à ce résultat avec la bosse que tu as sur le crâne... C'est du sport.

— C'est ça qui m'a réveillé, dis-je. On ferait bien de se grouiller d'aller au Slammer avant qu'ils ne suivent le même raisonnement que nous.

— C'est la barbe, dit Gary... Je voulais voir quelque chose au bureau des Disparus... On y est... c'est embêtant.

— C'est une question de minutes, dis-je. On prévient Defato ?

— Tâchons de trouver ce que c'est, dit Gary. Tant pis... on reviendra. Filons.

L'ascenseur est là. Nous fonçons...

— À toute vapeur, dit Gary au garçon...

Il lui tend un dollar et en moins de deux, nous sommes en bas. Je cours et Gary me suit. Je démarre en tempête. Je réussis à trouver la cadence et on a les feux verts tout le long du chemin. Je m'arrête juste après le Zooty. C'est fermé et je rentre par l'immeuble dans lequel se trouve le bar et dont l'entrée est juste devant la portière. J'ai une veine de pendu : Lem est là, il bavarde avec le portier.

— Lem, dis-je, puis-je entrer par la porte de côté ? C'est très, très important.

Il me regarde, roule ses yeux un peu effarés, et me tend la clé.

— Soyez tranquille, dis-je, j'en ai pour une minute.

Je ne mets pas dix secondes à atteindre la cabine. Il y a un demi-jour sinistre et ça sent le tabac froid à vous rendre malade. J'évite de regarder autour de moi. Le contact général est coupé et je frotte une allumette pour y voir un peu clair. Je regarde derrière l'appareil en me tordant le cou comme un malheureux. Il n'y a rien, je crois. Zut. Pas d'autre endroit. Je réfléchis, je me baisse.

Sous la tablette, collée aux quatre coins avec des boulettes de chewing-gum, il y a une enveloppe.

Au moment précis où je viens de la décrocher, j'entends une voiture s'arrêter devant la porte dans un hurlement de pneus. Je file comme un zèbre et je réussis un temps encore meilleur qu'à l'aller. La porte extérieure vole en éclats à l'instant précis où je referme l'autre. Je lance la clé à Lem qui m'attend là.

— Planquez-vous, dis-je.

Je prends mon élan et je gagne la sortie à toute bride. Gary m'a vu et par bonheur la portière est restée ouverte. Je fonce et il démarre en trombe à l'instant précis où mon postérieur prend contact avec les coussins. Ça fait un peu de bruit dans la rue, mais je crois qu'ils nous prennent seulement pour deux types qui ont eu peur, parce que rien ne se passe. Ils ne tirent pas sur nous.

— Je l'ai, dis-je à Gary. C'est une enveloppe.

— Sans blague...

Il se rembrunit et regarde dans le rétroviseur. Il accélère et nous sommes plaqués contre le dossier. La voiture prend un tournant à tout casser et presque aussitôt Gary s'arrête.

— Descends, dit-il, grouille-toi.

Il en fait autant de son côté et il appelle un taxi avant même que j'aie eu le temps de le rejoindre. Nous montons tous les deux et il donne son adresse au chauffeur.

— Pourquoi pas la mienne, dis-je?

— De deux choses l'une, dit-il. Ils t'ont vu. Donc, ou bien ce sont des copains de Petrossian, et ils savent qui tu es, parce qu'ils ne t'ont pas enlevé au hasard.

— D'accord, dis-je, avec un coup d'œil de regret à ma voiture.

— Dans ces conditions, autant ne pas aller chez toi pour qu'ils nous y rejoignent. Ou bien ils ne nous connaissent ni l'un ni l'autre. Et alors, ça n'a plus d'importance que nous allions chez toi ou chez moi.

Je hoche la tête en signe d'accord et je tire l'enveloppe de ma poche. Gary déchire le bord. Mes enfants, si vous voyiez ce qu'il y a dans cette enveloppe.

VII

PHOTOS ARTISTIQUES

Gary sort les photos une à une et me les tend. Il est un peu pâle et sa mâchoire se serre. Il déglutit péniblement.

À la quatrième, il s'arrête et me rend le tout.

— Garde ça, dit-il. Moi, je ne peux pas.

Je continue. Je dois avouer qu'il faut avoir le cœur solide. Entre nous, je m'attendais à trouver les photographies obscènes habituelles. Mais ce ne sont pas des photos obscènes. Seigneur! non... Que des types aient pu prendre ces photos-là, de sang-froid...

Les deux premières sont des photographies d'opérations. Ovariecto-

mie doit être le terme scientifique. Mais pas question de linges blancs
pour délimiter le champ opératoire. Tous les détails sont là.

Quant aux autres, elles sont encore pires. Je ne peux pas vous les
décrire, je n'aurais jamais rêvé qu'on puisse charcuter de la viande
humaine à ce point-là.

Nous restons silencieux un moment. Gary grogne un peu, puis
s'éclaircit la gorge et me dit :

— Il y a de quoi faire électrocuter l'auteur et mettre en cabane un bon
nombre d'intermédiaires.

— Tu ne crois pas que ce sont de simples opérations chirurgicales,
dis-je...

Il rit d'un rire sans gaieté.

— J'en ai vu quelques-unes, dit-il. Ça, ça a un nom. C'est de la
vivisection pure et simple. On fait ça à des singes et à des cobayes dans
des laboratoires, mais je ne crois pas en connaître à qui on fait les trucs
des deux dernières que je t'ai rendues.

— Tu devrais regarder les suivantes, dis-je.

— Merci, murmure Gary. Très peu pour moi.

Il réfléchit.

— Ça vient de là où tu as été emmené cette nuit, assure-t-il. Tu m'as
dit que c'était une salle genre salle d'opérations ?

— Oui.

— Il ne doit pas y avoir tant que ça de salles d'opérations
clandestines... assure-t-il.

— Il y a pas mal de maisons de santé plus ou moins avouées, dis-je.
Les cliniques de désintoxication, les boîtes pour toqués pleins aux as...
tu vois ce que je veux dire ?

— Rock, me dit-il, il faut absolument que nous sachions où tu as été
emmené cette nuit. Je t'ai dit que j'avais une idée et nous allons vérifier
tout à l'heure si c'est une bonne idée, mais il reste une chance encore.

— Laquelle ? dis-je.

— Tu n'as pas vu les hommes qui sont arrivés chez Lem tout à
l'heure ?

— Je n'ai pas eu le temps.

— S'ils n'ont rien trouvé, et nous savons qu'ils n'ont rien trouvé,
puisque nous avons l'enveloppe, ils vont passer chez toi.

— Tant pis pour mes meubles, dis-je.

— Nous allons passer devant chez toi et tu tâcheras de les voir. Si

notre chance continue, peut-être que tu pourras voir si l'un d'eux est le gaillard qui t'a drogué cette nuit.

— Ce serait trop de veine... dis-je.

— Non... dit Gary. Vraisemblablement, si c'est la même bande, ils préféreront un type qui te connaisse.

Gary se penche et donne de nouvelles indications au chauffeur.

— Et s'ils sont déjà là, et s'il est monté? dis-je.

Il sourit.

— N'aie pas peur, je ne te dirai pas de monter.

VIII

ON RETROUVE DES COPAINS

Nous sommes arrêtés devant l'immeuble dont j'occupe un appartement et nous attendons. Ils ne sont pas arrivés encore, car il n'y a pas une voiture en stationnement. Depuis une minute, Gary me regarde d'un air bizarre.

— Dis donc, me dit-il, tu te rappelles ton raisonnement de tout à l'heure?

— Oui, dis-je, encore tout fier, mais un peu inquiet à cause de ses yeux.

— Qu'est-ce qui te prouve que ceux qui ont attaqué Defato et ceux qui sont venus au Slammer faisaient partie de la même bande?

Je réfléchis un peu à ça. Et je vois ce qu'il veut dire. L'assassin de Petrossian fait obligatoirement partie d'un groupe rival de celui de Petrossian... Si ce sont les amis de Petrossian qui ont essayé d'avoir le corps, ce sont peut-être les amis de son assassin qui ont attaqué le Slammer. C'est ça, ou le contraire, mais les deux coups peuvent très bien avoir été faits par des gangs différents. Je me frotte le crâne.

— Je vois ce que tu veux dire, dis-je à Gary.

Et ça sonne encore moins drôle comme ça. Il hoche la tête et presque

aussitôt ouvre la portière et descend. Dans le rétroviseur, une voiture est apparue. Elle ralentit et repart. Fausse alerte. Par la portière Gary passe sa tête vers moi.

— Je reste dans l'entrée de la maison, me dit-il, en désignant celle devant laquelle nous sommes arrêtés. Si nous sommes deux à attendre dans le taxi, ça aura l'air louche. Et il faut que ça soit toi qui restes là pour voir si tu reconnais le type qui t'a drogué. Car s'il vient quelqu'un ça ne peut être que ceux-là, les seuls qui te connaissent. Maintenant, sont-ils *pour* ou *contre* Petrossian, toute la question est là.

— Vas-y, dis-je. En voilà une autre.

Il pénètre dans l'immeuble et du coin de l'œil je surveille ceux qui s'amènent. Cette fois ils nous dépassent et ils s'arrêtent pile devant chez moi. Ils entrent dans ma maison.

Je ne reconnais aucun des deux. Mais en me penchant un peu, je m'aperçois qu'il y en a encore un derrière, et le chauffeur. Ça fait donc quatre en tout.

Comment faire pour voir la figure de ce type. Jamais je ne me suis creusé comme ça. Une idée me vient.

— Dites donc, dis-je au chauffeur du taxi, vous voulez gagner cinq dollars de plus ?

— Ça dépend... dit-il.

Il n'a pu entendre notre conversation. Peut-être a-t-il écouté ce que nous avons dit depuis qu'il s'est arrêté, mais ça ne lui a pas appris grand-chose.

— Écoutez mon vieux, dis-je, je voudrais voir la figure du monsieur qui est assis dans cette voiture. Alors vous descendez, vous ouvrez poliment sa portière et vous lui dites que son pneu est à plat. Ça colle pour cinq dollars ?...

— Mais il est très bien son pneu... dit l'homme.

— Bon... C'est entendu, mais il n'en sait rien.

— Et si c'est le chauffeur qui descend ?

— Ça sera raté, dis-je, mais pas pour vous. Et il y a peu de chances que le chauffeur quitte sa place.

Il se gratte la tête.

— Ça va, j'y vais, dit-il.

Il descend, il ouvre la portière de l'autre. C'est une Chrysler grise conduite intérieure. Il lui dit quelque chose. Heureusement pour lui, le pneu est effectivement un peu faible. Il revient, je retiens ma respiration.

À ce moment, Gary redescend les quelques marches du perron et remonte dans le taxi, et l'autre type sort.

Bon Dieu... c'est lui. Je me rencogne dans le taxi, de peur qu'il ne me reconnaisse, et je dis au chauffeur : «Allez-y, menez-nous à...» Je n'ai rien dans l'idée et je dis la première chose qui me vienne à l'esprit.

— Hollywood Boulevard. Au Mexico.

C'est pas ici. Mais le chauffeur ne pipe pas et démarre.

— Lis leur numéro... dis-je à Gary en lui bourrant les côtes d'un solide coup de coude.

Il se retourne, regarde par la glace arrière et note quelque chose sur un carnet.

— C'était lui, dis-je à Gary.

— Bon, dit-il simplement. Puis, s'adressant au chauffeur :

— Dites donc mon vieux, vous savez où est le bureau des Disparus ? Alors menez-nous là-bas en vitesse.

L'homme appuie sur le champignon, se faufile partout comme un rat et nous y voilà pour la seconde fois de la matinée. Je commence à me rappeler que je n'ai pas dormi de la nuit. Mais Gary est frais comme un œuf du jour et son nœud papillon est plus frétillant que jamais.

Nous descendons et je donne vingt dollars au chauffeur. Il n'en demande pas plus, mais après tout, il n'est pas forcé de savoir qu'il risquait sa peau.

— Tu sais, me dit Gary, tandis que nous montons jusqu'au dixième étage, que ces types n'ont pas les foies. Toute la police de Los Angeles est en train de leur cavaler derrière et ils continuent à circuler sans se gêner le moins du monde.

— Sûr !

— C'est bien ce qui me fait penser qu'il y a deux bandes, dit Gary. Les mêmes n'auraient pas eu le culot de faire ces deux trucs-là en une seule matinée.

— En tout cas, je me demande dans quel état je vais retrouver mes affaires, dis-je, morose.

— Un peu en désordre, sans doute, ricane cette canaille de Gary.

Je le suis dans le bureau où un vieux bonhomme en uniforme compulse des dossiers.

— Bonjour Mac, lui dit Gary.

— Bonjour Kilian, dit l'homme. Je peux faire quelque chose pour vous ?

— Je voudrais les photos des vingt dernières filles qui ont disparu de Los Angeles et des environs, dit Gary.

IX

LES FEMMES S'ENVOLENT

Mac se lève et tire le tiroir supérieur d'un des six classeurs métalliques qui garnissent son bureau.

— C'est à jour jusqu'à la semaine dernière, dit-il. Mais il n'y a rien d'intéressant depuis. Regardez vous-même. Elles sont dans l'ordre. Il y a un autre classement alphabétique si vous voulez.

— Non, c'est parfait, dit Gary. Viens Rocky, j'ai besoin de toi.

Nous examinons attentivement les six premières photos. Et à la septième, je saisis le bras de Gary.

— Écoute, lui dis-je, ça va trop vite, tout ça. Tu ferais mieux de me ménager, parce que moi, à cette cadence-là, je vais devenir cinglé avant d'avoir mes dents de sagesse.

Parce que la fille qui nous fait un beau sourire sur la photo, c'est sans aucune discussion possible la jolie poupée qui m'a proposé des choses pas honnêtes cette nuit même.

C'est bien elle, ça ne fait pas l'ombre d'un doute. Je reconnais ses cheveux blonds, ses lèvres bien ourlées, son nez droit et fin et ses grands yeux bleus. Je sais qu'ils sont bleus, parce que je les ai vus d'aussi près que je vois ceux de Gary en ce moment. Et ceux de Gary m'interrogent.

— C'est ça, lui dis-je, simplement.

— Eh bien! mon vieux, tu es difficile, me répond-il sans se frapper, en admirant la jolie figure de cette poupée de premier ordre.

— Qui est-ce? dis-je.

Il retourne la photo et lit la fiche dactylographiée:

— Berenice Haven, dix-neuf ans. Elle a disparu depuis six jours.

— Ses parents croient à une fugue, nous explique le bonhomme, qui

s'est approché de nous. Elle avait été danser et elle n'est pas revenue. Nous en avons une autre cette semaine qui a disparu exactement dans les mêmes conditions.

Il nous désigne la quatrième photo de la pile.

— Cynthia Spotlight, la fille du commodore W. Spotlight. Beau brin de fille également. Elle aussi était allée rejoindre des amis dans une boîte de nuit.

— Mais enfin, dis-je, les journaux n'ont parlé ni de l'une ni de l'autre, et je vois là les photos de Phyllis Barney et de Leslie Daniel, dont toutes les feuilles de la région ont donné le signalement. Comment ça se fait ?

— C'est à la demande expresse des parents, dit Gary. Tu peux être sûr que M. Haven et le commodore Spotlight sont des gens bien à leur aise et qu'ils ont payé la forte somme pour éviter le scandale.

— Mais c'est idiot, dis-je. Et si elles ont été enlevées ?

— La police les recherche de toutes façons, monsieur, me dit l'homme.

Je laisse Gary noter encore quelques renseignements, et nous sortons du bureau.

— Tu comprends, me dit Gary, c'est très dangereux pour les parents de crier sur les toits que leurs enfants ont fichu le camp, s'ils ont l'intention de les marier avec des gens de la bonne société.

— Bon, dis-je. Maintenant qu'est-ce qu'on fait ? Est-ce que nous n'aurions pas dû suivre à la trace cet ignoble salopard qui m'a fait fumer son foin empoisonné ?

— Tu parles ! me dit Gary. Si tu as envie de te retrouver dans le fossé avec des pissenlits plein les narines, c'est la bonne chose à faire. Mon vieux, je n'ai pas l'intention de jouer au détective de cette façon-là. Écoute. Tu dois avoir faim. Va déjeuner, et puis rendez-vous à deux heures à mon bureau, au *Call.* Moi, je vais tâcher de savoir d'où il vient avec le numéro de sa plaque.

— Elle est sûrement fausse, dis-je.

— Crois pas... me répond-il. Ils font trop de bêtises pour se permettre d'avoir de fausses plaques sur toutes leurs voitures. Il y a un moyen bien plus sûr de posséder la police.

— Lequel ?

— C'est d'avoir de vraies plaques et d'être un gros monsieur, dit-il. Sois tranquille. Les indications que nous allons pêcher un peu partout nous mèneront peut-être à un sénateur, ou même à un gouverneur de Comté, mais sûrement pas à M. Smith ou à M. Brown.

— C'est une chance à courir, dis-je. Moi, j'ai l'impression qu'on aurait mieux fait de les suivre.

— N'aie pas peur, dit Gary. Même si je me trompe, on les reverra plus souvent qu'on ne voudra... N'oublie pas cette simple petite chose.

— Laquelle ? dis-je.

— C'est nous qui avons les photos.

Bon Dieu !... il a raison, l'animal. Je me sens froid dans le dos.

— Qu'est-ce que j'en fais ? dis-je.

— Mets-les dans une double enveloppe et envoie-les à l'adresse que je te donne.

Il griffonne quelque chose sur son carnet et arrache la feuille qu'il me tend.

— Et surtout... continue-t-il, ne rentre pas chez toi maintenant. Va déjeuner où tu voudras... À tout à l'heure, Rocky.

— À ta santé, dis-je.

Je sais ce que je vais faire. Je prends un taxi. Je m'en vais récupérer ma bagnole, qui est intacte. Je monte et je file chez Douglas Thruck. Je m'arrête à la poste, en passant ; j'envoie la lettre et j'entre chez Douglas à une heure tapante.

Il roupille.

X

JE FLIRTE BEAUCOUP

Si vous n'avez jamais rendu visite à Douglas, vous n'avez jamais vu une chambre en désordre. Il habite un hôtel dans Poinsettia Place, à peu près à égale distance de tous les studios de Hollywood, et ça lui permet de se lever très tard et de ne pas perdre de temps pour faire ses papiers idiots. Poinsettia c'est entre le Wilshire Country Club et le stade Gilmore, et c'est un coin pas plus bruyant que le reste de cette damnée ville. Venant d'où je viens, vous prenez la 2e Rue et Beverly Boulevard, et ça va assez

vite. Pour en revenir à Douglas, je le trouve donc dans ses toiles. Il est plié en quatre et il a un bras coincé entre la cheville droite et le genou gauche, ce qui doit lui donner des rêves impressionnants. Il fait horriblement chaud, je m'en suis rendu compte en entrant dans sa chambre et, malgré la fenêtre ouverte, on ne dirait pas qu'on est si près de l'océan. Il a suffisamment dormi comme ça. Je passe dans la salle de bains et je remplis un verre d'eau. Je ne suis pas méchant, je me borne à prendre l'eau du robinet, pas celle du rafraîchisseur, et je reviens lui verser ça sur la tête, sans l'ombre d'une hésitation. Il fait une horrible grimace et se réveille avec un grand bruit de badigoinces.

— Trop d'eau dans ce whisky, marmonne-t-il, et puis il m'aperçoit.

— C'est toi, sale brute ! dit-il.

— T'es pas fâché, Douglas ? dis-je. Après tout, j'aurais pu te la verser plus bas.

— Il n'y a rien à faire, murmure-t-il. Tu peux me croire, j'ai tout essayé, y compris l'eau froide. Quelle heure est-il ?

— Je t'invite à déjeuner, dis-je.

— Bon, bon... murmure-t-il. Pour moi, ça sera un steak grillé aux oignons et de la tarte aux pommes.

Je vais vous avouer pourquoi je suis venu voir Douglas. Vous aviez peut-être deviné.

— Dis-donc, lui fais-je remarquer, ça va être triste, nous deux tout seuls... Si tu donnais un petit coup de fil à Sunday Love ?

Il me regarde.

— Tu me prends pour qui ? dit-il. Pour un trafiquant de chair humaine ? Plus souvent que je vais livrer cette ingénue à tes instincts pervers.

Il prend quand même le téléphone et donne ce petit coup de fil et, un quart d'heure plus tard, nous nous retrouvons tous les trois dans un grand café de Hollywood, El Gato. Douglas a son steak grillé à l'oignon et moi je commence par quelques œufs au chester, parce que j'ai l'impression que je n'ai pas déjeuné depuis un an et demi.

Sunday Love est très ravissante et la vie est belle.

Elle m'attaque tout de suite.

— Pourquoi avez-vous fichu le camp comme ça hier soir ?

— Ce n'était pas hier soir, dis-je. C'était ce matin. J'avais un rendez-vous urgent.

Elle regarde ma tête avec incrédulité. J'avais un peu oublié que ça se voit encore.

— À votre place, dit-elle, je ne me serais pas pressée comme ça. C'est dangereux.

— C'est un tapageur, assure Douglas. Rock a toujours été un tapageur, et il restera toujours un tapageur. Croyez-moi, mon amour...

Il se penche tendrement vers Sunday Love, avec sa bouche pleine d'oignons frits. Elle le repousse.

— Ne vous imaginez pas que vous allez me séduire avec cette odeur d'oignon, dit-elle. Parlez-moi plutôt de Chanel.

Douglas se vexe difficilement. Il engloutit son steak avec un plaisir communicatif, et j'arrive tout juste à le battre de vitesse avec mes œufs.

Je regarde Sunday Love et elle me regarde, et il y a sûrement des modifications dans l'atmosphère car le choc de nos regards produit une nette élévation de la température. Je laisse choir ma serviette en papier et en me baissant pour la ramasser, je constate qu'il y a des tas de choses à voir sous une table, surtout quand on veut vous les montrer, et que Sunday Love n'a rien qui la gêne pour faire le grand écart ou jouer à la marelle.

— Je ne suis pas un tapageur, dis-je. Je sais que je vous ai laissé tomber, mais c'était bien contre mon gré. Je vous fais mes humbles excuses. Comme vous voyez (je lui montre ma tête), je ne suis pas allé m'amuser.

Elle sourit et je vois qu'elle ne m'en veut pas, et ceci m'incite à commander un double steak aux épinards. Je jette un coup d'œil autour de moi pendant que le garçon prend ma commande et, pendant que j'ai la tête à droite, on me tape sur l'épaule gauche. Je me retourne, comme piqué par un serpent à sonnettes. C'est un autre garçon.

— Une dame vous demande, me dit-il.

— Où est-elle? dis-je sans me déranger.

— Elle est là-bas.

Il me désigne une grande fille mince qui attend debout près de la porte.

— Qu'est-ce qu'elle veut?

— C'est personnel, paraît-il, me répond le garçon.

Il s'éloigne.

— Ça y est, me dit Douglas. Encore une malheureuse, hein? Ma pauvre enfant, continue-t-il en se tournant vers Sunday Love, je crois qu'il va falloir vous contenter de ma compagnie. Une fois de plus.

Je me lève. Je retire ma main de la cuisse de Sunday Love et elle fait un

geste pour me retenir, car le massage que je lui faisais subir est sûrement un de ceux que le docteur lui a recommandés.

— N'ayez pas peur, dis-je, je reviens.

Sitôt que j'arrive près de l'inconnue, elle se met à parler assez vite. Elle n'est pas très jolie mais elle a une grande bouche et de grands yeux pas désagréables.

— Avez-vous les photos ? dit-elle.

— Quelles photos ?

— Vous les avez. Je voulais vous dire ceci : ou bien vous nous rendez ces photos, ou bien nous nous débrouillons pour les récupérer nous-mêmes. Vous savez où ça a conduit Petrossian.

— En tout cas, vous, ça ne vous a pas conduit bien loin, dis-je, puisque vous les cherchez encore.

Ça ne la fait pas rire du tout. Elle me regarde en plein. Elle a l'air un peu déçue.

— Je regrette pour vous, dit-elle. Vous étiez beau garçon.

Croyez-moi, s'il y a un temps que je déteste que l'on emploie pour parler de moi, c'est l'imparfait.

— J'ai l'intention de rester ce que je suis pendant encore un bout de temps, dis-je avec assurance.

Elle a un petit sourire parfaitement glacé. Absolument comme si j'étais un gosse qui vient de dire une bêtise. Je l'empoigne par le bras. J'ai l'air très doux, mais quand je veux, je peux serrer assez fort.

— Venez prendre quelque chose avec nous, dis-je. J'ai des amis charmants à qui je veux vous présenter.

Elle regimbe et tente de protester, mais réellement, ma poigne et la sienne, cela fait deux. Soit dit sans vouloir la vexer. Je l'entraîne jusqu'à notre table, et elle s'assied, bon gré, mal gré, entre Douglas et moi.

— Je vous présente, dis-je. Douglas Thruck, Sunday Love.

Je l'interroge du regard.

— Cynthia Spotlight... dit-elle.

J'avale ma salive avec effort, et je manque m'étrangler. Il ne restait plus que celle-là... Vraiment, c'est complet !...

— Comment allez-vous ! dit machinalement Douglas.

— Qu'est-ce que vous prenez, Cynthia ?... dis-je péniblement.

— Écoutez, Rock, vraiment, je suis très, très pressée, dit-elle, on m'attend.

Si j'insiste, elle risque de faire un scandale, et moi, je ne peux pas courir la chance de la laisser filer comme ça.

— Bon... je ne veux pas vous mettre en retard, dis-je (le plus naturellement possible). Je vais vous y poser. Venez.

Je joue le tout pour le tout. Je me lève, elle se lève, je l'attrape par le bras pour la seconde fois et je la remorque jusqu'à la bagnole. Je suis furieux en pensant à mon steak aux épinards, mais encore plus furieux en me rappelant ce que cette idiote, qui essaie de se faire passer pour Cynthia Spotlight, m'a dit tout à l'heure.

Il y a une voiture devant la mienne et un grand type brun assis dedans qui me regarde un peu trop fixement pour mon goût ; il est à demi retourné et il fume sans bouger d'un poil. Il y a une autre voiture derrière la mienne et un autre type, noiraud et rouge, assis au volant, qui me regarde encore plus fixement que le premier. Pourquoi est-ce que tous ces types me dévisagent comme ça ? Je m'en sens devenir nerveux. Je pousse la fausse Cynthia dans la voiture, je lui claque la portière dessus et je m'installe à ma place en vitesse. Tant pis si on me suit. Je sais ce que je vais faire. Je suis de plus en plus en colère parce que, en plus de mon steak aux épinards et de ce qu'elle m'a dit, je pense à Sunday Love, que cette imbécile m'empêche de voir suffisamment pour me justifier auprès d'elle.

— Ça vous amuse tant que ça d'avoir du plomb dans la carc... ?

Je lui coupe la parole en démarrant comme un sauvage, et je me fiche pas mal de savoir si on me suit ou non. Je suis tout ce qu'il y a de mauvais et je conduis à toute vapeur jusqu'au premier bureau de police. Je m'arrête pile devant.

— Si vos amis ont envie de m'asticoter, dis-je, qu'ils y viennent. En attendant, nous allons avoir une bonne petite conversation. D'où sortez-vous, et quel est votre vrai nom ?

— Ça ne vous regarde pas, dit-elle. Donnez-moi les photos et il ne vous arrivera rien. Sinon, vous rejoindrez Petrossian sur les dalles de la morgue de Los Angeles. Je n'ai rien d'autre à vous dire et ne vous attendez pas à entendre quoi que ce soit d'intéressant. Je suis stupide et mal élevée, et j'ai des faux seins.

Je la regarde de côté et je suis forcé de me rendre compte que cette fille-là ne se laissera pas faire comme ça. Je passe mon bras autour de ses épaules. Elle est assez excitante, avec sa grande bouche fraîche et ses yeux jaune clair.

— Qu'est-ce que je vous ai fait, petite sœur ? dis-je. Ça vous plairait tellement qu'il m'arrive malheur ? Vous êtes si méchante que ça ?

Elle rit. Elle a un rire vulgaire. Tant pis. Mais ses seins sont vrais.

— N'essayez pas de me raconter des bobards, dit-elle.

— Si je vous emmenais au cinéma ? dis-je.

— Pas question... murmure-t-elle.

— Je vous en veux beaucoup, dis-je... mais je suis presque en train de vous pardonner... ça vous amuse, votre boulot ?

— On me paie pour ça.

— D'accord... mais on ne vous paie sûrement pas assez et vous avez droit à des vacances... Vous ne voulez pas les prendre avec moi ? Un petit acompte.

— Oh ! dit-elle. Ce que vous êtes collant, vous, alors !...

Pour une fois que mon charme devrait opérer, il me laisse tomber dans les grandes largeurs. Je donnerais cher pour avoir la gueule de Mickey Rooney[8]. Avec ma chance habituelle, c'est même une fille qui aime les tordus. Je retire les mains de ses épaules et je remets en marche, parce que je n'ai plus besoin d'être devant un bureau de police pour faire ce que je vais faire.

Sans la regarder, je lui demande au bout d'un quart d'heure :

— Où avez-vous emmené Cynthia ?

Elle ne me répond pas. Je me prépare. Je suis arrivé à peu près au bon endroit : des jardins, peu de monde. Je tourne dans une petite rue montante et je stoppe. Sans crier gare, je l'empoigne et je lui ferme la bouche d'une main, tandis que de l'autre je lui serre un peu le cou. Elle me rue dans les jambes et son talon pointu me fait crier de douleur, mais je tiens bon et elle se calme peu à peu, parce qu'elle étouffe. À ce moment, je relâche mon étreinte et je lui donne un tout petit coup sur la tête.

Elle laisse choir son sac et reste inerte. Je la fouille ? Tant pis. Ce n'est pas drôle, mais il le faut.

Elle n'a rien sur elle. Rien dans tous les sens du terme. Ça me fait un peu chaud derrière les oreilles et ça m'encourage à des expériences ; j'ai tout de même le droit de savoir comment c'est fait, une femme ; et l'occasion est bonne puisque celle-là ne remue pas plus qu'un saumon de plomb. Ma main gauche remonte le long de ses jambes et au-delà de son bas, je sens sa peau tiède et douce et instinctivement, je recherche l'endroit où c'est le plus tiède et le plus doux et il n'y a pas le moindre document. Par acquit de conscience, je fais une investigation soignée et dans son sommeil elle soupire doucement, avec satisfaction. Moi, quand on me donne un coup sur le crâne, ça ne me fait pas plaisir, mais les femmes sont de drôles d'animaux. Je m'arrête parce que moi aussi, tout

à l'heure, je vais pousser un soupir de soulagement, et je retire ma main pour passer un peu plus haut. Pas de cachette dans son soutien-gorge. Il est trop bien rempli pour ça, et ça n'a rien à voir avec le caoutchouc qu'elles se mettent toutes pour ressembler à Paulette Goddard[9]. Zut! je suis trop fort pour ces mécaniques délicates et je casse le soutien-gorge en question... elle m'en voudra sûrement, cette fois. Je m'arrête et je descends en vitesse... je ne réponds plus de ce que je vais faire si je reste cinq minutes de plus dans cette voiture...

J'ouvre l'autre portière et je dépose la fille contre le mur de la propriété la plus proche, assise, inconsciente. Je remonte et je file.

Sitôt sorti de là, j'accélère. Point de ralliement : le *California Call*.

Au fait, comment se fait-il que personne ne m'ait suivi ?

J'espère que Gary est revenu.

Je louche sur le sac de la prétendue Cynthia qui est resté à côté de moi. Un sac tout neuf. Assez gros. L'air bien plein. J'ai une de ces envies de regarder dedans... Sans compter que je ne devrais pas le garder dans ma voiture. Ça peut être dangereux.

Mais maintenant, rétrospectivement, j'ai tellement la frousse que je file à fond de train jusqu'au *Call* où je m'arrête à moitié mort de peur. Je suis un fichu détective. J'ai failli perdre mon pucelage.

XI

ON SUPPUTE

Je fonce jusqu'au premier ascenseur. Il me file sous le nez. J'entre dans le second et le liftier comprend que c'est pressé.

— Seizième, dis-je. Le *Call*.

— O.K., dit-il en me faisant un sourire.

Pour ne pas être en reste, je lui tends un dollar et une cigarette qu'il met dans sa poche de côté. Nous montons pleins gaz et il manque dépasser l'étage. Je suis dehors avant qu'il ait refermé la grille, et je

m'apprête à foncer dans le couloir quand une poigne me retient. Je fais demi-tour et je reconnais Gary. C'est lui qui m'était passé sous le nez.

— Je t'ai gratté, dit-il. À mon bureau, vite.

Le sac de la soi-disant Cynthia fait une damnée bosse sous ma veste et je voudrais bien m'en débarrasser.

— Qu'est-ce que tu as? dit Gary. Du nouveau?

Il a l'air aussi excité que moi. C'est aussi marrant que quand je jouais à cache-cache avec les copains derrière les gazomètres. Il y a bien douze ans de ça.

Nous entrons. Il a un bureau à lui, c'est une veine. Je ne sais pas exactement ce qu'il est dans son canard, mais il doit exercer les fonctions d'éditeur associé d'un certain nombre de feuilles de chou, ce qui lui confère le privilège de l'isolement.

— Moi, j'ai ça, dis-je, dès que la porte est fermée.

Et je pose le sac sur la table. Gary me regarde avec des yeux ronds. Sa figure hâlée exprime l'incompréhension la plus totale.

— Qu'est-ce que c'est? dit-il. Tu attaques les femmes dans la rue, maintenant?

Je frappe un grand coup.

— C'est le sac authentique et original d'une personne qui prétend s'appeler Cynthia Spotlight.

Il cligne des yeux sous le coup.

— Bon, dit-il. Encaissé. Raconte.

Je lui dis tout ce que j'ai fait, et il n'a pas l'air tellement fâché.

— Tu es sûr qu'on ne t'a pas suivi?

— Je suis sûr du contraire, dis-je. Il y en avait même deux. Au moins deux.

— Bon... conclut-il. On en reparlera. Qu'est-ce qu'il y a là-dedans?

— Je ne sais pas, dis-je. Je ne l'ai pas ouvert.

Cette fois, il me considère avec quelque chose qui ressemble fort à de l'admiration. Je me sens agréablement flatté.

— Je me demande comment tu as pu tenir! s'écrie-t-il en s'emparant du sac. Je me figurais que tu ne disais rien parce qu'il n'y avait rien.

Il l'ouvre et le retourne au-dessus de son bureau. Il en tombe des objets divers et féminins: poudrier, bâton de rouge, briquet, et puis des cigarettes, des photographies, deux enveloppes.

Gary néglige le matériel et se rue sur les papiers. La première enveloppe porte un nom: Cora Leatherford, et une adresse au diable, du côté de South Pasadena[10]. Elle est vide. La seconde enveloppe est vierge

et contient apparemment des photos 9 × 12. Un moment, je crois que ce sont les mêmes que celles de la cabine téléphonique, et Gary doit avoir une impression analogue, car il me tend l'enveloppe. Je regarde le reste et les autres photos avant de l'ouvrir. Des instantanés d'amateurs sur lesquels je reconnais la fille à la grande bouche, seule d'abord... et, sur la seconde, à côté d'un grand malabar en qui je n'ai aucun mal à distinguer notre bon ami Wolf Petrossian... feu Wolf Petrossian.

Je retourne la photo. Trois mots : Wolf à Cora. C'est elle. J'explique ça à Gary.

— Parfait, dit-il. Voilà pourquoi ton charme n'a pas opéré. Elle est encore sous le coup de cette perte cruelle.

— Zut, dis-je avec fatuité. Deux jours de plus, et elle m'aurait tout dit.

— Qu'est-ce que tu attends pour regarder dans l'enveloppe, me dit-il.

— Ce ne sont sûrement pas les mêmes, dis-je, puisque les autres, elle voulait les récupérer.

— Elle voulait les récupérer pour les détruire, répond Gary, mais ce sont peut-être les mêmes.

— Le mieux c'est de voir, dis-je.

Et j'ouvre l'enveloppe d'une main incertaine.

Je respire, soulagé. Pas longtemps. La première, c'est Berenice Haven.

La seconde, sans l'ombre d'une hésitation : c'est Cynthia Spotlight. La vraie !... Celle qui a disparu. La troisième nous est inconnue. Gary me prend les photos et les retourne. Les noms sont derrière. Ce sont bien ceux-là. La troisième est donc une certaine Mary Jackson.

Je récapitule, autant pour Gary que pour moi.

— Voilà où en sont les choses, dis-je.

En premier lieu, je suis drogué par un individu X, enlevé par des inconnus qui veulent me faire coucher avec une certaine Berenice Haven, disparue, et qui, n'y parvenant pas, se procurent, par des moyens électriques, de quoi suppléer à ma carence.

En second lieu, un ami de l'individu X, nommé Wolf Petrossian, est trouvé mort dans une cabine téléphonique, à deux pas de l'endroit où j'ai été enlevé, après avoir caché dans cette cabine des photos tellement horribles, que j'en ai mal au cœur et toi aussi.

En troisième lieu, une bande A essaie de récupérer ces photos et liquide quelques flics pour ne pas y arriver. La même bande, ou une

bande B, essaie une seconde récupération dans la cabine, puis chez moi, ce dernier fait tendant à prouver qu'il y a bien deux bandes différentes, dont l'une me connaît : celle de l'individu X.

En quatrième lieu, nous savons qu'une autre femme a disparu : Cynthia Spotlight. Et qu'une troisième va disparaître, à moins que ce ne soit déjà fait.

Gary m'interrompit :

— C'est très joli ton résumé, dit-il, mais nous savons aussi autre chose : c'est que les gens qui enlèvent ces filles ne se bornent pas à les faire coucher avec des garçons. Il y a les photos. Et il y a également le fait que la voiture qui attendait chez toi ce matin avait un faux numéro.

— C'est ça que tu as appris de ton côté, dis-je ?

— Oui, conclut-il.

— Je te l'avais dit...

XII

MARY JACKSON, OÙ ES-TU ?

— Mon petit père, dit Gary, on a quand même du pain sur la planche. Ça serait trop beau si on trouvait tout en même temps. On a eu notre coup de veine ce matin : maintenant, il faut s'y mettre... Je te jure qu'on peut déjà faire du bon boulot.

Je repense à Sunday Love et, par association d'idées, à mon double steak aux épinards.

— Avec tout ça, dis-je, je n'ai pas fini de déjeuner, et j'ai laissé tomber mon flirt.

— Nom d'une pipe, me dit Gary, est-ce que tu veux rester chaste, oui ou non ?

— Maintenant que je suis détective et que je peux mourir d'un instant à l'autre, dis-je, je commence à croire que ce serait bougrement idiot de ne pas profiter du temps qui me reste.

— Eh bien mon cochon, tu attendras, dit Gary. Pour te distraire, on va téléphoner à Defato.

Je compose le numéro et il attend. Je prends le récepteur et j'écoute en même temps.

Échange de vues avec le bonhomme du standard, et Defato est au bout du fil.

— Quoi de neuf? dit Gary. Je vous préviens que nous travaillons sérieusement sur l'affaire.

— Pas de blagues, dit-il, mi-figue moisie, mi-raisin aigre. Laissez la police se débrouiller.

C'est certainement un bon ami de Gary, parce qu'il enchaîne aussitôt.

— Des nouvelles pour vous, Kilian. Deux bonshommes sont arrivés tout à l'heure, troués comme des écumoires, mais encore vivants. L'un des deux est un certain Derek Petrossian, le frère de Wolf. L'autre n'a pas dit son nom et il n'a rien qui permette de l'identifier, sinon une Nash noire avec un faux numéro. Petrossian m'a dit qu'il suivait un énorme type blond qui était au El Gato avec une fille et un copain qui avait une sale gueule, et qu'il était payé pour ça. Il apparaît qu'ils ont grillé des feux rouges tous les deux en même temps et qu'ils suivaient tous les deux le même type; naturellement, le second a embouti le premier et comme ils sont nerveux, ils se sont un peu tiré dessus. Je pense qu'ils en réchapperont. En tout cas, leurs blessures sont assez sensibles au toucher et en s'y prenant bien, je crois qu'ils vont raconter des tas de choses. Mais je ne sais pas pourquoi je vous dis tout ça...

Gary se met à rigoler.

— Moi non plus, dit-il. Merci Nick, je vous revaudrai ça.

— Salut! dit Nick, et il raccroche.

— Quel brave type! dit Gary. Tu comprends pourquoi on ne t'a pas suivi, ce coup-ci? Les deux bonshommes qui étaient derrière toi se sont éliminés d'eux-mêmes.

— J'aime pas ces mœurs-là, dis-je. Ils ont la gâchette beaucoup trop rapide. Qu'est-ce que tu as fait à Defato pour qu'il te raconte tous ses secrets?

— C'est un autre secret, dit Gary. Maintenant...

— Maintenant, je vais déjeuner.

— Tu as bien assez mangé, dit Gary. Maintenant on va appeler Mary Jackson. Passe-moi l'annuaire.

J'ouvre l'annuaire. Miséricorde. Rien que pour Los Angeles, il y a une page de Jackson.

— Dis donc, lui dis-je. Si on les essaie tous, on en a pour une demi-journée.

— Mais non, dit-il. On va tout d'abord éliminer tous ceux qui sont visiblement des bureaux.

Ce qu'il fait aussitôt en cochant les noms qu'il conserve. Puis il saisit le téléphone, se cale confortablement dans son fauteuil et commence la manœuvre. Il varie les formules en artiste. Tantôt il est le représentant de la compagnie d'assurances, tantôt un camarade de Mary qui voudrait lui parler, etc.

Moi, pendant ce temps-là, je m'assieds, j'attends, et je rêve un petit peu pour moi tout seul. Je revois Cora Leatherford dans la voiture, à côté de moi, et je me repense à côté d'elle... encore une fois, je crois que j'agirais différemment si je l'avais maintenant sous la main. C'est quand même ennuyeux. Toutes les fois que je suis bien placé avec une fille, je me dégonfle... et mes idées de virginité me remontent à la gorge, m'interdisant toute action utile. La petite rue où j'ai laissé Cora était bien tranquille... il y avait des petites maisons, avec des petites chambres et des tapis épais... on doit être très bien sur un tapis... Zut... J'ai l'impression que je suis en train de me refaire une conception du monde toute différente de celle que j'en avais la veille. Rien que ce détail : je n'ai pas fait ma culture physique, et je m'en fiche éperdument. J'aimerais bien mieux pratiquer quelques exercices d'assouplissement avec cette fille aux yeux jaunes. Celle-là, ou Sunday Love... ou Berenice Haven... mais il vaut mieux que je ne pense plus à la troisième parce que je la connais sous un aspect qui n'est pas bon du tout pour ma tension artérielle.

Gary a l'air accroché à quelque chose... Je n'ai pas écouté ce qu'il a dit mais quand je fais de nouveau attention à lui, je le trouve en grande discussion à propos d'une certaine Cora Leatherford dont il se prétend l'ami. Il s'excite de plus en plus mais raccroche brutalement tout à coup et je comprends qu'il est tombé sur quelqu'un qui se payait sa tête.

— C'est assommant, ce truc-là, dit-il. On en a pour une journée. Tu avais raison.

— Et si on allait les voir, dis-je, tu ne crois pas qu'on en aurait pour un mois ?

Il hausse les épaules.

— La dernière m'a dit qu'elle était la belle-sœur du président Truwoman[11], tu te rends compte?

— C'est peut-être vrai, dis-je.

— Penses-tu... pas après ce qu'elle a ajouté. La belle-sœur de Truwoman est sûrement mieux élevée que ça. Tu ne veux pas me relayer un peu?

— Ah non, dis-je. Tu as voulu jouer au flic, joues-y tout seul. Moi je veux bien faire le coup de la séduction, mais c'est tout.

— Pour ce que ça te réussit... grommelle Gary dans sa barbe.

Il reprend l'instrument et se remet à tourner le cadran. Entre deux essais, il téléphone au bar du journal pour faire monter des choses à manger et à boire et mon moral remonte de deux mètres cinquante, au bas mot. Et ce jeu infernal continue.

XIII

ANDY ET MIKE S'EN MÊLENT

Toujours est-il que deux heures plus tard, Gary se retrouve à la tête d'une liste de Mary Jackson qui ne comporte plus que cinq noms. Moi, pendant ce temps-là, je me suis refait une santé avec les comestibles et je me sens beaucoup mieux. C'est moi qui prends la liste et je commence à tirer des plans parce que les cinq filles qui restent n'habitent pas précisément à deux pas les unes des autres.

Et vingt minutes après, nous filons de nouveau dans les rues de la ville, à la recherche de la bonne. Je n'ai pas beaucoup d'espoir. Mais on ne sait jamais... après tout, la nôtre a probablement le téléphone et Gary n'est pas si idiot qu'il en a l'air.

On liquide les deux premières. On arrive devant l'immeuble où est censée habiter la troisième et Gary descend. Je le suis, parce que nous y allons tous les deux pour que ce soit moins triste.

Il sonne. Une minute, et la porte s'ouvre. Je regarde Gary et je détourne vite les yeux.

— Miss Mary Jackson? demande-t-il avec son plus gracieux sourire.

La bonne femme qui est devant nous a des cheveux carotte et un beau bec-de-lièvre, ce qui fait qu'elle nous sourit de toutes ses dents.

— C'est moi... dit-elle.

Je ne sais pas ce qui prend à Gary.

— Eh bien! ce n'est pas nous... répond-il poliment.

Je suis en bas de l'escalier à peu près sept marches avant lui, mais nous l'entendons encore nous engueuler tous les deux. Je remonte dans la voiture un peu découragé. Plus que les Mary Jackson de Figueroa Terrace et de Maplewood Avenue, et je vais d'abord à la seconde adresse, parce que Figueroa, que j'arrive à grand-peine à découvrir sur une carte, c'est au diable bouilli.

En route pour Maplewood. C'est un bel immeuble qui s'élève à l'adresse indiquée. La manœuvre recommence et j'ai à peine claqué la portière que je m'arrête, une main posée sur le bras de Gary. À dix mètres de moi, je vois Cora Leatherford pénétrer dans le bâtiment. Devant ma voiture, il y a un coupé Dodge[12] bleu clair.

— Reste là... dis-je à Gary. C'est elle...

— Où vas-tu? dit-il.

— On ne va pas la suivre comme ça...

— Comment, la suivre?

— Écoute, dis-je. Elle va ressortir. Elle est venue chercher Mary Jackson...

— Mais qui? dit-il.

— Mais Cora, dis-je. La femme à qui j'ai pris le sac. Elle vient d'entrer là. Nous sommes sûrement chez Mary Jackson et elle va repartir avec elle. Alors je vais téléphoner à Andy Sigman.

— Explique-moi, Rock, je t'en prie, me dit-il. Avec ce coup que tu as reçu, j'ai l'impression que quelque chose ne tourne plus rond.

— Voyons, Gary, dis-je. Tu te rappelles que j'ai été ramassé sur la route de San Pinto par un nommé Andy Sigman. Il s'est mis à ma disposition en cas de coup dur. J'ai confiance en ce type-là. Je vais lui téléphoner... parce que l'histoire de ce matin ne m'inspire pas confiance... Il vaut mieux avoir un peu de renfort. Je ne sais pas où nous allons, mais les petits polissons qui font des opérations comme nous en avons vu sur les photos ne sont certainement pas fréquentables, je te le répète.

— Tu crois qu'ils vont emmener cette fille là où on t'a emmené ? dit Gary.

— Ça me paraît clair, dis-je. Et j'aime mieux qu'on la suive à plusieurs.

— Drôle de détective... dit Gary en hochant la tête. En mettre d'autres dans le coup, je ne trouve pas ça très astucieux.

— M'est égal, dis-je. Je n'ai pas envie d'être astucieux. Je voudrais surtout éviter d'être seul avec des filles. Parce que ça me donne des complexes.

— Vas-y, dit Gary, c'est *ton* affaire, après tout.

Toute cette conversation s'est passée très vite et, encore plus vite, je me retrouve dans une cabine téléphonique en train de composer le numéro de Sigman.

Il est chez lui... et il a l'air ravi... Il me reconnaît tout de suite.

— J'ai besoin de vous, dis-je. Avec votre taxi. Mais il faudrait que vous ayez un client sûr. Vous comprenez ce que je veux dire ?

— Je crois que je comprends, dit-il. J'ai quelqu'un à vous proposer. Mon neveu. Un garçon très bien, pas bavard et fort comme un cheval. Il a servi dans la Marine.

— Il s'appelle ?

— Mike Bokanski. Je vous en réponds comme de moi-même.

— O.K., dis-je. Amenez-vous en vitesse. Vous savez où est Maplewood Avenue ? Vous vous arrêterez au 230.

— Dans dix minutes, j'y suis, répond-il. Sa voix vibre d'excitation.

— Venez sur deux roues, dis-je, parce que je ne sais pas combien de temps ça va durer. Elle peut repartir n'importe quand.

Il ne demande pas d'explication et raccroche.

Il est là huit minutes après, et par chance, personne n'est encore sorti de l'immeuble. Je vais à lui et je lui serre la main. Derrière, dans la voiture, il y a un type sympathique, costaud, le teint hâlé, les traits énergiques, avec des yeux assez aigus qui surprennent un peu dans sa figure calme.

— Mike, me dit Andy. Mon neveu.

— Bonjour, dit Mike.

— Alors, dis-je, vous venez travailler avec nous ? C'est simple : vous n'aurez qu'à nous suivre dès que je démarrerai. De pas trop près, mais d'assez près pour ne pas me perdre.

— Ça va, dit Andy. C'est d'accord.

Mike Bokanski donne une grande claque sur le dos de quelqu'un que

je n'avais pas aperçu tout d'abord. C'est un gros chien qui a l'air aussi placide que lui, un superbe boxer fauve.

— Noonoo... me dit Mike Bokanski en désignant l'animal qui me fait un bon grand sourire de chien.

— Ça va aller tout seul, dis-je. Même si vous nous perdez, il nous repérera en deux temps et trois mouvements.

— Sûr ! dit Mike Bokanski.

De nouveau, il refile à son chien une affectueuse bourrade à assommer un bœuf, ce dont l'autre paraît véritablement ravi. Je les quitte et je regagne la voiture où Gary m'attend. Tiens, il dort. Je me garde bien de le réveiller et je m'installe à côté de lui.

XIV

UNE ORGIE À MA FAÇON

J'attends. Il attend. Ils attendent. Tout le monde attend. Je ne sais pas si je ne suis pas en train de m'endormir, car je sursaute en voyant la portière du coupé bleu s'ouvrir. Je reconnais la robe de Cora. Elle monte, et elle est suivie d'une jeune femme en tailleur clair, grande et mince, avec une masse de cheveux blonds qui s'échappent d'un ravissant petit chapeau (au fait, est-ce qu'il est ravissant ? Peut-être que je n'y connais rien du tout en chapeaux ?) Je démarre tout doucement. Le coupé Dodge file déjà à cent mètres devant nous, et dans le rétroviseur, je vois le taxi d'Andy Sigman se mettre en branle. À tort ou à raison, ça me donne un sentiment de sécurité.

Je crois que Gary s'éveille.

— Qu'est-ce qu'il y a, dit-il. On est en mer ?

— Non... pas encore, dis-je. On va faire une promenade à la campagne. Tu n'as pas d'objections à ça ?

— Du moment que tu sais où tu vas... murmure-t-il.

Il se rendort. Je le réveille d'un bon coup de coude.

— Dis donc, Gary, si tu faisais un peu travailler tes méninges, au lieu de roupiller.

— Bouh... murmure-t-il, c'est horriblement simple. Derek Petrossian travaillait avec son frère et l'autre avec les autres, et tous les deux cherchent encore les photos.

— Ça me rend nerveux, cette histoire de photos, dis-je.

Nous filons bon train maintenant, et la Dodge est assez loin devant moi. Si jamais j'ai un feu rouge, je la perds à coup sûr pour peu qu'il lui prenne envie de tourner.

Elle tourne, mais je l'ai vue à temps et je me maintiens à niveau le temps de gagner Foothill Boulevard. Cette fois, ça va encore plus vite, dans les limites tolérées par l'aimable police de cette ville — et ça va droit vers San Pinto.

Je fais part de cette constatation à Gary. La chaleur ne lui réussit pas, décidément : car j'ai omis de vous parler de la chaleur, un peu abrutissante, de cette joyeuse après-midi.

— Tu sais ce qu'on est en train de faire ? dis-je pour le rappeler au sentiment de la réalité.

— Oui, dit-il. On suit Mary Jackson qui est en train de se faire enlever par la fille à qui tu as fauché le sac à main.

— Eh ! dis-je. Tu n'es pas si abruti que je croyais. Et entre nous, pour une fille qu'on est en train d'enlever, elle a l'air plutôt d'accord. Je me demande ce qu'elle a pu lui raconter.

— Pas difficile à deviner, grogne Gary... Elle a dû lui proposer une bonne petite orgie romaine dernier cri. Si j'en juge par ce que tu m'avais dit de Berenice Haven, elles sont plutôt consentantes, toutes ces fillettes.

— Tu as sans doute raison... dis-je. Parce que vraiment, je n'avais qu'à me laisser faire. Mais parle-moi d'autre chose, parce que c'est un souvenir désagréable.

— Il ne tenait qu'à toi, ricane Gary.

Et pardieu, je sais bien qu'il a raison. Plus ça va, plus je suis stupéfait du travail qui s'est accompli dans mon esprit. Moi qui voulais être sage, je me découvre la mentalité d'un noceur acharné... et je pense que ça serait une fameuse idée que de rejoindre les deux femmes et de leur payer à dîner dans une de ces auberges style mexicain qu'on rencontre le long de la route.

Je fais part à Gary de cette inspiration. Il sourit.

— Je ferais bien de commencer à te surveiller, dit-il.

En attendant, j'appuie sur le champignon, car la Dodge bleue fonce dans le brouillard. Façon de parler. Un bon brouillard, s.v.p., pour nous rafraîchir les idées ! La voiture file toute seule sur ce billard et réellement, j'ai de plus en plus envie de les dépasser pour tailler une bavette avec elles.

— Allons, allons, dit Gary, qui me surveille du coin de l'œil. Tu n'as pas eu tellement de succès avec cette fille. Tâche de te calmer un peu... Ça ne te réussit pas, la recherche policière.

— Zut, dis-je. Au fond, ce n'est pas une idée si idiote. Réfléchis : elles ne sont pas de taille à se défendre contre nous deux, et ça leur fera sûrement plaisir de passer la soirée avec deux beaux garçons comme nous. Et puis on apprendra des choses.

Tant pis pour Sunday Love. Gary faiblit et j'accélère. J'arrive à la hauteur du petit coupé bleu et je les dépasse en les coinçant contre le bord de la route. C'est Cora qui conduit. Elle n'a pas froid aux yeux. Je suppose qu'elle m'a reconnu tout de suite et, au lieu de se ranger, elle freine sec, se laisse dépasser et me refile sous le nez en me doublant sans vergogne. Mais son moteur ne peut pas tenir le coup contre le mien... Je recommence la manœuvre. Cette fois, elle n'insiste pas et nous voilà arrêtés tous les deux, l'un derrière l'autre. Je passe le nez à la portière et une seconde fois je joue les vieux copains.

— Hello, Cora ! dis-je. Ça va, depuis ce matin ?...

— Ça va, Rock, me répond-elle. Je vous présente Miss Jackson. Mary Jackson. Vous savez... celle dont vous avez vu la photo dans mon sac.

Je me méfie un peu d'elle après le traitement que je lui ai fait subir, mais ça a l'air de coller. Elle ne cache visiblement pas de revolver dans son soutien-gorge, qui paraît aussi bien garni que ce matin.

Andy Sigman et Mike nous ont dépassés et je les vois s'arrêter deux cents mètres plus loin et commencer à changer une roue qui n'en a pas le moindre besoin.

Moi, je continue mes travaux d'approche.

— Alors, Cora, dis-je, ce fameux gueuleton que nous devions faire ensemble... C'est l'occasion ou jamais... Justement, mon copain Gary Kilian est là et on va faire un bon petit dîner à quatre. Ça vous va ? Miss Jackson n'y verra pas d'inconvénients ?

— Nous en serons ravies, dit Mary Jackson.

Elle a l'air d'avoir parlé un peu vite au goût de Cora qui lui lance un coup d'œil pas très chaud, mais moi j'en remets.

— Parfait, dis-je, Gary est évidemment d'accord parce que depuis

deux kilomètres il me presse de vous rattraper. C'est lui qui vous a reconnue le premier. Alors Cora, je vous emmène, et Gary va prendre votre place.

Je fais signe à Gary. Il arrive et je le présente. Cinq minutes après, nous voilà repartis. Je chantonne un petit air et je suis parfaitement heureux.

Derrière moi, à cent mètres, il y a Gary dans la Dodge, et un peu plus loin Andy et Mike qui se sont remis à nous suivre, après la fausse réparation de leur fausse crevaison.

— Qu'est-ce que vous cherchiez, ce matin ? me demande innocemment Cora. Vous m'avez complètement déshabillée.

Je n'ai jamais vu une fille aussi dure. Pas de rancune à ce point-là, c'est presque aussi inquiétant que si elle me tombait dessus à bras raccourcis.

— Je voulais profiter de votre inconscience, lui dis-je. Je suis tellement timide avec les filles que je profite toujours de leur sommeil pour tâcher de voir comment c'est fait.

Et c'est plus que partiellement vrai. Après tout, elle est sans doute de la race de ces filles sur qui il faut cogner pour les rendre un peu maniables.

— Moi, je n'en ai pas profité, répond-elle. Vous pourriez peut-être m'expliquer ce que vous m'avez fait pendant que... je rêvais ?

— Ce ne sont pas des choses à dire, lui réponds-je, mais quand nous aurons une minute de tranquillité, j'espère parfaire votre éducation. À part ça, voyez-vous un endroit où vous aimeriez particulièrement passer la soirée ?

— Il y en a un pas mal... un peu avant San Pinto, dit-elle.

Je réprime un mouvement involontaire et je dis :

— D'accord.

— Tâchez d'en mettre un peu, poursuit-elle. J'ai eu une journée fatigante et j'ai l'estomac dans les semelles.

Décidément, c'est une adversaire correcte. Après une heure de route, je stoppe devant un charmant petit restaurant plein de fleurs, peint en blanc et rouge, en bordure de la route. Il y a une grosse voiture garée dans la cour couverte de gravier.

C'est à peu près tout ce que je remarque. Gary m'a rejoint et, au moment où nous entrons, quatre types nous tombent dessus. Je devrais dire quatre gorilles.

Je roule par terre comme une quille parce qu'un des quatre a plongé

dans mes jambes... et c'est la plus belle bagarre que j'aie jamais vue de ma vie.

Si je m'étais contenté de la voir...

XV

JE SOIGNE MON PHYSIQUE

Cette Cora Leatherford m'a évidemment indiqué ce coin parce qu'elle y avait rendez-vous avec des hommes de sa bande ; ceux (sans aucun doute) à qui elle devait confier Mary Jackson, la jeune fille qu'elle vient d'enlever. Mais ce que je n'arrive pas à comprendre, c'est comment ils ont été prévenus de notre arrivée, comment ils nous sont tombés dessus dès que nous sommes entrés. Je pense à cela dans un brouillard, et assez vite parce que je tiens le cou d'un des quatre types entre mes cuisses tandis que je serre le second à deux mains... Ça doit être son cou que je serre car ça craque sous mes doigts. Gary, que j'aperçois par éclairs, me paraît, lui aussi, se défendre. Je rassemble mes forces et je serre plus fort, des mains et des jambes. Le type que je tiens à la gorge cesse tout d'un coup de me bourrer les côtes de coups de poing et reste tout mou. Je le repousse délicatement de côté, j'empoigne la tignasse de l'autre et je tire dessus. Il se met à hurler comme un chat sauvage, gigote comme une anguille, et réussit à se dégager ; il recule et prend son élan pour me foncer dessus. Je m'apprête à le cueillir quand je reçois un vase de dix kilos sur le crâne. J'ai quelques secondes de flottement. Mon second assaillant en profite pour me balancer dans la figure un poing qui, si j'en juge par la douceur du contact, a dû être taillé dans un bloc de silex. J'encaisse avec mon œil droit, et je lui flanque mon pied gauche dans le bas-ventre. Il se plie en deux et je recommence à voir la vie en rose. Qui a pu me lancer le vase ? Je me retourne et j'aperçois Cora.

— Oh ! dis-je, c'est méchant d'attaquer votre fiancé de dos.

Elle ricane. À ce moment je suis saisi par-derrière par l'un des deux

agresseurs de Gary. Gary est assez mal en point. Allongé sur le dos, il rit aux anges en regardant le plafond. Je me laisse aller en arrière, je fais un pont, et en me redressant d'un coup je parviens à faire passer le bonhomme par-dessus ma tête. Il s'affale sur le plancher avec un bruit mou. J'éclate de rire, mais un second vase d'au moins cinquante kilos m'arrive sur le crâne et je tombe à genoux, à côté du type que je viens de faire sauter en l'air. Il n'est pas beau à voir. Il a la figure en compote et son bras gauche est tout retourné. Gary gémit dans son coin et son premier assaillant, un gros type qui a un costume de gabardine claire et un chapeau gris, se penche sur lui ; Gary a dû se faire avoir plus facilement que je ne pensais... Je m'attends à une nouvelle attaque de Cora Leatherford et je rage comme un beau diable, car j'ai tellement mal à la tête que je ne peux plus remuer une jambe ni un bras. J'ai un dernier instant de satisfaction en voyant les deux pieds de Gary se détendre et arriver pile dans les mâchoires du monsieur en gabardine qui crache trois douzaines de dents et s'effondre en jurant comme un charretier. Gary se relève. Son évanouissement devait être une feinte. Mais tout ça va très vite et je comprends mal ce qui se passe. Je me suis agenouillé à moitié K.O. devant ma dernière victime, et je sens Cora me sauter à cheval sur le dos et me marteler l'occiput avec un genre de presse-papier chinois en bronze artistique. 1, 2, 3, 4... zut ! Je tombe dans les pommes avec un beau grognement musical.

XVI

FAITS COMME DES RAGONDINS

Quand je reprends conscience — un quart d'heure plus tard — le décor (que je n'ai pas eu le temps de vous décrire) est toujours le même. Il y a un beau tapis indien par terre, avec quelques taches d'un rouge sombre car nous avons tous saigné un peu partout. Les meubles sont garnis de cuivre, ils doivent être en acajou, mais je ne garantis rien. Il y

a aussi de drôles de petites fenêtres avec des grands rideaux. Et je suis adossé au mur, ficelé comme un saucisson. Je peux à peine tourner la tête et je suis tout endolori. J'aperçois Gary à côté de moi. Son nez tend à rejoindre sa poitrine, il paraît plutôt fatigué. En face, les quatre autres acteurs de cette gentille petite bagarre se soignent mutuellement avec des gestes un peu mous. Il y en a un qui paraît tout à fait dégoûté de la vie, c'est celui dont j'ai serré le cou. Ils sont deux à lui flanquer des claques et à lui secouer les bras, et il ne bouge pas plus qu'un traversin. Le monsieur en gabardine, lui non plus, n'a pas bonne mine : il se tamponne la figure avec un mouchoir tout rouge et on voit ce qui lui reste de dents même quand il ferme la bouche ; ou plutôt on voit qu'il ne lui en reste plus. Quant à la couleur de ses yeux qui se sont agrandis jusqu'au milieu de ses joues, ça rappelle l'aubergine, en un peu plus vif. Les deux autres, le gros en complet bleu qui s'occupait de moi (c'est lui que j'ai fait passer par-dessus ma tête) et un trapu, tout noiraud, avec des épaules taillées en cheminée gothique, se tâtent pour sentir ce qu'ils ont de cassé, et ça leur arrache quelques gémissements assez réjouissants. Je ne suis pas mécontent du résultat de l'opération bien que je me sente moulu comme si j'étais passé sous une moissonneuse-batteuse. Gary, lui, continue à ne rien livrer de ses impressions. Il y a aussi Cora Leatherford, fraîche comme une rose, assise à califourchon sur une chaise, et Mary Jackson, qui semble un peu étonnée. Moi, je sais que les femmes aiment voir les hommes se battre, même quand ce n'est pas pour elles. Mary Jackson se repoudre : comme si c'était elle qui venait de se bagarrer.

Les cordes qui m'empêchent de remuer me font assez mal et je me décide à protester.

— Vous avez une drôle de façon de remercier les gens qui vous invitent à dîner, dis-je.

— Et vous, comment traitez-vous les gens que vous emmenez en voiture ? me répond-elle du tac au tac.

— Si vous m'aviez fait ce que je vous ai fait, dis-je en la regardant bien en face, je ne me serais jamais plaint.

Elle rit.

— Vous n'êtes pas du tout mon genre... dit-elle.

Je cherche à la mettre en colère parce que son sourire commence à me taper sur le grand sympathique.

— Je le connais, votre genre, dis-je. Il est sur les dalles de la morgue avec des taches bleues sur sa sale gueule, et c'est ce qui attend tous les cocos d'en face.

Je désigne du menton les quatre singes éclopés qui s'affairent dans la pièce, morts ou vivants, et ma réflexion n'a pas l'air de les mettre de bonne humeur. Quant à Cora, l'allusion que je viens de faire à son chéri la fait pincer du bec, et elle me lance un regard noir foncé.

— Wolf Petrossian n'était pas aussi bête que vous, Rock Bailey, dit-elle. On l'a tué par surprise, en lui faisant avaler quelque chose ; mais jamais il n'aurait été assez idiot pour se jeter dans la gueule du loup comme vous venez de le faire.

— Il a quand même été assez idiot pour avaler sa sale drogue et venir crever dans une cabine téléphonique, dis-je.

— À propos de cabines téléphoniques, dit-elle, il y a une petite histoire de photos qu'il faudra nous expliquer un peu tout à l'heure.

— À qui ? dis-je. À vous ? À ces messieurs ? (je désigne les quatre). Ou à quelqu'un d'autre ?

Les messieurs en question ne paraissent pas goûter le sel de notre conversation, et le petit trapu s'approche de moi. Avant que j'aie eu le temps de me garer, il m'écrase le nez d'un coup de poing et ma tête sonne durement contre le mur.

Cora doit se rendre compte que ça fait mauvais effet. Moi, je me demande comment elle va expliquer la chose à Mary Jackson. Décidément, les filles qu'elle recrute pour les expériences de Monsieur X n'ont pas froid aux yeux ; elles doivent même être un petit peu cochonnes. Cela expliquerait pourquoi les parents de Berenice Haven et Cynthia Spotlight, les deux premières disparues, n'ont pas porté plainte, et pourquoi la famille de Mary Jackson ne portera sans doute pas plainte. Mais les parents n'ont pas vu les photos et doivent s'imaginer qu'il ne s'agit que de fugues banales.

Pendant que je fais ces réflexions, Cora engueule le trapu qui grogne et revient à sa place. Et puis il y a du bruit et deux hommes font irruption dans la pièce. Ils jettent un coup d'œil sur nous, rigolent, regardent les autres, ne rigolent plus. Ce à quoi je reconnais que ce sont des renforts — mais du camp adverse.

Cora se lève.

— Prenez ces deux types, leur dit-elle en nous désignant Gary et moi, et emmenez-les où vous savez. Venez, Mary, ajoute-t-elle.

Les deux hommes s'avancent vers nous. L'un d'eux est de taille moyenne, bien habillé, l'air ingénu. L'autre... je le reconnais. C'est le gros infirmier qui m'a fait subir le traitement auquel je ne peux plus penser

sans regretter Berenice Haven, qui me fut administré le premier soir de cette aventure.

Le gros coupe les cordes qui m'attachent les jambes.

— Debout, dit-il. Tiens! mais c'est notre vieux copain! Alors? on revient voir les amis?

— C'est exactement ça, dis-je. Une promenade sentimentale jusqu'au lieu de notre premier rendez-vous.

Il rit d'un gros rire de deux cents grammes. J'avais déjà noté son caractère jovial.

— Toujours aussi tante? me dit-il. C'est parce que vous vous êtes refusé à Cora qu'elle vous a mis dans cet état-là?

— Pensez-vous... dis-je. Si vous étiez arrivé un quart d'heure plus tôt, vous nous auriez trouvés l'un sur l'autre.

C'est strictement vrai, mais ce que j'oublie de dire, c'est que j'étais dessous et qu'elle faisait l'amour avec un presse-papier. Pendant ce temps, j'ai réussi à me mettre debout, mais j'ai des fourmis dans les jambes, et je dois m'accrocher à lui pour ne pas tomber. Son acolyte essaie de faire lever Gary. Mais le pauvre vieux ne veut pas bouger. Il n'a plus envie de rien. Il pousse un gémissement et reste immobile. Mary Jackson le regarde avec intérêt et Cora s'approche de lui. Avant que j'aie eu le temps de souffler, elle lève le pied et lui martelle un tibia à coups de talon pointu. Gary sursaute et hurle. Mary Jackson paraît de plus en plus intéressée par la scène et je la vois passer un bout de langue rose sur ses lèvres brillantes. Cette fille doit aimer tailler les doigts des gens avec des lames de rasoir. Gary est sorti de sa torpeur, et hurlant toujours, il se roule sur le côté pour échapper à Cora. Il s'accroche au mur. Ses ongles crissent. Dans un suprême effort, il réussit à se mettre debout. Cora Leatherford s'amuse bien; elle s'amuse moins lorsque le poing de Gary l'atteint durement au sein droit. C'est à son tour de brailler et de danser sur place en se tenant la poitrine à deux mains.

Les deux hommes nous entraînent. Nous retraversons la cour saupoudrée de gravier. La grosse voiture qui y était garée est toujours là, et la mienne attend dehors, derrière la Dodge de Cora. C'est dans la grosse que nous montons. Nos deux gardiens ont sans doute l'intention de laisser Cora se débrouiller toute seule, car sitôt que nous sommes installés, le jovial pénètre à nouveau dans le restaurant et revient accompagné de Mary Jackson toute seule. En le poussant, je tâche d'installer Gary aussi confortablement que possible. Mary Jackson

s'assied à côté de moi et nous démarrons. C'est le petit qui conduit. Le gros nous surveille dans le rétroviseur.

— Où va-t-on? dis-je.

— Vous l'avez deviné tout à l'heure, dit-il. Chez un monsieur très gentil qui offre des chambres à des dames et à d'autres messieurs et qui leur fournit le mobilier et tout le nécessaire!

Il s'interrompt pour tourner un bouton de son tableau de bord et appelle un indicatif de radio. Ils ont probablement monté un émetteur-récepteur sur la voiture, du type walkie-talkie comme on en avait dans l'armée. Je comprends maintenant pourquoi les quatre types nous attendaient dans le restaurant : Cora devait être branchée sur leur longueur d'onde et ils avaient entendu notre conversation dès l'instant où j'étais monté dans sa voiture.

Je sens, contre moi, Mary Jackson qui commence à s'agiter. J'ai toujours les mains liées et je ne peux pas bouger, mais je devine sa main qui me tâte les cuisses et je n'aime pas ça. Toutes mes envies, tous mes désirs, ont singulièrement rétrogradé depuis que Cora m'a caressé le crâne à coups d'objets d'art.

— Vous n'êtes pas mal, me dit Mary Jackson à brûle-pourpoint. Quand votre figure sera un peu arrangée, vous serez même tout à fait présentable... Pourquoi est-ce que vous vous êtes laissé faire par ces quatre brutes?

— Si votre amie Cora ne m'était pas tombée dessus en traître, dis-je, ça ne se serait pas passé comme ça.

Mary Jackson rit doucement. Elle a de très jolis cheveux blonds, et un parfum léger, mais insinuant.

— Je ne comprends pas du tout ce qui se passe, me dit-elle. Cora m'avait promis de m'emmener passer un week-end dans la propriété d'un de ses amis.

— Qui est-ce? dis-je.

— Markus Schutz... le docteur Markus Schutz. Il reçoit beaucoup, paraît-il. Et puis nous sommes parties, nous vous avons rencontrés, votre ami et vous. Comment s'appelle-t-il, votre ami?

Je m'efforce de répondre calmement. Sa main continue de me caresser les cuisses sans qu'elle paraisse en avoir conscience.

— Il s'appelle Kilian, dis-je. Gary Kilian.

Aucune raison de lui raconter des blagues.

Cette Mary Jackson est une nymphomane. C'est tout. Elle laisse enfin mes jambes en repos et se cale dans le fond de la voiture en me passant

son bras autour du cou. Sacré nom d'une pipe ! Il est dit que je me ferai toujours avoir au moment où je ne peux pas me défendre !

J'ai la tête farcie, je suis couvert de bleus, je dois être affreux, j'ai les mains liées — et cette enragée s'en moque éperdument et s'amuse à me faire des crapouillettes mérovingiennes aux alentours du grand zygomatique, dans une voiture qui nous conduit chez Markus Schutz, le docteur Markus Schutz. Un monsieur qui enlève des gens pour les faire coucher ensemble ! Et qui a chez lui des salles d'opération où l'on doit prendre des photos... des photos comme j'en ai vu il n'y a pas longtemps, des photos pour la récupération desquelles une demi-douzaine de types se sont déjà entretués.

Mary se tourne vers moi, m'attire contre elle — ce qui me fait atrocement mal — et m'embrasse. Sa bouche est fraîche et douce et elle a sûrement pris des leçons de quelqu'un de très bien. Je suis tout étourdi et j'aimerais beaucoup que ça dure. D'ailleurs, ça dure assez longtemps. Je ferme les yeux et je me laisse faire... Les femmes, c'est une belle invention... Je suis sûr que le gros père nous surveille dans le rétroviseur, mais je m'en moque. Mary Jackson se dégage et soupire doucement.

— Je voudrais m'installer entre vous deux, dit-elle. Je suis mal dans ce coin de voiture.

— Comme vous voudrez, dis-je.

Je ne suis pas spécialement content d'avoir les mains attachées, car en ce moment précis, je saurais très exactement comment les placer. Elle se soulève et passe sur moi tandis que je me pousse vers la droite. Elle n'a qu'une robe légère et je sens son corps ferme contre le mien. Je m'apprête à reprendre le contact... Mais cette damnée fille se tourne vers Gary, prend dans ses mains la tête de mon ami et lui administre la même drogue qu'à moi. Ça m'est égal puisque c'est mon vieux Gary, mais ça me diminue vis-à-vis d'elle, au propre et au figuré. J'en profite pour regarder un peu le paysage. Devant moi, le gros type s'amuse beaucoup. Il est à moitié tourné vers nous. Il me lance un coup d'œil sarcastique et se remet à tripoter ses boutons de radio et à converser à mi-voix avec ses interlocuteurs invisibles. Ceux-ci ne doivent pas être très éloignés d'ici car je n'ignore pas que la portée de ces petits émetteurs est assez faible. Le paysage est toujours le même, brûlé par le soleil qui commence à s'abaisser sur l'horizon, avec des plantes rabougries et de belles fleurs de place en place. Il y a, par-ci, par-là, un squelette de chameau qui traîne, souvenir d'une caravane. Mary Jackson lâche Gary et revient à la charge de mon côté.

— Quoi, dis-je dans un grognement, vous n'en avez pas encore assez ?

— Laissez-moi choisir, dit-elle sans la moindre gêne. Tout compte fait, je crois que c'est vous que je préfère.

Sacrée fille... elle s'y entend ! Je sais bien que c'est une vulgaire flatterie... mais ça me flatte quand même. Cette fois, elle y met encore plus d'ardeur... et elle en a !

— Si vous coupiez ma ficelle... réussis-je à dire, au moins, comme ça, je n'aurais plus l'impression d'être un inutile.

— Je veux bien, dit-elle, mais je n'ai rien pour ça... Ne perdons pas notre temps, ça va très bien comme ça.

Gary, qui s'était ranimé, est retombé dans une torpeur complète. Je suppose que les baisers de Mary l'ont achevé. Tout contre ma joue, je vois une vague de cheveux blonds ondulés et brillants et son oreille délicate ; mes yeux se perdent dans les coins d'ombre de son cou rond et délié. Une douce chaleur commence à m'envahir et je n'en veux plus du tout aux deux bonshommes qui m'emmènent chez le docteur Markus Schutz... Vais-je enfin savoir qui est ce docteur Schutz ?

Je me pose cette question mais vaguement, car je ne me sens pas du tout en état de réfléchir à des problèmes policiers. La voiture ralentit, vire à droite dans un chemin de traverse et repart à fond de train. Le mouvement m'a collé contre Mary. J'ai un vague remords en pensant à Sunday Love... Le buste ferme de Mary s'écrase contre le mien et je sens qu'elle respire plus vite. La voiture saute sur les bosses du chemin. La voilà qui ralentit de nouveau, tourne une seconde fois, mais à gauche, fait deux cents mètres et s'arrête brusquement.

À travers les cheveux blonds de Mary, j'entrevois un haut mur de briques.

Les deux hommes descendent. J'entends un juron, le crissement des freins d'une autre voiture, et je vois le gros type s'effondrer sous le choc d'une masse fauve, lancée en bolide, tandis que l'autre va au tapis pour le compte... Je reconnais là le travail de Mike Bokanski et de son gros chien Noonoo... et la bonne bille d'Andy Sigman qui me sourit, narquois.

XVII

ÇA RECOMMENCE À BICHER

C'est Andy et Mike qui nous ont suivis et viennent à notre secours. Andy Sigman ouvre la portière, tire un couteau de sa poche et coupe mes liens. Mary Jackson, qui est toujours à côté de moi, n'a pas bougé. Elle paraît se moquer éperdument de tout ce qui arrive. Je descends en gémissant. Le sang se remet à circuler dans mes veines, et cela me fait un mal de chien. Mike, à coups de matraque, allonge proprement mes deux ravisseurs l'un à côté de l'autre ; les voilà endormis pour un bout de temps car il a parachevé le travail du boxer au moyen de quelques volées de son outil à cogner sur les crânes. Je remercie Andy du fond du cœur ; vraiment il m'a tiré d'un drôle de pétrin. Il essaye maintenant de ranimer Gary Kilian, qu'il a dégagé de ses liens. Mike Bokanski me salue, et son chien aussi. Mike vient de lui assener sur le derrière une de ces claques affectueuses qui les satisfont tant l'un et l'autre.

— Il ne faudrait tout de même pas rester ici trop longtemps, me dit Mike en me montrant le grand mur de briques devant lequel notre « taxi » s'est arrêté. Les types d'ici doivent être prévenus de votre arrivée, et si nous attendons, nous allons tous les avoir sur le dos.

— Vous avez raison, dis-je, mais comment faire ? Maintenant que nous avons découvert le repaire de ces messieurs, nous n'allons tout de même pas nous en aller sans savoir ce qui s'y passe !

Je sens le bras de Mary Jackson autour de mon cou. Elle est descendue à son tour et j'ai l'impression qu'elle ne demande qu'à continuer ce que nous avons commencé dans la voiture.

— Il faut emmener les bagnoles et les planquer, dit Mike. Nous ferons ensuite une perquisition dans la maison.

— Gary n'est pas bon à grand-chose, dis-je. Il faut pourtant être deux pour s'aventurer là-dedans.

Mike Bokanski entrera chez Markus Schutz avec moi. Ma foi, ce n'est pas un compagnon à dédaigner. Surtout si son chien est de la partie.

Mais qu'allons-nous faire de Mary Jackson ? Elle continue à se serrer contre moi et à m'embrasser, mais, maintenant que nous sommes debout, c'est beaucoup moins compromettant, car elle m'arrive à peine à l'épaule. Mes bras sont tout à fait dégourdis, et comme j'ai trop de bosses un peu partout pour y faire attention, je me sens presque en

forme. Le pauvre vieux Gary, lui, a l'air d'avoir été pris comme sac de sable par une douzaine de boxeurs à l'entraînement. Il a les deux yeux d'un beau noir profond et il est couvert de sang (le sien ou celui d'un autre). Il boite bas, renifle avec dégoût, et mâchonne à vide avant de parler. Il compte ses dents avec sa langue, je suppose.

— Alors, me dit-il. Tu es content de ton idée ? Un joli petit dîner qu'on a fait là !... Où sont partis nos partenaires ?

— Ils vont sûrement rappliquer.

Andy rigole, Mike sourit.

— On a été voir un peu ce qui s'est passé dans cet hôtel, dit Mike. Ils étaient déjà bien arrangés, mais maintenant, on n'en parlera plus avant deux bons mois... Il y avait une bonne femme, aussi.

— Oui, dis-je, une charmante jeune fille... vous la connaissez Mary ? Votre amie Cora...

— Celle-là, dit Mike, Noonoo lui a un peu déchiré sa robe, et, à moins qu'elle ne s'en fasse une autre avec les rideaux, je ne sais pas si elle pourra se promener aujourd'hui sans se faire coffrer.

— Mais elle va donner l'alerte, dis-je. Vous n'allez pas me raconter que vous vous êtes contentés de la déshabiller ou de la faire déshabiller par Noonoo.

Mike Bokanski rougit.

— On ne risque rien, dit-il, elle est en lieu sûr.

Et il ajoute, en s'esclaffant comme un esclaffon :

— Elle est dans le coffre arrière du taxi !

Je suis rassuré. Pendant tout ce temps, Andy Sigman a massé les bras et le torse de Gary qui se secoue et rugit (faiblement) :

— À l'attaque !

— C'est ça, dis-je. Tu vas monter dans cette voiture (je désigne celle qui nous a amenés ici, Gary, Mary Jackson et moi) et tu suivras Andy. Il faut aller les planquer si nous ne voulons pas nous faire repérer. Pendant ce temps-là, Mike et moi, nous allons faire un petit tour dans la baraque. Toi, tu donneras un coup de fil à Nick Defato. Tu trouveras bien un bistrot sur la route.

— Je sors d'en prendre, dit-il. Merci pour les bistrots paisibles...

— Bon, dis-je. Nous ne sommes pas « attendus » partout. Préviens Nick Defato de l'endroit où nous sommes, et venez nous rejoindre sitôt que vous aurez garé les voitures. N'oubliez pas Cora Leatherford dans son coffre !

— Si ça ne tient qu'à moi, grogne Gary, elle y restera jusqu'à la fin de ses jours — et j'espère que c'est pour bientôt.

— O.K., dis-je. Tu vas également emmener notre amie Mary Jackson et tu tâcheras de t'occuper d'elle.

— Oh! dit Mary, qui nous écoute depuis un moment, je vais avec lui? Ça c'est chic!... Vous allez me payer à dîner!

— Grouillez-vous, dis-je.

Ils s'installent et Andy démarre.

— On revient dans une demi-heure, dit-il.

— Ça va! lui réponds-je. Prenez votre temps.

Gary s'est assis péniblement au volant et Mary Jackson se serre contre lui... Espérons qu'elle ne va pas le faire entrer dans le décor... Quelle fille!

Je me retourne vers Mike Bokanski.

— À nous deux... dis-je. Maintenant il faut nous introduire dans la place.

Nous sommes là, tous les deux, devant un mur qui a bien deux mètres cinquante de haut. Nous apercevons les cimes de beaux arbres. Le soir tombe et il commence à faire frais, car San Pinto est à 800 mètres d'altitude, et nous ne sommes pas loin de San Pinto.

La première chose à faire, c'est de nous écarter de la route. Les deux hommes qui nous ont conduits ici se sont arrêtés devant ce mur. Mais il doit bien y avoir une grille à ce parc. Et une porte à cette grille. Plus j'y pense, plus je trouve extraordinaire que cette route aboutisse à ce mur. Je fais part de mes réflexions à Mike.

— Bien possible qu'il y ait une entrée, dit-il. Mais elle doit être camouflée.

— Faisons le tour de la propriété, dis-je. À droite ou à gauche?

Nous filons vers la droite, et soudain Noonoo grogne et se met à courir vers une baraque que nous n'avions pas remarquée derrière les arbres. En baissant les yeux, j'aperçois des traces de pneus qui y conduisent, mais le sol est dur et caillouteux, et elles sont à peine visibles.

Nous arrivons à la bâtisse : une espèce de hangar. Ça ne paie pas de mine. C'est vieux et délabré, assez grand.

— Attention, dis-je... il y a peut-être du monde.

— Noonoo est là, dit Mike.

La baraque est à trente mètres du mur de briques. Je secoue la porte. Fermée évidemment. Un dernier coup d'œil autour de nous. Rien. Mike regarde la serrure, rigole et pèse de l'épaule contre les deux battants.

Puis de toute sa force il se rue sur la porte et lance un gros juron bien sale. Il a dû se faire très mal et cela n'a pas bougé d'une ligne.

— C'est moins vieux que ça n'en a l'air, bougonne-t-il en se frottant l'épaule.

— Essayons la serrure, dis-je.

— J'ai amené quelques outils, me répond-il.

Il tire de sa poche une tige de fer plate et recourbée. À peine l'a-t-il introduite dans la serrure qu'il fait un bond de quinze mètres, tombe sur le derrière et se frotte furieusement la main.

— Les salauds! Les andouilles! Les mufles! Les vaches! Les cocus! dit-il.

Il déclame sans arrêt et je me tords. C'est toujours très drôle de voir un type se faire moucher par un courant électrique. C'est inoffensif, mais ça secoue.

— Intéressant, dis-je. Si la serrure est électrisée, c'est qu'il y a quelque chose derrière la porte.

— Bon, bon... dit-il. C'est très intéressant. Passionnant, même... Mais nous ne sommes pas plus avancés.

Je le saisis au poignet... J'entends quelque chose.

— Bougez plus! Planquons-nous...

La baraque est entourée de buissons assez hauts. Nous bondissons derrière. Mike a attrapé son chien par le collier et l'aplatit derrière lui.

De l'intérieur du hangar vient un bruit de moteur, comme un moteur d'ascenseur. Puis j'entends un claquement sourd qui rappelle celui d'une serrure de coffre-fort. La porte s'ouvre en grinçant. De ma place, je vois mal. Je me tords le cou pour jeter un regard dans l'ouverture sombre. À ce moment, une bagnole surgit en trombe, vire brutalement à droite et file à travers les arbres, par un sentier à peine indiqué, qui doit rejoindre la route.

La porte se referme lentement. Sans nous concerter, nous fonçons en avant, Mike et moi. Nous entrons. Le sol descend en pente assez raide. La porte claque derrière nous. Nous faisons quelques mètres dans un passage souterrain faiblement éclairé et je m'arrête. Au-dessus de nous, de lourds panneaux roulent bruyamment et ferment l'entrée du passage. Je me baisse pour ne pas être heurté par le premier et je descends rapidement la pente pour pouvoir me tenir debout sans courber la tête.

Mike s'est aplati contre l'un des murs. Je le rejoins sans bruit.

— C'est comme ça qu'ils passent le mur, me dit-il.

— Je vois bien... dis-je. Mais comment Gary et Andy vont-ils nous retrouver ?

— Ça ira...

— Bizarre qu'il n'y ait pas de gardiens !

— Ça, dit Mike qui se rembrunit, je ne comprends pas. Tout a l'air automatique, on dirait.

— Quand même... dis-je. Il doit y avoir des gardiens.

— Non... Noonoo les aurait repérés.

Nous repartons. Le couloir descend toujours. Nous atteignons enfin un plan horizontal. Le chien se raidit, grogne et recule.

— Chut, souffle Mike.

Je n'ai pas besoin de vous dire que nous n'avons pas fait de bruit et que nous longeons le mur en nous aplatissant comme des lézards. J'avais un peu oublié tous les coups reçus à l'auberge, mais je m'en souviens soudain. J'ai mal un peu partout et je ne me sens pas très en forme pour un nouveau coup dur. Heureusement que la présence de Mike me rassure un peu.

Le chien s'est tu. Mike me souffle :

— Restez ici, je vais aller voir ce qui se passe.

— Je vous suis.

— Non...

Quelque chose dans sa voix fait que j'obéis.

Il est assez facile de se dissimuler dans ce passage. Les parois sont étayées comme celles d'une galerie de mine, avec, de place en place, de gros poteaux en saillie derrière lesquels on peut avancer sans risquer de se faire repérer. Mike me tend quelque chose et s'éloigne, suivi de Noonoo qui colle à ses talons. Je regarde ce qu'il m'a donné. Une petite matraque, comme celle dont il s'est servi tout à l'heure. Outil sympathique et qui vous donne un sentiment d'indépendance et de confort. Mes yeux commencent à s'habituer à la demi-obscurité qui règne dans ce souterrain, mais Mike avance si furtivement que j'ai du mal à ne pas perdre de vue sa silhouette. Et soudain, je sursaute et mes doigts crochent dans le bois des poteaux. Une détonation claque, puis une autre. Et, un hurlement retentit qui s'achève en gargouillement. J'oublie toutes les consignes de Mike et je fonce en avant. Plus un bruit. Je rejoins Mike. Il est à genoux devant un bonhomme étendu sur le dos. Il y a un revolver à côté de la main du type, et un peu de sang sur la manche de Mike.

Il relève la tête et sourit.

— Il a son compte !

— Il a tiré sur vous ?

— Une éraflure. Noonoo lui a cassé le poignet.

— Mort ?

— Non, dit Mike, je l'ai seulement un peu endormi.

Dans le mur j'aperçois une porte. Elle ouvre sur une petite logette taillée en pleine terre et bétonnée. Sur une table, un appareil de transmission genre téléspeaker. S'il est branché, les gens de « là-bas » ont dû entendre les coups de feu, et nous allons les avoir sur le dos d'une minute à l'autre. Mike s'est relevé et traîne le tas de viande dans la cabine. Je mets un doigt sur mes lèvres en désignant l'appareil. Il acquiesce.

Nous allongeons l'homme sous la table et je coupe le fil du téléspeaker. Ce n'est pas très prudent non plus... mais tant pis.

Sans prendre la moindre précaution, nous filons jusqu'au bout du passage souterrain et nous émergeons à l'air libre. La route est là, bordée d'arbres. La propriété doit être immense. Nous longeons le bord du chemin et nous avançons à l'abri des troncs énormes. Noonoo se faufile devant nous. Il fait presque nuit et on voit vaguement se dessiner son pelage clair. Soudain, le chien s'arrête, tous ses muscles tendus, et je me jette contre Mike qui a stoppé net.

Une clairière s'étend devant nous. À droite et à gauche, j'aperçois deux constructions sur pilotis : des miradors sans doute.

Tout est désert et silencieux, mais on doit faire bonne garde. Le boxer a sûrement flairé la présence de quelqu'un.

Que faire ?

Mike me tire rudement en arrière, appelle son chien d'un sifflement discret et se plaque au sol. J'en fais autant. Il fouille dans sa poche. Son bras décrit un arc. Et il se colle les deux paumes aux oreilles.

La grenade explose en plein sous le mirador de droite. Il y a un énorme craquement, et le petit bâtiment s'écrase au sol. Nous entendons des cris, des jurons. Le phare de l'autre mirador s'allume et fouille les ténèbres. Vite, nous nous élançons vers ce bâtiment et nous nous cachons dessous. Là, son phare ne pourra nous atteindre. Le claquement d'une mitrailleuse retentit et les balles hachent les feuilles.

— Attention ! souffle Mike. Ça va chauffer.

Le type qui se trouvait dans le premier mirador est en train de se dégager des décombres. Si l'on en croit ce qu'on entend, il s'est fait un

peu mal en tombant. Mais nous sommes de sales égoïstes, et ça nous laisse froids.

Mike plonge une seconde fois la main dans son imperméable et, comme je sais ce qu'il en tirera, je me sens légèrement gêné et je me bouche les oreilles à mon tour.

— Je vais risquer le coup... murmure-t-il.

Il s'essuie le front. Tout à coup, il y a un remue-ménage d'enfer au-dessus de nous et l'espace entier s'illumine. Des lampes électriques s'allument dans tous les arbres.

Mike ne perd plus une seconde. Il s'écarte d'un mètre et balance la grenade droit au-dessus de lui. Puis il m'entraîne à toute vitesse. J'ai le temps d'entendre le bruit de la grenade qui heurte le plancher du mirador, et la voix du gardien qui hurle :

— Les voilà... Feu dans le tas !

Pauvre vieux... il faudrait qu'il crie bien plus fort encore pour couvrir le bruit de la seconde explosion.

Je commence à me demander si Mike Bokanski n'est pas en train de s'élever un peu au-dessus de sa condition de policier amateur.

Naturellement, les bonshommes des miradors ne s'occupent plus de nous et nous pourrions aussi bien revenir nous balader au milieu de l'allée. Mais nous continuons à filer sous le couvert des arbres.

— J'espère que le bruit va tous les faire rappliquer, me glisse Mike entre deux foulées. Pendant ce temps-là on pourra voir de quoi il retourne.

— Espérons-le, dis-je.

Je voudrais bien voir le bout de cette sacrée course parce que ce n'est pas réjouissant de se prendre les pieds dans les ronces, les gouffrelipettons et les racines tous les deux mètres, en pleine obscurité, sans savoir où on va. Mike Bokanski s'en fiche royalement et il passe à travers tout ça comme un tank. Je me dis qu'il doit avoir encore une bonne douzaine de grenades sur lui et ça me fait un peu peur, mais à la réflexion, je pense qu'il sait s'en servir et qu'il prendra ses responsabilités. Tout de même j'ai une certaine inquiétude en me rappelant que Gary devait téléphoner à la police... Nous nous sommes mis dans une drôle de situation...

Après tout il faut voir le bon côté des choses, et depuis quelques mois je ne prenais pas assez d'exercice. En deux ou trois jours j'ai rattrapé cette inaction. Mes muscles m'obéissent avec servilité et je suis tellement entraîné aux coups sur la tête que l'effet des derniers a presque disparu.

Seule l'enflure reste. J'entends soudain le chien de Mike s'arrêter en grondant et je bute sur son propriétaire qui a dû s'arrêter à la même seconde. Ce chien est décidément un avertisseur parfaitement réglé.

— Nous y sommes, murmure Mike.

Devant nous un grand bâtiment blanc avec un toit en terrasse, un cube de maçonnerie percé de quelques rares fenêtres.

Nous guettons quelques instants. Il est absolument invraisemblable que les gens qui vivent là-dedans n'aient pas entendu les explosions. Mais tout reste calme et immobile.

— Allons-y, dis-je à Mike.

— Attendez, dit Mike.

Je regarde. Une fenêtre vient de s'éclairer. Une ombre passe et la nuit se fait à nouveau. Bon. Nous sommes fixés. Il y a du monde. Après tout, peut-être sont-ils particulièrement durs d'oreille.

— Comment allons-nous entrer là-dedans ?

Je pose cette question à Mike et il hoche la tête, dubitatif.

— On pourrait sonner, propose-t-il le plus sérieusement du monde.

Nous avons une bonne dizaine de mètres à parcourir en chemin découvert. Le mieux, en pareil cas, est d'agir tout à fait naturellement. Mike s'avance délibérément, les mains dans les poches. Je souris en pensant à ces poches.

Rien. Ça commence à me rendre de plus en plus nerveux.

Il atteint le mur du bâtiment et je m'aperçois que ce que je prenais pour un soubassement est une bordure d'arbustes parfaitement taillés, des boulingots de Calédonie, à peu près de la hauteur d'un homme. Je ne veux pas avoir l'air d'un dégonflé et je m'avance à sa suite.

Le chien m'a précédé et je suis un peu rassuré en constatant qu'il ne manifeste aucun signe d'inquiétude. Je me glisse derrière les arbustes.

Plus de Mike.

Je tâte le mur. Rien. Il est plein, continu et dur. J'avance d'un pas. Il règne là une légère odeur de désinfectant qui me paraît provenir du pied du mur. Il doit y avoir un soupirail. Je me baisse, il y a un soupirail, effectivement, et on peut y passer la tête, le corps et les pieds : je préfère adopter l'ordre inverse et j'atterris à côté de Mike.

Tout ça me paraît trop facile. Je le dis à Mike.

— Ce n'est pas possible, il n'y a personne là-dedans.

— Il y avait des gardiens à la porte et sur les miradors, me répond-il avec logique. Ils sont là pour garder quelque chose, non ?

— À moins qu'ils ne soient là pour faire croire qu'il y a quelque chose

à garder, dis-je avec une logique équivalente en me taquinant le sacrum du bout de l'ongle, car il me point.

— On va bien voir... dit Mike. Nous savons qu'il se trouve au moins un type dans cet endroit : celui dont nous avons vu l'ombre sur la fenêtre.

— J'attends de le voir pour y croire... dis-je.

À la même seconde, nous sommes aveuglés par la lumière d'une puissante torche électrique. Mike reste sur place et lève les mains. J'en fais autant, nous sommes cuits. Mike siffle son chien qui se couche à ses pieds ; c'est plus sûr pour lui.

XVIII

C.16 BAVARDE

Nous n'entendons rien. Pas un mot. Une lampe s'allume maintenant au-dessus de nos têtes et nous voyons enfin où nous sommes car jusqu'à présent, nous avons été plongés du noir le plus absolu dans l'éblouissement le plus complet.

Il y a devant nous un type en uniforme de gardien, qui braque une torche sur nous. Il l'éteint.

— Qu'est-ce que vous voulez, dit-il. Pourquoi êtes-vous passés par là ?

— Nous voulions visiter, dit Mike plein de culot.

L'autre se gratte la tête. Il n'a pas l'air agressif. Noonoo se lève et va le flairer, puis revient vers nous l'air effaré et se cache dans les jambes de son maître.

Ça, c'est curieux.

— C'est que... dit le gardien supposé, ce n'est pas l'heure de visiter la clinique... et puis, on ne reçoit pas les visiteurs...

Je m'informe poliment :

— C'est une clinique ?

— Bien sûr, répond l'homme. La meilleure à des kilomètres à la

ronde. Prix avantageux, forfaits sur demande, air salubre, proximité des montagnes, nourriture abondante...

Il continue à parler comme s'il était remonté.

— Stop, dit Mike, ça va. Et retire ta main de ta braguette.

Il s'arrête net comme si on avait tourné le robinet. Je suis un peu étonné. Nous nous regardons, Mike et moi. Mike commence à être réhabitué à la lumière, moi aussi, et ce type a une allure bizarre. Il parle d'une voix de tête et regarde fixement devant lui. Il a l'air un peu dérangé, il ne paraît pas armé.

Mike baisse délibérément les bras et marche vers le type. Il ne bouge pas.

— Comment vous appelez-vous ? demande Mike.

— Comme on veut, dit-il ; en général on me donne mon numéro de série.

— Pardon ? dit Mike.

C'est la première fois que je vois Bokanski vraiment déconcerté. Et puis là, il n'a pas la ressource de s'en tirer en jetant des grenades dans tous les coins.

— Quel numéro de série ? dis-je.

L'autre retire sa casquette et se gratte la tête. Il n'a pas un poil sur le caillou. Il est drôle. Je m'approche de lui à mon tour. Il a l'air mal fini.

— Mon numéro de série, dit-il. Numéro seize, série C. Vous pouvez m'appeler C. 16.

— J'aime mieux vous appeler Jef Devay, dis-je.

— Pourquoi ? demande Mike.

— J'avais un pote qui s'appelait comme ça quand j'étais à l'université, dis-je. Il a mal tourné. Maintenant, il fait du journalisme. Et en plus, vous ne lui ressemblez pas du tout.

— C'est un joli nom, dit C. 16. Je le prends volontiers. Le docteur Schutz a oublié de me donner un nom. Je ne l'intéressais pas. D'ailleurs toute la série était ratée. Il n'y a que moi et C.9 qui ayons survécu. Mais C. 9 est fou. Il se touche.

— Écoutez, dit Mike Bokanski. Je voudrais bien que vous cessiez de nous bourrer le crâne avec des histoires à dormir debout sur un aquaplane. Qu'est-ce que vous foutez ici ? Voulez-vous nous laisser sortir de cette pièce et voir ce qui se passe dans cette maison ?

— Je veux bien, dit Jef Devay (je préfère l'appeler comme ça). Mais je dois vous accompagner. Théoriquement, même, je dois donner l'alerte.

Mais je suis raté, et quelquefois je ne suis pas la consigne. Sinon, vous seriez déjà plus ou moins morts.

Ce garçon est complètement dingo. Je regarde Mike et je constate qu'il fait la même réflexion que moi. À propos, je voudrais bien être dans mon lit (avec Sunday Love, mais ça, je n'ose pas l'ajouter, par chasteté).

— Le docteur est parti tantôt, dit Jef. Il a des expériences en train, alors quelques-uns de ses aides sont restés. Vous voulez voir les expériences ? De jolies expériences en vérité. Dans la salle huit, ils sont en train de travailler sur une fille, très belle ma foi. Il paraît qu'elle s'appelle Berenice.

Je lui saisis le poignet.

— Êtes-vous en train de vous moquer de nous, mon bonhomme ? dis-je.

Je serre sans doute un peu fort. J'oublie toujours que je peux casser une noix de coco entre mes deux poings. Il pâlit et parle plus vite.

— Lâchez-moi, dit-il, je vous prie. Je vous prie. Est-ce que vous ne vous rendez pas compte que je suis plein de défauts de fabrication ? Je n'en ai qu'une, et elle est le double de l'autre.

— Assez d'idioties, mon vieux, dit Mike. Si vous nous meniez voir cette salle huit ? On s'expliquera plus tard pour le reste.

— Bon, bon, dit-il. Je vous conduis. Mais je vais vous expliquer : c'est le docteur Schutz qui m'a fait, artificiellement, et il m'a un peu loupé. C'est pour ça que je raconte tout ce qu'il ne faut pas. Le docteur Schutz fait des expériences sur les hommes et sur les femmes, et il en fabrique de nouveaux en très peu de temps. C'est un grand docteur. Moi, il m'a raté, je vous dis, mais je ne lui en veux pas, ses aides avaient fait des blagues... Ils m'avaient oublié dans l'étuve. Tous les autres ont été cuits, tous ceux de la série, sauf C. 9 et moi...

Il a un rire de crécelle.

— Ça vous épate, tout ça... Moi, je suis habitué. Tous les aides du docteur Schutz sont comme moi, faits artificiellement. C'est très facile à faire, il paraît... Au début, il choisissait des gens du dehors, mais c'était trop dangereux parce qu'ils pouvaient parler. Nous, nous ne parlons pas.

Une fois encore, il ricane désagréablement :

— Sauf moi, bien sûr, puisque je suis loupé !

— Bon, bon, dit Mike. Nous avons compris. Ainsi le docteur Markus Schutz fait des expériences sur les hommes et sur les femmes et sur la reproduction ?

— Oui, dit Jef Devay. Il améliore la race. Il sélectionne des beaux garçons et des belles filles et il les fait se reproduire ; d'ailleurs, c'est très amusant à regarder et je suis sûr que vous aimeriez voir cent cinquante ou deux cents couples en train de faire des enfants. Il a inventé des tas de choses : des moyens d'accélérer le développement de l'embryon, de faire trois ou quatre générations en un mois de cette façon-là, en prélevant les glandes génitales des embryons et en fécondant à nouveau les ovules des embryons femelles... je vous explique tout ça très mal. J'ai entendu dire tout ça, et je le répète, parce que je suis de la série qui a trop cuit et que je suis méchant, mal intentionné et animé d'une fort grande haine à l'égard du docteur Schutz, bien qu'il n'y soit pour rien.

Mike et moi, nous restons un moment complètement suffoqués par ce qu'il vient de nous dire. Le chien de Mike grogne et se tasse au fond de la pièce, le plus loin possible du bonhomme.

— Il est gêné à cause de moi, poursuit celui-ci en désignant Noonoo, parce que je n'ai pas d'odeur humaine. Entre autres. Alors ça le trouble.

Et puis je vois la porte à laquelle il est adossé s'ouvrir d'un seul coup et la gueule d'un revolver me fait un beau sourire tout rond — un peu en cul de poule, il faut l'avouer... C. 16 est empoigné par une main qui me paraît de belle taille et on le tire en arrière. Devant nous, deux hommes revêtus du même uniforme que lui.

— Ça fait un bout de temps qu'on vous cherche, grommelle le premier, un grand type basané, mince, avec des dents très blanches et une petite moustache.

Je vois mal l'autre. Un mouvement brusque qu'il fait le démasque. J'ai du mal à ne pas crier de surprise. Ils sont rigoureusement identiques. Mike met les pieds dans le plat.

— Vous êtes sans doute de la même série, tous les deux ?

Ils le regardent sans qu'un muscle de leur figure remue d'un quart de poil.

— Suivez-nous.

Le numéro 1 s'efface pour nous laisser passer et le 1 bis nous précède dans un couloir blanc qui me rappelle étrangement celui dans lequel je me suis expliqué avec les deux infirmiers, le soir où commença toute cette histoire.

— Où nous menez-vous ? demande Mike tout en marchant.

— Taisez-vous ! dit celui qui nous suit.

Le couloir est interminable. Il faut faire quelque chose. Mike

commence à siffloter entre ses dents. Je me demande où est passé C. 16. Un troisième l'a-t-il emmené ? Qu'en ont-ils fait ? J'étais mal placé lorsqu'ils l'ont tiré en arrière par la porte ouverte, et je n'ai rien vu. Je me reproche amèrement ma stupidité. Nous avons perdu un temps précieux à discuter dans cette cave. Nous aurions pu l'employer à explorer le bâtiment. Malgré moi, je ne peux m'empêcher de penser à ce que cet être bizarroïde nous a raconté... Qui est ce Markus Schutz ? Je me doutais qu'il faisait des expériences puisque j'ai vu les photos — et elles ne pouvaient laisser aucun doute. Mais ces histoires de reproduction, de haras humain ? Impossible qu'il se passe des choses de cet ordre en Californie. À mon avis, la vérité est autre : ce docteur Schutz dirige une clinique privée et doit traiter des malades mentaux, dont l'un s'est échappé... Et à côté de ça, il se livre à toutes sortes de trafics. Mais je rejette cette explication. C'est impossible. C'est idiot, il ne peut s'agir que d'une chose terrible... d'une chose effrayante... et ces deux hommes identiques qui nous encadrent... qui sont-ils ?

Zut, je voudrais bien parler de tout ça avec Gary Kilian. Qu'est-ce qu'il fabrique ? A-t-il prévenu la police ?

Imbécile que je suis... Bien sûr qu'il n'a pas dû la prévenir... Nick Defato est tout-puissant à Los Angeles, mais ici, à San Pinto, que peut-il faire ? Dans un petit patelin comme ça c'est facile d'acheter le bureau de police en entier... Shérif et agents.

Bon. Voilà un point réglé. Ne rien attendre de la police. Mais Gary ? Et Andy Sigman ? Où sont-ils ?

Et les grenades de Mike ? Les hommes des miradors ?

Bon Dieu, plus ça va, plus tout ça ressemble à un cauchemar. Et nous marchons toujours le long de ce couloir blanc. Mike sifflote... J'entends le petit cliquetis des ongles de Noonoo sur le sol bétonné. Il trotte derrière le gardien qui me suit.

Mike est tout près de l'autre qui ouvre la marche. Et soudain, je le vois qui bondit et gueule entre ses dents.

— Devant toi, Noonoo ! Attaque !

Un râle dans mon dos et je me retourne pour voir mon suiveur porter les mains à son cou et tenter de détacher la masse du boxer qui a instantanément obéi. Il se dégage à moitié, lève le revolver et va tirer, mais je l'empoigne et lui tortille le bras dans le mauvais sens. Ça craque et ça vient. Bon, je l'ai cassé, tant pis, ce sont les risques du métier.

Pendant ce temps-là Mike cogne consciencieusement la tête de l'autre gardien sur le béton. Il a un large sourire en comptant les coups. Il

s'arrête à quinze. C'est une bonne mesure. Celui dont j'ai modifié le bras vient de s'évanouir dans les miens, tout gentiment. Je l'allonge au pied du mur et je le fouille un peu, parce qu'il ne faut pas perdre les bonnes habitudes. Naturellement, il n'a rien dans les poches. Rien d'intéressant, du moins.

— Maintenant, dit Mike à mi-voix, il faut nous grouiller un peu. Où est passé l'olibrius ?

— Qui ça ? dis-je. Jef ?

— Oui... Jef... Qu'est-ce qu'ils en ont fait ? Lui seul peut nous guider...

— C'est pas compliqué, dis-je... C'est tout droit.

— On a passé des portes, dit Mike, et je voudrais bien savoir ce qu'il y a derrière...

— Alors revenons en vitesse... Mais il doit être en train de se livrer à ses petits exercices personnels.

Nous cognons une dernière fois la tête de nos ex-gardiens. J'évite de les regarder, ils se ressemblent trop ; et nous revenons, au pas de gymnastique, vers notre point de départ.

La porte est fermée. Le couloir se divise en deux branches, juste devant ; nous ne nous en sommes pas rendu compte tout à l'heure. Où est passé l'homme chauve ? Qu'en ont-ils fait ?

— Ils étaient peut-être trois, dis-je à Mike.

— Possible, grogne-t-il. Inutile de demander au chien de nous dépanner, avec ce type qui ne sent rien... Quel veau !...

— Ils l'ont sûrement bouclé, dis-je. Si on essayait d'ouvrir toutes les portes ?

— C'est risqué, dit Mike. Quel couloir prend-on ?

Nous pouvons aller à droite, à gauche ou revenir au point où nous avons laissé nos deux suborneurs en piteux état.

— Si on foutait le camp ? dis-je encore. En repassant par le soupirail ?

— La porte est fermée, dit Mike.

Il a une façon de me regarder qui me fait rougir. C'est idiot de rougir. Quand même... ce qu'on est bien chez soi...

— Je n'ai pas les foies, dis-je, j'ai simplement un peu envie de dormir.

— Mon vieux, dit Mike Bokanski, à votre place, j'ai l'impression que j'aurais plutôt envie de compresses et d'une paire de béquilles... Je ne sais pas en quoi vous êtes bâti, mais ça tient le coup... Pendant qu'on est

là, rouvrez donc la porte tout de même... on peut avoir besoin de filer, ça fera au moins une issue qu'on connaît.

Je m'approche de la porte et je l'examine. Elle est solide. Je pousse un peu avec mon épaule. Ça ne bouge pas. Je recule.

— Attention, dis-je à Mike.

Je prends mon élan et je rentre dedans avec mes quatre-vingt-dix kilos. Ça craque de tous les côtés et je m'effondre au milieu d'une douzaine de morceaux de bois. Mike m'aide à me relever. Ça a fait un peu de bruit.

— Je n'y comprends rien, dit-il. Est-ce que vous vous rendez compte du chahut que nous faisons depuis une demi-heure ? Et tout ce qui est venu, c'est trois types complètement fous.

— C'est un drôle d'endroit, dis-je en me massant la clavicule droite. Mais j'en ai un peu marre.

Mike entre dans la pièce et constate que le soupirail est toujours là. Je l'ai suivi et je sursaute. Noonoo vient d'aboyer, un aboiement bref et sourd. Nous nous retournons et nous plaquons des deux côtés de la porte éventrée.

— Je commence à comprendre, dis-je. C'est cette pièce-là qui sert de souricière.

Des bruits de pas se rapprochent. Mike a rappelé son chien.

Nous attendons. Les pas s'arrêtent à la porte. Noonoo se fourre dans les jambes de Mike, dégoûté. L'homme entre.

— Alors ? dit-il (et je reconnais la voix de C. 16 ou Jef Devay), vous venez voir l'opération dans la salle huit ?

XIX

VISITE DOMICILIAIRE

Nous restons muets.

— Ils ont commencé, insiste Jef. Vous feriez mieux de venir voir tout de suite. Les opérations ne sont pas très longues en général.

— On vous suit, dit Mike. Où est cette salle huit ?

— Deux étages en dessous, dit Jef. On va prendre l'ascenseur. Vous avez cassé la porte, au fait ?

— Oui, dit Mike. N'en parlez pas, c'est une petite erreur.

— Ne me donnez pas de recommandations de ce genre, dit Jef. Vous savez bien que je répète tout ce qu'on me demande de garder pour moi.

— Excusez-moi, dit Mike. Et s'il vous plaît, retirez la main de votre poche.

Jef fait demi-tour et nous lui emboîtons le pas. Nous n'avons pas fait trois mètres que le chien Noonoo s'arrête et galope vers notre point de départ en remuant la queue. Nous entendons des exclamations et nous nous retournons pour apercevoir Gary Kilian et Andy Sigman qui considèrent avec intérêt l'état de la porte.

Je suis content de les revoir. Gary paraît un peu remis des bagarres de l'après-midi. Je ne décris pas sa figure, car je vous ai dit au début de cette histoire qu'il est joli garçon et ça ne correspond plus du tout pour le moment au tableau que je pourrais vous faire de sa physionomie.

Nous ne perdons pas de temps à bavarder. C'est déjà assez extraordinaire qu'ils soient là. Mike leur explique en deux mots ce qui nous est arrivé depuis notre séparation devant le grand mur de briques. Nous leur présentons le faux Jef Devay qui paraît ravi de ce supplément de compagnie et nous nous remettons en marche derrière lui. Son bras droit s'agite toujours avec régularité.

Pour la seconde fois, nous prenons le grand couloir mais nous tournons tout de suite à droite et, en quelques pas, nous sommes devant une batterie d'ascenseurs de taille à transporter chacun une Packard et vingt-deux trombones à coulisse.

Jef Devay nous pousse vers la troisième cage et la porte s'ouvre sous la pression de son doigt. Nous y pénétrons tous les cinq et la machine s'enfonce dans le sol.

Elle s'arrête sans que nous ayons rien senti et nous voilà dans un second couloir identique au premier. La construction de cette propriété a dû coûter à notre ami Markus Schutz un nombre respectable de gros billets.

Jef s'engage vers la droite. Mike ne quitte pas son chien de l'œil, prêt à agir au moindre signe d'inquiétude de la grosse bête jaune. Ce sacré Mike s'obstine à marcher les mains dans ses poches et je m'attends sans arrêt à le voir envoyer ses œufs de Pâques dans la nature... Ça me gêne

un tantinet. Tous les gnons que j'ai reçus depuis deux jours me taquinent aussi un peu et je voudrais bien boire un verre avec des petites filles de dix-huit ans, plutôt que de suivre un échappé d'asile dans des couloirs qui puent l'éther, à des kilomètres de la ville la plus proche.

Jef s'arrête et ouvre une porte que j'avais à peine remarquée.

— Entrez, dit-il. On va se faire beaux.

Nous le laissons passer le premier et il se précipite dans la pièce. Celle-ci est carrée, immaculée. Des portes... des armoires métalliques laquées de blanc tout autour. Jef en ouvre cinq et nous fait les honneurs.

— Si vous voulez passer ces ravissantes tenues, dit-il. Ça vous permettra d'entrer où vous voudrez.

— Elles sont stérilisées? demande Gary.

— Non, dit Jef avec un sourire, mais nous allons tous passer au stérilisateur. Ne vous inquiétez pas. C'est très bien installé. Moi, ils m'ont loupé, mais on peut vraiment dire que ce n'est pas de leur faute. C'est une simple erreur d'inattention, et puis les expériences en étaient à leurs débuts. D'ailleurs, c'est très agréable de se masturber toute la journée.

Andy et Gary ne sont pas habitués aux discours de Jef Devay, et ça paraît leur produire une certaine impression, mais l'olibrius ne s'en soucie pas et nous entraîne vers une autre porte flanquée d'armoires vestiaires. Il passe le premier. Nous le suivons et nous nous trouvons dans une sorte de cellule dont un des murs porte une série de cadrans. Les portes sont doubles et garnies de caoutchouc mousse, et près des cadrans, quelques manettes indiquent des repères et des numéros.

— Cinq minutes, dit Jef, et ça va être fait.

Il se plante devant les appareils, pousse une première manette qui ferme brutalement le panneau que nous avions laissé ouvert, puis manœuvre les autres instruments et la pièce se remplit d'une sorte de brouillard tiède et odorant, un désinfectant sans doute. La température monte et le brouillard s'épaissit. Malgré tout, on respire très facilement. C'est sans doute un nouveau procédé. Le docteur Schutz doit avoir plusieurs cordes à son arc.

Au bout d'un peu plus de cinq minutes, un gong sonne sur une note pure et grave et Jef ramène les manettes à zéro. Ceci a pour effet d'ouvrir un troisième passage, en face de celui par lequel nous sommes entrés, et nous nous dirigeons par là. Le chien de Mike Bokanski paraît ravi de sa stérilisation et il éternue cinq ou six fois avant d'emboîter le pas à son maître.

Nous voici devant une nouvelle porte.

Une pression sur le bouton d'ouverture et elle glisse sans bruit dans ses rainures. Nous apercevons un mur circulaire, comme le mur de fond d'un théâtre, et nous nous trouvons dans l'équivalent du promenoir circulaire desservant les loges. Mais pour remplacer les portes des loges, il y a seulement une série de hublots en verre épais et une lumière éblouissante en jaillit, inexorable, si forte que nous reculons, aveuglés.

Jef file sur la droite et Andy Sigman le suit.

Gary m'entraîne. Mike ferme la marche, avec le boxer qui semble un peu troublé par tout ce qu'il voit. Il doit avoir du mal à s'y reconnaître parmi tous les parfums qui traînent dans les salles.

Jef s'arrête. Nous en faisons autant, et maintenant que nos yeux y sont accoutumés, nous collons avidement nos visages aux hublots.

D'abord, je distingue mal. Et puis je vois.

À deux mètres de moi, une forme allongée, couverte de linges blancs laissant nu un champ opératoire de vingt centimètres sur vingt. Trois hommes, dans la même tenue que nous, s'affairent autour du corps.

À côté, sur une autre table, une femme. Cette fois, le champ opératoire est beaucoup plus grand car elle est attachée à la table par les pieds, les cuisses et les chevilles, et un lien d'acier plat et luisant lui enserre le ventre et à part ça, rien ne la dissimule. Ils n'ont pas l'air de s'occuper d'elle pour l'instant.

Il y a un appareillage compliqué à la tête de chacune des tables. Pour l'anesthésie peut-être.

Je cherche à voir s'il se trouve dans la pièce d'autres aides, et la relative obscurité de tout ce qui n'est pas sous le feu aveuglant des deux réflecteurs géants ne me facilite pas la tâche ; je pense qu'il n'y a que les trois hommes.

Ils s'affairent autour de la première table. Je cherche à me rendre compte de ce qu'ils font, mais l'un des trois me tourne le dos. Un léger mouvement qu'il fait me permet de deviner qu'ils sont en train d'opérer un homme. Je ne peux pas regarder ça...

On ne ferait pas ça à son pire ennemi. Je détourne la tête. J'ai mon compte. J'ai compris d'où viennent les photos. Je ne tiens pas à en voir plus long. J'ai envie de m'en aller. Me tremper dans l'eau fraîche. Prendre un bain dans le Pacifique. Ça sera tout juste assez grand.

Je viens à peine de détourner la tête et j'ai la sensation d'un mouvement à ma gauche. J'entends le grondement de Noonoo et en un éclair, je le vois s'aplatir et reculer avant de filer vers le fond du couloir

circulaire. À ce moment-là, tout se passe très vite. Je me retrouve en face d'un bonhomme qui a une bonne tête de plus que moi... Ce n'est pas possible, je dois être cinglé. Il n'a pas de masque. Il est tout en blanc.

— Mike !... Gary !...

Je trouve la force de crier leurs noms d'une voix étranglée et les pattes du monstre s'abattent sur moi. Ses yeux bleus, durs et froids, me dévisagent... comme on regarde une punaise. Je sens ses doigts m'écraser les omoplates comme des pinces d'acier.

Un coup de feu... deux... Je hurle... J'ai mal... Je me tords dans les doigts de la bête... Sa figure me regarde. Seigneur ! Il n'a pas d'expression... Un trou rouge est apparu dans son front, le sang ruisselle sur sa figure et il serre... il serre de plus en plus fort... Je sens des larmes jaillir de mes yeux... Ça va casser...

Deux coups de feu encore... Nous tombons presque en même temps. Mike me dégage du cadavre immense qui n'a pas eu un frémissement en s'affaissant.

J'ai à peine le temps de me remettre sur mes pieds et Jef nous appelle d'une voix douce.

— Il vaudrait mieux nous en aller, maintenant, dit-il. Le docteur Schutz ne va pas être content du tout que vous ayez tué un des sujets de la série R.

C'est Gary qui l'a achevé de deux balles dans le dos... au niveau du cœur. Tout ce qui suit se passe trop vite pour que j'aie le temps de penser à mes épaules froissées et abîmées par la poigne d'acier du monstre. Nous galopons derrière Jef Devay qui nous entraîne vers les profondeurs du couloir. Un passage dans lequel nous nous engouffrons, nous tournons à droite, encore à droite... Je suis complètement perdu. Le petit père Sigman s'en donne à cœur joie et je l'entends glousser derrière son masque, ravi de l'aventure.

Moi... ma foi, j'hésite à vous le dire... bon Dieu, j'ai vingt ans, je pèse deux cents livres, rien que du muscle... et je n'ai pas peur de grand-chose... zut... tant pis... je me décide... eh bien, en courant, je m'aperçois que...

Parfaitement. Comme un gosse de trois ans. J'ai mouillé mon pantalon tellement cette brute monstrueuse m'a fichu la frousse.

Et combien y en a-t-il encore dans cette baraque infernale... Je comprends pourquoi ils se fichent pas mal qu'on y entre ou qu'on n'y entre pas...

Avec des zèbres comme ça pour faire la police, ils ne risquent pas d'être dérangés très longtemps.

Mais quelles horreurs nouvelles allons-nous voir. Je suis tellement absorbé par mes réflexions que je me retrouve enchevêtré dans Mike Bokanski, il vient de s'arrêter juste devant moi, et moi, j'ai continué, heureusement qu'il était là, sans lui je rentrais dans le mur, mais je frémis en pensant à ses grenades et je saute sur mes pieds comme piqué par la tarentule. Il ne m'en veut pas... Il a l'air aussi effaré que Gary et Andy. Seul Jef reste impavide.

— Ce n'est rien, nous dit-il. Ici nous ne risquons plus grand-chose. Personnellement, je suis ravi que vous ayez tué R. 62. Il était toujours en train de me blaguer parce que j'ai été trop cuit. Lui, il n'avait rien qui cloche... d'accord... mais c'est lui qui est mort ; ça lui apprendra.

— Ça va, coupe Gary. Comment peut-on sortir d'ici ?

— Oh ! dit Jef, très mondain, ça serait ridicule et désobligeant de quitter la maison de santé modèle du docteur Schutz sans avoir visité au moins les chambres d'incubation et de vieillissement accéléré des embryons. Comme ça, je pourrai vous expliquer exactement et en détail l'accident qui m'est arrivé, ce qui ne peut manquer de vous passionner au plus haut point.

— Zut, dis-je. J'ai ma dose ! Filons, et en vitesse. Je laisse tomber le docteur Schutz. Ça me plairait bien plus d'aller étudier la culture de la vigne à San Bernoo[13]. Et vous, dis-je, on vous emmène si vous voulez. Comme souvenir.

— Allons, dit Mike, remettez-vous, vous deux. On a tout de même une bonne occasion de voir des choses intéressantes.

— Mais oui, dit Andy Sigman. Rock, Gary, mes enfants, vous êtes fatigués et je comprends ça après ce que vous avez fait, mais rendez-vous compte que ça commence seulement à devenir palpitant. Songez au pauvre Andy... un vieux bonhomme qui s'embête toute la journée... C'est pas tous les jours que j'aurai l'occasion de voir des trucs de ce genre-là...

— Écoutez, dis-je, on a déjà pas mal de chances d'avoir des ennuis après le coup des grenades du gars Mike... mais si on est obligé de tuer tous les types qu'on trouve ici parce qu'ils ne sont pas maniables, on aura de plus en plus de mal à expliquer tout ça à la police.

— Vous nous laisserez nous débrouiller, dit Mike. Andy et moi, on s'arrangera.

Jef Devay, pendant ce temps, s'impatiente.

— Dépêchez-vous, dit-il. Toute la journée ils ont déménagé des caisses et vidé des salles entières et demain ils emmèneront ce qui reste. Alors grouillez-vous un peu. Sans ça vous ne verrez rien.

Nous dressons l'oreille et nous le suivons.

— Qu'est-ce qu'ils ont déménagé ? demande Mike négligemment.

Jef sourit avec malice.

— Ah ! Ah ! dit-il. Vous voyez comme je suis embêtant. On m'avait fait jurer de ne pas parler, et depuis que vos amis sont arrivés, je n'arrête pas de tout raconter.

Nous atteignons une nouvelle porte et elle s'ouvre devant Jef. Nous franchissons une sorte de sas faiblement éclairé par un tube luminescent violet. Après la dure lumière du couloir et l'éblouissement de la salle d'opérations, c'est un vrai repos, un peu sinistre, à part ça.

— Vous ne saviez pas que le docteur Schutz allait quitter San Pinto ? dit Jef.

Nous sommes arrêtés devant un panneau d'acier mat. Le silence est complet. Il règne ici une atmosphère bizarre, un peu celle que l'on rencontre dans les grandes salles de l'Aquarium... humide... tiède... inquiétante.

— Ne lanternons pas, dit Gary. Vous nous raconterez les histoires de Schutz une autre fois.

— Mais non, dit Mike, on a tout le temps... laissez-le parler.

— D'ailleurs, je ne sais rien, dit Jef. Hier, des camions sont venus et toute la journée d'aujourd'hui ils ont emporté du matériel, des appareils et des séries de sujets. Tous les sujets de D à P. Et le docteur Schutz est parti lui-même ce soir. Demain, cette salle-ci sera vidée. Je crois qu'il a vendu la clinique.

— Où va-t-il ? demande Mike brutalement.

— Mais... je ne sais pas, dit Jef. Ne me parlez pas comme ça, je suis très froussard.

Il manœuvre le levier d'ouverture de la grande plaque d'acier qui rentre dans le mur de droite et nous passons. Il règne ici le même jour que dans le sas. Nous commençons à y être habitués.

La salle est très grande, au moins trente ou quarante mètres de long. C'est une espèce de galerie, plutôt. À intervalles réguliers, des socles de porcelaine blanche... non, c'est de l'acier laqué, supportant des caisses de verre épais doucement éclairées par-dessous. Nous faisons quelques pas. Il fait très chaud, bien plus chaud que dans le sas, et nous respirons avec peine ; pourtant nous avons arraché nos masques depuis quelques

minutes déjà. Je me penche sur l'une des caisses. Je ne comprends pas bien ce que je vois. Chaque glace est recouverte d'une plaque de verre épais.

Soudain, je recule et je pousse une exclamation d'horreur. La tête qui me regarde de l'autre côté de la vitre, avec ses horribles yeux globuleux et rougeâtres, c'est celle d'un fœtus humain. Qui me regarde, façon de parler... car des paupières minces et tendues recouvrent les orbites. Ça remue doucement... c'est affreux à voir... dans un liquide trouble.

Mike, Gary et Andy sont penchés sur d'autres objets analogues... et le spectacle n'a pas l'air de les transporter d'enthousiasme. À côté de chaque caisse, il y a un tableau de réglage qui porte des indications dont je ne comprends pas le sens.

Je m'éloigne de quelques pas, mais il y en a partout, et maintenant que je sais ce que renferment toutes les boîtes de verre, je n'ai qu'un désir, c'est de partir d'ici.

J'attrape Jef Devay par l'épaule.

— Vous n'avez rien de mieux à nous montrer ?

— Ils ne sont pas tous comme ça, dit-il. Dans le fond de la salle, il y en a de plus avancés.

— Ça me suffit, dis-je.

— Mais il n'y a plus d'eau, pour les autres, dit-il. Ils sont... euh... ils sont vivants, en somme. Ils sont... nés, si je puis dire.

— Ne vous gênez pas pour moi. Mais ça ne me dit rien.

— Ah !... dit Jef. En somme, vous voyez ce qui m'est arrivé, moi, c'est que mon réglage s'est déréglé. J'ai été trop chaud tout le temps.

— Ça ne vous a pas tellement mal réussi, dis-je.

Je rejoins Gary, Andy et Mike.

— Pas beau, dit Mike. Intéressant tout de même.

— Reste à savoir comment il les fabrique, dit Gary.

Jef intervient.

— Il les prend vraiment très jeunes, dit-il. Il y a plusieurs méthodes. Tantôt il fait féconder normalement une femme, sélectionnée, par un homme sélectionné, tantôt il féconde directement les ovules qu'il prélève par opération chirurgicale, mais de toute façon, dans le premier cas l'ovule fécondé est prélevé sur la femme avant la fin du premier mois. Il a encore d'autres procédés... je ne les sais pas tous.

— C'est le premier procédé auquel il voulait t'employer, dit Gary.

— Oui, dis-je. Quand je vois ces trucs-là, ça me flanque la chair de poule.

— Venez, dit Jef, je vais vous montrer la salle suivante. Quand ils ont un an il les met en couveuse spéciale et il les vieillit artificiellement avec des bains d'oxygène et un tas d'autres systèmes. Dès l'âge de trois ans, ses sujets sont en mesure de se reproduire. En dix ans, il arrive à faire tenir près de quatre générations. Je ne peux pas vous faire voir ceux de trois ans, on les a déménagés hier... mais la salle est derrière.

— Ça va, dit Mike, ça ira comme ça.

XX

TABLEAUX DE GENRE

— Oh, zut, dit Jef, déçu. Vous croyez que ça m'amuse de rester toute ma vie dans cette clinique de tordus, et en faisant semblant de trouver ça drôle. Pour une fois que j'ai de la visite, faites au moins comme si vous vous intéressiez à tout ça... Écoutez, j'ai encore quelque chose à vous montrer... Je ne voulais pas, parce que c'est un spectacle que je considère, personnellement, comme exténuant... mais il y a encore une fille là-haut, qui doit être en train de... mais je vais vous laisser la surprise.

Nous nous regardons tous les quatre et Noonoo crache par terre avec un rictus dégoûté.

— Y en a marre, dit-il. Y a pas de chiennes, dans le coin ?

C'est la première fois qu'on l'entend protester, aussi Mike ne l'engueule pas trop.

— Nous avons bien cinq minutes, observe Andy Sigman. Retirez votre main de votre poche, ajoute-t-il à l'adresse de Jef Devay. Ça fait quinze fois qu'on vous le dit.

— Moi, ça fait bien plus de quinze fois que je le fais, remarque Jef ; vous devez lutter contre une vieille habitude et vous serez bientôt découragés. Venez.

Nous quittons la salle avec un certain soulagement et le panneau

d'acier coulisse dans ses rainures avec le doux bruit du métal huilé sur des billes bien astiquées. Pour la six cent soixante-neuvième fois, nous nous retrouvons dans le couloir et Jef prend la tête de notre petit groupe.

— Si je vous disais ce que vous allez voir, dit-il sans avoir l'air d'y toucher, vous ne pourriez plus marcher.

— Ça va, Devay, dit Mike. On verra bien nous-mêmes.

Inconsciemment, nous pressons le pas. Les ascenseurs ne sont pas loin.

Nous voilà tout en haut du bâtiment. Aucun de nous ne sait plus s'il fait jour ou nuit car c'est toujours le même éclairage implacable. Les portes ont des numéros fluorescents et certaines indications qui les complètent restent lettre morte pour nous. Jef part comme un lapin sur une toile cirée, je le suis, serré de près par Andy Sigman. Mike vient ensuite, puis Gary, et Noonoo ferme la marche, l'air réprobateur.

Cette fois-ci, je suis sûr et certain que nous foulons le sol du couloir où l'on m'entraîna le premier jour. Une partie de mon individu se le rappelle avec une précision encore plus grande. Je heurte les talons de Jef Devay qui se met à galoper et nous aboutissons enfin à une porte — combien de portes y a-t-il dans cet endroit? — presque au bout du couloir.

Jef entre sans aucune précaution et en quatre secondes nous sommes massés derrière lui.

— C'est en dessous que ça se passe, dit-il. Venez.

Il referme le panneau et allume une petite veilleuse dont la faible lueur nous donne envie de pleurer de soulagement. Noonoo va même jusqu'à lever la patte contre le mur, mais il extériorise trop ses sentiments.

Jef a gagné le centre de la pièce et se penche. Il tire sur une poignée qui, au repos, est encastrée dans le sol, et fait basculer un rectangle de plancher de cinquante centimètres au carré. Nous nous groupons au-dessus de l'ouverture et ma foi... personnellement, je ne suis pas mal placé. J'ai le temps de jeter un dernier coup d'œil sur Jef et de constater, chose curieuse, qu'il est tout à fait calmé et puis je me plonge dans la contemplation des cuisses de Cynthia Spotlight qui, deux mètres plus bas, se fait arranger par un sujet de la série W, au moins, si j'en juge d'après le calibre des armes qu'il emploie.

Jef murmure à mon oreille.

— Moi, ces trucs-là, ça me laisse complètement froid. J'en ai tellement vu... Je trouve qu'on s'amuse bien mieux tout seul.

— Excusez-moi, dis-je... mais je vous répondrai tout à l'heure.

J'entends Gary s'exclamer. Il a dû reconnaître Cynthia d'après la photographie que nous connaissons d'elle, celle que Mac nous avait montrée dans le bureau des Disparus et qui nous mena d'abord à Mary Jackson.

Jamais je n'ai vu une fille subir ce qu'elle subit avec ce sourire... Il est vrai que je suis puceau... Il la tourne, il la secoue, il la tripote, il la renverse, il la chatouille, il la caresse, il l'écrase, et... il remet ça toutes les cinq minutes.

Je m'imagine un instant que Sunday Love est à mes côtés et je l'empoigne par l'épaule, mais j'entends la voix de Mike qui me dit :

— Doucement, vieux frère... ce n'est que moi... désolé...

— Voulez-vous la sonorisation ? propose, presque en même temps, Jef, toujours aimable et prévenant.

Il va vers le mur et manipule des boutons sur un cadran. Le temps que l'amplificateur soit chaud, la fille subit cinq changements de position. Jamais je n'ai vu un type comme le mâle qui s'affaire en dessous de nous. Jef est revenu, je le pousse du coude.

— Fabrication Schutz ?

— Oui, dit-il. Série T. C'est une série reproductrice spéciale.

Je suis fasciné par le jeu des muscles de l'homme. Il a au moins un mètre soixante de tour de poitrine et il a l'air dessiné au pinceau tellement il est couvert de creux et de reliefs que des pauvres types mettent dix ans à ne pas acquérir en faisant huit heures de culture physique par jour. Moi qui me croyais bien bâti... J'ai remporté l'année passée le titre de M. Los Angeles... je peux l'avouer maintenant... eh bien... je crois que ce type me surclasse...

Je pense à tout ça d'une façon assez distraite parce que nous entendons depuis quelques secondes ce qui se passe en dessous... et c'est dommage pour vous, mais il m'est impossible de transcrire les paroles de cette fille en ce moment. Il l'a mise debout... il la tient à bout de bras et l'empêche de s'approcher de lui et elle hurle... elle hurle des choses telles que Noonoo lui-même se retourne, gêné. Très lentement, l'homme l'attire à lui... elle se débat et tente d'accélérer le mouvement, mais Hercule lui-même aurait du mal à lutter contre la volonté de ces muscles d'acier qui se contractent peu à peu. Elle renverse la tête en arrière... sa bouche à demi ouverte halète rapidement... ses yeux se

ferment, et leurs deux corps ruisselants de sueur se soudent l'un à l'autre... les ongles de Cynthia labourent profondément la chair des épaules colossales qui lui font face... et moi, je me demande ce qui m'arrive...

La voix de Jef s'élève.

— Ils en ont encore pour deux bonnes heures, dit-il. Si ça vous amuse, vous pouvez rester, mais moi, j'aimerais mieux qu'on joue à la course des escargots ou à chat perché...

Je me lève péniblement. Mike, Andy et moi, nous évitons de nous regarder. Quant à Gary... il dort. Ça, c'est la plus belle...

— Merci pour le spectacle, Jef, dis-je. Ça changera probablement l'orientation de ma carrière, et c'est à vous que je le devrai.

— Oui? dit Mike... heu... C'est vrai que ça donne à réfléchir...

— Réfléchir est-il bien le mot? murmure Andy. Je crois que ces divertissements ne sont plus du tout de mon âge.

Il paraît plutôt déprimé. Je lui lance une grande claque dans le dos.

— Allons, Andy... faut pas vous en faire... On va terminer ce boulot-là, et puis ça sera notre tour de nous distraire un peu. Quand tout sera passé, je vous promets une tournée des grands-ducs dont vous me direz des nouvelles.

Jef s'approche du panneau central et le referme. On n'entend plus que les halètements de Cynthia dans le haut-parleur. Mike se dirige vers le tableau de commande. Il coupe le courant et s'essuie le front.

— Sortons d'ici, dit-il. On en a assez vu. Y a-t-il moyen de passer dans le bureau de Schutz avant de filer?

— Tout le bureau a été déménagé, dit Jef. Le docteur est parti, je vous le répète. Il y a sur la côte du Pacifique à dix-sept ou dix-huit cents kilomètres, je ne sais plus où, une île qui lui appartient et il a tout emmené là-bas.

— Par bateau? demande Andy.

— Pensez-vous, dit Jef. Par B 29[14]. Il en a un stock. Toutes les installations de l'île sont intactes; elle a servi de base pendant la guerre et elle vient d'être vendue au titre des surplus.

— Tiens, dit Andy. Vous savez ça aussi. Décidément, Jef, vous savez beaucoup de choses.

— Oh, dit Jef, quand on n'a rien à faire de toute la journée, il faut bien chercher à s'instruire autant qu'on peut. Mon activité sexuelle égocentriste me laisse le loisir de cogiter et de phosphorer un peu, le cas

échéant. Allez, quittons cet endroit... Je vous assure qu'il n'y a plus rien d'intéressant pour vous.

Nous suivons Jef et il nous pilote sans encombre jusqu'à la sortie, le soupirail par lequel nous avions pénétré dans le bâtiment. Je ne cherche plus à m'étonner de rien : personne ne nous empêche de sortir, personne ne nous tire dessus et nous atteignons sans encombre une brèche, qui paraît récente, du mur d'enceinte.

— C'est par là que nous sommes entrés, Kilian et moi, explique Andy.

Gary acquiesce. Il n'est pas encore très bien réveillé. Jef n'a pas l'air de vouloir nous quitter. Qu'est-ce qu'on va pouvoir faire de ce type-là ?

— Tenez-vous tranquille, mon vieux, lui suggère Mike. À la clinique, ça va, mais dehors, vous allez vous faire remarquer.

— Il faut que je trouve autre chose, alors, soupire Jef. Dites, le chewing-gum, est-ce que ça calme ?

— C'est pas mal, approuve Mike.

Il lui en glisse un paquet et Jef se met à mastiquer. Nous avons rejoint la voiture de Sigman.

— Mary Jackson[15] est-elle toujours dans le coffre ? demande Mike.

— On l'a laissée avec les autres au chef de la police de San Pinto, dit Andy.

— C'est de la folie, dis-je. Il est sûrement à la solde de Schutz.

— Je veux dire du *nouveau* chef de la police, répond Andy. Tenez, Rock, regardez ça, ça va vous expliquer des choses.

Il tire son portefeuille, l'ouvre et en sort un papier qu'il me tend. Je lis et je vois que les lecteurs ont ordre de se mettre à la disposition de l'agent Franck Say, détaché par le F.B.I. pour enquêter sur les activités de Schutz, Markus, médecin et mathématicien... Suivent un tas de consignes auxquelles je ne comprends plus rien. Je suis complètement ahuri.

— C'est vous, Franck Say ? dis-je à Andy.

— C'est moi.

— Et Mike ?

— C'est son vrai nom. Il est aussi du F.B.I.

— Alors, pour les grenades, il ne risque rien ? dis-je, un peu déçu.

— Il a des manies... dit Andy. On est forcé de les tolérer parce que c'est un excellent agent ; mais en haut lieu, ce n'est pas très bien vu tout de même.

Nous nous sommes installés dans le taxi d'Andy (je ne peux m'habituer à son nouveau nom) et il démarre.

— On va faire nettoyer tout ça, dit-il.

Il fait nuit noire et nous nous en rendons compte pour la première fois. Les phares de la Chevrolet[16] balaient la route. Mike parle dans son micro et je me doute de ce qu'il leur raconte ; à l'entendre, la tante Clara vient d'avoir des quadruplées mais ces gars du F.B.I. ont sûrement des codes multiples à leur disposition. Le ronron de la voiture a endormi Gary de nouveau et Jef mastique son chewing-gum avec rage. Brave gars, mais il est quand même un peu dérangé.

— Où va-t-on ? dis-je à Andy.

— On va dormir un peu... dit-il.

— Zut... j'ai pas sommeil...

— Mon vieux, il faut récupérer. C'est demain le dernier coup de collier...

— Demain ?

— Demain, on va se faire parachuter dans l'île de Schutz. Pendant ce temps-là, un torpilleur fera route sur l'île et quand ils arriveront, il faut que tout soit terminé et qu'il n'y ait plus qu'à embarquer les bonshommes.

— C'est nous qui allons faire ça ? dis-je.

— À moins que ça ne vous ennuie... Vous êtes dans l'affaire depuis le début, vous savez de quoi il s'agit... et puis, surtout...

— Quoi, surtout ?

— Vous pouvez très bien passer pour un des sujets de la série T.

Je suis soufflé, et en même temps, assez flatté. Alors, malgré tout, en somme, je peux tenir le coup devant les produits du docteur Schutz. Andy n'a probablement aucune raison de me faire des compliments gratuits. S'il le dit, c'est qu'il le pense... et c'est un homme de grand jugement.

— Je viens avec, dit Jef.

— J'y compte bien, dit Andy. Vous pourrez vous introduire au milieu des hommes de Schutz sans attirer l'attention et faire votre travail. Nous deux, nous resterons planqués dans la nature... Nous serons d'ailleurs quatre de plus. Quatre types sûrs...

Gary se réveille.

— Je viens aussi... dit-il. Quel papier sensationnel pour le *California Call* !...

Ça, alors, s'il y a une chose dont je me fous...

XXI

JE ME DÉVERGONDE

Et me voilà tout seul chez moi à six heures et demie du matin. Andy et les autres viennent de partir. J'ai rendez-vous avec eux à une heure à l'aérodrome d'où nous nous envolerons pour le Pacifique.

Pas question de dormir à cette heure-là. Par contre, il peut être agréable et instructif de donner un coup de téléphone.

Je me déshabille, je me frictionne avec de l'alcool de bergougnotte et je passe une belle robe de chambre en soie orange sur mon slip. Et puis, les deux pieds dans des sandales de cuir, je m'étends sur mon lit et j'empoigne l'appareil que je taquine six fois de suite, comme il se doit.

Une voix d'homme, endormie, me répond, et je fronce le sourcil.

— Allô? Qu'est-ce que c'est?

— Rock Bailey à l'appareil. C'est toi, Douglas? Qu'est-ce que tu fais chez Sunday Love?

— C'est une garce... murmure Douglas. Une ordure. Une crapule. Une lesbienne.

— Qu'est-ce que tu fais chez elle? Réponds!

— Je l'ai raccompagnée chez elle, dit Douglas soudain véhément. Je lui avais payé à dîner, le cinéma, le dancing, tout. J'ai dépensé quarante-sept dollars dans ma soirée. Je suis monté chez elle prendre un verre. Je croyais que ça y était et j'ai commencé à me déshabiller et elle s'est mise en colère. J'ai essayé de l'embrasser, elle m'a flanqué un cendrier sur la poire et elle est partie en claquant la porte et en emportant mon pantalon. Elle m'a dit que je pouvais bien coucher dans son lit si c'est ça que je voulais, mais qu'elle préférait dormir seule plutôt qu'avec un satyre, surtout un satyre avec une gueule comme la mienne. Alors, je n'ai plus de pantalon et je ne peux pas rentrer chez moi puisque mes clés sont dedans, et je suis resté chez elle.

Il bâille distinctement.

— Tu es un mufle, dis-je. Tu devrais laisser les femmes tranquilles. Pourquoi ne deviens-tu pas champion de base-ball? Les sportifs ne touchent pas aux filles, d'habitude. Comme ça tu n'auras pas de déception.

— Ouais... dit-il. Eh bien, je vais continuer à dormir. Au fond on est très bien, tout seul dans un lit. Salut.

Je raccroche et je compose le numéro de Douglas. Ça ne rate pas. La chérie est là et elle n'a pas l'air content.

— Qu'est-ce que c'est? aboie-t-elle. C'est vous, espèce d'imbécile.

— C'est Rock, dis-je. Ce vieux Bailey.

— Oh! s'exclame-t-elle. Je croyais que ce crétin de Douglas Thruck venait encore me proposer des divertissements romains. Qu'y a-t-il Rock? Je peux vous aider à quelque chose?

— Oui, dis-je. Mon matelas est très dur et il a besoin de quelques exercices d'assouplissement.

Ben, mes enfants, si elle n'a pas compris avec ça, qu'est-ce qu'il lui faut comme dose... Ma foi, tant pis... je suis vierge et je suis censé ne pas savoir comment on s'y prend avec les femmes.

— Heu... dit-elle. Ça m'a l'air d'une drôle de proposition à faire à une femme honnête. Mais après tout, vous ne pouvez pas savoir que je suis une femme honnête... aussi je vais venir vous l'expliquer moi-même. Où êtes-vous?

Je lui donne l'adresse et mon cœur bat drôlement fort. Zut, alors, on a beau dire, la première fois, ça représente quand même quelque chose. Est-ce que je vais savoir comment on fait?... J'ai même pas de manuel élémentaire...

Ben, je crois que je saurai... Je n'ai qu'à me rappeler ce que j'ai vu chez le docteur Schutz.

Je range la chambre en vitesse en fourrant tout ce qui traîne dans l'armoire... La femme de ménage mettra tout ça en ordre demain. Je file dans la salle de bains et je m'apprête à prendre une douche pour me rafraîchir les idées parce que j'ai l'impression que si ça continue, je vais commencer sans elle... et juste au moment où l'eau fraîche commence à me couler sur les épaules, j'entends la porte qui s'ouvre et une voix douce:

— Rocky? Où êtes-vous?

Elle entend le bruit de l'eau et elle s'amène, pas gênée du tout... Elle a un pantalon et un chandail noirs comme ses cheveux avec un rang de perles autour de son joli cou rond et ça lui va comme rien du tout à la Vénus de Milo.

— Quelle bonne idée, Rocky... Ça va nous faire du bien.

En deux secondes, le pantalon tombe et le chandail vole et Dieu me pardonne, elle n'éprouvait le besoin de rien d'autre. Je ne sais plus où me mettre... Elle entre dans le bassin carré dont je n'avais pas eu le temps de tirer le rideau.

— Poussez-vous... grande brute... Réveiller une jeune fille comme il faut à des heures pareilles... Rocky... mon chéri... Vous savez que vous êtes... à se mettre à genoux devant...

Aussitôt dit, aussitôt fait... ça ne se passe pas du tout comme je l'avais prévu... c'est facile... c'est même beaucoup trop facile... je n'ai rien à faire... Mais elle, par exemple, elle sait se débrouiller... Pas à dire, la main d'œuvre artisanale, c'est encore bien supérieur à l'électricité du père Schutz...

Je l'empoigne sous les bras, et je la relève...

— Sunday... mon petit... vous ne voudriez pas qu'on reprenne la théorie au début?... Je suis un novice, vous savez...

Elle s'appuie contre moi et mon dos touche le poussoir de la douche... L'eau nous gicle sur tout le corps et ma peau commence à fumer... Je l'embrasse à travers les mille jets qui nous vrillent. Sa main me guide... je la soulève de quelques centimètres pour compenser la différence de niveau... elle ne pèse rien dans mes bras... je suis dans un état d'énervement indescriptible... elle ne veut pas s'écarter d'un millimètre.

— Sunday... C'est dangereux.

Elle ferme les yeux et sourit et elle me traite de sacré idiot et de gourde et de premier communiant et elle me mord la lèvre aussi fort qu'elle peut... Je ne peux plus tenir et je sors de la douche en la portant toujours... Je chancelle dans la pièce, je me prends les pieds dans le tapis et je réussis à atterrir en travers du lit... Elle est toujours vissée à mon corps et elle me force à m'allonger sur le dos...

— Rocky... Laissez-moi vous montrer, si c'est la première fois...

Je me laisse aller... J'essaye de noter mes impressions... Je n'ai pas le moindre regret... Mais ça ne ressemble à rien de ce que je connaissais.

Doux Jésus... C'est encore plus agréable que de manger de l'ananas glacé...

Et le temps passe... comme une lettre à la poste aérienne...

. .

En somme, c'est au docteur Schutz que je dois d'avoir perdu ma virginité six mois plus tôt que je ne l'avais prévu. Au docteur Schutz et à Sunday Love... Cette pensée me frappe tandis que j'embrasse distraitement la partie du corps de Sunday qui se trouve à portée de mes lèvres... pas mal choisie, d'ailleurs, ferme et doucement bombée, comme un fruit de Californie, mais en plus savoureux.

Je commence à tout voir à travers un léger brouillard et je me demande

si c'est l'effet des coups sur la tête ou des manœuvres de mon amie, qui a l'air aussi active qu'il y a quatre heures, quand elle est entrée dans mon appartement...

— Sunday... dis-je.

Elle me ferme la bouche en poussant son corps en avant et je comprends ce qu'elle veut que je fasse, parce que tout de même, à la onzième fois, j'ai beau être bête, je finis par piger. J'ai une crampe dans la mâchoire à force de me démener de toutes mes mandibules mais c'est un genre de crampes que je conserverais volontiers quelques jours...

Heureusement, je suis devenu un peu plus expert et son corps se détend brusquement, me faisant comprendre qu'elle désire cinq minutes de répit... pour elle, mais pas pour moi, car je m'aperçois d'un regain d'activité par ailleurs...

— Sunday, dis-je très vite, un peu de repos... Je tombe... On casse la croûte et on recommence... Je n'ai pas dormi depuis quatre jours, vous savez...

— Moi non plus, murmure-t-elle en se redressant et en collant son visage tout près du mien... mais moi, c'était parce que j'avais envie de vous.

Je joue un peu à l'hypocrite.

— Vous aviez Douglas Thruck, dis-je. Pour passer une soirée, tout de même...

— J'ai déjà passé deux soirées à l'entendre exposer le plan général de l'introduction à son *Esthétique du Cinéma,* dit-elle en se calant confortablement entre mon bras droit et mon torse.

— Et ça vous suffit?

— J'aime mieux votre esthétique à vous... murmure-t-elle en me mordant la poitrine.

Ma main gauche caresse ses seins aigus et elle se tortille contre moi comme une chatte. Je me redresse et je l'assieds en même temps que moi. Je regarde l'heure. Onze heures. Dans deux heures, il faut que je sois là-bas... Je saute hors du lit et je me casse la figure. J'ai les jambes d'un faible... Heureusement, ça ne dure pas... C'est juste que la position allongée me paraît bien supérieure à la verticale.

— Rock! crie Sunday Love... Vous n'allez pas repartir...

— Je suis forcé, mon chou.

— Oh... se lamente-t-elle. Pour une fois que je rencontre un homme à qui je ne sois pas forcée de faire manger des tamales au piment rouge...

— Et encore, dis-je, vous m'avez pris fatigué. Attendez un peu que j'aie retrouvé ma vraie forme.

— Rocky... mon petit... ce n'est pas possible... ça ne doit jamais vous arriver, d'être fatigué...

— Oh, dis-je en m'étirant... pas souvent. On verra ça quand je reviendrai... Moi, personnellement, je vous conseille de chercher une amie pour vous doubler ce jour-là... parce que maintenant que je connais la musique... on va accélérer un peu le tempo...

XXII

ON REMET ÇA

J'ai un mal affreux à m'arracher aux bras de ma charmante amie, mais les aiguilles de ma montre ne savent pas ce que c'est que l'amour et je dois leur obéir. Je la laisse complètement nue au milieu de ma chambre et je descends en quatrième vitesse pour trouver un taxi. Il faudra que je pense à récupérer ma bagnole.

Bon. Elle est là, devant ma porte. Andy Sigman travaille vite. Ça, ça me fait gagner un bon quart d'heure... Je ne serai pas obligé de courir comme un fou.

Chemin faisant, je me remémore les quelques jours de cette aventure et il faut croire que je suis sérieusement vidé, parce que tout cela m'apparaît d'un terne...

Même la matinée avec Sunday Love... Bon Dieu, j'avais sans doute raison de retarder mon... disons mon initiation le plus que je pouvais... Ces choses que je viens de faire avec elle me paraissent parfaitement normales... agréables, certes, et propres à vous faire passer des matinées rapides et rafraîchissantes... mais nettement insuffisantes... J'ai l'impression que je la connais maintenant sur toutes les coutures... Je cherche... Je cherche... Y aurait-il quelque chose que je ne lui aie pas fait ?

Mon éducation est déplorable sur ce point. Il est absolument

nécessaire que je me renseigne. Il doit tout de même y avoir des trucs techniques qui m'échappent. Sinon... C'est bien ce que je lui ai dit... Il faudra que j'en prenne trois ou quatre à la fois... Ou alors une fille d'un format vraiment supérieur... de quoi m'occuper les mains...

J'évite de justesse un camion qui s'apprêtait à me faire voir sa marque de tout près et je pense à du pudding à l'avoine pour faire baisser ma tension artérielle. Je déteste le pudding à l'avoine : ma mère m'en faisait manger des kilos quand j'avais onze ans et j'étais obligé d'aller me chatouiller le gosier avec la queue du chat pour restituer à Dieu la part du pauvre. Ce ne sont pas des souvenirs agréables et je sens mon pouls prêt à s'arrêter. C'est tout ce que je cherchais.

J'arrive à l'aérodrome dix minutes avant l'heure du rendez-vous. Mike et Andy sont déjà là et ils me présentent quelques types râblés et un petit bonhomme mince, les yeux noirs, l'air intelligent, qui a l'air froid mais dont le regard se plisse pour me sourire.

— Aubert George, me dit Mike Bokanski. Un des meilleurs agents locaux.

Je lui serre la main. Toute l'équipe paraît au complet.

— Rock, dit Andy, l'avion ne sera pas prêt avant une heure et demie au minimum. À votre place, j'irais prendre un verre au restaurant et roupiller un peu.

— Pas fatigué, dis-je.

— Je ne peux rien vous proposer d'autre, dit Andy, Mike et moi devons tout surveiller et finir notre premier rapport... Aubert va vous tenir compagnie.

— Et Gary ?

— On l'a prévenu par téléphone, dit Andy. Il sera là à l'heure. Vous étiez déjà parti. Votre secrétaire... hum... nous l'a dit.

— Ah... oui... dis-je. C'est ma secrétaire.

Aubert m'entraîne vers le restaurant qui donne sur le champ d'aviation par de grandes verrières.

— Il y a des chambres de repos, dit-il. Peut-être préférez-vous vous étendre...

— Jamais tout seul, dis-je.

— Oh, murmure-t-il, vous allez bien trouver quelqu'un... C'est bourré de serveuses et de femmes de chambre... C'est que... vous comprenez... ma femme est dehors dans la voiture et j'aurais bien voulu lui dire au revoir...

— Allez-y, dis-je. Je me débrouillerai bien tout seul.

Il file et je me retourne pour tomber sur mes vieilles copines Beryl Reeves et Mona Thaw que j'ai dû vous présenter au début de cette histoire, au Zooty Slammer de Lem Hamilton.

— Oh! Rock... enfin, c'est vous? dit Beryl. On vous cherche depuis ce matin... Gary n'a pas voulu nous dire où on pouvait vous joindre et... heu... votre secrétaire nous a si mal reçues... Est-ce que vous l'avez depuis longtemps, Rocky chou?

— Ce matin.

— Il m'a semblé la reconnaître... murmure Mona Thaw.

— Vous avez dû la voir avec Douglas, dis-je. C'est lui qui me l'a procurée...

— Bon... enfin... elle nous a tout de même indiqué l'endroit où on pouvait vous joindre, dit Beryl.

Comment l'a-t-elle su? Ah! j'y suis. Par le coup de fil d'Andy.

— Vous êtes venues chez moi?

— Mais oui, Rocky... Il y a trois jours qu'on ne vous voit plus... Venez, on a la voiture... On va faire un tour... Vous ne partez pas tout de suite...

— J'ai un peu de temps... dis-je.

Je les suis et je m'installe entre elles deux dans la Cadillac[17] de Mona qui laisse Beryl prendre le volant. Nous filons sur la route et la voiture s'arrête presque aussitôt devant une ravissante villa.

— Mes cousins habitent ici, dit Beryl. Ils ne sont pas là en ce moment. Venez, on va prendre un verre.

Nous descendons et nous entrons, laissant la voiture à la porte du jardin pour pouvoir repartir sans perdre de temps. Il fait beau comme il peut faire beau en Californie. L'air est doux et tiède et on se sent vivre rien qu'en respirant.

— Restons dehors... dis-je... Il fait si chouette...

— Nous avons à vous parler, dit Mona.

Fichtre! ça ne traîne pas... Sitôt installés dans le salon, Beryl attaque:

— Qu'est-ce que c'est que cette fille qui est chez vous, Rock? Avez-vous couché avec elle?

— Ben... heu... ça ne vous regarde pas, dis-je, assez gêné.

— Ça nous regarde, dit Mona. Parfaitement. On vous a fichu la paix jusqu'ici parce qu'on savait que vous ne vouliez rien faire jusqu'à vos vingt ans, mais si c'est comme ça que vous tenez vos promesses, on ne tiendra pas les nôtres non plus. Déshabillez-vous.

— Mais, Mona, dis-je, implorant. Je tombe de fatigue... Attendez quelques jours... Quand je reviendrai...

— Pas d'histoires, dit Beryl. On vous tient, on ne vous lâche plus. Quand je pense que vous avez choisi cette petite horreur pour vos premières armes...

— Vous n'avez pas de goût, enchaîne Mona. Elle n'a ni poitrine ni hanches et elle est maigre comme un clou.

— Mais enfin, dis-je, pas ici... N'importe qui peut venir... Je n'ai pas le temps...

— Vous avez une heure, dit Beryl. C'est largement suffisant. D'autant plus qu'on va vous faciliter la besogne. Allez... enlevez vos vêtements... sinon, on va le faire nous-mêmes... Vous pouvez garder vos chaussettes.

— Fermez la porte, Mona, au moins...

— Bon, acquiesce Mona, je veux bien fermer la porte pour vous faire plaisir. Aidez-le à se déshabiller, Beryl. Et pas de rouspétance... quoi... il choisit cette sauterelle...

Elle claque la porte, se retourne, dégrafe sa robe et ses seins jaillissent à l'air... Évidemment, ça n'a aucun rapport avec ceux de Sunday Love... Je sens comme qui dirait des picotements au creux des lombes... Zut, alors, ça va faire la douzième fois depuis ce matin... il y a un peu d'abus...

— Pas si vite, Mona, proteste Beryl... Laissez-moi le temps de me mettre en tenue...

Mona s'affaire autour de moi... Elle a gardé ses bas et un petit machin en dentelle blonde avec lequel elle les attache... Juste de la même couleur que... enfin, juste de la même couleur, quoi. Elle a chaud et elle sent bon la femme... et le vieux Rocky n'est peut-être pas si crevé qu'il en a l'air. Elle m'enlève ma chemise, me retire mon pantalon... Je me laisse faire... Elle a un peu plus de mal avec mon linge qui accroche...

— Pas de blague, Mona, je vous dis... On va le tirer au sort, glapit Beryl.

Elle non plus n'a plus rien sur le dos... elle a roulé ses bas aux chevilles... Je fais des comparaisons.

— Enfin, dis-je, je ne suis pas un coquetier de foire...

— Silence, vous, ordonne Mona. Elle a raison. On va vous tirer au sort...

— Ce n'est pas juste, dis-je. Et s'il y en a une que je préfère...

J'ai du mal à parler. Ces deux filles m'ont mis dans un tel état que je n'ai plus envie que d'une chose... n'importe laquelle des deux, mais tout de suite.

— D'accord, acquiesce Mona. On va vous bander les yeux et puis on vous fera quelque chose et vous direz qui vous préférez.

— Il faut lui attacher les mains aussi, crie Beryl, de plus en plus excitée...

Elle se précipite vers la fenêtre et arrache un des cordons de tirage des rideaux... Je me laisse attacher, sûr de casser la ficelle quand je voudrai... et sitôt que c'est fini, Mona m'empoigne et me fait tomber sur le tapis...

— Votre foulard, Beryl...

Je suis allongé sur le dos... heureusement, sinon, je souffrirais... et je n'y vois plus rien... Deux mains se posent sur ma poitrine, deux longues jambes se collent aux miennes... Je suis prêt à hurler tellement c'est douloureux d'attendre comme ça... Et d'un coup, la première des deux s'allonge sur moi... Je la pénètre de toutes mes forces... presque immédiatement, elle s'écarte et c'est la seconde qui prend la place... Je tire désespérément sur le cordon qui m'attache les mains... il casse... Elle ne s'est aperçue de rien... Au moment où elle va s'éloigner à son tour, mes bras se referment sur elle... Je la tiens d'une main et de l'autre, je réussis à attraper les jambes de la seconde... Je la fais tomber à côté de moi et mes lèvres remontent le long de ses cuisses... jusqu'où je peux aller... J'aime ça... J'aime beaucoup ça... Elles gémissent un peu... tout doucement.

... Le temps passe...

Il passe beaucoup, aujourd'hui...

XXIII

À DADA

Je m'amène à cinq heures, juste à temps pour le départ, dans la Cadillac de Mona... J'ai laissé les deux filles chez le cousin... J'espère qu'elles se réveilleront avant que quelqu'un n'arrive... parce que l'état dans lequel elles sont, il vaut mieux que ça reste confidentiel. Mes

jambes ont du mal à me porter et quand je me mets à leur place... je les comprends... Andy me regarde en rigolant.

— Alors, Rock... vous avez été dire au revoir à votre vieille mère ?

— Heu... Oui... dis-je. Elle m'a retenu un peu plus longtemps que je ne pensais... Enfin, me voilà.

— Vous allez pouvoir faire un petit somme, me propose Mike. On en a pour un bout de temps avant d'être là-bas.

— On ne peut pas se payer le luxe d'arriver en plein jour, précise Andy.

Ils sont tous fin prêts. Aubert George est revenu aussi et si j'ai les yeux aussi cernés que lui, je comprends pourquoi Sigman se paie ma tête !

Le gros avion nous attend sur ses trois roues, le nez en l'air, face au vent. Quelques hommes s'affairent autour de lui. Une voiture passe et s'arrête à deux pas de nous. Nick Defato en descend. Gary est avec lui... C'est vrai... il nous manquait aussi ce vieux Gary...

On serre la pince à Nick... Il a l'air absolument dégoûté de tout.

— Vous pouvez dire que vous m'en donnez, un boulot, vous... me lance-t-il, mi-figue, mi-raisin.

— C'est pas ma faute, chef, dis-je, feignant la confusion.

— Vous ferez attention, mes enfants, dit Nick. Il y a des condors dans la passe, ce soir...

Gary s'esclaffe. Ça doit être une plaisanterie conventionnelle. Gary est tout couvert de sparadrap et de mercurochrome ; il a l'air d'une momie égyptienne après passage dans une machine à laver. S'il ne nettoie pas tout ça avant de débarquer sur l'île de Schutz, on est bon pour se faire repérer en moins de deux.

Puis Nick Defato et Andy Sigman échangent quelques tuyaux confidentiels et les gars de l'avion nous font signe de monter. Sûr que si ça continue comme ça, on va bien finir par lever l'ancre.

Je m'installe à côté d'Aubert George qui me raconte comment il a débuté dans la vie en essayant de faire du théâtre ; la seule pièce qu'il ait jamais réussi à jouer n'a tenu qu'un mois et encore, il n'avait qu'un rôle de dix ou douze lignes : un client qui entre, qui demande un livre et qui sort. Il me dit que c'était une pièce complètement déconnante (il me le dit comme ça, aussi je le répète comme ça) mais qu'on a bien rigolé quand même.

En échange, je lui raconte comment j'ai été dépucelé le matin même ; je ne lui donne pas toutes les précisions que je voudrais parce que ses

yeux vont lui sortir de la tête et rouler par terre comme des billes d'agate jaune, mais je lui en dis assez pour le réveiller un peu.

Sur ce, je m'aperçois que ça bouge et qu'on s'en va. Comme c'est une promenade d'agrément, il n'y a point d'hôtesse de l'air (un peu aussi parce que nous sommes dans un avion militaire). Ce n'est pas la première fois que je monte en avion et je suis un peu blasé sur les sensations qu'on éprouve. Andy est je ne sais où du côté du poste de pilotage, Mike à deux sièges devant moi, avec Gary. L'appareil est aménagé en transport mixte. On est bien. Je regarde un peu le paysage et la côte que nous venons de dépasser. Nous montons très haut et je m'assoupis sur mon fauteuil qu'une main prévoyante a étendu au maximum.

XXIV

ÇA Y EST PRESQUE

Je suis réveillé par la poigne d'Andy Sigman qui me secoue vigoureusement. Je rêvais que j'étais en train de faire l'amour avec une girafe et Andy me tire vraiment d'un mauvais pas. Je le remercie et nous commençons à prendre nos dispositions pour le parachutage sur l'île.

Il fait encore jour, parce que nous avons fait route dans le sens du soleil ; c'est pour cette raison que notre départ a été retardé de plusieurs heures. Mike est déjà presque prêt, et ses hommes sont en train de s'habiller. Aubert disparaît dans une combinaison matelassée quatre fois trop grande pour lui et il commence à déclamer du Shakespeare. Il arrange les paroles à sa façon ; ce qu'a écrit Shakespeare, c'est déjà gratiné, mais ce qu'en fait Aubert, c'est à ne pas dire devant un conseil de révision, et pourtant, là, on en entend. La bonne humeur, la pétulance même, règnent à l'intérieur du B 29 recouvert d'un ravissant papier à fleurs par les soins des hommes de l'équipage pendant que nous dormions. Je suis pressé d'arriver.

Andy Sigman dépose devant moi un tas de matériel invraisemblable et je lui demande :

— Qu'est-ce que je dois faire de tout ça ?

— Vous descendez avec... dit-il. Sans ça, vous ne tomberiez pas assez vite.

Il y a absolument tout ce qu'on peut imaginer, sauf, bien entendu, si on a l'esprit mal tourné. Il y a des vivres, des armes, des vêtements, des munitions, des cigarettes, de quoi ravir un pauvre explorateur perdu depuis cinq lustres dans la jungle birmane. J'ai de moins en moins envie de me mettre tout ça sur le dos... pourquoi ne pas descendre comme ça pour en finir tout de suite ? Il y a même des jumelles à prismes et un appareil photographique ; de quoi devenir gâteux.

Enfin. On va s'y mettre tout de même. Mike, devant moi, disparaît sous une masse de vêtements et de petits paquets. Il a l'air de revenir de chez Macy[18]. Oh, là là, quel métier...

XXV

ÇA Y EST

Et puis tout s'enchaîne sans anicroche. Nous sommes passés au-dessus de l'île. C'est une île assez grande... J'avais peur de la louper et de tomber à côté, mais je suis rassuré. Il y a un joli vieux volcan au milieu ; éteint, bien sûr, avec un charmant petit lac tout rond au sommet, qui brille à travers les arbres épais. Nous avons sauté un à un, le dernier a fermé la porte derrière lui, car tout le monde est bien élevé ici... Nous descendons, séparés les uns des autres par quelques centaines de mètres, tout notre fourbi nous bringuebalant sur le dos. Andy a sauté le premier, j'étais le quatrième ; je n'ai pas eu trop les foies, mais ça me gêne un peu tout de même ; on se sent tout basculé et on se demande si ça va s'ouvrir comme ils le disent. Je suis déjà de cinquante mètres plus bas que tout le monde ; avec mon poids, rien d'étonnant si je tombe plus

vite. Les arbres se rapprochent, nous sommes censés passer entre… Il n'y a pas eu moyen de nous lâcher en rase campagne, c'était trop près du lieu supposé de la retraite du docteur… Alors nous risquons le coup et chacun doit tâcher pour son compte de ne pas se casser la figure. Je distingue déjà le sommet des premiers et je commence à tirer un peu sur mes suspentes et à me balancer pour me guider si possible, au dernier moment, du côté le moins dangereux.

Ça va beaucoup plus vite encore quand on est plus bas… Je me recroqueville, prêt à saisir la première branche que je verrai… Hop… la voilà… elle me griffe les mains et je me flanque un coup d'arbre sur le crâne… quelque chose de soigné… Je dégringole au milieu d'un bruit de branches cassées en me tordant quelques tibias et je termine complètement coincé par une fourche adroite… Je suis au moins à dix mètres du sol. Pas loin de moi j'entends des bruits divers et des jurons… Un de mes petits camarades a dû arriver… Plus le moment de faire l'andouille, maintenant. Il fait assez clair… Je me repère sans difficulté… Je suis tout près du tronc et en dessous de moi, il n'y a pas une branche que je puisse atteindre avant trois mètres de chute libre. Bon. Andy avait raison, après tout. J'assure ma position et je dénoue le rouleau de corde qu'il m'a attaché autour de la taille. Elle est terminée par un petit grappin d'acier trempé que je fixe en plein bois et je mets les gants qui me pendent au cou avant d'empoigner la corde… Ça va. Je me laisse choir… à la force des poignets ; Dieu que je suis lourd… Je regarde… encore deux mètres… ça ira… Je lâche tout.

J'ai poussé un grand cri en tombant à cheval sur le gros crapaud qui m'attendait depuis cinq minutes. Il n'a pas demandé son reste : il voulait me dire bonjour, sans plus… il est parti tout de suite après. J'ai ravalé mon envie de fuir à toutes jambes et j'ai commencé à marcher dans la direction du bruit que j'avais entendu tout à l'heure. Le point de ralliement fixé est le bord du petit lac, vers le nord. Boussole ? présent !… à mon poignet droit.

C'est Mike qui est tombé tout près de moi. Il est intact lui aussi… mais il a du mal à marcher car une grosse branche lui est arrivée juste entre les pattes. Mike, en homme soigneux, a déjà plié son parachute et je me rappelle que j'ai laissé le mien dans l'arbre, avec la corde. Je le lui dis.

— On va aller le rechercher, dit-il. Ça peut nous faire repérer.

— Vous pensez que ce n'est pas déjà fait ? dis-je.

— Je l'espère… nous serons vite fixés…

Nous revenons à mon arbre et nous réussissons à récupérer corde et

parachute ; non sans peine, d'ailleurs... C'est là que j'apprends l'existence du tour de passe-passe intitulé rappel tyrolien... C'est très ingénieux...

Puis nous nous mettons en route vers le lac. La forêt est dense et pleine d'un tas d'herbes et de plantes coupantes et dures. Heureusement, nos combinaisons nous protègent et cette île a déjà été pas mal fréquentée ; il y a des vestiges de sentiers qui sont encore viables. Un quart d'heure nous suffit pour atteindre le petit lac. La rive brille sous la lune ; de gros blocs de lave jalonnent les bords escarpés de l'eau.

Un petit feu clignote pas très loin. Mike s'immobilise, regarde...

— C'est Sigman, dit-il. Il nous attend là-bas.

Nous nous approchons de lui et nous constatons qu'Aubert l'a déjà rejoint. Peu à peu, tout le monde sort du bois et nous nous retrouvons tous les huit. Carter a le poignet foulé et c'est tout. Gary gigote comme un plat de sauterelles ; sa descente l'a réveillé mieux que jamais. Aubert me pousse le coude.

— Dommage que ma femme ne soit pas là, dit-il. Les bords du lac au clair de lune, ça l'inspirerait drôlement... surtout qu'elle est hongroise...

Je ne vois pas très bien le rapport et je le lui dis, mais ça ne le trouble pas le moins du monde.

— C'est une romantique, vous comprenez... ça explique tout.

Si c'est une romantique, je n'ai rien à ajouter. Andy commence à donner des directives. Il est convenu que deux d'entre nous resteront ici. Carter et un autre, un grand rouquin avec une tête d'oiseau, sont désignés. Ils établiront une sorte de camp qu'ils dissimuleront le mieux possible, où nous entreposerons le matériel. Les autres partiront à l'attaque du Fort Schutz... il y a bien une baraque quelconque à laquelle ce terme puisse s'appliquer.

— Quand partons-nous ? dit Gary.

Il a un Leica en bandoulière et il grille de s'élancer sur la piste. Tel un chien de chasse en rase campagne, il flaire le fumet du lapin en civet (un spécialiste de mes amis m'a assuré que le chien ne peut se représenter le lapin que sous cet aspect d'où son affinité pour cet animal et l'obligation qu'il se crée d'accommoder la réalité à l'aboutissement de son concept).

— On ne va pas tarder, répond Andy.

De fait, dix minutes après, nous levons l'ancre. Andy a pris ses repères et nous marchons bon train à travers l'épaisseur des bois insulaires.

Je ne compte pas le nombre d'enjambées que nous faisons, mais ça

doit osciller entre trois mille quatre cent sept et trois mille quatre cent neuf lorsque nous débouchons en plaine. Nous laissons la forêt derrière nous et nous coupons droit au milieu des champs pleins d'herbes et de casques japonais, restes de la guerre qui sévit ici il n'y a pas longtemps.

Il est à peu près trois heures du matin.

Nous progressons sans bruit, un peu inquiets tout de même. Comment les choses vont-elles se présenter ? Le sol est sec et dur sous nos pas et des tiges craquent rythmiquement à mesure que nous nous frayons un chemin dans la direction que nous a fixée Andy.

À certains signes, je crois reconnaître que nous sommes au voisinage de lieux habités. Des traces de passage se montrent de place en place ; et voici qu'une route se manifeste sous notre nez, sans la moindre pudeur, s'étalant sous l'œil jaune de la lune qui fait mine de regarder ailleurs.

— Halte ! ordonne Andy.

Nous stoppons.

— On la suit ? propose Mike.

Andy s'oriente de nouveau.

— Allons-y.

Nous prenons à gauche.

— Pas de bruit ! recommande Andy. On ne doit pas être loin...

Un quart d'heure, encore... et je bute sur les talons de Jameson qui vient de s'immobiliser devant moi. Aubert ne me loupe pas et me rentre dedans de tout son cœur. Enfin, il n'est pas lourd... c'est déjà ça...

— Ne me serrez pas de si près, Aubert, dis-je. Les Hongroises sont terriblement jalouses. Et puis, au fait, où avez-vous pêché votre nom ? Vous êtes d'origine canadienne ? Ou quoi ?

— Mohican... dit-il, et du diable si je sais pourquoi je m'appelle comme ça.

— Chut ! dit Andy à mi-voix. Ça alors, ajoute-t-il, c'est plus fort que de jouer à la pêche au tarpon avec des patins à roulettes en toile d'avion.

Devant nous s'étend une immense propriété, masquée à demi par un rideau d'arbres... Une grande maison basse tout illuminée du haut en bas, c'est-à-dire sur toute la largeur, vu que le haut est aussi bas que le bas comme ça se produit sans conteste pour toutes les maisons à un seul étage.

On entend les échos d'une vague musique de jazz... du bon jazz... Des silhouettes passent devant les fenêtres... Nous sommes encore trop loin pour voir...

Andy s'accroupit et nous suivons le mouvement.

— Rock, appelle-t-il. Et vous, Mike. Arrivez près de moi...

Je m'approche en rampant et Mike est déjà près de lui. Il prend une grosse jumelle et me la tend. Moi, j'ai laissé la mienne au campement, naturellement.

— Regardez ça...

Je regarde... C'est flou ; je tourne la molette...

Ça, alors, ça... c'est marrant...

Ils sont tous vêtus de ravissants colliers de perles ou de bracelets de fleurs... non j'exagère... Il y en a un là-bas qui a une guirlande sur la poitrine et un serre-tête de couleur...

— Déshabillez-vous, ordonne Andy. Vous, Aubert, cueillez des fleurs... avec Jameson... et tressez-les en couronne...

— Mais je sais pas faire ça !... gémit le grand Jameson...

— Allez, t'occupe pas, dit Aubert... C'est l'enfance de l'art... On voit que t'as jamais fait du théâtre... On apprend tout, quand on fait du théâtre.

Moi, je suis l'ordre d'Andy et je suis bientôt dans la tenue la plus légère... Ceux qui ne s'occupent pas des fleurs m'entourent aussitôt...

— Mince, dit Nicholas... Mais c'est vous Monsieur Los Angeles de l'année dernière.

Je me mets à rire... J'ai un bon tailleur et quand je suis habillé, on ne peut pas se douter de ce que je me suis fabriqué comme anatomie (mes parents m'ont aidé au début).

— C'est vrai, dis-je... mais ce n'est pas un titre de gloire pour moi... Tout le monde me prend pour un idiot...

— On ne se trompe pas tellement, dit Gary.

Pendant ce temps-là, Mike Bokanski a quitté ses vêtements à son tour, et ma foi, nous ne jurons pas trop l'un à côté de l'autre... le gars Mike est à la hauteur...

Aubert a fini un joli petit bracelet de fleurs de zinzillastrabis et me le passe. Ça me va très bien... Jameson se contente de cueillir les fleurs... Sa première tentative est une atroce cochonnerie et il ne s'obstine pas...

— Vous allez les rejoindre, nous dit Andy. Et vous reviendrez le plus tôt que vous pourrez avec des renseignements...

— Si nous n'apprenons rien ? dit Mike.

— Je m'en rapporte à vous, répond Andy.

— Ça m'embête, dit Mike. D'abord, je n'ai pas mon chien et ensuite je n'ai pas mes grenades. Je suis absolument désarmé.

— Débrouillez-vous, dit Sigman. Et foutez-nous la paix...

— Bon, chef, dit Mike. On y va.

Il se garnit de fleurs et nous filons, nous tenant par le petit doigt, manière de plaisanter. Les hommes se tordent de rire en sourdine.

Ça gêne un peu, au début, de se sentir tout nu, mais il fait si beau, et la nuit ce n'est pas pareil. Et puis tout le monde a l'air de s'en foutre éperdument dans cette île bizarre... Moi, je m'attendais à trouver un Schutz blindé, méchant, en train de fabriquer des robots pour envahir l'Amérique ou quelque chose comme ça... Et puis rien du tout, oui... une belle petite réception de satyres...

Nous suivons un sentier bordé de fleurs... On entend la musique très distinctement maintenant...

À un détour soudain je vois Mike, qui me précède, frémir de la tête aux pieds...

Un homme est crucifié en bordure du chemin... un homme nu lui aussi... très blond... tout pâle... Une plaie béante lui ouvre le sein gauche... Il est cloué à un tronc d'arbre par une cheville d'acier qui lui a traversé le cœur.

En travers de son cou, une pancarte :

«Défaut d'aspect.»

Mike m'a empoigné le bras... Il ne se rend pas compte qu'il me serre très fort ; je ne m'en rends pas compte non plus. Aussi, il reste les bras ballants.

— Qu'est-ce que ça veut dire ? murmure-t-il. Vous lui voyez un défaut d'aspect, vous, à ce type-là ?

— Eh ben... dis-je, je ne changerais plus avec lui maintenant, mais avant, oui, sûrement.

— Il est mort... dis-je encore...

— Tout ce qu'il y a de plus mort, répond Mike, froid comme d'habitude mais un peu gêné quand même.

— On revient, ou on continue ?

— Continuons, dit Mike. On verra bien.

Ben, tout à coup, je trouve qu'il ne fait pas si chaud que ça quand on n'a rien sur le dos... Qu'est-ce que c'est qu'un défaut d'aspect qu'on ne voit pas ? Ça peut s'appeler également un prétexte...

Nous allons très doucement... nous sommes très près de la fête... un couple paraît devant nous... ils vont nous croiser... ils nous croisent.

— Heu, dit Mike *mezzo voce*, si tous sont comme ces deux-là... Je vois pourquoi ils ont supprimé le camarade là-bas.

Car jamais nous n'avons vu deux êtres d'une beauté pareille... Ils

défient la description. Ils n'ont pas levé la tête en nous voyant. Ils sont passés, indifférents, se tenant par le bras. Un homme et une femme... aussi peu vêtus que nous-mêmes... quelques fleurs...

— Dites donc, Mike... Croyez-vous réellement que nous ayons une chance de passer inaperçus... Je me sens rempli de défauts d'aspect... et alors, à l'intérieur, je dois être une véritable catastrophe...

— Vous, ça va, dit Mike. Mais moi, je ne me rends pas compte...

Je le regarde bien... il n'y a pourtant rien à redire... système pileux un peu trop développé peut-être...

Je lui fais part de mes doutes...

— Ah, zut, dit Mike. Si ce n'est que ça, il faudra bien que ça aille... Je ne vais tout de même pas m'arracher tous mes jolis poils pour les beaux yeux du docteur Schutz. Regardez à votre gauche, enchaîne-t-il sans transition.

À ma gauche, agenouillé, il y a un corps tout pâle... un long pieu de fer lui traverse la gorge... Il a la tête renversée en arrière et la tige métallique le cloue au sol... À son cou pend la pancarte aux deux mots fatidiques...

— Oh, là là, dis-je. Quelle drôle de réception... Vous croyez que c'est en notre honneur qu'ils ont mis ça?...

— Non... Chut... souffle Mike.

Nous venons de déboucher en espace découvert. Douze ou quinze couples dansent un slow tandis que d'autres marchent, vont et viennent, rient, boivent, fument...

Il va falloir jouer serré, maintenant...

XXVI

LES SECRETS DE MARKUS SCHUTZ

Il y a trois femmes à quelques mètres de nous. Elles parlent, distraites, et semblent guetter le comportement de quelqu'un. Je rassemble tout mon culot et je m'incline devant la première.

Je vous jure que c'est la première fois de ma vie que je danse sans l'ombre d'un voile avec une personne qui porte pour tout costume un gros collier de fleurs rouges. Heureusement que Sunday Love et mes deux vieilles amies Beryl et Mona m'ont permis de prendre un peu d'avance... Et encore, ça me paraît loin. Je sens sur ma poitrine la poussée de deux globes ronds et fermes et mes jambes frôlent deux colonnes de chair lisse et fraîche... Je l'approche un peu de moi mais je souhaite que le disque, si c'est un disque, ne s'arrête pas trop tôt, ou alors, qu'il s'arrête tout de suite...

Mike danse aussi. Je guette la troisième femme du groupe. Elle s'éloigne sans même nous jeter un coup d'œil.

Coup sur coup, je saute parce que j'aperçois deux figures absolument identiques, mais notre visite à la clinique de San Pinto m'a déjà éclairé sur ce point. Tiens, et Jef Devay? Qu'est-il devenu? Il s'est passé tellement de choses depuis mon retour à Los Angeles, que j'ai complètement oublié qu'il devait nous accompagner.

J'hésite. Vais-je parler à cette femme?... C'est elle qui attaque.

— De quelle série êtes-vous? me lance-t-elle. Vous avez l'air d'un S.

— C'est exact, dis-je, heureux de la perche qu'elle me tend. Et vous?

— Série O seulement, me dit-elle humblement. Je ne pensais pas que le docteur vous laisserait venir... C'est une fête pour les O.

— Je me suis débrouillé, dis-je. Vous savez, dans une même série, on se ressemble un peu trop... Ça manque de charme...

— Oui, dit-elle, le docteur a beau composer des éléments de visage assez différents, il y a toujours des points communs... Je suis contente de danser avec un S...

Elle me témoigne son contentement et je suis obligé d'en faire autant...

— Le docteur vient ce soir? dis-je, un peu au hasard.

— Oui, il viendra à la fin... Il ne va pas tarder... Est-ce que vous voulez qu'on aille tout de suite dans la prairie?

— Heu... dis-je, un peu gêné.

Qu'est-ce qu'on fait dans la prairie? Je m'en doute vaguement...

— Nous avons le droit aujourd'hui, dit-elle. Ce n'est pas un jour dangereux...

Je commence à entrevoir ce dont il s'agit.

— Vous ne préférez pas danser? dis-je.

— Oh... dit-elle, danser... C'est amusant... mais ça ne change pas tant... J'aimerais tellement faire l'amour avec un S...

Difficile de refuser... et surtout je ne peux pas lui dire que ça me déplaît... Je suis en train de lui prouver involontairement le contraire... Jésus, quelle journée...

Elle m'entraîne vers les arbres et nous nous séparons dès que nous avons atteint l'ombre. Elle court en m'entraînant par la main. Où est Mike? Je m'en fous.

Nous roulons dans une herbe épaisse et odorante. Elle est complètement déchaînée.

— Tout de suite, gémit-elle... Tout de suite... je vous en prie...

Zut, si ça va si vite que ça, ce n'est pas drôle. Moi je commence à prendre goût aux petites plaisanteries préliminaires et je le lui fais bien voir. Et puis ça repose un peu.

Au bout de trois minutes de sport, je suis forcé de lui mettre ma main en travers de la bouche pour l'empêcher de brailler. Elle se tord comme une anguille coupée en trois. Elle est un peu trop parfaite; on cherche des reliefs baroques, des anomalies... Rien... Pas le moindre défaut d'aspect. Et tout de même, une consistance assez remarquable.

Allez... Changeons de place... L'herbe, c'est agréable, mais s'allonger sur une jolie peau... ça se défend aussi... Je suis un peu trop lucide... Je voudrais bien perdre la tête...

— Enfin, dis-je, qu'est-ce qu'on vous a appris...

— À obéir au commandement... répond-elle d'une voix entrecoupée.

Ah, non, alors, s'il faut que je lui dise ce que j'attends d'elle... Moi j'ose plus... Et puis j'ai trop d'imagination... et une imagination trop compliquée...

— Laissez-vous faire... lui dis-je à l'oreille. Ça sera plus commode.

Parce qu'il y a encore quelques petites choses que je n'ai pas eu le

culot d'essayer avec Sunday, Beryl et Mona. Des choses qui ne vous regardent pas, d'ailleurs.

Cette fois, je suis fatigué au bout d'une demi-heure... Manque d'entraînement, ou trop d'entraînement à la fois. Elle est complètement inerte pour sa part... Enfin, son cœur bat... C'est toujours ça... Je me relève en titubant.

Je la laisse là, tout bonnement... Quel drôle de pays. C'est vrai qu'on n'entretient pas un haras humain pour apprendre à ses pensionnaires à jouer aux billes.

Je regagne le bal. Je me trouve nez à nez avec Mike.

— Qu'est-ce que vous avez fait de vos fleurs ? dis-je.

— Et vous ? répond-il. Qui vous a mordu la clavicule ?

— C'est un secret, mon petit Mike. Qu'avez-vous découvert ?

— Ces femelles sont chaudes que c'en est une horreur... marmonne Mike.

— J'aime bien ça, dis-je. Mais comme renseignements pour Andy, c'est maigre. Mike !... Regardez !... Un grand-père !...

Au milieu des groupes vient de paraître un homme... Long, mince, les cheveux argentés, il est vêtu d'un pantalon et d'une chemise de soie blanche.

Il vient à nous.

— Qu'est-ce que vous faites ici ? demande-t-il. Ce n'est pas votre jour de sortie.

Il me regarde plus attentivement et sourit du coin des lèvres.

— Ah ! C'est ce cher monsieur Rock Bailey... Charmé de votre visite... Je vous avais pris pour... heu... un de mes pensionnaires.

— Série S, dis-je.

Son sourire s'accentue.

— Série S, très exactement.

— Mike Bokanski, dis-je en désignant Mike.

Mike s'incline. L'autre en fait autant.

— Je suis Markus Schutz, dit-il. Eh bien, monsieur Bailey... je suis très heureux du hasard qui vous a conduit chez moi... Vous connaissez déjà ma propriété de San Pinto, je crois... Celle-ci est plus agréable... On est plus tranquille, ici...

— Et puis on peut supprimer les gens qui présentent des défauts d'aspect, répond Mike.

Il lève une main fine pour protester.

— Ils se suicident. C'est une tare, ici... Je les élève dans des idées bien

particulières... Ils sont conditionnés de telle façon que l'idée même de la laideur leur est en horreur... Le jour où ils s'aperçoivent de leur imperfection, ils se suppriment... Comme ils sont très beaux, malgré cela, nous gardons les corps quelques jours... Mes jardiniers les disposent avec goût à l'entrée de la propriété...

— Vos expériences vont bien ? dis-je.

— Mon Dieu... J'ai été un peu dérangé ces derniers temps... Je dois vous avouer que j'ai eu beaucoup d'ennuis avec mes secrétaires, les frères Petrossian... Je me suis aperçu qu'ils avaient organisé un petit trafic derrière mon dos... rien de grave... des photos d'opérations... Ça marchait très bien, je crois, mais ça m'a attiré des histoires et je les ai priés de cesser...

— Vous avez la méthode... dit Mike.

— J'ai d'excellents tireurs dans mon équipe, dit Markus Schutz. Mais dites-moi, Bailey... Je vous avais invité chez moi, un soir... Pourquoi avez-vous refusé la jeune dame que je vous proposais... Vous êtes pourtant un garçon à aimer les femmes, non ?... Notez que personnellement j'ai des goûts un peu différents... mais vraiment je n'ai pas compris votre répulsion...

— Je me rappelle vos deux infirmiers, dis-je. J'en ai recoincé un au tournant, mais si jamais je remets la main sur le second...

— C'est un brave garçon, dit Schutz. Allons, il ne faut pas vous laisser influencer par des idées préconcues... Vous oublierez vite tout ça. Venez donc prendre un verre, tous les deux...

Complètement abasourdis, nous nous regardons, Mike et moi.

— Ne vous frappez pas, dit Markus Schutz. Tout le monde a cette réaction-là en me voyant pour la première fois. Je n'ai pas du tout la tête de ce que je suis. Dites-moi, ajoute-t-il en se tournant vers moi... Vous allez être mes invités quelques jours... Je suis très désireux de vous faire rencontrer une excellente amie... Vous serez moins... jeune que la première fois, j'espère... et si monsieur Bokanski accepte... Je crois qu'il est du gabarit voulu... j'aurai aussi quelqu'un pour lui.

— Vous me prenez pour un verrat, dit Mike avec une certaine brutalité.

— Allons, allons, dit Schutz. N'employez pas des mots comme ça... Moi, j'aime les jolies créatures et je cherche à en fabriquer le plus possible... Mais je veux de la variété et ne peux réussir à l'obtenir qu'en changeant souvent mes reproducteurs de base... Je vous dis les choses franchement... J'espère que nous serons toujours très francs tous les

trois... Votre ami a l'air direct, poursuit-il en s'adressant à moi ; il emploie des mots peu usités, mais c'est aussi de la franchise... Ce n'est pas déplaisant...

Nous le suivons le long d'un perron de pierre blanche, à l'intérieur d'une immense et ravissante villa.

— J'ai beaucoup de gens à nourrir, dit Schutz, et j'ai dû acheter l'île entière... J'ai une série qui travaille aux champs ; j'ai des gens pour tout... Quand on a fait le premier, ce n'est pas difficile de continuer.

— Qui vous a donné l'idée de faire des êtres vivants ? demande Mike.

— Les gens sont tous très laids, dit Schutz. Avez-vous remarqué qu'on ne peut pas se promener dans la rue sans voir des quantités de gens laids ? Eh bien, j'adore me promener dans la rue, mais j'ai horreur du laid. Aussi je me suis construit une rue et j'ai fabriqué des jolis passants... C'est ce qu'il y avait de plus simple. J'ai gagné beaucoup d'argent en soignant des milliardaires pleins d'ulcères à l'estomac... Mais j'en ai assez... Ça m'a suffi... Chez moi, un slogan : On tuera tous les affreux... C'est amusant, n'est-ce pas ?

— C'est sublime ! dis-je.

— Naturellement, il y a une exagération, dit-il. On ne les tue pas comme ça...

Nous nous approchons d'une grande table recouverte d'une nappe immaculée sur laquelle brillent des verres et des bouteilles et de la glace et des tas de choses qui nous font irrésistiblement penser à boire. Les couples qui nous côtoient ne prêtent pas la moindre attention à notre trio.

— Je fais des quantités de blagues aux gens... poursuit Schutz. Bien entendu, je ne me borne pas à élever des enfants dans des bocaux ; ça, ce n'est rien. Je cultive leur corps et leur esprit et je les lance dans la nature, ou alors je les garde avec moi pour m'aider dans mes travaux. J'ai de sérieuses références... Ainsi, la star Lina Dardell... elle vient de chez moi... C'est bien pour ça qu'on n'a jamais lu sa biographie nulle part... Il y a dix ans, elle était encore dans son bocal... Le vieillissement accéléré, c'est ce qui est le plus facile à obtenir... Une accélération temporaire du rythme vital, une oxydation un peu renforcée... ça va tout seul... Le gros point, c'est la sélection... l'amélioration... parce qu'il y a tout de même un assez gros déchet... soixante pour cent à peu près...

— Vous avez beaucoup de vos pensionnaires qui sont devenus célèbres ? insiste Mike.

Schutz le regarde.

— Mon cher Bokanski, si vous ne vous en doutiez pas, vous ne seriez pas là...

— Mais vous vous trompez, assure Mike... Je ne sais rien de vous que ce que vous m'avez dit...

— Allons... allons... ironise Schutz. Vous pensez bien que je suis renseigné.

Il se tourne vers moi.

— Ça fait cinq matches que Harvard perd contre Yale, dit-il.

— Football? dis-je.

— Oui. Cinq matches de suite. Ça compte. Tout ça pourquoi?

— Parce que l'équipe de Harvard est inférieure, dis-je.

— Non, dit Schutz. Parce que l'équipe de Yale est supérieure. Celle de Harvard est la meilleure d'Amérique; mais celle de Yale sort de mes ateliers.

Il ricane.

— Seulement ça, il faut le prouver... et c'est la raison de la visite de Mike Bokanski et Andy Sigman à ma demeure de San Pinto. Combien avez-vous reçu de Harvard pour tout bousiller chez moi? continue-t-il s'adressant à Mike.

— Rien, dit Mike. Je vous donne ma parole.

— Vous n'avez pas de parole, dit Schutz, ça ne vous engage pas beaucoup.

— Je suis ici pour tout autre chose... dit Bokanski. Il n'est pas question de physique là-dedans. Vous le savez bien.

— Ah, dit Schutz, si vous parlez par énigmes, je ne vous suis plus. Venez voir mes petites filles; nous avons perdu assez de temps comme ça... Je vous demande une heure de votre temps et je vous fiche la paix...

— Écoutez, dis-je. Vraiment, je sors d'en prendre et ce n'est pas une métaphore. Il y a seulement vingt-quatre heures, j'étais intégralement puceau et je vous assure que je regrette ce temps-là. Car depuis hier matin huit heures, je n'arrête pas...

— Oh, dit Schutz, une fois de plus ou de moins... Allez, venez...

Nous le suivons à travers une série de pièces immenses, peintes de couleurs claires, avec de grandes baies qui donnent sur la mer que l'on devine vaguement dans la nuit. Le matin commence à peine à naître. Enfin voici un escalier qui descend.

— Toujours sous terre, dis-je.

— On y est très bien, répond Schutz. Température uniforme, insonorisation parfaite, sécurité, tout y est.

Nous nous enfonçons dans les entrailles de la terre... entrailles fort propres et bien ramonées. Le docteur nous précède, Mike le suit et je ferme la marche.

— Pour en revenir à ce que nous disions, dit Mike, je voudrais savoir qui est Pottar ?

Schutz ne répond rien et il continue, imperturbable.

— Vous avez entendu parler de Pottar ? poursuit Mike. Rock, vous connaissez Pottar ?

— Ben... oui, comme tout le monde, dis-je. J'ai lu ses articles... mais je ne l'ai jamais vu...

— On ne sait pas qui est Pottar, continue Mike, qui parle rêveusement comme s'il était seul ; mais derrière Pottar, il y a déjà vingt millions d'Américains prêts à marcher avec lui au moindre signe. Et Kaplan ?

— Je sais qui est Kaplan... dis-je. C'est lui qui a mené la récente campagne contre le gouverneur Kingerley.

— Kaplan est apparu dans le monde politique il y a quatre ans, dit Mike ; et il a fait échouer tous les projets de Kingerley, un homme qui est depuis vingt ans dans le bain... On ne sait rien de Kaplan... mais quand on prend la peine de comparer les théories de Kaplan et celles de Pottar... on a de curieuses surprises...

— Je suis très peu la politique... dit Schutz.

Nous sommes arrivés au bas de l'escalier et Schutz nous pilote le long de nouveaux couloirs clairs et vides. Le sol est revêtu d'un épais tapis beige-rose et des appliques chromées éclairent brillamment les murs.

— Kaplan et Pottar plaisent aux foules, dit Mike. Ils sont beaux, ils sont intelligents, ils ont du charme... et ils jouent un jeu dangereux. Ils menacent la sécurité des États-Unis tout entiers...

— Vous avez sans doute raison, dit Schutz. Je vous répète que cela m'intéresse peu... Je suis un esthète avant tout.

— Kaplan et Pottar sortent de chez vous... dit Mike froidement.

Il y a un silence. Schutz s'arrête et ses yeux gris et glacés tombent sur Mike.

— Écoutez, Bokanski, dit-il, épargnez-moi vos plaisanteries... Parlons d'autre chose... Je vous le demande comme un service personnel...

— Ça va, dit Mike. Je n'insiste plus... Mais quant à me dire que vous vous contentez de cultiver le physique des gens, n'attendez pas que j'avale celle-là... Je sais pertinemment que les trois cinquièmes des

hommes politiques dangereux pour le gouvernement actuel ont été élevés et conditionnés par vous-même... Mes félicitations, d'ailleurs... votre système est très au point.

Schutz se met à rire.

— Écoutez, Bokanski... J'allais me fâcher, mais vous dites ça avec un tel sérieux que je vous pardonne... Moi, Markus Schutz, en train de préparer la ruine de mon pays... en train de noyauter tous les milieux pour mettre la main sur les leviers de commande? Enfin, mon cher... vous voulez plaisanter... Je suis dans mon île comme un roi sans couronne, je me livre à mes expériences en toute tranquillité...

— N'en parlons plus, dit Mike... Où sont vos fillettes?

— Ah! dit Schutz... Voilà qui est parlé... Nous arrivons.

Il s'efface pour nous laisser pénétrer dans une grande pièce dont un bureau occupe le centre. Il va vers le bureau, tire un tiroir rempli de fiches et les consulte.

— Bon, dit-il. Salles 309 et 311. Je les fais venir et dans une heure, vous êtes libres... libres de vous en aller, naturellement, parce que j'apprécie l'humour, mais lorsqu'il n'y a pas d'exagération.

— Je vous promets que nous n'avons pas l'intention de faire long feu ici, dis-je. Si vous ne nous demandiez pas de rester avec cette insistance, nous serions déjà retournés là-bas.

— Vous devez vous sentir un peu ridicules, poursuit Schutz. Prendre un B 29, descendre en parachute comme des petits parachutistes, se mettre tout nus et envahir la maison d'un pauvre vieux bonhomme qui cultive les plantes humaines comme d'autres cultivent les orchidées ou le chistoperzacchio, vraiment de tout cela il n'y a pas à tirer gloire...

— Je reconnais que c'est idiot, avoue Mike.

Mais j'ai l'impression que Mike se tient de plus en plus à carreau...

— En tout état de cause, poursuit Schutz, venez avec moi. Je vais vous montrer où c'est.

Il décroche un téléphone.

— Envoyez P. 13 et P. 17 aux chambres 309 et 311, dit-il.

Il se retourne vers nous.

— Ces deux-là sont rigoureusement identiques. Si vous préférez être tous les quatre ensemble, naturellement, c'est à votre idée... les deux pièces communiquent.

— Merci, dit Mike. Nous profiterons de l'autorisation.

Schutz raccroche distraitement le récepteur.

— Eh bien, allons-y.

Nous le suivons comme deux fidèles chiens de chasse à l'escargot[*].

À la chambre 309, il s'arrête et Mike entre. Je franchis la porte suivante.

— À tout à l'heure ! nous crie Schutz en s'en allant.

La police de ses couloirs est sérieuse. Nous n'avons pas vu âme qui vive depuis que nous sommes descendus.

Dans ma chambre, une fort jolie personne m'attend. Elle est d'un roux flamboyant. Rousse des pieds à la tête...

— Bonjour ! dit-elle. Vous êtes un S, au moins ?

— Je suis un franc-tireur, dis-je. Je travaille pour mon compte.

Elle paraît un peu surprise.

— Comment se fait-il que vous soyez là ?

— C'est des choses qui arrivent, dis-je. S'il n'y avait pas de mystère, la vie ne serait pas drôle.

Je me dirige vers la porte de communication et j'entre sans frapper.

Mike est assis sur le lit. Debout devant lui, le sosie exact de ma compagne.

— Hé, Mike, dis-je. Vous vous en ressentez ?

— Je commence à en avoir marre, dit-il. D'abord, j'ai horreur de ça, ensuite, une fois par semaine, ça me suffit bien. Si on les laissait s'expliquer toutes seules ?

— Excellente idée, dis-je.

Je regagne l'autre pièce.

— Venez, Sally, dis-je. On va jouer à des jeux.

— Je veux bien...

Elle se colle contre moi au passage et fait du remue-ménage avec ses reins. Je reste impassible.

— Je ne vous plais pas ? dit-elle.

— Si mon chou, dis-je. Mais je suis homosexuel.

— Qu'est-ce que ça veut dire ?

— Que je n'aime que ceux qui me ressemblent. Alors, si ça ne vous fait rien, vous allez vous distraire avec Mary.

— Mais pourquoi nous donnez-vous ces noms ? dit-elle.

— Je n'aime pas les numéros, dis-je.

Elle se laisse entraîner et me regarde avec inquiétude. Mike pousse une exclamation en la voyant.

[*] Jeu de mots qui n'existe pas en américain et qui n'est pas drôle en français. (Note du traducteur.)

— Ce n'est pas vrai, dit-il. C'est des histoires. Elles ne peuvent pas se ressembler à ce point-là.

— Mais si, proteste Mary. On est jumelles de la même série... Vous le savez bien...

— C'est révoltant, dit Mike. Épouser une femme comme ça et se dire à chaque instant qu'elle vous trompe avec un autre...

— Mais on est *deux*, dit Sally. Deux, vous comprenez ?

— Est-ce que vous savez au moins ce que deux jolies filles peuvent faire ensemble ? dit Mike.

— C'est rigoureusement défendu, dit Mary.

— Je vais vous dire, dit Mike. Je ne peux pas coucher avec vous parce que mon docteur me défend ce genre de sport. Je suis un faible et je dois me reposer tout le temps.

— Vous n'avez pas du tout envie de vous reposer, dit Sally. Et ça se voit.

— Ne vous inquiétez pas, dit Mike. C'est un réflexe ; c'est comme la rigidité cadavérique, ça ne signifie rien. Venez ici, vous...

Il attrape Sally.

— Moi, dit-il, je voudrais bien vous distinguer l'une de l'autre.

Il l'assied sur ses genoux et elle fait tous ses efforts pour que ça aboutisse à quelque chose... mais il se contente de la maintenir et lui mord violemment l'épaule gauche. Elle pousse un cri et se débat. Il suce un peu pour obtenir une belle teinte violette, et la lâche.

— Comme ça, dit-il, on ne peut plus vous confondre. Maintenant, Mary, vous allez vous allonger sur le lit.

Il l'attrape et la couche sur le lit. Elle se laisse faire, passive, haletante. Il empoigne Sally, la retourne et la dépose sur sa compagne.

— Vous êtes à pied d'œuvre, si j'ose dire, continue-t-il. Servez-vous de ce que le Bon Dieu vous a donné, mes enfants.

Elles s'écartent l'une de l'autre, roses de confusion.

— Mais... on n'a jamais fait ça... dit Sally.

— Des gens très bien le font, assure Mike. Embrassez-vous... doucement... C'est très agréable, vous verrez.

Il s'agenouille à côté d'elles et les rapproche. Mary commence à comprendre et se prête au baiser de Sally, qui se laisse aller et, les caresses de Mike aidant, elles sont bientôt en pleine activité. De temps à autre, Mike leur donne une grande claque sur les fesses...

— Allez-y, mes chéries, dit-il. Ça ne fait de mal à personne, et comme ça, on n'a pas d'enfants.

Eh bien, c'est assez agréable de voir deux jolies filles en train de faire l'amour... C'est un spectacle nouveau pour moi, mais je m'y habitue très vite. Les cheveux de Mary balaient la peau satinée des cuisses de Sally qui lâche prise la première et se renverse en gloussant de satisfaction... L'autre ne l'entend pas de cette oreille...

— Continue... chameau... Est-ce que je m'arrête, moi ?...

— Allons, mon petit, dit Mike, ne vous inquiétez pas... Après tout, mon docteur doit avoir tort...

Il s'allonge aux côtés de Mary et la tient serrée contre lui, une main sur son sein. Elle se cambre et colle son dos contre le ventre de Mike, qui opère avec une remarquable précision...

Ben zut... rien pour moi... Vraiment, j'ai un peu exagéré... Je me détourne et je passe dans la pièce voisine... Amusez-vous, mes enfants... Moi, je vais dormir un peu... Je m'étends et je ferme les yeux... Cinq secondes... Je dors...

XXVII

NOUS PARLONS PHILOSOPHIE

Une poigne vigoureuse me secoue. Je regarde. Mike est debout à côté de moi, couvert de sueur et haletant.

— Rock, dit-il, venez m'aider... Je ne peux plus les faire tenir tranquilles... On va leur donner une bonne volée et on aura la paix...

— Mon vieux Mike, dis-je, tout engourdi par un reste de sommeil, c'est bien votre faute...

— C'est un service que je vous demande, Rock, dit-il.

— Vous pouvez bien leur flanquer la volée tout seul, dis-je. C'est des histoires de vieil impuissant, tout ça, de la flagellation larvée...

— Rock, dit Mike, je vous jure que j'étais vierge en arrivant dans l'île. J'avais lu des livres et je connaissais la théorie, mais je n'avais jamais touché une femme...

— Ben, vous n'avez pas honte! dis-je.

Je ne peux m'empêcher de rire à voir sa mine défaite...

— C'est vrai, dit Mike... Moi, ce qui m'intéresse, c'est la culture physique...

— Mon petit, dis-je, il n'y a pas que ça dans la vie...

Je le suis dans la chambre voisine dont il n'a cessé de tenir la porte et deux furies lui sautent dessus... J'en empoigne une par ce qui me tombe sous la main, je la couche sur mon genou et je lui envoie sur les fesses une de ces séries de calottes dont on parle dans l'Histoire Sainte. Sur quoi je la relève et je lui balance mon poing dans l'œil. C'est Sally... Je reconnais la morsure. Elle gigote toujours. Je l'emmène et la boucle dans ma chambre. Je reviens et je trouve Mike assis sur le dos de Mary, qui est étendue à plat ventre sur le lit et n'a plus l'air de remuer.

— J'ai horreur de battre les femmes, dis-je, mais peut-on considérer ça comme des femmes?

— Non, dit Mike. Si on s'en allait...

— On rend nos billes? Qu'est-ce qu'on rapporte comme tuyaux à Andy?

— Rien, dit Mike. On sait déjà tout ça. Sigman connaît des détails sur Schutz et ses affaires avec lesquels il y a de quoi écrire un volume gros comme le Webster[19].

Je m'assieds à côté de lui, sur les cuisses de Mary. C'est chaud.

— C'est un chouette métier, celui de détective, dis-je en m'étirant. Avec tout ça, il doit bien être six heures du matin et je commence à crever de faim. Est-ce que Schutz a vraiment fait tout ce que vous dites? Les histoires de Pottar et de Kaplan? Qu'est-ce qu'il veut?

— Devenir président des États-Unis, dit Mike.

— Mais tout citoyen américain a la possibilité de devenir président des États-Unis, réponds-je. C'est dans les livres. Alors, pourquoi pas lui? Au moins, on aura des sénateurs qui seront des beaux gars.

— Vous, dit Mike, vous êtes en train de passer à l'ennemi. Rappelez-vous un peu les petites pancartes avec «défaut d'aspect» et les petites histoires dans les rues de Los Angeles, et les filles qu'il a fait enlever...

— Zut, alors, dis-je. Une belle bande de tordues... si elles sont toutes comme Mary Jackson, je lui en fais cadeau...

— Et les opérations, dit Mike... Vous vous rappelez les opérations, Rock?

— Mais puisqu'il affirme que ce sont ses secrétaires qui ont abusé de la situation? Il a prononcé le nom des frères Petrossian, n'est-ce pas?

— Ce n'est pas admissible, dit Mike. On ne peut pas laisser un homme faire la loi comme ça...

— Vous préférez que ça soit une bande de politiciens corrompus ? dis-je. Évidemment, il y a cette histoire de tuer tous les affreux. Mais après tout, vous et moi sommes dans l'autre catégorie... alors ?

Pendant que nous parlons, Mary commence à trouver le temps long, sans doute, car elle s'agite et s'efforce de nous faire choir.

— Tranquille ! ordonne Mike en lui assenant une claque retentissante sur le derrière.

— Oh, là, là, gémit-elle. J'ai l'impression d'être passée sous un rouleau compresseur...

— Moi aussi, dit Mike. Alors, fermez-la.

Il enchaîne.

— Vous ne vous rendez pas compte du nombre de gens qu'il va falloir supprimer, Rocky. C'est effrayant.

— Mais puisqu'ils sont affreux, dit-je. Ça sera bien plus chouette, après...

— Mais il en faut, des affreux, dit-il. Bon Dieu, qu'est-ce qu'on fera sans affreux... Vous ne vous rendez pas compte, je vous le répète... Qui est-ce qui ira au cinéma, si tous les gens sont beaux comme des Apollons ?

— Ben, on ira voir les affreux, dis-je. Il suffira d'en garder quelques douzaines.

— Vous vous rendez compte qu'à ce moment-là, il faudra être affreux pour avoir du succès auprès des filles, poursuit Mike d'un ton désespéré. Alors, tous les tordus prendront des mines triomphantes, et nous on pourra toujours s'amuser tout seuls... Ça sera chouette, hein, comme vous dites ?

— Ça, dis-je, c'est un argument salement convaincant, d'autant qu'il est *ad hominem*. Il est certain que dans l'état actuel des choses, nous avons des chances avec les filles... mais vous voyez : à quoi ça nous sert ? Nous restons puceaux jusqu'à vingt ans et plus.

— C'est pas parce que nous sommes des cons, dit Mike, qu'il faut laisser périr la société, même si c'est une société d'encore plus cons.

— Je ne suis plus du tout d'accord sur ce raisonnement, dis-je. D'abord, nous ne sommes pas vraiment des cons, mais des chastes ; ce qui est louable ; ensuite, les autres, eh bien, je m'en tape.

— Moi aussi, dit Mike ; seulement si je dis ça à Andy Sigman, il va m'engueuler pendant des heures et me prouver que je ne suis qu'un

plouc. Aussi, je resterai fidèle au serment des agents secrets. Foutons le camp et faisons notre rapport, et laissons Andy se débrouiller.

— D'accord, dis-je. Foutons le camp. Mais comment?

— On ouvre la porte, dit Mike, et on se tire.

— Et on rencontre papa Schutz qui nous court au derrière avec une mitraillette. Pas question.

— Mais non, dit Mike; c'est des blagues. Il est en train de travailler dans son bureau.

— Alors allons-y.

Nous nous levons avec ensemble et Mary reste sur place. Elle pousse un soupir de soulagement et s'endort. Elle a besoin d'un bon coup de peigne et d'un bon coup de rince-bouteilles.

Mike marche vers la porte et l'ouvre. Il regarde dans le couloir, à droite et à gauche.

— Rien, dit-il. On peut y aller.

Il sort, je le suis. Nous faisons quelques pas. Tout est calme et muet. Nous tâchons de retrouver l'escalier.

— C'est par là... dit Mike sans hésiter.

Si son chien était avec nous... ça serait déjà fait... Cet endroit me flanque le cafard. Voilà l'escalier. Très simple. Mais en haut, tout est fermé.

Ça aussi, c'est très simple.

XXVIII

SCHUTZ PREND DES VACANCES

Nous essayons la première porte. Elle cède au bout de quatre essais. Nous faisons le moins de bruit possible, mais il ne nous reste pas beaucoup de forces... et c'est très fatigant de ne pas faire de bruit.

Après la première, naturellement, il y en a une seconde...

— J'en ai marre, dis-je. Je crie. Je vais crier. Je vais hurler. Je vais bramer... OuâOuâOuâOuâ...

J'ai poussé un glapissement à faire honte à Tarzan et je me sens beaucoup mieux. La grande salle où nous sommes résonne sinistrement.

— Vous êtes cinglé, Bailey, dit Mike. À quoi ça vous avance de beugler comme ça.

— Ça soulage, Mike, dis-je. Essayez. C'est fameux.

Et je remets ça. Cette fois, je sens que je deviens tout bleu et j'entends des verres se mettre à tinter sur la table.

— C'est rien, dit Mike. Je fais mieux. Écoutez.

Il se carre sur ses jambes, met ses mains en porte-voix et pousse la plus belle volée de braillements que Jéricho ait jamais entendue. Je ne veux pas être en reste avec lui et je riposte de mon mieux. Nous sommes là, à nous crier à la figure et tout à coup je reçois un seau d'eau glacée sur les fesses. J'avais oublié que j'étais tout nu, mais ça me le rappelle en un éclair. Mike se retourne... Il a subi le même traitement.

— Nom d'une pipe, espèce de porc, dis-je. Vous ne pouvez pas laisser les gens s'amuser tranquillement?

Derrière nous... mais c'est lui... la crapule... le rustre...

Le type qui m'a fourré des électrodes dans le derrière, en un mot. Mon vieux, tu es mort. Je bondis en l'air et je retombe en courant. Il a prévu mon geste et galope déjà deux mètres devant moi. Mike suit le mouvement et nous voilà partis à travers la villa de Schutz, courant comme des kangourous, c'est-à-dire avec intermèdes saltatifs.

Il prend de plus en plus d'avance, parce qu'il connaît le coin, et ça lui permet d'ouvrir une porte et de filer de plus belle. Mais là, je l'ai presque rejoint. Tout en courant, je lui crie des injures.

— Enfant de pute! Attardé! Face de brème! Arrête-toi un peu si t'as pas peur!

Ça c'est gratuit parce que je pèse bien trente kilos de plus que lui... Je suis un grand lâche, au fond. Nous sommes dans un nouveau couloir et je remonte mes genoux jusque sous mon nez tellement j'y mets d'ardeur; je gagne... un mètre... deux mètres... Il n'est plus qu'à trois pas de moi. Il y a une porte au bout du couloir... il ne ralentit pas... Il fonce... Bing! il rentre dedans... Elle est fermée, mais c'est le même tabac, elle s'ouvre quand même... Je suis sur lui... En terrain libre! Bon Dieu, nous sommes dehors! Du coup, je reperds quatre mètres et Mike me double... Nous suivons un petit sentier sablonneux. Cette sale rosse d'infirmier a

des chaussures de tennis et nous, ça nous esquinte les pieds... mais tant pis... on l'aura...

Il dévale la pente à travers des buissons de fleurs rouges et des touffes de végétation... Une brise fraîche nous frappe au visage et la rumeur de l'océan n'est pas loin. Ce damné type connaît toutes les ficelles ; je mets un point d'honneur à rattraper Mike dont je guette le dos avec passion... il a des beaux muscles, ce cochon-là... L'autre, devant, fait des bonds de sauterelle et à chaque descente, il étend les pans de sa blouse d'infirmier pour faire du vol plané... La pente est drôlement raide et il file comme un dard ; jamais je n'aurais cru qu'un si petit homme puisse courir si vite ; c'est vrai qu'il n'a pas forniqué vingt-quatre heures de suite ; oh, après tout, chez le père Schutz, on n'en sait rien...

Enfin, il se prend les pieds l'un dans l'autre et il roule par terre... mais il ne s'arrête pas pour ça... Nous sommes presque au bord de la côte... une petite falaise de six mètres de haut... Il réussit à se redresser et pique une tête...

Zut. Il nous a eus... Je ne plonge pas maintenant, je n'aurais plus la force de remonter ; il doit faire trop bon dans l'eau.

À notre droite s'étend une crique sablonneuse, ravissante, bordée de plantes fraîches et de rochers rouges. Un bateau se balance, à l'ancre... un petit yacht à moteur d'une trentaine de mètres... un vrai bateau de milliardaire...

— Y a un sentier ? demande Mike

— Oui, dis-je, car je viens de l'apercevoir.

— On le laisse tomber ?

L'infirmier barbote à cinquante mètres de nous ; nous sommes revenus sur la droite et nous nous approchons de la crique... On y accède par une pente très douce, bien cimentée et bordée de fleurs. Vraiment le docteur Schutz a bien aménagé sa maison de campagne.

Un pas pressé retentit derrière nous. Nous nous retournons. C'est lui, Schutz.

— Eh bien, nous dit-il. Vous avez passé une bonne nuit ?

Nous restons abasourdis. Il tient à la main un léger nécessaire de toilette en crocodile. Il est frais, dispos, plus jeune que jamais.

— Vous partez ? demande Mike

— Oui, dit Schutz, c'est la date précise à laquelle je prends mes vacances tous les ans. Vous m'excuserez...

— Mais... vos expériences ? dit Mike.

— J'emmène tout ce qu'il me faut, répond Schutz. Rassurez-vous...

— Vos sujets ? demandé-je.

— Ils restent là, dit Schutz, ils ont l'habitude de se débrouiller tout seuls. J'ai des gens très capables dans la série W.

— Pottar et Kaplan sont aussi de la série W ? demande Mike

— Ah, ça, c'est une question qui vous tient à cœur, dit Schutz. Mais vous savez, en dehors de Pottar et Kaplan, il y a Count Gilbert et Lewison... et quelques autres...

— Mais alors... dit Mike.

— Alors, votre torpilleur, vous comprenez, dit Schutz, il fera exactement ce que Count lui dira de faire. On n'est pas grand amiral de la Flotte pour des prunes, si j'ose adopter cette façon vulgaire de m'exprimer qui me paraît, par contre, vous plaire tout particulièrement.

— Et Lewison... c'est le secrétaire de Truwoman, dis-je.

— Oui, complète Schutz. Notre cher président... Vous savez... petit à petit, on y arrive... Cette fois-ci, on va laisser les choses se tasser, mais dans cinq ans, les affreux, il n'y en aura plus...

— Mince, alors, dit Mike. Vous êtes un drôle de phénomène...

— Mais non, dit Schutz. J'aime bien les beaux gars et les belles filles. Vous êtes sympathiques, tous les deux... Vous viendrez travailler avec moi à la Maison Blanche. Mais je vous quitte, il est l'heure... Au revoir, Rocky... Au revoir, Bokanski...

— Ça alors, dit Mike, vous me soufflez...

— Andy Sigman va avoir de l'avancement, dit Schutz, ne vous en faites pas...

— Pour les grenades... dit Mike. Je regrette... C'était plutôt pour faire du bruit qu'autre chose.

— C'est une bagatelle, dit Schutz. Je vous en prie... n'y faites pas attention... Au revoir, les garçons...

Il nous serre la main et s'éloigne d'un pas nonchalant... Nous le regardons s'en aller. Sa longue silhouette élégante foule le sol de la crique et il embarque dans une vedette qui vient de se détacher du yacht... Il nous fait des signes... et puis la vedette contourne le flanc du yacht qui la dérobe à notre vue.

Presque en même temps, le petit bâtiment commence à bouger et un bouillonnement d'écume apparaît à l'arrière. Il pivote lentement pour présenter sa proue à l'océan et se met en mouvement... bientôt, il est en pleine vitesse...

Sur le pont, un grand type en blanc nous salue de la main... et nous en faisons autant.

Mike me pose sa patte sur l'épaule.

— Rock, me dit-il, je ne sais absolument plus quoi faire.

— On peut toujours lancer des cailloux sur la poire de l'infirmier, dis-je.

— Oh, dit Mike, je vais le louper quatre fois sur cinq. Laissons-le dans la flotte, il sera dévoré par les requins, les biscoufles et les monstres marins du Pacifique.

Nous remontons mélancoliquement le sentier cimenté...

— Que va dire Andy ? murmuré-je.

— Qu'est-ce qu'il peut dire ? répond Mike sur le même ton.

— Et les gars du torpilleur ?

— Si Schutz dit vrai et si Count Gilbert, grand amiral de la Flotte des États-Unis, est un de ses bonshommes, ils feront rigoureusement ce que désire Schutz.

— Il faut aller raconter tout ça à Andy, dis-je.

— Et remettre un pantalon, dit Mike. Je commence à en avoir ma claque de jouer les nudistes. Ce que c'est gênant pour courir...

— Et encore, conclus-je dans un soupir, heureusement qu'on n'a pas été forcés de grimper aux arbres.

XXIX

SIGMAN PREND UNE DÉCISION

Nous sommes de nouveau en compagnie de Sigman et des gars de l'équipe. Mike termine le récit de nos aventures et Aubert George me pousse le coude en me regardant avec envie.

— Elles étaient rousses, vous dites ?

— Comme le feu, Aubert.

— Mince, dit-il. Si ma femme était pas hongroise et si elle était pas

tellement jalouse, je m'en enverrais bien une paire, des bonnes femmes au père Schutz...

— Vous n'avez pas honte ? dit Jameson. Un homme marié.

— Justement, répond Aubert. Un homme marié prend des responsabilités, il est juste qu'elles soient compensées par quelques avantages supplémentaires. Et toc.

— C'est dégoûtant, dit Jameson. Moi, je n'aime que les hommes.

— Ben, vous pouvez repasser, dit Aubert. Moi, je préfère crever.

— Vous n'êtes pas du tout mon genre, dit Jameson. Monsieur Bailey me plairait plus.

— Sans façon... dis-je, toujours à voix basse pour ne pas gêner Andy et Mike.

Ces deux derniers viennent de terminer leur conciliabule.

— Bon, dit Andy. En somme, tout va très bien.

— Tout va très bien, dit Mike. Si on allait bouffer quelque chose de solide ? Votre chocolat et vos biscuits, c'est très gentil, mais j'aimerais mieux une douzaine de hamburgers avec du fromage et des œufs.

— Assez, Mike, dis-je. Ne parlez pas de ces choses inaccessibles... Je boufferais ma mère entre deux tranches de pain...

— Dites donc, dit Aubert, si elle vous ressemble, votre mère, vous pouvez pas me présenter ?

Ce sacré Aubert ne tient plus en place.

— Patron, propose-t-il à Andy, je voudrais bien qu'on aille visiter la cambuse de papa Schutz avant que ces salauds de marins ne nous fauchent les jolies poupées sous le nez.

— Mes enfants, dit Sigman, je ne sais pas du tout quoi faire... Il faut remonter au camp prévenir les deux qui sont restés là-haut et puis, je pense qu'on n'a qu'à attendre l'arrivée du torpilleur... Qu'est-ce que c'est ?

Un type vient d'apparaître sur le chemin... Nous sommes tous assis en rond dans l'herbe... Il fait beau, il y a une douce brise, ça sent bon les fleurs et la verdure...

— M. Sigman ? demande l'intrus.

Il n'a pas l'air dangereux. Jameson et Aubert se lèvent d'un même mouvement et l'encadrent.

— C'est moi... dit Andy.

— Le docteur Schutz me charge de vous faire savoir qu'il tient huit chambres à la disposition de votre équipe pour le temps qu'il vous plaira... Une voiture va passer vous prendre et chercher vos amis...

Sigman rougit un peu puis, faisant contre mauvaise fortune bon cœur, il se lève.

— Bon, dit-il. Allons-y, les enfants...

— La voiture arrive, dit l'homme. Laissez vos bagages.

— Entendu, dit Sigman. Nous vous suivons...

Nous refaisons le chemin que Mike et moi-même avons déjà parcouru. Les défauts d'aspect ont disparu... aimable attention du docteur... drôle de type... Aubert ne tient plus en place.

— Dites, monsieur Bailey... Vous croyez qu'elles vont pas me trouver trop cloche, les rouquines?

— Mais non, Aubert...

Je ne sais pas du tout s'il va leur plaire... quoique je le croie... Mais l'idée d'un bon repas et d'un lit me sourit bien plus que toutes ces histoires de fesses. J'en ai mon compte pour quelques jours...

Mike me rejoint.

— On va bien voir, dit-il.

— On va voir quoi?

— Ce que ça donnera avec les marins du torpilleur...

— Il y a des beaux hommes, chez les marins, dis-je.

— Oui, dit-il, mais il y a aussi des tout maigres et tout affreux...

— Je suis sûr de ce que je dis, Mike. Plus ils seront moches et plus elles aimeront ça. Regardez ce que ça va donner avec Aubert, qui n'est pas mal, mais qui pèse quarante-cinq kilos et qui a l'air d'une puce. Elles vont le dévorer vivant. C'est sûr, mon vieux Mike. Les affreux, on se les arrachera, je vous le dis.

Nous arrivons devant la villa et à ce moment retentit la sirène d'un bateau. Andy saute en l'air.

— Le torpilleur! dit-il. Les enfants, grouillons-nous de faire notre choix. Après tout, la question est réglée, on ne peut rien faire contre Schutz. Mais on peut montrer à ces crapules de la Marine que les gars du F.B.I. sont les premiers servis. Allez, pressez-vous, mon petit, dit-il à notre guide en le poussant devant lui.

Mike et moi nous nous portons au premier rang.

— Où sont les cuisines? dis-je au guide.

— Par là... Faites le tour de la maison.

J'attrape Mike par le bras et nous partons en courant. Les autres entrent dans la villa au pas gymnastique.

— Que va-t-il se passer? dis-je à Mike.

— On va se taper la cloche, me répond-il. Le reste, ça les regarde...

XXX

LA MARINE À L'HONNEUR

Nous nous trouvons, Mike et moi, dans une cuisine géante aménagée pour préparer à bouffer à cinq cents types au bas mot. Mike s'arrête devant un frigidaire et tombe à genoux pour remercier le Seigneur... Il ne perd pas trop de temps à ça et se relève en ouvrant la porte émaillée de l'appareil.

Je me passe la langue sur les lèvres en voyant ce qu'il y a là-dedans... Ça va... On va se refaire une santé... De la langouste, du poisson froid, du poulet en gelée, du lait... Youpi! Nous nous remplissons les mains et nous commençons à mastiquer.

Un quart d'heure se passe en bruits de mandibules et claquements de langue satisfaits. Puis Mike reprend son souffle.

— Ça m'a l'air de finir en queue de poisson, tout ça, dit-il.

— C'est une bonne fin, dis-je. Quand le poisson est bien cuit...

— Que va faire Sigman?

— Rien... On va voir...

— Les types du torpilleur ne vont pas tarder?...

— Ils doivent être là...

Un bonhomme vêtu de blanc entre sur ces entrefaites.

— Bokanski, me dit-il. C'est vous?

— C'est lui... (je désigne Mike).

— Andy Sigman m'a dit que c'est vous qui le remplacez, continue l'homme en se tournant vers Mike.

— Il n'est pas disponible? demande ce dernier.

— Il est complètement enragé, assure l'homme paisiblement. Il a pris quatre filles pour lui tout seul et elles sont en train de demander grâce toutes les quatre. Mais il a fermé la porte.

Je regarde Mike avec fierté.

— Hein? dis-je. Ça, c'est un chef!...

— Je comprends! approuve l'homme. Il y a un marin qui est venu me porter un message pour Sigman. Il attend la réponse. Je vous le donne?

— Donnez! dit Mike qui tend la main pour prendre le papier.

Le papier est marqué à l'en-tête de l'amirauté et porte la signature de Count Gilbert.

Ordre à Andy Sigman et à ses hommes de se mettre à l'entière

disposition du docteur Markus Schutz ou de ses représentants, et, en leur absence, de prendre toutes mesures susceptibles de l'aider dans ses travaux qui intéressent au plus haut point la Défense Nationale. Tous pouvoirs leur seront délégués dans ce dernier cas, le présent ordre en fait foi.

— C'est ce que je disais, Mike, dis-je. Du moment que des hommes à Schutz sont au gouvernement, travailler pour eux, c'est servir le pays... et lorsque Pottar et Kaplan y seront aussi, on ne pourra plus les considérer comme des factieux...

— Bon Dieu ! fait Mike, accablé... Ça nous promet des beaux jours... Je vous le dis...

— Allez, Mike... reprenez-vous... C'est vous le chef, maintenant.

Mike se redresse.

— Le marin est là ? Qu'il vienne, dit-il à l'homme porteur du message.

— O.K., dit celui-ci qui sort et revient un instant après en compagnie du petit singe le plus épouvantable que j'aie jamais vu sous l'uniforme de la Marine.

— Vous savez que vous devez m'obéir ? dit Mike.

— Nous sommes au courant, dit l'homme en saluant.

— Alors, dit Mike... il me regarde et hésite. Alors, reprend-il, que l'on fasse venir les vingt-cinq plus beaux marins du bord, et les vingt-cinq plus laids. Qu'ils se rangent dans la cour et qu'ils attendent de nouveaux ordres.

— Compris ! fait le matelot qui salue et s'éloigne au pas gymnastique.

— Vous, dit Mike à l'homme, vous allez faire sortir les cinquante plus belles filles du père Schutz dans le jardin devant la villa. En tenue de travail.

— Entendu, chef ! dit l'homme. La série P ?

— La série P.

L'homme s'éloigne et Mike s'éponge le front.

— Allez, Rock, dit-il. On va en avoir le cœur net. C'est une expérience que je crois particulièrement susceptible d'aider Schutz dans ses travaux.

— Combien de temps vont-ils mettre à venir ? dis-je. Je voudrais bien savoir comment ça va se passer.

— J'ai les foies, dit Mike. J'ai salement les foies, mon vieux Bailey.

Nous sortons et nous revenons devant la grande maison basse. Il fait

un temps radieux. Les palmiers s'agitent imperceptiblement et les fleurs font mal aux yeux tant leurs couleurs explosent sous les rayons ardents.

Des filles commencent à sortir. Nues, naturellement... par séries de quatre ou cinq parfaitement identiques... des rousses pareilles à celles que nous avons prises cette nuit... des brunes... des blondes... Toutes faites au moule et belles à damner un producteur de Hollywood.

— Mettez-vous par là, ordonne Mike. Il les compte.

— On va vous amener des hommes et vous choisirez celui que vous voulez... Vu? Au commandement, vous marcherez sur lui et vous le désignerez... Vous serez en nombre égal.

Les marins arrivent à leur tour.

— Déshabillez-vous! commande Mike.

Ils obéissent sans sourciller. Le fait est qu'on est mieux comme ça.

— Rangez-vous par ici. En rang. Y en a t-il parmi vous qui s'opposent à une expérience de physiologie appliquée dont le but est de servir la Marine et les États-Unis?

— Moi, dit un gros matelot joufflu qui s'avance d'un pas, je suis objecteur de conscience.

— Ça va, dit Mike. Rien ne s'oppose donc à votre participation à l'expérience. Ça s'est déjà fait dans la Bible au temps du roi Salomon.

Toutes les femmes sont là. Les hommes aussi. Vraiment, le groupe des minables comporte une série d'avortons à faire tourner le lait d'une vache du Texas. Je suppose qu'on les prend comme ça sur les torpilleurs parce que les plafonds sont bas et le recrutement malaisé.

— Prêtes? demande Mike aux femmes.

L'instant est crucial. Elles ont l'air d'en vouloir drôlement...

— Allez! dit Mike.

C'est la ruée. Et Mike se voile la face. Quarante-sept des filles ont bondi sur le groupe des malingres et trois seulement vers les autres. Toutes les trois sur le même, d'ailleurs : un type bâti en Hercule et couvert de poils noirs comme un satyre, avec un grand nez crochu et des yeux luisants.

— Arrêtez!... dit Mike... Lâchez-les!... C'est fini... Ça suffit...

Trop tard. La mêlée est à son comble. Les vingt-quatre beaux garçons dédaignés regardent leurs camarades avec dégoût et pour un peu, ils se rhabilleraient. De l'autre côté, c'est un tel enchevêtrement de corps que je détourne la tête, parfaitement étourdi. Mike baisse les yeux et rougit. On n'entend que le halètement des femmes et les exclamations des élus

qui demandent grâce. De temps en temps, deux corps accouplés se séparent de la masse et font quelques pas pour s'écrouler plus loin... et à ce moment, une femme s'élance pour arracher sa rivale du corps de l'homme et se glisser à sa place... Peu à peu, nous nous enhardissons et nous regardons... Il y a vraiment des combinaisons intéressantes et qui dénotent un esprit d'équipe développé...

— Schutz avait tort, dit Mike. Je regrette pour lui... C'est un type bien... mais il s'est trompé... Ça va lui faire une de ces générations de monstres...

— Bah! dis-je, je m'en rapporte à lui... Il trouvera bien le moyen d'en faire quelque chose...

Un type affolé se détache du groupe mouvant et part au galop en se tenant les fesses...

— Y en a qui trichent! dit-il. Zut, alors... Il y a assez de femmes, ici...

— Vous voyez bien, me dit Mike... C'est la faillite du système...

Je proteste.

— C'est une erreur, Mike... Ils ne peuvent pas voir ce qu'ils font là-dedans...

Les marins dédaignés ont formé le cercle et l'un d'eux prend des photographies avec un petit appareil portatif. Les autres ont l'air vexé. Quelques-uns s'enhardissent et se rapprochent du groupe. Les trois premiers réussissent à s'y incorporer et parviennent même à établir quelques doubles liaisons benzéniques... mais le quatrième, reconnu, est éjecté par deux furies échevelées qui le poursuivent en le griffant et en lui criant des injures... Elles le traitent de mal bâti et le menacent des pires castrations...

Mike me prend par le bras.

— Venez, Rock, dit-il. Notre place n'est pas ici. Allons perdre quelques kilos et devenir tout mous et tout vilains... Dans l'état actuel des choses, nous n'avons plus aucune chance avec les femmes.

Je le suis et nous nous éloignons vers la mer au moment où les vingt marins dédaignés, le sabre à l'air, tentent une attaque en groupe. Il monte de la bagarre une telle odeur de sueur et de chair chaude que j'ai la tête qui me tourne.

Nous marchons en silence et Mike secoue la tête, désolé.

— C'est pas une vie, dit-il. Schutz a raison, à bas les affreux! Ils prennent tout.

— Votre point de vue est faussé, Mike, dis-je. Vous êtes là au milieu de

déesses qui couchent toute la journée avec des types aussi beaux que vous... Elles en ont marre...

— D'ailleurs, conclut-il, moi aussi, j'en ai marre. Elles sont trop parfaites...

— Vous ne savez plus ce que vous voulez, dis-je.

Nous nous rapprochons de la plage. Je pousse le coude de Mike.

— Qui est-ce ?

Un homme jeune, les cheveux argentés, très grand, vient vers nous... Il est en civil... Il a un sourire en nous voyant. Il se tient très droit... Il est très sympathique et fort séduisant...

— Count Gilbert... murmure Mike. Ça, alors...

Ben c'est évident, qu'il sort de chez Schutz... Je ne l'avais jamais vu qu'en photo... Mais ça m'épate qu'il se soit dérangé pour ça... C'est tout de même un gros ponte.

Nous nous arrêtons et le saluons.

— Monsieur Bailey ? me dit-il. J'ai vu votre photo dans les magazines sportifs. Et vous ? continue-t-il tourné vers Mike.

— Mike Bokanski, dis-je. Remplace Andy Sigman.

— Heureux de vous voir... dit-il. Vous avez l'air ennuyé ? Tout va bien, je pense ? Qu'avez-vous fait de mes cinquante matelots ?

— Oh... ils ont de quoi s'occuper... dit Mike. J'ai fait une expérience. Je crains que Markus Schutz ne la trouve regrettable.

J'explique à Count Gilbert de quoi il s'agit et il rit à gorge déployée.

— Venez avec moi, dit-il. Tout ça va rentrer dans l'ordre, de soi-même... Je vous offre un verre... Je suis venu à titre privé...

— J'en ai marre ! dit Mike.

Il s'est arrêté. Sa colère éclate d'un coup.

— Les femmes sont des salopes ! Vous vous cassez le cul pour vous faire des muscles, pour être un beau gars, pour avoir l'air propre, pour ne pas puer de la gueule, pour marcher droit, pour ne pas incommoder vos voisins avec vos pieds, pour être sain et bien bâti... et le premier mal foutu qu'elles trouvent, elles lui sautent sur le râble et le violent avant même d'avoir vu qu'il a, en plus, un râtelier et les poumons en passoire. C'est dégueulasse. C'est abusif. C'est injuste, c'est immérité et c'est inadmissible...

— Ne croyez pas ça, dit Gilbert.

Nous le suivons... Moi, je me sens très bien... Sunday Love a dû se réveiller dans ma chambre à Los Angeles... elle m'attend... Mona et Beryl aussi... La vie est belle...

— Je suis déçu... dit Mike. Ces femmes me dégoûtent. Je vais me chercher un gros singe bien faisandé.

Nous arrivons sur la plage. La vedette grise du torpilleur nous attend.

— Montez, dit Gilbert. Sitôt que mes hommes seront revenus, nous appareillerons pour Los Angeles... et là, je vous promets des surprises.

Il se penche vers Mike.

— Je ne veux pas vous donner trop d'espoir... mais j'ai en ce moment à ma disposition une secrétaire bossue...

Les yeux de Mike s'allument.

— Elle est bien moche ?

— Elle est ignoble ! assure Gilbert avec un grand sourire. Et en plus, elle a une jambe de bois !...

Théâtre

L'ÉQUARRISSAGE POUR TOUS

Vaudeville paramilitaire en un acte long

Deux brèves remarques avant de présenter les deux pièces de théâtre retenues ; il n'a pas été possible d'obtenir de l'éditeur la reproduction des Bâtisseurs d'Empire, *sans doute la meilleure pièce de Vian, et nous le regrettons vivement ; il faut retenir que le théâtre de Vian a été un élément important de sa célébrité, surtout à l'étranger — Allemagne, pays anglophones —, mais aussi en France avec en particulier de très nombreuses représentations de la pièce sus-nommée.*

GENÈSE, PUBLICATIONS ET REPRÉSENTATIONS

Dans « Les Fourmis », le débarquement allié de Normandie, le 6 juin 1944, a inspiré une nouvelle pleine de gags avec une vision de la guerre marquée par l'humour froid et la farce. En 1947, Vian prolonge cette veine par une pièce de théâtre dont pourtant la genèse semble un embryon de roman sur une famille aux enfants dispersés dans les armées diverses de l'époque, américaine, allemande, française, russe et même eskimo ! Une première mouture de* L'Équarrissage pour tous *est terminée deux mois plus tard (15 avril 1947), qui subira quelques variations par la suite, en particulier la suppression de quatre personnages.*

Une première publication en est faite dans Les Cahiers de la Pléiade, *n° 4, au printemps 1948, mais d'une « version digérée », c'est-à-dire comprenant 28 scènes au lieu de 57 par un découpage du texte écrit publié plus tard ; cependant, un article d'Ici-Paris (20 janvier 1948) avait déjà signalé l'existence de cette pièce, œuvre d'un « Courteline*

* N. Arnaud, Les Vies parallèles de Boris Vian, *Bourgois, 1981 ; p. 371 ; cf. pp. 353-4.*

existentialiste». Dès la rédaction, Boris Vian cherche un metteur en scène mais rencontre surtout hésitations, procrastinations et renonciations, car le sujet de la Libération est encore tabou pour la satire ; ainsi Grenier-Hussenot abandonnent le projet et J.-L. Barrault doit y renoncer. C'est enfin André Reybaz avec sa Compagnie du Myrmidon qui monte, au Théâtre des Noctambules, le 11 avril 1950, cette pièce qualifiée par l'auteur de « vaudeville anarchiste » ; ce ne sera pas un succès puisque, dès le 11 mai, la suite est prise par une cousine pataphysique, La Cantatrice chauve *d'Eugène Ionesco, promise à une autre gloire jusqu'ici inaltérable**...

Plusieurs éditions ont vu le jour ensuite. D'abord chez Toutain, en 1950, une édition non diffusée ; le Collège de 'Pataphysique la récupéra et en assura la diffusion après la mort de celui qu'il avait fait « Équarrisseur de première classe » en 1952 et Satrape un an plus tard ; le texte est précédé d'un « Salut à Boris Vian » de Jean Cocteau, reproduit ici, qui place L'Équarrissage... *dans la lignée de liberté et d'insolence des* Mamelles de Tirésias *et des* Mariés de la tour Eiffel, *ainsi que d'un Avant-propos de l'auteur ; il est suivi d'un ensemble de citations et commentaires :* « L'Équarrissage et la critique », *puis de la courte pièce* Le Dernier des métiers *qui devait compléter le spectacle — la satire de l'Église précédant celle de la guerre — mais fut refusée par le directeur du théâtre. Publié aussi dans* Paris-Théâtre, *nᵒ 66 de novembre 1952,* L'Équarrissage... *fut réédité par J.-J. Pauvert dans le* Théâtre de Vian (1965) *avec les* Bâtisseurs d'Empire *et* Le Goûter des généraux. *Terminons avec la réédition en revue de* L'Avant-scène Théâtre *(1ᵉʳ juillet 1968) après la reprise de J. Deninx au Théâtre des Hauts-de-Seine, et dans le* Théâtre I *en 10/18 (1971).*

Prévoyant sans doute les réactions offusquées des critiques, Vian déclare dans le programme de la première représentation : « [c']est une pièce contre la guerre. [...] Elle se propose de souligner cette vérité qu'un mariage est plus passionnant qu'une guerre, fût-elle mondiale [...] » et il précise qu'il a donné aux représentants des différentes armées en conflit « une consistance contradictoire » du point de vue de Mars, par exemple. Mais, en dépit de ce désir de « faire rire les gens avec quelque chose de pas drôle, la guerre »**, Vian rencontra l'hostilité de critiques, soit obnubilés par le scandale de J'irai cracher sur vos tombes, soit incapables de se

* M. Rybalka, Boris Vian, *Minard, 1984 ; pp. 189-91.*

** B. Vian, Théâtre I, *UGE, 1971 ; p. 49.*

détacher d'un patriotisme étroit et triomphaliste ; ainsi des articles de H. Magnan, M. Favalelli ou Thierry Maulnier qui donne paradoxalement la main à Elsa Triolet !

Cependant, d'autres critiques, malheureusement peu suivis par le public, firent l'éloge non seulement de la troupe et de la mise en scène accentuant joyeusement les gros effets et la folie de ce « crazy show, pantalonnade macabre et gaudriole innocente » (G. Joly), mais aussi du talent de l'auteur et de l'originalité tonique de la pièce ; ainsi des copieux articles de R. Barjavel — « bouillonnement burlesque », « Ubu-Équarrisseur » —, M. Beigbeder — « audaces pleines de bon sens » —, M. Déon, A. Franck — références à Rabelais et Jarry —, V. Renaud, R. Saurel — « le meilleur Boris Vian : sensible et cynique, inquiet et désinvolte ».*

UNE FARCE ICONOCLASTE

*« La guerre, dit Vian dans l'article d'*Opéra *repris en Avant-propos [...] est une des multiples figures de l'intolérance, et la plus destructrice** » :* on retrouve bien ici un thème essentiel de son œuvre dont j'ai déjà parlé. C'était une grande audace cependant de mettre en 1947 tous les guerriers dans le même sac grotesque, la même fosse à équarrir si nauséabonde. De même les échanges d'uniformes et de chants militaires, les relations sexuelles indifférenciées — Hiroshima mon amour *traité d'avance en* cartoon —, la parodie des tortures pour un aveu, la satire de la stratégie militaire et de la vaniteuse « Reconstruction », tout cela joué pour réveiller, faire réfléchir en riant selon une vieille recette, exige du spectateur un détachement intelligent et force à un recul relativiste certainement plus facile aujourd'hui qu'alors. Mais ici encore Vian donne sous couvert de rigolade une leçon humaniste.

La rigolade et l'art. L'Équarrissage pour tous *est une mécanique parfaitement construite avec une dynamique étonnante, mais qui exige un travail technique de réalisation peut-être accessible au seul cinéma. Le rythme des entrées et des sorties, la progression de la famille et du groupe peu à peu complétés de la façon la plus loufoque possible — parachutistes, passage de combattants à la* Hellzapoppin, *intervention des voisins —, les gags visuels et sonores, les personnages et le dialogue dignes d'*Ionesco *prouvent quelle maîtrise Vian aurait pu atteindre grâce*

* *Articles cités* Ibid., *185-207.*
** Ibid., *46.*

à un succès éclatant, si le public contemporain avait su suivre cette audace. Il persévéra pourtant, en dépit de l'échec, avec d'autres pièces, maints « petits spectacles » de cabaret, des livrets d'opéra...

Cette pièce unit le joyeux délire du vaudeville à la catastrophe historique toujours menaçante et trop souvent déchaînée par la folie des hommes. Elle est l'admirable illustration côté farce de la célèbre formule de Shakespeare sur la vie et l'Histoire : « It is a tale / Told by an idiot, full of sound and fury / Signifying nothing. » *(C'est un conte dit par un idiot, plein de bruit et de fureur, qui ne signifie rien)* (Macbeth, V, 5). Dans un tel monde qu'y a-t-il de plus important pour un équarrisseur normand que de dépecer ses carcasses et marier sa fille ?

G.P.

Salut à Boris Vian

par Jean Cocteau[1]

Boris Vian vient de nous donner, avec L'Équarrissage pour tous, *une pièce étonnante, aussi solitaire en son époque confuse que le furent à la leur* Les Mamelles de Tirésias, *de Guillaume Apollinaire et mes* Mariés de la tour Eiffel. *Cette pièce, ou ballet vocal, est d'une insolence exquise, légère, lourde, semblable aux rythmes syncopés dont Boris Vian possède le privilège.*

Soudain, nous sommes au centre du temps, à cette minute où le temps n'existe plus, où les actes perdent leur sens au milieu immobile du cyclone, à cette place où le présent et l'avenir se nouent comme une vieille ficelle morte.

Et le rire éclate où la bombe éclate, et la bombe éclate de rire, et le respect que l'on porte aux catastrophes éclate lui-même, à la manière d'une bulle de savon.

Des acteurs jeunes, gais, affairés dans les coulisses où ils se changent en Allemands, en Américains, en F.F.I., en parachutistes, traversent la scène, tombent des cintres, montent des escaliers qui n'aboutissent nulle part, se cognent les uns contre les autres, se mélangent et s'isolent, dans un vide plein jusqu'au bord.

Rien de plus grave que cette farce qui n'en est pas une et qui en est une, à l'image de ce qu'on nous oblige à prendre au sérieux et qui ne l'est pas, sauf par la mort de nos camarades et la certitude que la fin de cette sombre farce n'est que de la fatigue et une courte halte nécessaire à reprendre le souffle et à recommencer le plus vite possible.

Oui, voilà ce qu'un homme habile à souffler dans la trompette, ou plutôt à donner la forme d'une trompette à son souffle, voilà, dis-je, ce qu'un homme rompu aux rythmes, nous jette à la figure, comme dans une infecte bataille de fleurs.

Une bonne entreprise de propagande pour nous autres pauvres types, seulement capables d'opposer le singulier au pluriel et de rester libres, dans un monde où la liberté déroute et ne se porte plus.

PERSONNAGES
(par ordre d'entrée en scène)

LE PÈRE , *équarrisseur*
ANDRÉ, OU JACQUELINE, *apprenti**
LE VOISIN
SOLDATS ALLEMANDS
SOLDATS AMÉRICAINS
MARIE, *fille de l'équarrisseur*
LA MÈRE
LA POSTIÈRE
HEINZ, *soldat allemand*
SOLDAT ANONYME
MARIE, OU CYPRIENNE, *fille de l'équarrisseur*
JACQUES, *fils de l'équarrisseur*
PARACHUTISTE JAPONAIS
CATHERINE, *fille de l'équarrisseur*
VINCENT, *vieux F.F.I.*
COLONEL LORIOT *(quatorze ans)*
DEUX SŒURS DE CHARITÉ
KÜNSTERLICH, *capitaine allemand*
ROBERT TAYLOR, *pasteur américain*
CAPITAINE FRANÇAIS
LIEUTENANT FRANÇAIS
BOBBY, *scout de France*

* Vers la fin de la pièce — scène LI — André devient soudain fils de l'équarrisseur.

La scène se passe le 6 juin 1944, au matin, chez un équarrisseur très gentil. Le décor représente, avec les accès nécessaires, la salle commune de la maison de l'équarrisseur à Arromanches. Établi et armoire à outils dans un coin. Tables, chaises. Portrait de cheval. Fosse à chevaux avec trappe et levier l'actionnant[2]. Odeur sui generis. Atmosphère générale campagnarde et arromanchienne, plus précisément.

SCÈNE I

LE PÈRE. ANDRÉ.

(*Ils sont en train de travailler, à l'établi, à remettre en état un énorme rabot*)

LE PÈRE : C'est dégueulasse. Le dernier cheval a complètement bousillé ce rabot.

ANDRÉ : On ne peut pas l'arranger ?

LE PÈRE : Regarde ce fer. C'est de la dentelle !

ANDRÉ : Peut-être que ça irait quand même...

LE PÈRE : Il faudra bien.
(*il prend le fer, le regarde et crache dessus d'un air dégoûté. André lui tend un chiffon. Il essuie le fer. Dehors, bruits divers : mitrailleuse, explosions, etc. Hurlements à consonance militaire*)

Le père : Ils commencent à nous courir avec leur débarquement. Ah, on a eu le nez creux de venir habiter Arromanches !

André : Oui, c'est pas malin.

Le père *(sévère)*: Dis-donc, toi !... Un peu de respect pour mon arrière-grand-père. C'est lui qui l'a eue, cette idée-là.

André : Pardon, je ne le ferai plus.

Le père : Où est ma fille ?

André : Laquelle ?

Le père : Marie.

André : Elles s'appellent toutes les deux Marie.

Le père : Ah ! Oui, c'est vrai, Eh bien, mettons que je n'aie rien dit.

André : Je vais la chercher.

　　　(il sort. Le père reste seul)

SCÈNE II

Le père. Le voisin.

Le père *(seul)*: Quand on est seul, il faut en profiter.

　　　(il s'approche à pas de loup du placard au calvados et, au moment où il y porte la main, une formidable explosion retentit. Des choses tombent. Il sursaute)

Nom de Dieu ! Les salauds !

　　　(coups violents à la porte)

Entrez !

Le voisin *(entrant)*: Salut !

Le père : Salut. Toujours vivant ?

Le voisin : Toi aussi ?

Le père : Moi, c'est normal. Je suis équarrisseur. Jamais ils ne viendront jusqu'ici. Ça pue trop.

Le voisin: Pour puer, ça pue. Comment est-ce que tu arrives à faire puer comme ça?

Le père: C'est un secret de famille. Viens, je vais te le dire à l'oreille.

Le voisin: Tu me l'as déjà dit cent fois.

Le père *(vexé)*: Tu me l'avais demandé.

Le voisin: Je suis poli, mais il ne faut pas me prendre pour un crétin...

Le père: Et alors, ce débarquement, où ça en est?

Le voisin: Ils se tabassent toujours.

Le père: Dommage que ce soit des tanks. Autrefois ça m'aurait donné du travail. Tous les chevaux que ça aurait fait!...

Le voisin: Ils sont arrivés jusqu'en haut de la plage. Tu dois pouvoir les voir d'ici.

Le père: Je ne vais pas me déranger pour ça, non?

> *(il va à la fenêtre)*

Mince! Ce qu'il y en a! C'est incroyable!...

Le voisin: Je suis sûr qu'ils sont plus de cinquante.

Le père: Et qu'est-ce qu'ils disent, les autres?

Le voisin: Les frisous[3]? Ils ne sont pas contents. Tu penses, être réveillés à cette heure-là!

Le père: C'est qu'ils n'ont pas la même heure, en Amérique. Il y a des histoires de méridiens qui entrent en ligne de compte.

Le voisin: Ce n'est pas la peine de la ramener. On le sait que tu as été mécanicien. Et Marie?

Le père: Ah! voilà. Ça, c'est important. Justement je voulais te demander un conseil.

SCÈNE III

Les mêmes. André.

André : Je n'ai pas trouvé Marie.

Le père : Je t'avais dit de ne pas y aller.

André : Alors, évidemment je ne pouvais pas la trouver. Vous ne pouviez pas le dire ?

 (il hausse les épaules, excédé)

Le voisin : Je te demande pardon, mais tu voulais me demander conseil ?

Le père : Bien sûr. Voilà la chose. Marie aime son Heinz.

Le voisin : Son frisou ?

Le père : Oui. Celui qui loge ici.

Le voisin : Ah ? Elle couche avec lui ?

Le père *(gêné)* : Je ne sais pas. Elle couche avec lui, André ?

André *(gêné)* : Je ne sais pas.

Le père : Tu vois, on ne sait pas. Enfin, elle l'aime, hein, André ?

André : Oui. Ça, elle l'aime.

Le père : Alors il l'aime aussi.

Le voisin : Faut les marier. Deux qui s'aiment, on les marie.

Le père : Bien sûr ! Tu es malin ! Tu crois qu'on n'y avait pas pensé ?

Le voisin : Alors, pourquoi vous ne l'avez pas fait ? Si c'est pas encore fait, c'est que vous n'y avez pas pensé.

 (bruit formidable. Ils rentrent tous le cou dans les épaules)

Le père : Ça y est.

André : Qu'est-ce qui y est ?

Le père : Je ne sais pas, mais au son, ça y était en plein. Donc, je reviens à mon affaire. Qu'est-ce que tu me conseilles ?

Le voisin : Ben, il faut les marier. Il me semble, à première vue, que ça saute aux yeux.

Le père : C'est une métaphore.

Le voisin *(excédé)* : Oh, la barbe, avec tes citations.

André : Ils s'aiment, on ne peut rien dire.

Le père : Je ne crois pas que Heinz ferait un bon équarrisseur, il est trop maigre, mais on pourra lui faire affûter le rabot.

André *(ravi)* : C'est une chouette idée.

Le voisin : Quand même, il faudrait savoir s'il couche avec...

Le père : Tu as raison. Comment est-ce qu'on peut savoir ça ?
 (à André)

Va me chercher ma fille.

André : Oui, tout de suite.

SCÈNE IV

Le père. Le voisin.

Le père : C'est embêtant quand on est obligé de penser à toutes ces choses-là. Comment veux-tu qu'on dorme tranquille avec des soucis pareils ?
 (série plus forte de rafales de mitraillette)

Le voisin : D'abord, c'est pas l'heure de dormir.

Le père : Je sais bien, mais ça me rend nerveux, cette histoire-là ; si on pouvait s'occuper tranquillement de son boulot, seulement.
 (on tape à la porte)

Le père : Entrez.
 (un Allemand entre. Il a un fusil et un bazooka et il tire un canon derrière lui)

L'Allemand *(avec accent)* : Je peux mettre ça là ? Ça me gêne pour courir.

Le père : Mais oui. Faites donc. Personne n'y touchera.

L'Allemand : Merci. Je les prendrai en revenant.

Le père : Bonsoir.

 (l'Allemand referme la porte et le père se retourne vers le voisin)

 Pourvu que cet idiot d'André trouve Marie.

Le voisin : Laquelle ?

Le père : Celle qui va épouser Heinz.

Le voisin : Ah ! bon. C'est pas pratique qu'elles aient toutes les deux le même nom.

Le père : C'est ce que je trouve aussi. Et songe que leur mère s'appelle Marie...

Le voisin : Comment t'y reconnais-tu ?

Le père : C'est elles qui s'y reconnaissent. Mais je me demande comment elles font.

 (André revient)

SCÈNE V

Les mêmes. André.

André : Vraiment, je ne sais pas où elle est.

Le père : Tu as été dans sa chambre ?

André : Je ne peux pas. Heinz y est déjà.

Le père : Alors, évidemment, il n'y a rien à faire. Écoute, c'est embêtant.

André : Ben oui, c'est embêtant.

Le voisin : Tu n'as pas besoin de savoir ça tout de suite.

Le père : J'aurais mieux aimé. En tout cas, il y a une chose de sûre, c'est qu'il faut réunir le conseil de famille. Et ça, ça ne va pas être commode.

Le voisin : Ça se fait tous les jours.

Le père : Avec tous ces crétins d'enfants qui se battent dans tous les coins au lieu d'apprendre à équarrir proprement...

Le voisin : Il faut qu'ils soient là. Et puis, tu ne dois pas dire du mal de tes enfants.

Le père : Tu comprends, l'ennui, c'est qu'il y en a un qui est Américain, Jacques, et l'autre, Catherine, est au diable vauvert.

Le voisin : Je croyais que c'étaient des fils tous les deux.

Le père : Tu sais, Catherine, elle est parachutiste dans l'armée rouge, alors, c'est comme un homme.

Le voisin : Ah ! dans ces conditions-là, je comprends.

Le père : Ils sont parachutistes tous les deux, d'ailleurs.

André : Mais, dites donc, comment ça se fait qu'ils soient d'un tas de pays différents ?

Le père : Tu es idiot, avec tes questions. Est-ce que je sais, moi ? C'est comme ça, c'est comme ça. On ne discute pas les enfants que le Bon Dieu vous a donnés.

André : Vous vous reposiez, vous, pendant ce temps-là ?

Le père : Pendant ce temps-là ? Quel temps ?

André : Pendant que le Bon Dieu vous donnait des enfants...

Le père : J'équarrissais, naturellement. Ou, alors, je raccommodais mon rabot. Il n'y a pas de milieu.

André : Comment va-t-on les prévenir ?

Le père : On va aviser. Ah, dis donc, au fait, tu ne veux pas aller chercher...

> *(on frappe à la porte)*

Entrez.

> *(entre un soldat américain)*

SCÈNE VI

Les mêmes. Le soldat américain.

L'Américain *(entre en sautant à la corde)*: Bonjour! On peut boire un coup?

Le père: Bien sûr. Ça va?

L'Américain: Ça va. Fait soif.

(André prend un verre, va le remplir et le lui apporte)

Le père *(pointe d'orgueil)*: Ils vous donnent du mal, hein?

L'Américain: C'est pas tellement ça. Mais, ces cochons-là, ils tirent avec de vraies balles.

(Il boit)

Le père *(ravi)*: Mince!... Ça alors!... Ils sont culottés, tout de même. Ils tirent avec de vraies balles?

L'Américain: Regardez.

(il lui montre son casque. Derrière, il y a un trou gros comme les deux poings)

Le père *(admiratif)*: Tu te rends compte?

Le voisin: Et vous n'êtes pas mort?

L'Américain: C'est celui d'un camarade. Je lui ai donné le mien à la place. Celui-là est plus léger comme ça.

(silence. Il s'étire. On entend un coup de sifflet)

Allez. On va y retourner. Ils viennent de siffler la mi-temps.

André: Vous reviendrez, hein?

L'Américain: Bien sûr.

(il tire un paquet de sa poche et le lui tend)

Tenez, prenez ça. Ça chasse les odeurs.

André: Merci... Merci bien... Au revoir.

(l'Américain sort)

SCÈNE VII

LE PÈRE. ANDRÉ. LE VOISIN.

LE PÈRE : Qu'est-ce que c'est ?

ANDRÉ : Du chewing-gum, c'est écrit dessus.

LE PÈRE : Ah, bon, du chewing-gum. Flanque-le dans la fosse à équarrir. Dis donc, t'as remarqué ?

ANDRÉ *(flanquant le chewing-gum dans la fosse)* : Quoi ?

LE PÈRE : Il parlait français.

LE VOISIN : Mais c'est vrai, tiens. C'est un espion.

> *(le père décroche son arbalète, va à la porte, vise longuement et tire. Bruit de verre cassé)*

ANDRÉ : C'est son casque ou les cloches à melon ?

LE PÈRE : C'est son casque.

LE VOISIN *(méprisant)* : Oui, c'est bien ce bruit-là que ça fait, la camelote américaine.

LE PÈRE *(réfléchissant)* : Mais alors... Ce ne serait pas un espion...

ANDRÉ : Peut-être pas...

LE PÈRE : Alors, heureusement que c'étaient les cloches à melon.

> *(il va raccrocher son arbalète. Un temps. Puis...)*

J'aurais dû lui demander s'il connaissait Jacques.

LE VOISIN : Ton fils aîné ? Celui qui est parachutiste américain, lui aussi ?

LE PÈRE : Oui.

ANDRÉ : Vous savez, ils ont l'air d'être plusieurs, à débarquer.

LE PÈRE : Alors, on en trouvera sûrement un qui connaît Jacques.

SCÈNE VIII

Les mêmes. Marie.

Le père : Tiens, te voilà, Marie.

Le voisin : Bonjour, Marie. Alors, tu veux épouser un frisou, il paraît. Tu m'as l'air d'être tombée amoureuse bien vite.

Marie : Ce n'est pas moi, c'est ma sœur.

Le père : Mais oui, c'est sa sœur Marie. Et puis, bien vite, hein, vous exagérez... Ça fait quatre ans qu'il couche avec.

(*à Marie*)

Heinz était dans ta chambre ?

Marie : Mais non, papa, il est dans la chambre de ma sœur.

Le père : C'est vrai, c'est tout ce bruit qui me trouble... je confondais...

Le voisin : Je ne sais pas comment tu peux t'y reconnaître avec ces deux filles qui ont le même nom.

Le père : Tu vois, je ne m'y reconnais pas.

André : Je vais la chercher, maintenant ?

Le père : Non, je vais l'appeler.

(*il va vers la porte de séparation, à gauche, l'entr'ouvre et appelle. Réponse à la cantonade*)

Le père (*revenant*) : Elle arrive.

Le voisin : Allons, tout ça va être réglé tout de suite.

Marie : Il faut que je reste ?

Le père : Naturellement. Il s'agit du mariage de ta sœur, tout de même.

Marie : Moi, Heinz, je le trouve affreux.

André : Ça, moi aussi, alors.

Le père : Écoute, Marie, ce n'est pas bien de dire du mal du fiancé de ta sœur. Ce garçon n'a pas choisi sa figure.

MARIE : Il a eu tort de laisser choisir quelqu'un d'autre à sa place. Quelqu'un qui avait mauvais goût, tu ne peux pas dire. Il est tout petit, il est maigre, il a des lunettes et il sent mauvais des pieds.

LE VOISIN : Je ne vois pas comment on peut s'en rendre compte dans une maison comme ici...

LE PÈRE : Tu es toujours le même. On ne peut pas être équarrisseur et vivre dans le jasmin et les roses.

LE VOISIN : Je ne t'en veux pas ; ça ne sent pas plus mauvais que d'habitude, remarque, mais c'est simplement que je ne peux pas m'y habituer.

MARIE : En tout cas, Heinz sent mauvais des pieds.

ANDRÉ : C'est leurs bottes, et puis ils ne mettent pas de chemises.

MARIE : Il a un vilain teint et il ne sait pas danser.

LE PÈRE : Mais, puisqu'il aime ta sœur...

MARIE : Bien sûr, je n'ai rien contre lui. Simplement, moi je ne pourrais pas l'épouser. Et l'avoir comme beau-frère, ça n'est pas drôle non plus.

SCÈNE IX

LES MÊMES. LA MÈRE.

LA MÈRE : Tu m'as appelée ?

LE PÈRE : Mais non, j'ai appelé Marie.

LA MÈRE : Mais je suis là, enfin !

ANDRÉ : Je vais la chercher.

(il sort. Le voisin s'essuie le front)

LE PÈRE : Tu vois, on est en train de discuter pour savoir si on va réunir le conseil de famille. À propos du mariage de Heinz et de Marie.

LA MÈRE : Ils vont se marier ? Mes enfants !...

(elle fond en larmes)

Le père *(lui tapant dans le dos)*: Allons, allons, ne t'émotionne pas comme ça. As-tu été traire les vaches?

La mère: À propos de quoi me demandes-tu ça?

Le père: C'est pour te faire penser à autre chose.

La mère: Eh bien, non, j'avais complètement oublié, j'y vais tout de suite.

(elle sort en s'essuyant les yeux. Fausse sortie)

À propos, où as-tu mis le fer à repasser? Si je n'ai pas le fer à repasser, je ne peux pas arriver à les traire proprement.

Le père: Il est avec l'escabeau, sur l'étagère.

La mère: Je vais le trouver, alors...

(elle sort)

SCÈNE X

Le voisin. Le père. Marie.

Le voisin: Tu as une femme active.

Le père: Toi aussi.

Le voisin: On a des femmes actives.

(silence. Explosions, puis coups à la porte. Entre un Allemand)

L'Allemand *(myope, avec lunettes. Fusil en bandoulière)*: Dites donc, vous qui êtes du pays, les gars qui débarquent, là, c'est bien des Américains?

Le père: Où ça?

L'Allemand: Là-bas.

(il montre la direction du doigt)

Le père: Naturellement, c'est des Américains. Qu'est-ce que vous pensiez que c'étaient? Les Italiens?

L'ALLEMAND : Merci beaucoup.

(il referme la porte)

MARIE : Celui-là, il était bien.

LE VOISIN : Tu l'as à peine vu. Il avait des lunettes aussi, en tout cas.

MARIE : Oui, mais il était bien bâti.

LE PÈRE : Veux-tu que je te dise ? Eh bien, toi, tu es jalouse de ta sœur. Tu la vois heureuse, elle est presque fiancée, elle va se marier, et tu es jalouse. Ah !... Ce n'est pas un beau sentiment... Mais, en un sens, un jour comme aujourd'hui, ça se justifie.

LE VOISIN : Pourquoi un jour comme aujourd'hui ?

LE PÈRE : Écoute, ce n'est quand même pas tous les jours qu'on décide de marier sa fille, ou de marier la sœur de sa fille, ou de faire un mariage en général. Tu vois, j'en oublie même mon travail.

(il se rapproche de l'établi et saisit son rabot)

Il serait peut-être temps que je descende équarrir un peu. J'ai quatre bêtes en retard qui sont à peine dressées.

LE VOISIN : Tu les dresses, maintenant ?

LE PÈRE : Oh ! tu es fatigant. Il faut t'expliquer tous les termes techniques. Dressées, c'est aplanies, dégrossies, ce que tu voudras. C'est comme quand on est mécanicien, on dresse des pièces sur des marbres.

LE VOISIN *(frissonnant)* : Tu es macabre, écoute.

LE PÈRE : Et toi, tu es idiot. Un marbre d'ajusteur c'est en fonte, alors, tu vois... Non, tu es comme les autres, tu as des préjugés. Je suis sûr que tu t'étonnes de me voir ici.

LE VOISIN : Avec ton coffre et ta taille, je te verrais plutôt en train de te battre.

LE PÈRE : C'est ce que tout le monde pense, et je le sais bien. La vérité, c'est qu'ils m'ont oublié.

LE VOISIN : Tu n'as pas reçu les papiers ? On ne t'a pas envoyé une lettre ? Une convocation, je ne sais pas moi ?

LE PÈRE : Si, mais je n'ai pas ouvert la lettre. Alors, je me suis dit : « Ils m'ont oublié. » Et de fait, ils m'avaient oublié.

Le voisin : On n'est pas venu te chercher ?

Le père *(évasif)* : Un type est venu, un jour, mais il est tombé par hasard dans la fosse. Depuis, je n'ai vu personne.

Le voisin : Qu'est-ce que tu en as fait ?

Le père *(détaché)* : Du type ? Qu'est-ce que tu voulais que j'en fasse ? Je l'ai équarri, c'est tout. Un de plus, un de moins...

Le voisin : Enfin, c'est un scandale, tout de même. Surtout quand on voit ces frisous tout maigres. Et puis, toi, là, avec tes cent kilos et ta mine...

Le père : Oh, tu sais, je n'ai pas si bonne mine que ça.

　　　(il tousse)

Écoute, tu entends, je tousse.

Le voisin : Moi aussi.

　　　(il tousse)

Le père : Toi, ça n'a rien d'étonnant. Tout le monde tousse dans le pays.

Le voisin : C'est à cause de ta sacrée fosse. Tu crois qu'on peut conserver des poumons en bon état, en respirant des odeurs pareilles tous les jours de sa vie ?

Le père : Tu ne peux pas rester cinq minutes sans me rappeler ça. Tu n'es vraiment pas aimable. Je ne peux pas me souvenir d'un jour où tu ne m'aies pas charrié avec ça.

Le voisin : Si, dimanche dernier.

Le père : C'est malin... tu n'es pas venu.

Le voisin : Je ne suis pas venu, mais j'ai toussé quand même.

　　　(il tousse)

Le père : Qu'est-ce que fait donc André ? Il aurait dû la trouver ?

　　　(pendant tout ce temps, Marie va et vient, range les objets les plus hétéroclites)

Marie : On a beaucoup de mal à regarder dans la chambre de Marie. Il doit essayer d'agrandir le trou.

Le père : Si c'est pas malheureux !... Je change la planche tous les jours, et tous les jours il y a un nouveau trou !...

Marie : Tu devrais l'enlever, carrément.

(silence, puis des coups à la porte, des rafales de mitraillette, des bruits de course et des jurons)

Le père : Entrez !

SCÈNE XI

Les mêmes. Un soldat américain.

Le père : Bonjour.

L'Américain : Bonjour. Il y a des marraines de guerre, par ici ?

Le père : Des quoi ?

L'Américain : Des marraines de guerre. Je cherche une marraine de guerre.

Le père : Pour quoi faire ?

L'Américain *(rougissant)* : Euh...

Marie : Tu le fais rougir, papa. Tu n'es pas gentil.

Le père : Comment, je ne suis pas gentil ? Je ne peux rien faire sans que tout le monde me tombe dessus.

L'Américain : Mais vous en avez ?

Le père : Quoi... Ah ! Çà, vous êtes inouï ! On voit bien que vous débarquez. Vous vous rendez compte que les frisous sont là depuis quatre ans ? Ou est-ce que vous êtes complètement idiot ?

L'Américain : J'ai dix-neuf ans et je m'appelle Vladimir Krowski.

Marie : Et vous voulez une marraine de guerre comment ?

L'Américain : Comme vous.

Marie : C'est drôle, ça, alors. Vous me donnerez ça ?

L'Américain : Quoi ?

(elle s'approche de lui et montre les écussons de ses revers)

Marie : Vos clips, là.

L'Américain : Je ne peux pas, je serais puni.

Marie *(s'approche de lui et se frotte un peu)* : Oh ! donnez-les moi, vous serez gentil.

Le père : Dites donc, si on vous gêne, on peut s'en aller...

Marie : Oui. C'est ça. Va-t'en. J'en ai pour cinq minutes.

(le père et le voisin sortent)

SCÈNE XII

Marie. L'Américain.

Marie : Alors, comme ça, vous n'avez pas de marraine de guerre ?

L'Américain : Si, en Amérique, mais c'est loin.

Marie : Vous êtes bien habillé. Vous voulez les enlever ?

L'Américain *(reculant jusqu'à la table)* : Quoi ?

Marie *(câline)* : Vos clips... là... Si vous me les donnez, je serai votre marraine de guerre. Mais, au fait, pourquoi voulez-vous une marraine de guerre ?

L'Américain : C'est pour lui envoyer des colis. On a des choses à ne savoir qu'en faire.

Marie : Mais vous ne vous en servez pas ?

L'Américain : Oh, non, c'est très mauvais. Des tas de conserves, du chocolat. Vraiment, il y en a tellement qu'on ne peut plus avancer. On fait passer les tanks dessus, mais ça prend du temps.

Marie : Jetez-les.

L'Américain : Je pensais que ça vous ferait plaisir de les avoir.

Marie : Qu'est-ce que vous voulez que j'en fasse ? Ici, on ne mange que du cheval.

L'Américain : Vous les vendrez aux Allemands.

Marie : Ils ne sont pas fous. Ils les prendront sans les payer.

L'Américain : Alors je crois qu'on va être forcés de leur donner.

Marie : Bien sûr, c'est la seule solution. Et c'est tout ce que vous vouliez faire avec votre marraine de guerre ?

L'Américain : Ben... Oui... Qu'est-ce que vous voulez qu'on en fasse, de ces conserves ?

Marie *(le pousse, il grimpe sur la table, elle le suit)* : Je ne parle pas des conserves, je parle des marraines. Vous me trouvez jolie ?

L'Américain : Vous savez, je ne peux pas vous donner ces clips...

Marie : Ça ne fait rien.

> *(un temps)*

Qu'est-ce que vous lui faites, en Amérique, à votre marraine ?

L'Américain : Je sors avec elle. Je vais au cinéma.

Marie : Vous l'embrassez ?

L'Américain : Vous êtes dégoûtante.

Marie : Est-ce que vous l'embrassez ?

L'Américain *(descend à l'autre bout de la table)* : Je ne peux pas vous répondre. Ce n'est pas une conversation.

> *(silence)*

À qui est-ce que je peux donner ces conserves ?

Marie *(mécontente)* : Vous pouvez les mettre ici, si elles vous gênent tant que ça.

L'Américain *(soulagé)* : Vous êtes gentille. Je vais les chercher.

> *(il va pour sortir. Marie le retient par le bras)*

Marie : Est-ce que vous l'embrassez ?

L'Américain : Jamais je n'aurais cru les filles d'ici aussi dévergondées.

Marie : Vous êtes un hypocrite. Je sais bien que vous l'embrassez et que vous couchez avec elle.

L'Américain *(très choqué)* : Ah, ça ! Non, alors !... Tout mais pas ça !...

MARIE : Allez, allez chercher vos conserves. Et puis, vous pouvez les garder, vos sales clips !

(l'Américain baisse le nez et sort. Elle appelle par la porte)

Papa ! Papa ! Tu peux revenir !

SCÈNE XIII

MARIE. LE PÈRE. LE VOISIN.

LE PÈRE : Alors, tu les as, ces clips ?

MARIE : Je me suis fiancée avec lui.

LE VOISIN : À la bonne heure ! Comme ça, on sera tranquille. Il n'y en aura plus qu'une à marier.

LE PÈRE : Qui ça ?

LE VOISIN : Catherine, pardi !

LE PÈRE : Ah, c'est vrai. J'oublie toujours que ce n'est pas un garçon. Il est bien, ton Américain ?

MARIE : Il est très gentil. Il a voulu qu'on se fiance tout de suite.

LE PÈRE : À la bonne heure ! Toi, tu n'as pas mis quatre ans à trouver un mari. Mais où est-ce qu'il est parti ?

MARIE : Il a été chercher ses affaires.

LE PÈRE : Voilà. Alors, Marie va se marier aussi. Ça va être une belle cérémonie, on pourra faire ça le même jour.

(bruits d'explosions, courses, pas, coups à la porte)

Entrez !

(la porte s'ouvre. Une tête passe. C'est un Allemand)

L'ALLEMAND : Oh, pardon !

(la porte se referme. Hurlements de douleur en allemand.)

MARIE : Ils sont bien nerveux, aujourd'hui.

SCÈNE XIV

Les mêmes. André.

Le voisin : Alors, André, quoi de neuf ?

André : Je ne sais pas ce qu'elle fait. Heinz est toujours dans sa chambre.

Le père : Ça n'a pas d'importance, on l'interrogera par la suite.

(*il va vers la radio et manipule les boutons*)

Marie : Ce n'est pas l'heure.

Le voisin : Mais, si, c'est l'heure.

(*il regarde sa montre. On entend des crachements dans le poste*)

Le père : Radio-Londres est difficile à avoir en ce moment.

Le voisin : C'est leur satané débarquement. Il y a des parasites dans tous les coins.

(*on entend l'air du* Troisième Homme[4])

Ça y est ! Tu l'as. C'était bien l'heure.

Le père : Enfin ! Moi, je ne peux pas travailler sans musique.

Le voisin (*se frappant le front*) : Mais voilà ! J'y pense. On va téléphoner à la postière.

Le père : Pourquoi ?

Le voisin : Eh bien, pour prévenir tes enfants.

(*musique en sourdine*)

Le père : Ah ! oui. C'est une bonne idée. Demande-lui de venir.

(*le voisin va téléphoner. Pendant ce temps, le père donne de grands coups de marteau sur son rabot. Entre la mère par la porte de gauche*)

SCÈNE XV

LES MÊMES. LA MÈRE.

LE PÈRE : Tiens, Marie. Tu sais, ta fille épouse un Américain.

LA MÈRE *(fondant en larmes)* : Ma petite fille !... Viens dans mes bras !

(Marie se jette dans ses bras)

LE VOISIN *(revenant)* : Ça, alors, c'est formidable ! Elle ne s'est pas trompée de fille.

LE PÈRE : Allons, allons, ne pleure pas comme ça. Tu as trait les vaches ?

LA MÈRE : Oui, naturellement.

(elle saute en l'air)

Où avais-je la tête ? J'ai laissé le fer électrique chauffer. Je vais retirer la prise.

(elle sort en courant, puis revient)

Dis donc, elles tiennent bien moins de place, une fois repassées.

LE PÈRE : Qui ça ?

LA MÈRE : Les vaches.

(elle se dirige vers la sortie)

Je ne sais pas comment je n'y ai pas pensé plus tôt.

(elle sort)

SCÈNE XVI

LE VOISIN. MARIE. LE PÈRE. ANDRÉ.

LE VOISIN : La postière s'amène.

LE PÈRE : Qu'est-ce qu'on leur envoie, comme message ? Il faut le préparer, d'ici qu'elle arrive.

LE VOISIN: Ça ne nous fait pas très longtemps. La poste est de l'autre côté de la rue.

LE PÈRE *(ils s'installent à la table)*: Justement, dépêchons-nous.

(ils réfléchissent tous les trois)

Réfléchis plus vite, André.

SCÈNE XVII

LES MÊMES. LA POSTIÈRE.

(La postière entre par la porte de gauche)

LA POSTIÈRE: Je suis entrée par la cour.

LE PÈRE: Je le vois bien, que vous êtes entrée par la cour! Comment ça va chez vous?

LA POSTIÈRE: Qu'est-ce qu'on prend comme plâtras sur la gueule!

LE VOISIN: Tiens! Chez vous aussi?

LA POSTIÈRE: Qu'est-ce que ça déménage!

LE PÈRE: Je ne sais pas comment vous faites, mais moi, je trouve que c'est calme.

(grand bruit dehors. Deux Américains entrent en courant et referment la porte)

SCÈNE XVIII

LES MÊMES. LES DEUX AMÉRICAINS.

PREMIER AMÉRICAIN: Je te dois dix dollars.

DEUXIÈME AMÉRICAIN: Donne.

LE PÈRE: Bonjour, messieurs.

(Il semble en colère.)

LES AMÉRICAINS *(ensemble)*:
> *Happy birthday to you*
> *Happy birthday to you*
> *Happy birthday to you*
> *Happy birthday to you⁶*

On vous dérange, peut-être?

LE PÈRE: Écoutez, à la fin, ça fait cinq fois que vous venez frapper à la porte. On s'occupe de quelque chose d'important ici. Qu'est-ce que vous voulez encore?

LES AMÉRICAINS: Excusez-nous... C'est très malhonnête... Mais on avait envie... avec les camarades... de voir une ferme française... Alors, on est venus...

LE PÈRE: Et vous n'auriez pas pu en trouver une autre que la mienne?

PREMIER AMÉRICAIN: C'est la seule qui reste debout.

LE VOISIN: Nom de Dieu! Vous voulez dire que vous avez foutu ma maison par terre?...

(il sort précipitamment)

SCÈNE XIX

LES MÊMES moins LE VOISIN.

LE PÈRE: Bon, on va vous faire visiter. Mais c'est quand même assommant si, chaque fois qu'il y a un débarquement à Arromanches, tout le monde défile ici.

LA POSTIÈRE: J'aurais pas cru que les Amerlauds aimeraient les vieilles bicoques.

MARIE: Ils sont bien bâtis, ces deux-là.

(elle s'approche d'eux)

PREMIER AMÉRICAIN: Vous ne voulez pas quelques conserves?

Deuxième Américain: Ou du chocolat?

Marie: J'aimerais que vous me donniez vos clips...

Premier Américain: Nos quoi?...

Marie: Vos clips... C'est un mot anglais, non?

Premier Américain *(réfléchissant)*: Je ne vois pas...

Le père: Alors, vous venez la visiter, cette maison?

Marie *(elle montre les boutons de revers)*: Ces trucs-là.

Deuxième Américain: On ne peut pas. On serait punis. Viens, Jerry, on va visiter la maison.

Le père: Voilà. Vous montez l'escalier et vous êtes au premier étage. Bon. Au-dessus, c'est le grenier. Vous visitez et vous redescendez. À gauche, c'est la cour, à droite, la cour, et en dessous, c'est l'autre bout de la fosse à équarrir. Il y a une trappe, comme ici. Au fait, qu'est-ce que vous en pensez?

Premier Américain: De qui?

Le père: Des frisous. Des Allemands, quoi... C'est des drôles de types, hein? Trouvez pas? Moi, je les trouve un peu bizarres.

Premier Américain: Comment ça? Il y en a, par ici?

Le père: Bien sûr, c'en est plein!

Deuxième Américain *(tombant des nues)*: Ah, mince! Alors, je comprends pourquoi ils nous ont fait débarquer! C'est pour nous battre contre les Allemands! Tu crois qu'ils l'auraient dit!...

Premier Américain: C'est évident, maintenant. Je me rends compte aussi pourquoi on nous tirait dessus. Vous comprenez, les opérations sont faites très discrètement.

Deuxième Américain: C'est ça, la démocratie.

> *(ils se mettent tous deux au garde-à-vous et chantent* Happy birthday to you*)*

Le père: Ça donne de bons résultats, la démocratie?

Premier Américain: On ne peut pas savoir, c'est secret. Alors, on va visiter?

Marie: Soyez gentils... Donnez-moi vos petits trucs dorés...

DEUXIÈME AMÉRICAIN: On vous dit qu'on ne peut pas. Vous êtes complètement idiote, alors?

MARIE: Je vais vous accompagner.

LA POSTIÈRE: C'est ça, va avec eux, ça te calmera un peu.

ANDRÉ: Je pourrais y aller, moi?

LE PÈRE: Reste ici. On n'a pas encore décidé quel message on allait envoyer.

> *(les Américains et Marie vont vers l'escalier. Le père les appelle)*

Hé, dites donc! au fait...

> *(les Américains s'arrêtent et se retournent. L'un d'eux pelote ouvertement les fesses de Marie)*

DEUXIÈME AMÉRICAIN: Quoi?

LE PÈRE: Est-ce que vous connaissez mon fils Jacques?

DEUXIÈME AMÉRICAIN: Quelle arme?

LE PÈRE: Il est dans les parachutistes.

DEUXIÈME AMÉRICAIN *(réfléchissant)*: Jacques... Jacques... Jacques, non, je ne vois pas. Il a un parachute de quelle couleur?

LE PÈRE: Bleu. Bleu vif.

DEUXIÈME AMÉRICAIN: Ah, non, nous, on en a des jaunes.

LE PÈRE: Tant pis.

> *(les deux Américains sortent avec Marie et le père revient vers la postière)*

SCÈNE XX

LE PÈRE. LA POSTIÈRE. ANDRÉ.

LE PÈRE : À nous trois.

ANDRÉ : Je réfléchis. Si on leur envoyait un message comme ça : « Revenez de suite pour conseil de famille. Mariage Marie. » ?

LA POSTIÈRE : C'est pas original, on dirait un télégramme.

LE PÈRE : Ils ne l'accepteront pas à Radio-Londres. Il faut leur envoyer un message en clair. Pas de résumé.

(il réfléchit)

ANDRÉ : Je ne trouve rien.

LE PÈRE : Attends... voilà ! « L'équarrisseur attend ses deux enfants pour le mariage de leur sœur. » Je te le dis, il faut du clair, sans ça les gens peuvent comprendre de travers et en profiter pour tout saccager, chiper des tractions avant et les couvrir de peinture blanche.

LA POSTIÈRE : Bon. Alors, je vais leur téléphoner à Londres. Mais vous savez, ça va bien prendre une heure d'attente. Il y a au moins cinq ou six officiers qui font la queue. J'ai trois communications sur Berlin et cinq sur Londres, alors ça ne va pas vite...

(coups violents à la porte)

SCÈNE XXI

LES MÊMES. DEUX ALLEMANDS EN UNIFORME.

LA POSTIÈRE : Bonjour.

DEUX ALLEMANDS : Bonjour... ça biche ?

ANDRÉ : Ça biche moyennement.

LE PÈRE : Il ne faut pas exagérer. Ça pourrait aller mieux. On est embêtés par cette histoire du mariage de Marie...

Premier Allemand : On peut s'asseoir ?... On est crevés.

Le père : Mais oui... Asseyez-vous.

(les Allemands s'assoient à une table près de la porte et le deuxième commence à retirer ses bottes. Le premier va puiser de l'eau dans son casque, puis revient et se trempe les pieds dedans avec ses bottes. L'autre pose les siennes sur la table. Une épaisse fumée s'en dégage)

Le père *(à la postière)*: Alors, vous allez le passer, ce message ?

La postière : Vous allez bien m'offrir un coup de schnick, non ?

Le père : Bien sûr... À quoi est-ce que je pense, aujourd'hui ? Et mon travail ne se fait pas, avec tout ça...

(il va vers le placard)

La postière : Oh, ce n'est qu'un petit retard. Je boirai vite.

(les deux Allemands se redressent, comptent jusqu'à quatre et entonnent une marche)

> *Wenn die Soldaten*
> *Durch die Stadt marschieren,*
> *Öffnen die Mädchen*
> *Die Fenster und die Türen,*
> *Ei warum, ei darum,*
> *Ei warum, ei darum,*
> *Ein Küss wenn es stimmt*
> *Darassabum Darassassa* (bis)[6].

(on entend des pas dans l'escalier et les Américains arrivent complètement débraillés, par la porte de droite)

SCÈNE XXII

Les mêmes. Deux Américains.

Le père : Alors, la maison vous plaît ?

Premier Américain *(se reboutonnant)* : Ça sent mauvais chez vous. C'est terrible ce que ça sent mauvais...

Deuxième Américain : C'est ça, tiens !

> *(il lui montre les deux bottes du deuxième Allemand, qui fument sur la table)*

Le père : Je vous donne un coup à boire ?

Premier Américain : Elles sont chouettes ses bottes, dis donc.

Deuxième Américain : Mon vieux, ces types-là, ils sont drôlement équipés ! Leurs pistolets, tiens, c'est autre chose que nos colts.

Premier Allemand *(d'un ton condescendant)* : Oh ! les vôtres ne sont pas si mauvais.

> *(les deux Américains se rapprochent de leur table et l'un s'appuie au dossier de la chaise)*

Deuxième Américain : Regardez les casques qu'on a.

Deuxième Allemand : Je reconnais que la forme est vraiment horrible. C'est fuyant, c'est moche...

> *(les deux Américains s'asseyent à la table des Allemands)*

Premier Américain : Vous jouez au poker ?

Le père *(s'approchant)* : Dites donc, vous devez avoir soif, tous les quatre. Vous boirez bien une goutte de calva ?

Premier Allemand : Avec plaisir.

Deuxième Allemand : Naturellement, merci.

Deuxième Américain : Très volontiers.

Premier Américain : Vous êtes trop aimable.

Le père : André, apporte les verres !

Premier Allemand : Vous avez des cartes ?

Premier Américain : J'en ai.

La postière (*se rapprochant insensiblement en vidant son verre*): Remplissez-moi donc le mien. On va boire un coup avec ces garçons-là.

(*les quatre commencent à jouer aux cartes*)

Premier Américain (*au deuxième Allemand*): Je vous joue vos bottes !

Deuxième Allemand : D'accord. Contre votre vareuse.

Premier Américain : O. K.

(*partie de cartes, au cours de laquelle ils se déshabilleront progressivement tous les quatre et finiront par avoir chacun un équipement complètement inversé*)

Le père : Quand même, ça fait plaisir, un petit verre.

(*il revient vers l'établi et commence à taper sur le rabot. Il tapera de plus en plus fort jusqu'à la fin de la scène*)

Premier Allemand : Full aux as.

Deuxième Américain : Je vois venir.

Premier Allemand : Ça fait un pot.

Deuxième Allemand : J'ouvre de dix dollars.

Deuxième Américain : Plus vingt marks.

Le père (*raccompagnant la postière à la porte*): Au revoir, à tout à l'heure.

(*on entend des explosions. Le bruit devient de plus en plus fort. Coups violents vers la porte du fond. Tous regardent dans cette direction*)

Le père : Entrez !

Premier Allemand : Couleur !

Deuxième Allemand : Flush royal !

Deuxième Américain : Carré d'as !

Premier Américain : J'ai cinq rois !

(*il rafle tout. Heinz entre par la porte de gauche. Le père et les autres sursautent*)

SCÈNE XXIII

LES MÊMES. HEINZ.

LE PÈRE *(sévèrement)*: Comment, Heinz, vous n'êtes pas en train de vous battre avec vos camarades?

HEINZ *(rougissant)*: Le réveil n'a pas sonné.

> *(terrible explosion. Tous courbent la tête. Silence mortel. Pas dans l'escalier. Marie entre)*

SCÈNE XXIV

LES MÊMES. MARIE.

MARIE: J'ai renversé un vase.

LE PÈRE *(soulagé)*: Ah! c'était ça!

> *(il se retourne vers Heinz et se croise les bras)*

Vous exagérez...

PREMIER AMÉRICAIN: Double brelan de reines!

> *(il rafle les enjeux)*

PREMIER ALLEMAND: J'ai mieux: séquence de sept cartes!

> *(il rafle la prise du premier)*

DEUXIÈME AMÉRICAIN: Ça va. J'ai un flush royal de l'as au deux.

> *(il rafle)*

DEUXIÈME ALLEMAND: Moi, j'ai une vraie paire de rois.

> *(il se met en devoir de les dépouiller méthodiquement. Pendant ce temps, Heinz se tortille les mains)*

HEINZ *(timide)*: Vous voulez bien me faire un petit mot d'excuse pour mon capitaine?

(Marie s'approche des joueurs. Une main, de chaque côté, se glisse sous sa jupe)

Le père : Vous me faites faire un joli métier.

(il écrit. Rafale de mitraillette au dehors, détonations, éclairs)

Deuxième Allemand : Deux cents dollars.

Premier Américain : Plus dix marks.

Deuxième Américain : J'en ai marre, on s'en va...

Premier Américain : Bon...

(il se lève, il est complètement habillé en Allemand. Son copain aussi. Ils font demi-tour et sortent en chantant : Wenn die Soldaten*)*

Premier Allemand : O. K.

Deuxième Allemand : On stoppe.

(les deux Allemands, complètement habillés en Américains, se retournent vers le père et chantent : Happy birthday, *et sortent)*

SCÈNE XXV

Les autres.

Le père : C'est gentil, à cet âge-là...

La postière : Oui... passez-moi un coup de schnick.

Le père : Vous exagérez.

(coups à la porte qui s'ouvre lentement. Un type, chancelant, entre en se tenant le ventre. Silence général)

SCÈNE XXVI

Les mêmes. Un soldat.

Le type *(haletant)*: Mande pardon, où sont les vatères?

Le père: Ils viennent de partir.

Le type: Ah! Hâââââââh...

 (il tombe raide mort)

Le père: Dans la fosse... avec les honneurs de la guerre.

 (la postière roule le type dans la fosse)

SCÈNE XXVII

Le père. Marie. André. La postière.
Entre La mère.

La mère: Dis donc, les cabinets ont disparu.

Le père: Tu ne m'apprends rien.

La mère: Alors, je m'en vais. Tu n'as plus besoin de moi?

Le père: J'ai toujours besoin de toi, ma chérie. Viens dans mes bras. Et maintenant, discutons le bout de gras.

 (à la postière)

Tenez, prenez le calva et emmenez ces enfants, parce que je vais être obligé de me tenir mal.

La postière: Venez, les enfants, on va se taper des rincettes. C'est pas tous les jours fête.

 (la postière sort avec André et Marie en les tenant par la main comme deux gosses)

SCÈNE XXVIII

Le père. La mère.

Le père : Guili, guili !

La mère : Ah ! Écoute, Joachim, je n'ose pas...

Le père : Je ne m'appelle pas Joachim. Tu confonds avec ton premier mari. Tu sais bien, le garde-chasse.

La mère : Excuse-moi, ça m'était complètement sorti de l'idée.

Le père : Enfin, on va revoir nos enfants. Tu n'es pas contente ?

La mère : Je suis émue. Je ne sais pas ce que j'ai aujourd'hui, mais ce mariage me touble beaucoup.

Le père : Ah ! ah ! Ça te rappelle le tien, hein, ma poupée !

La mère : Mais non, ça ne me rappelle pas le mien. Il y a longtemps que je l'ai oublié, le mien.

Le père : Allons ! Tout de même.

La mère *(le regardant fixement)* : Tu ne vas pas me dire que tu fasses quoi que ce soit pour me le rappeler ?

Le père *(gêné)* : Heu... les circonstances ne s'y prêtent pas... J'ai quarante-deux ans...

La mère : Pas moi.

(silence)

Le père : Au fait, tu ne crois pas qu'on devrait donner un autre nom à Marie ?

La mère : À laquelle ?

Le père : À n'importe laquelle. Pourvu qu'une des deux s'appelle autrement, c'est l'essentiel.

La mère : Je ne veux pas.

Le père : Mais ça sera bien plus commode.

La mère : Tu n'aimes pas mon nom, en somme ?

Le père : Si... justement... Je voudrais te le réserver. Et je crois qu'il

faudrait quand même lui donner un autre nom parce que Heinz a tendance à se tromper et ça embête Marie. Elle le trouve très laid.

La mère : Si Marie n'aime pas Heinz, elle n'est pas forcée de l'épouser.

Le père : Mais, justement, je parlais de l'autre Marie. Tu vois bien que ça n'est pas commode.

La mère : C'est parce que tu es bête.

(il lève les bras et se tape les cuisses, découragé)

Enfin, c'est vrai. Voilà quinze ans qu'elle s'appelle Marie et tu voudrais changer son nom. C'est extraordinaire ! Tu as toujours des idées abracadabrantes. Tu ne peux pas équarrir et rester tranquille, non ?

Le père : J'en ai assez de l'équarrissage. D'abord, je perds la main et ensuite mon rabot est esquinté.

La mère *(hochant la tête)* : Tu vieillis. Je ne peux pas t'empêcher de faire ce qui te plaît, après tout. Appelle-la comme tu voudras.

Le père *(ravi)* : Enfin, je te retrouve.

La mère *(fondant en larmes)* : Ma petite fille...

SCÈNE XXIX

Les mêmes. Marie *(celle d'Heinz)*.

Le père : Tiens, la voilà. Allons, ne pleure pas comme ça, Marie, voyons. Ce n'est rien, un changement de nom.

La mère : Ce n'est rien, non ! Elle va déjà changer de grand nom en épousant son imbécile à lunettes, et maintenant, tu veux lui changer son petit nom... Qu'est-ce qui va lui rester, alors ?

Marie : Pourquoi est-ce que vous vous disputez ?

Le père : Dorénavant, tu t'appelleras Cyprienne.

La mère *(relevant la tête, étonnée et ravie)* : Cyprienne ?... Mais c'est ravissant !

Le père (*faussement modeste*): Heu... tu sais... ce n'est pas de moi...

Cyprienne: Cyprienne? Moi, ça m'est égal, au fond. Je veux bien m'appeler Cyprienne. Mais quel intérêt ça a-t-il?

Le père: Marie, c'est un peu monotone.

Cyprienne: Évidemment, ça se porte beaucoup. Mais Cyprienne Schnittermach, tu crois que ça sonne bien?

Le père: Certainement.

La mère: Ça fait étranger, tout de même. Enfin, tu diras ce que tu voudras, c'est ravissant.

Le père (*doucement flatté*): Je reconnais que c'est... original.

(*un silence*)

Cyprienne: Tu ne travailles pas, papa, aujourd'hui?

Le père: Ah non! Aujourd'hui, c'est un grand jour.

Cyprienne: Qu'est-ce qui se passe?

Le père: Ton frère et ta sœur viennent pour le conseil de famille.

Cyprienne: Quel conseil de famille?

Le père: Eh bien, mais pour ton mariage, voyons!

Cyprienne (*déçue*): Ah! bon... Moi qui croyais qu'il y avait quelque chose de nouveau.

Le père: Comment, tu ne trouves pas ça nouveau?

Cyprienne: Je couche avec Heinz depuis quatre ans.

Le père: Est-ce qu'il t'a fait un enfant?

Cyprienne: Je ne crois pas... Je m'en serais aperçue...

Le père: Enfin, tu es enceinte, oui ou non?

Cyprienne: Qu'est-ce que ça peut te faire?

(*elle se promène dans la pièce en chantonnant*)

La mère: Tu sais, il faut que tu répondes, Cyprienne.

(*elle répète rêveusement*)

Cyprienne... J'aurais voulu m'appeler comme ça...

Cyprienne: Vous m'assommez, tous les deux, avec vos questions. Vous

avez assez souvent regardé par le trou du mur pour savoir si oui ou non je risque d'avoir un enfant après ce que j'ai fait avec Heinz.

Le père : Comment veux-tu qu'on le sache ? Tu éteins toujours la lumière et tu as graissé les ressorts de ton sommier. Et puis, d'abord, c'est André qui regarde. Moi, je remets une planche neuve tous les jours. Tu le sais très bien.

Cyprienne : Tu viens juste la remettre tous les jours à dix heures du soir, au moment où on se couche...

Le père : Tu me révoltes. Dieu sait si je suis éloigné de ces choses-là !...

La mère : Dieu le sait et moi aussi.

Le père : De toutes façons, tu dois nous dire si tu es enceinte.

Cyprienne : Zut et zut !...

(grand bruit au grenier. Une trappe s'ouvre et un type atterrit en parachute)

SCÈNE XXX

Les mêmes. Jacques.

La mère : Mais c'est mon petit Jacques.

Jacques : Bonjour, messieurs-dames !

(embrassades)

La mère : Mon petit Jacques ! Ça fait combien de temps que tu n'étais pas venu voir ton vieux papa et ta maman ?

(elle fond en larmes)

Le père : Dis donc ! Pourquoi ton vieux papa ?

Jacques : Elle n'a pas changé, maman. Toujours marrante !

(il embrasse sa mère)

Et toi, ma vieille Marie ?

CYPRIENNE : Bonjour, Jacques. Tu as un beau blouson, dis donc !

(il l'embrasse)

JACQUES : Elle est devenue pas mal, Marie.

LE PÈRE : Tu peux l'appeler Cyprienne, parce qu'elle va se marier.

JACQUES : Sans blague ! Ça, alors, c'est renversant.

(il la regarde avec stupeur)

Dites donc...

(il renifle)

Ça cocotte toujours autant chez vous. Beaucoup de travail, papa ?

LE PÈRE : La fosse est pleine.

JACQUES *(se frotte les mains)* : Fameux !

(la trappe se rouvre et un second parachutiste atterrit. Il est japonais)

SCÈNE XXXI

LES MÊMES. LE PARACHUTISTE JAPONAIS.

LE JAPONAIS : Hikra aram bul cuiculoc mic arrhoû ?

LE PÈRE *(compte sur ses doigts)* : C'est pas Jacques, c'est pas Catherine. C'est pas Marie... C'est pas un de mes enfants.

JACQUES : Vous vous trompez d'endroit.

LE JAPONAIS *(souriant largement et très poliment)* : Crô Huc ano maghô trucmuche ?

LE PÈRE : Mais comment donc !...

(le Japonais tire un poignard de sa ceinture et se fait harakiri en ajoutant : « Couic !... »)

JACQUES : Pas d'erreur, c'est bien un Japonais. Qu'est-ce qu'on en fait ?

LE PÈRE: Il n'y a qu'à le mettre dans la fosse. Je le ferai avec les autres.

(*ils soulèvent le cadavre et le jettent dans la fosse*)

LA MÈRE: Cyprienne! Essuie par terre. C'est dégoûtant!

(*le père et Jacques reviennent. Pas dans l'escalier. Coups à la porte de droite*)

SCÈNE XXXII

LE PÈRE. LA MÈRE. CYPRIENNE. JACQUES (*en Américain*) *et* CATHERINE (*en parachutiste pin-up: petites bottes rouges, petite jupe plissée extra-courte, blouse kaki, petite culotte rouge, poitrine terrible et bonnet de l'armée rouge. Deux étoiles rouges sur les seins.*)

LE PÈRE: Ah! Cette fois, c'est elle!...

LA MÈRE: Bonjour ma chérie.

(*embrassades. Catherine embrasse sur la bouche, à la russe, son père et Jacques qui restent pantelants*)

CATHERINE: Ça fait plaisir de se sentir chez soi.

(*elle renifle*)

LA MÈRE: Tu n'as pas eu trop de mal à venir, ma chérie?

CATHERINE: Ben, si, tu sais, d'en haut, on n'y reconnaît pas grand-chose. Il y a eu du chambardement, par ici?

LE PÈRE: Tu parles qu'il y en a eu! L'année dernière, le père Durosier a fait abattre ses trois ormes.

LA MÈRE (*réfléchissant*): Et Mme Lecoin a fait bâtir un clapier de six mètres de long!...

JACQUES: Sûr, ça change le paysage, mais on a trouvé quand même, tu vois!

(*il renifle ostensiblement*)

CATHERINE: Alors, Marie, c'est toi qui es fiancée?

CYPRIENNE : Tu peux m'appeler Cyprienne.

CATHERINE : Enfin ! Ils se sont décidés à te changer de nom !

JACQUES : Et où est Marie ?

LA MÈRE : Mais elle est là, mon petit. On te répète qu'elle s'appelle Cyprienne...

LE PÈRE : Mais non, c'est l'autre, voyons... Elle vient justement de se fiancer ce matin avec un Américain, un de tes compatriotes... Tiens, au fait, il n'est pas encore revenu. Qu'est-ce qu'il fiche, encore, celui-là ? Elle doit être en train de se faire belle pour votre arrivée. Tu vas la trouver dans sa chambre.

SCÈNE XXXIII

Arrive MARIE.

LE PÈRE : Tiens, la voilà.

JACQUES *(se précipitant sur elle et l'embrassant dans le cou)* : Bonjour, ma poulette.

LE PÈRE : Eh bien, Jacques, veux-tu laisser ta sœur tranquille... elle n'a plus douze ans... Tu ne vas pas coucher avec elle, quand même ?

JACQUES : Tu ne l'as jamais fait, toi, non ?

LE PÈRE *(indigné)* : Certainement que non ! Espèce de cochon !

JACQUES : Eh bien, ça suffit d'un crétin dans la famille.

(il rit)

CATHERINE : Dis donc, Cyprienne, il est là ton fiancé ?

CYPRIENNE : Non, c'est l'heure où il se bat... Oh, il était en retard, papa a été obligé de lui faire un mot pour son capitaine... ils sont très sévères avec lui...

LE PÈRE : Allons, tas de chenapans, venez boire ; asseyez-vous autour de cette table et restez tranquilles.

(tous s'approchent et s'installent de telle sorte que Cyprienne se

*trouve seule, isolée du groupe, comme une accusée. Après avoir
bu, Catherine casse son verre contre le mur. Personne n'y fait
attention)*

Le père *(se levant)*: Maintenant, venons au fait, Cyprienne!

Cyprienne: Oui, papa?

Le père: Tu es fiancée à Heinz. Tu as l'intention de l'épouser. Tu
comprends bien qu'il n'est absolument pas question *(il martèle ses mots)*
de te marier sans le consentement de ta famille. Par conséquent, c'est la
logique même, tu dois répondre à tout ce que nous allons te demander,
en donnant des détails précis, afin de nous permettre de formuler un
jugement en toute objectivité, sur la foi duquel tu te marieras, ou non,
suivant la décision prise en fin de compte.

> *(il s'effondre, épuisé)*

Jacques *(se levant)*: Tu te rends bien compte que nous n'avons pas
fait tout ce chemin pour rien. En sorte qu'il paraît nécessaire que tu nous
donnes les renseignements circonstanciés qui, seuls, auront pour effet
de nous éclairer.

> *(Il se rassied)*

Catherine *(se levant)*: Je ne sais pas quoi dire, car il me semble qu'ils
ont tout dit.

> *(elle se rassied. Silence. Ils la regardent tous. Le père se redresse
> peu à peu)*

Le père: Alors, pour la dernière fois... réponds à ma question. Est-ce
que tu es enceinte des œuvres du dénommé Heinz Schnittermach?

Jacques *(se levant)*: C'est un nom affreux.

> *(il s'assied. La mère fond en larmes. Marie la calme)*

Le père *(à la mère)*: Marie, est-ce que tu as rentré la grande échelle?

La mère: Mon Dieu!... j'avais complètement oublié.

> *(elle sort, affolée)*

Le père: Cyprienne!... Réponds!...

Cyprienne: Je ne répondrai pas.

Le père: Il va donc falloir que nous ayons recours à des mesures
draconiennes, du nom de leur inventeur.

JACQUES : Comme la lune.

LE PÈRE : Marie, remonte dans ta chambre.

 (Marie se lève et va vers la porte, suivie de Jacques)

Jacques ! Reste ici.

JACQUES : Vous êtes bien assez sans moi.

 (il se rassied)

CYPRIENNE : Je comprends pourquoi tu m'as fait changer de nom. Sans ça, je serais remontée dans ma chambre aussi et tu n'aurais rien pu dire.

 (Marie sort)

SCÈNE XXXIV

LES MÊMES, *moins* MARIE.

LE PÈRE : Couchez-la sur l'établi.

 (Catherine et Jacques s'emparent de Cyprienne)

JACQUES : Avec quoi va-t-on la travailler ?

 (ricanement diabolique)

CATHERINE : J'ai des cigares.

LE PÈRE : Je ne peux pas supporter l'odeur du cigare.

 (Catherine hausse les épaules. Elle et Jacques ficellent Cyprienne sur l'établi)

CYPRIENNE : Moi non plus, mais je ne voudrais pas que mon opinion puisse vous influencer en quoi que ce soit.

LE PÈRE : Quand je dis que je ne peux pas supporter l'odeur du cigare, ce n'est pas une figure de rhétorique. Positivement, il y a deux choses que je ne peux pas supporter : d'une part, un rabot mal affûté, et, d'autre part, avoir les pieds humides.

JACQUES : Qu'est-ce que tu fais de l'odeur des cigares ?

LE PÈRE : À la longue, ça se dissipe. Et puis, ici, tu sais, on ne la sentirait pas. Moi, je crois qu'il vaut mieux la chatouiller.

> *(ils achèvent de lier Cyprienne, qui ne fait pas un mouvement. Le père cherche des instruments)*

JACQUES : Écoute, Cyprienne, on a l'air de revenir pour t'embêter, mais c'est pourtant bien simple, ce qu'on te demande. Si tu voulais répondre tout de suite, tu nous épargnerais une scène spectaculaire, je le reconnais, mais pénible.

CYPRIENNE : Qu'est-ce que tu veux que je te dise, Jacques, vous êtes tous là à vous jeter sur moi comme des poux sur un crâne. Je suppose que vous êtes aussi gênés que moi. Remarque, à votre place, j'en ferais autant, parce que je sais que c'est le seul moyen de me faire parler. Je suis têtue comme une mule et je ne veux pas vous répondre.

JACQUES : Eh bien, ma vieille, on va te chatouiller.

> *(il s'approche et commence. Cyprienne se tord)*

LE PÈRE : N'aie pas peur d'y aller, elle est forte comme un cheval... et je m'y connais. Tiens, voilà une plume de pintade, ça n'a pas d'équivalent.

JACQUES : Apporte-moi un brin de paille.

> *(Cyprienne hurle de joie)*

Oh !... Cyprienne, je t'en prie... tu me fais mal à la tête.

> *(Cyprienne redouble)*

LE PÈRE : Fais attention à cette plume, Jacques... J'y tiens. Quelle entêtée... Vas-tu répondre, petite dinde ?

> *(Cyprienne remet ça)*

CATHERINE *(se remettant du rouge)* : Tu sais, Cyprienne, tu me déçois, je ne pensais pas que tu sois si renfermée. J'aurais cru qu'avec tes frère et sœur, tu te montrerais plus confiante, plus affectueuse, enfin.

JACQUES *(s'essuie le front)* : Vraiment, c'est idiot. Pourquoi est-ce que tu ne veux pas répondre ? Enfin, voilà un type avec qui tu couches depuis quatre ans, tout le monde le sait, tout le monde vous a vus ; d'ailleurs, il n'y a aucun mal à ça, je m'empresse de l'ajouter ; et, stupidement, par mauvaise volonté, pour on ne sait quelle raison, tu refuses de nous dire

si tu es enceinte ou non. Ça n'a pas le sens commun. On se demande ce que tu ferais s'il t'arrivait vraiment quelque chose de sérieux.

CATHERINE : On revient ici. On est tous contents de te voir, de voir ton fiancé. On s'apprête à se réjouir gentiment, en famille, à revoir papa et maman.

> *(elle essuie une larme)*

Et puis tu ne veux rien nous dire ; tu es plus étrangère que si tu n'étais pas de la famille.

JACQUES *(ému, lui aussi, voix entrecoupée)*: Nous étions en droit d'attendre autre chose que cette réception-là.

> *(il renifle)*

LE PÈRE *(sanglotant)*: Cyprienne... Ma petite fille... Jamais je n'aurais cru que tu nous traites comme ça !...

CATHERINE *(essuie ses yeux à la dérobée et va s'asseoir)*: Cyprienne, nous avons tous de la peine à cause de toi, et tu restes là, sans rien dire.

> *(Cyprienne se tord de rire)*

LE PÈRE : Tenez, je vais vous donner des clous. On va la fixer un peu plus solidement. On s'osbtine toujours à attacher les gens avec des cordes, alors que c'est tellement plus facile de les clouer.

JACQUES : Ça va abîmer l'établi.

LE PÈRE : Ça ne fait rien. Malgré tout, on ne va pas tenir compte d'une question d'établi dans un cas comme celui-là, où le mariage de ta sœur est en jeu. Tiens, voilà le marteau, Jacques.

JACQUES : Non, après tout, on va prendre du chatterton.

LE PÈRE : Prends-le, Catherine, il est dans l'armoire à outils.

CATHERINE : J'y vais.

> *(elle y va, et pendant ce qui suit, elle s'emmêlera affreusement dans le chatterton)*

JACQUES : Ça me coupe les jambes, papa... J'ai jamais pu supporter les chatouilles et c'est comme si on me le faisait à moi... Relaie-moi, papa...

LE PÈRE: Allons, allons, toi, un héros! De mon temps, en 1890, on n'aurait pas admis qu'un parachutiste se dégonfle.

JACQUES: Vous receviez une éducation de sauvages, aussi, de ton temps.

(Cyprienne s'enroue et tousse)

LE PÈRE *(sévère)*: Jacques, ne fais pas tousser ta sœur. Ce n'est pas toi qui lui paies des leçons de chant à 200 francs par mois.

JACQUES: Toi non plus.

LE PÈRE: Non, mais j'en avais l'intention... Allons, Catherine, veux-tu cesser de faire l'imbécile? Oh! ces enfants...

CATHERINE *(emmêlée affreusement)*: Aide-moi, papa, coupe tout ça.

(il s'exécute en maugréant)

CATHERINE *(revient à sa sœur)*: Réponds, est-ce que oui ou non Heinz t'a fait un enfant?

CYPRIENNE: Je ne dirai rien, je ne dirai rien... Ouille!... Laisse-moi...

(vaincue, elle explose, hystérique)

Arrêtez... Je vais le dire.

LE PÈRE: Elle connaît les endroits, hein, Catherine. C'est un vrai garçon manqué. Allons Cyprienne, est-ce que tu vas avoir un enfant?

CYPRIENNE: Non...

JACQUES: C'est bien vrai?

CYPRIENNE: Oui...

CATHERINE: Tu ne mens pas?

CYPRIENNE: Je dis la vérité.

LE PÈRE: Eh bien, tu sais, tu n'es pas bavarde!...

(il se laisse tomber assis sur une chaise)

JACQUES *(d'une voix brisée)*: Donne-moi à boire, papa...

(tous s'empressent autour de lui)

CYPRIENNE *(furieuse, les calotte l'un après l'autre, à l'improviste. Ils se*

tiennent tous la joue): Pourquoi m'avez-vous fait ça?... Pourquoi m'avez-vous fait ça?... Je ne voulais pas le dire... là...

 (coups à la porte)

Le père : Pour savoir s'il fallait que tu épouses Heinz. Maintenant, nous savons qu'il ne t'a pas fait d'enfant. Tout est donc à recommencer. Il faut réparer ça au plus vite. Tu vas l'épouser aujourd'hui même. Tu es contente, hein? Imbécile!

SCÈNE XXXV

Les mêmes. Un grand F.F.I. simple soldat, *avec une barbe noire et cinquante ans.* Un petit F.F.I., colonel *de quatorze ans*[7]. *Brassards.*

Le père *(allant ouvrir)*: Entrez!

Le vieux F.F.I. : Je nous présente : Vincent, dit Barbeblanche, F.F.I., et le colonel Loriot.

Le colonel Loriot : Repos!

Le père : Vous désirez?

Vincent : Il paraît qu'il y a un Amerlaud, chez vous?

Le colonel Loriot : Oui... On nous a dit que... On l'a vu, quoi...

Le père : Ah, ça doit être mon fils Jacques. Mais entrez donc. Faites comme chez vous!...

Vincent *(à Jacques, très mondain)*: Alors, comme ça, vous avez débarqué?

Jacques : Oh!... Je suis revenu marier ma sœur, c'est tout.

Loriot : Comment est-ce en Amérique?

Jacques : Je ne sais pas, moi, vous savez, je suis d'ici.

Vincent *(déçu)*: Ah... Excusez-nous. On croyait que c'était l'uniforme américain...

Le colonel Loriot : Vous savez, nous, on n'a pas l'habitude; on est F.F.I. depuis ce matin.

Le père : Vous m'avez fauché ma voiture ?

Vincent : Qu'est-ce que c'est ?

Le père : Une Delage[8].

Le colonel Loriot : Une Delage traction avant ?

Vincent : Mais non, colonel, tu déconnes, il n'y a pas de Delage traction avant...

Le colonel Loriot : Ah... bon...

Vincent *(expliquant)* : Vous savez, nous, c'est les tractions avant[9] qui nous intéressent.

Le père : Vous devriez prendre celle du voisin. Elle est toute neuve.

Le colonel Loriot : Quel numéro ?

Le père : Cinq milliards quatre cent quatre-vingt-sept millions six cent mille zéro deux.

Vincent : C'est ça, c'est celle du colonel. Mais on en cherchait une pour moi.

Le père : Je suis désolé...

Le colonel Loriot : Ça ne fait rien...

Vincent : Tu t'en fous, toi, tu en as une.

 (à Jacques :)

Les jeeps, comme ils disent *(il prononce gèpes)*, ça marche ?

Jacques : Je ne sais pas, moi, je me sers d'un parachute.

Vincent *(à Catherine)* : Vous savez, vous, mademoiselle ?

Catherine : Je suis parachutiste aussi...

Vincent et Loriot *(se levant)* : Ah... Eh ben, alors... On s'en va. Bonsoir messieurs-dames.

Le père : Bonsoir. À bientôt.

Vincent : Oh non... Une Delage, ça ne nous tente pas. C'est trop voyant...

Le père : Je regrette...

 (il les conduit à la porte. Catherine a fini de dégager Cyprienne et l'entraîne vers l'escalier)

SCÈNE XXXVI

Le père. Jacques.

Le père (*à Catherine qui sort*): Ramène Marie.

Jacques (*brisé*): Il faut appeler maman.

Catherine: Oh, Jacques, écoute, tiens-toi un peu. Qu'est-ce que ça sera quand on te mariera si tu es déjà dans cet état-là pour ta sœur...

> (*elle sort*)

Jacques: Maman!... Maman!...

> (*remue-ménage du côté de la fosse. Émerge le voisin, tout couvert de terre et de merdre et les doigts écartés, tâtonnant*)

SCÈNE XXXVII

Les mêmes. Le voisin.

Le père: Tiens, qui sort de ma fosse?

> (*il regarde attentivement*)

Mais c'est notre voisin...

Le voisin: C'étaient des blagues, mon vieux.

Le père: Quoi? Quelles blagues?

Le voisin: La maison n'était pas du tout par terre. Alors, je m'amène, je vois ça, tu penses, ça m'a fichu un choc. J'ai fait le tour de la cave au grenier, pour être sûr que tout était en place. Du grenier à la cave, plutôt. Je suis rassuré.

Le père: Pourquoi sors-tu de ma fosse à équarrir?

Le voisin: Eh bien, juste au moment où j'allais remonter, j'ai entendu du bruit et le plafond de ma cave m'est tombé sur la gueule. Alors, j'ai creusé vers toi... au jugé.

> (*il renifle*)

Mais je suis quand même content que la maison n'ait rien.

Le père : Ah, bon... Alors je comprends.

Le voisin : Faudra que tu m'aides à réparer le plafond de ma cave.

Le père : Oh, on fera ça demain. Aujourd'hui, on s'occupe de la petite. Tout est pour elle, maintenant.

Jacques : Papa, va chercher maman...

Le père : Mais oui, mon petit, je vais l'appeler. J'allais le faire.

Le voisin : Ne lui passe donc pas tous ses caprices...

Le père : Jacques a toujours été plus affectueux que les autres. Et puis ce n'est pas un caprice ; tu te figures qu'on va marier Cyprienne sans sa mère ?

(Pendant ce temps, il range des outils, puis il va vers la porte de droite et appelle : Marie !... *Elle entre par la porte du fond)*

SCÈNE XXXVIII

Les mêmes. La mère.

La mère : Me voilà.

(affolée)

Qu'est-ce qu'il y a ? Jacques est couché ?

(elle fond en larmes)

Un accident ? Mon petit garçon !

Le père : Dis donc, Marie, as-tu vu si le troisième cochon a eu sa soupe ?

La mère : Le troisième cochon ?... Il y a un troisième cochon et tu ne me l'as pas dit ?... Je vais le voir.

(elle va pour sortir. Le père lui court après)

Le père : Mais non, mais non, reste ici, voyons. C'est une blague !

La mère *(vexée)* : Tu me fais toujours des blagues...

(on s'attend à ce qu'elle fonde en larmes, mais elle se ressaisit et envoie un formidable direct dans l'estomac du père)

Le père *(suffoqué)*: Ouille!...

 (il se tient le ventre et saute sur place. La mère regarde son poing, étonnée, puis laisse retomber sa main)

Mais, enfin, Marie... Tu deviens folle?

La mère *(fondant en larmes)*: Aussi... pourquoi me racontes-tu toujours des blagues?

Jacques: Maman!... Viens me consoler!...

La mère *(s'élançant vers lui)*: Oui, mon chéri! Tu n'as rien de grave, au moins!...

Jacques: Je voulais te voir...

 (elle le dorlote. Le père, chancelant, revient vers son établi. Le voisin se tord silencieusement)

Le père *(au voisin)*: Ça te fait rire, vieux débris?

Le voisin *(offensé)*: Vieux débris? Je suis du même jour que toi!...

Le père: Tu es né trois heures avant moi.

Le voisin *(maté)*: Je le reconnais.

 (silence)

Peux-tu me prêter un outil? Je voudrais gratter cette terre.

Le père: Tu m'embêtes, tu vas tout faire rouiller.

 (il lui tend un gros clou en maugréant)

Le voisin: La peste soit des avares et des avaricieux.

 (coups à la porte)

SCÈNE XXXIX

Entrent Les deux Allemands *et* Les deux Américains *chanteurs. Ils ont
complètement mélangé leurs uniformes.*

Premier Américain : Écoutez ça... on vient de répéter... *Ein, zwei...*
(Chœur : *Wenn die Soldaten.*)

Premier Allemand : Merci de votre aimable attention.

(ils font la révérence et sortent)

SCÈNE XL

Les mêmes. La mère.

La mère : Allez, mon Jacquot, je t'ai assez dorloté, maintenant...

Jacquot : Oh !... non... encore...

La mère : Écoute, Jacquot... ce n'est pas de ton âge...

Le voisin : Là, je suis à peu près propre.

La mère : Si la jeunesse dansait un peu ?

Le voisin *(se levant)* : C'est ça, je vais chercher mon violon.

(il va à la porte et sort)

SCÈNE XLI

Le père. La mère. Jacques.

Le père : Allons, Jacques... On t'a assez cajolé, maintenant. Lève-toi et
aide ton père à débarrasser la pièce.

La mère : Mettez la table à gauche, là, je la dresserai tout à l'heure pour le repas.

> *(ils déménagent la table. Rentre le voisin)*

SCÈNE XLII

Les mêmes. Le voisin.

Le voisin *(tenant à la main un violon flambant neuf)*: J'ai eu de la veine de le trouver du premier coup.

> *(au père)*

Il était sous l'évier, au beau milieu du salon. Dis donc, pour le plafond de la cave, on commencera par enlever ce qui reste de la maison. Comme ça, on verra ce qu'on fait.

Le père : Oui... oui... on verra ça demain. Mais, dis donc...

> *(il est frappé d'une idée subite)*

Le voisin : Quoi ?

Le père : Tu vas toucher des dommages de guerre...

> *(ils se tordent tous les deux à en perdre la respiration. Entrent Catherine et Marie)*

SCÈNE XLIII

Les mêmes. Catherine. Marie.

Marie *(a changé de robe. Très pute)*: Oh! mais qu'est-ce que vous avez fait, ici ?

> *(battant des mains)*

On va danser ?

La mère: Tu as mis ta robe neuve?

Marie: L'autre était déchirée...

Le voisin: Allez, en place, les danseurs.

> *(il prend son violon et commence à jouer un air vachement swing)*

Le père: Allez, Catherine, viens danser avec moi...

> *(le violon s'arrête)*

Le voisin: En réalité, il vaudrait mieux que les fiancés ouvrissent le bal.

La mère: Je vais les chercher.

Le père: Je vais téléphoner à Heinz.

> *(à la mère)*

Où se bat-il en ce moment?

La mère: Oh! il est à cinq cents mètres. Demande son capitaine, Künsterlich, il s'appelle.

Le père: Bien.

> *(il téléphone. La mère sort. Le voisin accorde son violon. Catherine regarde autour d'elle et Jacques se lève et s'étire. Marie esquisse toute seule quelques pas de danse au milieu de la pièce vide. Masquant le récepteur de la main, au voisin:)*

Tais-toi donc, vieux crétin. Je n'entends pas un mot de ce qu'il dit.

> *(violente explosion, puis crépitement ininterrompu de mitrailleuse. Le père termine posément et raccroche. Le bruit diminue)*

Il arrive tout de suite. Le capitaine me l'envoie dans un instant, ils ont encore trois mètres à faire et ça y est. Ils finissent leurs heures supplémentaires. D'après ce qu'il dit, ça se présente bien.

Jacques *(indifférent)*: Pour qui?

Le père: Oh, pour les deux. Pour les Américains et les Allemands. Le capitaine n'est pas très fixé, mais il est optimiste.

> *(entrent la mère, puis Cyprienne avec un petit sparadrap)*

Le père: À la bonne heure! Voilà ma grande fille.

> *(elle se laisse embrasser)*

Eh bien, voilà qui est parfait. Tu es en forme, au moins?

CYPRIENNE: Oui, naturellement.

LA MÈRE: On va te faire une surprise. Ton fiancé sera là dans cinq minutes. Tu ouvriras le bal avec lui.

LE PÈRE: Tu vois qu'on fait tout ce qu'on peut pour que tu sois heureuse.

CYPRIENNE: Vous ne pourriez pas me trouver un autre fiancé, pendant que vous y êtes?

LE PÈRE *(riant aux éclats)*: Ah! ah! Sacrée Cyprienne. Allons, tu es bien contente de l'épouser, ton Heinz!...

(Cyprienne approuve, l'air dégoûté)

LE VOISIN: Je ne sais pas ce qu'a mon violon, je ne peux plus changer de vitesse.

(il manœuvre un petit levier sur le violon. Détonation sèche)

Ah! ça marche...

LE PÈRE: Tu nous as fait peur.

JACQUES: Vous pouvez jouer le «Bon Petit Vin blanc»[10]?

LE VOISIN: Non, je ne connais pas ça. Moi, je n'aime que la musique américaine.

JACQUES: Alors, vous jouez *Sweet Adeline*...

LE VOISIN: Mais non, des trucs comme *Sweet Sue, Swanee River*[11]...

LA MÈRE: Est-ce que tous les airs américains commencent donc par un S?

JACQUES: Mais non, maman, tu es idiote.

LA MÈRE *(détachée)*: Ah bon!

LE VOISIN: Qu'est-ce qu'il fabrique, le fiancé? Il faudrait qu'il se dépêche pendant que mon violon marche encore.

(coups à la porte)

TOUS: Ah!... Oh!... Le voilà!

(entrent deux sœurs de charité)

SCÈNE XLIV

Les mêmes. Deux sœurs de charité.

Première sœur: Pour les pauvres de la paroisse, s'il vous plaît!

Tous: Hou! hou!...

(*ils se précipitent sur les sœurs et les éjectent*)

Le père: Un jour comme ça! C'est du culot!...

(*coups à la porte, silence de mort*)

SCÈNE XLV

Les mêmes *moins* Les deux sœurs *plus* Heinz *et* Le capitaine.

(*Timides et rougissants, ils saluent en portant la main à la casquette*)

Heinz: Bonjour, Marie.

Cyprienne: Bonjour, Heinz... Il faut que tu m'appelles Cyprienne, maintenant.

Heinz: Oui? Tu es blessée?

Cyprienne: Ce n'est rien. J'ai ouvert des boîtes de conserves.

Heinz (*amer*): Des boîtes de conserves américaines, naturellement...

Cyprienne: Mais non, mon chéri, des conserves de rutabaga.

(*elle va vers lui et l'embrasse. Détente générale*)

Catherine: Alors, c'est vous le fiancé de Cyprienne?

Capitaine Künsterlich: Est-ce que je peux dire quelques mots?

Le père: Mais nous vous en prions, capitaine. Mes enfants, je vous présente le capitaine Künsterlich.

(*sourires, hoche-tête, etc.*)

Alors, capitaine, ça va, là-bas?

Le capitaine : C'est justement ça... À vrai dire, ça va comme ci, comme ça...

Le père : Tout à l'heure, au téléphone, ça allait bien, pourtant; vous aviez l'air content.

Le capitaine : Eh bien, bien sûr, ça n'était pas la même chose. Tout à l'heure, j'en avais encore cent neuf sur cent vingt dans mon corps d'armée, et maintenant, tout d'un coup, là, il reste Heinz et moi.

La mère : Oh!... mais, alors, les amis de Heinz ne vont pas pouvoir assister à son mariage?

Le capitaine : J'en suis bien désolé, madame, j'ai bien peur que Heinz ne puisse pas se marier maintenant. Heinz, mon vieux Heinz!

> *(Heinz se blottit dans les bras de Cyprienne)*

Le père : Mais pourquoi?

Catherine : Ça n'a pas d'importance, si ses camarades ne peuvent pas venir.

Le capitaine : Ce n'est pas ça, c'est que si je n'ai plus de soldats, je ne suis plus capitaine.

La mère *(enjôleuse)* : Vous y tenez tant que ça à être capitaine?

Le capitaine : On est considéré, vous savez. Allez, Heinz, dis au revoir à ces messieurs-dames et viens chercher notre téléphone. C'est tout ce qui reste. Ces Américains cassent absolument tout.

> *(s'avisant de la présence de Jacques)*

Ne vous vexez pas surtout, je ne disais pas ça pour vous.

> *(geste de Jacques. Le capitaine constate l'hostilité générale)*

Vous comprenez la délicatesse de ma position.

> *(à la mère)*

Madame, ne me regardez pas comme ça... Ça n'est pas ma faute si les cent dix-huit autres sont morts. Qu'est-ce que vous voulez, il me faut au moins un soldat, n'est-ce pas?... Faites-moi sentir que vous me comprenez!...

> *(pendant ce temps, Catherine furette sur l'établi et se trouve*

derrière lui. Elle saisit un marteau et l'assomme. Il tombe dans la fosse que le voisin vient d'ouvrir en manœuvrant le levier)

CATHERINE : Allez, on va les marier en vitesse. Toi, maman, tu vas vite préparer le dîner de mariage.

(elle regarde sa montre)

Et comme ça, si on s'y met tous, on peut être prêts à l'heure et tout sera réglé.

JACQUES : Je reviens tout de suite.

(il sort)

LA MÈRE : Heinz, Cyprienne, venez chercher des œufs avec moi.

(ils sortent)

Mettez le couvert, vous autres.

(entre André)

André, nous manquons de femmes. Tu vas aller t'habiller en fille.

ANDRÉ : Vous êtes folle ? Non, mais alors ! Je ne veux pas !...

CATHERINE : Mais si... Tu veux bien...

(elle le regarde d'une certaine façon. André sort. Le père s'étire et regarde Catherine avec admiration)

SCÈNE XLVI

CATHERINE. LE PÈRE. LE VOISIN.

LE PÈRE : Toi, au moins, tu en as une drôle de paire...

LE VOISIN : Ça c'est vrai, tu en as, un drôle de père...

LE PÈRE *(sèchement)* : Ce n'est pas du tout ça que j'ai dit, sinistre vieillard. Aide-moi à préparer tout pour le déjeuner. Catherine, tu veux mettre la nappe ?

CATHERINE : Mais papa, la table est encombrée.

LE PÈRE : C'est rien, on va débarrasser.

(au voisin)

Débarrasse la table, toi, au lieu de te tourner les pouces sans arrêt.

Le voisin *(maugréant)*: J'ai jamais su me tourner les pouces et tu viens me reprocher ça.

(à la dérobée, il essaie de se tourner les pouces)

Le père: T'as pas fini?

(il lui donne une grande claque sur la main)

Débarrasse la table, je te dis.

Le voisin: Va te faire...

(œil terrible du père)

Va te faire un peu la barbe, voyons, pour le mariage de ta fille...

(le voisin va à la table, prend un grand bout de bois et racle tout par terre)

Le père: Enfin, tu t'y mets.

(Catherine arrive avec une nappe)

Allez-y, mes enfants.

SCÈNE XLVII

Le père. Catherine. Le voisin. André.

(entre André en fille)

André *(pleurnichant)*: Pourquoi m'avez-vous fait habiller comme ça, Catherine? J'ai l'air d'un crétin.

Catherine: Mais non, tu es très gentil.

(silence. Ils arrangent la table. Fleurs sur la table. Une grosse varlope sur la table. Des squelettes de têtes de chevaux sur chaque assiette, une serviette entre les dents)

André: Catherine, est-ce que je peux remettre mes souliers bas? Chaque fois que je marche, je me casse la gueule.

Le voisin : Entraîne-toi, sacré nom ! Ce n'est pas plus difficile que de faire du trapèze, quand même !

André : Je ne sais pas faire de trapèze non plus.

> *(Catherine hausse les épaules. Silence. André se lève, essaie de marcher, et se fout par terre après une cabriole invraisemblable)*

André : Oh !... Mâerde !...

Le père : Passe-moi tes souliers, je vais t'arranger ça.

> *(André, assis par terre, se déchausse et donne ses souliers au père, qui visse sous chaque talon une large plaquette de bois, puis les lui rend)*

André : Comme ça, ça va aller mieux, sûrement.

> *(il les met, marche avec, se prend un pied dans l'autre. Nouvelle chute encore plus effrayante. Il reste là quelques instants)*

Le voisin : Je vais faire pipi.

> *(il sort)*

Le père : Fais un peu attention, Jacqueline...

> *(André ne bouge pas)*

Tu entends ?

André : C'est à moi que vous parlez ?

Le père : Oui. Je ne peux pas t'appeler André, habillé comme tu es. J'ai l'impression de parler à un pédéraste. J'ai horreur de ça.

André *(effondré)* : Moi aussi.

> *(il se relève. Coups à la porte)*

SCÈNE XLVIII

Le père. André. L'Allemand du premier acte *(qui avait laissé son fusil pour mieux courir)*.

L'Allemand : Bonjour, monsieur, bonjour, mademoiselle.

> *(André fait un sourire et une révérence)*

Vous me reconnaissez, oui oui ?

Le père : Non.

L'Allemand : J'avais laissé là, ce matin, un fusil, un canon et des armes. Est-ce que je peux les reprendre, oui oui ?

Le père : Si vous les trouvez. On les a peut-être rangés.

L'Allemand : Vous préparez la table ? C'est pour célébrer l'événement, oui oui ?

Le père : Quand on marie sa fille, on peut bien mettre les petits plats dans les grands.

L'Allemand : Certainement, oui oui, ça tient moins de place dans la totalité.

Le père : Au fait, vous voulez peut-être rester là ? C'est qu'il n'y a plus beaucoup de place, je crois...

> *(il regarde avec inquiétude du côté de la fosse)*

L'Allemand : Je ne veux pas vous déranger dans vos préparatifs.

> *(il jette un coup d'œil à André qui baisse la tête en rougissant)*

Mais je resterais volontiers, certainement monsieur.

Le père : Alors, habillez-vous en fille. Et, comme ça, vous aiderez Jacqueline à mettre la table.

L'Allemand *(déçu)* : Ah !... C'est un garçon...

Le père : Bien sûr !... Vous me croyez incapable de faire travailler des garçons ?

L'Allemand : Excusez-moi, mais je dois aller rejoindre mon unité, oui oui. Car nous ne sommes plus qu'une dizaine et on était une centaine.

Le père : Je regrette. Passez tantôt si vous voulez. Vous connaissez Heinz ?

L'Allemand : Naturellement.

Le père : Alors, venez lui serrer la main, ça lui fera plaisir.

(il regarde la fosse)

L'Allemand : Alors, pour mes affaires, monsieur, elles sont là ? Oui oui ?

Le père : Voyez dans la cour.

(l'Allemand sort)

SCÈNE XLIX

Le père. André. Catherine.

(Elle arrange le couvert, sort, entre, etc.)

André : Ils ne reviennent pas vite.

Le père : Tu n'es jamais contente. Tu as le temps de mettre le couvert, comme ça.

André : Mes bas ne tiennent pas.

Le père : Attache-les à quelque chose. Tu ne sais pas encore t'habiller, à ton âge ?

André : Je sais parfaitement m'habiller, mais mes seins tombent tout le temps aussi.

Le père : Passe-toi une ficelle autour du cou, comme ça... C'est ce que fait ta mère.

SCÈNE L

Les mêmes, *puis rentrent* Heinz et Cyprienne *(Heinz a l'air fâché).*

Le père : Et ces œufs ?

Heinz *(râleur)* : Oh, c'est pas la peine de se baisser pour des œufs, surtout quand il n'y en a pas. Moi, je ne m'occupe plus de rien. Les Américains sont là, qu'ils se débrouillent.

Cyprienne : Heinz, tu ne vas pas bouder aujourd'hui ?

Heinz : Non, enfin, c'est formidable... on est là depuis quatre ans, et il suffit que des étrangers arrivent, il n'y en a plus que pour eux...

Le père : Qu'est-ce qu'il y a ? Il n'a plus envie de se marier ?

Cyprienne : Heinz ! Je t'en prie... ne fais pas la tête...

Heinz : D'abord, qu'est-ce que c'est que celle-là ?

> *(il désigne André)*

André : Ça va, Heinz, tu vas dire que tu ne me reconnais pas !

> *(Heinz hausse les épaules)*

Le père : Vous pouvez l'appeler Jacqueline, ça lui va mieux.

Heinz *(hausse les épaules)* : Faut toujours que vous vous déguisiez, vous autres, les Français. Vous ne pouvez pas vous mettre en uniforme, comme tout le monde ?

Cyprienne : Heinz, mon chéri... sois gentil avec papa, je t'en prie.

Heinz : Moi, je me lave les mains de tout ça, je te dis... C'est pas la peine qu'on se crève pendant des années à remonter un pays, à protéger les gens, à les aider et tout, pour arriver à ce résultat-là... À partir de maintenant, ça sera mon tour de me faire entretenir. Et maintenant, quand est-ce qu'on mange ?

Le père : Il faut attendre que Jacques revienne. S'il a été chercher le pasteur, ça peut lui prendre un bout de temps. Il n'y en a pas à dix kilomètres à la ronde.

Heinz *(acerbe)*: Oh, je suis sûr que les Américains n'ont pas débarqué sans pasteur.

(il s'étire. Entre le voisin)

SCÈNE LI

Les mêmes. Le voisin.

André: Est-ce que je peux aller remettre mon pantalon?

Le père: Écoute, Jacqueline, tu vas nous ficher la paix.

Catherine: Tu peux bien garder ta robe pour faire plaisir à ton père!...

Le père: Le curé aussi, porte une jupe, crétin!... Est-ce qu'il proteste?

Le voisin: En tout cas, il m'a dit hier que c'était bien emmerdant pour grimper aux arbres... Et si je vous jouais un peu de violon pour passer le temps?

(coups et voix de Jacques)

SCÈNE LII

Les mêmes, *plus* Jacques.

(Jacques entre, suant et soufflant. Il fait un signe pour qu'on vienne l'aider)

Jacques: André!

André: Quoi?

Jacques: Viens m'aider.

André: C'est pas un travail de femme, ça. Je ne suis pas habillé pour...

Le voisin: Je vais vous donner un coup de main, si vous voulez.

Jacques *(le regarde)*: Si vous voulez...

(ils sortent et reviennent avec deux grosses boîtes pesantes)

Le voisin : Putain ! C'est pesant !...

(*même jeu. Ils rentrent la seconde caisse et la déposent dans un endroit qu'on ne peut voir de la salle*)

Jacques : Merci. Je vais chercher la troisième.

Le père : Qu'est-ce qu'il y a, là dedans ?

Jacques : C'est un pasteur. Il est démonté. Je vais chercher ses vêtements. Tu peux commencer à ouvrir les caisses.

(*le père et André prennent des outils et vont vers les caisses tandis que Jacques ressort, prend la troisième caisse, plus petite, et revient vers eux*)

La mère (*s'approchant d'eux, suivie du voisin qui, pendant ce temps, s'est escrimé avec son violon, lui collant du sparadrap en croix*) : Où l'as-tu trouvé, Jacques ?

(*Jacques se redresse et revient*)

Jacques : Il y en avait des caisses et des caisses plein la plage. On les distribue à qui en demande.

Heinz (*railleur*) : Vous êtes pas mal organisés... J'ai l'impression qu'on n'a plus qu'à se laisser vivre...

(*il regarde Jacques. Celui-ci se rengorge*)

Jacques : J'en ai pris un du grand modèle.

Catherine : Des pasteurs, du coca-cola et des voitures... C'est toujours à ça que ça revient, la démocratie occidentale. Et c'est pour ça que ces imbéciles-là se font casser la figure. Tu peux le laisser en pièces détachées, ton pasteur, pour ce qu'il va servir !

Jacques : Ne t'en fais pas. Il servira. Et il est monté avec un radar.

Catherine : Ça lui fait une belle jambe.

(*elle ricane, méprisante*)

Ça ne vaut pas l'artillerie russe.

La mère : Allons, Jacques. Allons, Catherine, veux-tu laisser ton frère tranquille !...

(*au père*)

Dis donc, si vous vous arrêtiez de remonter ce truc-là, et si vous veniez

déjeuner... Je crois qu'il vaut mieux qu'on fasse le déjeuner avant le mariage... avant la cérémonie, je veux dire...

LE PÈRE : Cyprienne, appelle ta sœur.

CYPRIENNE : Oui, papa.

(elle va à la porte)

Marie, à table !

(elle revient)

LA MÈRE : Allons, installez-vous. Jacques, tu te mettras à ma gauche.

(Jacques passe. Catherine lui fait un croc-en-jambe. Chute retentissante. Il se lève, se déchausse posément un pied et flanque son soulier à la tête de Catherine. Le soulier la rate et passe juste à travers la fenêtre. La mère continue à placer ses invités)

Cyprienne à ma gauche, Heinz à ma gauche, les autres... à ma gauche.

(ils s'approchent tous de la table et s'installent)

LE PÈRE *(se relève)* : Écoute, Marie, puisque Marie n'est pas là, je vais finir de remonter le pasteur. Ce n'est pas aimable de le laisser là-bas comme il est, avec le foie à l'air et les jambes détachées. Ça me gêne.

(il passe à droite et va terminer le pasteur qui se lève, en uniforme avec les petites croix au revers, un peu abruti. Pendant ce temps-là :)

LE VOISIN : Vous n'avez pas de porto ? J'aime bien un verre de porto avant de commencer le repas.

LA MÈRE : Je n'ai que du Martini.

LE VOISIN : Ah, non ! Pas de Martini ! Le directeur de la maison est protestant.

JACQUES *(menaçant)* : Vous avez quelque chose contre les protestants ?

LE VOISIN : Oui. Une dent.

JACQUES : Peut-on connaître la raison ?

LE VOISIN : Ils n'ont pas de cravate.

JACQUES : Si ça vous dérange, vous n'avez qu'à vous faire protestant aussi.

LE VOISIN *(songeur)*: Mon Dieu... Mais, au fait...

JACQUES : Et puis, à la fin, vous m'emmerdez!

LE VOISIN : Écoute, Jacques, tu vas trop loin.

> *(il brandit son violon et le casse sur la tête de Jacques. Puis le regarde avec désolation)*

Mince! Tout mon travail à refaire...

> *(il s'éloigne vers l'établi)*

LE PÈRE *(s'approchant avec le pasteur)*: Je vous présente le révérend...

> *(il se tourne vers le pasteur, interrogatif. Le pasteur fouille dans sa poche et tire un petit morceau de papier qu'il déplie)*

LE PASTEUR : Taylor... Robert Taylor...[12]

CYPRIENNE : Oh! c'est Robert Taylor.

> *(elle se précipite et l'attrape par la manche)*

Venez vous asseoir à côté de moi.

JACQUES : Qu'est-ce qu'il y a? J'ai dû me tromper de caisse...

> *(au révérend)*

Vous êtes bien pasteur?

LE PASTEUR : Mais certainement.

JACQUES : Excusez-moi, c'est ce nom... Je ne comprends pas...

CATHERINE *(ricane)*: C'est bien ça, la civilisation américaine. De la propagande et toujours de la propagande. Ils ont des pasteurs, il faut qu'ils leur collent des noms de vedettes de cinéma. Et vous marchez tous...

LE VOISIN : Eh! Ça a du bon!

> *(au révérend)*

Vous touchez les mêmes rations que les soldats?

LE PASTEUR : Non, nous sommes assimilés aux lieutenants ou aux capitaines suivant notre âge. Six bouteilles de whisky par mois.

> *(il regarde son verre et s'adresse à Jacques)*

Voulez-vous voir dans la caisse. Il doit y en avoir une.

Le voisin *(s'y rue)*: Macarelle!... Fille de pute...

Cyprienne: Vous voulez me donner un autographe? Vous êtes toujours marié à Barbara Stanwyck[13]?

Heinz: Elle est juive, hein?

> *(soupir nostalgique)*

Ah, Sarah! Ils m'ont donné mille marks quand je l'ai dénoncée.

> *(soupir de regret. À bien noter la différence entre le soupir de nostalgie et le soupir de regret. Le second se produit en hochant la tête)*

J'ai tout dépensé.

Jacques: Mon révérend, ne croyez-vous pas qu'il serait plus normal de les unir tout de suite, avant de déjeuner?

La mère: Mais enfin, qui vous presse? Vous aurez bien le temps après!...

SCÈNE LIII

Les mêmes, *plus* Marie.

> *(Marie a changé de robe, un peu déshabillée. Genre Dior)*

Catherine: Ah! Enfin, te voilà!

> *(la mère les regarde l'un après l'autre, et Cyprienne regarde le pasteur avec des yeux ronds)*

Marie: Qu'est-ce qu'il y a? J'étais pas perdue! Vous savez qu'il y a trois Américains, là-haut.

Catherine: Il y en a partout, évidemment.

Heinz: C'est des vrais doryphores[14], ces types-là!

> *(il rit)*

Le père *(sert à boire)*: Tenez, monsieur Taylor, je vous sers le premier.

Catherine: Oh, là là, en voilà des embarras, pour ce type.

CYPRIENNE : Mais enfin, Catherine, laisse-nous. C'est très amusant. C'est moi qui me marie, à la fin !

LE VOISIN *(se retournant et agitant son débris de violon)*: Je ne peux pas arriver à le réparer.

> *(Catherine donne un coup de poing au verre qui passe et le renverse sur Jacques. Le verre saute en l'air et se fracasse avec bruit. Tous se lèvent)*

CATHERINE : Va chercher un autre verre dans tes caisses, tiens, celui-là n'est pas solide.

> *(Jacques lui verse le sien dans le cou)*

Salaud ! Sac à roubles ! Enfant de singe ! Ta grand-mère était une guenon trotzkyste !...

LE PÈRE *(sévèrement)*: Catherine ! Je ne sais pas si c'est au Kremlin qu'on t'a appris à parler comme ça, mais...

> *(Catherine se jette sur Jacques. Ils roulent à terre)*

LA MÈRE : Écoutez, Catherine et Jacques, voulez-vous finir !

> *(elle prend une carafe et revient la vider sur les deux combattants. Ils se relèvent)*

CATHERINE : Tout ça, c'est de la faute de Jacques.

LA MÈRE : Catherine, laisse ton frère.

CATHERINE : On n'avait pas besoin de Jacques pour marier Cyprienne et Heinz.

> *(elle envoie un direct à Jacques)*

JACQUES : Maman !...

LA MÈRE : Oh ! et puis battez-vous, moi je m'en moque.

> *(au père)*

Viens déjeuner.

> *(au pasteur)*

Monsieur, je vous en prie, asseyez-vous. Cyprienne, fais asseoir les invités.

> *(Jacques et Catherine s'asseyent)*

LE VOISIN : Après vous.

Le pasteur : Je n'en ferai rien.

La mère : Qui va dire le bénédicité ? Ce n'est pas que j'y tienne mais ça vous fera sans doute plaisir.

Le voisin *(brandit son violon)*: Ça y est, il marche !

> *(le manche se recasse)*

Merde !

> *(il s'approche de la table, laissant son violon sur l'établi)*

Je peux dire le bénédicité, si vous voulez.

Le pasteur : Attendez... On va compter.

> *(il compte)*

Pa-pa-ni-ca-le-roi-des-pa-pi-llons-en-jou-ant-à-la-balle s'est cassé le menton.

> *(il triche)*

À vous, monsieur.

> *(au voisin)*

Le voisin : Ah ! Pour une fois... On peut bien s'en passer.

> *(il s'assied)*

Je boirais bien un coup de Martini.

Le pasteur : À la bonne heure ! Vous y venez.

Marie : Maman, je peux embrasser le révérend ? Puisque mon fiancé ne revient pas ?

La mère : Marie !

> *(elle fond en larmes)*

Je n'ai plus d'enfants !

Le père : Allons ! Allons !... Marie, calme-toi...

Le pasteur : Ce Martini est délicieux.

Le père : Je le fais moi-même avec les os de chevaux que je trouve quand je nettoie la fosse, à la raclette.

Le pasteur : Vraiment ?

> *(il boit)*

Voulez-vous m'en donner un peu plus?

> *(le père le sert)*

Le voisin *(ricane)*: Ah! Ah! Tu ne l'as pas eu. Tu te crois malin, hein?

> *(il tend son verre)*

Le père: Et toi?

> *(il se verse ce qui reste. Tête du voisin)*

La mère: Un peu de maquereau, monsieur Taylor?

Le voisin: Allez-y... Il va vous dire que c'est lui qui l'a pêché.

Le père: Oui, je l'ai pêché. Évidemment.

> *(il tend la boîte de conserves au pasteur)*

Mais je ne me rappelle plus quand.

Le voisin: À quoi tu les reconnais quand ils sont en boîte?

Le père: Je leur fais une marque sous la queue.

Taylor: Je vous demanderai du sel.

Catherine: Attendez un peu qu'on vous envoie en chercher dans les mines, du sel.

> *(la mère lui passe le sel. Catherine, au passage, fait voler le sel. Jacques se rue sur elle)*

Le père: Vous croyez que c'est raisonnable de se battre comme ça?

Catherine *(revenant très vite à son assiette)*: Passe-moi du maquereau.

> *(elle retourne se battre)*

Marie *(très pin-up, l'air détaché)*: Dis, maman, je peux me battre avec eux?

> *(pendant toute la bagarre, les combattants échangent de temps en temps de brèves injures: Salaud! Cannibale! Fille de pute! etc.)*

Le père: Marie! Passe le poulet à monsieur le pasteur.

Taylor: Il a l'air parfait. Coupez-moi une cuisse, c'est le morceau que je préfère.

La mère : André, tu peux venir manger avec nous, maintenant.

(les combattants accrochent l'établi qui s'effondre)

Le voisin *(se levant de table)*: Nom de Dieu ! Mon violon.

(il y va, le saisit et revient à table. Catherine se relève)

Catherine *(au révérend)*: Alors, je me bats à cause de vous et vous bouffez du poulet, espèce de réactionnaire. Qu'est-ce que vous croyez ? Que ça va s'arrêter comme ça ?

Taylor : Mais... Heu.. Je ne vous ai pas demandé de vous battre. Et d'abord, effectivement, vous vous battez *à cause* de moi, mais pas *pour* moi. Faut pas confondre !

Catherine : Allez ! Au boulot !

(elle le met sur ses pieds et le précipite dans la bagarre. Hurlements de Jacques)

Jacques : Lâche ça, Robert ! C'est mon pied !

Le pasteur : Je m'en fous. Je ne connais plus personne.

(il se redresse un instant)

Est-ce que mon fond de teint tient toujours ?

(un direct de Catherine l'atteint au menton. Il s'effondre. Catherine saute en l'air comme au rugby et retombe sur le groupe)

Marie *(criant et trépignant)*: Oh, maman, laisse-moi y aller !

Cyprienne : Laisse-la aller, maman, je t'en prie, pour le jour de mon mariage... Puisque ça l'amuse...

La mère *(se tournant vers le père)*: Est-ce que tu crois qu'il faut ?

Le père : Si tu savais ce que je m'en fous !

(au voisin qui revient et se verse à boire)

Dis donc, vieille crapule, tu m'en laisseras ?

Heinz : Ma Cyprienne...

(il devient tendre)

Donne-moi du poulet.

(elle le sert)

Le voisin (*examine son violon avec attention*): Ils ont brisé mon violon... Car il avait l'âme française[15].

> (*il se précipite. Taylor sort du tas à ce moment-là, il lui fracasse le violon sur le crâne. Taylor regarde en l'air, se tâte et recommence à se battre. Le voisin recule, prend son élan, loupe son coup, se fout la gueule par terre et reste inerte*)

Le père : Le capitaine Künsterlich est toujours dans la fosse, je crois ?

Heinz : Oui, je ne l'ai pas revu.

> (*grande explosion au dehors*)

La mère : Ça y est. Ils recommencent à faire du bruit. On ne peut pas marier sa fille tranquillement. Qu'est-ce que ça serait si on avait invité des amis !...

Le voisin (*relevant la tête de son coma*): Je ne suis pas un ami, moi ?

Le père : Si, mais on ne t'a pas invité.

> (*le voisin retombe dans son coma*)

Taylor : Voulez-vous lâcher ma jambe. Oh ! Ah !... Cent jours d'indulgence si vous lâchez ma jambe. Aïe !

> (*furieux*)

Espèce de nœud volant, vas-tu lâcher ma jambe ?

> (*il fait un coup de judo à Jacques qui se retrouve debout, tourne sur lui-même comme une toupie et tombe dans la fosse à équarrir. Bruit métallique effrayant*)

Heinz : Quel drôle de bruit ! Vous aviez laissé ses médailles au capitaine Künsterlich, sans doute ?

Le père : Oui, c'est vrai. Je vais voir.

> (*il se lève, fait un mouvement tournant et s'approche de la fosse. À ce moment, les combattants roulent sur eux-mêmes et la table s'effondre sur eux dans un vacarme indescriptible. Marie se lève, elle enlève ses souliers et se précipite*)

Marie : Oh !... Je ne peux plus tenir !

La mère : Jacqueline, aide-moi à mettre la table debout.

(André l'aide. Le père revient en hochant la tête. Il ramasse une assiette, s'assied par terre et commence à manger)

TAYLOR : Seigneur ! Seigneur ! À l'aide ! Lâchez-moi, espèce de folle !

(il se dégage, poursuivi par Marie. Elle lui court après et il disparaît dans la fosse. Elle saute en l'air et se laisse retomber dedans avec un ricanement terrible)

HEINZ : C'est la punition du ciel. Il n'avait qu'à ne pas embêter les autres.

ANDRÉ : Est-ce que je peux aller remettre mon pantalon ?

LE PÈRE : Tu n'es pas bien, comme ça, Jacqueline ? Tu sais, tu auras plus de succès avec les Amerlauds si tu restes comme ça.

ANDRÉ : J'aime mieux aller remettre mon pantalon et ne pas avoir de succès. Et puis, ça me fait froid aux fesses, à la fin.

(à ce moment-là, la porte s'ouvre. Entrent les deux F.F.I.)

SCÈNE LIV

LES MÊMES *plus* DEUX F.F.I.

LE COLONEL *(criant très fort)* : Nous revoilà !...

LE PÈRE : Bonjour ! Vous avez faim ?

VINCENT : Non. On a réfléchi. On vient prendre la Delage. Faut pas être trop regardant.

LE PÈRE : Bien sûr, faut pas être trop regardant. Passez par là.

(ils sortent par la cour. Catherine se lève, titube et s'abat dans la fosse)

LE PÈRE : Marie, il reste du pâté de foie ?

LA MÈRE : Mais oui. Tiens, le voilà.

(elle prend le plat, s'approche et le lui casse sur la tête, puis, chancelante, s'approche de la fosse et tombe, la main sur le cœur)

ANDRÉ : Je crois que je vais aller remettre...

(il sort discrètement. Il reste sur la scène le voisin, toujours

étendu par terre, le père qui mange et Heinz et Cyprienne qui commencent à se peloter ferme. Au bout d'un instant, entrent les quatre soldats chanteurs qui attaquent : Happy Birthday to You. Cette fois, ils sont tous en uniforme de l'Armée du Salut. Ils restent autour de Heinz et Cyprienne en chantant I love You Truly[16] *en fond sonore)*

SCÈNE LV

L<small>E PÈRE</small>. L<small>E VOISIN</small>. C<small>YPRIENNE</small>. H<small>EINZ</small> *et* Q<small>UATRE SOLDATS</small>.

L<small>E PÈRE</small> *(au voisin)* : Hé... Toi...

> *(le voisin grouille vaguement et se redresse sur les avant-bras, en grognant)*

Tu te sens mieux ?

L<small>E VOISIN</small> *(se tenant le menton)* : Pas mal.

> *(il crache quinze dents)*

Ça s'est bien passé ?

L<small>E PÈRE</small> : Quoi donc ?

L<small>E VOISIN</small> : Ce mariage ?

L<small>E PÈRE</small> : Eh bien, tu étais là ? Tu as vu ?

L<small>E VOISIN</small> : Non.

> *(un temps)*

Où est mon violon ?

L<small>E PÈRE</small> : Oh... On ne va pas danser maintenant... Je suis un peu fatigué... Si on mettait un peu d'ordre ici ? Il va falloir que je songe à travailler. Où est ce rabot ?

L<small>E VOISIN</small> : Je crois que je vais aller m'occuper de ma maison.

> *(coups à la porte. Heinz, Cyprienne et les quatre soldats ont monté lentement l'escalier en cortège)*

L<small>E VOISIN</small> *et* L<small>E PÈRE</small> *(en chœur)* : Entrez !

> *(entrent deux officiers français)*

SCÈNE LVI

Le voisin. Le père. Deux officiers français.

Le voisin *et* Le père *(en chœur)*: Bonjour, mes officiers.

Le capitaine français *(hilare)*: La maison vous appartient?

> *(il inspecte le désordre effarant)*

À la bonne heure! Vous vous en êtes tiré sans beaucoup de mal, vous au moins!

Le voisin *et* Le père *(en chœur)*: Ah?

Le lieutenant: Si vous voyiez le reste du village...

Le voisin *et* Le père *(en chœur)*: Tout est par terre?

> *(l'autre hoche la tête)*

Le capitaine: J'ai une mauvaise nouvelle à vous annoncer. Et une bonne aussitôt après.

Le voisin *et* Le père *(en chœur)*: J'aime mieux la bonne d'abord.

Le capitaine: Eh bien, d'abord, vous êtes libérés.

Le voisin: Oui?

> *(il se met au garde-à-vous, voit que le père ne fait rien et reprend sa position normale)*

Le capitaine: Et ensuite...

> *(il s'arrête, gêné)*

Le père: Ne vous gênez pas.

Le capitaine: Eh bien...

> *(il s'arrête et change de ton)*

Je dois d'abord vous dire que je représente le ministère de la Reconstruction.

> *(le père ne dit rien)*

À ce titre... Euh... Je m'occupe du Plan Futur.

> *(au lieutenant)*

Hum... Allez-y, lieutenant, je l'ai prévenu avec des ménagements.

Le lieutenant *(au père)* : Votre maison n'est pas dans l'alignement.

Le père : C'est la première fois qu'on me dit ça.

Le capitaine *(prenant le père par le bras et se dirigeant vers la fenêtre)* : Il y aura là, dans l'avenir, une vaste perspective, plantée de peupliers résineux du Japon. Des vasques et des fontaines compléteront le tableau. Des plantes rustiques parfumeront l'air.

Le lieutenant *(fait signe à la porte)* : Boby ?

SCÈNE LVII

Les mêmes, *entre* Un scout *qui se met au garde-à-vous scout.*

Boby : Scout de France toujours prêt, le cœur sur la main[17].

Le lieutenant : Vous pouvez apporter la chose.

(le scout sort et rentre avec une caisse de dynamite. Il allume la mèche et sort. Explosion qui fait la nuit complète sur la scène. Les décors s'envolent. Toile de fond. Ruines couvertes de verdure. Tas de débris au premier plan. Le capitaine et le lieutenant sont assis à côté du père, étendu mort. Le voisin lui tient la tête et la laisse retomber)

Le capitaine *(se relevant)* : Bah ! On ne fait pas d'omelettes sans casser des œufs...

Le voisin *(lui prenant son revolver et lui tirant dessus)* : C'est mon avis.

(il tire ensuite sur le lieutenant qui le tue à son tour d'un coup de pistolet)

Le lieutenant : Et vive la France !...

(une Marseillaise *abominablement fausse éclate. Le lieutenant se redresse et sort en marchant au pas de l'oie. Rideau)*

FIN

(qui, par un heureux hasard, coïncide avec celle de la pièce)

LE GOÛTER DES GÉNÉRAUX

Tragédie lyrique et militaire
en trois actes

À mon Ourson[1].

La composition du Goûter des généraux *date de 1951. On peut penser que les difficultés françaises et les engagements militaires liés à la décolonisation en Afrique du Nord et en Indochine ne sont pas étrangers au thème de la guerre africaine à la fin de l'acte II. Mais Ursula Vian — à qui la pièce est dédiée — rappelle qu'au début des années cinquante, Boris, déprimé et en plein marasme financier, s'attelle à des traductions alimentaires qui prennent l'allure de travaux forcés ; ainsi en est-il des mémoires de guerre du général américain Omar N. Bradley,* A Soldier's Story, *qu'il traduit pour Gallimard* (Histoire d'un soldat). *Ursula rattache donc l'inspiration du* Goûter des généraux *à une réaction de dérision qui trouve d'ailleurs dans le récit de Bradley un thème fécond : les disputes acharnées et constantes entre Montgomery et Bradley ; cela se reflète, exagéré par la satire, dans le comportement des généraux puérils, vaniteux, couards et obtus mis en scène par Boris Vian.*

Il existe en fait deux versions de la pièce, celle qui fut publiée et jouée régulièrement après la mort de l'auteur, et une précédente qui offre une recherche de théâtre « en abyme » : un auteur et sa femme viennent proposer un manuscrit à un directeur de théâtre ; la lecture de la pièce devient, par emboîtement, la représentation du Goûter des généraux. *Quand le directeur, à la fin, déclare cela injouable, le dramaturge laisse éclater son mépris des recettes théâtrales éculées, avant qu'un coup de théâtre ne réunisse la réalité et la fiction : on annonce la guerre entre la France et le continent africain... On a pu qualifier ce mélange fort ingénieux de lecture d'un texte + représentation + intervention du « réel » de « théâtre au cube »*, dans l'héritage évident de Pirandello. Les*

* *R. Ossona de Mendez, « Note critique sur les "deux"* Goûters des généraux *», in B. Vian,* Théâtre I, *10/18, 1971 ; p. 373.*

manuscrits-dactylogrammes offrent soit la pièce simple, soit la pièce « au cube» avec d'ultimes ajouts manuscrits fort intéressants, publiés pour la plupart en note dans l'édition du Collège de 'Pataphysique et dans l'édition 10/18 (cf. ci-dessous). J'ai retenu ces variantes, tout en conservant la version simplifiée.

C'est cette version abrégée et désormais courante qui fut publiée en originale et avec dessins de Siné par le Collège de 'Pataphysique, le 4 Clinamen LXXXIX (26 mars 1962) et aussitôt dans le Dossier 18-19 *du même Collège (29 mars 1962). On retiendra l'article de Claude Roy paru dans la* Nouvelle Revue française, *n⁰ 120 (1962), «Les Enfants au pouvoir», où il définit admirablement l'humour de Vian dans cette comédie : «une folie artificielle et contrôlée» (p. 1082).*

Deux rééditions virent le jour en 1965, l'une chez J.-J. Pauvert dans le Théâtre, *entre* Les Bâtisseurs d'Empire *et* L'Équarrissage pour tous, *et l'autre dans la revue* Paris-Théâtre *n⁰ 224. Depuis, la pièce fut reprise en 10/18 dans le* Théâtre I *de Vian (1971).*

La première représentation eut lieu en allemand, le 4 novembre 1964, au Staatstheater de Braunschweig. En France, la pièce fut mise en scène avec un grand succès par F. Maistre, en septembre 1965, au Théâtre de la Gaîté-Montparnasse et donna lieu à de très nombreuses critiques favorables non seulement à la pièce mais, élargissant les réflexions, au talent redécouvert de Vian et à sa gloire neuve; ainsi de B. Poirot-Delpech, G. Dumur, R. Saurel. Depuis, Le Goûter des généraux *a connu de nombreuses reprises à l'étranger et en France, jusqu'au tout récent montage qui tire la pièce vers la comédie musicale au Théâtre Fontaine (novembre 1990 — mars 1991,* Drôle de goûter, *mise en scène de G. Maro).*

Le troisième disque de l'album Adès Boris Vian, *sorti en 1976, est l'enregistrement en studio du spectacle de la Gaîté-Montparnasse (Disques Adès, Le Verbe et la Musique, 23001).*

LE JEU DE LA GUERRE

Ce goûter de ganaches attardées — ou retardées — met en scène de féroces caricatures de notables, généraux débiles ou retardataires pratiquant le refus des responsabilités ou le culte du maréchal Pétain, auxquels se mêlent un gouvernant cynique et un archevêque dans le vent dont le modernisme agressif apparaît aussi grotesque que leur

passéisme. La mère abusive et dominatrice accentue cependant l'infantilisme du général en chef.

Infantilisme, certes, et fragilité de mauviettes, mais qui alternent avec une solennité prétentieuse, une vanité révélée par le langage puéril et pompeux à la fois, une conscience de baudruches auxquelles le système donne une puissance socio-politique terrifiante. L'alliance du sabre et du goupillon n'est qu'un aspect des rapports de l'armée et de l'Église avec le politique, et la démystification de la hiérarchie militaire entraîne celle de l'économique et du politique : la guerre n'est jamais qu'une solution économique cynique d'un gouvernement impuissant.

Encore une prémonition étonnante de Vian : par-delà la guerre froide et le goût électoral des Français de son époque, il semble voir intuitivement avec quarante ans d'avance le triomphe de l'abstention aux élections et surtout l'alliance, pour des raisons au fond économiques, de toutes les grandes puissances de l'hémisphère Nord, Chine et Russie comprises, contre le tiers monde...

Mais même une Troisième Guerre mondiale doit être traitée comme un divertissement et le goûter de nos généraux devenu emprisonnement dans un blockhaus est aussi joué comme une comédie musicale. Les chants militaires ou les petites chansons guillerettes y mènent vers une roulette russe délirante — ou délyrante — qui fournit le paroxysme comique et fatal nécessaire au dénouement.

G.P.

PERSONNAGES

Général James Audubon Wilson de la Pétardière Frenouillou
Madame de la Pétardière, *mère du général*
Robert, *valet de chambre d'Audubon*
Léon Plantin, *Président du Conseil*
Général Dupont d'Isigny ⎫
Général Lenvers de Laveste ⎬ *G.Q.G. d'Audubon*
Général Juillet ⎭
Mgr Roland Tapecul, *Archevêque de Paris*
Général Korkiloff, *Délégué militaire de l'U.R.S.S.*
Général Jackson, *Délégué militaire des U.S.A.*
Général Ching Ping Ting, *Délégué militaire de Chine*
Francine, *secrétaire de Plantin*

ACTE I

PREMIER TABLEAU

Une pièce chez le général James Audubon Wilson de la Pétardière Frenouillou. Intérieur bourgeois coquet mais démodé où l'on sent la présence d'une vieille mère à l'haleine fétide. Au lever du rideau, on aperçoit la porte ouverte d'un cabinet de toilette à droite et l'on entend chanter le général Audubon qui fait sa toilette. Quelques instants plus tard, il paraît en scène. C'est un individu assez frêle, 55 ans, de genre nerveux, plutôt pétulant. Il est en manches de chemise, sans faux-col, en pantalon et en bretelles. Il achève de s'essuyer la figure et pose la serviette sur le dos d'une chaise. Il fredonne toujours et se met en devoir de fixer son faux-col et de passer sa cravate. Il a un mal inouï et s'y reprend à cinq ou six fois, devant son miroir, sans arriver à rien. Finalement, il glapit de rage et, furieux, se met à taper du pied en criant.

SCÈNE I

AUDUBON. SA mère.

AUDUBON : Nom d'une pipe! Maman! Maman! Oh, je suis furieux! Je suis fou de rage! Maman!

Mme de la Pétardière *(voix cantonade)*: Qu'est-ce que c'est encore, mon fils?

(elle apparaît, c'est une ignoble chose digne, à cheveux blancs)

Qu'est-ce qui vous arrive donc?

Audubon: Ah! C'est exaspérant! C'est cette cravate! Je ne peux pas arriver à faire le nœud.

Mère: Allons, allons, Audubon, ne vous énervez pas. Vous n'avez qu'à demander à votre maman.

Audubon: Oh! Je déteste que les choses me résistent comme ça! C'est humiliant!

Mère: Mais non, Audubon, cela n'a rien d'humiliant, il s'agit d'un travail manuel. Vous êtes fait pour penser, vous, pour réfléchir, et non pour user de vos mains comme un croquant.

Audubon: Mais je suis général, ma mère...

Mère: Vous devez être le cerveau du corps de vos troupes.

Audubon: De mon corps d'armée, maman. On dit un corps d'armée. Quand on est général de corps d'armée, on commande un corps d'armée. Quand on est général de brigade, on commande une brigade, et quand on est général de division, on commande une division.

Mère *(en nouant sa cravate)*: Eh bien, Audubon, comme le disait toujours feu votre père, dans votre corps d'armée, vous devez être le cerveau qui commande et auquel obéissent sans heurts les rouages innombrables de l'organisation, par la vertu lénitive et assouplissante de l'huile que constitue la discipline. Là, voilà votre cravate nouée.

Audubon *(lui baise la main)*: Ma mère, vous êtes merveilleuse.

Mère: Ah, Audubon, Audubon, sans moi, vous vous emporteriez dix fois par jour. Vous êtes-vous bien lavé les pieds?

Audubon: Mais oui, mère.

Mère: Et les oreilles aussi?

(il fait signe que oui)

Laissez-moi vérifier, Audubon. Je me souviens que lorsque vous aviez six ans, il était impossible d'arriver à vous laver les oreilles.

(elle vérifie)

Hum. Cette oreille-ci me paraît un peu douteuse, mon fils.

Audubon : Vous aurez mal regardé, maman. Voyez plutôt le coin de la serviette.

(il décroche la serviette et la lui tend — elle regarde, hoche la tête et la repose)

Mère : Ah, Audubon, étaient-elles mignonnes vos petites oreilles de six ans. Mais vous voilà maintenant devenu un grand dadais de militaire, et vous faites plus de bêtises encore qu'à l'âge où vous plongiez le chat dans la soupe sous prétexte de le fortifier.

(elle rit — il est gêné)

Audubon : Ma mère, n'oublierez-vous jamais ces vieilles histoires ?

Mère : Allons, Audubon, je sais que les jeunes gens n'aiment point que l'on évoque leur enfance. Mais nous sommes seuls et il n'y a pas lieu de vous vexer. Vous êtes toujours pour moi le petit garçon qui ne savait nouer seul les lacets de ses souliers.

Audubon : Mais je les noue tout seul, maintenant, ma mère.

Mère : Oui, mais vous m'appelez pour la cravate.

(une sonnerie retentit)

Tiens ? Attendiez-vous donc une visite ?

Audubon : Mais non, ma mère.

Mère *(le menace du doigt)* : Audubon, Audubon, vous n'êtes guère sérieux. C'est encore quelque cotillon.

Audubon : Oh ! Maman ! Pouvez-vous croire ?

(il rit néanmoins, légèrement flatté)

Robert !

(il appelle)

Robert ! Veux-tu ouvrir.

(Bruit de pas — voix : oui monsieur, et porte ouverte et refermée)

Mère : Je vous laisse, mon fils.

(elle sort. Entre Léon Plantin)

SCÈNE II

AUDUBON. ROBERT. LÉON PLANTIN.

ROBERT *(suivant Léon)*: C'est monsieur le Président du Conseil[2], mon général.

> *(il se met au garde-à-vous)*

AUDUBON: Bien, repos.

> *(Audubon à Léon)*

Cher Président...

> *(Robert sort.)*

SCÈNE III

AUDUBON. LÉON PLANTIN.

LÉON: Mon bon Audubon...

> *(ils se serrent affectueusement)*

AUDUBON: Quelle bonne surprise!

LÉON: Ah! Pas pour moi...

AUDUBON: Comment, pas pour vous?

> *(à part)*

Il est très impoli, cet homme-là.

LÉON: Heu... Je veux dire que pour moi ce n'est pas une surprise puisque je savais que je venais vous voir.

AUDUBON: Ah, c'est juste, c'est juste. Asseyez-vous donc, cher Président. Vous prendrez bien quelque chose. Une citronnade? Un sirop d'orgeat?

LÉON: Heu... Vous n'avez pas de pastis, plutôt?

AUDUBON: Ah... non, je n'ai que de l'anisette... mais vous savez, c'est déjà un peu fort, à cette heure-ci...

LÉON: J'aurais préféré du Ricard, mais enfin... faites voir votre anisette. Dites-moi, Wilson, vous êtes capable de voir les choses en face?

AUDUBON: S'il s'agit de l'ennemi.

(il se redresse fièrement)

Un Wilson de la Pétardière est toujours prêt à faire face...

LÉON: Mais non, mais non, à quoi pensez-vous, voyons, la situation n'est pas si grave

(il soupire)

pas encore...

AUDUBON: Ah bon, bon. Vous me rassurez.

(il s'affaire)

Mais je vous prépare l'anisette.

LÉON: Très peu d'eau, je vous prie.

(Audubon lui tend un verre, il boit)

Ah! Quelle horreur! Mais ce n'est pas de l'anisette!

AUDUBON: Oh! Excusez-moi... Je vous ai donné mon sirop d'orgeat. C'est un moment d'inattention.

(Il fait l'échange des verres, puis s'installe.)

LÉON: J'aurais préféré un pastis, mais enfin...

(il boit et frissonne)

Brr! Ce n'est guère mieux que le sirop d'orgeat.

(il repose le verre)

Au fond, je crois que je n'ai pas soif.

(il regarde autour de lui)

Mais, dites-moi, c'est gentil, chez vous...

AUDUBON *(modeste)*: Oh... C'est très simple. C'est ma chambre de jeune homme. C'est là que je reçois mes amis... on est bien plus tranquilles.

(avec un clin d'œil)

Je vis dans l'appartement de ma mère, mais elle a les idées larges... une fois par semaine, nous avons une soirée ici... entre amis...

LÉON : Fichtre ! Vous ne vous embêtez pas... Et... il y a des femmes ?

AUDUBON : Bien sûr, quelquefois... il y en des mariés qui viennent avec leurs dames et les autres amènent souvent leur mère. C'est très gai.

LÉON *(déçu)* : Ah ! Oui ! Ça doit être charmant ! Eh bien, mon cher Wilson, je n'irai pas par quatre chemins avec vous ; la situation actuelle de l'Europe est grave.

AUDUBON *(grave lui-même)* : Ah...

LÉON : Oui.

> *(positif)*

Nous nous trouvons actuellement devant un ensemble de circonstances absolument imprévisibles et particulièrement inattendues. Vous suivez la conjoncture économique de près, je présume ?

AUDUBON *(grave)* : Mon Dieu, je m'y intéresse, comme tous les individus sur qui le destin a fait reposer une certaine part de responsabilités.

LÉON : Votre fermeté me plaît. Bref, avez-vous vu ce que font les vaches ?

AUDUBON : Les vaches ?

LÉON : Et les poules ?

AUDUBON : Comment, les poules ?

LÉON : Et les mineurs ?

AUDUBON : Eh, oui, quoi, les mineurs ?

LÉON : Mon cher Wilson, les vaches ont des veaux, les poules pondent et les mineurs extraient du charbon.

AUDUBON : Mais... euh... c'est si grave ?

LÉON : Eh bien, en temps ordinaire, n'est-ce pas, ça n'a rien de grave, parce qu'on fait jouer la loi de l'offre et de la demande, n'est-ce pas...

AUDUBON *(ne pige rien mais veut faire croire)* : Ah, oui, la loi... parfaitement. On la fait jouer... comme ça...

> *(geste de balançoire)*

LÉON : Pas du tout... comme ça.

(geste d'accordéon)

Cependant, outre qu'à l'heure actuelle c'est impossible, il se produit le fait spécialement fâcheux que toutes ces circonstances sont concomitantes.

AUDUBON *(perdu)* : Écoutez... euh... Je ne suis guère versé dans ces questions... Pourriez-vous me donner quelques détails. Moi, n'est-ce pas... hum... je suis un soldat... un homme un peu matériel... un peu brutal... je suis à l'aise dans le concret... le simple...

LÉON : C'est vrai, excusez-moi.

(rire complaisant)

J'oublie toujours que je me laisse emporter par le vocabulaire de mon ancienne profession...

AUDUBON : C'est vrai, vous étiez...

LÉON : Je tenais la rubrique financière au *Monde*. Bref, pour vous résumer la situation, à l'heure actuelle, nous souffrons d'une crise de surproduction. En temps ordinaire, quand la production agricole augmente, on s'arrange pour que la production industrielle diminue ; à la suite de quoi, les prix agricoles baissent et les prix industriels montent ; à ce moment, on accorde une subvention aux agriculteurs qui peuvent ainsi attendre et maintenir les prix, et on augmente les salaires de l'industrie, de façon à leur permettre de profiter de l'abondance ; la subvention accordée aux agriculteurs est utilisée par eux à l'achat de matériel industriel ; et les superbénéfices réalisés conséquemment par les industriels nous reviennent sous forme de cotisations sociales, de taxes à la production et d'amendes diverses infligées par les brigades de contrôle du ministère. Le circuit se ferme et tout le monde est content.

AUDUBON *(qui n'a toujours rien compris, définitif)* : Mais ce sont encore les militaires qui trinquent.

LÉON : Mais pas du tout, Wilson, pas plus que les autres fonctionnaires. Ne soyez pas amer. Je vous expose des méthodes d'équilibrage du budget pratiquées depuis des années et je ne sache pas que les militaires se soient jamais plaints des crédits qu'on leur accorde en fin de compte.

AUDUBON: Je m'incline. Encore que je ne vois pas où réside la gravité de la situation actuelle.

LÉON: Mais, Audubon, c'est effrayant. À l'heure actuelle, la production agricole augmente *en même temps* que la production industrielle. Vous concevez bien qu'il n'y a pas d'équilibrage possible dans ces conditions.

AUDUBON: On pourrait fusiller quelques-uns des meneurs?

LÉON: Mais non, mais non, Audubon, ce serait un palliatif temporaire. Il faut canaliser cette production, lui trouver de nouveaux débouchés.

AUDUBON: Les consommateurs, peut-être?

LÉON: Les consommateurs, oui, mais il est dangereux de les habituer à l'abondance. Dangereux et malsain. L'abondance est émolliente, Audubon. Une nation, pour être saine, exige des privations. Mais vous êtes sur la voie. Cherchez. Voyons, quel est le consommateur idéal?

AUDUBON *(illuminé, cherche, puis)*: L'armée!

LÉON: Voilà! L'armée présente un avantage capital; car c'est le consommateur qui paie l'armée, Audubon, et c'est l'armée qui consomme. D'où un déséquilibre permanent, qui seul nous permet d'équilibrer. Car on ne peut équilibrer que s'il y a déséquilibre, ça saute aux yeux.

AUDUBON *(admiratif)*: Voyez-vous, nous autres gens d'épée, nous avons tendance à minimiser vos facultés à vous, les hommes d'État... mais ce que vous me dites là... c'est très fort.

LÉON *(flatté)*: Vous êtes trop aimable.

AUDUBON: Si, si, j'insiste, c'est très fort. Un peu d'anisette.

LÉON: Ça, par contre, c'est pas très fort... mais, puisque vous n'avez pas de pastis...

 (il tend son verre)

AUDUBON *(s'interrompt brusquement)*: Mais au fait, Léon! Vous ne voulez pas dire!...

LÉON: Si. La guerre.

AUDUBON: La guerre!

 (Audubon repose son verre et s'effondre dans un fauteuil)

Léon : Allons... allons... remettez-vous, mon vieux... Wilson !... Enfin...

Audubon : Ah... Léon... Ce n'est pas possible... Ah... vite... Donnez-moi du sirop d'orgeat... là... là...

> *(Léon se tourne et lui donne le verre d'anisette. Audubon boit d'un trait et claque la langue)*

Ah !... ça fait du bien...

Léon *(prend le verre d'Audubon)* : Allez ! À votre santé, vieux...

> *(il boit)*

Oh ! Quelle horreur ! C'est encore votre sirop d'orgeat ! Et vous avez bu mon anisette.

Audubon : Ah ! Tant pis... au diable l'avarice. Ce que vous m'avez secoué, avec votre guerre. Ne faites pas de blagues comme ça, voyons...

Léon : Écoutez, Wilson, ce n'est pas une blague...

Audubon *(vague)* : Ah ! Je rêve ! Ce que je suis bien !...

Léon *(froid)* : Mon cher ami, vous n'êtes pas drôle.

Audubon *(revient au réel)* : Ah, vous non plus !

Léon : Les producteurs comptent sur vous. Il faut voir les choses en face et prendre vos responsabilités.

Audubon : Quant à ça, un général n'est pas responsable d'une guerre. La preuve, c'est que c'est toujours les civils qui la déclarent.

Léon : Qu'est-ce que vous craignez ? Vous aurez cinq millions de commerçants derrière vous.

Audubon : Oui, mais qu'est-ce que j'aurai devant moi, aussi ? Des tas d'individus avec des fusils, des canons, et des sabres, et vous trouvez ça spirituel.

Léon : Mais enfin, c'est votre métier de faire la guerre, sacré nom.

Audubon : C'est mon métier d'être général, et croyez-moi, ce n'est pas gai dans ces conditions-là. Ah, c'est très joli en temps de paix ; un avancement régulier, pas de presse, on ne risque pas de voir des jeunes vous passer devant le nez simplement parce qu'ils se sont battus — Pas difficile de se battre quand on n'est pas du métier ! On ne voit pas le

danger! Mais en temps de guerre, avec ces effectifs changeants, ce désordre et tout ça! Oh, c'est une vraie corvée, je vous jure.

LÉON: Mais le pays entier sera derrière vous!

AUDUBON: Tout à l'heure, c'étaient les commerçants, maintenant, c'est tout le pays. Dites-moi... est-ce que le résultat des dernières élections n'avait pas donné soixante-quinze pour cent d'abstentions?

LÉON: Raison de plus! Qui ne dit mot consent!

AUDUBON: Voulez-vous que je vous dise, vous êtes fou.

LÉON: Passez-moi l'anisette.

AUDUBON: Il n'y en a plus.

LÉON: Alors, envoyez votre ordonnance chercher un litre de pastis.

(Audubon va protester)

Allez, c'est moi qui paye.

AUDUBON *(appelle)*: Robert!
 (entre Robert)

SCÈNE IV

ROBERT. LÉON. AUDUBON.

ROBERT: Oui, mon général.

LÉON: Tiens, Robert, voilà trois cents balles, descends chercher une bouteille de pastis.

ROBERT: Ça coûte six cents balles, mon président.

LÉON: Ah, là, là, ce que vous êtes regardants, tous les deux! C'est à vous dégoûter de vous voter des crédits.

(il rajoute mille balles et reprend les autres)

Voilà mille francs, remonte-moi la monnaie.

ROBERT: Oui, monsieur le Président du Conseil.

(sort Robert)

SCÈNE V

LÉON. AUDUBON.

LÉON : Hum... Où en étions-nous ?

AUDUBON : Je vous ai dit que vous étiez fou et pour bien prouver que j'avais raison, vous m'avez redemandé de l'anisette dont vous ne vouliez pas tout à l'heure.

LÉON : Votre infecte anisette.

AUDUBON : Peu importe. Je prétends que vous avez perdu la tête. D'ailleurs on ne peut pas aimer la guerre sans avoir quelque chose de détraqué du côté sexuel. C'est dans le rapport Kinsey[3].

LÉON : La paix non plus, surtout quand on est général.

AUDUBON *(désespéré)* : Mais enfin, c'est très dangereux, rendez-vous compte ! À la dernière guerre, il y a même eu des généraux de tués.

LÉON : C'étaient des généraux allemands.

AUDUBON : Mais on est alliés avec les Allemands, maintenant. Et il y a eu des prisonniers, comme Giraud, chose qui n'arrivait jamais jusque-là ! Et Darlan a été tué, et il est arrivé un tas de sales histoires comme ça à Esteva, à Gamelin[4]... euh lui, il s'en est tiré... mais enfin, ce n'est plus une sinécure d'être général. Il faut payer de sa personne, pour ainsi dire.

LÉON : Allons, allons, il y en a qui se sont très bien débrouillés. Regardez Juin[5], plutôt ? En tout cas, il est essentiel que vous me donniez votre accord aujourd'hui même.

AUDUBON : Eh bien, moi je vous dis qu'il n'y a qu'une chose essentielle quand il s'agit de la vie d'un militaire. Je veux dire d'un militaire de carrière, naturellement. C'est de ne rien précipiter. Tenez, 1914. Voilà une guerre convenable. Les tranchées ! On avait le temps, là, au moins, on voyait ce qu'on faisait ! Et puis il y avait l'arrière, les petites alliées... Ah, là, là, jamais on ne fera rien de mieux que la guerre de 14.

LÉON : Qu'est-ce que vous faisiez en 1914 ?

AUDUBON : J'étais aide de camp du général Robert[6], au G.Q.G. Et je vous jure que je le regrette, ce temps-là.

LÉON : Eh ben moi, je vous jure que quand on vient vous proposer une guerre, vous mettez le temps à vous décider, vous, alors !

AUDUBON : Je ne connais pas d'exemple d'un général qui ait poussé son pays à partir en guerre. Oh, prenez n'importe lequel. Tenez, Gamelin, par exemple. Il l'avait bien dit, lui aussi.

LÉON : Et Bonaparte, alors ?

AUDUBON : Bonaparte ? C'est malin, c'était un Corse ! Ça lui était bien égal, que les Français se battent ! Vous n'allez pas me dire que c'est des armées corses qui ont envahi la Russie en 1812, non ?

LÉON : Vous dites des idioties.

AUDUBON : Ça m'est égal. D'ailleurs, dire des idioties, de nos jours où tout le monde réfléchit profondément, c'est le seul moyen de prouver qu'on a une pensée libre et indépendante.

LÉON *(se lève)* : Oh, et puis, je perds mon temps à discuter, en somme. Le projet est déjà voté. Moi, je voulais faire appel à votre raison, mais puisque c'est sans espoir, considérez qu'il s'agit d'un ordre.

AUDUBON : Un ordre ?

LÉON *(sec)* : Un ordre. De la Nation.

AUDUBON *(se rend compte avec joie)* : Mais dans ces conditions, c'est tout différent. Vous me couvrez ?

LÉON : Naturellement.

AUDUBON *(tout naturel)* : Alors, d'accord. Pour quand ?

LÉON : Le plus tôt possible.

AUDUBON *(empressé)* : Parfait.

(entre Robert)

Comptez sur moi.

SCÈNE VI

ROBERT. AUDUBON. LÉON.

AUDUBON : Ah ! Te voilà ! Débouche ce pastis. Nous allons trinquer. Allons, dépêche-toi, grande bourrique.

LÉON : À partir de maintenant, vous vous chargez de tout ?

AUDUBON : Vous me couvrez toujours ?

LÉON : Naturellement.

AUDUBON *(sûr de lui)* : Alors, je me charge de tout.

ROBERT : V'là le pastis, mon général.

AUDUBON : Donne-m'en un verre !

> *(ils trinquent)*

Bois avec nous, soldat !

> *(Robert se sert)*

À nos victoires !

> *(il boit et s'étrangle horriblement. Léon et Robert lui tapent dans le dos)*

LÉON : Pas si vite.

AUDUBON : C'est très puissant, ce truc-là ! Tout autre chose que l'anisette !

> *(il tend son verre)*

Redonne-m'en, Robert.

> *(il siffle avec autorité la seconde rasade)*

LÉON : Eh ben ! Vous y venez ! Et il boit ça pur !

> *(à Robert)*

Moi, tu me donneras de l'eau !

AUDUBON : Oui... ça va.

> *(À Robert :)*

Qu'est-ce que tu fais là, encore ?

ROBERT : Je vous ai ramené la monnaie, mon général.

AUDUBON : Garde-la.

LÉON : Eh ben, dites donc, vous...

AUDUBON : Ah, ne soyez pas mesquin ! C'est la guerre, hein !

LÉON *(grommelle)* : Ben en voilà une qui me coûte cher !...

AUDUBON : Et maintenant, je vais vous demander de me laisser travailler.

LÉON : Vous voyez ça avec vos collègues ?

AUDUBON : Sur-le-champ.

LÉON : À la bonne heure !

> *(il se lève)*

Allez, mon chapeau, Robert.

ROBERT : Oui, m'sieur le Président du Conseil.

> *(il court le chercher et le manteau aussi)*

Si m'sieur le Président du Conseil veut bien se donner la peine.

> *(Audubon s'absorbe à gauche dans la pose de Napoléon)*

LÉON : Robert !

> *(à mi-voix)*

Rends-moi donc deux cents balles, je n'ai plus de monnaie pour mon taxi.

> *(il lui fait signe de rendre les sous)*

ROBERT *(à voix haute)* : Vous dites, m'sieur le Président ?

> *(Audubon sursaute et vient)*

LÉON : Rien ! Rien ! Au revoir !...

AUDUBON : Au revoir !

ROBERT : Par ici, m'sieur le Président du Conseil.

SCÈNE VII

AUDUBON *(seul)*: La guerre! Quel type! Comme si je n'avais que ça à faire!

> *(il passe près de la table basse où se trouvent encore les verres, la bouteille et le reste et, comme s'il avait peur qu'on le voie, se verse en vitesse une rasade qu'il engloutit)*

Hum. C'est pas mauvais.

> *(il regarde l'étiquette)*

Avec de l'eau, c'est presque de la même couleur que le sirop d'orgeat.

> *(il embarque la bouteille et va la planquer dans son armoire, puis revient. Il reprend un verre, hésite, va reboire une rasade et revient de nouveau)*

Maman! Petite mère!

MÈRE *(voix à la cantonade)*: Vous m'appelez?

SCÈNE VIII

AUDUBON. SA MÈRE.

AUDUBON: Maman, je voudrais vous demander quelque chose.

MÈRE: Certainement, mon fils. Je serai ravie de vous l'accorder s'il s'agit d'un désir raisonnable.

AUDUBON: Maman, je voudrais recevoir quelques petits camarades tantôt. Est-ce que je peux?

MÈRE: Ce sont des garçons bien élevés?

AUDUBON: Oh oui, mère. Ils sont tous généraux. Oh, vous savez, ils sont même très bien élevés.

MÈRE: Si ce sont de gentils garçons, Audubon, il n'y a aucune raison que je vous le refuse. Invitez vos petits camarades à goûter.

AUDUBON: Maman, peut-être que vous nous feriez un quatre-quarts?

MÈRE *(indulgente)*: Ah, vous, je vous vois venir. Vous abusez de mon indulgence.

AUDUBON: Oh! Vous êtes chic, maman.

MÈRE: Mais alors dites-moi pourquoi cette réunion?

AUDUBON: Oh, c'est juste pour bavarder avec eux, enfin, les voir... Ce sont de bons amis.

MÈRE: Vous me dissimulez quelque chose, Audubon.

> *(elle renifle)*

Venez ici.

> *(il s'approche)*

Soufflez.

> *(il soufflote)*

Plus fort.

> *(il lui fait* Ha *au nez)*

Oh! Quelle horreur.

> *(elle le gifle à tour de bras)*

Mais vous avez bu! Vous empestez l'absinthe.

AUDUBON *(pleurniche)*: Maman, je ne voulais pas... c'est Plantin!...

MÈRE: Plantin? Vous connaissez un Plantin, vous?

AUDUBON: Léon Plantin, le Président du Conseil...

MÈRE: Et quand il serait le Pape! Sa fonction n'est pas une excuse à vos fréquentations! Son nom pue la roture!

AUDUBON: C'est lui qu'est venu, tout à l'heure, et il m'a fait boire, il m'a presque forcé, et puis il m'a obligé à faire la guerre.

MÈRE: Comment! Et vous avez accepté?

AUDUBON: Il m'a donné l'ordre, maman.

MÈRE: Il y a des ordres que l'on ne se laisse pas donner.

AUDUBON: Je ne pouvais rien faire d'autre.

MÈRE: Et c'est cet individu qui vous a fait boire cet ignoble raki!

AUDUBON : Oui, maman. Mais je ne voulais pas, moi, maman, et il m'a presque obligé.

MÈRE : C'est du propre. Et moi qui suis assez bonne pour vous laisser recevoir vos amis.

AUDUBON : Mais, maman, c'est le gouvernement qui...

MÈRE : Le gouvernement ! Le gouvernement ! Je vous ferai voir, monsieur. Vous avez été très vilain. En guise de punition, vous n'aurez pas de quatre-quarts.

AUDUBON : Oh ! Maman, quand même...

MÈRE : Et puis qu'est-ce que c'est que cette guerre où vous allez encore gâter vos uniformes ?

AUDUBON : Oh, mais je ne sortirai pas beaucoup, vous savez... c'est les soldats qui se battront...

MÈRE : Dire qu'on ne peut pas vous laisser seul cinq minutes sans que vous vous mettiez une vilaine affaire sur les bras. Audubon, aujourd'hui, vous m'avez fait beaucoup de peine. Recevez vos amis pour cette fois, mais si pareille incartade se renouvelle, vous serez sévèrement puni.

AUDUBON : Oui, maman. Je peux téléphoner à mes amis ?

MÈRE : Servez-vous du téléphone si vous le désirez. De mon temps, on faisait porter sa carte par son ordonnance.

AUDUBON : Robert ne voudra pas. Je l'enverrai chercher les gâteaux secs.

MÈRE : Vous êtes ridiculement faible avec ce garçon.

(elle sort)

SCÈNE IX

AUDUBON, *puis* ROBERT.

AUDUBON : Robert ! Robert ! Ça m'ennuie que maman ne fasse pas de quatre-quarts, il va falloir que j'achète des gâteaux secs sur mon argent de poche.

(il hausse les épaules)

Enfin. Oh! J'ai une idée.

(entre Robert)

Robert!

ROBERT: Oui, mon général.

AUDUBON: Tu vas descendre acheter une demi-livre de gâteaux secs. Des pas trop chers. Des ronds, tu sais, avec un trou.

ROBERT: Bien, mon général. Mon général peut-il me donner de l'argent?

AUDUBON: Prends sur le tien, je te rembourserai.

ROBERT: C'est que je n'en ai pas, mon général.

AUDUBON: Comment! tu as gardé la monnaie tout à l'heure!

ROBERT: Je ne l'ai plus... On me l'a prise. C'est Madame, je l'avais laissée sur la table de la cuisine.

AUDUBON: Tu exagères... tu aurais pu partager avec moi.

ROBERT: C'est vrai, mon général. C'est pas chic de ma part. Je vais prendre sur mes économies, si mon général veut.

AUDUBON: Oh, c'est trop gentil...

ROBERT: Ah, si mon général n'y tient pas...

AUDUBON: Si, c'est trop gentil, j'accepte. Va vite.

ROBERT: Oui, mon général.

(Robert sort)

SCÈNE X

AUDUBON *(seul)*: Voilà comment on se fait aimer de ses hommes.

(il va au téléphone)

Ah! je vais téléphoner à mes amis.

...Taitbout... cinq... quatre... trois... neuf... Allô... Allô... Allô... C'est vous,

d'Isigny ? Ici Wilson... très bien, cher, et vous... Eh bien je voulais vous demander si vous accepteriez de venir tout à l'heure... Oh, c'est en toute simplicité, nous serons quelques amis... pour prendre le thé... Oui... Juillet aussi... mais oui... ça sera une occasion de faire connaissance...

RIDEAU *(pendant qu'il parle)*

DEUXIÈME TABLEAU

Ça se passe dans la même pièce si on veut, ou dans la salle à manger des Pétardière, auquel cas ignoblement bourgeoise et ornée de portraits de zouaves.

Au lever du rideau, Audubon, affairé, arrange la table du goûter sur laquelle il dispose un vase de fleurs très laid.

On entend une sonnerie.

SCÈNE I

AUDUBON : Robert ! Tu vas ouvrir ?

　　(voix de Robert)

Voilà, voilà, mon général.

　　(Bruit de voix. Paraît, introduit par Robert, le général Dupont d'Isigny)

SCÈNE II

DUPONT, AUDUBON.

DUPONT : Mon cher Wilson !

AUDUBON : Mon cher d'Isigny !

DUPONT : Dupont d'Isigny. Si ça ne vous ennuie pas, donnez-moi mon

nom entier ; ou alors ne me donnez rien du tout, et ne m'adressez plus la parole.

Audubon : Croyez bien que je n'avais nullement l'intention...

Dupont *(froid)* : Oh ! Mais ça n'a aucune importance !

(*il regarde*)

C'est charmant chez vous ! C'est délicieusement arrangé.

(*à part*)

Quelle horreur.

Audubon : Ma mère s'occupe de tout d'une façon admirable. Elle est d'un dévouement !...

Dupont : Ah ! Les mères ! Les vraies compagnes des guerriers.

Audubon : Comme c'est juste ce que vous dites là. Ça va loin, vous savez, sans en avoir l'air.

Dupont *(vexé)* : Mais je trouve que ça en a l'air... ça fait au moins cinq mois qu'on me dit que c'est excellent... Je l'ai sorti pour la première fois... (*il compte*) voyons... en janvier dernier... alors vous voyez ! c'est rodé !...

Audubon *(admiratif)* : Cinq mois de succès c'est quelque chose !... Mais asseyez-vous ! Un doigt d'anisette ?

Dupont : Oh, ça serait plus gentil d'attendre les autres...

Audubon : D'ailleurs, ils ne vont pas tarder...

(*ils prêtent l'oreille*)

Non...

(*sonnette*)

Si...

Ensemble : Les voilà...

(*Robert introduit les généraux Laveste et Juillet*)

SCÈNE III

Audubon. Dupont. Laveste. Juillet.

Audubon : Chers amis !... Quelle exactitude !

Dupont *(vexé)* : Alors, moi, j'étais en avance !

Laveste : Mais non, c'est nous qui sommes en retard !...

Audubon : Écoutez, mon bon Dupont, ce que vous êtes susceptible !

Dupont : Je m'appelle Dupont d'Isigny.

(il accentue les D)

Laveste : Lenvers de Laveste ! Enchanté !

Juillet : Juillet ! Ravi.

(serrage de mains)

Audubon : Eh bien, nous voilà au complet ! Si vous voulez, nous allons goûter. Asseyez-vous donc !...

(tout le monde s'assied)

Chacun choisit sa place, n'est-ce pas. Pas de manières !...

Juillet : Mmm ! Toutes ces bonnes choses ont l'air bien tentant !

Audubon : Ah, maman a tout de même fait un gâteau. Mais j'ai eu du mal à la décider. Figurez-vous qu'elle était très fâchée contre moi parce qu'elle m'a pris en train de boire du pastis...

(il rit, assez fier)

Hein !... Quel diable je fais.

Laveste : Oh ! C'est très mal !

(à Juillet, bas)

Mais c'est un minus, ce type-là ?

Juillet *(de même)* : Oh, il doit avoir ses bons côtés.

(haut)

Mais vous nous aviez réunis pour nous apprendre une grande nouvelle, mon cher Audubon. Est-il trop tôt pour nous la dire ?

Audubon: Oh, goûtons d'abord.

Dupont: Mais nous grillons d'impatience.

Laveste: Tiens! Vous dites « grillons », moi je dis « bouillons »!

Dupont: Quoi, bouillons?

Laveste: Je dis nous bouillons d'impatience.

Juillet: Ah, c'est drôle, moi je dis nous « séchons » d'impatience.

Audubon: Eh bien, grillons c'est la cuisine à l'huile, séchons c'est la grillade, et bouillons c'est dans l'eau...

Dupont *(abasourdi, à part)*: Je ne comprends plus rien du tout! Il est idiot!

Juillet: N'empêche, mon cher Audubon, que je me ronge d'impatience.

Laveste: Ah, maintenant, vous vous rongez!

Juillet: Dame, cette discussion culinaire me donne faim.

Audubon: Écoutez, avant que nous en venions au fait, il ne nous est tout de même pas interdit d'avoir une conversation de salon! Nous nous voyons si peu! Profitons-en pour faire plus ample connaissance! Après tout, c'est la première fois que le G.Q.G. se réunit. D'abord, nous devrions tous nous appeler par nos prénoms, ça serait plus gentil.

(à Laveste)

Vous, quel est le vôtre?

Laveste: Michel.

Audubon: Ah, c'est charmant.

Laveste *(modeste)*: C'est le patron des combattants.

Audubon: Oui, c'est le seul ennui, mais c'est charmant.

(à Juillet)

Et vous, cher?

Juillet *(sombre)*: Philippe[7]!

(tous se lèvent)

Ensemble: Honneur au courage malheureux.

(ils se rasseyent)

Laveste *(nostalgique)*: Ah! Où est-il le temps où tout le monde pouvait encore espérer porter sept étoiles sans finir en prison!

Juillet: Oui, on nous rationne les étoiles, et le moindre couple d'amoureux les a toutes sous la main.

Tous ensemble: Oh, sublime!
Quel mot délicieux!
Quel poète!

Juillet: Oh, ce n'est rien; depuis six ans je traduis en alexandrins le manuel de préparation militaire supérieure, alors, n'est-ce pas...

Audubon: Mon cher Philippe, en vous disant que vous avez un joli brin de lyre au bout de vos feuilles de chêne, je crois que je ne ferai que résumer l'opinion... générale...

(il rit)

Tous ensemble: Exquis.
Bien trouvé.
Quel esprit!

Audubon: Vous êtres trop aimables.

(à Dupont)

Et vous, cher Dupont d'Isigny, quel prénom portez-vous?

Dupont: Heu!... mon prénom ne me plaît guère... Je m'appelle Georges.

Laveste: Hé! Saint Georges et les Dragons...

Juillet: Et la Cavalerie de Saint-Georges!...

Audubon: Oui, vous avez du monde sous vos ordres!...

Dupont: Cela ne me suffit pas. Je suis plein d'orgueil.

(il rit)

Oh, je ne m'en cache pas. C'est mon charme. Mais vous savez, j'avais une idée folle. J'aurais voulu m'appeler Dieu.

(froid général. Airs qui distant, qui méprisant, qui gêné)

Audubon: Écoutez, Dupont...

Laveste: Vous allez peut-être un peu fort!...

Juillet: Oui, enfin, nous ne sommes tout de même pas des bouchers.

Dupont *(vexé)*: Ah bon, je ne dis plus rien.

Audubon: Allons, allons, ne nous disputons pas.

> *(il passe les gâteaux)*

Goûtons plutôt.

> *(bruit de mandibules, emplissage de verres)*

Dupont: D'ailleurs, vous vous êtes mépris: je pensais Dieu avec une particule. D'Yeu[8], D apostrophe i grec eu hu.

Tous *(se lèvent)*: Honneur au courage malheureux.

> *(Dupont boude.)*

Audubon: Anisette, Michel? Anisette, Georges?

Laveste-Juillet: Volontiers.
Avec plaisir.

Audubon: Allez, Dupont d'Isigny, buvez avec nous, ne faites pas la tête.

Dupont *(boudeur)*: Je ne fais pas la tête. Je boude.

Juillet: Allons, soyons gais. Je sais une devinette. Ça vous déridera.

> *(à Audubon)*

Je peux la dire?

Audubon: Elle est convenable, au moins?

Juillet: Oh, bien sûr,

> *(il rit)*

mais elle va vous faire chercher!

Laveste: Oh, dites-la nous vite.

Juillet: Moi, je veux bien, mais je ne veux ennuyer personne.

Audubon: Je vous en prie, si elle est correcte, nous serons ravis de l'entendre!...

Juillet: Ah, je me sens gêné, maintenant, c'est ridicule.

Audubon *et* Laveste *(ensemble)*: Mais si, dites-la.
Allons, voyons.

Un bon mouvement.

Dupont *(glacial)*: Il vous mène en bateau!

Juillet: Eh bien, la voilà. Il faut trouver un mot de cinq lettres, avec un M au début, un R au milieu et un E à la fin qui rappelle la mémoire d'un grand général.

(silence glacial)

Oh!... J'ai honte, maintenant!...

(Dupont rit, strident)

Audubon: Hum... mon cher... tout de même... vous êtes cavalier, je veux bien, mais même pour les chevaux, il y a des bornes...

Juillet *(véhément)*: Ah, zut! Je ne voulais pas la dire. Je savais bien que ça ne vous plairait pas... Eh bien, ça rappelle la victoire du général Joffre, et c'est la MARNE.

Laveste: Ah, merde! c'est exquis!

Dupont *(admiratif)*: Ce n'est pas en bateau qu'il nous menait! C'est en taxi!

(Tous se récrient d'aise, il s'épanouit)

Audubon: Remarquable, mon vieux. Remarquable. Et d'un goût... Mais reprenez de l'anisette, votre verre est vide, Juillet.

Juillet: Merci.

(boit)

Audubon *(aux autres)*: Un peu de gâteaux? Encore un peu d'anisette? Georges? Non? Michel? Vraiment?

Tous ensemble: Fini.
Merci.
Nous sommes repus.

Audubon *(pose sa serviette et repousse sa chaise)*: Eh bien, maintenant que nous sommes bien réconfortés, nous allons discuter sérieusement.

Juillet: Ah, enfin.

Laveste: Je mourais d'impatience.

Dupont: Tiens? Vous mourez, vous?

JUILLET : Il meurt ! C'est drôle !

AUDUBON : Eh bien, voilà.

(un silence, il se recueille)

Léon Plantin sort d'ici à l'instant.

DUPONT *(sec)* : Vous avez de singulières relations.

AUDUBON : Croyez que ce n'est pas moi qui les cherche. Néanmoins, on ne peut se dissimuler qu'il est actuellement Président du Conseil.

JUILLET *(léger)* : Bah, ça ne durera pas.

AUDUBON : C'est aussi mon avis, surtout avec ce qu'il vient de me proposer.

(il ricane)

Il ne fera certainement pas long feu. En deux mots, Léon Plantin veut la guerre.

(tous se lèvent)

TOUS ENSEMBLE : Mais c'est de la folie !

AUDUBON : Hé oui, voilà.

DUPONT : Eh bien, nous avons bien fait de goûter tout de suite.

LAVESTE : Une nouvelle comme ça, le fait est que c'est de taille à vous couper l'appétit. Mais vous a-t-il dit pourquoi ?

AUDUBON : Pensez-vous. Il m'a raconté des histoires à dormir debout. En gros, je crois que la quincaillerie se vend mal.

LAVESTE : Enfin, c'est idiot, il n'y a qu'à vendre autre chose...

AUDUBON : Le reste se vend mal aussi.

JUILLET : Ah, c'est trop fort, écoutez, c'est toujours nous qui payons les pots cassés. Il joue sur le velours, votre Plantin.

AUDUBON : Eh ben, je crois que le velours se vend aussi mal que le reste.

LAVESTE : Oh, c'est très désagréable, écoutez, rien ne désorganise une armée comme la guerre.

JUILLET : On pourrait peut-être en faire une courte ?

AUDUBON : Plantin sera furieux. Et puis une guerre courte... Il va

encore en réchapper un tas de blancs-becs qui nous passeront sur le dos... Non, tant qu'à faire, il faut en faire une vraie. Oh, vous savez, j'ai tout tenté pour le raisonner.

DUPONT : Nous ne pouvons pas accepter ça, enfin. Soyez sérieux, Wilson. Il faut convaincre Plantin. Téléphonez-lui.

AUDUBON : C'est impossible. Il est buté. Si j'ai un conseil à vous donner, c'est de ne pas avoir affaire à lui, il va vous casser la tête avec des théories économiques absolument fumeuses... Moi, je n'y ai rien compris.

JUILLET : Moi, je refuse. Pas de guerre.

LAVESTE : Pas de guerre...

DUPONT : Je suis de votre avis. Pas de guerre.

AUDUBON *(se lève)* : Messieurs, c'est un ordre.

> *(silence de mort)*

JUILLET : Vous vous chargez de tout ?

AUDUBON : De tout.

LAVESTE : Ah, dans ces conditions, d'accord.

> *(approbations)*

Mais c'est bien embêtant. Donnez-moi un peu d'anisette, ça m'a remué.

AUDUBON : J'ai mieux que ça.

> *(mystérieux)*

Du pastis.

> *(il se lève et va le chercher)*

JUILLET : Oh ! quelle bonne idée !

DUPONT : Mon cher Wilson, vous me semblez faire des progrès.

> *(il ricane)*

Encore deux ou trois guerres et vous serez un vrai soldat.

AUDUBON : Vous, toujours caustique !

> *(verse le pastis)*

Assez d'eau ? Comme ça ?

(les autres l'arrêtent quand il faut. Audubon se sert et se rassied)

Messieurs, j'ai une prière à vous adresser : ne parlez pas de ça à ma mère.

JUILLET : De la guerre ? Bien sûr que non !

AUDUBON : Non, pas de la guerre, ça, ça ne fait rien, de toutes façons, j'en discuterai avec elle, mais du pastis.

(gêné)

Elle m'interdit d'en boire.

(coquin)

Mais j'en bois en cachette. Un vrai diable, je vous le dis.

DUPONT *(à part)* : Je ne me trompais pas, il est complètement idiot.

LAVESTE : Mais, dites-moi, avez-vous pensé à tout ?

AUDUBON : Euh... les détails, n'est-ce pas, c'est à vous de les mettre au point... on va voir ça grosso modo... Une question se pose immédiatement ; sur quoi pouvons-nous compter ?

JUILLET : Comment, sur quoi ?

AUDUBON : Eh bien oui, quoi, sur quels effectifs, je ne sais pas, moi. Combien de divisions avons-nous de prêtes ? Voyons, Dupont, dans votre armée ?

DUPONT : Heu... Vous savez, en fait, une division, c'est assez élastique... de mon côté... hum... Euh... Je dois avoir entre deux et neuf divisions... maintenant, avec les congés, les exemptions, le Tour de France et tout, c'est bien rare si ça fait douze mille hommes.

AUDUBON : Chacune ?

DUPONT : Oh, non ! En tout !

AUDUBON : Aïe, aïe, ce n'est pas lourd. Enfin... d'ici là, ça peut s'arranger.

DUPONT : Comment, d'ici là ? D'ici quand, d'ailleurs, au fait ?

AUDUBON : Ah, je ne sais pas, moi, c'est vous que ça regarde, après tout. C'est vous le G.Q.G., n'est-ce pas. En tout cas, le plus tôt possible, a dit Plantin.

LAVESTE : Est-ce que les affiches sont prêtes ?

JUILLET : Quelles affiches ?

LAVESTE : Les affiches de Mobilisation Générale.

AUDUBON : Ah, c'est vrai ! Les affiches ! Il y a encore ça ! C'est assommant ! Oh, il doit y en avoir de prêtes.

DUPONT : Les affiches sont nécessaires.

AUDUBON : D'un autre côté, les affiches permettront de compléter les effectifs.

LAVESTE : Oui, mais ça ne fait jamais que des amateurs. Ah, que c'est embêtant, cette guerre. Donnez-moi un pastis.

AUDUBON *(à Laveste)* : Enfin, vous, Laveste, qu'est-ce que vous avez de disponible en ce moment ?

LAVESTE : Oh, ça n'a pas d'importance, moi je m'arrangerai toujours. Vous savez, les avions, c'est tout de même secondaire.

AUDUBON : C'est bien mon avis. On a beau dire, l'infanterie ça a une fameuse gueule, sacré nom de Dieu ! Oh ! Qu'est-ce que je dis, moi !

 (il prend la bouteille)

Une petite tournée, les amis ?

 (acceptations diverses)

 (à Juillet)

Et vous, Juillet, vos tanks, ça donne quoi ?

JUILLET : Mes tanks ?

 (il ricane)

Eh ben, ça va bien, je vous remercie. Toujours dans le même état. Tous rouillés.

AUDUBON : Comment, ce sont toujours les mêmes ?

JUILLET : Oui, ceux qu'on a récupérés sur les plages en 45. Il y a des prototypes, naturellement, mais on attend de voir ce que font les autres. De toutes façons, à l'heure actuelle, il n'y a pas un tank qui puisse résister aux armes antichars, alors c'est pas la peine de s'en faire. Les vieux seront très bien... Pas de frais inutiles. On verra ça avec les industriels, c'est eux qui décident.

Audubon (*optimiste*): En somme, ça ne se présente pas plus mal que d'habitude?

Dupont: Certes! Je dirai même que ça se présente aussi bien que d'habitude.

Audubon: D'ailleurs, tout revient à une question d'instruction, n'est-ce pas! En fin de compte, c'est l'infanterie qui décide du sort de la guerre, et, Dieu merci, les adjudants français sont une institution que le monde militaire nous envie.

(*il se frotte les mains*)

Maintenant que nous avons examiné l'essentiel du problème, il faudrait peut-être voir un peu le détail. Vis-à-vis du public, nous allons nous trouver dans une situation délicate... N'est-ce pas, une guerre, ça s'est déjà tellement fait, les gens ne vont pas faire attention; il faudrait trouver du nouveau, une façon originale de présenter les choses... En deux mots, le côté propagande a son importance.

Juillet: Çà, nous pouvons compter sur les journalistes, ils nous soutiennent toujours. Ils nous ont toujours réservé les plus gros titres. Ça les arrange, d'ailleurs, ça leur fait moins à écrire.

Audubon: Bien sûr, bien sûr, mais il faut dire aussi que personne ne les lit; d'ailleurs, c'est tout des menteries; non, ce que j'appelle la propagande, ce n'est pas les journaux, les journaux, c'est de la publicité payée. Il faudrait intéresser les gens à ça... Il y a sûrement quelque chose à faire.

Dupont: En tout cas, un point reste primordial, et je voudrais m'assurer que vous êtes de mon avis: voilà, je pense qu'il faut absolument que nous soyons soutenus par l'Archevêché.

Laveste: Ah! Çà, je crois que vous avez mis le doigt dessus.

Juillet: Ça paraît essentiel.

Dupont: Oui, n'est-ce pas, ce sont les seuls qui aient encore un certain crédit; ils ont tellement plus d'argent que les autres, que personne ne peut se dire qu'ils sont vendus... Ils achèteraient plutôt. Aux yeux du public, ça leur donne naturellement beaucoup d'autorité. Croyez-moi, je n'en suis pas à ma première guerre; si l'Archevêché marche avec nous, la partie est gagnée.

LAVESTE : Nous pourrions peut-être les prier de venir ? Vous le connaissez bien, l'archevêque ?

AUDUBON *(regarde sa montre)* : Patience, messieurs, je l'ai déjà convoqué ; mais il avait une course à faire. Oh, une course idiote... Figurez-vous qu'il est impossible de trouver des chaussettes violettes à Saint-Sulpice en ce moment, les jeunes gens de Saint-Germain-des-Prés les achètent toutes... et ce pauvre Roland a dû courir jusqu'à Versailles ! Il devrait être là... Il est en retard de cinq minutes sur mes pronostics... Je voulais vous faire la surprise.

(*il se lève et va à la porte*)

DUPONT *(à part)* : Il est idiot, mais il a du métier !

LAVESTE *(à Juillet)* : Qu'en pensez-vous ?

JUILLET *(désigne Audubon)* : Du moment qu'il se charge de tout, moi, ça m'est égal.

DUPONT : C'est sa guerre, hein, ça ne nous regarde pas.

LAVESTE : Tout de même, de nos jours, ça présente des risques. Pensez à ce pauvre Rommel[9].

JUILLET : Eh ben oui, qu'est-ce que vous voulez, c'est embêtant, mais allez faire entendre raison à cet abruti de Plantin.

LAVESTE : Il n'y a rien à dire, les civils, c'est la mort de l'armée.

DUPONT : Il ne faut pas se dissimuler qu'en l'occurence, Plantin prend de gros risques.

JUILLET : Ah, vous me la baillez belle, tout le monde peut prendre de gros risques quand ce sont les risques des autres !

LAVESTE : C'est égal, nous n'avons pas de veine.

JUILLET : Je persiste à croire qu'Audubon nous tirera de là. En tout cas, mon cher Dupont, cette idée d'Archevêché, c'est habile.

DUPONT *(froid)* : Je vous remercie, mais Audubon l'avait eue aussi, donc ce n'est pas tellement habile, et en outre, je m'appelle Dupont d'Isigny.

LAVESTE : C'est habile, certes ! Mais je ne peux pas m'empêcher de penser à Rommel. C'est maladif. Ça m'a beaucoup frappé à l'époque.

DUPONT *(intéressé)* : Mais c'est un traumatisme, ça ! Écoutez, vous

devriez voir mon médecin, il est excellent. Il m'a débarrassé de mes complexes en moins de rien.

AUDUBON *(revient)*: Il ne peut guère tarder.

(à Dupont)

Comment, cher ami, vous aviez des complexes, vous, un soldat?

DUPONT: Un complexe terrible. Figurez-vous que je devenais complètement neurasthénique. Oh, c'est bête, on se laisse influencer. Toujours est-il que je souffrais beaucoup de ma pédérastie.

AUDUBON: Ah oui? Ça vous faisait souffrir? Que voulez-vous dire par là? Et où aviez-vous mal?

DUPONT: Eh bien, j'avais honte; je rougissais dans la rue, en regardant les garçons plombiers... oui toujours les plombiers. Pourquoi, dame? Allez chercher ce qui se cache au fond de l'âme d'un homme d'épée... Tâche insoluble, semblait-il. Néanmoins, mon médecin en est venu à bout et à ce jour, je suis complètement guéri.

JUILLET: Ah, tant mieux!

DUPONT: Oui, je n'ai absolument plus honte d'être pédéraste. Ça me paraît parfaitement normal.

(sonnette tonitruante)

LAVESTE: On a sonné!

AUDUBON: Merci! C'est Roland, sans doute! Je vais voir.

(il s'éloigne)

JUILLET: La vigueur de ce coup de sonnette a quelque chose de rassurant.

(Voix d'Audubon qui engueule Robert)

VOIX D'AUDUBON: Mais enfin, imbécile, ce n'est pas le moment!

(il revient)

C'est ce crétin de Robert qui faisait marcher son réveille-matin.

LAVESTE: Quelle étrange idée.

(à part)

Décidément, ils sont tous idiots dans cette maison.

(On entend des coups énormes à la porte)

Voix de Robert : J'y vais, patron.

Audubon : Ah, cette fois, je ne me dérange plus.

SCÈNE IV

Les mêmes, *entre* Mgr Roland Tapecul

Roland : Mais enfin, c'est un minus, ton valet de chambre !

Audubon *(se levant)*: Roland ! Enfin... Permets-moi de te présenter mon grand quartier général. Général Lenvers de Laveste, général Juillet, général d'Isigny.

Dupont : Général Dupont d'Isigny, si ça ne vous fait rien...

Audubon : Général Dupont d'Isigny, excusez-moi, cher ami... ou plus exactement Philippe Dupont d'Isigny.

Juillet : Mais non, c'est moi, Philippe.

Tous se levant : Honneur au courage malheureux.

Audubon *(enchaîne)*: Et voici Monseigneur Roland Tapecul.

Roland *(très Texas)*: Appelez-moi Roland, les amis.

> *(il s'assied)*

Qu'est-ce que vous buvez donc ?

Audubon : Du pastis...

Roland : Parfait ! La même chose pour moi. Un pastaga !

> *(Audubon le sert)*

Audubon : Qui qu'en reveut ? Allez, allez, ce n'est pas tous les jours fête !

> *(diverses mains se tendent)*

Roland *(boit)*: Mmm ! C'est exactement ce qu'il me fallait. Ce que Versailles peut être loin, c'est inimaginable.

Juillet : Monseigneur ! En voiture, cependant !

Roland : Oh, je vous en prie, pas de Monseigneur ! Roland. Eh bien, en

voiture, oui, mais le chauffeur de l'Archevêché conduit comme une savate.

LAVESTE : Qu'est-ce que vous avez comme voiture ?

ROLAND : Oh, une Talbot[10], un gros machin... moi j'aurais préféré une quatre-chevaux, mais ma crosse ne tient pas dedans. Vous savez, nous autres, on prend un peu ce qu'on nous offre.

JUILLET : En Talbot, Versailles, ça va assez vite.

ROLAND : Je vous dis que mon chauffeur est un pauvre type. Il n'a jamais conduit que des bonnes sœurs. Dans les petites voitures noires, vous savez *(il imite le cheval)* Ding ! Ding ! Il s'arrête à toutes les vieilles dames qui traversent.

DUPONT : Quoi qu'il en soit, vous voilà, et nous allons pouvoir discuter sérieusement.

AUDUBON : Oui, je t'ai demandé de venir parce que ces messieurs et moi, nous avons une... euh... une petite affaire en train et nous aurions voulu ton avis.

ROLAND : Mais c'est me donner beaucoup trop d'importance, mes enfants... Vous êtes tout de même libres de vous passer de mon opinion ?

AUDUBON : Il nous faut plus exactement ton accord. Oh, ne tournons pas autour du ciboire, voilà... Léon Plantin veut la guerre.

ROLAND : Oui, bien sûr, tout le monde le sait. C'est sa manie.

AUDUBON : Mais il la veut pour de vrai, et tout de suite. Et naturellement, à moi la corvée.

ROLAND : Mon vieux, je suis sincèrement désolé pour toi...

AUDUBON : Seulement, comme j'ai l'intention de m'en tirer le plus proprement possible, je veux mettre des atouts dans mon jeu. Et c'est pour ça que je t'avais demandé de venir. En deux mots comme en dix, quelle est la position de Pie[11] ?...

JUILLET : Pi, 3,1416 comme d'habitude... Oh... Excusez-moi, un souvenir d'école. C'est idiot.

ROLAND : La position de Pie ? Enfin, la position de l'Église ? Elle est très nette, comme d'habitude. Les éléments du problème sont les suivants. Il y a d'une part la bonne cause, d'autre part la mauvaise cause.

Dupont : Ah, en effet, pour une fois, c'est parfaitement précis.

Roland : Notre thèse à nous, c'est que la bonne cause doit triompher.

Laveste : Ah, naturellement.

Juillet : Oui, c'est remarquable.

Audubon : Mon cher, voilà qui résout le problème.

(un silence)

Hum. Mais... à quoi la reconnaît-on, la bonne cause ?

Roland : À ce qu'elle triomphe, voyons !

Juillet *(enthousiasmé)* : Oh ! C'est sublime !

Roland : Mais attention !

(il boit)

L'expérience montre qu'il faut se garder de confondre un triomphe apparent avec un triomphe réel.

Laveste *(déçu)* : Mais alors... Le problème se pose de nouveau... Comment distingue-t-on ces deux catégories de triomphe ?

Roland : Au pifomètre.

(il se touche le nez)

Audubon : Pardon ?

Roland : C'est une question de nez. Ça se sent. On prend le vent.

Audubon : Ça semble quand même bien hasardeux.

Roland : On peut considérer qu'une attente de cinq ou six ans suffit à révéler le vainqueur véritable. À ce moment-là, même si on se trompe, on a toujours l'excuse de dire que les conditions ne sont plus les mêmes. Oh, et puis moi, je ne suis pas spécialiste, hein, il fallait demander à Suhard[12].

Audubon : Pour nous résumer, qu'en pensera Pie ?

Roland : Je vais vous dire une chose : faites-la toujours votre guerre, et ça s'arrangera bien... Quoi qu'il arrive, au départ, moi je vous soutiens. Le cas échéant, il me désavoue... et alors ? Ça ne m'empêchera pas d'être cardinal aussi. L'Église n'est pas responsable des erreurs humaines...

AUDUBON : Roland, tu es un bon camarade. Je n'en attendais pas moins de toi.

ROLAND : Allez, allez, pas d'attendrissement. Donne-moi à boire, baderne.

AUDUBON : Écoute ! Ne m'appelle pas comme ça, un moment tu es gentil comme tout et la minute d'après tu m'engueules...

ROLAND : Mais non, mais non, baderne, c'est absolument régulier, tu n'avais qu'à ne pas choisir ce métier-là.

AUDUBON : À bas la calotte, tiens...

ROLAND *(se marre)* : Ah, là, là, quelle cruche !

DUPONT *(à Roland)* : En vérité, il me fait peine.

ROLAND : Au lieu de te couvrir de ridicule, tu ferais mieux de penser à la guerre ; vous devez avoir quelques détails à mettre au point, je suppose. Comment ça se présente ?

AUDUBON : Comment *quoi* se présente ?

ROLAND : Ah ben, tout... le deuxième bureau, alors, ça n'existe plus ?

AUDUBON : Ça ne s'appelle plus comme ça, mais d'ailleurs, c'est Laveste qui dirige aussi ce truc-là, il va pouvoir te répondre tout de suite.

ROLAND *(à Laveste)* : Alors ? Dans votre secteur ?

LAVESTE : Oh, c'est calme, très calme ; ça ne s'emballe pas.

ROLAND : Enfin, vous savez tout de même quelque chose ! Qu'est-ce que vous pouvez nous dire ?

LAVESTE : Des broutilles ; tiens, vous saviez que l'amiral Floraline est cocu ?

AUDUBON : Laveste ! Si ma mère entrait... Modérez vos expressions...

LAVESTE : Excusez-moi... Je suis habitué aux termes techniques... mais avouez que c'est marrant.

ROLAND : Ah ! oui, alors... Floraline... Oh, c'est trop drôle... D'habitude c'est lui qui cocufiait les autres. Mais allez, vous devez avoir appris autre chose que ça, avec vos effectifs. Est-ce que c'est vrai que c'est Plantin qui couche avec la fille de Molleton ?

LAVESTE : Oui, mais ça, c'est archi-connu. C'est dans *Aux Écoutes*[13].

ROLAND : C'est un métier formidable, ça. Ce qu'on peut surprendre de secrets...

LAVESTE : Tout de même, vous aussi vous avez des facilités.

ROLAND : Oh, le confessionnal ce n'est pas pareil... nous, les gens viennent tout nous raconter exprès... ça n'a pas le charme du fruit défendu. Mais dites-moi, vous ne savez rien de plus ? Et Bragoton ? Qu'est-ce qu'il y a d'exact dans son histoire de mœurs ?

LAVESTE : J'ignore. Vous savez, je fais mon travail le plus discrètement possible... ça me gêne un peu d'écouter toujours aux portes.

ROLAND : Oui, mais c'est si drôle. Et c'est inoffensif.

LAVESTE *(boudeur)* : Ça serait drôle si je le faisais moi-même — mais j'apprends toujours tout par personnes interposées.

AUDUBON : Hum... mes amis, je crois que nous perdons un peu de vue le sujet.

ROLAND : Allons, ne rougis pas, puceau...

AUDUBON : Roland, écoute !

DUPONT : Mais Roland veut plaisanter, voyons, Audubon.

(à part)

Quelle misère !

AUDUBON : Mais non, il ne veut pas plaisanter, je le connais, il m'a toujours taquiné. Déjà à l'école, c'était comme ça. C'est un méchant.

JUILLET : Allons, allons, buvons un peu de pastis et ne nous disputons pas. Embrassez-vous et que tout soit dit.

AUDUBON : Ah, non, alors ! je ne veux pas l'embrasser, celui-là !

ROLAND : Ce que tu es boudeur... Tête de cochon, va. Viens m'embrasser tout de suite.

AUDUBON *(boude, lippe)* : Non.

(il se lève et, la tête baissée, réticent, va vers Roland)

ROLAND : N'en parlons plus.

(il l'embrasse)

Tiens, baderne.

(Audubon marmonne quelque chose d'indistinct)

Quoi?

Audubon *(même jeu)*.

Roland *(horrifié)*: Oh!... Oh!... Eh ben, mes compliments! C'est du beau, Audubon...

Audubon *(vaguement satisfait va se rasseoir)*: Ça t'apprendra.

Juillet: Qu'est-ce qu'il a dit?

Roland: Oh! Le cochon! Il a dit «va te faire mitre»!

Dupont: Eh!... C'est assez bon!...

Laveste: C'est... acceptable...

Audubon *(triomphe)*: Ah! La nique, la nique!

Roland: Eh ben, vous êtes de beaux sagouins. Si je ne me retenais pas...

Audubon: Retiens-toi!... ma mère pourrait venir.

> *(il se redresse)*

Mais je crois qu'il nous faudrait une petite récréation, j'ai l'impression que vous ne faites plus attention... Résumons-nous: tu marches avec nous?

Roland: Écoute, mon vieux, j'ai déjà répondu à ça. Nous marchons toujours avec vous. Quelle question!

Audubon: Eh bien, ça annule les difficultés. On pourra commencer à travailler sur les détails dès demain...

Juillet *(se lève)*: Messieurs, il y a une chose capitale à régler.

> *(poing sur la table)*

Tous ensemble *(émus)*: Quoi?
Vous m'avez fait peur.
Juillet, que se passe-t-il?

Juillet: Qui va-t-on prendre avec nous pour nous patronner?

Laveste: Ah! Tiens!

Dupont: Mais oui! C'est un problème, ça!

Roland: Tiens! Oui! C'est difficile! Voyons.

> *(il compte sur ses doigts)*

Sainte Odile?

DUPONT : Non, sainte Odile, c'est usé.

ROLAND : Sainte Jeanne d'Arc?

LAVESTE : Ah, non, sainte Jeanne d'Arc, c'est cuit.

ROLAND : Eh ben... euh... saint Laurent?

JUILLET : Saint Laurent? Voyons! C'est grillé.

AUDUBON : Bon sang! J'ai trouvé! Ah, les amis, c'est formidable!

TOUS ENSEMBLE : Qui?
Quoi?
Qu'est-ce?

AUDUBON *(se lève)*: Saint Philippe!

TOUS *(se levant)*: Honneur au courage malheureux!

ROLAND : Saint Philippe? Voyons... hum... ça m'a l'air très bien, mais qu'est-ce qu'il a fait, encore, celui-là?

DUPONT : Voyons, Roland! Souvenez-vous.

ROLAND *(impatient)*: Oui, je sais bien, je sais bien, mais l'autre, le vrai?

JUILLET *(récite)*: Il y en a trois, d'abord. Saint Philippe l'apôtre qui est né à Bethsaïde, qui prêchait en Phrygie et qui est mort pendu par les pieds et crucifié en 80 pour s'être opposé au culte des serpents. On le fêtait le premier mai avant que ce jour ne se trouvât consacré à l'institution regrettable d'un congé que nous subissons tous. Il y a saint Philippe, évêque d'Héraclée, condamné à être brûlé par le prêtre Sévère et le diacre Hermès à Andrinople en 304; 22 octobre. Il y a enfin saint Philippe le diacre, qui, né à Césarée, baptisa l'eunuque de Candace, prêcha à Samarie et mourut en 70 avant Jicé. On le fête le 6 juin, notez!

LAVESTE : Le 6 juin! Ça, c'est un signe! Au fait, qu'est-ce qui s'est passé, le 6 juin[14]?

(il cherche, très absorbé et trouve)

Ah, c'est idiot. Je confondais avec la nuit du 4 août.

ROLAND *(à Juillet)*: Ben dites donc, vous êtes calé, vous! Lequel prend-on?

DUPONT : L'évêque d'Héraclée ; on l'a brûlé, il est à l'épreuve du feu. On en fera le patron des lance-flammes.

AUDUBON : C'est très bien, Juillet, je vous ferai avoir le Nicham Iftikar[15].

JUILLET : Merci, j'en ai déjà onze... Non... Tenez, vous savez ce qui me ferait le plus plaisir... ce n'est pas que j'y crois tellement, mais quand même ; Roland, est-ce que vous pourriez nous donner votre bénédiction ?

ROLAND : Oh, écoutez... Je veux bien, mais il n'y a pas beaucoup de monde. Si on allait plutôt boire un coup à la Crosse en l'air ? C'est un petit bar de Saint-Sulpice ; on s'y retrouve tous après les grands tralalas.

AUDUBON : Non, non, ici... Une bénédiction, et Robert va prendre une photo !

(il appelle)

Robert !

ROBERT *(il arrive)* : Oui, voilà.

SCÈNE V

LES MÊMES. ROBERT.

AUDUBON : Robert, apporte ce qu'il faut, on prend une photo de bénédiction.

ROBERT : Bien, patron.

(il sort, rentrera avec du matériel, etc.)

AUDUBON *(appelle)* : Amène la musique !

(aux autres)

Approchez-vous, on va se mettre ici.

(Robert amène un harmonium)

Tenez, comme dans les anges musiciens de Cranach[16].

Laveste : Je pourrais jouer de la trompinette ? Je suis très fort, à la trompinette !...

Audubon : Non, non, un chœur à capella.

(il s'installe et prélude — Robert revient, dispose projecteurs, appareils — Tous prennent des poses avantageuses)

Allez ! Une, deux, trois !

Chœur :
> Sauvez, sauvez l'Europe
> Au nom du Sacré-Cœur.
> *(flash)*

Robert : Excellent ! Une autre. Levez le nez, mon général ! Non pas vous ! Dupont !

Dupont d'Isigny : Dupont d'Isigny, s.v.p.

Robert : Taisez-vous ! Comme ça ! Musique !

Chœur :
> Sauvez, sauvez l'Europe
> Au nom du Sacré-Cœur.
> *(flash)*

Juillet *(en extase)* : Ah, cette musique ! Ça vous transporte !

(paraît la mère d'Audubon — silence total)

SCÈNE VI

Les mêmes, *plus* Madame de la Pétardière.

Mère : Eh bien, eh bien, il me semble que la petite classe s'amuse !

(à son fils)

Présente-moi donc tes camarades, Audubon.

Audubon : Oui, maman.

(il présente)

Vous connaissez Roland. Voici Georges, Michel et Philippe.

Tous : Bonjour, madame.

> *(l'un après l'autre, ils vont baiser poliment la main de la mère)*

Mère : Alors, il était bon, ce quatre-quarts ?

Dupont : Oh, oui, madame.

Roland : De première.

Laveste : Excellent.

Juillet : Parfait, vraiment parfait.

Mère : Mais continuez à vous distraire, mes enfants. Qu'est-ce que vous faisiez donc ?

Audubon : Eh bien... euh... on faisait de la musique, maman.

Roland : Excusez-moi, madame.

> *(à Audubon)*

Tu sais, il va falloir que je me barre.

Dupont : Oui, moi aussi.

Laveste : Je dois rentrer également, ma femme est toute seule pour garder papa...

Juillet : Je vous accompagne, il faut que je sois à l'Étoile à six heures.

Audubon : Oh ! Vous partez tous ?

Mère : Ce n'est pas moi qui vous fais fuir, au moins ?

> *(d'un ton tel qu'on sent qu'elle espère bien que si)*

Tous *(protestant)* : Absolument pas.
Mais non.
Voyons, madame.
Bien sûr...

> *(ils se dirigent vers elle et chacun lui dit au revoir poliment et avec gêne. Puis, plus gaiment, ils passent à Audubon. Roland, le dernier, donne une grande claque à Audubon)*

Roland : Allez, baderne, au revoir ; à bientot.

> *(La mère se renfrogne. Tous sortent)*

Audubon : Robert ! Veux-tu ouvrir ?

 (il sort un instant et revient. La mère a reniflé les verres)

SCÈNE VII

Audubon. Sa mère.

Mère : Alors, à quoi avez-vous joué ?

Audubon : Oh, on a joué à des jeux, on a bavardé.

Mère : Audubon, vous avez encore bu du raki.

Audubon : Mère, je vous promets que non ! C'est eux.

Mère : J'ai senti votre verre.

Audubon : Mais ce n'est pas moi qui l'ai bu. Je n'ai absolument rien bu.

Mère : Je ne vous crois guère, mais passons. Il n'est pas étonnant que vous vous laissiez aller en compagnie de voyous comme ce Roland.

Audubon : C'est un camarade de classe, maman...

Mère : Je le regrette pour la réputation d'un lycée comme Janson de Sailly, qui avait jadis une autre allure... Je vous interdis de revoir ce garçon qui ne peut que vous nuire.

Audubon : C'est que... par mon métier, je suis forcé d'avoir certains contacts...

Mère : Comme avec cet ignoble Plantin ! Je me demande ce que vous pouvez trouver à ces individus.

Audubon : Mais, maman...

Mère : Je parie que vous avez encore joué à la guerre.

 (Audubon baisse le nez)

J'en étais sûre. Et qui a eu cette belle idée ?

Audubon : C'est Plantin, maman. Et tout le monde était d'accord.

Mère: Naturellement. C'est un petit mal élevé, votre Plantin. Et avec qui allez-vous la faire cette guerre?

Audubon: Avec qui?

(*il réalise*)

Avec qui! Mais nom de Dieu! C'est vrai!

Mère (*cri d'horreur*): Oh! Audubon! Jurer devant moi! Mais vous perdez la tête!

(*il ne l'écoute pas et bondit vers le téléphone*)

Oh! Vous aurez de mes nouvelles, mon fils!

(*elle sort*)

SCÈNE VIII

Audubon (*seul*): Allô! Allô!

(*il raccroche et recompose*)

Allô! Zut! Zut! Allô! Allô! Léon Plantin, je vous prie! C'est personnel... Le général Audubon James Wilson de la Pétardière Frenouillou... oui... c'est personnel, je vous dis! Sacré nom de Dieu, voulez-vous me passer Plantin... Oui... Plantin... Comment? Mais je m'en doute que vous n'êtes pas Vilmorin-Andrieux, puisque je demande la Présidence du Conseil... Quoi? Des cercueils? Vous vendez des cercueils? Quel numéro êtes-vous, d'abord?

(*silence*)

Oh! merde!...

(*il raccroche, grommelle*)

Je suis trop nerveux. Allons...

(*il compose lentement*)

E... L... Y... zéro... zéro... un... neuf... Allô!... Elysées zéro zéro dix-neuf. Ouf. Ici le général Audubon James Wilson de la Pétardière. Allô?... De la Pétardière Frenouillou? oui, naturellement, vous n'allez tout de même pas me dire qu'il y en a un autre... Allô... Donnez-moi Léon Plantin... Le

Président du Conseil... Quoi?... Il n'est plus Président du Conseil?... Ah, c'était une blague?... Eh bien mon ami, elle est idiote, votre blague... Allô... Plantin? Oui... Ici Audubon... Oui... Mon vieux, on a oublié quelque chose... Avec qui? Avec qui on va faire la guerre?... Quoi?... Je ne vous pose pas de questions saugrenues, je vous pose une question essentielle... Nous aurions pu y penser? Écoutez, nous, c'est notre affaire de faire la guerre, mais pas de choisir l'adversaire, il me semble que ça vous regarde... C'est bien vous qui avez le portefeuille des Affaires Étrangères... vous vous en foutez, oh bien, moi aussi... Bon... Il faut qu'on règle ça tout de suite... demain matin? D'accord... eh bien, prévenez Korkiloff, Jackson et Ching Ping Ting... à dix heures... d'accord... au revoir...

> *(il raccroche)*

Ah, là là... quelle histoire... et ma mère qui va me faire la tête toute la soirée... quel métier... le jour où il ne restera que des militaires on sera tout de même autrement tranquilles... et il n'y aura plus de guerre...

> *(il appelle)*

Maman!... Maman!...

> *(il sort en appelant toujours)*

RIDEAU

ACTE II

Une salle de réunion, chez Plantin, derrière le rideau. Devant le rideau, une table, une chaise, un téléphone. La secrétaire de Plantin, Francine, y est installée. Robert, l'ordonnance d'Audubon, est assis sur la table et lui fait visiblement deux doigts de cour côté jardin.

SCÈNE I

FRANCINE. ROBERT.

FRANCINE : Vous aurez beau dire, vous ne me dégoûterez pas de Luis Mariano[17].

ROBERT : Je ne cherche pas à vous en dégoûter. Ça me laisse froid.

FRANCINE : Oh ! Il chante tellement bien.

ROBERT : Pas de paroles, mais des actes.

(*il passe à l'action*)

FRANCINE : Allons ! Voulez-vous finir ! N'importe qui peut venir !

ROBERT (*la lâche*) : Naturellement, mais n'importe qui peut *ne pas* venir, aussi... c'est ça le charme du truc...

FRANCINE : Vous dites toujours des choses que personne ne comprend.

ROBERT : C'est pour ça... c'est parce que je suis idiot en paroles que je préfère passer aux actes.

(il l'embrasse, apparaît le général Korkiloff, extrêmement russe d'aspect)

SCÈNE II

FRANCINE. ROBERT. KORKILOFF.

KORKILOFF *(toussant discrètement)* : Excusez grandement ! Le camarade Léon Plantin, il est là, voui ?

FRANCINE : Il arrive tout de suite, monsieur, si vous voulez passer par là, il va vous rejoindre tout de suite...

(elle l'introduit de l'autre côté. Korkiloff disparaît)

Il m'a fait peur, celui-là...

ROBERT : C'est le général Korkiloff.

FRANCINE : Il m'a fait peur quand même.

ROBERT *(rêveur)* : Il a un bel uniforme...

FRANCINE : Il vous irait mieux qu'à lui !

ROBERT *(flatté)* : Hé ! Peut-être bien...

(nouveau coup. Entre Jackson, accent américain.)

SCÈNE III

JACKSON. FRANCINE. ROBERT.

JACKSON : Oh ! Désolé ! Est-ce que Léon Plantin est là ? Il m'a prié de passer ce matin.

FRANCINE : Mais oui, monsieur... euh... mon général... please... par ici...

> *(elle le conduit)*

Very well ! Par ici !...

JACKSON : Merci bien...

> *(Francine est revenue à sa table et travaille — brève attente — entre Ching, même jeu — le rideau se lève sur la salle de réunion)*

SCÈNE IV

KORKILOFF. JACKSON. CHING.

KORKILOFF : Camarade Ching ! Très heureux de vous voir.

JACKSON : Mais c'est Ching ! Eh bien, c'est une surprise. On vous rencontre donc chez Plantin.

CHING *(aux deux)* : Je m'appelle Ching Ping Ting, si ça ne vous fait rien...

JACKSON : Oh ! Désolé !...

KORKILOFF : Mille regrets, camarade...

CHING : Ce n'est rien, je vous prie humblement d'excuser cette petite manie. Mais je ne suis pas moins étonné que vous de vous voir, général Korkiloff ! Quelle bonne mine ! Cher Jackson, vous êtes comme toujours resplendissant.

> *(serrage de mains)*

Au fait, vous vous connaissez? Korkiloff, Jackson.

(serrage de Korkiloff et Jackson)

KORKILOFF: Je crois, nous avons hélas déjà rencontré dans ambassade Saint-Marin.

JACKSON: Saint-Marin ou Andorre?

KORKILOFF: Je ne sais plus, Nitchevo, une ambassade vaut une autre. Et les Américains, il y en a partout.

CHING: Je suis heureux que ma très humble personne ait été le trait d'union de deux héros.

KORKILOFF: Héros! Vous exagérez.

JACKSON: Oui, c'est trop, Ching... après tout, le général Korkiloff n'a rien d'un héros.

KORKILOFF: Ah, là, là, vous êtes très malin, vous, voï, c'est le plan Marshall[18] qui vous fournit astuces?

JACKSON: Allons, allons, un peu d'humour, camarade.

KORKILOFF: Humour! D'abord, humour, c'est ingénieur Boblitchkine qui a inventé en 1713 à Moscou. C'est scientifiquement prouvé.

CHING: Mes amis, mes amis, ne laissez pas vos langues vous entraîner au-delà de votre pensée.

KORKILOFF: Comme si ça pensait, Américain.

CHING: Malheureusement oui. Mais si nous parlions un peu de ce qui nous amène ici; car je suppose qu'on nous a convoqués pour quelque chose! J'ai personnellement reçu un avis exprès de mon ambassade me mandant de me tenir à la disposition de Léon Plantin pour une conférence urgente.

KORKILOFF: Moi aussi.

JACKSON: Moi aussi.

CHING: Une conférence sur quoi, à votre avis?

KORKILOFF: Hum...

JACKSON: Euh...

CHING: Hem... Je vois, naturellement, nous sommes arrivés aux

mêmes conclusions. Et vous vous rendez compte des difficultés de ce projet ?

KORKILOFF : Avec grande précision.

JACKSON : Très nettement.

CHING : Eh bien, vous êtes plus avancés que moi, parce que je me demande vraiment ce que nous veut Plantin.

KORKILOFF : J'allais le dire, voui, voui.

JACKSON : Vous ne nous laissez rien, Ching… Vous nous trayez les mots de la bouche.

CHING : Évidemment, je suis mal placé pour deviner ce qui se passe dans l'âme pleine de mystère d'un Occidental comme Plantin…

KORKILOFF : D'ailleurs, Franzouski savent jamais ce qu'ils veulent. Et c'est Russes qui ont inventé automobile.

JACKSON : Et ils n'ont pas de salles de bains dans les hôtels.

(Francine introduit Audubon)

SCÈNE V

AUDUBON. LES MÊMES.

AUDUBON : Messieurs…

 (tous s'inclinent gravement)

Léon Plantin n'est pas là ?

CHING : Nous l'attendons.

AUDUBON : Ces civils n'ont aucun sens de l'exactitude…

KORKILOFF : Très juste, voui, voui.

JACKSON : Oh, il est à peine l'heure…

AUDUBON : Ils n'ont aucune discipline.

JACKSON : Ce sont des civils, ils en ont moins besoin.

AUDUBON : Vous n'allez pas les défendre, tout de même ?

KORKILOFF : C'est ça, côté assommant généraux américains, c'est côté civil.

AUDUBON : Ils n'ont pas cette tradition séculaire qui fait l'orgueil des cadres uniques que nous avons en Europe...

CHING : Permettez... Je m'excuse très profondément, mais nous nous battons également depuis assez longtemps en Asie.

AUDUBON : Certes, certes !... Je n'avais nullement l'intention... et puis vous avez inventé la poudre !

KORKILOFF : Pas vrai ! C'est le pope Schwartzki au Moyen Age... un stakhanoviste.

JACKSON : Bon, bon, eh bien, civil ou pas, cette fois Plantin est en retard, d'accord. Mais dites-nous, cher Audubon, vous sauriez peut-être pourquoi on nous réunit ?

CHING *(à Korkiloff)* : Ça, c'est leur côté pratique, c'est ce qu'ils ont de bon.

AUDUBON : C'est que... le secret militaire...

KORKILOFF : Ah, bon, alors il s'agit de guerre ? D'habitude, on convoque pour tellement les choses... vernissages, zakouski... impossible deviner...

AUDUBON : Il s'agit de guerre dans une certaine mesure... mais ça n'a pas très grande importance ; ce qui compte surtout, c'est ceci, à quoi j'ai beaucoup pensé : voilà : ne croyez-vous pas qu'il y aurait intérêt avant qu'il ne soit trop tard à faire voter une loi internationale stipulant qu'en cas d'inculpation de crimes de guerre, tout général accusé sera jugé par ses pairs ?

JACKSON : Écoutez, à Nürnberg[19], les généraux n'ont pas beaucoup écopé...

AUDUBON : N'importe, la seule possibilité d'être jugés par des civils, c'est déjà embêtant...

CHING : Votre projet pourrait présenter quelque intérêt.

AUDUBON : Soutenez-moi, si jamais la question vient sur le tapis.

SCÈNE VI

Plantin. Francine.

(Plantin entre chez sa secrétaire)

Plantin : Bonjour, mes enfants...

(il paraît très pressé)

Francine... tout est prêt ?

Francine : Ces messieurs sont là, monsieur Plantin.

Plantin : Comment ! Déjà !

(il regarde sa montre)

C'est vrai que je suis très en retard. Ils sont tous là ?

Francine : Il y en a quatre, monsieur Plantin... tous des généraux, je crois...

Plantin : C'est bien ça... il n'y en a que quatre, vous êtes sûre ?

Francine : Oui, monsieur Plantin... Du moins, il en est entré quatre...

Plantin : Oh, ça ne se reproduit pas si vite... Dites-moi quel est le pluriel de un général ?

Francine : Je ne sais pas moi... des généraux ?

Plantin : Dégénérés. Un général, dégénérés. C'est comme pour les maréchaux : un maréchal, des maraîchers.

(il s'esclaffe)

C'est idiot, hein ?

Francine : Oui, monsieur Plantin. Oh ! Pardon, monsieur Plantin... je voulais dire...

Plantin : Prenez le registre spécial et venez.

(ils rejoignent les généraux)

SCÈNE VII

PLANTIN. FRANCINE. LES QUATRE GÉNÉRAUX.

PLANTIN : Eh bien ! Tout le monde est là ! Parfait ! Messieurs, la République Française vous salue. Qu'est-ce que vous buvez ?

(Francine ouvre son gros bouquin qui fait cave à liqueurs)

Cognac, pastis, beaujolais ?

(il a serré les mains)

KORKILOFF, CHING, JACKSON : Beaujolais !

AUDUBON : Vous n'avez pas de vodka-cola ?

PLANTIN : Audubon, vous boirez du beaujolais, comme tout le monde.

(à la secrétaire)

Une bouteille et cinq verres, Francine.

(il désigne des sièges)

Asseyez-vous donc... Audubon, voulez-vous exposer à ces messieurs le but de notre réunion ?

AUDUBON : Écoutez, vous savez vous-même de quoi il s'agit ; si vous leur expliquiez...

LÉON : Audubon, c'est un ordre.

AUDUBON : Vous me couvrez ?

LÉON : Je vous couvre.

AUDUBON : Bon. Eh bien alors signez-moi un papier.

LÉON : Comment ça, un papier ?

AUDUBON : Vous avez lu *Les Trois Mousquetaires* ?

LÉON : Je ne peux pas lire et gouverner la France.

AUDUBON : Justement, comme vous ne gouvernez rien du tout, vous avez amplement le temps de lire.

LÉON : Audubon, ne soyez pas fielleux.

(aux autres)

Excusez, messieurs, ce léger incident, mais vous savez, cet imbécile-là est dur à mener.

Korkiloff : Mais je vous en prie...

Ching : Faites donc...

Jackson : Peut-on avoir un peu plus de beaujolais ? Moitié beaujolais, moitié lait condensé, si vous avez ?

(la secrétaire, horrifiée, s'empresse)

Audubon : Eh bien lisez *Les Trois Mousquetaires*. Ou plutôt non, je vais vous dicter. Prenez un papier.

Léon : Francine...

(elle prend papier et crayon)

Audubon : « C'est par mon ordre et pour le bien de l'État que le porteur du présent a fait ce qu'il a fait ; signé : Léon Plantin. » Tapez ça en deux exemplaires.

Léon : C'est dans *Les Trois Mousquetaires*, ça ?

Audubon : Oui.

Léon : Francine : notez de m'acheter *Les Trois Mousquetaires*.

(à Audubon)

Et il y a beaucoup de trucs comme ça, dans *Les Trois Mousquetaires* ?

Audubon : Oui. Tout du long.

Léon : Mais c'est formidable !

Jackson : Ah, c'est un merveilleux livre.

Léon : Vous l'avez lu ?

Jackson : Oui, naturellement. Avec des sous-titres[20].

Léon *(à Korkiloff et à Ching)* : Et vous ?

Ensemble : Certes !

(Francine tape)

Korkiloff : Grand-mère Alexandre Dumas était russe. J'ai tout lu.

Léon : Ah ! alors, je suis le seul. Pas étonnant que la France soit toujours roulée dans les conversations diplomatiques.

AUDUBON : Vous me le signez, ce papier ?

LÉON : Je suis fier de signer un texte aussi étonnant.

AUDUBON : Bon, et maintenant, redonnez-moi du beaujolais. Comme ça, si je rentre saoul, je pourrai toujours montrer le papier à ma mère.

LÉON : Excellente idée.

(il lui verse à boire)

Et maintenant, exposez le problème à ces messieurs.

AUDUBON *(se lève)* : Messieurs, c'est la guerre !

(tous se lèvent)

KORKILOFF : Ça vous prend souvent ?

CHING : Pas avec tous les trois, tout de même.

AUDUBON *(se rassied)* : Messieurs, rasseyez-vous, je vous en prie, vous avez mal saisi ma pensée.

LÉON : Mais vous expliquez ça comme un con, aussi.

AUDUBON : Ah, expliquez-le donc, vous !...

LÉON : Écoutez, Wilson, vous êtes impossible. La prochaine fois, je passe le commandement du G.Q.G. à Dupont.

AUDUBON : Ah, non ! Pas cette sale tante !

LÉON : Alors, expliquez bien !

AUDUBON : Eh bien, messieurs, à la base... euh... se pose le problème de la conjoncture économique actuelle. Euh... c'est... crucial, en un mot. Travail, Famille, Patrie, honneur au soldat inconnu et aux morts du mont Valérien[21] et tous unis derrière le drapeau tricolore.

(il se relève)

Messieurs, c'est la guerre.

LÉON : Ah, Audubon, vous êtes exaspérant.

AUDUBON : Je vous ai dit que je ne savais pas expliquer.

LÉON : Bon... alors, asseyez-vous. Je m'en charge. Eh bien messieurs, il se trouve que la France, ses industriels et ses agriculteurs, pris à la gorge par une situation implacable, se voient dans l'obligation de recourir à la guerre pour résorber une surproduction gênante. J'ai donc donné mission au général Wilson de la Pétardière, chef de mon G.Q.G. ici

présent, de prendre toutes mesures utiles. Et ce crétin a réglé tous les détails sans se demander avec qui nous allions faire cette guerre. C'est pourquoi j'ai pris la liberté de vous convoquer afin de vous poser franchement la question : y en a-t-il un qui veuille la faire avec nous ?

CHING : Ah, pas moi. C'est trop loin.

KORKILOFF : Niet... Vous savez que nous avons engagements antérieurs !

JACKSON *(désigne Korkiloff)* : Oui... enfin, tous les deux, on est déjà d'accord.

LÉON : Messieurs, depuis trop longtemps la France joue un rôle de second plan en politique internationale. Vous comprenez bien qu'avec un passé historique comme le nôtre, il ne nous est guère possible d'attendre que vous vous décidiez. Nous nous devons, dans ce domaine comme dans celui de la cuisine, de la couture, du champagne ou des parfums, de rester à la tête de la civilisation et de prendre l'initiative en question. Je répète : avec qui ?

AUDUBON : Un peu plus de beaujolais, Plantin, je vous prie.

(Francine le sert)

KORKILOFF : Ah, écoutez, non, moi ça n'intéresse pas.

JACKSON : Nous ne sommes pas prêts.

CHING : Ce n'est pas possible. Ce serait avec un extrême plaisir. Mais vous êtes trop loin. Prenez-en un autre.

LÉON : Réfléchissez, voyons...

KORKILOFF : Vous ne pouvez pas trouver pays comme... Vénézuéla, je ne sais pas, moi. Ou Terre de Feu.

AUDUBON : Monsieur ! Pourquoi pas la principauté de Monaco ! Et notre prestige !

CHING : Et l'Angleterre ?

LÉON : Malheureusement, ce n'est plus réalisable. Une néfaste politique d'entente a éliminé cette éventualité depuis des années.

AUDUBON : On pourrait peut-être évoquer Jeanne d'Arc ? Ou Fachoda ?

LÉON : Fachoda ? Pfff... Pourquoi pas Mers-el-Kébir[22], alors ? Non. Ça ne va pas. Et on aura tous les hôteliers de la Côte d'Azur sur le dos.

KORKILOFF : L'Italie ?

LÉON : Il faut tout de même être deux, pour se battre.

JACKSON : Écoutez, en tout cas, nous, rien à faire. Les types ne marcheront pas pour revenir en France. On les a trop estampés en 44. Et puis tous les Français sont des mécréants.

LÉON : Ah, zut... alors c'est sans issue.

CHING : Sans issue ? Vous me faites rire, très honorable Plantin. Et l'Afrique ?

LÉON : Quoi, l'Afrique ?

CHING : Déclarez donc la guerre au Maroc et à l'Algérie ! Vous êtes une nation assez glorieuse pour vous débrouillez vous-mêmes ! Un territoire aussi considérable.

LÉON *(regarde Audubon, qui le regarde)* : Mais il a raison !

AUDUBON : Il a raison !

LÉON : Mais c'est formidable !

AUDUBON : C'est formidable !

CHING : Et il me vient même une très modeste idée supplémentaire...

AUDUBON : Ah, nous vous en prions, Ching !

CHING *(s'incline)* : Ching Ping Ting, si ce n'est pas trop vous demander.

LÉON : Parlez, parlez, Ching Ping Ting Ling Ding !

CHING : Eh bien à ce moment-là, si c'est en Afrique, mon très humble pays ne demandera pas mieux que d'être dans le coup... Nous enverrons une division.

KORKILOFF : D'accord, nous aussi !

JACKSON : Excellent ! Et j'y pense !... On peut vous envoyer tout un contingent de troupes noires ! Ne vous arrêtez pas à l'Algérie et au Maroc !... Toute l'Afrique... et ça résout automatiquement le problème racial... On vous envoie les nôtres, ils anéantissent les vôtres et ils restent à leur place... enfin, les survivants...

LÉON : Hum... Eh bien ça me paraît assez génial.

AUDUBON : Mais oui ! Mais oui !

 (il se surexcite lui-même)

La bataille ! Le carnage ! La guerre ! L'infanterie ! Ping ! Ping ! Ah !... du beaujolais, Plantin...

LÉON *(se lève)* : Messieurs ! Au nom du gouvernement de la République, j'ai l'honneur de vous remercier du précieux concours que vous venez d'apporter à la solution d'un grave problème d'intérêt national. Général Ching Ping Ting, j'aurai le grand plaisir de vous proposer pour la grand-croix de la Légion d'honneur.

CHING : On m'a fait le grand honneur de me la donner cinq fois... mais enfin, je veux bien... toujours avec le même plaisir.

LÉON : Francine !... Vous pouvez taper la proclamation numéro trois en stencil ; vous complétez les blancs... en y mettant les Noirs.

AUDUBON *(ravi de l'astuce)* : Oh ! extrêmement ingénieux !

FRANCINE *(effondrée)* : Oui, monsieur Plantin.

KORKILOFF *(très aimable, à Jackson)* : On va voir sortir enfin votre dernier modèle de char.

JACKSON : Oui... Oh, ça va être très commode pour essayer votre 205 rapide. Ching a eu une très bonne idée. Un peu de propagande et ça ira tout seul.

KORKILOFF : Hum. Propagande. Voui. Certainement. Mais sur quoi basez-vous la vôtre ?

JACKSON : Un truc qui marche toujours très bien, sur la médecine perfectionnée.

 (il déclame)

« De nos jours, les blessés ne meurent plus. »

KORKILOFF : Ça, c'est encore histoires pour civils. En Russie, ça ne prendrait pas. Vous n'avez jamais vu militaire proposer aux gens de les guérir, chez nous.

CHING : Et puis scientifiquement, puis-je faire très humblement observer qu'au fond, réparer un soldat sur le champ de bataille, ça fait un mutilé, que l'on doit pensionner, qui revient cher, et qui est désagréable

à voir, donc qui constitue une mauvaise propagande. Je trouve, comme l'a si habilement remarqué mon digne ami Korkiloff, qu'il vaut mieux développer la médecine civile ; un civil réparé veut être soldat pour prouver qu'il est sain. C'est excellent.

PLANTIN : Tout ça c'est du détail. L'essentiel est fixé. Nous sommes d'accord ?

KORKILOFF : Voï.

JACKSON : Hoquet.

CHING : D'accord, très honorable Plantin.

PLANTIN : Alors on va signer un petit compromis... Francine...

(elle arrive)

Mon petit... apportez-moi ce qu'il faut... vous savez...

FRANCINE : Tout de suite, monsieur.

AUDUBON : Comment... vous aviez prévu le déroulement des événements avec ce degré de précision ? Ah ! Ça, Plantin, c'est fort ! C'est extrêmement fort !

(aux autres)

Il est extrêmement fort ! Nous sommes extrêmement forts !

(Il lève son verre)

Eh bien, buvons, mes amis, buvons au Salut de l'Empire[23] et à ceux qui vont mourir et à l'heureuse issue de l'aventure et au grain de beauté de la petite Francine ! Buvons ! Buvons !

(Tous se lèvent et choquent leur verre)

Messieurs, j'ai le plaisir de vous annoncer que Plantin nous emmène tous déjeuner à la Tour d'Argent !

PLANTIN *(à Audubon, bas)* : Mais je n'ai pas dit un mot de ça, voyons, vous allez me mettre sur la paille !

AUDUBON *(même jeu)* : Vous vous voterez des frais de secrétariat exceptionnels !

(il se lève)

Allons ! À vos rangs, fixe !

*(Ils se mettent en rang et sortent en file indienne, Audubon en
serre-file, fredonnant)*

<div style="text-align: center">

La tour, prends garde,
La tour, prends garde...

</div>

RIDEAU

ACTE III

Un abri côtier dans lequel en plein front, comme la balle du même nom, se trouvent les généraux initiaux : Audubon, Laveste, Juillet, Dupont d'Isigny. Ils ont une carte des opérations qui est en réalité celle du Tour de France, replié temporairement en Suède. C'est dire qu'il s'agit d'une carte de Suède.

Au lever du rideau, il y a quatre lits de camp dans l'abri. Trois sont occupés par Dupont, Laveste et Juillet. Audubon, réveillé et habillé, fait rageusement les cent pas dans l'espace libre, assez peu libre à vrai dire car il s'y trouve une table et des commodités de la conversation et la scène est petite, vu qu'on ne jouera jamais ça dans un théâtre sérieux.

SCÈNE I

AUDUBON. JUILLET. DUPONT. LAVESTE.

AUDUBON *(monologue)* : Ah... là là... ce qu'ils ont le sommeil dur, alors, ceux-là !

> *(il ricane)*

Et ça se prétend des militaires !...

> *(il tourne en rond comme une bête fauve qui, à dire vrai, va plutôt de long en large si la cage est un quadrilatère)*

Ils roupillent comme des bûches.

> *(Juillet ouvre l'œil et se soulève)*

JUILLET *(endormi)*: Tiens... vous dites une bûche, vous... moi je dis comme une souche...

> *(il retombe dans un grand ronflement)*

AUDUBON: Quoi?...

> *(hausse les épaules)*

Comme des bûches...

DUPONT *(même jeu que Juillet)*: ...Moi... je dis comme des loirs...

> *(il retombe, Audubon se retourne vers Laveste)*

AUDUBON *(furieux)*: Alors? Allez-y? Ne vous gênez pas... Vous dites comment, vous? des bûches? des souches? des loirs? des saucisses? des patates?

> *(il s'exaspère)*

Des cornichons? des vichy-fraises?

> *(il devient fou et tape des pieds)*

Des bienheureux? Ils roupillent comme des bienheureux? Ah! là là! Parlez-moi des généraux de maintenant! Tiens!

> *(il fout un objet par terre, quelque livre ou vase de cuivre)*

Attrape!

> *(aucun ne bouge)*

Ça ne vous suffit pas? Allez hop!

> *(il précipite l'horloge en bas, elle se rompt avec sauvagerie, il les regarde)*

Rien encore! Ah, mais c'est à désespérer...

> *(il saisit un clairon, souffle dedans, rien ne sort, il le jette)*

Saloperie d'outil!

> *(épuisé, il va s'asseoir à table)*

Ce que je suis fatigué!...

> *(se relève, se met sur son lit; bâille)*

Aâââah !

> *(se laisse tomber)*

Dodo, Audubon...

> *(Au même instant, petit déclic clair et net, les trois autres, tout habillés, s'assoient, pivotent du même geste, posent les pieds par terre et se lèvent en se coiffant de leur képi. Tous trois se massent devant Audubon.)*

JUILLET : Alors, Wilson ? Pas encore réveillé ?

AUDUBON *(pâteux)* : Quoi ?

> *(il se lève à son tour)*

Ah... là là... eh bien vous, alors...

DUPONT : Nous... oui, eh bien, nous ?

AUDUBON : Assez...

JUILLET : Comment, assez !

AUDUBON : Ah, oui, assez !

DUPONT : Mais enfin, quelle mouche vous pique ?

JUILLET : Allons, allons, vous voyez bien que Wilson n'est pas dans son assiette... Qu'est-ce qu'il y a, mon vieux ?

AUDUBON *(boudeur)* : Y a rien...

JUILLET : Nous sommes entre nous... vous pouvez bien nous le dire...

AUDUBON : J'ai dormi comme un cochon.

JUILLET : Écoutez... nous ne sommes pourtant pas mal, ici...

AUDUBON : Ça vous paraîtra peut-être ridicule mais il m'est absolument impossible de dormir quand ma mère ne m'a pas bordé.

DUPONT *(excédé)* : Ah, là là...

JUILLET : Voyons, Dupont !...

DUPONT : Il est tuant, avec sa mère...

LAVESTE : Vous dites ?

DUPONT : Je dis qu'il est tuant...

LAVESTE : C'est bien ce que j'avais entendu.

(Il saisit une grosse tirelire)

À la cagnotte !

Juillet : Vous savez pourtant qu'il y a des mots que l'on ne prononce pas ici...

Dupont *(hausse les épaules et paye)* : J'aime mieux ne pas faire de commentaires !

Audubon : Eh bien moi, je vais en faire un, de commentaire ! Quand vous avez pleuré hier matin parce que vous n'aviez pas de nouvelles de votre plombier, je n'ai rien dit... S'il y a quelqu'un de ridicule ici, c'est vous !

Dupont : Wilson, votre commandement ne vous autorise pas à être indiscret !

Audubon : Quel sale esprit ! Alors ! Dire qu'on est obligé de vivre avec un mauvais caractère pareil !

Juillet : Messieurs... je vous en prie...

Laveste : Si nous laissons nos petites discussions tourner à l'aigre, dans l'état d'inactivité où nous sommes, je suis de l'avis de Juillet... Cela finira mal.

Juillet *(à part)* : Je n'ai pas dit un mot de ça... mais je le regrette... c'est bien trouvé.

Dupont : Qu'est-ce que c'est, cette histoire d'inactivité ? Qu'est-ce que vous insinuez encore ? Que je ne fais pas mon travail ?

Laveste : Enfin, Dupont... d'Isigny... Je parle pour nous quatre... vous savez fort bien ce qu'il en est...

Audubon : Certes, c'est un fait, ce front est stagnant...

Dupont *(sec)* : À quarante mètres sous terre, ça n'a rien d'extraordinaire.

Audubon : Écoutez, vous êtes de plus en plus désagréable, enfin ! Ceux d'en face aussi, sont à quarante mètres sous terre !

Juillet : Rendez-vous à la raison, Dupont... L'heure n'est plus aux charges à la baïonnette ! Il nous appartient avant tout de conserver des chefs à nos troupes...

Dupont : Et pendant ce temps-là, c'est à l'arrière qu'on se bat.

(il trépigne)

Oh! C'est irritant!

Audubon *(clin d'œil aux autres)*: Je vais le calmer. Dupont...

Dupont: Si vous omettez encore une fois de me donner mon patronyme au complet, je ne vous réponds plus pendant trois jours.

Audubon: Ah, quel démon! Écoutez! Voilà ce que je vous propose. Vous vous rappelez il y a deux ans? Quand on a bu du pastis à la maison...

Dupont *(renfrogné)*: Oui...

(Les autres, même jeu.)

Audubon: Eh bien on va organiser un petit goûter entre nous... comme avant.

Dupont: Ah! non, alors! Ça va être ennuyeux à mourir!

Laveste: Pardon?

Dupont: À mourir! Je ne veux pas!

Juillet: La cagnotte!

(il la tend à Dupont qui ronchonne et verse)

Dupont: Je veux bien payer, mais je ne veux pas de ce goûter.

Audubon: Ce que vous êtes mauvais camarade, alors!

Dupont: Vous avez vu où il nous a menés, votre premier goûter! Moi, comme expérience, ça me suffit!

Audubon *(vexé)*: Bon... bon... Je n'insiste pas, je n'insiste pas... puisque vous êtes si malin, trouvez autre chose! Je ne me mêlerai plus de vous distraire! Allez-y, allez-y!

Dupont: Il y a exactement trente-six autres manières de s'occuper à quatre.

Juillet: Dupont, vos mœurs ne vous obligent nullement à nous proposer des obscénités...

Dupont: Vous m'exaspérez, à la fin! Si je voulais vous proposer des obscénités, d'abord, j'aurais dit trente-deux manières. Et puis il n'y a aucune chance! Vous êtes bien trop laids, tous!

Laveste: Avec ça qu'il est joli, votre plombier.

(Audubon se frotte les mains, sarcastique.)

AUDUBON : Je vois que votre proposition a autant de succès que la mienne !

DUPONT : Vous êtes des cochons !

JUILLET : Moi, je crois qu'on pourrait jouer à un jeu.

LAVESTE : Ah ! Enfin une bonne idée !

AUDUBON : Une bonne idée ?... Ça dépend quel jeu.

LAVESTE : C'est un jeu très amusant. Je me souviens qu'on y jouait toujours à la maison. C'est mon père qui nous l'avait appris et vraiment, je crois que ça vous plaira. Ça s'appelle le tirelarigot.

JUILLET : Épatant !

AUDUBON : Je reconnais que c'est prometteur !

LAVESTE : Je suis sûr que ça va vous amuser. Allez, on s'installe.

JUILLET : Comment ?

LAVESTE : Heu... c'est comme à la belote, si je me souviens bien... quatre autour d'une table...

JUILLET : Alors vous vous trompez... c'est comme au bridge...

AUDUBON : Enfin, ne soyez pas idiots, mes amis, c'est comme au jeu de l'oie, c'est tout...

DUPONT *(enflammé)* : C'est comme à la bataille !

(Juillet se lève, prend la tirelire)

JUILLET : Décidément, vous avez trop d'argent, mon cher... allons... vos vingt balles !...

DUPONT : Ah, là là !

(il paie et, maussade, vient s'asseoir)

JUILLET : À la bonne heure, mon vieux... voilà comment il faut être... Pas de rancunes mesquines, ici.

AUDUBON : Vous avez raison... pas de rancunes mesquines... Dupont d'Isigny, serrons-nous la main.

DUPONT *(machinal)* : Je vous répète que je m'appelle...

(se rend compte)

Hum... c'est bien ça.

(*ils se serrent la main*)

Juillet (*excité*): Comment joue-t-on?

Laveste (*tous se sont assis*): Attendez un peu, mon vieux, je cherche à me rappeler... voyons... d'abord il faut choisir un pinailleur...

Audubon: Oh! je voudrais être le pinailleur!

Laveste: Je veux bien si personne n'y voit d'inconvénient... allez-y... bon... alors le pinailleur prend vingt paquets de cinquante-deux cartes, il les mélange soigneusement et il en donne deux cent trente-trois à chacun... une par une... et en changeant de sens tous les dix tours... non... tous les sept tours... hum...

Audubon (*effrayé*): Personne d'autre n'a envie d'être le pinailleur?...

Dupont: Non, merci.

Juillet: Faites donc, mon vieux.

Laveste: Laissez-moi réfléchir un instant...

(*il marmotte*)

Si un deux rouge suit un quatre noir... le pinailleur passe dix-sept cartes au joueur qui précède immédiatement le dernier à avoir fait deux plis consécutifs... euh... non... trois plis consécutifs... à condition qu'au moins un de ces trois plis comporte un as rouge... ah... c'est ça, ça me revient... il faut d'abord savoir qui jouera le premier... pour ça, j'ai besoin d'un tapistron... qui veut être le tapistron?

Audubon: Moi!

Laveste: Non... vous êtes déjà pinailleur... Dupont?

Dupont: Merci, non.

Laveste: Et vous, Juillet?

Juillet: Sans façon...

Laveste: Alors ce sera moi. Bon. Chacun des joueurs commence par donner cinq cents francs au tapistron pour le payer de ses services...

Audubon: Dites donc! Et le pinailleur, alors?

Laveste: Ah, ce n'est pas pareil... vous vous êtes porté volontaire... sans

ça, on aurait tiré... mais le tapistron est désigné par cooptation... c'est un des intérêts du jeu, c'est qu'il est absolument injuste.

Audubon *(ronchonne)*: Cinq cents francs... heureusement qu'on a nos soldes de guerre, sans ça...

(ils paient tous les trois)

Juillet : La suite, Laveste, ça commence à devenir passionnant...

Laveste : Ne nous pressons pas... c'est tout de même relativement assez compliqué.

Audubon : Et vous appelez ça le tirelarigot?

Laveste : Oui... enfin, c'est comme ça qu'on l'appelait dans ma famille. Hum... alors voilà... le tapistron commence par quitter le jeu et par faire le tour de la table trois fois en se tenant le nez.

(il le fait et s'arrête brusquement)

Mais j'y pense... est-ce que nous avons vingt jeux de cinquante-deux cartes ?

Juillet : Ma foi... Je ne crois pas... Audubon, qu'en pensez-vous ?

Audubon : Absolument pas, d'ailleurs maman m'a toujours interdit de jouer.

Dupont : Moi, j'ai horreur des cartes.

Laveste : Alors je crois qu'il est inutile que je continue. D'ailleurs, je ne me rappelle plus la règle.

Audubon : Ouf! Je respire.

Laveste : Mais si ça vous tente, il y a aussi le talatzinetatzine.

Juillet : Hum...

Dupont : Oui...

Audubon : Ça paraît moins prometteur que le tirelarigot.

Laveste : Remarquez, je ne me rappelle pas la règle non plus, mais ça, je me souviens que c'était réellement drôle.

(un silence. Chacun tapote sur la table de plus en plus fort. La porte s'ouvre brusquement. Entre Robert en militaire, portant un journal plié)

SCÈNE II

Les quatre généraux. Robert.

Robert : Le journal !

Audubon : Ah !

(*tous vont pour se jeter sur le journal, il a un geste impératif*)

Permettez !

(*les autres se rasseyent, il prend le journal*)

Merci, Robert !

Robert : De rien, mon général.

Audubon : Repos !

(*Robert se retire*)

Dupont : Les nouvelles ! Vite !

Juillet : Quoi de neuf ?

Laveste : Allez, lisez !

(*religieusement, Audubon déplie le journal, qui est* Le Figaro *complètement blanc, entièrement censuré*)

Audubon : Voyez vous-mêmes !

(*il le retourne*)

Dupont : Eh bien... à la bonne heure ! La censure marche, au moins...

Juillet : Ça, s'il y a une chose qui marche !

(*ils jettent un œil à Laveste*)

Audubon : Laveste... est-ce que vos services ne seraient pas un peu... pointilleux ?

Laveste : Hum. Vous savez... on ne peut pas tout dire au public... il y a des nouvelles qui risqueraient de l'affoler...

Audubon (*désigne le journal*) : Et ça, vous ne pensez pas que...

Laveste : Ah, du tout ! Pas de nouvelles, bonnes nouvelles !

Juillet : C'est juste !

AUDUBON : Très juste !

LAVESTE : Et puis... ce papier, tel qu'il est là, peut parfaitement servir à l'impression du numéro suivant... Économie formidable ! Et vous constatez que ça permet de continuer à donner au public des journaux de douze pages.

(Audubon les compte)

AUDUBON : Le compte y est !

LAVESTE : Psychologiquement, c'est très important...

AUDUBON : Je vous crois...

(Dupont s'absorbe dans le journal. Silence. Même jeu que tout à l'heure, tapotis de doigts sur la table, de plus en plus fort, qui s'arrête net)

Mais enfin, voulez-vous me dire pourquoi nous ne pouvons pas arriver à retrouver l'atmosphère d'autrefois ?

JUILLET : Vous nous le demandez ?

AUDUBON : Avec stupéfaction.

JUILLET : Eh bien c'est qu'il y a la guerre, que voulez-vous...

(Dupont se lève et lui tend la cagnotte, Juillet obtempère)

AUDUBON : Mais naturellement, où ai-je la tête !... Tout ça, c'est de la faute à Plantin. Ma mère me disait bien que ce n'était pas une fréquentation pour moi.

(On entend un bruit de canon)

Qu'est-ce que c'est ? Mais que se passe-t-il... Mon Dieu ! Mais on dirait que c'est...

JUILLET *(inquiet)* : Ça a bien l'air d'être ça...

DUPONT *(ravi)* : Ah ! Enfin !

LAVESTE : Quoi, enfin ? Vous êtes enragé, vous, alors ! Vous trouvez qu'on n'a pas assez d'embêtements comme ça ?

(reparaît Robert)

SCÈNE III

Les mêmes. Robert.

Robert : Mon général... il y a une visite...

Audubon : Comment, une visite... D'abord, veux-tu me dire ce que c'est que ce bruit ?

Robert : Mon général, le capitaine commandant le fort a cru bon de tirer une salve pour saluer les visiteurs... euh... les canons commencent à rouiller, alors il a pensé que ça entraînerait un peu les hommes et le matériel...

Audubon *(furieux)* : Va lui dire que c'est une idée de crétin... c'est du gaspillage, voilà tout... et rappelle-lui qu'à aucun prix je ne veux entendre ça. Enfin c'est fantastique, qui est-ce qui commande ici ! Il sera à l'amende... cinquante francs pour la cagnotte !

Robert : Je vais le lui dire, mon général...

Audubon : Qui sont-ce, d'abord, ces visiteurs ?

Robert : C'est monsieur le Président du Conseil, mon général... et il y a d'autres officiels avec lui... le général Korkiloff... monseigneur Tapecul... le général Ching...

Audubon : Et Jackson, alors ?

Robert : Je ne l'ai pas vu, mon général...

Audubon : Quelle pagaille ! C'est insensé !

(Robert va sortir)

Un instant.

(il va à la carte)

Qui a gagné l'étape ce soir ?

Robert : C'est Robic, mon général... et Bartali second !...

Audubon : Alors, Koblet, qu'est-ce qu'il fait, hein ? Il recommence comme il y a deux ans... ah, là là...

(il met le petit drapeau)

Juillet : Moi je suis sûr que Biquet ne tiendra pas sur l'étape Stockholm-Malmö...

Audubon : Vous rigolez, Juillet... Bobet[24], dans un fauteuil...

Laveste : Moi, depuis que le Tour de France passe en Suède, j'y comprends plus rien... Avant, on avait des repères, le Galibier, l'Izoard... Maintenant, allez vous y reconnaître...

Dupont *(sarcastique)* : Ce n'est quand même pas plus compliqué que le tirelarigot, Laveste, écoutez...

Juillet : Et nous sommes encore heureux que les Suédois aient accepté ça ! Pensez, si c'était seulement en Azerbaïdjan...

Robert : Excusez-moi, mes généraux...

> *(à Audubon)*

Mon général... Est-ce que j'introduis ces messieurs ?

Audubon : Mais oui... fais vite... attends... tu as quelque chose à boire ?

Robert : Ah, non, mon général... Je n'ai pas d'argent...

Audubon : Mais au fait !

> *(Il tend la main)*

Laveste... puisque vous n'êtes plus tapistron...

> *(à Dupont et Juillet)*

Vous accepterez bien de participer à l'achat de quelques boissons...

Dupont : Pas d'anisette, hein !

Laveste *(à Audubon)* : Pardonnez-moi... tenez... voilà les mille cinq cents francs... Plus cinq cents francs de ma part...

Audubon : Euh... achète une bouteille de porto... tu auras assez avec mille francs, hein...

Robert : Oui, mon général...

> *(il sort)*

Audubon : Parfait.

> *(il empoche le troisième billet)*

Cours à la cantine... apporte quelques gâteaux...

(il se frotte les mains)

Ah... On va tout de même le faire, ce petit goûter...

DUPONT : Pour un général, c'est effrayant ce que vous êtes civil...

AUDUBON *(s'affaire)* : Préparons tout ! Un petit napperon... aucun de vous n'a un petit napperon ?

DUPONT *(exaspéré)* : Qu'est-ce que vous voulez que nous fassions d'un petit napperon ?

AUDUBON : Chez maman, il y avait des petits napperons dans toutes les armoires et c'était rudement commode.

(il cherche)

Voyons... par quoi est-ce que je pourrais remplacer ce petit napperon ?

(à Juillet)

Juillet... vous avez toujours votre écharpe jaune ?

JUILLET : Je le suppose.

AUDUBON : Ça ira très bien... Pouvez-vous me la prêter ?

JUILLET : C'est embêtant, écoutez... elle va être couverte de taches...

AUDUBON : Vous refusez ?

JUILLET : Dois-je considérer ça comme un ultimatum ?

AUDUBON : Juillet, donnez-moi votre écharpe jaune. Ce n'est pas un ultimatum, c'est un ordre.

JUILLET : Si c'est un ordre, c'est différent !

(il va chercher son écharpe jaune)

AUDUBON : Des fleurs... il faudrait quelques fleurs. Rien n'égaie une journée comme un bouquet de soucis.

LAVESTE *(méditatif)* : Peut-être qu'il y en aura un qui se rappellera mieux que moi la règle complète du tirelarigot.

DUPONT : J'espère que non !

AUDUBON : Qu'est-ce qu'on pourrait faire... Dupont, vous n'avez pas des petits lampions en papier ?

DUPONT : Sacré nom d'une pipe, qu'est-ce que vous voudriez que je foute au front avec des petits lampions en papier ?

AUDUBON : Il y en avait toujours chez moi... pour mon anniversaire, on les allumait autour du lustre de la salle à manger.

DUPONT *(enragé)* : Ah, çà, est-ce que vous allez continuer longtemps à nous casser les roubignoles avec les souvenirs de votre jeunesse gâteuse ? Je vous jure, c'est mortel !

JUILLET : Hum... la cagnotte, vieux...

(*il lui passe la tirelire*)

DUPONT *(furieux)* : Ah, merde, à la fin !

(*il va pour sortir et se heurte à Robert qui revient et s'efface pour laisser passer le petit groupe*)

SCÈNE IV

LES MÊMES, *plus* PLANTIN. KORKILOFF. CHING, ROLAND *et* ROBERT.

PLANTIN *(à ses compagnons)* : Nous y voilà.

(*ouvrant les bras à Audubon*)

Wilson ! Mon cher ami ! Quelle joie de vous retrouver tous vivants !

AUDUBON : Oh ! Plantin... Je suis confus... rien n'est prêt... nous ne vous attendions guère, voyez-vous ! Tout ce voyage pour tomber dans un désordre pareil !

PLANTIN : Mon vieux... le plaisir de vous revoir est une récompense amplement suffisante !

AUDUBON : Je suis vraiment confus...

(*il salue les autres*)

Cher général Korkiloff... et vous, Ching Ping Ting... mais vous ne connaissez pas mon Grand État-Major, je crois... Dupont d'Isigny, Lenvers de Laveste, Juillet...

(serrage de mains, exclamations, etc. Sur la fin arrive Roland Tapecul, qui porte une bouteille)

ROLAND : J'ai trouvé ton chameau d'ordonnance en train d'étalonner la bouteille... dire que tu n'as pas encore été fichu de te débarrasser de ce zèbre-là... Voilà ce qui reste...

(entre Robert qui porte deux assiettes de gâteaux secs)

AUDUBON : Robert ! Que se passe-t-il donc avec le porteau ?

ROBERT *(à l'archevêque)* : Je leur dis la vérité, monseigneur !

ROLAND : Garde ça pour toi, imbécile... J'ai donné *ma* version de l'affaire... c'est la bonne.

(Il lui glisse un billet — Robert dispose les gâteaux et s'en va. Roland, Korkiloff et Ching, avec discrétion, se mettent à préparer un casse-graine dans un corner)

PLANTIN : Mon cher Wilson, nous avons assez peu de temps devant nous, aussi je serai fort bref. Nous sommes actuellement en tournée d'inspection sur le front et nous n'avons pas voulu rater cette occasion de vous rendre visite. En gros, tout va bien.

AUDUBON : Ah, bon.

PLANTIN : Mais vous devez être au courant.

AUDUBON : Ma foi, vous savez, le journal est assez vague, et nous menons une vie très retirée. Selon moi, il est impossible de faire du bon travail s'il y a trop de mouvement dans un P.C. Alors nous nous contentons du minimum.

PLANTIN *(désigne la carte)* : Oui... ce bon vieux Tour !

(tous hochent la tête avec nostalgie)

DUPONT : Monsieur le Président du Conseil, pour ne rien vous cacher, moi je trouve qu'on s'embête singulièrement.

PLANTIN : Ah... vous aussi ? Personnellement, c'est également mon cas.

LAVESTE : Et qu'est-ce que vous faites contre ?

PLANTIN : Ben, vous voyez, des tournées d'inspection. La société de ces messieurs, je l'avoue, est extrêmement divertissante.

(il désigne les trois apôtres qui s'empiffrent)

AUDUBON : Mais pour en venir aux faits ?

JUILLET *(à part à Laveste)* : C'est tout de même un chef, voyez-vous...
il va droit à l'essentiel.

PLANTIN : Comme je vous le disais, les nouvelles sont excellentes.
L'Économie française est enfin complètement déséquilibrée.

AUDUBON : Hum. Est-ce que c'est si bon que ça ?

PLANTIN : Comment ? Mais c'est-à-dire que nous autres, les politiciens,
allons pouvoir donner notre mesure... Voilà comment je vois la chose :
vous terminez brièvement la guerre — sur une victoire, bien entendu —
et nous rétablissons la situation.

> *(Juillet s'approche et tend la cagnotte à Plantin. Geste étonné de
> ce dernier)*

PLANTIN : Qu'est-ce que c'est ?

JUILLET : Notre petite cagnotte... il y a des mots prohibés...

PLANTIN : Lesquels ?

JUILLET : Ah, je ne peux pas vous le dire... Je serais à l'amende aussi...
Mais ne vous en faites pas, on vous préviendra au fur et à mesure.

AUDUBON : Allons, allons...

> *(à Plantin)*

Oui... bon... je vois votre point de vue ; mais naturellement, sitôt la...
hum... la chose terminée,

> *(jeu de Juillet qui prépare la cagnotte et chaque fois est déçu)*

vous allez rogner les crédits de... hum... nos crédits ?

PLANTIN : Cela tombe sous le sens.

AUDUBON : Et vous voulez une victoire ?

PLANTIN : Cette question !

AUDUBON : Écoutez... je regrette, mais je crains que ça ne soit pas très
faisable en ce moment...

PLANTIN : Comment ! Enfin, Wilson ! C'est insensé ! Je ne vous demande
pas votre avis !

AUDUBON : C'est un ordre ? Vous me couvrez ?

PLANTIN : Ne l'ai-je pas toujours fait ?

AUDUBON: Alors d'accord!

(aux autres)

Considérons la... le truc comme fini, les enfants...

(Juillet tend la cagnotte, est déçu)

DUPONT *(furieux)*: Ah! Non, alors! Pas déjà...

AUDUBON: Enfin... virtuellement... dès la prochaine victoire...

DUPONT: Ah... vous me rassurez! C'est pas demain la quille, alors!

AUDUBON: Mon cher d'Isigny... je me propose d'ailleurs de vous confier l'opération en question...

DUPONT: J'accepte... Je peux aller me préparer?

AUDUBON: Allez, allez! Quel grand enfant!

DUPONT: Ouf!

(il salue et sort)

PLANTIN: Le moral de vos subordonnés est étonnant!

AUDUBON: Oui... heu... je les ai bien en mains...

PLANTIN: Alors, je compte sur vous!

AUDUBON: Vous le pouvez!

PLANTIN: Eh bien, je crois qu'il faut arroser ça...

AUDUBON: Arrosons... si toutefois ces trois clampins n'ont pas tout bu.

(ils vont s'installer)

Robert!

(surgit Robert)

Mon général?

AUDUBON: Du rabiot!

ROBERT *(geste du frotte-pouce-index)*

AUDUBON: De l'argent, encore de l'argent! Zut, à la fin! Demande à Plantin! Ou à Roland, tiens.

(Roland se lève)

ROLAND: De quoi? Qu'est-ce qu'il faut qu'il me demande?

AUDUBON : Du quibus...

ROLAND *(s'esclaffe)* : Du quibus ! Écoute, baderne, ton argot est aussi démodé qu'un pater noster...

(tire du fric de sa poche)

Voilà l'artiche, mon pote...

ROBERT *(vexé)* : Moi je dis l'osier.

ROLAND : Oui, mais tu n'as pas les responsabilités que j'ai. Saute !

(Robert file, va revenir avec les bouteilles et repartira)

AUDUBON *(ému)* : Tu es toujours aussi rosse avec moi, mais je suis content de te voir, crétin !

ROLAND : Allez ! Une larme !

AUDUBON : Ah, tu m'exaspères !

ROLAND *(lui tape le dos)* : Viens boire.

(ils se mêlent au groupe)

LAVESTE : On s'embêtait tellement, figurez-vous, que j'ai essayé de leur apprendre le tirelarigot

(gros rires)

sans résultat !...

PLANTIN : Mes pauvres amis... heureusement que... tout ça va être fini !...

(Juillet préparait la cagnotte et la repose)

JUILLET : Tiens ! vous apprenez vite !

KORKILOFF : Ah, c'est terrible, ennui stratégique, voï, voï...

CHING : Pourquoi croyez-vous qu'on coupait les gens en petits morceaux, chez nous ?

LAVESTE : Oui, bien sûr... ça doit être assez gai la première fois... mais je préfère un jeu moins bruyant...

AUDUBON : Moi, ce que je préfère à tout, c'est un goûter, comme ça, avec de bons amis...

KORKILOFF *(à Laveste)* : Folklore russe... très riche en jeux société !

LAVESTE *(intéressé)* : Ah ! tiens !

ROLAND : Dites donc, les enfants, si on chantait une chanson ?

AUDUBON : Ah ! Épatant !

(*à Juillet*)

Juillet, pour une fois, vous allez remiser votre cagnotte et on va chanter une chanson de marche !

ROLAND : Oh... misère ! Et « Le Cordonnier Pamphile[25] », alors ?

KORKILOFF (*continue, à Laveste*) : Voï... tenez, connaissez-vous roulette russe ?

(*il lui montre un revolver à barillet, retire les cartouches*)

AUDUBON : Je commence, les gars...

(*il se gratte la gorge*)

KORKILOFF : Vous laissez une cartouche dedans... vous faites tourner barillet... comme loterie...

LAVESTE : Et Grédy[26] ?

KORKILOFF : Ah... assez ! Pas astuces ! Jeu ! Vous faites tourner barillet, et hop !

(*il se tire sur la tempe, aucun résultat. Rire énorme.*)

Ha ha !

LAVESTE (*vert*) : Ah... eh bien...

KORKILOFF : Essayez !

(*il lui tend. Laveste mortellement inquiet, va obtempérer pendant qu'Audubon attaque sa chanson*)

AUDUBON :

<div style="text-align:center">

Marchons

Marchons

Marchons marchons marchons

Marchons d'un pas alerte

Sur une route verte

Marchons

Marchons

</div>

(*applaudissements*)

On va faire le bruit des pas !

Tous : Plouc ! Plouc ! Plouc ! Plouc ! Plouc ! Plouc ! Plouc ! Plouc !

ROLAND : À moi !

(il se gratte la gorge, même jeu, cependant que Laveste s'est décidé, se tire un coup sans résultat et, rassuré, éclate d'un rire énorme avec Korkiloff)

Un peu de silence !

Marchons
Marchons
Marchons marchons marchons
Marchons d'un pas sinistre
Sur une route bistre
Marchons
Marchons

(les autres font le bruit des pas. Lenvers a passé le revolver à Ching Ping Ting qui se tape sur les cuisses, le prend et leur demande à voix basse des explications)

JUILLET : À moi, à moi, j'en ai un bon !

Marchons
Marchons
Marchons marchons marchons
Marchons d'un pas allègre
Sur une route nègre
Marchons
Marchons

AUDUBON : Ah ! Juillet ! Vous êtes mûr pour l'Académie !

(enthousiasme général, Ching tire, le coup part et il s'effondre)

Qu'est-ce qu'il y a ?

KORKILOFF : C'est rien ! On joue roulette russe !...

AUDUBON : Ah ! Parfait ! À vous, Léon... Vous voulez bien que je vous appelle Léon ?

LÉON : Avec joie !

(il chante)

> Marchons
> Marchons
> Marchons marchons marchons
> Marchons d'un pas qui bouge
> Sur une route rouge
> Marchons
> Marchons

(Même jeu. Roland qui avait pris le revolver s'écroule. Korkiloff et Laveste s'étouffent de rire)

Mais ça a l'air marrant, votre jeu, dites donc... faites voir.

(il prend le pistolet)

KORKILOFF *(chante)*:

> Marchons
> Marchons
> Marchons marchons marchons
> Marchons d'un pas de bonze
> Sur une route en bronze
> Marchons
> Marchons

(il se tord. Léon s'écroule et la balle traverse Korkiloff qui tombe à son tour)

AUDUBON: Formidable! Deux d'un coup! À vous, Laveste!

(pendant ce temps, Juillet attrape le revolver, même jeu que les autres — s'écroule à la fin du couplet)

LAVESTE:

> Marchons
> Marchons
> Marchons marchons marchons
> Marchons marchons sans cesse
> Sur une route en peau d'fesse
> Marchons
> Marchons

AUDUBON: Au poil...

(il prend le revolver)

Expliquez-moi comment ça marche... vous êtes là à vous amuser tout seuls...

Laveste : C'est enfantin ! On met une balle dans le barillet... on tourne... et on tire... comme ça...

> *(il s'écroule mort)*

Audubon : Délicieux ! À moi !

> *(il remplit l'arme, tourne)*

Une... deux... trois...

> *(rien ne se passe)*

Ah Ah Ah ! raté !

> *(il tire encore, un tableau tombe)*

Hé ! De peu !

> *(il réessaie sur lui-même, ça marche et il tombe mort en criant)*

J'ai gagné !

> *(une petite* Marseillaise *jouée au pipeau surgit soudain et* Dupont, *en grande tenue, le sabre sur l'épaule, tirant un canon à roulettes, traverse la scène en chantant.)*

<div align="center">

Marchons
Marchons
Marchons marchons marchons
Marchons d'un pas frivole
Sur une route folle
Marchons
Marchons

</div>

<div align="center">

RIDEAU

</div>

Poèmes choisis

At the top of the page, several faint lines of show-through text from the reverse side are partially visible but illegible.

Boris Vian poète

Outre des distractions familiales telles que bouts-rimés auxquelles Boris fut habitué dès l'enfance, il commença adolescent à composer des poèmes : les Cents Sonnets *(1984, C. Bourgois) datent d'alentour 1940 ;* Barnum's Digest *fut son premier recueil publié, en 1948, suivi de* Cantilènes en gelée. *Le recueil posthume* Je voudrais pas crever *rassembla en 1962 ses derniers poèmes composés entre 1951 et sa mort, qui participèrent à sa gloire soudaine, conjointement avec* L'Herbe rouge *et* L'Arrache-cœur.

Noël Arnaud a présenté excellemment les Cantilènes en gelée ; *ce sont vingt poèmes écrits d'avril 1946 à février 1949, publiés en avril 1949. Le jeune éditeur limougeaud R.J. Rougerie avait décidé de lancer une collection poétique sous la direction de G.E. Clancier et imprima donc ces* Cantilènes *en ouvrage de luxe tiré à deux cents exemplaires, reproduction photogravée du manuscrit autographe, agrémentée d'illustrations de Catherine Alanore. Vian organisa un « coquetèle » au Club Saint-Germain, rue Saint-Benoît à Paris, pour le lancement de son livre (le 14 mai 1949).*

Si la cantilène est un genre moyenâgeux de poésie religieuse ou profane, Vian la considère essentiellement comme chanson d'amour (voir En avant la zizique, *10/18, 1966 ; p. 188), mais N. Arnaud note justement son goût des formes anciennes, cantate, ballade, sonnet, comme l'association typique dans son style d'un terme solennel ou savant et d'un qualificatif dépréciatif — j'ajouterai : paradoxal. Ainsi de la cantilène ancienne et noble et de la gelée — confiture, sauce froide, glace — pour un accouplement du genre parapluie et machine à*

*coudre; «rencontre de l'anachronique et de l'inouï», conclut le
critique*.*

*La réception du recueil fut très paresseuse au début et cependant tout
le tirage fut épuisé du vivant de Vian. Après sa mort les* Cantilènes *en
gelée furent rééditées, tantôt avec* Barnum's Digest *et vingt poèmes
inédits (10/18, 1972), tantôt avec les mêmes, mais aussi complétés de* Je
voudrais pas crever, *de* Lettres au Collège de 'Pataphysique *et de deux
textes sur la littérature (10/18, 1970 et C. Bourgois, 1976). En 1978 les
Éditions Borderie ont publié une édition autographe reproduisant
l'originale avec postface de N. Arnaud.*

J'ai indiqué plus haut quel rôle joua l'édition posthume de Je voudrais
pas crever *pour la célébrité de Vian. Ce recueil réunit vingt-trois poèmes
— dont sans doute une chanson — composés essentiellement entre 1951
et 1953, pendant les «années noires» de Vian, et il semble avoir été déjà
préparé par l'auteur pour une publication éventuelle, sans l'ultime
poème «Je mourrai d'un cancer de la colonne vertébrale», sans doute
peu antérieur à la mort de l'auteur. Ce poème fut aussi publié en pré-
originale dans* L'Express *du 31 mai 1962, précédant de peu l'édition de
J.-J. Pauvert de juin 1962. Le recueil fut donc ensuite repris avec les*
Cantilènes... *(1970 et 1976) ou seulement avec les proses indiquées ci-
dessus (1972); dix-neuf des poèmes parurent dans l'anthologie*
Chansons et poèmes *de 1967 (Tchou et Cercle du Livre précieux) et
plusieurs sont devenus fort célèbres, repris, traduits, récités et chantés
surtout, en particulier par Serge Reggiani et Claude Vence.*

DE L'ART DE DÉGELER LA CANTILÈNE...

*Dans ce premier recueil éclate un art à la fois fantaisiste et
«térébrant»* et une vision quasi paralysante de la vie: joie de vivre mais
surtout difficulté à vivre et présence foudroyante de la mort.*

*Hommage avoué ou pas à Raymond Queneau, la forme par ses
trouvailles phonétiques et verbales, ses associations, ses surprises révèle
d'emblée la puissance des mots. Les comparaisons ou métaphores
frappent par leur originalité, qu'elles soient burlesques ou subtilement
poétiques: liens du sang matérialisés, allumettes pour feu d'enfer, petite
sœur composite... Les rythmes, travaillés dans la liberté, s'appuient sur
strophes très souples et vers très libres, sans rimes ni assonances. Souvent*

* *N. Arnaud, postface à* Cantilènes en gelée, *Borderie, 1978; pp. 51-52.*

la chute ou pointe finale, par son effet de rupture au-delà de la dérision et du lyrisme, achève le poème « sur une négation, un départ, un désert, un trou ».

C'est que la vie chantée ici — rêve sensoriel et utopique, sensualité, sexualité, passage de l'âge — est elle-même ouverture sur l'horreur et le vide. Si la femme peut être nourrice et amante à la fois, la femme-objet est vite ennemie et victime : sœur décevante, belle insensible torturée jusqu'aux reliques dérisoires — mais toujours déci...mâles — , mère qui inonde en rouge ceux qu'elle retient par les liens du sang — les bien-nommés. Fatalité déjà que cet esclavage et ce sadisme récurrents ; fatalité surtout de l'enfance à l'adolescence puis à la vieillesse. En attendant Je voudrais pas crever, Vian, dit si bien N. Arnaud, « nous plante, sur le vide absolu, là où toutes les larmes sèchent et le rire se fige. Morts ? Ce serait trop simple. Pétrifiés ? Quel orgueil ! Vivants au contraire, bien vivants, il faut en prendre son parti, l'œil aigu, l'entendement intact, l'univers à nos pieds [...] » *.

... « À LA CHANSON DU NÉANT » **

Les poèmes du second recueil offrent en général des rythmes beaucoup plus réguliers — est-ce l'influence du parolier sur le poète ? —, vers de 5, 6, 7, 10 ou 14 pieds, avec une perfection formelle et carrée pour « La vie, c'est comme une dent » : huit octosyllabes, en plaçant un soupir à la virgule du vers 1. Seul l'ultime poème est d'une liberté rythmique totale.

Maints procédés stylistiques classiques aussi : rimes, allitérations, anaphores — avec variations —, oxymores (vent + crâne, riens + admirables) et associations inattendues, comparaisons filées jusqu'à la métaphore. Le jeu verbal se poursuit et le goût du trait final dérangeant ; s'y ajoute le bilinguisme de « Donnez le si » progressant vers un hermétisme surréaliste. Une vision basculée où la fusion de l'abstrait et du concret nourrissent la création poétique, ainsi que des êtres et objets symboles, animaux emblématiques comme le poisson, signe zodiacal ou compagnon de l'onde, et l'oiseau, palpitant rival de la « comotive », monstre puissant et orgueilleux. Le choix entre deux rêves, celui de l'ingénieur et celui du poète, est un drame personnel qui s'inscrit au cœur du drame universel, sorte de fin du monde.

* Ibid.
** R. Queneau, Œuvres complètes I, Gallimard, 1989 ; p. 123.

On retrouve le thème de l'amour et de la femme, mais plus positif dans la joie et l'hommage à Ursula, même si le bonheur sensuel évoqué dans l'enthousiasme lyrique n'interdit pas la mélancolie de l'insatisfaction. Nouvelle par rapport aux Cantilènes... l'évocation récurrente, avec humour et gravité, de la maladie — chair fragile, cœur battant — ; la conscience de la mort s'enrichit du goût irrépressible de celle-ci jusqu'à la danse macabre guillerette si bien chantée par Reggiani, « Quand j'aurai du vent dans mon crâne », où le comique de l'autopsie s'achève en conscience douloureuse avec des accents proches du Queneau de L'Instant fatal. Le rictus de la tête de mort réunit le conditionnel négatif « Je voudrais pas » et le futur affirmatif « Je mourrai ». La mort prend toutes formes atroces, maladies, accidents, supplices physiques et moraux, menace imprévue et globale ; elle clot une trilogie féconde : l'amour — l'humour — la mort.

G.P.

Cantilènes en gelée

(et poèmes inédits)

CHATTERIE

Aux Scorpions[1]

Quand j'avais douze ans, on descendait
Tous en bande vers la Pointe-à-Pitre
On cueillait des sapotes et des mombins
Sur le bord de la route jaune
Et les oiseaux jouaient à chat perché
En criant des vieux airs créoles
La vie était en forme de dragée
Il n'y avait rien que de très doux
Et, tout de même, plein de substance...

Ma nourrice me prenait dans ses bras
À douze ans j'étais aussi grand qu'elle
Mais j'aimais encore tenir dans ma bouche
La pointe ronde et noire de ses beaux seins lourds
Nous nous étendions derrière les cannes.
Le vent bruissait parmi leurs feuilles longues
Aiguës et poudrées de soie rêche
Ma nourrice était toujours nue
Et moi, toujours déshabillé

Aussi, nous nous entendions bien.
Elle avait une odeur sauvage
Et des dents blanches plein la figure.
La terre sentait l'orbenipellule
Et les fleurs de Kongo brûlant
Nous recouvraient de leur pollen orangé.

Pendant trois saisons, j'ai eu douze ans,
Parce que j'aimais tant ma nourrice,
Je ne pouvais pas la quitter.
Ma peau prenait des reflets bruns
Brûlée au soleil de la sienne
Je la touchais avec toutes mes mains ensemble
Les mains de mes yeux, celles de mon corps
Et nos membres fumaient dans l'air veiné de noir.

Je ne sais pas comment deux allumettes
Peuvent s'emmêler, mais je sais
Que nous étions bien droits l'un contre l'autre
Comme deux allumettes; et au bout d'un instant
Un chat n'y aurait pas retrouvé ses petits...

D'ailleurs
Il savait bien que ses petits n'étaient pas là

LA VIE EN ROUGE

À Édith[2]

Les mères vous font en saignant
Et vous tiennent toute la vie
Par un ruban de chair à vif
On est élevé dans des cages
On vit en mâchant des morceaux
De seins arrachés en saignant
Qu'on accroche au bord des berceaux

On a du sang sur tout le corps
Et comme on n'aime pas le voir
On fait couler celui des autres
Un jour, il n'y en aura plus
On sera libres.

LES ARAIGNÉES

À Odette Bost[3]

Dans les maisons où les enfants meurent
Il entre de très vieilles personnes
Elles s'asseyent dans l'antichambre
Leur canne entre leurs genoux noirs
Elles écoutent, hochent la tête.

Toutes les fois que l'enfant tousse
Leurs mains s'agrippent à leurs cœurs
Et font des grandes araignées jaunes
Et la toux se déchire au coin des meubles
En s'élevant, molle comme un papillon pâle
Et se heurte au plafond pesant.

Elles ont de vagues sourires
Et la toux de l'enfant s'arrête
Et les grandes araignées jaunes
Se reposent, en tremblant,
Sur les poignées de buis poli
Des cannes, entre les genoux durs.

Et puis, lorsque l'enfant est mort
Elles se lèvent, et vont ailleurs...

LES INSTANFATAUX

À Raymond-le-Chien[4]

Ah oui ça c'est bien vrai
Que c'était pas comme ça
De mon temps de ton temps
On respectait les vieux
On marchait sul trottoir
On la tournait sa langue
Dissette fois dans sa bouche
Avant d'oser causer
Et les gauloiz coûtaient
Dix centimes—deux sous
Mais ils ont tout changé
On n'a plus de respect
Pour les vieux pour les vieux
On fait l'amour avec
Des sinjenpantalons
On roul dans des voitures
Qui marche-t-au pétrole
Et puis et puis surtout
Ah merde merde merde
On est vieux, on est vieux...

LA VRAIE RIGOLADE

À Raymond-le-Chêne[4]

Dans l'métro, ça y sent mauvais
Et on n'a l'y droit d'y rien faire :
« Défense de cracher du sang »
« Défense de fumer des harengs »
« Les places tamponnées sette et uitte
Sont réservotées aux squelettes
Et aux lépreux et aux jésuites

Par ordre de prioritette. »
On sort, et là, i faut qu'on jette
Les cadavres dans la corbeille
Et au Luxembourg c'est pareille
« On n'a pas l'droit d'brouter l'oseille »
« I faut tnir les cercueils en laisse »
« Faut pas marcher sur le curé »
Et pour se reposir la faisse
Faut qula chaisière se soye tirée.
Viens au bistro c'est bien plus chouette
On peut apporter sa cuvette
On peut cracher tout l'sang qu'on veut
Laisser les cercueilles se marrer
Danser le souingue sur le curé
Et fumer des têtes coupées.
Céti pas mieux ? Céti pas mieux ?

LES MERS DE CHINE

À Simone de Beauvoir[5]

Ces filles que l'on voit pour la première fois
Ce n'est rien — on les croise —
Elles ont des yeux si durs
Et des corps si durs et tannés par le soleil
On a envie de les faire pleurer.

Elles sont fermées sur elles-mêmes.
Sur rien.
Elles sont si bien fermées qu'on s'imagine
On voudrait qu'elles pleurent longtemps
On espère toujours qu'il viendrait le sang
Au bout des larmes.
Elles rient, et rejettent leurs cheveux durs
Raides — ou frisés et dressés en coques dures
Mais on attendrait bien longtemps

Il n'y a que les larmes
Incolores — tièdes — inutiles —
Elles sont comme ces boutons sur la peau
Roses, gonflés, riches de quelque chose
On les presse — et ce n'est qu'humeur
Fade — blanche — inutile.

Il faudrait les déchirer,
Les fouiller profondément avec des lames de rasoir
Découper leur bouche en lanières.
Il y aurait une langue de lèvre sur chaque dent
Il faudrait les perfectionner
Leur fendre un second sexe en travers
Si bien que l'homme sur la femme
Cela ferait comme une croix
Et on pourrait marcher dessus sans crainte
Il faudrait les creuser, les vider
De cette méchanceté de vide qu'elles portent,
Se rendre compte qu'il n'y a rien.
Pourtant, on voudrait qu'elles pleurent.
On espère toujours voir pleurer le néant.

Les déchirer avec des lames de rasoir
Ou de longs rasoirs droits tenus par des ficelles
On irait les déchirer avec les rasoirs
Comme on va passer le bachot
Avec un encrier au bout d'une ficelle.
Lorsque l'on fait tourner la ficelle
Autour de sa tête, le rasoir tourne à son tour
Sur lui-même, avec un rauque ronflement
Les blessures sont belles : de petits creux nets
Pareils à des morsures dans des prunes.

Naturellement, elles en meurent — pour se venger —
Et elles restent elles-mêmes, dures et froides
On ne peut plus les faire pleurer
On doit les écraser, avec des masses de fonte,
Mélanger le sang et les os
Puis en couper des petits cubes

Et les vendre
Dans un papier jaune et chocolat.

On peut même envelopper cinq cubes à la fois
Dans un autre papier — genre sulfurisé artificiel
Car on doit, toujours et partout
Respecter le système décimal
Créé par l'homme à son image.

13 juin 1947

MA SŒUR[6]

À la mère Pouche[7]

J'avais demandé, pour mes quatorze ans
 Une sœur de mon âge
Elle est arrivée dans un panier blanc
 Une rose au corsage
J'ai défait le nœud du ruban de soie
 Qui la tenait captive
Et j'ai donné dix sous au commissionnaire.
Elle avait des yeux comme des balais
Une bouche en forme de rémoulade
Un œil de fémur, un port de jument
Elle était ravissante.
J'aime beaucoup les jolies filles
Je les prends dans mes bras
Je les renifle, je les touche
Je les serre et je m'en sers
J'étais content d'avoir une sœur.

Mais je regrettais mes dix sous.

9 février 1948

À FORCE DE LES VOIR

À force de les voir
Il y a des mots qui vous rendraient malades
Des mots connus mais très dangereux à manier
Sauf si on les entoure de musique
On met bien du sucre autour des amandes amères
Des mots comme sable, herbe
Comme soleil, comme étendus côte à côte
Comme peau dorée, comme cheveux blonds
Comme dents brillantes et lèvres salées
Et puis d'autres mots, encore plus dangereux
«Personne à l'horizon, on peut y aller»
Et les plus dangereux de tous :
«C'est encore meilleur la cinquième fois.»
Heureusement, des tripotées de vieux zingues
Fabriquent de la phénoménologie à tire-larigot
Et vous balancent des bombes atomiques par le travers de la gueule...
Je m'excuse... le souffle de l'inspiration...
C'est pas tous les jours que la muse vous visite.

ÎLE DÉSERTE

Les enfants de maintenant
Quand ils ont cainze à vaint ans
Ils sont tristes et silencieux
Ils ont peur des vieux vicieux
Ils s'ennuient dans les cafés
Et rien ne leur fait d'effet
Et quand on leur parle bas
D'abord ils ont encore peur
Et puis peu à peu ils s'ouvrent
Et ils osent vous répondre
Et les garçons ils vous disent

Il n'y a pas de travail
On ne peut pas accepter
De travailler que pour manger
Et puis il y aura la guerre
Et on a mal de devoir attendre
Les arbres sont verts avec des yeux tendres
Le soleil est là, et dans cinquante ans
On aura la peau si épaisse
Qu'il ne la traversera plus
Et à quoi bon, à quoi bon
On sera vieux ou bien perclus
Et on n'en profitera plus
Et les filles
Elles n'aiment pas les hommes
Un homme ça peut blesser
Ça peut acheter, salir, ça peut faire un enfant
Il faut travailler, on est si jolies
On va s'abîmer
Les filles laides n'ont pas de problème
Ou tout au moins le problème est résolu
D'autres pensent : les gens qui passent
Ils attendent leur autobus
Comment voulez-vous vivre avec
Des gens qui s'intéressent à l'autobus
Ça ne tient pas debout
Alors, les frères ? On s'en va
Vivre sur une île déserte ?
Il n'y a pas d'île déserte
Mais on peut toujours y croire
Sans engagement de votre part
On va s'en fabriquer une
Ça, alors, ça simplifie tout
Mais l'île déserte prend l'eau
Car depuis qu'on n'en fait plus
Comme pour les très vieux violons
Le secret s'en est perdu.

Je voudrais pas crever

JE VOUDRAIS PAS CREVER

Je voudrais pas crever
Avant d'avoir connu
Les chiens noirs du Mexique
Qui dorment sans rêver
Les singes à cul nu
Dévoreurs de tropiques
Les araignées d'argent
Au nid truffé de bulles
Je voudrais pas crever
Sans savoir si la lune
Sous son faux air de thune
A un côté pointu
Si le soleil est froid
Si les quatre saisons
Ne sont vraiment que quatre
Sans avoir essayé
De porter une robe
Sur les grands boulevards
Sans avoir regardé
Dans un regard d'égout
Sans avoir mis mon zobe
Dans des coinstots bizarres

Je voudrais pas finir
Sans connaître la lèpre
Ou les sept maladies
Qu'on attrape là-bas
Le bon ni le mauvais
Ne me feraient de peine
Si si si je savais
Que j'en aurai l'étrenne
Et il y a z aussi
Tout ce que je connais
Tout ce que j'apprécie
Que je sais qui me plaît
Le fond vert de la mer
Où valsent les brins d'algue
Sur le sable ondulé
L'herbe grillée de juin
La terre qui craquelle
L'odeur des conifères
Et les baisers de celle
Que ceci que cela
La belle que voilà
Mon Ourson, l'Ursula[8]
Je voudrais pas crever
Avant d'avoir usé
Sa bouche avec ma bouche
Son corps avec mes mains
Le reste avec mes yeux
J'en dis pas plus faut bien
Rester révérencieux
Je voudrais pas mourir
Sans qu'on ait inventé
Les roses éternelles
La journée de deux heures
La mer à la montagne
La montagne à la mer
La fin de la douleur
Les journaux en couleur
Tous les enfants contents
Et tant de trucs encore

Qui dorment dans les crânes
Des géniaux ingénieurs
Des jardiniers joviaux
Des soucieux socialistes
Des urbains urbanistes
Et des pensifs penseurs
Tant de choses à voir
À voir et à z-entendre
Tant de temps à attendre
À chercher dans le noir

Et moi je vois la fin
Qui grouille et qui s'amène
Avec sa gueule moche
Et qui m'ouvre ses bras
De grenouille bancroche

Je voudrais pas crever
Non monsieur non madame
Avant d'avoir tâté
Le goût qui me tourmente
Le goût qu'est le plus fort
Je voudrais pas crever
Avant d'avoir goûté
La saveur de la mort...

POURQUOI QUE JE VIS

Pourquoi que je vis
Pourquoi que je vis
Pour la jambe jaune
D'une femme blonde
Appuyée au mur
Sous le plein soleil
Pour la voile ronde

D'un pointu du port[9]
Pour l'ombre des stores
Le café glacé
Qu'on boit dans un tube
Pour toucher le sable
Voir le fond de l'eau
Qui devient si bleu
Qui descend si bas
Avec les poissons
Les calmes poissons
Ils paissent le fond
Volent au-dessus
Des algues cheveux
Comme zoizeaux lents
Comme zoizeaux bleus
Pourquoi que je vis
Parce que c'est joli.

LA VIE C'EST COMME UNE DENT

La vie, c'est comme une dent
D'abord on y a pas pensé
On s'est contenté de mâcher
Et puis ça se gâte soudain
Ça vous fait mal, et on y tient
Et on la soigne et les soucis
Et pour qu'on soit vraiment guéri
Il faut vous l'arracher, la vie.

QUAND J'AURAI DU VENT
DANS MON CRÂNE

Quand j'aurai du vent dans mon crâne
Quand j'aurai du vert sur mes osses
P'tête qu'on croira que je ricane
Mais ça sera une impression fosse
Car il me manquera
Mon élément plastique
Plastique tique tique
Qu'auront bouffé les rats
Ma paire de bidules
Mes mollets mes rotules
Mes cuisses et mon cule
Sur quoi je m'asseyois
Mes cheveux mes fistules
Mes jolis yeux cérules
Mes couvre-mandibules
Dont je vous pourléchois
Mon nez considérable
Mon cœur mon foie mon râble
Tous ces riens admirables
Qui m'ont fait apprécier
Des ducs et des duchesses
Des papes des papesses
Des abbés des ânesses
Et des gens du métier
Et puis je n'aurai plus
Ce phosphore un peu mou
Cerveau qui me servit
À me prévoir sans vie
Les osses tout verts, le crâne venteux
Ah comme j'ai mal de devenir vieux.

DONNEZ LE SI

Donnez le si
Il pousse un if
Faites le tri
Il naît un arbre
Jouez au bridge, et le pont s'ouvre
Engloutissant les canons les soldats
Au fond, au fond affectionné
De la rivière rouge
Ah oui, les Anglais sont bien dangereux.

ELLE SERAIT LÀ, SI LOURDE

Elle serait là, si lourde
Avec son ventre de fer
Et ses volants de laiton
Ses tubes d'eau et de fièvre
Elle courrait sur ses rails
Comme la mort à la guerre
Comme l'ombre dans les yeux
Il y a tant de travail
Tant et tant de coups de lime
Tant de peine et de douleurs
Tant de colère et d'ardeur
Et il y a tant d'années
Tant de visions entassées
De volonté ramassée
De blessures et d'orgueils
Métal arraché au sol
Martyrisé par la flamme
Plié, tourmenté, crevé
Tordu en forme de rêve
Il y a la sueur des âges

Enfermée dans cette cage
Dix et cent mille ans d'attente
Et de gaucherie vaincue
S'il restait
Un oiseau
Et une locomotive
Et moi seul dans le désert
Avec l'oiseau et le chose
Et si l'on disait choisis
Que ferais-je, que ferais-je
Il aurait un bec menu
Comme il sied aux conirostres
Deux boutons brillants aux yeux
Un petit ventre dodu
Je le tiendrais dans ma main
Et son cœur battrait si vite...
Tout autour, la fin du monde
En deux cent douze épisodes
Il aurait des plumes grises
Un peu de rouille au bréchet
Et ses fines pattes sèches
Aiguilles gainées de peau
Allons, que garderez-vous
Car il faut que tout périsse
Mais pour vos loyaux services
On vous laisse conserver
Un unique échantillon
Comotive ou zoizillon
Tout reprendre à son début
Tous ces lourds secrets perdus
Toute science abattue
Si je laisse la machine
Mais ses plumes sont si fines
Et son cœur battrait si vite
Que je garderais l'oiseau.

JE VEUX UNE VIE
EN FORME D'ARÊTE

Je veux une vie en forme d'arête
Sur une assiette bleue
Je veux une vie en forme de chose
Au fond d'un machin tout seul
Je veux une vie en forme de sable dans des mains
En forme de pain vert ou de cruche
En forme de savate molle
En forme de faridondaine[10]
De ramoneur ou de lilas
De terre pleine de cailloux
De coiffeur sauvage ou d'édredon fou
Je veux une vie en forme de toi
Et je l'ai, mais ça ne me suffit pas encore
Je ne suis jamais content.

5 décembre 1952

JE MOURRAI D'UN CANCER
DE LA COLONNE VERTÉBRALE

Je mourrai d'un cancer de la colonne vertébrale
Ça sera par un soir horrible
Clair, chaud, parfumé, sensuel
Je mourrai d'un pourrissement
De certaines cellules peu connues
Je mourrai d'une jambe arrachée
Par un rat géant jailli d'un trou géant
Je mourrai de cent coupures
Le ciel sera tombé sur moi
Ça se brise comme une vitre lourde
Je mourrai d'un éclat de voix

Crevant mes oreilles
Je mourrai de blessures sourdes
Infligées à deux heures du matin
Par des tueurs indécis et chauves
Je mourrai sans m'apercevoir
Que je meurs, je mourrai
Enseveli sous les ruines sèches
De mille mètres de coton écroulé
Je mourrai noyé dans l'huile de vidange[11]
Foulé aux pieds par des bêtes indifférentes
Et, juste après, par des bêtes différentes
Je mourrai nu, ou vêtu de toile rouge
Ou cousu dans un sac avec des lames de rasoir
Je mourrai peut-être sans m'en faire
Du vernis à ongles aux doigts de pied
Et des larmes plein les mains
Et des larmes plein les mains
Je mourrai quand on décollera
Mes paupières sous un soleil enragé
Quand on me dira lentement
Des méchancetés à l'oreille
Je mourrai de voir torturer des enfants
Et des hommes étonnés et blêmes
Je mourrai rongé vivant
Par des vers, je mourrai les
Mains attachées sous une cascade
Je mourrai brûlé dans un incendie triste
Je mourrai un peu, beaucoup,
Sans passion, mais avec intérêt
Et puis quand tout sera fini
Je mourrai.

Chansons

VOCATION DE LA CHANSON[*]

À la suite de N. Arnaud, les préfaciers des Chansons *datent du 2/8/1944 la première de Vian : « Au bon vieux temps héo-ïque du jazz... » en relation donc avec sa musique préférée, comme trois ans plus tard l'immortel indicatif de son orchestre sur la musique de* Whispering *: « Ah ! si j'avais un franc cinquante... ». La chanson semble bien alors un jeu et un exercice liés à la fois au jazz et au plaisir des mots.*

À partir de 1946 le pianiste Jack Diéval commande des textes à Vian, collaboration qui aboutit dans les années 1948-1951 à des publications et enregistrements. Admis parolier à la SACEM en 1951, Vian collabore aussi avec Paul Braffort, Jean Gruyer, Eddie Barclay, — et surtout Jimmy Walter et Henri Salvador, deux fécondes rencontres. Il met parfois ses propres poèmes en musique, comme « Le Déserteur » en 1954.

Les années cinquante consacrent la vocation de Vian comme parolier de chansons : ne croyant plus en son succès comme romancier ou poète, il se tourne donc vers le spectacle multiforme, cabaret, opéra du Chevalier de neige, *chansons pour Renée Lebas, Mouloudji, Suzy Delair, interprétation personnelle sur scène. Outre son tour de chant aux Trois Baudets et à la Fontaine des Quatre-Saisons, Vian fit une tournée d'été en province, célèbre par les chahuts organisés contre lui par des « patriotes » offensés ; il était accompagné par Alain Goraguer qui mit en musique nombre de ses textes. C'est aussi de 1955 que date son fameux disque* Chansons possibles et impossibles.

En 1956, directeur artistique chez Philips, il se lance joyeusement dans la fabrication de parodies du rock and roll, *dix ans après celles du*

[*] *Je suis évidemment ici la remarquable introduction aux* Chansons *de Georges Unglick et Dominique Rabourdin (C. Bourgois, 1984).*

thriller. *M. Legrand et J. Canetti avaient rapporté des* rocks *d'Amérique et Boris vit tout de suite le côté bouffon — trop ignoré jusque-là! — de cette nouvelle forme musicale et décida de l'accentuer délibérément, sans préjudice des aspects érotiques et violents du genre : d'où ces* rocks *délirants chantés par Henri Salvador ou Magali Noël et des groupes farfelus tels « Rock Failair et son orchestre de p'tits milliardaires ». Dans les deux dernières années de sa vie, Vian adapte beaucoup, de Brecht à la comédie musicale américaine, donne ses chansons même à Maurice Chevalier et collabore systématiquement avec Salvador pour des séances de création « magique » (H. Salvador), bilarante et frénétique.*

INTERPRÉTATION ET RÉCEPTION

Au total Boris Vian écrivit 478 chansons recensées, interprétées par près de 200 chanteurs ou orchestres avant 1960, et reprises depuis par quelque 70 interprètes, dont Béatrice Moulin, Serge Reggiani et... Joan Baez. Après les interprétations de Vian et de Mouloudji, celle-ci chanta en effet « Le Déserteur » pour les Américains opposés à la guerre et ce chef-d'œuvre absolu de la chanson fit ainsi le tour du monde. Plus récemment Renaud en composa une version « verlan » et aggressive, témoignant de l'exemple de Vian pour une nouvelle génération de chanteurs.

*L'auteur d'*En avant la zizique... et par ici les gros sous, *étude de 1958 savante autant que drôle sur le monde de la chanson, s'il fut considéré comme un excellent professionnel à bien des niveaux, ne fut sans doute pas apprécié à sa juste valeur comme créateur par le monde du disque, tant qu'il vécut. Mais depuis, des chanteurs célèbres, Higelin, Lavilliers, Gainsbourg, Renaud, et des groupes connus ont repris ses textes et nous montrent que, dans le domaine de la chanson comme ailleurs, il faut compter avec l'héritage de Vian ; bien des gens du métier lui rendent maintenant hommage.*

Cela fut concrétisé entre autres par une série de six disques chez Jacques Canetti présentés par Pierre Kast et François Caradec (1964), puis par une édition complète des Chansons *de Vian en 1984 chez C. Bourgois ; elle nous permet de tout goûter, fredonner ou brailler, le très bon et le médiocre, le « cucul » — Vian dixit — comme l'exceptionnel. J'ai tâché de pêcher quelques-unes de ces perles dans le choix ici proposé. Vian avait tout gardé, notes, brouillons, variantes, etc. et tout cela est parfaitement classé à la Fondation Vian. Pour l'établissement du texte,*

j'ai parfois fait un choix légèrement différent de celui retenu dans les
Chansons *; surtout quand Vian a enregistré lui-même telle chanson, il
m'a semblé logique de prendre les variantes choisies par l'interprète.*

LA CHANSON À LA VIAN

*Tous les rythmes y passent, tango et cantate (pataphysique!), valse et
complainte, java et* rock *; strophes, couplets et refrains sont aussi variés;
les rimes sont parfois approximatives et le langage est souvent moins
inventif que dans les formes dites « nobles » de littérature; cependant le
vocabulaire peut être aussi plein de richesse sensuelle — « De velours et de
soie » — ou original et hyperbolique — « J'suis snob » —, déraper vers le
surréalisme fantaisiste et comique — « Valse dingue », « Chanson de
charme » — jusqu'à l'invention verbale multipliée. Le ton lui-même va de
la plaisanterie sur les autres ou sur soi-même à la violence parodique, du
lyrisme tendre à l'humour rouge et noir.*

*Parmi les thèmes, l'horreur guerrière est au premier plan — et chantée
avec un rare mélange de mélancolie, de souffrance et de révolte dans « Le
Déserteur », par exemple. La joie de vivre et les plaisirs des sens sont mis
en valeur par la difficulté à vivre et l'imminence de la mort. Enfin des
thèmes personnels — passion du cinéma partagée par tant de bons
esprits d'avant-garde des années vingt et trente — ou d'actualité —
société de consommation — enracinent ces chansons, œuvres légères,
dans leur temps comme dans l'œuvre même de Boris Vian.*

L'ÂME SLAVE

L'air slave
J'ai l'air slave
Je suis né à Ville-d'Avray
Mes parents étaient bien français
Ma mère s'app'lait Jeanne et mon père Victor
Mais j'm'appelle Igor

Mon prénom n'évoque
Pas le languedoque[1]
Plutôt moscovite
Il est explicite
Quand on m'imagine
On voit un barine
Qui s'apprête à boire
À son samovar

L'air slave
J'ai l'air slave
Et ça me poursuit depuis tellement longtemps
Que je suis devenu slave malgré moi et sans
M'en apercevoir

L'âme slave
J'ai l'âme slave
J'ai jamais été plus loin que la barrière de Pantin
Tout c'que j'ai d'russe en moi c'est le prénom
Mais ça suffit bien

À force d'entendre
Tous les gens me prendre
Pour Russe authentique
J'en ai tous les tiques
Je vis de zakouski
Je bouffe des piroschki
Je bois de la vodka
Au milieu des r'pas

L'âme slave
J'ai l'âme slave
Je suis tellement influencé par mon prénom
Qu'à tout's les f'nêtres
D'ma maison
Je viens d'faire mettre
Des rideaux de fer
Mais j'les peins en vert !
 L'âme slave...

LES JOYEUX BOUCHERS

Couplet 1

C'est le tango des bouchers de la Villette
C'est le tango des tueurs des abattoirs
Venez cueillir la fraise et l'amourette
Et boire du sang avant qu'il soit tout noir

Refrain 1

Faut qu'ça saigne
Faut qu'les gens ayent à bouffer
Faut qu'les gros puiss'nt se goinfrer
Faut qu'les p'tits puiss'nt engraisser
Faut qu'ça saigne
Faut qu'les mandatair's aux halles

Puiss'nt s'en fourrer plein la dalle
Du filet à huit cents balles
Faut qu'ça saigne
Faut qu'les peaux se fass'nt tanner
Faut qu'les pieds se fass'nt paner
Que les têt's aill'nt mariner
Faut qu'ça saigne
Faut avaler d'la barbaque
Pour êt' bien gras quand on claque
Et nourrir des vers comaques
Faut qu'ça saigne
 Bien fort !

Couplet 2

C'est le tango des joyeux militaires
Des gais vainqueurs de partout et d'ailleurs
C'est le tango des fameux va-t-en guerre
C'est le tango de tous les fossoyeurs

Refrain 2

Faut qu'ça saigne
Appuie sur la baïonnette
Faut qu'ça rentre ou bien qu'ça pète
Sinon t'auras un' gross' tête
Faut qu'ça saigne
Démolis-en quelques-uns
Tant pis si c'est des cousins
Fais-leur sortir le raisin
Faut qu'ça saigne
Si c'est pas toi qui les crève
Les copains prendront la r'lève
Et tu joueras *La Vie brève*[2]
Faut qu'ça saigne
Demain ça sera ton tour
Demain ça sera ton jour
Pus d'bonhomme et pus d'amour
Tiens ! Voilà du boudin ! Voilà du boudin !
Voilà du boudin !

CANTATE DES BOÎTES

À l'astre de nos jours
On dédie des tas d'odes
Au dieu de nos amours
Des tas de poésies
Aux femmes de toujours
On consacre la mode
Et aux topinambours
D'âpres monographies

Tout ça est bien injuste
Tout ça me tarabuste
Tout ça me rend très truste
Car tout le monde oublie
La chose capitale
D'un intérêt majeur
Qui commande nos vies
Comme nos morts d'ailleurs

Élément dominant
De la civilisation moderne
Instrument agissant
Qui joue le rôle de lanterne
Pour les chercheurs de toute espèce
Perdus dans la ténèbre épaisse
Depuis Platon jusqu'à Lucrèce
Et de l'oncle jusqu'à la nièce
En passant par les grands de Grèce
Et par le boulevard Barbès
Puisqu'il faut la nommer

la BOÎTE

Boîte que l'on exploite
Boîte large ou étroite
Et qui s'emboîte ou se déboîte
Boîte que l'on convoite

Boîte à gauche ou à droite
Garnie de sciure ou d'ouate

BOÎTES

Boîte à malice ou boîte à sel
Boîte à huile et boîte à ficelle
Baguier, trousse ou boîtillon
Buste, canastre ou serron
Castre, cassette, carton
Coffret, drageoir, esquipot
Droguier, fourniment, fourreau
Carré, coutelière ou barse
Galon, giberne et grimace
Utricule ou vésicule
Pyxide ou boîte à pilules
Boîte à poudre d'escampette
Boîte à outils, à gâteaux
Boîte à onglet, boîte à lettres
Tabagie, boîte saunière
Boîte avant ou boîte arrière
De vitesses, de lenteur
Boîte à prendre les souris
Tiroir, layette ou trémie
Boîte à buter les facteurs

BOÎTES !

On peut tout mettre dans des boîtes
Des cancrelats et des savates
Ou des œufs durs à la tomate
Et des objets compromettants
On peut y mettre aussi des gens
Et même les gens bien vivants
Et intelligents

Oui oui décidément la boîte
Est bien le plus indispensable
Des progrès faits depuis le temps

Que l'on nomme préhistorique
Faute d'un terme plus subtil
Pour désigner la vague époque
Où le dinosaure dînait
Dans les marais de l'Orénoque
Où le brontosaure brutal
Broutait près de l'ichtyosaure
Où le ptérodactyle enfin
Ancêtre extrêmement voisin
Des sténodactyles ordinaires
Ouvrait, pareil à Lucifer
Des ailes de vieux cuir de veau
Dans un ciel couleur indigo
En faisant claquer ses mâchoires
Pour effrayer nos grands-parents

Différence fondamentale
Avec notre vie d'aujourd'hui
La Boîte, messeigneurs, n'existait pas encore

 BOÎTES !

Je vous aime toutes, je vous aime
Vous vous suffisez à vous-mêmes
Et jamais ne nous encombrez

Car pour ranger les BOÎTES
 les BOÎTES
 les BOÎTES
On les met dans des BOÎTES
Et on peut les garder.

CINÉMATOGRAPHE

Quand j'avais six ans
La premièr' fois
Que papa m'emm'na au cinéma
Moi je trouvais ça
Plus palpitant que n'importe quoi
Y avait sur l'écran
Des drôl's de gars
Des moustachus
Des fiers-à-bras
Des qui s'entre-tuent
Chaqu' fois qu'ils trouv'nt
Un cheveu dans l'plat
Un piano jouait des chos's d'atmosphère
Guillaum' Tell ou l'grand air du *Trouvère*[3]
Et tout le public
En frémissant
Se passionnait pour ces brav's gens
Ça coûtait pas cher
On en avait pour ses trois francs

Bell' bell' bell' bell' bell' comm' l'amour
Blond' blond' blond' blond' blond' comm' le jour
Un rêve est passé sur l'écran
Et dans la salle obscurément
Des mains se cherch'nt des mains se trouv'nt
Timid'ment
Bell' bell' bell' bell' la revoilà
Et dans la sall' plus d'un cœur bat
La voiture où ell' se croit en sûr'té
Vient d's'écraser par terre
Avec un essieu cassé
Le bandit va pouvoir mett' la main
Sur le fric c'est tragique
Nom d'un chien
C'est fini tout s'allume
À mercredi prochain

Maintenant ce n'est
Plus mon papa
Qui peut m'emm'ner au cinéma
Car il plant' ses choux
Là-bas pas loin de Saint-Cucufa[4]
Mais j'ai rencontré
Une Dalila[5]
Un' drôl' de môme un' fill' comm' ça
Elle adore aller le mercredi
Dans les cinémas
Bien sûr c'est dev'nu l'cinémascope
Mais ça r'mue toujours et ça galope
Et ça reste encor comm' autrefois
Rempli d'cov'boill's sans foi ni loi
Et de justiciers qui vienn'nt fourrer
Leurs grands pieds dans l'plat

Gar' gar' gar' gar' Gary Cooper[6]
S'approche du ravin d'enfer
Fais attention pauvre crétin
Car Alan Ladd[7] n'est pas très loin
À 500 mètr's il log' un' balle
Dans un croûton d'pain
Gar' gar' gar' gar' pendant c'temps-là
J'la prends douc'ment au creux d'mon bras
Le fauteuil où ell' se croit en sûr'té
Ne m'empêch' pas ma foi d'arriver à l'embrasser
J'ai pas vu si Gary sort gagnant
Mais comm' c'est l'cinéma permanent
Ma chérie rappell'-toi on est resté un an
Et on a eu beaucoup d'enfants

DE VELOURS ET DE SOIE

Les fleurs sauvages
Les océans du monde
Les îles blondes
M'avaient toujours tenté

Finis les grands voyages
Finis les ciels oranges
Tous les frissons étranges
Tu me les as donnés

De velours et de soie
Comme ta chair parfumée
De lumière et de velours
Comme tes yeux

De rose et de lumière
Comme le goût de ta bouche
De sang et de rose fraîche
Comme tes joues

De feu, d'or et de sang
Comme un baiser que tu me donnes
D'argent de feu et d'or
Comme ton corps qui s'abandonne

De soleil et d'argent
Tes cheveux dans le vent mauve
De plaisir et de soleil
Comme une nuit dans tes bras

LE DÉSERTEUR

Monsieur le Président[8]
Je vous fais une lettre
Que vous lirez peut-être
Si vous avez le temps
Je viens de recevoir
Mes papiers militaires
Pour partir à la guerre
Avant mercredi soir
Monsieur le Président
Je ne veux pas la faire
Je ne suis pas sur terre
Pour tuer des pauvres gens
C'est pas pour vous fâcher
Il faut que je vous dise
Ma décision est prise
Je m'en vais déserter

Depuis que je suis né
J'ai vu mourir mon père
J'ai vu partir mes frères
Et pleurer mes enfants
Ma mère a tant souffert
Qu'elle est dedans sa tombe
Et se moque des bombes
Et se moque des vers
Quand j'étais prisonnier
On m'a volé ma femme
On m'a volé mon âme
Et tout mon cher passé
Demain de bon matin
Je fermerai ma porte
Au nez des années mortes
J'irai sur les chemins

Je mendierai ma vie
Sur les routes de France

De Bretagne en Provence
Et je dirai aux gens
Refusez d'obéir
Refusez de la faire
N'allez pas à la guerre
Refusez de partir
S'il faut donner son sang
Allez donner le vôtre
Vous êtes bon apôtre
Monsieur le Président
Si vous me poursuivez
Prévenez vos gendarmes
Que je n'aurai pas d'armes
Et qu'ils pourront tirer

J'SUIS SNOB

Refrain 1

J'suis snob... J'suis snob
C'est vraiment l'seul défaut que j'gobe
Ça demande des mois d'turbin
C'est une vie de galérien
Mais quand j'sors avec Hildegarde
C'est toujours moi qu'on r'garde
J'suis snob... foutrement snob
Tous mes amis le sont, on est snobs et c'est bon

Couplet 1

Chemis's d'organdi
Chaussur's de zébu
Cravat' d'Italie
Et méchant complet vermoulu
Un rubis au doigt
De pied! pas çui-là

Les ongles tout noirs
Et un très joli p'tit mouchoir
J'vais au cinéma
Voir les films suédois[9]
Et j'entre au bistro
Pour boir' du whisky à gogo
J'ai pas mal au foie
Personn' fait plus ça
J'ai un ulcère
C'est moins banal et plus cher

REFRAIN 2

J'suis snob... J'suis snob
J'm'appell' Patrick, mais on dit Bob
Je fais du ch'val tous les matins
Car j'ador' l'odeur du crottin
Je ne fréquent' que des baronnes
Au nom comm' des trombones
J'suis snob... Excessiv'ment snob
Et quand je fais l'amour, c'est tout nu dans la cour

COUPLET 2

On se réunit
Avec les amis
Tous les vendredis
Pour fair' des snobisme-parties
Il y a du coca
On déteste ça
Et du camembert
Qu'on mange à la petit' cuiller
Mon appartement
Est vraiment charmant
J'me chauffe au diamant
On n'peut rien rêver d'plus fumant
J'avais la télé
Mais ça m'ennuyait
Je l'ai r'tournée
D'l'aut'côté c'est passionnant

REFRAIN 3

J'suis snob... Ha! Ha!
J'suis ravagé par ce microbe
J'ai des accidents en Jaguar
Je pass' le mois d'août au plumard
C'est dans les p'tits détails comm' ça
Que l'on est snob ou pas
J'suis snob... Encor plus snob que tout à l'heure
Et quand je serai mort
J'veux un suair' de chez Dior!

QUE TU ES IMPATIENTE

La mort est passée ce soir-là
Pour prendre un gosse de quinze ans
Pour le serrer dans ses grands bras
Et l'étouffer avec sa robe de jacinthes

La mort a couché ce soir-là
Dans le lit d'une belle fille
Pour une étreinte d'une fois
Et n'a laissé que cendre froide et sans parfum

Que tu es impatiente, la mort
On fait le chemin au-devant de toi
Il suffisait d'attendre
Que tu es impatiente, la mort
La partie perdue, tu le sais déjà
Tout recommencera

Le soleil sur l'eau
Tu n'y peux rien
L'ombre d'une fleur
Tu n'y peux rien

La joie dans la rue
Les fraises des bois
Un sourire en mai
Tu n'y peux rien
Une valse valse
Tu n'y peux rien
Un bateau qui passe
Tu n'y peux rien
Un oiseau qui chante
L'herbe du fossé
Et la pluie si lasse
Tu n'y peux rien

La mort est revenue ce soir
Avec sa robe d'iris noirs
La mort est revenue chez moi
On a frappé... Ouvrez la porte... La voilà

Elle brûlait comme une lampe
Dans une nuit près de la mer
Elle brûlait comme un feu rouge
À l'arrière d'un camion sourd sur les chemins

Que tu es impatiente, la mort...

LE TEMPS DE VIVRE
L'Évadé

Il a dévalé la colline
Ses pieds faisaient rouler des pierres
Là-haut, entre les quatre murs
La sirène chantait sans joie

Il respirait l'odeur des arbres
Il respirait de tout son corps

La lumière l'accompagnait
Et lui faisait danser son ombre

Pourvu qu'ils me laissent le temps
Il sautait à travers les herbes
Il a cueilli deux feuilles jaunes
Gorgées de sève et de soleil

Les canons d'acier bleu crachaient
De courtes flammes de feu sec
Pourvu qu'ils me laissent le temps
Il est arrivé près de l'eau

Il y a plongé son visage
Il riait de joie ; il a bu
Pourvu qu'ils me laissent le temps
Il s'est relevé pour sauter

Pourvu qu'ils me laissent le temps
Une abeille de cuivre chaud
L'a foudroyé sur l'autre rive
Le sang et l'eau se sont mêlés

Il avait eu le temps de voir
Le temps de boire à ce ruisseau
Le temps de porter à sa bouche
Deux feuilles gorgées de soleil

Le temps de rire aux assassins
Le temps d'atteindre l'autre rive
Le temps de courir vers la femme

Il avait eu le temps de vivre

VALSE DINGUE

Couplet 1

J'ai composé pour toi
Une valse comm'ça
Que jamais ne chantera personn'
J'ai voulu qu'il y ait
À boir' et à manger
Dans ma vals' et voilà
Le résultat:

Refrain 1

Un' valse en forme de chaise
À repriser des bas
Un' valse en forme de fraise
Qu'on mange avec ses doigts
Un' valse avec des écailles
Comm' un petit poisson
Un' valse pour les volailles
Et pour les saucissons
Un' valse en bois des îl's un' valse en fil à fil
Un' valse à aiguiser les vieux couteaux rouillés
Un' vals' en peau d'anchois un' valse en pâté d'foie
Allons chanter dans les bois
Un' valse épaisse et solide
Pour construir' un' maison
Un' valse à faire un beau bide
Et en toute saison

Couplet 2

Je me suis aperçu
Que ma valse tordue
Ne t'avait pas rendu hommage
Et j'ai aussitôt fait
Un très joli couplet

Pour célébrer ma mie (*vers. fém. :* pour mon petit chéri)
Et le voici

REFRAIN 2

Un' valse en forme d'endive
Comme tes grands yeux bleus
Un' valse longue et furtive
Pour pleurer tous les deux
Un' valse en forme de chèvre
Roulons-nous dans les prés
Prête-moi vite tes lèvres
Oui, je te les rendrai
Viens je te donnerai mon p'tit cœur de poulet
Nous valserons jusqu'au jour sans nous arrêter
La valse des dingos sur le pont d'un cargo
De gigots pour Santiago
Un' valse tendre et subtile
Tout comme toi-z-et moi
Ah que la vie est facile
Quand je suis dans tes bras...

COMPLAINTE DU PROGRÈS

Les Arts Ménagers

1

Autrefois pour fair' sa cour
On parlait d'amour
Pour mieux prouver son ardeur
On offrait son cœur

Maintenant c'est plus pareil
Ça change, ça change
Pour séduire le cher ange

On lui glisse à l'oreille
 (*Séducteur*: Ah, Gudule !)

REFRAIN

Viens m'embrasser
Et je te donnerai
Un frigidai-reu
Un joli scoutai-reu
Un atomixai-reu
Et du Dunlopillo
Une cuisiniai-reu
Avec un four en ver-reu
Des tas de couvai-reu
Et des pellagâteaux

Une tourniquette
Pour faire la vinaigrette
Un bel aspirateur
Pour bouffer les odeurs

Des draps qui chauffent
Un pistolet à gaufres
Un avion pour deux
Et nous serons heureux

 2

Autrefois, s'il arrivait
Que l'on se querelle
L'air lugubre on s'en allait
En laissant la vaisselle

Maintenant, que voulez-vous
La vie est si chère
On dit rentre chez ta mère
Et on se garde tout
 (*Menaçant*: Ah, Gudule !)

REFRAIN 2

Excuse-toi
Ou je reprends tout ça
Mon frigidaire
Mon armoire à cuillères
Mon évier en fer-reu
Et mon poêle à mazout
Mon cire-godasses
Mon repasse-limaces
Mon tabouret à glace
Et mon chasse-filous

La tourniquette
À faire la vinaigrette
Le ratatine-ordures
Et le coupe-friture

Et si la belle
Se montre encor cruelle
On la fiche dehors
Pour confier son sort

CODA

Au frigidai-reu
À l'efface-poussiè-reu
À la cuisiniè-reu
Au lit qu'est toujours fait
Au chauffe-savates
Au canon à patates
À l'éventre-tomates
À l'écorche-poulet

Mais très très vite
On reçoit la visite
D'une tendre petite
Qui vous offre son cœur

Alors on cède
Car il faut qu'on s'entraide
Et l'on vit comme ça
Jusqu'à la prochaine fois
Et l'on vit comme ça
Jusqu'à la prochaine fois

LA JAVA DES BOMBES
ATOMIQUES

I

Mon oncl' un fameux bricoleur
Faisait en amateur
Des bombes atomiques
Sans avoir jamais rien appris
C'était un vrai génie
Question travaux pratiques
Il s'enfermait tout' la journée
Au fond d'son atelier
Pour fair' ses expériences
Et le soir il rentrait chez nous
Et nous mettait en transe
En nous racontant tout.

Pour fabriquer une bombe «A»
Mes enfants croyez-moi
C'est vraiment de la tarte
La question du détonateur
S'résout en un quart d'heure
C'est de cell's qu'on écarte
En c'qui concerne la bombe «H»
C'est pas beaucoup plus vache
Mais un' chos' me tourmente
C'est qu'cell's de ma fabrication
N'ont qu'un rayon d'action

De trois mètres cinquante
Y'a quéqu' chos' qui cloch' là-d'dans
J'y retourn' immédiat'ment.

II

Il a bossé pendant des jours
Tâchant avec amour
D'améliorer l'modèle
Quand il déjeunait avec nous
Il dévorait d'un coup
Sa soup' au vermicelle
On voyait à son air féroce
Qu'il tombait sur un os
Mais on n'osait rien dire
Et puis un soir pendant l'repas
V'là tonton qui soupire
Et qui s'écrie comm' ça:

À mesur' que je deviens vieux
Je m'en aperçois mieux
J'ai le cerveau qui flanche
Soyons sérieux disons le mot
C'est mêm' plus un cerveau
C'est comm' de la sauc' blanche
Voilà des mois et des années
Que j'essaye d'augmenter
La portée de ma bombe
Et je n'me suis pas rendu compte
Que la seul' chos' qui compte
C'est l'endroit où c' qu'ell' tombe
Y'a quéqu' chos' qui cloch' là-d'dans
J'y retourn' immédiat'ment.

III

Sachant proche le résultat
Tous les grands chefs d'État
Lui ont rendu visite
Il les reçut et s'excusa

De ce que sa cagna
Était aussi petite
Mais sitôt qu'ils sont tous entrés
Il les a enfermés
En disant soyez sages
Et quand la bombe a explosé
De tous ces personnages
Il n'est plus rien resté

Tonton devant ce résultat
Ne se dégonfla pas
Et joua les andouilles
Au tribunal on l'a traîné
Et devant les jurés
Le voilà qui bafouille
Messieurs c'est un hasard affreux
Mais je jur' devant Dieu
En mon âme et conscience
Qu'en détruisant tous ces tordus
Je suis bien convaincu
D'avoir servi la France

On était dans l'embarras
Alors on l'condamna
Et puis on l'amnistia
Et l'pays reconnaissant
L'élut immédiat'ment
Chef du gouvernement.

LE PETIT COMMERCE

Couplet 1

J'ai vendu du mouron
Mais ça n'a pas marché

J'ai vendu des cravates
Les gens étaient fauchés
J'ai vendu des ciseaux
Et des lam's de rasoir
Des peign's en corozo
Des lim's et des hachoirs
J'ai essayé les fraises
J'ai tâté du muguet
J'ai rempaillé des chaises
Réparé des bidets
Je tirais ma charrette
Sur le mauvais pavé
J'allais perdre la tête
Mais j'ai enfin trouvé

Refrain 1

Je roule en Cadillac dans les rues de Paris
Depuis que j'ai compris la vie
J'ai un petit hôtel, trois domestiqu's et un chauffeur
Et les flics me saluent comme un des leurs
Je vends des canons
Des courts et des longs
Des grands et des p'tits
J'en ai à tous les prix
Y a toujours amateur pour ces délicats instruments
Je suis marchand d'canons venez me voir pour vos enfants
　　　Canons à vendre !

Couplet 2

Avec votre ferraille
On forge ces engins
Qui foutront la pagaille
Parmi ceux du voisin
Ça donne de l'ouvrage
À tous les ouvriers
Et chacun envisage
De fonder un foyer
Pour se fair' des finances

On fabriqu' des lardons
On touche l'assurance
Et les allocations
Ça n'a pas d'importance
Car lorsqu'ils seront grands
Ils iront, en cadence
Crever pour quelques francs

REFRAIN 2

Je vendais des canons dans les rues de la terre
Mais mon commerce a trop marché
J'ai fait fair' des affair's à tous les fabricants d'cim'tières
Mais moi maint'nant je me retrouve à pied
Tous mes bons clients
Sont morts en chantant
Et seul dans la vie
Je vais sans souci
Au coin des vieilles rues, le cœur content, le pied léger
Je dans' la carmagnole, ya plus personn' sur le pavé
 Canons en solde !

CHANSON DE CHARME

1

Chérie viens près de moi
Ce soir, je veux chanter
Une chanson pour toi

Une chanson sans larmes
Une chanson légère
Une chanson de charme

Le charme des matins
Emmitouflés de brume
Où valsent les lapins

Le charme des étangs
Où de gais enfants blonds
Pêchent des caïmans

2

Le charme des prairies
Que l'on fauche en été
Pour pouvoir s'y rouler

Le charme des cuillers
Qui raclent les assiettes
Et la soupe aux yeux clairs

Le charme de l'œuf dur
Qui permit à Colomb
Sa plus belle invention

Le charme des vertus
Qui donnent au péché
Goût de fruit défendu

3

J'aurais pu te chanter
Une chanson de chêne
Ou bien de peuplier

Une chanson d'érable
Une chanson de teck
Aux rimes plus durables

Mais sans trop de vacarme
J'ai préféré tenter
Une chanson de charme

Charme des vieux notaires
Qui dans l'étude austère
Tirent l'affaire au clair

4

Le charme de la pluie
Roulant ses gouttes d'or
Sur le cuivre du lit

Le charme des soleils
Qui tournent tout autour
Des horizons vermeils

Le charme de ton cœur
Que je vois près du mien
Quand je pense au bonheur

Et le charme des jours
Effacés de nos vies
Par la gomme des nuits

FAIS-MOI MAL, JOHNNY

Il s'est levé à mon approche
Debout, il était bien plus p'tit
Je me suis dit c'est dans la poche
Ce mignon-là, c'est pour mon lit
Il m'arrivait jusqu'à l'épaule
Mais il était râblé comm' tout
Il m'a suivie jusqu'à ma piaule
Et j'ai crié vas-y mon loup

Fais-moi mal, Johnny, Johnny, Johnny
Envoie-moi au ciel... zoum !
Fais-moi mal, Johnny, Johnny, Johnny
Moi j'aim' l'amour qui fait boum !

CHŒUR : Il va lui fair' mal, il va lui fair' mal.
 Il va lui fair' mal, il va lui fair' mal.

Il n'avait plus que ses chaussettes
Des bell's jaun's avec des raies bleues
Il m'a regardée d'un œil bête
Il comprenait rien, l' malheureux
Et il m'a dit l'air désolé
Je n'ferais pas d'mal à un' mouche
Il m'énervait ! Je l'ai giflé
Et j'ai grincé d'un air farouche

Fais-moi mal, Johnny, Johnny, Johnny
Je n'suis pas une mouch'... zizzz !
Fais-moi mal Johnny, Johnny, Johnny
Moi j'aim' l'amour qui fait boum !

CHŒUR : Vas-y fais-lui mal - Vas-y fais-lui mal
 Vas-y fais-lui mal - Vas-y fais-lui mal

Voyant qu'il ne s'excitait guère
Je l'ai insulté sauvag'ment
J'y ai donné tous les noms d'la terre
Et encor' d'aut's bien moins courants
Ça l'a réveillé aussi sec
Et il m'a dit arrêt' ton charre
Tu m'prends vraiment pour un pauv' mec
J'vais t'en r'filer, d'la série noire[10]

Tu m'fais mal, Johnny, Johnny, Johnny
Pas avec les pieds... Si !
Tu m'fais mal, Johnny, Johnny, Johnny
J'aim' pas l'amour qui fait bing !

CHŒUR : Il lui a fait mal, il lui a fait mal.
 Il lui a fait mal, il lui a fait mal.

Il a remis sa p'tit' chemise
Son p'tit complet, ses p'tits souliers

Il est descendu l'escalier
En m'laissant une épaul' démise
Pour des voyous de cette espèce
C'est bien la pein' de faire des frais
Maint'nant, j'ai des bleus plein les fesses
Et plus jamais je ne dirai

Fais-moi mal, Johnny, Johnny, Johnny
Envoie-moi au ciel... zoum !
Fais-moi mal, Johnny, Johnny, Johnny
Moi j'aim' l'amour qui fait boum !

CHŒUR : *fin : 2 claques de main :* Oh ! Johnny
2 claques de main : Oh ! la vache...
Ah ! j'en ai marre, alors.

ROCK AND ROLL-MOPS

Je l'ai séduite en un instant
Grâce à la lueur que j'ai dans l'œil
Elle est tombée comme une feuille
Dans mes grands bras d'orang-outan
Elle m'a fait don pendant trois jours
De son petit corps de velours
On s'est aimés comme des dieux
Aznavour en s'rait resté bleu

Le phono jouait dans un coin
Des airs de jazz qui swinguaient bien
Mais à la fin j'avais si faim
Que j'ai app'lé le bar du coin

Allô Dupont
Montez-moi donc
De quoi manger, sinon je vais crever

Et qu'est-c' qu'il faut vous apporter
Apportez-moi sans hésiter

Rock and roll-mops
Avec du pain beurré
Rock and roll-mops
Et un bifteck haché
Rock and roll-mops
Avec un œuf à ch'val
Rock and roll-mops
Je me sens cannibale

Des escalop's de kangourou
Du sauciflard de sapajou
Du foie de lion aux salsifis
D'la têt' de lard aux fruits confits

Et dans un plat
Rien que pour moi
Bien préparé, pas trop assaisonné

Rock and roll-mops
Ça m'a réconforté
Rock and roll-mops
Je suis plein à craquer
Rock and roll-mops
Ma force est décuplée
Rock and roll-mops
On est r'tournés s'coucher

ROCK-MONSIEUR

Dans un café des boul'vards
Un' famille arriva tard
Voulant dîner frugalement

De sardin's au fromage blanc
Mais le maître d'hôtel en noir
Répondit : nous avons ce soir

 Potag' : Rock en bol
 Poisson : Rockillages
 Dessert : Rockignoles
 Rockfort comm' fromage

 Mais si vous aimez mieux
 Voilà des rock-monsieur

 (Chœur polka)
 Rock-monsieur
 Rock-madame
 Rock les p'tits enfants
 (Stupeur générale)

Très irrité, l'pèr' de famille
Voyant ses garçons et ses filles
Se mettre à danser la polka
Donna des gifles dans le tas
Puis boxant le maître d'hôtel
Lui assena ces mots cruels :

 Potage : soupe aux gnons
 Poissons : moul's raclées
 Dessert : gros marrons
 Volaille : en volée

 Mais si vous aimez mieux
 Va pour le rock-monsieur

 (Chœur polka)
 Rock-monsieur
 Rock-madame
 Rock les p'tits enfants
 (Stupeur considérable)

Puis voulant mettr' un point-virgule
À cette chanson ridicule
Avec sa femme et ses enfants
Le papa sortit en pleurant
Tandis que les larbins ravis
Braillaient en chœur autour de lui

> Va donc, consommé
> Allez, chang' de thon
> Sortez, choux paumés
> Oust! Filez, mignons

> Nous ferons des heureux
> Avec nos rock-monsieur

(Chœur polka idem, et apothéose dans le délire)

ARTHUR... OÙ T'AS MIS L' CORPS?

1

Ce fut un forfait parfait
Un vrai forfait bien fait
Car on est des fortiches
Le client était buté
Alors on l'a buté
Pour faucher ses potiches
C'est Arthur qui fut chargé
De se débarrasser
De son cadavre moche
Mais Arthur a rappliqué
En murmurant: ça cloche
Ch'sais pas où il est passé...
 Voix des autres: — Hein?

REFRAIN 1

Arthur... Où t'as mis l' corps
Qu'on s'est écriés-z-en chœur
 Parlé : — Ben... j'sais plus où j'l'ai foutu, les mecs
 — Arthur ! Réfléchis, nom de d'là... ça a un' *certaine*
 importance
C'que j'sais, c'est qu'il est mort
Ça, les gars, j'vous l'garantis
Mais, bon sang, c'est trop fort
J'me rappell' pas où j'l'ai mis
 Voix désolées : — Oh...

2

Mais l'marchand d'antiquités
Avant d'êtr' liquidé
Avait pris l'bigophone
Et nous filons dans la brousse
Un car de flics aux trousses
On la trouvait moins bonne
On a loupé un tournant
Et on se r'trouve en plan
Au milieu d'un' vitrine
Les poulets s'amèn'nt en tas
Et puis ils nous cuisinent
Dans la p'tit' pièce en bas
 Voix douloureuses : — Ouille !...

REFRAIN 2

Arthur ! Où t'as mis le corps
S'écriaient les inspecteurs.
 Parlé : — Ben... j'sais plus où j'lai foutu, les mecs...
 — Arthur ! Réfléchis, nom de d'là ! Ça a un' *certaine*
 importance...
C'que j'sais, c'est qu'il est mort
Ça, les gars, j'vous l'garantis
Mais, bon sang, c'est trop fort
J'me rappell' plus où j'l'ai mis
 Voix désolées : — Alors, y a plus de preuves...

3

On a écopé dix ans
C'est plus que suffisant
Pour apprend' la belote
On pouvait pas s'empêcher
De toujours questionner
Notre malheureux pote
Comme il maigrissait beaucoup
On cognait plutôt mou
Pour pas trop qu'il s'étiole
Mais en nous-mêm's on pensait
Arthur se paie not' fiole
Il nous fait tous marcher
 Voix menaçantes: — Tu vas causer, oui?

 Refrain 3

Arthur! Où t'as mis l'corps
Qu'on susurrait en douceur *(Bruit de coups: Bing!)*
 Parlé: — Ben, j'sais plus où j'l'ai foutu, les mecs...
 — Arthur! Réfléchis, nom de d'là! Ça a un' *certaine*
 importance...
Arthur, où t'as mis l'corps
Tous les jours on lui d'mandait
Arthur il en est mort
On sait pas où il est passé...
 Voix stupéfaites: — Ah, mince alors!
 Voix du directeur: — Allons, mes enfants, votre copain Arthur, où
 l'avez-vous mis? Dites-le à votre bon petit
 directeur...

 4

Aucun d'nous n'se rapp'lait plus
Ce qu'on avait foutu
De cet Arthur de merde
Et le directeur furax
Attrapait des anthrax
À l'idée qu'il se perde
On a fait v'nir un devin

Qui lisait dans les mains
Et même dans les oreilles
Mais comme tout ça donnait rien
Un beau soir on essaye
Le spiritisme ancien

 Voix terrifiées : — Ça tourne, les enfants !
 Parlé : — Arthur... Es-tu là ?
 — Oui, les gars
 — Arthur, où t'as mis ton corps ?
 — J'ai pus d' corps, les gars
 — Arthur... As-tu du cœur ?
 — Belot', les gars... Rebelote, et dix de der...
 (Fading en réverbéré)

 Coda

Et on a enfin compris
Que ce salaud d'Arthur
Était au Paradis !!!

BLOUSE DU DENTISTE

Ce matin-là
En me levant
J'avais bien mal aux dents
Oh, là là là
J'sors de chez moi
Et j'fonce en pleurant
Chez un nommé Durand
Mm... mm...
Qu'est dentiste de son état
Et qui pourra m'arranger ça

La sall' d'attente
Est bourrée d'gens
Et pendant que j'attends

Oh, là là là
Sur un brancard
Passe un mec tout blanc
Porté par deux mastards
Mm... mm...
Je m'lèv' déjà pour fout' le camp
Mais l'infirmier dit : au suivant

BREAKS

Je suis debout devant le dentiste
Je lui fais un sourire de crétin
Il m'pouss' dans l'fauteuil et crie en piste
Il a des tenaill's à la main
Oh oh oh oh, maman
J'ai les guiboll's en fromag' blanc
Avant même que j'aie pu faire ouf
Il m'fait déjà sauter trois dents

En moins d'un' plombe
Mes pauvres molaires
Sont r'tournées dans leur tombe
Oh, là là là
Voilà qu'il m'plombe
Mes deux plus bell' dents
Cell's que j'ai par-devant
Mm... mm...
Il m'grill' la gueule au chalumeau
Et il me file un bon verr' d'eau

BREAKS

Il me dit faut régler votre dette
J'avais juste été payé la veille
Ce salaud me fauch' tout' mon oseille
Et me rend cinquant' ball's net
Oh oh oh oh, maman
Et il ajoute en rigolant
J'suis pas dentiste, j'suis plombier
Entre voisins, faut s'entr'aider.

Coda

Oh, oh
Et moi, je gueul', ce soir
Le blous' du dentiste, dans le noir...

SERMONETTE

1

Si je croyais en Dieu
Je serais heureux
De rêver au jour où je verrais dans le ciel
Un ange en robe blanche
Par un clair dimanche
Descendant vers moi dans un chariot doré
Dans un bruit d'ailes et de soie
Loin de toute la terre
Très haut, je verrais se lever devant moi
L'aube d'un jour sans fin
La brûlante lumière
Le bonheur éternel
Si je croyais en Dieu

2

Mais j'ai vu trop de haine
Tant et tant de peine
Et je sais, mon frère, qu'il te faudra marcher seul
En essayant toujours
De sauver l'amour
Qui te lie aux hommes de la Terre oubliée
Car tout au bout du chemin
Une faux à la main
La mort, en riant, nous attend pas pressée
Aussi mon ange à moi
Je le cherche en ce monde
Pour gagner enfin ma part de joie
Dans ses bras

DONNE, DONNE, DONNE

1

On t'a donné l'air léger
Le soleil bien rouge
L'eau pour te désaltérer
On t'a tout donné

REFRAIN

Puisque tu as tout reçu
Donne, donne, donne
Donne à ceux qui sont perdus
À ceux qui sont nus

2

On t'a donné la mer bleue
Qui danse à ta porte
Le vent, le ciel et les dieux
La neige et le feu

3

On t'a donné les oiseaux
La terre et les arbres
Les ruisseaux pleins de roseaux
Et les coqu'licots

4

On t'a donné les baisers
D'une jolie mère

Et ses mains pour te bercer
Et te caresser

5

On t'a donné l'amitié
De ton camarade
On t'a donné un métier
Et le monde entier

6

On t'a donné les yeux verts
D'une fille rousse
Délicieux univers
Où ton cœur se perd

7

On t'a donné une voix
Pour chanter la vie
On t'a donné une voix
Pour chanter ta joie

DERNIER REFRAIN

Chante, chante à pleine voix
Donne, donne au monde
Chante, chante à pleine voix
Donne autour de toi...

Sur le jazz

Extraits de *Chroniques de jazz, Écrits sur le jazz 1*
et *Autres Écrits sur le jazz 2*

On a dit et répété combien le jazz fut le souffle et le sang de Boris Vian. Dès son adolescence il en est saisi, le pratique à la trompette de façon fort estimable et ne cesse de s'engager dans la défense et illustration de cette musique afro-américaine : constance et profondeur caractérisent sa passion pour la musique noire. En 1944, après la période sinistre où elle fut condamnée par les nazis et devint symbole de résistance morale et culturelle, il s'enthousiasme de pouvoir en parler avec des G.I's ; mais, rappelle Michelle Léglise-Vian, il est vite étonné et déçu de constater l'ignorance de la plupart des Américains rencontrés et, paradoxe au fond très explicable par la méconnaissance des Blancs d'outre-Atlantique envers la musique noire ou leur goût de la musique de danse artificielle, c'est Vian qui leur donne des cours de vrai jazz !

Ursula Vian, de son côté, témoigne qu'à partir de 1954, déçu par la littérature comme nous l'avons vu, il s'intéresse presque exclusivement à la musique, jazz et chanson. Directeur artistique chez Philips puis Barclay, il corrigeait dates, noms, détails d'enregistrement sur disques et catalogues reçus d'Amérique : la science exacte soutient l'amour d'une musique essentielle, vivante et toujours en évolution. Ceux qui ont partagé cette passion avec lui de son vivant savent combien les deux faces du jazz, nostalgie ou désespoir d'une part et force dionysiaque de l'autre, correspondaient profondément à sa nature.

Lors d'études antérieures, j'ai analysé quels matériaux créatifs il tire du jazz pour son œuvre ; éléments pittoresques, rythmiques et phoniques — goût du Z, par exemple, redoublé dans « jazz » ... et même « zazou » ! — ; réflexions psychologiques, sociologiques et morales sur la négritude et le racisme ; correspondances symboliques et poétiques multiples qui s'épanouissent dans L'Écume des jours dont j'ai réaffirmé

ici combien l'inspiration du jazz y est fondamentale. F. Billetdoux va même jusqu'à définir le théâtre de Vian par analogie avec le jazz : « Il me paraît rendre compte de ce passage entre l'improvisation des débuts du jazz et l'orchestration écrite d'un Duke Ellington. »***

Suivant justement les vrais jazzmen pour qui, comme pour l'excellent trombone et pédagogue Benny Powell, « le jazz doit swinguer, et il doit avoir de l'humour. Dès qu'il perd ces qualités, ce n'est plus du jazz.*** »

Vian écrivain nous emporte dans un flux d'invention, d'improvisation et de découverte, nous transmet cette pulsation à la fois douce et violente, cependant que la lucidité, sous forme d'humour et d'ironie, nous attend à chaque riff. Son œuvre ne peut être séparée de cette musique mêlant l'harmonie à l'humour et au rêve, la sensualité à la révolte, le sens de la tragique solitude de l'homme au besoin de communiquer avec ses frères — par notes ou mots, création commune ou bouteille à la mer...

Des textes multiples

De cette passion noire et rouge — rouge fleur ou rouge sang — sont nées aussi des centaines de pages critiques, textes pédagogiques sur l'histoire du jazz et la façon de le jouer, analyses de disques, catalogues et pochettes, revues de presse, chroniques incroyablement variées : la nouvelle « querelle des Anciens et des Modernes » par le biais d'une polémique réjouissante et instructive avec Hugues Panassié, tenant farouche du style Nouvelle-Orléans, des souvenirs personnels et réflexions humoristiques, des canulars et textes calembouresques qui deviennent à l'occasion un florilège des grands noms, des développements sur les rapports du jazz avec les autres formes artistiques, en particulier avec son contemporain, le cinéma.

Pendant quelque onze ans (décembre 1947 — juillet 1958) Vian collabore — dirai-je gratis pro D.E. (Duke Ellington, évidemment)... — à la revue Jazz Hot, *acceptant cette sorte de contrainte en dépit de sa vocation de liberté. Il fut aussi critique de jazz pour plusieurs autres quotidiens ou revues,* Combat *(1947-1949),* Midi-Libre, Jazz News,

* *G. Pestureau,* Boris Vian, les Amerlauds et les Godons, *UGE, 10/18, 1978, pp. 377-424, et* Dictionnaire Vian, *Bourgois, 1985, articles « Alise » et « Chloé » en particulier.*

** *F. Billetdoux,* Hors-propos à B. Vian, Théâtre, *Pauvert, 1972, p. VIII.*

*** *Cité in* Chroniques de jazz, *UGE, 10/18, 1978, p. 130.*

Spectacles, Arts, etc. *À la fin de sa vie* En avant la zizique *(1958) offre un chapitre «Jazz et chanson» et Vian compose des textes de pochettes de disques, jazz ou variétés, que Michel Fauré a recueillis en 1976 dans* Derrière la zizique. *D'autres pages sur le jazz se retrouvent, grâce à Noël Arnaud, dans le* Manuel de Saint-Germain-des-Prés *(1974) et dans le recueil* Cinéma-Science-Fiction *(1978).*

Quant à l'énorme production de textes propres au jazz, elle est réunie dans trois volumes posthumes. Le premier, Chroniques de jazz, *fut édité par La Jeune Parque en 1967 grâce à Lucien Malson puis repris en 10/18 en 1971. Les deux autres volumes groupent des textes rassemblés et savamment présentés par Claude Rameil chez C. Bourgois en 1981 et 1982 :* Écrits sur le jazz 1 *et* 2. *Tout au long de ces pages, Vian se montre encore maître d'indépendance : il prouve qu'un genre d'écriture a priori limité — revue de presse, critique de disques, information ou pédagogie musicale — n'a pas de structure figée, échappe grâce à lui à la pure technique ou au simple compte rendu et devient une œuvre originale, tonique, riche et drôle à la fois, parfois explosive !*

UN CHOIX DE CHRONIQUES

Contrairement aux ouvrages cités ci-dessus et en fonction du petit nombre de textes retenus ici (une vingtaine), j'ai préféré les offrir en ordre chronologique, sauf le dernier texte, à part , «Jazz et Cinéma». La clarté de réflexion sur des problèmes précis y perd peut-être mais, outre que Vian parle souvent de plusieurs sujets dans le même article, cette présentation illustre bien à la fois la persistance d'une attention aiguë à ces questions, la récurrence de choix privilégiés et de convictions affirmées, la variété enfin des considérations et du style.

On verra ainsi Boris Vian s'intéresser aux problèmes fondamentaux du jazz : débat sur le choix entre l'improvisation collective et l'«arrangement» musical préalable à la séance de concert ou d'enregistrement — rappelons-nous «Chloe, arrangé par Duke Ellington» (L'Écume des jours, *chapitres VI, XI et XXI) —, opposition du vrai jazz et de la musique commerciale et problème de la qualité du jazz en relation avec sa vulgarisation, problème de l'édition des disques, persistance du racisme aux État-Unis, rapports du jazz et du cinéma.*

L'évolution du jazz est d'emblée abordée par le biais du débat interne au Hot Club de France en 1947 sur l'anathème lancé par Hugues Panassié et consorts contre le bebop : Vian, dont Panassié a déclaré

*d'ailleurs qu'il fut, de ses adversaires, « le seul qui eût quelque sens de l'humour » et « le seul qui eût quelque sensibilité au jazz »** — *pauvres Delaunay, Hodeir, Malson ! —, retrace l'histoire du schisme (!), intervient dans le conflit avec une vivacité et une ironie mordantes, défend le passage du style* New Orleans *ou dixieland — le passé — au bebop et à des rythmes ou formes originaux ou futurs***, *mais n'hésite pas à se dire d'accord avec ses adversaires sur des aspects ponctuels quand ceux-ci oublient leurs préjugés ; tout en gardant son affection et son admiration aux illustres Anciens, il reste cependant constamment aux côtés des grands Modernes : Ella Fitzgerald, Gillespie, Parker, Davis, Monk, etc.*

Il est surtout le servant d'un culte absolu, celui de Duke Ellington, ce maître idéal qui, cherchant sans cesse, fait justement le lien entre la musique d'hier et celle de demain. C'est la marque d'une justesse d'esprit et de sensibilité étonnante comme d'une science musicale rare que d'avoir compris, aimé et loué avec constance le génie de celui que l'Amérique découvre aujourd'hui comme l'un de ses plus grands musiciens, toutes formes confondues, et peut-être le plus grand, au piano mais surtout, comme dirait Vian, à l'orchestre.

La réflexion sur le jazz mène Vian à des considérations plus générales sur la critique et sa conclusion témoigne d'une grande modestie : chacun doit écouter, chercher à comprendre, aimer surtout ; le critique ne peut que signaler ce qu'il aime... Mais à la moindre occasion l'humour se déchaîne et c'est le triomphe du canular, de la parodie, de la plaisanterie sur soi, sur les autres, sur le journalisme qui se prend au sérieux.

On retrouve en effet presque constamment dans ses chroniques et textes sur le jazz le « style Vian », ce mélange de grave et de léger, de

* *H. Panassié,* Monsieur Jazz, *Stock, 1975, p. 220.*

** *Le style dixieland, héritier direct du style Nouvelle-Orléans, porte le nom des États du Sud (Dixie) et se définit tantôt comme une improvisation à trois voix, tantôt comme un jazz joué par les Blancs ; comme le Nouvelle-Orléans, il fut au cœur du Revival (renouveau, renaissance) des années quarante.*
En 1941-1942 quelques jeunes ou moins jeunes musiciens sensibles à l'érosion du style swing et à l'impasse du jazz « classique », aux pouvoirs créateurs si explorés pendant les vingt dernières années, prirent l'habitude de jam sessions à Harlem pour des recherches créatrices d'ailleurs préparées par les orchestrations d'Ellington ou Hawkins. Bop, re bop ou be bop — onomatopées du chant scat — devint le nom de cette première révolution du jazz (rupture de la continuité rythmique absolue, élargissement des bases harmoniques, dissonances, introduction de moyens nouveaux comme les percussions cubaines, et même mode du béret basque et de la barbiche !) dont les chefs de file furent entre autres Charlie Parker, Dizzy Gillespie, Miles Davis, Thelonious Monk, Kenny Clarke...

fantaisie ludique ou comique et d'émotion ou de passion déjà caractérisé et illustré dans ses œuvres de fiction. Éclatent le goût du verbe et des calembours, le sens de l'humour en même temps que la passion profonde de la musique, celle du jazz comme celle des mots. Ainsi en va-t-il de ce délirant conte de Noël, « En rond autour de minuit », jusqu'à une collaboration pédagogique avec Frédéric Rossif pour illustrer sur petit écran le cousinage des deux grands arts du XXe siècle, deux amours inégales mais réelles de notre auteur : Jazz et Cinéma.

<div align="center">*</div>

Nota bene *(Vian préférait : « Note à benêts ») :*

Pour éviter la multiplication lassante des renvois de notes — déjà fort abondants —, j'ai préféré joindre aux textes ici réunis un lexique des musiciens de jazz cités par Vian. Je me suis aidé pour cela de divers ouvrages sur le jazz et particulièrement du Dictionnaire du jazz *de Ph. Carles, A. Clergeat, J.-L. Comolli (Laffont, 1988).*

Les notes des textes ne concerneront donc que les autres noms ou titres ; sauf exception, j'ai d'ailleurs renoncé à donner la paternité des trop nombreux airs et chansons cités.

<div align="right">G.P.</div>

Il se trouve par un hasard étrange et bizarroïde, que cette première chronique coïncide avec l'apparition d'événements jazzistiques d'une assez grande importance, que je vais tenter de relater : au reste, il ne saurait y avoir de meilleure introduction.

Le jazz [...] est défendu chez nous, depuis une douzaine d'années par le Hot-Club de France, le premier en date de tous les Hot-Clubs[1]. Organisé d'abord dans une certaine pagaïe, le H.C.F. se développa peu à peu, sous l'impulsion de son Président, Hugues Panassié et de son secrétaire général, Charles Delaunay[2]. Jusqu'en 1940, l'ensemble fonctionne à peu près. Vers 1940, fatigué de changer d'avis tous les ans Panassié se retire complètement en province et Charles Delaunay assume à lui seul la responsabilité de la défense du jazz pendant l'occupation. Vient la Libération : tout redémarre lentement (ô combien !)[3]. La revue *Jazz Hot* paraît de nouveau. Nous voici en 1947. Estimant que le moment est venu, après sept ans d'inertie, d'affirmer ses prérogatives royales, Hugues le Montalbanais sort de sa retraite, endoctrine de vaillants présidents de Hot-Clubs régionaux, noyaute le Hot-Club de France en y introduisant ses créatures perfides, et attaquant Charles Delaunay sous des prétextes pour le moins ridicules et fallacieux, portant le débat sur un terrain personnel, réussit à évincer Delaunay de son poste de secrétaire général, au cours de l'Assemblée générale du 2 octobre.

Je vous dirai un traître mot des prétextes : Delaunay fit éditer, voici quelques mois, un numéro spécial d'*America, Jazz 47*, entièrement consacré au jazz, et dans lequel figuraient : 1°) une fantaisie de votre serviteur, illustrée d'un montage photographique, genre surréaliste, de Jean-Louis Bédouin où, horreur !, la tête de Zutty Singleton, drummer, voisinait avec le corps presque nu de Rita Hayworth[4], et 2°) la

reproduction d'un tableau de Félix Labisse, tableau fort connu et assez déshabillé. Sur quoi, Panassié crie au scandale et les doigts largement écartés, se voile la face en rougissant jusqu'aux bottes. En réalité, il y avait dans *Jazz 47* un excellent article de Sartre qui avait — c'est bien normal — le pas sur celui de Panassié[5]. Par ailleurs, certains intérêts commerciaux se mêlaient fort vilainement aux mobiles du Président.

Il était à craindre que la scission ainsi survenue ne conduisît (comme dirait Mme de La Fayette[6]) à un écroulement total de l'œuvre accomplie jusqu'ici. Cependant, le Hot-Club de Paris, de beaucoup le plus important, accordait samedi dernier, à l'unanimité, sa confiance entière à Charles Delaunay. Il fut suivi dans ce mouvement par certains H.C. régionaux qui désapprouvaient les manœuvres retorses du Grand Hugues. La revue *Jazz Hot* continue, comme par le passé, à être dirigée par Delaunay. Les concerts de l'École Normale vont se poursuivre, et de fort nombreux projets sont, certains à l'étude, certains en pleine réalisation. Je vous en entretiendrai en temps utile, et vous convoquerai aux divertissements concomitants, si vous amenez de quoi boire.

Telle est, à l'heure actuelle, la situation. Une nouvelle époque de la lutte pour le jazz commence, et s'il est regrettable de voir de vieux amis s'estrapadouiller en public, il est bien certain que les deux partis vont redoubler d'activité, ce qui sera peut-être l'occasion d'entendre un peu plus de bon jazz et d'assister à de spectaculaires bagarres avec prises de judo à la Gillespie.

<div align="right">

Octobre 1947,
Jazz Hot.

</div>

Bebop et Nouvelle-Orléans

Les concerts de jazz qui viennent de se dérouler à Paris, à Nice, à Lyon et un peu partout nous ont apporté des enseignements multiples et variés, d'autant plus intéressants que le style de ces concerts variait du très simple au très complexe selon qu'il s'agissait des formations Nouvelle-Orléans de Louis Armstrong, Mezz Mezzrow et Claude Luter ou de l'orchestre de Dizzy Gillespie. Et en particulier, ils nous amènent à

réfléchir sur les parts respectives de l'arrangement et de l'improvisation dans le jazz actuel.

Précisons : j'entends par jazz actuel non seulement le jazz « moderne », mais encore le jazz tel que le pratiquent les anciens de la vieille cité précitée.

Eh bien! Force nous est de reconnaître que ceux qui assurent que Gillespie ne joue que de la musique écrite se trompent ou sont de mauvaise foi. J'ai entendu cinq fois l'orchestre de Louis Armstrong, tant à Nice qu'à Paris, et quatre fois celui de Dizzy. J'ai entendu Louis improviser et je l'ai entendu jouer exactement ce qu'il avait joué la veille. J'ai entendu Dizzy jouer aussi note pour note les mêmes choses et je l'ai entendu prendre trois chorus de suite sur *Groovin High* ou *Things to Come*, surprenant ses propres musiciens.

En réalité, il n'y a pas la moindre différence d'esprit entre le « vieux style » et le « bebop ». Ce sont deux phases de l'évolution d'une seule et même chose : la musique noire. Et ces deux phrases comportent les mêmes éléments traités de manière différente. Les arrangements oraux exécutés par Teagarden, Barney Bigard, Hines, Shaw et Catlett derrière le chant de la trompette du roi Louis sont aussi immuables que les vertigineuses glissades des quatre trompettes du Diable au béret rouge, et ne sont ni plus ni moins condamnables que les arrangements de Duke Ellington, dont personne n'a jamais eu l'idée de dire qu'il avait tort d'écrire ses compositions.

Ne vaudrait-il pas mieux, dédaignant les querelles de clocher et cessant d'opposer les uns aux autres des Noirs tout aussi sincères et concourant tous au triomphe de la même musique, reconnaître le jazz là où il est et l'apprécier sans idées préconçues?

11 mars 1948,
Combat.

À Ernest Borneman[7], insidieusement

EN ROND AUTOUR DE MINUIT

> *Yodle... yodle... yodle... yodle... etc.*
> (Gillespie, *Œuvres.*)

> *Qu'est-ce que c'est que ce bipope ?*
> (Paul Boubal[8], *Florilège poétique.*)

Un conte de Boris Vian

I

Le timbre de la portre d'entrée s'agitait de façon curieuse, comme une particule en plein mouvement brownien... Je prêtai l'oreille... pas de doute... quelqu'un essayait de reproduire les soli de trompettes de *One Bass Hit*[9]...

Tout mou et chaud, je sortis de mon lit, passai en vitesse un pantalon et un chandail, et j'allai ouvrir. Sonner à onze heures du soir c'est pas des façons de civilisé. Je me préparais à expliquer au quidam ma manière de voir... C'était peut-être un gendarme qui venait m'arrêter pour outrage aux mœurs par la voie des magazines de jazz...

J'ouvris. L'homme entra. Petit et sec, cinquante ans à vue de nez... un peu gras... une figure assez familière... familière eût-elle été sans la graisse. Il salua à la nazi.

— *Heil* Gillespie ! dit-il en claquant les talons deux fois sur un rythme serré comme les deux appels de cuivres de *Stay on It*. (Ça, me dis-je, ça doit être dur à faire.)

— *Heil* Parker ! répondis-je machinalement.

— Je me présente, dit-il, Goebbels[10], délégué spécial à la Propagande de la Commission musicale de l'O.N.U., section des Orchestres de Jazz...

— Goebbels ?...

Ça me rappelait quelque chose. Je cherchai un peu.

— Vous étiez beaucoup plus maigre, dis-je. Et en plus, je me figurais qu'on vous avait pendu.

— Et Ilse Koch[11] ? dit-il avec un large sourire. On l'a pendue ?

— Heu...

— J'ai fait comme elle, avoua-t-il en baissant la tête et en rougissant. Je me suis fait faire un enfant en prison. Alors les Américains m'ont

libéré. Et ensuite il y a eu l'histoire du couloir aérien[12], alors maintenant on est plutôt bien avec les Américains. Surtout depuis qu'ils ont entendu le *Départ de l'Express Flèche Rouge* par l'Orchestre de Jazz des Cheminots de Moscou. De fil en aiguille, comme on nous a reclassés suivant les compétences, j'ai été mis à la propagande.

Une question me taquinait.

— Et Goering[13] ? dis-je. Il est pas mort non plus ?

— Il joue du bongo dans l'orchestre bop de l'O.N.U., me dit Goebbels.

Je m'aperçus que nous étions là, debout dans le vestibule.

— Vous voulez peut-être qu'on parle sérieusement ? dis-je.

II

— Voilà pourquoi je suis venu vous voir, conclut Goebbels pour résumer, en vidant son verre d'élixir de marihuana.

Il prit un petit gâteau à l'opium.

— Mais, dis-je, je ne suis pas tellement qualifié pour vous aider...

— Au contraire, me dit Goebbels. Personne ne vous prend au sérieux. C'est très commode. Vous ferez un merveilleux espion.

— Ça m'embête, dis-je.

— Et puis, quoi, dit-il, il faut souffrir pour Gillespie !...

Il se leva et claqua des talons deux fois sur un rythme serré, à l'instar des deux cris de trompette dans *Stay On It*.

— Tout pour le bop, dit-il en se rasseyant. Et maintenant, on parle affaires. Regardez ça, vous verrez le travail des autres...

Il me tendit un papier. C'était une circulaire de l'Association des Plombiers-Zingueurs de France. Je lus :

« *L'Association invite tous les membres à remplacer, dès le 1ᵉʳ janvier 49, les fers à souder de toute nature, avec panne en laiton, par des fers spéciaux à panne acier. Vivent les Plombiers-Zingueurs !... Vive Mezzrow !... Vive la République !... Smrt fasizmu !... Svoboda narodu*[14] *!...* »

— C'est la contre-propagande, dis-je. Il fallait s'y attendre.

— C'est pas mal camouflé, hein ? me dit Goebbels. Et vous avez remarqué la vacherie de la fin ?

— Mais qu'est-ce qu'on peut y faire ? dis-je.

Il rit (bop)[1].

— C'est ce que vous allez voir, me dit-il. Habillez-vous et venez avec moi. On va déjeuner ensembliabliabliablia[15]... ensemble.

III

— L'ABC de la propagande, me confia Goebbels lorsque nous fûmes installés dans le restaurant annamite de Hoanh-Son, c'est le noyautage de l'idiome. Regardez.

Il appela le garçon. Celui-ci vint.

— Vous m'apporterez une poule au riz-bop, dit Goebbels.

Je ne voulus pas rester en reste.

— Pour moi, dis-je, du riz-bop au curry-bop, avec du pain bis-bop et du thé-lonious.

Le garçon s'évanouit. Goebbels me serra la main, jubilant.

— Vous avez pigé. Je savais bien qu'avec vous ça irait tout seul. Vous voyez, il s'en souviendra toute sa vie.

— Ça paraît relativement simple, avouai-je.

— Pour vous, dit Goebbels, ça l'est parce que vous êtes piqué. Mais pour eux... les non-initiés... et les dixieland-fans... vous vous rendez compte?

Le garçon grouillait par terre, l'air très mal en point. Ça m'avait coupé l'appétit.

— Allons ailleurs, proposai-je. Dans un débit-bop de boissonny stitt.

— Boire un verre de Dexter Corton[16], approuva Goebbels.

— Méfiez-vous, dis-je. Faut rester compréhensible.

Nous nous levâmes et sortîmes pour descendre la rue Monsieur-le-Prince.

— Non, dit Goebbels, vous n'avez pas la moindre notion de ce que c'est que la propagande. Est-ce que quelqu'un a jamais compris un mot à un article d'André Hodeir[17]? Non. Eh bien, il écrit des livres sur le jazz, et il les fait éditer chez Larousse, et il est généralement considéré dans les milieux compétents comme un critique de jazz. Ce n'est qu'un exemple.

— Quels autres moyens comptez-vous employer? demandai-je.

— Multiples, dit Goebbels. Une ligne de chemin de fer directe reliera

1. Note de la rédaction.

Paris-bop à Albi-bop. Daniel Parker[18] troquera son prénom contre celui de Charlie. Au lieu de chanter *Fais dodo Colas mon p'tit frère*, on chantera *Fais dodo Marmarosa, Nicholas Monk-tit frère...* etc.

IV

Nous approchions du boulevard Saint-Germain et une librairie s'ouvrait à notre gauche.

— Venez, me dit Goebbels.

Il entra. Le libraire vint à nous.

— Les œuvres complètes de Léon Bopp[19] ? demanda Goebbels.

— J'ai pas ça, dit le libraire. Voulez-vous *Autant en emporte le Vian*[20], de George Mitchell ?

— Non, dit Goebbels. Ne vous payez pas ma tête.

Nous sortîmes derechef.

— Il y a anguillespie sous Roach, dit Goebbels. Ça doit être la contre-propagande.

— Vous frappez pas pour le vent, dis-je. J'ai obtenu de l'Académie, avec qui je suis assez bien, qu'on remplace, isolément et en composition, la syllabe « van » par mon nom. Ça leur coûte pas cher et moi j'ai besoin de publicité.

— C'est pas ça, dit Goebbels. C'est de *Margaret* Mitchell, ce bouquin-là. Pas de George. Mais regardez... Qui est-ce qui tourne le coin de la rue ?

Je regardai et reconnus, à sa silhouette caractéristique, un Lorientais[21].

— Ça y est, dis-je. Il a fait la leçon au marchand.

— Hou !... dit Goebbels. Ça ne va pa-pa-da du tout.

Il regarda sa montre.

— On va le louper, dit-il. Il marche très vite et il est plus de Dizzy moins le Garner.

— Si on prenait un grand bi[22] ? proposai-je, ça serait Rugolo comme Tough.

Goebbels me regarda furieux.

— Quoi ? dit-il. Comme Tough ? Dave Tough ? Vous aussi, maintenant, vous trahissez ?

— J'y pensais papa Mutt Carey, dis-je.

Et je me mordis les lèvres, conscient de ma gaffe. Goebbels devint

blanc comme un Woody Herman, et sa main descendit vers la poche droite du veston verdâtre qui moulait ses formes élégantes.

— Pas si White, dis-je.

Il s'immobilisa.

— Lequel ? demanda-t-il à brûle-pourpoint. Georgia ou Sonny ?

Ça y est... Je ne me rappelais plus. J'y allai au culot.

— Georgia, dis-je.

Il tira à travers sa poche. Ça fit un bruit de carillon.

V

Le téléphone sonnait depuis cinq minutes. Je m'extirpai péniblement d'un cauchemar poisseux et j'empoignai le récepteur dans le mauvais sens.

— Allô ? grognai-je d'une voix engluée de sommeil. Ici Sleepy John Estes.

— Allô ? entendis-je. Dis donc... c'est Hodeir... Tu penses à nous... pour le conte du numéro de Noël ?...

Je pensai fortement, non sans mal.

— Tout bien réfléchi, je crois que tu ferais mieux d'essayer, toi, dis-je.

— Allons... protesta Hodeir, jovial... ne renverse pas l'Erroll...

<div align="right">

Noël 1948,

Jazz Hot.

</div>

DUKE ELLINGTON[23] VAMPIRE OU CATALYSEUR ?

Il y a une telle différence d'envergure entre Duke Ellington et tous les autres musiciens de jazz, sans exception, qu'on se demande pourquoi on parle des autres. Le fait est qu'on en parle tout de même, et moi aussi, alors je n'ai rien à dire, et d'ailleurs je ne dis rien. Mais pour en revenir à Duke, il est une question que bien des gens se posent : lorsqu'un musicien entre chez Duke, ses enregistrements le présentent bien

souvent sous un jour extraordinaire et au bout de peu de temps, s'il n'atteint pas la célébrité, c'est vraiment qu'il le fait exprès.

Aussi on est amené à se demander si le fait de jouer chez Duke développe les qualités intrinsèques du monsieur (ce qui est très admissible : jouer avec un orchestre de cette classe des arrangements de cette classe, ça doit faire encore plus d'effet que de se trouver à brûle-pourpoint au milieu du harem d'un pacha à son aise), ou si l'orchestre de Duke ne doit ses qualités qu'au fait que Duke s'assimile les vertus particulières de chacun des hommes qu'il emploie.

En résumé, Duke est-il un vampire ou un catalyseur ? Notez qu'il y a encore une troisième possibilité ; peut-être a-t-il tout simplement un flair de chien de chasse pour découvrir les hommes qu'il lui faut — et ceux qui savent jouer. Mais Cootie a-t-il, depuis qu'il s'est séparé de Duke, fait mieux que le *Concerto pour Cootie* ou les *Echoes of Harlem* ? Et Barney Bigard ? (exemple beaucoup plus frappant encore). Et Ben Webster ? (cas plus discutable, car certaines des faces qu'il a gravées en petite formation sont plus qu'honorables), Ben Webster va cependant, paraît-il, revenir chez Duke. Alors ? Catalyseur ? C'est difficile à dire — il faudrait y être. L'esprit d'équipe de l'orchestre joue-t-il ? Posez-vous la question à votre tour... tâchez de la résoudre ; de toute façon, quelle que soit la règle à laquelle vous aboutissiez, vous aurez l'exception qui la confirme : Jimmy Hamilton, le clarinettiste actuel du Duke, qui est si ennuyeux qu'on peut affirmer en toute certitude qu'il n'a rien apporté au Duke et que Duke n'a rien pu faire pour lui : c'est simplement une victime de Benny Goodman.

4 février 1949,
Combat.

MILES DAVIS[24]

Ce qui frappe avant tout chez Miles Davis, c'est qu'il est très joli garçon ; on m'assure qu'il manque un peu de taille, mais ce sont là des chicaneries sans importance ; un examen de ses photographies permet de conclure que chez ce personnage bien équilibré, l'imagination l'emporte un peu sur la sensualité, laquelle est à peu près parfaitement

équilibrée par l'intelligence ; et je ne sais pas s'il faut les croire toutes (les photos), mais il y en a une sur laquelle il a nettement des oreilles de faune, ce qui est bon.

On ne peut s'empêcher de parler de soi quand on fait un article critique — et c'est heureux, car ce serait viser à l'infaillibilité que de déclarer « il est ci, il est ça, et ça ne se discute pas ». Viser à l'infaillibilité et commettre, de plus, le péché d'orgueil. Ceci pour vous dire que l'un des « moments » du bop à mon avis, c'est le chorus de Miles Davis dans *Now's the Time*.

J'ai déjà eu un coup comme ça avec le solo de Ben Webster dans *Chlo-E* de Duke Ellington, voilà six ans. Et j'ai fini par avoir *Chlo-E* dans ma collection[25]. Eh bien ! je n'ai pas encore *Now's the Time* — je n'en ai qu'un doublage — mais je me suis trouvé un correspondant en Nouvelle-Zélande, un au Labrador et un aux États-Unis et je finirai par l'avoir. À ce moment-là d'ailleurs, je ne le jouerai plus parce que je sais par cœur le chorus de Miles.

Ce chorus résume d'ailleurs assez étrangement les qualités essentielles de Miles Davis (qualité étant pris ici au sens qualitatif, non judiciaire).

a) D'abord, une relaxation absolument parfaite. Je crois qu'il est impossible de jouer plus détendu que Davis. Ça se promène comme dans un sentier fleuri au mois de mai (ça tombe bien, vous allez pouvoir essayer avec Julie). C'est d'une aisance et d'un abandon réellement apaisants.

b) En second lieu, un phrasé ahurissant. Un phrasé sinueux, coupé de repos qui ne vous surprennent que pour vous détendre plus (physiquement) et vous exciter du même coup (intellectuellement). Miles repart de note en note, logique, neuf, précis, et il arrive à vous emmener vraiment ailleurs avec des matériaux lisses et pleins comme des briques (faites au tour de potier, bien entendu).

c) En troisième lieu, une sonorité curieuse, assez nue et dépouillée, presque sans vibrato, absolument calme, mais aussi attirante malgré cela que la véhémence d'un Jonah Jones ou d'un Eldridge. Une sonorité de dominicain : un gars qui reste dans le siècle, mais qui regarde ça avec sénérité.

d) Enfin, un sens de la structure rythmique plutôt sensationnel, et une « feuille » pas mal réglée, merci. Parce que pour retomber sur ses pattes comme le fait le monsieur qui s'embarque dans ces constructions-là, il

faut en avoir dans les canaux semi-circulaires, de l'équilibre, oui madame.

Now's the Time ne donne pas une idée complète des possibilités de Miles ; vous pouvez aussi l'écouter dans quelques-uns de ces morceaux casse-cou qu'il exécute avec son petit camarade Charlie Parker ; vous ne serez pas déçu. Il n'a l'air de rien, comme ça, il reste presque toujours dans un registre moyen, mais quand il a envie de faire l'acrobate, il peut aussi... Il grimpe bien haut et il tricote bien vite... c'est beaucoup plus facile à analyser au ralenti. D'ailleurs (ceci est une parenthèse) il vaut mieux juger un soliste en général sur un tempo moyen ou lent, parce que c'est beaucoup moins commode de faire l'épate et c'est beaucoup plus difficile de rester intéressant ou fascinant ; si vous en voulez une preuve écoutez *On the Sunny Side* de Lester Young et vous verrez pourquoi c'est un grand, grand monsieur.

Et pour en revenir à notre ami Miles Davis, que puis-je vous en dire encore ? Que je suis bien content qu'il vienne jouer au festival à Pleyel et que j'espère qu'on l'entendra tout de même avec son compère Parker, bien qu'il ne fasse plus régulièrement partie du quintette de Charlie... Allons, il y aura bien quelques petites jams[26] en marge de la semaine...

Mai 1949,
Jazz News.

Dans *Jazote*, il y a un éditorial du rédacteur en chef Hodeir (surnommé Hodeir-nier-les-bons depuis qu'il s'attaque à Jimmy Noone), éditorial qui, avec l'article sur Thelonious Monk, traduit dans un style inimitable par Vernon Sullivan, est le seul à connaître les faveurs de Françoise. Pour le reste, cette douce chérie déteste Omer Simeon, Benny Goodman et les autres et proteste contre le fait d'écrire Cozy Cole avec un S au lieu du Z. Dans la revue de presse, bourrée de coquilles, rien à signaler qu'une incompétence si manifeste qu'elle frise l'originalité. Puis viennent les pages belges, écrites en belge pour les Belges, où mon vieux camarade Jean de Trazégnies, avec son objectivité coutumière, venge ses compatriotes des outrages subis à Pleyel en envoyant des fleurs à mes collègues Fofo et consorts — et à moi-même, qui n'ai, je dois le dire, pas beaucoup bien joué à Knokke[27].

Heureusement, pour confondre le vilain Jean, dans «Actualités Musicales», il y a, imprimé noir sur blanc, une comparaison flatteuse de mon style avec celui de l'«Armstrong des grandes années». Hein! c'est Françoise qui va être fière!... Ça lui apprendra, à ce méchant Jean. En réalité, il n'écoutait pas et il regardait Yetty Lee[28], qui, je dois le dire, se laisse voir sans déplaisir...

[...]

Onze cents lecteurs mâles, six lecteurs femelles, et le personnel du couvent de Ravanastron-sur-Pigne m'ont écrit des lettres d'injures pour exiger que cette revue de presse soit remplacée par une Revue du Quatorze Juillet avec des pétards, des rosières, des lampions, et un défilé militaire : on le devine, il s'agit là d'un prétexte pour entendre de la musique Nouvelle-Orléans, mais j'ai déjoué ce traquenard et ça sera une revue de presse aussi minable que d'habitude. [...]

<div style="text-align:right">

Octobre 1949,
Jazz Hot.

</div>

À propos de l'orchestre Ellington

On lit périodiquement dans la presse spécialisée des affirmations péremptoires du genre de celles-ci : «*le Duke est sur la pente de la facilité. — Ellington n'est plus ce qu'il était. — Autrefois, il avait de grands solistes, maintenant, plus personne*». La plus belle provient sans doute, dans sa concision, d'un certain Fox, dans le *PL Yearbook of Jazz 1946* : «*Il est certainement piquant de constater qu'Ellington a gagné la célébrité nationale en Amérique au moment où ses compositions ont atteint leur niveau le plus bas, et au moment où son orchestre, démantelé, a vu ses hommes de base remplacés par des nullités.*»

Pareilles déclarations prêtent à sourire, voire même à faire ha! ha! très bruyamment au nez de M. Fox, après avoir mangé de l'ail, surcroît de mépris.

Certes, il arrive fréquemment qu'on fasse enregistrer à Ellington des histoires sans grand intérêt, où des messieurs à voix de veau chantent des mélodies très sentimentales.

Mais c'est si bon, le sentiment. Ceci prouve tout au plus que Duke est moins libre qu'en 1935 de sélectionner lui-même son programme.

C'est que depuis 1935 l'industrie du disque a fait quelques pas en avant dans le domaine de l'importance. Et que par conséquent le directeur commercial a maintenant voix au chapitre beaucoup plus que par le passé. [...]

Mais que l'on vienne à tomber par hasard, à la radio, sur une retransmission de Duke lorsqu'il joue pour la danse, ou sur un enregistrement réalisé dans ces conditions, et l'on est aveuglé par l'évidence : jamais Duke Ellington n'a mieux joué de son instrument.

Son instrument, c'est-à-dire son orchestre. Il faut bien le reconnaître : lorsqu'il a sorti *Trumpet no End*, Ellington a infligé un horrible gros démenti à ceux qui assuraient : « *Ellington, sans ses solistes... il est fichu.* »

Quatre trompettes, quatre solistes, dont aucun ne jouait dans la formation de 1939-1940, celle dont, en général, on dit : « *C'était l'apogée.* » Et un disque égal, sinon supérieur, à tous ceux de 39-40[29].

Ne se rend-on pas compte qu'Ellington *suscite* des solistes quand il en a besoin ? Qui a fait Jimmy Blanton ?... Sa mère ?... Non, Ellington.

Qui a fait Barney Bigard ?...

Ellington.

[...]

Mars 1950,
Jazz News.

DUKE ELLINGTON À PARIS

Voilà que ce rédacteur en chef de malheur me demande, en plus de son éditorial que le Bon Dieu patafiole (souhait), un papier sur Duke, que j'eus l'honneur d'approcher voici deux ans, en raison de la nécessité où il se trouve de fournir à ses fidèles lecteurs une image originale du

seigneur des seigneurs — j'ai nommé M. Edward Kennedy Ellington, l'empereur du jazz de tous les temps.

Et après cette importante période, je m'en vais recollecter mes mémoires, comme disent les godons[30].

Je vis (l'emploi du passé simple, ou défini, fait noble et plausible) Ellington en chair et en os pour la première fois au Palais de Chaillot le 3 avril 1939.

J'ai encore le programme, édité sur papier couché, et qui valait dix balles.

Je me rappelle les moments les plus terribles : c'était *Rockin' in Rhythm* et *Dinah's in a Jam*.

Ah ! mes enfants, quel coup au cœur. Positivement, ça vous vidait de votre siège. Et j'étais loin... (fauché, si fauché que je n'avais pu y retourner le 4).

C'était le temps de Rex, de Bigard, de Tricky Sam.

Irremplaçables, vous croyez ? Tricky, peut-être... et d'ailleurs pourquoi les remplacer ?

Duke ne remplace pas... il continue avec d'autres. Parce que son orchestre, c'est lui. Mais revenons à nos moutons.

Je vis pour la seconde fois, en chair et en os, Ellington le lundi 19 juillet 1948, à 17 h 30 au moment où il sortait du train.

On était là des tas à l'accueillir, et Bolling joua quelques airs de son répertoire, avec Duke à la batterie.

Je me rappelle (j'ai noté plutôt) la réflexion d'un homme en cotte bleue, à la descente de Duke :

— Qui est-ce ? demandait-on.

— C'est sûrement un boxeur, répondit l'homme, dans l'esprit de qui un musicien ne pouvait justifier pareil déploiement de forces.

Le 21, chez Carrère[31], une dame s'exclama :

— Oh ! Duke Ellington ? J'espère qu'on va lui faire chanter quelque chose !...

Duke parlait fort bien le français. Il but du champagne et dit :

— Formidable.

Il ajouta :

— Encore.

Et conclut par :

— L'addition.

Que Carrère, s'il m'en souvient, prit fort aimablement à son compte,

Duke, à la requête d'une autre dame, avait consenti avec une amabilité charmante à jouer un ou deux morceaux.

Enfin, le 28 avril, après avoir essayé de joindre Duke qui revenait de Bruxelles avant son départ, découragé je me couchai vers minuit et demie.

Miracle! Vers trois heures du matin, grâce aux efforts conjugués de Vera Norman et de Berdin[32], Duke arriva chez nous pour manger des frites et du bifteck, un de ses plats de prédilection. (C'était raté, d'ailleurs, on était trop émus…)

Il passa la nuit chez nous à écouter des disques en compagnie de quelques amis, et, le lendemain matin, frais comme une rose, on le raccompagna au Claridge vers 7 heures. Il partait à 9.

Et si vous voulez tout savoir… eh bien, il a oublié chez moi une cravate bleue à pois blancs que je garde dans du coton, comme une relique.

Ce n'est pas que je sois fanatique, mais Duke, tout de même, c'est quelqu'un.

[…]

Avril 1950,
Jazz News.

Passons à *Hebdo-Latin*, avril 1950. Chose étonnante, un article de Hugues, calme et pondéré, du coup lisible. Seule une blague à la fin, mais significative:

« Disons encore que Bud Powell était un des jeunes pianistes les plus prometteurs mais que son évolution vers le style bebop semble avoir compromis son avenir de pianiste de jazz. Le bebop est d'ailleurs venu gâcher pareillement le style de nombre de pianistes dont on pouvait beaucoup espérer. La crise passée, pas mal de signes annoncent sa fin prochaine… »

Décidément, Hugues tient à sa théorie: le bebop considéré comme une maladie indépendante des musiciens; qui s'est abattue sur eux un peu à tort et à travers. Mais enfin, Hugues, mon gros minet, c'est parce qu'ils ont joué comme ça qu'on a appelé ça du bop, et c'est pas parce qu'il y avait quelque part, un germe de bebop prêt à fondre sur eux. Ah! Hugues, si tu voulais être plus raisonnable, comme on s'entendrait bien

tous ensemble. Et puis notez encore : « *La crise passée... sa fin prochaine* ». Je vous parie un million que dans le prochain numéro de la *Revue du Jazz*, Hugues va dire que Ernie Royal est un très grand trompette et que ce qu'il fait n'est pas du bebop, car, comme dit Lucky Thompson (c'est pas la peine de citer ce bon Lucky pour un pareil truisme) on peut jouer moderne sans jouer bop. Et peu à peu, tous les boppers vont nous être présentés dans la *Revue du Jazz* ou *Hebdo-Latin* comme ayant abandonné le bop et de nouveau dignes d'attention et de considération. Mais enfin, mon nunugues, si tu te décidais à admettre qu'il n'y a pas de maladie bibope, qu'il n'y a que *des musiciens*. Ah ! que tu me fais de la peine.

[...]

Mai 1950,
Jazz Hot.

Ne nous dissimulons pas la gravité de la situation : tout va mal, Madeleine Gautier se met à parler argot. Ne nous appesantissons point sur ce pénible incident qui surgit tel un obélisque d'opprobre dans une carrière remplie jusqu'ici par la culture raisonnée des arts d'agrément et notamment de la poésie lyrique ; les faits sont là, ils parlent d'eux-mêmes, il suffit de consulter le bulletin n° 6 (3e série) du Hot-Club de France, de mars 1951. Au même sommaire, Panassié en long (c'est pas très long), en large (c'est déjà plus large) et en travers (ça ne passe pas). Puisque l'occasion se présente, évoquons (une fois de plus) la figure magistrale de ce grand pionnier de la médecine du larynx et posons-nous (une fois pour toutes) le problème : Pourquoi M. Panassié s'obstine-t-il à écrire *Zazott* quand chacun sait que ça s'écrit *Jazote* ? Serait-ce que son Z remplace le J par suite d'un subtil détour vers l'orthographe phonétique ordinairement pratiquée par les méthodes type Assimil ? Non, car à ce compte, on prononcerait *Jajote* et je doute que cela soit le but poursuivi. Il apparaît donc que ce *Zazott* doit viser à introduire dans l'esprit du malheureux impétrant (j'adore ce mot, impétrant, ça ne correspond pas exactement à ce que je veux dire, mais c'est un sémantème de choix), à introduire, disais-je, dans l'esprit du lecteur une association subtile, par assonance, au terme Zazou[33],

visiblement utilisé dans un dessein d'amoindrissement et de parodie. Que ce terme zazou ne soit plus du langage courant, peu lui chaut, à cet homme ; que ce terme zazou soit gracieux, flatteur même, et plutôt agréable ainsi qu'en témoigne l'expression proverbiale «vivent les zazous», aucune importance ; que ce terme, enfin, ait un temps désigné les plus glorieux représentants de cette jeunesse française résistante qui, dédaignant la gloire facile des armes, poursuivait un subtil sabotage en minant le moral de l'occupant par la pratique constante du sport de la surprise-partie et l'astucieuse démarcation de titres tels que *Lady Be Good* devenu "Les Bigoudis", voilà qui nous semble échapper à M. Panassié ; celui-ci s'est arrêté dans le temps une fois pour toutes et projette de réaliser l'adaptation du monde extérieur à ses concepts personnels par l'application de la méthode dite du lit de Procuste[34] : supprimer, ignorer ou anéantir tout ce qui ne se conforme pas au dogme.

[...]

Avril 1951
Jazz Hot.

Record Changer[35], [d']octobre

[...]

Vers une définition du jazz, par Marshall Stearns, professeur de littérature anglaise au Hunter College de New York, critique de jazz réputé.

Voici le résultat final :

«*Le jazz est une musique américaine basée sur l'improvisation, utilisant l'instrumentation européenne et combinant les éléments d'harmonie européenne, de mélodie eurafricaine et de rythme africain.*»

Cela vous plaît-il, mes pistouflets ?

Suit un fort bel article. À peu près le seul du numéro.

Et voilà pour cette fois. À la revoyure.

Une bise à mes lectrices chéries.

Novembre 1951,
Jazz Hot.

MUSICIENS EN LONG : HUIT

Un certain Mezzrow, ayant écrit un livre non dénué d'intérêt, *la Rage de vivre*[36], au long duquel il cite à maintes reprises les noms de musiciens connus, s'est peu à peu persuadé qu'il est, lui aussi, musicien. Il en profite non seulement pour jouer en public (ce qui, d'un côté, aura l'heureux effet d'ouvrir les oreilles aux gens sur ses talents musicaux réels) mais aussi pour se répandre, par le truchement de ses agents de presse et même directement, en déclarations autoritaires et dogmatiques sur le jazz. Une de ses thèses favorites (elle ne lui est pas rigoureusement personnelle) est que seule sa « musique » *(sic)* et celle de quelques rares élus ont droit à l'appellation jazz.

« Pour faire du jazz, assure-t-il d'ailleurs sans rire, il faut avoir trimé dans les champs de coton ou vendu de la marihuana. » Traduit en langage clair, cet aphorisme signifie en fait qu'en dehors du jazz d'improvisation collective dit « style Nouvelle-Orléans », il n'y aurait point de salut.

Nous n'avons point l'intention de rouvrir en ces accueillantes colonnes la querelle idiote des styles, mais d'examiner une des curieuses conséquences de ce dogme des « exclusivistes ». Ce cheval de bataille de l'improvisation collective, contrepoint jailli spontanément de la réunion d'instrumentistes de génie, a certes, dans ses fontes, quelques réussites de grand intérêt.

Malheureusement, elles sont fort peu nombreuses — nous parlons du disque, bien entendu, car il est le seul moyen que l'on ait d'examiner objectivement le résultat sans se laisser influencer par un environnement ou des présences physiques qui faussent très souvent un jugement musical.

En outre, cette improvisation collective a un caractère assez suspect : improvisation, certes ; mais pliée à des règles fort précises. Elle suppose d'abord la connaissance parfaite des harmonies du morceau et de sa coupe — on sait où on va — et le respect par chacun des musiciens de certaines conventions qui font que le trompette se borne généralement à jouer le thème sans s'en écarter trop, que le clarinettiste brode autour de ce thème à petits points volubiles, que le trombone soutient de ses basses et de ses glissades la modulation des accords tandis que la section

rythmique assied le tout sur une pulsion solide (ça ferait un joli dessin humoristique).

On voit que sitôt que l'on désire étoffer un orchestre, pour éviter de sombrer dans la cacophonie, on est amené automatiquement à concevoir de nouvelles règles, et à en venir aux arrangements oraux ou écrits, partiels ou complets. Mais si l'on prétend que seul est valable le jazz de style Nouvelle-Orléans pur — et voilà où le bât nous blesse — *on aboutit d'office à la limitation de l'orchestre à sept, huit instrumentistes au maximum.*

C'est grave ; non seulement pour les malheureux fabricants de trompinettes, mais encore pour les pauvres chers auditeurs. Le quatuor a bien du charme ; mais une bonne symphonie, ce n'est pas dégoûtant non plus. Pour qui a l'oreille sensible aux timbres divers, aux infinies ressources du matériel moderne, quel coup de se voir refuser les prairies ouatées des cinq saxophones, les fracassantes explosions d'un pupitre de trompettes, la mousse légère d'un trio de clarinettes et la sombre grandeur des trombones à l'unisson. (Voilà du style de qualité, n'est-ce pas, messieurs-dames ?)

Et il faut être bien vilain pour refuser aux merveilles concoctées avec amour par nos Ellington, Lunceford, Basie ou Gillespie le droit à l'appellation jazz. Être bien vilain... ou y avoir un intérêt : quand on est très mauvais musicien, par exemple, il vaut mieux éviter des comparaisons... Non, je ne faisais aucune allusion à ce M. Mezzrow.

[...]

18 janvier 1952,
Arts.

Un jour que j'en aurai vraiment marre, je vais écrire une revue de presse en alexandrins, parce qu'après tout, c'est vexant de toujours s'occuper de ce qu'écrivent les autres quand on est soi-même doté d'un génie considérable *(sic)*. Mais ce jour n'est pas encore venu ; pourtant, ça peut changer d'une minute à l'autre. Tenez, écoutez ce début :

« Comme on voit sur la branche, au mois de mai, la rose. » Hein ? dirait-on pas du Charles Trenet[37] ? Mais, au diable les affaires sérieuses et occupons-nous un peu de jazebande.

[...]

<div align="right">

Avril 1952,
Jazz Hot.

</div>

On prend les mêmes et on recommence, mais réjouissez-vous tout de même, je vous jure que cette revue de presse n'en a plus pour longtemps à vivre parce que je suis bien décidé à entrer au couvent (c'est trop difficile de trouver des appartements).

Si vous saviez ce qu'il se passe peu de choses ! Et au fond, quand on y réfléchit bien, qu'est-ce qu'il paraît ? À peu près quinze faces excellentes par an, mettons vingt en comptant, à contre-cœur, des rééditions qui grattent abominablement. Croyez-vous, mes minous bénévoles, croyez-vous vraiment que cette misérable proportion justifie l'existence de cinquante revues de jazz dans le monde ? Croyez-vous que tout ce qu'on peut imprimer sur ces vingt faces ne se réduise pas, en définitive, à un monstrueux tissu de choseries et d'inutilités ? Car tôt ou tard, on en revient à la musique elle-même et on est bien forcé de se dire ou bien j'aime ça, ou bien j'aime pas ça ; et si on l'aime parce que Dupont a dit qu'il fallait l'aimer, on n'est pas à sa place et on ferait mieux de s'intéresser à la religion (catholique ou zende, pourvu qu'elle nécessite au premier chef cet acte de foi auquel semble aspirer si fort le lecteur moyen des magazines jazeux).

En vérité, mes amis, la littérature de jazz devrait se borner à la stricte publicité ; car toutes les explications venant *a posteriori* (comme toute explication qui se respecte) font du jazz une sorte de monstre qu'il n'a jamais été. Et tenter de démonter pièce par pièce la cristallisation opérée dans l'esprit d'un musicien d'après le résultat final est un art stérile, au contraire de l'analyse scientifique des phénomènes naturels ; car en fin de compte, la science vous permettra d'agir sur la matière, tandis que toute celle du critique ne lui permettra jamais, bien qu'il connaisse toutes les réponses, de faire quelque chose ; un bon chorus par

exemple ; ou de dire d'avance que tel jour à telle heure, untel prendra un chorus formidable parce que ça ressort de tout ce qu'il a vécu jusqu'ici.

[...]

Qu'est-ce que nous cherchons au bout du compte ? Je ne puis parler que pour moi mais je sais ce que je cherche : une plus grande abondance d'occasions telles que celles qui nous firent entendre Ellington, Parker, Gillespie, Louis, Ella, Peterson et d'autres. Comment obtenir cette augmentation ? En augmentant la demande ? Voire. Les organisateurs de concerts ont des idées bien arrêtées là-dessus. Et la demande en question, les amateurs, je veux dire, ont des moyens bien limités. Quelle que soit la demande, si ça ne rapporte rien à personne, ça a peu de chance de se faire ? Alors ? Il faut intéresser les couches fortunées à la musique de jazz ? Mais comment ? Avec les vingt faces qui paraissent tous les ans ?

Ici, naturellement, le critique arrive et dit : En faisant appel à l'intelligence et à la compréhension des élites de la finance. Et allons-y, sautons sur la machine à écrire. Le malheur c'est que les élites ploutocrates ne lisent que la *Cote Desfossés*.

Et finalement, on s'aperçoit que c'est en brouillant les cartes et en y allant d'un maximum d'obscurantisme qu'on va retenir l'attention. À quoi sert de dire platement : Durand est bon musicien ; il s'est bien entouré ; il interprète avec goût un joli thème simple, et le résultat est plaisant ? Zéro, mon vieux. Pas question ! Il faut remonter aux origines, quand le jazz balbutiait dans la jungle birmane, à l'heure où Buddy Bolden crachait ses poumons dans l'inhumaine ghoule de laiton qui, du même coup, arrachait le cœur de l'assistance et franchissait le lac Pontchartrain...

Réellement, en toute sincérité, il n'y a, je pense, qu'une alternative : le public sait ou ne sait pas ce qu'est le jazz. La critique ne peut le lui faire savoir mieux : elle lui fera savoir ce que Machin pense que c'est. Elle pourra l'accrocher, certes ! Cela se réduit donc bien à de la publicité. C'est une forme plus hypocrite de la publicité, propagée avec un égoïsme souvent sincère par un amateur plus verbeux que les autres, qui entrevoit ce qu'il y peut gagner et dont le but lointain est de s'éclaircir à soi-même les idées sur le sujet.

C'est triste, après tant de belles phrases de tout le monde, de dire ça aussi crûment, mais l'utilité de la critique m'apparaît identique à celle du bulletin météo ; voilà comment ça se passe. Au départ, il y a les éléments actifs — les cyclones ou anticyclones, c'est-à-dire les musiciens. Eux sont

poussés par quelque chose (encore un bon chemin de traverse pour la critique : Qu'est-ce qui fait jouer Dupont ?). L'essentiel, c'est qu'ils jouent. Ils se créent un public — un premier noyau direct (qui peut même comporter un critique). Ce public joue le rôle du talent scout[38] (l'appellerait-on critique, au fait ?) de Hollywood, rôle analogue à celui de l'observateur d'une station météo. Ce public signale : Y a Dupont qui fait quelque chose. On le fait savoir (ça s'appelle *toujours* de la publicité). Vient la phase statistique : On examine dans quelle mesure les réactions provoquées par Dupont l'emportent sur celles provoquées par Durand. À l'échelle locale, d'abord, puis par rapport à des Duval plus éloignés. On tente de tracer les courbes isobares. On peut commencer à penser que d'ici à tel ou tel laps de temps et pourvu que ci ou ça, Dupont va devenir ça et ça ; ravager les côtes bretonnes ou se perdre au large. Tout ça, c'est utile à l'amateur de jazz ; et tout ça peut susciter un intérêt pour le jazz chez le non-amateur qui est tout de même content de savoir s'il doit évacuer ou non sa maison de la côte. Finalement, Dupont arrive. On y est pris ou non.

Que fait le critique dans tout ça ? Pourquoi ne resterait-il pas dans l'ombre ? [...] Il *veut* expliquer pourquoi ce cyclone est comme ça. Il *veut* toujours expliquer. Cuisine intérieure mise à jour. Il ne s'aperçoit pas que les explications, zéro : c'est illusion. Les critiques les plus géniaux n'y échappent pas.

La preuve c'est que ça fait une heure que j'essaie, comme une andouille, de vous expliquer ce que c'est que la critique et pourquoi on ne peut pas dire que ça serve à grand-chose. Moi, de toute façon, ça m'a titillé de me voir lucide et ça m'a fait passer le temps. Et ça n'empêche personne de rêver à une critique sérieuse, telle que si un jour on vous donne cent disques de Machin en vous demandant d'en déduire note pour note le chorus qu'il prendrait sur *Lover Come Back to Me*, vous le déduirez. Heureusement pour tout le monde, ce temps funeste n'est pas près d'arriver. Quant à la revue de presse, elle est salement compromise. Par chance, il ne se passe rien pendant le mois d'août, si on excepte quelques histoires de frégates d'Angleterre[39] ; je vais brièvement me balader sur ce que j'ai là. [...]

<div style="text-align: right">

Septembre 1952,
Jazz Hot.

</div>

Mon aimable correspondant Marcassin a récidivé ce mois-ci en m'engueulant sévèrement pour bien me prouver que j'avais eu tort de le trouver poli dans sa première lettre[40]. C'est extrêmement ennuyeux d'avoir l'impression que ce bon Marcassin répond *avant* d'avoir lu ce qu'on a écrit. Ou alors, chausse des besicles déformantes pour lire. Ou encore, se fait lire ce que l'on écrit par un traître à la solde de l'ennemi. Quoi qu'il en soit, citons encore Marcassin (mais partiellement cette fois).

« Je voudrais une réponse sérieuse et si vous ne voulez pas vous dégrader dans votre cour (?) adressez-moi une réponse personnelle, personne n'en saura rien : tous ces vieux gâteux d'Armstrong et la bande sont-ils morts, si oui alors je dis que vous êtes des assassins — après votre réponse, je vous autorise à me dire adieu, parce que j'en aurai fini avec votre canard de malheur et je n'ai pas besoin de vos appréciations éclairées pour aimer le jazz, à quoi vous n'avez probablement rien compris. »

Cher Marcassin, voici ce que je puis vous dire — et cela concernera d'autres passages de votre lettre, également.

1° Ceci est une revue de presse et un courrier des lecteurs et non une tribune professorale. J'ai le droit d'y donner mon avis comme vous celui de m'écrire. Jamais il ne m'est arrivé encore d'étouffer une lettre à moins qu'elle n'en double une autre ou ne se réfère à des questions déjà traitées. Jamais je n'ai prétendu expliquer le jazz à qui que ce soit. Si vous saviez lire, vous pourriez vous reporter à diverses revues de presse du passé et certains articles où je répète (oh, combien de fois !) que selon moi, l'essentiel est d'*écouter* et d'*aimer* — et que « comprendre » ne signifie rien en ce domaine. Vous me dites que je serais bien en peine de vous « *expliquer* » la musique atonale ? Mais c'est justement que cela ne s'explique pas. Il y a des règles de la musique atonale (règles établies par un certain nombre de compositeurs *pour eux-mêmes* et qui ne limitent en rien la liberté *des autres*). Si vous voulez les connaître, lisez ce qu'il faut lire. Cela dit, les règles posées (que ce soit pour la musique atonale, la gigue, le contrepoint, etc.), on les suit, et on fait des œuvres. Les œuvres jouées, vous Marcassin les aimerez ou non. Personnellement, je me *contrefous* que vous les aimiez ou non. J'adore le *Wozzeck* de Berg. Berg est un compositeur qui ne fait ni atonalisme strict ni dodécaphonisme ni ci ni ça mais du Berg, musicien qui se sert des règles qu'il lui faut pour composer ce qui lui plaît. Mais la musique de Webern, je vous l'avoue, me déroute fort. Je ne peux pas écouter Mozart, presque tout

m'assomme. Par contre, un bon brandebourgeois, c'est très bon[41]. Le Stan Kenton que vous me flanquez à la figure (vraiment Marcassin, vous êtes gai ! ça fait quatre ans que je cogne sur Stan Kenton) me laisse aussi froid que vous. J'adore les trois quarts (les 9/10) des disques de Fats. Je n'aime pas ses disques d'orgue.

2° Après avoir prié que l'on vous explique, vous vous vantez de ne rien savoir. Or, figurez-vous, Marcassin que j'aime, que s'il est une chose que l'on peut faire, c'est justement *apprendre*. On peut *apprendre* qui était untel. On peut *étudier* sa vie, son milieu social, son environnement. On peut *rechercher* les influences subies par lui. On peut finalement tenter de *comprendre* pourquoi il a fait telle ou telle œuvre. Car on *ne comprend pas une œuvre*, Marcassin de mon cœur, *on comprend l'homme* qui l'a faite, et il faut d'abord, je le crois, aimer l'œuvre, ce qui vous donne le goût de connaître l'homme. Mais pour ça Marcassin, ça ne sert à rien de gueuler et de se vanter de son ignorance : c'est très porté en certains lieux, mais c'est sans effet ; il faut s'y mettre, bûcher et rechercher. Nous tous, ici, avons bûché, dépensé de notre pognon, notre temps (vous vous imaginiez *vraiment* qu'on me la paie, cette revue de presse ? sans blague ? D'ailleurs vous avez raison, faudrait que ça change, un jour) — et je ne parle pas de *nous*, *Jazote* ; mais Panassié (que j'engueule avec joie fort souvent car on n'est pas toujours d'accord, et c'est très sain parce que ça fait un peu remuer tout ça) — Panassié, il a boulonné comme un sauvage, sur le jazz, mon Marcassin joli... Je le sais, il sait que je le sais et on sait tous qu'on le sait — c'est comme qui dirait latent et tacite. Panassié, quand je l'engueule, je ne le prends pas pour un bonhomme qui n'a rien appris de sa vie, comme un joyeux Marcassin que je connais — Il n'a pas voulu suivre une des branches du jazz, et ça le regarde [...]

3° Là où, Marcassin velu, vous êtes réellement plus Khon que la lune (je pèse mes mots) c'est dans votre apostrophe sur Armstrong que selon vous « *nous* » (mystérieuse maffia) traiterions de gâteux. *Armstrong et la bande sont-ils morts ?* C'est ça, la question à laquelle vous voulez qu'on réponde ? Eh bien je m'excuse, je vais vous parler littérature malgré votre mépris de la culture ; vous avez entendu parler du père Balzac ? C'est assez gros pour vous, Balzac ? Vous êtes loin, bien loin, mais même de loin, Balzac ça se voit non ? Vous préférez Shakespeare ? Bon. Prenons Shakespeare. Il est mort, vous savez, Shakespeare. Mais il a laissé des choses. Des œuvres. Des pièces, elles s'appellent (des sonnets aussi, mais je suis méchant avec vous, vous le savez sûrement !...) Il est *très très*

mort. Tout ce qu'il y a de plus pourri. Liquéfié. Même, ON SAIT PAS SI C'ÉTAIT LUI. Ah! là c'est beau! Pire que mort, ça hein! Eh bien, il y a ses pièces, voilà. Et ça, ça ne sera jamais mort. Et Armstrong il peut jouer *La Marseillaise* au tuba demain matin sous les fenêtres à Vincent, se déculotter devant l'Arc de Triomphe, épouser Jacques Fath ou la Bégum[42], scier la colonne Vendôme avec une fourchette bleue et manger des huîtres tout nu en courant le long des Tuileries, il aura quand même gravé trois cents faces (au moins) inoubliables. Et ça, *ça ne sera jamais mort.* Si vous saviez lire, Marcassin... Ah! si!!! vous verriez peut-être que ce qu'on dit d'Armstrong, c'est qu'il n'a plus le même génie créateur (ça s'use, un type qui travaille — vous, Marcassin, vous vivrez dix siècles) que jadis. Et maintenant, Marcassin, finissez-en vite avec notre canard de malheur, parce qu'en vérité, forcer un pauvre innocent comme moi à travailler aussi tard, c'est dégueulasse de votre part.

<div align="right">

Novembre 1953,
Jazz Hot.

</div>

En raison des hautes pressions barométriques qui pesaient le 29 décembre à 16 h 43 sur la face Nord-Nord-Ouest de l'arête extrême du Kalafoutro, petit pic isolé du massif des Trompchounes, dans le Pakistan septentrional, il s'est produit dans la presse mondiale des phénomènes étranges que je me devais de signaler. Tout d'abord, *France-Soir* titrait sur six colonnes :

— Panassié tombe sous les coups des fanatiques du bop. » Renseignements pris, c'était inexact, mais vrai. Ne sachant à quel sein me vouer, j'ai choisi le plus confortable, le gauche de Marilyn Monroë[43] (le droit est un peu fatigué par la vie quotidienne qu'il mène). Et, troublé par ce départ en fanfare du plus pur style Nouvelle-Orléans, revu et corrigé par Jacob Delafon, je me suis plongé à corps perdu dans la pile énorme des journaux spécialisés que la secrétaire de Baudelet, vêtue d'un ravissant tutu diaphane en toile de jute ripolinée, me tendait au bout d'une paire de pincettes astrales. Voici le résultat : vous en jugerez vous-mêmes. À mon avis, il est sinistre.

Melody Maker du 35 décembre (bizarres, ces Anglais) est imprimé en rouge sur fond vert, ce qui le rend absolument illisible, mais ravissant ;

en première page, la photo de la reine Elisabeth en train de danser le bibope avec Dizzie Gillespie, qui porte une très jolie casquette de peau d'éléphant braisé. Dans le fond, à gauche, sa sœur Margaret en train de pleurer[44]. C'est un très bel effet, je me souviens qu'en 1906, j'ai vu Luca Della Robbia à Houlgate, il peignait une nature morte exactement dans le même genre. Il l'a vendue à Vollard six francs et deux douzaines d'huîtres ; Mac Orlan jouait la belle de Mai à l'accordéon ; le ciel gris, la mer écumante, un truc sinistre[45]. N'y pensons plus, pensons plutôt à notre salut.

En couverture de *Estrad*, le magazine suédois, François Mauriac, en couronne de laurier, qui sourit de toutes ses dents, les doigts crispés sur un superbe saxo ténor M.R.P., la nouvelle marque à la mode. On sait que depuis le prix Nobel, Mauriac passe sa vie en Suède pour essayer d'avoir le prix Nobel tous les ans (ça fait plein d'argent)[46].

[...]

On annonce que Fausto Coppi[47] quitterait le cyclisme pour la terre. Muni d'une microcharrue, le champion entend tracer des microsillons dans ses microchamps. C'est à ce titre que l'information de l'*Osservatore Romano* nous a paru digne de figurer ici.

Eddie Barclay, le fabricant de poissons rouges bien connu, vient de s'associer avec Jean-Claude Merle (le zoizeau français) pour ouvrir un débit de poisson[48]. Mieux vaut *Blue Star* que jamais.

C'est sans la moindre hésitation que Don Byas a reçu hier des mains du Président Jules Grévy, le brevet de nageur scolaire gagné par lui voici des années mais que la négligence d'une secrétaire avait fait égarer[49]. Cette information nous est transmise par l'Agence Tass.

Je vous l'avais bien dit que cette revue de presse sans presse, ça serait un vrai tissu de conneries.

En 1954, les meilleurs musiciens seront, dans l'ordre suivant :

1) Léon Lafeuille né le 11 juin 1936 à Saint-Glaire (Orne), pour son chorus de gros violon bouché dans «Les Pieds dans les reins», de Jean Gruyer, paroles de Jacques Plante[50].

2) Gabriel-Maria Binette, spécialiste du point à l'envers, du point à l'endroit et du contrepoint bourru renouvelé de Denys d'Halicarnasse[51], pour son arrangement inouï de la neuvième symphonie de Bithoven, réduite à 12 mesures nécessaires et suffisantes.

3) Ophélie Boudin, la reine française du swing de chambre pour le galbe de ses cuisses.

4) César Wrigley, qui a inventé le chewing-gum au temps où les Capétiens étaient encore indirects[52].

5) Eddy Bernard, parce qu'il ne le mérite, ni plus ni moins que les années précédentes et qu'une telle preuve de persistance justifie toutes les récompenses, à plus forte raison celles qui ne signifient rien.

Tous ces musiciens réunis sur la place du Marché d'Arras exécuteront à la volée une série de condamnés à mort le 11 septembre 1954. On peut apporter son manger.

[...]

Le 20 janvier, je signale encore à mes lecteurs que j'interpréterai *Padam, Padam*, la pièce posthume de Shakespeare, au Théâtre des Ambassadeurs, dans des décors originaux de Dieu[53].

Janvier 1954,
Jazz Hot.

Enfin, Billie Holiday vient en France. On l'attend depuis tant d'années que cela n'a pas l'air vrai — on n'y croit pas... Heureusement, ces années n'ont pas changé un brin de son talent ; il a ceci de commun avec les vins de qualité qu'il s'est amélioré si possible. Il paraît que seule sa ligne a évolué légèrement, et qu'elle présente maintenant d'agréables rondeurs parfaitement invisibles sur les photos de la jeune Billie de 37 ou 38. Ma foi, cela n'est pas pour nous déplaire, à nous autres les obsédés de France — et Billie est encore loin d'atteindre le volume des Peter Sisters qui pourtant n'a choqué personne chez nous (même, elles ont trouvé des maris)[54].

On aime ou on n'aime pas la voix de Billie Holiday, mais quand on l'aime, c'est à la façon d'un poison. Ce n'est pas la chanteuse qui vous fiche tout de suite le gros choc imparable dont on ne se remet pas. La voix de Billie, espèce de philtre insinuant, *surprend* à la première audition. Voix de chatte provocante, inflexions audacieuses, elle frappe par sa flexibilité, sa souplesse animale — une chatte les griffes rentrées, l'œil mi-clos — ou pour faire une comparaison bougrement plus brillante, une pieuvre. Billie chante comme une pieuvre. Ça n'est pas toujours rassurant d'abord ; mais quand ça vous accroche, ça vous accroche avec huit bras. Et ça ne lâche plus. (D'ailleurs il n'y a pas

d'animal plus folâtre et plus câlin que la pieuvre, ainsi qu'en témoignent les films de Cousteau, explorateur sous-marin.)

Il serait assez vain d'étudier le style vocal de Billie — une étude de ce genre se base généralement sur une comparaison avec des voix repères supposées connues du lecteur, mais cela ne marcherait pas avec Madame Day : en vérité, elle n'est comparable à aucune autre chanteuse, quand ce ne serait que par son timbre un peu *pinchard*[55] si caractéristique. Billie, on l'imite — elle n'imite pas. Au fait, je dis on l'imite ? J'ai tort. Il semble bien que personne ne s'y soit jamais risqué. Il y a dans sa façon de chanter quelque chose d'ironique — une ironie qui devient dureté dans les moments d'émotion — qui élimine de ses enregistrements tous les éléments sentimentaux et vulgaires. Qui pourrait chanter cette banalité qu'est *No Greater Love* avec ces intonations ? Plate en elle-même, la chanson devient provocante dans la bouche de Billie — et si les critiques américains béent en ce moment devant la « sexualité » des interprétations de la charmante Eartha Kitt[56], ils ont oublié que Billie l'a précédée dans la voie du sous-entendu — celui-ci suggéré par des moyens purement vocaux et non verbaux. On a reproché à Billie Holiday son côté « sophistiqué ». On se demande en quoi elle l'était ; autant reprocher à Lester d'avoir une personnalité différente de celle de Hawkins ; il est de fait qu'en 1934, époque où le règne de la grande Bessie touchait à sa fin depuis peu, le style inattendu de Billie avait de quoi étonner autant que celui de Lester — et ce n'est pas au hasard que cette comparaison est choisie. Elle tranchait sur la foule des chanteurs autant que, plus tard, Sarah Vaughan. Et c'était d'autant plus méritoire que Billie n'a jamais eu les moyens vocaux d'une Sarah, d'une Ella, d'une Ivy Anderson. Mais elle a su pallier cette carence par une intelligence aiguë de ses possibilités, un exceptionnel sens du jazz, et une originalité qui suffirait, en ces temps de plagiat où l'on ne peut plus distinguer un musicien de son cousin ou de son frère, à lui mériter nos hommages. Lesquels nous lui présentons en l'assurant que c'est avec une joie sans mélange que nous nous préparons à l'entendre, en chair, en os et en voix.

Février 1954,
Jazz Hot.

Tant mieux pour vous si vous avez eu des vacances : en tout cas, c'est pas la peine de venir m'en parler, ça ne me fera *aucun plaisir* (souligné trois fois). Et pour vous apprendre à faire les malins, je vais vous donner lecture *intégrale* du dernier *Bulletin* du Hot-Club de France et de Montauban. Ah ! vous verdissez, affreux personnages ! Tout compte fait, j'abandonne ce sinistre projet. Je cite cependant un extrait de la page 33, incitant les excités à perdre leur cécité pour lire du Maizereau (il est presque Français, maintenant) du meilleur fût. C'est un extrait d'extrait puisqu'il reproduit lui-même un passage de notre bon confrère *Jazz Magazine* qui fit faire un blindfold test[57] au grand clarinettiste pommelé :

« *Hé oui, Parker était un as du blues. D'ailleurs les quatre premières mesures de ce disque sont jouées parfaitement dans l'esprit du blues. C'est très bon. Puis aux environs de la sixième mesure, il commence ses études d'accords du conservatoire. Et ça, vous voyez il peut le faire parce qu'il connaît la musique. Mais le jazz et surtout le blues doivent pouvoir être joués par des musiciens qui ne connaissent pas la musique* »... etc.

Il apparaît à la lueur de la grande chandelle verte[58] de Maizereau que l'on peut trouver en musique un certain nombre d'accords très spéciaux, les « accords de conservatoire ». Pour ceux qui ne savent pas ce dont il s'agit, je précise qu'un « accord de conservatoire » se prépare en faisant digérer dans un extracteur du Kumagawa onze parties de limaille de plomb, quatre parties de cointreau, une partie de sulfure de barygoule et sept parties carrées de pistoufline oxydée de chez Rhône-Poulenc. On soumet trois semaines à un bombardement de particules alpha et on déglace de suite. Les « accords de conservatoire » ainsi préparés ont un goût analogue à celui de la « bêtise de Maizereau », elle-même voisine de celle de Cambrai.

Chose combien étrange, après ces paroles définitives de Maizereau, musicien Noir français de race américaine, voici ce qu'écrit un certain Duc Ailingtonne, musicien Blanc américain de nationalité Noire, dans le programme du festival de jazz de Newport[59].

« *Ainsi, comme je le disais, le jazz est, aujourd'hui comme par le passé, une question de création pensée et non pas seulement un phénomène instinctif naturel ; et bien qu'il soit impossible, à moi comme à un autre, de brosser un tableau précis de ce qui se produira dans l'avenir, je suis certain que cela se développera pour donner quelque chose de très grand et de très beau. Ce sera une combinaison de l'apport de tous ces gens qui*

sont supposés avoir reçu un don naturel et du travail de tous ceux qui sortent des conservatoires et introduiront leurs améliorations. »

Quoi ! Apporteraient-ils leurs accords avec eux ! Non, Ailingtonne, vous n'êtes pas sérieux : d'ailleurs, Maizereau a parlé, fermez donc votre organe d'impuissant !

<div align="right">

Octobre 1955,
Jazz Hot.

</div>

Beiderbecke était-il le premier bopper ? se demande un lecteur de Brighton dans le *M.M.* du 31 décembre. Avec discussion à l'appui. Beiderbecke était simplement un grand trompette et il en avait plein le buffet — il n'y a qu'à réécouter ses disques pour s'en rendre compte. Les qualités essentielles de Beiderbecke étaient la chaleur et la propreté de son jeu, la netteté et la fraîcheur de son inspiration et la pureté de son timbre, qui avait tout ce qui manque à Chet Baker. (Cela n'est pas une pierre à l'adresse de Chet, trompette très agréable mais qui, avec une sonorité voisine et une conception d'ensemble du même ordre, n'arrive pas à la cheville d'un autre Baker, Harold, le plus sous-estimé de *tous* les musiciens.) Comme le définit Jim Godbolt dans le même numéro, dans un « Salut à Bix », il y eut en Bix « un jeune cornettiste doué d'un lyrisme et d'une grâce poétique uniques dans le jazz » (Unique est de trop, puisque, répétons-le, Harold Baker l'emporte encore sur Bix à cet égard). Tout cela pour dire qu'il y a encore ici un beau sujet d'étude sur « les différentes conceptions du timbre chez les trompettes de jazz et assimilés ».

<div align="right">

Février 1956,
Jazz Hot.

</div>

Dans *Jazz Journal* d'avril 56, un bon papier de Berta Wood sur les préjugés raciaux. Heureusement que les Américains se mêlent eux-mêmes de protester contre les brimades que subissent les Noirs là-bas ;

parce que vu la façon dont nous nous comportons dans certains coins nous n'avons guère plus qu'à la fermer nous-mêmes.

Bref, Berta Wood nous parle du «disque d'Emmet Till».

Vous connaissez l'histoire : le jeune Noir Emmet Till accusé de lever des yeux lubriques sur une bonne femme blanche ; sur quoi le mari et le beau-frère de la bonne femme le zigouillent aussi sec et sont acquittés en moins de deux par le tribunal blanc.

Alors les Noirs ont fait un disque. Le *disque d'Emmet Till*[60].

Le soir, à la radio, quand tout le monde est chez soi, il y a, soudain, un silence. Et le disque passe.

Et le disque est chanté par un Noir d'une voix plate de Noir, sans trace d'émotion apparente. Il raconte comment Emmet Till, à quatorze ans, a sifflé d'admiration sur le passage de la femme blanche, et comment les Blancs sont venus le chercher chez son oncle, l'ont emmené dans une grange et l'ont battu à mort. Et comment les hommes blancs ont ri devant le tribunal qui les acquittait.

On joue le disque sans l'annoncer, avec juste ce silence avant et un autre silence à la fin. Et le programme continue comme si rien ne s'était passé.

Et ça n'empêche sûrement pas les assassins de dormir. Dans tous les pays du monde, les assassins ont le sommeil lourd.

Juin 1956,
Jazz Hot.

Au sommaire de *Jazz Monthly* un papier sur Thelonious Monk de Max Harrison. Thelonious, artiste inquiétant. Il ressort clairement de l'article en question que Monk est profondément, et au sens plein du terme, un pataphysicien complet. C'est-à-dire, comme le remarque l'auteur, un homme qui cherche la vérité, mais qui assaisonne d'ironie sa recherche.

Septembre 1956,
Jazz Hot.

ELLA FITZGERALD

Santa Claus Got Stuck/Molasses, Molasses

J'écouterais pendant des heures Ella Fitzgerald, quand elle prend sa voix de petite fille un peu vicieuse pour raconter les malheurs de ce pauvre saint Nicolas qui s'est coincé dans la cheminée l'année dernière. Cette triste histoire est détaillée avec un swing « du tonnerre » par Ella qu'accompagnent une bonne petite formation et un ensemble vocal sans prétention. Vraiment, Ella est comme Louis : quelle que soit la chanson qu'elle interprète, sitôt que cela passe par ses cordes vocales, cela devient de la quintessence de jazz ; il n'est rien de plus dansant, rien de plus plaisant, rien de plus excitant. *Molasses, Molasses* veut recréer l'atmosphère de *Tisket a Tastet*, mais cette fois le chœur de petites filles idiotes est de trop, et leurs ricanements pointus gênent plus qu'ils ne contribuent à l'atmosphère. Pour que cela soit supportable, Ella aurait dû le chanter toute seule. Dommage !

Lullaby of Birdland. Later

Ella est évidemment l'interprète rêvée de *Lullaby of Birdland*, le joli thème de Shearing (j'allais écrire : et Constantin...) auquel sa voix se prête avec toute la souplesse voulue, et elle exécute un feu d'artifice boppisant sur le thème du verso, *Later*, pour lequel on peut regretter des chœurs saugrenus. Elle swingue comme une diablesse en dépit de tous les chœurs du monde — elle ferait swinguer la chapelle Sixtine — et ces deux excellentes faces s'ajouteront à la collection.

[...]

Ella transfigure tout ce dont elle s'empare. C'est vraiment la plus grande chanteuse populaire des U.S.A. et la plus grande chanteuse de jazz par-dessus le marché. Si l'on préférerait l'entendre enregistrer avec de vrais orchestres de jazz, on n'en est pas moins comblé de l'entendre pendant 30 cm d'un trop court microsillon.

Michel Delaroche (Boris Vian), 1956,
Jazz Hot.

Le bulletin mensuel du Jazz Union de Normandie, n° 2, mars 1958, se signale par un éditorial sympathique où l'on relève une heureuse formule.

« *Des* Oignons *à* Solitude, *de Duke, il y a un monde, et ce monde, c'est le jazz*[61]. »

D'où une nouvelle définition du jazz : *monde qui s'étend entre la solitude et les oignons.*

Elle en vaut une autre, Bon Dieu de bois !

Avril 1958,
Jazz Hot.

JAZZ ET CINÉMA

Que le jazz soit LA musique du xxᵉ siècle, voilà sans doute une affirmation contestable, mais qu'il soit UNE musique du xxᵉ siècle, c'est ce que personne ne peut songer à nier. Il est né vers 1900 à la Nouvelle-Orléans, de la rencontre d'éléments disparates : entre autres le climat, la présence des Noirs, descendants des esclaves, et l'atmosphère mi-française mi-espagnole d'une ville d'escales où les marins en quête de plaisir savaient trouver plus de musiques, plus de femmes et plus de liberté qu'ailleurs. Il a grandi dans les guinguettes du lac Pontchartrain et dans les mauvais lieux de la cité du Croissant[62]. Comme une lente traînée de poudre, il a remonté le Mississippi, donnant naissance, au passage, à des bâtards bien reconnaissables : le jazz de Memphis, celui de Kansas City. Puis, par le fleuve de fer, il a rejoint Chicago et New York, et répandu aux quatre coins de l'Amérique la pulsation des batteries, petites-filles lointaines du tam-tam d'Afrique[63]. Vulgarisé par le disque et la radio, il a pris son plein essor en même temps que se développaient ces deux techniques ; à toute vapeur, il a gagné l'ancien continent et s'est insinué de par le monde entier, comme la locomotive au siècle dernier. Ces ancêtres d'une certaine forme de jazz que sont les chants de travail ont d'ailleurs souvent pris pour thème la construction de voies ferrées. Au reste, il y aurait une étude à écrire sur la conjonction jazz—chemin de fer ; tant de morceaux furent inspirés par le rail que l'on pourrait poser

le problème suivant : connaissant le *Daybreak Express* d'Ellington, ou le *Honky Tonk Train Blues* de Meade Lux Lewis, en déduire la longueur d'un rail normal. On se demande ce qu'auraient fait les amateurs de musique imitative si, comme cela se répand de plus en plus, on avait, dès 1900, soudé les rails en longueurs continues de plusieurs centaines de mètres. Adieu les chocs sur les raccords, adieu le chant des éclisses... Mais les rails n'ont que dix-huit mètres et le boogie-woogie, qui n'existerait peut-être pas sans cela, est roi sous les doigts de Meade Lux Lewis.

Honky tonky trains

Le jazz, musique du siècle, a sa place dans le siècle. C'est une erreur que de vouloir l'isoler, comme on fait maintenant, sur la scène du concert, en retrait de la foule. Le jazz est un reflet permanent de la vie quotidienne, il n'a que faire des salons. On l'appelle : musique d'action. Il nous semble qu'une musique digne de ce nom reste une musique tout court et se suffit à elle-même. Et c'est justement parce qu'il apporte quelque chose que le jazz, lorsqu'on le superpose à l'image, peut y ajouter.

On dit « musique de film » et on évoque, trop souvent avec juste raison, une pâte sonore insipide et sans relief qui se faufile dans les trous du silence que nos yeux laissent à nos oreilles. Mais une musique de film réussie est capable, dans tous les cas, de vivre indépendamment du film une vie autonome. Il suffit de se rappeler la remarquable partition composée par Alex North pour *Un tramway nommé désir*[64], partition nourrie de jazz et qui supporte à merveille une audition séparée des images. De même, une musique telle que celle composée par André Hodeir pour *Autour d'un récif*, un des plus beaux courts métrages de Cousteau, ajoute, on peut le dire, à la photographie. Comme un verre grossissant, elle permet à l'œil de fouiller plus avant le tableau et donne une vie nouvelle aux fantômes du bromure d'argent...

AUTOUR D'UN RÉCIF

Le jazz bien employé peut donc, croyons-nous, ajouter à l'image rythmée qui est celle du cinéma. Un accompagnement purement rythmique soulignant une action quelconque a souvent une efficacité extraordinaire. Roland Petit le savait bien ; dans le ballet remarquable tiré par lui de *Carmen*, il arrivait au crescendo final de la mort par l'intermédiaire obsédant des timbales seules[65]. Mais il y a rythme et rythme. Pour l'amateur de jazz, un solo de batterie n'est pas l'équivalent d'un autre ; et nous arrivons à l'*Orphée* de Cocteau[66]. Est-ce une erreur de Cocteau ? Peu importe... les erreurs de Cocteau sont plus riches que bien des réussites. Cocteau qui se trompe, c'est le jardinier qui trouve une orchidée là où il attendait une tulipe. Cocteau, dans son film *Orphée*, voulut donc étayer d'un rythme de batterie l'instant particulièrement dramatique où les bacchantes assaillent la maison du poète. Mais il choisit à cet effet le mémorable solo de Gene Krupa enregistré sur le premier *How High the Moon*, pierre initiale de la série mémorable des concerts *Jazz at the Philarmonic*[67]. Il aurait fallu la batterie dionysiaque de Kennie Clarke et l'on se trouvait en présence de l'inflexibilité mécanique de Krupa. C'était rendre au temps sa dimension, c'était ramener l'action au sol... confondre percussion et obsession. Effet théâtral. D'ailleurs... peut-être était-ce l'effet visé par Cocteau.

ORPHÉE

De Jean Cocteau, en tout cas, on pouvait attendre qu'il s'intéresse au jazz, au point de l'incorporer à l'une de ses œuvres ; et le fait de savoir s'il choisit exactement ce qui lui convenait reste en dehors de notre compétence. Cependant si d'un poète on pouvait tout espérer, d'un savant, d'un homme de laboratoire, on aurait pu, semble-t-il, tout craindre. Or, voici un exemple du contraire : Jean Painlevé est à ce jour un de ceux qui firent du jazz l'emploi le plus pertinent[68]. On serait tenté d'en conclure un peu vite que le scientifique est encore plus perméable à l'indicible que le poète ; il est vrai que nous tenons Albert Einstein pour un des plus grands poètes de tous les temps, et l'argument ne

manquerait point de preuves ; en voici une belle, en tout cas, à l'actif des savants, une séquence des *Assassins d'eau douce* de Jean Painlevé. On soulignera l'admirable apport de la musique d'Ellington à ces images cruelles et irrémédiables.

ASSASSINS D'EAU DOUCE

On dit « le jazz » et nous cédons à cette habitude ; mais le jazz est un monde à lui seul, et l'on y rencontre le meilleur et le pire. Un pire que l'on est bien forcé d'appeler jazz lui aussi, car il en revêt toutes les apparences formelles. Ce mauvais jazz, ce jazz vulgaire, ce jazz facile, a une utilité : c'est un chemin commode pour accéder au bon. La plupart des amateurs sincères, les purs, les chevronnés, sont arrivés au bon jazz par le faux jazz. L'oreille, une fois accoutumée aux caractéristiques extérieures, finit par leur prêter moins d'attention et s'en va chercher plus loin. L'habitude d'approfondir est vite prise, et l'on a tôt fait de reconnaître, sous l'enveloppe, si le fruit est sain ou s'il est véreux.

Mais à qui l'écoute d'une oreille distraite, le jazz superficiel suffit amplement. On pense à la danse, à la boîte de nuit, au couple en balade... Pour des amoureux entièrement occupés d'eux-mêmes, rien de plus convenable qu'un jazz dépouillé de sa profondeur et réduit à l'état d'une musique de danse. Leur donner de bon jazz serait offrir des perles aux cochons, selon le dicton classique. Ces amoureux choisiront volontiers un jazz apparemment plus sensuel qu'un autre et de ce fait même, encore plus inoffensif. *Flamingo*, par le saxo alto Earl Bostic, est le prototype de cette sensualité artificielle qui, rendant absolument inutile celle des partenaires, fait de ce disque un échantillon particulièrement recommandable aux gens vertueux. On constatera que la musique en question ne semble guère exciter les interprètes.

FLAMINGO, DANSE FILMÉE

Voilà donc un exemple parfait de jazz inoffensif.

Pourtant, le jazz peut être dangereux, mais ce n'est pas pour le public. C'est pour ceux parmi les musiciens qui, nouveaux apprentis sorciers, se

heurtent à son absence de limites. Conquis par le jazz dès leur plus jeune âge, nombre d'entre eux ont cherché à découvrir ses bornes, et il leur a fallu bien peu de temps pour s'apercevoir que cette route-là était sans fin, et qu'ils y chemineraient toujours seuls. Le plus grand des créateurs du jazz moderne, Charlie Parker, vient de mourir à l'âge de trente-cinq ans à peine — rongé par les stupéfiants qui l'aidaient à supporter l'insupportable, et rongé peut-être plus encore par cette difficulté d'être qui semble le fait des précurseurs. Personne n'a joué comme lui — personne ne jouera plus comme lui — mais il est mort seul, enfermé dans son crâne avec sa musique. Il nous laisse quelque bribes de ce qu'il recélait — écoutons l'un de ces trop rares fragments, contraste incroyable avec la santé rubiconde et vulgaire de Bostic. Afin de souligner ce que la musique de Parker présente, selon nous, d'intemporel, il nous a semblé intéressant d'accompagner l'œuvre d'un des génies du jazz de celle d'un des génies du cinéma ; et de réunir Parker et Chaplin ; nous enchaînerons sur un autre fragment de Chaplin, accompagné cette fois d'une musique de son époque. Il nous paraît que les deux formules sont valables ; la qualité sonore doit faire bon ménage avec la qualité visuelle.

PARKER

Il est un âge, parmi les amateurs de jazz, pour lequel les subtilités de Parker restent généralement lettre morte ; c'est ce que l'on est convenu d'appeler « l'âge heureux » ; sans doute parce que l'on dit aussi un « imbécile heureux ». Recherchant la transpiration plus que l'émotion intellectuelle, nombre de jeunes, sans se rendre compte qu'ils se laissent gagner par le côté fanfare d'une musique qu'ils prennent pour jazz authentique, se grisent des subtilités du do mi sol do tel que le pratiquent les adeptes du néo-jazz archaïsant. C'est l'âge de l'intolérance, des petites trompettes en fer blanc que l'on emporte au concert, des grands coups de sifflet à roulette, des crinières hirsutes et des boutons sur la figure le samedi soir. On leur pardonnerait volontiers si leur exubérance ne s'accompagnait si souvent d'ignorance ; mais de toute façon, on peut toujours les considérer comme une attraction pas chère...

RIVERSIDE

Et l'on se retrouvera finalement en compagnie de quelques chevronnés du jazz, pour la traditionnelle jam-session... cette fois enregistrée et filmée. Ce qui est un peu contradictoire : à l'origine, la jam-session est une réunion privée de musiciens, organisée généralement dans les heures qui suivent le travail, où chacun se détend et joue pour son plaisir ; ce jeu apparaîtra parfois un peu forcé dans les images qui vont suivre. N'importe : ceci tendrait à prouver comme nous l'avons laissé entendre, qu'en écoutant du jazz, mieux vaut regarder tout autre chose, et que dans certains cas, de la conjonction des deux sensations, visuelle et auditive, peut naître «quelque chose de plus». C'est ce quelque chose que l'on peut essayer de cerner et de préciser, et c'est cela qui nous donnera, peu à peu, une idée précise de la grandeur et des limitations du jazz.

Mars 1955,
pour une émission télévisée de Frédéric Rossif.

Notes

1. Bibi : Surnom affectueux pour Michelle Vian-Léglise.

2. Le manuscrit révèle un complément primordial à la première rédaction de l'Avant-propos ; Vian a transformé « Il y a seulement une chose : c'est l'amour [...] filles » en « Il y a seulement deux choses : [...] et la musique de La Nouvelle-Orléans ou de Duke Ellington ». Cette variante insiste avec justesse sur le rôle essentiel du jazz dans l'inspiration et l'intrigue de ce roman typiquement « ellingtonien ».

La Nouvelle-Orléans, fondée par Bienville en 1718 en l'honneur du Régent, duc d'Orléans ; capitale de la Louisiane qui devint espagnole en 1762, redevint française en 1800 puis passa aux États-Unis en 1803. À la limite du « Vieux Carré » ou *French Quarter*, le quartier de Storyville, quartier chaud de ce grand port, fut le centre de développement du jazz avant que la fermeture des bordels envoie les musiciens par le Mississippi vers le nord.

Duke Ellington : Edward Kennedy Ellington (1899-1974), « EKE » pour les amis, dit « Duke » (le Duc), est l'un des plus grands musiciens de toute l'histoire du jazz. Pianiste, compositeur et chef d'orchestre noir de génie, son œuvre est caractérisée par des styles successifs tels le style *jungle* — effets de trompettes et trombones bouchés, raucité « vocale » des cuivres... — le style *mood* ou d'atmosphère, le style concerto pour la mise en valeur d'un soliste. Boris Vian n'a jamais varié dans son admiration totale de celui-ci, depuis le concert à Paris de 1939. *Cf. Sur le jazz*, pp. 1272-1273, 1276-1279 et Lexique.

3. *Hollywood Canteen* : Comédie musicale inspirée d'une entreprise bénévole de Bette Davis, John Garfield et autres artistes pour recevoir et distraire les G.I's retour du Pacifique, en 1942. Le film fut tourné en 1945 par D. Daves avec ces mêmes vedettes. Le rôle du jeune G.I. Slim qui tombe amoureux d'une star, amour partagé comme il se doit, est joué par Robert Hutton.

4. Chick : Sur le manuscrit on lit d'abord « Jack Chickago » qui est évidemment

un métissage de Jacques Loustalot dit « le Major », grand ami de la jeunesse de Vian (*cf. Nouvelles*, note 32), et de Chicago, deuxième ville des États-Unis au nom indien et haut lieu du jazz. Vian a donc voulu ensuite atténuer l'anecdote personnelle en simplifiant ce nom et en lui donnant une allure plus fictionnelle, mais il faut retenir cependant le rapport à l'une des capitales du jazz, auprès de New Orleans, Memphis et Davenport (*cf.* note 42). On pense en outre au grand batteur Chick Webb.

5. Nicolas : Michelle Léglise-Vian témoigne que ce cuisinier-maître d'hôtel si raffiné, stylé et supérieur doit beaucoup au célèbre *butler* Jeeves de P.G. Wodehouse, conseiller, professeur d'élégance et providence de son jeune maître Bertram Wooster, et membre du Club des Gens de maison. Mais Jeeves est totalement étranger à la haute cuisine !

6. Jules Gouffé (1807-1877) est un célèbre cuisinier disciple de Carême. B. Vian tenait en haute estime son fondamental *Livre de cuisine* (1867).

7. Louis Armstrong : Louis Daniel Armstrong (1900-1971), dit « Satchmo » ou « Pops », trompette, chanteur, chef d'orchestre noir de La Nouvelle-Orléans et gloire de ce berceau du jazz. Célèbre particulièrement pour ses enregistrements avec ses orchestres *Hot Five* et *Hot Seven*, puis, plus commercialement, avec ses rôles dans les films de Hollywood à partir de 1935 et grâce à ses tournées mondiales. *Cf. Sur le jazz*, pp. 1266-1267, 1288-1289 et Lexique.

8. *Le Spectre de la rose* : Musique de ballet de Carl Maria von Weber (1786-1826).

Nijinski : Vatslav Fomitch Nijinski (1890-1950), danseur et chorégraphe russe devenu l'âme des Ballets russes grâce à Diaghilev à partir de 1909 à Paris. Il a fait profiter de ses qualités exceptionnelles maints ballets dont *Daphnis et... Chloé* (*cf.* notes 16 et 18) ! A sombré dans la folie à partir de 1918.

9. Chick commet une confusion tragi-comique avec une affaire criminelle rocambolesque qui fit autant de bruit en 1889 que la toute nouvelle tour Eiffel. Antoine Gouffé, huissier parisien cavaleur et passablement proxénète, fut étranglé et « mis en boîte » le 26 août 1889 par un aventurier de bas étage aidé d'une « infernale nymphette ». Dans une véritable hystérie médiatique, on en fit un feuilleton, *La Malle sanglante*, des chansons, un jouet pour enfants — petite malle et cadavre articulé ! —, des pantomimes et un tableau au musée Grévin. Vian put en avoir connaissance grâce aux collections de *L'Illustration* ou du *Petit Journal illustré* ou par un des multiples ouvrages consacrés à « l'Affaire Gouffé » de la fin du XIXe siècle jusqu'à la Seconde Guerre mondiale (*cf.* P. Darmon, *La Malle à Gouffé*, Denoël, 1988).

10. Jean-Sol Partre : Contrepèterie, fort célèbre depuis, sur Jean-Paul Sartre (1905-1980) ; est-il besoin de rappeler que cet écrivain, l'un des plus importants du XXe siècle, a publié entre autres *La Nausée* (1938) et *L'Être et le Néant* (1943) ?

11. Le pianocktail, création fictionnelle qui unit deux plaisirs sensuels, le gustatif et l'auditif, l'ivresse de l'alcool et celle du jazz, est devenu grâce à un excellent mot-valise l'un des objets fétiches des amateurs de Vian. Il matérialise des synesthésies privilégiées ; il renouvelle et modernise évidemment le « clavecin oculaire » du Père Castel (projet de 1725 ; *cf.* son *Optique des couleurs* [1740] et

l'article de Diderot dans *L'Encyclopédie* [1752]) ou l'«orgue à bouche» de Des Esseintes, dans *À rebours* (1884) de Huysmans.

12. *Black and Tan Fantasy* : De Miley et Ellington, enregistré à New York, le 3 novembre 1927, avec l'orchestre *The Washingtonians* et considéré comme l'un des premiers chefs-d'œuvre du style *jungle* de Duke — auquel se rattache aussi *Chloe*. Les amateurs notent que Duke Ellington y a introduit quelques extraits de la *Marche funèbre* de Chopin : clin d'œil d'intermusicalité !

13. *Hot* : jazz plein d'expressivité et du feu de l'improvisation ; Vian joue évidemment sur les deux sens : brûlant au sens propre puis au sens musical.

14. *Loveless Love* : ou *Careless Love*, titres («amour sans amour» ou «amour négligent») qui annoncent évidemment la conduite future de Chick avec Alise, est l'un des nombreux blues recueillis dans la tradition ou composés par W.C. Handy (1873-1958), *Father of the Blues*.

15. Vaillant-Couturier : Ce rédacteur en chef de *L'Humanité* et membre du Comité Central du Parti communiste français (1892-1937) est évidemment totalement incongru ici.

16. *Chloe* : Composition de G. Kahn et N. Moret, sous-titrée *Song of the Swamp* («Chanson du marécage»), ce qui offre maintes connotations avec les bayous du Mississippi, les plantes aquatiques tel le nénuphar, le roman *Mosquitoes* de Faulkner, etc. et confirme l'inspiration louisianaise et le règne de l'humidité néfaste. D'ailleurs, on peut traduire *moody* par «triste», «morose», «en mineur» et *sultry* par «étouffant», «lourd», avec connotations sensuelles. *Cf. Sur le jazz*, p. 1274.

Chloe fut enregistré par Duke Ellington (*cf.* note 2) le 28 octobre 1940 à Chicago. Un spécialiste affirme que l'arrangement serait du complice et ami du Duke, Billy Strayhorn, mais il résulte sans doute d'une collaboration ; il insiste en outre sur l'atmosphère mélancolique du morceau et les solos remarquables des musiciens (Mark Tucker dans la notice à *Duke Ellington, the Blanton-Webster Band* — 1940-1942 —, RCA, 1986, 3 Disc Set [3 disques compacts], 5659-2-RB).

Johnny Hodges (1906-1970), saxophoniste de premier ordre souvent cité par Vian, fut son saxo alto préféré à partir de 1928. Le «Concerto pour Johnny Hodges» est-il un titre inventé sur le modèle du *Concerto for Cootie* [*Williams*]? Nulle trace en effet de celui-là dans les discographies consultées...

17. *Boogie* : Le boogie-woogie, style de piano lié au rythme du train sur les rails (*cf.* pp. 1297-1298), contraste avec le blues mélancolique par son rythme obsessionnel, tonique et palpitant de swing : on se déchaîne pour danser le boogie !

18. La référence à *Chloe* d'Ellington peut se doubler pour le choix du prénom d'un souvenir classique, *Daphnis et Chloé* de Longus (fin II[e]-début III[e] siècles) et d'une relation mythologique : le mot grec «chloè» qui désigne la verdure nouvelle est une épithète de la déesse Déméter, protectrice des semences.

19. *Paradoxe sur le dégueulis* : *Cf.* Introduction, p. 18. Ici commence le jeu paradigmatique sur les titres de Sartre, en particulier le fameux *La Nausée* (1938) ; ce *Paradoxe* est suivi de six pseudo-titres dont le dernier, *Le Trou de sainte Colombe*, pourrait bien être une transposition originale et comique de *L'Être et le Néant*, le «trou» renvoyant au néant et la «colombe» — du Saint-Esprit? — à l'être...

20. Johnny Weissmüller : Ce sportif (1904-1984), cinq fois champion olympique de natation, recordman du monde du 100 yards, était célèbre pour ses incarnations du Tarzan d'E. Rice Burroughs à l'écran à partir de 1930.

21. Cépédéiste : À la manière des dérivations de Queneau (R.A.T.P. - «ératépiste»), Vian dérive ce substantif de C.P.D.E., Compagnie parisienne de distribution d'électricité.

22. Le nom des «pédérastes d'honneur» est sans doute inspiré par la firme pétrolière Desmarais ou Mobil dont l'emblème est un cheval ailé, d'où Pégase.

23. Cardioïde ou «limaçon de Pascal» (Étienne, père de Blaise) ; courbe élégante et selon Vian «affectueuse» (*L'Arrache-cœur*, p. 667) qui affecte la forme d'un cœur très gonflé.

24. C'est sans doute la fameuse conférence de Sartre d'octobre 1945 au Club Maintenant qui inspire ici Vian.

25. La baronne Orczy : 1865-1947 ; auteur de romans anglais sentimentaux, particulièrement *Le Mouron rouge (The Scarlet Pimpernel)* qui met en scène un Zorro anglais dans la Révolution française.

Le *Serment sur la Montagne* rappelle le Sermon sur la Montagne de Jésus aux apôtres (Matthieu, 5 à 7) sur les «Béatitudes», la Loi et les commandements — d'où le problème du serment...

26. Les Sœurs Callote : Déformation plaisante d'un nom célèbre en couture depuis le XIXᵉ siècle ; les Sœurs Callot furent un temps rivales de Worth et Paquin. Le suffixe féminin rappelle la calotte ecclésiastique et le fameux cri anticlérical : «À bas la calotte!»

27. Sidney Bechet : Ce jazzman noir de La Nouvelle-Orléans (1897-1959), professionnel à treize ans, illustra sur son saxosoprano un excellent jazz des origines, entre les États-Unis et la France où il joua en particulier avec Claude Luter, se maria et s'installa à partir de 1948.

28. *The Mood to Be Wooed* : J. Hodges et Duke Ellington (2'57) ; une des «vitrines» pour le talent du premier. *In* enregistrement RCA, *The Works Of Duke*, 19, New York, 4 janvier 1945. *Cf. Autres Écrits sur le jazz 1*, p. 329. Pour Johnny Hodges : *cf.* note 16.

29. *Slap Happy* : Morceau enregistré par Duke Ellington, le 22 décembre 1938, avec un très beau solo de contrebasse de Billy Taylor, qui justifie le terme de *slap* («claque», «gifle») caractérisant le jeu du bassiste.

30. Gershwin : George Gershwin (1898-1937), célèbre compositeur new-yorkais qui mêle musique syncopée et musique savante pour des comédies musicales et des mélodies commerciales. Vian l'oppose parfois à Duke Ellington et le qualifie de «Guère Swouinngue»!

31. César Borgia : Romain (1476-1507), fils du futur pape Alexandre VI, cardinal à seize ans, capitaine général de l'Église, annobli aussi par Louis XII, assassin de tous ses ennemis avant sa décadence sous Jules II. Il inspira Machiavel pour *Le Prince*.

32. *Renvoi de fleurs* : Parodie partrienne du succès (immortel?) de Paul Delmet (1862-1904), «Envoi de fleurs».

Kierkegaard : Sören Kierkegaard (1813-1855), philosophe et théologien danois qui opposa au système de Hegel la vérité de la subjectivité. Il a influencé considérablement les philosophes existentialistes.

33. Jimmy Noone : Excellent clarinettiste dès les années 20 ; vétéran du style New Orleans, puis clarinettiste du Creole Jazz Band de King Oliver, à Chicago (1920). Mort en avril 1944. *Cf. Sur le jazz*, Lexique.

Le Mahogany Hall fut un bordel somptueux de Storyville, le quartier chaud de New Orleans, au bon temps des débuts du jazz ; Lulu White fut la plus célèbre et pittoresque des «Madames», qui portait robes du soir, perruque rousse, diamants et émeraudes. Le nom est repris par un actuel bar à musique Dixieland dans Bourbon Street.

Louis Armstrong a enregistré un *Mahogany Hall Stomp*.

34. Jules Romains : Pseudonyme de Louis Farigoule (1885-1972), écrivain particulièrement célèbre par les vingt-sept volumes des *Hommes de bonne volonté*, que Vian n'a pas lus, s'en tenant à *Les Copains*.

35. Pomiane : Gastronome et critique de cuisine (1875-1964).

36. *Blues of the Vagabond* : Enregistré par Duke Ellington, le 20 novembre 1929, avec ses grandes vedettes : Bigard, Hodges, etc.

37. Barney Bigard : Clarinettiste des années 40 qui se surpassait avec Duke Ellington. Autrement, dit Vian, ce n'est plus que «Barney Bigard du Nord» (à cause du sifflet)! (*Autres Écrits sur le jazz 2*, p. 79.)

38. *Misty Mornin'* : De A. Whetsol et Duke Ellington, enregistré à New York, le 22 novembre 1928, par «Duke Ellington and his Cotton Club Orchestra».

Blue Bubbles : enregistré par Duke Ellington le 19 décembre 1927.

39. Don Evany Marqué : Anagramme de Raymond Queneau ; *cf.* le poème «Don Evané Marquy» de celui-ci dans *Les Ziaux* (*Œuvres complètes I*, La Pléiade, Gallimard, p. 51).

40. Nicolas Calas : Auteur en 1938 de *Foyers d'incendie* (Paris, Denoël), essai philosophique d'inspiration freudo-marxiste, un peu surréaliste et ultra-nietzschéen qui prône une «Morale sadique» et une révolution «surhéroïque». On trouve deux citations de cet ouvrage dans les notes préparatoires à *L'Automne à Pékin*, ce qui prouve l'intérêt — peut-être ironique, selon la référence présente — que lui plut Vian en 1946.

41. Jules l'Apostolique : On sait qu'on attribue faussement les thermes du boulevard Saint-Michel, près du musée de Cluny, à saint Julien l'Apostat. Il semble que Vian fasse ici un clin d'œil aux habitués du quartier Latin, en même temps qu'à un de ses saints préférés — ironiquement —, saint Jules qui présida à la naissance de son fils Patrick, le 12 avril 1942.

42. Memphis et Davenport, à quoi il faut ajouter La Nouvelle-Orléans qui suit l'Avant-propos, insistent sur les références jazziques du roman : le jazz est né dans cette dernière ville — la première citée, évidemment —, puis s'est répandu en remontant le Mississippi — particulièrement à Memphis, Tennessee — avant de conquérir le Midwest, Chicago, Kansas City et Davenport, ville natale d'un trompette blanc que Vian prit un temps comme modèle, Bix Beiderbecke (1903-1931). *Cf. Sur le jazz*, pp. 1294, 1297 et Lexique.

L'AUTOMNE À PÉKIN

1. Lord Raglan : Anthropologue anglais descendant du premier baron Raglan, aide de camp de Wellington, qui participa à la bataille de Waterloo, y perdit un bras et fut tué devant Sébastopol au cours de la guerre de Crimée — où fut lancée la mode du manteau à pèlerine, le raglan.

Sur l'ensemble des citations / épigraphes et leur usage canularo-poétique, voir J.-P. Vidal, *Boris Vian — Colloque de Cerisy, 1,* U.G.E. 10/18, 1977, p. 263 *sqq.*

2. Bottine de Mourant : Nom parodique inspiré par le docteur Soulié de Morant, diplomate et sinologue (1878-1955) qui, après vingt-cinq ans passés en Chine, introduisit l'acupuncture en France.

3. Nationale d'Embarquement : Transpose peut-être la glorieuse mais sanglante Voie du Débarquement.

4. Exopotamie : Pays imaginaire à partir de «exo»: en dehors, hors de et «potamos»: fleuve.

5. Maurice Laporte : Fondateur des Jeunesses communistes et ex-membre du C.C. du Parti communiste. Auteur de plusieurs ouvrages sur la police secrète et les services d'espionnage des tsars et du Kremlin.

6. Claude Léon : Ingénieur chimiste, jazzman et joyeux complice de Vian dans la vie réelle ; au bon (?) temps de l'A.F.N.O.R. et de la rédaction clandestine de *L'Automne à Pékin,* il donnait à la demande quelques épigraphes à Boris, tirées de ses lectures éclectiques.

7. Jacques Lemarchand : Romancier et critique théâtral (mort en 1974), secrétaire du Prix de la Pléiade en 1946 et l'un des plus chauds partisans de *L'Écume des jours* à cette occasion. D'où la transposition comico-glorieuse ici.

8. Docteur Cabanès : Augustin Cabanès, s'il commit un «Traité pour la défense contre les hémorroïdes», écrivit surtout sur la petite histoire croustillante ou aguicheuse : *Le Cabinet secret de l'Histoire* (1895), *La Flagellation dans l'Histoire de la littérature* (1899), *Les Indiscrétions de l'Histoire* (1903, etc.).

9. Saknussem, prénommé Arne (p. 230) : Sorti tout droit de Jules Verne, mais il perd le double «m» final en route ; chez Verne, Arne Saknussemm est un «hardi et fantastique voyageur» relatant son exploration inouïe sur un manuscrit runique qui guidera le professeur Libenbrock et le jeune Axel *(Le Voyage au centre de la terre).* Saknussem *(sic)* réapparaît chez Vian dans l'«opéra de chambre», *Une regrettable histoire.*

10. Le sourire [...] carthaginoises : Cette remarque est un *private joke* érudite pour latinistes ; d'une part, le «sourire honnête» rappelle la fameuse antiphrase *Punica fides,* «foi punique» c'est-à-dire mauvaise foi carthaginoise, Carthage étant réputée pour ne pas tenir parole ; d'autre part, il existe en latin deux adjectifs *puniceus,* forme voisine de *punicus,* l'un signifiant également «carthaginois» et l'autre «pourpre, jaune-orange, safran».

11. Walther : Excellente marque allemande de pistolets ; le «P.p.k.» est de calibre 7,65 ou 9 mm.

12. Abbé Petitjean : Il doit son nom — et presque sa fonction ! — au poète biblique Jean Grosjean dont l'œuvre triompha de *L'Écume des jours* pour le Prix de la Pléiade, en 1946. Mais la vengeance de Vian n'est pas méchante car l'abbé Petitjean est bien le curé le plus sympathique et le plus original de la littérature

moderne. Vian est beaucoup plus mordant avec deux membres du jury : *cf.* Ursus de Janpolent (p. 268) et Arland (p. 281).

Petitjean est en outre le véritable nom du double auteur connu comme « Delly », dont la littérature bien-pensante et à l'eau de rose n'est point ignorée de Vian : *cf. L'Arrache-cœur*, note 11.

13. Loïe Fuller : Marie-Louise dite Loïe Fuller, artiste de music-hall américaine (1862-1928). Célèbre à Paris en 1892 grâce à ses « Ballets fantastiques » aux Folies-Bergère, jeux de voiles, de lumières et de couleurs, avant un grand succès dans toute l'Europe.

14. Georges Cogniot : Historien, fondateur en 1939, avec le physicien Paul Langevin, de la revue *La Pensée*, à laquelle collaborèrent de brillants intellectuels de gauche.

15. Mangemanche : Le lien avec l'intrigue de *L'Écume des jours* est précisé par Vian au cours de *L'Automne à Pékin*, pp. 277 et 350-351.

16. Alfredo Jabès : Ami de la vie réelle, condisciple de Vian à l'École centrale, « pilote d'essai » du Club des modèles réduits volants, créé sous la direction de celui-ci en mai 1941 (*cf.* N. Arnaud, *Les Vies parallèles de Boris Vian*, Bourgois, 1981, p. 66).

17. Paul Claudel : Poète et dramaturge (1868-1955), et un des ennemis intimes de Vian, peut-être pour son style, qu'on peut juger grandiloquent et pompeux, et sans doute pour une inspiration chrétienne quasi constante et manifeste. On pense au texte burlesque où Vian rappelle ses propres origines : « Je suis né, par hasard, le 10 mars 1920, à la porte d'une maternité fermée pour cause de grève sur le tas. Ma mère, enceinte des œuvres de Paul Claudel (c'est depuis ce temps-là que je ne peux plus le blairer) en était au treizième mois et ne pouvait attendre le Concordat [...] » (« Éléments d'une biographie de Boris Vian, avantageusement connu sous le nom de Bison Ravi », *in Fascicule* édité avec *L'Intégrale Boris Vian*, J. Canetti, 1964, p. 11).

18. Kylala et Chaplon : On pourrait penser que le premier nom, favorable au calembour, est une invention de Vian, or il n'en est rien. En effet, André Chapelon — et non Chaplon — est un distingué ingénieur des Arts et Manufactures, donc un ancien de Centrale comme Vian, devenu inspecteur du matériel ferroviaire de la Compagnie d'Orléans ; c'est à ce poste qu'il publia une *Note sur les échappements de locomotives* (Paris, Dunod, 1938). Il y rappelle les progrès de l'échappement par injection de la vapeur dans la cheminée et les perfectionnements apportés par lui-même à la suite des brevets déposés en 1919 par M. ...Kylälä, le vrai ! On s'étonne que le « père » de Joël, Noël et Citroën ait oublié là deux trémas sympathiques, mais ces souvenirs de l'ingénieur Vian prouvent encore, si besoin était, son intérêt pour les locomotives (*cf. Introduction* p. 30, note).

19. Ping 903 : Seul clin d'œil — avec le Dr Bottine de Mourant (*cf.* note 2) — au titre chinois ?

20. Arthur Eddington : Astronome et physicien anglais (1882-1944) remarquable par ses travaux sur la dynamique stellaire et la théorie de la relativité, ainsi que par des ouvrages philosophiques sur la physique.

21. gnôthi séauton : « Connais-toi toi-même »; cette devise citée en grec rappelle les bonnes études classiques de B. Vian.

22. Père de Foucauld (et non Foucault) : Aristocrate et officier libertin devenu

ensuite missionnaire au Sahara (1858-1916). Serait-ce un exemple canulé pour Claude Léon, ermite érotique ?

23. Isidore Isou : Pseudonyme en écholalie de Jean Isidore Goldstein, né en 1925 ; ce « pape du lettrisme » — art total, morceaux sonores, « symphonie de voix » — fut une des figures éphémères de Saint-Germain-des-Prés.

24. Joseph Barrizone, dit Pippo ou La Pipe : Inspiré par Giuseppe Barrizone, jardinier des Vian et des Rostand à Ville-d'Avray, dont le patois italo-nissard se retrouve par exemple pp. 265 et *passim*.

25. Ursus de Janpolent : Caricature évidente de Jean Paulhan (1884-1968), directeur de *La Nouvelle Revue française* chez Gallimard et « éminence grise de la littérature française » pendant quelque trente ans ; la satire vise un critique hostile à Vian pour le Prix de la Pléiade — comme Marcel Arland (*cf.* note 27).

26. Gouffé / Nicolas / Jacques Loustalot : Cf. *L'Écume des jours*, notes 4, 5 et 6 ; le troisième, alias « le Major », ami très cher devenu personnage fictionnel, reparaît souvent dans les premiers romans et nouvelles (*cf.* « Surprise-partie chez Léobille »).

27. Arland : Marcel Arland (1899-1989), écrivain et critique (*cf.* note 25) ; son rôle de contremaître se justifie satiriquement par le titre de son roman *L'Ordre*, prix Goncourt 1929.

28. *Show Me the Way to Go Home* : Chanson américaine, populaire par exemple parmi les buveurs dont le retour à la maison s'avère incertain : « Montre-moi le chemin pour rentrer chez moi »...

Takin' a Chance on Love de Vernon Duke : chanson de la comédie musicale filmée *Cabin in the Sky* (1943) ; des airs de ce compositeur ont été enregistrés par Dizzy Gillespie. *Cf. Sur le jazz*, pp. 1266-1267, 1268-1271, et Lexique.

29. Orthopompe : Moine sans doute fictionnel, au nom forgé de deux mots grecs (droit et faste, apparat).

30. Taxi jaune et noir : Couleurs typiques des taxis amerlauds ; est-ce leur présence dans les thrillers qui justifie leur vocation funeste, affirmée page 385 et 386 ?

31. *Les Chants de Maldoror* : Œuvre maîtresse — et explosive ! — d'Isidore Ducasse, dit « comte de Lautréamont » (1846-1870).

32. William Bugle : Je n'ai trouvé nul écrivain, pas même mystique, de ce nom. Dans le contexte du chemin de fer, on peut penser que ce *bugle* renvoie moins au clairon des fanfares militaires qu'au sifflet des chemins de fer américains, où la vapeur, sous la calotte de bronze, résonne avec intensité pour écarter les bisons trop ravis...

33. Astrolabe : Constellation imaginaire nommée d'après l'instrument inventé par Hipparque au iie siècle avant J.-C. et qui donna son nom au navire de Dumont d'Urville, explorateur de l'Océanie et de l'Antarctique au xixe siècle.

34. *Tanquam adeo fluctuat nec mergitur* : Montage burlesque, semble-t-il, de *tanquam adeo*, « de même que jusque-là » — à-peu-près sur une formule comme l'apostrophe célèbre de Cicéron au début de la *Seconde Catilinaire* : « *Tandem aliquando...* » ? — et de la fameuse devise de Paris, « Le bateau est ballotté mais ne sombre pas ».

Et cum spiritu tuo : Réplique à *Dominus vobiscum* du dialogue rituel catholique (« Le Seigneur soit avec vous. — Et avec votre esprit. »)

35. Cointreau pique dès qu'on sert : À-peu-près burlesque sur le titre de Henry Miller, *Tropique du cancer*, traduit chez Denoël en 1945 et objet de poursuites en même temps que *J'irai cracher sur vos tombes*.

36. Leverrier : Allusion burlesque à Urbain Le Verrier (1811-1877), célèbre découvreur de l'orbite de Neptune.

37. Gabriele D'Annunzio : Écrivain italien tenté par le fascisme (1863-1938).

38. Saint Siméon Stylite : Anachorète et ascète chrétien (390-459) qui imagina le premier de vivre sur une haute colonne ; il passa vingt-six ans dans cette situation.

39. *Magni nominis umbra / Jam proximus ardet Ucalegon* : Toujours la culture classique de Vian ; il « monte » ici deux citations d'origine diverse : « *magni nominis umbra* » est tirée de *La Pharsale* (I, 135), poème épique de Lucain (39-65 ap. J.-C.) consacré aux luttes de César et de Pompée : c'est ici Pompée déclinant qui est qualifié d'« ombre d'un grand nom » ; l'autre citation est tirée de *L'Énéide* (II, 311-2) de Virgile (70-19 av. J.-C.) : lors de l'invasion de Troie par les Grecs, Énée est réveillé par le fantôme d'Hector et prend la fuite alors que « déjà, tout proche de nous, [le logis d']Ucalégon brûle ».

Je rappellerai ici le témoignage que m'a donné M. Morisset, ex-professeur de lettres de Vian en classe de seconde, selon lequel son élève avait toujours d'excellentes notes en récitation, que ce soit française, latine ou grecque.

40. 7,65 : Vian, ce pacifiste, possédait lui-même un 7,65 Herstal (*cf.* N. Arnaud, *op. cit.*, p. 119)!

41. Eudistes : Prêtres de Jésus et Marie organisés par saint Jean Eudes (1601-1680) pour gérer des séminaires et des instituts du Bon Pasteur pour la réhabilitation des prostituées.

42. *Black, Brown and Beige* : Suite de 45 minutes, jouée pour la première fois le 23 janvier 1943, à Carnegie Hall, pour clore une « Semaine Ellington » qui commémorait les débuts du grand musicien à New York. Une partie de ce chef-d'œuvre qui veut évoquer l'histoire des Noirs américains fut enregistrée les 11 et 12 décembre 1944, avec en particulier Johnny Hodges (RCA, *The Works of Duke*, 19).

43. Bayou : Référence louisianaise — méandre ou bras peu profond du bas Mississippi — qui prolonge le thème du jazz (p. 363).

44. François de Curel : Prolifique dramaturge français, au tournant du siècle (1854-1928).

45. *Fusées* : Cette épigraphe se trouve dans le recueil de notes intimes (1855-1862) de Charles Baudelaire : « Nous aimons les femmes à proportion qu'elles nous sont plus étrangères. Aimer les femmes intelligentes est un plaisir de pédéraste. Ainsi la bestialité exclut la pédérastie » (*Œuvres complètes*, La Pléiade, Gallimard 1975, p. 653).

L'HERBE ROUGE

1. Le Carré : Ce territoire de fiction est comme un carrefour poétique et mythique des deux extrêmes de la guerre froide : le *French Quarter* ou « Vieux

Carré » de La Nouvelle-Orléans et le *Red Square*, place Rouge de Moscou que signale l'herbe rouge du roman, pourtant venue sans doute de H.G. Wells : après la défaite des « Marsiens » auprès de Londres, ils ont laissé une herbe rouge sur le sol anglais *(La Guerre des mondes)*. Plus prosaïquement et techniquement — puits, machine à extraire —, ce Carré a aussi une parenté avec le carreau de mine cher à Zola et à ses épigones.

2. Eldorami : *Cf.* le music-hall parisien l'Eldorado.

3. Serge bleue : Vraisemblablement évocation d'un air de Duke Ellington, *Blue Serge*.

4. Le *Kalevala* : C'est l'épopée nationale de la Finlande (plus de 22 000 vers), formée de chants populaires regroupés au début du xixe siècle par Elias Lönnrot. Boris Vian en offrit une édition française à Michelle, le 5 octobre 1943 — date marquée de sa main sur l'exemplaire concerné, — texte introduit et établi par Charles Guyot d'après la traduction de Louézon le Duc (1868), pour l'éditeur d'art H. Piazza (1926). Cet ouvrage devint une sorte de livre-culte pour Michelle et Boris qui aimaient s'en citer des fragments dans les conversations courantes !

On verra avec *L'Arrache-cœur* (*cf.* note 7) que Vian s'y est inspiré d'un forgeron mythique sorti tout outillé du *Kalevala*.

5. Ticoticoto : Écho (!) d'une chanson fameuse à la fin des années 40, « Ticotico par-ci, ticotico par-là... ».

6. Se tsantsa : C'est sans doute en traduisant *Le Grand Horloger* de Kenneth Fearing (1947) que Vian a rencontré un « tsantsa », c'est-à-dire une tête réduite par des Indiens. Ainsi est décrit dans ce roman le « musée personnel » de Gil, barman de la Troisième Avenue de New York, fier de son bric-à-brac : « [...] des tsantsas, des billets français, des marks, des billets confédérés, des baïonnettes, des drapeaux, un bout de totem [...] » (K. Fearing, *Le Grand Horloger*, Genève, E.S., 1973 ; p. 53). Grâce à la terminaison pseudo-verbale, Vian peut jouer sur ce mot, inconnu des dictionnaires français, que je sache.

7. Bercé : Je vois dans cet adjectif une équivalence à *rock and roll* qui peut avoir le même sens premier, auquel s'ajoutent cependant de très fortes connotations sexuelles.

8. Bateau à vapeur : Dans ce contexte de la musique noire, c'est assurément une référence aux bateaux à roues du Mississippi.

9. Le catholicisme et le music-hall : Vian introduit ici un thème majeur de *L'Arrache-cœur*, le spectacle religieux « de luxe ».

10. Par le jeu [...] en cas de bêtises : Ce passage annonce sous forme romanesque un texte autobiographique écrit par Vian en 1951 sur son adolescence : *cf.* N. Arnaud, *Les Vies parallèles de Boris Vian*, Bourgois, 1981, pp. 25-33.

L'ARRACHE-CŒUR

1. Club des Savanturiers : Fondé avec R. Queneau, le 26 décembre 1951, et transformé en Société d'Hyperthétique en 1953, avec mission de promouvoir la

science-fiction moderne en France (*cf.* N. Arnaud, *Les Vies parallèles de Boris Vian*, Bourgois, 1981, p. 221).

2. *Catalogue général* de la Manufacture française d'armes et cycles de Saint-Étienne : Au même titre que le *Livre de cuisine* de J. Gouffé (*cf. L'Écume des jours*, note 6), ce *Catalogue* fut un livre-culte de la jeunesse de Boris Vian, sorte d'encyclopédie d'objets mécaniques ou autres, ornée de belles planches en couleurs, pour les armes surtout ! Le premier numéro de ce « Tarif-Album » parut en 1883 et le *Catalogue* atteignit un tirage de 900 000 exemplaires. En outre, la revue mensuelle de la Manufacture, *Le Chasseur français*, comportait des annonces matrimoniales fameuses qui servent de point de départ à la comédie musicale du même nom écrite par Vian en 1955.

3. J'avais [...] des choses : Le lien est évident, quoique discret, avec les aventures d'Angel dans *L'Automne à Pékin*.

4. Corbusier : Utilisation substantive du nom du célèbre architecte Le Corbusier (C.E. Jeanneret, 1887-1965) ; en 1951, il était en train d'achever la « Cité radieuse » à Marseille, dite aussi « Maison du Fada »...

5. Bateau : Sans préjudice de références à *Faustroll* de Jarry, *Alice* de Carroll ou aux *Jumblies* d'Edward Lear, notons que la fabrication d'un bateau est un thème constant dans le *Kalevala* (*cf. L'Herbe rouge*, note 4), œuvre qui inspire indéniablement ici le thème de l'androïde (*cf.* p. 617).

6. Succube : En l'occurrence, il faudrait plutôt supposer pour cette possession sexuelle un incube, démon mâle, alors que le succube est un démon femelle.

7. Androïde : L'inspiration de cette amante mécanique, très cohérente avec le monde de la fiction scientifique, peut venir, sans remonter à Hoffmann, de *L'Ève future* de Villiers de l'Isle-Adam et de *Metropolis* de Fritz Lang (1926) ; mais elle semble surtout tributaire du *Kalevala* (*cf. L'Herbe rouge*, note 4) où le forgeron Ilmarinen, « habile batteur de fer » et veuf, se forge « une femme d'or, une fiancée d'argent » qu'il couche dans son lit ; mais la comparaison s'arrête ici car elle ne lui apporte qu'un froid glacial alors que l'amante-robot du maréchal-ferrant l'échauffe considérablement ! (*Le Kalevala*, H. Piazza, 1926, pp. 170-172). Il faut rappeler que 1950-1951 sont aussi les années où Vian commence à se passionner pour la science-fiction américaine, à la suite de Queneau, avant de traduire Van Vogt et Bradbury (*cf.* G. Pestureau, *Boris Vian, les Amerlauds et les Godons*, U.G.E., 10/18, 1978 ; pp. 281-306).

8. Clémentine : Dans *Le Deuxième Sexe*, S. de Beauvoir analyse précisément le comportement maternel, les réactions liées par exemple à l'allaitement, à la domination et au masochisme maternels, les psychoses et névroses de la mère, particulièrement envers les fils.

À propos des déviations mystiques, ses remarques sur sainte Marie Alacoque qui nettoya de sa langue les excréments d'un diarrhéique ou sur sainte Thérèse qui témoignait de possession à la fois divine et sexuelle ne sont pas sans faire penser au comportement de Clémentine : *cf.* ici pp. 651-652 et 600-602 (S. de Beauvoir, *Le Deuxième Sexe*, Gallimard-Idées, II, pp. 170-189 et 420-425).

9. Malampia : Cette contrée fictive dérive des délires de la « séquestrée de Poitiers », Mélanie Bastian, enfermée pendant vingt ans par sa mère et qui répétait à l'hôpital vouloir retourner dans son « cher grand fond Malampia » ou sa « chère bonne fond moulin en piâtre ». A. Gide croit qu'elle désignait par là

« l'extraordinaire transposition qui s'était faite de [sa] chambre dans son esprit » (A. Gide, *La Séquestrée de Poitiers*, Gallimard, 1930, pp. 61-70).

10. *Vade retro!* : Formule christique pour repousser le démon : *Vade retro, Satana!* (Retire-toi, Satan!)

11. Delly : Pseudonyme d'un auteur double, Marie (1875-1947) et Frédéric (1876-1949) Petitjean de la Rosière, qui triompha dans le roman sentimental et bien-pensant.

12. Trifolium de Descartes : Ce nom latin du trèfle désigne en mathématiques une courbe ayant la forme d'une rosace à trois feuilles autour d'un point triple. Cardioïde : *cf. L'Écume des jours*, note 23.

NOUVELLES

« Les Fourmis »

1. *Jada* : Chanson et *standard* de jazz passé de New Orleans à Chicago vers 1935, annonçant les *scats* à onomatopées : « *Jada, jada, sing, sing, sing...* »

2. M.P. : Pour *Military Police*.

3. *Chattanooga* : *Chatanooga Choo Choo* de H. Warren et M. Gordon fut en particulier enregistré par Glenn Miller.

4. Spike Jones : Chef d'orchestre (1911-1964) qui devint célèbre dans les années trente et quarante pour ses interprétations fantaisistes de *standards* — avec cloches, scies, coups de pistolets, trompes d'autos, etc.

« L'Écrevisse »

5. L'Écrevisse : Traduction de *Crayfish, standard* joué par Weldon « Jack » Teagarden dont le nom est justement transposé en Jacques Théjardin. Teagarden ou « Big T » (1905-1964), tromboniste et chanteur blanc, joua dans des orchestres noirs et en particulier avec son ami Louis Armstrong, aux États-Unis et ailleurs (Nice, 1948, par exemple). Boris Vian parle de son « style majestueux, qui n'est pas sans frôler la grandiloquence » et le tient souvent en médiocre estime, surtout comme chanteur. *Cf. Sur le jazz*, Lexique.

À propos de Théjardin ici alité, il serait amusant que Vian eût connu la remarque de Teagarden justifiant son amour du sommeil : « Ce n'est pas que je reste longtemps au lit, c'est que je dors lentement! »

6. Bémol plat : Comique redondance bilingue, puisque bémol se dit en anglais *flat* (plat), par exemple si bémol (p. 713) = *B flat*.

« Le Plombier »

7. Alice Marshall : Boris Vian eut une bisaïeule maternelle de ce nom, née en 1834 d'Anglais de Londres et d'Édimbourg établis à Dunkerque, rentière et mère célibataire (1854), situation assez remarquable au milieu du xixe siècle! Michelle Léglise-Vian m'a d'autre part signalé qu'une sœur célibataire d'Yvonne, mère de

Boris, nommée Alice Ravenez et surnommée «Tata» avec grande originalité, servait de véritable gouvernante aux enfants Vian.

Bridgeport : La seule ville importante de ce nom, que je sache, se trouve en fait dans le Connecticut, aux États-Unis. Le «Wilshire» ne serait-il pas plutôt le Wiltshire, comté du sud de l'Angleterre ? Le choix de ce nom semble cependant devoir moins à l'exactitude géographique qu'à la parenté phonique avec Lewis Carroll : le fameux Chat de Cheshire rencontré par une autre Alice... Curieusement, le «Wilshire» resurgit dans... la Californie de *Et on tuera tous les affreux* (p. 918).

8. *Deep South Suite* : «Suite du Sud profond», grande composition en quatre parties de Duke Ellington, enregistrée sur V-Discs, le 23 novembre 1946 à Carnegie Hall.

9. Claude Farrère : Pseudonyme de F.C. Bargone (1876-1957) ; quel rapport cet écrivain français, féru d'exotisme et disciple de Loti, peut-il entretenir avec l'héroïne ? Est-ce le rêve extrême-oriental favorisé par l'opium ou le thé... au jasmin ? Ou bien est-ce plutôt le C. Farrère de la science-fiction, l'auteur d'*Où ?* par exemple (*cf.* notice de *L'Herbe rouge*, p. 426) qui est ici évoqué ?

«Les Poissons morts»

10. Deux cents de Guyane de 1855 : Les catalogues philatéliques signalent plutôt le 2 cts rose de 1850, d'une valeur de 900 000 F — en bon état !

Série de Zanzibar : On utilisa d'abord à Zanzibar des vignettes indiennes puis, à partir de 1896, des vignettes propres au territoire. Ajoute à la valeur même de ces timbres la sonorité exotique du nom — et la sonorité z aimée de Vian (*cf.* G. Pestureau, *Boris Vian, les Amerlauds et les Godons*, U.G.E., 10/18 ; pp. 404-409) — et l'initiale ultime dans l'alphabet.

11. Île Maurice : La référence à ce lieu exotique se justifie doublement d'une part dans le contexte de la collection de timbres, les premiers de Maurice étant particulièrement prisés (*cf.* l'allusion de Vian dans un article de mars 1955, *in Chroniques de jazz*, U.G.E., 10/18, 1971, p. 458), d'autre part en souvenir de Pierre Poivre (1719-1786) qui, administrateur des îles de France (Maurice) et Bourbon (Réunion), y développa la culture des épices apportées des Moluques.

«Blues pour un chat noir»

12. Ce titre est la traduction d'un air peu connu, *Black Cat Blues*, enregistré par la chanteuse de blues Minnie Memphis ; il est surtout intéressant par le sens des mots en argot de jazz *(jive), cat* — que Vian traduit lui-même par «zazou» (*Chroniques de jazz, op. cit.,* p. 212) — désignant un amateur de cette musique. On pense aussi à des titres voisins tels *Wild Cat Blues* enregistré en 1923 par Bechet et *Tomcat Blues* — «Blues du dragueur», ce qui convient bien au chat de la nouvelle ! — enregistré en 1924 par King Oliver.

13. Peter Gna : C'était le surnom de Pierre Léglise, beau-frère de Vian et étudiant en médecine. La scène se passe dans le neuvième arrondissement de Paris, quartier des Léglise, et transpose une anecdote, vécue par le frère et la sœur,

avec chat, coq et quelques personnages bien parisiens ou exotiques des années 40.

14. Dresde : Les bombardements alliés de février 1945 rasèrent à peu près tous les monuments baroques de la ville et firent au total 250 000 morts, soit plus de la moitié de la population.

15. Le dialogue en américain peut se traduire ainsi :
— Ce chat angliche nous fait chier ! Allons boire un verre quelque part ?
[...]
— Au diable ce chat. Où peut-on s'envoyer du cognac ?
[...]
— Je peux vous aider ?
— Prêtez-moi votre lampe, s'il vous plaît.
— D'ac.
[...]
— J'vais vous donner ma culotte.
— Ça ne marche pas avec la canadienne. Ça n'ira pas mieux avec votre culotte.
— Ah bon !

16. F.F.I. : Initiales des Forces Françaises de l'Intérieur réunissant beaucoup d'authentiques résistants de la première heure et quelques opportunistes de la onzième (*cf. L'Équarrissage pour tous*, scène xxxv)... L'essentiel en fut formé par unification des mouvements armés de résistance en 1944 et participa à la lutte lors des débarquements de Normandie et de Provence, puis lors de l'attaque alliée contre l'Allemagne.

17. Traduction : Qu'est-ce que c'est ? [...] — Ouais ! [...] — Bravo ! On prend un autre verre ? — D'accord Hector ! T'as une clope ?

18. Buchenkatze : Mot-valise sur Buchenwald, camp si affreusement célèbre, et Katze : chat.

« Le Rappel »

19. Y.M.C.A. : *Young Men's Christian Association* (Association des jeunes gens chrétiens), qui gère des clubs et des lieux de résidence dans tous les États-Unis.

20. Cheval Blanc / Paul Jones : Le *White Horse* comme le *Paul Jones* sont des marques américaines de whisky.

« Le Loup-garou »

21. Bois de Fausses-Reposes : Ce bois se trouve au sud-ouest de Ville-d'Avray et son nom de vénerie prend une nouvelle valeur adéquate à l'histoire de Denis.

22. Louis Boussenard : Auteur de romans d'aventures à la fin du xixᵉ siècle, parus en livraisons bimensuelles, tels que *Les Robinsons de la Guyane* (1892-1893) ou *Les Pirates des champs d'or* (1833) qui fait partie d'une saga, *Aventures d'un gamin de Paris*; c'est dans ces *Pirates...* qu'il explique l'expression des chercheurs *(diggers)* australiens « trouver le panier d'oranges » : « rencontrer un amas considérable de *nuggets* ou pépites d'or natif » (Paris, Dentu, 1883, p. 21, note 1).

23. Amilcar : Vian fréquenta à Colombes le garage de Peiny, devenu vite un ami et possesseur d'une Pégase Amilcar (*cf.* N. Arnaud, *Les Vies parallèles de Boris Vian*, p. 118), nom formé de la fusion fantaisiste de Akar (Émile) et Lamy (Joseph), fondateurs en 1920 d'une firme spécialisée dans les voitures de sport.

24. Rambolitain : Dérivé de Rambouillet.

25. Mauriac : François (1885-1970). *Cf. Sur le jazz*, note 46.

26. Coppi : Fausto Coppi (1919-1960), presque exactement contemporain de Vian par ses années de naissance et de mort, fut un cycliste italien légendaire dans l'après-guerre — le préféré d'Antoine Blondin —, entre autres deux fois vainqueur du Tour de France et recordman de l'heure.

« L'amour est aveugle »

27. Noé : La *Genèse* (VI-IX) raconte comment, ayant inventé la vigne et le vin, il gisait ivre et nu sous sa tente, ce que vit, ô sacrilège ! son fils Cham ; mais les bons fils Sem et Japhet couvrirent — à reculons — leur père d'un pudique manteau.

Salammbô : L'héroïne du roman de G. Flaubert (1862) est adoratrice de la déesse lunaire Tanit, protectrice de Carthage ; pour sauver le « zaïmph », voile sacré dérobé par le révolté Matho, elle va se donner à lui dans sa tente ; enveloppée de ce talisman, elle le rapporte et sauve la ville, mais ce contact interdit lui sera fatal...

28. *Quo vadis ?* : Roman sur le christianisme naissant de H. Sienkiewicz (1896), Prix Nobel 1905. Plusieurs films en furent adaptés avec mises en scène somptueuses, dès 1912, le plus marquant étant la « colossale » production M.G.M. entreprise en 1949 par J. Huston et abandonnée avant d'être reprise en 1951 par Mervyn Le Roy.

Fabiola ou L'Église des catacombes (1854), roman du cardinal anglais Wiseman, devenu film en 1948 par la grâce d'Alessandro Blasetti et marqué par l'idylle, à l'écran puis à la ville, de Michèle Morgan et d'Henri Vidal.

Et cum spiritu tuo : *Cf. L'Automne à Pékin*, note 34.

29. *Les Temps modernes* : Revue littéraire et philosophique fondée en 1946 par Sartre, Merleau-Ponty, Beauvoir et autres. Vian y publia « Les Fourmis », des extraits de *L'Écume des jours* et des *Chroniques du Menteur*.

« Surprise-partie chez Léobille »

30. Club Lorientais : L'un des plus fameux clubs de jazz du Saint-Germain-des-Prés de la grande époque, avec Claude Luter, etc. Pour les noms codés cités dans ce paragraphe, *cf.* G. Pestureau, *Dictionnaire Vian*, Bourgois, 1985.

31. Jitterbug : Danse sur un rythme swing, ancêtre du boogie-woogie.

32. Le Major : Jacques Loustalot, dit « le Major », ami de l'été de la débâcle en 1940 et quasi-frère de Vian, devient la figure principale de maintes pages de romans (*Trouble dans les Andains, Vercoquin et le plancton*) et de nouvelles (*cf.* N. Arnaud, *Les Vies parallèles de Boris Vian*, Bourgois, 1981 ; B. Vian, *L'Écume des jours*, note 4 ; *L'Automne à Pékin*, note 26).

33. Frères présvert : Jeu de mots évident sur Jacques et Pierre Prévert ; Jacques

(1900-1977), dont Vian fut le voisin du dessus et l'ami pataphysicien, Cité Véron derrière le Moulin-Rouge, les dernières années de sa vie, est l'un des plus fameux poètes du xxᵉ siècle, scénariste et dialoguiste, par exemple de l'inoubliable *Les Enfants du paradis*; Pierre (1906-1988) fut un cinéaste très original (cinéma burlesque, apologue comique, farce, dont le chef-d'œuvre de 1933, *L'Affaire est dans le sac*) avant de créer aussi pour la télévision.

34. *Ivan le Terrible* : Dans ce célèbre film d'Eisenstein (1945), il n'y a évidemment nul acteur du nom de Sergueï Andrejef Papanine !

J'IRAI CRACHER SUR VOS TOMBES

1. (Jean) d'Halluin : Jeune éditeur, ami de Vian, il fonda les éditions du Scorpion, ainsi nommées d'après le signe astrologique de sa femme Colette — Vian les appelait d'ailleurs familièrement «Les Scorpions» (*cf.* la dédicace du poème «Chatterie», p. 1195). C'est bien sur la sollicitation de cet habitué de Saint-Germain-des-Prés que naquit Vernon Sullivan (*cf.* N. Arnaud, *Les Vies parallèles de Boris Vian*, Bourgois, 1981, pp. 151 *sqq.*)

2. Miller : Henry (1891-1980), romancier new-yorkais établi à Paris en 1930, ami de Queneau, chantant ou criant le lyrisme de la sexualité dans, par exemple, *Tropic of Cancer* (1934), *Tropic of Capricorn* (1939) et *Black Spring* (1936) dont les traductions (1946-1947) furent montées en scandale en France par le Cartel d'action sociale et morale de Daniel Parker.

3. Cain : James (1892-1977), scénariste et romancier américain : *Le facteur sonne toujours deux fois* (1934), etc. *Three of a Kind* fut traduit sous le titre *Assurance sur la mort* (Paris, Gallimard, 1948). La préface à ces trois nouvelles contient une phrase intéressante pour *J'irai cracher sur vos tombes*: «Je voudrais [...] une histoire dans laquelle le meurtre sera le porte-amour comme cela doit être pour tout homme ou femme qui cherche à le commettre.»

4. Chase : René Brabazon Raymond, dit James Hadley Chase (1906-1985), écrivain britannique devenu symbole de l'auteur de thrillers américains par la violence et la sexualité, comme dans *No Orchids for Miss Blandish* (1938).

5. Buckton : Il existe une petite ville Bucktown à 30 miles au nord-ouest de Philadelphie, ce qui ne correspond pas à la géographie fictionnelle du roman. M. Rybalka a présenté une étude très judicieuse des noms propres de *J'irai cracher sur vos tombes* («Boris Vian et Vernon Sullivan» *in* — *Colloque de Cerisy, 2, op. cit.*, pp. 348-349).

6. Tom : Ce prénom est évidemment symbolique, rappelant le fameux «oncle Tom» de la *Case...* célèbre (1851) de Mrs. Beecher-Stowe et représentant donc le Noir qui accepte sa position de dominé.

7. Pearl Harbor St : Ce nom de rue rappelle le bombardement japonais du 7 décembre 1941, cause de l'entrée en guerre des États-Unis.

8. Nash : Marque automobile américaine, d'abord de voitures de course (avec chaînes et pignons !) puis de voitures bon marché ; le modèle 1940 est peut-être celui de Lee, avec un étroit habitacle mais des sièges rabattables pour former un lit... de secours.

9. Bobbysoxers : Nom donné aux adolescentes américaines à cause de leur socquettes.

10. Dinah Shore et *Shoo Fly Pie* : Chanteuse blanche de variétés américaines — telle cette chanson — très célèbre avant et pendant la guerre (V-Discs que Vian a pu sans doute entendre), admiratrice de Count Basie.

11. Hep : En argot, « à la coule », « au parfum », d'où fana de jazz ; *hep*, *hip* et *hepcat* sont des mots liés, dans les années quarante, au bebop et à la « Beat Generation ».

12. Jive : D'abord un style de musicien de jazz, puis le nom de l'argot des jazzmen.

13. Cab Calloway : Chanteur, comédien et chef d'orchestre américain (1907) qui fit beaucoup pour populariser le jazz ; son style vocal avec des onomatopées, inspiré du *scat*, annonce le bebop.

14. W.C. Handy : *Cf. L'Écume des jours*, note 14.

15. Baruch junior : Fils (supposé ?) de Bernard Baruch, financier américain et homme d'État du XXᵉ siècle, conseiller de plusieurs présidents.

16. Roadster Chrysler : Vian a apprécié les modèles Chrysler — marque créée en 1920 par séparation de Buick — redécouverts en 1944 grâce à l'armée américaine (*cf. Le Loup-garou*, Bourgois, 1974, p. 92).

17. Jitterbug : *Cf. Nouvelles*, note 31.

18. Packard : Est-ce un rappel nostalgique de la Packard des parents Vian (*cf.* N. Arnaud, *Les Vies parallèles de Boris Vian*, Bourgois, 1981, p. 42) ? Plutôt l'utilisation d'un modèle récent... Depuis le début du siècle, Packard fut l'une des marques américaines les plus prestigieuses, produisant des autos de grand luxe ; le modèle « Clipper » (*cf.* p. 828) fut le grand succès des années 20, la voiture des gangsters ; des modèles plus économiques furent construits après le krach. La Packard traditionnelle, de 1938 à la fin des années 50, fut une limousine à huit places.

19. Joe Louis : Joseph Louis Barrow dit « Joe Louis » (1914-1981) fut l'un des plus grands boxeurs noirs américains (*cf.* p. 809). Monté d'Alabama à Detroit puis Chicago, professionnel en 1935, il fut battu par le champion allemand Schmeling l'année suivante, défaite considérée en Allemagne comme le triomphe du nazisme, avant de prendre une éclatante revanche (2 minutes 4 secondes de combat) en 1938, alors qu'il était déjà champion du monde.

20. Martini : Le *dry martini* américain n'est point la marque italienne mais un cocktail de gin ou de vodka avec du vermouth blanc, agrémenté d'une olive.

21. Shag : Danse populaire des années 30 et 40, énergique et sautante ; mais le mot à une connotation fortement sexuelle puisqu'en argot *to shag* signifie « baiser ».

22. John Henry : Noir légendaire, véritable marteau-piqueur humain du folklore américain. Lors du creusement du *Big Bend Tunnel* en West Virginia (1870), il défia son contremaître armé du premier marteau pneumatique de creuser mieux que lui avec un marteau de vingt livres dans chaque main ! Il gagna mais mourut d'hémorragie, devenant le symbole de la résistance du travailleur manuel à l'invasion de la machine.

23. Duesenberg : Firme américaine fondée par deux frères d'origine allemande ; après avoir fabriqué vélos et motos, ils construisirent, de 1912 à 1937,

des autos de course et de tourisme et surtout en 1928 le modèle « J » de 265 CV atteignant le 180 km/h, la voiture la plus chère du monde avec la Bugatti « Royale » et qui devint une véritable légende ; d'où l'allusion humoristique de Lee à propos de sa Nash minable.

24. Sainte fumée ! Traduction clin d'œil du juron américain « *Holy smoke* » (« zut alors ! »)

25. Bingo : Forme de loto très populaire en Amérique du Nord.

26. Murchison Junction : Il existe un Murchison, petite ville du Texas, au sud-est de Dallas, mais cette appellation semble plutôt ici inventée pour nous donner l'idée des grands espaces quadrillés de routes des États-Unis.

27. Clipper (Packard) : *Cf.* note 18.

28. Kaiser : Henry John Kaiser (1882-1967), industriel américain célèbre pour ses succès dans les travaux publics et ses réalisations préfabriquées (navires de débarquement pour la Seconde Guerre mondiale, porte-avions, habitations).

29. Stan Kenton : Pianiste, arrangeur et chef d'orchestre américain. *Cf. Sur le jazz*, Lexique.

30. Ellington : *Cf. L'Écume des jours*, note 2 et *Sur le jazz*, Lexique.

Gershwin : *Cf. L'Écume des jours*, note 30.

Kern : Compositeur américain d'origine européenne, capable comme Gershwin de produire un « sirop (non dénué d'agrément) » (B. Vian, *Écrits sur le jazz 2*, *op. cit.*, p. 329).

31. Vargas Girl : Alberto Vargas commença dans les années 30 à faire ses célèbres dessins, raffinés et érotiques, de splendides filles déshabillées dans le magazine de Chicago *Esquire*, le magazine pour hommes le plus audacieux d'alors, ainsi que pour des posters. Pendant la Deuxième Guerre mondiale, le magazine put réclamer des allocations supplémentaires de papier sous le prétexte (accepté !) que les *Vargas Girls* servaient à élever le moral des G.I's et contribuaient donc à l'effort de guerre ! Lorsque *Esquire* partit pour New York, *Play Boy* fut fondé en 1953 et débaucha Vargas.

32. *I Didn't Know About You* : Morceau de D. Ellington et B. Russel, enregistré par le premier à New York, le 1er décembre 1944, sorte de version retravaillée de *Sentimental Lady* pour s'accorder aux paroles de Russel (RCA, *The Works of Duke*, 19).

33. Howard Hughes : Producteur de Hollywood, fabricant d'avions, million-naire (1905-1976) ; il lança entre autres Jean Harlow et Jane Russel.

34. « J'ai pris ma chair [...] » : Véritable citation biblique — contrairement au titre du roman ! — tirée de *Job*, XIII, 14 ; mais Lee lui donne évidemment une valeur érotique étrangère au pauvre Job et caractéristique du style parodique de Vian.

35. Macy : Chaîne de grands magasins (assez luxueux) aux États-Unis.

36. *When the Saints go marchin'in* : « Quand les Saints font leur entrée (au Paradis) », l'une des marches les plus célèbres de La Nouvelle-Orléans — grand succès de Sidney Bechet en particulier ; il faut encore payer le double des autres airs pour l'écouter à la demande dans *Preservation Hall*, conservatoire du jazz des origines dans le *French Quarter* de New Orleans.

Break : Court passage par un soliste, généralement improvisé et sans accompagnement.

37. Ligne de réserve : Traduction de *second line*, constituée, dans les parades

de La Nouvelle-Orléans, par les amateurs qui suivent l'orchestre ou dansent à côté.

38. Super : Abréviation courante pour *Superintendant*, chef d'une section de police.

39. Indian : Glorieuse marque américaine de motocyclettes, mais nettement sur le déclin au moment de la Seconde Guerre mondiale, après avoir été un pionnier des *V-twins*, de la suspension intégrale et de l'embrayage, entre 1914 et 1930.

40. Buick : Marque d'autos américaine fondée en 1903 par un industriel écossais ; absorbée par General Motors, elle produisit particulièrement dans les années 30 et 40 des modèles «Roadmaster».

ET ON TUERA TOUS LES AFFREUX

Note générale : Les noms de rues, d'avenues, de routes, de places, de quartiers cités dans le roman existent ou existaient réellement à Los Angeles, ainsi que l'Aquarium évoqué p. 965. Il semble donc que Vian-Sullivan ait eu à sa disposition une carte ou un répertoire de la ville.

D'autre part, pour les marques de voitures, je prie le lecteur de se reporter aux notes de *J'irai cracher sur vos tombes*.

1. *Call* : Il ne semble pas qu'il y ait eu un *Call* (ou *California Call*) à Los Angeles, mais bien à San Francisco en 1911, transformé en *Call Bulletin* de 1929 à 1959.

2. Bow-tie : Nœud papillon.

3. La Metro : Abréviation courante pour la Metro-Goldwyn-Mayer, formée en 1924 à Hollywood par la réunion de compagnies antérieures ; la fin des années 40 marque son apogée, avec toutes les grandes stars.

4. Linda Darnell : Actrice américaine (1923-1965), star de la Fox, qui joua par exemple dans *Ambre* (1947). Est-elle «reproduite» par le Dr Schultz en «Lina Dardell» (p. 995) ?

5. Jane Russell : Vedette américaine née en 1921, fameuse grâce à ses seins, Howard Hughes et sa victoire sur la censure en 1949, sans oublier ses talents de comédienne.

Betty Grable : Chorus-girl dès l'âge de treize ans, actrice américaine (1916-1973) très populaire pendant la guerre, en particulier auprès des G.I.'s.

Lauren Bacall : Mannequin, née en 1924, remarquée par H. Hawks et mise en face de Humphrey Bogart en 1944 (*To Have and Have not*, d'après Hemingway) avec qui elle forma un couple inoubliable à l'écran et à la ville ; excellente comédienne, pleine d'esprit acerbe et d'humour.

6. San Pinto : Aucune trace de ce nom de lieu sur les documents de la région de Los Angeles ; il est donc fictionnel et peut-être lié à l'ivresse du héros (< pinter ?) ou, plus gaillard, aux activités sexuelles communes chez le Dr Schutz ?

7. Bogart : Faut-il vraiment faire une note sur Humphrey Bogart (1898-1957) ? Cet acteur mythique commença à jouer dans des films américains en 1930, se

spécialisa successivement dans des rôles de froid gangster, de criminel sympathique et de détective privé et marginal, visages de héros romantiques (*cf.* note 5).

8. Mickey Rooney : Acteur depuis l'enfance (né en 1922) et « feu follet du cinéma américain » (R. Boussinot) qui joua dans plus de cent vingt films.

9. Paulette Goddard : (1911-1990) Brune piquante du cinéma américain des années 30 et 40, pleine de vie et d'esprit, rendue célèbre d'abord par son rôle dans *Modern Times* de Charlie Chaplin (1935). Après maints mariages et liaisons qui scandalisèrent les ligues de vertu, elle épousa enfin le romancier allemand-américain Erich Maria Remarque.

10. South Pasadena : Banlieue à l'est de Hollywood.

11. Truwoman : Déformation comique (et sexuelle !) de Harry S. Truman, président des États-Unis de 1945 à 1952, bête noire de Vian pour sa responsabilité dans l'utilisation de la bombe atomique.

12. Dodge : Marque de voitures absorbée par la Chrysler Corporation en 1928 ; elle produisit des modèles milieu de gamme, parmi les meilleurs « compacts » de Chrysler.

13. San Bernoo : Pas plus que San Pinto, ce nom ne correspond à un lieu réel, à moins que Vian n'ait interprété ainsi à l'oreille l'abréviation courante pour San Bernardino, « San Berdoo », à près de 100 km à l'est de Los Angeles.

14. B 29 : Bombardier lourd de Boeing du type qui lâcha la première bombe atomique sur Hiroshima en 1945.

15. En réalité Cora Leatherford (*cf.* p. 946).

16. Chevrolet : Division de la General Motors à Detroit ; beaucoup de modèles célèbres au début des années 60 : « Special DeLuxe », « Master DeLuxe », « Royal Clipper Styling »...

17. Cadillac : Symbole universel de la « Belle Américaine », particulièrement dans les années d'après-guerre. Comme Chevrolet, Cadillac est une division de General Motors rivale de Packard pour les voitures de luxe.

18. Macy : Cf. *J'irai cracher sur vos tombes,* note 35.

19. Webster : Célèbre dictionnaire à partir du travail de Noah (1758-1843), lexicographe américain, auteur en 1828 de *An American Dictionary of the English Language*, dont les droits furent ensuite rachetés par les frères Merriam.

L'ÉQUARRISSAGE POUR TOUS

1. Jean Cocteau (1889-1963) publia ce texte, le 3 mai 1950, dans *Opéra. Les Mamelles de Tirésias* (Apollinaire, 1917) et ses propres *Mariés de la tour Eiffel* (1921) marquaient, à ses yeux, l'avènement d'un nouveau théâtre caractérisé par le mélange de farce, de poésie, d'actualité, de fantaisie et de surréalisme.

2. Arromanches : Ville proche de la plage *Gold*, extrémité ouest du lieu du débarquement, le 6 juin 1944, d'une division anglaise — et non américaine, ce qui était fâcheux pour la vraisemblance d'une variante satirique :

— Le Voisin : T'as remarqué ? Y a pas d'Anglais !

— Le Père : On débarque, ici, on ne rembarque pas. (*Théâtre 1*, 10/18, 1973, p. 196).

Cette division était d'ailleurs commandée par le contre-amiral Sir Philip... Vian !

La fosse à chevaux et la trappe font évidemment penser à la trappe d'*Ubu roi* (III, 2) de Jarry.

3. Frisous : À partir du prénom Fritz, on créa, lors de la Première Guerre mondiale, des surnoms péjoratifs pour les Allemands, tels fridolin, frisé, frisou.

4. *Le Troisième Homme* : À partir d'un scénario de Graham Greene, Carol Reed dirigea en 1949 ce film qui devint un succès mondial grâce à Orson Welles et à la musique de cithare accompagnant en leitmotiv le personnage douteux mais fascinant qu'il incarne, le *Harry Lime Theme* d'Anton Karas. La pièce de Vian ayant été écrite en 1947, il est évident que cette référence musicale appartient à l'époque de la première représentation en 1950.

5. *Happy Birthday to You* : « Bon anniversaire... », célèbre chanson qui devient comiquement le symbole de toute réjouissance anglophone, comme dans *Zazie dans le métro* de Queneau (« apibeursdè touillou » ; Folio, p. 150).

6. *Wenn die Soldaten* : J'ai corrigé le texte de Vian qui comporte plusieurs petites fautes sur manuscrit et sur imprimé ; cette chanson de marche faisait partie du folklore allemand jusqu'au milieu du xxe siècle et plaisait aux militaires par son érotisme flagrant :

« Quand les soldats / Défilent en ville / Les portes, les fenêtres, / Les filles les ouvrent / Et pourquoi donc / Et parce que tiens / Un baiser si c'est d'accord / Badaboumboum *(bis)*. »

7. F.F.I. : *Cf. Nouvelles*, note 16.

8. Delage : La marque Delage, fondée en 1905, se spécialisa ensuite dans les voitures de sport et de grand luxe, avant de disparaître en fusionnant avec Delahaye en 1935.

9. La traction avant fut le modèle-phare de Citroën de 1934 à l'après-guerre, particulièrement appréciée des gangsters puis des maquisards ou F.F.I. : on pouvait en particulier poster des tireurs ou des gardes sur les garde-boue et les ailes.

10. Le « Bon Petit Vin blanc » : Ou plutôt « Ah ! le petit vin blanc », chanson à succès de J. Dréjac et Ch. Borel-Clerc, chantée par Lina Margy (1943) et célèbre pendant tout le reste des années 40.

11. *Sweet Adeline, Sweet Sue, Swanee River* : Chansons populaires américaines (Mignonne Adeline, Jolie Sue, La Rivière Swanee).

12. Robert Taylor : Acteur américain (1911-1969) célèbre dans des rôles de héros amoureux (*Quo Vadis ? Ivanhoe*, etc.).

13. Barbara Stanwyck : Actrice américaine (1907) célèbre dans les années 20, mais surtout pour ses rôles des années 40 et 50 ; mariée à R. Taylor de 1939 à 1951 : on parlait sans doute déjà de séparation en 1950...

14. Doryphores : Surnom hostile donné aux Allemands en 1940, peut-être par allusion à la prolifération de cet insecte nuisible aux pommes de terre.

15. Ils ont [...] française : Cette réplique est une citation détournée de *Simple Histoire*, chanson patriotique célèbre après 1870, paroles de R. de Saint-Prest et L. Christian, musique de V. Herpin, créée par Mme Amiati : « Ils ont brisé mon violon

/ Parce que j'ai l'âme française, / Et que, sans peur, aux échos du vallon, / J'ai fait chanter *La Marseillaise !*»

16. *I Love You Truly* : «Je vous aime sincèrement», chanson sentimentale américaine.

17. Scout [...] la main : Mélange de deux devises, celle des Scouts de France, mouvement catholique de jeunes, et celle du journal pour jeunes de Jean Nohain, alias Jaboune, à la fin des années vingt : «*Benjamin*, le cœur sur la main».

LE GOÛTER DES GÉNÉRAUX

1. Ourson : Hypocoristique — surnom affectueux — pour Ursula Vian (*cf. Poèmes*, note 8).

2. Président du Conseil : Équivalent, sous la IVe République, du Premier ministre ; cette fonction fut souvent caractérisée par sa qualité éphémère.

3. Kinsey : Médecin américain (1894-1956), directeur de l'Institut de Recherche sur la Sexualité à l'Université d'Indiana ; responsable du célèbre *Rapport Kinsey* sur *Le Comportement sexuel de l'homme* (1948) puis *de la femme* (1953).

4. Giraud (Henri) : Général (1879-1949) et chef des forces françaises en Afrique du Nord avant d'être supplanté par de Gaulle en 1943.

Darlan (François) : Amiral (1881-1942) et homme politique, collaborateur, ministre de Vichy et successeur désigné de Pétain, assassiné à Alger.

Esteva (Jean-Pierre) : Amiral (1880-1951), Résident général en Tunisie pendant la guerre, où il laissa l'armée allemande débarquer et capturer les vaisseaux français ; condamné à la Libération.

Gamelin (Maurice) : Général (1872-1958) et commandant en chef des forces alliées en 1939 ; déporté en Allemagne en 1943.

5. Juin (Alphonse) : Général (1888-1967) ; prisonnier et libéré ; dirigea la force française en Tunisie contre l'Afrikakorps, puis en Italie ; maréchal de France en 1952.

6. Robert : Le seul officier que j'ai trouvé de ce nom fut non pas général mais amiral (1871-1965) au G.Q.G. en 1914, puis commandant en chef des forces de l'Atlantique en 1939, condamné en 1947 et aussitôt amnistié.

7. Philippe : Ce prénom permet une série d'allusions à Philippe Pétain, évidemment (1856-1951), vainqueur de Verdun, maréchal, chef du gouvernement de Vichy (1940) ou État français ; condamné à mort en 1945, peine commuée en détention perpétuelle.

8. (île) d'Yeu : Lieu de détention du maréchal Pétain.

9. Rommel (Erwin) : Maréchal allemand (1891-1944), chef de l'Afrikakorps en Lybie (1941) ; contraint au suicide au début de la débâcle allemande.

10. Talbot : Marque d'automobiles franco-britannique (1903) célèbre par ses voitures de course, rachetée par Simca puis Chrysler et enfin fondue dans le groupe Peugeot.

11. Pie : Il s'agit évidemment de Pie XII (Eugenio Pacelli, 1876-1958), pape depuis 1939 et dont la conduite à l'égard de l'Allemagne nazie a été l'objet de vives polémiques l'accusant de faiblesse sinon de sympathie.

12. Suhard : Cardinal (1874-1949), archevêque de Paris.

13. *Aux Écoutes* : Hebdomadaire créé en 1918 par Paul Lévy, interrompu de 1934 (scandale Stavisky) à 1945 et suspendu en 1969 par suite de difficultés économiques accentuées par des sanctions politiques ; cette « feuille d'écho » nationaliste et anti-allemande tira jusqu'à cent mille exemplaires.

14. 6 juin (1944) : Débarquement allié sur la côte normande. *Cf. L'Équarrissage pour tous*, note 2.

15. Nicham Iftikar : Ou plutôt Nichan Iftikhar, ordre tunisien créé par Ahmad Bey, supprimé en 1956.

16. Cranach : Lucas Cranach, dit « l'Ancien » (1472-1553), graveur et peintre allemand qui créa à Wittenberg un atelier d'imagerie religieuse où peignit aussi son fils, dit « le Jeune ».

17. Luis Mariano : Chanteur et comédien espagnol à la voix de velours (1914-1970), sorte de néo-Valentino dans des opérettes et films chantés.

18. Plan Marshall : Le général et homme politique américain George Marshall (1880-1959), secrétaire d'État de Truman en 1947, donna son nom à un plan d'assistance pour la reconstruction économique de l'Europe de l'Ouest (1948) qui fut aussi un moyen de lutter contre l'influence communiste.

19. Nürnberg : Ou, pour les Français, Nuremberg, ville d'Allemagne occidentale qui, après avoir connu les congrès et le spectaculaire culte nazis, fut le lieu du procès des criminels de guerre allemands devant un tribunal international (1945-1946).

20. *Les Trois Mousquetaires* : Le fameux roman d'A. Dumas (1844) donna lieu à plusieurs adaptations cinématographiques, dont celle de 1921 avec Douglas Fairbanks ; Vian pense sans doute à la somptueuse version de la M.G.M. en 1948, mise en scène par George Sidney, avec Gene Kelly et Lana Turner, et en technicolor...

21. Travail, Famille, Patrie : Devise de l'État français (*cf.* note 7).

Le mont Valérien est une butte à l'ouest de Paris sur laquelle est édifié un fort où furent fusillés des otages français, pendant la Seconde Guerre mondiale.

22. Fachoda : Cette ville du Soudan fut en 1898 le lieu d'un affrontement colonial entre la Grande-Bretagne (troupe de Kitchener) et la France (mission Marchand) ; le retrait des Français devant l'ultimatum des Britanniques donna à ceux-ci toute hégémonie sur le Nil.

Mers el-Kébir : Base navale sur la côte d'Algérie où la flotte française fut coulée par les Anglais en 1940 pour éviter qu'elle ne tombe aux mains des Allemands.

23. Salut de l'Empire : Allusion à « Veillons au salut de l'Empire », hymne napoléonien.

24. Robic (Jean, dit « Biquet ») : Champion cycliste français — ou breton ?! — (1921-1980), surprenant vainqueur du Tour de 1947 et champion du monde de cyclo-cross.

Bartali (Gino) : Champion cycliste italien (1914) vainqueur du Tour de France en 1938 et 1948.

Koblet (Hugo) : Champion cycliste suisse (1925-1964), vainqueur du Tour de France en 1951.

Bobet (Louis, dit « Louison ») : Champion cycliste français — et aussi breton ! — (1925-1983), triple vainqueur du Tour de France (1953, 1954, 1955) et champion du monde (1954).

25. « Le Cordonnier Pamphile » : Chanson paillarde célèbre parmi les carabins et autres étudiants gaulois.

26. Grédy : Pierre Barillet et Jean-Pierre Grédy commencèrent une carrière heureuse de double auteur de boulevard avec *Le Don d'Adèle* et *Ami-Ami* en 1950.

POÈMES

Cantilènes en gelée

1. *Cf. J'irai cracher sur vos tombes*, note 1.

2. Édith : Piaf, évidemment, au sommet de sa gloire dans les années 40, avec en particulier le succès mondial « La Vie en rose », composé par elle avec une musique de Louiguy en 1946. Vian écrivit lui-même dix ans plus tard « La Vie en rock » (*Chansons*, Bourgois, 1984, p. 706).

3. Odette Bost : Épouse de l'écrivain et collaborateur de la *N.R.F.*, Pierre Bost (1901-1975) ; (*cf. Manuel de Saint-Germain-des-Prés*, Chêne, 1974, p. 168), tous deux fort bons amis et relations de cave de Boris et Michelle Vian. Très belle, Odette Bost était comparée à la danseuse et actrice Cyd Charisse mais, d'une santé très fragile, elle mourut prématurément.

4. Raymond le Chien / Raymond le Chêne : On sait que Raymond Queneau, ami de Vian depuis 1945, a écrit une autobiographie en vers, intitulée *Chêne et Chien*, à partir d'une double interprétation sémantique de son patronyme : quesne ou quenne = chêne, et quenet ou quenot = chien ; un autre recueil poétique de Queneau s'intitule *L'Instant fatal* (*cf.* R. Queneau, *Œuvres complètes I*, édition établie par Claude Debon, Paris, Gallimard, La Pléiade, 1989, pp. 3, 71, 1141, note 1 de la page 31).

5. Simone de Beauvoir : Ou « la Grande Sartreuse » — ou la « duchesse de Bovouard » (*L'Écume des jours*), (1908-1986) célèbre écrivain et personnalité de Saint-Germain-des-Prés, dont Vian composa la discothèque de jazz.

6. Ma sœur : Transposition burlesque de la naissance de Ninon Vian, après trois garçons, le 15 septembre 1924 ; Boris avait alors quatre ans et demi qu'il transforme ici allégrement en quatorze — ce qui prouve bien que ses poèmes ne sont pas vraiment autobiographiques, comme le montrait déjà « Chatterie », mais plutôt jeu fantasmatique.

7. La mère Pouche : Surnom traditionnel dans la famille pour la mère de Boris, Yvonne Ravenez, épouse Vian.

Je voudrais pas crever

8. Ourson, l'Ursula : Vian appelait affectueusement Ursula — qu'il prononçait [urzula] — l'Ours ou l'Ourson [urzɔ̃], lui-même étant, on le sait, le Bison. *Cf. Le Goûter des généraux*, note 1.

9. Le port : Vian passait souvent les vacances d'été à Saint-Tropez, rendez-vous obligé des Parisiens du show-business.

10. Faridondaine : Onomatopée utilisée dans les refrains de chansons populaires, d'où refrain de chanson.

11. Noyé : On peut penser que ce cauchemar s'inspire du roman de R. Chandler, *The Big Sleep*, traduit par Vian (*Le Grand Sommeil*, Gallimard, Série noire, 1948 ; dénouement, chap. xxxii).

CHANSONS

1. Languedoque : La famille Vian — branche paternelle — vient en fait de Gattières, dans le Var.

2. *La Vie brève* : Opéra de M. de Falla et C.F. Shaw (1905), créé à Nice puis à Madrid (1913-1914).

3. *Guillaume Tell* : Opéra de Rossini (1829) sur un héros légendaire suisse.
Le Trouvère : Opéra de Verdi et Cammarano (1853).

4. Saint-Cucufa : En dépit du comique verbal, il existe bien une forêt et un étang de ce nom, chers aussi à Queneau, près de Rueil-Malmaison et au nord de Ville-d'Avray.

5. Dalila : Philistine aimée de Samson, juge d'Israël à la force prodigieuse ; le trahissant, elle lui coupa les cheveux où résidait sa puissance et le livra à ses ennemis, mais il fit bientôt crouler un temple sur ceux-ci — et lui-même. Le film *Samson et Dalila* fut tourné pour la M.G.M. par Cecil B. De Mille avec Hedy Lamarr (1950).

6. Gary Cooper : (1901-1961) Vedette inoubliable du grand cinéma américain.

7. Alan Ladd : Si Gary Cooper n'est pas oublié, Alan Ladd l'est sans doute, alors qu'il fut un très célèbre acteur de westerns au milieu du siècle.

8. Monsieur le Président : Lors de la composition de cette chanson, c'est René Coty (1882-1962) qui vient de succéder à Vincent Auriol ; il sera le dernier président de la IVe République. Mais, depuis des années, la guerre d'Indochine fait rage et « Le Déserteur » précède le désastre de Dien Bien Phu (7 mai 1954) de trois mois.

La première version du texte comportait un distique final nettement moins pacifiste :

« Que j'emporte mes armes / Et que je sais tirer. »

9. Films suédois : Le renouveau et la grande vogue en France, d'abord dans l'intelligentsia, du cinéma suédois furent surtout dus évidemment à Arne Mattson, *Elle n'a dansé qu'un seul été* (1951), et aux grands films d'Ingmar Bergman, tels *Jeux d'été* (1950), *La Nuit des forains* (1953) et *Une leçon d'amour* (1954), pour ne citer que ceux qui ont précédé la chanson de Vian.

10. Série Noire : La fameuse collection de thrillers, d'abord traduits de l'américain, fut créée chez Gallimard par Marcel Duhamel sous un titre de Jacques Prévert. Boris et Michelle Vian furent parmi les premiers traducteurs (Chandler, 1948 ; Cheyney, 1949).

SUR LE JAZZ

1. Hot Club de France : Première association d'amateurs de jazz au monde, fondée à Paris en 1932 par des fervents de jazz, dont H. Panassié (*cf.* note 2). Le H.C.F. organisa des concerts de jazz dès 1933, année où Ch. Delaunay le rejoignit pour lui donner une impulsion nouvelle : création du Quintette du Hot Club de France, tournois, émissions de radio, revue *Jazz Hot*, etc. Boris Vian prit sa carte du H.C.F. en 1937.

2. Panassié Hugues : Ou, selon Vian, le Pape, Nunugues, Peine-à-scier, etc. (1912-1974). L'un des premiers passionnés de jazz en France, sinon au monde, critique à la radio, animateur et président du Hot Club de France, co-fondateur de la revue *Jazz Hot* et des disques Swing. D'une famille d'origine russe, contrairement à notre Boris, cet amateur de rugby et chrétien passablement réactionnaire était un amoureux exclusif du style Nouvelle-Orléans et dixieland ; trop influencé en outre par son vieil ami Milton « Mezz » Mezzrow, fort médiocre musicien blanc, et par son culte pour Armstrong, il refuse le bebop et toute évolution du jazz, parlant généralement de « pseudo-jazz progressiste » pour tout ce qui n'est pas conforme au style d'avant 1940. Il défendit cette position figée dans le *Bulletin du H.C.F.* (*Cf. Monsieur Jazz*, Stock, 1975).

Delaunay Charles : (1911-1988) Fils de deux peintres célèbres, il se passionne pour le jazz, devient un animateur dynamique du Hot Club de France, dirige des enregistrements en France et aux États-Unis et la firme Vogue, rompt avec H. Panassié à propos du bebop et fait découvrir aux Français Dizzy Gillespie (1948), Miles Davis et Charlie Parker (1949), et même Sidney Bechet pour une brillante nouvelle carrière. Producteur de maintes manifestations et activités jazzistiques, il légua ses 40 000 disques à la Bibliothèque nationale.

3. L'occupation ; la Libération : On sait que les occupants allemands interdirent le jazz, qui devint symbole de résistance pour les jeunes. À la Libération, les amateurs se précipitèrent sur les enregistrements inconnus, particulièrement les *V Discs (Victory Discs)* édités pour le divertissement des G.I's.

4. Hayworth Rita (Margarita Cansino) : (1918-1987) Actrice légendaire et déesse sexuelle grâce à des chefs-d'œuvre comme *Gilda* de Vidor (1946) et *La Dame de Shangaï* de Welles (1948).

5. Labisse Félix : Peintre (1905-1982) et professeur de peinture, décorateur de théâtre, fidèle partisan et ami de Vian, dont il fit un excellent portrait sous le nom fameux de « Bison Ravi » (*cf.* N. Arnaud, *Les Vies parallèles de Boris Vian*, Bourgois, 1981 ; p. 249).

Sartre, évoquant une soirée au « Nick's Bar, New York City », commence ainsi son texte : « La musique de jazz, c'est comme les bananes, ça se consomme sur place [...] » (*America* no 5, pp. 11-13).

6. Madame de La Fayette : Marie-Madeleine Pioche de la Vergne (1634-1693), auteur de *La Princesse de Clèves*, est en effet exemplaire d'un style grand siècle.

7. Borneman Ernest : Anthropologue et écrivain qui signa des articles de critique dans *Record Changer* (*cf.* note 35), tels que « Regard rétrospectif d'un anthropologue », « Questions sur la théorie », « Naissance du bebop ».

8. Boubal Paul : Le patron du Flore dans les grandes années de Saint-Germain-

des-Prés a droit à deux pages dans le *Manuel* de Vian qui le présente comme « le roi du quartier » ou son « Président du Conseil » et justifie sa sympathie pour lui par leur confraternité : Boubal fut trompette au régiment ! (*Manuel de Saint-Germain-des-Prés*, Chêne, 1974 ; pp. 166-167).

9. Brownien : Premier d'une série de calembours — [Hugues] « panne acier », « thé-lonious » [Monk], etc. — ; ici, le mouvement aléatoire de particules découvert par Robert Brown (1827) et objet des recherches d'Einstein, entre autres, rappelle le nom de plusieurs jazzmen, dont précisément Ray Brown (*cf.* Lexique).

10. Goebbels : Joseph Paul (1897-1945), docteur en philosophie, journaliste, rallié à Hitler et député, ministre de l'Information et de la Propagande en 1932 ; théoricien du nazisme et antisémite fanatique, il se suicida avec sa famille après la mort de son maître.

11. Ilse Koch : Allusion à « la Chienne de Buchenwald », l'une des plus féroces gardiennes de ce camp de la mort (*cf. Nouvelles*, note 18).

12. Couloir aérien : Lors des débuts de la guerre froide entre Américains et Russes, ceux-ci décidèrent le blocus de Berlin qui fut ravitaillé par un pont aérien organisé par les Occidentaux (1948-1949).

13. Goering : Hermann (1893-1946), aviateur, chef des S.A. nazies, député, président du Reichstag, ministre et maréchal, il entassa les richesses et les œuvres d'art. Condamné à mort à Nuremberg, il parvint à se suicider.

14. *Smrt fasizmu !... Svoboda narodu !...* : Phonétique très approximative à corriger en : *Smiert fasizmou !... Svoboda narodou !...* pour deux phrases russes : « Mort au fascisme ! » et « Liberté au peuple ! »

15. Ensembliabliabliablia : Vian enchaîne sur un vocal de Gillespie.

16. Dexter Corton : *cf.* Gordon (Lexique), sans oublier le grand vin de côte de Beaune.

17. Hodeir André (1921) : Musicien — violon, composition —, musicologue et écrivain. Passionné de jazz, il s'y voue par l'écriture musicale et critique (rédacteur en chef de *Jazz Hot* de 1947 à 1950) et collabore à plusieurs films avant de manifester dans les années 60 des ambitions d'écriture et de composition qui dépassent certainement les limites de la critique et de la défense du jazz.

18. Daniel Parker : Jeu sur le nom de ce dirigeant du Cartel d'action sociale et morale déchaîné contre *J'irai cracher sur vos tombes*, nom semblable à celui du grand jazzman Charlie Parker, alias *Bird.*

19. Léon Bopp : Écrivain suisse francophone (1896-1977), auteur de romans et d'études critiques.

20. *Autant en emporte le Vian* : Remplaçant *Autant en emporte le vent*; le film tourné d'après le best-seller de Margaret Mitchell *Gone with the Wind* (1936), sous la direction de David Selznick (1939) usa des dizaines de scénaristes et trois réalisateurs, collectionna dix Oscars et demeure l'un des chefs-d'œuvre de la M.G.M. et du cinéma, grâce, entre autres, à Vivien Leigh, inoubliable Scarlett O'Hara.

21. Lorientais : Habitué de la cave de la rue des Carmes où C. Luter et son orchestre faisaient triompher le *New Orleans Revival* (1947-1949). *Cf. Nouvelles*, note 30.

22. Un grand bi : Ou grand bicycle, vélocipède pittoresque avec une immense roue avant actionnée par les pédales ; justifié ici par le bebop, évidemment.

23. Ellington : *Cf. L'Écume des jours*, note 2. À propos des relations de Duke Ellington et Boris Vian, voir aussi les extraits pages 1276-1279. Le 3 avril 1939 eut lieu le second concert de Duke Ellington en France ; Vian était trop jeune pour le premier en 1933. Dans la chronique de juin 1952, parlant d'un concert de 1938, il commet une erreur d'un an : «[...] les trois grands moments de mon existence furent les concerts d'Ellington en 1938 *(sic)*, les concerts de Dizzy en 1948 [...] et Ella en 1952» (*Chroniques de jazz, op. cit.*, p. 300), erreur renouvelée en décembre 1955 (*Ibid.*, p. 205). L'extrait d'avril 1950 (*cf. Sur le jazz*, p. 1279) évoque les premières relations d'amitié entre le grand musicien et le critique français. Mais, contrairement à une affirmation de F. Renaudot dans un ouvrage qui fourmille d'erreurs, Ellington ne fut nullement le parrain de Carole Vian, née le 16 avril 1948 (F. Renaudot, *Il était une fois Boris Vian*, Seghers, 1973, p. 71).

24. Miles Davis : Ses relations amicales avec Boris Vian sont reflétées sur plusieurs photos, comme au cocktail de *Cantilènes en gelée*, le 14 mai 1949 (N. Arnaud, d'Dée, U. Kübler, *Images de B. Vian*, P. Horay, 1978, p. 143), et une photo de Michelle Vian et Miles Davis lors du Festival de jazz 1949 (F. Renaudot, *op. cit.*, p. 96).

25. *Chloe-E*: *Cf. L'Écume des jours*, Notice, note 1, et texte, note 16.

26. Jams : Pour jam sessions, réunions de jazzmen qui improvisent pour le plaisir (*Cf.* «Jazz et Cinéma», pp. 1304-1305).

27. Knokke : S'agirait-il de la Grande Nuit du jazz au casino de Knokke, le 14 août 1948, dont parle N. Arnaud (*op. cit.*, p. 106) ou d'une répétition de ce Festival européen du jazz en 1949 ? Ceci paraît plus probable.

28. Yetty Lee : Chanteuse américaine de variétés.

29. *Cf.* à propos de ce disque *Autres Écrits sur le jazz 1*, C. Bourgois, 1981, p. 320.

30. Godons : Surnom à la fois méprisant et affectueux des Anglais depuis la guerre de Cent Ans jusqu'aux textes d'Anouilh ou de Vian. Comme son ami Queneau, Vian aime transposer directement des mots anglais en français, ici *to recollect* : se rappeler et *memories*: souvenirs.

31. Chez Carrère : «Boîte luxueuse de la rue Pierre-Charron» (*Manuel de Saint-Germain-des-Prés, op. cit.*, p. 76).

32. Berdin : Jean Berdin (1929) ou «Berdindin» pour évoquer son activité de *drummer* a droit à une notice de *Jazz Hot* en mars 1949 : batteur dès l'âge de seize ans dans les formations de Bolling, Abadie, Vian... Porteur de «cravates sensationnelles», il révère, comme Vian, Ellington et les maîtres du bebop (*cf. Écrits sur le jazz 1*, Bourgois, 1981 ; p. 74. Et «Surprise-partie chez Léobille», *Nouvelles*, p. 779).

33. Zazou : Pendant l'occupation, des jeunes gens ont réagi contre l'ordre moral ou la «Révolution nationale» de Pétain par la mode vestimentaire et les goûts musicaux. «Les zazous donnaient des *parties* où ils se grisaient de musique *swing*; leur anglophilie, leur anarchisme représentaient une certaine forme d'opposition» (S. de Beauvoir, *La Force de l'âge*, Gallimard, 1960, p. 528). *Cf.* aussi les zazous dans *Vercoquin et le plancton* de Vian (Gallimard, Folio, 1973 ; pp. 47-48 et 187-188) et dans H. Panassié, *Monsieur Jazz, op. cit.*, p. 185.

34. Procuste : Brigand grec légendaire à qui Thésée fit subir le supplice qu'il

imposait lui-même aux voyageurs sur des lits de torture : disloquer les petits voyageurs en les allongeant et raccourcir les grands en les amputant...

35. *Record Changer, Melody Maker, Jazz Journal*, etc. : revues de jazz de langue anglaise.

36. *La Rage de vivre*, de Mezzrow (*cf.* Lexique), traduction de *Really the Blues* (1946).

37. «Comme on voit [...] » : Cette citation n'est évidemment pas du célèbre compositeur et chanteur Charles Trenet (1913) mais du encore plus célèbre poète et chef de la Pléiade, Pierre de Ronsard (1524-1585) (*Second Livre des Amours — Amours de Marie*, «Sur la mort de Marie. IV», Gallimard, La Pléiade, 1950 ; I, p. 184).

38. *Talent-scout* : Détecteur ou dénicheur de vedettes.

39. Frégates d'Angleterre : Allusion à la chanson célèbre : «Le 31 du mois d'août / Nous aperçûm's sous l'vent à nous / Une frégate d'Angleterre [...] ».

40. Le mois précédent, Vian avait parlé de son correspondant Marcassin de Casablanca qui «dit "non" à l'évolution », et il terminait sa réponse par : «Adieu, Marcassin — et sans rancune... mais croyez-moi : si vous supprimez vraiment les quintes, sixtes, septièmes et neuvièmes, vous êtes mûr pour un de mes instruments favoris : le sifflet à deux sous. » (*Chroniques de jazz, op. cit.*, p. 142).

41. Berg : Alban (1885-1935), compositeur autrichien, élève de Schönberg et l'un des maîtres de la musique atonale, grâce en particulier à son opéra *Wozzeck* (1919), inspiré du *Woyzeck* de Büchner.

Webern : Anton von (1883-1945), autre compositeur, condisciple de Berg et chef d'orchestre, dont l'œuvre est l'illustration de la musique atonale et surtout du dodécaphonisme sériel.

Mozart : Vian se distinguait encore par son hostilité envers celui qu'il appelait irrespectueusement «Merdozart » ; l'utilisation «décorative » et abusive de la musique de Mozart la lui rendait insupportable, semble-t-il. S'il apprécie davantage Bach et les *Concertos brandebourgeois*, est-ce pour leur rythme proche du jazz originel, comme l'a bien illustré Jacques Loussier dans ses *Play Bach* ?

42. Vincent... Auriol, évidemment : (1884-1966) Avocat, député socialiste, ministre et enfin président de la République de 1947 à 1954.

Jacques Fath : Couturier français (1912-1954) qui connut un grand succès pendant l'Occupation comme après la Seconde Guerre mondiale.

La Bégum : Ex-miss France des années 30, épouse de l'Aga Khân III.

43. Marilyn Monroë *(sic)* : Vian se vante (*Chroniques de jazz*, U.G.E, 10/18, 1971 ; p. 373 — novembre 1952) d'avoir été le premier journaliste à signaler celle qui devait devenir une idole mythique ; il la remarqua dans le dernier film des Marx Brothers, *Love Happy* (*La Chasse au trésor,* 1949) où elle figure brièvement, avant un autre bref mais émouvant passage dans *The Asphalt Jungle* de John Huston (1950). Elle devient ensuite un élément de la mythologie personnelle de Vian qui lui donne le faux frère — que Boris eût aimé être ? — James Monroe, auteur de thrillers dans la *Série blême* (1954), et la cite maintes fois (*cf.* G. Pestureau, *Boris Vian, les Amerlauds et les Godons, op. cit.*, pp. 328-330).

44. Elisabeth II d'Angleterre, née en 1926, avait été couronnée reine en 1952.

Margaret : Sa petite sœur venait de subir un grand chagrin d'amour par sa rupture forcée avec le capitaine Townsend...

45. Luca Della Robbia : Sculpteur florentin (1400?-1482), inventeur de la terre cuite vernissée et fondateur d'un atelier familial fameux et durable.

Vollard : Ambroise (1868-1939), marchand et critique de peinture qui fut le plus ferme soutien de maints précurseurs de génie.

Mac Orlan : Pseudonyme de l'écrivain Pierre Dumarchey (1882-1970) dont Vian aimait les romans.

46. Mauriac : François (1885-1970), écrivain français dont l'œuvre témoigne d'une constante inspiration chrétienne : il avait eu le Prix Nobel en 1952 ; l'une des têtes de Turc de Vian (*cf. Nouvelles*, p. 761).

M.R.P. : Le Mouvement républicain populaire d'inspiration chrétienne fut l'un des importants partis politiques de la IVe République (1944-1966).

47. Coppi : *cf. Nouvelles*, note 26.

48. Eddie Barclay : Lisez *Paris-Match*, mariage ou spectacle, ce compositeur et éditeur de musique (1921) y reparaît toujours, vedette inamovible du « chobize » parisien. Depuis 1948, il dirigeait la revue *Jazz News*.

Jean-Claude Merle : Animateur de la discothèque du Club Saint-Germain. Barclay et Merle furent les auteurs du canular qui consista à édifier, auprès de la tente de la baleine géante Jonas — place des Invalides, fin 1953 —, une autre tente pour « le goujon géant Nanar » ; d'où le « débit de poisson », évidemment !

49. Jules Grévy : (1807-1891) Avocat républicain, député, président de la IIIe République (1879-1887), contraint de démissionner par suite du scandale des décorations — d'où celle qu'il délivre à Don Byas !

50. Jean Gruyer : « Arrangeur-compositeur-trombone-médecin » (B. Vian) et critique de jazz, ami de notre auteur (*cf. Écrits sur le jazz op. cit. 1, p. 77 et 2, p. 99*).

Jacques Plante : Auteur et éditeur de chansons (1920) qui a écrit maints succès comme « Les Grands Boulevard » pour Montand ou l'increvable « Étoile des neiges ».

51. Denys d'Halicarnasse : Historien grec des origines de Rome et critique littéraire au jugement étroitement classique (Ier siècle avant notre ère, époque d'Auguste).

52. Wrigley : William, et non pas César ! Ce citoyen de Chicago, s'il n'a pas inventé le chewing-gum, fut le premier à le commercialiser au point de bâtir un empire de la gomme à mâcher, ainsi qu'en témoigne l'un des plus fameux monuments de sa bonne ville, le Wrigley Building de 35 étages (1924), que les parents de Chicago présentent à leurs enfants comme « *the building made of chewing-gum* » !

53. *Padam, padam* : Célèbre chanson d'Édith Piaf (Glanzberg et Contet).

Le Théâtre des Ambassadeurs, bâti au milieu du XIXe siècle, vit toutes les grandes vedettes de la Belle Époque et d'après ; aujourd'hui Espace Cardin.

54. Peter Sisters : Groupe de trois imposantes chanteuses noires, bien connues en France dans les années 50.

55. *Pinchard* : Du bordelais : nasal, ou de l'anglais *to pinch* : pincer, serrer.

56. Eartha Kitt : Chanteuse américaine découverte dans la revue *New Faces* à Broadway en 1952 grâce à sa façon de chanter *Monotonous* avec une voix sensuelle, pleine de profond ennui avant l'éclat final...

57. *Blindfold test* : Jeu apprécié des jazzmen qui consiste à identifier les

interprètes à la seule audition d'un enregistrement. Les premiers *blindfold tests* furent publiés par Leonard Feather, professeur, compositeur et célèbre critique de jazz américain.

58. Chandelle verte : Expression reprise d'un juron fréquent mais bénin d'Ubu — « de par ma chandelle verte ! » —, que Jarry avait prévu comme titre de l'édition en volume de ses « Spéculations » : *La Chandelle verte, lumières sur les choses de ce temps* (*cf.* édition posthume de M. Saillet, 1969). Il va sans dire que la « Chandelle verte de Maizereau » n'a nulle clarté pataphysique !

59. Newport : Ville balnéaire de l'État de Rhode Island, aux États-Unis, lieu en juillet d'un festival annuel de jazz de premier ordre (1954-1972), transporté ensuite à New York.

60. Emmet Till : Le drame évoqué ici rappelle évidemment la mort du « gosse » dans *J'irai cracher sur vos tombes*.

61. « Les Oignons » : Célèbre morceau de Sidney Bechet (*cf. L'Écume des jours*, note 27), avec l'orchestre de Claude Luter (1949).

Solitude : Célèbre « standard » de Duke Ellington (1934).

62. La Cité du Croissant : Surnom de La Nouvelle-Orléans *(Crescent City)*, bâtie sur une sorte de croissant de terre entre le lac Ponchartrain et le Mississippi.

63. Memphis (Tennessee) : Premier sanctuaire du blues et haut lieu du jazz après le delta du Mississippi, lorsque musiciens et chanteurs noirs remontèrent le grand fleuve, chassés par la fermeture des bordels de Storyville, quartier chaud de New Orleans.

Kansas City : Ville double sur les fleuves Kansas et Missouri, rivale de New Orleans pour les divertissements et la vie musicale populaire, carrefour des musiciens venus de la cité mère du jazz, de Saint Louis et du Texas, métropole du jazz dans les années 30, avec des jam sessions mémorables.

Chicago : Sur le rivage du lac Michigan, la *Windy City* (Cité des Vents) fut aussi celle de l'ouragan du jazz depuis le New Orleans et le dixieland, admirablement illustrés par des Noirs du Sud et les Chicagoans blancs, jusqu'au nouveau jazz des années 60 et aux prolongements du blues violent, proche du boogie et ancêtre du rock and roll, dont s'enorgueillit encore cette cité (*cf.* aussi *L'Écume des jours*, note 4).

New York : Devint à la fin des années 30 la capitale mondiale du jazz et le demeure, grâce à Harlem, Broadway et Greenwich Village. Après les *Big Bands* et grands orchestres célèbres puis les petites formations préparant la voie au bebop, New York a vu le *cool jazz*, le *hard bop*, le *free jazz*, cependant que tout l'héritage du jazz résonne dans salles de concert ou clubs et bars...

64. Alex North (1910) : Après des études musicales, il composa des ballets et des accompagnements de documentaires puis, dans les années 50, des chansons et des musiques pour *Un tramway nommé Désir, Mort d'un commis voyageur, La Rose tatouée*, etc.

Un tramway nommé Désir : Elia Kazan adapta en 1951, avec Marlon Bando et Vivien Leigh, le drame de Tennessee Williams, *A Streetcar Named Desire* (1947).

65. Roland Petit : Danseur et chorégraphe (1924) qui passa de la scène à l'écran et au grand spectacle. Époux de Zizi Jeanmaire. Son ballet *Carmen* fut créé à Londres le 21 février 1949.

66. Cocteau : Jean (1889-1963), artiste multiple — écrivain, peintre, cinéaste... —, l'un des tout premiers amateurs français de jazz, qui entretint toujours d'excellentes relations avec Vian (*cf.* la lettre sur *L'Équarrissage pour tous*, p. 1025). Son beau film *Orphée*, avec Jean Marais et Maria Casarès, situé en partie à Saint-Germain-des-Prés, date de 1951.

67. *Jazz at the Philarmonic* : ou *JATP*; Concert jam session organisé au Philarmonic Auditorium de Los Angeles à partir de 1944, avant des tournées dans le monde entier jusqu'en 1967 ; séances d'improvisation parfois ratée mais souvent aussi enthousiasmante.

68. Jean Painlevé (1902-) : Passé de la médecine au cinéma, le « Flaherty sous-marin » réalisa dans les années 20 et 30 des documentaires esthétiques autant que pédagogiques et scientifiques sur oursins, crabes, crevettes, hippocampes et même... *La Quatrième Dimension*. Il fut l'un des animateurs du Comité de libération du cinéma en 1944.

Lexique des noms de jazzmen

cités par Boris Vian

AILINGTONNE: *cf.* ELLINGTON.

ANDERSON, Ivy/Ivie (1905-1949): Chanteuse fameuse par son swing qu'elle cultiva aussi bien avec Ellington que dans le film des Marx Brothers *Un jour aux courses* (1937)!

ARMSTRONG, Louis «Satchmo» (1900?-1971): Trompettiste, chanteur, chef d'orchestre et compositeur; joua du cornet et de la trompette à La Nouvelle-Orléans dès l'âge de quatorze ans avant de devenir l'une des plus grandes vedettes du jazz, sinon la plus grande, des riverboats à Chicago, de New York à Los Angeles et Hollywood, de Londres à Paris et Nice, du Japon en Australie et en U.R.S.S...

BAKER, Chet (1929-1988): Trompettiste «de la délicatesse et de la fragilité», chanteur et compositeur, admirateur et musicien de Dexter Gordon, Charlie Parker, Gerry Mulligan. Il connut une vie dramatique par son addiction à la drogue et sa lutte contre elle.

BAKER, «Shorty» Harold (1913-1966): Trompettiste de Saint Louis, souvent soliste — au style classique — dans l'orchestre d'Ellington.

BASIE, «Count» (1904-1984): Pianiste et chef d'orchestre; joua d'abord pour les films muets puis à la radio avant de passer avec son orchestre dans les grands établissements de New York lors de l'époque Swing; il joua ensuite avec de plus petites formations jusque dans les années 50 où il devint vraiment vedette internationale.

BEIDERBECKE, Bix (1903-1931): Cornettiste, pianiste et compositeur blanc, né à Davenport, et qui fut l'idéal du «trompinettiste» Vian (*cf. L'Écume des jours*, note 41). Il joua en particulier à Chicago et chercha à enrichir le jazz des recherches harmoniques des compositeurs européens. *Cf.* sa vie romancée, *Le Jeune Homme à la trompette*, de D. Baker, traduit par B. Vian (Folio, 1982), et le film de P. Avati, *Bix* (1991).

BERNARD, Eddy (1927): Pianiste français et ami de Vian qui joua en 1945 avec Hubert Fol et Boris puis dans le quintette de Django Reinhardt.

BIGARD, Barney (1906-1980): Saxophoniste ténor, clarinettiste et compositeur de La Nouvelle-Orléans qui fut un des éléments essentiels de l'orchestre d'Ellington dès 1927 (*cf. L'Écume des jours*, note 37).

BILLIE: *cf.* HOLIDAY.

BLANTON, Jimmy (1918-1942): Contrebassiste de génie à qui la tuberculose ne permit qu'une brève carrière chez Ellington.

BOLDEN, Buddy (1877-1931): Cornettiste et chef d'orchestre de légende. Ex-barbier, il fut le premier à insuf-

fler au ragtime le souffle épique du
jazz, vers 1900. On entendait, dit-on,
sa trompette sur l'autre rive du
Mississippi — ou du lac Ponchar-
train.... Surmené, «King Bolden» fut
interné pour troubles mentaux en
1907 et mourut en 1931. C'est sans
doute ce qui justifie «la ghoule de
laiton» de Vian, jouant — avec
fantaisie orthographique — sur
goule: vampire femelle et goule:
gueule.

BOLLING Claude (1930-): Pianiste,
compositeur et chef d'orchestre
français qui participa dès 1944 aux
concerts du Hot Club de France à
l'École normale de musique ; il joua
avec les plus grands jazzmen améri-
cains et réunit souvent en France un
grand orchestre de jazz classique.

BOSTIC, Earl (1913-1965): Saxopho-
niste et chef d'orchestre, caractérisé
par un jeu direct et dynamique sinon
exubérant.

BROWN, Ray (1926-): Contrebassiste,
associé dès 1945 au grand orchestre
de Gillespie, dont il fut un élément
essentiel de la section rythmique —
précisément pour l'enregistrement
de *One Bass Hit*. Époux d'Ella
Fitzgerald (1948-1952), membre du
trio d'Oscar Peterson et des orches-
tres d'Ellington, Parker, etc.

BYAS, «Don» (1912-1972): Saxopho-
niste ténor de mère cherokee et
père espagnol. De Californie à New
York puis Paris — «Don Byas, artiste
lyrique français», dit Vian — et les
Pays-Bas, il joua, virtuose lyrique,
avec maints grands musiciens et
participa à la création du bebop.

CAREY, Papa Mutt (1891-1948): Trom-
pettiste typique de La Nouvelle-
Orléans, avec les limitations impli-
quées, qui joua — sur scène et à
l'écran — en Californie à partir de
1919.

CATLETT, Big Sid (1910-1951): L'un
des grands batteurs des années 30 et
40, aussi classique que bebop et
d'une grande invention rythmique
et sonore.

CLARKE, Kennie (1914-1985): Batteur

de génie, chef d'orchestre et compo-
siteur ; il joua avec presque tous les
grands du jazz, participa entre autres
aux jam sessions historiques de
1941 et apparaît comme un des
pères du bebop.

COLE, «Cozy» (1909-1981): Batteur
souple et raffiné dans plusieurs
orchestres dont ceux de Lionel
Hampton, Armstrong, etc.

COOTIE : cf. WILLIAMS.

DAVIS, Miles (1926-1991): Trompet-
tiste issu d'une famille bourgeoise et
artiste de Saint Louis ; enthousiaste
de Parker et Gillespie, il fit des
études musicales et joua à New York
avec tous les créateurs du bebop. À
partir de 1949, il a joué et enregistré
à Paris (*cf. Sur le jazz*, note 24, pour
ses relations avec Vian). Depuis
1980, il a poursuivi ses recherches
dans un domaine proche du specta-
cle moderniste autant que dans un
renouvellement du jazz.

DIZZY : cf. GILLESPIE.

DUKE : cf. ELLINGTON.

ELDRIDGE, Roy (1911-1989): Trompet-
tiste et chanteur, vedette du jazz
classique que ce soit aux États-Unis
ou à Paris, entre Armstrong et
Gillespie.

ELLA : cf. FITZGERALD.

ELLINGTON, «Duke» (1899-1974): Pia-
niste, chef d'orchestre et composi-
teur, sans doute le plus grand artiste
de jazz, passant du blues au swing,
du *jungle* à l'orchestration la plus
raffinée. *Cf. L'Écume des jours*,
notes 2 et 16 ; *L'Automne à Pékin*,
note 42 ; *Nouvelles*, note 8. Pour ses
relations avec Vian, *cf. Sur le jazz*,
note 23 et le texte que voici à propos
de «Notre Sire Ellington» :

«*Naturellement*, d'autres qu'Elling-
ton ont fait de merveilleux disques
de jazz. Lui seul, je crois, en a gravé
autant. Lui seul a eu cette fécondité
prodigieuse au regard de laquelle
celle d'Armstrong paraît presque
risible : car Duke joue, lui, d'un
orchestre de quinze bonshommes.
Comparer son pouvoir de renouvel-
lement et sa volonté de prendre des

risques à ceux de Picasso, ce n'est diminuer ni l'un ni l'autre. » (*Autres Écrits sur le jazz 2, op. cit.*, p. 220).

ERROLL : *cf.* GARNER.

ESTES, «Sleepy» John : Chanteur de blues, l'un des maîtres du *Chicago Blues* autour de 1930.

FATS : *cf.* WALLER.

FITZGERALD, Ella (1918-) : L'une des plus grandes et des plus célèbres chanteuses de jazz ; ayant été la vedette de l'orchestre de Chick Webb, elle poursuivit une carrière indépendante tout en chantant avec Ellington, Basie, etc. On vit aussi au cinéma cette reine du swing, de la grâce et de l'énergie, capable d'assimiler tous les styles, du blues à la comédie musicale et au bebop.

FORHENBACH, Jean-Claude, alias « Fofo » (1925) : Saxophoniste ténor français qui joua avec Vian au Club Saint-Germain et n'a cessé depuis de défendre et illustrer le saxophone de jazz.

GARNER, Erroll (1921-1977) : Pianiste prodige et maître de l'improvisation qui succéda à Art Tatum et ne cessa de jouer en trio, de collaborer et d'enregistrer avec des maîtres, de tourner à l'étranger pour la gloire du jazz et la sienne : prodigieuse invention, prodigieuse vélocité, humour et swing...

GILLESPIE, « Dizzy » (1917-1993) : Trompettiste, chef d'orchestre et chanteur extravagant et joyeux : voir le « Diable au béret rouge » (p. 1267) ; après avoir joué dans diverses formations aux États-Unis et à Paris (1937), il prend la tête du mouvement bebop avec son grand orchestre (1946) qui l'a rendu célèbre à travers le monde, pour le triomphe spectaculaire du jazz. Une de ses devises : « *To be or not to bop !* »

GOODMAN, Benny (1909-1986) : Chef d'orchestre, saxophoniste et «clarinettiste surfait» (B. Vian). Il joue d'abord à Chicago et sur les Grands Lacs, puis à la radio et au music-hall : son grand orchestre témoigne du triomphe d'un jazz «bourgeois», orchestré et élégant.

GORDON, Dexter (1923-) : Compositeur et saxophoniste ténor à la sonorité chaleureuse et au swing impeccable. Il joua avec Hampton, puis Armstrong, Parker, Davis, Gillespie, etc. Se partagea entre l'Europe et les États-Unis et interpréta le rôle vedette du film de B. Tavernier *Autour de minuit* (1986) (*cf.* YOUNG).

HAMILTON, Jimmy (1917-) : Clarinettiste et saxophoniste ténor classique qui joua quelque vingt-cinq ans chez Ellington.

HAWKINS, Coleman (1904-1969) : Saxophoniste puissant et original, il joua dans divers orchestres aux États-Unis et en France dans les années 30 puis à New York où il participa à l'évolution féconde du jazz à travers enregistrements — avec Gillespie — et festivals.

HERMAN, Woody (1913-1987) : Clarinettiste et saxophoniste prodige, chef d'orchestre et compositeur, il préféra toujours le grand orchestre — Stravinsky écrivit pour lui *Ebony Concerto* (Carnegie Hall, 22 mars 1946) — avec lequel — «un swing d'acier dans des anches de velours» — il voulut garder la vraie tradition du blues tout en participant activement à l'évolution bebop.

HINES, Earl (1903-1983) : Pianiste, chef d'orchestre et compositeur ; ayant participé au *Hot Five* d'Armstrong, il fit triompher son grand orchestre à Chicago (1928-1947) et fut compagnon de Gillespie, Parker, Vaughan, etc. Il est l'inventeur du style «piano-trompette», main gauche pour la syncope et main droite pour une création incessante et foisonnante...

HOLIDAY, Billie, alias «Lady Day» (Dame Day) (1915-1959) : Chanteuse dont la vie fut une alternance de périodes glorieuses et désastreuses (drogue, alcool, amours...) ; après les clubs de Harlem, elle enregistre bientôt avec Goodman

puis Ellington et entre dans des orchestres de valeur dont celui de Shaw. On l'entend à la radio et on la voit avec Armstrong dans le film *New Orleans*, puis à la télévision. Le commentaire de Vian caractérise bien sa puissante originalité.

JONES, Jonah (1908-): Trompettiste — «Armstrong en second» —, chanteur et chef d'orchestre ; passé des *show-boats* à New York, en particulier dans le grand orchestre de Calloway, il changea aussi son style de puissant en intimiste, ce qui assura à ses disques un succès énorme.

KENTON, Stan (1912-1979): Pianiste, compositeur et chef d'orchestre. Il a multiplié les activités — scène, radio, cinéma — et les puristes condamnent ses arrangements plus «variétés» que jazz : il a sans doute toujours cherché — et obtenu — d'abord le succès commercial.

KRUPA, Gene (1909-1973): Batteur et chef d'orchestre qui enregistra en 1927 la première grosse caisse de l'histoire du disque ! Il joua dans le grand orchestre de Goodman autant que dans des petites formations. Il mêla au goût du spectacle des recherches modernistes et «africaines».

LESTER : *cf.* YOUNG.

LEWIS, Meade «Lux» (1905-1964): Pianiste et compositeur. Il apparaît maître du boogie-woogie grâce à ses chefs-d'œuvre, *Honky Tonk Train Blues* et *Yankee Special*; puissant pianiste et excellent siffleur !

LOUIS : *cf.* ARMSTRONG.

LUNCEFORD, Jimmie (1902-1947): Saxophoniste et chef d'orchestre. Diplômé de musique, il joua à Harlem et son *big band* fut l'un des premiers à la fin des années 30 avec la devise «Rythm is our business».

LUTER, Claude (1923-): Clarinettiste vigoureux et chef d'orchestre français qui fut l'un des leaders du *Revival* en France à la Libération, jouant au fameux Lorientais et enregistrant avec Vian, Bechet et tant d'autres (*cf. Nouvelles*, note 30).

MAIZEREAU : *cf.* MEZZROW.

MARMAROSA, «Dodo» (1925-): Pianiste prodige et compositeur; après le classique, il découvre le jazz et enregistre dès 1943; il joue chez Krupa puis Shaw et avec Gillespie, Parker, Young... L'un des plus brillants pianistes du bebop, selon le critique L. Feather.

MEZZROW, Milton, «Mezz» (1899-1972): Clarinettiste, saxophoniste et chef d'orchestre plus remarquable par sa capacité à écrire sa propre gloire — *Really the Blues* (1946) — qu'à l'illustrer par sa musique : ses «couacs» sont célèbres mais il représenta pour Panassié et les conservateurs l'exemple du Blanc devenu l'égal des Noirs. Pour Vian, c'est évidemment la fausse gloire typique.

MITCHELL, George (1899-1972): Cornettiste et trompettiste de Chicago, mais illustrant parfaitement le style Nouvelle-Orléans.

MONK, Thelonious (1917-1982): Le film *Straight No Chaser* (1988) fait revivre l'originalité et les trouvailles de ce pianiste, compositeur et chef d'orchestre de génie, dont l'une des compositions les plus fameuses est *'Round Midnight*, titre utilisé ici par Vian (pp. 1268-1272) avant de l'être par B. Tavernier (*cf.* YOUNG). Il joue et enregistre avec de grands musiciens dans les années 40, puis en solo en Amérique et à Paris. Après maintes tournées à travers le monde, il cesse de jouer en 1972. Génie énigmatique, il dépasse largement le bebop par sa modernité et reste l'un des plus grands et plus originaux compositeurs et interprètes de jazz et même de musique en général.

NANTON, «Tricky Sam» (1904-1946): Tromboniste qui joua avec Ellington pendant vingt ans, et fut un spécialiste du jeu *wa wa* à la sourdine et du style *jungle*: ainsi l'entend-on dans le fameux — pour nous! — *Chloe*.

NICHOLAS, Albert (1900-1973): Un des

meilleurs clarinettistes et saxophonistes de La Nouvelle-Orléans, qui joua avec les plus grands et tout autour du monde, particulièrement en France à la fin de sa vie.

NOONE, Jimmie (1895-1944): Un des plus grands clarinettistes de jazz par sa sonorité et son vibrato. Élève de Bechet, il joua dans maints groupes surtout à La Nouvelle-Orléans et à Chicago.

PARKER, Charlie « Bird » — et pour Vian « Zoizeau » — (1920-1955): Fulgurante existence pour ce saxophoniste alto et compositeur. Passé de Kansas City à New York, il y joua avec Monk et Gillespie; il rencontra ensuite Roach et Davis, et vint en Europe, déjà miné par la drogue et la maladie. Il est considéré comme le plus grand soliste du saxo alto et l'un des plus grands improvisateurs du jazz, par ses inventions autant mélodiques que rythmiques. Il représente aussi le type même du musicien maudit... Voir le film de Clint Eastwood *Bird.*

PETERSON, Oscar (1925-): Pianiste, chanteur et compositeur canadien; il devint musicien international grâce au *Jazz at the Philarmonic* (*cf. Sur le jazz*, note 67) et se révéla excellent élève à la fois de Tatum et de Nat King Cole.

POWELL, « Bud » (1924-1966): Pianiste et compositeur, sans doute le plus grand pianiste bebop et l'égal de Parker pour le swing et l'invention, en même temps que la technique. Inspiré d'abord par Tatum puis Monk, avec lequel il participa aux jam sessions fondatrices du bebop, il trouva parfaitement son style personnel. Collabora avec les plus grands, Gillespie, Byas, Parker...

REX : *cf.* STEWART.

ROACH, Max (1925-): Batteur de génie, chef d'orchestre et compositeur. Il devint le batteur préféré des créateurs du bebop avec qui il enregistra les disques fondateurs; il passe ensuite au style cool puis hard bop, jouant et enregistrant sans cesse.

ROYAL, Ernie (1921-1983): Trompettiste excellent dans le suraigu, mêlant le style classique et le bebop; joua avec Hampton, Basie et Ellington.

RUGOLO, Pete (1915): Pianiste et chef d'orchestre sicilo-américain; arrangeur de Stan Kenton, il composa beaucoup pour le cinéma.

SHAW, Artie (1910): Clarinettiste, chef d'orchestre et arrangeur, il changea son nom d'Arshawsky pour échapper à l'antisémitisme américain. Il multiplia les activités de radio, d'enregistrement et de concert de New York à Mexico, en Australie ou en Espagne. Il suivit l'évolution du jazz du swing au bebop et au cool.

SIMEON, Omer (1902-1959): Clarinettiste et saxophoniste de style Nouvelle-Orléans — et l'un des meilleurs.

SINGLETON, « Zutty » (1898-1975): Brillant batteur de style Nouvelle-Orléans, il joua avec tous les grands de cette période, mais il intégra à son jeu des éléments modernes.

STEWART, Rex (1907-1967): Cornettiste; il joua chez Henderson et Ellington qui aimait sa forte personnalité et sa technique originale. Il écrivit aussi des articles et parut dans des films dont l'inoubliable *Hellzapoppin'.*

STITT, « Sonny » (1924-1982): Saxophoniste passant de Boston à Detroit et à Kansas City où il rencontra Davis et Parker, puis à New York où, acrobate du bebop, il joua avec Gillespie; il vint en Europe puis multiplia aux États-Unis enregistrements et collaboration avec de grands jazzmen.

TEAGARDEN, Jack (1905-1964): Tromboniste, chanteur et chef d'orchestre; très influencé par le style des Noirs du Sud et admirateur inconditionnel d'Armstrong, il joua dans maintes formations, dont celle du trompette (1947-1951). Il est l'un des maîtres du trombone et un interprète typique du style de jazz classique. *Cf. Nouvelles*, note 5.

THOMPSON, « Lucky » (1924): Saxopho-

niste à la sonorité veloutée et chaleureuse qui joua avec Hampton, Basie, Gillespie, Henderson... Venu en Europe avec Kenton, il séjourna longuement à Paris (1956-1962) et y enregistra avec des musiciens français avant de retourner aux États-Unis.

TOUGH, Dave (1907-1948): Batteur élégant et efficace dans la tradition de Chicago et du swing, il vint en Europe dans les années 20, puis fut membre de plusieurs formations en dépit de fréquents problèmes de santé.

TRICKY: *cf.* NANTON.

VAUGHAN, Sarah (1924): Chanteuse et pianiste. Conseillée par Ella Fitzgerald et recrutée par Earl Hines, elle chanta dans son orchestre aux côtés de Parker et de Gillespie (1943). Elle commença à enregistrer et poursuivit une carrière autonome pleine de succès, mêlant à partir de la fin des années 40 le jazz — avec Davis, Basie, Adderley, etc. — et un répertoire commercial. Chanteuse aux capacités et qualités exceptionnelles, elle fut l'une des premières grandes «bebopeuses».

WALLER, «Fats» (1904-1943): Pianiste, chanteur, chef d'orchestre et compositeur qui, après avoir accompagné des chanteurs de variétés, joue à Chicago et enregistre avec Teagarden, Henderson et d'autres à la fin des années 20. Disques, radio, films et tournées avec son propre orchestre le rendent célèbre dans les années 30, aux États-Unis et en Europe. Un grand pianiste de jazz pour son toucher comme pour son swing, plus «classique» que Hines mais plein d'humour et d'imagination.

WEBSTER, Ben (1909-1973): Saxophoniste ténor amoureux de la mélodie, qui joua avec maintes formations dont celles de Henderson, Calloway et Ellington.

WHITE, Georgia: Chanteuse qui enregistra en 1930 avec l'orchestre de Jimmy Noone.

WHITE, «Sonny» (1917-1971): Pianiste précoce puis accompagnateur de Billie Holiday (1939) et membre, après la guerre, de divers orchestres, dont celui de W. DeParis.

WILLIAMS, «Cootie» (1910-1985): Trompettiste autodidacte et compositeur. De 1929 à 1940 chez Ellington, il créa ensuite son propre *big band*, suivi de petites formations pour le Savoy Ballroom de New York. Ellington sut particulièrement exploiter sa maîtrise de la sourdine.

YOUNG, Lester (1909-1959): Saxophoniste, clarinettiste et compositeur, surnommé «Prez» (Président) par Billie Holiday. Venu du Sud, il passa par Kansas City avec Basie puis New York et autres lieux avec sa propre formation; il enregistra abondamment en dépit de problèmes de drogue et d'alcool, tourna avec le *JATP* et joua fréquemment à Paris de 1952 à 1959. Il a inspiré à Bertrand Tavernier le film *Autour de minuit* (1986). Opposé au son trop chaleureux et à la paraphrase des thèmes, maître de la décontraction, du décalage et de l'inflexion nostalgique, il révolutionna la pratique du saxoténor et inspira la révolution cool des années 50, ainsi que les pratiquants du hardbop.

Table

Table 1343

CHANSONS

SUR LE JAZZ

Composition réalisée par COMPOFAC — PARIS

Achevé d'imprimer
Collection 01 / N° Édition 04
Dépôt légal 4693 - 12 / 1994
ISBN 2-2530-5512-3
Imprimé en Italie par G. Canale & C. S.p.A. - Borgaro T.se - Torino

 31/3205/7